MICHAEL VOIGT

Der Händler

Band 4 – 6

Band 4 *In guten wie in schlechten Tagen. Sehr, sehr schlechten Tagen.*

Band 5 *Trading – eine andere Art der Zeitverwertung.*

Band 6 *Was ist Lust und was ist Pflicht?*

Die Michael Voigt Trading Edition beinhaltet die folgenden Bände, die aufeinander aufbauen

1. Das große Buch der Markttechnik
2. Der Händler, Sammelband 1
3. Der Händler, Sammelband 2
4. Der Händler, Sammelband 3
5. Das große Arbeitsbuch der Markttechnik

Alle 5 Bände sind auch im exklusiven und hochwertigen Schuber mit 20% Preisvorteil gegenüber den Einzelbänden erhältlich.

FBV

Bibliografische Information der Deutschen Nationalbibliothek
Die Deutsche Nationalbibliothek verzeichnet diese Publikation in der Deutschen Nationalbibliografie; detaillierte bibliografische Daten sind im Internet über http://d-nb.de abrufbar.

Für Fragen und Anregungen:
info@finanzbuchverlag.de

4. Auflage 2021

ein Imprint der Münchner Verlagsgruppe GmbH
Türkenstraße 89
80799 München
Tel.: 089 651285-0
Fax: 089 652096

Redaktion: Marion Reuter
Korrektorat: Hella Neukötter, Silvia Kinkel
Umschlaggestaltung: Maria Wittek, München
Umschlagabbildung: D. Lieske
Satz: inpunkt[w]o, Haiger
Druck: Florjancic Tisk d.o.o., Slowenien
Printed in the EU

ISBN Print 978-3-89879-937-9
ISBN E-Book (PDF) 978-3-86248-787-5
ISBN E-Book (EPUB, Mobi) 978-3-86248-788-2

Inhalt

Hinweise zu den Charts und Tradingplattformen

Alle in diesem Buch verwendeten Charts und Kurse sind von den nachfolgend genannten Firmen zur Verfügung gestellt worden:

Nanotrader ist ein Produkt der Firma Fipertec S.à.r.l., Anbieter von Systemen zur technischen Analyse. Die Software kann unter dem Namen NanoTrader über den Broker WH Selfinvest bezogen werden und ist für den CFD-, Forex-, Options- und Futureshandel geeignet. Die Lieferung der Realtime-Daten im Futuresmarkt erfolgt wahlweise über Pats oder CQG, die Lieferung der historischen Futuresdaten über VWD.

NanoTrader – für ganzheitliche Chartanalyse, intuitives Trading und halb- sowie vollautomatischen Handel.

WH Selfinvest

WH SELFINVEST
Niederlassung Frankfurt a. M.
Münchenerstr. 7–9
60329 Frankfurt a. M.
Telefon: +49 (0)69 27 13 97 80
info@whselfinvest.de
www.whselfinvest.de

FIPERTEC Financial Performance Technology

Fibertec S.à.r.l.
5 Avenue Gaston Diderich
R.D.C.
L 1420 Luxembourg
Telefon: +352 691 657 353
info@fipertec.de
www.fipertec.de

Sie können den NanoTrader inklusive dem Markttechnik-Paket kostenlos testen: www.whselfinvest.de/demos

worldoftrading Award 2013
1. Platz
Plattform
WH SelfInvest

»Erstklassige Trading-Plattform, die ich seit Jahren nutze und empfehle.«

Michael Voigt

MICHAEL VOIGT

Der Händler

Band 4 – 6

Band 4 *In guten wie in schlechten Tagen. Sehr, sehr schlechten Tagen.*

Band 5 *Trading – eine andere Art der Zeitverwertung.*

Band 6 *Was ist Lust und was ist Pflicht?*

FBV

Freilich könnte man das Trading,
wenn man so wollte,
durchaus Prostitution nennen;
wenn jemand,
wie es in diesem Gewerbe üblich ist,
seine ganze Person inklusive Körper für Geld hergibt,
so betreibt so mancher Trader
fast tagtäglich Prostitution.
Aber wenn man sich durch die Jahre
der Erfahrung der vielen Kleinigkeiten
des früheren sinnlosen Verhaltens und
der Willkür früherer Trades bewusst wird,
so wird das, was einen einst
durch seinen ausschweifenden Charakter berauschte,
zu einem Beruf,
der voll Sachlichkeit und Standesgesetze ist;
denn schließlich gilt:
Nicht nur der Börsenhandel,
sondern auch die Prostitution
sind letztendlich beides Angelegenheiten,
bei denen es einen erheblichen Unterschied macht,
ob man sie von oben oder
von unten betrachtet …

Viele Trading-Anfänger fürchten sich davor, dass Alltäglichkeit und Langeweile an ihre Tür klopfen. Andere, erfahrene Trader hingegen ängstigen sich nicht davor, dass das Trading etwas Gewöhnliches an sich haben könnte.
Wer könnte diesen scheinbaren »Widerspruch« je verstehen?

VORWORT

Trading ist eine komische Sache, wenn man es vom Standpunkt eines Trading-Anfängers betrachtet: Es ist unpraktisch in allen mentalen Beziehungen, zeitlich im höchsten Grade unökonomisch und alles andere als exakt in seinen Methoden. Am schlimmsten aber ist Folgendes: Man soll sich – einem Schwachsinnigen gleich – stets gleich verhalten, aber in der Regel resultiert aus diesem gleichen Verhalten immer etwas anderes.

Dagegen steht die im normalen Alltag zweifellos kraftvolle Vorstellung zu wissen, dass »viel« Bemühen »viel« Resultat nach sich zieht; denn genau das bildet den Rahmen jenes reizvollen Selbstbildnisses, das einen Menschen zeigt, der mit entschlossenen Zügen in der Welt unterwegs ist, um seine gewaltigen Gedanken zu verwirklichen. Wer also, ohne einen einzigen Gedanken nutzlos zu verlieren, gewohnt ist, seine Angelegenheiten mit der Exaktheit eines Taschenrechners zu erledigen, sprich: zu jedem beliebigen Zeitpunkt von gleichen Voraussetzungen dieselben Ergebnisse erwartet, der kann das Thema *Trading* scheinbar absolut nicht ernst nehmen.

Erschwerend kommt hinzu, dass gerade der Werdende das Werdende nicht will. Er ist zu ungeduldig dafür. So mancher Trading-Anfänger will einfach nicht warten, bis – nach langen und sündhaft teuren Tagen, endlosen Auswertungen und Studien – sich aus Erfahrungen mit dem *eigenen* Handelsstil und, wie wir noch sehen werden, dem eigenen *Arbeitsstil* sein persönliches Gemälde füllt. Stattdessen nimmt er lieber ein ihm angebotenes fremdes, vermeintlich fertig dastehendes »Bild« auf Treu und Glauben an. Als könnte ihm dies die Details, die Linien und Farben »seines« Gemäldes vorgeben, wirft er sich leichtgläubig und leichtfertig beliebigen Seminar-, Buch- oder Forumsaussagen in die Arme, statt sich auf das tatsächlich Lernens- und Erkennenswerteste zu besinnen: *sich selbst* …

Ja, es ist viel Langeweile zu überwinden, viel »Scheiß« vonnöten, bis man *seine* Farben, *seine* Pinsel, *seine* Leinwand gefunden hat! Und selbst dann ist man noch lange nicht Meister seines Fachs – aber wenigstens Herr in der *eigenen* Werkstatt.

Der Weg dahin ist weit. Und auf diesem Weg kann Trading die Hölle sein; und die Hölle selbst kennt nicht diese Wut, die einen vom Chartverlauf verschmähten Trading-Anfänger blindlings überfällt.

Das Leid, das mancher Trading-Anfänger erdulden muss, scheint in der Regel nicht nur alles andere als verdient, scheint *unberechtigt* zu sein, sondern ist immer auch völlig *unerwünscht*. Stellen wir uns spaßeshalber aber einmal folgende Frage: Zu welchen Tradern würden wir uns wohl in einer Börsenwelt entwickeln, in der es keine Verluste, keinen Schmerz aus unüberlegten, ungeduldigen Trades, keine Tage gäbe, an denen es einen innerlich schier zerreißt, kurz: wenn keine zu schlagende Schlacht in Sicht ist? Die Antwort lautete offensichtlich doch: Es gäbe keinerlei Grund, sich anzustrengen, nichts, was einen herausforderte, keine zu lösenden Probleme oder zu überwindenden Schwierigkeiten. Auf den ersten Blick wäre dies eine wunderbare Börsenwelt, das stimmt – und erschiene ja auch fürwahr als Wohltat. Ist es aber bei näherer Betrachtung nicht so, dass einzig und allein die unangenehme Erfahrung mit sich sowie die tagtägliche Umsetzung von anscheinend verstandenem, aber nur *scheinbar* verinnerlichtem Fachwissen einem Trader überhaupt erst einen fürsorglichen Umgang mit seinem *eigenen* oder ihm *anvertrauten* Geld und vor allem sich *selbst* als Händler entlocken können? Soll man wirklich die Segel streichen und einem Erlebnis ausweichen, sobald es nicht sofort und ausschließlich Wohlbehagen und Vertrauen erzeugt? Soll man also »abreisen«, wenn das Trading sich unheimlich, unverständlich, peinlich und anstrengend entwickelt? Nein doch, man sollte bleiben, sollte sich das ansehen und sich dem aussetzen, denn gerade dabei gibt es tatsächlich etwas zu lernen …

Daher könnte ich es meinen Zeilen auch in diesem Band nicht verzeihen, wenn sie ein solches Erlebnis wie den *aktiven Börsenhandel* nur mal eben grob streiften, ohne etwas von der Farbigkeit wiederzugeben, die dieser in so hohem Maße besitzt.

Damit es mir möglichst auch mit diesen Seiten wieder gelingt, mit den Ihnen bereits bekannten Romanhelden und deren Reaktionen allgemeine Probleme fernab von *Ein-* und *Ausstiegen* anzugehen, manchem Trader die Augen zu öffnen und damit die Möglichkeit zu geben, die Wahrheit auch ohne fremde oder dogmatische Hilfe zu erkennen, verweist auch dieser Band, so wie die gesamte Buchreihe einschließlich des Basiswerks *Das Große Buch der Markttechnik*, auf wesentliche Elemente im Trading und will dazu ermutigen, sich die enthaltene Botschaft doch mal in aller Ruhe anzusehen. Vielleicht finden Sie sie ja nachvollziehbar und einige Hinweise lockend, denn vor Ihnen liegt eine Geschichte, wie sie das Leben schreibt. Zudem könnte es sein, dass diese Geschichte auch mit Ihrem Trading, lieber Leser, das ein oder andere zu schaffen hat …

Und somit fangen wir erneut an, das Trading zu erforschen und die seltsame Hartnäckigkeit der Unvernunft zu verstehen, mit der es den Globus der Börsen umspannt. Wir wollen ihm auf die Schliche kommen!

Ein letzter, aber wichtiger Hinweis noch vorab: Wie gewöhnlich hängen Roman- und Fachteil eng zusammen, doch diesmal noch ein bisschen mehr … Daher lohnt es, nachdem dieser Band gelesen wurde, den Romanteil, nun mit dem Wissen des Fachteils, nochmals zu lesen.

Ihr

Michael Voigt

Danksagung

Wie bei den vorhergehenden Ausgaben möchte ich mich bei allen Beteiligten, die bei der Umsetzung des Buches geholfen haben, ganz herzlich bedanken. Vorangestellt gilt es wie immer meiner Assistentin Frau Posselt, die sich in unzähligen Stunden mit meiner Handschrift auseinandersetzen musste, meinen Dank auszusprechen. Ebenso möchte ich Frau Braun, Frau Hoffmann und Frau Boettger danken, die mir gewissenhaft bei der Korrektur von Fehlern halfen. Auch möchte ich Grit und Bernd für ihre Bemühungen meinen Dank aussprechen.

Ein Dank gebührt ebenso Holger und Erdal, die das Manuskript lasen und durch viele Bemerkungen zur Gestaltung des Buches mit beitrugen. Ich möchte auch meiner Familie ganz herzlich danken, die mir für den Zeitraum der Bucherstellung den Rücken freigehalten hat.

Was bisher geschah …

Das Große Buch der Markttechnik

Alles war eigentlich so, wie es sich Philip erträumt hatte: Er wusste, was eine Aktie war, am Terminmarkt long und short gehen konnte er auch, und mit Technischer Analyse kannte er sich ebenfalls schon ein bisschen aus. Alles eigentlich perfekt! Doch als Philip sein Praktikum in einem Handelsbüro begann, merkte er, dass da irgendwas nicht stimmen konnte! Denn: Immer, wenn er in den Markt ging, machte der genau das Gegenteil von dem, was er sich vorstellte.

Doch mit den Jahren seiner Ausbildung änderte sich alles: mehr Fachwissen, mehr Logiken, weniger mentale Verfangenheit. Mit Witz, ungestümen Emotionen und vielen Denkübungen schlug sich Philip durch den Dschungel des markttechnisch orientierten Tradings. Als Reiseführer dienten ihm einst, wie auch heute noch, seine Kollegen Hofner und Sander. Mit dem umfangreichen Wissen der beiden und den Abhandlungen über Markttechnik im aktiven Börsenhandel gelang es Philip, seinen Weg zu finden. Nun, Jahre später, bekommt Philip die Chance, selbst ein Reisebegleiter für den neuen Praktikanten Stan zu sein …

DER HÄNDLER – Band 1

Durch seine lange Ausbildung lernte Philip sich selbst nach und nach kennen. Dabei sind die Trades, an die er sich erinnert, mindestens so unheimlich wie manchmal die Gegenwart. Die Suche nach weiterer innerer Reife, Duplizierbarkeit und Beständigkeit wird für Philip an diesem Tag zum grotesken Abenteuer. Ein zufälliges Treffen mit einem anderen Trader wirft ihn aus der Bahn. Ecki hat durch sein unüberlegtes Trading innerhalb kürzester Zeit nicht nur sein Geld, sondern auch seine Familie und das schöne Haus verloren. Philip musste irgendwie der Frage nachgehen, ob ihm das auch passieren könnte, und gelangte am Abend vor dem Abflug nach Bangkok zu erstaunlichen Erkenntnissen …

DER HÄNDLER – Band 2

Philip – im Flieger nach Bangkok, um dort, in der Geschäftsstelle Bangkok, seinem Azubi Stan beim Trading ein bisschen unter die Arme zu greifen, fiel es in Anbetracht der Sichtweisen seiner Sitznachbarn in Bezug auf das Trading verdammt schwer, den Flug dorthin so richtig zu genießen.

Denn wieder einmal musste er sich eingestehen: Gott hat den Börsenhandel nicht erschaffen, und auch der Teufel lehnt jede Verantwortung dafür ab. Selbst der Horizont scheint sich vor dieser Bürde zu fürchten, denn die allgegenwärtige Trennungslinie zwischen den verschiedenen Handelsansätzen und Ansichten zum Börsenhandel verschwindet bei so manchem Trading-Anfänger in der flirrenden Hitze der Bars und der Nachrichten über alles versengende Kursveränderungen. Philip sah sich gezwungen, seine Nachbarn über die wahren Ansichten zum Trading aufzuklären, und wurde da von so mancher Gegenfrage überrascht …

DER HÄNDLER – Band 3

Für den Praktikanten Stan heißt Trading: Wer hat die stärksten Nerven? Und für den Rest seiner Kollegen: Wer blufft sich selbst in die Taschen, und wer kann es wirklich? Somit ist ein Trade eigentlich nur dann ein guter Trade, wenn der Trader dabei auch im Verlustfall sein Gesicht wahren kann und ein gutes Gefühl hat.

Leider hat sich das noch nicht überall herumgesprochen, und so denkt Stan allzu oft nur bis zur nächsten Tischkante und fühlt sich vom Pech verfolgt, denn ob Minus- oder Plustrade, egal: Er hat immer das Gefühl, ein gehetzter Stier zu sein. Philip beobachtet den Praktikanten bei dessen Ausbruchs-, Bewegungs- und Trendtrades und hält so manchen wichtigen Rat parat ...

Auszug aus Hofners Tagebuch:

Keiner genießt den wahren Geschmack des Tradings
außer dem,
der willens und bereit ist,
es gedanklich hinter sich zu lassen.

*

Die Jacht »Mary« schaukelte lautlos in einem kleinen Hafen in der Nähe von Samut Prakan, einer Gegend, die sich im Laufe der Zeit zum Saint-Tropez Thailands gemausert hatte. Der Himmel ging nahtlos in das blaue Wasser des Golfs von Thailand über und hüllte die auf Hochglanz polierte 20-Meter-Jacht in einen seidenen Mantel glitzernden Wassers.

Philip lauschte Johns letzten Einweisungen und starrte gleichzeitig auf das GPS-Navigationssystem. Heute erhielt Philips Ausbildung zum Profisegler den ersten praktischen Schliff, und er musste zugeben, dass seine Nerven etwas verrücktspielten. Gut, er hatte zwar die Tage zuvor von John mehrere theoretische Trainingseinheiten am Flipchart erhalten, aber jetzt ging es ans Eingemachte: Heute sollte er seinen ersten Wellen gegenübertreten und dieses ihm riesig anmutende Boot allein aus dem Hafen manövrieren – natürlich ohne an die anderen Boote mit all den heißen Mädels darauf anzuecken. Und dass Nick ihn hierbei permanent aufzog, machte die Sache auch nicht unbedingt einfacher.

Über den Jungs zogen kleine weiße Schäfchenwolken am strahlend blauen Himmel vorüber, einige Vögel kreisten um die Masten der Jacht, und am Ufer tummelten sich träge vereinzelte Touristen – die Einheimischen hatten sich längst in den kühlen Schatten ihrer Häuser zurückgezogen. Die Hitze war für Europäer unmäßig und die Schreckensherrschaft der Sonne von einer Unerbittlichkeit, dass die wenigen Schritte von einem Bootsende zum anderen – selbst mit nichts anderem bekleidet als einer Badehose – zu einem schweißtreibenden Unterfangen wurden.

»Schade, dass Stan nicht seetauglich ist«, bemerkte John und suchte nach seinen Flipflops.

»Erst die Charts, dann das Vergnügen …«, sagte Nick grinsend, ließ sein Handy zuschnappen, pfefferte es aus dem Handgelenk geschickt auf die beigen Ledersitze, steckte sich eine Zigarette an und ließ seinen Blick über den neben dem Jachthafen flach ins Meer abfallenden weißen Sandstrand schweifen, der sich dort mit dem Wasser zu einem immer kräftigeren Türkis vermischte. Nick kannte eine solche Farbe eigentlich nur vom Malediven-Bildschirmhintergrund seines Laptops. Bestens gelaunt bedachte er einige leicht bekleidete junge Frauen auf einer anderen Jacht mit seinem sympathischsten Lächeln.

Während Pascal, ein langjähriger Freund Johns, Schweizer und Arzt in einem der städtischen Krankenhäuser Bangkoks, die Fender – jene Ballons, die das Boot vor Beschädigungen schützen sollten – bereits aufs Deck zog, programmierte John das Navigationsgerät und warf einen letzten Blick auf die Wetterkarten. Philip rutschte derweilen unbehaglich auf dem Steuersitz hin und her. »Äh, John, willst nicht doch lieber du den Kahn hier rausfahren …?«

»Nichts da, das bleibt dein Job!«

Philip kratzte sich am Kopf. Zu dumm, dass er bis jetzt nur einen einzigen Drink intus hatte! Ein kleiner Mutmacher könnte jetzt bei Gott nicht schaden.

Nachdem Nick alles verzurrt hatte, streifte er seine Segelhandschuhe ab und ächzte schweißüberströmt: »So, fertig!« Er nahm sein halbvolles Glas und brachte einen Toast aus: »Auf eine tolle Fahrt!«

»Auf eine tolle Fahrt!«, stimmten alle ein.

John schälte sich nun grinsend aus seinem Hemd, griff zum Schaltpaneel und betätigte die Anlasser. Er gab Philip das Zeichen, und langsam schob dieser den Gashebel nach vorne und ließ die beiden schweren Einbaudiesel etwas lauter brummen. Ein unterarmdicker Wasserstrahl schoss unter dem Heck heraus und platschte deutlich hörbar ins Hafenwasser.

Philip drehte das Ruder seewärts. Die Jacht nahm langsam Fahrt auf und glitt gemächlich an den anderen Booten vorbei.

Nach einigen Stunden und etlichen brenzligen Situationen hatte das Boot den Hafen weit hinter sich gelassen. Alle Segel waren gehisst, und während der Fahrtwind in die aufgefiederten Segel blies und den Schweiß der vier Männer – dabei kleine Salzkrusten auf deren Haut hinterlassend – allmählich trocknete, lag das Boot ausgewogen auf dem Ruder.

Die Körper der Männer verwuchsen immer mehr mit den Bewegungen des Bootes und passten sich dessen Rollen und Stampfen an, bis sie es kaum noch spürten; sie wurden ein Teil des Windes und der See, für den die Zeit, der Raum oder gar ein Mensch keine Bedeutung hatten.

Und während die vier im Paradies schaumgekrönter Wellen dahinsegelten, nahm John das bis zum Überdruss bekannte Terrain in Augenschein: den Verlauf seiner heute Morgen noch ausgedruckten Charts …

Bei John folgte dieses wohlüberlegte Betrachten von rund 5.000 Charts aus den verschiedensten Märkten und Marktsegmenten einer bestimmten Regelmäßigkeit. Man könnte fast sagen, es handelte sich um eine Art *Gesetzmäßigkeit*, bei der jeder Handgriff dieser Arbeit seit Jahren fest eingefahren war. Johns Arbeit bestand also nicht in einem unbekümmerten Hineinfassen, Herausziehen oder unstrukturierten Durchwühlen dieser Papierhaufen. Keineswegs. Im Gegenteil, John warnte sogar stets davor, dass »objektive Beobachtungen« und die Suche nach dem richtigen Setup nicht von einem »subjektiven Erleben«, mithin Interpretieren, beeinträchtigt werden dürften. Johns verantwortungsvolle Arbeit endete folglich nicht mit dem eingehenden Studium jedes Charts, auch wenn diese aufgrund ihrer Darstellung zu einer Erwartung künftiger Entwicklung verleiten mochten. John ließ dies aber nicht mehr an sich heran. Im Interesse seines Ziels ließ er Erwartungshaltungen und Gefühle wie »Dieser Markt könnte v-i-e-l-l-e-i-c-h-t steigen … dieser Markt könnte e-v-e-n-t-u-e-l-l fallen…« nicht nur unbeachtet, sondern war stattdessen in der glücklichen Lage, diese vollständig ausblenden zu können. Ein Zustand, den er nach jahrelanger Übung erreicht hatte und welcher, nach seiner Meinung, zum Handwerkszeug jedes professionellen Traders gehörte. John wollte um der idealen Reinheit willen mithin nicht nach Sünden der Verführung fahnden, sondern ausschließlich nach den besten Setups, deren Spuren er zu entdecken und verfolgen wusste wie ein erfahrener Fährtensucher. Man täte Unrecht, erklärte John fortgeschrittenen Händlern stets, wenn man sich, nur um Neugier und Spannung zu erzeugen, einem Trading-

Anfänger gleich von minderwertigen Setups leiten ließe, damit gröblich gegen das zeitgleich anderweitige Vorhandensein idealer Phasen eines Trends verstieße und sich demnach nicht der Suche nach »dem besten Chartverlauf« unterwürfe, sondern der Neigung nachgäbe, sich vom Chart das Erstbeste aufschwatzen zu lassen, um damit sein Pulver vorzeitig sinnlos zu verschießen.

John suchte folglich nicht nach irgendwelchen Chartkonstellationen – nein, er suchte nach den *besten Setups*, nach den *besten Phasen* innerhalb bestehender Trends. Weil sich aber natürlich nicht nur 5-Sterne-Setups unter den Charts befinden konnten, sondern auch manche erst noch bevorstehende, sich aber bereits entwickelnde Setups, welche aufzufinden an sich nicht in Johns Absicht lag, die aber dennoch immer wieder in seine Hände gerieten, legte er diese in dafür vorgesehene Unterkategorien ab – drei an der Zahl. Alles andere wurde mit schonungsloser und mitleidsloser Strenge beiseitegelegt. Der inneren Natur des Tradings entsprechend, konnte John trotz detaillierter Auswahl natürlich nicht bei jedem Trade mit einem berauschenden Ergebnis rechnen, aber darum ging es ja auch nicht; der wahre Reiz lag darin, dass man, von der kaum vorstellbaren Vielfalt von Werten geleitet, so viele kraftvolle und dennoch aufs Genaueste einander zugeordnete Marktphasen finden konnte, dass es – eine *durchdachte* Diversifikation des Trading-Kontos vorausgesetzt – ganz unnötig wurde, diese nach Positionseröffnung unter Anstrengung aller Kräfte einzeln zu beaufsichtigen.

Philip hatte diese Verfahrensweise bei Hofner bereits beobachtet. Dementsprechend hatten diese beiden Händler für sich einen ähnlichen und effektiven *Arbeitsstil* entwickelt, welcher sie noch dazu von den seltsamen Fachdiskussionsduellen abhielt, die sich so manche Trading-Genossen mangels Anzahl der beobachteten Märkte tagtäglich lieferten: »Also, in diesem einen der drei von uns beobachteten Charts haben wir: *Dojis*, *eine Trendlinie* ... Wie, die siehst du nicht? – Na hier, die da! – Wie würdet ihr vorschlagen, sollen wir diesen Chart traden? Jetzt kommt schon, wir brauchen einen Trade! Wer ist für short? – *He*, wieso bist du für long? – Okay, der Trend, sagst du, ist besser so zu sehen. – Mhm, knifflig ... was sagen die anderen dazu? Ha, ätsch, siehst du? Die anderen sehen was, was du nicht siehst ... Und nun? – Ah, wir sollten besser mal einen Indikator als Entscheidungshilfe reinbasteln. – Franz, mach mal. – So, und nun? Wer kennt sich mit diesem Indikator-Dingsda aus? Ah ... der sagt *short*. So, so – tolle Show, dann hätten wir uns das ja sparen können. Also gut: dann short. Hey, hey, hey ... bitte alle noch mal kurz herhören: Wir müssen uns noch entscheiden, wohin wir den Stopp setzen ...«

John widmete sich zunächst dem Klemmordner mit der Aufschrift »4-Sterne-Setups«, um hier herauszufinden, ob seit der vorhergehenden Prüfung nun eine als wesentlich zu erachtende Veränderung eingetreten war. Im Durchschnitt verging eine Woche, manchmal vergingen auch zwei, bis ein Chart dieser Kategorie jeweils wieder an der Reihe war – Zeit genug, dass sich der Inhalt mancher dieser Charts gründlich veränderte: Einige angehende 5-Sterne-Setups verschwanden vorübergehend oder sogar endgültig, die innere Anordnung der Charts veränderte sich, neue Formationen traten an die Stelle der verschwundenen, oder aber – und das war Sinn der Übung – Charts waren nun bereit und ausgereift genug, um in den Klemmordner »5-Sterne-Setups« aufzusteigen; kurz: eine so große Anzahl von Bedingungen war erfüllt, dass der Trade in den Markt gestellt werden musste.

Um die Richtung und den Verlauf des jeweiligen Charts *schnell* in Augenschein nehmen und mit dem vor dem geistigen Auge gespeicherten Wunsch-Setup unkompliziert abgleichen zu können, bevorzugte John seine Charts seit Jahren in *ausgedruckter* Form, denn: Die im Ordner abgehefteten Papiere ermöglichten einen raschen Vergleich, und zwar ohne lästiges Softwaregenerve. John lehnte hier nach wie vor jegliche Vorabsortierung durch etwaige Filter als »viel zu zeitaufwendige Spielerei« ab. John kannte genügend Trader, die alle Menüpunkte ihrer Charting-Software auswendig kannten, die fummelten, probierten, testeten, tüftelten, sortierten, programmierten, sich in neuen Programmiersprachen schulten und erneut tüftelten, sortierten und laborierten. Gab man denen jedoch einen nackten Chart verbunden mit der Bitte »Trade doch einfach mal einen Tag!« in die Hand, kam nicht viel dabei herum. Wenngleich John auch Trader kannte, die beides konnten. Der Idealfall sozusagen.

John bezeichnete Chartprogramme und etwaige Programmierungen keineswegs als nutzlos und/oder unberechenbar, indes hielt er diese beiden Fragen nach dem »großen Radarbild« und »Was sagt die *Phase* des Trends?« für viel weniger pedantisch und genauer als sein Auge selbst, wodurch er – geprägt durch die vielen Jahre der Übung – zu einem hervorragenden Fachmann im manuellen Durchsuchen von Charts geworden war.

Während John also still einen Chart nach dem anderen durchsah – und es gab keine Feinheit, die ihm nicht wichtig genug und binnen eines Augenblicks aufgefallen wäre – , erkannte Philip, der ihn bei diesem Tun beobachtete, dass Aufmerksamkeit und Rhythmus jedes Mal genau der gleichen Zeit bedurften: nämlich knapp drei Sekunden. Philip schmunzelte anerkennend. Freizeit und Arbeit auf angenehme Art und Weise zu verbinden, so lautete schon immer das erklärte Ziel eines jeden technisch orientierten Traders. Das Ruder fest in der Hand, erkannte er erneut: John redete nicht nur davon, sondern lebte dies auch.

Johns Anblick erinnerte Philip an jenen Hinweis Hofners, den er zusammen mit der ersten größeren Handelsvollmacht nach seinen Lehrjahren erhalten hatte: »*Kein Händler* ist frei, sondern nur der, der *frei sein will*«; und in dessen Folge stieg Philip noch ein weiterer Standardsatz Hofners ins Gedächtnis: »Die Sehnsucht nach der eigenen Freiheit hat im Trading einen höheren Wert als die Freiheit ›alles tun zu können‹, mit der ein Trader ohnehin meist nicht viel anfangen kann und Unfug treibt, oder anders: Tu beim Trading, was in deiner Macht steht, akzeptiere, was nicht in deiner Macht steht, und lerne, Himmelherrgott, endlich einmal den Unterschied zwischen beiden kennen!« Philip hatte, vielen Trading-Anfängern gleich, lange unterlassen, sich während des Tradings seines Verstandes zu bedienen, und daher, anders als beim *Handelsstil*, keinerlei Gedanken an einen notwendigen *Arbeitsstil* verschwendet. Zwischen diesen beiden Begriffen existierte ein Unterschied der gedanklichen Entwicklung, der fast so groß war wie die Ausmaße zwischen Sonne und Mond. Es bedeutete also für Philip kein auch noch so kleines Glück, als er darauf kam – wie dies nach Beendigung seiner Trading-Flegeljahre geschah –, dass er in allem, was das Thema Trading umfasste, sich immer mehr des Begriffs des *Arbeitsstils* annehmen musste. Jetzt, als erfahrener Trader, wusste Philip, dass man seinen Arbeitsstil erarbeiten und mitunter umstellen musste, und das geschah aus keinem anderen Grund, als dass damit das gewünschte Handelssetup, sprich der eigene Handelsstil, und die Nerven, sprich die Ausgeglichenheit eines Traders, untereinander die letzte wohlwollende Verabredung treffen konnten.

John verschlang derweilen – eine unglaubliche Ruhe ausstrahlend – im Sekundentakt die zum großen Teil uninteressanten, langweiligen und oftmals unverständlichen Chartinformationen, und hin und wieder – nur wenn sich zeigte, dass der ein oder andere Chart die gewünschten Setups aufwies – unterbrach er ohne erklärende Worte seine Suche und zeigte Philip den Chart, wodurch dieser jedes Mal erneut mitlernte. Es war schön, John dabei zuzusehen, ja, so dachte Philip, es bedeutete eigentlich den Sieg seiner inneren Ausgeglichenheit, wenn John die Welt des Tradings für das Erzeugnis der Konzentration auf das *Wesentliche* und eines durchdachten langen Atems hielt, es daher aus vielen kleinen Tagewerken aus Abertausenden Einzelinspirationen von Charts zur Größe emporgeschichtet und nur darum so durchaus und an jedem Punkte vortrefflich war, weil ein erfahrener Trader jahrelang unter der Spannung ein und desselben Setups ausgehalten und mit *Willensdauer* und *Zähigkeit* seine stärksten und damit würdigsten Trading-Stunden ausschließlich der Suche nach 5-Sterne-Setups geweiht hatte.

Nicht ahnend, dass *Arbeitsstil* und *Handelsstil* heute einmal mehr zum Thema werden sollten, durchsuchte John weiter still seine Charts, während Philip mit vom Wind flatternden Haaren die »Mary« hart in den Wind drehte …

*

Zur gleichen Zeit ließ sich Stan auf Johns elegantem Bürostuhl nieder, nippte an seinem Kaffee und betrachtete Johns Arbeitsplatz. An der einen Wand hingen Schwarz-Weiß-Aufnahmen von John und seiner bildhübschen Frau. Sie zeigten das glückliche Paar in inniger Umarmung, sich küssend am Strand, beim Wandern oder bei einer sonstigen Freizeitaktivität. Selbstverständlich sahen die beiden auf jedem Bild absolut atemberaubend aus und lächelten fast wie professionelle Models mit strahlenden Gesichtern und wehenden Haaren in die Kamera. Die anderen Wände zierten zwei schöne Gemälde und etliche Fotos von Johns restlicher Familie. Auf Johns Schreibtisch erspähte Stan neben einem eleganten Schreibetui einige ausgedruckte Charts und eine alte Haftnotiz mit der Bemerkung: »Disziplin sticht Überzeugung«. Mit diesem Denkansatz huldigte John nichts anderem als der Geduld, der edelsten Stütze des Tradings.

Stan beugte sich gelangweilt vor, um die aktuellen Charts zu entziffern, die ihm auf den sechs großen Bildschirmen jetzt zur Nachmittagszeit entgegengezappelt kamen, und da …

Holla.

H-O-L-L-A!

OH W-O-W! Doppel WOW!

Ein *Punkt 2*, wie er schöner nicht hätte sein können. Dieser *Punkt 2*, das sah Stan sofort, war fachlich das Beste, was es gab. Eine echte Schönheit. Eine *Bellezza* der Trading-Welt. Alles an diesem Chartverlauf war perfekt: Nach einer weiten Abwärtsbewegung von fast 100 Punkten, gefolgt von einer zügigen Korrektur von 50 Punkten, stand der DAX-Future nun wieder kurz vor dem vorangegangenen lokalen Tiefpunkt des intakten Abwärtstrends, dem *Punkt 2*. Aus diesem Grund wäre die Frage »Was überwiegt: Angebot oder Nachfrage?« vorerst geklärt. Das Sensationellste aber war, dass knapp 30 Punkte darunter ein weiterer, ein größerer *Punkt 2* rangierte und damit die Frage »Wer kauft nach mir?« auch eine eindeutige Antwort fand. Insofern schien alles zu Stans Regel zu passen. Nur noch fünf Punkte fehlten bis zum Durchbruch durch den ersten *Punkt 2*.

Noch vier ...

Stan dachte an Johns Anruf heute Morgen zurück: Dieser hatte doch, neben einigen Hinweisen zur Stopp-Setzung für die offenen Positionen, auch grünes Licht für Trades auf diesem Konto gegeben, sofern diese in ausgesprochen guten Marktphasen angesiedelt wären und den fachlichen Regeln entsprächen und Stan ihn kurz vorher informierte. *Die ersten beiden Punkte sind doch wohl erfüllt*, dachte Stan und drückte die Kurzwahltaste auf seinem Handy.

Na toll! Großartig. Ausgerechnet beim schönsten Punkt 2 meines Lebens ist John in einem Funkloch! Fuck!

Ich könnt ihn einfach später anrufen ...?

John bekäme garantiert einen Heulkrampf vor Neid!

Stan betrachtete Johns offene Future-Positionen, deren Stopps er während dessen Segeltörns nachziehen sollte. In diesem Konto – die anderen Konten mit den Aktienpositionen wurden von Kim überwacht – waren eine größere Long-Position im Bund-Future sowie eine im Dollar-Yen und je eine Short-Position im Dow Jones und Russel-2000-Future. Erfreut nahm Stan zur Kenntnis, dass John im DAX-Future aktuell keine Position offen hatte, daher würde also einem Short-Trade nichts entgegenstehen, so jedenfalls dachte Stan, betrachtete den Chart und überlegte. Aus seiner Sicht müssten, wenn der DAX da drunterschnippte, 30, vielleicht sogar 50 Punkte drin sein. *Minimum!*

Wow! Damit würde ich sicher Eindruck schinden.

»*Gut gesehen, Stan!*«, wird John mich loben.

Es war, als wüsste der Markt um Stans momentanen gedanklichen Ringkampf, denn prompt stiegen die Kurse erst mal um acht Punkte. Stan erhielt auf diese Weise Zeit, um alles erneut zu überdenken, doch er wusste, er musste sich schnell entscheiden. Einen Trade auf dem großen Konto: Ja oder nein? Stan versuchte erneut, John zu erreichen: »The person you have called is temporary not available ...«

Fuck ...!

Stan beugte sich vor, um den Chart nochmals von Nahem zu betrachten.

OH NEIN! DIE TASSE!

... RUMS!

Ein Kaffeefleck. Auf seiner Jeans. *Na toll! Großartig!* Ausgerechnet vor dem wichtigsten Trade seines Lebens musste er sich natürlich bekleckern. Er schnappte sich ein Taschentuch und tupfte auf dem Fleck herum, mit dem Ergebnis, dass dieser nur noch größer wurde. Der DAX-Future fiel indessen erneut um 4 Punkte. Stan hatte damit nur noch wenige Punkte Zeit für eine Entscheidung. Wenn es gut ginge, würde John sagen: »Toll gemacht, Bambino! Echt! Mit diesem Trade hast du bewiesen, dass deine Ausbildung Früchte trägt. Glückwunsch. Weiter so!«

John würde mich bestimmt eher zur Sau machen, wenn ich mir nur wegen eines blöden Funklochs diesen Trade durch die Lappen gehen lassen würde.

Irgendetwas passierte in diesem Augenblick mit Stan. Irgendetwas, auf das er reagieren musste. *Ich muss was machen, da gibt es kein Vertun, am besten sofort. Die Frage war nur: Was?* Was zum Teufel machte man, wenn man an einem ganz normalen Handelstag plötzlich das Gefühl hatte, dass endlich der richtige MEGA-Monstertrade vor einem stand?

Der erfahrene Trader würde sagen: »Ganz einfach: Man kratzt seinen ganzen Mut zusammen und schaut zu, dass man sofort Land gewinnt! Denn wieso sollte ein Trade plötzlich besser sein als ein anderer? Oder anders ausgedrückt: Wenn dieser Trade megatoll ist, was waren dann die anderen? Und wenn es von Trade zu Trade Unterschiede in deren Wertigkeit gibt: Was um alles in der Welt sucht man dann vor einem Trading-Bildschirm?«

Aber Stan sah das nicht so ...

Also, was tun?

Mann, ist das aufregend hier!

Vielleicht sollte ich es einfach auszählen?

Geheimer Trick vom Schulhof!

Stan wusste, das klang albern bis verrückt, aber es funktionierte. Ehrlich! Trade – *Ja*. Trade – *Nein*. Trade – *Ja*. Trade – *Nein* ... Trade J-A!

Stan blickte sich verstohlen um. Kein Mensch weit und breit, also beugte er sich nach vorn, zog die Maus vorsichtig heran und begann, das Ordermenü aufzurufen. *Ah, jetzt kommt mein großer Auftritt!!* Stan blickte auf die Accountsumme: 21.233.120,00 Dollar. *Unglaublich!* Während Stan in der Regel seinen Handel mit ein, zwei DAX-Futures oder einigen CFD-Kontrakten bestritt, ruderte John locker mit 50 und mehr Kontrakten durch die Märkte. Je nach Zeiteinheit und Ziel konnte die Anzahl variieren. Beim Ausbruchshandel konnten es durchaus auch mal je nach Markt und Setup bis 200 Kontrakte sein. Stans Puls stieg, und seine Hände wurden feucht ...

Ruuuhig.

Klein anfangen.

G-a-n-z ruhig. Ruuuhig.

Wenn du der Mittelpunkt der Party sein willst, musst du irgendwann auch mal beweisen, dass du ein *Mann* bist, redete Stan sich ein und versuchte, seine schneller werdende Atmung zu normalisieren. Stan grübelte über die Kontraktanzahl. Heute Morgen hatte John hierzu keinerlei Hinweise gegeben.

... mhm, na dann einfach die Anzahl, die John immer handelt!

Müssen es wirklich gleich 50 Kontrakte sein? – Klar, das Konto gibt's doch locker her.

Klar!

Wenn John das kann, dann kann ich das doch auch! Chart ist Chart!

Du machst einfach dasselbe wie mit deinem einen Kontrakt.

Da John auf diesem Account – er hatte mehrere Accounts in dieser Größenordnung bei verschiedenen Brokern – dieselbe Handelsplattform wie Stan hatte, klickte Stan mit routinierter Mausführung die Stopp-Sell-Order an den mittlerweile wieder 10 Punkte entfernten *Punkt 2*.

Stopp SELL 50@5263

Pah! Na bitte, es funktioniert.

Stan hatte schon immer einmal mit sooo vielen Kontrakten handeln wollen. Jetzt würde er es den anderen beweisen. Da war er sich ganz sicher. Er wusste es – es würde brillant werden! Dieser Chartmoment gehörte ihm. *Jetzt kann ich zeigen, dass ich in der Lage bin, Geld zu verdienen.*

Da hörte Stan, wie sich jemand räusperte!

Oh-oh …

Stan hob den Kopf und erblickte …

Kim. Groß. Supersexy. Aus der Nähe betrachtet wirkte sie in ihrem Pulli mit V-Ausschnitt und den hochgesteckten schwarzen Haaren noch attraktiver.

Stan stockte der Atem, bis er bemerkte, dass sie ihm einen, gelinde gesagt, ziemlich verdutzten Blick zuwarf. »Ähm … Hi«, stotterte Stan peinlich berührt, und sofort schoss ihm das Blut ins Gesicht. Die denkt bestimmt, ich bin total gaga. »Kaffeefleck«, erklärte er und zeigte auf seine Jeans.

»So, so.« Kim nickte sichtlich belustigt. »Du weißt, dass die Jungs es nicht mögen, wenn man an ihre Rechner geht?«

»Du … ähm … ist … nur … kurz …« *Oh Gott! Peinlicher geht es wirklich nicht.* Aber sollte er stattdessen sagen: »Oh, hallo. Ja, ich trade gerade mal mit 50 Kontrakten einen untergeordneten *Punkt* 2 in Richtung eines übergeordneten *Punktes* 2 im DAX-Future, aber sonst geht es mir gut, danke.«

Kim blickte noch immer verdutzt.

»Ich soll doch für John die Stopps der offenen Position kontrollieren, solange er auf dem Segeltörn ist«, klärte Stan sie auf und zeigte ihr Johns Zettel.

»Alles klar«, nickte sie und wandte sich um, dann hielt sie inne. »Nur Stopps nachziehen! Ohne Erlaubnis von John wird da nicht gehandelt!«

»Klar. Ist doch logisch«, erwiderte Stan mit einem Lächeln, so breit, dass es fast wehtat, nickte und versuchte zugleich verzweifelt, möglichst unschuldig auszusehen.

»O-okay.« Ihre dunklen mandelförmigen Augen blitzten kurz auf. »Ich gehe dann mal wieder.« Kim drehte sich um und trabte über den Korridor von dannen.

»Danke«, flüsterte Stan, sah ihr nach und bekam plötzlich eine Gänsehaut.

Hach, P-o-s-i-t-i-o-n!?

Noch 3 Punkte bis zum Erreichen der Order. Stan probierte ein drittes Mal vergeblich John zu erreichen, und während er noch ein wenig über den Fleck auf seiner Jeans rieb, stieg der Markt mit einem Schlag um 7 Punkte, um dann auf der Stelle zu drehen und sich langsam und erneut Stans Stopp-Sell-Order zu nähern. Stans Schultern hoben und senkten sich in den gewaltigsten Atemzügen – fast hätte man seinen Pulsschlag über Google Earth sehen können. Stan gab damit jene gewaltsame, krampfhaft angespannte Ruhe von sich, die so mancher Trader, einem Raubtier vor dem Sprung gleich, demonstrierte. Er hielt die Hände vor dem Munde gefaltet, als der Markt endlich, aber mit ganz langsamen Tick-Veränderungen über seine Order hinwegkrabbelte. Auf der 5.263 wurde seine Position eingestoppt, und Stan fühlte sich plötzlich ähnlich wie Pandora, nachdem diese ein gewisses Gefäß geöffnet hatte – Pandora konnte zwar nichts sehen, aber sie spürte zweifellos, dass dieses Nichts möglicherweise weitreichende Folgen haben würde …

Der Markt hielt sich einige Sekunden – für Stan gefühlte zwei Jahre – bei dem Kurs von 5.264, um dann plötzlich mit einem riesigen Bums in Richtung Süden durchzustarten. *Was für ein Anblick!* Mit einem gewaltigen roten Candle katapultierte der Markt Stan und seine Position in den Trading-Olymp: 13.750 Euro Kursgewinn binnen Sekunden.

Strrrike!

Strrrike! S-t-r-r-r-i-k-e!

Stan war sooo stolz auf sich, dass er es auf seinem Stuhl nicht mehr aushielt. Er schnellte in die Höhe, reckte seine Glieder, tanzte zweimal um den Schreibtisch herum, presste schließlich seine Nase gegen die riesige Fensterfront und sah hinunter auf den leicht abfallenden Garten: Es war ein herrlicher Tag, flauschige weiße Wolken zogen über den blitzblauen Himmel. Sein Blick fiel auf das kleine Geisterhaus, dessen Installation in Thailand fast schon Pflicht ist, weil beim Bau eines Hauses die an diesem Platz lebenden Geister verjagt werden und ihnen daher das Geisterhaus als Ersatz-Zuhause angeboten wird. Dies ergab nur Sinn, wenn man wusste, dass die Thais vor Geistern – den *phi* – wirklich große Angst haben. Deswegen versorgte Kim die im Geisterhaus lebenden Geister tagtäglich mit den geklauten Speisen der Jungs, um ihnen so ein angenehmes Leben zu ermöglichen. Stan atmete tief ein. Er liebte Bangkok. Er liebte Thailand. Er liebte die Hausgeister. Er liebte das Leben. Er liebte einfach alles. Heute war sein Tag, das spürte er: Ab heute gehört er zu den *Großen*! *Den gaaanz Großen!*

Drei Minuten vergingen. Fünf. Stan bekam langsam Krämpfe in den Fingern vom SMS-Schreiben, schließlich sollten seine Mitbewohnerin Lilly und alle seine Freundinnen – und das waren derzeit drei – an seinem momentanen Trading-Glück teilhaben. Und es war nur recht und billig, erste SMS-Anfragen ausführlich zu beantworten, während der Markt fiel und fiel …

Name	Position	Traded	P/L Points	P/L	Time (MEZ)	Last Quote	Bid	Ask
FDAX	-50 K	5.263	+16	20.000 €	08:52:21	5.247	5.247,0	5.247,5

Stan ging mit seinem Handy in die Küche. Es erfüllte sein Ego mit großer Genugtuung, dass er sich auf dem Designersofa den Bauch mit dem von Kim mitgebrachten Kuchen vollstopfen konnte, während das gewöhnliche »Trader-Fußvolk«, zu dem er bis vor wenigen Minuten ja auch noch gehört hatte, sich wegen lächerlichen 200 oder 300 Euro den ganzen Tag die Nase vor den Schirmen plattdrückte. Als Stan sich ein weiteres Stück von dem seltsam aussehenden, aber sensationell lecker schmeckenden Kuchen in Form eines Krapfens nehmen wollte und sich vornahm, dem Hausgeist im Garten heute ebenfalls persönlich eine Belohnung vorbeizubringen, kam Kim in die Küche und wollte sich eine Tasse ihres chinesischen Tees holen, der für Stan irgendwie nach Fischsuppe schmeckte.

»Und«, fragte Stan schmatzend, »was macht die Arbeit?« Dabei nahm er einen weiteren Bissen von seinem Kuchenstück und richtete seinen Blick mit einem solch überfreundlichen Ausdruck auf Kim, dass diese kopfschüttelnd die Küche verließ, ohne die ohnehin nur rhetorisch gemeinte Frage zu beantworten.

Der Markt fiel indes langsam weiter und weiter, und als Stan im siegeshaften Sturmschritt zurück ins Büro rauschte, blieb er zwei Meter vor Johns Rechner plötzlich gebannt stehen. Selbst aus dieser Entfernung wurde ein vollkommen göttliches Chartbild sichtbar: eine weitere rote Kerze in so ausgemachter traumhafter Art begann, dass Stan eine Grimasse schnitt. Seine Position lag nun mit sage und schreibe über 27.500 Euro vorn. In Gedanken versunken sah sich Stan schon mit einem Stapel druckfrischer 100-Dollar-Noten wedeln. *Es war sooo cool. So dermaßen cool.* Stan drehte sich einmal mit Schwung auf Johns Bürostuhl um sich selbst. Dabei überfielen ihn kitschige Visionen: Er sah sich vom Dach des Baiyoke Tower II, dem höchsten Gebäude Thailands, springen; die Menschen, die ihn von oben kommen sahen, hoben ihre Hände, um ihn aufzufangen und über ihren Köpfen weiterzureichen. *Skyscraper-Diving, wie geil!*

Stan drehte sich ein weiteres Mal mit Schwung auf seinem Bürostuhl herum und sah sich am Ende des Tages am Pool liegen, in jedem Arm eine fantastische Frau und einen, ach was, zwei 911er-Porsche in der Einfahrt. Er würde durch die Straßen flanieren und dabei von der Bangkoker Klatschpresse fotografiert werden. »Stan, der Supertrader. Stan, der Junior-Warren-Buffett.« Vielleicht sogar: »Stan, der *beste* Trader der Welt!«

Alles lief 100-prozentig nach Plan. Stan verliebte sich erneut in das Trading und vergaß all die grässlichen Tage, in denen der Chart zwischen Nähe und holder Ferne den Bogen um ihn spannte und abwechselnd rot oder grün schimmernde Feuersäulen von Gier und Angst zu Stan hinaus sandte, nur um diese Gefühle meist schon wenige Minuten oder Stunden später als negative Trades in Form säuberlich zerriebener emotionaler Tonasche zu Boden niederrieseln zu lassen – ohne ihn auch nur den kleinsten Schritt in Richtung eines beständigen *Handels-* und *Arbeitsstils* weiterzuführen, wo doch dort der Zielpfosten stand, der zur inneren Ruhe führte.

Stan warf erneut einen Blick auf die Monitore: *Tja, als Chartexperte merkt man eben, was ein guter Trade ist*, sagte er zu sich selbst und prostete sich dabei fiktiv zu. Der Chart, der Zeitpunkt, alles stand auf »Go!«.

Ich bin eben kein »Hey-willste-mal-ein-paar-Mark-machen-Penner«!

Stan drückte die Wahlwiederholung seines Handys, um John endlich von seinen Erfolgen berichten zu können, aber immer noch erklang: »The person you have called is temporary not available …« Stan zuckte mit den Schultern. *Dann halt eben nicht. Genieße ich die Party eben alleine …*

»Gib Gas, alter Junge«, feuerte Stan den Markt an und nahm sich vor, noch ein paar Pünktchen abzuwarten, dann den Gewinn einzustreichen, am Bildschirm auf einem Post-it einen Smiley mit dem Zusatztext »Stan, der Tradetitan!« zu hinterlassen und sich anschließend mit einem Luftkuss Richtung Kim für den heutigen Tag zu verabschieden.

Das war der Plan.

War aber nicht so.

Und es kam, wie es kommen musste, nämlich … ganz anders!

Knapp 20 Minuten später strebte der Markt immer weiter nach oben, einem lokalen Hoch entgegen – zumindest kam es Stan beim Anblick seines Positionsfensters so vor. Stan erwischte sich dabei, dass er mit einem schockgefrosteten Lächeln anfing, nach dem *Exit*-Button Ausschau zu halten, fasste jedoch immer wieder den festen Vorsatz, irgendwie männlicher zu werden. *Du bist ein Mann, du bist ein Mann, du bist ein Mann, du hältst das aus, du hältst das aus, du hältst das aus, du bist ein Mann …*

Einige Sekunden später, die ihm wie Stunden vorkamen, fragte sich Stan, warum er nicht bei seinem ursprünglichen Restaurant-Beruf geblieben war. *Das brachte zwar weniger Geld, aber dafür inneren Frieden*, dachte er und wartete aufs Bestimmte, dass der Markt gleich wieder drehen würde. *Drehen musste!* Aber der tat nichts dergleichen, und Stan entschlüpfte ein zischend hervorgestoßener Ausruf des heftigsten Erstaunens, als er bemerkte: Er ruhte nicht mehr in seinem Stuhl, er kauerte auf der Stuhlkante wie zum Versuch der Abwehr oder Flucht. Nach weiteren 30 Sekunden läutete in seinem Kopf eine erneute imaginäre Warnglocke: »Raus, RAUS, R-A-U-S …«, was Stan aber, wenn auch mit zusammengepressten Lippen und mittlerweile schweißnassen Händen, zu ignorieren versuchte. Nun begann auch noch sein linker Fuß rhythmisch hin und her zu zucken. Aber diesem logischen Verlangen, dem ausgewiesenen Geldbetrag der Position, nachzugeben, kam selbstredend nicht in die Tüte! *Der Wille ist stärker als das Fleisch*, ermahnte sich Stan und wischte sich die mittlerweile übergroßen Schweißtropfen von der Stirn. Am ganzen Körper leicht bebend und mit einem Lächeln, das eher einem Weinen glich, betrachtete Stan fassungslos seinen Positionsbetrag, der – scheinbar die rechte Überholspur des Tradings benutzend und die *Minus 20.000 Euro* hinter sich lassend – nun beharrlich immer weiter Richtung *Minus 30.000 Euro* donnerte. Stans hochroter Kopf drohte, vor lauter Druck zu platzen.

Wenige Sekunden später ging erst durch die Times-&-Sales-Liste und dann durch Stans Körper ein riesiger Ruck. Stan hätte, wie auch immer, hier und jetzt einfach nur ein paar oder besser alle Kontrakte schließen können, aber seine Hände hatten sich mittlerweile derart in seinem Schoß verkrampft, als wolle er einen thailändischen Tiger würgen; sein ganzer Körper hatte sich so zusammengekrümmt, dass ein zufälliger Betrachter den Eindruck hätte gewinnen können, Stan lenke die Maus, indem er seine Zähne in sie geschlagen hatte und nur kleine ruckartige Bewegungen mit dem Kopf machte. Stans Beine zuckten so unkontrolliert, dass das Wasser im Glas auf dem Schreibtisch anfing, Wellen zu schlagen und überzuschwappen.

»Bitte, dreh! B-I-T-T-E …«, kam keuchend aus Stans Mund, und er blickte sich suchend im Handelsbüro um. Aber keine Hilfe weit und breit; er war allein auf weiter Flur. Niemand war da, kein Actionheld, kein Börsenfernsehschlaumeier, nicht mal ein Talkshowmoderator, der mit betroffenem Blick und einem »Und das ist mir jetzt persönlich wichtig …« hätte beruhigend auf Stan einwirken können. Stattdessen musste Stan mit verrenkten Gliedern und einem grausamen Krampf in den Pobacken dabei zusehen, wie seine Position immer weiter und tiefer in die Verlustzone raste.

»Bitte, dreh! B-I-T-T-E …«

Unkontrolliert traktierte Stans Hinterkopf die Lehne des Stuhls, wie ein tibetanischer Trommelmönch, der zum Gebet ruft. Stan spürte überdeutlich, wie sich nackte Panik in ihm breitmachte, und war sich fast sicher, dass der ausgewiesene Positionsbetrag dabei eine diabolische Freude empfand. Stan konnte es körperlich spüren. Stoßartig verließ die Luft seine Lunge. Na prima, jetzt lag er auch noch in den Wehen. Aber wahrscheinlich würde so mancher Trader beim Anblick dieser Position nach Luft schnappen:

Minus 37.500 Euro!

Etwas Abscheuliches, Widerwärtiges kroch mit kalten Klauen an ihm empor, ergriff inwendig seinen Hals und rüttelte ihn wach. Stan setzte, ohne nachzudenken, einen Stopp, um diesen in den kommenden Minuten vier Mal hintereinander um einige Punkte zu versetzen. Jedes Mal, wenn der Markt seiner Stopp-Order nahekam und diese auszulösen drohte, gab er dem Markt einfach weitere Punkte »Luft«, was sein sowieso kaum noch vorhandenes Selbstbewusstsein jeweils ein weiteres Stück dahinschwinden ließ. Zu guter Letzt und am Rande seines dahinschwindenden Bewusstseins löschte Stan die Stopp-Order einfach aus dem Markt und stellte damit den Urzustand wieder her, was der Markt dankend mit weiter steigenden Kursen quittierte.

»Nein, NEIN! Bitte, dreh. Dreh doch! B-I-T-T-E …«

Es half alles nichts, Stan musste raus aus der Position. *Ganz egal, wie.* Vor Qualen keuchend, zwang Stan die Maus nach rechts und schmiss dabei fast das Glas Wasser von der Tischkante. Aber solche Nichtigkeiten tangierten ihn im Moment überhaupt nicht. Mit einem vor ohnmächtiger Enttäuschung krächzenden Aufschrei Stans kam der sich bis dahin ständig bewegende Positionsbetrag durch die immer mögliche Market-Order der Erlösung zum Stehen, und eine noch weitere Vermehrung des Verlusts war vorerst abgewehrt.

Die nun einsetzende Ruhe schien Stan einladend zuzuwinken, aber das konnte auch eine Halluzination sein. Er rieb sich die Augen und beugte sich so weit vor, dass er mit seiner Nase den Bildschirm berührte. Er las sein Minus laut vor – es klang irgendwie unwirklich. Doch all das half ihm keinen Zentimeter weiter. Die Zahl in ihrer Gesamtbedeutung zu verstehen, dafür war er noch irgendwie viel zu grundverwirrt.

3-2-5-0-0 E U R O MINUS ?!

Zitternd wie vertrocknetes Buschgras im heißen Steppenwind fiel Stan fast aus dem Stuhl und trottete mit hängenden Schultern auf die Küche zu. Trotz seiner kraftlosen Glieder gelang es Stan, die Tür zur Küche aufzustoßen und sich in die angenehme Kühle zurückzuziehen. Sein Gesicht war bleich, über seinen geröteten Augen klebte ihm ein Haar an der Stirn, und die Hand, in der er sein leeres Glas hielt, zitterte unaufhaltsam.

Wo vorher Stan gesessen hatte, hockte nun Kim auf dem Designersofa und aß genussvoll ein Stück Kuchen. Sie schaute Stan entsetzt an und murmelte: »神志失常«, was sinngemäß übersetzt so viel wie »Armer Kerl« bedeutete, während ihre Augen misstrauisch aufblitzten.

»Schwerer Job!«, argumentierte Stan auf Kims fragenden Blick, hob die Schultern und versuchte zu lächeln, aber es blieb bei dem Versuch. »Der Scheißmarkt fällt einfach nicht!« Ehrlich gesagt fand Stan gerade jegliche Unterhaltung zum Aus-der-Haut-Fahren, wahrscheinlich rief er deswegen ein wenig zu gekünstelt enthusiastisch: »Aber egal!«

»Warum sollte er denn fallen?«, forschte Kim, Stan fixierend.

»Weil …«, begann Stan, mit einem Ansatz verhaltener Freude, biss sich aber vor Schreck sofort auf die Lippen. *Tausend Euro für jeden, der mir sagt, was ich hier mache. Wenn ich mich jetzt verplappere, fliegt die Kiste schneller auf, als ich zwinkern kann.* Viel Zeit hatte Stan wirklich nicht, denn für gewöhnlich dachte man nicht minutenlang nach, wenn man nach dem Markt gefragt wurde, also riss er sich zusammen und fügte schnell, eine verlegene Pause vermeidend, hinzu: »John ist doch short.«

»Du weißt ja: Nur Stopps nachziehen!«, mahnte Kim und warf Stan einen »Wag-es-ja-nicht!«-Blick zu.

Stan gab ihr seinerseits mit einem lächelnden Blick zu verstehen: *Halt dich mit deinen Scheißkommentaren zurück*! Er stellte sein Glas ab, drehte sich um und schlurfte auf die Toilette. Er ließ Leitungswasser in seine hohle Hand laufen und kühlte sich damit das Gesicht, was das Übel aber keineswegs verbesserte. Das Hochgefühl des Nachmittags war im Laufe der Ereignisse der letzten Stunde gewichen und hatte sich in Wut verwandelt. Vor dem geräumigen Waschbecken stehend, dessen Wasserhahn im Lichte blitzte, starrte Stan aus dem Spiegel ein müde wirkender, junger Mann entgegen. *Wer ist das?* Stan erkannte sein Gegenüber überhaupt nicht, denn er hatte das Gesicht eines jungen Mannes erwartet. Nun aber sah er erschlaffte Gesichtszüge, eine traurige Ratlosigkeit ausdrückend. So konnte es gehen: In einem Moment war man jung, knackig, voller Energie und das Leben lag vor einem, und schon im nächsten Augenblick schlitterte man in ein Riesenloch. Wenn es nur helfen würde, würde Stan sofort nach Hause gehen und künftig zu allen ganz lieb sein, seine Freunde gut behandeln, an Weihnachten in die Kirche gehen, nie wieder schmatzen oder mit offenem Mund essen, seine Eltern jeden Tag anrufen und allen Aufrufen zu Spenden bereitwillig folgen. *Amen.*

Mit hervorquellenden, leicht blutunterlaufenen Augen überdachte Stan beim Anblick seiner zitternden Hände seine Situation und resümierte, während er sich wie ein Raubtier im Käfig fühlte:

1. *Ich habe ohne Erlaubnis einen Trade gemacht.*
2. *Ich habe mit dieser Position ein Minus von 32.500 Euro eingefahren. – Schluck.*
3. *Die Stimmung ist jetzt dementsprechend im Arsch – und ich auch.*
4. *Demnach bleibt als logisches Resultat nur: Ausgangssituation wiederherstellen!*
5. *Aber wie? Ist dazu nicht ein neuer Trade lebensnotwendig?*

Stans müde Augen flammten kurz auf, und in einem trockenen Ton murmelte er: »Ja. Ja. Verdammt noch mal, ja!« *Da ich gar nicht hätte handeln dürfen, ist ein weiterer Trade sowieso egal! Der neue Trade muss das Minus umgehend ausgleichen!*

6. *Und wann? Am besten gleich!*

Stan huschte eilig zurück vor Johns Rechner. Kims fragenden Blick auf dem Flur ignorierte er. Als er erneut sein Tagesergebnis in roten Zahlen sah, waren die letzten Zweifel über einen weiteren Trade komplett ausgeräumt. Jetzt wollte er nur noch das für ihn riesige Minus eliminieren und in Würde von diesem Planeten treten.

Der DAX-Future war gegenüber dem Kurs zu Stans Positionsschließung zwar um 10 Punkte gefallen, stand aber momentan relativ still. Stan war so angespannt, dass er, weil seine Hände so sehr zitterten – schließlich hing von diesem Trade sein weiteres Lebensglück ab –, den Mund zum nachgefüllten Wasserglas führte statt umgekehrt. Durch tiefes Einatmen versuchte er, eine entspanntere Haltung einzunehmen – was ihm jedoch nicht gelang, und er wünschte fast, er hätte sich vorher völlig betrunken, dann müsste er dies nicht alles bei vollem Bewusstsein erleben. Stan fühlte sich wie der Hund Struppi aus dem Comic »Tim und Struppi«. Wenn dieser sich zwischen einer guten und einer bösen Tat entscheiden musste, saßen ihm plötzlich zwei kleine Struppis auf den Schultern: ein böser schwarzer auf der einen und ein guter weißer auf der anderen, und beide flüsterten ihm in die Ohren. Der schwarze versuchte, Struppi zu allerlei Ungehörigkeiten zu überreden, der weiße dagegen wollte ihn auf den Pfad der Tugend lenken oder ihn dort halten … Auf Stans Schultern kauerten natürlich keine Struppis, sondern kleine Stans, und der schwarze Stan hatte heute eindeutig Oberwasser!

Du schaffst das!

Ist doch ganz einfach!

Einfach draufhalten! Man muss auch mal an sich glauben, und dann kommt der Rest von ganz allein. Stan bereitete, der lauteren dieser beiden inneren Stimmen – also der schwarzen – folgend, nun zwei Orders vor: *fünfzig Kontrakte Market short und fünfzig Kontrakte Market long* – nur ein *Klick* sollte nun genügen.

Die weiße Stimme ließ ihn sich zwar kurz noch die Frage stellen, ob es nicht sinnvoller wäre, anstatt fünfzig Kontrakten weniger zu nehmen, der kleine schwarze Stan hielt indes dagegen: *He, klasse Idee! Wie wäre es mit hundert Kontrakten?! Doppelt oder nichts!* Da sich beides komisch anfühlte, beschloss Stan kurzerhand, auf dem Altar dieser Frage keine weiteren grauen Zellen zu opfern und an der Positionsgröße nichts zu ändern.

Der DAX-Future stand weiter nahezu still. Beim kleinsten Zucken nach unten oder oben würde Stan abdrücken. *BUM*. Stan fühlte sich schlagartig in den Film »Spiel mir das Lied vom Tod« versetzt: Vor ihm lag wie ausgestorben ein kahler, baumfreier, staubiger Platz. Die Mittagssonne brannte erbarmungslos herab. Das Herzstück dieses Ortes war umrahmt von grauen Häusern, aber weit und breit ließ sich keine Menschenseele sehen. Alle Einwohner versteckten sich hinter den verstaubten Fenstern, nur gelegentlich verriet die leichte Bewegung einer Gardine die aufmerksame und bis zum Zerreißen gespannte Anwesenheit menschlichen Lebens. Lediglich ein einsamer Vogel kreiste über der trostlosen Szenerie in der Luft. Stans Finger spannte sich um den Abzug. Seine Augen blitzten entschlossen, während er mit völliger Konzentration sein Ziel fixierte: Dort stand er, der DAX: *eine große, fette Scheißzahl*. Selbst die kleinste Bewegung würde Stan nicht entgehen, und dann …

Ah …

Da!

Ein Zucken verrät den Gegner. Er will … nach UNTEN!

Im Bruchteil einer Sekunde entlud sich die gesamte über der kleinen Stadt liegende Spannung in einem Krachen – ein Schuss fiel. Eine Menge emotionaler Staub wirbelte auf … und durch diesen erklang dumpf das Geräusch weglaufender Füße. Ein Pferd wieherte, sich entfernendes Hufgetrappel wurde untermalt von peitschenden Zügeln und heiseren Anfeuerungsrufen.

Mit derselben Geschwindigkeit, mit der sich der Staub langsam verzog, verblasste die Szene, veränderte sich. Revolver wurde Maus, die staubige Hauptstraße zu Johns im grellen Nachmittagslicht Südasiens liegenden Büro, der riesenhafte Gegner der Schießerei zur Wand aus Bildschirmen auf Johns Schreibtisch. Im gleichen Tempo klärte sich Stans Blick auf den Chart …

Jeder Trader weiß: Wenn Panik aufkommt, dann langsam. Sie kriecht förmlich. Eigentlich müsste Panik, als mentale Vorstufe wilden Ausrastens, wie der Blitz bei einem Trader einschlagen und, da Panik gewöhnlich mit einem Minustrade zusammenhängt, fieberhafte Reaktionen bei ihm auslösen. Stattdessen stößt sie jedoch meistens an eine fast undurchdringliche Wand, nämlich die Abneigung des Traders, die Gewalt über sich und den Trade zu verlieren. Daher beschleicht sie den Trader zunächst nur über den Chart, sozusagen auf Zehenspitzen. Allmählich nimmt sie zu und … eine andere Metapher ist vonnöten: Sie wird zu einem plätschernden Bach, dann zu einem anschwellenden Flüsschen, das mehr und mehr Regionen des Unterbewusstseins füllt und gleich einem unterirdischen Grundwasserstrom immer neue Kammern und Gänge auswäscht, sodass nicht nur das feste Fundament, sondern auch das Verhalten eines Traders bedenklich instabil wird. Folglich ist es wichtig, dass ein Trader sich dagegen sträubt, Panik aufkommen zu lassen, was sich, je nach Höhe der Schieflage, allerdings meist als unmöglich erweist.

»Bitte, dreh! B-I-T-T-E-!«, jammerte Stan, als er entsetzt auf den jetzt wieder steigenden Kurs und seine Short-Position starrte. Die Vermutung regte sich bereits in ihm, dass er erneut auf dem falschen Dampfer war; welcher gleichwohl schlussendlich der richtige gewesen wäre, blieb im Nebel der durch den Chart verursachten Verwirrung undeutlich. Die einsetzende Panik wirkte auf Stans Gehirn wie flüssiger Stickstoff: Sie fror es ein, machte es starr und bewegungsunfähig. Botschaften des Charts sprangen zwar noch von einer Nervenzelle zur anderen, wurden aber überdeckt oder erreichten ihr Ziel nicht mehr, weshalb bei Stan jene Denkprozesse blockiert wurden, die generell einen vernünftigen Handel, eine vernünftige Stopp-Setzung oder gar eine Positionsschließung hätten einleiten können.

Mit zitternden Händen führte Stan sein Glas an die Lippen und erkannte, dass es besser war, sich endlich zusammenzureißen. Schließlich musste er, falls – was buchstäblich jederzeit der Fall sein konnte – Kim aufkreuzen sollte, entspannt und souverän wirken, so als wäre die Kontrolle von Johns Positionen hier keine große Sache. Zitternd lief Stan zwei Runden um den Schreibtisch. *Beruhige dich!* Zurück auf Johns Stuhl, rutschte er darauf hin und her und versuchte, das Gedankenkarussell in seinem Kopf zum Stehen zu bringen:

Was, wenn dieser Trade noch weiter ins Minus rutscht?

Was, wenn der Kurs durch meinen Stopp durchknallt? … Moment, ich habe ja K-E-I-N-E-N!

Was, wenn ich das ganze Konto plattmache? Oh Gott!

Was, wenn …

Aus!

Sofort Schluss mit dem Grübeln und der Schwarzmalerei!

Aber irgendwie lief einfach nichts nach Plan. Stan konnte sich partout nicht entscheiden, wo der Stopp nun schlussendlich hingehörte, denn da, wo er laut *Trend-* oder *Bewegungshandel* liegen müsste, verlor er entschieden zu viel Geld – wenn ausgelöst. Um erst einmal Zeit zu gewinnen, entschied sich Stan dazu, den Stopp einfach pauschal 10 Punkte über den aktuellen Kurs zu platzieren. Und gerade als Stan den Stopp ins System eingegeben hatte, begann der Markt, weitere Punkte anzuziehen. Zweimal innerhalb weniger Minuten und frei nach dem Motto »Was interessiert mich mein Geschwätz von gestern?« verschob Stan kurz vor Erreichen seines Stopps diesen jeweils pauschal um ein paar weitere Punkte. Beim letzten Mal schwor er sich, diesen Stopp aber nicht noch ein drittes Mal zu verschieben. *Großes Pfadfinderehrenwort!* Stans Überschlagsrechnung ergab, dass bei Erreichen des derzeitigen Stopps ein Eurobetrag fällig wäre, der in *seiner* normalen Wertvorstellung von Geld kaum noch fassbar war; was dazu führte, dass der Ärmste durch sein zusätzlich nun einsetzendes schlechtes Gewissen nur noch mehr durcheinandergeriet und es ihm unmöglich wurde, sich auf das aktuelle Problem und seine Lösung zu konzentrieren.

Die zweite 10-Minuten-Periode seit seiner Positionseröffnung startete. Stan trank, mehr um sich zu beschäftigen als aus Durst, einen weiteren Schluck Wasser und wünschte sich abermals die beruhigende Wirkung eines promillehaltigen Getränks. Da er sich gerade einer einzelnen offenen Minusposition gegenübersah, die fast schon höher ausfiel als die Summe aller Fehltrades seiner bisherigen Karriere vor dem heutigen Tag zusammengenommen, war es nicht weiter verwunderlich, dass seine Nerven blank lagen. Der rechts neben dem Chart durchlaufenden Times-&-Sales-Liste entnahm Stan, dass der Markt momentan auf der Stelle trat.

Stan legte das Gesicht in die Hände, schloss für einige Sekunden die Augen und wurde sich der Ironie des heutigen Tages bewusst: Er hatte nur Gutes gewollt, jedoch eine Katastrophe heraufbeschworen. Stan sah sich schon in Deutschland zusammen mit einem Lieder auf ihren Panflöten spielenden Trüppchen ehemaliger Andenbewohner fröstelnd die Einkaufsstraßen hoch- und runterstapfen und darauf hoffen, dass mildtätige Passanten Kleingeld in die ihnen hingestreckten Schalen warfen.

Aus diesem Kurzalbtraum hochschreckend, blinzelte er zuerst mit dem linken Auge durch die leicht gespreizten Finger auf den Chart und nahm dann beide Hände herunter, um die Schreckenswahrheit genauer in Augenschein nehmen zu können.

OH NEIN …

S-C-H-E-I-S-S-E !-!-!

Glückwunsch, Stan. Echt hervorragende Arbeit!

Ein grüner Balken strahlte ihm entgegen, und sofern Stan nichts unternahm, würde der Markt in sechs … 5 … 4 … 3 Punkten die Stopp-Order holen – dann wäre es auch mit dieser zweiten Position vorbei. Wie gelähmt starrte Stan auf das Positionsfenster und kämpfte mit einem Würgereiz. Nein! Er weigerte sich, das zu glauben: »Was – w-a-s hab ich falsch gemacht?«, flüsterte er mit zittriger Stimme. Ein Blick zurück anstatt nach vorn wäre ja in diesem Fall auch durchaus angebracht gewesen, nur war dies der falsche Zeitpunkt. Leider bleibt der Kurs, auch wenn man als Trader seine Orientierung verloren hat, nicht stehen und steuerte auch hier – selbst wenn Stan das ein oder andere, ihm vielleicht sogar noch unbekannte und vor fünf Kilometern übersehene Umleitungsschild entdecken sollte – schlicht in eine Sackgasse. Folglich konnte man ebenso gut auch nach vorn blicken … woraufhin Stan in letzter Sekunde auf die im Chart eingezeichnete Stopp-Order klickte und sie kurzerhand um ein paar weitere Punkte versetzte.

Gott hat es auf mich abgesehen!

Das ist grauenhaft.

Und erbärmlich.

Stan schleppte sich erneut in die Küche und vernichtete eine dieser leckeren Büchsen thailändischen Bieres in einem Zug. Erst dann war er bereit, sich der Position wieder zu widmen, und stellte vorerst zufrieden fest, dass eine neue Periode begonnen hatte und er nicht ausgestoppt worden war. Seufz! Vorerst zufrieden über den kleinen territorialen Zugewinn seiner Position, aber dennoch ausgelaugt, stierte Stan auf die Kurslisten und den Chart und fragte sich, ob er beim nächsten Anstieg seinen Stopp erneut wegsetzen sollte. *Herrgott, wo setzt man so einen Scheißstopp hin?* Mit der Antwort »Hängt davon ab, wie viel zu verlieren du bereit bist« kam Stan momentan nicht weiter, da er absolut keinen Nerv hatte, überhaupt noch einen Cent einzuzahlen. *Übertreibe nicht, Stan*!, mahnte er sich im Stillen und setzte den Gedanken, die Handelstastatur in Grund und Boden zu hämmern und den Markt vor lauter Hass mit Ordern zu überfluten, nicht in die Tat um. Stattdessen erinnerte er sich plötzlich an das Thema *Bewegungshandel – Innenstäbe* und betrachtete den Kursverlauf anschließend mit neuen Augen: Der Schlusskurs der letzten Periode schloss innerhalb der Hoch-Tief-Spanne der Vorperiode. Demnach war die aktuelle wie auch die letzte Periode ein Innenstab und die Periode davor der Außenstab. Nun, nachdem er sich wieder darauf besonnen hatte, erschien es Stan verwunderlich, wie vollständig ihm ein Thema entgleiten konnte, das er mittlerweile eigentlich doch in- und auswendig zu kennen glaubte, und setzte seinen Stopp auf das Hoch der Periode vor dem Außenstab. Stan zählte zur Kontrolle noch mal von rechts nach links durch: aktuelle Periode, dann erste Innenstabperiode, dann Außenstabperiode und dann Periode vor dem Außenstab …

Schluck.

Herrgott, das waren viel zu viele Punkte bis zum Stopp, zumal Stan ja bereits hinten lag. *Okay, dann anders!* Er erinnerte sich an einen seiner letzten Trades, Philip hatte neben ihm gesessen – es war jener Trade, bei dem er sich zu Beginn wie »Rocky« fühlte, einen riesigen Betrag vorne lag, die Position erhöhte, dann, vor der Positionsschließung, noch mit einigen Punkten kämpfte, um schlussendlich unter Beachtung der Innenstäbe mit einem monströsen Minus aus dem Markt geworfen zu werden. *Und nun?* Stan nahm alles nur noch verschwommen wahr; bunte Kursverläufe, unzählige Stopp- und Handelsregeln sowie wirre Gedanken vermischten sich zu einem einzigen pulsierenden Brei, und er konnte sich für keine sonstige schlüssige Stopp-Regel entscheiden. Die Auswahl war zu groß, zu bunt, zu vielfältig und führte in Stans Kopf zu folgendem Selbstgespräch: *Stopp mithilfe von Fibonacci? – Ja, aber das kann man ja immer so und so ansetzen! – Dann also Stopp mithilfe einer Formation? – Tolle Wurst, momentan sehe ich Schulter-Tassen-Dreieck-Löffel-Formationen! – … ach ja, dann halt irgendwas mit Trendlinien? – Okay, dann sieht aber mein Chart wieder wie das Malbuch einer Dreijährigen aus. – Und was ist sonst noch im Angebot? – Mhm, vielleicht so was mit Indikatoren? – Vorschläge? – Unbestechlich sollen der 10er-, der 20er-, der 50er- und der 84,8er-gleitende Durchschnitt sein. – Also so ziemlich alle? – Na ja, wenn man es soo sieht. Ach, Scheiße …*

Stan kam ein neuer Gedanke: *Bewegungshandel* – Innenstäbe versus *Trendhandel* auf kleinerer Zeiteinheit: Au ja! Das hatte er doch mit Philip mehrfach ausführlich besprochen. Wie war das noch mal? – Ob man die Bewegung handelt oder diese aufklappt und, unter Beachtung der untergeordneten Hoch- und Tiefpunkte, dort den Trend handelt, ist doch dasselbe! Stan schaltete den DAX-Chart um auf eine einminütige Darstellung. FUCK!! Der letzte Hochpunkt lag trotzdem immer noch i-r-r-e weit weg!

Stans Gedanken gaben keine Ruhe, und er bekam langsam Angst um sein Leben: Sein Kopf stand kurz vor der Explosion, sein Puls hämmerte durch seinen ganzen Körper, und seine Augen brannten. »Atme, Stan, atme!«, motivierte er sich selbst. »Irgendeinen Trade musst du doch mal nach Hause bringen. Der Markt dreht, du wirst sehen, er schafft das! Du schaffst das!« Nur wenige Sekunden vor seinem wahrscheinlichen Herztod erkannte er, dass die Kurse tatsächlich ein paar weitere Punkte fielen. Stan hörte sich »Okay!« sagen, und mit »Lauf, DAX! Lauf« feuerte er jetzt den Chart an – und die Kurse folgten Stans Zurufen in einem leichten Trab nach unten. »Weiter, weiter, wei…« – zu mehr kam Stan nicht, denn plötzlich schoss der Markt binnen zweier Sekunden einige Punkte nach oben. Ein völlig resigniertes Kopfschütteln, mehr hatte Stan für den erneuten Anstieg nicht übrig, und er überlegte, ob er sich nun entweder erschießen oder aus dem Fenster springen sollte.

Halt!

Nicht!

Spring nicht!

Der kleine weiße Stan meldete sich auf seiner Schulter erneut zu Wort. *Wart ab! Wart ab! Gib dem Markt die Chance, sich doch noch in deine Richtung zu entwickeln*! Stan stimmte ihm zu, kannte er doch genügend jener Situationen, in denen er das Minus mitgenommen hatte, nur um dann zusehen zu müssen, wie der Markt anschließend doch noch in seine Richtung krachte. Fröstelnd saß Stan vor Johns Handelstastatur und wog ab: *Gleich raus? Oder doch den Stopp abwarten und so dem Markt die Möglichkeit geben, noch zu drehen?* Seine Grübeleien in dieser verzwickten Lage glichen einem Cha-Cha-Cha: zwei Schritte vor, ein Schritt zurück, Pause, umdrehen. In seinem Kopf führte Stan ähnlich komplexe Bewegungen aus. Fast hätten seine Füße sogar mitgemacht, während er gedanklich hin und her schwankte. Doch Stan musste keine weitere Entscheidung für seine Short-Position treffen …

Der Markt entschied.

Kurz.

Heftig.

Und schmerzhaft.

Order Filled Long.

Stans Stopp-Order realisierte seine Verluste, wie man so schön sagt. Er erstarrte einen Augenblick lang, erstaunt wie ein in die Arena gehetzter Stier, ließ die Augen über den Chart wandern und musste feststellen, auch wenn er dies partout nicht verstehen wollte, dass er ein neues Minus von 34.375 Euro aufgebrummt bekommen hatte. Ihm wurde schlagartig bewusst, dass die Börse keine Loyalität kannte und dass er sich abermals in eine Lage tiefer Schuld hineingearbeitet hatte.

Zitternd griff er zum Hörer auf Johns Schreibtisch. Wie hypnotisiert starrte er das Tastenfeld an, versuchte, sich dazu zu zwingen, die Nummer von Johns Handy zu wählen. Schließlich, als würde er sich damit selbst auf den Weg zum Schafott bringen, streckte er die Hand aus und drückte die ersten Tasten, wählte aber nicht fertig, sondern brach vorher ab.

Scheiße. Scheiße! SCHEISSE!

Die nächsten paar Minuten erlebte er wie in Superzeitlupe: Er verließ kraftlos Johns Zimmer Richtung Küche, nahm sich dort ein weiteres kühles Bier und presste sich die kalte Dose an den Kopf. Stan fühlte nur eines: Hass. Tiefen, ausgereiften, nicht mehr zu steigernden Hass. Er hasste John mit seinem beschissenen Notizzettel »Nur Stopps nachziehen …«. Er hasste Nick. Er hasste Philip. Er hasste alle. Er hasste sich und seine Geburtsstunde. Er hasste sogar seinen Hass. Und der wiederum hasste ihn. Stan blickte ins Leere, überlegte währenddessen kurz, und ihm war, als ob er eine Entscheidung treffen müsste: für oder gegen etwas Wichtiges. Er überlegte weiter und gelangte zu dem Schluss, dass ihm eigentlich nur zwei Möglichkeiten blieben:

a) Beichten: »Ehrlich gesagt, John, ich brauche ungefähr die nächsten zwei Jahre keinen monatlichen Scheck von dir, und übrigens, wenn wir schon mal dabei sind … da sind noch – ähm – knapp 70.000 Euro Minus …«

Oder:

b) Situation neu erfassen und reagieren.

Stan entschied sich für b. Ergo überdachte und bewertete er seine Situation neu, wobei sich ihm fast der Magen umdrehte:

1. *Mit meinem ersten Trade habe ich ein Minus von 32.500 Euro eingefahren.*
2. *Die darauffolgende Position wurde ebenfalls mit einem Minus, diesmal von 34.375 Euro, ausgestoppt.*
3. *Nach allen fachlichen Regeln zu urteilen, fällt der Markt weiter. Ich wurde nur in die laufende Korrektur hinein ausgestoppt.*
4. *Also ergibt sich als logisches Resultat: Erneut positionieren und nicht von jeder kleinen Marktbewegung einschüchtern lassen.*
5. *Und wann? Am besten doch wohl gleich …*

Stan legte, nachdem er an Johns Arbeitsplatz zurückgekehrt war, eine Stopp-Sell-Order an eine geeignete Stelle, und eine Viertelstunde später bestätigte das Handelsprogramm tatsächlich den Leerverkauf von wiederum 50 DAX-Kontrakten.

Mit einem unguten Gefühl, ja fast schon panisch schielte Stan auf sein Handy und überlegte, ob er nicht doch besser John informieren sollte. *Lieber nicht!* So was machte ein Trader schon mal durch, kein Grund, John unnötig zu beunruhigen, log er sich zurecht, und siehe da: Stans verzweifelte Gebete an den Hausgeist halfen scheinbar dabei, den Markt um 8 Punkte in die Tiefe zu schieben, und Stan versprach dem Geist, ihm dreimal am Tag die leckersten Speisen zu bringen.

Kurz darauf war schon wieder Heulen angesagt. *RUMS!*

16.250 Euro Minus!

Das war so, als würde man Stan zwei Eimer eiskaltes Wasser ins Gesicht kippen. Im Bruchteil einer Sekunde wurde ihm bewusst: *Das hier ist keine Verarschung à la »Versteckte Kamera«, sondern die Realität!* Aber was er sah, konnte er einfach nicht fassen, alles in ihm sträubte sich dagegen, die Situation als Wirklichkeit anzunehmen. Stan hätte sich gern schneller bewegt, doch es ging nicht. Es war wie in einem Albtraum, in dem man nicht von der Stelle kommt. Er kämpfte, machte, tat und schnaufte und wurde doch immer langsamer. Auch die leisen Geräusche um ihn herum klangen plötzlich dumpf, und seine Beine fühlten sich gleichzeitig ganz leicht an! Ein weiterer Blick auf seine Short-Position ließ die Panikattacke, die sich bereits bei seinem letzten Trade in Position gebracht hatte, nun voll durchstarten, besiegelte Stans Schicksal und katapultierte ihn weit über jenen Punkt hinaus, an dem er es noch für sinnvoll hielt, Dinge zu hinterfragen oder sich überhaupt noch irgendwelche Gedanken zu machen.

Ich kann nicht mehr!

Raus hier! – Ich bin nicht geschaffen für so plumpe Erlebnisse wie dieses da!

»Ich muss kurz los«, rief Stan Kim mit gepresster Stimme flüchtig zu, während er panisch, ohne der offenen Position einen weiteren Blick zuzuwerfen, aus dem Büro stürmte.

Kim zog erschrocken die Augenbrauen hoch. Gerade war es ihr so vorgekommen, als hätte sie nicht wirklich in zwei Augen, sondern in schreckliche Zauberkugeln geblickt, doch bevor sie noch etwas erwidern konnte, war Stan bereits zur Tür hinaus.

Stan wiederum folgte seinem Impuls und rannte die Treppen hinunter. Auf dem Podest ein Stockwerk tiefer stand … *Jani!* Stans Lauf stockte für eine Sekunde. *Sch… , was macht der denn jetzt hier? Sollte er nicht hinter seinen besch… Charts sitzen?* Stan ignorierte den Gruß des Traderkollegen aus der ersten Etage und durchquerte so schnell wie möglich das kleine Foyer, stieß die Eingangstür auf, starrte ins Sonnenlicht, hielt sich die Hand schützend über die Augen und rannte durch den kleinen Garten auf die Straße. Zwischen einer kleinen Kolonne Tuk-Tuks, die Touristen von einem Wahrzeichen Bangkoks zum nächsten fuhren, erblickte er ein Taxi. Stan trat einen Schritt vor und riss den Arm in die Höhe. Fahrgäste bedeuteten Verdienst, und Geld bedeutete Überleben in der Metropole der Gegensätze.

»Wohin, mein Freund?«, fragte der Taxifahrer.

Stan warf die Tür zu. »Egal.« Er lehnte sich vor. »Ganz egal. Am besten … am besten zum Chatuchak-Markt.« Stan konnte immer noch nicht glauben, was da oben im Büro passiert war. Wilde Gedanken schwirrten in seinem Kopf umher, wurden schneller und dichter, wie ein Schneetreiben, das langsam zum Schneesturm wurde: *John und die anderen kommen schon bald wieder zurück, dann würden es alle wissen … realisiertes Minus: knapp 70.000 Euro zuzüglich dem Minus der noch offenen Position.* Stan ertappte sich sogar dabei, dass er aus der Heckscheibe blickte, nur um sicherzugehen, dass man ihn nicht verfolgte.

Keiner sprach ein Wort, lediglich der Taxifunk quäkte ab und an unverständliches Kauderwelsch. Ein buntes, fast irreales Bangkok zog am Seitenfenster vorbei – wenn sie denn mal fuhren. An einer Kreuzung überquerte vor dem Taxi ein lachendes Touristenpärchen mit Kind die Straße. Ganz bestimmt gehen die gerade in ihr Hotel, überlegte Stan. Und später, am Strand, würden sie sich gegenseitig versichern: »Oh … Familie ist so schön.« Stan fühlte sich plötzlich alt und verbraucht und meilenweit davon entfernt, selbst je eine Familie zu gründen – dabei sehnte er sich in diesem Augenblick regelrecht genau danach. Er fühlte sich einsam, verloren und von aller Welt verlassen. Was er jetzt brauchte, war Rückhalt, Geborgenheit, wie in einer Familie eben. Das Seltsame daran war, dass er eigentlich angenommen hatte, Letzteres würde ihn als Trader überhaupt nicht interessieren. Zumindest noch nicht. Aber vielleicht irrte er sich ja … Er beobachtete das Pärchen mit seinem Kind, sie hatten mittlerweile die andere Straßenseite erreicht. Was diese drei Menschen verkörperten, schaute für Stan auf einmal durchaus erstrebenswert aus.

Der Wagen musste in der Phahonyothin Road zwar immer wieder anhalten, aber die Stadt zog, wenn auch langsam, weiter an Stan vorbei, immer weiter. Mit all ihren hübschen Häuschen und kleinen Läden, wie es sie in den unterschiedlichsten Formen in jeder Stadt gab. Mit all den gehetzten Passanten, wie es sie ebenfalls in jeder Stadt gab, die immer irgendwohin müssen, statt mal eine Sekunde irgendwo zu verweilen und, ohne Angst, etwas zu verpassen, den Augenblick zu genießen. All dies zog an Stan vorbei wie in einem bizarren Traum, in dem er selbst gar nicht mehr vorkam. Er ließ sich etwas nach unten rutschen, bis sein Kopf die schmierigen schwarzledernen Sitzpolster berührte, schloss die Augen und dachte an seinen bisherigen Tag – der bereits ganz schlecht begonnen hatte: Aus einem Albtraum hochgeschreckt, hatte er ab sechs Uhr in der Früh wach gelegen …

Das Taxi rumpelte über ein schlechtes Straßenstück, das an einem Tempel vorbeiführte. In die Wirklichkeit zurückgerüttelt, blickte Stan aus dem Seitenfenster und sah Touristen, zumeist junge Leute, in den Tempel eilen, und ihm drängten sich erneut missliebige Bilder auf: verschiedenste Variationen davon, auf Nimmerwiedersehen zu verschwinden und irgendwo ein neues Leben zu beginnen. Diese Visionen quälten Stan. Sie raubten ihm den allerletzten Funken Seelenfrieden, denn sie waren nicht nur fremd, sondern ferner weder möglich noch wünschenswert.

»Stress auf der Arbeit?«, erkundigte sich der Taxifahrer in gutem Englisch.

»Ja. Richtig viel sogar …«

»Dachte ich es mir doch!«

Wieso dachte er sich das? Sehe ich aus wie jemand, der gerade 70.000 Euro verbrannt hat? Stan lehnte sich zurück und überlegte. Taxifahrer waren weltweit bekannt dafür, Experten in psychologischen Dingen zu sein. Er fuhr bestimmt ständig Leute, die Probleme hatten! Was kann es also schaden, entschied er und beugte sich vor, um die Trennscheibe zur Fahrerkabine weiter zur Seite zu schieben. »Was meinen Sie: Soll ich meinen Chef direkt auf mein Problem ansprechen? Wie machen das andere Leute?«

»Kommt drauf an.« Der Verkehr stockte erneut, und der Fahrer drehte sich kurz zu Stan um. Er hatte ein rundliches Gesicht und helle freundliche Augen. »Nämlich darauf, ob Sie ehrlich miteinander sein möchten.«

»Unbedingt!«, rief Stan aus.

»Okay. Wenn Sie Ihr Problem ganz offen aussprechen, riskieren Sie natürlich, dass Sie, wenn Ihr Problem groß oder schlimm genug ist, rausgeschmissen werden.«

»Hm«, brummte Stan wenig erfreut. »Und was ist die andere Möglichkeit?«

»Augen zu und so tun, als ob Sie keine Ahnung hätten.«

Hhm … Klingt beides nicht gut.

Sie krochen, umgeben von Tuk-Tuks und Fußgängern, weiter die Phahonyothin Road entlang. Stans Hände waren nass vor Schweiß. Als er das Taxi herangewunken hatte, war ihm seine Lage noch nicht bewusst gewesen – hatte doch alles trotz der Panik immer noch einen eher spielerischen Charakter gehabt. Jetzt aber war Ernst daraus geworden. Demnächst würde das Taxi das Ziel erreicht haben, und er würde aussteigen müssen. Und was machte er dann? Während sie weiter auf der überfüllten Straße dahinkrochen, folgte das obligatorische »Das-Leben-zieht-an-einem-Vorbei«: Vor seinem geistigen Auge erschien, wie sein Vater ihn als Kleinkind auf seinen Beinen geschaukelt hatte. Stan war voller Urvertrauen. Als Nächstes kam, wie sein Papa ihn auf dem Spielplatz schaukelte. Noch immer war Stan voller Urvertrauen. Dann sah er, wie er mit dem Traden begann. Wie früher, voller Urvertrauen. Zum Schluss kam das Bild, wie er 70.000 Euro an einem Tag verlor, obwohl er es gut gemeint hatte – *tja, so viel zum Thema »Urvertrauen«!*

Immer wieder versuchte Stan, seinen Kopf von allen Gedanken zu befreien und sich auf beruhigende sowie archetypische Bilder zu konzentrieren: Auf die kleinen Tempel und die Mönche, die vielen Garküchen, die er doch so liebte, und auf die vielen kleinen Geschäfte überhaupt, aber er fühlte sich weiterhin durcheinander, und ihm stiegen Tränen in die Augen. Das in ihm aufkeimende Gefühl war überwältigend: Hass auf sich selbst, Hass auf den Markt, Hass auf die Trades, Hass auf den Börsenhandel, Hass auf all die anderen Börsenhändler und Hass darauf, mit dem ganzen Scheiß überhaupt erst angefangen zu haben.

»Süßer?«

Plötzlich bemerkte Stan, dass der Taxifahrer ihn wohl schon seit einer Weile ansprach. »Ja?«, brachte Stan hervor.

»Willst du hier sitzen bleiben?«

Stan schaute aus dem Fenster – sie waren da. Er nahm sein Handy und öffnete die Tür. »Vielen Dank.«

»Moment.« Der Fahrer sprang aus dem Wagen und hielt Stan die Tür auf. Stan schaltete innerlich auf Autopilot, wühlte in seiner Hosentasche und gab ihm ein Bündel Geldscheine, die er nicht einmal zählte. Der Taxifahrer seufzte, zählte ein paar Scheine ab und gab ihm den Rest zurück. »Sie sind so was noch nicht gewöhnt, oder?«

»Nicht wirklich«, gab Stan zu.

»Wenn Sie Hilfe brauchen …« Eine bunte Visitenkarte wurde hervorgekramt und Stan in die Hand gedrückt. »Mein Onkel Sou Tou arbeitet als Geisterbeschwörer. Von der Sorte sollten Sie sich unbedingt einen besorgen und zusehen, dass er immer gut für Sie sorgt.«

»Ja, danke.« Stan steckte die Karte ein, merkte dabei aber kaum, was er tat.

»Viel Glück.« Der Taxifahrer stieg wieder ein, schüttelte mitleidig den Kopf und fuhr los.

Da stand Stan nun, mit traurig herabhängenden Armen, vor Chatuchak. Diesem riesigen Markt mit mehr als 10.000 Ständen und kleinen Lädchen. Zu seiner Rechten erblickte Stan die Station Mo Chit, an der die Hochbahn hielt, welche die Innenstadt Bangkoks umfuhr. Stan ließ sich vom Strom der Menschen treiben, und einige Fahrer der wenigen noch in Bangkok übrig gebliebenen Rikschas hofften, in ihm einen Kunden finden zu können. Alte Männer mit einem um die Hüften geschlungenen Tuch und einfachen Sandalen an den Füßen hockten auf der Deichsel ihres Gefährts und boten ihre Dienste an, indem sie sich bemühten, Stan mit den wenigen englischen Brocken, die sie beherrschten, in den Sitz ihrer Rikscha zu locken. Stan lehnte ab. Es wäre ihm sehr seltsam vorgekommen, sich von einem alten Mann die Straßen entlangziehen zu lassen, und zum anderen wusste er auch gar nicht, wo er eigentlich hinwollte.

Der Weg ist das Ziel, dachte Stan und beschloss, zumindest ein paar Straßen weit zu laufen. Doch er bemerkte bald, dass ihn das unendliche Menschengeschiebe in jeder Ecke mehr belästigte, als ihn zu unterhalten. Stan bekam weiche Knie. Er musste sich unbedingt setzen. Wenige Meter links von ihm befand sich ein kleiner Imbiss, wo er sich auf einen weißen Plastikstuhl sinken ließ. Zitternd dachte Stan an seine offene Short-Position und rieb sich das Gesicht mit den Händen.

Was soll ich bloß tun?

W-A-S bloß?

»Hallo!« Ein fröhlicher Thai mit einem ausgeleierten weißen T-Shirt sprach ihn an. »Möchten Sie etwas trinken? Im Moment sind frische Säfte im Angebot: Orangensaft, Apfelsaft, Mangosaft, Ananassaft ...?«

Stan nickte, um den Kellner loszuwerden: »Danke. Orangensaft.« Die tägliche wolkenlos glühende Leere des Himmels, die Grellheit der Farben und das strahlend helle Licht erzeugten wohl die landläufig vorherrschende Sorglosigkeit und eine gewisse Unabhängigkeit von Wetterlaunen, erwiesen sich für Stan heute jedoch zum ersten Mal als Last. Auch wenn die elende gelbe Scheibe sich schon langsam Richtung Horizont bewegte, für Stan strahlte sie aus dem Himmel herab, als wollte sie ihn und seine Gedanken schier niederbrennen. Er schwitzte – und gemeinsam mit dem Hitzeschweiß quoll ihm der Angstschweiß aus den Poren.

Wo der Markt jetzt wohl steht?

Nicht auszudenken, wenn er weiter steigt!

Stan überlief eine Gänsehaut, und er überlegte, ob er Kim anrufen sollte. Die Wahrheit, die einfache, simple Wahrheit kam ja doch immer irgendwann ans Licht.

Sorgt es nicht immer und überall für mildernde Umstände, wenn man sich der Wahrheit rechtzeitig stellt?? Aber wird John auch verstehen, dass ich in allererster Linie ein Opfer bin, dass ich vom Chart bedroht und bestohlen wurde!?

»Bitte!« Der Thai reichte ihm das Glas, und Stan rührte blind mit dem Strohhalm darin herum. *Vielleicht sollte ich einfach zurückfahren, die Position schließen und John anrufen? Aber was, wenn er mich rausschmeißt?* Während eine Fliege am Glasrand landete und anfing, auf die übliche Fliegenart dort überall herumzulutschen, rührte Stan so gedankenversunken wie ungläubig seinen Orangensaft um und um. Wie kam das nur, dass er hier mitten in irgendeinem Café am Ende der Welt saß, richtig satt Kohle verbrannt hatte und sich jetzt fragen musste, ob der Börsenhandel überhaupt das Richtige für ihn war?

»Sir. Die Rechnung.« Stan bemühte sich, für einen Moment wieder geistig anwesend, seine Geldscheine so vorsichtig wie möglich aus der Tasche zu ziehen, damit die anderen Gäste keine Gelegenheit hatten, deren Inhalt abzuschätzen. Viel war es zwar nicht, aber an einem solchen Ort konnte schon der Besitz von ein paar Dollar oder Bath die Fahrkarte ins Nimmerwiedersehen bedeuten. Er legte ein paar Scheine auf den Plastiktisch.

»Sie sehen aus, als lebten Sie auch hier. In welchem Geschäftszweig sind Sie denn tätig?«, richtete ein europäisch aussehender, aber nicht wie ein Tourist wirkender Mann von einem der Nebentische das Wort an Stan.

»Äh … Kohle«, antwortete Stan völlig spontan und desinteressiert. Nun ja, es passte irgendwie.

»Kohle!« Der Mann legte seine Stirn in Falten.

»… Kohle! Riesengeschäft!«, hörte Stan sich selbst sagen. »Frankfurt, London, New York, Bangkok, Dubai.« Stan hatte keine Ahnung, was er da redete, es sprudelte einfach so aus ihm heraus.

»Dubai!« Der Mann war sichtlich beeindruckt. »Dort wächst doch weder Baum noch Strauch! Wie soll denn dort Kohle herkommen?«

»Eben«, nickte Stan. »Darum sind das ja auch die wichtigsten Kohlemetropolen der Welt.«

»Wirklich? So habe ich das noch gar nicht betrachtet«, sagte der Mann erstaunt.

Stan aber wurde ganz steif. Er hatte gerade wieder an seinen noch laufenden Trade gedacht. *Short!* Und er hatte keine Ahnung, wo der Markt stand. *Ein absoluter Albtraum. R-U-H-I-G bleiben. Was immer auch geschah, ich werde schon heil da rauskommen. Bestimmt.*

»Äh … schönen Tag noch! Ich muss leider wieder los!«, rief Stan zu dem Mann und hastete hinaus. Er war kreidebleich vor Angst. Es rauschte in seinen Ohren. Nach etlichen Minuten schaute er sich um: Nicht zu fassen, er stand noch immer mitten im Nirgendwo in Bangkok. Okay, okay – Ruhe bewahren. Stan entschloss sich dazu, sich zuallererst über den Marktstand zu informieren. Er holte sein Handy heraus und drückte die Schnellwahltaste für die Büronummer. Quatsch, da ist ja heute keiner außer Kim! Stan entschied, dass es besser wäre, sie nicht dazu zu bringen, auf Johns Rechner nach dem aktuellen Kurs zu schauen. Hm, viel unverfänglicher wäre ein Anruf im Büro in Deutschland.

»Hallo, mein Lieber, was verschafft uns die Ehre?!«, rief Hofner, nachdem Stan sich nach dem Abheben gemeldet hatte.

»Hey, ich wollte nur mal nachfragen, wo der Euro-FX gerade steht«, stotterte Stan nach einem kurzen Zögern diese an sich alltägliche Frage heraus, wie sie mit wechselnden Märkten Tausende von Malen in der Welt der Trader gestellt wird. Ein Trader, fernab von einer Möglichkeit, seine Position zu prüfen, ruft einen bekannten Trader an, fragt schnell und gezielt die für ihn relevanten Kurse ab und stellt diese dann gedanklich seinen Einstiegskursen und Handelslogiken gegenüber. Dann, binnen Sekunden, wird entschieden, ob er ins Büro zurückrennen muss oder sich weiter genüsslich seiner Freizeit widmen kann. Sekt oder Selters? Das war hier die Frage.

»Stan, ist alles in Ordnung?«, fragte Hofner nach. »Wieso rufst du nicht bei euch im Büro an?«

»Mir geht's gut«, log Stan und versuchte, obwohl er den ganzen Tag von den Verlusten nur so durchgeschüttelt worden war, ganz zuversichtlich zu klingen. »Die Jungs sind auf einem Segeltörn.«

»Ach so, okay. Der Euro-FX steht …« Hofner gab ihm die Marktstände einiger Devisen durch.

»Und der DAX?« Stan versuchte, dies ganz belanglos klingen zu lassen.

»*Oh* – der fällt. Sieht so aus, als wenn er weiter in Richtung Tagestief marschiert. Warte mal kurz …« Stan hörte, wie Hofner zeitgleich ein Telefonat auf der anderen Leitung führte. »Sind wir hier im

Kindergarten? … Hör doch mal …« Hofners Stimme hörte sich jetzt richtig bestimmt an. »… lass den Stopp, wo er ist! Wozu setzt du ihn sonst, wenn du ihn ständig zurückziehst? Moment bitte …« Er widmete sich jetzt wieder Stan. »Ich hab hier so einen Yogi in der Leitung, der mich anscheinend dringender braucht … wenn das also alles war, muss ich jetzt Schluss machen. Bis später.«

Aufgelegt.

Stan starrte das Telefon an. *Jetzt f-i-e-l der Markt?* Er fühlte sich zwar erleichtert, aber … *Was bildet sich dieser Markt eigentlich ein? Erst long, dann short und jetzt wieder short? Was soll der Scheiß?* Er stopfte sein Handy zurück in die Tasche und betrachtete die Straße.

Stan erschien die Welt wie neu, und ein Gefühl ausschweifender Hoffnung berührte ihn wieder in seinem Innersten. Erleichtert durch das Telefonat, trabte er in Richtung Bahnstation. *Wie konnte ich nur denken, dass mein Trade schiefläuft? Ich bin so was von paranoid*! Stan nahm sich vor, zurückzufahren und den Gewinn einzusacken. Okay, er hatte vorhin so etwas wie ein Nahtoderlebnis, aber er hatte überlebt! Ein Sieg der puren Willenskraft! *Wenn das nicht echt männlich war, dann weiß ich auch nicht*, sagte sich Stan und fasste Hoffnung, doch noch heil aus dem ganzen Schlamassel herauszukommen.

Zielgerichtet schritt er die Treppen zur Hochbahn hinauf, als sein Handy klingelte. Es vibrierte erneut, und er starrte es sekundenlang an. Dann hob er es ans Ohr und drückte auf den Sprechknopf. Sein Magen war ein einziger Knoten.

»Hallo, Stan? John hier. Störe ich?«

WÜRG.

»Äh – nein. Nein, nein, passt schon«, stieß Stan schnell aus.

Oje. Er hat Lunte gerochen … Er weiß, dass ich es komplett vergeigt habe. Jetzt kann ich meinen Hut nehmen!

»Gut.« John war schwer zu verstehen, im Hintergrund rauschte der Meereswind. »Stan – es ist niemand im Büro, und Kim hat ihr Handy aus. Sei so nett und sag ihr, dass sie bitte nicht das Geburtstagsgeschenk für Emilie vergessen soll.« Emilie war eine gute Freundin des Hauses.

Puh!

»Ah ja«, zwitscherte Stan gekünstelt, »… klar, mach ich.«

»Okay, dann sehen wir uns am Freitag. Bis dann!«, verabschiedete sich John.

Stan hielt inne, sein Herz schlug wild. Er glaubte, der Orangensaft würde ihm gleich wieder hochkommen, die Säure kitzelte bereits verdächtig in seinem Rachen. Er wusste nicht: Sollte er etwas sagen oder nicht? Und wenn ja, wie? Deswegen sagte er erst mal auch »Bis später«. John hatte Stans verstörte Pause hoffentlich nicht bemerkt. Stan fasste sich ein Herz. »John …«, setzte er an, aber die Leitung war bereits tot.

Zitternd starrte er ein Loch auf den Bahnsteig, steckte das Handy wieder weg und malte sich aus, wie diese Unterhaltung wohl geklungen hätte, wenn sie optimal verlaufen wäre. Wie John ihn gefragt hätte, ob es Probleme mit den Positionen gäbe und er *»Nein, nein«* gesagt hätte, dann aber doch *»Ja, ja«* aus ihm herausgesprudelt wäre. Das Ganze hätte damit geendet, dass er John hätte beichten können, wie sehr er es versaut hatte, wie hässlich sich der Markt ihm gegenüber verhalten hatte, und ihn hätte fragen können, ob er morgen wieder heimfliegen solle …

Die Geräusche der heranfahrenden Bahn riefen Stan in die Wirklichkeit zurück. Stan stieg ein, lehnte sich gegen den Sitz, presste die Augen zusammen und versuchte, die beginnenden Kopfschmerzen zu ignorieren. Aber keine Besserung in Sicht. Er stierte einen Augenblick ins Leere, dann wählte er Lillys Nummer. Besetzt. *Und was jetzt?* Entsetzt starrte er auf sein Handy. *Dann halt Mom und Dad.* Mit irgendjemandem musste er sprechen, um seinen derzeitigen Schwabbelzustand wenigstens einigermaßen in den Griff zu bekommen.

»Hallo?« Sobald er die vertraute Stimme seiner Mutter vernahm, hätte er am liebsten angefangen zu heulen.

»Mom, hier ist Stan.«

»Stan! Wie geht es dir, Junge? Was macht die Gesundheit? Alles in Ordnung?«

»Mir geht's gut.« Instinktiv fasste er sich an den Kopf. »Aber ich ... ich habe ein Problem.«

»Was für ein Problem, mein Junge?« Seine Mutter war beunruhigt. »Stan, hast du wieder Stress mit den Mädels? Sind sie hinter dir her?«, scherzte sie.

»Nein! Es ist eher – etwas Schlimmeres.«

»Etwas Schlimmeres?« Jetzt war sie tatsächlich alarmiert.

»Ich ... es ist ...« Stan biss sich auf die Lippe. Hätte er doch bloß nachgedacht, bevor er zu Hause anrief. Er konnte es ihr nicht sagen. Sie würde sich nur Sorgen machen, und ausgerechnet sie war es, die ihn immer vor dem Börsenhandel gewarnt hatte. »Junge, lern doch was Solides, was Handfestes ...«, pflegte sie stets zu sagen.

Vielleicht kann ich sie um Rat bitten, ohne dass sie das volle Ausmaß der Katastrophe erfährt?

Es gab ja diese Typen, die an Zeitschriften schrieben und über die Probleme eines »Freundes« berichteten, dann aber in Wahrheit selbst dabei erwischt wurden, wie sie den Badeanzug ihrer Frau anprobierten.

»Es geht um ... einen von der Arbeit«, fing er mit wackliger Stimme an. »Ich habe das Gefühl, er hat ... er hat riesigen Mist gebaut. Er hat ein paar Trades voll versenkt. Dann, als er das Minus wieder ausgleichen wollte, ist der Schaden noch größer geworden. Jetzt weiß er nicht, wie er es den anderen beibringen soll. Er will sie nicht enttäuschen. Sie haben ihm doch vertraut.« Tatsächlich kullerte ihm eine Träne die Wange herunter. »Hast du da einen Rat?«

»Natürlich!«, zwitscherte Mom fröhlich, denn sie hatte Schlimmeres vermutet. »Es ist doch nur Geld. Nur solche komischen Aktien.« Mom hatte den Unterschied zwischen Futures und Aktien noch nie verstanden. »Die steigen und fallen. Sagst du doch selbst immer, um mich zu beruhigen. Das wird er in ein paar Wochen schon wieder vergessen haben!«

»Stimmt wohl«, meinte Stan nach einer Pause. Ehrlich gesagt war das im Moment keine große Hilfe.

»Übrigens«, warf sie ein. »Vergiss den Geburtstag von Paps nicht! Schick ihm doch was Schönes aus Thailand ...«

»Mom, die Sache ist die ...« Einen Versuch startete er noch. »Ich mag diesen Kollegen wirklich sehr gerne, und ich weiß nicht, wie ich ihm helfen könnte.«

»Junge, wer ist denn der Kollege? Hast du schon mal von ihm erzählt?« Seine Mutter war verwirrt.

»Nein. Wir verstehen uns einfach nur super … ich meine, wir haben viel Spaß zusammen … wir arbeiten super zusammen … ich dachte wirklich, es läuft alles gut.« Stan hatte einen monströsen Kloß im Hals. »Ich könnte es nicht ertragen, wenn er gefeuert werden würde.«

»Aber du verlierst ihn doch deshalb nicht als Freund!« Sie lachte. »Selbst wenn er in ein anderes Büro wechselt, könnt ihr doch immer noch zusammen eure *Chart-Dingsda-Computerkäufe* machen.«

Trades!!!

Stans Puls fing an zu rasen. Er hatte doch glatt ein paar Minuten lang nicht an die offene Short-Position gedacht. Er verzog vor Schreck das Gesicht zu einer hässlichen Grimasse, als er sich vorstellte, wie er zum Rapport antreten würde, während John ungeduldig mit den Fingern auf den Tisch trommelte.

»Stan?«, fragte seine Mutter alarmiert. »Bist du noch da?«

»Ja, alles okay«, schniefte Stan und rieb sich das Gesicht. »Es ist nur alles ein bisschen … aufregend zurzeit.«

»Ist das Problem deines Kollegen denn wirklich so gravierend?« Sie war offensichtlich irritiert.

Sein Vater fragte im Hintergrund, was los wäre, und das Telefon raschelte, als sie sich zu ihm umdrehte.

Stan konnte die leise Stimme seiner Mutter hören: »Das ist Stan. Ich glaube, es gibt Stress auf seiner Arbeit. Der Ärmste!«

»Wieso?«, hörte Stan seinen Vater sagen. »Der DAX ging doch laut Nachrichten heute runter. Soll er doch *short* gehen. Kann er den Hals wieder nicht voll genug kriegen?«, lästerte er.

Also echt! Was soll man da noch sagen …

»Stan, hör mal zu!« Seine Mutter war wieder ganz bei ihm. »Hast du mit deinem Freund überhaupt darüber gesprochen? Bist du dir denn sicher, dass deine Vermutung stimmt und dass er gefeuert wird?«

Stille trat ein, während Stan sich vorstellte, John nachher am Telefon alles zu beichten, wenn er ins Büro zurückkehren würde. Aber was, wenn er so täte, als wisse er rein gar nichts von irgendwelchen Minustrades? So oder so, Stan war jetzt schon schlecht, wenn er nur daran dachte.

»Das ist nicht so einfach. Wenn er gefeuert wird, dann hat das auch Auswirkungen auf mich«, erklärte Stan schließlich.

»Oh, Stan«, seufzte sie. »Du warst noch nie besonders gut darin, den Dingen direkt ins Auge zu sehen, nicht wahr?«

»Da hast du wohl recht.« Er scharrte mit seinem Fuß auf dem dreckigen braunen Belag der Hochbahn. »Das war ich wohl noch nie.«

»Du bist doch aber jetzt erwachsen, mein Guter«, säuselte sie so sanft, wie dies nur eine Mutter zu ihrem Kind sagen konnte. »Du *musst* Problemen langsam ins Auge sehen, und du weißt, was zu tun ist. Sprich mit deinem Kollegen alle Alternativen durch, und dann nehmt die *vernünftigste*!«

»Ist wohl das Beste.« Stan seufzte laut. Ein bisschen Spannung fiel von ihm ab. »Danke!«

»Pass auf dich auf! Paps lässt dich grüßen.«

»Bis bald, Mom. Danke. Bye-bye.« Stan legte auf. Mütter wussten halt Bescheid!

Während die Hochbahn die nächste Station erreichte, schwelgte Stan in Erinnerungen: »Geschichten des Lebens sind ebenso einzigartig wie die Menschen, die sie erzählen, und am schönsten sind die Geschichten, die mit einer Überraschung enden.« Wie oft hatte sein Vater das zu ihm gesagt, als er noch klein war!

Stan erinnerte sich lebhaft daran, wie Paps bei ihm auf dem Bettrand saß und seine Mundwinkel nach oben gingen, wenn er ihn anbettelte, doch noch eine Geschichte zu erzählen. »Was für eine möchtest du denn hören?« – »Die beste Geschichte der Welt!« Eine Weile lang saß sein Vater dann ganz still da, bis seine Augen aufleuchteten und er lächelnd den Arm um ihn legte. In dramatischem Tonfall begann er zu erzählen ... Nachdem das Licht gelöscht war, lag Stan häufig noch lange wach, weil die Geschichten so spannend gewesen waren, voller Abenteuer und Gefahren und aufregend bis zum Schluss. Doch gleichgültig, wie viel Angst ihm die Geschichte seines Vaters – der es immer sehr genau nahm mit der Beschreibung von Hexen, Feen und Monstern – eingejagt hatte, Stan fragte trotzdem jedes Mal: »Und wie geht's weiter?« Das war eine unschuldige Erinnerung an längst vergangene Tage. Doch: War der Börsenhandel nicht auch solch eine Geschichte? Aber wer war hier die Hexe, wer das Monster? Und ... wer oder was ist *Himmel, Arsch und Zwirn* die Fee?

Bis zu Stans Zielstation war es inzwischen nur noch eine Haltestelle, und zum ersten Mal sah er ganz klar, was zu tun war: Ich muss das Minus bis zu Johns Rückkehr wieder rausholen! Seine Mutter hatte recht gehabt, er musste der Sache nur einfach auf den Grund gehen. Lediglich eine Frage blieb noch zu klären: Wie? Stans Magen verkrampfte sich bereits bei dem Gedanken daran, und er entschied sich dazu, erst weiter darüber nachzudenken, wenn er Genaueres zu seiner offenen Position in Erfahrung gebracht hatte. Vielleicht war ja auch alles bereits im grünen Bereich!?

Stan verließ die Hochbahn an der nächsten Station und legte den restlichen Weg ins Büro zu Fuß zurück. Unterwegs holte er mehrmals sein Handy heraus und überlegte. *Soll ich John nun anrufen oder nicht?* Normalerweise durfte man mit solchen Neuigkeiten ja keinesfalls hinter dem Berg halten, aber in diesem Fall ... – *Du meine Güte, er wird AUSFLIPPEN, wenn er von der Katastrophe hört!* Stan entschied sich, besser noch ein Weilchen abzuwarten, schließlich wusste er ja noch nicht einmal, was der laufende Trade brachte. Womöglich war das Ganze schon längst wieder im Lot ...

Und wenn doch nicht?

Ach was, es muss einfach!

Schließlich erreichte Stan sein Ziel und stand mit klopfendem Herzen vor der schweren Glaseingangstür des Hauses. Er stopfte sein Handy in die eine Hosentasche und wühlte in der anderen nach dem Schlüsselbund. Seine Hände begannen vor Aufregung erneut zu zittern; seine Beine fühlten sich auf diesen letzten Metern schon wieder an wie Pudding. *Reiß dich zusammen, Stan! Du folgst hier deiner Berufung. Du bist Trader!*

Behutsam sperrte er die schwere Glaseingangstür auf und spähte den Flur entlang ... *Puh. Freie Bahn.* Der Portier war anscheinend irgendwo im Haus unterwegs. Stan eilte leise die Treppe hinauf, vorbei an Janis Büro, und steckte den Schlüssel in die gläserne Büroeingangstür, drehte ihn langsam und hörte die Tür aufschnappen. *Ich kann noch immer nicht glauben, was ich hier mache! Ich schleiche mich auf die Arbeit …*

Er schob den Kopf durch den Türspalt und spähte auf den langen Gang. Alles ruhig bis auf das leise Pfeifen des Windes durch ein etwas geöffnetes Fenster. Kims Bürotür stand leicht angelehnt offen. *AHA!* Kim schien also in ihrem Büro zu sitzen. Stan schlich auf leisen Sohlen zu Johns Büro. Plötzlich ertönte ein lautes Quietschen, und Stans Herz tat einen Satz. *Bitte, lass nicht Kim kommen!* Auf der Suche nach möglichen Verstecken ließ Stan vergeblich den Blick durch das Büro schweifen. Wie versteinert lauschend wartete er ab. Nichts. Alles wieder mucksmäuschenstill. *Also, Sache fortsetzen.*

Stan hielt es kaum noch aus vor Spannung, wie der Trade mittlerweile wohl aussehen würde. *Wieder ausgestoppt? Habe ich das Minus rausgeholt?* Unbemerkt von Kim erreichte er Johns Schreibtisch.

Stans Herz klopfte zum Zerspringen. *Ob sich das so anfühlt, wenn man einen Herzinfarkt erleidet?* Stan überlegte, ob er seiner Mutter vorhin gesagt hatte, dass er sie liebte … und bewegte die Maus, der Bildschirmschoner verblasste. Aufs Höchste angespannt, fieberte Stan dem sich aufbauenden neuen Bild entgegen und erblickte eine … FA-BEL-HAF-TE Chartsituation: Der DAX lag 38 Punkte unter Stans Einstiegskurs.

Gott sei Dank!

Ich bin also doch nicht tot.

Da kann man mal sehen, warum ich gegen Stopps bin! Ich habe schon immer geahnt, dass das alles eine riesige Volksverarsche ist! Unter aller Kanone!

Stan holte tief Luft, und ehe er sich's versah, zog er seinen Mauszeiger auf die Ordermaske und schloss, ohne jedes weitere Zögern, die Position. *Nicht zu fassen! Ich habe einen Plustrade!* Seine Hüften vollführten wie ferngesteuert einen kleinen Achterschwung, wie er dies einst bei der Tanzstunde eingeübt hatte. Stan hatte mit diesem einen Trade gerade 47.500 Euro gutgemacht. Er zog den Stuhl heran und betrachtete die letzten Stunden des Marktverlaufs genauer, und nur mit viel Fantasie, mit wirklich sehr viel Fantasie vermochte er sich vorzustellen, wie diese »Konstruktion des Schreckens« zwischenzeitlich auf Johns Konto ausgesehen haben musste, denn der Markt war während Stans Panikausflug um 60 Punkte – s-e-c-h-z-i-g-! – gestiegen.

Okay. Egal jetzt … Konzentration, Stan!

Er warf einen Blick auf die Uhr. 18.00 Uhr!? Er hatte also genügend Zeit, um schnell noch einen umwerfenden Trade zu machen.

Zeit:	18.00 Uhr, sprich: 12.00 Uhr MEZ
Ort:	Trading-Büro. Bangkok. Zweite Etage.
Mission:	Punkte, Euro, Pips, Dollars, scheißegal was, sammeln, um knapp 20.000 Euro zu verdienen.
Problem:	Keine Idee. Nerven am Ende. Kim im Nacken.
Beauftragter:	Stan. Stan war Trader. Stan musste Trades machen.

In seiner Vorstellung erklang zur Untermalung dieser Szene die Titelmelodie von »Mission Impossible«. Was sich für Stan wie ein Agentenfilm anfühlte, war jedoch gleichzeitig bittere Realität, denn Stan saß nun vor seinen Bildschirmen und hatte das Gefühl, sich etwas ausdenken zu müssen. *Geht der Markt nun rauf oder doch eher runter?* Aber Stan war leider kein Superagent und konnte keine Entscheidung treffen ...

18.05 Uhr
Immer noch keine Idee ... Sch... ich muss doch fix noch das Minus ausgleichen!
18.06 Uhr
Anhaltende Lähmungserscheinungen beim Betrachten des Tagesergebnisses.
18.07 Uhr
Der Markt stand fast still und merkte scheinbar allmählich, dass Stan nichts unternahm ...
18.08 Uhr
Das Ende der aktuellen Zehn-Minuten-Periode zappelte Stan entgegen.
18.09 Uhr
Der Markt begann zu fallen, und die Periode wurde größer und größer und GRÖSSER ... Stan kämpfte mit einem Kloß im Hals und fragte sich, aus welchem Grund er vorhin bloß seine Short-Position geschlossen hatte.
18.12 Uhr
Die Frage stand im Raum, ob *short* jetzt wohl erneut richtig wäre.
18.13 Uhr
Stan malte mit seinem Bleistift ein Fragezeichen auf ein weißes Blatt und wog ab. Überlegte. Wog erneut ab. »Regeln?« Achselzucken: *Ich muss das Minus ausgleichen!*
18.14 Uhr
Der Markt fiel binnen Sekunden um weitere 28 Punkte. Stan wurde wütend und kritzelte wild auf seiner Unterlage herum. »Scheiße, Herrgott! Wäre ich doch nur vorhin, als der Drecksmarkt noch höher stand, *short* gegangen. Oder besser: Wäre ich doch erst gar nicht raus!«
18.16 Uhr
Stan überschlug den entgangenen Gewinn und begann die aktuelle Periode zutiefst zu hassen.
18.17 Uhr
Der Markt fiel um weitere 9 Punkte.
18.18 Uhr
Stan ärgerte sich mittlerweile über den entgangenen Gewinn mehr als über die heutigen Verlusttrades.
18.20 Uhr
Stan legte sein Gesicht in seine Arme und schüttelte den Kopf. Mittlerweile stünde Johns Konto satt im Plus.
18.22 Uhr
Der Markt fiel.

18.25 Uhr

Stan kochte vor Wut und Hass.

18.26 Uhr

Jetzt reicht's! Ich lass mir doch hier nicht den gedeckten Tisch zeigen und geh' mit leerem Magen nach Hause – Fuck!

Order Filled Short.

18.27 Uhr

Na also, geht doch! Aber jetzt nicht rumdümpeln, los doch …

18.28 Uhr

8 Punkte Gewinn. *Na endlich – KOMM! Da geht noch was! Ich hab schließlich ein Minus auszugleichen!!!*

18.30 Uhr

He?!

18.31 Uhr

Nein. NEIN. N-E-I-N …

18.32 Uhr

Der Markt stieg um einige Punkte. *Kennt die Zumutung denn gar keine Grenzen?*

18.34 Uhr

Stan wurde angesichts des ausgewiesenen Geldbetrags dieser Short-Position seiner Selbstachtung völlig beraubt.

18.35 Uhr

Stans Selbstbeherrschung ging ebenfalls in Scherben, und er zerbrach den Bleistift in der Mitte und feuerte die beiden Teile auf den Boden. Ihm schoss die Frage durch den Kopf, wie bescheuert er sein musste, um so einen Trade zu machen.

18.36 Uhr

Stan setzte einen engen Stopp. *Größer als bis dahin lasse ich das Minus dieses Mal nicht werden!*

18.37 Uhr

Der Blick auf seine Position ließ Stan zu einer Salzsäule erstarren und erzeugte eine Pattsituation in seiner Gedankenwelt: *Geh ich gleich raus? – Bleib ich drin? – Wie weit lass ich den Markt noch steigen? – Dann stoppt es mich wieder aus, und sofort dreht der Markt. Oh Mann …*

18.38 Uhr

Tränenfeuchte Augen wurden verdreht. »Bitte dreh, B-I-T-T-E«, flehte er.

18.39 Uhr

Stan erkannte die Warnrufe des Charts: *Achtung, Platz da, Stan wird erneut ausgestoppt!*

18.39 Uhr

Over und aus!

Order Filled.

Stan blieb wie angewurzelt vor dem Schreibtisch stehen. Vor seinen Augen blinkten die Kurse, und rote wie grüne Bars strömten vorüber, doch er bemerkte dies kaum. Eine Welle von Angst schwappte gerade über ihn hinweg, und ihm wurde übel davon. Angewidert starrte Stan auf Johns Monitore … *Was will ich hier überhaupt? Ich bin nicht vorbereitet auf den Scheißbörsenhandel! Habe ich eigentlich meinen Pass dabei?* In Todesangst klammerte er sich an die Maus. Im selben Augenblick grinste ihn Kim vom Türrahmen aus an.

»Na, falschen Zauberspruch erwischt? Wo warst du denn vorhin – HIMMEL, wie siehst du denn aus?«

He?

Kim schüttelte mitfühlend den Kopf. Sie ging zum Schreibtisch und blieb davor stehen, ergriff Stans leeres Glas, schenkte etwas Wasser nach und reichte ihm dies. »Was hältst du davon, Feierabend zu machen?«, schlug sie vor.

HE?

Stan kniff die Augen zusammen und überlegte, wen sie gerade meinte. *Ah, ja. Quatsch. Sind ja nur wir zwei im Büro.* Er nahm einen großen Schluck Wasser und stellte das Glas zurück.

»Okay, wie lange, meinst du, muss ich noch warten?«

Stan reagierte immer noch nicht, sondern betrachtete stattdessen versunken die kleine rote Zahl am unteren Bildschirmrand.

Kim griff nun über den Tisch und legte ihre Hand auf seinen Unterarm.

Was? Ach so, ja. Kim … Stan unterbrach sein quasimeditatives Studium des Positionsfensters und blickte ihr ins Gesicht. Ihre Augen waren hell und klar, und sie erwartete offensichtlich irgendeine Antwort. Stan zuckte mit den Schultern. Die Geste wirkte so falsch, dass er fast sicher war, sie würde sie nicht verstehen.

Undeutlich drang Kims Stimme erneut zu ihm durch: »HALLO! Kommst du jetzt?«

»Ähm«, räusperte sich Stan, um seine Stimme in den Griff zu bekommen. »Ist denn schon Feierabend? Das ist aber blöd gerade. Habe noch richtig viel zu tun. Deswegen bleibe ich heute wohl länger!« Stan setzte sich endlich hin, ergriff die Maus wieder und wandte seinen Blick erneut den Charts zu.

»Na gut, ich mach los.«

»Was?«

»I-C-H G-E-H-E! Heim! Kennst du das?«, johlte Kim.

Stan schaute immer noch merkwürdig aus der Wäsche.

»Bis morgen«, johlte sie erneut, jetzt nur deutlich lauter.

Stan schaute sie immer nur noch an, ohne zu antworten.

»Sag mal, ist wirkliches a-l-l-e-s okay …?!«, fragte Kim, jetzt doch merklich besorgt, und ging um Johns Arbeitsplatz herum.

Oh, oh …

Autsch!

Stan ließ den Kopf an die Rückenlehne zurücksinken, schloss die Augen und atmete tief durch. »Ich habe da ein kleines Problem – «, brach er endlich sein Schweigen und öffnete seine Augen. »Das heißt, es ist einfach fürchterlich!« Stan konnte seinen Blick immer noch nicht vom Chart des DAX lösen. Sein Herz klopfte immer noch zum Zerspringen. »Ich habe, ich meine … ich *hatte* … da eine P-r-o-b-l-e-m-p-o-s-i-t-i-o-n.« Würde er eine Baseballkappe tragen, jetzt wäre der richtige Zeitpunkt dafür, sie sich tief ins Gesicht zu ziehen.

»Na gut, wenn es *nur* eine Problemposition ist, dann kümmern wir uns fix darum.« Kim wollte zwar nach Hause, und im Flur wartete bereits ihre Freundin, also war sie an Überstunden nicht interessiert, aber sie dachte, dass zu Johns offenen Positionen sicher eine schnelle und effektive Lösung gefunden werden konnte. Als Kim allerdings auf das Positionsfenster blickte, war noch alles okay, als sie dann aber auf das realisierte Tagesergebnis sah, kippte sie ihre Hoffnung auf einen pünktlichen Feierabend, wenn auch nur sehr zögerlich, über Bord. Nicht die Zahlen erschreckten sie. Kim war durch die Erstellung der tagtäglichen Abrechnungen weitaus größere Beträge gewöhnt, allerdings war ihr ziemlich klar, dass die *Zahlen* auf dem Monitor und *Stan* nicht zusammenpassten. Kim riss daher die Augen vor Erstaunen so weit auf, dass Stan viel vom Weiß ihrer Augäpfel zu sehen bekam.

Stan unterbrach die Stille als Erster. »Ist das nicht unglaublich? Ich habe heute nur ins Klo gegriffen«, schrie er plötzlich mehrfach hintereinander so laut, dass Kim die Glastür schloss, um ihre Freundin, die im Flur auf sie wartete, nicht noch mehr zu erschrecken.

Stan hatte die Hand immer noch auf der Maus liegen.

»Finger weg!«, kreischte Kim.

Stan zuckte erschrocken zurück.

»Stan«, presste sie, mit herkulischer Anstrengung um Geduld ringend, hervor, »wenn du auch nur ein Wort von dem, was John immer gesagt hat, mitbekommen hast, dann h-a-u jetzt von dem verflixten Bildschirm ab. J-E-T-Z-T!«

»Ja, aber, wenn nun der Markt durchrauscht oder wieder ansteigt?«

»Dann …«, Kim beugte sich vor und nahm ihn bei den Händen, »bedarf das beides *nicht* deiner Anwesenheit. Die Märkte brauchen dich nicht, um rauf- oder runterzugehen. Die können das schon von selbst!«

Stan wusste nicht, ob er lachen oder weinen sollte. Herrgott, sie kapiert es einfach nicht. Hier hängt meine REPUTATION dran! »Ich kann hier nicht weg!«

Kim legte den Kopf schief und betrachtete ihn mit einem seltsamen Blick. In Stans Augen erkannte sie eine ihr bis dahin noch nicht aufgefallene Besessenheit, und sie erinnerte sich plötzlich daran, dass John sie zu Beginn ihrer Anstellung beiseite genommen und ihr Folgendes anvertraut hatte: »Wenn du einmal das Gefühl hast, dass einer der Händler hier oder in einem anderen unserer Büros mit dem Handelstag überfordert ist, zum Beispiel, dass das Minus oder Plus des jeweiligen Händlers dessen normalen Alltag sprengt, dann informiere mich umgehend. Du brichst damit keinerlei Loyalität, hörst du!? Informiere mich unbedingt und so schnell wie möglich, auch wenn jemand dir was anderes sagt!«

»Okay, Stan. Wie du willst.« Kim stieß einen leisen Pfiff aus und strich ihr Haar glatt, und während Stan wie betäubt dasaß und geistesabwesend verschiedene Menüfunktionen des Handelsprogramms aufrief, wandte sie sich, innerlich total zerrissen, um und verließ Johns Zimmer …

*

Ein Blick auf das Instrumentenpaneel an der Steuersäule deutete an, dass soweit alles in Ordnung schien. Philip zeichnete den aktuellen Kurs in die Karte ein und lehnte sich, die Arme hinter seinem Nacken verschränkt, für einen Augenblick in den Navigationssitz zurück. Der Starkwind war abgeflaut, das Meer glänzte mit niedrigen Wellenhöhen. Nach einem wundervollen Segeltag hatten die vier eine geeignete Bucht zum Ankern gefunden. Philip trank noch einen Schluck Bier, lauschte dem Plätschern der Wellen und schielte zu Nick hinunter. Der hatte seine Hemdsärmel hochgerollt, lehnte am Bug und verfolgte, wie ein anderes Boot ebenfalls in die Bucht einbog, während Pascal auf dem Deck herumschlenderte, sein prickelndes Wasser schlürfte und mit Nick rumblödelte.

»… es ist der DAX, es ist d-e-i-n Konto, und es ist s-c-h-l-i-m-m«, hauchte Kim mit ersterbender Stimme.

Da John Kim kannte, wusste er, dass das kein Scherz war, sondern die bittere Wahrheit. Und sie meinte es tatsächlich voller Ernst – falls das gehen würde, sozusagen sogar noch voller als voll. »Wie schlimm?«, hakte John nun doch etwas irritiert nach.

»Richtig schlimm«, erwiderte sie und vergaß vor Aufregung die deutschen Worte. »志失.«

»Sag es mir, Kim, wie schlimm ist *schlimm*? Wie schlimm kann *schlimm* denn sein?«

Stille.

»Dann sag mir *die* Zahl!« John blickte hinauf zur Windmessanlage an der Mastspitze. »Wie viel wird es uns kosten oder hat es bereits gekostet?«, fragte er und fummelte mit dem rechten Fuß nach seinem Flipflop. Dann fügte er hinzu: »Vielleicht ist es ja weniger teuer als dieses Telefongespräch.«

»Knapp 60.000.«

John schwieg.

»Hast du gehört? 60.000! – Und er tradet weiter und sieht dabei aus, als würde er gleich verrückt werden.«

John konnte oder wollte immer noch nicht sprechen.

»Hallo? John? Hörst du mich …?«

»60.000?«, vergewisserte er sich jetzt sicherheitshalber.

»Sechzig, soweit ich es gesehen habe – 志失.« Kim bekam wieder einen Deutsch-Aussetzer. »Ich meine, ich glaube, du solltest das Ganze unbedingt belänzen.«

»Du glaubst, ich sollte das Ganze b-e-g-r-e-n-z-e-n, ja?« Kim konnte es nicht sehen, aber John schmunzelte. »Und was für eine Art von Schadensbegrenzung schwebt dir da so vor?«

Kim verstand nicht recht, sagte, Stan würde schon wild herumschreien, und gab John zu bedenken, dass Stan sicherlich bald immer mehr Risiko eingehen würde …

John unterbrach sie: »Er *schreit* schon herum?«

»Richtig laut sogar. Soll ich ihm den Stecker ziehen?« Kim hörte schon wieder nur noch das Säuseln des Windes.

»… Kim, ich rufe dich gleich zurück.« John legte auf, betrachtete schweigend die Weite des Meeres.

Nach wenigen Sekunden klingelte Kims Telefon. »Lass ihn traden! Lass ihn machen! In drei Tagen sind wir wieder da. So schlimm wird es schon nicht werden«, und noch bevor Kim sprachlos vor Überraschung nach Luft schnappte, fügte John hinzu: »Sag ihm nichts von unserem Gespräch und davon, dass ich grünes Licht für weitere Trades gegeben habe.«

»Aber Stan macht immer mehr Minus!«, ermahnte sie ihren Boss.

»Wir passen schon auf! Lass ihn dennoch einfach weitermachen …«, beruhigte John seine Assistentin. Da er sich den Ablauf des Ganzen nahezu bildlich vorstellen konnte, wollte er jetzt weder Details zum bisherigen Was, Wann, Wie und Warum hören noch für Künftiges geben.

»Aber 志失«, entgegnete Kim. »Aber was tust du? Du gießt Öl ins 志失, eh Feuer, und sagst: *Verbrenn noch mehr.*«

»Machen wir wegen des heutigen Tages pleite?«, fragte John.

Nick und Philip, die nun von Johns Telefonat etwas mitbekommen hatten, tauschten irritierte Blicke aus.

Kim überlegte. »Nein, mit Sicherheit nicht.«

»Trau mir einfach erst mal zu, dass ich weiß, was ich mache«, beruhigte John sie in sanftem Ton und bedankte sich für ihre Loyalität und ihren Anruf. »Halt mich bitte auf dem Laufenden! Sobald wir zurück sind, werde ich's dir erklären können. Glaube mir! Bis dahin wünsche ich dir erst mal noch einen schönen Feierabend. Du gehst essen mit einer Freundin? Macht euch ein nettes Fläschchen auf, und schreib es auf das Spesenkonto. Ciao – ja, bis dann!«

Nachdem Kim aufgelegt hatte, rief John bei dem für dieses Handelskonto zuständigen Broker an und angelte dabei immer noch in aller Selenruhe mit dem Fuß nach dem verflixten Flipflop, der nach dem vielen Hin- und Herschieben nunmehr endlich in einer Ritze klemmte. Nach vielen Jahren der Zusammenarbeit kannte er die Jungs am anderen Ende der Leitung persönlich. John betrieb ein paar Sätze Small Talk und informierte sich dann darüber, welche Märkte heute auf dem entsprechenden Konto gehandelt worden waren. »DAX-Future …«, hieß es, »und, Moment … seit zehn Minuten auch der SMI-Future.« John schnalzte mit der Zunge und lächelte wie ein Schulbub, der dem Lehrer gerade einen Streich gespielt hatte. Dann ließ er mit sofortiger Wirkung die maximalen Positionsgrößen auf die heute von Stan bisher gehandelten herabsetzen und sperrte mit Ausnahme von Dow Jones, Britischem Pfund und Euro-FX-Future alle Märkte, die heute noch nicht gehandelt worden waren. Damit war es Stan mit sofortiger Wirkung verwehrt, höhere Kontraktanzahlen als die bisherigen zu handeln. Ebenso war der Zugriff auf alle anderen Märkte als die noch freigeschalteten gesperrt. Darüber hinaus bat er den Broker, ihn über weitere Trades zu informieren. Ebenso äußerte John, sollte Stans angesammeltes Minus 200.000 Euro übersteigen, bei dem Broker eine eher ungewöhnliche Bitte …

John verabschiedete sich vom Broker, wählte nun die Nummer eines sehr gut befreundeten Händlers aus Deutschland, dem er in kurzen Sätzen den Sachverhalt beschrieb und den er um einen kleinen, aber wichtigen Gefallen bat, welcher drei Tage später *grandiose* Auswirkungen auf Stans Ausbildung erlangen sollte. Nach dem Ende des letzten Gesprächs klappte John sein Handy zu, ging unter den fragenden Blicken der anderen unter Deck und entnahm seinem ledernen und mit silbernem Monogramm geschmückten Zigarrenetui ein schönes Exemplar der obersten Lage. Er ließ sein Feuerzeug aufflammen und setzte die lange Zigarre mit einigen hingebungsvoll paffenden Zügen in Brand, bevor er wieder an Deck zurückwanderte.

»Keine Angst!«, sprach er, in fragende Augen blickend. »Wir behalten unseren Kurs die nächsten Tage brav bei, während Stan es hinter sich bringt.«

Pascal schaute ihn an. »*Hinter sich bringen?* – Was denn?«

John hob sein halbvolles Glas. »Unser Bambino verliert für seine Verhältnisse gerade satt Geld!«

»Aber so toll ist das doch nun auch wieder nicht, *Geld* zu *verlieren*, dass du sogar einen Toast darauf ausbringst«, meinte Pascal irritiert.

»Doch«, gab John entschieden zur Antwort. »Diese Stunden wird Stan nicht so schnell – um nicht zu sagen: nie mehr – vergessen. Er ist, laut Kim, sogar kurz davor, aus dem Fenster zu springen. Bis wir zurück sind, steht er hoffentlich unmittelbar vor der Einlieferung!«

Pascal verstand nur Bahnhof. »Nichts für ungut, John, *aber Scheiße* – wie kannst du das zulassen?«

Auf Nicks und Philips ebenso fragende und ratlose Blicke erklärte John der Crew: »Nichts da! Stan erhält gerade seine wichtigste Lektion. Heute könnte seine Geburtsstunde als erfolgreicher Trader stattfinden. Lasst uns also darauf und auf ihn anstoßen!«

»Häh?« Pascal schüttelte den Kopf. »Wenn du mich fragst, dann seid ihr vollkommen irre, und euer Börsenscheiß ist ein Werkzeug des Teufels …«

»… dessen Erfindung Gott nur zugelassen hat, um die Menschen zu prüfen und die Schwachen von den Starken trennen zu können«, vervollständigte Nick grinsend und hob dabei den Daumen.

Pascal verstand immer noch nicht, sollte aber noch am selben Abend erste Details über Johns Ansichten erfahren …

*

Unterdessen verabschiedete sich Kim von Stan. »Ich zieh dann mal los!«

»Ja, ja … schönen Feierabend!« Stan schaute Kim kurz sehnsüchtig nach, nicht wissend, dass alle unterrichtet waren.

Kim funkte mit ihren Augen aufgeregt SOS zu ihrer absolut ratlos herumstehenden Freundin. »Wilai! Schnell, raus hier!« Sie schob sie aus der Tür und vollführte draußen als Erklärung eine Stranguliergeste.

Nachdem Kim und ihre Freundin gegangen waren, widmete Stan sich wieder den Charts und weiteren, nicht minder erfolglosen Versuchen, diverse Trades mit immer weniger fachlicher Begründung im Markt zu platzieren. Später, nach einigen weiteren fruchtlosen Trades, hielt ihm Damrong, der Portier und Sicherheitsbeamte in einer Person, schulterklopfend und mit dem typischen thailändischen Lächeln die Tür auf. »Na, erfolgreich gewesen?«

Stan verneinte seufzend. »Heute nicht«, versicherte er kläglich und schlich durch den spärlich beleuchteten Garten in Richtung Straße.

Auch mit rudimentärsten Kenntnissen der menschlichen Psyche ließ sich für den Portier leicht abschätzen, dass nicht mehr viel fehlte, um einen bisher so sympathischen Trader wie Stan in einen kaltblütigen Amokläufer zu verwandeln, der gleich mit einer Maschinenpistole alle Börsen der Welt in Schutt und Asche legen würde.

»Mach mal Pause!«, hörte Stan Damrong noch rufen.

»Mach ich!«, versprach Stan und hob noch kurz die Hand zum Zeichen, dass er ihn verstanden hatte. *Ganz schön schwer, so eine Hand.* Stan konnte Damrongs Blick im Rücken spüren, was heute in jedem Sinne auf ihn erschütternd wirkte. Stan spürte etwas wie aufsteigende Angst, eine Beklemmung; es war wie ein Eingesperrtsein mit dem Unumgänglichen und Unentrinnbaren. Stan ließ wahrhaftig alle Mimik springen, und in seinem Kopf tummelten sich die Gedanken um die Trades, aber zur Erkennung des eigentlichen Fehlers ordneten sie sich nicht. Es war unheimlich, ja bedrohlich, und ein Gefühl der Hilflosigkeit überfiel ihn. Dies äußerte sich in instinktiven Bewegungen, in einem Sichumsehen, einem Suchen nach Hilfe, nach Rat und Stütze, und er dachte nacheinander an verschiedene Personen, die anzusprechen ihm eventuell zuträglich sein konnte.

Am Eingangstor des Grundstücks blieb Stan stehen, tastete nach seinem Handy und wählte Johns Nummer. »Verbindung wird hergestellt«, stand auf dem Display. *Was soll ich ihm nur sagen? Es ist nicht meine Schuld, dass alles in die Hose gegangen ist?* Stan legte wieder auf. Stattdessen rief Stan seine Mitbewohnerin Lilly an und berief kurz entschlossen für 21.30 Uhr eine Sondersitzung in ihrer erklärten Lieblingsbar unweit des »Golden Mount« ein, von dem Touristen gerne die gigantische Aussicht auf Bangkok genossen. Der Laden war extrem chic und extrem angesagt und daher ideal zum »Sehen-und-gesehen-Werden«.

Stan stolperte auf die Straße, sprang in ein Taxi und ließ sich, während der Wagen anfuhr, in die dunkle Polsterung sinken. »Auf dem schnellsten Weg zum *Golden Mount* …« Ehe er die Augen schloss, schaute er noch mal über die Schulter auf das im Rückfenster immer kleiner werdende Bürogebäude. *Dieser verdammte Job …*

Süßer Zigarrenrauch stieg Stan in die Nase, als er durch die weit geöffneten Glastüren trat. Über seinem Kopf rotierten einige bunte Scheinwerfer, Lichtblitze zuckten. Ausgelassene Fröhlichkeit, wohin das Auge blickte. Stan wandte sich von der Eingangstür ab, düste zur Bar, klatschte mit der flachen Hand auf den Tresen, bestellte ein Bier, leerte die Flasche in wenigen Zügen und checkte dabei nervös die anwesenden Gäste. *Lieber Gott, lass hier heute bitte keinen auftauchen, den ich von der Arbeit her kenne!*

Wenige Minuten später erschien auch Lilly, die zwar keine Lektion vom Markt bekommen hatte, aber dennoch auch ein wenig fertig aussah.

Stan ging auf sie zu, sie umarmten sich, und das zu erwartende »W-I-E siehst du denn aus?« kommentierte Stan mit »Später!«.

Lilly blieb ein wenig ratlos an einer Säule stehen. Zum einen wirkte Stan völlig neben der Spur und desorientiert, zum anderen fiel ihr der große, breit geschmierte Kaffeefleck auf seiner Hose auf. Lilly überlegte, dass es für einen solchen Kummer nur drei Gründe geben konnte: einen Todesfall in der Familie, einen sich anbahnenden Todesfall in der Familie oder – eine Frau.

»Geht es um deine Eltern? Ist ihnen etwas passiert?«

Stan schüttelte den Kopf.

»Hat dich eine Frau abblitzen lassen?«

Kopfschütteln.

»Rede mit mir, Stan!« Lilly grübelte. »Ist es wegen der Arbeit?« – ein gequälter Aufschrei, der Lilly bis ins Mark traf. *Bingo!*

»Es ist aus …«, flüsterte Stan mit kippender Stimme. »Aus und vorbei!«

Zwar hatte Stan im Laufe der Monate, in denen er mit Lilly zusammenwohnte, schon mehrmals das Ende der Arbeit verkündet, aber noch nie so endgültig klingend wie heute Abend.

Zwei gelangweilte Touristen räumten ihre Hocker an der Bar, welche sich die beiden gleich unter den Nagel rissen. Als sie sich setzten, entdeckte Stan den Grund der touristischen Langeweile: zwei kleine Fläschchen Fanta. *Schlimm, so was!*

Als beide ihre Bestellungen erhalten hatten, prostete Stan Lilly zu und zog mit einem Schluck die Hälfte seines Cocktails weg.

Lilly nippte lediglich an ihrem. »Zu kalt für meinen Magen«, entschuldigte sie sich. Sie wollte gerade ansetzen, Stan ihren katastrophalen Tag in den buntesten Farben zu schildern, da platzte es aus ihm heraus.

»Siebzigtausend Minus!«

Lilly prustete los und begann, um es zu kaschieren, sogleich zu husten. Wortlos starrte sie Stan an: Das nannte man mal eine Gesprächseröffnung!

»Scheiße!«, war das Einzige, was Stans Worten halbwegs gerecht wurde und ihr auf die Schnelle einfiel.

Achselzuckend griff Stan nach seinem Cocktailglas, und sie stießen ein weiteres Mal an.

Kling!

Die erste Frage, die nach Aussagen wie »70.000 Euro Minus« normalerweise anstand, lautete: »Wie das denn?« Lilly hatte jedoch eine Heidenangst, diese Frage zu stellen, denn Stan sah hundeelend aus. Offenbar nahm es ihn richtig mit. Kein Wunder, Händler war schließlich sein Traumberuf. Um ihr Gehirn anzuregen, schneller zu arbeiten und gleichzeitig etwas Zeit zu gewinnen, bevor sie irgendetwas sagen oder fragen musste, stürzte sie – Magen hin oder her – ihren Cocktail hinunter und bestellte einen Wodka-Lemon. Dann wagte sie es doch. »Und warum?«

Stans Antwort kam schnell. »Kann es dir auch nicht so genau sagen«, gestand er mit schwacher, kläglicher Stimme.

»Scheißbörse!«, stöhnte sie.

Stan gönnte sich einen weiteren Schluck seines Cocktails.

Lilly erhielt ihren Wodka-Lemon. Sie warf den Strohhalm auf die Bar und klopfte Stan tröstend auf die Schulter. »Kann man nix machen! Morgen wird's bestimmt besser!«

Mit leicht zitternder Hand führte Stan sein Cocktailglas an die Lippen. *Warum bin ich bloß so nervös? Beruhige dich, Stan, beruhige dich. D-u-r-c-h-a-t-m-e-n. Du bist schließlich ein Trader, Herrgott noch mal! Reiß dich zusammen. In Gegenwart von Lilly musst du wenigstens halbwegs cool, entspannt und sexy wirken, als wäre das hier keine große Sache.*

»Ach ja … «, seufzte Stan. »Ich verstehe diese Welt nicht. Ich wollte doch nichts Böses. Ich wollte doch was Gutes, aber …« Stan stotterte den Ablauf der Trades heraus: »Ich geh short, Markt dreht kurz – ich ausgestoppt!« Stan erklärte mit groben Gesten den Unglückstag, angefangen vom ersten Trade bis hin zu seiner Fahrt mit dem Taxi zum Markt Chatuchak und den letzten Zwischenfällen mit dem Schweizer Markt und – ach ja – den zwei Trades im Euro. »Die Scheißbörse hat mich heute echt durchgefickt!«, ächzte er abschließend, leerte seinen mittlerweile zweiten Cocktail und winkte dem Barkeeper für eine weitere Bestellung. »Und das alles an einem Tag!«

Lilly schmunzelte. »Im Vergleich dazu hatte ich ja einen voll langweiligen Tag. Ich meine, bei mir haben heute nur ein paar Touristen ein Hotelzimmer angebrannt!«

»Fast schon belanglos«, ergänzte Stan und nickte ihr verständnisvoll zu. Zwischen verletzten Herzen gab es eine automatische Anziehung, so eine Art intuitives Verständnis.

Au Mann, die arme Wurst, dachte Lilly. Was der Gute da eben in seinen halbleeren Cocktail gejammert hatte, bedeutete aus ihrer laienhaften Sicht eigentlich gut und gerne 20 Sitzungen psychologische Betreuung. *Wenn ich ihm jetzt noch sage*, dachte sie, *dass ich seinen iPod verbummelt habe, legt die Krankenkasse vielleicht noch drei Sitzungen drauf*. Lilly konnte Stan förmlich vor sich sehen, wie er verkrampft vor den Bildschirmen hockte und in panischer Angst die Maus umklammert hielt, während ihm Schweißtropfen über das gerötete Gesicht die Stirn hinunterliefen. Lilly überlegte kurz, was Stan jetzt wohl am meisten brauchte, und entschied sich für Trost und Ablenkung, also ermutigende Worte von jemandem, der ihn verstand und wieder aufbaute: »Jetzt mach aber mal 'nen Punkt! *Soo* scheiße bist du als Trader nun auch wieder nicht!«

UFF!

Vielleicht hätte sie es noch ein klein wenig positiver formulieren können.

»Danke!« Jetzt war es an Stan, verlegen zu werden. Die Erinnerung daran, wie er in den letzten Tagen Lilly gegenüber noch sein Talent gepriesen hatte, ließ ihn schamrot anlaufen.

»Ja, mein Gott. Kauf dir halt schnell ein passendes Buch zu dem, was da schiefgegangen ist oder wie man das anders machen kann.«

»Ein Buch?!«

»Genau. Ein Buch. Einen Ratgeber. Das isses doch schon. Du bist bestimmt kein schlechter Händler, S-t-a-n, Kopf hoch!« Na ja, das klang schon besser.

»Und das soll dann alles sein? Ein B-U-C-H?«, krächzte Stan und stellte sein Glas hart auf den Tresen. Fast sah es so aus, als wäre es wieder eine Spur voller geworden.

»Nein! Eine neue Hose brauchst du auch! Die ist ganz dreckig. DAS ist alles!«

»Am liebsten würde ich einen fliegenden Teppich nehmen, in die Vergangenheit fliegen und alle Trades rückgängig machen.«

»Fliegende Teppiche fliegen nur von einem Ort zum anderen, aber nicht in die Vergangenheit!«

»Mannomann ... Dann eben eine Zeitmaschine.«

Stan musste grinsen.

Na endlich, dachte Lilly und fragte: »Aber ein bisschen shoppen könnten wir doch nachher noch, oder? Eine Hose?«

»Na klar, das können wir gerne machen!« Niemals hätte er gedacht, dass ihm heute jemand so Trost spenden konnte, dass ihn dies aus seiner gefühlten Bedeutungslosigkeit herausholte.

Im Hintergrund spielte der DJ einen Remix der Titelmelodie aus dem James-Bond-Streifen »Golden Eye«. Lilly nickte zufrieden im Takt. »Geil!«

»Jo!«, stimmte Stan zu. James Bond hatte er immer gerne gesehen, weil James nie als Weichei, sondern stets als Held aus jeder Situation hervorging. *Der sollte mal mit dem Trading anfangen …* Es war schon alles recht bizarr. Stan steckte in einer ausweglosen Situation und fragte sich, was mit den berühmten Schutzengeln los war, die ihn offensichtlich im Stich gelassen hatten. Das war schon ironisch, die waren in ihrem Job genauso schlecht wie er in seinem als Händler …

Lilly bestellte beim Kellner zwei weitere Cocktails, dann schoss ihr eine Frage durch den Kopf. »Sag mal, was genau ist denn an dem Ganzen nun *am schlimmsten* für dich – dass sich der Markt irgendwie ganz anders verhalten hat, als du erwartet hast, oder dass du so einen riesigen Verlust eingefahren hast?« Sie nippte an ihrem Cocktail und blickte Stan erwartungsvoll an.

Stans Gesichtsausdruck wechselte in Zeitlupe zu einem Ausdruck völliger Verblüffung. »Äh, wenn ich ehrlich bin, ist mir diese Frage noch nie in den Sinn gekommen. Ist ja komisch …« Stan überlegte fieberhaft. Der Verlust war natürlich katastrophal und beschämte ihn als Händler. Er hatte Angst davor, John und den anderen in die Augen zu sehen und ihnen das Geschehene beichten zu müssen. Als Stan weiter in sich hineinhorchte, bemerkte er, dass sein Bild von sich selbst heute sogar zweimal mit Füßen getreten worden war: Ein Mal, soweit es sein Selbstbewusstsein in Sachen *Fachwissen* betraf, und ein zweites Mal tangierte es sein Selbstbewusstsein als *Mensch*.

Er ärgerte sich über seine Machtlosigkeit gegenüber dem Chart, über sein Ausgeliefertsein an diese offensichtlich sadistisch veranlagten Märkte, die scheinbar nichts anderes im Sinn hatten, als ihm vor Augen zu führen, dass er nichts, aber auch gar nichts konnte – soweit es die Börse betraf. »Die Drecksmärkte haben mich am meisten geärgert«, presste er mit letzter Anstrengung heraus und stützte erschöpft seinen Kopf auf. Er fühlte sich leer, ausgepumpt und verwirrt.

Lilly zögerte, da sie bemerkte, dass Stan von ihrer persönlichen Bemerkung offenbar völlig aus dem Tritt gebracht worden war. Lilly, die mittlerweile die Wirkung der Cocktails deutlich spürte, wurde plötzlich energisch. Sie blies sich keck eine Strähne aus dem Gesicht, beugte sich verschwörerisch zu Stan hinüber und flüsterte ihm zu: »Wir sollten … was meinst du … vielleicht die Börse verklagen?«

Stan schüttelte sichtlich amüsiert den Kopf. »Das geht nicht!«

»Ach nein? Und warum nicht?«, wollte Lilly wissen und reckte kampflustig das Kinn nach vorn. »Vorgaukeln falscher Tatsachen, so lautet die Anklage. Der Chart hat dich *verarscht*. Ende. Chart schuldig, du unschuldig.« Lilly leerte ihr Glas. »Hast du nicht so eine Klausel in deinem Arbeitsvertrag?«

»Was für eine Klausel?«

»Na ja, so was wie: Ein Tag pro Jahr darf schiefgehen oder so …«

Stan schüttelte den Kopf. Dann nippte er an seinem Glas, obwohl nur noch Eiswasser drin war. Den Tresen bedeckten jede Menge zerrupfter Bierdeckel. Lillys Werk.

»Eine hierzulande in Arbeitsverträgen ziemlich übliche Klausel«, stellte Lilly lakonisch fest, während sie sich die langen schwarzen Haare zu einem Pferdeschwanz zusammenband. »Ich habe es schon immer gewusst: Börsenhandel ist die albernste Erfindung der Menschheit. Der klare Beweis, dass Gott nicht existiert. Oder wenn, dann kann er nicht besonders helle sein. Ein genauso alberner und unnützer Spaß wie Comics lesen.«

Stan biss sich in die Faust. »Au Mann, dieser Tag tut einfach nur weh …!«

»Absolut«, sagte Lilly leise. Zwei nüchterne Feststellungen hintereinander, von zwei angeheiterten Erwachsenen, die erwachsen miteinander umgingen.

Von diesem Zeitpunkt an dauerte es nicht mehr lange, bis aus dem gestressten bis traurigen Zustand ein solcher des Angeheitertseins wurde. Lilly und Stan fühlten sich plötzlich erstaunlich wohl, und alles schien gar nicht so schlimm zu sein. Aus Angst, dieser wunderbare Zustand könne sich einfach so wieder in Luft auflösen, bestellten sie eine weitere Runde und redeten totalen Unsinn. Selbstverständlich unter strengster Vermeidung der Worte »Börse« und »Siebzigtausend« sowie »Hotel« und »Feuer«. Es gab eben für alles seine Zeit …

Lillys und Stans Weg führte sie eine Stunde später durch die nächtliche Stadt in Richtung Taxi – Shoppen war heute doch kein Thema mehr. Es herrschte eine wunderschöne Atmosphäre – der Himmel war gespickt mit glitzernden Sternen. Alles wirkte so prachtvoll und lebendig. Es war fast, als könnte man die Stadt atmen hören, als hätte sie einen Herzschlag. Stan lief, die Hände in den Taschen und wie ein ferngesteuerter Roboter, angetrunken, aber fest entschlossen, irgendetwas gegen das Böse in dieser Trading-Welt zu unternehmen. *Nur was?* Eine Legion von Gedanken blitzte durch seinen benebelten Kopf, jedoch einer davon ließ ihn nicht mehr los: Warum soll ich denn eigentlich ein Supertrader werden? Es gibt Georg Soros, Philip Falcone, Steven Cohen und viele andere Toptrader von Weltrang. *Warum sollte ich, wenn es so viele Toptrader gibt, denn daran glauben, dass da irgendwo noch ein kleines Plätzchen für mich existiert …?*

Immer noch zitternd von den Ereignissen des Tages drehte Stan, mittlerweile zu Hause angekommen, den Duschhahn auf. Selbst Lillys Anwesenheit und Teilnahme hatte zum Schluss des Abends nicht verhindern können, dass seine Gedanken weiter um den heutigen Tag kreisten und sein Herz nicht aufhörte zu rasen. In Rekordtempo. In Richtung Herzstillstand. Es war nicht auszuhalten. Es war, als hätte ihn ein riesiger Hammer getroffen, nur ohne äußere Wunden. Aber Stan war mittlerweile zu schwach, um sich dem noch weiter entgegenzustemmen. Müde plätscherte auch das Wasser aus dem Brausenkopf. Stumm und gerade mal halb angeduscht, stieg er aus der Kabine und setzte sich nackt auf den Wannenrand. Weiteres Nachdenken führte ihn zu der Frage, ob sein genereller Eintritt in diese Welt der Kurse & Charts & Co. vielleicht einfach nur ein grober Fehler, ein fataler Irrtum gewesen war.

»Ich brauch nur Ruhe!«, sagte er leise zu sich selbst. »Ich werde einfach warten, bis es keine Börse mehr gibt.« Stan legte sich auf sein Bett und deckte sich mit seinem Handtuch zu.

Schnief.

Stan war weder wütend noch verbittert. Er wusste nicht einmal genau, was er eigentlich gerade empfand. Am ehesten vielleicht Furcht. Er fühlte sich jedenfalls schrecklich! *Ich schau doch schon so lange auf die Charts – und bin dennoch meilenweit davon entfernt, vernünftig zu traden!* Das Seltsame daran war, dass er eigentlich angenommen hatte, er wäre schon längst so weit. *Aber vielleicht irrte er sich ja? Aber wie um alles in der Welt tradet man, ohne Minus zu machen?* Erneute Selbstzweifel fraßen ihn von Minute zu Minute mehr auf.

John wollte mich bestimmt testen!

Und ich habe versagt.

Irgendwie müsste ich Johns Verständnis erregen.

Oder – ich könnte hineingehen und sagen, dass ins Büro eingebrochen wurde und diese Trades so eine Art Anschlag von Unbekannten waren. … *Geht auch nicht, Kim hat es ja schon mitgekriegt … Am besten ich melde mich bei Gottschalk an bei* »Wetten, dass ich jeden Trade verhaue?«

Erst in den frühen Morgenstunden glitt Stan in einen unruhigen Schlaf.

*

Der Nachthimmel zog sich über den Ozean, und nachdem ein kurzer, aber stürmischer Gewitterregen niedergegangen war, welcher das Meer aus seinem dumpfen Fieber erlöste, atmeten die vier Jungs an Bord der »Mary« die erfrischte, salzige Luft, saßen um den Tisch an Deck und erzählten sich Geschichten. Während kurze Wellen in einer kleinen Bucht mit weißen Schaumkronen der vor Anker liegenden Segeljacht aus Nordwest entgegenspülten, hatten die vier Jungs im Laufe des Abends alle möglichen Themen gewechselt und waren nun – wen wundert's – beim Thema *Trading* gelandet. Der Schein der Öllampe tauchte die vier Segler in ein gelbliches Zwielicht.

John ließ die Zigarrenspitze aufglühen und warf in die Runde: »… ich schrieb mal in mein Tagebuch: Wenn es kein Konto gäbe, wäre im Börsenhandel *alles* erlaubt.«

Philip, dem Johns Gedanke gefiel, dachte kurz nach und äußerte dazu: »Stimmt, nur weil es im Börsenhandel nichts Mächtigeres als das eigene Konto gibt, nichts, was dieses quasi übersteigt oder was in derselben oder einer noch dominanteren Weise über den Trader entscheidet oder ihn sich Untertan macht – nur darum gibt es Normen und Grenzen der Willkür!«

John führte Philips Äußerungen weiter: »Selbst für unseren Bambino, dem der Glauben an so vieles übrigens noch fehlt, muss es über ihm als Trader etwas Höheres geben, das über sein Schicksal entscheidet. Ich meine den Untergang seines Kontos. Kein Konto, kein Trader. Ich spreche folglich über das Bewusstsein der, ich nenne es jetzt mal *Sterblichkeit* als Trader. Jedes Dasein als Trader besitzt in diesem Sinne einen Anfang und ein Ende. Jeder Trader hat seinen persönlichen Kontostand, seine persönlichen Logiken, seine während des Tradings eigene und einzigartige Tagesgestaltung und sein ganz eigenes sowie exklusives Verhältnis zu 100 oder 1.000 Euro Gewinn oder Verlust, die niemand anders auf der Welt in exakt der gleichen Form aufweist. Mit dem Verlust des Kontos wird die Existenz all dieser Verhältnisse enden, und das bedeutet, dass eine Grenze der eigenen Trading-Welt existiert.«

Nick zog kräftig an seiner Zigarette, schnippte diese über die Reling und rieb sich das stoppelige Kinn. »Bleibt einem Trader also nur die Wahl zwischen *Demut* und dem *Nichts* übrig.« Nick wusste nur zu gut: Nicht nur der jeweilige Ausgang der einzelnen Trades hatte ihn als Trading-Anfänger schockiert, sondern vielmehr noch die *permanente* gedankliche Konfrontation mit dem *endgültigen* Untergang seines Kontos.

»Das heißt, diese Wahl zwischen Demut und dem Nichts ist bei euch Tradern eine Frage des Charakters?«, klinkte sich Pascal ein, der das Gespräch aufmerksam verfolgt hatte.

John griff nach seinem Glas und nickte mit ausdrucksvollem Gesicht.

»Ja. Aber natürlich genauso eine Frage der Erziehung wie auch der intellektuellen Reife, des Muts oder der Feigheit – wie immer man es betrachtet. Ganz unabhängig davon: Eines bleibt für den Trader immer bestehen, ob er das nun akzeptiert oder nicht: Dass es tatsächlich eine Grenze, ein Ende seiner Existenz als *Trader* gibt. Dieser Gedanke ist am wichtigsten, denn er lehrt uns, nennen wir es ruhig genau wie Nick beim Namen, Demut.« John knöpfte sein flatterndes Hemd zu, denn kurzzeitig schien der Wind etwas nördlicher zu drehen. »*Unvernunft* und *Dummheit* im Trading repräsentieren also nichts anderes als genau dies: einen Mangel an *Demut*.«

Philip nickte stumm, da er genau wusste, dass weder John noch Hofner von einem Trader fordern würden, sich stündlich mit dem Gedanken über den 100-prozentigen Kontoverlust zu martern. Beide regten stattdessen dazu an, sich etwas sehr viel Einfacheres und Selbstverständlicheres anzueignen: nämlich die Einsicht, dass ein Trader ein Mensch und folglich von Haus aus so schwach wie begrenzt und daher zur mentalen Arbeit an sich selbst verurteilt ist und sich deswegen – voller Demut – darüber freuen sollte, was ein Trading mittels Disziplin, also ohne das aggressive Begehren, sich mit überhöhtem Risiko und sämtlichem nur irgendwie verfügbarem Hokuspokus *jede* stattfindende Chartbewegung einzuverleiben, hergibt.

Die drei Händler kamen im weiteren Gespräch darin überein, dass das Gefühl der Unfreiheit, die Enge der Existenz eines Trading-Anfängers, sprich: die Beschränkungen der Realität, die ihn tagtäglich im unendlichen Chartgewimmel einengen, zu einem Wert an sich werden, denn sie lehren den Trader, der Herausforderung des gewählten Berufes gewachsen zu sein, mit dem Schicksal der Freiheit, alles zu dürfen, zu ringen, um die eigene Würde zu erhalten und damit die Sehnsucht nach innerer Ausgeglichenheit zu stillen.

Derweilen konnte Pascal, dessen Nähe zum Börsenhandel einzig aus einigen Aktienfonds bestand, diesen Worten überhaupt nicht folgen. »Noch mal für die Doofen, bitte. Die *freiwillige*, aber dennoch, wie ihr sagt, *erforderliche* Begrenztheit eurer tagtäglichen Arbeit mit den Charts hat bei euch *einen Wert*?«

John starrte kurz dem Rauch seiner Zigarre nach und wurde dann für seinen Freund etwas ausführlicher. »Dieser Wert ist der Widerspruch des aktuell vor einem laufenden Charts, bei dessen Anblick man sich seinem Begehren nicht entziehen kann, all seine Träume zu erfüllen, gleichzeitig aber das Wissen hat, dass die Sehnsucht nach Perfektion und 100-prozentigen Trefferquoten nie befriedigt wird. Erschwerend gesellt sich hinzu, dass ein Trader sich nicht in die Geborgenheit hüllen kann, dass, selbst wenn er heute wie morgen exakt dasselbe tut, heute wie morgen dasselbe Ergebnis herauskommt, weswegen er ununterbrochen zu der Einsicht gezwungen wird, dass sein Handeln – im historischen Chart und nach Stunden oder Tagen betrachtet – unvollkommen, unvollständig, mitunter sogar fast schon verstümmelt erscheint.« John wurde kurz nachdenklich. »Eben in dieser Widersprüchlichkeit fand ich beispielsweise als junger Händler die Kraft, die mich in einem ständigen Kampf mit mir selbst mein eigenes Schicksal gestalten ließ. Und das«, er holte hörbar tief Luft, »ehrlich gesagt, auch verbunden mit Leid. Ohne Leid sehe ich – im Nachgang betrachtet – auch keine Möglichkeit, einem angehenden Händler ein *beständiges* Trading zu lehren.« John setzte sein Glas ab. »Ich glaube, Nietzsche war es, der einmal schrieb, ein wesentlicher Unterschied zwischen Mensch und Kuh bestünde darin, dass die Kuh ohne Angst, ohne Furcht, in dem gesegneten Jetzt zu existieren, zu leben wisse, unbelastet von der Vergangenheit, und sich der Schrecken der Zukunft nicht bewusst sei. Das passt ja auch s-u-p-e-r auf unseren Berufsstand, denn ein unerfahrener Trader wird – so wie wir alle damals auch – zum einen von der Vergangenheit und – was noch viel schwerer wiegt – von der tagtäglich neu bewussten ungewissen Zukunft so sehr verfolgt, dass er nur allzu oft mit trauriger Miene durch seine Handelstage schlendern kann. Jeder Handelstag wird – auch bei gleichbleibender Handelslogik – in seinem Ausgang ungewiss bleiben. Entweder man akzeptiert dies und lernt, damit zu leben, oder man sollte schleunigst den Beruf wechseln.« John wandte sich an Nick und Philip. »Wisst ihr, warum ihr euch in euren ersten Trading-Jahren so nach den goldenen Tagen eurer Jugend gesehnt habt?«

In dem auf diese Frage folgenden kurzen Moment der Stille flatterten neben dem Plätschern der Wellen am Rumpf des Bootes von dem anderen, ebenfalls in dieser Bucht vor Anker gegangenen Boot leise Musik- und Gesprächsfetzen herüber. Das flackernde Feuer der Öllampe, das die Gesichter der Burschen färbte, schien in deren Haaren weiterzulodern. Während Philip überlegte, blickte er hinauf zum Toplicht in acht Meter Höhe, dann sah er fragend hinüber zu Nick, um diesem als dem Älteren den Vortritt bei der Beantwortung von Johns Frage zu lassen. Nick schüttelte kurz den Kopf und verzog dabei seine Lippen zu einem leichten Grinsen. Also antwortete Philip: »Da gab es keine Börse für uns?!«

John hob den Daumen. »Richtig. Es liegt daran, dass die meisten Jugendtage sorgenfreie Tage waren. Tage frei von Sorge, ehe euch schmerzliche Erinnerungen an vergangene Trades, verlorene Euros oder Dollars und der Schutt vergangener Chartverläufe belasteten.«

Mit diesen Worten hatte John die ideale Überleitung geschaffen und berichtete den anderen von Kims heutigem Anruf. Verständlicherweise drehte es sich an dem kleinen Holztisch an Deck anschließend um die Frage, wie es Stan nach seinem heutigen Desaster wohl gerade ginge, woraufhin Pascal fragte, weshalb John den armen Burschen scheinbar absichtlich leiden lasse.

John hatte nun seine Hände gefaltet, den Kopf schräg nach hinten gelegt, den Blick an den riesigen Sternenhimmel geheftet, und ohne den Blick von dem grandiosen Schauspiel abzuwenden, sagte er: »Ich möchte, dass Stan zukünftig anfängt, den Begriff der *Treue* zu überdenken und diesen in sein Trading zu integrieren.«

Daraufhin hakte Pascal nach, ob John nicht einfach nur sauer sei, dass Stan sich nicht an seine Anweisung, nur die Stopps nachzuziehen, gehalten habe, was John kopfschüttelnd verneinte – wobei er schnell erkannte, dass er zur Erklärung dieses Gedankens weiter ausholen musste, da er offensichtlich missverstanden wurde.

Dementsprechend führte er vertiefend aus: »Wie an so vielen wichtigen Begriffen im Trading haftet auch an dem Wort *Treue*, vor allem für die jungen Burschen, der Staub vergangener Zeiten. Schließlich ist der *treue* Diener ein Untertan, der für den Herrscher starr und unerbittlich sein Leben riskiert. *Treue*, etwas moderner, wenn auch vielleicht nicht 100-prozentig treffend oft als *Zuverlässigkeit* bezeichnet, stellt jedoch ein maßgebliches Schlüsselwort für Stans zukünftiges Trading dar. Treue ist nämlich der Grund, aus dem nicht nur *Duplizierbarkeit* und daraufhin *Be-*

ständigkeit, sondern gleichermaßen *innere Ausgeglichenheit* und *Mut zum freiwilligen Verzicht* überhaupt ihren Sinn beziehen. Denn während sich um einen Trader herum sekündlich alles ändert, ist die *Treue zu sich selbst*, zu den eigenen erlebten Erfahrungen und dem erworbenen Fachwissen nicht nur notwendiger Halt, nicht nur Garantie für einen gewissen festen Bestand, sondern auch die Voraussetzung für jeden zukünftigen Handelstag, denn ohne Treue ist Hoffnung auf ein zufriedenes und ausgeglichenes Leben als Trader gar nicht erst denkbar.«

Pascal überlegte einen Moment. »Aber Voraussetzung für Treue, sofern sie wirklich Zufriedenheit bringen soll, ist doch zumindest ein Hauch von *Gegenseitigkeit*?«, erwiderte er recht scharfsinnig, die Hände im Schoß gefaltet und nach vorne gebeugt. »Man kann doch niemandem gegenüber treu sein, der diese Treue nicht erwidert. Zumindest nicht auf Dauer. Wer hat also den Gegenpart inne? Oder anders gefragt: Auf *wen* oder *was* zielt die Gegenseitigkeit, im Trading treu zu sein?«

Da es hier mittlerweile um höchst bedeutsame Themen ging, die John ganz in Anspruch nahmen, stand er auf, kehrte einen Augenblick sein Gesicht dem Meer zu und begann dann vor der Reling mit kleinen Schritten auf und ab zu spazieren. Er wusste nur zu genau, dass sich die Treue im Trading in verschiedenen Formen und auf sehr verschiedenen Gebieten zeigen konnte und dass er zur adäquaten Beantwortung von Pascals Frage mehrere Themen ansprechen musste, welche sich erst im weiteren Gesprächsverlauf schlüssig zusammenfügen würden. John orientierte sich zunächst an dem Feld der verschiedenen Möglichkeiten, um auf dieser Grundlage tiefer zu deren Wesen sowie Stans heutigem abenteuerlichen Tag und der absichtlichen Untätigkeit seinerseits vorzudringen.

»Sich selbst treu«, konstatierte John, »ist jener Trader, der die freiwillig eingegangene Bindung zu Signalen, Setups, Stopp-Verhalten, Handelszeiten, Risiko, Zeiteinheiten und, und, und losgelöst vom Ausgang des einzelnen Trades über die Handelstage, -wochen und -monate hinweg durchhält.« John griff Pascals Stichwort der Gegenseitigkeit auf und gab zu, dass hier auf den ersten Blick zu Recht eine eigentümliche Besonderheit auffallen mochte. Mit absichtlich geheimnisvoller Betonung fuhr er fort: »Da Treue auf *Gegenseitigkeit* beruht, wirft dies, der allgemeinen Logik folgend, die Frage auf: Ist denn die Signallogik, sind denn die Plustrades mir als Händler ebenfalls *treu*?«

Zwei Köpfe in der Runde nickten bestätigend, Pascal indes blickte reichlich irritiert.

»Eine Signallogik kann wohldurchdacht, clever und in jeder Weise effizient sein, aber das Verhältnis zwischen Trader und Signal ist, indem es eben nur ein Signal verkörpert, anderer Art als das Verhältnis, in dem der Mensch sich selbst treu ist.« John führte weiter aus, dass sich die Treue des Signals daher zunächst nicht auf das Ergebnis beziehe, sondern, was er viel wichtiger fand und deswegen besonders betonte, rein auf die pure Existenz einer *Signalabfolge*. Man könne sich als Trader darauf verlassen, dass nach dem einen – wie auch immer definierten – Signal ein weiteres folgen würde. In dem festgelegten, aber dennoch vom Trader jederzeit und einseitig kündbaren Verhältnis wäre, zumindest an diesem Punkt, somit das Totale der zwischenmenschlichen Treue enthalten.

»Jegliche Handelslogik – ob dumm oder durchdacht – wird permanent Signale liefern, somit dem Trader immer *treu* bleiben, selbst dann«, John setzte erneut eine bedeutungsschwangere

Pause, »wenn dieser dem Signal die Treue bricht, denn die Logik hört ja – und hier liegt der Unterschied zum Alltag außerhalb des Tradens – bei der einseitigen Aufhebung durch den Trader nicht auf zu existieren.«

Unter diesem Blickwinkel musste selbst Pascal zugeben, dass die von John erklärte *Treue eines Signals* doch kein leerer Wahn war, woraufhin John an die Runde gewandt fortfuhr: »Gleich einem treuen Freund ist eine aus der Technischen Analyse resultierende Handelsregel etwas, auf das man sich auch in Zeiten der Not verlassen kann.« John entging im flackernden Schein der Lampe nicht, dass Nick bei den Worten, Überlegungen zur Handelsregel als »Freund« anzusehen, ein *Schmunzeln* über das Gesicht huschte, woraufhin John zu verstehen gab, dass umgangssprachlich freundschaftliche Beziehungen nach dem Grad ihrer Stärke abgestuft würden und – auf das Trading bezogen – für die meisten Trader die Beziehung zu einem Signal eher nur die schwächste Form, nämlich die als positiv empfundene Bekanntschaft mit einer Handelslogik darstellte. Der klassische Trading-Anfänger wüsste kaum, weshalb ein positiver Trade ihm *Ruhm*, sprich Geld, bereite. Das hieß, er war weit entfernt von Kennerschaft, glaubte, hunderte Vorzüge im Chart zu entdecken, um daraufhin eine möglichst große monetäre Anteilnahme zu rechtfertigen. Damit wäre der eigentliche Grund seines Trades etwas Unwägbares, nämlich einfach nur *Sympathie* für eine grob gehörte oder angelesene Handelslogik. John bestand jedoch darauf, dass ein Trader anstreben müsse, in diesem Zusammenhang die höchste Form eines Beziehungsgrades, nämlich »*Freund fürs Leben*«, zu erreichen. Eine Formulierung, die eine sehr intensive und bedingungslose Bindung andeutete, der auch lange Trennungsphasen, also das Ausbleiben eines Signals, nichts würden anhaben können.

Pascal trank hastig sein Glas aus, wobei er dieses mit beiden Händen festhalten musste, da das Boot kurzzeitig schwankte, und fragte irritiert: »Freund fürs Leben?« Er konnte dem Ganzen anscheinend nicht recht folgen, was entweder der fortgeschrittenen Stunde oder dem Weinkonsum geschuldet war.

»*Freund fürs L-e-b-e-n!*«, murmelte Nick, Johns Worte wiederholend.

Pascal begriff nichts.

»Dies ist die stärkste Form aller Bindungen, denn sie zeigt sich in der Selbstaufopferung zugunsten eines anderen – «

»– und dies ist doch im Trading der Fall, oder nicht?«, ergänzte John und hob sein Glas in Pascals Richtung.

»Das Signal opfert sich für *mich*?« Pascal riss seine Augen vor Erstaunen unnatürlich weit auf.

»Quatsch.« Philip schenkte Pascal noch mal nach. »Andersherum. Du opferst deine individuellen Ansichten zugunsten des Signals.«

Pascal blickte leicht beschämt drein und tippte sich zum Zeichen seiner Schwerfälligkeit mit dem Finger an die Schläfe, ließ zum Spaß den Kopf sinken, während eine größere Woge von Achtern auflief und das schwere Heck der Jacht anhob, um unter dem Rumpf hindurchzulaufen.

»So, nachdem das geklärt ist, kommen wir nun zum Wesentlichen: Was ist das Gegenteil von Treue?«, wollte John von den anderen wissen.

»V-E-R-R-A-T!« und »U-N-T-R-E-U-E!«, klang es wie aus der Pistole geschossen im Chor.

»Okay, der *Verrat.*« John beugte sich vor und wies nun darauf hin, dass dieser interessanterweise beim Trading nicht in einem *aktiven* Tun bestehen müsse. »Verrat kann auch schon darin liegen, dass man trotz eines vorzüglichen Signals nicht tradet oder seine persönlich aufgestellten Trading-Parameter verletzt, sich daher nicht zu diesem Signal bekennt, sondern das eine oder gar beides verleugnet, da man sich mit dem Bekenntnis dazu im aktuellen Chartverlauf zu kompromittieren glaubt.« John, dessen Zigarre auszugehen drohte, schob mitten im erneuten Anzünden noch hinterher: »Untreue im eindeutigen Sinn entsteht also erst dort, wo ich dem Signal die Stütze, auf die es einen Anspruch hat, entziehe und es, wie die Umgangssprache sagt, *fallen lasse*. Aber dazu später mehr!« John zog tief an seiner *Cohiba*-Zigarre, blies den Rauch in den Nachthimmel und redete weiter: »Aus diesem Grund wird verständlich, dass sich die Treue erst in den Zeiten der Not, mithin bei *Fehltrades*, bewährt.« Treue gab es laut John demnach im Trading nicht stückchenweise, denn man konnte seiner Ansicht nicht mehr oder weniger treu sein, sondern entweder ganz oder gar nicht. Somit ließe sich die Treue nur halten oder brechen. Eine dritte Alternative bestünde im Trading nicht, woraus auch die eigentümliche *Schwere* eines Treuebruchs resultierte.

John ließ einen prüfenden Blick über die Runde wandern und erkannte, dass seine Worte bis an diese Stelle verstanden worden waren. Den nächsten gedanklichen Meilenstein erklimmend fuhr er damit fort, dass ihm natürlich bewusst sei, dass man mit dem Begriff der Treue im Trading sehr, sehr vorsichtig umgehen müsse. Wenn das gewichtige Wort von der Ewigkeit der Treue aufkommen würde, so läge, vor allem bei einem Trading-Anfänger, der Verdacht nahe, dass damit ein im Enthusiasmus des Augenblicks versprochenes Wort »Ja, ja, ich werde mir schon treu sein und jedes Signal handeln …« nur sehr unkritisch in die nüchterne Wirklichkeitsanalyse des tagtäglichen Handelsalltags übernommen werde. Denn Fakt sei: Ewige Treue im Trading würde, dem Eheversprechen gleich, ebenso häufig geschworen, wie dieser Schwur später wieder gebrochen würde. »Demzufolge«, erklärte John weiter, »muss ein Trader, so wie er auch im Alltag nachdenkt, ob es moralisch richtig ist, dem Gegenüber oder der Gemeinschaft treu zu sein, auch dahingehend überlegen, ob sein Regelwerk, seine Logiken und die ihm von sich selbst freiwillig auferlegten Schranken beständig angewandt das *Richtige* für ihn sind. Also sind die wichtigsten Voraussetzungen die Treue zu sich selbst und das *kritische Prüfen* eines Signals.«

John gewährte seinen drei Zuhörern eine kurze Bedenkpause, indem er sich einen Augenblick der Weite des Meeres zuwandte. Dann nahm er die in allen drei aufkeimende Frage vorweg: »Aber wie soll ein Trading-Anfänger das gewährleisten?« und wies darauf hin, dass die sich selbst versprochene *Ewigkeit* der Treue zu sich und einem Signal oder einem Setup folgendes enorm *schweres* Problem enthalte: »Wie ist ein Trader – vor allem ein *Trading-Anfänger* – als ein lebendiges, wandelbares, menschliches Wesen überhaupt zu einer solch weitreichenden zeitlichen Festlegung fähig? Ja, inwieweit ist er überhaupt dazu berechtigt, derart über seine Zukunft zu verfügen?«

Nick erkannte das angesprochene Problem und erinnerte vehement daran, dass kein Trader auf der Welt sich in einer für ihn selbst vorhersehbaren Weise entwickeln würde, und nutzte Stan als aktuelles Beispiel: »Auch er kann sich in den kommenden Handelsjahren nach so verschiedenen Seiten hin entwickeln, dass ihm damit der Boden für die Treue zu seiner allerersten angelesenen oder gehörten Signallogik entzogen wird, und ein über diesen Punkt hinausgehendes weiteres Festhalten an dieser ersten Treue würde zu einem Widerspruch hinsichtlich der inneren Notwendigkeiten seiner derzeitigen Entwicklungsstufe führen.«

Bedächtig strich sich Nick durchs Haar. »Vielleicht wird Stan nur noch Trends auf Tick-Charts handeln, dort wiederum vielleicht nur in einem, vielleicht in mehreren Märkten, vielleicht aber auch Trends über mehrere Tage hinweg. Vielleicht wird er aber auch nur noch Ausbrüche handeln oder sich ausschließlich auf bestimmte Handelszeiten – meinetwegen nur die letzte Handelsstunde im Dow Jones – begrenzen. Möglicherweise wird er aber auch ein Fetischist des Optionshandels und dort wiederum vielleicht mit der bevorzugten Spezialität des Stillhalters. Oder ganz, ganz anders: Vielleicht wird er sich auch der mathematischen Seite des Themas *mechanische Handelssysteme* zuwenden und dort wiederum vielleicht vorhandene Indikatoren weiterführen oder sogar neue kreieren …«

Nick klopfte eine Zigarette aus seiner Packung und steckte sie sich mit einem tiefen Seufzer an.

Philip nutzte die Pause, um ihm Recht zu geben und darauf zu verweisen, dass innere Wahrhaftigkeit und Treue scheinbar stets in Widerspruch miteinander gerieten.

Im weiteren Gespräch waren sich Philip und Nick darin einig, dass, von der Warte ihrer eigenen einstigen Anschauungen als Trading-Anfänger aus betrachtet, ihnen die Lebendigkeit der Charts und ihre daraufhin eingegangenen willkürlichen Orders als höchste Werte erschienen waren und – trotz Minustrades – die notwendige *Aufrechterhaltung der Treue* von ihnen daher immer nur als Mangel empfunden wurde. Aus damaliger Sicht gehörte für Philip und Nick zur Lebendigkeit eines Traders die Fähigkeit, seine Ideen fortwährend dem sich ständig wandelnden Chart anzupassen und immerfort neue Überlegungen zu diesem hervorzubringen.

John, der, an der Reling lehnend, den Worten der beiden aufmerksam gelauscht hatte, war sichtbar stolz auf die Gedanken seiner jüngeren Mitstreiter, denn nun fiel ihm die Erklimmung seiner weiteren gedanklichen Meilensteine in Bezug auf Stan umso leichter: »Mit der eigentümlichen Starrheit der Treue, von der gerade gesprochen wurde, haben wir damit also ein Wort benutzt, das hinsichtlich Stans Auffassungen etwas *Abwertendes* hat. Von daher gesehen wird unserem Bambino jegliche Forderung unsererseits in Bezug auf eine *unwandelbare Festigkeit* zunächst stets als eine Art …«, John zog tief an seiner Zigarre und suchte nach den richtigen Worten, »als eine Art … *Behinderung* erscheinen, unter der sein von ihm gedachtes wahres Leben als Trader total verkümmert.«

Philip und Nick saßen ganz still auf ihren Plätzen und lauschten in sich hinein, bevor sie John durch ein Nicken ihre Zustimmung signalisierten.

Pascal hatte das erhebende Gefühl, dass er gerade Zeuge eines besonderen Ereignisses wurde, und schwieg daher erwartungsvoll, die drei Trader abwartend betrachtend.

Die Ehrlichkeit der beiden Jüngeren zum Anlass nehmend, forschte John nun auch in seiner Seele nach Jugendeindrücken und beichtete daraufhin, dass auch er in seinen Anfängen keinerlei Demut gegenüber irgendwelchen Charts empfunden hätte. Er hätte geglaubt, dass er durch das ständige, sich zwar lebendig anfühlende, aber willkürliche Chartorakeln unbedingt glücklich sein müsste, glücklich sein *sollte*! Weshalb auch bei ihm Treue nicht besonders hoch im Kurs gestanden hätte. Zu beschäftigt mit der Aufgabe »*Wann* und *wo* dreht der Markt?«, welche ihm sein Ego stellte, zu belastet von der Verpflichtung, Megamonster-Trades zu sammeln, der Zerstreuung zu abgeneigt, um für das Treiben der bunten Außenwelt des Alltags fernab der Charts zu taugen, habe er sich durchaus mit der Anschauung begnügt, sich nicht allzu weit aus dem Kreise des Aktionismus rühren zu müssen, und sei niemals auch nur versucht gewesen, diese Vorschule des Tradings zu verlassen. John verlor an jedem Tag, an dem er morgens das Licht einschaltete, Unsummen, und fast bei jedem Trade setzte er sich bedenkenlos genauso leicht über fachliche Regeln wie vor allem über die eigenen und selbst auferlegten Grenzen hinweg und hinterließ, weil er nicht gewillt war, die aus dem fachlichen Verständnis entspringende Treueverpflichtung zur Realisierung von Duplizierbarkeit und Beständigkeit einzuhalten, eine traurige Spur menschlichen Elends. John war damals jung und roh im Umgang mit seinem Konto gewesen und schlecht beraten von seiner Gier, hatte mit eigenem und sogar mit zusammengeborgtem Geld unendliche Missgriffe getan, in Wort und Tat Verstöße gegen Chartrealität und Besonnenheit begangen und war damit damals öffentlich gestrauchelt. Jetzt, Jahrzehnte später, erkannte er: Es war einst nur der Reiz der *Spannung* gewesen, nichts weiter. Aber wahrhaft als Anfall auftretend und ins Leidenschaftliche, ja bis zur Sinnestäuschung gesteigert. Daher: Welches Heldentum wäre damals zeitgemäßer gewesen als die Treue zu sich? Und Gleiches galt auch heute noch.

John nahm wieder Platz, lehnte sich zurück und kam zurück auf die, jetzt um einige Punkte erweiterte, Ausgangsfrage: Wie soll ein Trading-Anfänger das kritische Prüfen als Voraussetzung für die selbst versprochene Ewigkeit der Treue zu sich und einem Signal oder Setup gewährleisten und einhalten? »Genau dieser Widerspruch gehört zum *inneren Gesetz* des Börsenhandels selbst! Trotzdem ist das Erfordernis von der Ewigkeit der Treue im Trading keine Übertreibung, denn der Wille zur Unwandelbarkeit liegt notwendigerweise in der Gesinnung der Treue selbst«, erläuterte John und räumte weiter ein: »Treue im Trading kann nur dann echt sein, wenn der in ihr enthaltene Vorgriff auf die zukünftigen Signale und Handlungsweisen eine ewige Zukunft meint und mit dieser Zukunft als gefasstem Vorsatz in jeden neuen Handelstag eintritt. Es gibt eben im Trading keine Treue zu sich und einem Signal *mit Vorbehalten*.«

Während Philip die Gläser neu füllte, signalisierte Pascal mit einer Miene achtungsvollen Interesses, dass ihm immer noch nicht klar war, was das Ganze mit Stans heutigem Handelstag zu tun hatte.

John gab seinem Freund mit einer Geste zu verstehen, dass er sich gedulden sollte, denn er wusste, dass Pascal der Exkurs schon bald klar sein würde. »Wie in jeder Beziehung im Alltag, so ist auch im Börsenhandel jener Moment denkbar, in welchem sich *Misstrauen* in das Trading einschleicht, das von allzu menschlichen Gefühlen geleitet wird und die angestrebte konsequente Treueverpflichtung untergräbt.« Mit spaßeshalber erhobenem Zeigefinger konstatierte John, dass als erforderliche Grundlage jeder Treue – im Trading wie auch im Alltag – das *Vertrauen* fungiere. »Für einen Händler bedeutet das, dass nicht nur Vertrauen vorhanden sein muss hinsichtlich der Funktionsweise des Regelwerks, sondern vor allem auch hinsichtlich der Herleitung der Grundlagen des Regelwerks. Der Trader weiß – hoffentlich – genau, wie jegliche Signallogik und deren

Sonderbedingungen und Ausnahmevarianten bis ins kleinste Detail beschaffen sind, hat diese wie auch seine individuellen persönlichen Parameter kritisch geprüft und kann sich deshalb darauf verlassen. Er stellt diese nicht mehr infrage und kann dies daher als Fundament und Grundlage für seine Trades verwenden.« Als John nun noch hinzufügte, dass jener allmorgendlich unausgesprochen abgegebene Eid auf die eigene Disziplin sowie die Treue zu einem Setup oder Signal aber für denjenigen Händler, der das Vertrauen verloren hätte und nun Widerstände gegen jene Setup- und Signallogik verspürte, zu einem großen Problem mutieren würde, fing Pascal in ersten kleinen Bruchteilen an zu ahnen, wohin die gedankliche Reise mit der von John angesprochenen Treue in Bezug auf Stan gehen könnte.

Träge schwappte das Wasser am Rumpf der schweren Segeljacht entlang. Für den Moment war es fast windstill, nur das sanfte Plätschern des Wassers und das leise Rascheln einer Flagge im Rigg waren zu hören. Doch da jedes noch so spannende Gespräch, selbst alle Großartigkeit und Erhabenheit der nächtlich dunklen See, zurückstehen musste, wenn der leere Magen aufbegehrte, sagte John, während er sich erhob, mit nachdenklicher Miene: »Voraussetzung für Treue ist folglich das Vertrauen, denn dieses sichert den Bestand. Es bildet für den Trader jenen festen Sockel, auf dem er im unendlichen Börsenuniversum fest und sicher steht. Voraussetzung für Vertrauen wiederum ist *Fachwissen* und vor allem ...«, John ging zum Niedergang und stieg die Treppe hinab in die Kombüse. Als er nicht mehr zu sehen war, erklang aus dem Innern des Bootes Schubladenklappern und der Rest des angefangenen Satzes: »... sich E-R-I-N-N-E-R-N!«

John war froh, dass die Jungs etwas Zeit alleine verbringen konnten, um so ungestört über seine letzten Worte nachzudenken und so manches bei sich selbst vorweg bedenken zu können, was bei der Fortsetzung des Gesprächs erörtert werden würde. Während John auf einem Tablett Brot, Käse und Teller stapelte, wurde Pascal an Deck immer klarer, weshalb John anscheinend sogar insgeheim froh über Stans desaströse Tage war, und er ahnte in Johns letzten Worten plötzlich eine zarte Wolke von hilfsbereitem Idealismus. Zur Prüfung seiner Gedanken wandte er sich an Philip. »Nur an Erfahrungen, an Tatsachen aus der Vergangenheit kann ein Trader die Gründe für sein eigenes Vertrauen festmachen?«

Philip nickte. »Eine der absoluten Lieblingsredewendungen von Tradern lautet: *Wenn ich nur mir selbst treu sein könnte.*« Philip seufzte, bevor er fortfuhr. »Witzig ist nun Folgendes: Grundlage dieser Redewendung kann nur sein, dass ein Trader – deutlich formuliert und bewusst oder noch vage formuliert und unbewusst – bereits eine Haltung zum Trading bezogen hat, die er weiterverfolgen möchte. Das aber heißt nichts anderes, als dass er schon eine eigene ... nennen wir es Handelsidentität entwickelt hat, die er nicht verlassen möchte. Er will sich also auch in Zukunft treu sein!«

»... und genau da knüpft ein weiteres Element an die Treue an«, warf John ein, der, zurück an Deck und sein Tablett balancierend, Philips Worte wohlwollend vernommen hatte. »Wenn die Grundlage das Vertrauen ist, dann ist das Ziel die Zukunft, genauer: die HOFFNUNG.«

»H-o-f-f-n-u-n-g?« Pascal blickte mehr als nur erstaunt drein. »Ich dachte bislang, das sei das übelste aller Übel?«

John stimmte ihm, während er das Tablett abstellte, vorerst zu und unterstrich dies mit der bekannten Analogie: »Als Pandora die Büchse öffnete und die Übel, welche Zeus hineingelegt hatte, in die Welt der Menschen ausgeflogen waren, blieb, von allen unbemerkt, ein letztes Übel zurück – die Hoffnung. Seit dieser Zeit betrachten die Menschen die Büchse Pandoras und ihren Inhalt, die *Hoffnung*, irrigerweise als Schatz, als größtes Glücksgut. Dabei haben wir vergessen, dass Zeus den Menschen wünschte, sie mögen sich weiterhin quälen lassen. Die *Hoffnung* ist daher das übelste der Übel, weil sie die Qual der Menschen verlängert.«

»Genau das meine ich!«, bestätigte Pascal und verwies auf die allgemeingültige, also auch für den Börsenhandel geltende Spruchweisheit. »Die Hoffnung stirbt zuletzt …«

»Dennoch, ein erfahrener Trader hat *Hoffnung*«, korrigierte John und verwies indes nun auf eine *andere* Sichtweise: »Die Zukunft des Charts selbst kennt keiner, dementsprechend kann ein Trader nur Ziele in der Zukunft anstreben. Hoffnung ist mithin nie rückwärts, sondern stets nach vorne gerichtet. Hoffen kann nur der Trader, der dem Bestand seiner Normen und den vorab kritisch überprüften fachlichen Vorgaben traut. Diese von mir gemeinte Hoffnung bezieht sich somit – anders als bei den meisten Trading-Anfängern – nicht auf den Ausgang eines einzelnen Trades, wobei es sich hier in der Regel nur um die Minustrades handelt. Vom Vertrauen in die fachliche und mentale Grundlage ausgehend, garantiert die Treue oder nennen wir es meinethalben konsequente *Pflichterfüllung* ein berechenbares Verhalten auch in der Gegenwart der aktuellen Chartverläufe. Und Treue oder *Pflichterfüllung*, wie auch immer, ermöglicht dadurch, dass sie berechenbar ist, einen Glauben an die Zukunft.«

John ließ seine Zuhörer erneut kurz mit ihren Gedanken allein, schlüpfte abermals unter Deck und kam kurze Zeit später mit zwei Flaschen Château de Loei – einem Wein eines ernstzunehmenden thailändischen Weingutes im Nordosten des Landes – zurück. Mit jeweils einem Plopp löste er die Korken und sah seinem Freund Pascal an, dass dieser erneut sichtlich verzweifelt war, da anscheinend alle verstanden hatten, nur er nicht. »Du fragst dich immer noch, was das alles mit Stan zu schaffen hat?«

John erntete ein Nicken.

»Wenn die Angst vor der Zukunft die Hoffnung eines Traders verdrängt, gerät alles vernünftige und tugendhafte Handeln ins Wanken. Die Angst vor der Zukunft liegt im Verlust des Vertrauens begründet, da der Glaube an sich selbst, oder das Regelwerk oder beides, sich zunehmend aufgelöst hat. Misstrauen hat sich ausgebreitet, und der Trader sieht sich nur noch als – nennen wir es mal – Ego oder Einzelkämpfer, sprich: Er lässt sein Fachwissen, seine an sich durchdachten Regelwerke und freiwillig eingegangenen Bindungen nicht mehr mitspielen. Kleine, scharfkantige Eiskristalle des Zweifels und der Angst beginnen sich zu bilden und wachsen zu großen Eisbergen heran. Ein paradoxer Zustand ist eingetreten.« John wandte sich direkt an Nick und Philip. »Der Not, unter welcher der Trader leidet, stehen ein wachsender Berg Fachwissen und eine ungeahnte Anzahl von Regelwerken gegenüber, sodass an sich eine gesunde Grundlage für den Aufbau einer schönen Traderzukunft gegeben wäre, würde nicht das Vertrauen mit riesigen Schritten immer mehr schwinden.« John setzte eine bedachte Pause, während er damit beschäftigt war, den Wein einzuschenken. Dies hatte mit Vorsicht zu geschehen, da das Schiff gerade erneut schwankte.

Philip bemerkte bei John die Spur eines Lächelns, das über dessen in der Dunkelheit der Nacht kantig wirkende Gesichtszüge floss, und nahm einen Schluck aus seinem Glas, ohne John dabei aus den Augen zu verlieren, als dieser erklärte, dass es nun jedoch gelte, die *Ursachen* jenes Misstrauens zu erforschen, welches den Treuebruch und die Pflichtverletzung nach sich zöge.

Im Besitz der Wahrheit richtete John einen triumphierenden Moment lang seinen Blick fest auf Pascal und gab zum Besten, dass es zwei Arten von Treulosigkeit gebe, und verwies zunächst auf die für Trader typischste Form der Treulosigkeit. Zur Verdeutlichung erklärte er deren Ursache und Wirkung am Beispiel der bisherigen Handelswochen Stans: »Stan *muss* auch *ohne* Signal und Setup ständig agieren, um sein weit im Minus liegendes Konto zu retten. Er möchte, dass so schnell wie nur irgend möglich wieder die Ausgangsnummer, also der Anfangsbestand, zu sehen ist, womit also die Ursache für *diese* Art der Treulosigkeit ein im Minus liegendes Konto ist.«

John hob den Zeigefinger und bat, bei dieser Ursache allerdings *unbedingt* zu beachten, dass es trotz des negativen Kontos keinen *einzelnen* herausragenden schlechten Trade gebe, an dem man das Schrumpfen des Kontos hätte konkret festmachen und sich darüber hätte ärgern können. Es handelte sich vielmehr einfach um eine lange Folge langgezogener Verlierertage. John fügte hinzu, dass diese Form der Untreue deswegen oftmals nicht direkt aus Schwäche und Gedankenlosigkeit, sondern aus dem *innersten* Kern eines Wertegefühls heraus entstünde: »Um in jedem Augenblick so schnell wie möglich die rettenden Punkte zu gewinnen, welche das weitere Absacken des Kontos abwenden sollen, ist Stan allzeit gerne bereit, seine eigenen Vorsätze und das ganze Fachwissen inklusive deren Resultate von sich zu werfen und stattdessen auf der Schneide des schwindelnden Chartaugenblicks zu existieren.«

»Ein Trader mit einem im Minus liegenden Konto«, sagte Philip mit geneigtem Kopf zu Pascal, Johns Worte weiter erklärend, »wird sich weiter und weiter dazu entschließen zu traden und sich rücksichtslos dafür einsetzen, wieder schwarze Zahlen zu sehen. Und dazu *muss* er – aus seiner Sicht – bereit sein, in jedem neuen Chartaugenblick seine früher getroffenen Entscheidungen jedweder Art, also auch die hinsichtlich seiner Treue zu sich und den Vorgaben seines Regelwerks, zu verwerfen, denn es könnte ja hier und jetzt die so dringend benötigte Kursentwicklung entstehen.« Philip musste aufgrund seiner eigenen diesbezüglichen Erinnerungen schmunzeln, denn vor seinem inneren Auge spielten sich gerade solche Momente aus seiner Anfangszeit ab. »Das sinnlose Treiben inmitten eines Tunnelblicks schließt im Grunde zwar ein grauenvolles Gefühl ein, weil der Körper auf jeden Reiz des Charts ohne zu stocken mit, quasi fast schon automatisch eingeschliffenen, Order-Bewegungen so sicher antwortet, dass dem Trader, während sein Wunsch, sein Konto zu retten, gleichsam mit ihm durchgeht, selbst nur noch das unheimliche Gefühl des Nachsehens bleibt.«

John bestätigte Philips Äußerungen, erklärte aber ergänzend, diese Form der Treulosigkeit wäre zwar die am weitesten verbreitete, gleichzeitig aber auch diejenige mit dem *geringsten* Lerneffekt, da, und John wiederholte sich, aber es war eine Wiederholung wert, es sich in der Regel so verhielte, dass ein Trader sein Konto nach und nach plattmachen würde, ohne dass dies irgendeinem bestimmten Tag, einem bestimmten Trade oder einer besonders desaströsen Phase zugeschrieben werden konnte. Diese Verluste schmerzten im Einzelfall mitunter auch gar nicht weiter, wenn entweder noch genügend Geld in der Hinterhand vorhanden oder aber das Trading-Konto ohnehin sehr klein war und die verlorene Summe daher keinen enormen Gegenwert darstellte. Zusammenfassend meinte John: »Dem moralisierenden Anspruch für die innere Untreue zu sich und der äußeren Untreue zu seinem Regelwerk steht immer das gute Gewissen, hier und jetzt das Konto zu retten, gegenüber, daher auch der Name dieser Form: *moralische Untreue*.«

Die Form, auf die es John jedoch viel eher ankam, bildete die *existenzielle Untreue*, da in der Regel lediglich diese Form eine echte Weiterentwicklung des Traders hervorrief. Voraussetzung hierfür war: entweder ein innerhalb *kürzester* Zeit entstandener enormer Geldverlust oder ein plattgemachtes *größeres* Konto und damit die rote Karte sowie der Verweis vom Spielfeld auf einen Tribünenplatz. John wies vehement darauf hin, dass beide Ursachen so hart sein müssten. Der schwerwiegende Unterschied zur moralischen Untreue bestünde nämlich darin, dass *massive* existenzielle Ängste ausgelöst würden – da ein Trader in diesem Fall nicht mehr davon ausgehe, dass er noch irgendetwas über das Trading gefestigt wisse, oder es, gleich in welcher Form, gar noch verstünde, da der Geisteszustand im Moment zwischen Entsetzen und Panik schwanke. Wie auch bei der *moralischen Untreue* sei die Ursache ein Kontoverlust. Auch hier habe der Trader zuvor zwar eventuell bereits Minus eingefahren, aber die jetzt entstehenden Verluste träten so plötzlich und heftig auf, dass dies katastrophale Zeiten nach sich zöge, welche den einst mehr oder weniger erfolgreichen Trader erdrutschartig in ein Häufchen Elend verwandelten. John beschrieb, dass diese Krise aus sich gegenseitig beeinflussenden Zuständen bestünde und sich aus diesen nähre: Ausgelöst von dem plötzlich enorm gefallenen Kontostand, träten plötzlich – und dies betonte John besonders – private, geschäftliche oder soziale Störungen und Spannungen auf, die enormen Druck erzeugten und damit genau jenes existenzielle Abenteurertum hervorriefen und förderten, welches Stan sowohl in den vergangenen als auch sehr wahrscheinlich in den noch kommenden Stunden durchleben würde.

Im Ergebnis endete all dies letztlich in gewalttätigen inneren Zusammenstößen und in schwindelerregenden Trades, die zu einem weiteren Hauen und Stechen mit der eigenen Psyche führten. Druck und Schmerz seien in der Folge derart schlimm, dass fortan permanent zitternde und schweißnasse Hände sowie schlaflose Nächte als die geringsten Übel fungierten. Übrig bliebe ein gebrochener Mann, dem nun *erstmals* eines *deutlich* bewusst würde: »Wenn ich der äußeren Treue zu einer Handelslogik eine höhere innere Treue, nämlich die Treue zu mir als eigenem Wesen, als Mensch gegenüberstelle, wird es knifflig. Denn die Treue zu einem Signal zu verletzen, ist das eine. Aber sich selbst und seinen eigenen Vorsätzen untreu zu werden, wo man sich doch erst heute Morgen vor Handelsbeginn wieder mal besonders nachdrücklich vorgenommen hatte, sich genau so und nicht anders zu verhalten, droht nun nicht nur einen speziellen Trade, sondern mittlerweile die gesamte eigene Lebensplanung und -entfaltung ins Wanken zu bringen …«

Philip hörte John mit so gespannter, sein Innerstes erfüllender Anteilnahme zu, dass er darüber fast vergaß zu essen. Johns Worte hatten ihn zwar eigentlich schon die ganze Zeit eingefangen und bewegt, doch jetzt in immer wachsendem Maße emotional so sehr gepackt, dass Philip wohl einen Bissen zum Mund führte, dann aber still hielt, um Johns Worten noch konzentrierter zu lauschen.

John bezog sich nun direkt auf Stan: »Für ihn ist der heutige Tag neues Terrain und schlechtes noch dazu, nämlich: wie Treibsand!« John hoffte darauf, dass diese bereits erlebten wie auch die kommenden Stunden bei Stan in jener katastrophalen Verzweiflung resultierten, die John eine *existenzielle Sinn- oder Wertekrise* des Tradings nannte. »Ich möchte, dass Stan sich tatsächlich die Frage stellt, ob er *überhaupt* weiter traden soll, wo er doch, wegen der Angst vor den nach der Positionsöffnung folgenden Perioden oder generell vor der Zukunft des eigenen Tradings, die Hoffnung auf die Verwirklichung des eigenen Glücks mittels des Tradings und einer dabei endlich einsetzen sollenden inneren Ausgeglichenheit, welche als höchstes Ziel aller Trader bezeichnet wird, restlos verdrängt hat.«

Nick und Philip erkannten sich in Johns Worten wieder und fanden sich bestätigt. Auch sie hatten erst durch ihre eigenen verheerenden Erlebnisse jene Würde gewinnen können, die, wie John behauptete, jedem Trader als natürlicher Drang angeboren war, ja, man konnte sagen, dass erst diese ganze desaströse Entwicklung ihres Tradings den, wenn auch trotzig und unbewusst gegangenen, alle Hemmungen des Zweifels zurücklassenden Aufstieg zur Würde und Treue zu sich selbst und dem eigenen Fachwissen ermöglicht hatte beziehungsweise widerspiegelte.

Philip musste an seine eigenen schlimmsten Tage denken: Er hatte binnen weniger Tage, ja fast schon in Stunden zählbar, sein ohnehin schon halbiertes Konto fast komplett an die Wand gefahren. Immerhin fast 50.000 Dollar. Woraufhin seine Überzeugung, mit dem Trading jemals Geld zu verdienen, wie fortgeblasen gewesen war. Geistiges Schwindelgefühl erfasste ihn damals, und alles wurde auf den Kopf gestellt: Weiß war schwarz; richtig war falsch. Unter der Marter dieser vernichtenden Trading-Ergebnisse spürte er entsetzt, wie ihm das ganze Thema der glorreich angedachten Zukunft mittels des Tradings jämmerlich entglitt. Er rang vergeblich mit jedem Trade darum, die Oberhand zurückzugewinnen, und realisierte erstmalig, dass er in einer Traumwelt lebte, die ihm an jenen Tagen und Stunden mit einem riesigen Knall um die Ohren flog. Seine letzten Gedanken zusammenfassend und damit Johns Ausführungen reflektierend, meinte Philip daraufhin zu den anderen an Bord: »Und dieses Misstrauen äußert sich gar nicht mal so sehr den Regelwerken gegenüber, sondern vielmehr gegenüber dem Handel *selbst*.«

Nick stimmte Philip zu und erläuterte zum besseren Verständnis für Pascal, dass der entstandene enorme soziale Druck von Familie und Bekannten, der plötzlich jeder zu vollziehenden Trading-Entscheidung innewohne, schlagartig und bis zu ihrer Vernichtung die Stetigkeit infrage stelle, welche doch die Voraussetzung der Treue zu sich und einer Signallogik bildete. Auch er hatte seiner naiven Gier gefrönt, mit der fachlichen Erkenntnis Raubbau getrieben, seine monetäre Saatfrucht durch Unwissen und Dummheit zermahlen, sich selbst fehlenden Talents verdächtigt und damit die Würde des Tradings verraten. Es schien also, dass sich bei einem Trader wegen nichts anderem rascher Gedanken entwickelten und das Ego gründlicher abgestumpft wurde als angesichts scharfer und bitterer Reize verheerender Tage und vor allem angesichts der daraus entstehenden sozialen Brennpunkte – seien diese beruflicher oder familiärer Art.

Pascal war mit diesen Worten zwar einverstanden, fragte aber dennoch, weshalb ein einfaches und geradeheraus gesprochenes »Lieber Stan, du musst dich so und so verhalten« nicht ausreichen sollte. »Warum muss man ihn denn absichtlich von der Klippe schubsen? Eure Worte und die darin enthaltenen Einsichten müssten doch auch nach ein paar Verlierertagen in Folge eintreten, oder?«

»Du meinst also, dass einige von Aktionismus getriebene Trades, mehrere durchschwitzte T-Shirts und ein paar strenge Ermahnungen von erfahreneren Händlern genügen müssten, damit der betroffene Trader folgerichtige Gedanken um die Starrheit der Treue zu sich selbst und seinen wie auch immer gearteten Regelwerken entwickelt und diese fest in sein Bewusstsein zementiert?«

Pascal nickte und sagte mit dem Eifer eines Musterschülers: »Meine Tochter hat nach einem einzigen Griff auf die Herdplatte ja auch begriffen, was ich mit: ›Du sollst nicht …!!‹ meinte!« Er unterstrich seine Aussage mit der schmerzenden Geste einer verbrannten Hand und fügte unterstreichend hinzu: »Und meine Tochter war damals erst vier!!«

»– und«, brachte John in einem gespielt langweiligen, leierhaften Ton den unausgesprochenen Gedanken Pascals zu Ende, »ein Trader ist über achtzehn und sollte doch wissen, wie das Leben läuft, richtig?« Hätte John für jedes Mal, wenn er diese Frage beantworten sollte, einen Euro bekommen, er hätte schon ein schönes Sümmchen eingenommen.

»Ja, genau, das meine ich.«

»Das Problem beim Trading ist, dass es hier leider nicht ganz so einfach läuft«, widersprach John. »Im Groben stimmt die Idee mit der Herdplatte, aber das Detail sieht anders aus!« An diesem Punkt des Gesprächs zog John aus dem bisher Gesagten die logische und nachvollziehbare Konsequenz, dass die Unbedingtheit der Treue zu sich und einem Regelwerk zwangsläufig mit der Wandelbarkeit des Kontos zusammenhing, und sagte im bequemen Ton der Wahrheit: »Da die Treue zu sich und seinem Fachwissen auf Erinnerung beruht, ist die Untreue weniger deren Mangel oder Fehlen als vielmehr deren Verletzung beziehungsweise Verweigerung«, und er gab zu: »Im Alltag ist das gute Gedächtnis nicht immer gut, die genaue Erinnerung nicht immer liebenswürdig oder respektvoll. Aber im Trading verhält es sich anders: Erinnerung ist mehr als nur Rückschau, Treue mehr als nur Genauigkeit im Umgang mit sich selbst und einer in sich geschlossenen Handelslogik: Die Treue ist das Gegenteil nicht nur des Vergessens, sondern auch des Wankelmuts und der Verleugnung von Fachwissen und vor allem der eigenen bis dato durchlebten Ereignisse im Trading. Diese eigentümliche Schwierigkeit des Konflikts um Treue oder Untreue wird allerdings vom schnellen Vergessen des letzten Trades überdeckt, weswegen die gesamte Dimension der Untreue tagein, tagaus verheimlicht und verborgen bleibt, was schließlich bedingt, dass sich ein klassisches Muster herausschält, das mit dem Beispiel der *Herdplatte* eben nicht vergleichbar ist: Man verrät als Trader zunächst das, woran man sich erinnert, dann vergisst man, was man verraten hat … Auf diese Weise hebt sich die Untreue im Trading ihren Triumph stets bis zum Schluss auf, während die Treue zu sich und einem Setup nur triumphieren kann, indem sie sich der Aufhebung verweigert, somit keinen anderen Triumph kennt als die unendliche Fortsetzung des Kampfes gegen das Vergessen oder die Verleugnung …«

John wechselte die Tonlage und sagte, an Pascal gewandt, mit erhobener und bedeutungsvoller Stimme: »So, nun versetze dich bitte mal in meine Lage: *Wie* oder *womit* soll oder kann ich diese erforderliche Treue zu sich selbst und einer Handelslogik bei einem Händler vertraglich verankern?« Auf diese verblüffende Frage versanken Johns Zuhörer in nachdenkliches Schweigen, und es kehrte zunächst einmal Ruhe ein an Deck. John stand auf, trat an die Reling, und sein Blick verlor sich in den Weiten des Meeres – wusste er als erfahrener Trader doch, dass jetzt erst einmal über seine letzten Sätze nachgedacht werden musste. John ließ seine Blicke schweifen und in der eintönigen Nacht der dunklen Raumwüste verschwimmen. Er liebte das Meer – als ein nach Ruhe verlangender Trader begehrte er in Anbetracht der anspruchsvollen Vielgestalt der Charts die Erscheinungen des Schlichten, des Einfachen, und wollte, wann immer sich die Möglichkeit dazu bot, im Vollkommenen ruhen. Und war nicht die Weite des Meeres eine Form des Vollkommenen? Wie er gerade anfing, tief ins Leere zu träumen, ließen sich in der Ferne deutlich die Positionslichter eines dahinziehenden Frachtschiffes ausmachen.

Als John dadurch seinen Blick aus dem Unbegrenzten einholte und sich sammelte, ließ Pascal hinter ihm verlauten: »Nun ja, Treue *schwört* man!«

John drehte sich um, und Pascal blickte in ein verdutztes Gesicht. »Du weißt schon! So, wie es Politiker, Soldaten oder Kinder am Lagerfeuer machen, wenn sie einen Treueschwur auf sich und ihr Vorhaben leisten.«

John zog die Augenbrauen hoch, aber um seinen Mund lag ein leichtes Lächeln, als er vehement nachhakte, obwohl ihm die Antwort eigentlich bereits klar war. »Okay, doch wer sollte den Schwur bei einem Trader, wie wir es alle sind, abnehmen? Oder wie wäre es damit: Stell dir einen privaten Trader vor! Wer soll dessen Schwur ab- beziehungsweise entgegennehmen?«

Das Gespräch verstummte erneut, denn Verlegenheit machte sich breit.

John hatte sich bei seinen letzten Worten wieder an den Tisch gesetzt und trommelte nun mit den Fingerspitzen auf die Tischplatte. »Na los doch! Wer also? Die Börse? Der Broker? Die Familie? Das Handelsbüro? Ein Freund?« John richtete seinen Blick auf Pascal und lehnte sich nach vorne. »Und als was soll man bei einem Schwur jenes Verhalten bezeichnen, das man von Tradern mittels einer vertraglichen Festlegung laut üblicher Auffassung nie einfordern kann? Und, zu guter Letzt«, John setzte eine Kunstpause, »... wer ahndet den Verstoß?« John bat Pascal zu bedenken, dass es, anders als bei ihm als Arzt, bei Händlern keine Innung, keine »Ärztekammer«, gab – hier im Börsenhandel kämpfte jeder gegen jeden.

Erneute Stille trat ein. Kurzzeitig frischte der Wind auf und schien etwas zu drehen; es zog sich eine kleinere Wolkendecke zusammen und bedeckte ein Stück des Nachthimmels. John streifte seinen warmen, leicht kratzenden Pullover über den grauen Schopf und kam nun zurück auf die Frage, weshalb er ein katastrophales Desaster bei Stan als wünschenswert erachtete, und das bohrende, zerlegende und radikal offenherzige Gespräch nahm seinen Fortgang. »So einen Schwur wird einem Trader niemand ernsthaft abnehmen, wenngleich so mancher Trader Treue selbst gerne in einem Eid, einem Schwur oder einem feierlich gegebenen Versprechen zum Ausdruck bringt und dieses fast schon auf eine sakrale Ebene hebt, denn schließlich drängt ja der Wille eines Traders zur Treue geradezu nach einer solchen äußeren Bekundung. Dennoch: Ein Trading-Anfänger hält seinen Schwur nie ein. Es wird in der Regel zur Untreue kommen, da Treue stets in Zusammenhang mit der Wandelbarkeit des Kontostandes steht.«

John schnappte sich eine Scheibe Brot, begann genüsslich zu kauen und bedeutete mit vollem Mund: »Erst wenn bei einem durchlebten Desaster der finanzielle, mentale und soziale Ruin mit hartem Fußtritt an unsere Tür geklopft hat«, John pochte zur Untermalung mit dem gekrümmten Zeigefinger in die Luft, »und daraufhin jener Zustand, den man die existenzielle *Sinn- oder*

Wertekrise des Tradings nennt, ausgelöst und erlebt wurde, lässt dies einen Trader sich zum Zeitpunkt neu eintretenden Wankelmuts lieber auf die Seite seiner Erinnerungen als auf die des *Chartreizes* schlagen – und mir persönlich ist ein Händler, der von Verlusten schon mal bis auf die Grundfesten durchgeschüttelt worden ist, tausend Mal lieber als einer, der seit Beginn seines ersten Trades eine stetig steigende Equity-Kurve vorzuweisen hat.« John unterbrach sich und schloss die Augen, um seine Gedanken zu ordnen. Er wusste, dass das Folgende von enormer Bedeutung war, und wollte nichts Wesentliches übergehen: »Man kann mit einem Trading-Anfänger zu Beginn nicht viel über Treue, Beständigkeit und Duplizierbarkeit reden. Man würde tauben Ohren predigen, denn es ist für die meisten Anfänger ohnehin kaum nachvollziehbar, dass die eigene Psyche wie ein Dämon in alle Anwendungen jedes beliebigen ihrer Trades fahren wird. Selbst wenn man es mit bemühtem Nachdruck tut – mit Wahrheit per Verkündung oder Wahrheit per Appell an die Autorität des Vorbeters –, erreicht man damit doch nur, dass man bei einem Trading-Anfänger den Reiz des Abenteuers erhöht, welches jetzt erst recht alle seine Gaben zu kühner Bewährung aufruft.« John schmunzelte, wurde dann aber ernsthaft, indem er mit lehrerhafter Miene und gestikulierendem Zeigefinger auf die geistvolle Verwicklung seines nächsten Satzes hinwies. »Umsonst warnt man den Mutigen vor einer Sache, wenn man ihm nachweist, dass Mut dazu gehöre. Ihr beiden …«, er deutete auf Nick und Philip, »ihr wusstet doch damals auch nicht, wovon ich da sprach. Und selbst wenn ihr verstanden hättet, was ich sagte, ich hätte nicht von dem gesprochen, was ihr damals wusstet, da ihr es ja noch nicht erfahren hattet … Reine Rhetorik also!«

John wusste aus seiner eigenen Erfahrung mit vielen Anfängern, dass es verzweifelt wenig Wert hatte, wenn hier die eine oder andere Handelsregel, dort die eine oder andere Stopp-Logik verbessert werden würde oder irgendein kleiner oder großer Fortschritt die Dummheit und Schlechtigkeit im Handel verminderte. Denn das Maß dieser Widerwärtigkeiten würde augenblicklich wieder durch neue aufgefüllt, so als glitte das eine Bein eines Trading-Anfängers immer zurück, wenn sich das andere vorschob. Weil sich die Erkenntnisse eines Trading-Anfängers über sich selbst mit jeder Handelswoche, um nicht zu sagen sogar fast schon mit jedem Handelstag, änderten, glaubte John zu Beginn zu Recht nicht an Stabilität. Alles Gehörte, Gelesene besaß hier vorerst noch den Wert, den es hatte, nur bis zum nächsten Handelsakt eines Trades; gleich einem Gesicht, zu dem man sprach, während es sich mit den Worten veränderte.

»Davon«, so John weiter, »müsste man die Ursache und den Geheimmechanismus erkennen! Vielleicht glauben nicht alle Trading-Anfänger an die Geschichte vom Teufel, dem man seine Seele verkaufen kann, aber alle Trader, die von der eigenen Psyche etwas verstehen müssen, weil sie bereits beständig handeln, bezeugen, dass sie zu Beginn von der eigenen Psyche ruiniert worden waren. Ihre eigene Psyche bildete damals die Quelle schlimmer und desaströser Zeiten, die sie zwar zum Herren der Software, aber zum Sklaven des Charts machte. Denn die vielen goldglänzenden Seitenpfade, die ach so ›glückhaften‹ Abzweigungen vom fachlich rechten Wege, die sowohl der Chart als auch der Menüpunkt *Positionsgröße* tagtäglich eröffneten, boten sich in so verlockender Gestalt an, dass es der Vernunft, aufgrund bisher fehlender schwerwiegender Erinnerungen, zu schwer oder zu lästig fiel, gründlich zu prüfen, ob es nicht eine Sackgasse war, die lockte.« John widerstand der Versuchung, auf Pascals fragenden Blick einzugehen, und erklärte, dass Euphorie im Trading stets ein *Negativzustand* wäre und er daher folgende Maxime schätze: Nicht nach Lust strebe der Trader, sondern, und John übertrieb mit Absicht, nach Schmerzlosigkeit. Dann vervollständigte er weiter: »Gute Miene zu machen zum Unangemessenen und sich mit dem Verhalten, das angemessen wäre, auf Kriegsfuß zu stellen und einen der lockenden Seitenpfade zu betreten, ist für einen Trading-Anfänger deswegen nicht sonderlich schwierig, weil er dabei die Worte ›*vorläufig*‹ oder ›*ausnahmsweise*‹ oder ›*na ja, nur mal heute*!‹ im Herzen trägt. In Unkenntnis dieser Gefahren lebt ein Trading-Anfänger besonders, wenn ihn – gleich einem Rennfahrer, der fleißig drauflostritt und nichts in der Welt bemerkt als das Hinterrad seines Vordermanns – seine Psyche vor lauter Konzentration auf den gerade laufenden Kurs von alledem zu wenig verspüren lässt. Wenn aber der – von richtig verheerenden Tagen ausgelöste – innerliche Schlag hart, dumpf und kräftig genug war und ein mentales Erdbeben in so vollendetem Umfang nach sich zieht, dass diese sonderbaren Begegnungen mit sich selbst bis zum Lebensende *nie mehr* vergessen werden, wird ein Trading-Anfänger innerlich abrücken von den vielen Trades, die nur das Ergebnis der verweigerten Erinnerung und damit selbstvergessen genießende Opfer des Reizes waren. Stattdessen wird er sich, auch bei mehreren Fehltrades in Folge, fern von den Gedanken: ›vielleicht nur dieses eine Mal …‹ – ›Na ja, vielleicht wird ja doch …‹, also dem Reiz gegenüber, anders verhalten. In seinem Kopf werden sich natürlich auch weiterhin diese reizhaften Gedanken tummeln, aber überwacht, so darf man sagen, von der Erinnerung und den damit einhergehenden Mitternächten der Seele, die diesen Trader zur Bedachtsamkeit anhalten und ihm nicht mehr gestatteten, im Rausch des Chart- oder Kontoverlaufs gänzlich aufzugehen. Mochte einst der Puls bei jedem Chart beben und das Herz bewegt schlagen, so ist der Geist eines Trading-Anfängers nunmehr, wenn auch zu Beginn nicht gleich vollkommen, aber doch so ernüchtert, dass er sich mit einem Schauder des Widerwillens vom neuerlichen Chartangriff fernab seines Setups und seiner eigenen Regeln abwendet.«

Philip stieß einen brunnentiefen Seufzer aus und gab zu, dass das, was er infolge seiner *Sinn- und Wertekrise* und – dies zu seiner eigenen Überraschung – mit seinen Trades tat, sich gleichsam ohne sein großartiges Zutun eingestellt hatte. Und so war der Nutzen Philips einstiger Wertekrise eine gewissenhafte vertiefende Überdenkung des eigenen Handelns. Mit der Folge, dass sich daraufhin in der Stunde der Anwendung eines Trades etwas zwischen Tun und Geschehen, Handeln und Ergebnis offenbarte, was seine Aufmerksamkeit kaum in Anspruch nahm; und zwar umso weniger, als die Wirklichkeit eines Traders meistens geringere Anforderungen stellte, als er ihr allenfalls zutrauen zu müssen glaubte: Philip befand sich nicht mehr in der Lage jenes Traders, der bis an die Zähne bewaffnet in einen Kampf zog, in dem er, um zu siegen, doch leichthin eigentlich nur ein einziges Waffenstück zu handhaben brauchte: *die Erinnerung*. Sie konnte und wird Philip jetzt immer vorhalten, dass es eine Straße der Gefahren ist, die er beim Treuebruch betreten wird. Eine Straße, zu deren Begehen nicht *Mut*, sondern *dumme, naive Abenteuerlust* erforderlich war.

John hatte nach diesem kräftezehrenden Monolog eine Pause eingelegt und trank nun einen Schluck seines mittlerweile viel zu warmen Weines. Dann setzte er erneut an und ließ seine

Quintessenz verlauten: »Natürlich kann ein Trader auch nach solch desaströsen Tagen nach wie vor durch die Flammen des Charts springen, schwierig ist das nicht, aber …«, John blickte seinen Zuhörern nacheinander tief in die Augen, »… es ist zutiefst beleidigend gegenüber den gesammelten Erfahrungen und erzeugt auf Dauer so etwas wie Verachtung gegenüber der eigenen Person!«

Was die drei noch nicht wussten, war, dass John den Plan hatte, den Segeltörn gegebenenfalls so lange zu verlängern, bis Stan den Höhepunkt jenes extremen Misstrauens gegenüber dem Handel und sich selbst erreicht hatte. Und da Stan momentan mit für seine Verhältnisse ungewohnten Positionsgrößen handelte, sollte dieser Augenblick nicht mehr allzu lange auf sich warten lassen, denn: Dieser *Sinn- und Wertekrise* war es völlig egal, mit welchem der vielen Trading-Fehler die erdrutschartige Talfahrt des eigenen Vertrauens in sich als Person und zu seinem Fachwissen gestartet wurde und dass sich der spiralförmig offene Schlund namens Overtrading, Wahnsinn oder Durchgeknalltheit über Stan stülpen und schlussendlich mit dessen Worten enden würde: »Ich mach nie, nieee wieder einen Trade in meinem Leben …«

*

Stan heftete seinen Blick starr auf die Monitore. Die Eintönigkeit der Sonnenstrahlen eines Bangkoker Nachmittags kroch durch das halb geöffnete Fenster, breitete sich in Johns Büro aus und legte sich um Stans Körper. Er saß bewegungslos und nahm, wenn überhaupt, die Welt um sich herum nur in der Spiegelbrechung der Monitore wahr. Das leise Rauschen des Computerlüfters wetteiferte mit dem Surren der Klimaanlage, doch beides war nur Kulisse – genau wie das Gebell zweier sich gerade auf der Straße raufender Köter.

Plötzlich durchschnitt ein Jauchzer die Ruhe: »Yeah!« Durch sein eigenes Wort aufgeschreckt, erwachte Stan aus seiner Trading-Lethargie, immer noch irritiert. Auf dem rechten Bildschirm beobachtete er den Grund für seinen freudigen Ausruf: Der SMI-Future hüpfte nach einer fast vierzigminütigen und 8 Punkte umfassenden Seitwärtsphase endlich gen Süden. Gefolgt von den anderen Märkten.

»Schnapp dir noch den Tiefpunkt!«, feuerte Stan den Markt in einem Tonfall an, der verriet, dass er dergleichen schon öfter gesehen hatte. Stan entspannte sich etwas und gratulierte sich innerlich bereits zu diesem Trade. Es sah ganz gut aus für die 50 Short-Kontrakte: Der sich ankündigende und erwartete *Punkt 2*, und damit die Fortsetzung des Trends, kam immer näher, und sobald dieser durchbrochen wäre … Sekunden später schossen die Zeilen der Time-&-Sales-Liste auch schon schneller, als das Auge folgen konnte, über den Bildschirm.

Einmal mehr bedauerte Stan, nicht mehr Kontrakte in der offenen Position zu haben, doch Johns Handelsprogramm war dem kurz nach Order-Abgabe immer wieder mit Fehlermeldungen ausgewichen. Stan fand dies bei der vorhandenen Kontogröße zwar ziemlich seltsam, machte sich aber angesichts der weiter handelbaren 50 Kontrakte nicht wirklich Gedanken darüber. Letztendlich gingen ihn die Hintergründe für eventuell vorhandene Beschränkungen auf Johns Konto ja auch nichts an. Wahrscheinlich war mit dem Mandatgeber irgendwas in der Richtung vereinbart, und Stan hatte gestern einfach aus Zufall genau die erlaubte Zahl an Kontrakten erwischt. Dann musste er halt mit dieser Kontraktanzahl das Minus vom Vortag wieder reinholen. Sah ja auch ganz gut aus gerade … Stan wurde aus seinen Gedanken gerissen, als er die Eingangstür des Büros zufallen hörte.

»Hallo?!«, erklang Kims fröhliche Begrüßung von der Eingangstür her.

Die hat mir jetzt gerade noch gefehlt, dachte Stan ungehalten und antwortete nicht. Er hörte, wie Kim das Büro betrat und ihre Tasche abstellte, anschließend kamen ihre Schritte auf dem Flur näher, bogen aber vor Johns Raum in die Teeküche ab. Während Stan sie die Verrichtungen zur Zubereitung ihrer üblichen Kanne Tee ausführen hörte, löste sich das Gefühl und die damit verbundene Anspannung des Fast-Ertappt-worden-Seins wieder von ihm, und er vertiefte sich erneut in die Charts vor seiner Nase.

Beim Verlassen der Teeküche stutzte Kim kurz; sie hatte aus den Augenwinkeln durch die Glasfront eine Bewegung in Johns Büro wahrgenommen. Kim war für gewöhnlich recht mutig, aber alleine mit einem Einbrecher im ansonsten menschenleeren Büro zu sein, ließ ihren Puls doch heftiger schlagen. Sie fasste sich ein Herz, zog leise ihre Pumps aus und schlich auf Zehenspitzen zur Tür von Johns Büro.

»STAN? Was zum 恶魔被诅咒 Teufel …! Mann, so ein Schreck!« Kim schlüpfte schnell wieder in ihre Schuhe.

Sie konnte nicht erkennen, ob Stan ihre Anwesenheit im Büro bereits wahrgenommen hatte oder gar, was er gerade dachte, denn einerseits nickte er wie zur Bekräftigung eines unausgesprochenen »Hallos«, wobei sein Kopf und seine Augen jedoch keinen Millimeter von den Monitoren zur Seite wichen, andererseits wippte er mit der Fußspitze – eigentlich ein untrügliches Zeichen innerer Unruhe.

»Junge, du hast mich erschreckt …!« Kim machte ihrem Ärger Luft und näherte sich Stan dabei so weit, dass sie die Monitore überblicken konnte. Sie wusste sehr wohl, auf was es da zu achten galt, doch kaum war sie nahe genug herangetreten, stockte sie … Dann wich sie zurück und zögerte. Kim fühlte etwas Unangenehmes in der Herz-Magen-Gegend, das sie berechtigt war, für Mitleid zu halten – es war ein unentschlossenes, lähmendes Gefühl.

Stan atmete schwer, blickte auf und sagte nach etlichen Minuten des Schweigens: »Nun ja, die ersten Trades heute waren grausam. Der Markt verhielt sich irgendwie anders als sonst!« Während des Sprechens und des Ordnens seiner Gedanken rückte Stan die Gegenstände auf Johns Schreibtisch hin und her: den alten Briefbeschwerer aus Glas mit seinen schwarzen Schlieren, einen Notizblock, das dicke Fremdwörterbuch.

Da war er, der gute Stan, dessen Augen in diesem Moment einen so traurigen Ausdruck angenommen hatten und der so heftig mit den Schultern zuckte, wie Kim es nie und nimmer von ihm erwartet hätte. Kim fühlte sich zwar durch seine Begründung nicht erleichtert, dankte dennoch mit einem aufmerksamen Blick. Sie hatte diese Worte wohl schon bei so mancher Entschuldigung für Trades gehört, aber sie wusste nicht, was »*anders* als sonst …« bedeuten sollte – und sie wollte es auch nicht wissen; es genügte ihr, dass damit dieses aktuelle Tagesergebnis in Johns Kontofenster in irgendeine Ordnung zu bringen war und mithin für Stan momentan noch mehr zu einem Marktproblem wurde, das sie nicht mehr unmittelbar etwas anging.

Stan tippte mehrmals auf den SMI-Chart. »Aber der aktuelle Trade! Der sieht gut aus …«

Kim wandte sich dem Chart zu, erkannte die offene Short-Position und analysierte den Chart im Stehen. »Dort liegen Stopps!«, kommentierte sie.

Stan schaute auf, überlegte kurz, woher Kim das wusste, merkte aber, dass er das lieber gar nicht wirklich wissen wollte. Wie wütende Jäger donnerten weitere Orders auf den Chart ein. Und tatsächlich: Der Markt fiel weiter ab. Die schnell vorbeifliegenden Zahlen der Times-&-Sales-Liste waren kaum noch deutlich zu sehen. Kim wies auf das Orderbuch. Dort erkannte man nur noch eine surrende Wolke, die in Hochgeschwindigkeit um die Achse des aktuellen Kurses rotierte. Stans Position lief immer weiter in den grünen Bereich, und während Stan wie gebannt auf die offene Position stierte, verließ Kim Johns Zimmer.

Stan entschied kurzerhand, das vorhandene Plus durch Schließung der Position erst mal vom Tisch zu nehmen. Sowohl die Angst vor erneuten Verlusten als auch die Furcht davor, von dem erzielten Gewinn wieder etwas abgeben zu müssen, waren zu groß. Stan brauchte einen positiven Trade. Er brauchte Trost für sein mittlerweile unterirdisches Selbstwertgefühl.

Doch dieser Trost hielt nur knapp zehn Minuten; dann spürte Stan erneut, wie sich eine teuflische Wut in ihm zusammenbraute. Eine Wut, die Zentimeter für Zentimeter in ihm hochstieg, als wäre er eine dieser albernen Zeichentrickfiguren, die immer rot anlaufen, bis ihnen der Dampf aus den Ohren pfeift. *So bekloppt kann man doch gar nicht sein! Da hab ich mal einen super Trade und weiß nicht, wie ich die Gewinne laufen lasse! Wenn Kim nicht hier wäre, könnte ich wenigstens mal ordentlich laut herumschreien!*

Seit Positionsschließung war der Markt um knapp 50 Punkte gefallen. Stan konnte kaum mehr normal atmen, alles war verkrampft und angespannt. Hätte er den Trade, mit welcher Regel auch immer, laufen lassen, sein heutiges Minus wäre fast ausgeglichen. Enorme Wut wallte in ihm auf – doch gegen wen konnte sie sich richten? Im Zickzack kreisten seine Gedanken rund um den Markt, dabei hatte der Handelstag heute Morgen eigentlich gar nicht so schlecht angefangen, aber das Schlechte vom Vortag war wohl auch schon wieder wach:

Als Stan sich nach einer grausamen Nacht morgens um Viertel vor zehn vor Johns Bildschirme setzte und die noch geschlossenen europäischen Charts betrachtete, merkte er, dass der Boden unter dem Nikkei weggebrochen war; der japanische Leitindex hatte 800 Punkte verloren und damit die Korrekturbewegung der vorangegangenen Tage zunichtegemacht. Auch der Dow-Jones-Future senkte die Nase, weswegen nach Stans Ansicht eine Short-Position im Euro-FX wohl am angebrachtesten erschien, welcher an einem kleineren *Punkt* 2 auf seinem Zehn-Minuten-Chart eröffnet wurde. Zeit, um auf einen größeren *Punkt* 2, mit dessen Deutlichkeit auch das Spannungsverhältnis der Marktteilnehmer noch offensichtlicher wäre, zu warten, war nicht vorhanden. Stan musste handeln, hier und jetzt; schließlich galt es, das Minus auszugleichen. *Sofort!* So schlich Stan, die Hand ständig auf der Maus, durch den Euro-FX-Chart; seine Augen, in denen sich der Chart spiegelte, waren nur noch auf das Positionsfenster gerichtet, während die Position von 50 Kontrakten zu Beginn einige Punkte vorn lag, um dann gegen Stans Seite *regelrecht* nach oben katapultiert zu werden. Seine Position verlor umgerechnet 10.500 Euro. Als Stan einige Kursstellungen später ein Minus von 26.400 Euro erblickte, wurde ihm regelrecht schwindelig, und der Trade erschien ihm als Verletzung einer gesetzlich zwar nicht festgeschriebenen, aber darum desto achtsamer zu respektierenden Grenze; er machte sich Vorwürfe, die noch bitterer waren als die vielen Vorwürfe, die er sich im Laufe des gestrigen Tages bereits gemacht hatte und die geradezu wie die Prophezeiung eines bösen Endes klangen, das nun erneut anfing.

Seit Beginn des »Aufpassens« waren damit fast 100.000 Euro verschwunden – Stans persönlicher Geschwindigkeitsweltrekord im Geldverlieren! Sein Selbstbewusstsein sackte erneut erdrutschartig ab, woraufhin Stan die Position Hals über Kopf und ohne jegliche fachliche Begründung nicht nur schloss, sondern sogar drehte, um damit ein weiteres ansteigendes Minus seines Kontostandes auszuschließen; als der Markt danach, als hätte er nur auf Stans Reaktion gewartet, in Rekordtempo fiel, schloss Stan die Position abermals mit Minus und stürmte aus dem Büro. Ohne ein bestimmtes Ziel schlug er irgendeine Richtung ein, kaufte sich zwei Straßenecken weiter zwei Äpfel und eine Dose Bier, verzog sich in eine der nicht so frequentierten Gassen, lehnte sich an einen kleinen Zaun und biss in einen der Äpfel. Ein lauer Wind blies über die trockenen Wege, und kaum hatte er den ersten Bissen im Magen, fühlte Stan durch den nachlassenden Aufruhr in sich bereits die Müdigkeit des Tages. Er ließ sich langsam an einem wackligen Zaun hinuntergleiten, bis er auf dem dreckigen, staubigen Boden saß, und es folgte eine gedankliche Leidensfahrt, kummervoll, durch alle Tiefen der Reue: *Ich bin so ein Idiot! Ich bin so dämlich.*

Mit geschlossenen Augen aß er langsam den Apfel und spuckte die Kerne aus. Es waren grausame Minuten, gespickt mit einem gemurmelten Wortschatz, der zu 100 Prozent aus Flüchen bestand. Die Sache war die, dass Minustrades, die sonst nur eine mäßig benebelnde Wirkung auf Stans Natur hatten, den jungen Trader gestern und heute vollständig zu betäuben und zu lähmen vermochten. Stan zerknautschte seine leere Bierdose und warf sie beiseite; seine Augen waren so schwer wie Blei, sein Körper gehorchte dem einfachen Gedanken nicht recht, er atmete schwer, sein Herz pochte wie ein umwickelter Hammer, und wenn er unter all diesen körperlichen Beeinträchtigungen nicht sonderlich litt, so war es deshalb, weil sein Kopf sich in einem Zustand befand, als habe er zwei oder drei Atemzüge Narkotikum eingeatmet; hinzu kam, dass er sich hier und jetzt, im Dreck sitzend, einen Sonnenbrand zugezogen hatte – seine Wangen schienen zu glühen vor Hitze.

Zurück im Büro wurde Stans letztes Fünkchen Hoffnung auf einen Umschwung seiner Analysefähigkeiten von seinen weiteren Trades im Pfund und – am problematischsten – im SMI-Future aufgefressen. Ein weiterer Trade im Euro-FX jedoch, der während einer längeren Abwesenheit Stans auf dem Klo – er war hier mit purem Überlebenskampf beschäftigt – um zehn Pips gefallen war und dann noch um fünf weitere Pips sank, ergab tatsächlich mal einen Profit! Stan brachte sämtliche *short* eröffnete Kontrakte zitternd, aber mit einem netten Gewinn nach Hause und eröffnete dann jene SMI-Position, in deren Verlauf Kim heute ins Büro gekommen war und welche er nach ihrem kurzen Besuch in Johns Zimmer dann zu früh geschlossen hatte.

Dass Kim überhaupt erst so spät erschienen war, gründete auf ihren durch die Abwesenheit der Trader wesentlich verringerten notwendigen Zeitaufwand.

Stan tradete weiter, und bis 16.30 Uhr hatte er das enorme Tagesminus um einige Tausend Euro verringern können. Nebenbei hatte er auch über CNBC erfahren, dass ein großer amerikanischer Konzern mal wieder bei einem massiven Rechnungsbetrug erwischt worden war. Die Zahlen wichen nicht um Millionen ab, sondern um Milliarden. Aber Stan besaß heute dafür keine Nerven.

Als gegen 17.00 Uhr das Telefon klingelte, schreckte Stan auf. *Wer zum Teufel wagt es, mich anzurufen? – Oh, Lilly! Das ist was anderes.* Er griff nach seinem Handy. »Hallo?«

»Stan! Du klingst ja immer noch schrecklich«, säuselte sie ihm ins Ohr. »Geht es dir gut?«

»Ich fühle mich grauenhaft«, jammerte Stan. »Ich ruf dich später zurück, okay?«

»Ach, du Ärmster. Hast du Orangensaft? Trink Orangensaft! Schluck Vitaminpräparate! Und vergiss nicht, immer wieder mal 'ne Pause zu machen.« Stan sah Lilly förmlich bekümmert die Hände ringen.

Prompt plagte Stan das schlechte Gewissen, und er sagte ihr, er stünde jetzt auf die Sekunde gesehen mit 122.000 Euro im Minus – aber er würde sich wieder zurückkämpfen, John würde das Geld schon wiederbekommen, auch wenn das bedeuten würde, dass er dies, wie auch immer, aus eigener Tasche bezahlen müsste anstatt aus den Taschen der Börse. Stan wusste zwar nicht, wie er das bewerkstelligen sollte, aber er sagte es und meinte es auch so.

Lilly feuerte ihn zum Ende des Telefonats kräftig an, und Stan begab sich wieder auf das Spielfeld – mit ein paar pseudo-cool verkrampften Sprüchen und Durchhalteparolen zur neuen Entschlossenheit gerüstet, zwar krank wie ein Pferd, aber fest entschlossen, die größte Elefantenherde aller Zeiten nach Hause zu treiben …

Ich erlaube es nicht, dass dieser Scheißtag zum letzten Kapitel meiner Karriere wird!

Die Sache ist womöglich einfacher, als du denkst!

Was will ich denn?

Ganz einfach: Ich will das Minus ausgleichen.

Also muss ich traden!

Und zwar jetzt! Nicht morgen. Und nicht übermorgen.

So einfach ist das.

Der DAX-Future, der vor einigen Stunden eröffnet hatte, wies mittlerweile einen stabilen Abwärtstrend auf, in dessen Korrektur sich Stan short positionierte, um den weiteren Kursrutsch jubelnd mitzunehmen, um dann, als der Markt – aus Stans Sicht – massiv gegen ihn lief, seinen Trade mit einem weiteren satten Minus zu beenden. Der darauffolgende Short-Trade im Pfund wirkte auf den ersten Blick nicht schlecht. Aber der Trade kam zu spät. Am Ende einer Bewegung noch short aufzuspringen und dann zuschauen zu müssen, wie die nun einsetzende Korrektur wieder ein derartig großes Minus aufbaute, dass man nur noch davonrennen wollte, war ein geradezu lehrbuchhafter Fehler. Die Position fraß sich in Johns Konto. Immer tiefer und tiefer. Stan hielt bei jedem weiteren Fortschritt dieser – aus seiner Sicht – *M-e-g-a*-Korrektur unwillkürlich die Luft an, sodass sein Atmen im selben Rhythmus erfolgte wie die Zuckungen des Marktes. Stan wollte nur eines sehen: Positive Zahlen. *Ich will Plus, kein Minus …*

Da ihm nach einer Weile schwante, dass ihm offenbar auch bei diesem Trade die Beute entwischt war, unterschrieb er sein eigenes Todesurteil: Er drehte auch diese Position, um sein Minus dann halt in Richtung der Korrektur wieder einzuspielen. Was der Markt umgehend damit quittierte, dass er ebenfalls drehte und nun kräftig in Trendrichtung weiterlief.

So irrte Stan auf abenteuerlichste Weise und äußerst heftig weiter durch die Charts. Nach größeren Minustrades in Folge entwickelt sich bei Tradern sowohl gedanklich wie auch in der Umsetzung ein Grad von Ungeduld, der sie nach jedem weiteren Minustrade immer schneller dazu motiviert, sofort in die entgegengesetzte Richtung überzutreten, sich dort zu positionieren und sich dabei auf schwindelerregende Orders einzulassen – bis ein Zögern oder Ausbleiben des Erfolges sie auch von hier wieder vertreibt.

Stan, mittlerweile ebenfalls der Instinkthaftigkeit dieses Zustandes verfallen, eilte von Trade zu Trade, sobald ihm sein Gefühl signalisierte, der richtige Augenblick sei gekommen, wobei Wille, Absicht und Bewusstsein nach und nach jeglichen Einfluss auf seine Entscheidungen verloren und das fachliche Niveau seiner Trades sich dem eines Münzwurfes näherte. Vor lauter Aufregung und Verbissenheit konnte Stan die wahren Geschehnisse des Marktverlaufs nicht mehr erfassen und bekam beim Anblick seiner Positionen, sobald das kleinste Kurszucken gegen deren Richtung auftrat, panische Angst, dass der Markt drehen könnte … Ein weiteres Minus war unmöglich zu ertragen – schließlich war das angehäufte Gesamtminus doch schon sooo groß …

Prompt sackte Stan trotz einiger, wenn auch eher zufälliger Plustrades bis 19.00 Uhr in der Summe um weitere 20.000 ab. In dieser Zeit brach der DAX um 2 Prozent ein, und der Euro-FX fiel ebenfalls um 80 Pips, sodass Stan damit wenigstens nicht allein war.

Stunden später ließ die schwüle Hitze des Flusses Chao Phraya, die abends noch bleierner auf das Gemüt drückte als an den dunstverhangenen Tagen, das Gesicht Stans vor Schweiß glänzen. Während erfolgreichere Trader irgendwann einmal nach Hause verschwinden konnten, war es sein Los, den Abend mit einem am Körper klebenden T-Shirt vor seinen Bildschirmen zu verbringen und mit unzähligen anderen Tradern auf der Welt in nie enden wollendem Wettstreit um den immer unbändiger herbeigesehnten und immer notwendiger werdenden Gewinn treten zu müssen. Einen Augenblick lang malte Stan sich aus, wie er klammheimlich abhauen und in einem der im hohen Norden liegenden Dörfer als Mönch ein Leben ohne Geld und Stress leben würde. *Mein Gott, dann wäre ich den Scheißhandel endlich los! Die ganze, leidige Sache gestern und heute. Einfach los!* Doch die Vorstellung, das Trading aufzugeben, stimmte ihn noch trauriger als das Minus selbst. Seltsam … Irgendetwas zog ihn immer noch stark zu diesem Beruf hin. Weshalb nur? Ja, welches waren denn seine Motive?

Stan rang mit sich. *Meine Motive?* Waren es heute, hier und jetzt, dieselben Motive, die ihn anfangs zum Trading gezogen hatten? Oder war es nur die Vorstellung, das Trading nicht *würdelos* aufgeben zu wollen oder zu dürfen, was ihn noch hier hielt? Stan staunte, wie erbittert sich sein Bewusstsein einer Antwort widersetzte. Die einfachste Lösung, nämlich sich das Trading ein für alle Mal aus dem Kopf zu schlagen, war irgendwie undenkbar. Er rief sich zur Ordnung. Aber trotzdem: Wo war die von der Werbung versprochene Freiheit? Wo die Freizeit und das schöne Leben? Wo waren Selbstsicherheit und der berechtigte Stolz auf die eigene Durchsetzungskraft? Und vor allem: Wo war die S-E-L-B-S-T-A-C-H-T-U-N-G?

Mittlerweile war es spät geworden. Kurz nach neun und bereits tiefste Nacht. Nichts Ungewöhnliches für Thailand.

Schweigen. Stan bewegte sich unruhig. Er war müde. Er sah seine letzten fünf, zehn, fünfzehn, zwanzig … Trades durch. Das war stark. Stans Gesicht spiegelte abwechselnd Überraschung, Verbitterung und schlechte Laune wider. Das darf doch nicht wahr sein! Bisheriges Ergebnis aller Trades: Minus 150.000 Euro?!

…		
DAX-Future	*€*	*-21.250,-*
SMI-Future	*Sfr*	*-6.500,-*
DAX-Future	*€*	*-13.750,-*
SMI-Future	*Sfr*	*+8.500,-*
SMI-Future	*Sfr*	*-13.000,-*
DAX-Future	*€*	*-17.500,-*
…		
DAX-Future	*€*	*-11.250,-*
DAX-Future	*€*	*+7.500,-*
DAX-Future	*€*	*-38.750,-*
…		

Stan presste es den Blutdruck an die Schädeldecke. Er war wie betäubt. Diese Zahlen fühlten sich in seinen Gedärmen an wie eine riesige, unzerkaute Pille – zu groß, um sie zu verdauen, zu schwer, um sie wieder von sich zu geben. Er hielt es beim Anblick seiner Trades für denkbar, dass der Börse sein Traumberuf und somit der Ausgang seiner Trades möglicherweise nicht ganz so wichtig war wie ihm, und er verlieh vor sich selbst erneut der Überzeugung Ausdruck, dass der ganze Trading-Scheiß barbarisch sei. Aber: Keinen Trade zu haben, bedeutete keine Hoffnung auf Linderung, daher konnte er sich dem Impuls, sich gegen die Hässlichkeit und Kruditát seiner Trades zu wenden, nicht verwehren und wollte mit einem »letzten Trade für heute« den ganzen heutigen ärgerlichen Trades ein Ende setzen.

Stan schmiss vor Zorn über sein Trading-Verhalten eine weitere Short-Position in den fallenden Schweizer Markt, der ohnehin demnächst, und damit viereinhalb Stunden eher als die anderen Eurex-Märkte, schloss. Im Stehen betrachtete Stan seinen »letzten Trade für heute« und hielt dabei krampfhaft die Rückenlehne seines Stuhls umklammert. Der SMI bog 4 Punkte in nördlicher Richtung und stand dann still. *Oh Mann!* Die weiteren drei entsprechenden Kurspunkte starrte Stan nur schweigend an. Fast zwei Minuten wurde der Markt auf demselben Kurs gehandelt.

Gnade! Kurz bevor Stan die Nerven verlor, ging es 5 Punkte in gewünschter Richtung weiter. Dann war wieder Schluss. Eine weitere Minute verging. *Bitte, lieber Gott!* Alle paar Sekunden guckte Stan auf die Uhr. Grauenhaft, wie die Zeit raste und wie langsam der Markt sich bewegte! 1 Punkt. 2 Punkte. Dann wieder Stillstand.

Der Schein der Schreibtischlampe blendete, die Klimaanlage ließ Stan frösteln, und irgendeine Lautsprecheransage von der Straße dröhnte in seinen Ohren. Als er dann registrierte, wie auf dem Chart zu seiner Rechten eine große Bewegung ihn einige Pluspunkte nach vorn fliegen ließ, flammten seine müden Augen und sein Atem kurz auf. Er war zwar immer noch generell ratlos, schöpfte aber beim Anblick seines aktuellen Trades einen Funken Hoffnung. In seinem Kopf tummelten sich die Gedanken, aber in Bezug auf eine Zurücknahme seiner plötzlichen Idee ordneten sie sich nicht mehr: Ermüdet und betäubt von dem Wirbel dieses erneut seltsamen Tages, beschloss er, auf Zeit zu spielen. Stan nahm seinen Stopp weit hinauf in Richtung der Vortageshochs, schob unwirsch Maus und Handelstastatur beiseite, stand auf und zeigte dem Chart den Stinkefinger ... *Dieser Trade muss mich bis morgen retten!*

Stan schwang die schwere Glastür zum Grundstück auf und prallte gegen eine Wand aus warmer Luft. Sein Kopf tat weh. Seine Augen sowieso. Nach fünf Minuten bekam er endlich ein Taxi. Der Fahrer begrüßte ihn mit einem »Ach du lieber Himmel!«, denn Stans Blick und seine Stirn verkündeten einträchtig, dass er gerade die schlimmste Zeit seines Lebens durchmachte und dass der geringste zusätzliche Ärger das Fass aller Fässer zum Überlaufen bringen würde. Stan ließ sich auf die Rückbank fallen und schweigend nach Hause fahren.

Die enthusiastische Begrüßung, die ihm der braune Mischlingshund seiner ebenfalls hier im Haus wohnenden Vermieterin Anya Tangwongsan mit Jaulen, Schwanzwedeln und akrobatischen Luftsprüngen zuteilwerden ließ, munterte Stan nach einem schlechten Handelstag im Allgemeinen auf, heute Abend allerdings nicht. Stan ging ohne den Hund, dessen Namen er ohnehin nie aussprechen konnte, nach oben. Selbst verordnete Trading-Quarantäne. So könnte man bezeichnen, wozu er sich während der Taxifahrt entschlossen hatte. Bis auf Weiteres wollte Stan diese Wohnung nicht mehr verlassen. *Der SMI-Trade bleibt so lange offen, bis endlich ein riesiges Plus dasteht – basta! Es hatte ja ohnehin keinen Zweck*, dachte er sich: Den Job war er sicherlich so oder so los, seine Kollegen würden stinksauer auf ihn sein, und pleite war er ohnehin die nächsten Jahrzehnte, um das Minus abzustottern. *Aber vielleicht reißt der laufende Trade ja doch alles raus?*

Stan zog am Fenster die Lamellen auseinander, sodass er auf die Straße schauen konnte. Häuser, wie aus dem Raum gebrochen, und die sich abkühlende Luft vereinten sich zu einer Art erkaltender Muschel. Die Menschen kamen langsam zur Ruhe; das Surren und Sausen hatte sich gelegt. Vereinzelt wuselten noch Einheimische kreuz und quer herum, manche mit, manche ohne Plastikbeutel. Das war also keine »City that never sleeps«. Stan hingegen fand keinen Schlaf, egal, wie sehr sein Körper auch danach lechzte. Ein Thai-Junge stand rauchend vor seinem alten Moped und telefonierte eifrig. *Vielleicht verabredet er sich gerade mit einem netten Mädchen, wer weiß?* Eines war sich Stan aber sicher: Börsenkurse fragte er bestimmt nicht ab! Stan bekam Lust auf Wein, zog seinen Finger aus der Jalousie und schenkte sich ein Glas ein. Dann ließ er sich behutsam in seine Couch sinken, starrte in die Dunkelheit, zündete sich ausnahmsweise eine von Lillys in der Küche umherliegenden Zigaretten an, obgleich er sich solch sinnliche Schwächen sonst nicht gestattete, lauschte seiner Lieblings-CD und las zerstreut ein wenig in einem Buch. Nur einmal fesselte eine bestimmte Passage seine Aufmerksamkeit, wenn auch nur für ein paar Momente.

Leise betrat Lilly, gerade von der Arbeit heimkehrend, Stans Zimmer und zeigte auf den großen Plastikbecher in ihrer Hand: »Das ist von der Garküche, drüben bei Nami«, stellte diesen auf den Tisch und kramte für Stan *Prik Nam Pla*, so eine Art salzige Fischsauce, die auch als Maggi-Ersatz bezeichnet werden konnte, aus dem Kühlschrank.

Stan sah auf. Oh Mann, er liebte das Essen dieser kleinen Garküchen, die selten einen festen Standplatz hatten, sondern auf den Seitenstraßen ihre Kundschaft suchten. Stan bewunderte stets die gewisse Zähigkeit und das enorme Geschick, mit dem die Garküchenbesitzer auf den oft sehr schmalen Gehwegen eine voll ausgerüstete Küche aufstellten und alles zauberten, was das Herz begehrte. Ob gekocht, gebraten oder gegrillt – für jeden Passanten war immer etwas Passendes dabei. Stan starrte den noch leicht dampfenden Becher an, ein angenehmer Geruch stieg in seine Nase; er nahm eine Gabel, stocherte lustlos in dem Essen herum und bekam ein schlechtes Gewissen. Er fragte sich, ob ein Trader, wie er einer war, so etwas sensationell Leckeres überhaupt haben, geschweige denn aufessen durfte. Er überlegte, ob diese Köche nicht das Recht besitzen sollten, ihre Kunden ein wenig auszusieben, wenn sie sich schon so eine unglaubliche Mühe mit der Auswahl der Zutaten und dieser einzigartigen Kochkunst machten. Womöglich hatte er sich richtig Mühe gegeben, damit diese kulinarische Revolution die spezielle Frische und Knusprigkeit erhielt. *Und dann komme ich völlig unwürdig dahergeschlurft, um das Ganze lustlos in mich hineinzustopfen …?!* Stan fiel auf, dass er seiner Nahrungsaufnahme seit Beginn des Tradings generell wenig Aufmerksamkeit gewidmet hatte. Er hatte seine Essgewohnheiten zur Routine gemacht: zum Frühstück Toast, Orangenmarmelade und Kaffee, mittags eine Hauptmahlzeit in irgendeinem Restaurant und abends ein kleines Gericht, bestehend aus Suppe oder Salat. Alle Mahlzeiten wurden immer schnell, mit Gedanken rund um den Markt, eingenommen. *Krass!* Schaudernd, das Kinn auf die Brust gedrückt, wehrte Stan ab. »Es tut mir leid!«, stöhnte er, packte das Essen in den Kühlschrank, schloss vorsichtig dessen Tür, knipste das Licht in der Küche aus und ging zurück in sein Zimmer.

Diese eiserne Entschlossenheit seines Verhaltens ernüchterte Lilly, ließ sie ernsthaft stutzig werden und entriss sie sozusagen ein für alle Mal dem Genuss der Illusion, dass Trading etwas Tolles wäre; denn dass es das Trading schaffte, dass jemand um des Tradings willen auf ein delikates Essen verzichtete, überstieg ihr Fassungsvermögen.

Stan hatte mittlerweile sein Handy ausgestellt. Er brauchte Ruhe. Viel Ruhe. Er musste nachdenken. Nein, er musste erst mal in einen Zustand kommen, in dem er nachdenken konnte, denn seine Anspannung war schon schmerzhaft. *Hab ich genug Wein und genug Schlaftabletten, das Wichtigste überhaupt?* Stan schüttelte den Kopf über das, was er da dachte. *Schlaftabletten sind das Wichtigste überhaupt? Vermutlich ja wohl nicht. Aber was ist das Wichtigste für einen Trader? Der Markt? Der Weltfrieden? Oder … oder … oder.* Aber was sollte sich Stan noch Gedanken um solche Fragen machen? Er fühlte sich schließlich, als wäre er gar kein richtiger Trader mehr …

Er wusste nicht recht, was er machen sollte. Zum Nachdenken war er noch viel zu durcheinander. Also schaute er wieder aus dem Fenster hinunter auf die Straße, überlegte kurz, was seine offene Position machte, bekam Gänsehaut und entschloss sich tapfer dazu, nicht nach deren Stand zu fahnden. Die Zeit bis Mitternacht überbrückte er dann damit, dass er sein Bücherregal aufräumte und nach Themen ordnete. Sein Wie-Sie-alles-im-Leben-erreichen-Buch ließ er, an der aufgeklappten Seite, besser neben dem Sessel liegen. Ihm fiel auf, dass er einige Reiseführrer für Länder besaß, in denen er noch nie war, er entdeckte sogar ein Buch über die Insel La Réunion und legte es beiseite. Vielleicht stand ja was über Auslieferungsabkommen für Trader drin. Des Weiteren begutachtete er elf andere Bücher: Sie alle hatten mit seinem früheren Job zu tun – dem Börsenhandel. Er steckte sie in eine Plastiktüte und legte diese in den Flur. Beim nächsten Gang aus dem Haus, wann immer das auch sein sollte, würde er diese in den Müll werfen. Nach dem Aufräumen schaute Stan wieder aus dem Fenster. Er ahnte, wie sich Rentner fühlen, die irgendwie den Tag herumkriegen müssen. Ein Kissen stopfte er sich allerdings noch nicht unter seine Ellenbogen, so weit war es dann doch noch nicht – zum ersten Mal am heutigen Tage musste er schmunzeln.

Stan steuerte in sein Schlafzimmer, wo er sich, wie er ging und stand, auf das Bett fallen ließ und, ohne die einmal eingenommene Lage zu verbessern, in einen vom raschen Schlag seines Herzens belebten Halbschlaf sank. Es war im Zimmer nicht völlig dunkel; der Schein der Außenbeleuchtung draußen im kleinen Garten fiel durch die offene Balkontür herein. Stan träumte, er würde über das New Yorker Börsenparkett schlendern, er sollte dort seinen neuen Traumjob antreten. Endlose Monitorreihen und Menschengewimmel wurden sichtbar. Tausende Trades boten sich ihm vor, hinter und neben ihm an, und Stan bekam große Angst, an seinem ersten Tag ein Minus zu erwirtschaften. Er konnte sehen, dass seitlich neben Nick und in einiger Entfernung vor ihm John stand. Stan hatte einen riesigen Berg Bücher aufgestapelt und schaute nur ab und zu auf die Marktstände. Er machte einen Trade, während zwei Schritte vor ihm John im hektischen Getümmel telefonierte. Stan winkte ihm, doch John war zu beschäftigt. Stan hätte auch gerne ein Telefon. Dann könnte er John zwei Meter vor ihm anrufen und sich entschuldigen für die Sache mit den 150.000 Euro Minus. Oder ihn fragen, wie lange man sparen musste, um als ehemaliger Trader diesen Verlust wieder auszugleichen …

Stan schreckte aus seinem kurzen Traum hoch. An Schlaf war nun nicht mehr zu denken; sein Adrenalinspiegel wäre plötzlich ausreichend für eine Nachtwanderung rund um Bangkok. Stan merkte, dass er schon wieder zitterte. *Ein guter Zeitpunkt*, dachte er, *um John anzurufen und ihm mitzuteilen, was los war*. Auf dem Bauch liegend, schielte Stan mit einem Auge auf die Uhr. Schon halb drei!

02.35 Uhr. Sterbebettlage mit auf der Brust verschränkten Armen: 150.000 Euro Minus! H-U-N-D-E-R-T-F-Ü-N-F-Z-I-G … *Trading heißt Geld verdienen, nicht verlieren. Diese zwei Tage bringen mein ganzes Leben durcheinander.* Stan schüttelte sein Kissen auf. *Ich brauche Ruuuhe!*

02.55 Uhr. Bauchlage. *Was, wenn der SMI-Trade in die Hose geht …? Dann ZWEIHUNDERT – DREIHUNDRTTAUSEND MINUS?* Stan rutschte das Herz in die Hose, als er an die rapid herannahende Rückkehr Johns dachte. *Ich könnte ja behaupten, ich wäre urplötzlich krank geworden, ein schwerer Fall von … was auch immer … solange ich ihm nur nicht unter die Augen treten muss. Nein. Vergiss es! Früher oder später kriegen sie dich doch – und dann bist du geliefert! Und außerdem, warum sollte Kim lügen?*

03.01 Uhr. Embryonale Lage. Stan drehte sich mit all den verschiedenen Ansätzen im Kreis, und die anscheinend alles entscheidende Frage schien zu lauten: *Wo ist nur meine Selbstachtung hin verschwunden? Sein Kopf dröhnte.*

*

Am nächsten Morgen lachte ein lichtblauer Sommerhimmel über Stan, als er, nach einer Nacht unfruchtbaren Chaos von halben Gedanken und Fantasiebildern, gegen neun das Haus verließ. Der Abschied war kurz. Lilly schüttelte schweigend seine Hand, als sie ihm mehr Glück als gestern wünschte, viel mehr Glück.

Als Stan unschlüssig und fast schon scheu den Blick vom Boden erhob, bemerkte Lilly das Sonderbare, dass er kaum dazu imstande war, weder sie noch irgendetwas anderes mit Festigkeit und Ruhe ins Auge zu fassen. Sie blickte ihm lange nach, tiefer Ernst lag in ihren Augen – und Angst. Es war entsetzlich zu sehen, wie Stan, der vor Tagen noch vollkommen bereit gewesen war, sich als glücklichen und überlegenen Trader anzuerkennen, begann sich zu durchschauen, sich erstaunt anzusehen und sich schließlich seine eigene Verachtung mit jeder Miene selbst zu demonstrieren.

Stan legte den Weg zum Büro schweigend, die Hände tief in den Taschen seiner Hose vergraben, über riesige Umwege zu Fuß zurück, vorbei an den vielen kleinen Schreinen, die errichtet worden waren, um böse Omen abzuwenden, und deren Kernstück oft ein dreiköpfiger Buddha bildete, zu dessen Verehrung die Menschen Blumen, Blattgold und Räucherstäbchen opferten – und das mitunter in großen Mengen. Stan umrundete zweimal die angrenzende Tempelanlage eines beeindruckenden buddhistischen Klosters und schlürfte dann, völlig in Gedanken versunken, an zahlreichen kleineren Märkten vorbei, die Einwohner und Touristen mit Dutzenden dieser kleinen, bunten Plastiktüten verließen. In Anbetracht seiner offenen SMI-Position informierte er sich über sein iPhone unterwegs wie mechanisch und nun doch fast minütlich über den aktuellen Stand des Nikkei. Dieser fiel ein Stück! *Gott sei Dank.* Bangkok lag indessen in der drückenden Schwüle eines Sommervormittages gefangen und stöhnte unter den Tritten der vielen Einwohner, die sich, vorbei an unzähligen Restaurants, die Khao San Road hinauf- und hinunterschoben. Vor den scheibenlosen Fensteröffnungen der kleinen Bars drängten sich zahlreiche Touristen, um einen Blick nach drinnen zu werfen, wo, ebenfalls dicht gedrängt, an Tischen die Gäste – oftmals Einheimische – saßen und ihre Drinks zu sich nahmen. Doch galten die begehrlichen Blicke nicht eigentlich den Einheimischen an den Tischen, sondern oftmals den Frauen, die, in eine winzige Ecke gedrängt, ihren Charme versprühten – dafür war Thailand schließlich einmal berühmt geworden.

Stan spazierte weiter an den dicht aneinandergedrängten Restaurants vorbei. Dann wählte er einen bescheidenen Imbiss, und als seine Suppe kam, saß er ein paar Minuten lang still da, atmete den von der Brühe aufsteigenden Zitronengrasduft ein und starrte auf den glitzernden Berg Glasnudeln. Nach nur wenigen Löffeln bat er um die Rechnung und verließ den Imbiss.

… nur noch zwanzig Minuten bis zur Eröffnung der EUREX und damit des Schweizer Marktes!

Stan nahm nun den kürzesten Weg ins Büro, lief pünktlich um 08.00 Uhr MEZ schweigend an Damrong, dem Portier, vorbei, stolperte sogar ein paar Mal im Treppenaufgang und lächelte wehmütig darüber, indem er den Kopf schüttelte.

In Johns Büro angekommen, griff Stan zur Maus: Die virtuelle Wüstenlandschaft auf dem großen Bildschirm verschwand und machte einer vergrößerten Darstellung desselben Charts Platz, den Stan gestern verlassen hatte. Der SMI-Chart, vom Programm automatisch zusammenskaliert, wirkte harmlos, und das sollte auch so sein; dennoch hätte Stan der Anblick des Leibhaftigen selbst in diesem Moment kaum mehr erschrecken können. Zu sehen war ein sauberer Abwärtstrend; große fallende lokale Hochpunkte wurden von fallenden Tiefpunkten gefolgt, was, abgesehen von einem Ausrutscher, eine deutliche Ähnlichkeit mit einem Treppenverlauf aufwies. Allerdings gab es einen kleinen, aber entscheidenden Unterschied: In der viel größer aufskalierten Darstellung des hochauflösenden Monitors war ein, Stan nannte es: »r-i-e-s-i-g-e-s« Aufwärts-Gap nach einer größeren Abwärtsbewegung zu erkennen, dessen Kurs über demjenigen von Stans gestrigem Eröffnungskurs lag.

Stan empfand die Maus plötzlich wie eine Handgranate, seine Augen wurden trüber und ratloser, seine Wangen hohler, seine Lippen schlaffer, seine Atemzüge kürzer und beklommener angesichts seiner Versuche, sich mit dem ausgewiesenen Minusbetrag ins Einvernehmen zu setzen. Stan zog den gestrigen Stopp in die Nähe der aktuellen Eröffnungsperiode, kniff die Augen zusammen und wappnete sich erneut für das Unausweichliche: Noch hielt der wahllos gelegte Stopp … Immer noch. Immer noch. Immer noch. Immer noch. Immer noch. Immer noch. Ein Piepsen, jetzt nicht mehr …

Totenstille.

Stan war blind in diesem Augenblick, und nur in ganz verschwommenen Umrissen trat die Szene vor ihm in sein zugleich aufgewühltes wie betäubtes Bewusstsein; den Rest der Zeremonie erlebte er wie in Trance: Stan stand auf und entfernte sich ein paar Schritte vom Rechner. Ein schmerzhaftes Stechen schoss durch seinen Kopf. Es war wohl eine Art Alarmsignal des Körpers, das den Fluchtinstinkt auslöste – gemeiner als jeder normale Kopfschmerz. Fieser sogar als eine Migräne bei Liebeskummer. Sein ganzer Körper befand sich im Fluchtmodus: *Wenn John das herausbekommt, bin ich tot. Obwohl … wenn ich tot bin, entkomme ich diesem Albtraum.* Vielleicht. Es käme auf einen Versuch an. Stan inspizierte erneut sein realisiertes Ergebnis und rechnete die Beträge der letzten beiden Tage hinzu. Sein Herz setzte einen Takt aus. Sein Gesamtverlust belief sich nun auf 172.000 Euro – es bildeten sich große nasse Flecken in den Achselhöhlen seines gestreiften Hemdes, und ein Schweißrinnsal lief seinen Nacken hinunter. Das elektrische Stechen in seinem Kopf wurde immer heftiger, als wollte es ihm damit den Befehl geben: *Setz verdammt noch mal deine Beine in Bewegung!* Im selben Augenblick kam Kim um die Ecke, wollte etwas sagen, brach aber ab, denn Stan hatte die Augen geschlossen.

»Hey?« Kim bekam etwas zu sehen – ein seltenes Gesicht, ohne Frage ein Gesicht, das man nicht so schnell wieder vergaß. Ein verzweifelter Ausdruck von Leid und Wut lag auf Stans Gesicht, und eine namenlose Verständnislosigkeit klagte in seinem zu Kim emporgerichteten Blick und in dem Klang seiner Stimme, als er dann sagte:

»Ich komme n-i-e, nie wieder. Sorry, aber der ganze Börsenscheiß ist nichts für mich!« Er blickte ein letztes Mal auf die Monitore. »Scheiß Rattenpack!«

Stan kramte mit einer Hand nach seiner Tasche, mit der anderen rieb er sich die Augen.

Hatte Kim richtig gesehen? Waren das Tränen gewesen?

Als Stan sich mit gesenktem und leicht von ihr abgewandtem Kopf an ihr vorbei durch die Tür quetschte, hörte sie ihn mit einer fast schon kindlichen, leisen Stimme vor sich hin murmeln: »Ich mach nie, n-i-e-e-e wieder in meinem Leben einen Trade!!« Dann rannte er schluchzend davon.

*

John klappte sein Telefon zu und legte es beiseite. »Jeder Trader kommt an einen Punkt im Trading, da verliert er seinen Glauben ...« Prüfend hielt er die Zigarre gegen das Licht, um sich an ihrem Äußeren genauso zu erfreuen wie gleich an ihrem Geschmack. »Heute ist es bei Stan so weit!« Geschickt zündete er sich seine Zigarre an, indem er die Flamme mit der linken Hand gegen den Wind schützte. »Die Phasen des Kampfes bei ihm sind endlich vorbei!« John nahm einen tiefen Zug und fügte gedankenverloren in Philips Richtung hinzu: »Stan hat die Waffen gestreckt. Ich hoffe, dass die Stunden schmerzhaft und deutlich genug für ihn waren, um ihren durchschimmernden Zweck nicht zu verfehlen. Auf nach Hause!«

John gab Philip die notwendigen Anweisungen, um das Boot zu wenden, und während der Wind den Wellen weiß schäumende Spitzen abfetzte und die Luft mit einem feinen Schleier aus Gischt erfüllte, kam es Philip so vor, als frohlockte John innerlich, denn er war geduldig gewesen, er hatte den Dingen ihren scheinbar natürlichen Lauf gelassen, und jetzt würde er die Früchte seines Vorgehens ernten. Geradewegs auf die Dinge zugehen, einen Trading-Anfänger einfach mittels der nackten Realität herausfordern – das gefiel John offenbar. Philip, das Ruder hart Steuerbord, hatte den gleichen Blick auch einst bei Hofner gesehen, als sich sein eigenes Verhalten genau in die gewünschte Richtung bewegte. Denn erst ab diesem Zeitpunkt besaß Hofner die Möglichkeit, Philip zu einem reifen Händler zu formen und die Aufmerksamkeit auf *Handels-* und *Arbeitsstile* zu wenden, denn die wahren Möglichkeiten des Tradens beginnen so recht erst jenseits jener gründlich aufräumenden Katastrophe, die John am Vorabend so treffend als Sinn- und Wertekrise bezeichnete; erst nach dieser wird erkannt, dass die Treue zu sich und dem Fachwissen nicht nur ein, sondern das wesentliche Gerüst für das Dasein eines Traders bildet, und wenn sie zu wanken beginnt, steht die ganze Existenz eines Traders auf dem Spiel. Somit war laut John eine der hoffnungsreichsten Lebenslagen als Trader die, wenn es einem so schlecht ging, dass es nicht mehr schlechter gehen konnte. Denn nur diese Tage, und wirklich nur diese, stellten einen Trader vor ein paar fiese – aber darauf kam es an – nachhaltige Fragen: Sind meine Ziele es wert, von mir verfolgt zu werden? Habe ich generell die richtigen Prioritäten gesetzt? Sind meine Kriterien für diesen Beruf wirklich richtig gewählt? Ist das Risiko für jeden Trade, den ich eingehe, so ausgemessen, dass ich dessen ungeachtet meine innere Ausgeglichenheit bewahre? Übersteigt der Trade mein psychisches Mäntelchen? Sind die Beweggründe für diesen Trade dem Fachwissen oder dem Ego zuzuordnen, sprich: Halte ich einer ernsthaften Überprüfung stand?

Während Philip noch einige Hinweise für den Heimweg entgegennahm, dachte er an die Zeit zurück, als er selbst tief in den grausamen Schlund seiner eigenen *Sinn- und Wertekrise* geschaut hatte, weil er zu oft eine fachliche Regel und seine eigenen Vorsätze gebrochen hatte und daraufhin jene leidvollen Zeiten, die von tragischen Ereignissen voller Bedeutsamkeit und Prägnanz nur so strotzten, *fest* in seine Erinnerungen gemeißelt waren. Erst nach diesen Tagen lernte er ernsthaft, jenes von Hofner erwähnte *Ritual des kurzzeitigen Zögerns* vor jedem Trade zu verstehen und einzuhalten: Dieses Zögern, jene drei oder vier Sekunden, sollte dazu dienen, dass die innere Ausgeglichenheit es merkte, wenn er mit der Untreue zu sich oder seinem Fachwissen gebuhlt hatte und mit dem bevorstehenden Trade der Erinnerung an seine desaströsesten Tage – die genau mit solchen Trades begonnen hatten – den Gehorsam kündigte!

Solche Erwägungen oder Betrachtungen gingen Philip beim rhythmischen Stampfen und Eilen des Bootes durch den Sinn. In ihm breitete sich indes keineswegs Kummer aus. Im Gegenteil: Philip hatte, hier und jetzt auf dem Segeltörn, Johns Worte einmal mehr verinnerlicht, dass ein wahrer Heldentyp des Charts jener Trader sei, der in stolzer Zurückhaltung die Zähne aufeinanderbiss und sich ruhig verhielt, während das Kursgezappel fernab seiner selbst aufgestellten sowie fachlichen Regeln an ihm vorbeistrich und er damit jene Männlich- und Geradlinigkeit bewies, die trotz ihrer scheinbar allzu passivischen Prägung geistreich und exakt war. Denn diese Haltung im Trading, nämlich Gleichmut im freiwilligen Verzicht, bedeutete nicht ein lästiges passives Dulden; sie war eine aktive Leistung – nein besser: ein positiver Triumph. Philip verstand in Johns nächtlichen Worten einmal mehr, dass ein sich untreuer Trader – und so erschien er nicht nur, sondern er war es auch – unzuverlässig und unberechenbar im Umgang mit sich und seinen Trades blieb. Auch er, Philip, hatte einst Trades und Handlungen begangen, die ihm etwas anderes bedeuteten als Hofner und Sander, aber er hatte sich über den Treuebruch hinweggetäuscht, sobald es sich mit einer außerordentlichen Idee zusammengestückelter oder halbseidener Hinweise begründen ließ, und hatte nicht erkannt, dass er von der Folgerichtigkeit der Treue als Voraussetzung von Beständigkeit und Duplizierbarkeit noch weit entfernt war. Erst später, als er seine ganz persönliche existenzielle Werte- und Sinnkrise erlebt hatte, als er innerlich von den Erinnerungen an die vielen auf ihn eindringenden Ereignisse und Ergebnisse, benommen von dem einstigen Gefühl eines aufs Äußerste bloßgestellten und preisgegebenen inneren Zustandes, vor allem auch des sozialen und häufig geschäftlichen Drucks, zurückgeschlagen wurde, gelang es ihm, sich an all seine fachlichen und eigenen Vorgaben zu halten. Denn zu schwer lag die Last jener Zeit auf ihm, in der Philip dem Verhältnis zu sich, seiner Familie, zum Trading und zu Geld ganz allgemein enthoben schien, in der er namenlos, alterslos, haltlos, im leeren Raum, umgeben von Charts zu schweben schien – eine Empfindung, die er nicht nur als »unliebsam«, sondern als grässlich, *um nichts in der Welt noch mal erleben wollend*, in seinem Gedächtnis bewahrte. So wurde erst eine *Schwäche des Charakters* zur *Schule des Traders*; und Philip sollte genau dies in den kommenden Tagen erneut mithilfe konkreter Beispiele vor Augen geführt bekommen.

Unablässig rollten die Rösser der Meere heran. John richtete seinen Blick auf Philip, der in Gedanken versunken am Ruder stand, und nahm zu Recht an, dass dieser an Stan dachte. John legte Philip freundschaftlich eine Hand auf die Schulter und sagte schmunzelnd: »War nicht selbst Gott unzufrieden gewesen und hat deswegen die Sintflut geschickt, um noch mal neu anzufangen?«

Philip grinste über den nahe liegenden Vergleich und nahm diesen auf: »Ich weiß, ich weiß. Ich dachte gerade an meine eigenen Anfänge. Die Wucht dieser Tage, mit welcher ich meine persönliche Sintflut erlebt habe, hat meinen Kopf endlich aus dieser elenden Endlosschleife befreien können, die mir immer wieder sowohl Zweifel an der Situation, gleichzeitig aber auch Sympathie mit dem Aktionismus eingab. Und vor allem«, eine größere Welle krachte gegen den Bug, »nur diese Wucht ließ die Absage an die Laxheit meines einstigen Lieblingssatzes zu: »Nuuur mal heute … es wird schoooon gut gehen!«

John ließ Philips Worte unkommentiert stehen, waren ihm diese doch aus eigener Erfahrung bestens vertraut; er kannte jene Tage seines einst ebenfalls desaströsen Tradings, in denen sein tiefstes, das wirklich aller-, allertiefste Selbstwertgefühl von seinen eigenen Taten attackiert wurde.

John blickte einen kurzen Augenblick auf das Navigationsgerät und gab Philip die Anweisung, ein paar Strich backbord zu steuern, derweilen die Wellen unter dem Heck der Jacht durchrauschten. John starrte gelassen auf den Bug, wo sich flache weiße Bögen aus Gischt und Schaum immer neu abzeichneten. Windstärke und Windrichtung waren nach Johns Geschmack optimal für den Abschluss der Fahrt, und im leeren, ungegliederten Raum des weiten Meeres genoss John sichtlich den fehlenden Sinn und das Maß für Zeit, denn man befand sich – anders als im Trading – im Ungemessenen …

*

Stan, nach der Flucht aus dem Büro und einer, soweit dies in Bangkok überhaupt möglich war, staufreien Taxifahrt mittlerweile zu Hause angekommen, ließ die Jalousien herab und legte sich hin, indem er seinen heißen, verstörten Kopf auf das Kissen – er nannte es Sterbekissen – zurücksinken ließ. Die Beruhigung seines Kopfes war in der Tat der Grund für seine Schlaftablette, denn seit dem Ausstoppen seiner SMI-Position war sein Gemüt ein Schlachtfeld gewesen. Es fand sich erneut jener verzweifelte Ausdruck auf Stans Gesicht wieder, den er bereits auf dem übereilten Heimweg beim Abhören von Johns Anruf gezeigt hatte – diese klägliche Verzerrung seines Gesichtes neben dem Erblassen seiner immer noch sonnenverbrannten Wangen.

Kurz bevor Stan zu Hause angekommen war, hatte sein Handy gesurrt, und das Display zeigte eine Nachricht. Stan hatte die 1 auf seinem Handy gedrückt und gelesen: »Stan, sei so nett und sei morgen gegen halb zwei auf jeden Fall im Büro. Super. Danke.« Das klang eigentlich ganz freundlich, so wie sonst. Trotzdem oder vielleicht gerade deswegen wurde Stan plötzlich von eiskalter Angst gepackt. *Die wissen Bescheid!*

Stan konnte sich kaum rühren. Er war wie gelähmt vor Angst. *Sie wissen es. Alle wissen es.* Wieder tauchten diese schwarzen Flecken vor seinen Augen auf. Ihm wurde speiübel. *Kim hat bestimmt gepetzt, und alle wissen Bescheid. Alle wissen, dass ich eine Riesenscheiße gebaut habe. Das wird sich in Windeseile noch viel weiter herumsprechen, per Telefon, per E-Mail, per SMS … tuschel-tuschel, habt ihr schon gehört? Mein Gooott …!*

Und während Stan in seinem Bett auf dem Rücken liegend mit blinzelnden Augen versuchte, seine lautstarken, obsessiven, aufdringlichen Erinnerungen an die letzten Tage und Fantasien über das grässliche Marktverhalten zu vertreiben, offenbarte sich ihm erneut der Eindruck, dass er sich nie wieder irgendwo blicken lassen konnte, wo Trader verkehrten. *Der freiwillige Tod wäre daher wohl die beste Variante*, dachte er einen Augenblick lang voller Scham, Reue und Niedergeschlagenheit, nur um diesen Gedanken voller Schrecken sofort wieder zu verdrängen.

Das war natürlich nicht die rechte Art, um einschlafen zu können. Stan kam nicht umhin, erneut darüber nachzudenken, was er die letzten Tage teilweise auf so erschreckende und lebhafte Weise hatte verstehen lernen müssen und weshalb John immer sagte: »Ein erfahrener Börsenhändler wird seine innere Ausgeglichenheit immer höher erachten als jede Rendite.«

Als Stan sich umdrehte und sein angefangenes Wie-Sie-alles-im-Leben-erreichen-Buch betrachtete, wurde sein Unbehagen immer größer. Es regte sich neben dem gedanklichen Chaos sachte etwas in ihm, irgendein Gefühl von Ängstlichkeit und Unruhe, der bedrückende Gedanke, dass seine Karriere als Trader, an der er nie vorher gezweifelt hatte, die er sich vielmehr immer in den glühendsten Farben ausgemalt hatte, nunmehr zum ersten Mal definitiv und unabänderlich als gescheitert betrachtet werden musste. Stans letzter Rest von Selbstbewusstsein war zusammen mit seiner Selbstachtung nun zu Tode gehetzt zusammengebrochen, und er gestand sich ein: *Ich sehe einen kläglichen und lächerlichen Versager in mir!*

Später übermannte ihn der Schlaf. Im Laufe der Nacht aber erschienen grausame Traumbilder, noch grausamer als in den beiden vorangegangenen Nächten, aus denen er des Öfteren schreckhaft oder einem wirren Einfall nachjagend emporgefahren war: Stan träumte schon wieder von den Andenbewohnern und sah sich mit krummen Knien und steif nach vorn hängenden Armen eine Einkaufspassage dahinwanken, während er seine kurzen ungelenken Schritte den Musikdarbietungen seiner neuen Freunde anpasste. Als Stan mit seinem Plastikbecher vor einer Gruppe Passanten stehen blieb, faselte er ungereimtes, wirres Zeug: »*Bin* pleite. *Bin* Trader. *War* Trader. Der Börsenhandel hat mich ruiniert«, und zog, ohne um Erlaubnis zu bitten, mit dem Zeige- und Mittelfinger seiner plötzlich riesigen Hand einem Passanten eine riesige Dollarnote aus der Jacke. Ein Kind schaute ängstlich und mit wackelnden Zöpfen zu ihm hoch. »Ich hatte viel Talent!«, sagte Stan zu der Kleinen, »aber die Charts hatten es auf mich abgesehen«, rief er. Dann steckte er seine beiden Zeigefinger in den Mund und pfiff damit so eigentümlich, dass, einem Zaubertrick gleich, von verschiedenen Seiten Tausende Charts mit seinen eingezeichneten Trades durch die Lüfte geflogen kamen und sich rechts und links neben ihm die Einkaufsstraße entlang stapelten. Stan nahm die Kleine am Arm, hielt einen Chart nach dem anderen in die Luft und sprach: »Schau! Long gegangen, und wo ist der Markt hin?«, Stan tippte auf das rechte Ende des Charts, »bis H-I-E-R hoch! Der Drecksmarkt hat mich aber zwischenzeitlich rausgenommen!« Mit hüpfenden Schritten ging Stan immer weiter und hielt dem Kind, wie zum Beweis seines Talents, jeden Chart vor die Nase, wobei er mit einem Taschentuch hinter seine Sonnenbrille fuhr, um sich die Augen zu wischen – das Kind wusste nicht, was da zu trocknen war, Schweiß oder Tränen.

Dann schien es dem träumenden Stan plötzlich, als befände er sich auf dem Schulhof, wo er so viele Jahre hindurch die Pausen zwischen den Unterrichtsstunden verbracht hatte. Er war im Begriff, sich vor der schriftlichen Leistungskontrolle im Fach »Trading« durch den Aufsichtslehrer John, der ebenfalls zugegen war, heimlich verdeckt einen Spicker zu schreiben. »Ausgeglichenheit ist wichtiger als Profit, da nur innerhalb von innerer Ruhe beständiger Handel entstehen kann …«, kritzelte er sich in winziger Schrift auf den kleinen ausgerissenen Zettel … Da schreckte er aus dem Traum hoch, ohne jedoch verhindern zu können, dass Schlaf und Traum ihn gleich wieder umfingen: Er registrierte, wie der Hausgeist im Garten des Büros, den er vorgestern noch hoch und heilig regelmäßig zu füttern versprochen hatte, ihn suchte und ihm nachstellte, um *Seelenzergliederung* an ihm vorzunehmen, wovor Stan eine tolle, eine wahrhaft unsinnige Angst empfand, und ihn dann schwitzend vor den Charts fand. Stan floh mit plötzlich behindertem Fuß vorbei an Johns johlendem Gelächter, aus dem Büro, lief durch den Flur, sprang unter Lebensgefahr in den Garten hinab und versuchte in seiner Not, unter den ungläubigen Blicken des Portiers Damrong, den großen Baum rechts neben dem Eingangstor zu erklettern … Wieder erwachte er schwitzend in dem Augenblick, als der Verfolger ihn mit seinen krummen, dünnen Fingern am Hosenbein packte …

Schweißgebadet schreckte Stan hoch, mittlerweile war es 23.00 Uhr. Er stand auf, stieg aus dem Bett, zog sich das verrutschte T-Shirt gerade und betrat Lillys Wohnzimmer, um sich, einem plötzlichen Einfall folgend, einen Briefumschlag aus ihrem Vorrat auszuleihen, denn er wusste nun, was zu tun war …!

Nach Erledigung seiner Eingebung hatte Stan sich so weit beruhigt, dass er sich wieder hinlegen und tatsächlich ohne weitere Schlaftablette einschlafen konnte. Dann träumte er einen Traum – sogar zwei Mal in dieser grässlichen Nacht und genau in derselben Form: Er saß im Büro hinter Hunderten von Bildschirmen, als unter größtem Geschmetter die Tür ins Schloss fiel und die »Börsenaufsicht« in Gestalt Johns hereinkam, im weißen Hemd, beide Hände lässig in der Hosentasche.

Er schob Stan nach hinten und stellte sich vor die unzähligen Charts, dorthin, wo sich gerade ein sauberer Trend nach oben bog. Und diese alles versperrende und kontrollierende Sicht eben war es, die Stan als Beeinträchtigung empfand. Stan verspürte den Wunsch, sich vor dem Eindringling aufzuspielen, indem er so tat, als wüsste er, was an den Monitoren zu tun wäre und als führe er ein stolzes Traderleben in vollkommener Unabhängigkeit. Stan bemühte sich, mit der Schulter »die Börsenaufsicht« vom Fleck zu drängen, welche aber dastand und lächelte – fein, trocken und spöttisch.

»Du kannst es doch eh nicht!«, hörte er John deutlich sagen. »Du störst! Fort mit dir! Du bist nur ein Traderlein, das keinen Blick für die wahren wesentlichen Dinge hat, und solche Typen stören hier!«

Stan bemerkte plötzlich auch Kim im Raum, wie sie hämisch über ihn kicherte.

Stan ließ sich dessen ungeachtet nicht von der Stelle drängen, räusperte sich heftig und schlug sich dabei mit der Faust vor die Brust – das alles, um seine Unbefangenheit zu bekunden und Zeit für eine passende Erwiderung zu finden. Dann stand er noch eine Weile da, um nachzudenken, was hier nun zu tun wäre, und grübelte, ohne dass ihm die Einsicht zuteilwurde, was eigentlich die *wesentlichen* Dinge waren …

*

Die Tatsache, dass Stan beim Betreten des Büros durch die Fensterfront an Johns Zimmer sehen konnte, wie Nick, Philip und John dort die Köpfe zusammensteckten, diskutierten und scheinbar die Brokerabrechnungen durchschauten, ließ Stan seine Schritte verlangsamen. *Wäre ich doch erst gar nicht hergekommen; hätte ich doch heute Morgen irgendeine lebensbedrohliche Krankheit vorgeschützt.*

Heute Morgen gegen 06.00 Uhr hatte Stan mit einem Ruck den Kopf hochgerissen, um die lästigen Träume aus seinem Kopf zu verscheuchen, sich aufgesetzt und die Augen geöffnet, und seine letzten Trades, die ihm im Kopf herumschwirrten, waren die Hintergrundmusik für eine weitere schweißgebadete Nacht mit zu wenig Schlaf gewesen.

Heute würde er erfahren, wie viele Fehler man machen durfte, wenn man in einem Handelsbüro wie dem von John geführten arbeitete. Beim Baseball hatte man zwei Schläge frei, aber der dritte musste sitzen, sonst war man draußen. Jetzt würde Stan erfahren, wie nachsichtig die Schiedsrichter in diesem Handelshaus verfuhren. Stan hatte sichtlich Angst, genau wie Schläger eines Homerun in einer verkürzten Saison Angst hatten, nur noch als Fußnote in der Spielhistorie genannt zu werden.

Ein Gedanke durchfuhr ihn, und plötzlich wurde er von wilder Hoffnung gepackt: Wenn die Jungs verstehen würden, was los gewesen war ... wenn er sich ihnen verständlich machen konnte, würde es vielleicht doch nicht so schlimm werden, wie er eigentlich erwartete. Aber im Grunde war ihm klar, dass dies naive Hirngespinste waren, denn: Trader-Versicherungen gab es leider noch nicht. Und wenn ja, dann ersetzten sie bestimmt nicht den ganzen Schaden. Das hatten Versicherungen so an sich.

Nick kam aus Johns Büro, und zur Begrüßung murmelte Stan mit zitternder Stimme: »Es tut mir leid ...« und stieß geräuschvoll den Atem aus. Mehr konnte er nicht sagen. Stan warf einen Blick auf die Kurse der Währungen, die über die Monitore des benachbarten Schreibtischs flackerten, und sein Blick blieb auf dem bereits geöffneten DAX-Chart hängen, der aber erst in einer halben Stunde MEZ zum Leben erwachen würde. »Was hat John gesagt? Wird er ...« Stan schluckte und spürte, wie ihm das Blut ins Gesicht stieg. Er konnte Nicks Blick nicht standhalten und schlug die Augen nieder, als Nick fragte, von was Stan da reden würde. Wenn Stan etwas von John wissen wolle, müsse er schon selbst mit ihm sprechen.

»Ja, natürlich.« Stan wischte sich den Schweiß von der Stirn und nahm all seinen Mut zusammen. Mit seinen zerzausten Haaren, den hängenden Schultern, seiner leichenblassen Gesichtsfarbe, seinem traurigen Blick und dem schweren Schritt wirkte Stan, als würde er zu seiner eigenen Hinrichtung geführt. Stan machte zwei Schritte nach vorn und blickte über die Schulter noch mal zurück auf die Monitore, die plötzlich wieder von den letzten Stunden und Tagen erzählten, und ein ihm nur zu gut bekanntes Gefühl stieg wieder in ihm hoch: jene beängstigende Empfindung einer inneren Zerrissenheit zwischen zwingender Anziehung und schwindeliger, abgestumpfter Gleichgültigkeit. Stan gelang es für einen Augenblick, aus dem Teufelskreis der

Erinnerungen der letzten drei Tage auszubrechen, innerlich zurückzutreten und sich aus der Ferne zu betrachten, und er erkannte plötzlich, dass das Trading, so wie er es bisher betrieben hatte, von Anfang an nur eine Illusion gewesen war.

Ach, noch mal von vorn beginnen zu können!

Aber wie?

Wo?

Mit wem?

Wird es mit John je wieder ein »Wir« geben?

John wartete unterdessen auf ein bestimmtes Ereignis und überlegte, in welche Richtung er den Start der Diskussion lenken sollte – das Ende war ihm hingegen seit Kims erstem Anruf auf der Jacht ja bereits klar. Es gab zur Gesprächseröffnung zahlreiche Möglichkeiten: Das von Stan gebrochene Vertrauen, die fachliche Komponente der Trades, aber auch der Aktionismus standen zur Diskussion. Und was war mit den Wutausbrüchen? Welchen Platz nahm das Wegrennen an allen drei Handelstagen ein? Und der nicht getätigte Anruf »John, ich habe Mist gebaut ...« musste auch angesprochen werden. John wusste, dass es am besten war, geduldig zu sein; es wäre ein Fehler, jetzt zu sehr zu drängen.

John checkte, fast schon sekündlich, seine E-Mails und sah dann voller Erleichterung, dass jener Freund, welchen er auf dem Segeltörn um einen Gefallen gebeten hatte, dieser Bitte nachgekommen war – das Objekt seiner Begierde befand sich nun im E-Mail-Anhang. John rief seinen Freund an, bedankte sich und besprach mit ihm einige Details, welche er direkt unter Anleitung seines Freundes an seinem Handelsrechner umsetzte. Jetzt war er so weit, Stan zu empfangen! Er schickte Philip hinaus und trug ihm auf, Stan hineinzubitten.

Stan betrat den Raum.

John deutete auf die beiden Ledersessel.

Und dann saß Stan auch schon und befürchtete, dass er während der Unterredung die Tränen nicht würde zurückhalten können. Es war ihm alles so peinlich. Er kramte den von Lilly ausgeliehenen und jetzt gefalteten Umschlag aus seiner Hemdtasche und legte diesen auf den kleinen Tisch neben den Ledersesseln. »Es tut mir leid. Was ich gemacht habe, war schei...«

John stand auf, zeigte aber keinerlei Interesse am Inhalt des Umschlags. Stattdessen unterbrach er Stan und gab ihm mit einem Handzeichen zu verstehen, dass er nicht weiterreden sollte. Einen Augenblick lang studierte John die gerahmten Bilder an seiner Wand, rückte eines von ihnen, das eine Idee schief hing, gerade und trat dann mit entschiedenen Schritten weit ins Zimmer hinein. Dort blieb er stehen, so kerzengerade aufgerichtet, wie Stan es von ihm gewohnt war, heute aber irgendwie noch steifer. »Zu Beginn möchte ich auf etwas Wichtiges hinweisen: Ich betrachte jeden einzelnen Trade, jeden einzelnen Handelstag und jeden einzelnen Trader, sogar mich selbst, immer unter zwei Aspekten: unter dem des *fachlichen Inhalts* und unter dem der *Qualität*.«

Mit *Qualität*, das wusste Stan bereits, meinte John das, was etwas über das Wesen der Beziehung zwischen dem Trader und seinen Reaktionen auf sich selbst verriet.

»... für viele Menschen da draußen stellt das Leben von uns Tradern, stellt jede Spekulation eine unnütze und störende Episode in der seligen Ruhe der Menschheit dar.« John schlug einen pragmatischeren Weg der Unterhaltung ein und betrachtete unbemerkt von Stan ständig die Uhr. Er durfte auf keinen Fall die Markteröffnung der EUREX in Deutschland verpassen! »Ein Trader aber hat keine Wahl, sondern ist – hat er einmal diesen Weg beschritten – dazu verurteilt, sich fortan mit sich und den Charts zu beschäftigen und muss deshalb versuchen, mit so wenig wie möglich Herzattacken zu leben und zu traden. Dementsprechend wichtig ist es, dass man ausreichende Lektionen erlebt hat, die einem aufzeigen, dass man treu zu sich und rational zu allem fachlichen Wissen bleiben muss, dass man überemotionale Trades und nachfolgende Beschwichtigungen sowie erlogene Begründungen meiden muss. Kurzum: wie man gut von sich selbst als Händler denkt und Risiken sowie Fixierungen auf alles, was uns wiederum davon ablenken kann, meidet.«

John war klar, dass er mit vorsichtigen Worten sprechen musste, wusste er doch, dass gerade ein Trader, der – aus dessen *eigener* Sicht – große Gelder vernichtet hatte, besonders Schwierigkeiten haben würde, Vertrauen aus der Geschichte zu gewinnen; denn gleich einem leer geräumten Haus sahen die Gedanken rund um das Trading aus: Tradern, die in einer von Misstrauen und Verlusten geprägten Anfangszeit den Börsenhandel kennenlernten, fiel es nachvollziehbar schwer, eine eigene Identität aufzubauen und eines Tages ein Händler zu sein, der von sich sagen kann: »Ich kann mich auf mich und meine eigenen Grundsätze rund um die Uhr verlassen.« Der Glaube an eine gute Zukunft fiel verständlicherweise schwer, denn das Vertrauen darauf, dass ein wie auch immer geartetes Regelwerk sowie die wie auch immer definierten eigenen Vorsätze als Garant für sinnvolle Maßnahmen fungierten, welche die Grundlage für eine schöne Zukunft bilden könnten, war genauso geschwunden wie die Hoffnung, selbst mit einem wie auch immer definierten Geldmanagement so vernünftig umzugehen, dass die Positionen klein, die Stopps sauber blieben und die Gewinne in durchdachten, am Laufen gelassenen Trades erblühten. Hinzu kam, dass der desaströse Handelstag besonders den Trader beunruhigt, der noch so jung ist, dass Trading scheinbar die einzig wahre Zukunft darstellt.

Aber wie in der Politik, so gab es auch im Trading den Begriff der vertrauensbildenden Maßnahmen, die es vor allem dann anzuwenden galt, wenn es hieß, wieder eine Basis für Treue und Hoffnung zu schaffen …

John blickte auf die Uhr. 13.56 Uhr, demnach 07.56 Uhr MEZ – noch vier Minuten bis zur Handelseröffnung. Er beugte sich über seinen Schreibtisch, ließ schnell einen generalstabsmäßigen Blick über die für das Kommende notwendigen Funktionen seiner Handelssoftware gleiten, rief sich das vorangegangene Telefonat mit seinem Freund nochmals ins Gedächtnis und führte die angewiesenen Menüpunkte aus. Dann stellte er sich neben seinen Stuhl und bedeutete Stan, sich an seiner statt an Johns Arbeitsplatz zu setzen.

»Wie, w-a-s?«

»Setz dich, komm schon!« John schaute Stan offen in die Augen.

Stan ging zögernd um den Schreibtisch herum. *Oh Gott!* Statt auf die Monitore schaute er lieber auf den alten Briefbeschwerer aus Glas mit seinen schwarzen Schlieren, den Stan die letzten drei Tage ständig hin und her gerückt hatte, um seine Gedanken zu sammeln.

John selbst stand aufgerichtet neben dem Schreibtisch und ließ nicht davon ab, Stan anzublicken, als dieser sich vorsichtig, ja fast schon ängstlich und mit fragendem Blick setzte.

Dann wandte John sich kurz um, zeigte auf den rechten Bildschirm und sagte: »Ich bitte dich, bis heute Abend den Euro-Stoxx-Future zu handeln. Eine Bedingung gibt es dabei: Es soll immer nur ein Kontrakt gehandelt werden, ansonsten hast du völlig freie Hand. Mach, was du willst und wie du es willst.« John wandte sich zum Gehen, hielt jedoch für einen Moment noch inne und ergänzte, ohne sich umzudrehen: »Deine sonstigen Lieblingsmärkte lass bitte ausnahmsweise ebenfalls mal beiseite!« Danach verließ er, ohne Stans Umschlag eines Blickes zu würdigen, das Büro, schloss die Tür und ließ Stan allein.

Stan wusste nicht, wie ihm geschah, und alles Blut stieg ihm plötzlich zu Kopf. Er starrte John unerbittlich hinterher, als wollte er ihn zwingen, weiterzusprechen und endlich den Umschlag zu öffnen. Stan blickte nachdenklich um sich, und ihm war, als wären tausend höhnische Blicke auf ihn gerichtet. Völlig irritiert goss er sich Wasser in ein frisches Glas und betrachtete stumm Johns Arbeitsplatz. Da waren sie wieder: die Schwarz-Weiß-Aufnahmen an den Wänden, die das glückliche Paar zeigten: in inniger Umarmung, sich küssend am Strand, beim Wandern oder beim Reiten, ebenso die alte Haftnotiz mit der Bemerkung: »Disziplin sticht Überzeugung«.

Stan beugte sich vor, um den aktuellen Chart des FESX zu entziffern, der ihm auf dem rechten der sechs Bildschirme entgegenzappelte. Stan zoomte den Chart etwas mehr zusammen, um mehr Charthistorie zu erkennen.

OH – ein Punkt 2.

Ein *Punkt 2,* wie er nach allen fachlichen Vorgaben schöner nicht hätte sein können. Eine *Bellezza* der *Trading-Welt.* Nach einer weiten Abwärtsbewegung, gefolgt von einer zügigen Korrektur, stand nun der Markt mit dem Eröffnungskurs wieder kurz vor dem letzten lokalen Tiefpunkt des intakten Abwärtstrends und kurz darunter befand sich ein großer *Punkt 2.* Es waren nur noch 6 Punkte bis zum Durchbruch. Noch 5, 4, 3 Punkte …

Soll ich handeln?

Zitternd dachte Stan an seine letzten Stunden: Zehntausende Euro rauf, Zehntausende Euro runter. Er hielt kurz inne, dachte kurz nach: Er sollte einen einzigen Euro-Stoxx-Kontrakt handeln. Einen! Stan checkte mit einem Blick den Chart: Selbst wenn er den Trend als Ganzes handeln würde und damit der Stopp knapp 30 Punkte entfernt läge, würde er bei einem Punktwert von 10 Euro gerade einmal 300 Euro riskieren. Da Stan mit den aus diesem Trade resultierenden Zahlen nie würde beweisen können, was er für ein Mann war, daher auch mit diesem Trade nie zum Gesprächsmittelpunkt einer Party werden würde, war es vorerst auch nicht notwendig, eine schneller werdende Atmung zu unterdrücken. Ausgehend von diesem Gedanken, blieben ihm die bekannten Gefährten auf seinen Schultern, der weiße und der schwarze Struppi beziehungsweise der weiße und der schwarze Stan, genauso fern wie die Versuchungen der Abzählmethode: Trade – *ja – nein – ja – nein.* Stan legte also ohne große Aufregung, man könnte fast sagen, sogar etwas gelangweilt, eine Stopp-Sell-Order in den Markt. Kurz darauf nahm er mit genauso wenig Anteilnahme die Eröffnung der Position wahr und platzierte seinen Stopp irgendwo kurz über den *Punkt 3.* Für jegliche Genauigkeit hatte er bei dieser Positionsgröße keine Lust – 30, 40 Euro mehr oder weniger … *einfach lächerlich* … – und drehte den Stuhl in Richtung der großen Fensterfront …

Tatsächlich wurde Stan, gleich einem Schwerverletzten auf einer Intensivstation, aus der sicheren Entfernung hinter Johns riesiger Glaswand von Philip beobachtet.

John trat neben Philip. »Erst dieses Desaster wird zeigen, ob Stan ein ungeschliffener Diamant ist – vielleicht wird in den kommenden Wochen Stück für Stück sichtbar, wie er funkelt. Vielleicht aber auch nicht, mal sehen!«

Beide schauten zu ihrem Bambino. »Jeder, der längere Zeit im Börsenhandel mit agiert und den Strick gefühlt hat, durch welchen er, gleich einer Marionette, mit dem Chart in Verbindung steht und in Bewegung gesetzt wird, wird Trost in der Perspektive finden, sich durch gezielte Veränderungen des eigenen Tradings von diesem Strick befreit zu haben.« Mit diesem Gleichnis führte John einen neuen Ton ein. Zwar betonte er weiterhin die beklagenswerte Tragödie von Stans Trades, fügte aber die Dimension der Verbundenheit hinzu – das heißt, dass er Stans Zustand nachvollziehen konnte. »Wer durch bestimmte Ursachen keine Treue in seiner Handelslogik mehr hat, der verliert den Glauben an die Hoffnung und zweifelt am Sinn einer Zukunft als Händler«, brachte es John auf den Punkt und klopfte Philip kurz auf die Schulter. »Er muss als Trader deshalb lernen, sein eigenes psychisches Mäntelchen, seinen bevorzugten Handelsstil und noch ein paar andere Punkte« – welche, ließ John an dieser Stelle unerwähnt – »ins Gleichgewicht zu bringen. Du weißt, was das heißt?«

Philip nickte und blickte erneut auf Stan, und dieser Blick ergriff ihn tatsächlich, denn er sah in Stan recht deutlich und spiegelbildlich, wie er einst gewesen war: Heute würde Stan vielleicht erstmals bewusst, dass dieses seltsame, noch bis dato nie so richtig erfahrene, mächtige und sieghafte Gefühl vielleicht zu keimen begonnen hatte, was eigentlich das seit Trading-Gedenken bekannte Wort »Arbeitsstil« bedeutete.

»Was meinst du, ob er es schafft, dahin zu kommen?«, fragte Philip.

»Na, warte mal ab! Stan ist ein schlaues Bürschchen, also habe ich für ihn die *Schnelllektion* vorbereitet!«

Fünf Stunden später wandte John den Kopf und musterte eindringlich den jungen Stan, der nun wieder in dem weißen Ledersessel saß. Stan hatte nach dem, wie er fand, mageren Ergebnis von 220 Euro aus zwei Plus- und zwei Minustrades – alle fachlich korrekt – eine spöttische Miene erwartet, doch John blieb vollkommen ausdruckslos.

»Stan«, als John sprach, neigte er den Kopf leicht zur Seite und faltete die Hände wie zum Gebet, mit verschränkten Fingern bis auf die Zeigefinger, die er ausgestreckt an die Lippen legte wie einen kleinen Kirchturm, »wir reden hier von diesem kleinen Männchen im Unbewussten, welches ein von dem seines Herrn gesondertes Eigenleben führt, und vor allem: Dieses Männchen verhindert durch sein Getrampel im Hirn klare Gedanken zu so manchen Dingen. Debattieren wir ruhig diese Theorie! Ach was, Theorie! Wir haben ja Belege!« John tippte auf die Kontoauszüge.

Stan war erneut zum Heulen zumute. »Es tut mir leid.« Stan schob den immer noch auf dem Tisch liegenden unangerührten Umschlag absichtlich nochmals in Johns Richtung.

John ignorierte es und kramte in Seelenruhe und ohne ein Wort zu sagen in einem Schrank seine ersten Handelstagebücher heraus. Er blätterte ruhig in ihnen herum. »Weißt du«, begann

John schließlich, »in meinen ersten Handelsmonaten, so wie du jetzt, da hielt ich dieses kleine Männchen für Quatsch. Es besaß keine manifeste Realität. Es war ein Konstrukt, eine fiktive Idee, nur beschrieben von irgendwelchen Spinnern.« John blätterte weiter und suchte eine wichtige Passage über ein gelesenes Buch von Nietzsche, das ihm vor vielen Jahren in die Hände gefallen war: »Ah! Da ist es: *Über den Steg* … Ja, das ist die Stelle, die ich suchte. Pass auf! Ich möchte dir etwas vorlesen, das mir wichtig erscheint: ›Wir sind uns einmal im Leben so nahe gewesen, dass nichts unsere Freundschaft und Brüderschaft mehr zu hemmen schien und nur noch ein kleiner Steg zwischen uns war. Indem du ihn eben betreten wolltest, fragte ich dich: *Willst du zu mir über den Steg?* – Aber da wolltest du nicht mehr; und als ich nochmals bat, schwiegst du. Seitdem sind Berge und reißende Ströme und was nur trennt und fremd macht, zwischen uns geworfen, und wenn wir auch zueinander wollten, wir könnten es nicht mehr! Gedenkst du aber jetzt jenes kleinen Steges, so hast du nicht Worte mehr – nur noch Schluchzen und Verwunderung.‹« John ließ sein Tagebuch sinken. »Was hältst du davon?«

Stan machte große Augen. »Ich bin mir nicht ganz sicher.« Wie John einst, so war auch Stan der Inhalt der Botschaft nicht unmittelbar verständlich.

John erhob sich und ging vor die Fensterfront, blickte hinaus und sprach, wobei er Stan den Rücken zuwandte: »Ich gebe zu, es ist eine wunderliche kleine Geschichte, die auf den ersten Blick scheinbar absolut nichts mit unserem Thema gemein hat!«

Stan nickte und gab zu, den Inhalt nicht zu verstehen.

»Lass uns versuchen, sie zu enträtseln: Einer ist im Begriff, über den Steg zu kommen – das heißt, dem Freunde sich zu nähern –, als der andere ihn zu dem auffordert, was ja *ohnedies* sein Vorhaben war. Prompt ist dem Ersten der Schritt nicht mehr möglich, da es ihm nun erschiene, als gebe er dem anderen nach …«, John setzte eine kleine Kunstpause, »… also: Die *Macht* kommt der *Nähe* ins Gehege.«

Schweißperlen traten auf Stans Stirn. Er schaute in Johns Richtung und suchte verzweifelt nach irgendwelchen Anhaltspunkten für Ironie, denn er verstand nach wie vor nichts.

Gar nichts!

»Das heißt«, John drehte sich nun um, zündete sich in einer für Stan schon fast beängstigenden Gemütsruhe eine Zigarette an, nahm einen tiefen Zug und zog die Parallele zum Trading, »ein Trading-Anfänger wird zu Beginn immer jeden fremden Ausdruck des Wohlwollens oder der Zuwendung als Griff einer fremden Macht nach der Kontrolle über seine bisher eigenen und freien Entscheidungen, nach der *ersehnten Freiheit* im Trading, *doch alles tun zu dürfen,* empfinden. Wie seltsam – die Freiheit vor dem Chart, jederzeit, anders als im Alltag, alles ohne Vorschriften tun zu dürfen, vereitelt nachgerade jeden Versuch einer fachlichen Annäherung.«

John setzte sich und streifte Zigarettenasche in den Aschenbecher. »Wir empfinden Abneigung gegen die, welche unsere Heimlichkeiten sehen und uns bei unseren Gefühlen sowie Gedanken ertappen und uns sagen wollen, dass wir etwas nicht tun sollen, wozu wir doch aber ein Recht hätten.«

Stan war etwas rot geworden, und mit vorgestrecktem Kopf blickte er in Johns Augen, verstört, verständnislos, forschend.

John bot Stan eine Zigarette an. Stan nahm sie, rauchte sie aber nicht. Stumm saß er da. John rauchte, Stan guckte. Als John aufgeraucht hatte, stand er auf: »Stan, ich werde jetzt *nicht* diplomatisch sein …«

Plötzlich, mitten im Satz, sprang Stan auf und trat, durch die Worte »*nicht diplomatisch*« angesteckt, gleichsam mitgerissen und aufgeregt, einen Schritt vor. Zitternd drückte er in einer Art jähen Vorwegnahme des Satzendes John seinen Umschlag in die Hand und atmete tief ein, um zu sprechen, um zu erklären …

John schaffte es, ihn durch seinen Gesichtsausdruck zu stoppen, und tat etwas, was Stan vermutlich noch bis an sein Lebensende im Kopf herumspuken würde: John zerriss den Umschlag mehrmals, ohne auch nur einen einzigen Blick hineinzuwerfen, und ließ die Schnipsel zu Boden fallen.

»Sollte es ein Scheck gewesen sein: *Freikaufen ist nicht!* Und sollte es eine Kündigung gewesen sein: *Wozu?*« John sagte dies sehr deutlich, und er meinte jede Silbe exakt so, wie er sie sagte. »So, kann ich jetzt zu Ende reden …?« John lehnte sich zurück.

Stan, nun grundlegend verwirrt, nickte, senkte seinerseits dann den Kopf, um zu überdenken, was soeben passiert war und um sich dahingehend zu erforschen, ob er es denn verstünde. Aber er verstand nicht. Durfte er Hoffnung haben, bleiben zu dürfen? Die Wirkung dieser letzten Minute war ungeheuer.

»Also, hier ist meine ehrliche Meinung.« John sprach nun im väterlich-freundlichsten Ton. »Ich bin mir nicht sicher, ob du grundsätzlich geeignet bist, Trader zu sein, aber grundsätzlich zweifle ich auch nicht daran. Pass auf: Selbst der härteste Winter hat Angst vor dem Frühling. Dein gedanklicher Frühling heißt ab heute: knapp 200.000 Minus. Und um mit etwas Neuem zu beginnen, sollte man die Dinge, die einem so im Kopf herumspuken, vorher abschließen. *Gründlich abschließen*! Das ist dann so, als würde man baden und sich danach frisch gewaschene Sachen anziehen.«

Eine Pause trat ein, eine drückende Pause.

Stan hockte daher in gequälter Haltung auf seinem niedrigen Sessel und blickte mit blassem, steinkaltem Gesicht und einem angsterfüllten, gekünstelten Lächeln ins Leere.

John indes, ohne seine Stellung zu verändern, fuhr mit derselben väterlichen Betonung zu sprechen fort: »Ich fände es besser, wenn du sofort zurück nach Deutschland fliegst und für einige Zeit Pause machst!« In dem Schweigen, das darauf folgte, konnte man beinahe die Geräusche des geistigen Kauens hören, mit dem Stan versuchte, Johns Worte zu verdauen.

John hingegen war eines klar: Zahlreiche Trading-Anfänger waren an zu viel Lob und riesigen schnellen sowie positiven Trades gescheitert, nicht aber an schlaflosen Nächten, in denen sie über ihre Trades und Ereignisse nachdachten; katalysierend kamen bei Stan in diesem Fall die fragenden Blicke, Stans Familie, Freunde und Bekannte hinzu.

John stand auf. »Ich möchte, dass du die Zeit nutzt und über *eine* spezielle Sache nachdenkst …« Er gab Stan zwei Blätter Papier in die Hand. »Das Bild, das ich dir vermitteln will, ist ausnehmend wichtig, also stell dir Folgendes vor: Eine dir sehr nahestehende Person, nehmen wir an dein Vater, will unbedingt mit dem Trading beginnen, will mit dem ersparten Geld mittels Trading seine Rente aufbessern und für sich und deine Mutter den Lebensabend vergolden. Dein

Vater lässt sich um nichts in der Welt davon abbringen, schließlich sieht er ja, dass du es *auch* machst. Welche vier, fünf Ratschläge, kurz in Stichworten formuliert, würdest du ihm dringend als eine Art *Merkzettel* ans Herz legen?« John zeigte auf das Blatt. »Schreib!«

Stan – viel zu verwirrt, um zu hinterfragen – kritzelte, ohne lange zu überlegen, los, während John sich sicher sein konnte, dass Stan durch den Zusatz »nahestehende Person« nicht irgendein *Larifari*, sondern *wirklich* die Essenz seiner bisherigen Erfahrung komprimiert auf wenige Stichpunkte notieren würde. Stan hatte die 5 Punkte kurz notiert und wollte John den Zettel schweigend reichen, doch dieser wehrte ab und gab Stan stattdessen einen zweiten Zettel. »Dein Lieblingssetup! Mal deine Lieblingschartkonstellation auf. Ein, zwei Besonderheiten meinetwegen noch dazu.«

Stan kritzelte, wieder ohne lange zu überlegen und ohne jegliches Nachfragen – hierzu hatte er keine Kraft mehr – los. Stan hatte kurz etwas notiert, reichte John schweigend beide Zettel; doch John würdigte beide keines Blickes, stattdessen blickte John kurz auf seine Monitore und ließ sich mit schnellen, geübten Handgriffen Stans heutige Trades im FESX-Chart anzeigen. *Print … Press: Yes!* Er nahm das Blatt mit den Charts aus dem nebenstehenden Drucker, zuzüglich des bereits ausgedruckten DAX-Charts vom Dienstag, des ersten der drei desaströsen Tage – hier waren bereits Stans Trades eingetragen –, und stand auf. »Vorab: Welcher Zusammenhang fällt dir zwischen DAX- und Euro-Stoxx-Future ein?« John hob abwechselnd die beiden Charts hoch.

»Beide«, stotterte Stan, »korrelieren nahezu eins zu eins, haben den identischen Chartverlauf: DAX 25, Euro-Stoxx hingegen 10 Euro pro Punkt.«

»Gut.« John legte die beiden Chartverläufe mit den Trades sowie Stans *Wunsch- und Merkzettel* als zwei Häufchen auf Stans Tisch und schaute Stan prüfend sowie sehr lang anhaltend fest in die Augen. »Das, was du heute gehandelt hast, war *n-i-c-h-t der heutige* Handelsverlauf! Ich habe dir den Chartverlauf *von Dienstag* untergeschoben!«

Während Stan danach rang zu begreifen, setzte sich John wieder. Stan, nun gänzlich verwirrt, schwieg, schüttelte mit abrupten Bewegungen den Kopf und blinzelte sonderbar.

»Also, ich möchte, dass du die Auszeit nutzt und über *eine* Sache nachdenkst: Warum …«, John wies in Richtung der beiden Häufchen, »schaffst du nicht, dass das, was du generell im Trading *willst*, und das, was du generell im Trading tust, übereinstimmen?« John gab Stan mit seinen weiteren Worten nochmals eindeutig sinnbildlich zu verstehen, wer hier in dem Büro Ameise und wer Berg war und dass der Berg die Ameise nicht mit ein paar Felsbrocken unter sich begraben und zerquetschen würde; und die Ameise dürfte, um nun auch die unerträgliche Spannung herauszunehmen, *weiterhin* auf dem Berg herumkraxeln.

»Die beiden Häufchen nimmst du am besten mit.« John schob die Zettel an den Rand seines Schreibtisches. »Übrigens, dein Ticket ist gebucht und liegt am Flughafenschalter für dich bereit. Dein Flieger geht morgen früh. Sobald du auf meine Frage eine ehrliche Antwort hast, rufe mich an, und du darfst hier gern weiterarbeiten. Findest du keine schlüssige Antwort, bleib besser zu Hause – Guten Flug.« John wandte sich seinem Schreibtisch und den Monitoren zu, womit er Stan, der sich mehrfach mit seiner rechten Hand über Stirn und Augen strich, eindeutig zu verstehen gab, dass die Unterredung beendet war.

Die Klarheit, Ordnung und Sicherheit der Lage waren nun hergestellt, wie es ohne Zweifel auch Johns Bedürfnis gewesen war, und die Tatsache, dass Stan die Relevanz nicht auf Anhieb erkannte, machte dies umso relevanter …

*

Zwei Tage nach diesem Vorfall – Stan befand sich bereits in Deutschland – hockten Philip und die anderen Jungs umgeben von ihren Monitoren etwas verträumt an ihren Schreibtischen. Alle waren – obwohl keiner von ihnen mehr die Suche nach den großen Sprüngen machen musste – doch froh, alle Trades mit Anstand zu bestehen und dabei die Götter des Tradings nicht allzu sehr zu beleidigen.

Philips erste zwei Trades im Euro-FX und Öl-Future wiesen nahezu identische Bilder auf: die Korrektur eines untergeordneten Trends, dessen Richtung in die des übergeordneten Trends lief; dieser wiederum befand sich in der besten Marktphase, was Philip dankend als Anlass zur Eröffnung einer Long-Position nahm – er legte den Stopp an den letzten kleinen *Punkt 3*. Beide Trades liefen gut an, der Öl-Trade wurde jedoch, noch vor der ersten Stopp-Versetzung, ausgestoppt, der Folgetrade ebenso. Da die Marktphase des übergeordneten Trends nach wie vor einer 5-Sterne-Kategorie zuzuordnen war, fiel es Philip gedanklich leicht, einen dritten Trade zu starten. Seine Beharrlichkeit wurde belohnt, der Markt lief noch kurz zuckend wie ein Storch, breitete dann die Flügel aus und schoss mit ihm als mehrfachem Long-Passagier nach oben – das Minus der ersten beiden Trades war längst vergessen. Der Trade im Euro-FX lief gleich beim ersten Anlauf. Auch hier war die Marktphase des übergeordneten Trends traumhaft: eine weite Korrektur innerhalb eines bestehenden Trends. Der Markt machte in der aufgeklappten Ansicht bereits Anstalten, wieder die übergeordnete Trendrichtung anzulaufen; Philip positionierte sich am *ersten Punkt 2*, der Markt schoss nach oben, indes in einem so kerzengeraden Zug, immer weiter und *weiter und weiter*, ohne jene ersehnte Korrektur abzubilden, die eine Stopp-Versetzung würde möglich werden lassen. Philip entschied sich folglich, in die laufende Bewegung hinein seine Position einfach von Hand abzubauen, einen Kontrakt raus, einen Kontrakt raus, einen Kontrakt raus … und als die ersehnte Korrektur begann, war Philip bereits *flat*, positionierte sich gleichwohl erneut in die einsetzende Korrektur, mit einigen Kniffen, die er sich von Nick abgeschaut hatte und die er die nächsten Wochen zusammen mit Nick noch verfeinern wollte. Der dritte Trade im Pfund erhielt eine identische Diagnose: eine große, stabile, sich gerade korrigierende Marktphase, daher auch hier gleichermaßen die Therapie: ebenso Korrekturhandel. Hier war der Markt aber so genierlich, dass Philip trotz zwei Folgetrades nicht zum Zuge kam. Die Korrektur lief tiefer und tiefer.

Philip geduldete sich, und um sich auf andere Gedanken zu bringen, nahm er sich des Ordners mit den vielen ausgedruckten Aktiencharts an. Nachdem er mit einem der drei Ordner fertig war, fuhr Philip nebenbei seinen Laptop hoch und schaute nach, ob irgendwelche Mails eingegangen waren. Gestern hatte Philip in einem längeren Telefonat mit Hofner diesem alle Einzelheiten der letzten Tage, des mitternächtlichen Gesprächs auf der Jacht und den letzten Tag Stans genauestens geschildert, und dieser hatte angekündigt, eine E-Mail schicken zu wollen, und tatsächlich: *Hier war sie bereits …*

FACHTEIL
DER HÄNDLER

Brief TEIL I

E-MAIL: hofner@yahoo.de
Heute, 09.15 Uhr MEZ
Betreff: Ausführliche Herleitung des diversifikativen Tradings

Hallo Philip,

da ich genügend Zeit neben dem Handel habe, anbei einige Zeilen zu unserem letzten Telefonat.

Stan, emsig damit beschäftigt, sich die Hörner abzulaufen, hat die letzten Tage einmal mehr gezeigt, wie weit er von der Vollendung dieses Geschäftes noch entfernt ist. Das ist auch nicht weiter verwunderlich, denn: Seine Begierden sind noch zügellos, ohne Skrupel gibt er sich zu vielen unüberlegten Befriedigungen hin, und die neugierige Lasterhaftigkeit seines Tradings verbindet sich aufs Unangenehmste mit jenem »großen« Idealismus, endlich ein *Trader* zu sein.

John, der gewusst hat, dass die *fehlenden* Bindeglieder, die so oft angesprochene *Beständigkeit* und *Duplizierbarkeit*, bei Stan ohnehin zum Thema werden würden, hat Stans desaströse Tage dankend als geeigneten Anlass benutzt, um hierfür den radikalsten, dafür aber auch lehrreichsten Weg einzuschlagen. Dieser geht aber nur über die *Erfahrung*, und da beißt sich die Katze in den Schwanz; und da in den Schwanz gebissen zu werden, für gewöhnlich wehtut, musste es wohl so sein, dass auch für Stan die letzten Tage schmerzhaft waren: John ließ unseren Bambino drei Tage unbeaufsichtigt traden – 72 Stunden, in denen Stan mit einem Minus konfrontiert wurde, das seinen bisherigen Horizont bei Weitem überstieg. John ließ Stan, wenn auch von diesem unbemerkt, kontrolliert machen, was er wollte, und Stan erlebte in kürzester Zeit seine ganz persönliche *Sinn- und Wertekrise*, die mit den Worten: »Ich mach nie wieder einen Trade …« ihren Höhepunkt fand.

Aber damit nicht genug: Wider alles, was Stan erwartet hatte, wurden diese drei Tage nicht mit erhobenem Zeigefinger gerügt und verteufelt, sondern mit einem *weiteren* Handelstag unter Johns Aufsicht »belohnt«. Wie mir John am Telefon erzählt hat, lautete sein Plan, Stan unwissentlich den Marktverlauf seines *ersten* Desastertages einzuspielen und ihn jetzt aber mit geringerer Kontraktgröße traden zu lassen – Respekt!

Dann sollte Stan ohne Erklärung, mithin ohne Auflösung dieses »wiederholten« Handelstages, die beiden Fragestellungen »*Hinweise für einen Trading-Anfänger*« sowie sein »*Wunsch-Trading-Setup*« auf getrennten Zetteln beantworten, um anschließend und weiterhin ohne klärende Worte zum ganzen Geschehen – schließlich soll er Fehler und Lösungen selbst erkunden – in eine Art »Trading-Kur«, eine auf der Vernunft beruhenden, mit dem Entwirren vermengter gedanklicher »Assoziationen« befassten Auszeit geschickt zu werden – *Klasse!* Nun kann und wird sich zeigen, ob es Stan nicht genau da der Kräfte ermangelt, wo er sie am nötigsten braucht, sprich: ob er das Bedürfnis verspürt und die Klugheit besitzt, gleichsam damit ein Fenster aufzustoßen, indem er mit geraden und brutalen Gedanken das als ungerecht und beunruhigend Empfundene seiner erlebten *Sinn- und Wertekrise* ins Reich der Nichtigkeit verweist und damit beginnt, das Kostüm des Trading-Blödmanns abzulegen, um anschließend mit aufrechtem Gang zu den Charts zurückzukehren. Ich bin gespannt ...

... Sinn des Schreibens

Jetzt, da Stan bereits wieder in Deutschland ist, hat sich dir die Frage aufgedrängt: Was könnte Stan, kannst aber auch du, aus diesen letzten Tagen ableiten? Sicher ist, lieber Philip, sollte Stan zurückkommen, wird deine Aufgabe sein, ihn ganz vorsichtig neben der weiteren Entwicklung seines persönlichen Handelsstils zur Entwicklung und Anwendung eines *Arbeitsstils* anzuregen. Und genau hierzu möchte ich dir ein paar kurze und praktische Tipps an die Hand geben.

Untersuchen wir dazu zunächst Stans Ausgangslage nach einem wichtigen Anhaltspunkt, genau genommen *einer elementaren Fragestellung*, um uns hieraus in kleinen konzentrischen Kreisen und dich als Beispiel nehmend zu einer Übersicht der drei »Phasen« eines Traderlebens vorzuarbeiten und aus den sich hierbei ergebenden Frage- und Feststellungen schlussendlich zum Gipfelthema vorzudringen: dem Arbeitsstil, dessen Höhepunkt sich unter anderem im *diversifikativen Trading* widerspiegelt.

Eine ganze Menge Inhalt und Arbeit liegt vor uns – ich sehe zu, dass ich dich nicht langweile ...

... die Ausgangslage: Es waren einmal ein Merk- und ein Wunschzettel

Als Ausgangspunkt meiner gedanklichen Reise dient mir jene letzte Bitte Johns, Stan solle vor seinem Abflug zwei Zettel ausfüllen: Es galt zum einen, für einen Stan nahestehenden Verwandten, der den Wunsch verspürt, hier und jetzt mit dem Trading sein mühsam erspartes Geld zu vermehren, die wichtigsten Tipps niederzuschreiben; auf den anderen Zettel sollte Stan kurz und knapp seine Lieblingschartkonstellation notieren. Diese beiden Aufgabenstellungen werden Stan nicht allzu schwer gefallen sein, verfügt er doch neben den vielen Tagen, Wochen und Monaten vor den Charts bereits über ein gerüttelt Maß an Fachwissen. Der Inhalt der beiden Zettel ist uns zwar unbekannt, da Stan diese mit sich nehmen sollte, aber du erinnerst dich bestimmt noch, lieber Philip: Auch du musstest einst diese Merkzettel ausfüllen ...

Damals hast du das erst als »Spielerei« bezeichnet, später dann, als der wahre Grund bekannt war, hochtrabend eine »psychologische Operation« genannt – welch interessanter Vergleich! Kurz, ich habe nach unserem Telefonat deine Zettel von einst herausgesucht, in der Gewissheit, dass deren Inhalte sich von denen Stans nicht allzu sehr unterscheiden werden:

Symbolisch an deine damalige Freundin gerichtet, stand auf dem ersten Zettel essenziell deine gesamte bis dahin mit dem Trading gemachte Erfahrung:

Oh Gott, du willst mit dem Trading beginnen? Wenn du dich schon nicht davon abbringen lässt, dann bitte, bitte, vertrau mir und halte dich an folgende Punkte:
Sammle erst Fachwissen, bevor du loslegst ... Bitte! Bitte!
Halte dich um alles in der Welt an deine Stopps!
Weniger ist mehr!!!
Morgen ist auch noch ein Tag ...
Denk an andere Marktteilnehmer – du bist nicht allein!
Geduld, Geduld, Geduld ...

Lass mich *diesen* Zettel in den weiteren Zeilen als *Merkzettel* umschreiben. Auf deinem zweiten Zettel, nachfolgend von mir als *Wunschzettel* bezeichnet, stand essenziell dein bis dahin angesammeltes Fachwissen zusammengefasst:

Ach, wenn ich mir den Chartverlauf vor jedem Trade wirklich wünschen könnte, dann so ...

Der Chart müsste innerhalb eines bestehenden, aber korrigierenden Trends einen beginnenden untergeordneten Trend aufweisen. Eine Positionierung würde den straffen Zug, diese »Rutsche« vom kleinen Punkt 2 in Richtung des neuen, übergeordneten Punktes 2 und ein Stück darüber hinaus ausnutzen ... Ich würde sogar mehrere Anläufe locker in Kauf nehmen!

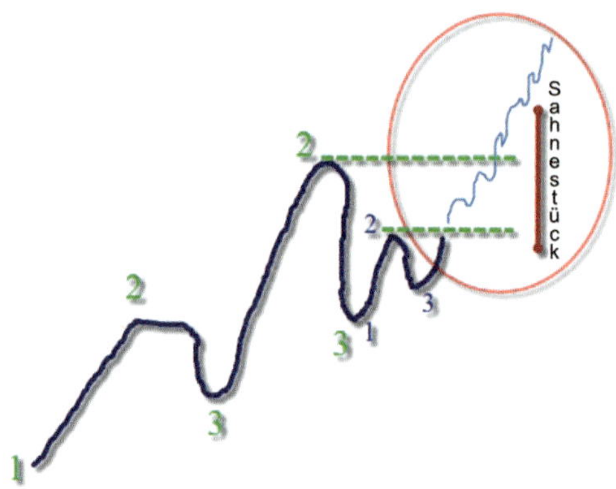

Bild 1

... eine elementare Frage drängt sich auf!

Wie wird es Stan in seinen letzten Nächten ergangen sein? Ähnlich wie dir damals, nehme ich an: Das Wissen um deinen *Merk- und Wunschzettel* und damit die Idealvorstellung deines Tradings vor Augen lagst du, nach eigenen Erzählungen, nach so manchem Trading-Tag abends mit bleischwerer Müdigkeit, die Decke weit über den Kopf gezogen, im Bett und fragtest dich: *Ist dies tatsächlich dieses ach sooo tolle Leben als Trader?* Irgendwas schien an dieser Welt nicht in Ordnung zu sein, denn was die von dir anerkannten »Experten« so erzählten, schrieben und herumfaselten, reimte sich mit deiner momentanen inneren Gemütsfassung gleich überhaupt nicht, denn:

Dachtest du an die beiden ausgefüllten Zettel und hieltest diese gedanklich nebeneinander, war nicht klar, was es wohl war, was dich jedes Mal, während du vor dem Chart saßest, von deinem Willen, dich *so und so* zu verhalten, abbrachte. Und während du dich noch tiefer unter die Decke verkrochst, keimte in dir das Gefühl auf, dass es doch noch ein Unglück gibt, das größer ist als jeder monetäre Trading-Verlust: den Gefallen an seinem Selbstbild als Trader einzubüßen. Sich selbst nicht mehr zu gefallen, das ist wahrlich das Unglück: Diese Zwietracht mit sich selbst, die einem einen kläglichen und widerwärtigen Anblick verschafft und mit schlechtem Gewissen darüber staunen lässt, wie wenig man von dem getan hat, was man eigentlich vorgehabt hatte.

In diesem »Wabbelzustand« eingeschlafen, dachtest, ahntest, fühltest du dich dennoch am nächsten Tag jedes Mal schnell wieder fit und fandest im neuen Handelstag dahingehend Trost, dass du trotz dieses, bei allem, was du tatest, deutlich auftretenden Gefühls der Unsicherheit ein verflucht tüchtiger, braver Kerl in Sachen Trading seiest – auch wenn nicht jeder Trade im Einzelnen zu rechtfertigen war. Aber da ja auch die ganze Welt nicht so war, wie sie sein sollte, beruhigtest du dich vor deinen Monitoren damit, dass das eigene Trading-Verhalten somit irgendwie normal war. Aber so vollständig alles während des Handelstages verständlich und in sich irgendwie geschlossen erschien, wurdest du am Abend im Bett, unter deiner Decke … na, du weißt schon, erneut von dem dunklen Gefühl befallen, dein Trading sei bloß etwas Halbes; und bei all deinen Überlegungen, diesen kurzen Filmeinblendungen und Gedankensplittern vergangener Trades, spielte eine Frage die Hauptrolle, die schon des Öfteren, aber nicht gerade in den klarsten Zusammenhängen aufgetreten war und die im Widerstreit mit dem Merk- und dem Wunschzettel stand: *Warum sind meine Absichten – siehe Wunschzettel – und mein Verhalten – siehe Merkzettel – vor den Monitoren nicht deckungsgleich?*

… drei Phasen – die Ursachenforschung beginnt

Lieber Philip, ich will mich langsam dem Kern meines Schreibens annähern und dazu diesen paradoxen Zustand der fehlenden Deckungsgleichheit genauer, aber *ohne* Berührung der bereits bis zum Abwinken besprochenen Themen *Duplizierbarkeit* und *Beständigkeit* betrachten: Teilen wir dazu dein, genau wie Stans, Traderleben vorab grob in drei Phasen, siehe Bild 2, wobei der erste Teil jene Phase der Kontoeröffnung und der ersten Trades sowie Handelsmonate visualisiert. In der zweiten Phase ist bereits ein fachlich relativ hohes Niveau erreicht, gleichwohl will das Trading nicht so recht anlaufen, während in der dritten Phase als Lösungsweg für die auftretenden Probleme der zweiten Phase das Thema *Arbeitsstile* zum Tragen gelangt. Aber eins nach dem anderen …

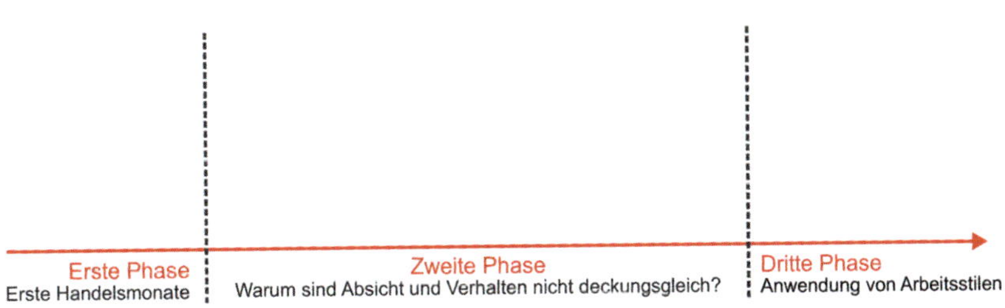

Bild 2

... die erste Phase

Ohne tief graben zu müssen, ist klar, dass in dieser Phase die *dümmsten* und *sinnlosesten* Fehler gemacht werden. Ohne Anspruch auf Vollständigkeit zu erheben, sind nachstehend einige Highlights aufgelistet:

☐	☐	Übungsphase im Trading möglichst kurz halten, lieber »sofort loslegen«.
☐	☐	Zu Beginn Märkte mit hoher Wertigkeit handeln – Stichwort: z.B. DAX-Future.
☐	☐	Wer viel ordert und tradet, ist ein cooler Trader ...
☐	☐	Maximale Kontoauslastung.
☐	☐	Zustand flat nicht ertragen können ...
☐	☐	21.59 Uhr: Fix eine Position über Nacht: Es wird schon ein Gap in meine Richtung entstehen!
☐	☐	Seitwärtsphase: Ich will der Erste sein ...
☐	☐	Acht, zwölf, vierzehn Stunden Trading am Tag ...
☐	☐	14.30 Uhr Wirtschaftszahlen.
☐	☐	Tunnelblick: In kleine Zeiteinheiten eingegraben ...
☐	☐	Vor dem Trading: Prognosen und Berichte lesen, Bekannte nach dem Marktverlauf fragen.
☐	☐	Markt kommt an Stopp heran, ergo: Stopp besser weiter wegnehmen.
☐	☐	Ausgestoppt – ergo: Sofort neuer Trade in entgegengesetzte Marktrichtung.
☐	☐	Drei, vier Minustrades – beim nächsten Signal traue ich mich nicht mehr.
☐	☐	Trades, die mal richtig im Minus lagen ...

Ich könnte das hier zwar mit Hunderten von Anekdoten und plumpen Tradebeispielen belegen, dies soll jedoch *nicht* der gedankliche Schwerpunkt sein, vielmehr aber Folgendes: Müsstest du bei jedem der erwähnten Stichpunkte – füge meinethalben noch einige hinzu – ankreuzen (siehe Kästchen), ob jener Fehler dich früher, sei es aus Unwissenheit über die korrekte Handhabung oder anderen *guten* Gründen, einen *massiven* Geldbetrag deines Kontos kostete, und müsstest du ebenso markieren, ob du diese Fehler und Sachverhalte *generell überwunden* hast, so fändest du sicherlich bei allen angekreuzten Punkten zwei Kreuze nebeneinander – interessant!

Bild 3

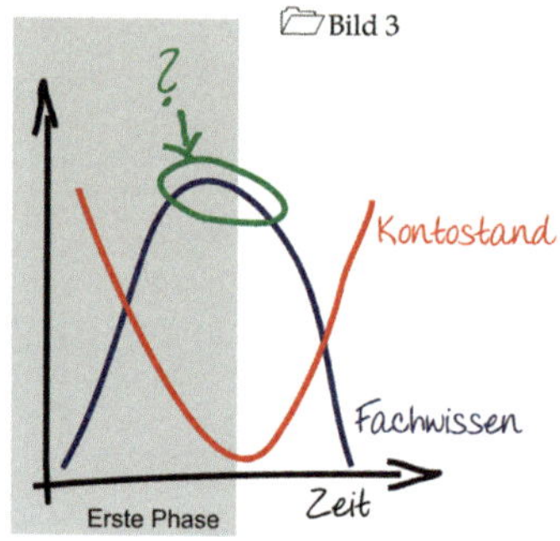

Während drei Viertel aller Anfänger kein zusammenhängendes Kalenderjahr als Trader überdauern, die Übereifrigen gar meist nur wenige Wochen, bevor sie der Broker mangels Margin hinauswirft, erhieltest du von uns eine Menge Fachwissen und die Zeit, dieses anzuwenden. Du hast es geschafft, die obigen Fehler gerade so zu überleben, wobei der weiche, zeitlich nicht genau definierbare Übergang der ersten zur zweiten Phase gut und gerne die *erste Hälfte* eines dir aus vorausgegangenen Schreiben bekannten Schemas sein könnte, welches den Kontoverlauf und den Verlauf des Fachwissens im zeitlichen Ablauf veranschaulicht. Du erinnerst dich noch an diese Grafik, Bild 3, und deren Erläuterung?[1]

1 Siehe DER HÄNDLER, Band 1, S. 84 ff.

Okay.

Sicher bist du mit mir einer Meinung, dass deine Auffassung übers Trading in der ersten Phase eine *leichte Schieflage* aufwies und du viel Geld wegen Fehlern einzahltest, deren Wiederholung zwar nun ausgeschlossen ist, wegen denen du aber – Achtung – dennoch in »Phase zwei« mit einem viel kleineren Konto leben musstest.

… die zweite Phase

Dass – solange sich deine Trades nicht der *Duplizierbarkeit* und *Beständigkeit*, dem Zusammenspiel der Zeiteinheiten und den Eigenschaften von *Bewegung* und *Korrektur*, kurzum: der *Vernunft* und der *Realität* eines *Orderbuchs* widersetzten – du tun und lassen konntest, was immer du wolltest, wurde tagtäglich von mir eingeräumt; und als du durch ständig vertieftes, revidiertes und erweitertes Fachwissen genau deinen Lieblingshandelsstil nicht nur mittels sauber hergeleiteten Ein- und Ausstiegen und deren Rahmenbedingungen, sondern diese zusätzlich *auch* mit Erfahrungen und individuellen Besonderheiten untermauern und rechtfertigen konntest, wusste ich, dass du, unabhängig deines noch verbliebenen Kontostandes, sicher im zweiten Abschnitt angekommen warst.

… zwei ungebetene Weggefährten

Neben dem Wissen um den *Lieblings*handelsstil tauchten nun zwei eng miteinander verwobene Weggefährten auf: zuerst die Langeweile, denn das Lieblingssetup des Handelsstils kommt leider nun mal nur »alle Jubeljahre« vor, und als Gefährte Numero zwei der *Druck*, der sich teils aus dem verminderten Konto, also dem leidlichen Ergebnis der ersten Phase, teils aus den fragenden Augen der Familie oder, sofern vorhanden, des Auftraggebers eines Handelsmandats ergibt. Dies ist *grob* noch mal in Bild 4 illustriert – der Strichmann bist du.

Bild 4

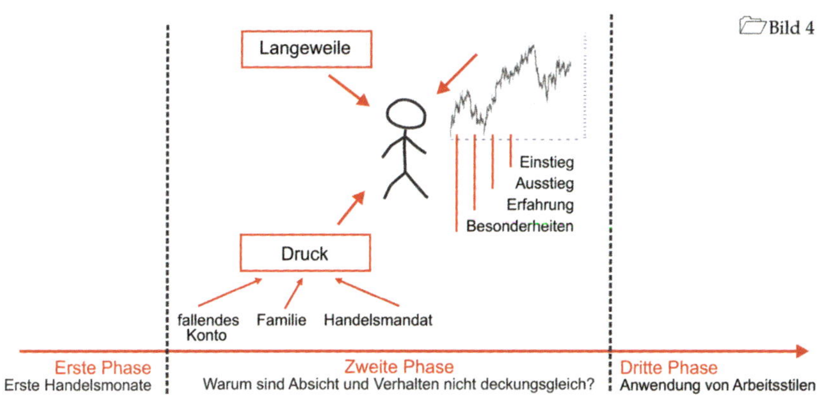

Aber nun alles der Reihe nach; und lass uns neben den beiden genannten Weggefährten vor allem auch *deren Gehilfen* unter die Lupe nehmen!

… erster Weggefährte: Die Langeweile

Blicken wir hinein in die erzählte Welt des Tradings, so sehen wir, dass nur jene elegante Selbstbeherrschung, welche bis zur letzten Periode eines Handelstages die innere Unterhöhlung unterbinden konnte, anhand welcher die Charts mit ihren zappelnden Perioden es vermochten, sich ein ganzes übermütiges Volk von Tradern zu unterwerfen, *wahre Männlichkeit* war. Du weißt, was ich meine? Ich spreche von jener würdevollen Haltung der Passivität, mit der im strengen Dienste der Treue das falsche, gefährliche Trading jenseits der eigenen Regeln und die rasch entnervende Sehnsucht, jeden Dreck zu handeln, vermieden werden. Na ja, so weit zumindest die bekannte Theorie. Nun aber zu dir:

Wenn … *stöhn* … das Lieblingssetup doch nur alle »Jubeljahre« vorbeirauscht und damit das Trading Tag für Tag von hirnerweichender Öde … *stöhn* … angefüllt ist, dann war es kaum verwunderlich, dass du ein wenig nach Aufregung suchtest. Oder anders: Wenn das Trading einer Schlaftablette gleicht, während Hunderte von Punkten und Tausende von Dollars nur so vorbeiziehen, bricht schnell das Klagen über den Sinn des Ganzen aus. Daher keimte nachvollziehbar die Frage in dir, ob *Disziplin* und *Treue* zu deinem Lieblingssignal nicht zu einem Hemmschuh, einem konservativen Element werden. Resultat: Die aus der Disziplin resultierende trockene Langeweile entfachte in dir ein Flammenfeuer, auch bekannt als Aktionismus, welcher wiederum einen neuen Zustand auslöste: die *Spannung*; schließlich galt es, genau um die allmorgendlich vorgenommene, aber nun gebrochene Treue wissend, wieder heil aus diesem »Dreckstrade« herauszukommen … oder irgendwas in dieser Art.

Nun könnte genau hier die pauschale Börsenweisheit folgen: »Gedenkt man der vielen Trades fernab eines Lieblingssetups, so kommen kaum Zweifel darüber auf, ob es überhaupt einen anderen Heroismus im Trading gibt als denjenigen des *geduldigen Wartens*«; wir könnten brav »*du, du, du*« machen, und auf ginge es zum nächsten Thema …

Da es aber unser Anspruch ist, ehrlich miteinander umzugehen, beleuchte ich das Thema der *Langeweile* etwas näher, fokussiere die geistige Taschenlampe genauer – um so auf einen tieferen Zusammenhang zu stoßen.

… Holla: Bin ich Opfer oder Verursacher?

Zur Erinnerung nochmals der vorangegangene Satz: *Die aus der Disziplin resultierende trockene Langeweile entfachte in dir ein Flammenfeuer, auch bekannt als Aktionismus, welcher wiederum einen neuen Zustand auslöste: die Spannung* – so, und jetzt Taschenlampe an:

»Ich bin *DAX*-Trader!«, »Ich bin *Dow*-Trader!« oder etwas gröber: »Ich bin *Devisen*-Trader« – in diesen Aussagen gipfelt bei vielen Tradern, ebenso wie früher bei dir, die Annahme, der *Lieblingshandelsstil* gehöre zu einem bestimmten Markt oder Marktsegment oder *müsse* mit einem »Lieblingsmarkt« verbunden werden. Mein Schmunzeln war dir immer gewiss, glichen doch deine Worte insgeheim der analogen Aussage:

»Ich bin mit Leib und Seele, durch und durch SEGLER!«

»Und was sind deine befahrenen Gewässer?«

»Na hier, der regionale See! Da kenn ich mich aus!«

Schluck.

»Und du bist wirklich mit Haut und Haar SEGLER?!«

»Jawohl!«

Ja wie jetzt? Worum geht es hier eigentlich?

Wenn, um bei dem Beispiel mit dem Segler zu bleiben, jemand wirklich *»mit Leib und Seele Segler«* ist, müssten die höchsten Begehren doch der *Wind*, das *Kräftespiel der Elemente*, das *Paradies* der schaumgekrönten Wellen inmitten der schönsten Segelparadiese sein, weswegen nicht die Begrenztheit des Dorfteichs, sondern die Weiten des Meeres das gewünschte Zuhause wären – sonst ginge das doch am Thema *Segeln* gänzlich vorbei ...

Meine sich verdrehenden Augen waren keine Verspottung oder Herabsetzung, sondern lediglich ein ebenso sanfter wie mitunter angebrachter Ellenbogenknuff in deine Seite, da deine Definition des Lieblingssetups außerdem Definition und Fokussierung eines *Lieblingsmarktes* enthielt, die nicht nur deinen so gut wie vorhersehbaren Zerfall, sondern auch jene »unliebsame Erscheinung undisziplinierter menschlicher Natur« namens *Aktionismus* auslöste. Witzig ist hierbei, dass die achtbare Verbundenheit meist jenem Markt gilt, der in der ersten Phase des Traderdaseins, Bild 4, das meiste Geld kostete.

Und wie sonderbar uns beiden jetzt im Nachgang dieser falsche Patriotismus auch anmuten mag – Stan ist noch zu sehr gewohnt, Trading mit einer anhaltenden *Observation*, mit einem »Immer alles schön sekündlich betrachten« gleichzusetzen, und damit sind seine träge Gesetztheit und Gleichgültigkeit gegenüber anderen Charts gleichbedeutend mit einer Rebellion gegen das *Nichtobservieren*. Er kann noch zu selten den Blick einfach abwenden: »Ich muss sehen, was passiert!«. Und genau hier – die Taschenlampe noch genauer hingehalten – bietet sich eine außerordentliche Schwierigkeit dieser Betrachtung dar: Denn was uns einst und ihn aktuell lähmte, war die Unlust vom Ablassen des permanenten Beobachtens seines Lieblingsmarktes. Denn Stans Rundumobservation, bei der sich natürlich jede Störung durch Kritik verbietet, gilt für ihn als innerste Natur seines gedachten Trading-Talentes, um dessentwillen sein Gefühl zur Disziplin und Treue tagtäglich erkaltet, weil Stan, durch das *ständige* Beobachten – Achtung! – zum *Interpretieren* geneigt ist und sich sonach viel zu oft noch mit einem fröhlichen »Jetzt müsste der Markt ungefähr das und das ...«, kurz: mit einer *halben Vollkommenheit* begnügt. Durch das *ständige* Beobachten einer *kleinen* Chartauswahl rächt sich die geknechtete Empfindung der Idee eines *Lieblingsmarktes*, saugen unserem Bambino die Lust und das Entzücken am reinen *Chartorakeln* und *Abenteurertum* dermaßen auf, dass ihn die Treue zu seinem Lieblingssetup verlässt und er der Disziplin die erforderliche Entschiedenheit verweigert.

Somit lässt sich bisher zusammenfassend konstatieren, dass Stan keine Sorgen und Mühen scheut, sich, bedingt durch *falschen* Patriotismus, noch allzu oft die Aussicht zu versperren. Er, dir einst gleich, findet es sogar famos, dass sein Eingesperrtsein in wenigen Märkten immer wieder mit dem einen ungünstigen »Ungefähr«, einem »Ahnen« oder »Vorwegnehmen« endete. Dieses Werk unreifer Trading-Gedanken, die – nicht nur bei unserem Bambino, sondern generell in der zu wenig geschulten Masse – aus Unerfahrenheit nicht die erforderliche Zurückweisung fanden und finden, wurde damals wie heute von mir heimlich belächelt, da klar war und ist, dass diese große *Affenliebe*, dieses Paktieren und Konspirieren mit der andauernden Observation als, wie er im Nachgang hoffentlich noch einsehen wird, innerlicher Rädelsführer zum Aktionismus fungiert.

Lassen wir das Thema *Langeweile* und den daraus folgenden *Aktionismus*, welcher wiederum in *Spannung* gipfelt, kurz ruhen, gilt es doch, parallel noch den *zweiten Gefährten* zu beleuchten, bevor wir, alles subsumierend, zu interessanten Ergebnissen gelangen werden.

… zweiter Weggefährte: der Druck

»H-e-r-b-e-r-t! Wo sind die Villa, dat Boot, dat Rennpferd, der Luxusschlitten, und vor allm: Scheiße-Himmelherrgott, warum lieg ich noch immer nich mit Schirmchendrinks an unserm beheizten Fünfzig-Meter-Pool?! Du, H-e-r-b-e-r-t, hörste mir überhaupt zu? Jung, wie lange beschäftigst du dich jetzt schon mit dem Börsenkram? Drei Jahre, sachste? Ha, is dat denn zu fassen? In der Zeit hätt ich ein Was-weiß-ich-Studium-mit-Doktor absolvieren können. Wie jetzt, dat Träding is kompliziert? Hast du 'nen Knall? Willste mir tatsächlich erklärn, dass du für die mickrige bunte Bildchenscheiße Jahrzehnte brauchst? H-e-r-b-e-r-t, ich R-E-D mit dir! Ja also, wie jetzt …? MACH DAMPF! KOMM IN DIE PÖTTE!!«

Das herkömmliche Reden über Unsummen von Geld, Fincas und schnelle Autos in der Werbung des Börsenhandels repräsentiert eine Parabel über die Zukunft, also über das, wovon wir hoffen dürfen, dass es einmal unsere Zukunft sein wird. Damit – Pferde und Swimmingpools mal beiseitegelassen – sieht es für das nähere private Umfeld so aus, dass sich die Zukunft – wie immer diese sich im Einzelnen tatsächlich entwickeln mag – hoffentlich anders gestaltet als die aktuelle Gegenwart. Daraus resultiert in der zweiten Phase eines Traderlebens durch die *Erwartungshaltung* des sozialen Umfeldes mitunter ein Druck, dem keine adäquaten Ergebnisse gegenübergestellt werden können.

Diese gewaltige Energie, die diesen *Druck* erzeugte, war bei dir, lieber Philip, natürlich auch spürbar gewesen, *wussten* doch alle – Eltern, Freundin, Freunde, Bekannte – dass du nun *Trader* bist und daher, überspitzt dargestellt, in Kürze mit dem neuesten Spielzeug, egal ob jacht- oder porscheförmig, auf dem hohen und erhabenen Thron namens *Geldüberfluss* sitzen würdest.

Doch dieser zweite Gefährte steht nicht nur auf einem, sondern immer mindestens auf *zwei*, gelegentlich sogar auf *drei* Beinen. Denn neben dem *externen*, ich nenne ihn mal *sozialen Druck*, baut sich auch ein *eigener*, bei Weitem nicht geringerer *Druck* auf; schließlich wolltest du nicht zu jenen Tradern gehören, bei denen durch stockdumme Selbstgefälligkeit das Trading nach dem »Jetzt hab ich es kapiert« immer noch das Gleiche war wie das Trading vor dem »Jetzt hab ich es kapiert«. Neben diesen beiden nahen Erwartungshaltungen – der *eigenen* und der *sozialen* – ist, zugegebenermaßen nicht in jedem, aber in deinem Fall schon, noch das dritte Bein, nämlich der Druck, der aus der Verwaltung von Fremdgeldern resultiert, zu erwähnen.

… Holla: Bin ich Opfer oder Verursacher?

Wird nun *einer* dieser erwähnten Varianten des Drucks *wirklich* zu stark, oder kommen diese sogar mit *vereinter* Kraft frontal auf den Trader zu, so wird dies die Ursache dafür sein, dass sich auf seinem Konto unglaubliche Trades abspielen, und niemand wird bezweifeln, dass das, *was* da geschieht, pauschal formuliert, *moralisch* immer vernünftig und gut gemeint ist, denn schließlich gilt es ja, das Konto zu retten und den Druck abzuwehren. Kurz: Der Druck verlangt, ja schreit oftmals nach *monetär völlig übertriebenen* Handlungen, gemahnen doch Jacht- und Porsche-Träume einen schmerzlich daran, dass Hoffnungen enttäuscht und Träume zu Staub zerfallen können.

Aufgrund einer viel zu persönlichen, individuellen Bewertung sind die genauen Grenzen, wo Druck anfängt und aufhört, nahezu kaum definierbar. Fakt aber bleibt: Die eine Außengrenze bildet jener Trader, der durch den von den Ergebnissen seines »ach so tollen Tradings« ausgelösten Druck dermaßen mit dem Rücken zur Wand steht, dass schlaflose Nächte Alltag werden; die andere Außengrenze wird von jenem Trader gebildet, dem selbst bei *einem einzigen* CFD-Kontrakt das Trading schon rasant und abenteuerlich erscheint und der demnach dem *geringsten*, als völlig normal anzusehenden »Druck« bereits nicht gewachsen ist, sprich: bei dem schon die persönliche Erscheinung den peinigenden Eindruck leidender Unterlegenheit macht, ganz so, als hätte die Natur ihm jenes Mindestmaß von Gleichgewicht und Kraft versagt, welches unbedingt erforderlich ist, um nicht nur erhobenen Hauptes vor den Handelsbildschirmen zu existieren, sondern am gesamten Thema *Börsenhandel* teilzunehmen. Letzter Satz ist nicht lächerlich, sondern durchaus ernst gemeint, denn genau solche Trading-Anfänger gehen zwangsläufig in die Irre, weil es einen rechten Weg für sie überhaupt nicht gibt – geben kann. Dementsprechend wurdest auch du einst der Prüfung nach dem erforderliche Rückgrat unterzogen.

Losgelöst vom individuellen »*Warum*« und »*Ab Wann*«: Einmal von diesem Druck befangen, werden echt unbegreifliche Dinge vor den Bildschirmen getan, die namentlich auch als »über die Schuhgröße hinaus traden ...« bekannt sind, was wiederum als Dominoeffekt zu dem bereits bekannten Zustand der Spannung führt. Hierzu warst du, lieber Philip, damals das beste Beispiel: Dein persönlicher Druck war riesig, schließlich lag das zur Verfügung gestellte Konto weit im Minus; auch war es so, dass deine Familie größere Weihnachtsgeschenke erwartete, und auch meine Blicke muss ich ja an dieser Stelle nicht erwähnen. Ein gewaltiger Druck lastete also auf deinen Schultern. Deine nun »logische« Schlussfolgerung, ein längeres Verweilen in einem solchen Zustand des Drucks, gepaart mit einem Handel wie auch immer definierter »angemessener« Kontraktzahl sei nicht möglich, war irgendwie nachvollziehbar, schließlich kam es dir so vor, als ob du mit einer unbefriedigenden Menge an Kontrakten zu einem »dumpfen, inhaltlosen Trader« hinabsinken würdest. Während du in der ersten Phase deines Traderlebens in dem Thema *Ordergröße* eine Art *Ferienabenteuer* sahst, musstest du in der zweiten Phase infolge der Fehler in der ersten Phase damit leben, dass ein wie auch immer definiertes *gesundes* Verhältnis von Risiko in Bezug zum vorhandenen Konto keinerlei 100-prozentigen Anspruch auf Billigung erheben konnte: Hauptsächlich deshalb – Taschenlampe an! –, weil du *ohnehin*, wie erwähnt, nur wenig Märkte getradet hast; ein Umstand, der mit dem Auftreten der bereits erwähnten zweifelhaften *Langeweile* stark korrelierte.

Es bleibt vorerst also festzuhalten, dass es gar nicht *sooo* sonderbar war, dass dir einst und Stan seit Beginn seiner Ausbildung nie das weitläufige Überlegenheitsgefühl über etwaige Gedanken zu gesunden Positionsgrößen in den Sinn kam. Schließlich galt es, die eigenen und meine Erwartungen als auch die an »Haus, Pferd und den Luxusflitzer« zu erfüllen, womit es – bei der ohnehin vorhandenen Neigung, immer aus *Langeweile* den aktuellen Lockungen des Charts zu unterliegen – leichtfiel, nun noch obendrauf die »maximalen« Kontraktgrößen zu opfern, weshalb das anmutige *Chartgestümper* immer mit extremer *Spannung* erfüllt wurde.

Aber lass mich, bevor ich zu den Auswegen aus diesen Dilemmas komme, hier bei dem Thema *Druck* die geistige Taschenlampe noch etwas schärfer einstellen, um Licht auch in größere Tiefen der Dunkelheit zu bringen. Bei diesem Thema, so sei vorab gesagt, muss ich etwas weiter ausholen.

… ein seltsamer Begriff taucht auf!

Ich fange einmal so an: *Theoretisch* konnte ich es ja nicht verteufeln, wenn du von Haus aus mit hohen Kontrakt- oder Stückzahlen traden würdest, schließlich handelte es sich doch, bedingt durch den immensen Druck, immer um so eine Art »Konto-Notfall«, gleich einer Autobahnfahrt mit schwerverletztem Beifahrer: Sofern davon ausgegangen werden konnte, dass Kurven, Fahrbahn, Reifen, mithin die vom eigentlichen Können des Fahrers nicht beeinflussbaren Faktoren der »Lieblingsstrecke« identisch sind, was spricht dann dagegen, mit der Tachonadel am Anschlag der Notaufnahme entgegenzurasen? Oder wurde da etwas vergessen? Aber wenn ja, *was genau*?

Lieber Philip, die letzten Tage hattest du die Möglichkeit, durch Stan spiegelbildlich einen der *dümmsten* Trading-Fehler eines Trading-Anfängers – demnach auch einst deiner – nachzuerleben. Denn das, was da auf Johns Konto ablief, kennst du von mir auch benannt als »Traden jenseits des Rumrutschfaktors«. Zugegebenermaßen ein eigentümlicher, von dir früher oft belächelter Begriff – gleichwohl dir klar sein musste, dass mir dessen Inhalt und nicht ein *akademisch-hochtrabender* Terminus wichtig ist.

Du weißt, wir verwenden den Begriff »Rumrutschfaktor« für eine der riskantesten Sachen, denn: Ein jeder Händler »rutscht« ab einem gewissen Betrag auf seinem Stuhl – oder auf was immer er gerade sitzen mag – herum. Denn ab irgendeinem Betrag schlägt das Herz eines *jeden* Händlers schneller. Irgendeiner *absoluten* Zahl in Euro oder Dollar huldigen wir alle, weswegen der *Rumrutschfaktor* durch jenen Geldbetrag definiert ist, bei dem die »subjektive Leidenschaft« eine »objektive Ungewissheit« für markttechnische Gegebenheiten erfährt und damit die Erfüllung und Sicherheit des Lieblingshandelsstils einer unsicheren, ungewissen Zukunft überantwortet. Bei Erreichen beziehungsweise Überschreiten seines Rumrutschfaktors hält ein jeder Trader im ersten Augenblick die Maus plötzlich fest umklammert, während er im zweiten bereits verwirrt überlegt: »Was hat der Drecksmarkt mit meiner Position vor?«, während im dritten Augenblick der Dämon »Aber in diesem einzelnen Trade mach ich mal …« bereits interveniert und das weitere Handeln an sich gerissen hat, sodass der Wille zum fachlich richtig vorgenommenen Handeln, Bild 4, im Treibsand der Gefühle versinkt.

Vorab: Die Wirkung des *Rumrutschfaktors* auf jeglichen Börsenhandel lässt sich unmöglich überbetonen, wobei das Geschehen selbst eigentlich nichts Ungewöhnliches ist. Nehmen wir einfach dein früheres Verhalten als Beispiel: Meine Rede über einen Großteil deiner misslungenen Trades war immer: »Der war fachlich nicht nur falsch, sondern menschlich sogar richtig …« –

eine Aussage, die du lange nicht verstanden hast. Du betrachtetest lieber genau den Burschen namens »Lieblingsmarkt«; ohnehin lautete dein Motto: »Ständige Rundumobservation«. Aug' um Aug', Zahn um Zahn, und ausgelöst durch den Druck, der wiederum in einer hohen Positionsgröße seinen Niederschlag fand, entschwand infolge der nun entstandenen Spannung der wahre Marktverlauf aus deinem Blickwinkel. Du indessen bemerktest dies nicht, fandest einfach keine Zeit, darauf achtzugeben, denn selbst die *kleinste* Bewegung, die Kursveränderung nur eines *einzigen* Punktes oder Euros, war unzweifelhaft viel stärker als jene Bewegung, die der Marktverlauf im Ganzen erzeugte. Noch einmal, da es eine Wiederholung wert ist: Die Veränderung der einen vorhandenen, tief ins Konto greifenden Position war unzweifelhaft stärker als diejenige, welche der Marktverlauf im Ganzen erzeugte. Dementsprechend erging es dir so, dass du dem wahren Chartverlauf gelegentlich nur halbe, manchmal ganze – zumindest dachtest du das –, meistens aber gar keine Beachtung schenktest, da du tief angestrengt die Erlebnisse der reinen Positionsveränderungen *innerlich* aufarbeitetest. Du tatest dabei zwar dein Bestes, aber so richtig oft *gelang* es dir nicht. Die gedanklichen Pausen waren zu *lang*, die Entscheidungen *falsch* oder zu *spät* getroffen, denn jenseits des Rumrutschfaktors begannen Disziplin und Fachwissen wie Strandgut davonzutreiben, während sich beim Starren in die Monitore glitzernde Schweißperlen auf deiner Stirn bildeten! Oder besser noch, als ein offenes Wort unter Männern: Du machtest vor der Positionseröffnung immer einen auf *Durchblicker*: »Ich greif mal fix tief ins Konto ...«, um dann angesichts des offenen Trades auf *Messdiener* zu machen und den Schwanz einzuklemmen, da deine Nerven und dein Fachwissen mit deinem *Ich* als Trader ein Duell ausfochten; dieses aber, das Körperganze, die Angst, die Gier, das Ego, der Wille, folglich deine gesamte gegen den Chart abgegrenzte Person, wurde von der Zahl jenseits des Rumrutschfaktors so davongetragen, dass jegliches Fachwissen und sämtliche persönlichen Vorgaben fast immer *jämmerlich* unterlagen, ja, unterliegen *mussten*.

Aus diesem Grund ist das Auffällige dieser Erscheinungen des *Rumrutschfaktors*, dass bei dessen Erreichen ein gewisser Hang zur Untreue entsteht, wenn unter Treue die *Einhaltung* eines Lieblingssetups oder der eigenen sich gestellten Vorgaben verstanden wird, mithin ab diesem Moment alle Kursveränderungen mehr bedeuteten, als ihnen tatsächlich zukam. Es schien, möge dies auch befremdlich klingen, als wäre ab Erreichen des *Rumrutschfaktors* ein Trader plötzlich jeder fachlich wahrnehmenden Überlegenheit und jedes stolzen Selbstbewusstseins beraubt. Auch deine ruhelosen Augen und darauf folgenden Aktionen krochen vor jedem Tick und vor jedem unbedeutenden Marktgezappel jämmerlich zu Kreuze.

Ein Trader kann als *Trend-*, *Bewegungs-* oder *Ausbruchshändler* auftreten; er kann sich den größten übergeordneten Trend oder die mittleren bis hinunter zum Tick-Chart zum Traden heranziehen, egal. Er kann ein Konto von 1.000, 50.000 oder 100 Millionen traden; er kann 24 Stunden oder nur zehn Minuten am Tag mit Chart & Co. zubringen; doch das Bild, das er von seinem eigenen Rumrutschfaktor hat, das ihm von seiner Herkunft oktroyiert worden ist, bleibt und ist daher von *unermesslicher* Mächtigkeit. Wie an dir selbst bewiesen, ist dieser Wert zwar nicht unauslöschlich, aber vorerst dennoch tief in uns eingegraben und keine Frage von Bildung, Reichtum, Intelligenz, Macht, gutem Aussehen oder Nutzen für die Gesellschaft. Was ich damit sagen will: Es existiert demgemäß so eine Art *Blaupause*, in der zwar nicht 100 Prozent, jedoch ein Großteil des Verhaltens oder besser des Reaktionsschemas eines Traders vorgezeichnet ist.

... Wer ist Betrüger und wer Betrogener?

Betrachten wir, *ohne* indes bereits zu weit vorzugreifen, zur besseren Erklärung des *Rumrutschfaktors* nachfolgendes Schema:

Trades, in denen der persönliche Rumrutschfaktor bei Long-Trades weit *über* den vom verwendeten Regelwerk vorgegebenen Einstiegen und Stopps oder bei Short-Trades weit *darunter* liegt – siehe Bild 5 –, öffnen bei einem kurzzeitig *gegenläufigen Markt*, dessen Kursbewegung an und für sich noch keinen Regelbruch darstellt, die Tür sowohl zur *fachlichen Untreue* als auch zur *Untreue gegen sich selbst*. Ob diese Tür schlussendlich durchschritten wird, weswegen man dann auf die Nase fällt, ist für die Betrachtung im Moment nachrangig. Wichtig erscheint *vorerst* einzig die Feststellung, *dass* diese Tür, losgelöst von der betrachteten Zeiteinheit, offen steht und nun jedes *Kursgezappel* die Bühne bildet für jene Ein- und Ausdrücke, für jenes Gehabe und jene Elektrizität, die das wahre Chartbild in den Hintergrund verdrängen. Oder anders: Wenn aufgrund der *hohen Positionsgröße* – oder einer *sehr kleinen Positionsgröße* in Verbindung mit einem *sehr früh auslösenden* Rumrutschfaktor – der Markt plötzlich so spannend wird, dass, bevor der fachliche Stopp des verwendeten Regelwerks greift, die Emotionen bereits mit »Hiiilfeee, ist d-a-s viel MINUS« oder, da es den Rumrutschfaktor natürlich auch im positiven Bereich gibt, mit »HURRRAAA, ich habe den J-a-c-k-p-o-t« siegreich Einzug halten, wie soll da je ein *beständig sauberer* Handel aufkommen? Bei solchen Trades überkommt einen plötzlich die Empfindung, die man häufig kurz vorm Verlieren eines Schachspiels hat: das Gefühl, überlistet worden zu sein. Doch wer ist in diesem Fall der *Betrogene* und vor allem: Wer ist der *Betrüger*?

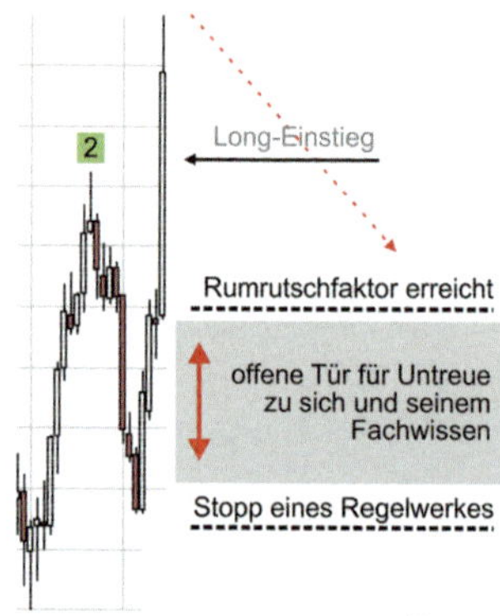

Bild 5

»Fühlen« und »Bewerten« sind somit in Bild 5 zwei voneinander untrennbare Bestandteile. Das *objektive* Bewerten wird vom *subjektiven* Erleben beeinträchtigt. Sinnvoll? – Ich denke nicht, denn Emotionen sollten erst *weit hinter* dem gesetzten Stopp aufkommen, *nie* aber davor. Ich erinnere mich, lieber Philip, mit Deutlichkeit deiner vielen Trades, der unzähligen Momente, die du hinter deinen Monitoren aufgesprungen bist und hervorgestoßen hast: »Fuck, Scheiße! Der Markt *brennt*!« Ich bitte zu bemerken, dass diese Flüche keineswegs aus einem realisierten Minustrade resultierten, sondern bereits beim Eintritt in einen Trade zu hören waren, dessen Ergebnis nach Regelwerk »X-Y-Z« noch gar nicht feststand.

Natürlich, und das bleibt *vollkommen unbestritten*, können solche Trades wie in Bild 5 gleichwohl als Plustrades enden; doch waren es dann genau jene Plustrades – ich übertreibe –, in denen du so erschöpft vom Stuhl sankst, als hättest du einen Halb-, besser noch einen ganzen Marathon hinter dir. Nochmals: Was dich störte, war nicht, dass du 100 oder 1.000 Punkte, Pips, Ticks hinten oder vorn lagst. Was dich in den Wahnsinn trieb, war der in Euro oder Dollar ausgewiesene *absolute Betrag*, der daraus resultierte. Dass dieser allerdings stets und allein über die *Positionsgröße* gesteuert wird, versteht sich zwar von selbst, wird aber später noch von mir erläutert werden …

An dieser Stelle sei kurz erwähnt, dass, wie du dir denken kannst, genau hier für unseren Bambino der Auslöser lag und das Grunddilemma seines ersten desaströsen Tages begann. Er handelte mit Kontraktanzahlen, die das Handelskapital zwar ohne Weiteres zuließ, die aber *galaxienweit* von seinem persönlichen Rumrutschfaktor entfernt lagen! Den Beweis hierfür setzte John, indem er Stan vor dessen Heimreise mit einer geringeren Stückzahl einen Markt mit geringerer Wertigkeit jenen Handelstag erneut traden ließ, der Auslöser für das Desaster war – und siehe da: Es kam ein Plus heraus. Aber auch hierzu später mehr. Vorerst unbedingt Folgendes:

… Geldmanagement: ein zweischneidiges Schwert

In Zusammenhang mit Bild 5 gilt es zu erwähnen, dass man, egal, wo man etwas über das Traden liest, über den Begriff *Geldmanagement* als Synonym für jegliche Art von Positionsgrößenbestimmung stolpert. Dabei sollte beim Geldmanagement nicht die Größe einer einzelnen Position oder deren erwartetes Chancen-Risiko-Verhältnis betrachtet werden, sondern vielmehr der Betrag, welcher beim Eingehen einer Position in Abhängigkeit von der Kontengröße maximal riskiert werden soll. Dass sich hieraus das andere Standbein, das des *Risikomanagements*, anhand des Stopps ergibt, versteht sich von selbst, ebenso wie die Tatsache, dass ein technisch orientierter Trader statt eines fixen Stopp-Loss aus einem errechneten Geldbetrag seinen Stopp-Loss anhand einer, je nach Regelwerk, markttechnisch wichtigen Marke platzieren sollte. Um dieses inzwischen mit dem Geldmanagement in Einklang zu bringen, sollte der Trader sich nach der Festlegung des maximalen Risikos, bezogen auf das Konto sowie die Bestimmung der relevanten Kursmarke, erst im dritten Schritt über die konkrete Positionsgröße Gedanken machen und diese so wählen, dass er sowohl die festgelegten »x-y-z« *Prozent Risiko des Geldmanagements* einhält als auch die im Chart für wichtig erachtete Kursmarke für den Stopp beachten kann. So viel zu der Kurzfassung der allseits bekannten Theorie …

Höchst interessant aber erscheint, dass von dir nicht jeder dieser angelesenen oder gehörten Hinweise »Riskiere nur *ein*, maximal *zwei* Prozent deines Kontos pro Trade« mit Jubel willkommen geheißen wurde, dir im Gegenteil sogar die selbstsicheren Behauptungen so mancher Autoren, Forenschreiber oder Referenten zu diesem Thema viel eher wie *Wunschdenken* und *reine Fantasie* vorkamen; nur zu gern gabst du die Versicherung ab, dass dort ein Trading-Bild gemalt werde, das zwar richtig und wichtig war, aber dennoch nicht mit deiner tagtäglichen Arbeit in Wettbewerb treten konnte. Denn: Deine Aussage zu all den Formeln und tollen Risikotabellen lautete: »Na, schön wär's – leider kommt nur immer die Wirklichkeit dazwischen …« Du hast dir also die Frage gestellt, wie diese »fremde« *Wirklichkeit* aussieht und auf *wen* sie zutrifft.

Ich belächelte stets deine Ansichten zum Geldmanagement, wusste ich doch, wie der Unterschied aussah: Diese »fremde« Wirklichkeit tritt vor allem bei jenen Trades *mit größeren Konten* auf, deren Geldmanagement beispielsweise »nur« *ein halbes* Prozent vorgibt, wobei dieser Betrag dennoch »weit« *über* dem Rumrutschfaktor des betreffenden Händlers rangiert.

Deine Wirklichkeit jedoch sah anders aus: ein Trade, bei dem Stopp und Geldmanagement zwar aufeinander austariert waren, bei dem aber gleichwohl zwischen diesem Punkt und dem aktuellen Kurs der Rumrutschfaktor des Händlers lag – *Autsch, was für eine Qual*. Und bei dir, lieber Philip, war das lange Zeit der Fall. Natürlich – ich habe es bereits erwähnt – ist dieser Rumrutschfaktor über einen längeren Zeitraum und unter Beachtung einiger Faktoren veränderbar, was sich auch von unserer Seite in dem dir erlaubten Handel und deinen sich erst allmählich erweiternden Kontovollmachten niederschlug.

Aber auch den *zweiten* Fall, in welchem das *Geldmanagement* dem reinen Theoriegeschwafel unterliegt, hattest du, lieber Philip, erlebt: Dein Konto war einst von heldenhaften Trades so geschrumpft worden, dass die geforderte Positionsgröße eines »vernünftigen« Geldmanagements nur noch einer so geringen Stückzahl entsprach, dass der »*Nutzwert*« eines positiven Trades in der *Bedeutungslosigkeit* versank und du dich daher – wenn auch nicht entschuldbar, dennoch nachvollziehbar – von sämtlichen Ansichten zum vernünftigen Geldmanagement abgewandt hast.

Mit anderen, unverbrauchten Worten: Obwohl über den Gegenstand des *Geldmanagements* viele wichtige und richtige Artikel sowie Internetbeiträge existieren, heißt deren Beachtung bei Weitem nicht, lediglich bestimmte *Ansichten* über Stopp-Entfernungen, Positionsgrößen und Risiko pro Trade in Bezug auf die Kontogröße zu übernehmen – nein, es ist eine sehr viel tiefere, den Händler individuell betreffende Angelegenheit, eine Ausrichtung des gesamten Traders *mit Kopf* und *Verstand* notwendig, denn egal, wie die jeweiligen Behauptungen oder Lehrsätze lauten, es heißt ja nicht umsonst häufig, dass Trading-Anfänger genauso prüde mit dem Thema Geldmanagement umgehen, wie man um die vorangegangene Jahrhundertwende prüde mit dem Thema Sex umgegangen ist. Fast möchte man meinen, so manche Trader hätten, was dieses Thema angeht, allgemeines Stillschweigen verabredet – ein Stillschweigen, das dafür sorgt, den abscheulichen Sachverhalt, den zum einen der *Druck* und auf der anderen Seite der *Rumrutschfaktor* darstellt, erträglich zu machen.

Betrachten wir zum besseren Verständnis meiner Worte drei Reaktionsschemata, siehe Bild 6. Hierzu ist zu sagen, dass die vorhin beschriebenen *absoluten* Geldbeträge des Rumrutschfaktors und des Geldmanagements ebenso wie die Details des verwendeten Regelwerks in der nachfolgenden Betrachtung absolut (!) nebensächlich, da *beliebig austauschbar* sind.

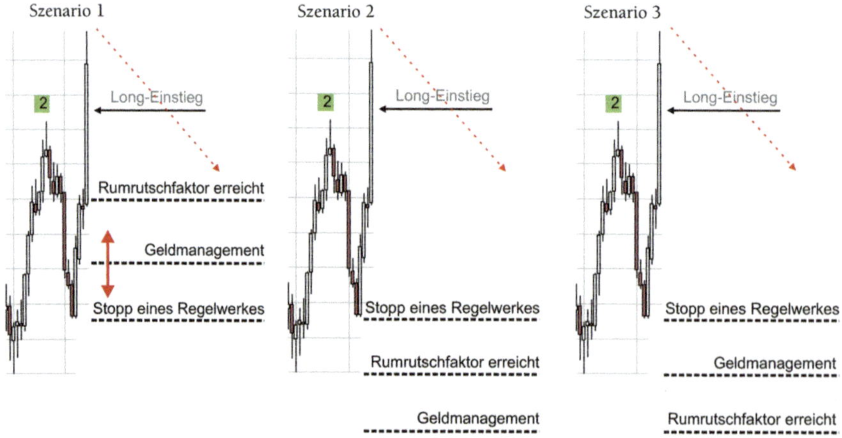

Bild 6

… erstes Szenario – Autsch, Autsch, Autsch …
Hier müssen wir einen *weiten Schritt* in Richtung Abgrund gehen, um uns als gedankliche Übung höherer Ordnung folgenden *Irrsinn* vorzustellen: Die roten Lampen des Geldmanagements leuchten bereits vor jenem dem jeweiligen Regelwerk inhärenten Stopp-Punkt auf, und, als Höhepunkt des Irrsinns, der Rumrutschfaktor des Händlers liegt *über* dem Geldmanagement. Mit einem Satz: Dieser Trade ist eine einzige Panne, denn es stehen gleich zwei Türen für wahrscheinliche Fehlentscheidungen offen: die der *Emotionen* und die der *Mathematik*. Wahrscheinlich könnte man bei diesem Tradeschema mit der zwischen Trader und Chart fließenden elektrischen Energie gleichzeitig auch noch dessen Rechner und Bildschirme betreiben.

Aber selbst mit einem Geldmanagement auf Höhe des Stopp-Levels – na und? Nehmen wir doch, lieber Philip, dich als Beispiel: Was halfen dir einst aller Mut und deine tollen Excel-Tabellchen hinsichtlich des Geldmanagements, wenn du trotzdem vorn und hinten von deinem Rumrutschfaktor betrogen wurdest?

Des Öfteren hörte ich dich morgens heimlich in das Spiegelbild deiner Monitore flüstern: »Diese sch… unerträgliche Erregung. Heute nicht wieder! Heute DARF das NICHT WIEDER mein Handeln beeinflussen! Herrgott – ich bin ein MANN!«

Heute weißt du, dass dies nicht nur fachlich falsch, sondern auch dumm formuliert war, denn wenn schon Selbstmotivation, dann so: »Ich muss mich immer unterhalb jenes Punktes aufhalten, ab welchem eine bis zur Unerträglichkeit angestaute Erregung meine Handelstätigkeit beeinflusst!« Dass, solange es Menschen gibt, die Börsenhandel betreiben, so ein Punkt existiert, bleibt wohl unbestritten.

Zusammenfassend sind im ersten Szenario »Fühlen« und »Bewerten« untrennbar, da das »objektive Bewerten« eines Lieblingssetups vom *subjektiven Erleben* und hier *zusätzlich* vom Geldmanagement beeinträchtigt wird.

Erlaube mir, an dieser Stelle einen Hinweis zu Stans Desaster einzustreuen: Um genau *dieses* Szenario zu unterbinden, wurden ja unter anderem von John zu Recht mittels des Anrufs beim Broker von der Jacht aus die Positionslimits begrenzt. So konnte John selbst aus der Ferne sicherstellen, dass das Geldmanagement des Kontos trotz Stans nachvollziehbarem, weil nicht antrainiertem engen Rumrutschfaktor freilich *außerhalb* jeglicher Regelwerke lag – *clever*! Zum anderen bat er ohnehin den Broker, ihn über Stans Trades zu informieren, um notfalls eingreifen zu können.

… zweites Szenario – *gut*
»Fühlen« und »Bewerten« agieren getrennt. Von einer möglichen Missachtung des angestrebten Regelwerkes kann nicht mehr ausgegangen werden, da die Triebkräfte des Rumrutschfaktors, gefolgt vom Geldmanagement, nur ein »objektives Bewerten«, nicht aber mehr ein »subjektives Erleben« zulassen.

Ein wichtiger Hinweis an dieser Stelle, denn in Szenario 2 ist eine Abgrenzung erforderlich: Es kann natürlich durchaus sein, das sich ein Trader trotz Unkenntnis seines persönlichen Rumrutschfaktors *gleichwohl* vorbildlich an alle Spielregeln hält, da der unbekannte Rumrutschfaktor sowie das Geldmanagement *zufällig außerhalb* der Vorgaben des Regelwerks liegen.

… drittes Szenario – *optimal*

Wo soll sich hier noch irgendeine Art von Auflehnung gegen eine drohende monetäre Macht leise in das Bewusstsein eines Händlers schleichen? »Fühlen« und »Bewerten« sind voneinander getrennt, demgemäß wird ein Trader sich keiner seiner Entscheidungen unterlegen fühlen. Das »objektive Bewerten« wird vom »subjektiven Erleben«, analog zu Szenario 2, nicht beeinträchtigt, indessen mit dem erstrebenswerten Zusatz, dass die Konstellation von *fachlichem Stopp*, *Rumrutschfaktor* und *Geldmanagement* einen Trader nun gar nicht mehr die Wirklichkeit des Chartverlaufs ständig mit den Augen aufs Neue prüfen lässt. Die sachliche Aufmerksamkeit hat einen so niedrigen Punkt erreicht, dass der Trader niemals zu fachlich falschen oder inneren unnötigen Entscheidungen genötigt wird.

Also gilt zu diesen drei Reaktionsschemata zusammenfassend zu konstatieren, dass du, lieber Philip, damals – nicht wissend um diese drei Szenarien – bei so manchem Trade beträchtliche Demütigungen davontrugst; und damit meine ich nicht einmal unbedingt das Konto, sondern vielmehr deine aufgrund deiner »monetären Fantasien«, welche die Einhaltung eines Regelwerks als *»entsetzlich«* ausmalten, in hoher Anzahl durchgeschwitzten T-Shirts. Jetzt aber zu weiteren Eigenschaften des *Rumrutschfaktors*:

… es wurde herzlich gelacht!

Von allen Eigentümlichkeiten der zweiten Phase eines Traderlebens ist mit die merkwürdigste, dass vielen Trading-Anfängern die Existenz dieses Rumrutschfaktors nicht bewusst ist – erwähnt man ihn, wird herzlich gelacht, was wiederum bedingt, dass man ihn zu Beginn gar nicht erst anspricht. Obwohl man von den Reaktionsschemata, siehe Bild 6, weiß, darf man freilich einen Trading-Anfänger nicht so richtig ahnen lassen, dass man es weiß, denn das würde ihn dazu zwingen, sich seine bei so vielen bis fast allen Trades (wer weiß) öffentlich entstehende Verzweiflung offen eingestehen zu müssen. Man würde unnötig Abneigung auf sich ziehen und hätte den Trading-Anfänger beschämt, der sich etwa fühlen würde à la:

»W-I-E, du weißt, dass ich bereits nach 60 Euro rumrutsche und dennoch in einer Woche Millionär sein will?«

Auch du, lieber Philip, hattest nicht die geringste Absicht, über deinen Rumrutschfaktor zu sprechen oder diesen auch nur zu erkennen, weswegen es zwecklos war, dich bedrängen zu wollen. Ich gab dir die Zeit, dir Stück für Stück selbst dessen Erscheinung gewahr zu werden, und ich ließ dieses Thema nur in homöopathischen Dosen einfließen, worauf du, jedes Mal lachend, mit den vorhersehbaren sinngemäßen Worten kontertest: »Ich bin der Nachfahre stolzer Krieger, die ohne Furcht die halbe Welt erobert haben … Soll ich hier vor einem scheißvirtuellen Geldbetrag erzittern?! NIX DA – ich bin T-R-A-D-E-R!« Und somit endete dieses Thema immer wieder mit der Verleugnung des Rumrutschfaktors; und dieser blieb auch weiterhin und tief in der Dunkelheit deiner Psyche unterdrückt und gefesselt.

Hin und wieder sagte ich, dass deine Weigerung, dir deines Rumrutschfaktors bewusst zu werden, nur ein *Schein*-, ein *Pyrrhussieg* sei, denn der Rumrutschfaktor ließe sich nicht knebeln, nicht vergewaltigen, er existiere und trachte bei jedem offenen Trade im Tiefgeheimen danach, sich zu erfüllen und erschiene stattdessen in verwandelter und unkenntlicher Gestalt und Maske: nämlich dem fehlenden Mut, nach zwei oder drei Fehltrades noch einen dritten, vierten … zu unternehmen; oder der Gestalt, dass generelle Trades mit fachlichen »Aussetzern« folgten.

Du, der du den Rumrutschfaktor nicht wahrhaben wolltest, sondern stattdessen deine Psyche in zunehmendem Maße als defekte Apparatur verstandest – als eine Maschine, an der herumgebastelt und gedoktert werden musste –, brachtest immer laut hervor: »Ha, ich bin ein M-A-N-N!« und quältest dich bei vielen deiner Trades damit bis zum Rande des Nervenzusammenbruchs. Wenn schon Masochist, dann richtig! Ich muss immer schmunzeln, wenn ich daran denke, denn: Monetäre Besessenheit ist ein Spiel für Trading-Anfänger; und so kamst du mir des Öfteren wie ein Clown in viel zu großen Schuhen vor. Oder nehmen wir einen auf den ersten Blick fraglichen, auf den zweiten Blick sehr gelungenen Vergleich: Hier habe ich das Bild eines heruntergekommenen Bettlers vor Augen, der vor dem Schaufenster eines Juweliers in den kostbaren Schimmer eines Edelsteincolliers starrt. Dieser Mensch wird es in seinem Inneren nicht zu dem klaren Wunsch bringen, das edle Geschmeide je zu besitzen; denn schon der Gedanke an diesen Wunsch wäre eine lächerliche Unmöglichkeit, die ihn vor sich selbst zum Gespött machen würde. Du dagegen kamst mir mitunter vor wie ein Bettler, der durch die Tür beim Juwelier eintritt … und der Grund hierfür war klar:

Denken wir an deine mittleren Lehrjahre zurück und an meine sanft dosierten Ratschläge, auf deine Psyche zu hören und nur so viele Stückzahlen, wie eben jene Psyche verkraftet, zu handeln – und an dich, der aufgrund dieses Rates lauthals loslachte: »Warum sollte ich mich meiner Psyche unterordnen, würde dies doch eine kleine Positionsgröße beziehungsweise – wenn ich bereits nur *einen* Kontrakt handele – einen Marktwechsel, beispielsweise auf *CFDs*, zur Folge haben!« Vorab war klar, dass eine solche »verringernde« Ansicht bei dir unzweifelhaft die Vorstellung bewirkte, dass du es im Trading zu gar nichts bringen würdest. Du dachtest, wenn du durch eine geringe Kontraktmenge die Höhe von *Profit* und *Loss* absichtlich zur Belanglosigkeit erklärtest, würdest du anschließend geneigt sein, in *Gleichgültigkeit* und *Trägheit* zu versinken. Was natürlich aufgrund des vorhin erwähnten *dreifachen Drucks* für dich undenkbar war. Du, der du jegliche Vorschläge aus dem Arsenal von Schutzmechanismen gegen das Erreichen des Rumrutschfaktors bei einem Trade nicht hören wolltest, kontertest stattdessen stets und sofort mit dem in diesem Zusammenhang immer etwas konfusen Satz: »*Ich bin ein TRADER!*«, um nach einem flüchtigen Blick in meine Richtung sofort wieder auf deine *zappelnden* Charts zu blicken – was für mich übersetzt immer so viel hieß wie: »Wie soll ich denn sonst j-e-m-a-l-s wieder das Konto aus dem Minus heben beziehungsweise meine Ziele erreichen?«

Deine Gedanken waren offensichtlich und lagen klar zutage: Zu Beginn deines Tradings – erste Phase, Bild 4 – *WOLLTEST* du ein großer Trader, ein Feldherr im Chartgeschehen, ein Eroberer und Beherrscher der Times-&-Sales-Listen sein; *nach* deinen ersten Anfängen und bedingt durch den Druck, dein Konto zu retten, und um den Fragen des sozialen Umfeldes gerecht zu werden, *MUSSTEST* du hingegen ein *überlegener Magier* der Märkte sein, welcher sich gewaltig über den üblichen »lahmen« Rest von Tradern erhob.

… zwei Wegbegleiter, ein erstes Resümee

Fassen wir alles bisher Gesagte zusammen, stand es mit dir zu Beginn der zweiten Phase deines Traderlebens so, dass du deine Laune ganz von dem zufälligen Gedeihen eines Trades abhängig gemacht hast. Berauscht von deinen Positionen und von der daraus resultierenden *Spannung* – sei es durch zu *hohe Kontraktanzahl* oder das Wissen, wieder einmal *jeden Dreck* gehandelt zu haben – am Narrenseil geleitet und permanent zu falschen Resultaten vorwärts gelockt, hast du die aus deinem Trading erwachsenden Enttäuschungen und deine darauf folgenden Gemütsbewegungen als den eigentlichen, den »normalen« Inhalt deiner Arbeit betrachtet, mit dem du, wenn auch nicht glücklich, aber doch irgendwie leben wolltest. Tausende von Euro und Dollar wurden von dir bei jenen Trades eingezahlt, bei denen dein Rumrutschfaktor zwischen Ein- und Ausstieg des Regelwerks lag oder bei denen du aus … *gähn* … Langeweile irgendeinen Dreck in eine Order umsetztest oder schlimmstenfalls beides zusammen eintrat; und wenn dir vor den Augen der Times-&-Sales-Liste mal wieder so richtig eine auf die »Fresse gehauen« wurde, war mein Grinsen unvermeidbar, wusste ich doch aufgrund *genauen Beobachtens* deiner Trades wie auch – Achtung: – deines *Lebensstils*, wo in etwa dein Rumrutschfaktor lag und *ab wann* bei dir der pure Aktionismus einsetzte!

Nun zu Stan: Den *Spannung* auslösenden Faktoren *Langeweile* und *Druck* keine hinreichende oder durchdachte Beachtung zu schenken wäre somit im Umgang mit ihm alles andere als menschlich. Und mit dem Ausdruck »menschlich« in den Auswertungen seiner Trades musst du, lieber Philip, Stan immer daran erinnern, dass der einzige Schmerz, den zuzufügen man berechtigt ist – und dies ausschließlich seiner hilfreichen Wirkung wegen – , einem *höheren Zweck* zu dienen hat: etwa im Zahnarztstuhl, unterm Chirurgenmesser oder im Kreißsaal. *Trading* aber gehört bei Weitem nicht dazu!

Oder, den Kreißsaal beiseite lassend: Gibt es etwas Peinigerendes als *sinnlose* Langeweile-Diller-Trades oder die Schmerzen eines Trades, der fachlich zwar richtig war, aber aufgrund überladener Positionen monetär nicht ausgehalten und grausam mit den Worten untermauert wurde: »Ich konnte nicht anders, ich M-U-S-S-T-E …«?

… peinliche Trades – und deren Wahrheit

Fraglich blieb stets Folgendes, nämlich ob unserem Bambino die scheinbare Ohrfeige des Marktes, die er selbst empfing – und in Wirklichkeit selbst verabreicht hatte –, ihm trotz allem irgendwie *unpersönlich* vorkam und dass es immer nahezu wahrscheinlich ist, dass er zuerst die Ohrfeige erwidert und danach die Auffassung haben wird, dass er das nicht hätte tun sollen.

Unzweifelhaft: Die Ohrfeige des Marktes zu erwidern ist in sich ein Trost, und auch du fandest darin eine Ablenkung, eine Betäubung für dieses Mal und ein anderes und wiederum ein nächstes Mal. Du wolltest deinen Minustrade *rächen* und bist dadurch – Achtung: Wir sind in der zweiten Phase eines Traderlebens – zu dem geworden, was du am meisten verachtetest!

Selbstverachtung und daraufhin neu eingegangene Laster aber stehen im Börsenhandel in einer schauderhaften *Wechselbeziehung*. Sie nähren einander und arbeiten einander in die Hände, dass es ein Graus ist. Dementsprechend weisen solche Trades einen eigentümlichen weiteren Verlauf auf:

Als ob man zwei Männer mit einem Stock bewaffnet und mit verbundenen Augen voreinander aufstellt und geradeaus vorgehen lässt – es ist ein wirres und *ermüdendes* Schauspiel ohne Logik. Aber ist dies nicht ein Abbild des Laufs der Dinge im Trading? Aber es kehrte bei dir wieder, alles dies, es kehrte unzählige Male wieder im Laufe der Handelstage, Wochen und Monate, und du verausgabtest deswegen Unmengen von Kraft und Geld. Für nichts und wieder nichts.

Und genau hier kommen nun Stans desaströse Tage erneut ins Spiel: John wusste um deren höchstwahrscheinlichen Ablauf und ließ es geschehen. Erlaube hierzu vorab eine Frage: Hätte Stan mit noch höherer Kontraktanzahl, mit noch mehr Aktionismus, mit beliebigen weiteren oder anderen Trading-Fehlern *dennoch* riesige Plustrades einfahren können? Ja, hätte er! Ohne Frage, und zwar wegen eines einfachen Grundsatzes, der für zufällige Ereignisse gilt. Und glaube mir eines: John weiß sehr wohl, dass nahezu jeder Trading-Anfänger zu dem Glauben neigt, dass er Geld verdient, weil er gut ist, dabei aber die tatsächliche Kausalbeziehung auf den Kopf stellt: Er hält sich für gut, nur weil er Geld verdient. An der Börse kann man allerdings auch aus purem Zufall, fernab jeden Regelwerks und ohne jegliche Beachtung irgendeines Reaktionsschemas *hohe, sogar sehr hohe Gewinne* erzielen; nur wird jeder Plustrade, dem keinerlei höhere Wahrheit zugrunde liegt, zu nichts als einer baren Lüge – plump, unvollkommen und für jemanden, der erfahren genug ist, *sofort* durchschaubar. Dieser Betrug hat nur Aussicht auf Erfolg und ach sooo coole Wirkung unter jenen Tradern, die das echte Wesen eines Plustrades noch nicht verstanden haben, sondern diese im Reich der Wirklichkeit eingetretene Unlogik mit denjenigen Merkmalen verwechseln, derer es bedarf, um als *Beständigkeit* erkannt und gewürdigt zu werden.

Daher hätte John, darüber kann es keinerlei Ungewissheit geben, Stan auch bei einem Ergebnis von *500.000 Euro Plus S-O-F-O-R-T* und schlimmstenfalls sogar persönlich in den Flieger gesetzt. Denn John wusste eines: »Noch mehr von solchen Plustrades, und wir sind pleite ...« – eine Aussage, die Stan, und mit ihm so mancher Trading-Anfänger, in ihrer Tiefe lange – sehr lange – sehr, sehr lange – überdenken sollte!

... da waren doch mal zwei Zettel!

Dementsprechend haben ich jetzt, vielleicht ist es dir, lieber Philip, aufgefallen, einen gedanklichen Kreis vollzogen, der mich nun wieder zum Ausgangspunkt meines Schreibens bringt, nämlich zu der Frage: *Warum sind mein Verhalten und meine Absicht nicht deckungsgleich?* Ein Stück weit habe ich beleuchtet, weshalb manchmal Trades geschehen, von denen man später, aus dem Abstand einiger Tage betrachtet, nicht versteht, warum man sie eingegangen ist.

Ich habe anbei die zweite Phase eines Traderlebens nochmals schematisch skizziert und dabei aber zugleich einen gelb und einen blau markierten Zettel beigefügt; du kannst dir sicherlich denken, worauf ich hinauswill:

Die beiden Zettel, der *Merk-* und der *Wunschzettel*, die Stan, genau wie du damals auch, ausfüllen sollte, sind nichts anderes als die an sich bereits erkannten Gefahren, die sich aus den Gefährten *Druck* und *Langeweile* ergeben und die sich mit der Durchführung des *Lieblingssetups* nicht so recht zusammenfügen lassen wollen. Wie kann man es beschreiben? Vielleicht so: Du konntest dir als Handelsregel, siehe gelber Zettel »Wunschzettel« in Bild 7, und als Resultate deiner bisherigen *Erfahrung*, blauer »Merkzettel« – und ich verweise auf das von dir erwähnte mitternächtliche Gespräch auf Johns Jacht –, tagtäglich vornehmen, *was immer* du wolltest, das Wesentliche waren hierbei nicht deren Details, denn diese würden schon richtig und nahezu identisch – kleine Abweichungen mal eingeräumt – mit denen aller anderen *technisch* orientierten Trader der Welt sein. Wichtig war etwas ganz anderes: Die beiden Zettel lagen als Horizont, als Halbkreis voraus; die Enden dieses Halbkreises verband wie beim Bogen eine Sehne, und der Verlauf dieser Sehne ging *mitten* durch den Trader hindurch. Wir alle sind schließlich nur Menschen, und so überrascht es nicht, dass dein Trading zuweilen auch heute noch teils wimmernd, teils sabbernd ein wenig »menschelt«.

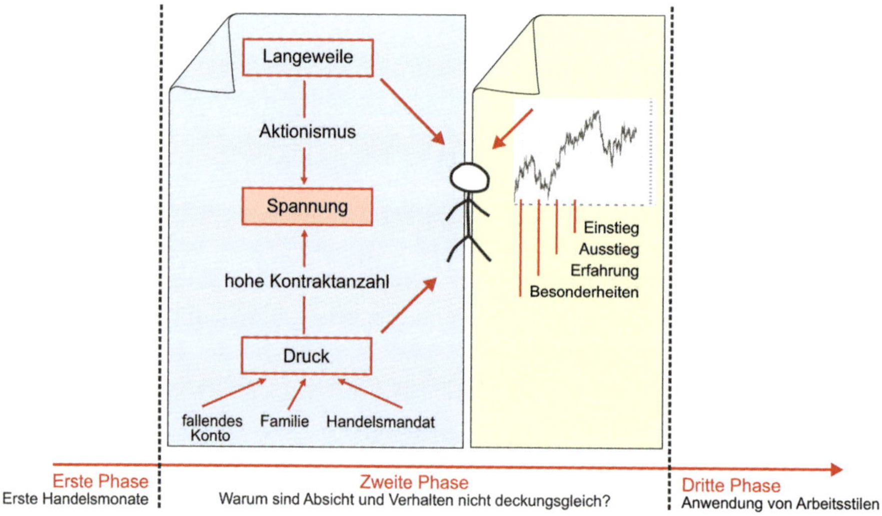

Bild 7

Aber: Kein Anblick ist hässlicher als derjenige eines Traders, der sich selbst verachtet, der aber aus Dummheit oder Eitelkeit dessen ungeachtet die falsche Umsetzung seiner Ideen nicht verwirft oder anderen – wem auch immer – gefallen möchte. Nichts anderes ist unserem Bambino die letzten Tage passiert: Stan ging in seiner voranschreitenden Selbstverkleinerung so weit, dass er sich durch Druck – *beginnend* mit einem Trade weit über dem Rumrutschfaktor hinaus und fortgesetzt als Druck, das Konto zu retten – seiner persönlichen Würde und seines Spaßes am Trading beraubte.

Oder, essenziell zusammengefasst, es passiert ihm das Gleiche wie einst dir: *Du wolltest bei jedem Trade wissen, was in dir steckt, und dann gefiel dir das Ergebnis nicht!*

Weil es so schön ist, gleich noch mal: *Du wolltest wissen, was in dir steckt, und dann gefiel dir das Ergebnis nicht …*

Und genau *dessen* überhaupt erstmalig *lebhaft* bewusst wurdet ihr euch in euren desaströsen Tagen, in denen der Druck euch mit plötzlicher und nie gekannter Härte überfiel.

Gewiss ist, dass im Gegensatz zu der zur Schwermut neigenden Oberflächlichkeit von Stans Gedanken der tiefe Entschluss des zum Meister gewordenen Traders bedeutet, die *Erinnerung* nicht mehr zu leugnen, die *eigene Erfahrung* nicht abzulehnen, nicht mit gesenktem Haupt über diese hinwegzugehen, sondern tagtäglich den Willen und die Tat aufzubringen, trotz aller Schwierigkeiten und psychologischer Stolpersteine, die das Trading bietet, die Chance und die Herausforderung, sowohl so als auch so zu traden, anzunehmen, sodass die »Abende unter der Bettdecke« für einen selbst erträglicher werden. Diese Möglichkeit ist und war in der Welt schon immer fest installiert. Natürlich fungiert ein persönliches »Desaster« *nicht zwingend* als Voraussetzung für das Verständnis dessen, worum es hier beim Trading eigentlich geht. Nur ist die Lage häufig jene, dass – so wie der Braten auf die Suppe – ein neuer und *andersartiger* Handel aus dem Verständnis der Wirklichkeit häufig *nur* für jene Trader folgt, die ein existenzielles Desaster erlebten, während die anderen an den kommenden Handelstagen genauso weitermachen und dann abends wieder die Decke weit über … na, du weißt schon! – das hatten wir bereits als Ausgangspunkt des Schreibens.

… und nun?

Fragen wir mal Folgendes: Warum eigentlich unter der Dusche singen, wenn doch keiner zuhört? Oder auf dem Flur tanzen, wenn dort eh niemand ist? Oder Musik machen, ohne dafür Geld zu bekommen? Oder, wie die mittelalterlichen Bildhauer ihrer Zeit, detailverliebte Figuren meißeln, die doch nie jemand sieht, weil sie irgendwo ganz oben an der äußersten Ecke des Doms angebracht sind? All diese Dinge tun Menschen einzig und allein um ihrer selbst willen. Einen anderen Sinn und Zweck hat es nicht. Gleiches gilt auch für das Thema *Arbeitsstil*, dem von dir, lieber Philip, damals als unerfahrener Trader hin und wieder Zwecklosigkeit eingeräumt wurde. Ich zitiere: »Findet dies doch schließlich nicht für etwas statt, das mit Ein- und Aussteigen zu tun hat.« Ein Arbeitsstil verfolgt *keinen* anderweitigen Zweck, als Deckungsgleichheit von Absicht und Verhalten zu erreichen, und wird allein um des *Traders selbst willen* ausgeübt.

Durch die Verinnerlichung dieser Gedanken gelangen wir genau an jene Stelle, an der das *diversifikative Traden* zur Welt gekommen ist – gezeugt und geboren von Mutter *Druck* alias *Rumrutschfaktor* und Vater *Langeweile* alias *Aktionismus* – , weshalb dem »diversifikativen Trading« als einem von drei *Arbeitsstilen* von zahlreichen Tradern und Handelshäusern sehr großer Wert beigemessen wird.

Gehen wir nun einen Schritt weiter, werden sich die Gedanken ineinanderfügen wie der Schlüssel ins Schloss, weshalb ich bestrebt bin, von nun ab zügig, schnell und *effizient* fortzufahren.

Den Zustand der Deckungsgleichheit zwischen Absicht und Verhalten können wir, neben – und das blieb, bleibt und wird immer unbestritten bleiben – *eiserner* Disziplin gleichsam durch die Schöpfung eines Zustandes erreichen, in dem zeitgleich »mehr Signale unseres Lieblingssetups vorliegen, als das Konto bewältigen kann«.

»Aber was für ein Trading wäre das?«, hörte ich dich damals kopfschüttelnd raunen.

»Auf jeden Fall ein vollkommen anderes, als du es bisher kanntest …« So lautet damals wie heute die erste Antwort.

Wenn ich mich recht entsinne, sagte ich dir, lieber Philip, des Öfteren, dass dieses *zeitgleiche Reproduzieren* des Lieblingshandelsstils auf viele Märkte irgendwie zu meiner inneren Ausgeglichenheit geführt habe. Und eben diesem »Irgendwie« gilt nun das weitere Interesse:

Brief TEIL II

... natürlich wurde Diversifikation nicht erst von mir erfunden!
Selbstverständlich ist die Idee »Handle doch mal mehrere Märkte« *bei Weitem* keine neue Sensation, nichtsdestoweniger entsinne ich mich kaum eines Trading-Anfängers, der mal ausstieß: »Mannomann, ich hab heute 'nen Markt gehandelt – du, ich kann gar nicht sagen, welcher Index, ob NASDAQ, MDAX oder FTSE 100, keine Ahnung. Brauchst auch gar nicht nach der Branche fragen, wen interessiert die schon ... Ist doch alles Blödsinn. Der *Name* von dem Wert? Himmel, du stellst vielleicht Fragen! Ist doch so was von scheißegal!!! Das Ding, und das ist doch das einzig Wichtige, HATTE EINEN AFFENGEILEN CHART! So was haste noch nicht gesehen. Eine Marktphase wie im Bilderbuch! Himmlisch! Das Ding ist mir so im Vorübergehen untergekommen. Wenn nicht diesen, welchen dann?« – So etwas, lieber Philip, ist mir noch nie zu Ohren gekommen, wohl aber die übliche Leier: »Oh, der DAX, was meinst du – ob der jetzt 10 Punkt ansteigen könnte? Ich denke nämlich, dass die Trendlinie dort ... Wie, siehst du nicht? Na, HERRGOTT, die da – Glotzen auf! –, gut greifen könnte. So, so, die siehst du nicht! Mhm. Dann hab ich da noch eine andere Idee, ich denke da so an das Löffel-Doji-Tassen-Schiebezonen-Fibo-Trendbruch-Umkehr-Candlestick-Korrektur-Muster. Also das geht eigentlich irgendwie so – aber wurscht, der Markt müsste demnach eigentlich fallen. Meinst du nicht? Ach herrje, soll ich etwa? Ach Mann. Na gut, das dann halt long, aber nur ein paar Pünktchen, dann geh ich wieder *short*, da der Markt jetzt drehen müsste, also sooo demnächst, er ist doch schon soooo lange gestiegen ...«

Dennoch, hin und wieder kam auch bei dir, lieber Philip, ein Lichtblick, indem du vorübergehend von der Präsenz der Vielfalt der Möglichkeiten, Abenteuer zu erleben, angezogen wurdest. Aber ich erinnere mich auch daran, wie schnell dich diese Vielfalt jedes Mal enttäuscht hat. Einst auch völlig normal, hieß für dich doch *Diversifikation*: Viele Märkte mit dem bekannten »Wo willste denn jetzt wieder hin ...?« abzufragen. Und da du zu wenig, eigentlich gar nichts, von 5-Sterne-Marktphasen sowie dem Zusammenspiel von Ein- und Ausstiegen wusstest, lauteten meine heimlichen Worte zu deinem »Diversifikativen Trading« immer: *Seufzzz* – »Nun stümpert er statt in *einem* in *vielen* Märkten rum!« Dass du dich daher schnell diesem Thema wieder entzogst, um fortan erneut jene Trading-Tage zu leben, von denen jeder nur einen minderwertigen Inhalt und Antrieb brauchte, war irgendwie durchaus nachvollziehbar. Der Abschied von der »Observation« war es, der dich irritierte und plagte. Demzufolge hast du mit Aussagen wie »Die *irren* ja nur durch die Märkte« oder »Die kommen wohl mit *einem einzigen Markt* nicht zurecht«, wie du einst mit einem leisen, aber deutlichen Anflug von Geringschätzung unsere Arbeit beschriebst, erneut deinen ersehnten Dienst im Feuer der Begeisterung für das *Hier und Jetzt* eines Marktes gerechtfertigt. Ich, der ich das Trading für seine große und unendlich verlockende Vielzahl von Märkten, welche Deckungsgleichheit von Absicht und Verhalten zu vergeben hatten, achtete und noch achte, betrachte jedwede Anstrengung als äußerst wertvoll und würdig, weshalb ich stets entgegnete: »Diversifikatives Traden ist doch kein Traden aus zweiter Hand. Im Gegenteil!« Und auf diese Weise bewies ich dir jeden Monat, dass wir deutlich mehr Geld verdienten als du und die Scharen junger Trading-Anfänger, die meinten, sie bekämen einen Preis für die vierundzwanzigstündige und unnütze Ausreizung ihrer monetären und analytischen Fähigkeiten innerhalb eines Marktes.

... Peinlich, peinlich: Das Lieblingssetup bleibt unbemerkt!

Dass sich die Tatsache, nur *einen* oder generell *wenige* Charts zu handeln, oftmals, wie bereits erörtert, als sinnlose leidenschaftliche und wühlerische Betätigung, als Rädelsführerei und Verschwörertum darstellen konnte, derer du dich, lieber Philip – trotz aller Beflissenheit für »Sauber-Trades« – zunehmend befleißigtest, wobei sich *trotz allem* zusätzliche »Sinnlos-Trades« dazwischen mogelten, ist also mal das *eine*. Was anderes ist jedoch, dass während du:

a) fingertrommelnd auf das dir vertraute Lieblingssetup wartetest – »M-a-n-n-o-m-a-n-n, ich hab nur noch eine Stunde Zeit – jetzt aber *dalli, du Drecksmarkt*!«
oder:
b) aufgrund der Ungeduld wieder jeden »Dreck« handeltest,
zeitgleich irgendwo in den Märkten in diesem Moment genau *dein* Lieblingssetup in seiner *schönsten*, seiner *genialsten*, seiner *reinsten* Form an dir vorbeigehandelt wurde! ... *Autsch!*

Aus diesem Grund bringt es die Verantwortung für das eigene oder anvertraute Geld mit sich, dass das Trading durch die Anwendung eines *Arbeitsstils* die ruhige Übersichtlichkeit eines Feldes nach geschlagener Schlacht bekommen muss, wo die beiden Gegner *Langeweile* alias *Aktionismus* und *Druck* alias *hohe Kontraktanzahl* stillliegen und man sofort bemerken kann, wo sich noch ein Stückchen Leben rührt ... Das Ziel am Horizont muss die erwähnte »*Deckungsgleichheit von Absicht und Verhalten*« sein.

Leichte oder schwere Aufgabe?

Wir werden sehen!

Auf alle Fälle, so weit vorweg, endet das »diversifikative Trading« als einer von drei möglichen Stilen[2] nicht in der Frage, welcher Kniff und Trick nun vonnöten ist, um *gaaanz viele* Märkte *nahezu* ununterbrochen zu *observieren*. Ein »Ich *observiere* viele Märkte« und ein »Ich *handele viele* Märkte« gehört getrennt, wobei es uns natürlich nur um *Letzteres* geht. Die anderen beiden Stile besprechen wir ein anderes Mal.

Aufgrund deines vorhandenen Fachwissens bleiben im Grunde *nur* logische Fragen der Auslegung nach dem »Wie suche ich das Lieblingssetup beliebig oft«, der »Organisation von Orders« und der »Positionsverwaltung« übrig und ob diese Handlungen für den angestrebten Idealzustand »Mehr Signale, als das Konto bewältigen kann« unter dieses oder jenes Gebot fallen.

Unterteilen wir nun Nachfolgendes in drei Stufen, indem wir dieses mit den folgenden Stichworten verbinden: *Suche*, *Orderabfolge*, *Positionsverwaltung*.

2 *Halb- und vollautomatischer* Handel sind die beiden anderen Arbeitsstile.

Die Suche

… »Wie jetzt, ich soll W-A-A-A-S ?«

Ein Grund, weshalb viele Trader nach dem Vorübergehen der einstigen großen Liebe und Torheit für das »Observieren« dennoch keine Langeweile empfinden, wird wohl an jenen Zahlen liegen: Zehntausende Aktienwerte und Indizes weltweit. Das Universum ist riesig, mithin liegt der Gedanke nahe, angesichts dieser Zahlen die Übersicht zu verlieren, und es erstaunt kaum, wenn man beim Anblick dieser enormen Menge statt von Ehrfurcht und Dankbarkeit vom Wind der kalten, leeren und unpersönlichen Einsamkeit dieses Universums angeweht wird. Gerne erinnere ich mich, lieber Philip, deiner Einwände. Du neigtest dazu, die Grenze wie folgt zu ziehen:

»Ja, wie jetzt … A-k-t-i-e-n?« Dein Ton erweckte den Anschein, als sei dies etwas Tieferstehendes, Minderwertiges. Freilich lagen die Dinge besonders: Was du hörtest, war scheinbar weit weg, es waren keine »weltmännischen« Future oder die dir mitunter vertrauten »mondänen« Devisen, und nie hättest du gedacht, als *kurzfristiger* Trader wieder unmittelbar mit »*sooo* blöden« Werten wie Aktien in Berührung zu kommen.

»Ja, Aktien!«

Schluck.

Meine Frage, ob dir *100* Dollar aus deinem Lieblingsmarkt mehr wert seien als *100* Dollar aus einem »hinterwäldlerischen-was-weiß-ich-Aktienchart«, blieb seltsamerweise immer unbeantwortet.

Vielmehr bist du ein wenig in dich zusammengesunken. »Ja, aber *Aktien* sind doch, die Handvoll Standardwerte jetzt ausgenommen, nicht so recht liquide für meine Art von Trading!«

Diesmal ein Seufzer von beiden Seiten, indessen von dir begleitet mit: »Ich wollte doch k-u-r-z-f-r-i-s-t-i-g rumhandeln!«

Ich gab daraufhin zu bedenken, dass aus dem Riesenuniversum der Möglichkeiten, dem wirklichen *kurzfristigen* Handel – aufgrund der hierfür notwendigen Bedingungen: hohe Anzahl der gehandelten Ticks mit dem Ergebnis eines geringen Spreads zwischen Bid und Asks und deutlicher Chartauflösung – , nur die *geringste* Anzahl an Märkten zur Verfügung stehe; zu nennen sind: die Standard-Index-Futures, die Majors in den Devisen, mitunter einige Rohstoff-Futures sowie die Standardaktien, deren Anzahl in Amerika gegenüber anderen Ländern noch größer ist.

Darauf erntete ich kurzzeitig ein *Nicken* deinerseits.

Ich gab weiter zu bedenken, dass, die Lupe nicht viel – nur *etwas* – höher angesetzt, das Geschenk der vielen kleineren, sich über einige wenige Tage hinziehenden Trends und deren wundervollen *Marktphasen* sichtbar werde, sonach Aktien nicht etwas Tieferstehendes und bedauerlich Abartiges seien und dass für diese Trends die angeführte »Illiquidität« eine eher untergeordnete Rolle spiele – und nein, ich nahm es gleich vorweg, ich wollte dich *nicht* zu einem langfristigen Spekulanten erziehen.

»A-c-h, ich weiß nicht … Das klingt alles nicht nach *ZACK*-Rein und *ZACK*-Raus!«

»Durch das Anzapfen des überwiegend ungenutzten Universums der Aktien wird dein Spielfeld der Möglichkeiten sprunghaft auf nahezu 100 Prozent aller verfügbaren Primärwerte erweitert!« Dass es »Doreckswerte« gab, die selbst auf einem Tageschart noch wie ein »Malen nach Zahlen« aussahen, räumte ich selbstredend ein.

»Ja, aber«, dein Blick war verständnislos und fremd, »ich habe doch ohnehin nicht Zugriff auf *alle* Werte!«

»Das Problem ist über einen Kunstkniff lösbar, was aber vorab beruhigt zurückgestellt werden kann.«

»A-c-h, ich weiß nicht … Ich will meine paar Punkte einheimsen und dann verschwinden. Alles andere dauert zu lang … ZACK-Rein, ZACK-Raus lautet meine Devise!«

Ich konterte: »Die einzige Frage, welche über die Fortführung dieses Gesprächs entscheidet, lautet: Was ist dir wichtiger? Dass *deine Absichten und dein Verhalten deckungsgleich* werden oder dass du deiner falschen Vorstellung über den Begriff *Trading* weiter nachhängst? Du hast im Trading die Verantwortung, dankbar mit *allen* Charts umzugehen, und hierzu zählt nicht die Unerheblichkeit, am Tagesende blind den stattgefundenen Verlauf eines oder zweier Märkte aufmalen zu können, denn wenn du die Sache so siehst, läuft das meilenweit am Thema *Trading* vorbei.«

»Ja aber, mein ZACK-Rein, ZACK-Raus ist doch nicht verkehrt?!«

»Dann wärst du – so sei vorausgeschickt – aber die Laster *Aktionismus* und Rumrutschfaktor los, und es wäre dann endlich Schluss mit dem falschen und ziellosen Herumgestocher im Markt!« Dass mehr Orders als bereits jetzt schon entstehen würden, wollte ich dir einst an dieser Stelle im Gespräch noch nicht sagen.

Hier kam von dir immer wieder nur ein Schlucken und Kopfschütteln.

»Ja aber, mein *ZACK*-Rein, *ZACK*-Raus …«, murmeltest du mit ersterbender Stimme.

Letzter Versuch meinerseits: »Was ist dir wichtiger: Das, weswegen du überhaupt hier bist: die Kohle, verbunden mit dem Verlangen deines *Wunsch-* und *Merkzettels* nach Synthese, oder weiter deinen falschen Vorstellungen vom Begriff *Trading* mit *begeisterter Naivität* nachzuhängen?«

HOPPSALA, das saß!

Ein kurzer Blick, erst links, dann rechts: »Ja, ja, ist ja schon gut. Na, red mal weiter!«

Doch bevor ich loslegen wollte, noch ein plötzliches, heftiges Handzeichen deinerseits: »Ja aber, sag mal, was um alles in der Welt hat das dann noch mit meinem Wunschhandelsstil zu tun?«

Erneut ein *Seufzer. Von beiden Seiten …*

… Wunsch-Handelsstil *versus* Großwetterlage

Somit stellt sich für dich, lieber Philip, vorab berechtigt folgende Frage: Was kennzeichnet den Begriff »bevorzugter *Handelsstil*«? Dieser umfasst im ersten Schritt die eigene Priorität für den *Trend-*, *Bewegungs-* und *Ausbruchshandel*, im zweiten die Definition eines oder mehrerer Einstiegssignale: Umkehrstab, Korrekturhandel jeglicher Art, *Punkt 2*, Trendlinien, Indikatoren, Candlestick-Formation usw., im dritten die jeweils erforderliche Stopp-Logik und schlussendlich noch etwaige sich individuell ergebende Besonderheiten.

Bild 8 zeigt, dass beim *Trading* im Allgemeinen und bei *diversifikativem Trading* im Besonderen niemals erschwerend der Irrtum hinzukommen darf, dass ein Trade statt durch die Großwetterlage, sprich den übergeordneten Trend, durch die zwar rührende, nichtsdestoweniger aber unausgereifte Liebe zu einem *Lieblingssignal* angesteuert werden darf. Die *Großwetterlage* hat mit dem *Handelsstil* nicht viel gemein, wenngleich eingeräumt werden muss, dass viele *Handelsstile* in ihrer Definition die Großwetterlage, nachfolgend *Marktphase* genannt, bereits integriert haben – siehe vorab Bild 11–15.

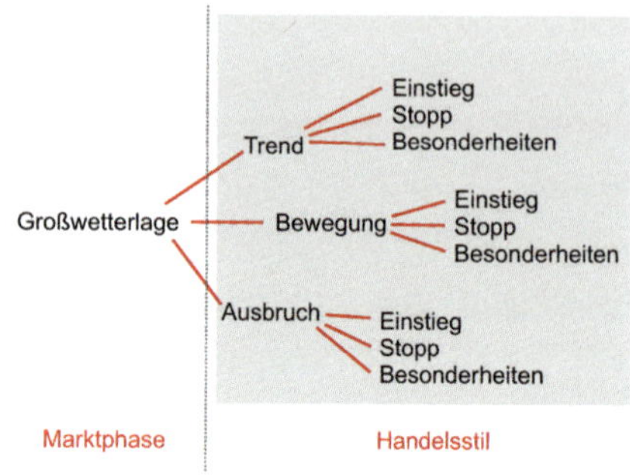

Bild 8

Und jetzt noch mal zu deiner Kritik, dass ein Handel in einer höheren als der bisherigen Zeiteinheit eine *Änderung* des Handelsstils nach sich ziehen würde:

Wohl wissend, dass es im Detail gewisser Einschränkungen bedarf, kann man *pauschal* der Meinung sein, dass ein Handelsstil vorher auf den untersten Trend angewandt, schön sichtbar meinethalben auf einem Zehn-Minuten-Chart, genauso auf den mittleren Trend, meinethalben gut sichtbar auf Sechzig Minuten, anwendbar sein müsste – sonstige Risikoparameter mal außer Acht gelassen. Oder anders: Sollte ein Trader den Tickhandel aus *markttechnischer* Sicht erfolgreich realisieren, ist davon auszugehen, dass dieser auf dem Tageschart nicht generell scheitert, und umgedreht ebenso; denn *Trends*, *Bewegung* und *Ausbrüche* sind optisch denselben Parametern und Fragestellungen unterworfen; wird die *Markttechnik* als das verstanden, was sie ist, nämlich als ein Mittel zur genauen Bestimmung der *Marktphase*, resultieren aus diesem Verständnis nun konkrete Verfahrensweisen, namentlich können *Stopp-Techniken* abgeleitet werden. Je günstiger die Großwetterlage, umso unwichtiger das einzelne Einstiegssignal – denn dies ist das letzte, das *unwichtigste* Glied dieser Auswahlkette, siehe Bild 8.

In einem Satz: Der individuelle Handelsstil, wie immer dieser aussieht, sollte die Frage »Was überwiegt: *Angebot* oder *Nachfrage*?« *verbunden* mit der Art und Weise, diesem Überhang zu begegnen, beantworten, wohingegen nur die Marktphase, *innerhalb* (!) derer sich der Handelsstil abspielt, Auskunft über »Wer kauft nach mir?« erteilt. Diese Art der Beweisführung bringt das immer wieder angeführte und nahe liegende Argument an, dass die markttechnischen Definitionen von *Bewegung* und *Korrektur* keine Signale als solche sind, sondern lediglich einen Zustand der Marktteilnehmer ausdrücken.

… also: Worum geht es?

Ist eine *konkrete* Marktphase Voraussetzung für einen *markttechnisch* definierten Handelsstil – und in der Regel sollte dies der Fall sein –, so müsste jener Handelsstil in *jedem* Markt und *jeder* Zeiteinheit darstellbar sein; ein paar Feinheiten lassen wir bei dieser grundsätzlichen Überlegung außer Acht.

Es geht dementsprechend beim Trading von vornherein und ohnehin immer nur um die Marktphasen, sprich übergeordnete Trends, und deren richtige Wahrnehmung, und erst danach und dem untergeordnet um die Details eines Handelsstiles und dessen Ein- und Ausstiegsignale. Doch diese Sichtweise fehlt zugegebenermaßen oft: Was dem einen beispielsweise als unaussprechlich wundervoll erscheinen mag, als der ultimative Anblick einer *schönen* Chartkonstellation, kann für den anderen unsäglich absurd und *nutzlos* erscheinen. *Okay*, das ist Alltag – unterschiedliche Analysen kommen aufgrund verschiedener Standpunkte zustande; Trader widersprechen einander in allem und jedem, aber eindeutig gemeinsam ist ihnen: dass es der *Objektivität*, der Verantwortung um die Marktphasen zu Leibe ging. Unterschiedliche Standpunkte dürften sich nur auf *Einstiegssignale*, weniger auf *Marktphasen* beziehen – eieiei, wenn das endlich alle Trading-Anfänger verinnerlichen würden …

Oder mit anderen Worten: Wenn an einem *Sommer*morgen auf der Terrasse die Sonne scheint (Analogie: übergeordneter Auf- oder Abwärtstrend und dessen *Marktphase*), dann dürften *alle* Familienmitglieder die gelb strahlende runde Scheibe am Himmel sehen. Ob sich die weiblichen Familienmitglieder nun darüber streiten, ob tief ausgeschnittene, enge Shirts und kurze Röcke angebracht seien, während die männlichen Familienmitglieder darüber debattieren, welcher der riesigen Grillkoffer sich für das bevorstehende Barbecue am besten eignet (Analogie: Handelsstil), ist dem sonnigen Sommertag letztendlich sch… egal.

Demzufolge kann die Verwechslung von *Marktphase* und *Handelsstil* ohne Weiteres in Ziele münden, die den wahren Zielen des Tradings widersprechen und den noch weniger scharf blickenden Trading-Anfänger darüber täuschen, dass es sich bei seinen Bemühungen um das *rechte* Megasupi-Einstiegssignal nicht um eine hohe Kunst, sondern eher um verkappte Trading-Ansichten handelt.

Apropos:

Hier einige Worte zu Marktphasen, siehe Bild 9, aber ohne deren markttechnische Gegebenheiten zum *x-ten* Mal[3] durchzunehmen. Hinweis zu den Schemata: Die einzelnen Chartskizzen stellen die Marktphasen, sprich: die übergeordnete Großwetterlage dar, *innerhalb* derer sich der individuelle Handelsstil auf *tieferer* Zeitebene abspielt. Kurz: Die spezielle Zeiteinheit, innerhalb derer sich ein Trade abspielt, interessiert hier nicht.

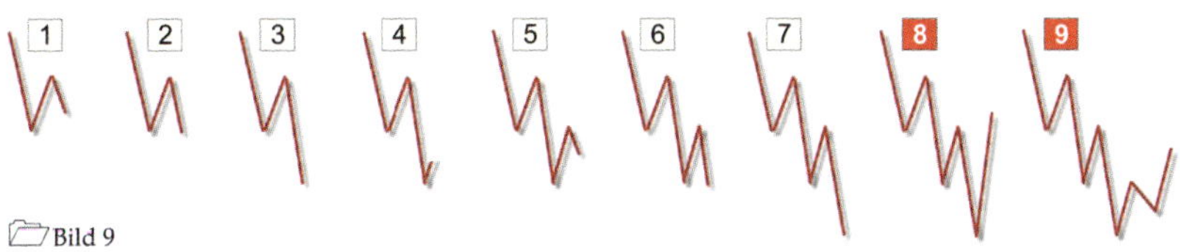

Bild 9

… Verlauf 1: So was zu traden, sollte nun wahrlich keiner nötig haben!

Und wenn nun doch, dann folgt, was folgen muss: lange Gesichter, Schweigen, tiefstes Missbehagen ringsum und *gekünstelter* Beifall dafür, ein toller Trader zu sein. Lange habe ich gebraucht, um dich von Trades innerhalb solcher Marktphasen fernzuhalten, denn dein Fehler bestand darin, dass du immer wieder übersahst, dass in dieser Großwetterlage *Bewegung* und *Korrektur* nicht auseinanderzuhalten sind. Fällt der Markt – *okay*, dann großer Abwärtstrend. Steigt der Markt – okay, dann großer Aufwärtstrend.

3 Siehe *Das Große Buch der Markttechnik* und alle bisherigen Bände von DER HÄNDLER, vor allem Band 2.

Empfand ich bei anderweitigen Trades hin und wieder bereits einen ehrlichen Respekt, so sank dieser bei solch einem Trade in meinen Augen plötzlich tiefer, tiefer, tiefer … Ein fast schon mitleidiges Gefühl erfasst mich dabei auch heute noch jedes Mal. Ich trat an deine Monitore: »Meinen Glückwunsch«, sagte ich, »welch hübsche Begabung. Nein, dieser Trade war echt *allerliebst*!« Und es fehlte nicht viel, dass ich dir auf die Schulter klopfte. Aber ist *Wohlwollen* eine Empfindung, die man einem Trader mit solchen Trades entgegenzubringen hat?

Tja – da standest du nun und büßtest bei so manchen solcher Trades anschließend mit großer Verlegenheit den Irrtum des »Es war der einzige Markt! Ich m-u-s-s-t-e handeln!«.

Nun ja, selbst dran schuld. *Es hat mit Sicherheit zeitgleich noch andere handelbare und vor allem: tendierende Märkte gegeben!*

… Verlauf 2: *Yeah*, ein Trend!

Nun ist zwar gegenüber dem vorherigen Schema ein markttechnischer Trend definierbar. Dementsprechend wären Trades, die nicht ganz um *Billigkeit* bemüht sind, hier schon besser. Dessen ungeachtet ist diese Marktphase bei Weitem noch keine *5-Sterne-Phase*, denn auch hier ist erneut ein Umstand zu erwähnen, der in verschiedenen Verbindungen bereits gestreift wurde: Ein *Punkt 2* ist wichtig zur *Trenddefinition – ja –*, und sollte kein Trend vorhanden sein, fungiert dieser als *Startschuss* dafür – aber trotzdem ist *diese Marktphase* in Verlauf 2 weder die beste noch eine optimale Voraussetzung dafür, einen *untergeordneten* Trade einzugehen.

Aber sehen wir weiter …

… Verlauf 3: Die Party läuft!

Auch hier – *ja*, es ist ein Trend. Aber es gibt auch hier nichts, was der Vernunft so gefährlich wäre wie der Gedanke: »Ich will auch noch an der Party teilnehmen!«, denn, dieses Bild beibehaltend: Alle möglichen Flirtpartner sind bereits vergeben, und sollte der ein oder andere übrig geblieben sein, so wird das seinen Grund haben …

Mitunter hattest du, lieber Philip, damit einen *kurz* anhaltenden Spaß, aber in den meisten aller Fälle ging es schief. Jedoch Kummer machte sich auch hier ein wenig schlecht – wir wissen es, wir sehen es, ach, armer Trader, der sich hierauf eingelassen hat, wissentlich, dass gerade eine Party, eine *bessere* Marktphase, siehe nächster Verlauf, verpasst wurde.

An dieser Stelle ein Hinweis: Als von dir, lieber Philip, das Thema *Marktphasen* ein Stück weit verinnerlicht wurde, lag es unweigerlich auch nicht mehr außerhalb der Reichweite deines Begreifens, dass ich mir oft mit einer zugegebenermaßen altmodischen, indes effektiven Art und Weise zur Auffindung der Marktphasen behalf: Hierzu habe ich mir einfach nur jene Aktien aufgeschrieben, die aktuell in Zeitschriften und Internetlisten aufgelistet wurden, weil sie ein Jahres- oder sogar Allzeithoch/-tief markierten. Aber zu deinem einstigen Erstaunen kam es nie zu einer Sichtung der Charts. Ich habe mir diese Märkte nur *gemerkt* – mehr nicht.

Erst zwei, drei Wochen später waren diese Charts reif, um hervorgezogen zu werden. Denn nun konnten im Wesentlichen nur zwei Szenarien eingetreten sein:

a) weiter ansteigende Hochs/abfallende Tiefs – Resultat: zurück auf Wiedervorlage; oder Szenario:
b) Es ist eine Korrektur mit den Eigenschaften: *beginnend* oder – und darauf kam es mir hauptsächlich an – *fortschreitend*, vielleicht bereits *drehend* sichtbar. Diese beendete Korrektur würde nicht nur *irgendeinen Punkt 2* nach sich ziehen, sondern einen, der zeitgleich ein neues Jahreshoch/-tief, möglicherweise sogar ein Allzeithoch/-tief darstellen könnte! Was, um alles in der Welt, will man als Trader noch!

Beim Nachdenken hierüber hast du immer wieder vorsichtig den Kopf geschüttelt, so, dass dies ebenso gut als Zeichen der Bewunderung wie auch der Befremdung und Verneinung gedeutet werden konnte. Fakt ist aber eines: Es ging und geht auch heute noch alles ohne den ganzen »PC-Programmierungs-Hightech-Kram« …

… Verlauf 4: Die Korrektur beginnt und schreitet fort und schreitet fort!
Eine bestimmte Erfahrung wurde besonders zu jenen Zeiten für dich zu einer Art *Marter*, in denen du deinen Einstiegen höheres Gewicht beigemessen hast als der Großwetterlage: Bei einem zu »später Stunde«, und damit meine ich nicht kurz vor Handelsschluss, eingegangenen Short-Trade erleben zu müssen, wie sich gleich nach Positionseröffnung eine Korrektur bildete, welche sich weiter und weiter gen Himmel – oder, bei spiegelbildlichem Verlauf, bei einem Long-Trade in den Abgrund – schraubte, ohne dieser entkommen zu können, hat dir buchstäblich den Boden unter den Füßen weggezogen. *Tja* – die »Schuld« daran trug aber bestimmt nicht der Trendaufbau, denn dieser war dir ja bereits bekannt!

Für alle anderen Trader besteht die Faszination dieses Schemas darin, dass nun die *beste* aller Marktphasen bevorsteht.

… Verlauf 5: Die Karten werden neu verteilt!
Auch hier kann die Erfahrung für jenen Trader, der den Einstiegen höheres Gewicht zugesteht als der Großwetterlage, wieder schrecklich sein. Bei einem *Long*-Trade zu später Korrekturstunde miterleben zu müssen, wie sich die wieder einsetzende Bewegung weiter und weiter gen Süden schiebt, wird *erneut* zu einer Qual. Wenn ich könnte, ich würde jedem solcher Minustrades an den eingezahlten Betrag pauschal noch eine, besser zwei Nullen anhängen. Bei einem zufälligen Plustrade natürlich ebenso, allerdings mit einem Vorzeichenwechsel verbunden!

Für alle anderen Trader, welche die bis hierher nötige Geduld aufbrachten, befindet sich der Markt nun in bester, sogar in *allerbester* Ordnung! Ein Einstiegssignal in Trendrichtung, wie auch immer definiert, ist nun nur noch *nebensächlich*. Ob dies mittels eines Trendlinienbruchs, einer

Candlestick-Formation, eines Indikatorensignals, eines untergeordneten *1-2-3* oder einfach mittels Unter-/Überschreiten eines Bars erfolgt, ist egal. Denn dies repräsentiert, um den Vergleich von vorhin noch einmal zu bemühen, nur noch die wenig wichtige Hintergrundmusik zu unserem nun in die Phase handfester und gegenseitiger Gunstbeweise übergehenden Partyflirt. Hauptsache, das Signal zeigt in Richtung der übergeordneten 5-Sterne-Marktphase, deren Fortsetzung aufgrund der *Eigenschaften* der nun zu erwartenden Bewegung ein Genuss sein wird! – Aber ich würde dich sicher beschämen, lieber Philip, würde ich hier nochmals alle runterbeten.[4]

... Verlauf 6: Okay, besser als Verlauf 2!

Die Funktionstüchtigkeit des Trends ist nach wie vor gegeben. Daher wäre ein, wenn auch verspäteter, dennoch besserer Einstieg als in Verlauf 2 möglich, da dieser *Punkt 2* nicht die Trend*öffnung*, sondern dessen *Fortsetzung* dokumentiert. Die Marktteilnehmer ticken bereits im »Trendtakt«.

... Verlauf 7: Wie war das mit der »Party und den Objekten der Begierde«?

Hier findet sich dasselbe Spiel wie in Verlauf 3: Man bimmelt an einer Tür, hinter der die Party bereits läuft und bei welcher mitunter der größte Teil des Sekts schon getrunken ist – *okay*, ein paar Tropfen sind noch übrig, aber wer geht schon auf eine Party wegen eines halben Glases, wenn *anderswo* noch volle Flaschen stehen?!

Schlussendlich könnten sich hier nun die fiktiven Verläufe 8, 9, 10 anschließen, deren Bedeutung mit denen der Verläufe 4, 5, 6 identisch wäre.

... Verlauf 8 + 9: Das Licht ist aus, wir gehen nach Haus!

Ein wie in Verlauf 8 veranschaulichter Trendbruch lässt die Hoffnung auf eine 5-Sterne-Phase auf unbestimmte Zeit begraben, denn deren Erreichung setzt den »Durchlauf« der Bilder 1–5 voraus, und das kann jetzt dauern. Ein Trendbruch wie in Verlauf 9 kann hingegen auch an Verlauf 2 anknüpfend ablaufen oder sich – schlimm, wenn nicht erwähnt – als *maskierte* Korrektur der *tieferen* Zeiteinheiten entpuppen, womit das Erreichen des lokalen Tiefpunktes erneut Verlauf 6 verursacht.

Fassen wir kurz zusammen: Wie oft hattest du, lieber Philip, zwar den Willen verspürt, auf »gute Signale zu warten«, aber – wir hatten es vorhin hergeleitet – aufgrund deiner selbst verordneten »Dauerobservation einzelner weniger Märkte« selten die Geduld hierzu aufgebracht und dich stattdessen zu fachlich zwar möglicherweise *richtig* im Stopp-Verhalten, gleichwohl innerhalb *grottenschlechter* Marktphasen stattfindenden und mithin minderwertigen Trades hergegeben? Damit werfen sich zwei Fragen auf: Wie sucht und wo findet ein diversifikativ orientierter Trader 5-Sterne-Marktphasen?

4 Der Trendbestandteil Bewegung (*Punkt 3* zum neuen *Punkt 2*) ist der schnellste und damit sauberste Kursverlauf, siehe Herleitung gesamtes Buch: *Das Große Buch der Markttechnik*.

… jeder kennt diese lustigen Abende …

Stellen wir uns folgendes Szenario vor: Du, lieber Philip, und ein lustiger Abend mit Freunden. Die Themen rotieren und bleiben beispielsweise bei den Jugenderlebnissen zum Thema »Fußball« hängen. Der übliche Ruf nach »F-O-T-O-S !« wird laut. Du gehst zu deinen restlos überfüllten Fotokisten, und bereits beim Öffnen segelt ein großer Haufen unsortierter Schnappschüsse auf den Boden: Kindheit (du als pausbäckiger kleiner Junge nackt beim Baden am See) – »Ach wie niedlich, ist der immer noch so klein?!« Schallendes Gelächter, Kramen nach dem nächsten, weniger beschämenden Foto … Beziehungen, Flirts – »Ich im Arm mit … *ach du Schande*, wie hieß die bloß noch mal?« Wohnung, Eltern, Urlaube, Weihnachten, Ostern, kurz: der ganz normale Bilderwahnsinn fernab des eigentlichen Wunsches wohl sortierter Alben.

Dabei wolltest du doch aber nur *bestimmte* Fotos der Kategorie »Fußball« heraussuchen. Wie wird die Suche ablaufen? Geschwind werden die Bilder durch deine Hände rasseln, einzig durch die »Brille« betrachtet: »Bild mit *Ball*; Bild mit *Ball*; Bild mit *Ball*«. Wird nun bei einem Bild ein »Ball« sichtbar, wirst du innerhalb eines einzigen Augenblickes erkennen, ob der erkennbare »Ball« dem *gesuchten* Fußballspiel oder einem anderen Thema, etwa »Urlaub am Meer« oder »Ach du Sch…, mein zehnter Geburtstag« zuzuordnen ist. Eines wird auf alle Fälle nicht geschehen: Du wirst dich nicht bei jedem einzelnen Foto den aufkommenden Erinnerungen »Wann-Wo-Wie-war-das?« und den damit verbundenen Episoden unterwerfen!

… also los, da ist er – der Riesenhaufen Charts

Nachdem alle verfügbaren Aktiencharts auf *Tagesbasis* mit einem vorab definierten Layout und einer engen Skalierung von mindestens anderthalb Jahren Historie von der Chartsoftware als Bilddateien in einen Windows-Ordner exportiert wurden, werden mittels Windows-Druck-Setup jeweils zwei Charts auf einer A4-Seite ausgedruckt. Und nun liegt er da: ein riesiger Haufen Papier. Zu den Märkten im Detail kommen wir später, wir gehen vorerst und verallgemeinernd von allen handelbaren Aktien aus.

Jetzt gilt es, sich wie ein *Nager* durch diesen Haufen durchzubeißen, bis ein Chart jene Chance widerspiegelt, der Verpflichtung zur optimalen Marktphase, mithin der günstigsten Entfaltung des *Lieblingshandelsstils* zu entsprechen. Dass nach dem Auffinden eines Charts mit 5-Sterne-Marktphase das Suchen nicht beendet wird, versteht sich, dem angestrebten *diversifikativen Trading* entsprechend, von selbst.

Also weiter – mit Chart Numero eins, zwei, drei, vier …

… Stopp! Stopp!! Stopp!!!

Wenn nun aber, wie in Bild 10 aufgezeigt, Trendlinien, Muster, Formen *und, und, und* … ins Auge springen sollten, dann lautet die Diagnose: *markttechnische Kurzsichtigkeit*, nach deren Therapie eine *Marktphasen-technische Weitsichtigkeit* erreicht wird.

Bild 10

Ich erinnere mich, lieber Philip, noch lebhaft an deine ersten Suchdurchläufe: »Doch wozu ist dann das ganze Wissen nütze, wozu all die Tausend Regelwerke und Ideen, wenn man sich schlussendlich nur auf *eines* konzentriert?«, stand damals in deinen Augen als Frage zu lesen. Mich hat deine Leidenschaft dafür, jeden einzelnen »Dreck« innerhalb eines Charts für so wichtig zu halten, dass dieser gleich dem grellen Tageslicht die Sterne, also die qualitativ hochwertigen Marktphasen, überstrahlte und damit unsichtbar machte, nicht im Geringsten überrascht. Schließlich habe ich noch *keinen* Trading-Anfänger erlebt, der zu Beginn nicht insgeheim Gefallen an einer so mikroskopischen Durchleuchtung jedes Charts gefunden hat. Je höher der Vergrößerungsgrad der Chartdarstellung, desto größer der Genuss – aber war das hier brauchbar? Viel eher ging es dir wohl – Achtung! – nur darum, dass dein bisher erworbenes Trading-Wissen sonst unbezeugt bleiben würde!

Kurz: Das nur »grobe Betrachten« geschieht nicht, weil der fachlich verbleibende Rest geringzuschätzen wäre – nein. Es geht darum, sich selbst jene Wertschätzung zu zeigen, die man am meisten verdient: Nur *innerhalb* von 5-Sterne-Marktphasen befindet sich das Einzige, das der Mühe wert ist, und zu dessen Auffindung bedarf es keines detaillierten Fachwissens um Einstiegsregeln. Daher immer wieder mein Rat: Wehe vor der Verwechslung von *Einstiegen* mit *Marktphasen*! Letztere drücken *das* überlebensnotwendige »Wer kauft nach mir?« aus, welches von dir, lieber Philip, viel zu oft vergessen wurde und ein grandioses, herzzerreißendes Scheitern hervorbrachte.

… Beispiele: Schlechte Marktphase

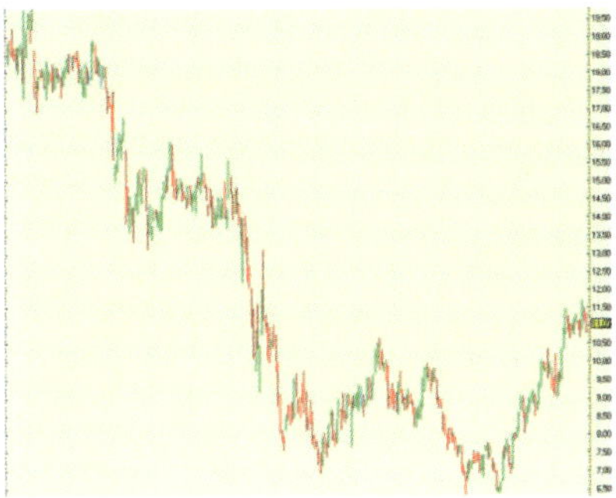

Bild 11a

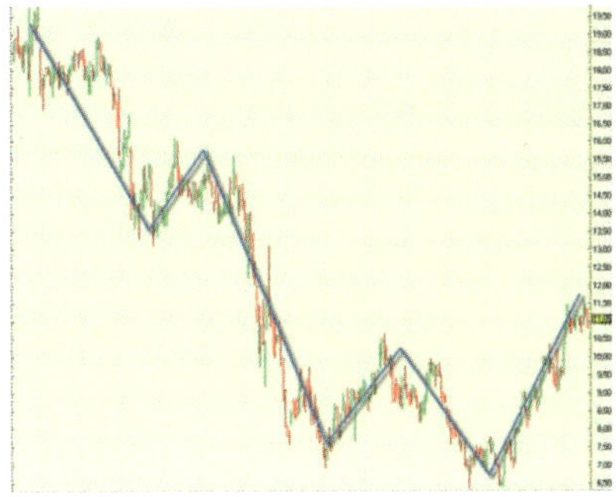

Bild 11b

Ein zu Bild 11 a und b[5] verspürter Wunsch, endlich vom Markt ein tolles Einstiegssignal präsentiert zu bekommen, hat nichts mit der markttechnischen Wahrheit über 5-Sterne-Marktphasen zu tun. Es ist vielmehr der so oft erwähnte Wunsch eines Trading-Anfängers nach mehr Taschengeld, weiter nichts! Dieser Chart gleicht Bild 9 – Verlauf 8.

… Beispiel: Bessere Marktphase

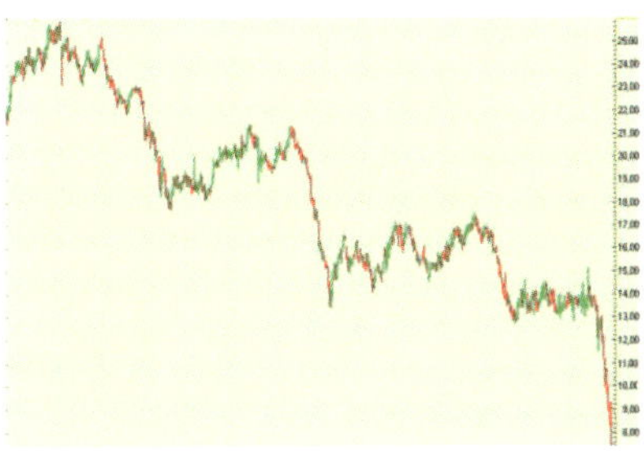

Bild 12a

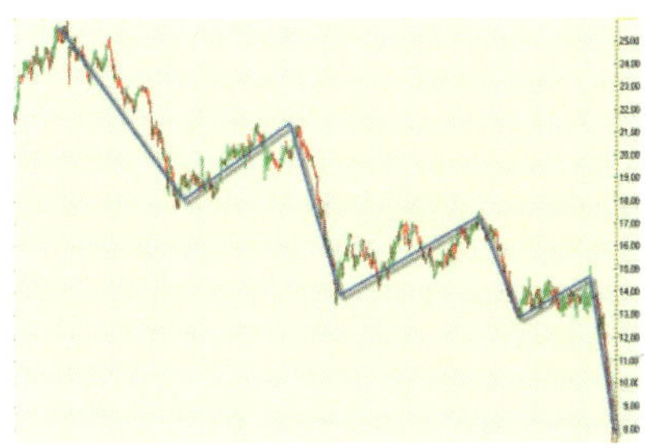

Bild 12b

Die Gegebenheiten für einen Trade sind hier deutlich besser, da generell ein »Trend« vorliegt. Doch wäre ein verspürter Wunsch nach einem Einstiegssignal verfrüht, da sich der Markt weit in der *Bewegung* befindet. Dieser Chart gleicht Bild 9 – Verlauf 3 bzw. 7.

5 Zum besseren Verständnis werden die Grafiken einmal *mit* Hinweisen und einmal *ohne* abgebildet. Ein detailliertes Chartbild ist für den Leser nicht vonnöten.

… Beispiel: Oh Gott!

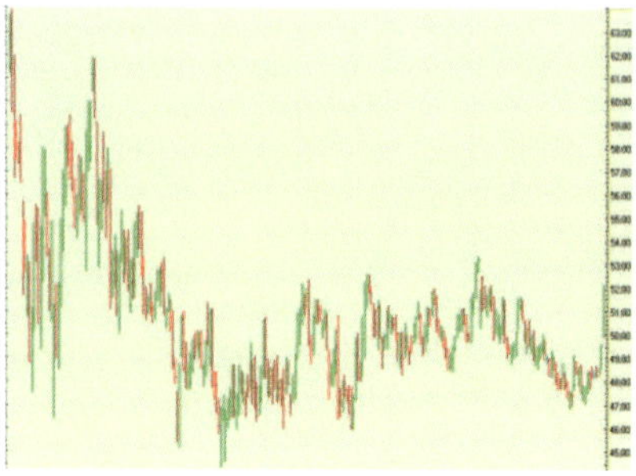

Bild 13a

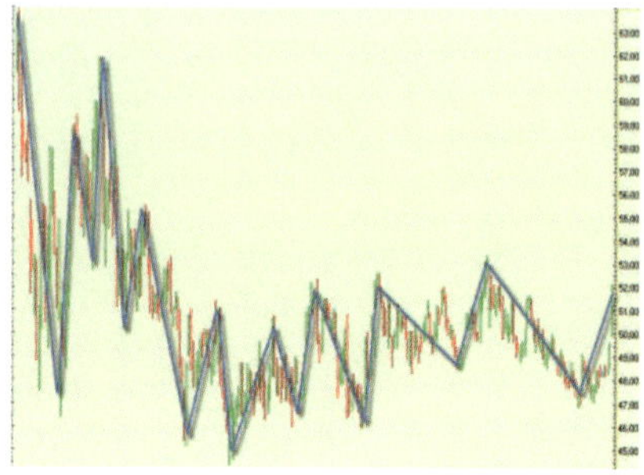

Bild 13b

Ein Marktverlauf ohne Spannkraft, *ohne* Momentum – ein einziger Murks. Gleich weiter …

… Beispiel: Aber Hallo!

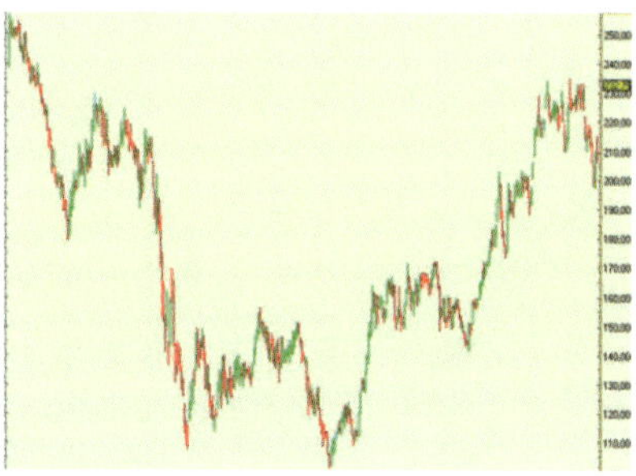

Bild 14a

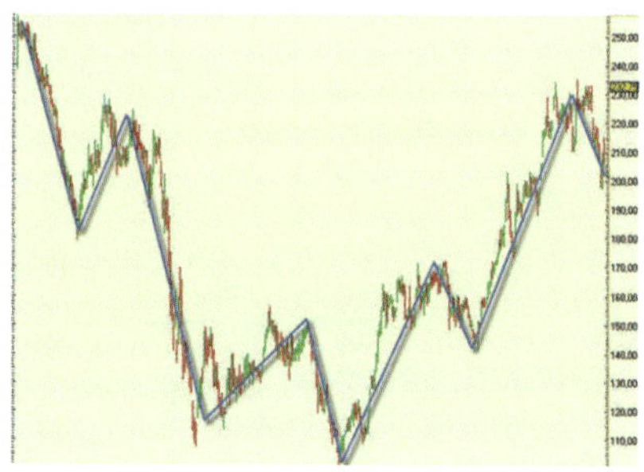

Bild 14b

Selbst mit geringem Scharfblick erkennt man die 5-Sterne-Phase: Ein großer Trend, der zurzeit fortgeschritten korrigiert ist.

… aber: Könnte es noch besser gehen?

Natürlich ist denkbar, neben der Suche nach 5-Sterne-Marktphasen auch die Suche nach Einstiegen in *einem* Abwasch mit zu erledigen. Dies bedarf lediglich einer Voraussetzung: Der Einstieg, der zwar in der »untergeordneten« Zeiteinheit angedacht ist, wird dergestalt definiert, dass dieser in den für die Marktphasen-Suche übergeordneten Charts dennoch *optisch* gut erkennbar ist. Ein bestimmtes *Candlestick-Muster* der kleineren Zeiteinheit könnte demnach nicht hilfreich sein.

Als positives Beispiel, lieber Philip, könnte aber der präferierte Handelsstil deines Wunschzettels, Bild 1, dienen. Zur Erinnerung: Der Chart müsste innerhalb eines bestehenden, aber korrigierenden Trends einen beginnenden untergeordneten Trend aufweisen, um den *straffen* Zug vom kleinen Einstiegs-*Punkt 2* in Richtung des neuen, übergeordneten *Punktes 2* sowie ein Stück darüber hinaus auszunutzen. Zu dessen Umsetzung könnte man sich die bereits in einem der vorangegangenen Schreiben erwähnte Gegebenheit des »optischen Verwirrspiels der Zeiteinheiten« nutzbar machen.[6] Zur Erinnerung: Ausgangspunkt war der fälschliche Gedanke, es gäbe für jede Zeiteinheit eigene Trends, was daraufhin eine Suche nach Trends in den verschiedenen Zeiteinheiten auslöste. Es wurde darauf hingewiesen, dass bei einem Einstieg in kleine, indessen sichtbare Trends diese in einem Chartbild eher *zufälligerweise* sichtbar werden und nicht davon ausgegangen werden darf, dass solch kleine Trends auch weiterhin sichtbar bleiben. Damit werden viele Trades an der *gänzlich* falschen Stelle beendet, da durch den zusammengefassten und damit geglätteten Marktverlauf nachfolgend auftretende Korrekturen, welche mitunter größer sein können als jene, mittels derer der Einstieg (Korrekturhöhe des 1-2-3) definiert wurde, von der Darstellungsgröße der Perioden verschluckt werden kann. Kurz: Der Trader handelt für seine betrachtete Zeiteinheit *viel zu kleine* Trends, starrt auf den Chart, bleibt in seinen Positionen kleben und wartet darauf, dass »Himmelherrgott, endlich ein sch… neuer *Punkt 3* entsteht«, denn er will »endlich den Stopp auf den nächsten lokalen Korrekturpunkt N-A-C-H-Z-I-E-H-E-N«, und ihm entgeht dabei, dass er bereits mittendrin steht.

Nun aber zurück zur Idee, die Suche nach Marktphasen mit der Suche nach Einstiegen zu verbinden: Wenn der Fehler der »optischen Verwirrungen«, mithin das »Nichtsehen« der optischen Kippbilder, bekannt und wirklich (!) verinnerlicht wurde und demnach eine Trennung zwischen *dem Funktionalen eines Stopps* und der *optisch zusammengefassten Chartdarstellung* des Marktes verstanden wird, warum dann nicht die kleinen sichtbaren Trends innerhalb des zusammengefassten Tagescharts zum Einstieg nutzen?

Da vorerst *nur* der *Ein-* und nicht der Ausstieg innerhalb einer 5-Sterne-Marktphase wichtig für die momentane Untersuchung ist, wäre dies ein idealer Kunstgriff und würde lästige »Chart-OPs« ersparen, siehe Bild 15 a und b.

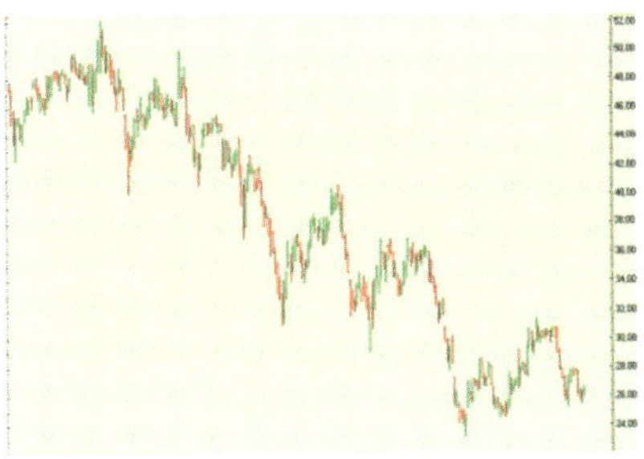

Bild 15a

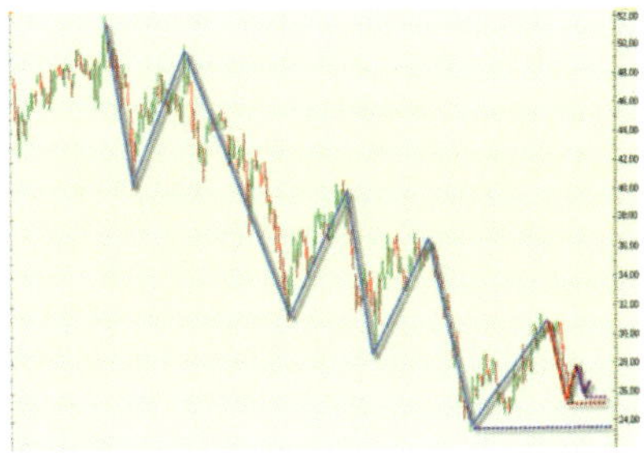

Bild 15b

Die 5-Sterne-Marktphase ist eindeutig erkennbar: Der tendierende Markt hat die Korrektur beendet und bildet gerade das kleinere, rot gekennzeichnete 1-2-3 und ein noch kleineres, violett gekennzeichnetes 1-2-3 aus. Dieser entstehende Trend ist, obwohl der tieferen Zeiteinheit zugehörig, gut sichtbar. Und dass der große *Punkt 2 zeitgleich* noch einen lokalen Tiefpunkt aufweist – umso besser. Kurzum: Eine 5-Sterne-Plus-Marktphase.

6 Siehe Fachteil DER HÄNDLER, Band 3.

Nach diesem Verständnis existieren im Charthimmel in der Tat viele, welche ein engelsgleiches Frohlocken rechtfertigen. Also, Flügelchen angeklebt, und los gehts …

… Suchen und Weglegen – oder: Suchen und klug *Verwalten*?

Ein Tipp: Bei der nun beginnenden Fahndung nach 5-Sterne- oder 5-Sterne-Plus-Marktphasen gilt es zu beachten, dass kein *unbewegtes* Bild, keine Art Lieblingsfotografie von Candlesticks erschaffen werden soll, sondern es soll statt ein »Standfoto« betrachtet das Ganze gedanklich als »Film« angegangen werden und damit liefern, was wirklich nötig ist: *Effizienz*.

Erst vor Kurzem hatte ich diesen Fall: Ich suchte und vergab wie immer Sterne-Wertigkeiten für alle Charts und fand es erschreckend, dass nur ein, zwei *5-Sterne-Setups* vorhanden waren, indes keine einzige *5-Sterne-Plus-Phase*. Es gab massig *3-Sterne-* (Bild 9 – Verlauf 3) und Hände voll *4-Sterne-* (Bild 9 – Verlauf 4), aber kaum *5-Sterne-Konstellationen*. Auf den ersten Blick also eine »geringe« Ausbeute. Auf den zweiten jedoch ein *megafantastischer* Fang, denn: Stellt man sich die Charts und dort die Marktphasen *nicht* als »Standfoto«, sondern als »Film« vor, wird aus allen *3-* und *4-Sterne-Phasen* Tage später Folgendes (siehe Bild 16):

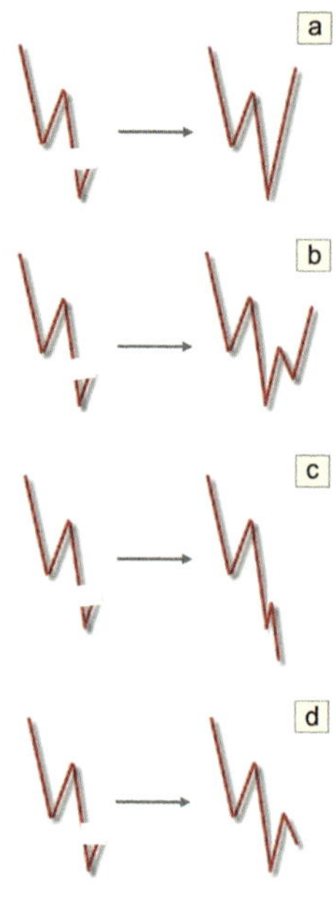

Bild 16

a) ein Trendbruch,

b) ein Trendwechsel,

c) eine fortsetzende Bewegung *ohne hinreichende* eindeutige Korrektur oder

d) eine Beendigung der nun *fortgeschrittenen* und damit *deutlichen* Korrektur, womit nun etliche 5-Sterne- oder 5-Sterne-Plus-Marktphasen vorliegen, die – Achtung! – *nicht erneut (!) gesucht werden müssen.*

Demzufolge muss eine effektive Suche dergestalt ablaufen, dass ein Chart, einmal in der Hand, *gleich* einer Marktphase zugeordnet wird.[7] *Okay*, das klingt scheinbar nach Arbeit, entspricht gleichwohl in Anbetracht dessen, dass dieser Chart im Nachgang nicht erneut aus dem Riesenhaufen herausgesucht werden muss, einer *enormen* Arbeitserleichterung, einer Art »Vorfilterung«. Was ich damit sagen will: Einmal *richtig* mit der Sortierung begonnen, unterliegt diese in ihrem zweiten, dritten, x-ten Durchlauf einer Art »Marktphasen-Rotation«.

Die Suche sollte Chart für Chart sinngemäß so ablaufen:

- Trend vorhanden – *ja/nein?*
- Okay – *Ja*.
- In Korrektur oder Bewegung?
- Okay – *Korrektur*.
- Beginnende oder fortgeschrittene Korrektur?
- Okay – *fortgeschrittene Korrektur*.
- Ergo – *Klasse, fünf Sterne!*

7 Selbstverständlich sind alle nachfolgenden Beispiele auch auf kleinere Zeiteinheiten anwendbar.

- Mal sehen, ob demnächst erstmalig ein kleiner *Punkt 2* in Richtung des großen *Punkt 2* sichtbar wird, dann sogar 5-Sterne-Plus! *Yeahh …*
- Also, Ablage: 5-Sterne-Setup.

Nächster Chart …
- Trend vorhanden – *ja/nein?*
- Okay – *Ja.*
- In Korrektur oder Bewegung?
- Okay – *Korrektur.*
- Beginnende oder fortgeschrittene Korrektur?
- Okay – *beginnende Korrektur*
- Okay, beiseitelegen – in ein paar Tagen »reif« (siehe Bild 16 – Verlauf d), oder Murks (siehe Bild 16 – Verlauf a, b, c) und muss dann wieder zurück in den großen Haufen.
- Also, Ablage: 4-Sterne-Setup.

Nächster Chart …
- Trend vorhanden – *ja/nein?*
- Okay – *Nein.*
- Dann hat sich der Rest ohnehin erledigt. Zurück in den großen Haufen. Nächster Chart, aber dalli …

Nächster Chart …
- Trend vorhanden – *ja/nein?*
- Okay – *Ja.*
- In Korrektur oder Bewegung?
- Okay – *Bewegung.*
- Vor oder hinter dem *Punkt 2*?
- Weit dahinter! – Party läuft also bereits, und läuft und läuft … (Bild 9 – Verlauf 3;7). Beiseitelegen, die nächste fortgeschrittene Korrektur ist möglicherweise meine …
- Also, Ablage: »beginnende« 4-Sterne-Setups.

Nächster Chart …
- Trend vorhanden – *ja/nein?*
- *Eigentlich »Ja«, aber M-o-m-e-n-t, wenn ich das … sooo sehe: Punkt 2, 1, 3 … Mist … aber … wiederum so rum wäre es ein 3, 2, 3 – HÄH?!* Man stutzt, man vermutet und lässt die Vermutung wieder fallen. Ein Gedanke kommt, doch er wird wieder zurückgestellt.
- *Ach leck mich … Ich habe genügend Auswahl! Auf zum nächsten! – Aber zügig!*

Nächster Chart …

und so weiter und so fort, bis der Haufen durchgearbeitet ist.

Bild 17

… vorläufige Zusammenfassung

Es gilt also, bei der Suche nichts zu übereilen. *Schonungslose* Genauigkeit bei der Marktphasen-Definition, äußerste Umsichtigkeit und vor allem Objektivierung fungieren als Voraussetzung dafür, den Chart nicht wie ein Dilettant oder Gelegenheitsdieb auf der Suche nach schnellem Reichtum, nach *jedem* Dreck zu durchwühlen, nur um sich dann plötzlich, hast du nicht gesehen, mit Schwindelerregendem Minus aus sinnlosen Marktphasen davonschleichen zu müssen. Es stecken sicherlich zu Beginn viel Übung und Fleiß dahinter, aber hat man erst einmal mit der *rechten* Art und Weise begonnen, wird man feststellen, dass diese Verrichtung zur angestrebten Deckungsgleichheit von *Absicht* und *Verhalten* künftig ungern mit anderen Ideen ausgetauscht wird.

Denn bloß Trading-Narren mit *fixen* Ideen, mit dem Feuer ihrer Beseeltheit vermögen im permanenten Betrachten *eines* Marktes auszuharren. Erfahrene Trader geben stattdessen die Erklärung ab, dass ihnen nur 5-Sterne- oder 5-Sterne-Plustrades als *einzig* angemessene und erstrebenswerte Setups erscheinen, und setzen so dieser perversen Betätigung der »Endlosobservation« und damit dem fast Sucht erzeugen könnenden Teil ihrer Beziehung zum Börsenhandel ein so gut wie völliges Ende. Bei der einmal erlebten Fülle von *wundervollen Charts* weiß man bald nichts mehr mit dem ständigen *Auf* und *Ab* einzelner Märkte anzufangen. Was könnte auch interessanter sein als die reine Suche? Weil es also nichts geben kann, was sinnvoller wäre, stellt sich nun nur noch die Frage: Was fangen wir mit den gefundenen 5-Sterne- oder gar 5-Sterne-Plus-Marktphasen sowie den anderen Ablagen an?

Die nachfolgenden Punkte bestehen nur noch aus einem sachlichen Abarbeiten. *Alle* aufgeführten Zahlenbeispiele sind natürlich variabel (!). Zuvor aber nochmals einige Sätze zum *Geldmanagement* – von einer anderen, einer äußerst wichtigen und bisher vernachlässigten Perspektive aus.

Der Orderablauf

... ein bekannter Hinweis

Halten wir uns folgendes Szenario vor Augen: Ein Handelskonto umfasst 100.000 Euro. Ausgehend von einem wie in der einschlägigen Literatur beschriebenen *Geldmanagement*, hier von beispielsweise *einem* Prozent Minus pro Trade, hat dies zur Folge, dass jeder Trade, *ungeachtet* der Größe der Position, mit einem Stopp-Loss versehen werden muss, der hier im Beispiel im Verlustfall 1.000 Euro kostet.

Du, lieber Philip, bist den Kinderschuhen des Tradens nun so weit entwachsen, um die Frage: »*Paahh – WER* legt das Geldmanagement von *eins, zwei* oder mehr oder weniger Prozent *dogmatisch* fest?« nicht mehr zu stellen; denn dir ist längst klar: *Festgelegt* wird hier gar nichts; dies liegt ganz allein in der Entscheidung des *einzelnen* Traders. Natürlich stets vor dem Hintergrund, dass bei einem Risiko von, wie im obigen Beispiel, *einem* Prozent zumindest theoretisch 99 Mal in Folge die getroffene Trading-Entscheidung fehlerhaft sein kann und trotzdem ein weiteres Handeln möglich bleibt – die Mindestmargin, welche das Konto aufweisen muss, mal außer Acht gelassen. Erhöht sich das Risiko auf 2 Prozent, verringert sich diese Anzahl der möglichen Verlusttrades schon auf nur noch grob 50, bei 5 Prozent wären es bereits nur noch grob 20. Du, lieber Philip, hast an dieser Stelle früher gern geprahlt: »*So viele* Minustrades – *pahhh*, das klingt viel zu theoretisch; wenn jemand *sooo* oft falsch liegt, hat er wohl einfach nicht das Zeug zum Trader!« Hingegen heute müsste dir aufgrund deiner Erfahrung bewusst sein, dass gerade im Intraday-Handel aufgrund der hohen Tradeanzahl eine Verlustserie von 20 Trades bei einem noch nicht so versierten Trader durchaus nicht ganz *sooo* aus der Luft gegriffen ist. Damit dürfte zumindest *theoretisch* klar sein, dass jegliches Risiko über 5 Prozent, selbst für den *Profi-der-Profis*, monetäres Harakiri bedeutet. Aber auch hier gilt wieder das bekannte Phänomen: In der Theorie ... *hurra*; in der Praxis ... *stöhn*!, denn es gibt auch noch:

... die andere Seite der Medaille

Wie so vieles im Leben, so hat auch die *Geldmanagement-Medaille* neben der mathematischen noch eine *andere* Seite ... und diese besteht aus zwei Szenarien.

Zum einem: Selbst das *vorbildlichste* Geldmanagement im Null-Komma-Irgendwas-Bereich kann den individuellen *Rumrutschfaktor* eines Händlers dennoch bei Weitem übersteigen, womit jegliches »saubere Traden« in das Reich der grauen Theorie verwiesen wird. Hierzu ein Beispiel: Unterstellen wir einmal einem Händler in seinen Anfängen einen Rumrutschfaktor von 600 Euro, das Konto aber beträgt 500.000 Euro. *Autsch!* Selbst bei pro Trade »nur« 0,3 riskierten Prozent der Kontogröße, demnach 1.500 Euro, wird jeder einzelne Trade einer emotionalen Achterbahnfahrt gleichen und aufgrund »subjektiver Leidenschaft« die Gefahr bestehen, dass die markttechnischen Gegebenheiten eine »objektive Ungewissheit« erfahren. In einem Satz: Was nützt das *beste* Geldmanagement, wenn der Rumrutschfaktor des ausführenden Händlers früher einsetzt? ... *Eieiei!*

Dann wäre da noch das zweite Szenario zu nennen: Ein Anfänger mit einem Handelskonto von 3.000 Euro weist ebenfalls einen *Rumrutschfaktor* von 600 Euro auf. Hier kann der *Rumrutschfaktor*, da ohnehin *außerhalb* eines *vernünftigen* Geldmanagements beziehungsweise *später* einsetzend als dieses, vernachlässigt werden. Aber: Welcher Trader wird die disziplinierte Einhaltung eines vernünftigen Geldmanagements anstreben, wenn seinen Trades dadurch monetäre *Bedeutungslosigkeit* aufdiktiert wird: »*Pahh* – da sitz ich den ganzen Tag hier rum und darf pro Trade nur 30 Euro verlieren?! Sag mal, seht ihr noch klare Bilder? Wie soll ich da einen Stopp setzen? Und vor allem – WAS soll aus solchen Trades denn rauskommen? Da kann ich doch noch nicht mal ein Eis von kaufen! Die können mich doch alle mal am … – das machen wir mal schön ganz anders!« … *Eieiei*!

Da diese beiden Szenarien nicht aus der Luft gegriffen sind, sondern aus der tagtäglichen Praxis stammen, erschließt sich der *praktische* Sinn eines Geldmanagements nur demjenigen, der diese zweite Seite der Medaille der ersten, der klassischen mathematischen Seite der *Geldmanagement-Medaille* gegenüberstellt. Andernfalls bleibt Geldmanagement zwar immer noch ein wichtiges, leider jedoch nur noch *rhetorisches* Thema; und dass 90 Prozent der Konten innerhalb kürzester Zeit mangels Margin von den Brokern rausgeworfen werden, sollte hierfür ein klarer Beweis sein! Sind wir ehrlich, erfolgt in den meistens Fällen die Kontoschließung *nicht*, weil die *technische Analyse* einer Raketenwissenschaft gleicht oder ach *sooooo* schwer zu verinnerlichen ist – *nein, nein*, meist geschieht sie aus anderem Grunde! Will heißen: Das Thema des Geldmanagements ist deshalb schwer zu begreifen und umzusetzen, da es fast überall eher *unbewusst* als bewusst dem Prozess eines Katz-und-Maus-Spiels zwischen dem einem selbst meist gar nicht bewussten Rumrutschfaktor (alias Psyche), der Anzahl der vorhandenen Signale (alias Diversifikation) und der Frage »Wie viele Trades können nacheinander schiefgehen« (alias Risiko pro Trade) gleicht. Aber genau in diesem Dreieck der Zusammenhänge lebt und stirbt, oftmals ahnungslos, der gewöhnliche Trading-Anfänger beziehungsweise sein Konto. Müsste er über sich und seine Trades Rechenschaft ablegen und in welche Prozesse und Motive er dabei verstrickt ist, so würde ihn wahrscheinlich der *Wahnsinn* packen. Genügend Trading-Anfänger überlegen sich weniger, ob möglicherweise die Methode der eigenen Risiko-Wert-Bestimmung falsch sei, sondern glauben vielmehr, die Börse müsse sich an ihre woher auch immer stammenden Wertmaßstäbe anpassen. Okay, sie könnten möglicherweise Recht behalten, doch sollte man trotzdem immer wieder die Möglichkeit in Betracht ziehen, dass Methoden und Ansichten fehlerhaft sein könnten, und genau das tun nur wenige. Zahlreiche Trading-Anfänger sind meilenweit davon entfernt, den eigenen Ansichtsrahmen gelegentlich auf den Prüfstein zu stellen.

Stellt man sich Geldmanagement als Strahl, links null und rechts 100 Prozent des riskierten Kontoguthabens pro Trade, vor, siehe Bild 18, betrachten somit viele Trader das Geldmanagement eher als Erlaubnis, richtig viel – und damit mehr, als gut für sie ist – handeln zu dürfen. Denn: »*Tja* – Es stand doch dort geschrieben!«

… nun zurück zum Thema: Orderablauf

Wird jener Strahl, Bild 18, aber aus unserem angestrebten »Luxus-Blickwinkel« der beabsichtigten Diversifikation analysiert, also unter dem Blickwinkel, »pro Trade nur die geringste Einheit zu riskieren«, und werden damit Trades von Haus aus weit *links* angesiedelt, wird plötzlich aus einem falschen Geldmanagement ein Abbild grober *Faulheit* und nicht vertretbarer *Dummheit*.

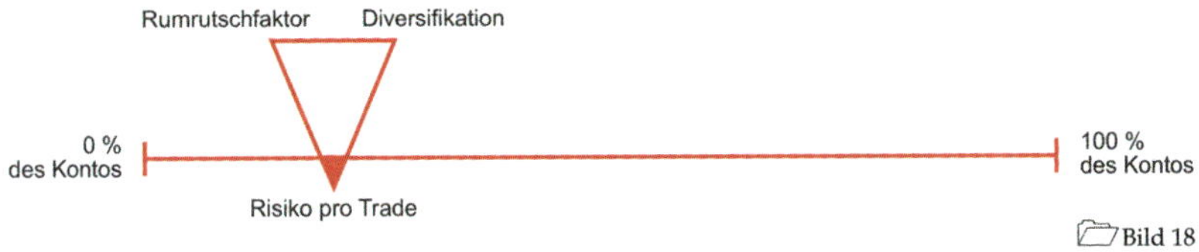

Bild 18

Zur Erklärung diene folgendes Szenario: Bei angenommenen 40 mustergültigen 5-Sterne-Charts, die förmlich »Handel mich!« schreien, stellte ein Trading nach dem »Eene Meene Muh, und raus bist du, ich reiz das Konto mal schnell für diesen einen Trade voll aus«-Prinzip *grenzenlose Faulheit* dar, denn: Wenn schon der heilende Gedanke der Diversifikation auf einen Kaffee vorbeischaut, und *dennoch* das Luxusproblem »Ich habe sooo viele Signale ...« nicht ausgenutzt wird, sprich: Wenn statt 4.000 Stück in einer Position lieber 100 Stück in 40 Positionen gehandelt werden, um damit das Risiko pro Trade dankend flächig verteilen zu können ... *tja*, dann wird es schwierig!

Sicher ist es einfacher, mit orangefarbenen (Wert 1.000 Dollar) und grauen Jetons (Wert 5.000 Dollar) nur an einem statt mit schwarzen (Wert 100 Dollar) oder blauen Jetons (Wert 10 Dollar) gleichzeitig an mehreren Tischen zu spielen, aber: Will wirklich jemand absichtlich nach zwei, drei Spielen die Spielbank frühzeitig verlassen müssen, um den Rest des trostlosen Abends in einem nun nicht mehr bezahlbaren Hotelzimmer zu verbringen?

Somit ist das klassische dargelegte Geldmanagement lediglich ein Teil eines zusammenhängenden Dreiecks, bestehend aus den weiteren Eckpunkten *Rumrutschfaktor* und *Anzahl der gehandelten Märkte*, siehe Bild 18.[8]

Diese Erkenntnis ab jetzt ständig in Erinnerung behaltend, lass uns nun, dein 5-Sterne-Plus-Setup, siehe Bild 1, als Beispiel nehmen und den *Orderablauf* im *diversifikativen Handel* genauer inspizieren: Wir werden sehen, wie *mehrere* Gedankendurchläufe dazu verhelfen können, zutage tretende Probleme zu beantworten, ohne das Schema in Bild 18 zu verletzen.

... erster Durchlauf der Gedanken

Als Ausganglage nehmen wir Folgendes an:

Trader

Kontogröße:	70.000 Euro
Rumrutschfaktor:	500 Euro
Bisherige Suche ergab:	vier Charts mit 5-Sterne-Plus-Marktphase

Frage: *Wie viele* Charts sind und vor allem *wie* handelbar?

8 Einige Leser bemängelten das Fehlen vom Thema *Geldmanagement* im *Großen Buch der Markttechnik*, und warfen dem Autor fehlendes Interesse vor. *Nun ja* – nur war es leider so, dass die Themen *Diversifikation* und *Rumrutschfaktor*, als Voraussetzung für jene umfassende Behandlung, im oben genannten Buch noch gar nicht herleitbar waren.

Chart 1:

Einstieg *kleiner Punkt* 2:	Kurs 28,00 Euro
Stopp *kleiner Punkt* 3:	Kurs 25,50 Euro
Risiko pro Aktie:	2,50 Euro

Chart 2:

Einstieg *kleiner Punkt* 2:	Kurs 123,00 Euro
Stopp *kleiner Punkt* 3:	Kurs 102,00 Euro
Risiko pro Aktie:	21,00 Euro

Chart 3:

Einstieg *kleiner Punkt* 2:	Kurs 2,50 Euro
Stopp *kleiner Punkt* 3:	Kurs 2,00 Euro
Risiko pro Aktie:	0,50 Euro

Chart 4:

Einstieg *kleiner Punkt* 2:	Kurs 72,00 Euro
Stopp *kleiner Punkt* 3:	Kurs 45,00 Euro
Risiko pro Aktie	27,00 Euro

In Bild 19 ist das 5-Sterne-Plus-Setup des »Chart 1« stellvertretend für die anderen drei Charts skizziert. Der Markt befindet sich in einem sauberen Trend, dieser wiederum hat sich weit korrigiert, siehe grau hinterlegte Trendführung – daher: *5-Sterne-Marktphase*. Neben dieser ist aber auch der untergeordnete Verlauf zu erkennen. Die verbleibenden drei Charts sehen analog aus, der Einfachheit halber werden nur *Long*-Trades angenommen.

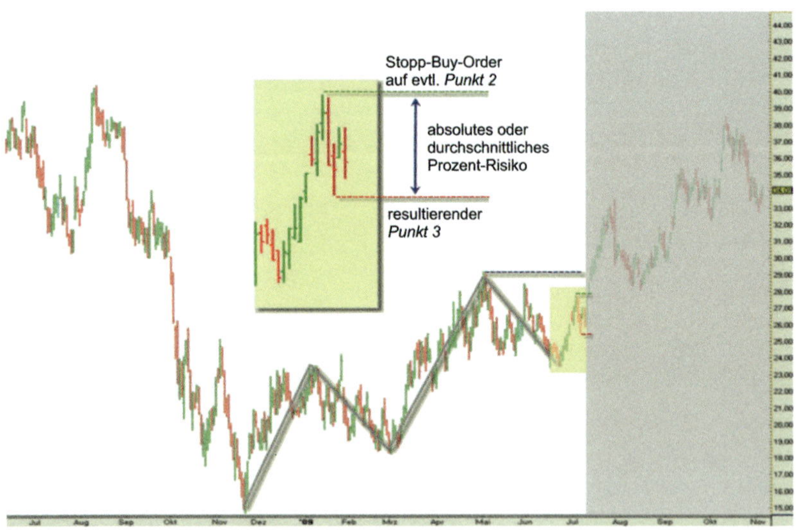

Bild 19

Eine Order wird auf den »werdenden« *Punkt 2* gelegt, siehe hervorgehobenes gelbes Ausschnittfenster. Sollte der kleine *Punkt 2* bei 28,00 Euro ausgelöst werden, ergibt der Abstand vom untergeordneten *Punkt 2* zum untergeordneten *Punkt 3* das ausgewiesene Risiko pro Aktie; dieses ist selbstredend von Chart zu Chart unterschiedlich.

Es wird nach Positionseröffnung als Handelsziel pauschal der Trendhandel angenommen. Aber hierzu, ebenso wie zu dem grau-transparent dargestellten weiteren Chartverlauf, später mehr.

Erste Überlegung: Da der Rumrutschfaktor von *500 Euro* kleiner ist und damit früher einsetzt als der bei einer Vergabe durch das Geldmanagement von *1* oder *2* Prozent zu setzende Stopp, kann eine Überlegung zum Geldmanagement komplett vernachlässigt und dennoch »schön brav« in dessen Sinne gehandelt werden. Es wird nur der *Rumrutschfaktor* für die weitere Rechnung und Stopp-Setzung herangezogen – siehe hierzu nochmals die vorangegangene Erläuterung zu Bild 6. Darauf ergeben sich als Antwort auf die zweite Überlegung nach *jener* Aktienstückzahl, mit der bei Erreichung des Stopps *maximal* 500 Euro verloren werden, 200 Stück für den »Chart 1« (*Rumrutschfaktor* dividiert durch *Risiko pro Aktie*).

Allen vier 5-Sterne-Plus-Charts – ein gleichzeitiges Einstoppen in die Positionen jetzt einfach antizipiert – dürfte während dieser Trades niemals eine »objektive Ungewissheit« folgen, da ein »subjektives Erleben« *ausgeschlossen* ist. Ein Blick ins Depot würde folgendermaßen aussehen:

Name	Stück	Traded	P/L pro Aktie	P/LGesamt	LastQuote	InvestBetrag	max. Risiko
Chart 1	200	28,00 €	0,00 €	0,00 €	28,00 €	5600 €	500 €
Chart 2	23	123,00 €	0,00 €	0,00 €	123,00 €	2829 €	500 €
Chart 3	1000	2,50 €	0,00 €	0,00 €	2,50 €	2500 €	500 €
Chart 4	18	72,00 €	0,00 €	0, 00 €	72,00 €	1296 €	500 €

Der *absolut* riskierte Betrag ist durch die starre Beachtung des »niedrigen« Rumrutschfaktors in allen vier Positionen selbstredend gleich und befindet sich zwangsläufig *innerhalb* eines jeden vernünftigen Geldmanagements, obwohl er aufgrund der Kontogröße höher rangieren könnte. Dass die Unterschiede der *Stückzahlen* und investierten Beträge aus den unterschiedlichen markttechnischen *Abständen* zwischen Ein- und Ausstiegen resultieren[9], siehe Bild 19, muss bei dir, lieber Philip, nur am Rande erwähnt werden.

Die Frage nach dem »Wie« einer Stopp-Versetzung und Positionsschließung sei vorerst unbeachtet, denn bereits nach der Positionseröffnung führen die *unterschiedlichen* Investitionsbeträge zu einem – wenn wie im *klassischen Verständnis* angewandten Geldmanagement nicht beachtenswerten, aber im Fall des *diversifikativen Tradings* *störenden* Problem. Zu dessen Erklärung sei an-

9 Der *Punkt 3* in Bild 19 kann sich selbstredend noch nach unten verschieben, da der endgültige Abstand zwischen *Punkt 3* und *Punkt 2* erst kurz vor Durchbruch des Letzteren ganz genau messbar ist.

genommen, dass die vier Positionseröffnungen zu Handelsbeginn erfolgten und jetzt, nachmittags, ein schneller Blick ins Depot geworfen wird:

Name	Stück	Traded	P/L pro Aktie	P/LGesamt	LastQuote	InvestBetrag	max. Risiko
Chart 1	200	28,00 €	1,48 €	296,00 €	29,48 €	5600 €	500 €
Chart 2	23	123,00 €	7,80 €	179,40 €	130,80 €	2829 €	500 €
Chart 3	1000	2,50 €	0,09 €	90,00 €	2,59 €	2500 €	500 €
Chart 4	18	72,00 €	12,20 €	219,60 €	84,20 €	1296 €	500 €

Aufgrund der unterschiedlichen Investitionsbeträge lassen die *verschiedenen* Positionsergebnisse kein *sofortiges* »Ah – der Chart ist so und so gelaufen« zu. »Chart 1« steht zwar als absoluter *Betrags-*, jedoch nicht als *Marktverlaufs*gewinner auf dem obersten Treppchen. In »Chart 4« hat der Chartverlauf eindeutig mehr gegriffen, kann sich aber aufgrund der geringen Stückzahl monetär nicht so deutlich äußern.

Was ich hiermit sagen will, ist Folgendes: Die Unterschiede zwischen »Betrags-« und »Chartgewinnern« erweisen sich für den *klassischen Handel* weder als dramatisch noch als störend. Wenn indessen den Grund, weshalb unter der Flagge des diversifikativen Tradings gesegelt wird, die Eliminierung der »lasterhaften *Chartobservation*« bildet, dann liegt jetzt ein kleineres Problem vor: Wurde die Observation des »Wir haben einen Markt und suchen einen Einstieg« durch die breit angelegte Suche zwar beseitigt, so ist diese nun beim Stichwort *Positionsüberwachung* quasi durch die Hintertür wieder aufgetaucht.

Nochmals: Die unterschiedlichen Investitionsbeträge sind *weder* fachlich falsch noch dramatisch, sofern nur wenige Positionen gehandhabt werden. Aber unter Beachtung dessen, dass ein *diversifikatives* Trading nicht wie im obigen Beispiel nur aus vier, sondern aus 40, 100 oder noch mehr Werten bestehen kann, wäre dies zum einen fraglos nervig, zum anderen wäre »*diversifikatives* Trading« ein sehr widersprüchlicher Name, wenn statt dem effizienten Verwalten aller Positionen plötzlich wieder nur ein »Wie, Wo, Was« einzelner Positionen im Mittelpunkt des Interesses stünde. Die Lösung liegt sehr nah und berührt in der weiteren Beschreibung ebenfalls die Frage der durchdachten *Kontoaufteilung*.

… zweiter Durchlauf der Gedanken:

Zurück zum Ausgangspunkt: Hier lautet nun im Durchlauf die Prämisse: *jeder* (!) Position gleich hohe Investitionsbeträge zuzuordnen. Um dies zu erreichen, wird der Gedanke maßgebend, nicht den individuellen, sondern den *durchschnittlichen* (!) prozentualen Abstand zwischen Ein- und Ausstiegssignal sowie den *Rumrutschfaktor* auf den *Investitionsbetrag* abzustimmen.

Beispiel: Wenn die Erfahrung zeigt, dass der Abstand zwischen *Punkt* 2 und *Punkt* 3 in einem untergeordneten Trend, siehe blauer Pfeil Bild 19, *größtenteils* maximal 20 Prozent Kursdifferenz beträgt, ergibt sich daraus für unser Beispiel aus dem ersten Durchlauf der Gedanken zwangsläufig eine *maximale* Investitionssumme von 2.500 Euro pro Trade.[10] Sollte die Aktie unter den »durchschnittlichen« 20 Prozent entfernten *Punkt* 3 und damit den Stopp laufen (zur Erinnerung: der Einfachheit halber wird nur die Long-Seite besprochen, die Short-Seite verläuft selbstverständlich spiegelbildlich), wäre dennoch *maximal nur* der Betrag des Rumrutschfaktors von 500 Euro verloren und nach wie vor von einem *sauberen* Handel auszugehen.

Trader	
Kontogröße:	70.000 Euro
Rumrutschfaktor:	500 Euro
Max. Diff. zw. Ein- u. Ausstieg:	20 %
Chart 1:	
Einstieg *kleiner Punkt* 2:	Kurs 28,00 Euro
Stopp *kleiner Punkt* 3:	Kurs 25,50 Euro
Risiko pro Aktie:	2,50 Euro
Risiko pro Aktie:	9 %
Chart 2:	
Einstieg *kleiner Punkt* 2:	Kurs 123,00 Euro
Stopp *kleiner Punkt* 3:	Kurs 102,00 Euro
Risiko pro Aktie:	21,00 Euro
Risiko pro Aktie:	18 %
Chart 3:	
Einstieg *kleiner Punkt* 2:	Kurs 2,50 Euro
Stopp *kleiner Punkt* 3:	Kurs 2,00 Euro
Risiko pro Aktie:	0,50 Euro
Risiko pro Aktie:	20 %
Chart 4:	
Einstieg *kleiner Punkt* 2:	Kurs 72,00 Euro
Stopp *kleiner Punkt* 3:	Kurs 45,00 Euro
Risiko pro Aktie:	27,00 Euro
Risiko pro Aktie:	38 %

10 Nochmaliger Hinweis: Diese Differenz kann, wird und muss je nach Marktart, Einzelmarkt, Zeit und Zeitraum der Betrachtung und natürlich je nach schlussendlicher persönlicher Handelslogik variieren.

In den Chartkennzahlen ist nun der individuelle *prozentuelle Abstand* zwischen Ein- und Ausstieg aufgeführt, und dieser demonstriert, dass bis auf »Chart 4« alle für Trades infrage kommen. Ein Trade in »Chart 4« würde, trotz Einhaltung des Rumrutschfaktors, angesichts des 38-*prozentigen* und damit weit »außerhalb« des zugestandenen *durchschnittlichen* 20-prozentigen Abstandes zwischen Ein- und Ausstieg einer Verringerung des investierten Betrages gleichkommen und scheidet damit aus den vorhin angesprochenen Gründen aus.

Das Gegenteil hierzu bildet »Chart 1«: Der markttechnische Stopp liegt weit »innerhalb« der zugestandenen 20 Prozent Kursdifferenz. Eine *Positionserhöhung* würde sich anbieten, ist aber aufgrund der angestrebten *effektiven* (!) Positionsverwaltung als *nerviger Ballast* abzulehnen. Natürlich könnte man erwidern, ein »Aber im einzelnen Chart ist doch der *Punkt 3* wesentlich ... und ... und ... und ...« wäre mitunter angebracht; dies kann allerdings, wie gleich zu sehen sein wird, beim Anblick *unzähliger Signale* getrost ins Reich der *Unwichtigkeiten* verwiesen werden.

Die Frage der Stopp-Setzung und -Versetzung noch hinten angestellt, würde ein Blick ins Depot – Positionseröffnungen der drei verbleibenden ersten Charts wieder vorausgesetzt – nach einigen Handelsstunden beispielsweise folgende Ergebnisse mit den neu errechneten Stückzahlen aufzeigen:

Name	Stück	Traded	P/L pro Aktie	P/LGesamt	LastQuote	InvestBetrag	max. Risiko
Chart 1	89	28,00 €	1,50 €	133,50 €	29,50 €	2500 €	500 €
Chart 2	20	123,00 €	4,20 €	84,00 €	127,20 €	2500 €	500 €
Chart 3	1000	2,50 €	0,17 €	170,00 €	2,67 €	2500 €	500 €
Chart 4	n/a	n/a	n/a	n/a	n/a	n/a	500 €

Nun ist der »Positionsgewinner« auch gleichzeitig der »Chartgewinner«. Zur besseren Verdeutlichung aber nachfolgend statt dreier »nur« 30 »Nicht-Rumrutsch-Positionen«.[11] Nebenbei bemerkt: Diese machen vereint die Besorgnis, mangels geringer Positionsgröße kein Plus zu erwirtschaften, mehr als überflüssig.

11 Eine größere Positionsliste (100 Werte und mehr) wird der Übersichtlichkeit halber vermieden.

Name	Stück	Traded	P/L pro Aktie	P/LGesamt	LastQuote	InvestBetrag	max. Risiko
Chart 1	118	21,10 €	1,70 €	200,60 €	22,80 €	2500 €	500 €
Chart 2	72	34,55 €	2,35 €	169,20 €	36,90 €	2500 €	500 €
Chart 3	145	17,23 €	0,85 €	123,25 €	18,08 €	2500 €	500 €
Chart 4	193	12,98 €	-0,98 €	-189,14 €	12,00 €	2500 €	500 €
Chart 5	102	24,50 €	0,40 €	40,80 €	24,90 €	2500 €	500 €
Chart 6	12	213,12 €	5,98 €	71,76 €	219,10 €	2500 €	500 €
Chart 7	23	110,45 €	9,45 €	217,35 €	119,90 €	2500 €	500 €
Chart 8	28	87,90 €	3,30 €	92,40 €	91,20 €	2500 €	500 €
Chart 9	28	90,90 €	-2,70 €	-75,60 €	88,20 €	2500 €	500 €
Chart 10	8	331,30 €	-21,10 €	-168,80 €	310,20 €	2500 €	500 €
Chart 11	20	123,20 €	3,90 €	78,00 €	127,10 €	2500 €	500 €
Chart 12	18	137,90 €	5,30 €	95,40 €	143,20 €	2500 €	500 €
Chart 13	253	9,90 €	1,67 €	422,51 €	11,57 €	2500 €	500 €
Chart 14	439	5,70 €	0,45 €	197,55 €	6,15 €	2500 €	500 €
Chart 15	31	80,90 €	3,10 €	96,10 €	84,00 €	2500 €	500 €
Chart 16	523	4,78 €	0,27 €	141,21 €	5,05 €	2500 €	500 €
Chart 17	37	66,89 €	1,31 €	48,47 €	68,20 €	2500 €	500 €
Chart 18	32	78,20 €	3,00 €	96,00 €	81,20 €	2500 €	500 €
Chart 19	27	91,50 €	1,90 €	51,30 €	93,40 €	2500 €	500 €
Chart 20	49	50,55 €	2,67 €	130,83 €	53,22 €	2500 €	500 €
Chart 21	50	49,80 €	2,50 €	125,00 €	52,30 €	2500 €	500 €
Chart 22	90	27,90 €	0,00 €	0,00 €	27,90 €	2500 €	500 €
Chart 23	26	94,90 €	-1,70 €	-44,20 €	93,20 €	2500 €	500 €
Chart 24	309	8,10 €	-0,05 €	-15,45 €	8,05 €	2500 €	500 €
Chart 25	16	154,20 €	0,09 €	1,44 €	154,29 €	2500 €	500 €
Chart 26	25	100,10 €	-10,00 €	-250,00 €	90,10 €	2500 €	500 €
Chart 27	33	76,82 €	-0,72 €	-23,76 €	76,10 €	2500 €	500 €
Chart 28	194	12,90 €	0,01 €	1,94 €	12,91 €	2500 €	500 €
Chart 29	162	15,40 €	0,50 €	81,00 €	15,90 €	2500 €	500 €
Chart 30	13	190,10 €	20,89 €	271,57 €	210,99 €	2500 €	500 €

Auch ohne »Chartobservation« einzelner Positionen sticht Position »Chart 13« als *weit gelaufen* hervor, und – Achtung: Das ohnehin so gut wie *immer identische* (!) Chartbild nun gedanklich vor Augen, wird klar, dass der untergeordnete, zum Einstieg genutzte Trend jetzt weit in der *Bewegung* steht. Diese Bewegung ist wiederum zeitgleich weit über den größeren, die Marktphase definierenden *Punkt 2* hinausgeschossen, vorausgesetzt, der vorangegangenen 5-Sterne-Chart-Suche lag zu dem untergeordneten und einstiegsbestimmenden *Punkt 2* eine unmittelbare Nähe, beispielsweise 10 bis 15 Prozent zum die Marktphase bestimmenden *Punkt 2*, zugrunde.

An dieser Stelle wiederhole ich mich gern: Mit dem ohnehin fast *immer identischen* (!) Chartbild vor Augen, bleibt das einstige Gefühl, die Charts der Positionen mit einer verlaufsbegründeten Notwendigkeit betrachten zu müssen, für ewig (!) stumm. Durch die *identischen* Chartsetups und Investitionsbeträge wird der Chartverlauf rein(!) über das Positionsergebnis »grafisch« sichtbar, womit selbst 200, 300, 400 Positionen problemlos zu verwalten sind.

Ein vollkommenes monetäres Ruhegefühl *pro Position* ist erreicht, das jene verachtungsvolle Wirkung auf das Gemüt nicht mehr zulässt. Es ist eine Art »Fühllosigkeit« für jede einzelne Position entstanden.

Da ein »näheres Betrachten« und damit eine »Mehrarbeit pro Position« entfällt, lautet die Antwort auf die Frage »Wie viele Positionen sind denn so üblich?« schon immer: »So viele wie nur irgend *möglich*!« Und mit welchen Gedanken und neuen Problemen dies verbunden ist, wird in der Folge erörtert. Hinweis: Wir lassen vorerst sowohl das Gesamtrisiko für das Konto als auch die Stopp-Setzung und -Versetzung immer noch außer Acht.

… dritter Durchlauf der Gedanken: Poch, Poch – der Idealzustand klopft an

Erneut zurück zur bisherigen Ausgangslage; diesmal wird auf die Zuordnung einzelner Charts verzichtet, hierzu wurde vorerst alles gesagt.

Trader

Kontogröße:	70.000 Euro
Rumrutschfaktor:	500 Euro
Max. Diff. zw. Ein- u. Ausstieg:	20 %

Chartsuche: Es liegen 40 5-Sterne-Plus-Charts vor.

Durch die *durchschnittliche* prozentuale Differenz zwischen Ein- und Ausstieg sind bei der vorhandenen Kontogröße und unter Beachtung des Rumrutschfaktors maximal 28 Positionen à 2.500 Euro umsetzbar. Zum Handeln stehen aber *40* Charts bereit! Oder anders: Es liegen mehr Signale vor, als das Konto bewältigen kann – *eieiei!*

Nun könnte man a) unklugerweise *Fortuna* festlegen lassen, welche 28 der handelbaren Positionen aus den 40 Charts dem Konto die Ehre erweisen dürfen, oder b) mittels eines »Ich-handle-einfach-alle« jene Idealform von Deckungsgleichheit in Bezug auf Verhalten und Absicht anstreben. Letzteres zu beabsichtigen, bedeutet, dass ein »Mehr« an Positionen zwangsläufig eine Reduzierung der einzelnen Positionsbeträge hervorruft.

… Auweia: So war das nicht gewollt!

Alle 40 vorhandenen Signale zeitgleich zu handeln, bedeutet in unserem Beispiel eine Investitionssumme pro Trade von *1.750* Euro. Bei dem angenommenen 20-prozentigen Risiko pro Trade würde das Ausgestopptwerden jeweils ein Minus von *350* Euro ergeben und liegt damit weit unterhalb des Rumrutschfaktors und, mit 0,5 % riskierter Kontosumme, im »bravsten« Geldmanagementlevel. *Prima!*

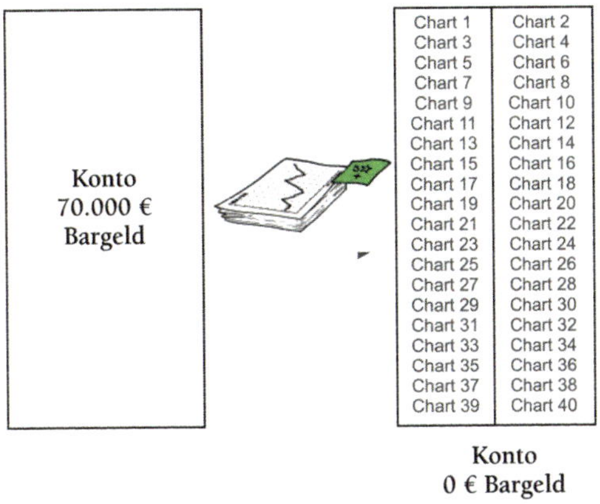

Bild 20

Aber M-O-M-E-N-T …

Ein *Einstoppen* in alle vierzig Signale bedeutet doch ein zu 100 Prozent ausgelastetes Konto, siehe Bild 20 … Auch wenn wir unter der Flagge des *diversifikativen Tradings* segeln, weißt du, lieber Philip, dass ein undurchdachtes gleichzeitiges Dreinstolpern in unzählige, wenn auch *diversifizierte* Trades nicht meine Art ist! Vielmehr habe ich die *Kontoaufteilung* stets mit kühler, dem Beobachter fast schon unmenschlich vorkommen müssender Besonnenheit betrachtet und mit allergrößter Vorsicht und Zurückhaltung verbunden, damit am Ende nicht Demütigung, Schmach oder Hohngelächter den Abschluss bilden – und ich bin gut damit gefahren.

Die Antwort auf meine Fragen nach deinem *Notfallplan*, wenn du, lieber Philip, mal wieder mit *voller* Kontoauslastung – sei es mit wenigen oder vielen Positionen – durch die Charts surftest, bliebst du mir einst immer schuldig, und dein unbekümmertes Schulterzucken deutete darauf hin, dass du dachtest: Was könnte denn schon groß Unvorhersehbares passieren? Na, dann lass uns mal sehen …

- eine oder auch alle von dir gehandelten Börsen werden längere Zeit vom Handel ausgesetzt (Anschlag, Notfall etc. …);
- über Nacht und *long*-seitig voll investiert, tritt der Fall »Rot« ein (Terroranschlag unvorhersehbaren Ausmaßes, ein enormer Zinsanstieg, Landung der Außerirdischen usw.);
- über Nacht und *short*-seitig voll investiert, tritt der Fall »Grün« ein (drastische Zinssenkungen, politische Umbrüche, bahnbrechende Erfindungen usw.).

Dass Marktteilnehmer äußerst sensibel und schnell, mittlerweile sogar noch schneller als schnell mit ihren Orders auf etwaige Ereignisse reagieren, war dir damals nicht so wichtig und bedarf bei deiner heutigen Erfahrung zum Glück keiner weiteren Erwähnung mehr. Da die Verbindung von dramatischen Ereignissen mit dem Börsenhandel die sehr unangenehme Eigenschaft besitzt, dass zwar diese Ereignisse wechseln, aber die menschlichen Reaktionen immer die gleichen bleiben, ist beim *diversifikativen* noch mehr als beim klassischen Handel darauf zu achten, dass solche Ereignisse keinen monetären Schabernack mit dem eigenen Konto treiben können!

… einfache Problemlösung, aus einem Grundgedanken und zwei Schritten bestehend

Um den Joker des »*Hedgings* vorhandener Positionen« stets in der Hinterhand zu halten, war mein erhobener Zeigefinger, wenn du wieder einmal mehr als 50 Prozent investiert hast, zu Recht weit oben. Das oberste Gebot im Handel lautet: Geld vorrätig zu haben, um für die Fälle Rot oder Grün – den *unbekannten Supergau* – die offenen, aber nicht schließbaren Positionen zu *hedgen*. Das war immer unsere Überlebensgarantie: Geld bereitzuhaben, das genau dann und in jedweder Art und Weise einsetzbar ist, wenn alle anderen in Panik verfallen.

Sollte eine Börse, hier als Beispiel mal die Terminbörse *Eurex* oder die *Kassabörse* Frankfurt, aus technischen oder anschlagsbedingten Gründen längere Zeit ausfallen oder geschlossen bleiben, ist durch die Bargeldreserve jederzeit ein Hedging der offenen Positionen an einer der *verbleibenden offenen* Börsen möglich. Nicht auszumalen, was passiert wäre, hätten am 11. September 2001 amerikanische Händler, trotz offen gebliebener europäischer Märkte, keine Bargeldreserven gehabt …

Aber Achtung:

Sollte hingegen das kontoführende Institut kurzzeitig oder generell den Handel einstellen, wäre eine Bargeldreserve, alles in allem betrachtet, nutzlos. Um nun auch diesem Fall mit Gelassenheit begegnen zu können, haben wir, und das ist dir, lieber Philip, heute ja hinreichend bekannt, immer mehrere Institute gleichzeitig am Start. Die verwalteten Summen sind zu groß, um diese auf Gedeih und Verderb einem einzigen Konto zuzuordnen. Die Verteilung auf mehrere Broker und Banken macht aber trotzdem nur dann Sinn (!), wenn auf sämtlichen Konten eine Mindestbarreserve vorhanden ist, mit der auf den drohenden Ausfall eines der Konten reagiert werden kann.

Um also dem *diversifikativen Trading*, dem der Handel mit »so viel an Positionen als nur irgend möglich« eigen ist, dennoch die Möglichkeit einer »Notfall-Bargeldreserve« im Verhältnis eins zu eins einzuräumen, besteht maximal für die Hälfte des Kontos Verfügbarkeit für Positionseröffnungen.[12]

Für unsere Ausgangssituation, der 40 Signale zugrunde lagen, würde eine Geldreserve von 50 Prozent Folgendes bedeuten:

a) Eine Reduzierung der Positionsgrößen. Statt bisher 40 auf 70.000 € gilt es, diese auf »nur« 35.000 € zu verteilen. Der einzelne Investitionsbetrag reduziert sich somit von 1.750 € auf 875 €.
b) Den ursprünglichen Investitionsbetrag von 1.750 € beizubehalten und nun Fortuna walten zu lassen: Statt 40 werden nur 20 *ausgeloste* Signale gehandelt.

12 Sicherlich kann dies im Einzelfall erheblich detaillierter (Beta- oder Delta-Hedge) beschrieben und genau austariert werden, würde aber an dieser Stelle zu sehr vom eigentlichen Thema ablenken.

… die Lösung des einen Problems schafft vorläufig ein weiteres

Beide Lösungen a) und b) sind nicht das anzustrebende Optimum, denn: Wenn bedacht wird, dass jedem Trade noch Gebühren hinzuzurechnen sind, würde Lösung a) einen *positiven Trade* fast ins Reich der »monetären Nutzlosigkeit« verweisen[13]; bei Lösung b) hingegen stört die Anwesenheit Fortunas. Sollte diese einen schlechten Tag haben, sind die 20 auserwählten Charts alle Fehlsignale, die ausgesonderten hingegen alle Gewinner.

… erster Schritt: Wenn man weiß, wozu, ist das Wie leichter zu ertragen

Um mit der freiwilligen Halbierung des verfügbaren Kontos trotzdem *allen* verfügbaren Signalen mit *unreduzierten* Investitionsbeträgen begegnen zu können, muss beim Trading nur ein »Kunstgriff«, eine Art Parallelaktion, angewendet werden: Wenn nämlich mittels Margin kreditierte Positionen nicht, wie in der Werbung beschrieben, zur Ausnutzung großer Positionen auf kleinen Konten, sondern zum Handel vieler Positionen mit reduzierten Investitionsbeträgen genutzt würden … *Holla!* … so wäre das Problem beseitigt. Möglichkeiten hierzu liegen zum einen in dem mit *Margin besicherten Kassakauf*, im Handel mit Optionen auf Einzelwerte oder in der Verlagerung des Kassakaufs auf den Parallelmarkt des *CFD-Produktes*.[14]

Ich erinnere mich heute noch gern an deine Einwände: Du beschriebst *CFD-Broker* häufig, trotz des hohen Zuspruchs durch Kunden aller Art, beinahe als Geldschneider und sagtest immer, du hieltest es mit solchen Brokern so ähnlich wie mit Radioaktivität – etwas, dem man sich mit Vorsicht und Schutz nähern sollte. Nun hatten deine Einwände sicherlich bis zu einer gewissen Stelle ihre Berechtigung, gleichwohl lag im *diversifikativen Trading* von Haus aus ein *zweckmäßiger* und *ausreichender* Schutz vor.

Wir alle sind uns durchaus im Klaren darüber, dass ein CFD lediglich eine Vereinbarung zwischen Broker und Anleger über die »Nachbildung« des Kurses einer Aktie oder eines Index ist; daher werden die Kurse in fast allen Fällen vom Anbieter kreiert und nicht über eine Börse ausgehandelt, und auch die Abwicklung der Transaktion liegt in der Regel allein in den Händen des CFD-Maklers. Dass der *CFD-Handel* als Produkt für den markttechnisch orientierten Handel auf *untersten* Zeitebenen meist nur einem, nämlich dem Broker, nützt, ist durch die oben erläuterte Preisstellung selbsterklärend. Die kritisierten möglichen Verwerfungen in den Preisstellungen, jener Spread zwischen Bid- und Ask-Kurs,[15] werden aber dahingehend irrelevant, als dass es sich beim *diversifikativen Trading* ohnehin nicht um *Tick-Trading* handelt. Aber dazu später mehr.

Ein weiterer Pluspunkt ergibt sich durch die vielen zugänglichen Märkte und Börsen, sprich: Man kann einen Großteil aller weltweiten Aktien, Rohstoffe usw. per Mausklick mittels eines *einzigen* Kontozugangs handeln.[16]

---

13 Je kleiner das Konto im Verhältnis zum Rumrutschfaktor ist, umso relevanter wird diese Aussage.

14 Alle Varianten sind in ihren Details von dem durchführenden Broker abhängig und können weit voneinander abweichen. Daher wird nachfolgend nur von Circa-Werten ausgegangen.
Um niemanden zu beschämen, werden hier nicht seitenweise Hinweise zum CFD-Handel heruntergebetet; denn da es hierbei nur um ein Produkt und damit nicht um Fachwissen zum »WIE handle ich«, sondern nur um das »WAS handle ich« geht, mögen via Internet oder Bücher eventuell vorhandene Wissenslücken geschlossen werden; beziehungsweise siehe Erläuterungen S. 164 ff.

15 Durch die Konkurrenz zwischen den Anbietern dieses Marktsegments gleicht sich dieser ohnehin immer mehr den abgebildeten Primärmärkten an.

16 Die Anzahl der als CFDs abgebildeten Aktien und Märkte schwankt von Broker zu Broker. Aber im Durchschnitt sind zwischen 8.000 und 10.000 Aktien weltweit als CFD handelbar – Tendenz steigend.

Nun zurück zur Ausgangslage, welche wie folgt aussieht: Die *40* Signale entsprächen bei dem Kunstgriff über den *CFD-Handel* und ausgehend von einer pauschalen Margin[17] von *20* Prozent statt 1.750 Euro nur noch einer Investition von 350 Euro pro Einzelposition. Für unsere geplanten 40 Signale wäre demnach ein Betrag von 17.500 Euro vonnöten und entspräche damit sogar einer weit geringeren als der angestrebten 50-prozentigen Auslastung.

… zweiter Schritt: die Markttechnik gibt es her …

Vorab: Wenn der weitgefasste Begriff des Börsenhandels aufgeschlagen wird, erweist sich der Begriff *Korrelation* generell als von erheblicher Bedeutung. Es gilt die Aussage, dass das Gesamtrisiko eines Portfolios umso geringer ist, je weniger die einzelnen Anlagen miteinander korrelieren. Die ideale Diversifikation ist folglich so umfassend, dass kaum bis keine Korrelationen zwischen den einzelnen Anlagen existieren. Erwirtschaften zudem die einzelnen, nicht korrelierenden Anlagen noch eine maximale Rendite, so ergibt sich das ideale, jedoch in der Realität nicht existierende Portfolio.[18] – Zumindest habe ich es, lieber Philip, noch nie gesehen, obwohl ich zugeben muss: Ich habe es auch noch nicht gesucht. Der Grund hierfür ist ganz schnell gefunden: Das »*diversifikative Trading*« weist mit der Idee eines »*diversifikativen Portfolios*« nicht ganz den gleichen Ansatz auf. Während es unserer Diversifikation auf das Erreichen der »Deckungsgleichheit von Absicht und Verhalten im Trading« ankommt, ist es das Ziel eines *diversifikativen Portfolios*, die bestmögliche Kombination von Anlagealternativen zur Bildung eines *optimalen Portfolios* zu erreichen, wobei bezüglich *Liquidität*, *Risiko* und *Ertrag* die Präferenzen des *Anlegers* und nicht des Traders (!) berücksichtigt werden. Es soll hierdurch ohne eine Verringerung der zu erwartenden Rendite das Risiko eines Portfolios minimiert werden, wobei die *Portfoliotheorie* das theoretische Grundgerüst für die in der Praxis des Portfoliomanagements verwendeten Verfahren bildet, sprich: Es werden die Gegebenheiten des Kapitalmarktes mit dessen Chancen und Risiken gegeneinander abgewogen, wobei höheres Risiko nur dann in Kauf genommen werden soll, wenn dadurch der erwartete Ertrag überproportional steigt. Den wichtigsten Bestandteil dieser Theorie verkörpert die Unterscheidung in *systematische* und *unsystematische* Risiken. Da es sich bei dem *systematischen* Risiko, ganz grob, um das Risiko des Anlegens selbst handelt und diesem ohne Ausnahme alle Wertpapiere aller Märkte unterworfen sind, kann dies nicht wegdiversifiziert werden, wohingegen das *unsystematische* Risiko, ganz grob, das Risiko einzelner Wertpapiere ausdrückt und sich daher durch Diversifikation, also mit steigender Anzahl verschiedener Wertpapiere, verringern lässt.

Ich will dies jetzt aber nicht weiter vertiefen, denn die Antwort auf die Frage »Was hat das denn alles mit den auf einem *Punkt 2* auf kleiner Zeiteinheit liegenden Orders, in deren unmittelbarer Nähe größere Orders eines größeren *Punktes 2* liegen, und dem Knall im Orderbuch beim Durchschreiten dieser beiden Punkte zu schaffen?« lautet: NICHTS!

17 Unabhängig von der generell je nach CFD-Broker variierenden Margin unterscheidet sich diese teils auch noch je nach Land und Aktiensegment. Um die Beispiele für alle Leser praktikabel zu halten, wird mit einer höheren Margin gerechnet; je geringer diese im Einzelfall, desto besser für die Diversifikation …

18 Nebenbei: Nach dem bekannten Markowitz-Modell verbessert sich das Rendite-Risiko-Verhältnis durch eine Reduktion der Korrelation des Gesamtportfolios im Verhältnis zu seinen Einzelanlagen. Auf langfristiger Basis wird damit laut Portfoliotheorie prinzipiell eine höhere Rendite bei geringerem Risiko erzielt.

Während wir »blind« und ohne zu zögern oder nachzudenken mit dem hier als Beispiel gewählten Setup kurzfristig beliebig viele Automobilwerte gleichzeitig handeln würden (in unserer Ausgangslage handeln wir ja ohnehin – Achtung: nur die *eine* Anlageklasse, die der Aktien), wäre dies aus Sicht der Portfoliotheorie sicherlich nicht der Stein der Weisen.

Das bedeutet aber nicht, dass Gedanken rund um ein *diversifikatives Portfolio* in den Augen der Markttechnik falsch oder lächerlich wären. Es ist nur einfach so, dass das eine nichts mit dem anderen zu schaffen hat.

… dennoch: ein Gleichgewicht ist darstellbar und sinnvoll

Trotzdem wollen und müssen wir beim *diversifikativen Trading* eine Art von »Gleichgewichtsmodell« beachten, das sich kurz und knapp und ohne große Formel benennen lässt: Wir streben ein *marktneutrales* Depot an, in dem die Anzahl der eingegangenen *Long*-Positionen nahezu identisch mit jener der eingegangenen *Short*-Positionen ist, siehe Bild 21.

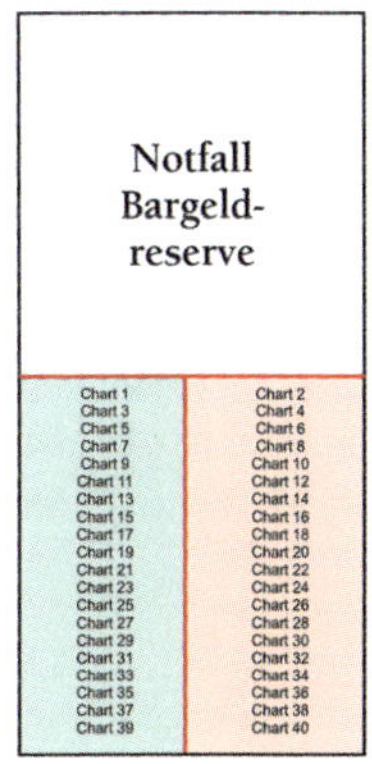

Bild 21

Beispiel: Liegen 37 *Short*- und 29 *Long*-5-Sterne-Setups vor, würden statt *allen* nur jeweils 29 der verschiedenen Setups gehandelt. Würde nun das Radioprogramm im Café mit der Eilmeldung eines »Anschlages« oder einer »drastischen Zinssenkung« unterbrochen, ich wüsste nicht, weshalb ich Tee und Buchseiten ruckartig beiseiteschieben und die Hast ins Büro beginnen sollte – aber hierzu gleich mehr beim Thema *Positionsverwaltung*.

Aus der Sicht der *Markttechnik* ist die »Gesamtmarktstimmung« für den Einzelwert unerheblich: Alle markttechnischen Signale, *Punkt-2-long* und *Punkt-2-short*, Korrekturhandel usw. haben aufgrund der Orderlage und unabhängig von der »Gesamtmarktstimmung *long* oder *short*« die Möglichkeit auf Erfolg. Was steigen soll, steigt; was fallen soll, fällt. Sollte nun trotzdem einmal »Fall Rot« oder »Fall Grün« eintreten und der Gesamtmarkt dermaßen ansteigen oder fallen, dass es eine der beiden Positionsrichtungen trotz vorheriger guter *Orderlage* zerreißt – *na und*? Es sind ja beide Marktrichtungen abgedeckt.

… vorläufige Zusammenfassung

Mit diesem *marktneutralen* Verhalten sind wir, trotz so vieler wie *nur möglich gehandelter* Signale, durch ein Konto, das durch seine Bargeldreserven die Fälle »Rot oder Grün« zulässt, dem angestrebten Ziel der generellen »Emotionslosigkeit im Trading« sehr nahe; schließlich bezieht sich diese nicht nur auf die einzelne Position, sondern auch auf das Gesamtdepot. Betrachten wir nun sowohl jede einzelne Position in Bild 22 wie auch das Gesamtdepot, stellen wir fest, dass der Charakter unseres Denkens so sehr zur Ruhe gekommen ist, dass es unmöglich wäre, beim Anblick eines Charts an etwas anderes zu denken als an die *persönlichen* und *fachlichen* Vorgaben.

50 Prozent Bargeldreserve

	Name	Stück	Traded	P/L pro Aktie	P/LGesamt	LastQuote	InvestBetrag	max. Risiko
LONG	Chart 1	118	21,10 €	1,70 €	200,60 €	22,80 €	2500 €	500,00 €
	Chart 2	72	34,55 €	2,35 €	169,20 €	36,90 €	2500 €	500,00 €
	Chart 3	145	17,23 €	0,85 €	123,25 €	18,08 €	2500 €	500,00 €
	Chart 4	193	12,98 €	-0,98 €	-189,14 €	12,00 €	2500 €	500,00 €
	Chart 5	102	24,50 €	0,40 €	40,80 €	24,90 €	2500 €	500,00 €
	Chart 6	12	213,12 €	5,98 €	71,76 €	219,10 €	2500 €	500,00 €
	Chart 7	23	110,45 €	9,45 €	217,35 €	119,90 €	2500 €	500,00 €
	Chart 8	28	87,90 €	3,30 €	92,40 €	91,20 €	2500 €	500,00 €
	Chart 9	28	90,90 €	-2,70 €	-75,60 €	88,20 €	2500 €	500,00 €
	Chart 10	8	331,30 €	-21,10 €	-168,80 €	310,20 €	2500 €	500,00 €
	Chart 11	20	123,20 €	3,90 €	78,00 €	127,10 €	2500 €	500,00 €
	Chart 12	18	137,90 €	5,30 €	95,40 €	143,20 €	2500 €	500,00 €
	Chart 13	253	9,90 €	1,67 €	422,51 €	11,57 €	2500 €	500,00 €
	Chart 14	439	5,70 €	0,45 €	197,55 €	6,15 €	2500 €	500,00 €
	Chart 15	31	80,90 €	3,10 €	96,10 €	84,00 €	2500 €	500,00 €
SHORT	Chart 16	-523	4,78 €	0,27 €	-141,21 €	5,05 €	2500 €	500,00 €
	Chart 17	-37	66,89 €	-0,89 €	32,93 €	66,00 €	2500 €	500,00 €
	Chart 18	-32	78,20 €	-7,10 €	227,20 €	71,10 €	2500 €	500,00 €
	Chart 19	-27	91,50 €	-1,50 €	40,50 €	90,00 €	2500 €	500,00 €
	Chart 20	-49	50,55 €	2,67 €	-130,83 €	53,22 €	2500 €	500,00 €
	Chart 21	-50	49,80 €	2,50 €	-125,00 €	52,30 €	2500 €	500,00 €
	Chart 22	-90	27,90 €	0,00 €	0,00 €	27,90 €	2500 €	500,00 €
	Chart 23	-26	94,90 €	-5,72 €	148,72 €	89,18 €	2500 €	500,00 €
	Chart 24	-309	8,10 €	-0,09 €	27,81 €	8,01 €	2500 €	500,00 €
	Chart 25	-16	154,20 €	-0,19 €	3,04 €	154,01 €	2500 €	500,00 €
	Chart 26	-25	100,10 €	-4,11 €	102,75 €	95,99 €	2500 €	500,00 €
	Chart 27	-33	76,82 €	-6,92 €	228,36 €	69,90 €	2500 €	500,00 €
	Chart 28	-194	12,90 €	-0,80 €	155,20 €	12,10 €	2500 €	500,00 €
	Chart 29	-162	15,40 €	0,27 €	-43,74 €	15,67 €	2500 €	500,00 €
	Chart 30	-13	190,10 €	-18,88 €	245,44 €	171,22 €	2500 €	500,00 €

Bild 22

Verschwunden sind die zu Zeiten der Anfänge so »beglückenden« gedanklichen Abzweigungen und deren desaströse Folgen (!), nämlich: das erstbeste Sackgässlein, das sich uns bei jedem neuen Bar anbot, für einen vertrauenswürdigen Seitenpfad zum Glück zu halten; das ergreifende Schauspiel einer ungeheuren Produktion nebliger Gedanken, die sich zu einer Art nervösen Puddings verbanden, der bei jeglicher Veränderung eines Kurses, einer beliebigen Position und Richtung in allen Teilen erzitterte und erbebte oder sich zu einem riesigen Tamtam umformte und ungeheuer dröhnte, wenn er auch nur im Leisesten berührt wurde … – Endlich Ruhe und Stille.

Selbst wenn das Gesamtdepot im Minus liegt, aber noch keine Position ausgestoppt wurde, welcher Trade sollte geschlossen werden? Welcher ist falsch? Und vor allem: Welcher übertrieben? Die einzelne Position ist im Verhältnis zum Konto so unspektakulär, dass sichergestellt ist, dass die Tür zum emotional belasteten Handel geschlossen bleibt und den eigenen wie den fachlichen Regeln treu geblieben wird.

Du weißt, lieber Philip, auch als Inhaber eines sehr großen Scheckbuchs bin ich ein Trader weniger Stückzahlen geblieben, und es entbehrte nicht des Reizes, diese Figur auf einem geheimen pekuniären Hintergrund abzugeben, durch den meine Orders pro Trade in der Tat zu einem Kostüm eines »armen Traders« abgestempelt wurden. Der heimliche Reichtum – denn als solcher wollten dir die unangetasteten Kontorücklagen immer erscheinen – führte dazu, dass du mir vorwarfst, ich trüge ein »Armer-Trader-Kostüm« zur Schau. Du hattest insofern damit recht, als dass ich – im Gegensatz zu einem Großteil der Trading-Anfänger, die mit mäßigen Erfolgen gern mehr pro Trade ausgaben, als ihr Konto hergab – gerne weniger ausgab, und es steht außer Frage, welcher Variante ich mehr innere Erheiterung, mehr Freude abgewann.

Das konntest du dir zu Beginn nicht wirklich vorstellen, aber es war zweifellos etwas Aufrechtes, mit kleinen Trades über die Charts zu fliegen. »Wo ein Trader seine besten Möglichkeiten findet und sein Konto die durchdachteste Kraftentfaltung erfährt, dort gehören beide auch hin«, sagte ich immer, »denn dort nützt er der höchsten Steigerung des Ganzen!«

Widmen wir uns nun den noch offenen Fragen zur *Positionsverwaltung* und den *Stopps*.

Positionsverwaltung

… mitunter müssen 4-Sterne-Marktphasen her!

Lass uns zur besseren Erklärung, lieber Philip, als Beispiel auch bei diesem Abschnitt des Schreibens an deinem aufgeführten persönlichen 5-Sterne-Plus-Setup, siehe Bild 1, weiterhin festhalten.

Folgende Ausgangssituation: In den Märkten herrscht eine positive Grundstimmung, und alle großen Indizes befinden sich in stabilen Aufwärtstrends. Infolgedessen ist pauschal anzunehmen, dass eine Suche massig *Long*- und, wenn überhaupt, nur sehr wenige *Short*-5-Sterne-Plus-Setups aufweisen wird. Sicherlich werden nach wie vor auch Werte mit größeren Abwärtstrends vorliegen, nur werden diese möglicherweise eher wie Bild 23a aussehen.

Bild 23

Um dennoch der Notwendigkeit eines *marktneutralen* Depots Folge zu leisten, sollten nun – statt die Anzahl der Long-Trades den *wenigen* Short-Trades anzupassen oder sich auf »Krampf« unüberlegt und »blind« in Werte wie Bild 23a *short* zu positionieren – besser auch »schlechtere« Marktphasen zum Handel beziehungsweise zumindest zur *Ordereingabe* herangezogen werden.

Dementsprechend muss, auch wenn keine Position vorstellbar ist, trotz des untergeordneten Aufwärtstrends zumindest eine Stopp-Sell-Order an den großen abwärtsgerichteten *Punkt 2* gelegt werden, siehe Bild 23b. Sollte nun ein unvorhersehbares Ereignis diesen oder den Gesamtmarkt erschüttern, würden mitunter einige oder alle vorhandenen Long-Positionen ausgestoppt, aber zeitgleich eine oder alle Short-Orders der jeweiligen Werte eingetriggert. Sollte der Marktverlauf dem von Bild 23c ähneln, wäre auch eine Stopp-Sell-Order direkt am untergeordneten lokalen Tief denkbar und sinnvoll. Diese Order dürfte aber nur bis Erreichen des kleineren Hochpunktes im System verbleiben, da damit der »angedachte« abwärtsgerichtete *Punkt 2* sich zu einem *definitiven* aufwärtsgerichteten *Punkt 3* entwickelt hat. In der Folge müsste die Stopp-Sell-Order wieder wie in Bild 23b abgeändert werden.[19]

Kurzum: Da in stark trendlastigen Gesamtmarktphasen selten ein ausgewogenes Verhältnis von *Long*- und *Short*-5-Sterne-Plus-Charts vorkommt, muss dieses Missverhältnis durch die Hinzunahme von »4-Sterne-Charts« kompensiert werden. »Schlimmstenfalls« kann es in einem Konto mit 50 Prozent Bargeldreserve nun so zugehen, dass ein Viertel des Kontos aus Long-Po-

19 Nochmaliger Hinweis: Alle Schemata und Beispiele werden der Einfachheit halber nur von ***einer*** Marktseite betrachtet; für die entsprechende Gegenseite gilt alles selbstredend analog.

sitionen, hingegen das verbleibende Viertel nur aus *theoretischen* – da noch nicht eingestoppten – Short-Positionen besteht.

Die notgedrungene Verwendung von 4-Sterne-Marktphasen zur Wahrung der Marktneutralität erzeugt nun zwangsläufig folgende Gedanken:

… unzählige ausgelegte Angeln und nur ein kleiner Kescher

Je nach Kontogröße kann schnell folgender Fall eintreten: Nach intensiver Suche liegen beispielsweise 20 *Long*- und 30 *Short*-5-Sterne-Plus-Charts vor; aber trotz Kreditierung der Positionen mittels Margin können beispielsweise insgesamt *nur* zehn Positionen, also fünf *long* und fünf *short*, gehandelt werden. Unter Beachtung einer Notfallreserve wäre eine weitere Positionsreduzierung zwar immer noch vorstellbar, allerdings nur theoretisch, da der Positionsgröße nun die etwaigen Gebühren entgegenstünden. *Okay* – nun könnte zwar das Los entscheiden, doch warum Fortuna reizen, wenn doch nahe liegt, dass eine noch nicht ausgeführte, sprich: *offene* Order nicht zwingend eine Positionierung nach sich zieht. Mithin ist, trotz des Wissens, »nur zehn Fische schleppen« zu können, der Gedanke berechtigt, *unzählige Angeln* an jeweils passenden Gewässern auszulegen. Auf das *diversifikative Trading* angewendet, bedeutet dieses Gleichnis Folgendes: Es sollten stets *alle* verfügbaren Angeln ausgeworfen, also die entsprechenden Orders an *alle* vorhandenen 5-Sterne-Plus-Charts gelegt werden, auch wenn deren Anzahl einem *Vielfachen* der *maximal* möglichen Menge an Positionen entspricht.[20]

… aber: Achtung!

Innerhalb dieses Kontexts muss indes folgender ungewünschter Ablauf bedacht werden, bei dessen Erörterung auch die Vorteile des Vorhandenseins eines »greifbaren« Handelsbüros zutage treten: Weil unser oben genanntes Beispielkonto unter Beachtung der erwähnten 50-prozentigen Bargeldreserve, aber unabhängig von deren monetären Definition nur je fünf Long- und fünf Short-Positionen erlaubt, sind bei einem »vollen« Griff ins Konto tatsächlich jedoch *20* Positionseröffnungen vorstellbar und möglich.

Träte nach Auswurf *aller Angeln* nun »Fall Rot« ein, würden ausschließlich Orders der Long-5-Sterne-Plus-Charts eingestoppt werden, aber keine einzige Order auf der Short-Seite – oder genau umgekehrt. Um zu verhindern, dass es hierdurch zu einem Angriff sowohl auf die *Bargeldreserve* als auch auf die *Marktneutralität* kommt, müssen die Eröffnungsorders unter »Aufsicht« stehen. Sollten die in den Märkten liegenden Eröffnungsorders also sehr kurz nacheinander eingestoppt werden, müsste diese »Aufsicht nach der *fünften* (Gefahr für die Marktneutralität), spätestens jedoch nach der *zehnten* (Gefahr für die Bargeldreserve) Long-Positionsbestätigung die verbleibenden Long(!)-Orders aus dem Markt nehmen und im umgekehrten Fall die verbleibenden Short-Orders. Eine Gefahr für Bargeldreserve und Marktneutralität wäre damit abgewandt, und trotzdem – und darauf kommt es bei dieser Überlegung an – hätte *nicht* Fortuna die

20 Allgemeiner Hinweis: Je nach CFD-Broker wird, anders als im klassischen Terminhandel, für Ordereinstellungen zur Positionseröffnung häufig keine Margin fällig. Daher können mitunter mehr Orders als schlussendlich und effektiv bezahlbar in den Markt gestellt werden. Im Terminhandel ist so etwas nur über synthetische Orders möglich, welche vorerst vom Broker gespeichert werden. Achtung: Die Details hierzu variieren je nach Produkt, Broker und Börse.

Finger im Spiel, sondern *einzig der Markt selbst* (!) würde entscheiden, an welchen der ausgelegten Angeln und in welcher Reihenfolge die Fische anbeißen.

Dass die »Aufsicht« weder über praktische noch theoretische Handelserfahrung verfügen muss, brauche ich dir, lieber Philip, nicht weiter zu erklären … schließlich verdreht dir diese »Aufsicht« jeden Morgen in Bangkok ebenso den Kopf wie in Deutschland … In diesem Zusammenhang sag *Kim* von mir bitte einen schönen Gruß … und ehe ich es vergesse:

Schönen Gruß von *Claudia*. Sie steht gerade neben mir. Ich erinnere mich noch lebhaft an deinen damaligen Enthusiasmus, diese »Aufsichtskontrolle« durch Programmieren zu automatisieren. *Aber wozu?*

Zu viel Zeitaufwand für zu wenig Nutzen; außerdem wäre dann ja der Sinn eines Büros gänzlich ad absurdum geführt, denn ein »handelnder Rechner« braucht keine sozialen Kontakte; aber wer von uns will das schon? Mir zumindest sind ein Ort, wo ich hin und wieder im Dialog mit Kollegen stehe, und eine hübsche Kollegin, die mir durch die Abnahme der Aufsicht ausgedehnte Freizeit ermöglicht, um ein Vielfaches lieber, als tagein, tagaus leichenblass beim Programmieren feststellen zu müssen, dass der Rechner beziehungsweise das Programm meine Gedanken schlussendlich doch nicht ganz zu hundert Prozent umsetzt.

Hinweis: Sollte aber weder eine »Aufsicht« noch eine »Aufsichts-Programmierung« möglich sein, kann es für den Angler mit mehreren Angeln in Sachen *Marktneutralität* wie auch der Einhaltung einer *Bargeldreserve* kritisch werden. Während das erste Problem kaum lösbar ist, gelingt dies beim zweiten mittels eines einfachen Kunstgriffs sogar recht leicht: Um ein *massives unkontrolliertes* Einstoppen der in den Märkten liegenden Orders über die von der gewünschten Bargeldreserve gesetzten Grenze hinaus abzuwenden, braucht man lediglich das Konto zu halbieren und die überzählige Hälfte auf ein zweites Konto beim *selben* Broker umzubuchen.

Das eine Konto dient nun den *Orders* und *Positionen*, das zweite als Bargeldreserve. Sollten nun mehr Fische als erlaubt beziehungsweise gewünscht anbeißen wollen, würden die entsprechenden überzähligen Angeln – da das erste Konto bereits zu 100 Prozent ausgelastet ist – vorübergehend unsichtbar, sprich: vom *Broker* so lange geblockt, bis wieder Margin frei ist.[21]

Bei nicht vorhandener »Aufsicht« bleibt hingegen das Problem der *Marktneutralität*, sprich: die Reihenfolge, in der die Fische (long oder short) anbeißen, *kaum* steuerbar. Es sollte sonach zumindest die Möglichkeit bestehen, »alle Stunde«, je nach Entfernung von Einstiegsorder zum aktuellen Marktverlauf auch in kürzeren oder längeren Zeitabständen, das Depot für wenige Augenblicke betrachten zu können. Diese Stippvisite dient nicht der Kontrolle der einzelnen Marktverläufe, sondern wirklich einzig der Prüfung, ob »Orders ausgeführt« worden sind und – wenn ja – wie sich dies auf die *Marktneutralität* auswirkt. Sollte die Anzahl der erlaubten Long- oder Short-Orders erreicht sein oder kurz bevorstehen, muss reagiert werden.

Sollte auch diese »Stippvisitenaufsicht« nicht realisierbar sein, muss tatsächlich Fortuna ihres Amtes walten: Es kann, statt *aller* möglichen, nur die *maximal erlaubte* Anzahl von Positionen,

---

21 Je nach Broker und generellen *individuellen* Handelsumständen, auch möglich, sich die notwendige Margin *freiwillig* verdoppeln zu lassen. Für einen Trading-Anfänger liegt dies in der Regel zwar außerhalb seines Verständnisses, stellt jedoch – einen guten Draht zum Broker für eine *schnelle* Rückstufung der Margin *vorausgesetzt* (!) – im hier erörterten Zusammenhang einen akzeptablen Kunstgriff dar, um trotz der in Überzahl ausgelegten Orders eine Bargeldreserve für eventuell notwendig werdendes Hedging vorrätig zu haben.

gesplittet in Long- und Short-Orders, in nach dem Zufallsprinzip ausgewählte Märkte gelegt werden, in der Hoffnung, dass die *ausgewählten* und nicht die *unbeachtet gebliebenen* 5-Sterne-Plus-Setups während der Abwesenheit des Traders »laufen«.

… und nun zu den Stopps!

Wenn, wie bisher erläutert, durch eine durchdachte Beschäftigung mit den Um- und Zuständen tatsächlich die Möglichkeit existiert, statt nur eine Angel am Lieblingssee *gleichzeitig mehrere* Angeln an vielen Gewässern auszuwerfen, wird es unerlässlich, die Frage nach einem wirkungsvollen Umgang mit den Stopps zu klären – beginnend mit jenem *initialen* Stopp direkt nach Positionseröffnung.

Zur Veranschaulichung dient das bereits bekannte Bild 24: Da ein ununterbrochenes Observieren des Einzelwertes nicht nur nicht ansteht, sondern auch nicht anstehen *soll*, wäre die klassische *If-done-Order*, als Kombination zweier Orders, vorerst die ideale Lösung. Zum einen würde man am kleineren *Punkt* 2 (grün markierte Linie) *eingestoppt* und wäre, dies vorausgesetzt, im Falle einer gegenläufigen Marktbewegung gleichzeitig *abgesichert*.

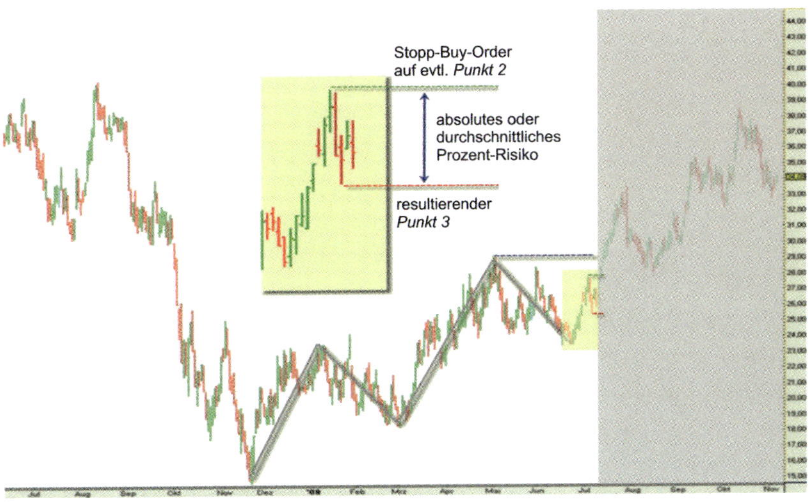

Bild 24

Wendet man dies auf den Chartverlauf in Bild 24 an, notiert der aktuelle Kurs (Übergang zum grauen Hintergrund) bei circa 26,50 Euro. Kurz darüber liegt der *Punkt* 2[22] und damit die Absicht, *erst ab* 28,00 Euro zu kaufen.

Gleichzeitig braucht es aber eine Order, die das Risiko begrenzt, wenn der Kurs nach Ausführung des Auftrags auf … – *ja, auf welche Kursmarke denn fällt?*

Variante a) Es wird der noch unbestätigte und daher *nur* vermutete mögliche *Punkt 3* (rote Linie – diese kann sich natürlich noch im weiteren Verlauf ändern) herangezogen.

22 Ein Korrekturhandel ist in diesem Setup nicht durchführbar, da erst bei Durchbruch durch diesen *Punkt* 2 überhaupt ein untergeordneter Trend definiert wird und dieser somit erst in dessen Folge (!) anwendbar.

Variante b) Die *genaue* Lage des *Punktes 3* wird vernachlässigt und vorerst nur der *durchschnittliche* Abstand zwischen Ein- und Ausstiegssignal (blaue Linie mit Pfeilen) als Anhaltspunkt genommen.

… ist Genauigkeit vonnöten?

Du weißt, lieber Philip, dass wir letztere Variante bevorzugen, was bedeutet: Der sich eigentlich fachlich ergebende Stopp-Kurs – sei es beim *Trendhandel* der *Punkt 3* oder beim *Bewegungshandel* das Tief der Vorperiode oder jeder andere sich je nach verwendeter Handelslogik ergebende Stopp – wird in der *initialen* Stopp-Ermittlung *komplett* vernachlässigt. Stattdessen wird, um bei deinem bisher verwendeten 5-Sterne-Plus-Setup zu bleiben, »einfach pauschal« ein Stopp von *20 Prozent* angesetzt. Zur Erinnerung: Diese Relativität wurde sowohl beim durchschnittlichen Abstand zwischen Ein- und Ausstieg als auch *bereits* zur Positionsgrößenbestimmung herangezogen.[23]

Der Vorteil liegt auf der Hand: Dieser Stopp-Kursbetrag muss für *jeden einzelnen* Chart gar nicht erst individuell »ermittelt«, sondern kann einfach errechnet werden, womit die entsprechende Ordereingabe von jedem Laien beziehungsweise der soweit ohnehin vorhandenen »Aufsicht« erledigt werden kann. Mit anderen Worten: Wenn bei der Suche nach 5-Sterne-Plus-Charts parallel eine *durchdachte* »Pi-mal-Daumen-Betrachtung« des maximalen Abstandes zwischen Ein- und Ausstieg vorgenommen wird, kann die »Aufsicht« nicht nur die eingestellten Orders überwachen, sondern bereits deren Eingabe schnell und unkompliziert verarbeiten. Womit wir wieder bei *Kim* und *Claudia* wären …

Als wäre es gestern gewesen, denke ich öfter an jene Tage deiner Lehrjahre, an denen ich nach zwei, drei Stunden »5-Sterne-Plus-Suche« aus dem nahe gelegenen Café zurück ins Büro schlenderte und die gefundenen Charts, auf denen in Grün oder Rot (*long* oder *short*) *nur* der Einstiegskurs vermerkt war, wortlos an Claudia übergab und mich anschließend meinen Hobbys widmete.

»Wie? D-I-E darf jetzt diese Charts handeln!?« Du warst immer völlig aufgelöst. »Warum nicht I-C-H?«, und du hast deine »ach soooo« praktische Erfahrung mit Signalen, Bars & Co. als Argument ins Feld geführt.

Weißt du meine Antwort noch? »Genau aus *diesem Grund* gebe ich dir *nicht* die Orders«, lautete sie jedes Mal und immer gleich, aber deren Tiefe hat sich dir erst lange Zeit später erschlossen.

»Ja, aber wenn sie die Stopps *falsch* setzt?!«

Und genau an dieser Stelle endete das Gespräch jedes Mal. Wie hätte ich bei deinen damaligen Ansichten zum Trading je erklären können, dass durch die *sorgfältige* Suche nach Marktphasen, die immer *gleichbleibenden* Investitionsbeträge pro Position, das *maximale* Risiko pro Position – errechnet aus meinem Rumrutschfaktor und dem Ziel, so viele Positionen wie nur möglich zu handeln – sowie durch Claudias emotionale Distanz gegenüber dem Handel sie einen Stopp *niemals* falsch setzen konnte? Die auf den 5-Sterne-Plus-Charts notierten Einstiegskurse in eine Excel-Tabelle einzugeben und die daraufhin ausgegebenen Werte für *Stückzahl* und *Stopp-Kurs* in die If-done-Order zu übernehmen, wies eine Fehlerquote von nahezu null auf.

---

23 An dieser Stelle nochmals der Hinweis: Diese Relativität kann je nach individueller Handelslogik variieren. Die damit verbundene Aussage, statt des Regelwerk-Stopps einen *durchschnittlichen* Prozent-Stopp als Initial-Stopp zu verwenden, bleibt dennoch bestehen.

… zur Erinnerung: Orderablauf und Positionsgrößen

Sollte, was in den meisten Orders der Fall sein wird, der errechnete und eingegebene Stopp weiter als nötig vom fachlichen Regelwerk-Stopp entfernt liegen, so ist das völlig *egal*, denn: Wie ausführlich beschrieben, liegt die Order *dennoch*, sowohl emotional als auch im Hinblick auf das Geldmanagement, im »megagrünen« Bereich.

Selbst wenn sich bei einem Suchvorgang, trotz Beachtung des maximalen Abstandes zwischen Ein- und Ausstieg, mal ein Trade dazwischenmogeln sollte, bei dem beispielsweise der Long-Einstieg bei 100 Euro und der durchschnittliche pauschale Stopp von 20 Prozent daher auf 80 Euro läge, der bereits deutlich erkennbare *Punkt 3* aber auf der 77 und mithin der eingegebene Stopp ein »bisschen« *innerhalb* der Spanne zum fachlichen Regelwerk stünde – Herrgott, die genannten Beträge sind so klein, dass dies zum einen keine Rolle spielt und zum anderen: Nicht *jede* Order wird eingestoppt, und wenn ausgerechnet diese Position doch dabei ist, besteht *immer noch* jederzeit die Möglichkeit für ein *Feintuning* … aber: Inwieweit ergibt das *generell Sinn*?!

… eine Position wird eingestoppt!

Ob eine Einstiegsorder, die im Namen der »Beständigkeit« heute bevorzugt behandelt wird, ein Erfolg wird oder nicht, weiß man gewöhnlich nicht vor »übermorgen« … Dass nach einem »Einstoppen« der bis dahin noch »pauschale« Stopp nun an die »rechte« fachliche Stelle versetzt werden kann, ist selbstverständlich, wenngleich hier freilich keinerlei Eile geboten ist; denn wie nun mehrfach erwähnt: Auch wenn im *Einzelfall* der momentane Stopp vom Fachlichen »zu weit« entfernt ist, befindet sich dieser aber gleichwohl innerhalb der anderen Reglements, weshalb ein Ausstoppen nach dem Versetzen an die »richtige« Stelle den Verlustbetrag aufgrund der geringen Positionsgröße nur »unwesentlich« reduziert.

Sollte sich der Markt *direkt* nach dem Einstoppen bereits gegenläufig verhalten, muss über das *Wie* einer Stoppversetzung ohnehin nicht nachgedacht werden. Was aber, wenn sich der Marktverlauf wie gewünscht verhält?

Hier stehen natürlich so viele Handhabungen offen wie Sichtweisen im Raum; schließlich sind im *diversifikativen Trading*, wie hinlänglich hergeleitet, der jeweilige *Handelsstil* und dessen Methodik nebensächlich (!) beziehungsweise bedeutungslos. Dennoch haben alle Möglichkeiten eine so umstrittene wie inhaltsreiche, das Nachdenken jedenfalls lohnende Frage gemein: Wie sinnvoll ist das »Laufenlassen« einer Position im *diversifikativen Trading*? Aus deiner einstigen Sicht, lieber Philip, stellte ich die dir widersprüchlich erscheinende beziehungsweise dir fast schon irrsinnig anmutende Behauptung auf, dass das »Stopps nachziehen und nachziehen und nachziehen« im *markttechnisch*(!) diversifikativen Trading fachlich unnötig ist, wenn nicht sogar regelrecht *falsch*!

Die Begründung hierzu war schnell skizziert, erschloss sich dir in ihrer ganzen Tiefe aber erst, als du nach Monaten harter Arbeit die Herleitung zu diesem *Arbeitsstil* nicht nur begriffen, sondern tatsächlich *verinnerlicht* hattest:

Bei einer offenen und positiv laufenden Position steigt mit jedem *weiteren* Euro, Dollar, Punkt oder Pip das Risiko einer Korrektur! Zwar weiß keiner, *wann* dies eintritt, indes weiß jeder, *dass* dies eintritt – so weit also nichts Neues. Selbst wenn diese Korrektur bei einem Trendhandel beispielsweise erwünscht ist, steigt mit sich fortsetzender Marktbewegung auf der übergeordneten Zeiteinheit trotzdem die Gefahr einer *größeren* Korrektur und damit auf der untergeordneten Zeiteinheit das Risiko eines Trendbruchs, siehe rote Dreiecke in den Bildern 25a-c. Damit wird für das *markttechnisch orientierte* diversifikative Trading, dessen Fundament ja von der Frage gebildet wird: »Wo entsteht *Bewegung*?«, und daher für jede Marktbewegung über den *übergeordneten Punkt 2* hinaus eine Korrektur immer wahrscheinlicher, wodurch für den vorhandenen Buchgewinn das Risiko durch das »Greifen« des dahinterliegenden Stopps immer größer wird, siehe rote Dreiecke in den Bildern 25a-c.

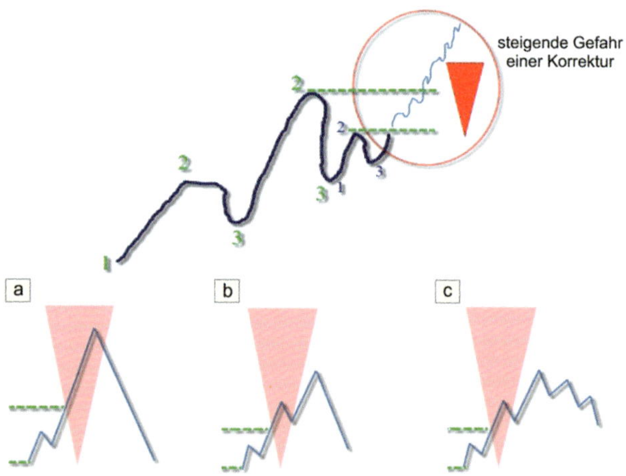

Bild 25

Im *klassischen* Handel ist das »Den Trade laufen lassen, denn wer weiß schon, wie der nächste Trade aussieht« ein *absolut* überlebensnotwendiges Verhalten, das sich aber unter dem Gesichtspunkt des *diversifikativen Tradings*, sprich: ständig neu auftretender »frischer« Signale, die nur darauf warten, gehandelt zu werden, etwas relativiert. Natürlich kann es sein, dass das neue, das »frische« Signal ein *Fehltrade* wird, während der zu früh geschlossene Trade »gelaufen und gelaufen und gelaufen« wäre. Aber um beiden Möglichkeiten gerecht zu werden, bietet sich, wie im klassischen Trading auch bekannt, schon immer folgende Lösung an: *Positionsteilung*.

… die treibende Kraft

Unter diesem Gesichtspunkt ist es dienlich und Erfolg versprechend, wenn bei der Eingabe der *If-done-Order* nicht nur der Einstiegs- und der Initial-Stopp, sondern gleichzeitig noch ein Limit zur Positionsschließung eingegeben wird.

In unserem Beispielsfall würde dieses Limit kurz über dem größeren *Punkt 2* rangieren – aber natürlich: nur für einen Teil der errechneten Stückzahl.

Die verbleibende Stückzahl[24] kann:

24 Ob die Positionierung nun die Hälfte oder ein Drittel oder, oder … umfasst, unterliegt immer der individuellen Betrachtungsweise des Anwenders; wesentlich ist allein, einen Teil des Gewinns zu sichern.

a) mit einem oder mehreren[25] gestaffelten »Luxus«-Limits aus dem Markt genommen werden oder

b) *individuell* gehandhabt werden,

wobei Letztere die bessere Alternative ist, sofern dies wie folgt gehandhabt wird: Sollten mehr Signale vorliegen, als im Konto handelbar sind, und ein »Beißen der Fische« bei allen ausgelegten Orders zeitnah bevorstehen, ist ein »blindes« Schließen einer Position, welche bereits in der gewünschten Richtung *über* (Long-Trades) oder *unter* (Short-Trades) dem *großen Punkt* 2 liegt – bestenfalls inmitten der *Bewegung* des untergeordneten Trends –, stets insofern von Vorteil, dass dem nun frei werdenden Positionsplatz im Depot eine *neue, risikoärmere Position*[26] zugewiesen werden kann.

Es muss indes klar sein, dass jeder Augenblick des *diversifikativen Handelns* auf diese Voraussetzung *ausreichender* Anzahl von Signalen angewiesen ist, denn sonst löst sich das ganze Wunschgebilde natürlich in *nichts* auf.

Zu Beginn deiner Karriere meintest du des Öfteren, dass ich meine »Begabung« auf »*Kleingeld*« verschwenden würde. Für dich war meine damalige Antwort: »Nicht Jäger, sondern Sammler sein« unverständlich; aber es war in der Folge genau *diese* Einsicht, nämlich, dass *eine Rotation der Positionen* die wahre treibende Kraft (!) des diversifikativen Trading verkörpert, was dich letztendlich auf den Weg des großen Profits gebracht hat.

Sollten aufgrund der Gesamtmarktphase die auffindbaren 5-Sterne-Plus-Charts hingegen nicht einmal die erlaubte *maximale* Positionsanzahl erreichen und sollte sonach eine Rotation innerhalb der »ausgelegten Angeln« unmöglich sein, sind die wenigen entstehenden Positionen natürlich zu hüten und zu pflegen; will heißen, dass die Stopps nach einer ersten Positionsteilung sauber nachgezogen werden, in der Hoffnung, dass eine einsetzende Korrektur auf sich »warten und warten und warten« lässt … In der Zwischenzeit gilt es nun, die im bereits erwähnten 5-Sterne-Ordner enthaltenen Charts *neu* auszudrucken und systematisch nach Entwicklungen hin zu »5-Sterne-Plustrades« zu durchsuchen. Bleibt dies erfolglos, werden die Charts der im Vier-Sterne-Ordner abgelegten Märkte in der Hoffnung neu abgefragt, dass in der seit der letzten Durchsuchung verstrichenen Zeit sich *hier* möglicherweise 5-Sterne- oder 5-Sterne-Plus-Phasen geformt haben. Sollten sich hieraus nun wieder genügend Treffer ergeben haben, um das Konto ausreichend zu positionieren, ist der Arbeitstag vorerst beendet. Andernfalls muss nun der Drei-Sterne-Ordner zur erneuten Suche herangezogen oder aber ein vollständig neuer Durchlauf aller noch nicht bereits katalogisierten und gesichteten Werte gefahren werden.[27]

Ich werde nun langsam zum Schluss kommen, denn das *Wesentliche* zum Thema *Positionsverwaltung* ist gesagt, und alle Leuchttürme, die es unbedingt zu beachten und zu überdenken gilt, sind gesetzt. Sicherlich, und das bleibt unbestritten, gibt es bei allem Gesagten einen Spielraum

25 Je nach Kontogröße ist trotz breit aufgestellter Diversifikation die Positionsgröße »relativ« groß, sodass verschiedene Positionsteile mittels mehrerer übereinanderliegender Limitorders aus dem Markt genommen werden. Siehe hierzu auch den nachfolgenden Band 5 von DER HÄNDLER.

26 *Risiko* bedeutet an dieser Stelle lediglich die stetig größer werdende Gefahr einer einsetzenden Korrektur.

27 Eine Katalogisierung von ausgedruckten Charts ergibt selbstverständlich nur dann Sinn, wenn diese Zuordnung in einer Chartsoftware als Watchlist »Fünf-Sterne; Vier Sterne … « erfolgt bzw. in eine solche übernommen wird. Denn: Werden die ausgedruckten katalogisierten Charts nach einer Weile neu betrachtet, hat sich der Chartverlauf zwar im Chartprogramm, nicht aber in den abgehefteten »Blättern« fortgesetzt …

in alle Richtungen; aber das muss auch so sein, denn schließlich ging es ja nicht um Handels-, sondern um Arbeitsstile, und diese sind: *individuell* …

… man könnte sagen: Es ist schön.
Und doch: Schöner ist es nicht? Das ist das Ganze?

Stans desaströse Tage demonstrierten dir einmal mehr, dass es eine zutiefst beunruhigende Erfahrung ist, den Glauben an sich selbst und das eigene Fachwissen zu verlieren. Dieses generiert aber nicht selten zumindest den heilsamen Nebeneffekt, das »Opfer« dazu zu bringen, zu überdenken, worum es beim aktiven Börsenhandel *eigentlich* geht. Wenn kluge, die Psyche des Händlers mit einbeziehende Positionsgrößen und das »Spiel an mehreren Tischen« Eigenschaften sind, die sich für denjenigen schicken, der mit großem Weitblick ausgezeichnet ist, was soll man da dem Trading-Anfänger sagen, der mit ein oder zwei Positionen sein Konto völlig ausreizt und dies auch noch zur Schau stellt? Doch nur, dass so etwas jedem erfahrenen Trader zur Unehre gereichen würde …

Auch du, lieber Philip, hast – wie Stan heute – einst das 24-Stunden-Interpretieren deines Lieblingsmarktes so dermaßen, trotz unterm Strich fehlender Ergebnisse und trotz verpasster Chancen in anderen Märkten, so sehr verehrt, ja, fast könnte man sagen, es mit »Wohlgefallen« ertragen, dass du dem Chart eine *so tiefe* Verehrung zuteilwerden ließest, dass du zu seinem *willenlosen Sklaven* wurdest. Du wolltest »Gutes im Trading«, aber auch gute Dinge können uns Menschen wie Tyrannen an sich fesseln, es sei denn, wir durchschauen diesen selbst erschaffenen »falschen Mythos« und erblicken dahinter – das wahre Symbol und den Kern des Tradings.

Aber: Die Klinke eines anderen Tradings zu berühren, erschien dir zu Beginn wie das Tauchen in einem Pfuhl. Eine gewisse Geruhsamkeit oder besser Trägheit deiner Gedanken wehrte sich dagegen, derweilen deine durch *Aktionismus* und *Druck* eingegangenen Trades in ihrer Natur tagein, tagaus deinem inneren Gleichgewicht widersprachen. Das Trading bestand für dich schlechterdings größtenteils nur aus *großen* Wörtern, denn du kanntest nichts davon als die ungeheuren und gleichwohl wesenlosen Ahnungen, welche die Themen *Langeweile* und *Druck* in dir hervorriefen. Dieses fast schon an die Grenzen des Menschenmöglichen gehende, ununterbrochen abrollende Reaktionsschema war ein Angriff auf deine Sinne, deine Nerven, auf deine Wollust in der Tat, und zwar mit folgendem Grundmodell: Du erwartetest von den Trades das *monetär* Gute und niemals *haarsträubende Teuflische*; du erwartetest vom Trading das *entzückend Schöne* und nie das *abgrundtief Hässliche*; und du begannst bei jedem Trade, innerlich und äußerlich zu wanken, wie dies ein ungeübter Seilläufer tut. Kurz: Jedem, nur dir selbst nicht, war klar, dass die tiefen Konflikte zwischen deiner Absicht und deinem Verhalten immer mehr zum Vorschein kamen.

Dein anfängliches Verhalten bezüglich meiner Hinwiese zum *diversifikativen Trading*, lieber Philip, erinnert mich an meine eigene frühe Kindheit: Da wollte ich das, was meine Mutter gekocht hatte, meistens nicht essen. Ich sagte immer: »Das mag ich nicht«, und sie konterte: »Woher willst du wissen, dass du es nicht magst, wenn du es noch nie probiert hast?« Ich denke, ich hatte damals mehr Angst vor dem Neuen, Unbekannten, Ungewohnten als die Neugier auf möglicherweise schöne Erfahrungen und habe lieber gar nichts gegessen, als mich auf das Neue einzulassen. Diese kindliche Einstellung erinnert mich an dein damaliges Verhalten: Oft sah ich dein Gesicht, diese Grimasse mit lächelnd zusammengebissenen Zähnen, im Ringen zwischen der Qual einer eingebüßten Verfügungsfreiheit und dem Zwang, deine zwei, drei einzelnen Märkte *permanent* zu observieren, wie ein vor Eifersucht schier platzender Exliebhaber. Was für ein herrlich *konfuser* Vorgang! Und vor allem: Was für Vorstellungen von dem Beruf des Tradings!?

Damit dir der Weg zur Einsicht leichter gelänge und um dir Zeit einsparen zu helfen, die du mit der Betrachtung deiner zwei, drei Lieblingsmärkte ohnehin so verschwenderisch wegwarfst, habe ich dir in der zweiten Phase deines Traderlebens mit homöopathischen Dosen geholfen, die Antworten auf die immer wiederkehrenden allumfassenden Fragen zu finden, deren Lösungen dich anschließend wie ein Magnet zur dritten Phase zogen und damit unter anderem zum *diversifikativen Handel*. Du erkanntest im Laufe der Zeit jene alles überspannende Frage: »Was muss getan werden, damit die nur zu gut bekannten ›unheimlichen Begegnungen der dritten Art‹ ausbleiben?«, sprich: Durch die durchdachte Anwendung der *Diversifikation* wird plötzlich das, was auf dem Konto passiert, unspektakulärer als alles, was man sich sonst vorstellen konnte. Der persönliche *Rumrutschfaktor* bleibt ehrwürdig stumm. Er wurde kaltgestellt, sozusagen auf *Eis* gelegt. Bei früheren, weil durch Druck zustande gekommenen undurchdachten Positionsgrößen wie von allen Hunden gehetzt, ähneln die Reaktionen auf die jetzigen Positionen bei Weitem nicht mehr der Furcht und Faszination angesichts des *Numinösen* wie damals. Dieser vom rechten Weg abbringende Lockruf ins buhlerisch Ungewisse, ins sinnlos Törichte bleibt aus; man wird nicht mehr von Ehrfurcht ergriffen. Das alles betont aber nur nachdrücklich die Gewissheit, dass einzig und allein eine hohe Anzahl an Positionen das diversifikative Trading in Gang hält.

Beim Blick ins durchdacht geführte Depot, auf dessen offene und die anstehenden Positionen liegt, auch bei vorhandenen Minuspositionen, die Ruhe, die ganze Ruhe vor einem! Sie liegt vor einem ausgebreitet wie ein lockendes Meer: Man kann sich hineinstürzen und selig schwimmen, sich tragen und entführen lassen und dennoch dabei die Herrschaft in Händen halten, regieren und verfügen. Oder anders: In der dritten und damit letzten Phase eines Traderlebens wird klar, dass derjenige, der die Erlebnisse der eigenen ersten und zweiten Phase *dankend* annimmt, der etwas auf sich hält und erkannt hat, dass man zuerst das *Schwerste* übt, um sich im *Leichteren* desto befähigter zu bewähren, und nun froh ist, dass er zu seinem Triumph nur noch die »zartesten, leisesten« Mittel spielen zu lassen braucht statt der längst überdrüssig gewordenen »groben und wilden«.

Und damit nun, lieber Philip, zu deiner Verantwortung gegenüber Stan: Tu mir und John den Gefallen und vergiss beim Umgang mit Stan bitte deine eigenen Lehrjahre nicht! Sollte die außerordentliche Intensität dieser letzten desaströsen Handelstage eine wirkungsvolle Arznei für ihn sein und nun der Wunsch in ihm keimen, sich den *wahren Aufgaben* des Tradings zu stellen, behandle unseren Bambino sanft! Bestärke ihn dauerhaft in der Weisheit: Wenn er ein ernsthaftes Interesse am Börsenhandel verspürt, soll er sich zuallererst auf Spott und Hohn einstellen. Er soll immer daran denken: Wenn er mit sich als Mensch hartnäckig und vor allem schlau umgeht, wird er die Belohnung später nicht nur auf seinem Konto, sondern auch in seiner inneren Zufriedenheit wiederfinden … Wann immer er sich aber von *falschen Äußerlichkeiten* ablenken lässt, um mit coolen Trades seinem Ego den Bauch zu pinseln oder *jemandem anderen* als *cooler* Trader imponieren zu wollen[28] – so muss er sich bewusst sein, dass er den Zweck des Tradens und somit seines Lebens verfehlt!

Oder mit anderen und abschließenden Worten gesagt: Es zeugt von fehlendem Verständnis, seine Pflicht als Trader dort tun zu wollen, wohin einen die dogmatischen Meinungen und Ansichten *anderer* stellen. Die wahre Pflicht liegt stattdessen darin, seinen Platz *selbst* zu wählen und die Verhältnisse *bewusst zu gestalten!* Es gilt: Nicht ins Chaos hinabsteigen, sich zumindest nicht dort aufhalten! Sondern aus dem Chaos, welches die Fülle ist, aus allem, was fähig und reif ist, Form zu gewinnen, sich ans Licht der *Deckungsgleichheit von Absicht und Verhalten* emporzuheben. Nicht grübeln:

Arbeiten! Begrenzen, ausschalten, gestalten und endlich: … *gedanklich fertig werden*!

Lieber Philip, dir erst mal weiterhin alles Gute in Bangkok …

Hofner

*

Philip hob seinen Blick von Hofners Schreiben, betrachtete kurz Stans verwaisten Arbeitsplatz und schaute dann hinüber zu John, der gerade wieder dabei war, den üblichen Haufen Charts hierarchisch und phasentechnisch zu ordnen und den einzelnen Marktverläufen einen Platz in der Ranglisten der Topmarktphasen zuzuweisen, wobei es keine Feinheiten gab, die John scheinbar nicht wichtig genug gewesen wären, in die gedankliche Ordnung einzufließen.

Verglich Philip John mit anderen Tradern, so hatte dieser den Mut, herumzulaufen und jedem, der die Geduld aufbrachte, ihm zuzuhören, sofort von sich aus zuzugeben, dass er trotz jahrzehntelanger Handelserfahrung als Trader *fehlbar* war. Von John hatte Philip die letzten Tage einmal mehr gelernt, sich selbst zu Beginn eines jeden Trades darauf hinzuweisen, dass Trader nichts anderes waren als ein Haufen Dummköpfe, die nichts wissen und zu Fehltrades neigen, aber das *seltene Privileg* genießen, sich dessen bewusst zu sein und damit erkennen zu können, dass der eigentliche »Heilige Gral« im Börsenhandel statt auf dem monetären vielmehr auf dem emotionalen Gebiet zu finden war. *Solche Trader wie John finde ich gut*, dachte Philip, *nicht aber die Trader, die selbst fasziniert sind von ihrer Vorbildlichkeit und die einen guten Trade wie ein Wunder darstellen, das jedermann bestaunen muss.* John vermittelte den Eindruck, die Diversifikation im Trading sei so natürlich, dass er diese selbst gar nicht bemerkte. Er gehorchte dieser Pflicht, ohne sich ihr zu beugen, gerade so, als wäre sie ihm instinktmäßig zu eigen; und dennoch war John weit davon entfernt, seinen guten Arbeitsstil im Gespräch *hervorzuheben*.

John hatte seinen Arbeitsstil Jahr für Jahr verbessert und damit einen Traum verwirklicht. Wer je aus der bloßen *inneren Kenntnis* und *Anschauung* der Dinge, kurz: aus der Erinnerung, unter kühnem Einsatz seiner ganzen Person eine *zwingende*, aber *wirksame* Wirklichkeit zu schaffen

28 Einige Trading-Anfänger werfen Tradingbuch-Autoren primäres monetäres Interesse aufgrund angenommener fehlender Trading-Ergebnisse vor, so à la: »Klappt wohl nicht mit dem Trading?!« – Nun ja, dabei beweist die Schreiberei doch bloß, dass das Trading unspektakulär ist und scheinbar am Image des ständig herumschreienden, hundert Bildschirme nie aus dem Auge lassenden, verschwitzten, das Tageslicht kaum sehenden Heavy-Traders nicht so richtig viel dran ist … Gott sei Dank!

vermochte, der kennt die wundersame und träumerische Zufriedenheit, mit der John sich nun schon seit Jahren tagtäglich von seinen sinnlosen Anfängen ausruhte.

Er brauchte sich nicht mehr in den Abgrund des Entsetzens minderwertiger Trades hinabzustürzen, nachdem ihm endgültig bewusst geworden war, mit welchem Arbeitsstil *Langeweile* und *Druck* zu verhindern waren. Dies hatte wiederum für sein Selbstbewusstsein eine viel größere Auswirkung als alle hochmathematischen Handelsideen und deren angestrebten Reinheitsgrade zur Vorwegnahme *jedes* nur erdenklichen *Chartzuckens* innerhalb eines Marktes. John war rundum glücklich, fast möchte man sagen, weil er sich sicher war, dass seine persönlichen 5-Sterne-Plus-Setups, deren Suche und sein breit aufgestellter Handel und die Beachtung seines, wenn auch über die Jahre sehr erhöhten, aber *dennoch* vorhandenen Rumrutschfaktors seine einstigen Qualen durch die Charts gestillt und ein für alle Mal unter sich begraben hatte.

Dieser irre Zustand aus *Aktionismus* und *Druck* war endgültig abgeschüttelt, und es durchzog seit vielen Jahren eine große, sichere, heitere Zuversicht sein Gemüt und damit seinen Handel. Während er in seinen Trader-Flegeljahren wie unter Hypnose gestanden hatte und unter einer permanent lastenden Notwendigkeit tradete, begegnete er den Charts nun mit *freiem*, zielsicherem, sozusagen jauchzendem Willen. Der »Kuss« der Diversifikation und damit zwangsläufig auch des *vernünftigen* Geldmanagements hatte ihn gestillt und erlöst, sodass er sich vom wilden 24-Stunden-Observieren und dem Immer-hier-und-jetzt-im-Lieblingsmarkt-Agieren, kurz: von seiner *Kindheit als Trader* verabschieden konnte – nachdrücklich und wissend wie jeder, der mit seiner von sinnlosen Minustrades und zerstörerischen Tagen gestählten Psyche alle Möglichkeiten erprobt hat, der den Sinn des Tradings versteht, die Spielregeln nun kennt und achtet und der nicht länger auszuprobieren und herumzudoktern braucht. Philip wurde durch das Piepsen des Handelsprogramms aus seinen Gedanken gerissen.

Order Filled!

Fuck … mit Minus ausgestoppt!

John, der Kim gerade einige der lohnenswerten Charts zur weiteren Ordereingabe übergeben wollte, erkannte auf Philips Gesicht einen Hauch von kurzzeitiger Enttäuschung und nahm dies zum Anlass, einen Stuhl heranzuziehen und sich neben ihn zu setzen. Ohne Philips Handelsbildschirme zu beachten, deutete John mit einen Kopfnicken in Richtung von Stans verwaistem Arbeitsplatz.

»Wenn die Warnschilder unheilvoller eigener Erinnerungen, ein erkannter und beachteter Rumrutschfaktor, durchdachte Marktphasen, konsequente – und damit langweilige – Stopp-Setzung sowie marktneutrale Diversifikation in einem Konto mit ausreichend Bargeldreserven *für uns* sind, *wer* kann dann gegen uns sein?«

Philip musste schmunzeln, denn ohne der Vernunft Schwierigkeiten zu bereiten, ohne eigentlich Stoff zum Nachdenken zu geben, klangen Johns Worte dennoch, wie es Philip schien, von Natur auf grundsonderbar und … beunruhigend – wohl eben durch diesen Widerspruch.

»Sollte Stan zurückkommen«, fuhr John fort, »wird er selbstredend weiter Minustrades erleben. Wenn Stan aber in seiner weiteren Lehrzeit trotz all des eben genannten *Minustrades* weiterhin statt nur als zerklatschte Fliegen auf der Windschutzscheibe seines Trading-Lebens als *gene-*

rellen Konstruktionsfehler des Tradings auffasst, müssen wir zu dem Schluss kommen, dass er sich über den Beruf nicht im Klaren ist und unsere Konsequenzen ziehen!« John ließ die mit einigen Anmerkungen für die Ordereingabe versehenen 5-Sterne-Plus-Charts durch seine Finger sausen: »Minusmachen ist etwas, das ich lieber nach eigenem Belieben erlebe, anstatt es vom Markt durch eigene Dummheit aufgedrängt zu bekommen.« Wahllos zog John einen Chart heraus. »Das *Lieblingssetup* und die permanente *Suche* nach diesem sowie die *ehrliche* Betrachtung des *Geldmanagements* gibt es, damit dafür gesorgt ist, dass, wer Minus macht, dies in *Würde* tun kann – wobei so aus etwas Unvermeidlichem ein … sagen wir … ›Genuss‹ wird. Diese *genussvolle Würde* erfüllt den Zweck, den 5-Sterne-Setup-Fehltrade in den Kreis unseres Alltags hereinzuholen und das Angenehme mit dem Unumgänglichen zu einem *harmonischen Ganzen* zu verbinden. – Besser gleich noch mal: *harmonisches Ganzes.*«

»Und wann weiß man, dass dieser *Genuss* seinen Zweck erfüllt hat und die Harmonie des Ganzen hergestellt ist?«, fragte Philip und blickte John fest in die Augen.

John wiegte den Kopf, als müsse er abwägen, ob Philip die Wahrheit aushielt, und antwortete dann in einer Form, über die Philip noch lange nachdachte:

»Man ist als Trader immer nur so gut wie seine umgesetzten Gedanken zum *letzten* Trade! – Völlig losgelöst von dessen Ergebnis …«

ERLÄUTERUNGEN

… auf ein Wort zu CFDs

Erfolgsgeschichten vom »schnellen« Reichtum[29] locken immer mehr private Trader in die Welt der CFDs, wo mit kleinem Einsatz ein großes Rad gedreht, sprich: ein großer »Hebel« angesetzt werden kann. Die bereits in den Achtzigerjahren in Großbritannien eingeführten Kontrakte, die ursprünglich Profis vorbehalten waren, haben eine Menge Sprengkraft und das Zeug dazu, die nächste große Innovation nach der Implementierung der Zertifikate zu werden. In Großbritannien, an der London Stock Exchange, sollen CFDs bereits für mehr als ein Drittel der Handelsumsätze verantwortlich sein.

Unter *CFDs* – Contracts for Difference – versteht man einen Vertrag, der die Kursdifferenzen regelt. Genau genommen erteilt ein CFD einfach das Recht, dass der Trader die Differenz zwischen den Preisen für Kauf und Verkauf für sich beanspruchen und somit durch den Handel von CFDs Geld verdienen kann. CFDs sind weder Zertifikate noch Futures; und für den CFD-Käufer oder -Verkäufer besteht keine Pflicht, nach Auslaufen des Geschäftes den Basiswert zu »liefern«. CFDs enthalten auch nicht die Option, etwa eine Aktie zu einem bestimmten Preis erwerben zu können.

Erfunden wurde diese Art des Handels vor etlichen Jahren in Großbritannien, wobei es einst vor allem um die Absicherung der Geschäfte, das sogenannte Hedging, und teils auch um steuerliche Aspekte ging. Anders als beim normalen Aktienhandel muss man bei CFDs nicht die Aktie an sich besitzen, um die Kursbewegungen nutzen zu können, sondern nur eine *Margin* hinterlegen, die weit unter dem eigentlichen Basispreis rangiert. Das Besondere: Trotzdem profitiert man zu hundert Prozent von den Kursbewegungen.

Der größte Vorteil, den viele spekulativ ausgerichtete Trader im Handel von CFDs sehen, ist der Umstand, dass man sehr schnell sehr hohe Gewinne erzielen kann, ohne dass man hierfür auch einen hohen Einsatz erbringen müsste. Dies wiederum ist in der starken Hebelwirkung begründet, die man beim Handel mit CFDs für sich nutzen kann. Ein weiterer vorteilhafter Aspekt ist dem Umstand geschuldet, dass die Trading-Gebühren viel geringer sind als beim Handel mit normalen Aktien oder Optionsscheinen und teilweise sogar in Richtung null tendieren, was für maximale Gewinne sorgt, während bei Aktien oftmals der Gewinn wieder in die Gebühren fließt, wodurch sich im kurzfristigen Handel nicht gerade eine Win-win-Situation ergibt.

Einen der größten Vorteile im CFD-Handel bildet der Umstand, dass man beim CFD-Trading im Gegensatz zum Handel mit Aktien nicht nur mit steigenden Kursen Gewinne machen kann, sondern auch mit fallenden Kursen, wenn man die Short-Position nutzt, was viele Trading-Anfänger zu Recht sogar als besonders reizvoll empfinden. Gerade in Deutschland, wo reines *Shortselling*, sprich: das Leerverkaufen von Aktien für private Anleger, in der Regel, nicht gestattet ist,

29 Reichtum ist im Trading ja ein ehrenwertes Ziel, aber »schneller« Reichtum … *eieiei.*

offerieren CFDs interessante Möglichkeiten, um auch bei sinkenden Kursen partizipieren zu können. Für aktive CFD-Trader ist es egal, ob der Kurs steigt oder fällt, und es bieten sich hier für die Trader enorme Chancen. Der CFD-Markt entwickelt sich schnell und offeriert mittlerweile für fast jedes handelbare Asset einen entsprechenden CFD.

Man kann also im CFD-Markt grundsätzlich mit nahezu allen Werten handeln, die es gibt. Dies ist sowohl auf nationaler als auch auf internationaler Ebene realisierbar, wobei die CFDs immer hundert Prozent der Bewegungen im Basiswert mitmachen, was man natürlich beachten muss, um korrekt mit dieser Art von Papieren handeln zu können. Hoch komplizierte Faktoren wie die Volatilität, die Entfernung zu möglichen »Knock-out«-Schwellen oder Zeitwertverluste, wie sie in der Welt der Zertifikate und Optionsscheine eine Rolle spielen, haben keinen Einfluss auf den Kurs eines CFD. CFDs sind auch in dem Punkt etwas Besonderes, dass sie nicht einfach ablaufen, was dem CFD-Trader großen Spielraum und viele verschiedene Alternativen bringt.

Kleines Geld, große Wirkung: Beim Einsatz eines CFD ist dies kein leeres Versprechen. Der Hebel, den der Händler mit einem Kontrakt einsetzt, verbirgt sich hinter dem Begriff »Margin«. Bei einer Margin von *einem* Prozent muss ein CFD-Käufer »nur« *1.000 Euro* einsetzen, um bis zu *100.000 Euro* zu bewegen. Die geringe Margin, die bei vielen CFDs möglich ist, entpuppt sich in der Praxis natürlich als zweischneidiges Schwert: Fällt der Wert nach dem Kauf etwa nur um wenige Punkte, ist dann auch schnell der Einsatz futsch, und zwar in Sekundenschnelle.

Bei den mitunter riesigen Hebeln mutiert letztlich auch ein geringer Spread schnell zum *Kostenfaktor*; denn dieser *Spread* muss sowohl bei der Eröffnung als auch bei der Schließung der Position überwunden werden.

Weitere Kosten fallen beim CFD-Handel außerdem in zweierlei Hinsicht an: Einige CFD-Anbieter verlangen je nach gehandeltem Markt eine Kommission für den Trade; und bei fast allen CFDs aller Anbieter schlägt der »Finanzierungsbetrag« zu, denn: CFD-Kontrakte werden quasi auf Kredit eingegangen. Damit fallen auch entsprechende Zinsen zur Finanzierung des Geschäfts an. Beim Kauf eines CFD sind dies Soll-Zinsen, beim Verkauf eines Kontrakts, also einer Short-Position, zahlt der Emittent nach dem Prinzip von Haben-Zinsen. Beide Zinsen werden zumindest täglich fällig, einige Anbieter ermitteln Finanzierungskosten sogar sekundengenau.

Nicht zuletzt sollte sich der Trader über die Natur des CFD im Klaren sein: Ein CFD ist kein Wertpapier, deshalb fällt es nicht in die Kategorie von Produkten; ein CFD ist lediglich eine Vereinbarung zwischen Broker und Anleger über die »Nachstellung« des Kurses einer Aktie oder eines Index. Die Kurse werden in fast allen Fällen also vom Anbieter kreiert und nicht über eine Börse ausgehandelt. Auch die Abwicklung der Transaktion liegt allein in den Händen des CFD-Maklers.[30]

Damit wird schnell klar, für wen und welche Art von Trading CFDs in *Wirklichkeit* geschaffen sind: Wer mit der Wirkung von Hebeln – in beide Richtungen – nicht umgehen kann, sollte um CFDs ganz schnell einen Bogen machen. Wer diese Form des Handels hingegen nicht nutzt, um sein Konto, sprich Positionsgrößen, »aufzublasen«, sondern die Anzahl der Positionen erhöhen will, wird mit CFDs eine gute Arbeitsgrundlage finden.

30 Hier ergibt sich selbstredend, dass ein »Tickhandel« (die *kleinsten* Trends) mittels CFD durchschnittlich nur einem nützt – und hier ist nicht der Trader gemeint … Hingegen ist die Ausnutzung auf kleinen und mittleren Trends trotz des größeren Spreads im Vergleich zum Basiswert sehr gut durchführbar.

Ich, Trader ____,
stelle mir folgende Fragen:

Falls überhaupt, wem würde ich meinen schlimmsten Trade erzählen?

Steht neben meinem Trading-Rechner ein Familienfoto? Wenn *ja*, warum? Oder wenn *nein*, warum nicht?

Ist es mir bewusst, wenn ich gerade sinnlose, von Aktionismus getriebene Trades mache?

Weiß ich, wofür mein Partner oder Familie mich als Trader am meisten liebt?

MICHAEL VOIGT

Der Händler

Band 4 – 6

Band 4 *In guten wie in schlechten Tagen. Sehr, sehr schlechten Tagen.*

Band 5 *Trading – eine andere Art der Zeitverwertung.*

Band 6 *Was ist Lust und was ist Pflicht?*

FBV

Vor ein paar Tagen kam meine Tochter zu mir …
»Papa, ich will Obst essen!«
Ich gab ihr einen Apfel.
Sie schüttelte den Kopf: »Nein, ich will Obst essen!«
Ich gab ihr eine Birne.
Sie schüttelte den Kopf: »Nein, ich will OBST!«
Ich bot ihr Pflaumen an und Kirschen.
Aber sie schüttelte den Kopf und wies sie mit den Worten zurück:
»Nein, Nein, NEIN!!! Ich will OBST essen, nicht DIESE blöden Sachen!«

… Na ja!
Ähnlich scheint es auch so manchem Trader zu ergehen:
Er will keine Minustrades einfahren,
sondern traden;
will keine kleinen Gewinne,
sondern traden;
will nicht nach den besten Gelegenheiten suchen,
sondern traden;
will auch nicht auf die besten Gelegenheiten warten,
sondern traden;
will nicht die Existenz anderer im Orderbuch wahrhaben,
sondern traden!
Will nicht diversifikativ seine Chancen verteilen,
sondern traden!
Will nicht Vernunft aufbringen,
sondern traden!
Will kein Fachwissen anwenden,
sondern TRADEN!
Will keine Trades auswerten,
sondern TRADEN!
Will keine Rückschlüsse ziehen,
sondern TRA-DEN!!
Will sich nicht den Spiegel vorhalten,
SON-DERN TRA-DEN …!!!

Ach so, ich vergaß.
Falls sich jemand fragen sollte, worin der Unterschied
zwischen meiner Tochter und einem solchen Trader besteht:
Die Kleine ist vor ein paar Wochen vier geworden.
Michael Voigt, 2010

Der Trading-Anfänger darf bei der Betrachtung nie vergessen, dass die Merkwürdigkeiten im Trading nicht durch sich selbst merkwürdig sind, sondern deshalb, weil es die Merkwürdigkeiten des eigenen Handelns sind.

VORWORT

Ich hab's ja nicht so mit Grün- und Gartenpflanzen. Und bei Gesprächen über Gartenarbeit bricht mir der Schweiß aus – was an der unangestrengten Überheblichkeit liegt, dass ich mir nicht das ganze Jahr hindurch die Finger wund schuften will. Aus welchem Grund gibt es eigentlich, wie etwa im Trading, kein Buch mit jenem »besonderen« Titel wie beispielsweise »In zwei Wochen zum Supergarten« oder gar »300 Prozent größere Tomaten mit nur zwei Minuten Arbeit pro Woche«?

Mit dem Herbst kommt meiner Meinung nach die Zeit, wo man zusehen sollte, dass man ins Ausland reist oder aber sein Haus aufsucht, um sich mindestens bis zum März in den Winterschlaf zu begeben. Die Befürworter der Gartenarbeit indes sind da anderer Ansicht. Augenscheinlich ist der Herbst genau der rechte Zeitpunkt, um Erbsen- und Bohnenstroh auszureißen. Beete müssen gesäubert, Kirschen- und Apfelbaumstämme mit Leimbändern umgeben, winterharte Stauden gepflanzt und die Chrysanthemen vorbeugend gegen Mehltau behandelt werden. Außerdem verlangt man von mir, dass ich den Rasen vertikutiere. – *Vertiku... Was?*

Das alles klingt für meine Frau wie wunderschönste Musik in ihren Ohren. Im Gegensatz zu mir kann sie es kaum erwarten, in ihre Gummistiefel zu springen und sich auf die Gartenarbeit zu stürzen. Ich hatte ausreichend Gelegenheit, um die leidenschaftliche Gärtnerin in allen Details zu studieren. Nichts bereitet ihr mehr Vergnügen, als so lange zu mulchen oder umzugraben, bis sie die perfekte Krume hat. Das Unkraut wagt sich inzwischen kaum mehr hervor. Obst, Sträucher und Blumen dagegen gedeihen in Hülle und Fülle, die Tomaten und Pastinaken sind die reinste Wonne.

Und aus der sicheren Warte hinter der Verglasung des Wintergartens lässt sich allerhand lernen: Anscheinend geht es hier nicht nur darum, gesünder zu essen, und Sparsamkeit spielt wohl ebenso erst in zweiter Linie eine Rolle. Es hat mit der Beschäftigung selbst zu tun: mit dem Ärmelhochkrempeln und dem Selbstbeteiligtsein, dem In-der-Erde-Wühlen und dem Dreck an den Händen. Es ist eine eigene Art von Kreativität – eine neue Welt und neue Blickwinkel zu erschaffen und die »Wildnis« urbar zu machen. Kurzum: Das eigene Herumhantieren kann ganz offensichtlich ein großer Genuss sein.

Hmm ... Ist es nicht so, dass man als Trading-Anfänger in der Tat ebenso in einer Welt des *Schaffens* lebt? Schließlich lassen nur die wenigsten Anfänger etwaige Ideen für den tagtäglichen Kampf mit den Charts von Menschenhand unberührt. Mit den Märkten und ihren den Charts innewohnenden Logiken herumzuspielen, diese zu verknüpfen, abzuändern und mit ihnen zu werkeln, verschafft dem Trading-Anfänger offensichtlich ebenso große Freude wie Gartenarbeit dem Gartenliebhaber. Hunderte Indikatoren, Elliot Wave, Fibonacci, Candlesticks, heuristische Verfahren, Point & Figure, Stochastik und ATR-Vielfaches, Unterstützungs- und Widerstandsdefinitionen und so weiter erwecken den Anschein, der Quell tiefer innerer Befriedigung zu sein. *Nun ja* … den Lobpreisungen der Kirche nach enthält die kreative Kraft der Menschen stets den Hinweis auf Gottes schöpferische Kraft. Verhält es sich folglich so, dass das, was einen wesentlichen Aspekt der dem Menschen eigenen Natur ausmacht, einen Trader auf eine grundsätzliche Wahrheit über das Trading hinweist, nämlich, dass er eine erschaffene Welt bewohnt?

Aber vielleicht ist *Kreativität* auch nicht ganz der treffende Ausdruck – denn den meisten Trading-Anfängern wird irgendwann auffallen, dass sie eigentlich nichts *erschaffen*, sondern vielmehr in und mit *fertigen* Systemen, Logiken und Ansichten arbeiten. Indikatoren, Trenddefinitionen, Candlestick-Muster, Formationen und so weiter … sind von kraftvoller Unabhängigkeit! Was – um noch einmal das Bild der Gartenarbeit aufzugreifen – für eine Rose ein belebendes Beschneiden darstellen mag, wird einer im Herbst Früchte tragenden Erdbeere wie schwere Körperverletzung vorkommen. Man muss mithin die einzigartige Persönlichkeit der Pflanzen respektieren. – *Hmm?!* Demnach hat man es hier beim Trading scheinbar mit einem äußerst merkwürdigen Abwägen zu tun: Denn einerseits muss man einem Trader freie Entfaltung zugestehen, andererseits darf man ihn nicht mit der Handelslogik aus dem Ruder laufen lassen. Gerade Anfänger werden hiervon völlig in Anspruch genommen, müssen sie doch ständig herumhantieren, und trotzdem sind ihnen bei ihrem Tun durch ihr Rohmaterial – die verwendeten Handelsregeln – durchaus Grenzen gesetzt.

Die Analogie zum Gärtnern ist daher höchst zweckmäßig, gemahnt sie uns doch daran, dass die Dinge, mit denen wir umgehen, sich durch ihre eigene Natur und ihr eigenes Leben auszeichnen. Dem Holz fürs Regal, der Wolle für den Pulli und den Zutaten für den Kuchen wohnt jeweils ihre eigene Wesensart inne. Man kann mit dem Rohmaterial nicht alles machen, was man will. Man muss Rücksicht auf seine elementaren Eigenschaften nehmen. Dies lässt sich indes über jede Art von Tätigkeit konstatieren. Dichter, Künstler, Komponisten und Tänzer müssen die Regeln ihrer jeweiligen Kunstform erlernen. In noch größerem Maße trifft dies beispielsweise auf das Großziehen eines Kindes zu. Unausgegorene Vorstellungen übers Gestalten und Formen, welche die Natur des »Menschenmaterials« außer Acht lassen, haben zur Folge, dass es verbogen und emotional beschädigt wird; und genau hier verweist die schöpferische Kraft des Menschen auch auf das *Trading*: Wie viele Trader respektieren die Wesensart der Kursfeststellung und des Verhaltens anders ausgerichteter Marktteilnehmer wie auch die Zusammenhänge der Zeiteinheiten des nun einmal vorhandenen Wechselspiels zwischen Kassa- und Terminmärkten und der Abläufe von Bewegung und Korrektur? Aus diesem Grund gehört zur Glaubwürdigkeit eines jeden Traders, dass er, nachdem er über die Grundmechanismen der Börse wirklich Bescheid weiß, diese nicht mehr mittels *willkürlicher*, *unberechenbarer*, *launenhafter* und *grundloser* Eingriffe misshandelt.

Und genau diese falschen Vorstellungen vom Rohmaterial »Trading« und die daraus folgenden »Misshandlungen« haben nicht nur bei Anfängern – hier ist das ja noch nachvollziehbar –, sondern auch bei manchem schon fortgeschrittenen Trader zur Folge, dass dessen Trading in einen sonderbaren Zwiespalt gerät: Man meint permanent, weiter *tüfteln* zu müssen, wobei dies, da gängige Regelwerke ja bereits vorhanden sind, demnach bei genauer Betrachtung oftmals *nur* als ein künstlicher Filter für die wahre kritische »Zwischeninformation« fungiert, nämlich für das schlichte Ertragen-Müssen von drei, vier »– Nein!« des Marktes!

Und genau dieser Zwiespalt kann im Lauf der Zeit die Form vollständigen Unglaubens gegenüber jeglicher Art von Fachwissen annehmen, da man – aus Erzählungen und Büchern – »gelernt hat«, dass es ohne Fachwissen kein rechtes Leben als Trader gibt, aus eigener Erfahrung aber feststellen musste, dass es mit zu viel auch keines gebe. – *Eieiei?* Und so wie sich an einer Angel ein Grasbüschel statt eines Fisches verfangen kann, hängt auch an letzteren Gedanken ein wirres Büschel von Antworten, denn: Man kann ein so verwickeltes Gebilde, wie es der Börsenhandel darstellt, von vielen Seiten betrachten und in der theoretischen Überlegung dieses oder jenes als »alles« entscheidende Achse wählen; gleichwohl erwächst erst aus deren gegenseitiger Durchdringung fachlicher, psychologischer und philosophischer Teilwahrheiten langsam die *»praktische Wahrheit«*.

Aber warum dauert das alles sooo lange?

Tja, weil alles ein ineinanderverwobener Mix ist und es sich bisher jedes Mal gerächt hat, wenn man *eine* Teilwahrheit für das allein Gültige erachtete. Andererseits wäre man aber kaum zu dieser Teilwahrheit gelangt, hätte man sie nicht zeitweise überschätzt. – *Hmm* ... So hängen also die Geschichte der »praktischen Wahrheit« und die des »Gefühls« im Börsenhandel auf mannigfaltige Art zusammen, wenngleich das »Gefühl« dabei leider allzu oft unbeleuchtet bleibt ...

Wie der geneigte Leser bereits erfahren hat, war und ist mir bei allen Bänden meine Zeit zu schade, um irgendwelche Zeilen über *dogmatische* Regelwerke mit fantastisch steilen Equity-Kurven herunterzubeten, um jene Traderspezies zu befriedigen, die meint, das Märchen vom geheimen und »einfach blind« kopierbaren »Einstieg-Ausstieg-Kunstkniff« an der Börse sei wahr; daher bin ich auch in dem vorliegenden Band nicht gewillt, mich ausführlich über »Episoden« zu äußern, die zu gewöhnlich sind, als dass ihre Einzelheiten das fachlich fortgeschrittenere Publikum fesseln könnten.

Vorab noch ein letzter, aber wichtiger Hinweis: Wie gewöhnlich hängen Roman- und Fachteil eng zusammen ... daher lohnt es, nachdem dieser Band gelesen wurde, den Romanteil, nun mit dem Wissen des Fachteils, nochmals zu lesen.

Und damit fangen wir erneut an, das Trading zu erforschen, die seltsame Hartnäckigkeit der Unvernunft verstehen zu wollen, mit der es den Globus der Börsen umspannt und ... wollen ihm auf die Schliche kommen! Zudem könnte es sein, dass diese Geschichte auch mit Ihrem Trading, liebe Leser, das eine oder andere zu schaffen hat ...

Ihr

Michael Voigt

Danksagung

Ich möchte mich bei all den Menschen bedanken, die mir während des Entstehungsprozesses dieses Buches und vor allem beim Niederschreiben aufmunternd zur Seite standen und mich geduldig und humorvoll auch in turbulenten Phasen immer wieder unterstützt haben.

Ich danke meiner Frau als auch unserer Tochter, die allzu oft mit ihren kleinen Fingern auf der Tastatur Wörter, Zeilen und Absätze gelöscht hat, ohne neue hinzugefügt zu haben!

Auch bei meiner Assistentin Frau Posselt möchte ich mich herzlich bedanken. In mühevoller Kleinarbeit entzifferte sie meine handgeschriebenen Manuskripte. Häufig waren sie von mir mehrmals überschrieben oder verändert worden, es war wirklich nicht einfach, alles lesen zu können, aber sie übertrug meine Zeilen geduldig und kritisch in den Computer. Gleichsam danke ich Holger und Erdal für die zahlreichen, äußerst kreativen Gespräche und ihre Zeit, sich mit meinen Zeilen und Gedanken auseinanderzusetzen. Vielen Dank auch meinen Lektoren Angela Braun, Holger Aderhold und Gaby Hoffmann für die freundliche, wichtige und hilfreiche Unterstützung sowie für die »Leselupe«. Und natürlich sei an dieser Stelle auch der Ad-hoc-Einsatz von Grit und Bernd gewürdigt!

Auszug aus Hofners Tagebuch:

… und in Wirklichkeit verhält es sich so –
man ist unzufrieden mit seiner Lage als Trader;
man denkt unaufhörlich daran, diese zu ändern,
und fasst einen Vorsatz nach dem anderen,
ohne ihn jedoch auszuführen.
Man schleppt sich die Monate und Jahre so dahin,
und dann, mit einem Mal, hat man sich verändert!
Oder muss man eigentlich sagen, man ist verändert worden …?!

*

Jener Freitag, welcher einen weiteren nachdenklichen Tag in Philips Karriere einläuten sollte, hatte bisher nicht wirklich Spaß gemacht. Und das lag nicht nur an Philips letzten Trades. Um genau zu sein: Diese schafften es mit Ach und Krach auf Platz fünf der dämlichsten Momente des Tages. Drei Trades mit Fünf-Sterne-Plus-Setup in Folge und alle waren eine Hinrichtung erster Klasse. Konnte ja keiner ahnen, dass die bereits fortgeschrittenen Korrekturen aller drei Märkte doch noch weiter und immer weiter liefen und sogar deren bisherige Trends zunichtemachten. Auf Platz vier landete jener Augenblick, in dem die Computermeldung mit dem Hinweis erschien, dass sämtliche Voreinstellungen der Chartsoftware plötzlich nicht mehr ladbar seien. – *Mmpfh!* Platz drei in der zeitlichen Reihenfolge hatte ausnahmsweise nichts mit den Charts zu tun, hatte sich seinen Platz aber redlich verdient: eine E-Mail von seiner Exfreundin, von der er sich vor Kurzem getrennt hatte – *Eieiei!*

Philip, der gerade zurückgelehnt in einem Reiseführer schmökerte, wurde aus seinen Gedanken gerissen, als er erst die Büroklingel, dann Kims Absätze und anschließend die Bürotür auf- und zuklappen hörte. Er nahm einige Wortfetzen einer ihm unbekannten Stimme wahr. *Sicherlich einer von Kims Bekannten*, dachte er und legte den Reiseführer beiseite – schließlich galt es noch, die umfangreichen Voreinstellungen der Software in mühevoller Kleinarbeit wiederherzustellen. Zehn Minuten später betrachtete er die fertige Arbeit, als ihm jemand von hinten auf die Schulter tippte.

Philip sah auf.

Schluck!

WAS um Himmels willen … Vor ihm stand ein buddhistischer Mönch. Philip blinzelte, schaute hinter sich, nach links, nach rechts, dann quer durch den Raum. Dann blickte er geradeaus. Der Mönch war immer noch da. Keine Einbildung.

»Sieh da, sieh da, Stan?« Der Mönch sprach mit der Stimme, die Philip vorhin vernommen hatte. Er schaute nochmals hinter sich, nach links, nach rechts, auf die Uhr und zum Schluss auf den Mönch. – *Ich, Stan?* Fassungslos schüttelte er den Kopf. »Ich, äh … ich bin nicht Stan.«

»Dann musst du *Philip* sein!«

Philip nickte, und an seinem Gesichtsausdruck erkannte sein Gegenüber, dass ein Mönch in einem Tradingbüro die Erkenntnis zulässt: Irgendetwas passt hier überhaupt nicht zusammen! »Ich bin da, um John abzuholen«, und mit einem Augenzwinkern deutete er mit ausgestrecktem Arm in Richtung von dessen Büro. »John ist ein guter Freund.«

Sichtlich entspannte sich Philip und erklärte, dass John sich gewiss nur verspätet habe, und da er an den momentanen Orders derzeit sowieso nichts ändern konnte, stand er auf, zog einen Stuhl heran und lud den Mönch ein, sich zu ihm zu setzen.

Während dieser dankend annahm, wurde er von Philip genauestens betrachtet, denn er entsprach nicht im Mindesten Philips Erwartungen eines buddhistischen Mönches. Zum einen war er, wie ein Blick auf seinen Körperbau zeigte, offensichtlich kein Thailänder, und zum anderen hatte Philip sich unter einem Mönch stets eine strenge und ernste Persönlichkeit vorgestellt, deren Erscheinungsbild von den Spuren eines enthaltsamen Klosterlebens und unablässigen Meditierens bestimmt war. Dieser Mönch jedoch wies keinerlei Ähnlichkeiten mit Philips Bild auf. Sein hochgerafftes Gewand verlieh ihm stattdessen ein irgendwie verspieltes, fast schon jungenhaftes Aussehen, und sein Gesicht passte zu seiner übrigen Erscheinung: runde, gesunde Wangen, eine knollige Nase, dazu ein rasierter, hier und da mit weißen Haarstoppeln übersprenkelter Schädel und als Krönung des Ganzen vergnügt funkelnde Äuglein, die – wie die ganze Person und trotz ihres Alters, das Philip auf ungefähr sechzig Jahre schätzte – unentwegt zu kichern schienen.

»Wo ist denn Stan?«

»Oh … der hat verschlafen.« Philip wies schmunzelnd auf Bangkoks Nachtleben hin und darauf, dass Stan erst seit einigen Tagen von seinem vierwöchigen Zwangsaufenthalt in Deutschland zurück sei und immer noch mit der Zeitverschiebung zu kämpfen habe. Während beide lachten, erklang plötzlich, so wie bereits mehrmals den gesamten Vormittag über, das Rasseln ritueller Glocken.

Philip erhob sich, öffnete eines der großen Fenster und beobachtete, wie thailändische Familien sich im Gefolge mehrerer, in orangefarbene Umhängetücher gekleideter Mönche entlang der staubigen Straße ihren Weg bahnten. Ihr Ziel war wahrscheinlich der große Buddha, die gedrungene, rundliche Figur neben dem kleinen Tempel am Ende der Straße. Inmitten der kleinen Menschenmenge erhob sich ein wohlklingender Gesang.

»Was … was wird denn da heute den ganzen Tag zelebriert?«

»Heute ist das *Visakha-Puja-Fest*.«

»Und was feiert man da?«

»Es ist das Fest für *Siddhartha*.«

Philip schaute in Richtung Straße. »*Sid… ahra…* waaas?«

»Vielleicht kennst du ihn unter seinem gebräuchlicheren Namen *Buddha*. Er hat viele Namen.« Der Mönch mit der gebräunten Haut über den europäischen Zügen stand nun ebenfalls auf und betrachtete das Treiben auf der Straße. Dabei erklärte er, dass heute der heiligste aller buddhistischen Feiertage sei, denn er sei gleichzeitig Geburtstag, Tag der Erleuchtung und Todestag Buddhas, und während beide am Fenster standen, gab der Mönch einige Hinweise zu dessen Bedeutung …

… *Piep – Piep* …

Der Mönch unterbrach seine Erklärung, schaute hinüber zu den Monitoren und gab Philip freundlich zu verstehen, dass er ihn keineswegs von seiner Arbeit abhalten wolle. Beide setzten sich wieder, und während Philip einen schnellen generalstabsmäßigen Blick über die blinkenden Zahlen und flackernden Charts warf, fragte ihn der Mönch, ob denn alles okay sei, worauf Philip meinte, dass sich das durchaus nicht so einfach sagen ließe, denn er wusste nicht, wie er einem Mönch erklären sollte, dass er sich gern in fortgeschrittenen Korrekturen einstoppen ließ, dies heute aber bereits in drei Trades schiefgegangen war und dass nun gerade, in seinem vierten Versuch im Euro-FX, Philips gestaffelte Limitorders zur Positionseröffnung nacheinander getriggert wurden.

... 1,3785; ... 1,3786; ... 1,3787

»Darf ich fragen«, der Mönch beugte sich leicht vor und zeigte auf die Monitore, »wie du deinen Beruf bezeichnest?«

Philip verzog bei dieser Frage keine Miene. Er musste sicher nicht befürchten, dass die Frage auf allzu persönliches Terrain führen könnte, glaubte er. »Ich – bin Trader ... Börsenhandel und so was ...«

Der Mönch schmunzelte, und zur Auflockerung der ganzen Begegnung fragte ihn Philip spaßeshalber ebenso nach seinem Beruf. Der Mönch hielt kurz inne: »Ich ... bin Mönch ... ich beschäftige mich mit dem Leben!« Die beiden sahen einander an, und später hätte keiner von ihnen mehr sagen können, ob sie beide zur gleichen Zeit wirklich eine Vorahnung dessen bekamen, dass jeder für den anderen noch wichtig werden sollte, oder ob es ihnen bloß beim Zurückdenken so schien.

... 1,3788; ... 1,3789; ... 1,3789

»Sag, Philip, was fasziniert dich am stundenlangen Arbeiten mit den Charts?«, fragte der Mönch, woraufhin Philip die Augenbrauen hochzog, denn er verstand nicht recht. »Ich meine damit«, wurde der Mönch konkreter, »das Wozu deiner Bemühungen. Worin besteht dein persönlicher Ansporn, in dieser Arbeit vollkommen zu sein? Warum gibst du dein *Bestes*?«

Häh ...?! – Ohne weitere Überlegung antwortete Philip kurz und knapp, dass es ums *Geld* gehe.

»Also geht es bei den Stunden vor dem Rechner um die Gier nach Reichtum?« Der Mönch betonte »Gier nach Reichtum« bewusst übertrieben, um eine Reaktion auszulösen, welche sogleich auch eintrat, denn Philip wurde für einen kurzen Moment verlegen, räusperte sich und merkte, dass sein Gegenüber angesichts seiner Verlegenheit lächelte. Der Mönch gab zu, dass es unanständig sei, diese Frage in den Räumen eines Handelsbüros zu stellen, denn würde sie in *dieser* Form gestellt, drehe es sich eigentlich gar nicht mehr um eine direkte Beantwortung, sondern vielmehr darum, zu erklären, dass man auch ohne Geld so viel wert sei wie mit. Folglich sei ein Händler immer gekränkt, wenn ein anderer dies missverstehe. Der Mönch zwinkerte ihm zu und fragte: »Dir geht es bei deiner Arbeit also schlicht ums *Geld*?«, woraufhin Philip, untypisch zögernd, nickte. »Komisch«, sagte der Mönch schließlich, nachdem er eine nachdenkliche Pause eintreten ließ, die weniger ihm als vielmehr Philip gelten sollte. »Ich bin froh, dass ich keines mehr brauche.«

Beide Blicke trafen sich, wobei beim Wort »mehr« Philip ein kleines Aufblitzen seiner Augen wahrzunehmen meinte. Aber vielleicht war es auch nur ein reflektierender Sonnenstrahl, der durch die Fensterfront auf die Bildschirme fiel. Der Mönch lehnte sich leicht vor und hieb zur Untermalung seines nächsten Satzes mit dem Zeigefinger erst auf Philips und dann auf seine eigene Brust. »Sind wir ehrlich: Jeder reiche Mann betrachtet Reichtum als eine Charaktereigenschaft. Jeder arme Mann gleichfalls. Alle Welt ist stillschweigend davon überzeugt. Allein die Logik bereitet einige Schwierigkeiten, indem sie darauf beharrt, dass Geldbesitz vielleicht gewisse Eigenschaften verleiht, aber niemals selbst eine menschliche Eigenschaft sein kann!«

Ähm, nun ja …

»Dennoch – der Augenschein straft dies Lügen, denn jede menschliche Nase riecht unweigerlich sofort den zarten Hauch von finanzieller Unabhängigkeit, von der Gewohnheit zu befehlen, der Gewohnheit, überall das Beste für sich zu wählen, von leichter Weltverachtung und mitunter bewusster Machtverantwortung, die aus einem großen Einkommen aufsteigt. Man sieht es der Erscheinung solcher Menschen an, dass sie von der Wirkung des Geldes umhegt und täglich erneuert werden. Aber«, der Mönch blickte Philip tief in die Augen, »Wirkung und Beziehungen dieser seltenen Eigenschaft sind außerordentlich verwickelt und erfordern große Kraft, um sie zu beherrschen. – Stimmt's?!«

Schluck!

Der Mönch spürte, welche sensiblen Reaktionen seine Worte auslösten, und fragte Philip, ob ihm das Thema zu persönlich werde, was Philip seinerseits verneinte und stattdessen sogar zugab, diese Freimütigkeit und Offenheit zu bewundern. »Also gut!« Der Mönch dankte durch ein Nicken, zeigte auf die Monitore und fragte Philip erneut nach dem Ziel seiner Anstrengungen, woraufhin dieser auf den rechten Bildschirm und seine offene Position deutete und erneut auf »Geld« verwies. Da Philip abermals den Tiefgang der Frage überhörte, versuchte der Mönch, der durch das offene Fenster Johns Stimme vor dem Haus vernahm, mittels einer Schnelllektion deutlicher zu werden: »Was denkst du, ist das Ziel eines Mönches? Was ist der Sinn seines Tages?«

»Ähm … er meditiert?!«

»Also: Mönch *gleich* Meditieren? Und: Trader *gleich* Geld?« Der Mönch sprach in einem Ton, als wunderte er sich über Philips Gedankenlosigkeit. »Dann denken wir einmal nach: Was könnte es wohl für einen Mönch für einen Nutzen haben, einfach stundenlang dumm dazusitzen und seinen Geist zu leeren? Tun Tiere wie etwa eine Katze nicht genau dasselbe? Und befindet sich ein Betrunkener nicht in genau dem gleichen Zustand? Ist deren Geist nicht auch für eine gewisse Zeit leer und still?«

Philip grübelte und schob unbewusst die Maus hin und her. Die Eingangstür öffnete sich und fiel wieder ins Schloss, während die Schritte mehrerer Ankömmlinge sich Kims Büro näherten und dort verklangen. Der Mönch sagte Philip, dass ihre Begegnung leider gleich zu Ende sein werde, und forderte ihn nochmals auf, darüber nachzudenken, warum ein Mönch meditieren würde. »Weil ihr nach irgendeiner Wahrheit sucht«, gab Philip sein angelesenes Wissen wieder. »Und die Wahrheit liegt in der Stille der Meditation.«

»Mhm … nur halb richtig.« Der Mönch bot ihm noch eine weitere Chance, aber Philip fand keine passende Antwort. »Die Meditation ist nur ein Werkzeug, aber nicht das Ziel an sich! Die Meditation, mithin unsere tagtägliche Arbeit, ist eine Axt, eine *scharfe* Axt, mit der wir einen

Baum fällen. Das *Fällen* des Baumes ist Weisheit, höchste Weisheit und das Kernstück unseres Weges.« Der Mönch erhob sich und gab Philip auf diese Weise einen Augenblick Zeit, über seine letzten Worte nachzudenken.

Nur ein Werkzeug?! – Nicht das Ziel?

»Um der Meditation willen zu meditieren, wäre so, als verheize man die Axt als Brennholz, anstatt sie dazu zu benutzen, Brennholz zu gewinnen.« Der Mönch schob mit einem Augenzwinkern seinen Stuhl wieder zurück an seinen Platz und blieb dann vor Philips Rechner stehen. »So, und jetzt wiederhole ich noch einmal meine erste Frage: Worin besteht dein persönlicher Ansporn, in dieser Arbeit vollkommen zu sein? Warum gibst du dein *Bestes*? Was ist dein Ziel? Und wann bist du am Ziel?«

Philip, von der wiederholten persönlichen Bemerkung des Mönchs offenbar aus dem Tritt gebracht, zögerte und versuchte, dem Tiefgang der Frage zu folgen. Die dabei entstehende Stille hatte etwas vom Verstummen eines Schuljungen, der vorne an der Tafel steht, nichts weiß und schweigt.

»Okay, also noch mal: Verheizt du die Axt als Brennholz oder benutzt du sie, um Brennholz zu gewinnen?«, fragte der Mönch mit einer Stimme, die Verständnis für Philips Zögern verriet, als sei ihm dieses wohlbekannt. Zugleich war in ihr aber auch ein Unterton, der Philip eine Ahnung von der stählernen Härte der Logik hinter seinen Worten vermittelte, vom festen Griff des unerbittlichen Verstandes, mit dessen Hilfe der Mönch unklares Denken in die Schranken verwies.

Wie war das noch mal?! – Verheize ich die Axt als Brennholz oder benutze ich sie, um Brennholz zu gewinnen?

Oh Mann!

Philip blickte den Mönch verwirrt an, und da sich die Schritte von vorhin nun hörbar näherten, versäumte er darüber die Gelegenheit, eine Antwort zu geben, denn schon befanden sie sich zu dritt im Raum.

»Das Erlebnis beginnt!«, flüsterte der Mönch Philip geheimnisvoll leise zu. Und während er sich umwandte, freute er sich innerlich, da er merkte, dass seine letzten Worte bei Philip eine Reaktion auslösten.

Beim Anblick des Mönchs belebte sich Johns Gesicht, und er empfing ihn mit herzlichen Begrüßungsworten und mit einem festen Handschlag, der auf eine jahrelange Freundschaft schließen ließ.

Vanessa hingegen – Johns Frau, die sich nun auch im Raum befand – erwiderte die Begrüßung in zeremonieller Manier, indem sie ihre Hände in Brusthöhe flach aneinanderlegte und sich gemessen und ehrerbietig vor dem Mönch verneigte.

»Dann sind wir ja jetzt vollzählig und können los!«, drängelte Kim, die sich seit dem Aufstehen auf das *Visakha-Puja*-Fest freute, und reichte John noch schnell ein Schreiben, das dessen Unterschrift benötigte, bevor sie sich bei Johns Frau und dem Mönch einhakte und sie Richtung Ausgang führte.

Während die beiden Frauen und der Mönch im Flur private Worte wechselten, welche eine ebenfalls lange bestehende Freundschaft nahelegten, waren die beiden Händler allein im Büro.

Ob er und der Mönch sich die Zeit angenehm vertrieben und etwas »gefachgesimpelt« hätten, erkundigte sich John und überflog das von Kim erhaltene Schriftstück.

»Ja. Er hat mir eine Menge zu dem Visoa... äh Vissahaj, na ja, halt zu dem heutigen Fest erzählt.«

John schaute kurz über den Rand des Schreibens auf und musterte Philip. »Oha, ich dachte, ihr hättet über den *Handel* geredet«, erwiderte er und unterschrieb das Schriftstück im Stehen, »aber ... aber das mit dem Fest ist auch gut!«

Und während sich John an Philips Monitoren kurz über die Marktstände informierte, sickerten Johns letzte Worte langsam ins Philips Bewusstsein: »Wie jetzt, *wir hätten über den Handel reden sollen?*«, stutzte Philip, hatte er dieses Thema gegenüber dem Mönch doch absichtlich vermieden.

John sah von den Monitoren auf, schüttelte den Kopf und lachte herzhaft. »Ach ... er hat es dir nicht erzählt?!«

»Was nicht erzählt?«

»Ähm ...«, John deutete mit dem Kinn über die Schulter hinter sich und versuchte, seine folgenden Worte möglichst unfeierlich klingen zu lassen, »... er ... also Walter Torbach ... war jahrelang ... ähm, mein Vorgesetzter!«

Stille.

»Wie ...?! Wer ...?! DER war ... WAAAS?«

John blickte amüsiert in Philips Gesicht, das vollkommene Ratlosigkeit widerspiegelte. »Ganz recht! Torbach war Händler.«

Hmpfh!?!?!

Das war eindeutig Platz zwei der nachdenklichsten Momente an diesem Freitag. Philip sprang auf, huschte Richtung Flur und lugte wie ein Spion vorsichtig um die Ecke. Dort sah er den Mönch bei den beiden Frauen stehen. Er schaute zurück zu John. »Wir reden von *ihm*?«

John nickte.

»*Dem Mönch?*«

»Ja.«

»*Diesem Mönch?*«

»Ja!«

»Nein!«

»Doch!«

»Oh!« Es folgte eine Art »Nein! – Doch! – Uh!«-Abfolge, in der John das Gefühl hatte, in einer dieser Louis-de-Funès-Dialogschleifen gefangen zu sein. Dann aber kam Philip langsam wieder zu sich und linste nochmals um die Ecke: Was er sah, war ein lachender, kräftig gebauter Mönch von angenehmem Äußeren, dessen ganzes Hab und Gut außer seiner Kleidung anscheinend nur aus einem Lederbeutel bestand. Er schaute flink zurück zu John. »*Er* ... wirklich Händler?!«

»Jaaa! Ein sehr einflussreicher noch dazu!« John ließ ein bedächtiges Nicken folgen, wusste er doch, dass zu viele Leute bei einem Mönch an Buddha, an Mantras sowie an magere meditierende Menschen mit uralten, überkommenen Lebensweisheiten dachten. Diese Begriffe waren für viele Menschen mystisch aufgeladen – sie besaßen zwar gewisse, aber nur äußerst vage Vorstellungen, mit denen sie allerdings keine konkreten Erfahrungen verbinden konnten.

Philip blickte John an und versuchte sich dann an einer den Mönch parodierenden traditionellen Geste, dem Wai – einem Aneinanderlegen der Handflächen und einer leichten Verbeugung –, und flüsterte: »Seit *wann*!?«

»Es muss 1999 gewesen. Warte mal …« John überlegte und fragte Philip, wann der große Crash am Neuen Markt gewesen sei.

»2000!«

»Genau, stimmt! Seit dem Riesencrash kommt er regelmäßig für einige Monate hierher.«

Riesencrash am Neuen Markt …?! Philip überlegte und zog dann die Nase kraus. – *O… o… o… Okay! Na, dann ist ja alles klar!* Entspannt schlurfte Philip wieder hinter seine Monitore.

»JOOOHN, wir wollen los!«

»Mooooment, ich komme!« John hatte aus Philips leicht geringschätzigem Blick richtig auf dessen Vorstellung von einem wegen falscher Positionierung verarmten Trader gedeutet, daher fügte er, während er nun rückwärts Richtung Flur ging und dabei mit dem Daumen über die Schulter auf den Mönch deutete, hinzu: »Pssst! Er war nicht long! Er war short. Hörst du, er war *s-h-o-r-t!*«

SHORT?!

John schaute ein letztes Mal um die Ecke zurück zu Philip, zündete sich zur Eindämmung seines schmunzelnden Gesichtsausdrucks sogar eine Zigarette an und steigerte Philips Fassungslosigkeit mit den Worten: »Short! Von Anfang bis Ende! Und …«, er blies den Rauch aus, winkte Philip heran und flüsterte: »… und das mit Handelslimits, gegen die die deinen nur Peanuts sind!«

Philip, den Mund wie zu einem staunenden »WAS?« geöffnet, starrte mit Augen, groß wie ein Uhu, in Richtung des Flurs, ohne etwas sehen zu wollen … und DAS, das war Platz eins der nachdenklichsten Momente zum Wochenausklang!

*

Als Philip zu Wochenbeginn wieder an seinem Schreibtisch des Handelsbüros in der Sanan Road saß, warf er den Kopf hin und her – er wollte die nervigen Gedanken abschütteln. Es war 02.00 Uhr nachmittags, demnach 09.00 Uhr MEZ, und Philip fieberte ungeduldig der von den Märkten mit Spannung erwarteten Rede des EZB-Präsidenten entgegen. Nicht der Inhalt der Rede als solcher interessierte ihn, sondern er wollte nach deren Bekanntgabe, sofern seine laufenden Trades anschließend nicht ausgestoppt waren, einige seiner Stopp-Orders in den jeweiligen Märkten versetzen und den Rest des Tages irgendein Museum besuchen. Oder spazieren gehen. Oder sich einfach in eine schicke Bar setzen. – *Egal!* Alles, was er nicht wollte, war, hier länger als nötig herumzuhocken, denn nachdem er sich am Wochenende weitgehend seinem Schönheitsschlaf und einigen Museumsbesuchen gewidmet hatte, erschien es ihm heute, als ob sich den Mühen um Charts und Kurse irgendwelche Gedanken und Sorgen vorgelagert hätten, die er nicht mehr so leicht aus dem Kopf bekam, aber auch nicht so einfach übergehen konnte. – *Wo kommen die bloß her?* Entstammten sie immer noch dem Gespräch mit dem Mönch und jenen Fragen, die sich wie Säure in Philips Bewusstsein gefressen hatten? »Worin besteht dein persönlicher Ansporn, in dieser Arbeit gut zu sein?« und »Verheizt du die Axt als Brennholz, oder benutzt du sie, um Brennholz zu gewinnen?« Philip hatte das ganze Wochenende zwischen Ja und Nein geschwankt und entschied nun ehrlich: Der Mönch hatte ihm diese Gedanken nicht neu eingegeben, sondern allenfalls freigesetzt; sie waren die letzten Monate, ja eigentlich die letzten Jahre schon da gewesen! Bisher hatten sie ihn aber nur unterschwellig, nur unbewusst beschäftigt, und er hatte daher noch keinen Namen oder Überbegriff dafür und wusste sich deshalb bisher von ihrer weiteren Bedeutung kein Bild zu machen. Er hielt dies für eine persönliche Eigentümlichkeit, über die ihrer Sonderbarkeit halber nicht gesprochen werden musste. Kurzum: Philip hatte diese Gedanken wohl alle schon gedacht, jedoch nicht in dieser Deutlichkeit, nicht in dieser Schärfe!

... 6021; ... 6021; ... 6019

Philip rutschte etwas tiefer in seinen Lederstuhl, klickte gedankenverloren und folglich wahllos einige Menüpunkte an, grübelte im Allgemeinen wie im Besonderen über die Erwartungen an das Trading und fragte sich, was einen Trader glücklich mache und wohin das Leben als Trader gehe, was sein Ziel sei und wann er dieses erreicht habe. Die Wärme stieg erneut in Philips Wangen, denn aus der Begegnung mit dem Mönch erwuchsen Fragen, die ihm nicht klar wurden.

... 6017; ... 6016; ... 6015

Aber Philip kam auch heute, so wie bereits am gesamten Wochenende, gedanklich nicht recht weiter und erkannte abermals, dass die Frage, wohin das Leben als Trader gehe, sobald er sie allgemein zu überdenken versuchte, viel zu groß war. »Wohin geht mein Leben als Trader?« Diese Frage war persönlicher und ließ sich womöglich besser beantworten.

Ist es etwa das Ziel eines erfahrenen Traders, Mönch zu werden?

Ja – wie bescheuert ist das denn?!

Philip hatte schon von einigen Tradern gehört, die aufgrund falschen Umgangs mit der Materie in der Klapsmühle gelandet waren, aber von einem Trader, der ins Kloster ... Himmel! Seine Gedanken drängten in mehrere Richtungen, er fühlte sich zugleich angezogen und abgestoßen, wusste aber nicht, wohin und wovon, und versank, wie bereits öfter in der jüngsten Vergangenheit, ohne zum Empörer gegen Charts & Co. zu werden, einmal mehr in der Suche nach Werten, Wertveränderungen, Sinn und dessen Ent- und Überwertung, die er mal mit Zorn, mal mit Wohlgefallen und unwillkürlichem Beifall wahrnahm. Aber natürlich fragte er sich dies alles zunächst nur allein, klammheimlich und in aller Stille ...

In diesem Moment schlenderte Stan mit einer halbvollen Plastikflasche Wasser in der Hand ins Büro. »Hallo-o-o-o-o, Kim«, rief er und – ein paar Sekunden später und schon auf dem Weg zu seinem Arbeitsplatz – »Hey, Philip!« Auch John, in Begleitung von Nick, betrat gut gelaunt das Büro.

»Hey, Bambino! Hey, John! Hey, Nick!« Es begann eine herzliche Begrüßung, und die Themen Nummer eins und zwei waren natürlich das große Buddha-Fest vom vergangenen Freitag und das anschließende Wochenende, das jeder auf seine Weise erlebt hatte. Als Kim, heute mit wunderbarem um den Kopf gelegten Zopf, ihren selbst gebackenen Kuchen anpries und herumreichte, übte Stan sich darin, nicht so »trade-geil« zu wirken, wie er in Wirklichkeit war, und hielt es daher tatsächlich noch fast geschlagene zehn Minuten in der Küche aus, um dann aber doch – mit vollem Mund – hinter seine Monitore zu stapfen; und während für den ersten Trade seine Wahl auf den SMI-Future fiel, wurden von den anderen in der Küche die Wochenenderlebnisse weiter genauestens detailreich ausgebreitet, und auch Philip erzählte von seinen unternommenen Ausflügen per Schiff, Taxi oder zu Fuß in alle Himmelsrichtungen – schließlich lockten überall Reize und Sehenswürdigkeiten, Natur und Menschenwitz.

»Oh Mann …«, seufzte es einige Minuten später aus dem Handelsraum, und kurz darauf, gefolgt von einem wütenden »Leckt mich am Ar…!«, stand Stan, dieses Mal jedoch deutlich weniger entspannter als vorhin, wieder in der Küche und stopfte ein weiteres Stück Kuchen in sich hinein. Man hätte gar nicht hinsehen müssen, um zu wissen, dass in Stans Augen die Funken nur so flogen, und wäre er der Held in einem Comic, so hätte ihm der Zeichner jetzt die übliche Pumpgun in die Pupillen gemalt. Ein »Keine Angst, ich beweis euch das schon!« kehrte wie ein oft gehörter Satz wieder, während Stan überstürzt das Gespräch der anderen unterbrach und von den Einzelheiten seines Trades berichtete. Und an fast jeden Satz schloss er die Behauptung an: »Das hole ich mir alles gleich wieder zurück!«

John beobachtete Stan aufmerksam, und als es diesen, vor Wut immer noch schnaubend, zurück an seinen Rechner drängte, sagte er so beiläufig wie nur irgend möglich in die Runde: »Wisst ihr, dass es an großen Flussläufen hier im Norden noch Tiger gibt?« Erstaunte Blicke waren die Folge, schließlich passte das Thema scheinbar gar nicht zu Stans Minustrade. Doch John ließ sich nicht beirren und fuhr fort, ohne jemanden dabei direkt anzusprechen. »Ich glaube, es ist das Animalische, weswegen wir den Tiger so lieben, uns so verbunden mit ihm fühlen. Seine Möglichkeit, ja seine Freiheit, so zu leben – das ist es, worum wir ihn beneiden. Wir Menschen müssen immer so schrecklich diszipliniert sein. Wir müssen arbeiten. Wir müssen lernen. Wir müssen unseren Verstand benutzen, um zusammenleben zu können.« John nippte an seiner Kaffeetasse. »Versteht ihr?«

Die auf Johns Worte folgende völlige Reglosigkeit im Raum ließ unklar, ob er tatsächlich verstanden worden war oder nur seiner Position als Ältester im Raum oder als Chef des Büros Respekt gezollt wurde.

»Ich meine«, fuhr John weiterhin so beiläufig wie nur irgendwie möglich fort, »genau in dieser ursprünglichen, archaischen Kraft des Tigers steckt auch unser größter Konflikt, denn ein Tiger kann in der Wildnis für einen unbewaffneten Menschen sehr gefährlich werden. Seine Zähne, seine Klauen, seine schiere Größe … Wir hingegen haben keine Pranken, schlechte Zähne, zarte Haut, und diese Unzulänglichkeit macht uns Angst. Deswegen müssen wir den Tiger irgendwie *bezwingen*, denn –«, John machte eine Kunstpause, »… was wir *beherrschen*, macht uns keine Angst mehr!«

Stan, von einem Fuß auf den anderen trippelnd, schaute immer betretener drein, da ihm nicht klar war, was zur Hölle denn ein Tiger mit seinem Zehn-Minuten-Chart des Schweizer Future zu tun hatte, in dem er gerade sechshundert Schweizer Franken verloren hatte. – *In der Schweiz gibt es nicht mal Tiger, oder?!* John tat so, als bemerkte er Stans Verwirrtheit erst jetzt, und fragte, ob er zu schnell mit seinen Ausführungen sei, woraufhin Stan den Kopf schüttelte. »Nein, nein … Tiger… irre gefährlich, schon klar!«

»Hätten wir also nicht unser Hirn und unsere Daumen, um Werkzeuge herzustellen, wären wir nie aus den Höhlen gekrochen und hätten die Nahrungspyramide, soweit es uns betrifft, verändern können. Wir stünden in der Nahrungskette immer noch zwischen den Wurzeln und den Tigern. Klar so weit?«

Während allgemeines Kopfnicken durch die Runde ging, warf Stan Nick einen fragenden Blick zu, welchen dieser mit einem Achselzucken quittierte.

»Gut. Eben diese Werkzeuge sind es, die uns unsere Entwicklung und unseren Machtanspruch damals wie heute ermöglichen.« John ergriff ein auf dem Tisch liegendes Messer. »Nehmen wir zum Beispiel dieses Messer hier. Man kann mit ihm Baumstämme weiterverarbeiten, um Häuser und Städte zu erschaffen oder sich damit seiner Feinde tierischer und menschlicher Natur entledigen. Es handelt sich folglich um ein sehr praktisches Instrument! Nebenbei bemerkt: Ist es nicht verblüffend, dass der Mensch mehr Methoden kennt, um Leben zu zerstören, als solches zu erschaffen? Wird euch bei diesem Gedanken nicht auch ganz heiß und kalt?«

Nun, aus dieser Sicht hatte Stan das Ganze zwar noch nicht betrachtet, trotzdem war das Einzige, was bei ihm heiß wurde, sein Kopf bei dem Gedanken an den SMI-Future. Dieser stand nämlich vorhin kurz vor dem lokalen Tief und drohte zwischenzeitlich durchzubrechen, während er sich hier Geschichten über irgendwelchen »Nahrungspyramidenschei…« anhören musste.

Maaaann, was soll der Quatsch?!!

Stans nach wie vor störrische Blicke ignorierend und sein Ziel sicher vor Augen, fuhr John fort: »Der Mensch kann andere Menschen physisch vernichten, und, es ist schon schräg, die Arten, um dies zu erreichen, sind unzählig. Und wie simpel und doch leicht durchführbar sie meistens sind: Haltet jemandem Mund und Nase mit einer Hand zu und es ist Schluss!« Er unterbrach seine Rede, der betretenes Schweigen folgte. Würden sie alle John nicht schon so lange kennen, so wäre das jetzt der richtige Moment gewesen, um eine maximale Gänsehaut zu bekommen. In der Stille brach sich John eine jener leckeren Cashewnüsse auf und warf sich die Bruchstücke in den Mund. Niemand hatte ihn verstanden, das war ihm klar. Mit regungsloser Miene langsam kauend, verharrte sein Blick auf dem sichtbar verwirrten Stan.

Mit Ausnahme Stans spürten die Anwesenden langsam, dass John ein Ziel verfolgte, auch wenn es ihnen noch nicht klar war, und ihre Augen wanderten rastlos zwischen John und Stan hin und her. Ohne den Blick von Stan abzuwenden, ergriff John seine Tasse und schluckte den letzten Rest der Nuss mit einem kräftigen Schluck Kaffee hinunter. »Aber …«, er erhob plötzlich seine Stimme, sprach dann aber nicht weiter, stattdessen klopfte er sich, Stan weiterhin fest im Blick behaltend, seelenruhig eine Zigarette aus seiner Packung und steckte sie sich mit einem kleinen Kopfschütteln an, und erst als sie sicher brannte, fuhr er fort, »… aber am schlimmsten finde ich Folgendes: … einen Menschen *psychisch zu zerstören*!«

Das war also Johns Ziel! Es klang wie ein Raunen, als drei der Anwesenden gleichzeitig ausatmeten und sich die Spannung spürbar verringerte.

»*Psychische Zerstörung*, das ist die teuflischste Qual. Nehmen wir zum Beispiel die Folter, um ein Geständnis zu erzwingen, oder …«, John unterbrach sich für einen tiefen Zug an seiner Zigarette, »… die Aktionen und Reaktionen aus *Rache*. Was, meint ihr, ist schlimmer?«

»Tja, was davon schlimmer ist, weiß ich auch nicht«, spielte Kim das Spiel nun mit, »aber ich weiß, dass Rache etwas sehr, sehr Starkes sein kann.«

»Rache kann einen Mensch vollkommen durchdringen!«, stimmte Nick ihr zu. »Sie kann die Risse und Schnitte in einer Seele wieder zusammennähen, sie kann einer Stunde, einem Tag, einem Jahr, ja sogar einem ganzen Leben neuen Sinn verleihen.«

Während Nick, Philip und Kim sich eines Schmunzelns fast nicht mehr erwehren konnten, hatte Stan noch immer nicht begriffen, dass ihm mit der – aus seiner Sicht – »Tiger-Grusel-Nummer« eine sehr ernste Warnung an die Hand gegeben werden sollte. John nickte den beiden dankend zu, und seine nächsten Worte klangen fast, als hätte er nur aus Versehen etwas laut ausgesprochen, was ihn innerlich beschäftigte: »Ob ... ob die Börse wohl Rache kennt?«

»Was!? ... Wie?!« – Au Mann! Endlich machte es klick bei Stan. »Sehr, sehr witzig! Natürlich kennt sie keine Rache!«

Nach einer kurzen Pause wurde Johns Miene wieder verständnisvoll, er legte seinen beiläufigen gruseligen Ton ab, war wieder der Alte, und jedem, auch Stan, war klar, dass er sich schlicht einen eindringlichen Spaß gemacht hatte. Speziell an Stan gerichtet, fragte er nun: »Wenn du es doch weißt, warum dann immer dein wütender Ausspruch ›*Das hole ich mir alles gleich wieder zurück?*‹!« Er fügte hinzu, dass er zwar wisse, was Stan bei einem Minustrade gedanklich durchmachen würde, aber dennoch: »... die Börse kennt weder Rache noch sinnlosen Aktionismus. Sie kennt auch nicht den Schmerz, wenn man einen Trade mit Minus schließen muss, oder den Zorn, der einen übermannen kann, wenn man wie ein Kind vor dem Rechner sitzt und sich über seine letzte Aktion so ärgert, dass man fast schon heulen könnte. Die Börse kennt auch nicht den Hass, der in einem aufwallen kann, wenn man sieht, wie der Markt, kurz nachdem eine Position durch den Stopp-Loss eliminiert wurde, in die beim Trade angedachte Richtung schießt und man vor lauter Wut nicht mal eine Träne zum Wegwischen findet – *nein, nein* ... das alles kennt die Börse nicht.« Niemals solle er sich vornehmen, die Nahrungspyramide der Börse umzudrehen. »Diesen Tiger kannst du nicht bezwingen! Du hast zwar tolle Werkzeuge, sprich: Regelwerke und Gedanken, aber dennoch wirst du diese Pyramide nie umdrehen können! Die Realität des Chartverlaufs, und damit das Verhalten aller Marktteilnehmer in der Summe, ist unüberwindlich! Gewöhn dich dran!« John forderte Stan auf, damit aufzuhören, alte Trades mittels blinder Wut zu rächen, grenzte seine Forderungen allerdings von einer bestimmten Sorte ausgestoppter Trades ab, nicht ahnend, dass genau jene Trades, denen ein Folgetrade fachlich *zwingend* zu eigen war, in den kommenden Tagen noch zum Thema werden sollten. Er betonte, dass er ausschließlich jene Trades meinte, bei denen, sobald die Jagdhörner ertönten, die Hundemeute von der Leine gelassen wurde und die Treiber losspurteten. Um es kurz zu machen: Wenn die Racheattacke geritten wurde, bei Tradern alle anderen Systeme nach unten fuhren, das Hirn hitzefrei bekam und der Bauch sich als Chef aufspielen durfte. »Aber damit«, so John, »bezwingst du weniger den Markt, sondern *quälst* vielmehr dich und dein Konto!«

»Ja, nee, ist klar! Verstehe!« Eine kurze Pause entstand, in welcher sich Stan an vergangene katastrophale Tage erinnerte, in denen es auch geheißen hatte: mit vollem Karacho rein ins Abenteuer, und dann war eben nicht Ende gut, alles gut, sondern Ende scheiße, alles scheiße. Stan atmete durch, nickte und zeigte mit erhobenem Daumen an, dass er wieder bereit war, zurück an seinen Rechner zu gehen.

John sah ihn nochmals prüfend an und gab ihm abschließend den Rat, »monetär die Bälle flachzuhalten«, und als Stan den Raum verließ, schmunzelte John, denn auch er musste sich an jene desaströsen Tage vor vier Wochen erinnern: Es war schon immer schwer gewesen, zu vermitteln, was aus einer *falschen* Geldmanagement-Sichtweise resultierte. Für gewöhnlich wurde die Gefahr der Verbindung mit großen Dingen erst durchschaut, wenn man sich fast schon mittendrin befand. Für John bestand diese Gefahr aus den widersprüchlichen Handlungen, der Inkonsequenz und Unvollkommenheit eines Trading-Anfängers. Man lächelte oder seufzte dazu. Trotzdem hatte John vor vier Wochen bei Stan dieser Mischung aus zwar gehörtem oder angelesenem und daher verstandenem, aber noch nicht verinnerlichtem *freiwilligen* Verzicht sowie der »Affenliebe« im Verhalten zum Trading, die sich dessen Widersprüche und Halbheiten gefallen ließ, zu Recht klare Grenzen gesetzt. Er hatte Stan suspendiert, und dieser musste zurück nach Deutschland, um etwas Distanz zu bekommen. Häufig bewirkte die räumliche Entfernung vom »Manuskript der Begierde«, dass man Übersicht und einen weiteren Blick über Inhalt, Form, Besonderheiten und Verfügungen gewann. Ja, John wusste dies, hatte er doch am eigenen Leib jene Fälle zur Genüge wahrgenommen, bei denen das Erleichterungsgefühl, welches eintrat, wenn man sich abwendet von der Stätte des Ringens, begeisternd und positiv wirkte. Daher wusste John, dass Stan seine desaströsen Tage und das, was er in der Zeit der anschließenden Zwangsabstinenz erlebt und gedacht hatte, in Zukunft nicht ganz *bedeutungslos* vorkommen würden.

Nach seiner Rückkehr vor einigen Tagen hatte ein langes Gespräch zwischen Stan und John stattgefunden, in dem Stan bestätigte, dass sein bisheriges Wissen vom *Geldmanagement* entweder ungenügend war oder er es nicht vollkommen verstanden und mithin wohl falsch eingesetzt habe. Ferner hatte er eingeräumt, dass er, trotz aller schönen Excel-Tabellen, immer noch seiner eigenen inneren *Größenvorstellung* folge und dass diese Größe die verschiedensten emotionalen Kleider ausfüllen konnte – je nachdem, was der Chartverlauf bereithielt. Mit großen Positionen, welche sich gewaltig über das Konto erheben, so erkannte Stan, müsste das Trading zwar so beschaffen sein, dass aufgrund einer Rücksichtslosigkeit gegenüber dem eigenen Konto und der Kälte zu sich selbst *wenige* Trades reichen müssten, um in den monetären Olymp aufzusteigen. Dagegen sprach indes, so Stan im Ansatz anerkennend, dass man mit dieser vergrößernden und respektlosen Sichtweise leicht der Selbstüberschätzung und Verlegenheit anheimfällt, sodass Emotionen über den ehrfürchtig blöden Knaben vor dem Rechner mit Lächeln hinweggehen, um in fachlichen Katastrophen zu enden. Denn er wirkte gleichsam geladen, hoch geladen, und ihm kam unwillkürlich die Vorstellung, man würde, berührte man ihn mit dem Finger, einen Schlag empfangen, wie es bei einer Art von besonderen Fischen der Fall sein sollte …

Gleichwohl: Ein *Erleben* solch desaströser Tage zog noch lange kein *Begreifen* nach sich! Und obgleich John genau wusste, dass Stan ein Trading von Positionsgrößen, die Stans Rumrutschfaktor[31] überschritten, viel Schmerz, Drangsal und Demütigung bringen konnte, die Nichtbeachtung des Rumrutschfaktors überdies den inneren Frieden zerstörte und den Kopf mit grässlichen

31 Siehe Fachteil DER HÄNDLER, Band 4.

Gedankenschleifen überfüllte, sodass er keine Ruhe fand, eine Sache rund zu formen und in Gelassenheit etwas Ganzes daraus zu schmieden, so wusste John gleichfalls, dass Stan sich auch zukünftig gelegentlich der Unvernunft überlassen würde, mit Freuden größere Positionen zu handeln und diese mit sämtlichen Kräften seines Gemüts zu pflegen. Stan würde, trotz besseren Wissens, noch lange Zeit fühlen, dass große Positionen reich und lebendig machten, und noch sehnte er sich mehr danach, »schnell« reich zu sein und die eigene Lebendigkeit zu spüren, statt in beständiger Gelassenheit etwas Ganzes zu schmieden.

Dementsprechend bestand Johns Ansinnen darin, Stan nach seiner Rückkehr weiter zum Nachdenken anzuregen. Aus diesem Grund reagierte er seit Stans Rückkehr nur sehr verhalten, obwohl sich abzeichnete, dass sowohl Stans Verweilen in jenen bekannten Widersprüchen wie auch seine gedankliche Unordnung *weiterhin* unüberlegte Trades nach sich zogen. John wusste, dass alle Trading-Anfänger die besondere Eigenart aufwiesen, solche Erfahrungen zwar wohl zu vermerken, sie gleichsam innerlich aufzuschreiben und daran Freude oder Beruhigung zu finden, gleichzeitig jedoch in Bezug auf die eigene Person sich nicht daran zu orientieren oder praktischen Nutzen daraus zu ziehen.

Heftige Regenböen prasselten plötzlich gegen die Scheiben und ließen das Glas leise klirren; draußen ging einer jener unvorhersehbaren Platzregen Thailands nieder.

John, Nick und Kim verließen die Küche, und kaum befanden sie sich wieder hinter ihren Monitoren, versanken John und Nick in ihre eigene Welt. Eine Welt, in der sie Disziplin lebten und nur noch manchmal, wie einst als Anfänger, von großen Marktbewegungen träumten, welche sie natürlich nicht immer mitmachen konnten; eine Welt, in der sie zwar nicht zu den ganz Großen gehörten, in der sie sich aber doch – auch ohne Schlips und Anzug – ab und zu ein ansehnliches Stück vom Börsenkuchen abschneiden konnten. Sie dachten während ihrer paar wenigen Stunden Arbeit pro Tag nicht an die vierteljährlichen Honorare, nicht an ihre Lungen, denen mitunter einst die Luft ausgegangen war, wenn der Markt mal gegen sie gelaufen war, und sie dachten auch nicht an den Aktionismus, den sie – irgendwo auf dem Weg zwischen Verlierern von einst und Gewinnern von heute in die Börse *einzahlend* und von der Börse *ausgezahlt* bekommend – verloren hatten ... Sie dachten nur: an ihre Finger! An die Finger, die lahm wurden vom vielen Draufsitzen und Warten. Daher war es einfach nur ein Tag. Ein ganz normaler Handelstag. Ein ganz normaler Montag.

Nachdem Philip noch einige Minuten alleine in der Küche verbracht hatte, begab auch er sich zögerlich zurück an seine Monitore. Aber angesichts des Phänomens der nicht schlüssigen Antwort auf die Frage »Worin besteht dein persönlicher Ansporn, in dieser Arbeit vollkommen zu sein?« kann man sich denken, dass es keine Kleinigkeit war, sich mal eben wieder »lustvoll« vor Rechner und Charts zu setzen und dass es daher einer gewissen Überanstrengung bedurfte, sich von den abschweifenden Gedanken zu trennen, was ihm, trotz aller Anstrengungen, nicht ganz möglich war.

... 124,12; ... 124,13; ... 124,12 ...

Philip warf einen Blick auf seine Positionen. – *Nicht ausgestoppt!* Möglichkeiten zur Stopp-Versetzung: Fehlanzeige! Er trat hinüber ans Fenster, blickte hinaus, und seine Augen folgten einem kleinen Regenrinnsal, das sich im Garten gebildet hatte. Nicht bewusst denkend, sondern hin und her wandernden Erinnerungen nachhängend, musste Philip sich tatsächlich eingestehen, dass die Frage nach dem »Worin besteht dein persönlicher Ansporn, in dieser Arbeit vollkommen zu sein?« nur dem ersten Eindruck nach komisch, albern, ja fast schon sonderbar geklungen hatte, dass aber mittlerweile seine Besorgnis, dass es sich hierbei um eine widersprüchliche und zugleich bedeutsame Frage, um eine Frage, die keinen Zweifel mehr erlaubte, handeln könnte, immer mehr wuchs.

Was ist der Sinn des ganzen Börsenrummels für mich?

Warum sitze ich vor den Monitoren?

Warum quäle ich mich mit Charts & Co. herum?

Ist mein Trading Werkzeug oder Ziel?

Oh Mist ... Zweck? Zweck? Zweck?

Was ist der Zweck, für den ich mich so sehr mit dem Trading auseinandersetze?

Geld?

Freizeit?

Innere Zufriedenheit?

Denksport?

Aufgelaufenes Minus auszugleichen?

Recht haben wollen?

Spielerei?

Ego?

Sicherheitsbedarf?

Befriedigung eines Ehrgeizes, und wenn ja, wofür?

Zeitvertreib?

Ausfüllung innerer Leere?

Schei... – Herrgott, W-A-A-A-S?

Wo ist der Schlüssel, wo das Schlüsselloch?

Philip fiel diesbezüglich lediglich auf, dass das Verzwickte an der ursprünglichen Frage war, dass es sich weniger um eine Einzelfrage als vielmehr um einen Platzhalter für eine ganze Reihe von Fragen handelte, und da er diese Menge an Fragen in ihrer Massivität derzeit nicht beantworten konnte, versuchte er, seine Gedanken daran abzuschütteln, indem er sich wieder seinen Monitoren widmete.

... Piep – Piep ...

Ein Signalton benachrichtigte ihn darüber, dass der Bund-Future eine von ihm in den Chart eingezeichnete Signallinie getriggert hatte. Damit lockte ein guter Trade, denn der Markt korrigierte gerade sehr stark, nachdem vorab ein untergeordneter *Punkt 2* weit überschritten worden war und dieser untergeordnete Aufwärtstrend wiederum selbst vor einem noch größeren *Punkt 2* stand. Philip betrachtete gelangweilt seine Monitore, legte einige gestaffelte Limit-Buy-Orders zu 124,00; 123,95; 123,90; 123,85 in den Markt und klickte anschließend so lust- wie wahllos in den Charts anderer Märkte herum. Doch lange hielt es ihn gedanklich nicht bei den Monitoren.

Da hab ich nun seit Jahren den Traum so vieler erreicht: Vollzeit- oder Berufshändler, und dennoch: Worin besteht mein persönlicher Ansporn, in dieser Arbeit gut zu sein?

Was ist mein WOZU? Was ist der Zweck?

Geld? Aber ich hab doch welches!

Freizeit? Schei… wieso sitze ich dann hier?

Spaß? – Ha, ha … wohl kaum!

Philip fragte sich, warum er nicht gerade in irgendeiner Hängematte faul am Strand lag oder zum Beispiel zu Hause in Deutschland auf seiner Terrasse saß, in den Abenteuern von Hugo von Payens und seinen Anhängern stöberte und hier und da in seinen abendlichen Garten hinausblickte, wo die alte Tanne beim Sonnenuntergang so wunderbar leuchtete und im Abendwind immer so schwerfällig knarrte. Überall woanders könnte doch auch sein Platz sein, statt hier bei diesem ganzen Börsenkram!? Mochten doch die anderen traden und dabei frisch und geschickt bei der Sache sein …

… 124,07; … 124,06; … 124,05

Philip wippte unruhig mit dem rechten Fuß. Die klare Wahrnehmung, dass eine schlüssige Antwort nicht nur momentan nicht erkennbar war, sondern vielleicht sogar … *Oh Gott* … dauerhaft unerreichbar blieb?!, verunsicherte ihn hinsichtlich des Wertes seiner Anstrengungen. Denn, und das erkannte Philip plötzlich ganz deutlich, wenn das Persönliche des Tradings um ihn herum, seine vielen Gedanken, der Zwang zu freiwilligem Verzicht, die systematische Disziplinquälerei, die schlaflosen Nächte, die »Arschtritte« des Marktes, die Leere der Geduld, die Kontoschwankungen und – nicht zu vergessen – die wahnsinnige Menge vor dem Rechner verbrachter Zeit selbst im Grunde eines übergeordneten, mit dem Trading *selbst* nicht persönlich begründbaren Zwecks entbehrten und in ihm die so beiläufig gestellte Frage nach dem Sinn aller geistigen Anstrengungen und Ordertätigkeiten nur ein hohles Schweigen erzeugte, so musste eine gewisse lähmende Wirkung fast unausbleiblich die Folge sein, die sich auf dem Weg über das Seelische auch auf den physischen Teil erstrecken würde.

… 124,02; … 124,01; … 124,00

Order filled

Buy20@124,00 id=34539722

Eine Minute später.

… 123,97; … 123,96; … 123,95

Order filled

Buy20@123,95 id=34539991

Eine weitere Minute später.

… 123,92; … 123,91; … 123,90

Order filled

Buy20@123,90 id=34541221

Philip, obwohl den *Bewegungshandel beginnend in der Korrektur* anstrebend, legte seinen Initial-Stopp mehr oder weniger wahllos statt an die Perioden an den letzten *deutlich* erkennbaren *Punkt 3* und registrierte zufrieden, dass der Stopp für den *Bewegungshandel* scheinbar übertrieben weit weg lag. Dann sprang er auf und dehnte sich. Aber es blieb dennoch etwas in ihm zurück, das sich nicht abschütteln ließ. Er strich sich mit den Fingern über die Augen, aber sein Blick behielt gleichwohl etwas von der eingesickerten Berührung der Frage zurück: *Wie ist es nur möglich, dass ich in so ein schei... exzentrisch-geistiges Abenteuer geraten bin?*

... 123,86; ... 1123,87; ... 123,89

»Sag mal, mein Junge, was ist los?« John hatte bereits in der Küche mitbekommen, dass Philip heute etwas nachdenklich gestimmt war.

Philip überlegte, ob er die Frage zurückweisen oder beantworten sollte, fühlte sich aber so sonderbar bewegt, dass er erst nach einer Weile mit einem etwas schiefen Lächeln entgegnete: »Ach, nichts!«

»Gehst du etwa neuerdings mit Kim aus? Oder gar mit meiner Tochter?«, neckte er Philip. »Jetzt komm schon!«

Philip schüttelte den Kopf. »Ich ... äh ...«

»Jaaa?« John hob erwartungsvoll eine Augenbraue.

»Nun ja ... Ich hab ...« Er brachte es nicht fertig!

»Jaaa?«

Also gut!

Philip richtete sich gedanklich auf, war wieder Mann und erzählte, wenn auch zaghaft, vom Ablauf der Begegnung mit dem Mönch und dessen Frage sowie davon, dass sich ihre Bedeutsamkeit für ihn erst nachträglich und dadurch erhöhte, dass er zum Zeitpunkt der Worte vom früheren Leben des Mönchs ja noch nichts gewusst hatte. Die »Entdeckung«, dass keine sofortige, in sich *wirklich* schlüssige Antwort auf die Frage »Verheize ich die Axt als Brennholz, oder benutze ich sie, um Brennholz zu gewinnen?« existierte, habe plötzlich und unaufhaltsam zu einer Art – Philip suchte nach dem rechten Wort und nannte es vorerst – »Leere« in ihm geführt. Diese Leere liege darin, fuhr Philip fort, dass er bisher angenommen habe, der Zweck gründe in etwas außerhalb von ihm selbst: zum Beispiel dem Geld oder dem Analysieren von Marktbewegungen. Und da diese Annahme nach und nach und vor allem auch aufgrund seines Grübelns immer mehr ihre Gültigkeit verloren hatte, würde ihm plötzlich auch der Ursprung in Bezug auf den persönlichen Sinn des Tradings undeutlich und verschwommen erscheinen – Philip wagte es nicht, das Wort »abhandengekommen« in den Mund zu nehmen!

Ups – das war wohl doch ein schwierigeres Thema als zunächst angenommen, dachte sich John bei Philips Anblick, und da er dessen Worte gut nachvollziehen konnte, hielt er inne und wiegte den Kopf, als müsste er bedenken, ob er sofort eine Antwort parat habe. Doch natürlich kannte John die Antwort sehr genau und ihm boten sich tatsächlich sogar zwei vielversprechende Wege dahin an. Welchen jedoch sollte er wählen? Sollte er Philip einfach die Antwort geben – zweifelsohne spielte Philip mit seinen offenen Worten ja darauf an –, oder sollte er ihn insoweit stärken, indem er ihn die Antwort selbst suchen und finden ließ? Eingedenk der entscheidenden Bedeutung dieses Themas, welches für das weitere Gelingen von Philips Trading einen hohen Stellenwert besaß, da es eine weitere *wichtige* Erkenntnisstufe kennzeichnete, schlug John den zweiten Weg ein: »Begib dich mal auf die Suche! Stell anderen Tradern doch mal die Gretchenfrage, worin sie ihr ›*Wozu*‹ für den Kampf mit den Kursen sehen!« Dazu aber gab er Philip zum einen den für diesen nicht wirklich nachvollziehbaren Rat, dieses Thema *sehr* behutsam anzugehen, und mit erhobener Stimme fügte er hinzu: »Du wirst merken: Du störst sie mit deinem Ernst!« Zum anderen, so John, möge er *Durchhaltevermögen* zeigen, denn es sei ein sehr verworrenes Thema, dessen Anfang und Ende sich nicht mal eben so fassen ließen!

Philip blickte John fragend an. Er kannte ihn nun schon eine Weile, aber was er gerade in seinen Augen entdeckte, war ihm neu. Irgendetwas ihm Fremdes hatte anscheinend von John Besitz ergriffen! John hatte sich bereits zum Gehen gewandt, drehte sich aber, bereits in der Tür stehend, lächelnd zu Philip um und gab ihm den abschließenden Tipp, auch mal Johns ehemaligen Chef Torbach zu besuchen. »Walter würde sich freuen und mit Sicherheit kann er dir bei deiner Suche eine gewisse Hilfestellung leisten!«

Mhmmm …

Philip erkannte, dass mit diesen Worten seine Fragen bei Weitem nicht beantwortet waren, sondern dass John ihn zur Klärung und Beantwortung vielmehr zu einer Art Vorleistung aufgefordert hatte. Also hatte John gar nicht die Absicht, Philip die Suche nach der Antwort durch sprachliches Entgegenkommen zu erleichtern. – *Seufz! Es wird schon seinen Grund haben*, dachte Philip weiter und zog aus Johns seltsamen Blicken den vorläufigen Schluss, dass hier ein wesentlicher Zusammenhang mit den Handelsergebnissen eines Traders bestehen konnte.

Also gut!

Philip nahm sich vor, sich dieser Frage in den kommenden Tagen mit aller Genauigkeit und – wenn es denn sein musste – zäher Ausdauer zu stellen …

*

Zwei Tage später schien in den ersten Handelsstunden in Europa die Börsensonne, was die meisten Aktienkurse zum Wachsen brachte, jedoch zog mit der Bekanntgabe einiger Wirtschaftszahlen eine regelrechte Schlechtwetterfront auf, und einige der Aktienwerte, die es aus diversifikativen Gründen auf die Short-Watch-Liste für Fünf-Sterne-Marktphasen geschafft hatten, wurden bei den Jungs eingestoppt. Sogar Stan hatte heute alles richtig gemacht und war vor Freude über die disziplinierte Stopp-Versetzung seines Plustrades, der trotz zweier vorangegangener Minustrades unterm Strich ein hübsches Sümmchen ergab, bereits dem kulturellen Bangkok auf der Spur. Als zur fortgeschrittenen Zeit das Abendessen anstand, schlug John vor: »Lasst uns doch mal wieder zu Hannes gehen!«

»Oh neee, bitte nicht zu *dem*!« Nick quittierte Johns Wunsch mit deutlich verdrehten Augen. »Da gibt es zwar leckeres Essen, aber der sülzt uns dann wieder den ganzen Abend zu! Bitte, bitte nicht!«

Philip, der Hannes noch nicht kannte, wurde mit knappen Worten aufgeklärt: Hannes war halb Deutscher, halb Thai und hatte vor einigen Jahren das gut laufende Restaurant seines Vaters übernommen. Nicks Meinung nach war Hannes zwar ein guter Mensch, etwas ausgeflippt, aber sonst okay, sehr belesen, und stand weitgehend mit beiden Beinen auf der Erde – ein richtig netter Bursche eben. Nur was den Börsenhandel anbelangte, war Hannes wie ein kleines Kind im Theater, das begierig darauf wartet, dass das Stück beginnt, und zum Glück nicht weiß, was ihm widerfahren wird. Oder besser: wie ein Seemann, der sein Schiff tatkräftig durch die ruhige blaue See navigieren möchte, aber schon beim Verlassen des Hafens unausweichlich auf große Felsen, Strudel und meterhohe Wellen und damit auf die endgültige Katastrophe, nämlich den Untergang, zusteuert. Denn Hannes gehörte durch die zufällige Wahl seiner Aktienfonds zu jener Gattung von Börsenneulingen, welche überempfänglich für Plustrades und deren monetäres Lob sind und sich vom Ergebnis eines solchen Trades gern davon überzeugen lassen, ein Meisterwerk geschaffen zu haben, obgleich fachlich erhebliche Zweifel angebracht waren. Vor keiner Aussage haben Bequemlichkeit und Erkenntnisträgheit eines Traders sich zäher erwiesen als vor dieser: »Dergleichen war Gabe ...« Das nämlich pflegte Hannes, der unter der berauschenden Wirkung seiner Fondskäufe stand, stets zu sagen. Und weil erhabene Wirkungen nach seiner gutmütigen Meinung unbedingt auch erhabene Ursprünge haben mussten, argwöhnte er nicht, dass es sich hier vielleicht um eine äußerst schlimme, eingeschränkte sowie äußerst fragwürdige »Gabe« handelte.

Und während Kim und Nick im Versuch, John umzustimmen, weitere Restaurants aufzählten, betrachtete John Philip unbemerkt von der Seite, überlegte kurz und verkündete dann kategorisch: »Nix da! Wir gehen zu Hannes, der freut sich!«

Die Taxifahrt war kurz. Die wichtigste Straßenverkehrsregel, die es hierzulande zu beachten galt, stand in keinem Handbuch und wurde in keiner Fahrprüfung abgefragt. Man lernte sie durch Erfahrung: Das schwerere Fahrzeug hatte Vorfahrt! Radler schnitten Fußgänger, Motorroller übersahen Radler, Autos ignorierten Motorroller, Lieferwagen setzten sich vor Autos, und verdreckte, zehn und mehr Tonnen schwere Laster fuhren, wann und wie sie wollten, vollkommen gleichgültig, ob ihr Verhalten Tod und Chaos zur Folge haben mochte oder nicht. Diese Grundregel konnte nur durch einen einzigen Umstand, dann aber mit sofortiger Wirkung, außer Kraft gesetzt werden: Auf oder in einem Fahrzeug befanden sich Personen in Uniform! Dies erhöhte das »Gewicht« dieses Fahrzeugs um mindestens eine Kategorie – und um mindestens eine weitere, sofern diese Uniformierten deutlich sichtbar Waffen trugen. Wer diese Regeln nicht kannte oder beachtete, lebte auf Bangkoks Straßen nicht lange – sondern schied sinnigerweise in kürzester Zeit aus dem Genpool aus.

Als die vier das Restaurant betraten, fiel Hannes aus allen Wolken. »Ich werd verrückt, John! Hi! ...« Er begrüßte alle mit raschem Küsschen rechts, Küsschen links.

»Philip, das ist Hannes. Hannes, das ist Philip«, machte John die beiden miteinander bekannt, dann wurden die vier von Hannes zu seinen besten Plätzen geführt.

»Setzt euch, setzt euch!«

Während die üblichen Fragen nach dem gegenseitigen Wohlergehen und dem Stand der Dinge folgten, musste Philip feststellen, dass er Hannes' Alter nur schwer schätzen konnte. Er war wohl etwa zwischen dreißig und vierzig, denn obgleich seine Gesamterscheinung jugendlich wirkte, so war das Haar an den Schläfen schon silbrig durchsetzt und weiter oben merklich licht.

Hannes nahm die Getränkewünsche entgegen und kam kurz darauf mit diesen – und zugleich einem Stapel Prospekte – an den Tisch zurück.

»Was sind das für Broschüren?«, stutzte Nick und ließ ein Päckchen Zigaretten durch die Runde wandern.

»Äh … ja …«, Hannes versuchte, ganz sachlich zu klingen, »… als zukünftiger Händler muss ich doch flexibel sein. Habt ihr doch selbst immer gesagt!«, meinte er und schob ein paar der Broschüren auf dem Tisch herum. »Daher hab ich die Gegend, in der wir suchen, ein bisschen ausgeweitet.« Hannes informierte John und die anderen darüber, dass er bald mit dem echten Trading beginnen wollte, um dann auszuwandern und fortan nur noch vom Trading zu leben. Er hatte sich bereits über verschiedene Kontinente, Länder, Städte, Häuser und Strände informiert und einige davon in die engere Wahl genommen. »Mein Trading wird dann nur noch vom Strand aus vonstattengehen!«, endete er freudestrahlend.

Nick widmete sich dem Stapel Broschüren und nahm einen Prospekt von Häusern in der Karibik zur Hand. »Die Suche ein bisschen *ausweiten*?«, wiederholte Nick Hannes' letzte Aussage und blätterte in der Hochglanzmappe. »In die *Karibik*? Du hast dir Informationen zu Strandhäusern in der *Karibik* schicken lassen?«

»Ähm, ja?!« Hannes räusperte sich kurz. »Du hast doch selbst gesagt, dass ich die Suche ausweiten soll. Das war deine Idee!«, verteidigte er sich.

»Ich meinte damit ein kleines Häuschen hier um die Ecke! Nicht auf T-o-b-a-g-o!«, korrigierte Nick.

Hannes, der seiner Gewohnheit nach einen hölzernen Zahnstocher zwischen den Lippen hielt, ließ sich nicht beirren. »Hast du gesehen, was man auf Martinique kriegen kann?« Er verwies auf eine eingeknickte Seite. »Seht euch das doch erst mal in aller Ruhe an!« Hannes ging, und kurz darauf kam der erste Gang des »Tagesgerichts« – ein einfältig symbolischer Name für das fantastische Essen, das ihnen serviert wurde! Und während die Jungs und Kim anfingen, die Vorsuppe zu löffeln, holte Hannes seinen Laptop vom Tresen, klickte sich ins Internet und wählte aus seinen gespeicherten Favoriten die Seiten mit den Immobilien im Ausland. – *Klick! Klick!* Diese – Website war das Beste. Besonders die mit den virtuellen Touren durch die Häuser.

»Das hier zum Beispiel!« Hannes setzte sich mit an den Tisch und zeigte auf seinen Bildschirm. »Villa mit fünf Schlafzimmern, eingelassenem Swimmingpool, großzügigem Garten und Gästehaus!«

»Hannes!« Nick hielt einen Moment inne, tippte mehrmals auf die Broschüre, legte seinen Löffel beiseite und erklärte: »Das ist eine dreistöckige *Villa* auf *Mar-ti-nique*!!!«

»Ja und?« Hannes blickte zu John hinüber und fragte: »Warum hängt er sich denn so an diesem Detail auf?«

John lachte und zog gespielt ahnungslos die Achseln hoch, worauf Hannes die Beschreibung der nächsten Villa mit den vier Etagen und eingebautem Lift lieber nicht mehr präsentierte. Stattdessen nahm er seine Broschüren vom Tisch und wischte liebevoll einen Suppenspritzer von der Deckseite eines Prospekts. Immer und immer wieder blätterte er die Exposés durch, und, während sich die Schüsseln leerten und schließlich, in der Mitte des Tisches zusammengestellt, ein lustiges Denkmal aus bunter Keramik bildeten, sah Hannes sich und seine Frau schon in diesem Haus wohnen: Er sah sich in der rahmenlosen Kalksteinduschkabine »Airjet« duschen … in der

Luxusküche zwischen den funkelnden Armaturen einen Gutenachttee kochen ... und mit der Tasse in der Hand im nicht einsehbaren Garten auf der Ostseite in Richtung Strand und Sonnenuntergang schlendern. Laut träumte er weiter: »Das wäre doch super! Unser zukünftiges Baby könnte direkt vor dem Haus schwimmen lernen und ich könnte endlich jeden Tag am Meer joggen! Das wollte ich schon immer tun!«, und Hannes beschrieb in allen Details, wie er sich bereits nach dem ersten Trade am Morgen mit bunten Shorts am weißen Strand der Karibik entlanglaufen sah. »Im Gästehaus gäbe es selbstverständlich einen Internetanschluss und ihr alle kommt mich regelmäßig besuchen! Ihr könntet dann knackebraun im Polohemd eure Drinks schlürfen. Wir könnten jeden Abend grillen und John könnte endlich ...«

»... ich lerne nicht surfen!«, vervollständigte John den bereits so oft gehörten Satz auf seine Weise.

»Hannes!« Nick beugte sich vor und schloss demonstrativ den Laptop und damit die Website aus Martinique. »Über so was kannst du später vielleicht mal nachdenken. Wenn alles läuft wie geplant – Häuser gibt es dann immer noch! Aber in der Zwischenzeit musst du doch erst mal Traden *lernen*. Erst kommt das Lernen. *Dann* kommt die Anwendung und *dann* kannst du Geld ausgeben!«

»Aber ich muss doch vorbereitet sein. In zwei, drei Monaten hab ich den ganzen Kram gecheckt.« Hannes schnipste zur Untermalung der Leichtigkeit mit den Fingern: »Long. Short. Short. Long. *Zackzack*. Order rein. Order raus.«

»Zwei, drei Monate?»

»Zwei, drei Monate! Länger dürfte das ja wohl nicht dauern, oder?!«, und während Hannes einen kleinen zerknitterten Notizzettel aus seiner Hosentasche kramte und nach einem dieser bunten Plastikstifte suchte, spürte Philip Nicks Fuß und registrierte daraufhin sein Augenverdrehen und den erhobenen Daumen. Nick, der wusste, was jetzt kam, machte es sich auf seinem Stuhl gemütlich und streckte die Beine aus. John sah das ebenso und blinzelte Philip von Hannes unbemerkt zu.

»Also«, begann Hannes seine Trading-Hochrechnung, »ich krache 50.000 Dollar auf mein Trading-Konto ...«, und es folgte der unterhaltsamste und erheiterndste Teil des Tradings überhaupt: Man gebe einem Trading-Anfänger, egal, von wo auf der Welt, einen Zettel und frage nach seinen Träumen, und im Nu bekommt man einen *Trading-Business-wenige-Punkte-super-Leben-Plan*, der ungefähr dem von Hannes ähnelte. »... und bei meinem Lebensstil, denke ich, mit 6.000 Euro gut hinzukommen.«

»6.000?«, hakte Nick nach.

»6.000! Nun, 1.000 Euro Versicherungen und so'n Kram. 3.000 Euro Miete fürs Häuslein«, Hannes wedelte mit einer Broschüre, auf der ein dreistöckiges Haus in direkter Strandlage mit zwei riesigen Palmen im Vorgarten abgebildet war, »1.000 Euro für Internet, Auto, Telefon und den ganzen Kleinscheiß. Und 1.000 Euro fürs Essen, wobei ich ja dann meinem Lieblingshobby – dem Fischen – nachgehen kann, weshalb das dann wohl eher weniger werden wird.« Hannes schrieb die Gesamtsumme von 6.000 Euro mit großen Zahlen auf den Zettel. »Mit einem Kontrakt im DAX-Future muss ich ... bei zwanzig Handelstagen ... ähm ...«, auf dem Zettel entstand ein heilloses Gekritzel, »... zwanzig Punkte machen! – Zwanzig!«

»Zwölf!«, korrigierte Nick lachend.

»Yuuup, noch besser! Aber ob zwanzig oder zwölf, scheißegal! Jungs, überlegt doch mal, nur ein P-A-A-R Pünktchen! Das ist doch nix. Nada! Null! Niente! Schaut mal hier …« Hannes klappte seinen Laptop wieder auf, klickte auf eine dieser Börsenübersichtsseiten und zoomte den aktuellen Chart des DAX-Index so weit auf, dass die letzten Perioden des heutigen Handelstages in Riesengröße fast den ganzen Bildschirm ausfüllten. »Der Markt macht binnen w-e-n-i-g-e-r Minuten m-e-h-r Punkte, als ich zu einem super Leben bräuchte!«

»Und du meinst, du musst ja nur die paar Punkte mitnehmen und Ende-aus-Micky-Maus?!«, gab Nick mit einem inzwischen leeren Glas in der Hand und einem Anflug von Ironie zu bedenken.

»Genau. *Ein* Trade – und aus die Kiste!«

»*Ein* Trade?«

»*Ein*, wegen mir *zwei* oder *drei* Trades!« Hannes hatte sich in Begeisterung geredet und wollte sich nicht an unbedeutenden Details aufhalten.

Nun konnte sich John, der vorsichtshalber noch ein zweites Stück Baguette gekaut hatte, um nicht in Versuchung zu geraten, das Gespräch zu unterbrechen, , nicht mehr länger zurückhalten. Unter gewaltigen Anstrengungen, die ihm das Herunterschlingen des Inhalts seines Mundes abverlangte, und kurzem, aber eindringlichen Blickkontakt mit Philip fragte er Hannes: »Und dann?«

»Ja wie – und dann?«, wunderte sich Hannes über die Frage. »Und dann Strand! Sonne! Meer! Essen gehen! Ausschlafen! Ein Buch lesen! Endlich meinem Hobby nachgehen: stundenlang Fischen! Und das Wichtigste …«, Hannes betrachtete zärtlich die zurücklächelnde schwangere Frau hinter dem Tresen, »… unser Kind aufwachsen sehen.« Das Letztere hatte er mit besonderer Feierlichkeit erklärt. Er zündete sich eine Zigarette an und auch Nick nahm die ihm angebotene. Hannes blies zur Untermalung den Rauch in eleganter Gelassenheit in die Luft, um seine Unabhängigkeit und Tatkraft zu demonstrieren, die ihm seine Zuhörer jedoch, wenn auch nicht erkennbar, natürlich nicht ganz zugestanden. Mit bewegter Stimme hielt Hannes erneut eine Stegreifrede über das süße Leben als Trader und vergaß dabei – mit Verweis auf das Leben seiner Zuhörer – nicht, den übernormalen Glanz seines zukünftigen Lebens hervorzuheben.

»Also das volle Verwöhnprogramm?« John tupfte sich den Mund mit seiner Serviette ab und tauschte mit den anderen Zuhörern einen dieser »Na dann!«-Blicke.

»Yep!« Hannes schaute sehnsüchtig auf seine Frau, die gerade von zwei neu angekommenen Gästen die Bestellung entgegennahm. Das Restaurant war nun beinahe voll besetzt, obgleich die übliche Stoßzeit erst in einer Stunde begann. »Nie wieder dieser scheiß Stress!« Hannes gab zu verstehen, dass Gastronomie ohnehin nicht mehr so war wie früher in den guten alten Zeiten. »Ich kann dann meinen Tag selbst gestalten – Freiheit pur. Endlich arbeiten, wann und wie ich will. *Viel* Geld und viel Freizeit … endlich die Sonnenseite des Lebens. Und, ähm, vor allem …« Hannes beugte sich zu seinen Gästen vor und verriet flüsternd, dass er dann seiner Biene – so pflegte er seine Frau stets zu nennen – wie bei der Hochzeit versprochen endlich ihren bereits seit Kindertagen gehegten Traum einer Kreuzfahrt von Neuseeland nach New York mit dem größten Luxusliner der Welt, der *RMS Queen Mary 2*, erfüllen könnte und würde. »Der Stress, den wir jetzt haben, tut unserer Beziehung nicht gut!« Sein Mundwinkel unter dem Dreitagebart war zu einem feinen, nüchternen wie kritischen Lächeln gespannt. »Auf dem Dampfer gibt es auch Internet. Alles schon recherchiert. Frühmorgens auf Deck ein bisschen Sport, dann ein, zwei Stunden Chart-Dingsda anschauen, während Biene sich im Spa verwöhnen lässt, dann Kiste aus und das Dasein endlich g-e-n-i-e-ß-e-n!«

John, der sehr aufmerksam zuhörte, blätterte wahllos in der Speisekarte und fragte, ohne seinen Blick zu heben, schließlich abermals »Also: ein paar Euro oder Dollars machen und *aus* die Kiste?!«

»Logisch!« Hannes' Tonfall unterstrich seine Selbstverständlichkeit. Nachdenklich starrte er dem Rauch seiner Zigarette nach und beeilte sich hinzuzufügen, dass das seiner Ansicht nach doch jeder private Trader machen würde! Und unter Johns kaum merklichem, nachdenklichem Nicken betonte er: »Ich hab dann doch alles erreicht, was ich mit dem ganzen Börsenkram überhaupt erreichen wollte und weshalb ich«, mit einer ausladenden Handbewegung wies er auf sein Restaurant, »das hier aufgeben will! Ich will wieder eine glückliche Ehe ohne beruflichen Stress. Endlich: Freizeit! Freiheit! Und ein paar Euro!«

Und während diese Worte von Hannes mit strahlendem Gesicht gesprochen wurden, nahm Philip von John ein kurzes Augenzwinkern wahr, und er ... Himmel! ... verstand plötzlich, dass die Wahl dieses Restaurants doch mehr ihm, Philip, als den kulinarischen Künsten Hannes' gewidmet war! Sie sollte ihm offensichtlich als eine sanfte Hilfestellung dienen hinsichtlich ihres letzten Gesprächs und Johns Tipp, Philip möge doch mal Äußerungen anderer Trader zu diesem Thema hören. – *Verstehe, verstehe!* ... Philip, der Hannes weiter von Freizeit, Freiheit und Dollars sprechen hörte, und zwar ohne den inneren Willen, Einspruch zu erheben, ließ seine Hand auf seinem Haar ruhen, als er plötzlich das wilde Pulsieren seiner Gedanken fast mit den Fingerspitzen fühlte: Hannes' Worte stießen Philip nicht ab, obwohl sie die Vernunft gänzlich beleidigten; denn dadurch, dass sie seinem Innerem nahe kamen und sich davon wieder bis zur Absurdität entfernten, wirkten sie wie ein Schwirren oder Summen, dessen Fraglichkeit neben der Schönheit der ausmalenden Worte nicht zur Geltung kam ...

»Willkommen in der *Carpe-diem-Version* eines zukünftigen Traders!« John klopfte Philip vor dem Restaurant auf die Schulter. »Der Glaube, Trading werde per Knopfdruck die materiellen Genüsse sicherstellen, gepaart mit dem Glauben, das Leben als Trader gleiche, neben der unendlichen Freiheit, einer einzigen Party ... Tja, so geht es immer los!« John nahm einen letzten Zug von seiner Zigarette und warf sie, nachdem er noch eine Weile gewartet hatte, den Bürgersteig hinab auf die dunkle Mitte der Straße.

Philip, die Hände in den Hosentaschen, schlenderte neben John, Kim und Nick her und dachte darüber nach, dass Johns eben gesagte Worte in Verbindung mit seinem ausdrücklichen Wunsch, das Abendessen bei Hannes einzunehmen, und seinem Verhalten bei Hannes' Zukunftsschau offensichtlich nur eins bedeuten konnten: Wenn anscheinend jeder zukünftige spekulativ ausgerichtete Trader dasselbe erklärte wie alle anderen, nämlich dass er morgens ein paar Trades machen, das Beste aus den Charts herausholen, sich nachmittags neben dem Genuss seiner Hobbys ein paar Drinks gönnen und abends den Partner oder Freunde seiner Wahl zum leckeren Essen einladen, am nächsten Tag schön ausschlafen würde, dann wieder schnell zwei, drei Trades und so –weiter … dann bedeutete dies, dass hier irgendwo ein *erster* Ansatz für seine offenen Fragen zu finden sein musste …!

Zurück im Oriental Hotel hob Philip seine Tasse und sog zusammen mit dem Duft des aromatischen Kaffees in tiefen Zügen die warme Bangkoker Nachtluft ein. Er wandte den Kopf um und blickte umher. Sämtliche Tische der Terrasse waren mit Gästen besetzt – größtenteils Touristen, meist ältere Herrschaften. Einige Gäste hielten Zeitungen in der einen Hand, Kaffeetassen in der anderen. Von etlichen Tischen erhoben sich Wolken aus Zigarrenrauch und auf dem nun etwas ruhigeren Chao Phraya ließ das Kielwasser eines langsam dahingleitenden Bootes die schimmernden Spiegelungen der Terrasse erzittern.

Philip erinnerte sich, inspiriert von Hannes' ausschweifenden Worten, an einige Einzelheiten aus jenen Tagen vor seinem eigenen *ersten* Trade, und er versank durch sie tief in die Vergangenheit, weil es ihm, was schon lange nicht mehr vorgekommen war, plötzlich Vergnügen bereitete, sich zu erinnern: Er forschte in seiner Seele nach »Eindrücken aus Kindertagen« seines Tradings und fragte sich, ob er seinen *ersten* Kontakt zum Börsenhandel noch beschreiben konnte. Er stellte fest, dass ihm das kaum noch gelang. Falls doch, so würde er ein unrichtiges Bild vom Börsenhandel finden. Einst hatte er das Thema nur im Vorübergehen mit einem halben Blick gestreift, hatte dessen Wirklichkeit nicht gesehen. Aber der verwischte Schatten dieses Themas, den er empfangen hatte, reichte aus, um seine Fantasie anzuregen und ein Bild mit fortzunehmen, das schön war … *Gott, es war sooo schön!!* Also hatte damals auch ihn, wie so viele Trading-Anfänger, diese gestaltlose Träumerei von Freizeit, Freiheit und Reichtum sinnlich erregt, und es verwunderte Philip folglich kaum, dass auch in Hannes' schmalem, aber durchtrainiertem Körper sämtliche Lockung und eine weiche Ausbreitung des Erglühens um die zukünftige Sonnenseite eines Lebens als Trader Platz fanden. Aus diesem Grund konnte Philip Hannes' Lobeshymnen und Gedanken nahezu eins zu eins nachempfinden, denn auch er hatte in jungen Jahren oft dieselbe Ansprache und Aussicht genossen – damals, als er noch vor der Auslagenscheibe des Tradings stand und über keine Erfahrung verfügte, sich aber vorgenommen hatte, den Laden namens »Börsenhandel« zu betreten, und gern darüber nachdachte, was sein Trading ihm später bescheren würde. »Ich kaufe mir dann von dem vielen Geld ein neues Auto, so einen richtig geilen Schlitten, und irgendeine bemalte Statue, die ein paar Jahre später bei Sotheby's in London an irgendeinen verrückten Sammler zu einem horrenden Preis versteigert wird … und dies und das … und jenes …«

Wenn Philip aber jetzt, viele Jahren *nach* seinem ersten Trade, dem Trading geradeaus und wirklichkeitsgierig ins Gesicht starrte und deutlich den Eindruck der »fehlerhaften« Tatsächlichkeit sah, so wirkte es im ersten Moment eher beklemmend als befreiend, seinem Charakter von einst und dem Grad der eigenen Wandlungsfähigkeit so nahe gegenüberzustehen. Man musste sie, die *fehlerhafte Tatsächlichkeit*, betrachten, ob man wollte oder nicht, sie studieren mit all den ihr anhaftenden Makeln und »Menschlichkeiten«, als hätte man sie unter dem Vergrößerungsglas, um zu erkennen, dass die Beschaffenheit des Handelns dieser blendenden Aufmachung von einst nicht vollkommen entsprach. – *Au Mann, das waren noch Zeiten!*

Solche Gedanken waren schön und Philip mochte sie. Es war ungefähr vergleichbar mit dem Gefühl, stundenlang lustlos gewandert zu sein und sich dann umzusehen – und mit einem Mal verwandelte sich die durchwanderte Leere in Fernsicht und präsentierte sich als schöne Befriedigung ästhetischer Natur. So indes fasste man es leider nur selten auf, sondern nahm die Strapazen der körperlichen Anstrengung, also der zurückgelegten Strecke, als Erinnerung zu wichtig.

Philip kramte sein Tagebuch hervor und schrieb diese letzten Gedanken nieder. Dann zog er die Nase kraus und erkannte: Hannes hegte für sein Leben als zukünftiger Trader große Sehnsüchte nach Dingen und Zuständen, die er nicht besaß. Manches davon war nur ihm und seinen persönlichen Lebensumständen zu eigen. Anderes wiederum teilte er mit anderen. Es war möglich, dass sich nicht nur Hannes, sondern alle Trading-Anfänger nach einem besseren, erfüllteren Leben sehnten; nach einem Ende des monetären »Leids«; danach, dass von nun an die Speisekarte nicht mehr von rechts nach links gelesen werden musste; nach Stabilität und Sicherheit in einer Berufswelt, die sich ständig veränderte, und endlich nach jenem Lebensabschnitt, in dem Hobby und Familie den Vorrang genießen durften. Somit traten neben das Motiv des äußeren, des instinkthaften Geldes noch unbedingt die beiden inneren Motive *Freizeit* und *Freiheit*. Der Beginn des Tradings bestand also anscheinend aus einer »göttlichen Dreifaltigkeit«, aus einer Trinität der Hauptmotive: *Freizeit, Freiheit, Geld*. Philip legte sein Tagebuch beiseite.

Aber das sind doch ehrenwerte Motive?!

Die kann man doch nicht als Unzufriedenheit mit dem Leben deuten?!

Und trotzdem, irgendwo hier muss der Ansatzpunkt liegen!

Hmmm …

*

Am nächsten Tag stützte Philip, von den Chartbewegungen auf seinen Monitoren gelangweilt, die Hände auf den Tisch, schaute in sich hinein, dahin, wo mittlerweile so viele Fragen waren, und füllte ein weiteres Blatt seines Tagebuchs, dessen letzte Zeilen lauteten:

> *… wenn Geld das »Wichtigste«, weil anscheinend das einzig Vergleichbare, des Börsenhandels ist, ist Geld demnach auch der Zweck des Börsenhandels?! Man nähert sich offenbar dem Geld nicht, ohne sich auch seinem Zweck zu nähern, sodass einem sozusagen aus einem Auge die Dollars und Euros und aus dem anderen der mit ihrer Ausgabe verbundene Genuss hervorschauen!? Aber zwei Augen, sie mögen nun näher bei- oder weiter auseinanderliegen, ergeben einen Blick …?!*

Philips Schreibhand erlahmte, also las er seine letzten Zeilen, bevor er die alles entscheidende Frage hinzufügte:

> *… Aber was für ein tiefenscharfer Blick ist das, in dem sich der erschreckende Widerspruch … oder Gleichklang … der beiden Augen aufhebt?*

Philip sah auf, und es fuhr ihm in den Sinn, dass John angeregt hatte, er möge einige, also *verschiedene* Trader befragen. *Also schön!* Philip sah sich um. Er war allein im Büro, bis auf … »DREEECKSMARKT, verfluchter!«, stöhnte es hinter den Bildschirmen des Arbeitsplatzes zu Philips rechter Hand.

Also gut, dann halt der Bambino!

Aus kurzer Entfernung betrachtete Philip seinen jungen Kollegen, der ja, anders als Hannes, nicht mehr als vollkommener Laie anzusehen war. Stan, dem gerade der zweite Long-Trade innerhalb der Korrektur eines Aufwärtstrends mit einem Minus von, so Stan später, »zwei Monatsmieten« quittiert wurde, versuchte, seine Gefühle unter Kontrolle zu bringen, indem er den Telefonhörer in die Hand nahm und befreundete Händler antelefonierte, in der Hoffnung, dass einer dabei wäre, der gerade auch verloren hatte. Dies allerdings erwies sich als fruchtlos. Schlimmer als fruchtlos – es machte alles nur noch schlimmer, und Stan begann, lustlos durch das Büro zu stapfen, hier und da einen Gegenstand aufzunehmen, zu betrachten und zurückzustellen, bis er schlussendlich völlig genervt vor dem stumm geschalteten Flachbildschirm an der Wand stehen blieb und CNBC verfolgte.

Warum … warum ist unser Bambino hier?

Stan bemerkte Philips Blicke, fragte mit Gereiztheit und Klage in der Stimme, was es denn gäbe, und verwies als Rechtfertigung seines genervten Verhaltens darauf, dass diese zwei Minustrades das gesamte Plus der beiden davorliegenden Trades zunichtegemacht hatten, weswegen »… die ganze Zeit vor dem verschissenen Rechner komplett umsonst war!«

»Du, sag mal …«, tastete sich Philip vorsichtig an die »Wozu-Frage« heran, »*warum* wolltest du eigentlich am Ende der Korrektur rein und hast die Stopps gesetzt, wie du sie eben gesetzt hast?«

Er erntete einen schiefen Blick unter hochgezogenen Augenbrauen, und Stan erwiderte genervt, dass Philip ihm dies doch selbst beigebracht hätte!

Eieiei, komplett falsche Frage, dachte Philip, eine Frage, die das Problem nicht erfasst! Er dachte kurz nach und erkannte, dass sie anders gestellt werden musste. Fragt man beispielsweise einen Schachspieler, warum er seine Dame ziehe, könnte die Antwort lauten, er bereite ein Schachmatt in vier Zügen vor. Im Kontext des Schachspiels war die Frage, *warum* ein Spieler das wolle, eindeutig unsinnig. Doch wenn von Interesse ist, warum sich jemand *überhaupt* die Mühe macht, Schach zu spielen, statt am Strand zu liegen, ergäbe die Frage wieder einen Sinn! Dann könnte man sich durchaus den Kopf darüber zerbrechen, wieso jemand so ein Spiel gewinnen und den Gegner niederringen möchte. Ferner müsste man zu erfahren trachten, weshalb das Schachspiel für die Spieler einen sinnvollen Zeitvertreib darstellt oder gar zu einem sinnvollen Leben gehört.

»Äh … Stan? …«, Philip startete den zweiten Versuch, »*warum* machst du eigentlich den ganzen Trading-Kram?«

Statt einer Antwort erhielt Philip den »Wie-bist-du-denn-heute-drauf?-Blick« und dazu ein irritiertes Kopfschütteln.

Okay, also ganz anders!

»Warum …«, aber Philip brach seine angedachte Frage »Warum *bedeutet* dir das Trading etwas?« ab. Auch dieser Versuch, nach dem »Sinn« des eigenen Tradings zu fragen, würde, so vermutete Philip, möglicherweise missglücken: Denn wenn Stan das Ziel der Frage, den »Sinn«, zu oberflächlich verstand, konnte dies nur in einer Antwort der Art »… das Trading *bedeutet* mir halt viel!« enden. So pauschal beantwortet, besaß das Dasein als Händler – ja sogar das Leben als Ganzes – tatsächlich einen Sinn, wenn auch nicht aus neutraler Sicht. *»Mir bedeutet Trading etwas!« – Ja toll!* Eben darum ging es Philip gerade nicht! Ihm ging es darum, welchen Wert das Dasein als Trader für Stan besaß, kurzum: Warum er dessen Anwendung für wichtig und lebenswert hielt!

Philip beugte sich, die Füße eng nebeneinander am Boden, die zusammengelegten Hände zwischen den Knien und den Kopf gleichfalls etwas schräg vorgeschoben, lächelnd auf seinem Stuhl vor und startete beharrlich einen weiteren Versuch: »Jetzt mal im Ernst: *Warum* bist du hier? Was ist … was ist dein *Motiv*?«

Stan schaute abermals sehr fragend, merkte aber, dass es Philip anscheinend durchaus ernst war. »Na, wenn ich es *fachlich* draufhabe«, antwortete er, und seine Finger machten dabei die Bewegung des Geldzählens, »dann gleiche ich meinen Verlust aus und sahne voll ab!!!«

»Also *Geld*, mehr nicht? Echt nur Geld?«, forschte Philip eindringlich nach, denn *Freizeit* und *Freiheit* wie bei Hannes nannte er komischerweise nicht.

Stan schien auf die Frage erst näher eingehen zu wollen, stotterte dann aber nur kurz herum und antwortete schließlich nahezu achtlos: »Ja. Ich lerne hier erst mal und dann … dann will ich Geld bis zum Abwinken. Was sollte man sonst wollen?«

Philip dankte ihm mit einem Nicken, stand auf, öffnete das Fenster, und während Stan sich wieder seinen Monitoren widmete und die kühle Zugluft des heutigen verregneten Tages Philips Schläfen streichelte, dachte er nach: Auch wenn er Stans Antwort als wahr akzeptierte, so hatte er doch eine diffuse, an ihm nagende Ahnung, dass die Anhäufung von »Reichtum«, den man nur durch jahrelange harte Arbeit oder eben durch das Trading erwarb sowie den sich daraus möglicherweise einstellenden luxuriösen Lebensstil, *nur* einer von zahlreichen möglichen wünschenswerten Lebensstilen war. Philip lugte zu Stan hinüber. Stan erwartete demnach eine idyllische Zukunft, in der er es »endlich geschafft« hatte, und bezog aus ihr den Sinn für das, was er tat. – *Okay, das klingt soweit nachvollziehbar!* Gleichwohl rang Philip mit sich und überlegte, wo in seinen Gedanken der Fehler lag, denn so richtig glücklich war er mit dieser Antwort, jetzt, wo er sich so intensiv mit diesem Thema beschäftigte, nicht. Sie war irgendwie … zu *einfach*! Und dann erkannte er Folgendes: Wenn das, worauf Stan als Trader hinarbeitete, *an sich* einen Wert besaß, dann galt das auch für vieles andere, was er bereits jetzt haben könnte. Schließlich war der Unterschied zwischen offenbar ersehntem »Luxus« und »bescheidenem Wohlstand« nur graduell. Verbesserte sich Stans Leben wirklich wesentlich, wenn er seine CDs mit einer »besseren« Anlage abspielte oder statt mit einem alten, zerbeulten Golf in einem nagelneuen, glänzenden 760er-BMW und 500 PS durch die Landschaft sauste?

Hmm … aber, Mo-Moment!

Philip dachte an Stans desaströse Tage hier im Büro zurück, als John, Nick und er mit Johns Boot auf hoher See gewesen waren … *ach, eigentlich muss ich gar nicht so weit zurückgehen!* Philip musste sich lediglich an die gerade vergangenen letzten Stunden erinnern: Blass, ausgelaugt und völlig angenervt, hatte Stan vor seinen Charts gesessen. – *Hmmm …* Philip kam ein Gedanke, er klappte erneut sein Tagebuch auf und schrieb:

> *Könnte es sein, dass jemand, der als bereits etwas fortgeschrittener Trader dem künftigen Wohlstand und der künftigen Sicherheit zu viel Lebenszeit und -freude opfert, den Fehler macht, zu überschätzen, um wie viel besser sein »künftiges« Leben gegenüber dem, das er jetzt schon führen könnte, sein wird?*

Philip sah auf und blickte hinüber zu Stan, der mit fest aufeinandergepressten Lippen und zusammengekniffenen Augen vor seinen Monitoren saß, was aber kein Schutz der Augen vor einem Zuviel an Sonnenlicht war, sondern von seinem bitteren Ernst herrührte. Philip entschied, dass der letzte Tagebucheintrag zwar einen wichtigen Gedanken festhielt, aber dennoch fühlte sich das als Antwort noch nicht richtig gut, noch nicht ausreichend genug an, sondern klang Philip noch zu sehr nach einem Lebensweisheitsspruch auf einem dieser Kalenderblätter! – *Mannomann!*

Die bisher bei Hannes und Stan gewonnenen Erkenntnisse über deren persönlichen Zweck ergaben zwar schon einen Sinn, so erkannte Philip; störend empfand er jedoch, dass dieses »Irgendwann«-Denken die Betroffenen offensichtlich daran hinderte, ihrem Leben jene Befriedigung abzugewinnen, die sie bereits *jetzt* erreichen konnten!? Philip grübelte, und obwohl ihn dieses ganze Thema immer mehr zu nerven begann, entschied er: Hannes als Laie und Stan als etwas fortgeschrittener Trader reichten zur Beantwortung bei Weitem nicht aus! Er musste möglichst bald, also in den kommenden Tagen, weiterfragen und vor allem *viel* tiefer graben …

*

Einige Tage später. Freundliche Konjunkturdaten brachten die derzeit schwankungsfreudigen und nach unten tendierenden US-Börsen kurzzeitig auf die Gewinnerstraße, wo auch der Handel am Vortag geendet hatte. Diese Vorgaben wurden von den Marktakteuren in Europa zum heutigen Handelsauftakt genutzt, um den DAX und dessen EU-Kollegen auf einen sanften Steigflug zu schicken – und auch Stan hatte heute zu Handelsbeginn mehrere Werte gekauft … Derzeit lagen allerdings alle im Minus.

Nick unterbrach Stans Gedanken. »Was machst du denn da?«, fragte er.

Erst jetzt merkte Stan dass Nick direkt auf ihn – und seinen Rechner – zukam. »Nichts«, versuchte Stan ihn hastig abzuwimmeln. »Das ist nur …«, er klickte schnell auf ›*Fenster schließen*‹, aber es tat sich nichts. Der Rechner war anscheinend vom Datenfeed überlastet. – *Shit!*

»Alles okay?«, bohrte Nick nach.

»Jo!« Jetzt wurde Stan doch ein bisschen panisch. »Ich schalte das ganze Ding einfach ab und fahre es neu hoch!« Mit trockenem Mund drückte er weiter auf den Tasten herum, aber der Anblick blieb unverändert. Das Minus prangte groß und breit auf dem linken Bildschirm, und Nick kam immer näher – Stan wusste wirklich nicht, ob er das hier sehen sollte.

»Lass mich doch mal!«, bot Nick freundlich an. »Ooohhh, du hast einen Trade laufen?!«

»Äh … irgendwie schon.« Stan stand auf und setzte sich zwischen Nick und den Monitoren auf die Schreibtischkante, aber Nick hatte bereits genug gesehen und starrte einen Augenblick ungläubig auf den Bildschirm.

»Oh, heute scheinbar mal eine Aktie?!«

»Ähhh … yeap.«

»… im Minus?!«

Stan versuchte, ganz sachlich zu klingen. »Das Drecksding dreht aber gleich!«

»*Dreht?*«

»Den Trade musste ich machen!«, verteidigte sich Stan. »Den konnte ich mir nicht entgehen lassen«, fügte er sicherheitshalber noch hinzu.

Auf den Bildschirmen hinter Stans Rücken zeigte sich soeben das ›*Herunterfahren*‹-Menü. Nick legte die Hand auf die Maus und klickte auf ›*Abbrechen*‹; anschließend schob er Stan etwas zur Seite und klickte den Chart an. »Den Scheiß handelst du gerade, Stan?« Nick starrte Stan fassungslos an, und nach dessen betretenem Nicken klickte Nick einen anderen Chart an. »*Den* etwa auch?«

»Das? Oh, das ist ein hervorragender Trade!«

»Ah ja.« Ein Nicken. »Tradest du eigentlich *jeden* Scheiß, Stan?«

War ja klar, dass der meine clevere Entscheidung nicht verstehen würde, dachte Stan. »Nicht aufregen!«, beschwichtigte er. »Das ist halb so wild. Die Welt ist globalisiert, das weißt du doch. Die alten Grenzen sind verschwunden. Wenn Markt A raufgeht, dann auch Markt B …«

Nick klickte weiter die geöffneten Charts an. »*Die?*«

»Oh … also … ähm … die hab ich auch«, murmelte Stan. »Aber nur ganz wenige«, fügte er noch schnell hinzu, als er Nicks Gesichtsausdruck bemerkte.

»Stan!« Nick kam anscheinend nicht ganz damit klar. »Wie viele offene Trades hast du genau?«

»Drei«, antwortete Stan und konkretisierte dann: »Ungefähr drei.«

Nick sah ihn durchdringend an.

Das war das Dumme an Kollegen: Irgendwann kannten sie einen einfach zu gut. »Also okay. Zehn.«

»Und wie viele sind davon im Minus?«

»Vorhin noch alle … – Was denn?«, schoss er schnell hinterher. »Ein Markt allein ist ja wohl sinnlos!«

»Zehn im Minus!« Nick fasste sich an den Kopf und blätterte die Werte kurz einzeln durch.

»Ich nutze die *Diversifikation* zu meinem Vorteil«, entgegnete Stan. *Nick ist scheinbar echt betriebsblind!* Was soll so schlimm daran sein, zehn Werte zu halten, fragte sich Stan, jedes Kind weiß doch, dass man nicht alles auf ein Pferd setzen soll! *Das schnattern die doch eh den ganzen Tag hier im Büro.* »Du vergisst anscheinend, dass ich euch immer sehr genau zuhöre! Ihr macht doch auch nichts anderes. Immer heißt es Diversifikation *hier*, Diversifikation *da* … Diversifikation … Diversifikation …« Stan stöhnte. »Ich kann es schon nicht mehr hören. Mit *Diversifikation* kenne ich mich mittlerweile aus. Hab viel drüber nachgedacht. Du weißt schon: Rumrutschfaktor und so … Das hab ich alles beachtet!«

Und während Stan weiter mit überstürzten Begründungen und in eilig zusammengerafften Worten auf Nick einredete, hörte dieser bereitwillig zu, dennoch schien ihn Stans Argumentation nicht zu überzeugen, denn *die* Diversifikation, die er und seine Kollegen im Sinn hatten, begründete nicht die Vorgehensweise, einfach pauschal eine große Anzahl von Werten zu handeln. Ihnen ging es vielmehr darum, ein Fünf-Sterne-Setup statt mit hoher Stückzahl in nur einem Markt, besser mit geringer Stückzahl in vielen Märkten zu traden.

»Ich erkenne hier nirgends ein Super-Setup!« Nick klickte vor den Augen Stans nochmals alle Werte durch. »Überall dasselbe Bild: ein sauberer Trend, okay. Aber der befindet sich in allen Fällen bereits extrem weit in der Bewegung, und du spekulierst auf die einsetzende, aus deiner Sicht demnach *überfällige* Korrektur!« Nick schüttelte genervt den Kopf. »Sagt dir –der Begriff *Marktphasen* irgendetwas?«

»Yupp … ähm, denke schon!«

»Na okay, dann ist das hier entweder *Faulheit* oder ein *Missverständnis*!«

»O-okay … okay, hab ich nicht gesehen«, log Stan, weniger aus Falschheit als in dem Bewusstsein, dass er, wenn alles mit rechten Dingen zugegangen wäre, diese Märkte gar nicht hätte traden dürfen. »Ähm!« Vor lauter Verzweiflung fiel Stan nur noch Folgendes ein: »Wir sollten jetzt, wo die Dinger ein Stück im Minus sind, nachkaufen, und schmeißen dann alles in der laufenden Korrektur raus. Da würden wir *irre* viel Geld verdienen!«

»Stan!« Nick starrte Stan fassungslos an.

Der Verteidigungswillen verlieh Stan Argumentationsflügel. »Aber … aber warum denn nicht? Die Märkte sind doch voll am Drehen! Schau!«, sagte er wie aus der Pistole geschossen und startete einen weiteren hilflosen Versuch, sich gegen Nicks Missdeutungen seiner Trades zu wehren. »Ist doch alles bestens!«, triumphierte er plötzlich und posaunte einen Augenblick später noch lauter: »Da schau, es steigt!«, und Stan kommentierte die Kursveränderung als den endlich beginnenden Anlauf der Korrektur.

Hierauf wusste Nick kaum noch eine Antwort mehr und schwieg kopfschüttelnd einen Augenblick. »Au Mann! Bambino, selbst wenn du alle Positionen in trockenen Tüchern nach Hause bringst«, Nick atmete schwer, »bleiben deine Trading-Methoden dennoch sch… *schlampig*! Aus deinen Ergebnissen geht nicht hervor, ob die Trades wirklich um des Spekulierens willen geschehen oder nur, um auf der Tastatur rumzuhämmern. Dein Ziel müsste es sein, mit der *Ballkönigin* anzubändeln, stattdessen läufst du wie notgeil jedem noch so schäbigen Rock hinterher. Erkennst du den Unterschied, Bambino? *Mann!* Solche Plustrades auf den großen Konten und wir gehen in Kürze pleite!« Nick hatte nur Kopfschütteln übrig, denn Stan hatte, wie so viele vor ihm, den klassischen Fehler des diversifikativen Handels wiederholt: Zwar hatte er Geldmanagement und Rumrutschfaktor beachtet, doch das war letztendlich unwichtig, denn: Nun *stümperte* er statt in einem halt in vielen Märkten herum. Stan konnte zwar zwischen *Bewegung* und *Korrektur* unterscheiden, aber dennoch sahen für ihn bei der Suche nach Trades die einzelnen Bars in beiden Fällen gleich aus, aber mit Blick auf den ganzen Chart erkannte man, dass in allen Charts ein Trend vorlag und dass Stan den weit in der Bewegung stehenden Markt für einen Trade nutzte. Aus Stans Sicht waren seine Trades auf die beginnende Korrektur ein durchdachtes Ding, und seine aktuellen Entscheidungen wurden ja gerade vom Markt mit grünen Zahlen quittiert, gleichwohl waren diese Trades unklug, da sich Stan jeweils in die *unsauberste* Marktphase überhaupt eingekauft hatte. Hieran änderten auch die Beachtung des Rumrutschfaktors und die generellen Gedanken über die Anwendung der Diversifikation nichts. Es war und blieb in jedem Wert ein »Schwachsinns-Trade«, aber wer wollte schon »Schwachsinns-Trades« traden, wenn es doch zeitgleich irgendwo auch die *Ballkönigin*, den »Eins-A-Fünf-Sterne-de-luxe-Trade-mit-extra-Sternchen« gab?

... 23,12 Euro; ... 23,14 Euro; ... 23,27 Euro

Einige von Stans Aktien stiegen und er strahlte Nick nun entsprechend triumphierend an.

»Verehrtester Bambino!«, begann Nick daraufhin, und es lag nicht viel Respekt in »Verehrtester Bambino«. »Man muss es kennen, und man muss es mit Staunen genossen haben, um auf diesen Trade nicht eifersüchtig zu sein und ihn stattdessen«, Nick setzte eine genießerische kleine Pause und fuhr dann fort, »einem Hohlkopf zu gönnen!«

Schluck!

»Nick!«, schaltete John sich ein. Er hatte den verbalen Schlagabtausch am Rande mitbekommen und sich unauffällig genähert. Er warf einen Blick auf Stans Bildschirme und erkannte nun ebenfalls, dass Stan wieder in jenen Geheimbezirk, in jenes Sperrgebiet tiefster und dunkelster Leidenschaften vorgedrungen und damit erneut zum Sünder geworden war. Zum Sünder in dem Sinne, dass Stans Schuld untrennbar mit ihm selbst sowie seinem Tun und Lassen verbunden war, denn: Wenn ein Trader nach einem billigen Setup fahndet beziehungsweise sich darauf einlässt, muss er in Kauf nehmen, innerliche Unzufriedenheit zu durchleben, und fähig sein zur Reue. Dies umso mehr, je mehr ein solcher Trade finanziell im Positiven endet. John bestätigte Nicks Worte in Konsequenz dessen, was er sah: »Nicht eine einzige *Ballkönigin* ...« Er ließ den Satz unbeendet, machte ein besorgtes Gesicht und verlieh seinen Worten so noch etwas mehr Nachdruck.

John ging es wie allen anderen Anwesenden dabei selbstverständlich um das Wesentliche. Es ging ihnen um die Redlichkeit und die damit verbundene Verantwortung gegenüber der – und dies durfte man nie vergessen – freiwillig übernommenen Idee des selbstständigen Tradings. Manchmal schob ein Trading-Anfänger den ein oder anderen Chart allzu eilig beiseite und widmete sich dem nächsten; gerade so, als hätte er die inzwischen eingetretene Veränderung nicht bemerkt, oder – schlimmer noch – er tat bloß so, als hätte er sie nicht bemerkt. In solchen Fällen indes gebot John, so wie dies einst auch bei ihm gehandhabt worden war, mit großer Beharrlichkeit Einhalt und forderte Korrektur. Doch in der Rolle des nachforschenden Aufpassers musste John darauf achten, dass Stans »Überwachung« auf der einen Seite kritisch, auf der anderen jedoch ohne allzu heftige »Schuldzuweisung« blieb. Es war so etwas wie ein Augenzudrücken, ein absichtliches Wegschauen in Anbetracht jener bedauerlichen und unabänderlichen Tatsache, dass Stan – da er noch am Anfang stand – im Kampf mit den Charts gleichzeitig seine Instinkte einsetzen und sein Ego schützen wollte. Ein Drahtseilakt, welcher der Arbeit als Trader freilich immer zum

Nachteil gereichte. Ein auffallend veränderter Chart, sprich: eine lang anhaltende und weit über den *Punkt 2* hinaus laufende Bewegung von ungewöhnlichem Äußeren, machte Stan also verständlicherweise nervös, konnte doch nun jederzeit endlich der Startschuss für die in seinen Augen längst überfällige Korrektur fallen. Über diese für Trading-Anfänger zwangsläufige Nervosität musste der jeweilige »Überwacher« daher mit Feingefühl und Rücksichtnahme hinwegsehen und mit nicht allzu großer nüchterner Strenge auf die sachliche wie fachliche Notwendigkeit verweisen, die aufkommende und freilich verständliche »kindliche« Befangenheit vor den Charts zu überwinden. Das ging allerdings nur mit *selbst erlebter Erfahrung*. Kurzum: Man durfte nicht spöttisch, heftig oder grob reagieren, sondern musste sich im Gegenteil im Interesse der Sache manchmal so geben, als bemerkte man selbst auch nicht, was der andere nicht sehen wollte oder nicht zu sehen wagte, um so gleichsam zufällig und unverhofft auf den Fehler aufmerksam zu machen.

Stan, der sich nun seines Fehlers deutlich bewusst war, blickte zu Boden, als ob er dort etwas suchte, während er Johns Blick auf seinen gesenkten Augenlidern ruhen fühlte, und da er beharrlich schwieg, begann nun Nick: »Tja, Pattsituation!«

Um Nicks Mundwinkel zuckte es und in gespieltem Ernst wandte er sich an John. »Was schlägst du für so einen Fall wie hier vor, in dem zwei Trader entgegengesetzte Meinungen zur Qualität eines Trades haben?«

»Ich bin nicht sicher, ob wir so etwas schon mal hatten«, gab John lächelnd zurück.

Stan hielt es nicht mehr aus und ging aus seiner Verteidigungshaltung plötzlich zum Angriff über: »Wir können doch mal gegeneinander traden. Dann werden wir ja sehen, wer mehr Gewinn einfährt!« Er konnte sich nicht verkneifen, noch hinzuzufügen: »Ich wette, ich!«

»Oh, verstehe!« Nick zog die Augenbrauen hoch. »Dann ist das also eine Wette, Stan?«

Überrascht von seiner eigenen Heftigkeit, wollte Stan sofort zurückrudern und so tun, als hätte er dies nur spaßeshalber gesagt, aber Nicks Augen verrieten ihm, dass er aus dieser Nummer nicht mehr herauskommen würde und dass dieser den Vorschlag in Erwägung zog. Dementsprechend blieb ihm nichts anderes übrig, als zu sagen: »Wer wagt, gewinnt!«

»Okay, abgemacht. Jeder tradet, was er will«, schlug Nick vor. Die Situation erschien vorerst ebenso harmlos wie interessant.

»Nee … nee, du! Wir handeln schön dieselben Märkte!«

»Aaaah … die Wahl der Waffen! Na dann, leg fest!«, forderte Nick.

Stan rechnete sich auf die Schnelle die meisten Chancen in sehr liquiden Märkten aus und verkündete daher: »Euro-FX und Dow-Jones-Future!«

»Okay«, bestätigte John, nun in der Rolle eines Sekundanten. »Die Waffen sind gewählt!« Dann schaute er einige Augenblicke auf Stan und befand, dass es für diesen Zeit war, eine neue Lektion zu lernen. »Die Herren, es fehlt noch der Kampfstil!« John suchte, mit den Rücken an Stan gewandt, Blickkontakt zu Nick. »Bitte legt noch Handelsstil und Setup fest!« Für Nick bestimmt und ungesehen von Stan formte John lautlos die Worte: »H-A-N-D-E-L aus der K-O-R-R-E-K-T-U-R heraus!«

»Was hältst du vom *Bewegungshandel*, aber diesen statt am *Punkt 2* … – *Achtung:* bereits aus der Korrektur heraus beginnend?«, schlug Nick Stan daraufhin vor.

»Geil, *Bewegungshandel*, das kann ich gut! Und Zielfahne heute 19.00 Uhr, okay?«, gab er lässig von sich.

Nick, der sofort wusste, auf welche Lektion John aus war, stimmte Stans Zeitvorschlag zu, fragte ihn aber vorsichtshalber noch einmal, was er denn unter *Bewegungshandel* verstehe.

Mit nach oben verdrehten Augen repetierte Stan die schnelle Kursbewegung von einem *Punkt 3* zu einem neuen *Punkt 2*.

Nick ließ nicht locker und hakte, gleichzeitig an seinem Handy herumfummelnd, nach: »Es geht also beim Bewegungshandel einzig um den schnellen, sauberen Rutsch, beginnend von der Korrektur über den *Punkt 2* hinaus. Richtig?«

»Ja-haa ...«, stöhnte Stan und rasselte, begleitet von einem genervten Blick, die so unendlich oft erwähnten Gedanken zu den Themen »Geschwindigkeit«, »Momentum« und »Sahnestück« herunter.

»Okay. Dann soll es so sein!« Nick streckte Stan die Hand hin. »Abgemacht!«

Stan schlug ein. »Top, die Wette gilt!«

»Aber ...«, stutzte Nick, »etwas fehlt da doch noch!?«

»Was?«

»Ähm, um was wetten wir?«

Beide sahen sich achselzuckend an, als John mit zwei Einladungen für das die kommenden Tage angesetzte Eröffnungsbankett eines soeben gegründeten, ultranoblen Dinnerclubs namens »Livin« herumwedelte. Ein guter Freund von John hatte diesen neuen Luxus-Fresstempel gegründet, und John war hocherfreut über die Einladungen gewesen. John meinte, dass die »aufregendste Speisenfolge in ganz Bangkok« angekündigt sei, woraufhin sofort zweimal ein »Abgemacht!« erklang.

Da klingelte auch schon Nicks Telefon. »Ich geh kurz ran«, meinte er, »aber du kannst ruhig schon anfangen, Stan. – *Ja bitte, ich höre ...*«

Diese Wette werde ich aber so was von gewinnen, dachte sich Stan insgeheim und nahm sich vor, alles aus seinem Fachwissen herauszuholen und damit sein Konto zu vergolden.

Ich werde der nächste Supertrader!

Ähm, ooookay, den Spruch hatten wir ja schon mal ...!

Aber dennoch, diesmal werden alle sagen, wie unglaublich weitsichtig und fachlich ich das angestellt habe!

Stan schloss sämtliche Aktienpositionen mit einem kleinen Minus, schob die Charts des Dow-Jones- und des Euro-FX-Futures nebeneinander und hinterlegte jeden der beiden Märkte mit kaskadenförmig hintereinander geschalteten Charts verschiedener Zeiteinheiten. Dann klickte er angestrengt zwischen den verschiedenen Zeiteinheiten und Märkten hin und her.

»Ich weiß nicht recht ... Vielleicht den da!?« Er zoomte mit der Maus den Zehn-Minuten-Chart des Euro-Future auf. – *Huiiiii!!!* Natürlich musste Stan auch gleich dem heißesten Trade am heutigen Tag begegnen. »Das ist ja ein echt toller ...« – *Tja, was?* ... Ein rascher Blick auf den Chart. Irgendwelche negativen Besonderheiten? Auffälligkeiten? Fehlanzeige. Der Chart war rundum absolut perfekt und vollkommen:

1. Der zu handelnde Bilderbuch-Aufwärtstrend korrigierte gerade weit. – *Erster Pluspunkt!*
2. Der Trend selbst lag *innerhalb* eines *übergeordneten* Aufwärtstrends.
3. Und dieser wiederum stand kurz vor dessen *Punkt 2*. Sozusagen die *Korrektur* in der *Korrektur*. Daher: *Zweiter großer Pluspunkt!*[32]
4. Und gerade wurde … *Heiliger!* … die Korrektur des 10-Minuten-Trends durch einen auftretenden Umkehrstab beendet … *und was für einen!* … einen Umkehrstab ebenfalls wie aus dem Bilderbuch! – *Wooow! Driiiitter Pluspunkt!*

Mit leuchtenden Augen – und sozusagen als Bonus – nahm Stan noch zur Kenntnis, dass der Umkehrstab kurz unter dem heutigen Pivotpunkt und dem 38,2-Fibonacci-Korrektur-Retracement der korrigierenden Bewegung gehandelt wurde und gerade über seinem Eröffnungskurs schloss. Geradezu widerlich, diese Perfektion – schließlich war Stan noch nicht positioniert. Aber das wurde *sofort* geändert …

Rumms!

Order filled.

»Bin zwei Kontrakte *long*«, teilte Stan der anwesenden Öffentlichkeit seine Entscheidung mit und nahm strahlend zur Kenntnis, dass er sogleich vier Pips vorn lag. »Das ist perfekt! – *Boaaah!* Damit verdiene ich mir eine goldene Nase!«

Nick, der keinerlei Eile hatte und sich mit einem Stapel Bücher in der Hand gerade von seinem Arbeitsplatz erhob, um in die Küche zu schlendern, konnte sich nicht verkneifen zu fragen, was Stan denn mit einer goldenen Nase wollte. »Bambino … so schön sind die doch gar nicht!«

»Welch aufschlussreiche Erwiderung!« Stan tippte stolz auf seine Charts. »Diesmal ist alles richtig! Das hier«, er deutete mit ekstatischem Gesichtsausdruck auf seine Monitore und stieß anschließend voller Enthusiasmus seinen Zeigefinger in die Luft, »Kinders! Das müsst ihr euch anschauen, das glaubt ihr nicht! Das … das nenne ich ein Debüt! – Fünf … *oha*, sechs Pips vorn!«

Aber Nick lief weiter, auch keiner der anderen schaute auf oder gab sonst wie zu erkennen, dass Stans kurze Zurschaustellung von Begeisterung registriert worden wäre.

Falls Stan von der Teilnahmslosigkeit seiner Zuhörer entmutigt war, so ließ er sich nichts anmerken, sondern fuhr gelassen fort: »Sieben … s-i-e-b-e-n Pips vorn!«, und rief Nick hämisch hinterher: »Hopp. Hopp! Ich hab bereits einen Megavorsprung!«

»Jaa-jaaah … alles klar, Bambino. Ich hab auch paar Orders reingestellt«, erklang es schwach und völlig desinteressiert in Richtung Stan, bevor die Küchentür zuflog.

Orders reingestellt … tzzz! So gewinnt man doch keine Wette!

HANDELN und absolut genaue Stopp-Versetzung – das bringt Kohle!

Stan warf abermals einen kurzen Blick auf die Position. Neun Pips im Plus. – *Ja, wie geil ist das denn?!* Stan lief eine Freudenrunde durch das Büro, betrachtete sein Fensterspiegelbild und war begeistert, wie gut er aussah:

Kaum zu fassen, dass dieser Hengst hier vor ein paar Wochen noch in einem riesigen Desastersumpf versunken ist.

---

32 Als bildlicher Anhaltspunkt sei vorab auf das Bild 1a und b auf S. 309 verwiesen.

Aber damit dürfte meine Entwicklung zum perfekten Trader nun nahezu abgeschlossen sein …

Ich wurde geprüft, und … ich habe offensichtlich bestanden, und das natürlich nicht nur, weil ich so ein geiler Typ bin …

Nee … nee, das lag natürlich hauptsächlich an meinem sensationell unbesiegbaren Charakter!

Ich bin wie ein Stehaufmännchen: einfach nicht unterzukriegen!

Stan huschte zurück vor seine Monitore. Der Initial-Stopp lag an der Vorperiode und damit am Tief des Umkehrstabes – dem vermutlichen *Punkt* 3 des laufenden Trends. Noch dreißig Sekunden … zwanzig Sekunden … zehn Sekunden bis zur Beendigung der Periode … *Jetzt!* – Stan zog den Stopp nach. Dieser lag nun, statt zuvor zweiundzwanzig, nur noch zwölf Pips unter dem Einstiegskurs. – *YESSS!* Stan drehte eine weitere Runde durchs Büro, denn erneut galt es, eine zehnminütige Periodenlänge totzuschlagen …

Die Zeit dehnte sich für ihn schier endlos, und trotz Mühe und Anstrengung, trotz Schieben, Stoßen und mahnenden inneren Fußtritten waren erst sechs Minuten vertrieben: Diesmal wollte Stan alles richtig machen! Nur fachlich saubere Setups. Nur fachlich saubere Einstiege und erst recht: *extrem* fachlich saubere Stopps! Im Einzelfall nahm Stan sich vor, auf die tiefere Zeiteinheit umzuschwenken, um dort die Stopps zu setzen. *Das darf ich ja* – und Stan erinnerte sich an die vielen Schemata und die Erklärung Johns, dass *Bewegungshandel* gleichgesetzt werden konnte mit einem Trendhandel auf der untergeordneten Zeiteinheit. – *Alles intus!* Eine weitere Minute verstrich, und da er nun, mitten im Büro stehend, beim Anblick Kims – sie trug ein beigefarbenes eng anliegendes Kleid, und ihre Haare flossen wie Wellen von schwarzem Samt darüber – in diffuses Träumen verfiel und seine Gedanken wandern ließ, verhuschten die vier letzten noch übrigen Minuten fast unbemerkt. Wieder zurück in der Realität, stieg seine Hoffnung, dass die jetzt gerade beendete Periode ihm ein Entgegenkommen gezeigt hatte und er dann endlich seinen Stopp versetzen konnte. – *Hoffentlich zieht der Markt schön an! Lauf Baby, lauuuf …*

Zurück an seinen Monitoren, reichte es beim Begutachten seiner Position nur noch für ein schwaches »Äh …?!«. Stan riss die Augen auf und verzog angewidert das Gesicht. – *Wo, bitte schön, kommt das denn jetzt auf einmal her?*

Name	Position	Traded	P/L Points	P/L	Time	Last Quote	Bid	Ask
EURO-FX	2 K	1,3912	–0.002	– 50,00 $	14:52:21	1,3910	1,3909	1,3910

Seine Position im Euro-FX mit einst 225 US-Dollar im Plus wurde nun mit einem Minus von 50 US-Dollar ausgewiesen, und als Stan die aktuelle rote Kerze immer größer werden sah, klickte er mit dem Mauszeiger mitten in die aktuelle Periode. »Ihr scheiß *Freaks*!« – *Gick, Gick, Gick*. Der Markt fiel um weitere fünf Pips und kam seinem Stopp jetzt gefährlich nah. Es schien, als sei der aktuelle Bar so eine Art Voodoo-Puppen-Periode: Immer wenn Stan – *Gick, Gick, Gick* – mit der Maus hineinstach, machte es *Klack, Klack, Klack, Klack, Klack* in den Köpfen aller anderen Devisentrader, und sie wurden zum Verkaufen animiert. Stan streichelte den Bildschirm. »Tschuldige. Ich wollte dich nicht …« Aber es half nichts. Mit jeder Sekunde, die dahinschmolz, wurde die

Möglichkeit zur Wahrscheinlichkeit und schließlich zur Gewissheit. – *Ooo … Oh nein!*

… PIEP – PIEP …

Order filled.

Niedergeschlagen vom »– Nein!« des Marktes, durchlebte Stan eine kurze Depression, fünfunddreißig Sekunden. Anschließend völlige Leere: eineinhalb Minuten. Danach schnaubte er: »Tja … dann halt noch mal von vorn!« – *Mmpf!*

Den Ausgang der laufenden Periode abwartend und ganz seinem Motto treu: nur fachlich *saubere* Setups, nur fachlich *saubere* Einstiege und – erst recht – nur fachlich *saubere* Stopps, trottete Stan in die Küche. Ein kühles Wasser war notwendig. Dort angekommen, betrachtete er stumm Nick: Dieser, wie immer den Stuhl an das offene Fenster geschoben und die Füße auf dem niedrigen Fenstersims abgelegt, las … ein Buch! Marktinteresse: anscheinend null. Stan zog die Nase kraus und grinste in sich hinein. – *Nick ist bestimmt auch rausgeflogen!* Stan entschied, am besten die Klappe zu halten und fix, während Nick hier weiter rumgammelte und dachte, dass er noch drin sei, einen zweiten Trade zu machen. – *Soll doch Nick die gleich zu erwartende Bewegung verpassen! Das bisschen Minus hol ich locker wieder raus! … Ich gewinne die Wette, soll Nick hier halt rumlungern!*

Ohne von seinen Seiten aufzuschauen, fragte Nick, wie die Märkte denn liefen. »Ähm, alles supi!«, umging Stan die wahre Antwort und gab zu guter Letzt zum Besten, dass alles nach Plan liefe. Ein bisschen mogeln durfte man ja schon mal. Schließlich befanden sie sich beide im Krieg. Im Wettkrieg. – *Au, der Markt …?!* – »Äh … ich … glaub, ich hör mein Handy bimmeln … ich … ich … geh dann mal.« Mit einem vollen Glas Wasser in der Hand machte Stan auf dem Absatz kehrt und eilte Richtung Tür.

»Ciao, Bambino, grüß mir die Charts!«

Stan, zurück am Rechner, registrierte, dass die aktuelle Periode noch weit unter dem Umkehrstab gehandelt wurde, weshalb sich dieser nicht als Beendigung der Korrektur, sondern nur als Riesenverarsche entpuppte.

… 1,3885; … 1,3885; … 1,3884

Nun mach schon, Stan. Trade endlich etwas! Ganz egal, was!

… 1,3883; … 1,3882; … 1,3880

NEIN – ich trade sauber!!!

… 1,3878; … 1,3879; … 1,3878

»Du wartest auf den nächsten Umkehrstab!«, befahl sich Stan halblaut selbst.

… 1,3877; … 1,3875; … 1,3876

Fünf … sechs … sieben Minuten … Stan versuchte, beim »geduldigen« Nichtstun einen coolen Eindruck zu vermitteln. Okay, das nervöse Wippen mit dem Knie gab Abzüge in der B-Note … zehn … elf … zwölf Minuten. Eine neue Periode – ebenfalls rot – hatte vor wenigen, ihm auch bereits wieder ewig vorkommenden Minuten begonnen. Stan schaltete auf seinen inneren Überlebensmodus um und beschwor sich selbst:

Keine Sorge … Die Wette gewinne ich!

Die Korrektur wird schon vorbeigehen und dann beginnt die schnelle Rutsche in Richtung Punkt 2 und darüber hinaus!

Weitere vier Minuten später wurde Stan schon ein kleines bisschen sauer, denn er fragte sich, wie lange man eigentlich auf einen neuen Trade warten müsste. Zehn Minuten, eine halbe Stunde? Eine Stunde? Einen Tag? Eine Woche? Ein Leben lang? – *Seufz!* Ein Leben lang auf *den* Trade, auf *die* Ballkönigin warten – das klang erst mal klug, aber als Stan spaßeshalber länger darüber nachdachte, rechnete er sich aus, dass »ein Leben lang« bei 500 Euro Lebenshaltungskosten pro Woche und einer durchschnittlichen *restlichen* Lebenserwartung von *noch* fünfundfünfzig Jahren Kosten von circa 1.500.000 Euro bedeuteten. – *Wie soll ich die denn verdienen, wenn ich die ganze Zeit nur auf diesen Ballköniginnen-Trade warte?!*

... 1,3873; ... 1,3874; ... 1,3874

Drei Minuten. Drei Minuten und eine Sekunde, zwei Sekunden, drei Sekunden, vier ... fünf Sekunden ... Stan konzentrierte sich auf die laufende Periode und wurde quasi eins mit ihr.

... 1,3873; ... 1,3872; ... 1,3870; ... 1,3869; ... 1,3868; ... 1,3867

Da! Genau neunzehn Minuten und neunundfünfzig Sekunden nach dem Ende der Killerperiode des letzten Trades kam der neue Umkehrstab. »Hi!« Da der Schlusskurs des Umkehrstabes identisch war mit dessen Höchstkurs, ging Stan in der nahtlos anschließenden Periode sofort long.

Order filled.

Dieser zweite Trade ließ sich gleich gut an – der Markt stieg. Nicht viel, aber immerhin um vier Pips, was bei zwei Kontrakten im Euro-FX-Future 100 US-Dollar entsprach.

Okay. Ruhe bewahren. Konzentration!

Jetzt denk nur nicht, du hättest alles unter Kontrolle, ermahnte sich Stan selbst und spähte auf die Uhr, dann noch einmal auf den Chart. Er hatte zwar noch genügend Zeit, dennoch bekam er langsam Muffensausen. Nur noch drei Stunden bis Wettschluss.

... 1,3886; ... 1,3886; ... 1,3886

Der Markt hielt kurz inne. Stan kaute nervös an seinem Daumennagel. »Bitte nicht! Nicht f-a-l-l-e-n ...« Aber allen hochkommenden Ängsten entgegen, und obgleich sich der Chart volle zwei Minuten kaum rührte, hatte sich die Periode in den darauffolgenden Minuten weiter bis an die 1,3895 ausgedehnt. Nach einer weiteren Minute stieg der Chart auf 1,3901. Dort verharrte er, um – nach der Aufregung um die Neuigkeiten etwaiger Konjunkturdaten – anschließend zurück auf die 1,3875 und damit wenige Punkte vor Stans Stopp zu fallen, nur um im nächsten Augenblick auf die 1,3893 hinaufzuschießen, um wenige Sekunden später die vorherige Höhe von 1,3901 zu erreichen. Stan lächelte geschmeichelt. – *Na bitte, geht doch!* Nach einer weiteren seiner heute schon so oft absolvierten Büro-Fenster-CNN-Kim-Sabber-Bewunderungsrunden stand er kurz darauf wieder mit Neugier vor seinem Arbeitsplatz, und der Schleier dieser »halbminütigen« Ungewissheit verflog in dem Moment, in dem er mit hochgezogenen Augenbrauen auf die Monitore blickte:

... 1,3891; ... 1,3887; ... 1,3886

DRECKSMARKT!

Die laufende Periode verwandelte sich zu ihrem Ende nun doch ebenfalls in einen *Umkehrstab!* – nur leider in die falsche Richtung. Da dieser Umkehrstab gleichzeitig einen Innenstab darstellte, beließ Stan seinen Stopp am Tief des vorherigen Umkehrstabes; ein *noch weiteres Zurücknehmen* war ausgeschlossen, da es sich hierbei bereits um das lokale Tief handelte, und da Stan nicht wusste, wie voll der Posteingang des lieben Gottes heute schon war, schickte er ihm nur ein Stoßgebet in SMS-Länge: »Lieber Gott, bitte nicht!« Aber leider war der Posteingang voll. Sehr voll!

... 1,3871; ... 1,3870; ... 1,3866

... PIEP – PIEP ...

Order filled.

Stan atmete tief – tief ein. Das hatte ihm gerade noch gefehlt, und auch wenn es sich lediglich um ein kleines Minus handelte, so folgte, was folgen musste: eine Depression, diesmal drei Minuten fünfundvierzig Sekunden. Darauf völlige Leere: diesmal zweieinhalb Minuten. Danach schaltete Stan um auf seinen inneren Überlebensmodus:

Alles easy.

Die Wette gewinne ich dennoch!

Die Korrektur wird schon vorbeigehen, endlich ihren sch... Tiefpunkt finden, und dann beginnt die superschnelle Rutsche in Richtung Punkt 2 und w-e-i-t darüber hinaus!

Zwei Minuten und zwanzig Sekunden später war Stan noch deutlich angesäuerter und fragte sich erneut, wie lange man eigentlich auf einen neuen Trade warten müsse: zehn Minuten, eine halbe Stunde? Eine Stunde? Einen Tag? Eine Woche? Ein Leben lang?? – *Seufz!*

... 1,3853; ... 1,3852; ... 1,3849

Stan musste dann doch kein Leben lang warten. Fünf Minuten reichten, denn der Markt wurde innerhalb derselben Periode, in der er ausgestoppt worden war, dann doch wieder weit nach oben gehandelt. Zwar nicht über deren Eröffnungskurs hinaus, aber dennoch weit genug, dass der Wechsel von Angebot und Nachfrage für Stan irgendwie ersichtlich war. – *Na endlich!* Stan legte die Stopp-Buy-Order an das Hoch des »Fast-Umkehrstabes«.

Order filled.

Allerdings hatte Stan mit dieser neuen Position ein Problem: Der gerade abgeschlossene »Fast-Umkehrstab« hatte eine Hoch-Tief-Spanne von knapp dreißig Pips – in Anbetracht der zwei vorangegangenen Minustrades und des daher bereits eingezahlten Gesamtbetrages eindeutig zu viel für seinen Geschmack. Stan wollte *viel gewinnen*, nicht *viel verlieren*. Genau für so eine Situation hatte er doch ein spezielles Ass im Ärmel: Umschalten vom Zehn-Minuten- auf den Tick-Chart, und nun, statt wie bisher Stopps an den Perioden auszurichten, hieß es: *untergeordneter Trendhandel!* Gedacht, getan: Stan schaltete um und betrachtete den dortigen Marktverlauf, worauf er prompt kurzzeitig stutzig wurde, denn er bemerkte dort einen bis eben noch *intakten* Mini-Abwärtstrend und begann sich zu fragen, wie zum Teufel da auf zehn Minuten zweimal ein sauberer *Long-Umkehrstab* entstehen konnte ... – Aber wurscht, für so was war jetzt keine Zeit, denn der Markt lief und lief und lief.

... 1,3885; ... 1,3886; ... 1,3887

Also, hm, mal sehen. Wohin mit dem Stopp? – Dieser Punkt 3 dort liegt ... ähm, fünfzehn Pips ... besser, ich nehm diesen Mini-Punkt 3, der ist nur ... 10 ... wenn ich es pingelig nehme, 8 Punkte weg! Wir wollen kein Geld verlieren! Daher: Stopps schön eng, aber trotzdem fachlich genau!!

… 1,3890; … 1,3889; … 1,3892

Der Markt stieg an, mithin hieß es nun, nur noch auf die Korrektur des Mini-Trends zu warten, um anschließend den Stopp versetzen zu können. Die Zeit schlich dahin. Die »Frist« schien endlos. Stan versuchte, sich mit tausend Dingen zu beschäftigen, nahm wie üblich irgendwelche Gegenstände auf und setzte sie wieder ab, trat an die große Fensterfront, um dann im Zehn-Sekunden-Takt zurück an die Charts zu rennen und – die Kurse überblickend – seine Sinne vollkommen in all ihren Gestaltungsmöglichkeiten aufgehen zu lassen: den zappelnden Mini-Korrekturen im Tick-Chart, den Umkehrstäben und etwaigen Trendlinien mit vorgelagerten Candlestick-Formationen, deren Namen so schön schräg klangen, den komischen Formationen auf dem Sechzig-Minuten-Chart irgendeiner Aktie auf seinem ganz rechten Monitor, dem Rumgedümpel des Bund-Future auf dem Tages-Chart, dessen Widerstandslinie, die das Januar-Hoch von hier aus gesehen immer noch zu bestätigen schien …

… 1,3894; … 1,3895; … 1,3897

Stopps schön eng, aber fachlich genau!

Der Markt stakste unsicher weiter in Richtung Norden. Nach der ersten Stopp-Versetzung – der Stopp lag nur noch wenige Pips unter dem Einstieg – begann Stans Oberlippe zu zucken, und die großen Augen in dem sonnengebräunten Gesicht glänzten aufgrund des möglicherweise bevorstehenden neuen Leids. – *Ooooh …* »Nicht schon wieder …«, zischte er zögernd in bettelhaft anmutender Erscheinung und schluckte heftig. »Bitte nicht …! Bitte – bitte nicht!! Drecksmarkt, du weißt ja nicht – wie … wie ich … nein!! Bitte dreh!« Es war so gemein! Da hatte er eine *Ballkönigin* angetroffen und zum Tanz aufgefordert, nur um nun seinem dritten Platzverweis und erneuter Bestattung beiwohnen zu müssen. Stan spürte, wie ihm das Blut ins Gesicht stieg.

»Alles klar, Stan?«

Stan, tief in seine Gedanken versunken, schwieg.

»S-T-A-N?«

Doch Stan nahm immer noch nichts um sich herum wahr. Seine Augen waren starr nach vorne gerichtet: Der Markt steuerte gerade mit Vollgas auf seinen Stopp zu. – *Ach du Scheiße!*

»Staahaaaan!«, versuchte Kim nun bereits das dritte Mal, Stans Trance zu unterbrechen.

Stan schaute auf, und es huschte, obwohl er sich innerlich in seinem Elend verlor, beim Anblick Kims ein kleines Lächeln auf seine Lippen, in das er nur noch hineinzuschlüpfen brauchte. »Oh, Kim!?«

»Sag mal … Stan, alles okay bei dir?«

»Der Drecksmarkt schwankt ein bisschen, aber sonst … ist alles PRIMA!«

… 1,3887; … 1,3885; … 1,3884

Nachdem er Kims Frage bezüglich einer E-Mail beantwortet hatte, nahm Stan kurz darauf mit Freuden entgegen, dass der Markt gütig war und der Stopp-Order nicht nahe kam. Die nächsten drei Minuten lief der Markt auf dem Tick-Chart nach einigen kleineren »Mini-Mini-Korrekturen« in kleinen Punktbewegungen seitwärts, womit Stan auch zufrieden war, denn schließlich lag es für ihn auf der Hand, dass der Markt gleich weiter durchstarten würde. Den Stopp schön *eng* auf einen kleinen *Punkt 3* nachgezogen und damit noch ein Stück näher am Einstandskurs liegend, trat Stan erneut an die Fensterfront, stierte hinab auf die Wege des Gartens und die Bäume, lief zurück zu seinen Charts, betrachtete dann das stumm gestellte Programm von CNN. Zehn Pips hatte er beim letzten Check vorne gelegen! Stan wandte sich zurück, wobei er sich nur eines wünschte: dass sich die Lage des untergeordneten Trends weiter verbessern würde. Er malte sich aus, dass er, wenn der Markt jetzt Anlauf nehmen und wieder flott Fahrt aufnehmen würde, jetzt locker mit zwanzig – *ach was zwanzig … dreißig Pips!* – vorne liegen würde. – *Nick wird nur noch meine Rücklichter sehen!!!*

… 1,3889; … 1,3886; … 1,3883

… PIEP – PIEP …

Order filled.

Wa…? Au … FUCK!

Während er zurück an seinen Arbeitsplatz rannte, drehte sich alles in seinem Kopf; ein unfruchtbares Chaos von halben Gedanken und Fantasien erfüllte ihn. Er starrte auf den Chart und ganz von allein formten seine Lippen ein stummes »WICHSER!« Innerlich wand sich alles in ihm und sein Bauch schrie nach Kotztüten. Der Markt lief unter den davor liegenden *Punkt 3*. Der *untergeordnete* Trend wurde erneut gebrochen! Richtig nervtötend hingegen war jedoch der Anblick des Zehn-Minuten-Charts: nur Innenstäbe! – *Dort wäre ich noch im Markt drinnen! Fuck! Fuck! Fuck!* Stan setzte zu einer Überschlagsrechnung an: Der Markt war vom Korrekturtiefpunkt bereits circa 35 Pips in Richtung des jetzt nur noch circa 45 Pips entfernten *Punktes 2* gelaufen. Stans Ergebnis: rund tausend Dollar Minus! Schweiß perlte auf seiner Stirn, die Flügel seiner Nase waren gespannt, sein Blick drohte und schweifte; und es folgte, was folgen musste: eine Depression, diesmal vier Minuten siebenundvierzig Sekunden. Darauf völlige Leere, diesmal: drei Minuten und dreiunddreißig Sekunden, gefolgt vom Gang in die Küche.

Dort hockte Nick in ziemlich unveränderter Haltung immer noch am Fenster und schaute nun von seinem Buch hoch. »Na Bambino, kommst du klar?«

Oh nee … kann der nicht mal die Klappe halten, damit ich mal abschalten kann?! – »Ähm, hey Nick … ähm …« Konversation in Momenten, in denen der Markt weit angezogen hatte, man selbst aber etliche Pips hinten lag – das war eine Disziplin, für die Stan schlicht und ergreifend die Ausbildung fehlte. Warum gab es das nicht als Schulfach? Stan trank von seinem Wasser und steckte, um Zeit zu schinden, einen ganzen Keks in den Mund. »Ausgezeichnet schmeckt das«, brachte er hervor und nahm sich einen zweiten. Es war wirklich unglaublich schwierig, cool und männlich zu wirken, wenn einem die Börse gerade zum dritten Mal die Tür vor der Nase zugedonnert hatte.

»Was ist los, Bambino? Ärgern dich die Märkte?«, spottete Nick, der merkte, dass Stan nicht die rechten Worte fand. »Was willst du denn? Du wolltest doch Händler werden …?!«

»Was ich *will*?« Das war der Punkt, an dem Stans Tonfall von »verschnupft« zu »angepisst« wechselte. Er nahm sich eine neue Wasserflasche aus dem Kühlschrank. »Drei Plustrades in Folge, das wäre schön. Kein gegenläufiger Kurs, das wäre *schön*!«

Nick schaute kurz auf. »Das Dumme ist nur: *Schön* gewinnt keinen Börsenhandel!« Er blätterte seine Buchseite um und sagte kopfschüttelnd leise, dennoch gerade noch laut genug, dass Stan es noch verstehen konnte, vor sich hin: »Verlusterfahrungen kennt doch jeder! Schon von klein auf. Jeder hat sich bereits irgendwann mal damit auseinandersetzen müssen. Erst ist es der Wellensittich, dann ist der Hamster auf Nimmerwiedersehen verschwunden, der Schneeball auf dem Boden gelandet, der geschmolzene Schneemann ein für alle Mal weg …«

Stan versuchte, galant wegzuhören, bekam aber natürlich trotzdem jedes Wort mit. »Sehr, sehr witzig! Toller Vergleich!«, zischte er. »Die Vorstellung, dass durch einen Tastendruck das gesamte Tagesergebnis in den Weiten der digitalen Welt verschwindet, konfrontiert mich mit dem Problem des Verlusts aber auf die denkbar *bescheuertste* Weise!«

Nick beobachtete Stan, wie dieser auf den Boden starrte, und es kam ihm vor, als spräche Stan nicht nur angespannt und geradezu gequält, sondern es machte bei näherer Prüfung auf ihn sogar den Eindruck, als hätte Stans Verstand unter der »Folter« der Trades gelitten. »Hey Bambino … willst du, dass ich Händchen halte?!«

»Ach, sei einfach still, einfach nur still«, knurrte Stan, verließ die Küche und schlurfte zurück hinter seine Monitore. – *Au Mann, ist das alles ein verschissener Ka…* Stan hatte seinen Gedanken noch nicht beendet, als er Folgendes sah: Der eben noch gebrochene untergeordnete Trend auf dem Tick-Chart war plötzlich wieder … INTAKT! – *Ja, wie das jetzt?!* Der Markt hatte nach dem Unterschreiten des letzten – von Stan als wichtig erachteten – Mini-*Punktes 3* erst eine Weile auf der Stelle getreten, langsam wieder gedreht und soeben mit einem – Stan nannte es »Affenzahn« – wieder die ursprüngliche Richtung aufgenommen!

Mit einer matten Verlegenheit und einer Art geduckten Unsicherheit erfasste Stan die Gesamtsituation: Unabhängig von seinen Fehltrades stand der Markt nun höher als der Einstiegskurs des *ersten* Trades! Das Ausstoppen der vorherigen fachlich sauberen Trades und damit die drei »–Nein!« des Marktes erschienen sinnlos! Stans Lippen verzerrten sich zu einem Ausdruck verzweifelten Hasses und seine brennenden Augen schweiften wirr und irrlichternd über die Charts. Der Markt hatte den kleinen Trend wieder aufgenommen und stand nun sogar nur noch zwanzig Punkte vor dem *Punkt* 2! Die Bewegung ging demnach doch weiter. – *Ihr sch… WICHSER!!!* Stan kam sich belehrt, zurechtgewiesen, ja ausgescholten vor, und in seinem jetzigen Schweigen lag so etwas wie kindliche Verstocktheit. Kurzum: Stan brauchte, um die letzten Chartinformation zu verarbeiten, eine längere Auszeit … und nachdem er nun bereits seit gut zehn Minuten auf dem Klo saß, ertappte er sich dabei, wie er im Geiste eine Kabinenansprache hielt, in der er sich selbst auf einen neuen Trade einschwor. – *Ist so was eigentlich normal?* Oder war er der einzige Trader der Welt, der so etwas tat? Normale Trader dachten wahrscheinlich gar nichts, während sie auf dem Klo saßen. Oder einfach ganz normale Dinge wie: »Hab ich heute auch wirklich nur gesundes Zeug in mich reingestopft?« oder »Wie soll ich die kleine Ameise an der obersten Fliesenreihe nennen?« Stan konnte sich einfach nicht vorstellen, dass andere Trader ebenfalls auf dem Klo saßen und sich selbst im Geiste die Stopp-Verläufe eines Trend- und eines Bewegungshandels erklärten. Anschließend hielt Stan, dies ebenfalls im Geiste, eine Rede an alle Marktteilnehmer und bekam dabei einen imaginären Tobsuchtsanfall, weil keiner der Marktteilnehmer, weder die strategischen, die arbitrierenden, die spekulativen noch die absichernden, Stans imaginärer Stopp-Versetzungsrede zugehört hatte. Daraufhin kam dann ein Moment – ein magischer Moment der Verzauberung: Der Chartverlauf der letzten Minuten wölbte sich vor seinem inneren Auge auf wie ein überlebensgroßes Hologramm, und Stan wurde von dem brennenden Verlangen verzehrt, unbedingt recht zu haben und seine bisherigen Minustrades dadurch zu rächen, dass er mittels eines einzigen Trades in den kommenden Handelsminuten einen negativen in einen positiven Handelstag umwandelte. Diese süße Lockung war überwältigend … – *Oh jaaaaaa!* Aber dann rauschte die Erinnerung wie eine kalte Dusche über ihn: Genau dieser Gedanke konnte ein Traderleben binnen weniger Stunden zugrunde richten – und ihn, Stan, hatte genau dies vor einigen Wochen um ein Haar alles gekostet, was ihm lieb und teuer war!

Stan schüttelte den Kopf, denn er hatte, wie so oft, während er auf dem Klo im Büro saß, das Gefühl, er befände sich in einer Folge von »Akte X« und es würden geheimnisvolle Tests an ihm durchgeführt, von denen die Restbevölkerung, egal, ob Trader oder Normalbürger, nichts erfahren durfte.

Au Mann! Seine Gedanken waren alle so bescheuert, dass er sich nie trauen würde, jemandem davon zu erzählen. Schon gar nicht Nick.

»Und? Was hast du heute so gemacht?«

»Och, erst hab ich meine Stopps gecheckt, dann hab ich mich aufs Klo gesetzt und im Geiste mit allen Marktteilnehmern gesprochen.«

»Klasse, das mach ich auch immer!«

Langsam kam Stan wieder zu sich. Er war in Bangkok. Der Markt hatte bereits drei Mal »–Nein!« gesagt, und er saß auf dem Klo. Immer noch.

Stan schlurfte also zurück hinter seine Monitore und sah, Gott sei Dank, dass der Markt einige Pips zurückgekommen war, womit sich der Abstand zum großen *Punkt 2* nochmals vergrößerte.

Los, Stan, reiß dich zusammen! Du liebst den Handel!

Diese Botschaft geisterte als schwaches Echo irgendwo durch seine hinteren Hirnregionen. Aber sie fand nicht den Weg nach vorne.

Los jetzt!

Oooch, aber …

LOS!!!

Du bist hier, um zu arbeiten, also benimm dich gefälligst professionell.

Also gut!

Leicht mit den Fingerspitzen auf der Tischplatte trommelnd, murmelte Stan halbherzig: »Tja, vielleicht sollte ich dann mal erneut!«, und er fragte sich, ob es hier nun irgendwelche Methoden gäbe, die er im aktuellen Chartgeschehen gern anwenden würde. Dann rang er sich ein dünnes Lächeln ab und versuchte, sich neuen Mut zuzusprechen: »Okay … okay, dann werde ich mal in meine Trickkiste greifen!«

Du lieber Himmel, kam das eben wirklich aus meinem Mund?

Klingt ja schauderhaft … soooo billig!

Kann doch nicht so schwierig sein, ein paar Punkte an Land zu ziehen.

Meine Güte, wovor fürchte ich mich eigentlich?

Denk nach, Stan. DENK NACH!

Stan holte tief Luft und klickte die Maus an, damit der Bildschirmschoner verschwand. Im ersten Entschluss, dem Markt bereits mit »gaaaanz wenigen« Punkten einen *großen* Betrag abzuringen, setzte er in der Orderplattform die Kontraktanzahl höher, stellte sie dann aber doch wieder zurück und schämte sich ob dieser Gedankenspielerei. Aber es blieb eine große Verlockung – *Oh jaaaaa!* Mit der *nur* vierfachen Kontraktanzahl wäre das negative Gesamtergebnis der bisherigen Wett-Trades bereits mit sooo »wenigen Pünktchen« ausgeglichen! Andererseits jedoch erinnerte er sich seiner erst kürzlich gewonnenen Erkenntnis in Sachen Rumrutschfaktor …

Eieiei … lieber nicht mehr an diese Desastertage denken!

Beklommenheit presste erneut seinen Körper – *Soll ich für heute doch lieber aufhören? Ja oder nein?! NEIN!!! Nicht aufhören!*

Der Markt fiel auf dem Tick-Chart um weitere 5 Punkte. Stan rief instinktiv »Ich will auch dabei sein!«, schnappte sich die Maus und kaufte sich in den »Rücksetzer« des untergeordneten Trends ein, welcher einem Trade aus purer »Wut« sehr nahe kam.

… 1,3912; … 1,3913; … 1,3914

Sein Herz raste. Er schaute hochkonzentriert auf seine Position, ließ die Maus los, schnäuzte sich umständlich und rieb sich die Stirn; die gedankliche Situation war ein riesiges Tohuwabohu. Chaos pur: *Ist das wirklich nur ein kurzer Rücksetzer? Wie weit läuft dieser? Soll ich weitere Kontrakte nachkaufen? Vielleicht dreht der Markt nun aber endgültig? Besser vielleicht gleich raus? Aber was, wenn der Punkt 2 dann doch geknackt wird? Was aber, wenn nicht, und der Trend kippt? Reißt der Trendbruch den übergeordneten Trend gleich mit in die Tiefe? Sollte ich besser gleich short gehen und dann wenigstens bei diesem neuen Trend von Anfang an dabei sein? Oder … oder … oder …* Die gedankliche Schmerzgrenze war nicht nur erreicht, sie war nun um Meilen überschritten.

… 1,3913; … 1,3912; … 1,3911

Stan lächelte belämmert, sein Gehirn fühlte sich schrecklich schwer und schwammig an. Stan blickte auf seine im Chart eingezeichnete Stopp-Order – … 1,3896 … – und zog ein scheußliches Gesicht, vor dessen der Wirklichkeit fernem Ausdruck man Angst hätte fühlen können, und Stan beschloss, die aktuelle Marktbewegung mit Ignoranz zu strafen.

… 1,3903; … 1,3902; … 1,3900

Stan hielt die Betrachtung des Charts nicht mehr länger aus und schlug die Augen nieder. Fast wie in Trance murmelte er unablässig, einem Mantra oder einer Endlosschleife gleich »Ihr verdammten sch… Wichser!« vor sich hin. Die nachfolgenden Informationen erreichten seinen Körper vor seinem Geist.

… 13897; … 1,3898; … 1,3896

… PIEP – PIEP …

Peng!

Order filled.

Stans Trauma. Schweiß perlte auf seiner Stirn und sein Testosteronspiegel erreichte seinen historischen Höchststand. Er wollte erfolgreich sein und die Börse sagte »NEIN, DANKE!«. Wüste Erinnerungen an die Demütigungen seiner Pubertät schossen ihm durch den Kopf. Manche Dinge durften einfach nicht passieren, und wenn sie doch passierten, tat das Gehirn eine Weile lang so, als wären sie nicht passiert. Auf seine apathischen Blicke folgte eine lange, sehr lange Depression, fünfeinhalb Minuten. Darauf völlige Leere, fünfeinhalb Minuten lang.

Plötzlich aus dieser Leere heraus meldete sich bei Stan allmählich und ganz leise das schlechte Gewissen, denn kaum hatte er mittels eines giftigen Blicks auf den Chart erneut seinen Unwillen ausgerufen, wurde ihm klar, dass er weiter am Ball bleiben sollte: Er sollte sich besser endlich an die Arbeit machen, anstatt dumm aus dem Fenster zu schauen; schließlich war er im Dienst.

Wieder rein? Der Markt will bestimmt weiter nach oben!?

Andererseits war der blaue Himmel draußen so nett …

Stan grübelte, sich dabei immer schwächer fühlend: Auf der einen Seite wollte er seine Kollegen mit seinen Leistungen beeindrucken, zum anderen hatte er überhaupt keinen Bock mehr auf einen weiteren Minustrade. Traden ohne Risiko und zeitgleich andere beeindrucken – das war definitiv ein Ding der Unmöglichkeit. Stan stöhnte leise »SCHEISSE! … SCHEISSE! …«, denn die permanente innere Frage lautete: »Soll ich *wirklich* noch mal?«

… 1,3893; … 1,3894; … 1,3894

Aber ich will nicht mehr!

… 1,3895; … 1,3894; … 1,3895

Keine Sorge, du kriegst das schon wieder hin!

… 1,3896; … 1,3898; … 1,3897

NEIN!

… 1,3898; … 1,3898; … 1,3899

DOOOCH!

… 1,3899; … 1,3899; … 1,3898

Denk an Beständigkeit … Bestääääändigkeit …!

… 1,3900; … 1,3901; … 1,3901

Leck mich am Arsch mit deiner Beständigkeit!

… 1,3901; … 1,3902; … 1,3903

Stan musterte, angewidert von seiner eigenen Unentschlossenheit, den Chart, dann klickte er durch die Zeiteinheiten. Hoch auf den Dreißig-Minuten-Chart, runter auf Tick, wieder zurück auf Zehn-Minuten. Dabei stellte er fest: Er hasste sie. Hasste sie alle! Stan war nach dem letzten Trade nun definitiv klar, dass der Börse seine Wette tatsächlich nicht ganz so wichtig war wie ihm selbst, und seine innere Orientierungslosigkeit wurde mittlerweile auch von seiner Körperspannung widergespiegelt. Diese hatte ihn die Haltung eines Fragezeichens annehmen lassen, was insoweit nicht verwunderlich war, als dass auch andere Trader angesichts mehrerer Verluste in Folge eine beobachtbare Tendenz aufwiesen, ihre Argumentation zum Chartgeschehen plötzlich zu ändern. So also auch Stan, der nach dem vierten »– Nein!« des Marktes plötzlich zu einem »Ich mach mal Pause für heute« bereit war; wobei er eigentlich schon seit Wettbeginn gedanklich zwischen der »Ich will Geld verdienen«- und »Hab heute die Schnauze voll«-Rolle hin und her sprang, um sich an die jüngsten Vorfälle seines Schicksals anzupassen.

… 1,3902; … 1,3903; … 1,3902

Stan empfand überdeutlich, dass er nach diesen »sonderbaren« Trades, die sein Bewusstsein noch immer nicht ganz erfasst, geschweige denn sein Selbstbewusstsein schon verkraftet hatte, dem Chart nicht mehr weiterhin die Stirn würde bieten können. Diese Empfindung verkörperte jedoch für ihn eine beruhigende Erleichterung, die sich mit der hasserfüllten Erinnerung des Geschehens der letzten Trades verband, und Stan bemühte sich nicht im Geringsten, diese Vorstellung von »Feigheit« zu verbergen, denn: Das Gefühl, von nun an würde nichts Zurechtweisendes und Verletzendes folgen, dessen er ohnehin schon müde war, füllte ihn im Gegenteil für einige Augenblicke ganz aus.

... 1,3903; ... 1,3904; ... 1,3904

»Ich traue mich nicht mehr«, flüsterte Stan erneut heftig, und dieses Flüstern hatte etwas mit einer Stichflamme gemeinsam. Der fachliche Teil von Stan, der in seinem Kopf mit den Stimmen der anderen Trader zu sprechen pflegte, weil er die Erinnerung an deren Meinungen und Statements widerspiegelte, stürzte sich auf diese Stichflamme, um sie mit aller Heftigkeit zu ersticken. »Stan!«, beschwor er ihn, »Stan, lass diesen Unsinn! Wir haben eine Fünf-Sterne-Marktphase! Eine *Ballkönigin*! Eine *Ballkönigin*!« Aber noch während der andere, der ängstliche Teil Stans intensiv die eine gegen die andere Möglichkeit abwog, fühlten beide Teile plötzlich, dass ihr Gesicht bereits die Entscheidung ausdrückte, über die sie eigentlich gerade zu verhandeln gedachten ... Stans Mimik zeigte klar und deutlich: »Ich hab keinen Bock mehr« und der Geist folgte dem Körper. Der ganze Stan wollte nur noch eines: zwei, drei kühle Bier trinken – und das erste davon auf ex!

Fünf Minuten später saß Stan in einem Café, blinzelte in die Sonne und überdachte mit einer Dose Bier in der Hand seine Situation im Umgang mit seinem Fünf-Sterne-Setup: Einerseits war er diszipliniert mit den Stopps. – *Definitiv! Fachlich: Note 1 ... Mhm!* Andererseits ließ die pingelige Anwendung des Fachwissens ihn ständig rausfliegen – ... *Hmm?!* Wiederum andererseits: Stan wollte ja Bewegung handeln und das erforderte nun mal einen gewissen höheren Grad an Aufmerksamkeit und Genauigkeit. – ... *Mhm!* Aber wiederum wiederum andererseits: Ohne oder mit zu weiten Stopps zu traden, das war so unerträglich, dass er es auch nicht aushalten konnte – ... *Hmm?!* Und wiederum wiederum wiederum andererseits: Dieser fachliche, pingelige Rausch der Regelwerke, ursprünglich dazu angedacht, seine Trades zu fördern und ihn bei seinen Hoffnungen auf Gewinn zu ermutigen, ließ ihn, statt ihm eine gewisse Anerkennung und Bestätigung von außen zuteilwerden lassen, immer rausfliegen, obwohl die angedachte Marktrichtung stimmte.

... Shit! ... Shit! ... Shit ...!

Je länger er darüber nachdachte, desto mehr kam es Stan vor, als wären Trendaufbau, dessen Eigenschaften und zugehörige Stopp-Techniken für ihn nicht mehr wohlverstandene Begriffe, sondern – innerhalb des Bewegungshandels bereits in der Korrektur beginnend – zauberhafte, verwünschte Begegnungen. Statt kühl anwendbarer Logik fand er plötzlich Irrsinn erster Klasse, mit nichts vergleichbar und an keinem Maß zu messende fachliche Verzerrung. Äußerlich stumm, schrie Stan innerlich seine nunmehr leere Bierdose an: »Alles Schweine!« und wünschte sich kurz, dass es durch seine Haftpflichtversicherung abgedeckt wäre, wenn er den anderen Marktteilnehmern seine heutige Brokerabrechnung ins Maul stopfen würde, bis sie alle daran verreckten! Augenblicklich indes schämte er sich für diese Fantasie, denn schließlich hatten ihn seine Eltern zur Gewaltlosigkeit erzogen. Er war Pazifist, eindeutig! Wobei Stan sich insofern Absolution erteilte, als dass es seinem Empfinden nach durchaus verständlich war, dass man das Prinzip der Gewaltlosigkeit ernsthaft infrage stellte, wenn man innerhalb einer Fünf-Sterne-*Long*-Marktphase mit – wohlgemerkt – *Long*-Trades sein Konto dezimierte. Was hatte er John in der Vergangenheit immer wieder mal zu so was sagen hören? – *Ach ja*: »Viele der großmütigsten, würdevollsten und mitfühlendsten Reaktionen auf Trades und ›Katastrophen‹ im Chart sind Reaktionen auf genau die offensichtliche Grundlosigkeit des Ganzen …« Er hatte zwar keine Ahnung, was John damit meinte, aber in diesem Zusammenhang war's wenigstens ein wärmender Gedanke …

Eine Stunde später wurde nicht nur von Philips Arbeitsplatz, sondern auch vom benachbarten Tisch Nicks auf Stan geblickt, um dessen Erbleichen zu beobachten, als er nach Ende seines »Ich brauch mal eine Pause«-Ausflugs mit neuem Mut und Hoffnung die Tür ins Schloss schmetterte, sich aber seine Augen beim Anblick der Monitore unnatürlich weiteten. Sein Blick hatte jetzt etwas von der Ruhe eines Frosches und der Gereiztheit eines Stiers, denn während seiner Abwesenheit hatte der Markt einen enormen Anstieg hingelegt und stand nun weit, sehr, sehr weit über dem *Punkt 2*.

Gott verdammter sch… Job!!!

Stan war sprachlos vor Schock und Kummer.

Gleiches galt, wenn auch aus gänzlich anderen Gründen, für Nick und Philip: Ein paar Mal setzte jeder von ihnen zum Reden an, schwieg dann aber doch lieber, und dann war es, als wären die drei nonverbal übereingekommen, dass Worte in diesem konkreten Fall nicht halfen. Eine ganze Weile saßen Nick, Philip und Stan schweigend an ihren Plätzen, ohne dass Stan Blickkontakt zugelassen hätte. Eine solch lang anhaltende Zeit des Schweigens zwischen drei Tradern wurde fast unweigerlich peinlich, doch dies hier fühlte sich anders an, beinahe tröstlich.

Mit Verlegenheit gestand Stan sich ein, dass das Schweigen ihm hilfreich erschien, denn sein Denken pendelte abwechselnd von wahnsinniger, ziel- und richtungsloser Wut zu unendlicher Fassungslosigkeit, während der Markt weiter und weiter über den großen *Punkt 2* hinaus anstieg.

… 1,3989; … 1,3983; … 1,3984

Philip betrachtete aus der Deckung seiner Monitore heraus seinen jungen Kollegen. Und während er Stan so inspizierte und dessen innere Turbulenzen bis zu sich hinüber spüren konnte, erinnerte Philip sich an das Erblassen, das Stan gezeigt hatte, als sein erster Wett-Trade »grundlos« ausgestoppt wurde. Philip erinnerte sich auch der kalten Blässe, die, als Stan das erneut anfallende Minus im zweiten Trade sah, sein Gesicht überzogen hatte, und daran, dass er diesem Blasswerden auch später bei den nachfolgenden Trades gewahr geworden war. Philip war dabei die Vorstellung äußerst unangenehm, dass er genau wusste, was Stan empfand, während er dabei zusah, während Stan es empfand: Stan befand sich in einer Erregung, als ob er rasch eine steile Treppe hinaufgerannt wäre, und Philip empfand plötzlich in diesem vor seinen Augen stehenden Bild selbst wieder wie früher diesen Druck, als ob tief innen drin etwas eingepuppt wäre, das seine Hülle zerreißen wollte, und er spürte, wie sich in diesem geheimnisvollen Druck jener Wille regte, nicht bloß zuzusehen, sondern bald, gleich, sofort irgendetwas zu tun und sich selbst in das Chartgeschehen hineinzustürzen, um sich von diesem Druck zu befreien: »Soll ich wirklich noch einen Trade?« – »Wieder ein *NEIN* des Marktes hinnehmen!« – »Vielleicht dreht der Markt?« – »Nachkaufen?« – »Vielleicht mal die Stopps enger setzen?« – »Oder die Stopps besser weiter setzen?« – »Oder einfach nur den Bildschirm ausknipsen?«

Nicht, dass Philip über seine Beobachtung witzeln würde – aber leicht schmunzeln musste er dennoch, denn weit mehr noch als die ersten trugen sicherlich die letzten Wett-Trades Stans den Abdruck des Unsachgemäßen. Diese Trades hatten etwas so Zähneklapperndes und Kurzatmiges, dass sie Stans Verhalten als durchsichtigen Deckmantel für das darunter verborgene oder vielmehr nicht zu verbergende »Nichtverständnis« um die Marktphasen in Verbindung mit fehlender Kombination zu seinem fortgeschrittenen Fachwissen und damit dem deswegen noch vollkommen unausgereiften *Bewegungshandel beginnend in der Korrektur* allzu deutlich kennzeichneten.

»Na, wie sieht's aus, Stan?« Nick unterbrach als Erster die Stille, zeigte auf die Monitore und bat um die Wettauflösung.

Stans Mund war zu trocken, um diese Frage zu beantworten. Aber immerhin war er noch nicht so verkrampft, als dass er nicht mehr nicken konnte. Er hatte die Frage gefürchtet, aber gewusst, dass sie unausweichlich irgendwann kommen würde.

»Ich habe in der Summe pro Kontrakt … Mo-Moment«, Nick betrachtete seine Monitore, »107 … 109 Pips … ach, scheißegal …«, schloss seine Euro-FX-Position Market, »… insgesamt 107 Pips pro Kontrakt!«

Totenstille.

»Hey, Bambino! Und du?!«

Stan gab keine Antwort, dann fuhr er plötzlich in die Höhe. »Wie, du hast 107 Pips?«, fragte er mit einem Blick, in dem es knisterte wie Feuer im Regen. »Das geht doch gar nicht!«

»Klar, schau selbst!«

Mit flinkem Fuß stand Stan hinter Nick an dessen Arbeitsplatz und betrachtete schnaubend die Monitore. »Darf ich mal?!« Er schaute Nick an und deutete mit dem Finger auf das Menü *»Stopp- und Tradeverlauf anzeigen«*.

»Nur zu!«

Stan, in der Handhabung des Programms sicher, entdeckte, dass Nicks erster Trade knapp zehn Minuten nach seinem eigenen mittels fünf Limitorders eröffnet worden war. »Da war überhaupt kein Umkehrstab! Da war nur eine fallende Periode!?« Stan war sichtlich irritiert.

»Yep!«

Stan ging im zurückliegenden Chartverlauf den *Bewegungshandel* gedanklich durch: Nicks erster Stopp lag nicht am Tief der Eröffnungsperiode: Nein … der lag … *he?* … am großen *Punkt 3*! Stan sah fragend zu Nick auf und zeigte auf dessen ersten Stopp.

»Yep!«

Stan blickte wieder auf die Monitore: Die darauffolgende Periode wurde unter dem Tief der Einstiegsperiode gehandelt. »Hey! … Hier hättest du ausgestoppt werden müssen!«

»Yep!«

Stan, nunmehr völlig ratlos, ging kopfschüttelnd die nachfolgenden Perioden durch. An diese Perioden konnte sich Stan sehr gut erinnern, schließlich hatte diese weiterlaufende Korrektur ihm zwei Fehltrades eingebracht. Stan wies auf den tiefsten Umkehrstab. »Hier hättest du wieder rei…« Er unterbrach sich selbst. Nick war ja bereits drin! Stan folgte mit dem Zeigefinger auf dem Bildschirm den weiteren Perioden. Nick hatte das erste Mal seinen Stopp versetzt, als der Markt wirklich *deutlich* seine Korrektur beendet hatte. Dieser Stopp aber lag wiederum nicht genau am Tief einer Periode und auch nicht – Stan schaltete um auf die untergeordneten Trends – auch nicht genau an einem *Punkt 3*!? Stan wies grübelnd auf den Stopp-Verlauf.

Nick wusste genau, was Stan mit seinem auf den Chartverlauf tippenden Zeigefinger meinte, und nahm es wieder vorweg: »Yep!«

Zwei Perioden weiter tauchte erneut eine Periode auf, die weit unter der vorherigen gehandelt worden war. Nick hätte daher nach den Regeln der Stopp-Setzung hier definitiv ausgestoppt werden müssen! Aber: Nick hatte seinen Stopp überhaupt nicht nachgezogen!

Nick kam auch bei dieser Frage Stan mit seiner Antwort wieder zuvor. »Yep!«

Erst zwei Perioden später war es zu einer Stopp-Versetzung gekommen. Aber auch dieser Stopp lag weder genau am Tief der Periode noch am *Punkt 3* des untergeordneten Trends!

Es sah für Stan mithin eher so aus, als wäre der Stopp einfach *wahllos* in die Chartlandschaft gelegt worden. Doch richtig chaotisch wurde es erst anschließend: Durch die nun auftretenden Innenstäbe wurde Nick komischerweise ausgestoppt, obwohl er, hätte er die Stopp-Regel sauber befolgt, den Stopp hätte zurücknehmen müssen. Nick wurde dadurch *absolut sinnloserweise* aus dem Markt genommen! »Innenstäbe … Stopp zurück … du wärst noch drin?!«, äußerte Stan völlig ratlos.

»Yep.«

Stan analysierte weiter: Den zweiten Trade hatte Nick fünf Minuten später eröffnet, scheinbar beim Überschreiten des Vorperiodenhochs. Stan bekam von Nick den Hinweis, dass dieser ab dem Zeitpunkt, als der Markt nun kurz vor dem großen *Punkt 2* gestanden hatte, den untergeordneten Trendverlauf betrachtet hatte. *Okay.* Stan schaltete um. Aber auch hier dasselbe Bild: Die Stopps wurden zu unmöglichen Zeitpunkten nachgezogen und lagen zu keinem Zeitpunkt passend an einem vorherigen Korrekturtief! Erst die letzte halbe Stunde, nachdem der Markt über den *Punkt 2* hinaus gelaufen war, hatte Nick die Stopps komischerweise dann aber *sehr genau* fachlich sauber nachgezogen … *oh Mann* … Das ergab alles überhaupt keinen Sinn.

»Du … du … hast die Wette auf keinen Fall gewonnen!« Stan starrte hilfesuchend hoch zu John, der mittlerweile hinter ihm stand und Nicks Tradeverlauf gleichsam nachverfolgte: »Nick hat beschissen!«

»*Beschissen?!*« Nick schaute gespielt erstaunt. »He, was soll der Vorwurf? An welche Regel habe ich mich nicht gehalten?«

»An so ziemlich alle!«, wollte Stan eigentlich sagen, stattdessen meinte er: »Das, was du gehandelt hast, war kein *Bewegungshandel*!« Stan zeigte auf Nicks Monitore. »Das ist doch Scheiße, nichts als Scheiße!«

John, nun wieder in der Rolle des Schiedsrichters, strich sich gespielt schwerfällig durchs Haar. »Jungs, ruhig. Ganz ruhig!« Er stellte sich zwischen beide und betrachtete sie abwechselnd.

»Wie lautete die Wette noch mal genau?«

Gewollt betont wiederholte Stan: »Die Wette lautete: Wer mit Bewegungshandel, bereits aus der Korrektur heraus beginnend, die meisten Punkte aus dem Dow oder Euro-FX rausholt, hat gewonnen!«

»Okay. Und was heißt *Bewegungshandel*? Worum geht es da *genau*?«, hakte John nach.

Stan war sich Nicks Disqualifizierung nun sicher. »Bewegungshandel heißt ...«, Stan sah triumphierend zu Nick, und sein Blick verriet: *Achtung, Nick, schachmatt in einem Zug,* »also Bewegungshandel heißt: Stopp-Versetzung auf Perioden, dabei Innenstäbe beachten, oder aber Stopp-Versetzung nach *Handel des Trends* auf den untergeordneten Trendverlauf angewandt!« Von Stans Niedergeschlagenheit der letzten Stunde war plötzlich nichts mehr zu spüren, er lachte schadenfroh auf und schnappte sich pfeilschnell den Wetteinsatz, sprich: die von John auf den Tisch gelegten Einladungen. »Paaah ... und nichts von alldem hast du gemacht! Stattdessen hast du in deinen Büchern gelesen. Aber, mein Freund«, er klopfte Nick versöhnlich-freundschaftlich, ja fast schon gönnerhaft auf die Schulter und wedelte mit den Einladungen, »ich werde mal an dich denken, wenn ich erst über das leckere Essen und dann über die Mädels herfalle. Versprochen!« Während Stan in Gedanken bereits das Dessert in sich hineinstopfte und die Handynummern der anwesenden heißen Girls in Empfang nahm, zog John Stan die Karten in Zeitlupe wieder aus der Hand.

»Ja, wieeee ...?! HAAALT!« Stan war außer sich, und auf die Bitte Johns, den Inhalt der Wette nochmals zu benennen, knurrte dieser sichtlich verstimmt: »Na, wer die meisten Punkte aus dem Bewegungshandel, beginnend aus der Korrektur heraus, erhandelt, hat gewonnen«, und wies sofort anschließend abermals darauf hin, dass Nick *beschissen* habe, denn nur allzu ungern wolle der über sein Handelsergebnis reden.

»Stan, bitte noch mal: die Definition des Bewegungshandels!«, bat John erneut, wobei er »noch mal« absichtlich gedehnt aussprach.

Stan konnte ein Stöhnen nicht zurückhalten. »Also gut, wenn's denn unbedingt sein muss, damit ich endlich meinen rechtmäßigen Gewinn ausgehändigt bekomme: Stopp-Verlauf auf Perio...«

»Du hast meine Frage nicht richtig verstanden!«, unterbrach ihn John. »Bitte noch mal!«

Mit zusammengezogenen Augenbrauen und einem störrischen Tonfall setzte Stan erneut an: »Bewegungshandel heißt, die Stopps auf die letzte Perio...«

»Stopp, Stopp, S-T-O-P-P, alles, was du mir gerade erzählt hast und schon wieder erzählen willst, beschreibt nur *eine* Möglichkeit des Stopp-Verlaufs. Wonach ich jedoch gefragt habe, ist der W-e-t-t-g-r-u-n-d!« John zog eine Augenbraue hoch und fuhr fort: »Die Wette hieß doch: Wer die meisten Punkte aus dem Bewegungshandel rausholt, der gewinnt, oder?«

»Bambino!« Nick schaltete sich nun ein. »Ich hab dich vor dem Handschlag *zweimal* gefragt, was das heißt: *Bewegungshandel*. Was meinst du, warum ich das wohl getan habe? Na? Genau aus diesem Grund nämlich, damit es hinterher nicht heißt, wir hätten nicht darüber geredet.« Kopfschüttelnd fummelte Nick sein Handy hervor, tippte kurz in dessen Menü herum und hielt es Stan dann vor die Nase. Auf dem Display sah Stan ein verwackeltes Bild von sich selbst und hörte sich mit gelangweiltem Ton »Ja, ja …« stöhnen und sich dazu mit genervtem Blick über die Stichpunkte »Geschwindigkeit«, »Momentum« und »Sahnestück« auslassen.

»Du hast … das glaub ich jetzt nicht! Du hast mich … GEFILMT?!«

Nick zeigte auf die Einladungen. »Für ein Essen mit tollen Frauen würde ich sogar noch weiter gehen!«

»Ja, gut … Okay, es ging um die *schnelle* Marktbewegung! Aber John …«, Stan schaute ihn hilfesuchend an, »das, was Nick da zusammengeschraubt hat, ist doch trotzdem fachlich *unterstes* Niveau!«

»*Unterstes Niveau?*« Nick war entsetzt. »Wieso das denn?! Ich habe mich einfach mittels einfacher, aber guter Ideen in die laufende Korrektur reingekauft, dann meine Stopps weit genug gesetzt und diese danach mehr oder weniger spontan nachgezogen!« Nick machte absichtlich nicht viel Aufhebens von diesem Verhalten, und er schien die »billige« Wirkung seiner beiden Trades, deren er sich sicher war, auch nicht durch betontes und schnelles Sprechen mildern zu wollen. »Tja, dann hab ich wohl gewonnen.« Nick griff, indem er sich scherzhaft verbeugte, nach den Einladungen in Johns Hand.

»Die Wette zählt nicht!«, zischte Stan rebellisch und beharrte weiter darauf, dass die Trades von Nick, weil achtlos durchgeführt und fachlich verdorben, weder zu ihrem monetären Recht, geschweige denn zur Belohnung mittels der Einladungen hätten führen dürfen! Es müsste doch wohl jedem hier klar sein, insistierte Stan weiter, dass durch Nicks »Inaktivität« seine Trades – es lag ja nicht mal ein vernünftiges Einstiegssignal vor – nach … *ja, nach was?* … Stan suchte nach dem rechten Wort und fand es auch: Es sah … *mhm, genau* … es sah nach »Zufall« aus! Das Problem war nur, dass sich Stan gezwungenermaßen dennoch zurückhalten musste, denn er konnte für sein »Aktiv-Sein« ja kaum werbende Worte an den Mann bringen.

Philip verfolgte das Gespräch wie ein Wimbledon-Endspiel von der Seitentribüne. Und ausgelöst von Stans »Es sah nach Zufall aus …«, erinnerte sich Philip an jenen fortgeschrittenen Teil seiner eigenen Ausbildung, in welchem Hofner ihm die Möglichkeit aufgezeigt hatte, eben *nicht* nach fachlich strengsten Regeln mit dem Einzelwohl einer *Ballkönigin* umgehen zu müssen, sondern auch nach weniger strengen, nach unübersichtlicheren Vorgaben schalten und walten zu dürfen. Auch wenn dies bedeutete, billigend in Kauf zu nehmen, dass eine solche weniger *scharfe* Herangehensweise unzweifelhaft bewirken konnte, dass der einzelne Trade *fachlich* kaum etwas einbrachte, wenn aber doch, dann eher nach einem *Glücksfall* aussah. Philip verstand somit nur zu gut, dass bei Stan unter den gegebenen Umständen – also durch Nicks »Nicht-lupenhaft-pingelig-bemühtes-Stopp-Setzungsverfahren« – der Anschein erweckt wurde, dass Nick das Wettvorhaben »fachlich verraten« hatte, wohingegen Stan sich mittels seiner »lehrbuchkonformen Einstiegs- und Stopp-Setzungsbemühungen« an alle Regeln gehalten hatte, auch wenn sich dies im Ergebnis nicht ausgezahlt hatte. Ergo: Aus Stans Sicht war die Vorstellung, dass sich ein Trader zu einer überlegten Navigation seiner Trades fachlich ungenau verhält, einfach nicht auszuhalten, und daher verstand Philip natürlich, dass er aus seiner Sicht zu Recht dafür eintrat, dass sich die Entwicklung eines Traders niemals in einer solchen Verbindung der Ideen vollzogen haben dürfte, da es schien, dass sämtliches Wissen ja so vergeudend und verschwenderisch weggeworfen wäre!

»Ist also«, fragte John, noch immer in der Rolle des Schiedsrichters, nun einleitend und abschließend seine angedachte Lektion formulierend, »eine *Ballkönigin* jede pingelig dienernde Anstrengung wert, nur um ein wenig Ansehen und monetäre Wertschätzung zu erlangen, oder ist es ratsamer, dass man beim Tanz mit einer *Ballkönigin* jeden übermäßigen Eifer mit Weitblick umgeht, um so, neben einem Ausstoppen, auch ein zu häufiges ›– Nein!‹ des Marktes zu umgehen?« Abschließend bat er Stan, die kommenden Tage darüber sehr intensiv zu sinnieren und das *Für und Wider* abzuwägen. Dann drehte er sich um und ging hinüber in sein Büro …

*

Die letzten Tage seit der Wette waren die Märkte zwar nicht mehr in die Höhe geschossen, aber trotzdem mit Bedacht Stück für Stück bergan geklettert. Gleichwohl ging diesen Kraxlern in dem Moment die Luft aus, als sich die US-Notenbank nicht gerade euphorisch äußerte, was sogar die Wirkung eigentlich guter Konjunkturdaten sofort neutralisierte. Und auch heute war der Dow-Jones-Future zeitweise schon wieder ins Minus gerutscht. Dennoch: Philip konnte in der neuen Handelswoche einige kluge Trades platzieren und lag, trotz mehrfachen Ausgestoppt-Werdens, gut vorn. Doch abgesehen davon hatten die vergangenen Tage ihn auch nicht klarer angetroffen, denn er grübelte nach wie vor über jene Torbach'schen Worte, die mittlerweile wie Buchstaben aus Feuer an seinem persönlichen Himmel standen: »Worin besteht mein persönlicher Ansporn, in dieser Arbeit vollkommen zu sein?«

Spät an diesem Nachmittag entschloss er sich daher – in der Absicht, sich des Ernstes, der ihn bedrückte, zu entledigen –, Jani im Handelsbüro eine Etage tiefer aufzusuchen. Schließlich war der Bursche doch schon länger dabei als er! Zu seiner Überraschung war Jani nicht nur anwesend, sondern nahm Philip und Stan – der nach zwei »– Nein!« des Marktes wohl ohnehin eine Auszeit brauchte und sich Philip angeschlossen hatte – sogleich in Empfang und war bereit, beiden Gesellschaft zu leisten, allerdings wollte er nur noch schnell einige Aktienorder eingeben …

… 89,12; … 89,14; … 89,15

Stille.

… 179,57; … 179,65; … 179,72

Das war etwas, was für Philip und Stan an Jani gewöhnungsbedürftig war: Er redete nicht, wenn er konzentriert seine Monitore betrachtete.

Philip nutzte die Zeit und schlenderte derweilen ein wenig herum. Seit seinem letzten Besuch hatte sich nichts geändert. Janis Büro wies eine geschmackvolle Einrichtung auf, welche locker an jene von Johns Büro heranreichte. Sämtliche Schreibtische waren besondere, edle Modelle, wovon jene im großen Handelsraum mit einer bunten Mischung aus Abrechnungen und Berichten bedeckt waren. An der rechten Wand entlang zogen sich halbhohe Regale, worin sich vereinzelte Schnellhefter befanden. Die warme Atmosphäre des gesamten Büros wurde entscheidend durch die angenehme Farbe von Wänden und Fußboden bestimmt. Die linke Wand war, genau wie eine Etage darüber, von einer großen, breiten Fensterfront durchbrochen, die einen Blick über einen Teil des Gartens erlaubte.

John startete einst mit Jani eine endlose Suche nach Räumlichkeiten, in denen das *Chi* so perfekt strömte, dass es ihre Gedanken, Existenz und ihre Ruhe förderte. Beide hielten nichts von modernen, offenen Großraumbüros, durch welche die Energie in einem mächtigen geradlinigen Strom vorwärtsstürzte, weshalb es kaum verwunderte, dass sich viele Angestellte ständig müde und ausgebrannt fühlten. Andererseits glichen alte Büros mit ihren meterhohen Aktenschränken und Papierstapeln nicht selten irrgartenartigen Kaninchenbauten, in denen das *Chi*, also dieses in Asien jedem Kind bekannte energetische Grundprinzip im Feng-Shui, sich staute und man nicht lange rätseln musste, wieso die Geschäftstätigkeit nicht florierte. Was John und Jani einst suchten, waren Räume, in denen das *Chi* strömen, sich sammeln und dahinschlängeln konnte wie ein Bach, der durch Teiche rieselte – und es war ihnen gelungen.

»Na … was sagst du zum Euro-FX?«, sprach Jani Philip an, und es entstand unerwartet eine kleine Pause, weil Philip, der nun eigentlich hätte eine Antwort geben sollen, abgelenkt war durch ein weiteres bekanntes Gesicht, welches gerade durch die Eingangstür schlich, woraufhin er Jani flüsternd fragte, was der denn nun wieder hier verloren habe.

»Frank?! – Du meinst *Frank*!? Oh, er ist mal wieder ein paar Wochen bei uns!« Jani deutete auf seine Monitore und fügte hinzu, dass sich in letzter Zeit wieder einige Ideen angestaut hätten, die es galt, von Frank mathematisch anzugehen.

»Ihr glaubt also tatsächlich, dass es mithilfe der Mathematik besser geht?«, fragte Stan ohne ironischen Unterton, aber dennoch mit einer Mischung aus Erheiterung und Interesse, und seine Augen begannen hoffnungsvoll zu leuchten.

»Ich glaube das mehr denn je«, versicherte Jani. »Es geht aber nicht darum, das Trading als solches zu verbessern, sondern den *Arbeitsstil* zu optimieren! Und unser Frank hier«, Jani wies auf die Bürotür, hinter welcher der Neuankömmling gerade völlig gedankenversunken verschwunden war, ohne die drei zu bemerken, »der doch einzig und allein für die Mathematik lebt, ist genau der *Richtige* dafür.«

Philip wurde hellhörig, denn trotz dieser an sich bedeutungslosen und nur zu natürlichen Nachricht war ihm unter der Last seiner bedrückenden Fragen plötzlich so zumute, als strömte hier möglicherweise eine weitere, eine neue Antwort auf ihn zu. Daher schien es Philip sinnvoll, die Gelegenheit zu nutzen, und er fragte Jani, ob Stan und er Frank wohl »Hallo« sagen könnten …

Wenige Augenblicke später standen Philip und Stan in Franks Büro. Er hatte eines für sich allein.

Auf den Monitoren flutete Unruhe hin und her, und Frank, der davorgesessen hatte, kam Philip und Stan entgegen, um beide zu begrüßen. »Alter Schwede, ihr beiden habt euch wohl verlaufen?!«

Der unerwartete Zufall dieses Zusammentreffens belebte Philips Gesicht, aber er wollte vorsichtig sein und konnte sich nicht entschließen, gleich mit der Frage nach dem »Wozu« zu beginnen. Doch das brauchte er auch nicht, denn nach einer kurzen, aber herzlichen Begrüßung übernahm Frank auch gleich von sich aus die Gesprächsführung. »Wollt ihr mal was sehen? Hier! Schaut her, meine neuesten Programmierungen und Statistiken!« Frank bewegte die Maus – der Bildschirmschoner gab die erhellten Bilder wieder frei, und ein Feuerwerk aus Zahlen, Tabellen und unzähligen Strichen flog Philip und Stan entgegen. Sie sahen dicke und dünne, durchgezogene und unterbrochene Linien in den Charts eingezeichnet – orange, grün, braun und rot eingefärbte Indikatoren; solche, die sich um den Chartverlauf herumschlängelten, und solche, die unter dem Chart oszillierten. Und dann war da am rechten Bildschirm noch etwas, was in Bruchstücken einem Histogramm ähnelte.

»Sehr interessant«, meinte Philip, was so viel hieß wie: »Ach du heilige Scheiße!!!«

»Das ist *allerdings* interessant!«, erwiderte Frank. »Nützlicher Anschauungsunterricht für dich, Kleiner!«, dabei nickte er in Stans Richtung und fuhr an ihn gewandt fort: »Du handelst doch oben bei euch auch intraday, hat Jani mir erzählt. Na ja, egal. Schau mal hier, das ist …«, Frank zeigte auf eine flackernde Kombination aus zwei Linien, »mein neuestes Baby! Sieh her, genau der Hochpunkt hier, vor zwanzig Minuten, wunderbar vorhergesagt!« Er hob den Daumen und machte eine Handbewegung wie Harry Potter beim Zaubern. »*Zahlenanatomie*, verstehst du? Mathemagie!«

»Der Triumph der Mathematik! Chic, chic.«

»*Chic?*« Frank war empört über Philips scheinbaren Anflug von Ironie und klopfte Stan auf die Schulter, was seiner vorangegangenen Freundlichkeit etwas ungemein Hochmütiges verlieh. »Das hier ist um ein Vielfaches besser als euer *Punkt-1-2-3-4-5-6-7-Heinzelmännchen-Trend-Dingsda-Kram* und der ganze Schnickschnack!«, lachte er leicht geringschätzig, wobei seine Lippen komisch wackelten. Er schaltete über den Taskmanager auf ein weiteres Programm um – die bisherigen Charts erloschen und machten weiteren Indikatoren Platz, welche die Ergebnisse riesiger Tabellenwerke und Testergebnisse zusammenfassten. Es begann eine Viertelstunde des »Sieh hier, hab A mit B kombiniert und auf C adjustiert …« – »Hier werden A und B einzeln gemessen, mit C verglichen, und sobald D größer ist als E, *jaaa* dann …«, wobei Frank mechanisch sprach, als wäre er aufgezogen. Es schien ihm innerlich unbändiges Vergnügen zu bereiten, den Helden und Schlauen zu spielen, denn mehrfach äußerte er gegenüber Stan, dass für ihn dem ganzen Thema Markttechnik ohnehin nur so eine Art Pseudoplausibilität innewohnte, und erklärte dies damit, dass die Kapitalmärkte für einen Trading-Anfänger ein einschüchterndes Monstrum darstellten. Und wann immer der Mensch vor etwas stehe, dessen Komplexität ihn überfordere, würde er nach einem Regelwerk suchen, an welches er sich klammern könnte; an etwas, das vernünftig, plausibel und nachvollziehbar Struktur in das Undurchsichtige und Unvorhersagbare bringen würde! »Ein Trading-Anfänger erstellt sich folglich gern *vereinfachte* Abbildungen der Realität, sucht nach Mustern und/oder kausalen Zusammenhängen, welche die Charts kontrollierbar erscheinen lassen, erkennt dann aber irgendwann, dass diese ›Hilfskausalitäten‹«, so nannte es Frank, »… *predictive power* gleich null haben, und sucht demnach weiter und weiter. Und nun kommt eure *Markttechnik* daherspaziert und ›deckt‹ auf, dass Preise durch Angebot und Nachfrage und nicht durch News entstehen! Ach, wie *plausibel*! Und der verzweifelt nach Struktur suchende Trading-Anfänger ist hellauf begeistert!«

Bei diesen Worten lächelte Frank spöttisch, schüttelte den Kopf, wandte sich nun direkt an Stan und deutete mit dem Zeigefinger in Richtung Decke. »Die da oben immer mit ihrem *Angebot und Nachfrage*! … Wo entsteht Bewegung? – Oder was auch immer!«, seufzte er, und seine Stimme klang nun überheblich wie gelangweilt. »Kleiner, das Bild eines asketisch-elegant eingerichteten Trading-Raums: ein Block mit Stift, Kaffeetasse und einem Buch für die Zeit, in der man den Markt einfach Markt sein lässt … kurzum ein aufgeräumtes und gelassenes Trading! – *Hahaa, die Antithese* zur wilden Bestie Markt?! … *Tzzz*, wie profan! Junge, wach auf! Euer Handelsstil-Dingsbums-Quatsch ist doch überhaupt nicht *haltbar* … !« Frank lachte herablassend und gab zu bedenken, dass es einzig das Ziel eines jeden Traders sein müsste, ein *vernünftiges* System zu kreieren, das Dinge erkannte, welche ein Trader eben nicht mit bloßem Auge und *einfach mal sooo* erkennen konnte oder würde. »Das gibt's überall!«, fuhr er fort. »Nicht nur im *signal processing*, auch in der Medizin und in den Ingenieurwissenschaften, ja sogar im Marketing!« Mit einer ausladenden Bewegung zeigte er auf seine Monitore. »Statistisch fundierte Systeme müssen her!«, und Frank meinte lächelnd, er wisse natürlich, dass dies *nicht* einfach darzustellen wäre, denn jedes In-Rechnung-Stellen und Bemessen würde voraussetzen, dass sich der zu ermessende Gegenstand während der Überlegung nicht ändert; und wo dies dennoch geschehen würde, so wie im Börsenhandel, müsse aller Scharfsinn darauf angewendet werden, selbst noch in der *Veränderung* etwas *Unveränderliches* zu finden. Deswegen zerlegte er die vor ihm liegende Welt von Charts und verfügbaren Marktkennzahlen in ihre Bestandteile und »Atome« und bildete nach den anwendbaren Gesetzen Hypothesen und – für Stan weit mehr als für Philip wunderliche – Gleichungen, denn: »… ohne tiefes Wissen über Finanzmärkte, Micro-Market-Modelle und, vor allem anderen, Wissen über Statistik geht's halt nicht! Wer das nicht hat«, und wieder erschien auf Franks Lippen ein gleichermaßen überlegenes wie gelangweiltes Lächeln, »kann halt nicht mitspielen! Und muss stattdessen halt diskretionär traden … *tzzz*!«

Und während für Philip und Stan der Chart nur aus ganz kleinen, kleinen, mittleren, großen Bewegungen und Korrekturen bestand, erklärte Frank, dass er mittels Excel-Tabellen und Programmiercodes aus diesen eine Welt neuer bunter Dinge und Resultate aufbauen würde, und es schien ihm unbändiges Vergnügen zu bereiten, mathematische Schulmeistersätze, die er sich im Studium, aus einem Buch oder Gott weiß woher angeeignet haben mochte, von sich zu geben und dabei tadellos aufzusagen. Er klickte einen Chart zu einer seiner Backtest-Reihen in den Vordergrund, deutete auf die visualisierten zurückliegenden Signale und wurde dabei immer mehr vom Enthusiasmus der eigenen Wichtigkeit durchströmt. Bei jedem Signal rief er aus: »Hier: dreißig Punkte Plus! Hier dreiundvierzig Punkte! Und hier zwölf! Okay, hier mal zwei, drei Fehltrades, *aber* … halb so schlimm! – dafür hier wieder: achtundzwanzig Punkte Plus! – zweiunddreißig Punkte … – Versteht ihr? *Das* ist gelebte Statistik!«

Im weiteren Monolog Franks fielen viele Begriffe, deren Namen und Inhalte Philip natürlich ebenfalls geläufig waren. Themen und Aussagen wie: »… ein naturwissenschaftlicher Ansatz muss her!« – »… es muss echte Empirie vorliegen!« – »… methodisch sinnvoll konstruiertes Back- und Out-of-sample-Testing!« – »… Simulation!« – »… ein am ›Kelly-Kriterium‹ orientiertes Money- und von der Portfoliotheorie inspiriertes Risk-Management!« – »… Value at Risk-Ansatz!«

Und während Frank redete und redete, bewunderte Philip an ihm jene Disziplinierung eigenen fachlichen Verständnisses für die Mathematik, vermöge welcher Frank in die Lage versetzt war, längere Gedankenreihen unter beständigem Zweifel gegen die eigenen Einfälle vernunftmäßig durch einwandfreie Syllogismen, durch Schlussketten und Kettenschlüsse, durch Induktionen oder Schlüsse aus den Kursen durchzuarbeiten und das schließlich gewonnene Urteil so lange der Verifikation zu unterziehen, bis alle seine Gedanken, Tabellen, Linien und Indikatoren ausweisend aneinander angepasst waren. Und auch wenn Philip Franks Ansatz niemals als Handelsstil anwenden könnte, genoss er doch den wissenschaftlichen Anstrich des Gesprächs und die ihm innewohnende Logik, und so verbrachten die drei Männer gute anderthalb Stunden miteinander.

Und während Stan seine Augen fasziniert auf den Bildschirmen ruhen ließ, wo Indikatoren ihre Schuldigkeit taten und auf und ab klapperten, staunte Philip über die Gedächtnisleistung solcher Menschen; und während Frank sich immer weiter und weiter und weiter in sein Thema vertiefte, ja fast schon in Rage redete, bemerkte er einmal mehr, dass er vor dieser Art »Trader« eigentlich eine Art geheime Scheu empfand, denn ihre gedankliche Genauigkeit ließ seine eigene *Schwärmerei* für Genauigkeit in *deren* Augen ein wenig … *ja was?* … ein wenig *windig* erscheinen.

Frank, nun langsam mit seiner »Rede zur Nation« zum Schluss kommend, gab zwar abschließend zu, dass er nicht wisse, ob das von ihm angeprangerte, markttechnisch orientierte Traden funktionieren würde oder nicht, er jedenfalls halte dieses ganze Chart- und Trendgefasel sowie die damit zusammenhängenden Begründungen für den totalen Schmarrn. »Wer erfolgreich traden will«, erklärte er resümierend mit Festigkeit, »braucht messbare Zahlen, und deren Fehlen ist für mich der Beweis, dass das Thema *Markttechnik* eine einzige unstrukturierte und mathematisch nicht definierbare riesengroße …«, Frank machte eine Atempause, um nach dem seiner Meinung nach rechten Wort zu suchen, »… *Blenderei* ist!«

Huiiii ….

Blenderei?!

Aha! – Philip musste unwillkürlich schmunzeln, und es lag ihm auf der Zunge, eine Lanze für die Markttechnik zu brechen und einige Fragen zu stellen, zum Beispiel ob es in Franks Charts *keine* Bewegung oder Korrektur gäbe? Oder wo, wenn nicht in einem Orderbuch, denn Franks Orders ausgeführt würden? Oder ob in Franks Times & Sales-Liste keine strategischen oder spekulativen Händler, keine Arbitrageure und Hedger vorhanden wären? Oder ob Franks Charts nicht auch in verschiedenen *Zeiteinheiten* darstellbar wären und dargestellt würden? Oder warum der Hinweis, sich die Verschachtelung von Zeiteinheiten und Trendabläufen nutzbar zu machen, denn *Blenderei* sei? Oder ob die grundlegenden Zusammenhänge von Kassa- und Terminmarkt, auf denen die Markttechnik ebenso aufbaut, bei Franks Charts nicht vorhanden wären? Oder worin denn der Irrtum läge, lehrte man Stan, dass *Beständigkeit* das »Ein und Alles«, das *einzelne* Einstiegssignal, wie auch immer hergeleitet, »nichts« sei? Oder wo genau denn sich der Fehler in der Aussage verberge, dass der Börsenhandel nur dann erfolgreich wird, wenn er, im tieferen Sinne verstanden, *langweilig* ist?

Aber von alldem tat Philip … nichts! Letztlich war es eben so wie immer: Fast könnte man sagen, dass die Streitigkeiten um die Methoden des Tradings sich kaum von den Streitigkeiten um die wahre Religion unterscheiden, denn: Alle Analysemethoden sind ebenso wie die Religion vom Urteil ihrer Gemeinden abhängig. Beide arbeiten mit Modellen und Analogien: Jesus – als willkürliches Beispiel – ist in der christlichen Weltanschauung, gleich welcher Spielart, menschlich und göttlich zugleich; die verschiedensten Regelwerke zum Trading beinhalten – oh Wunder! – ebenfalls eine sich im ersten Ansehen widersprechende Dualität, nämlich *long* und *short* gleichermaßen. Beide, Regelwerk und Glaube, lassen Raum für Vertrauen auf Autoritäten und hergebrachte Interpretationsweisen, und beide halten die Suche nach Wahrheit für wichtig, womit Börse und Religion also mehr miteinander gemein haben, als es den Anschein haben könnte. *Na ja …*

Philip wollte gerade etwas anderes fragen, als Frank ihm plötzlich gebot, zu schweigen – er müsse sich ganz schnell mal konzentrieren. Er warf einen Blick auf ein Internetforum, und was er las, kommentierte er mit: »Deppen! Idioten! Das gibt's doch nicht … !«

Häh?

Philip lehnte sich vor und registrierte, dass unter Franks Nickname »Lancelot« die Anzahl der geposteten Beiträge bei knapp 2.000 stand.

2-0-0-0!?!

Frank war *Elite-Boarder*!

Himmel, welch sinnhafter Zeitvertreib … ?!

Frank tippte mit dem Zeigefinger verärgert auf den letzten Beitrag eines Forenmitglieds mit dem Nicknamen *Cool_Charty* und meinte, dem Spinner verpasse er erst mal eine Einweisung in Sachen Statistik. Frank kam nicht umhin, den eigentümlichen Sätzen des Users eine vernichtende Fehlinterpretation zuzuschreiben und begann auch schon damit, Zeile für Zeile ins Forum zu hämmern. Nebenbei offerierte er Stan eine Kurzunterweisung in die Statistik, wobei er mehrmals auf sein links von ihm liegendes Lieblingsbuch von Euan Sinclair mit dem Titel »Volatility Trading« pochte.

Stan, in einem ledergepolsterten Lehnstuhl, schrieb sogar den Buchnamen mit, wobei Philip Franks Redefluss unterbrach, damit sein Stift Schritt halten konnte. Dann drückte Frank ›*Eintrag senden*‹, erhob sich und öffnete mit einem lauten Zischen eine dieser riesigen Cola-Flaschen, trank gleich, wie schon ein paar Mal zuvor, direkt mit großen Schlucken aus der Flasche, wischte den Mund mit seiner Hand und diese dann an seinem T-Shirt ab.

Philip wollte sich gerade erneut dem ursprünglichen Gesprächsthema widmen, als *Cool_Charty* Frank alias *Lancelot* geschwind geantwortet hatte und wiederum einige Bedenken über dessen letzten Eintrag äußerte.

Frank kniff erbost die Augen zusammen. »… ach Gott, das ist ja lächerlich«, kommentierte er, stand auf, trank abermals einen Schluck auf seine eigenwillige Art, und nachdem die Hand über das T-Shirt geglitten war, hämmerte er hastig eine gepfefferte Antwort in die Tastatur und erklärte Philip und Stan mit einer wegwerfenden Geste, wer sich mit ihm anlege, würde »fachlich eiskalt plattgemacht!«.

Einige Augenblicke später hatte *Cool_Charty* seine Antwort, die er bestimmt nicht irre lustig fand, denn Frank verunglimpfte seine Gedanken als Nebelkerzen und Scharlatanerie und fügte abermals hinzu, dass der »wahre« Heilige Gral im Trading nur in der Statistik, gepaart mit Geldmanagement läge. Frank warf *Cool_Charty* einander zuerst Irrtum, dann aber in rascher Folge Unlogik, gewolltes Missverstehen und mangelnden Idealismus vor und verwies für den staunenden Stan zur Unterstützung seiner Argumente auf seine vielen Amazon-Rezensionen, hier alias *Cormag*, mittels derer er nahezu jedes Werk über technische Analyse gnadenlos abstrafte. »Alles Humbug!« Und nachdem erneut die Colaflasche dran glauben musste, begab er sich wieder vor seine Bildschirme, um wie ein Fotograf, gebückt und breitbeinig und mit zusammengekniffenen Augen, »das Motiv der Zahlen« zu prüfen.

Nachdem Frank seiner Zufriedenheit Ausdruck verliehen hatte, ermahnte er Stan, weiterhin auf diese selbst programmierte grüne Linie, deren Funktionsweise und Ergebnisse er vorhin so umfangreich beschrieben hatte, zu achten. Ferner stünden DAX- und Dow-Jones-Future in einem – er nannte es »ordnungsgemäßen« – Verhältnis zu den von ihm kreierten Indikatoren. »Aber wehe, wenn diese Linie unter diesen Punkt absinkt! Dann gute Nacht!« Frank wies abermals auf die Bewegungen des DAX-Future hin, und dessen »bedeutsame Erscheinungen im Chart« entsprachen genauestens Franks Voraussage für diesen Tag, und außerdem seien *A* und *B*, verglichen mit *C*, größer als *D* und kleiner als *E* … – Franks Stimme nahm abermals die mechanische Sprechweise eines Roboters an.

Stan, der sich kaum auf den DAX-Chart oder das, was von diesem übrig war, konzentrieren konnte, wusste indes aus seinen heute bereits erfolgten Beobachtungen an seinem eigenen Platz und dies mit gänzlich unmathematischen Worten:

1. *Der zu handelnde Trend im DAX formte sich geradezu bilderbuchmäßig markttechnisch abwärts!*
2. *Übergeordneter Trend: ebenfalls ein Bilderbuch-Abwärts.*
3. *Phase des übergeordneten Trends: Korrektur beendet.*
4. *Details dieser Marktphase: Nach einer weiten sauberen Korrektur hat der Markt wieder deutlich in Bewegungsrichtung gedreht und steuert nun auf den großen Punkt 2 zu.*
5. *Zusammenfassung der gewonnenen Erkenntnisse: ein ganz normaler Handelstag mit einem klasse Fünf-Sterne-Setup.*

Stan deutete auf den schmalen sichtbaren Rest des Charts. Der Markt wanderte südwärts, dem übergeordneten Tiefpunkt entgegen, und verriet noch nicht die Neigung, diesem vor dem schlussendlichen Durchbruch noch einmal kurzzeitig nördlich korrigierend auszuweichen. »Sieht doch klasse für einen Trade aus?!«, meinte Stan völlig unschuldig, worauf er, für Frank nicht ersichtlich, von Philip einen bestätigenden Blick empfing.

Frank hingegen starrte Stan an, als wäre er gerade aufgefordert worden, seine Festplatte zu formatieren. »Nee, das sieht ganz und gar nicht so aus!«, und fügte dann, auf seinen grünen Indikator tippend, erklärend hinzu: »Kein Signal!«

Kurz darauf merkte Philip, dass sich die Linien, auf die es laut Frank zu achten galt, zu schneiden begannen.

Auch Stan hatte dies registriert und deutete stumm und mit fragendem Blick auf das *Signal*.

»Meint ihr wirklich?«

Heeee … wie jetzt?

Für einen Moment kam es Philip vor, als wäre es Frank ganz recht, dass Stan und er ebenfalls einen Trade machen würden, frei nach dem Motto: Zwei Trader *und* ein mathematisches Signal können sich doch nicht irren …

»Na gut! Dann machen wir einen Trade«, meinte Frank etwas unmutig und auffällig in der »Wir-Form« sprechend. Er atmete tief ein, rieb sich die Hände an den Knien und öffnete das Order-Menü.

Order Filled

SELL FDAX 1@5980 id=7262167

»… und der Stopp?« Stan war hellwach.

»Moment, der müsste …«, Frank schaltete auf seinen Bildschirmen hin und her und sauste mit der Maus über unzählige Excel-Sheets, »… Moment … Moment, ich hab's gleich … äh, vierzehn … oh! … das ist noch dazuzurechnen, das noch abzuziehen, ah, jetzt … 17 Punkte höher liegen.« Während dieses Satzes stieg der Markt 3 Punkte an. »Äh, aber …«, Frank beeilte sich, den Stopp einzugeben, »ich, äh, setz ihn mal besser etwas näher!«

… 5983; … 5984; … 5983

»Was handelst du?«, fragte Stan nach vorn gebeugt, »*Trend*, *Bewegung* oder einen *Ausbruch*?«

»Hört mir doch mit diesem Quark auf!«, unterbrach Frank rasch und machte eine Bewegung mit der Hand, als wollte er eine lästige Fliege abwehren. »Alles Unsinn!«, rief er aus und bemühte sich, in seine Stimme recht viel Hohn zu legen, woraufhin Stan verbal von der Seite reingrätschte: »Ach, deine Charts haben keine Trends?«, was bewies, dass Stan eindeutig zu lange Nicks Ironie gewöhnt war.

Frank bedachte Stan mit einem vernichtenden Blick und konterte: »So funktioniert der Markt doch nicht! Ich gehe nach 23 Punkten raus! Das ist das errechnete Kursziel. Basta!«

Trend, Bewegung und Ausbruch sollten ja auch weniger den Markt als vielmehr nur das eigene Verhalten definieren! – Aber egal, dachte Philip und fragte wissbegierig nach den Details zu Franks Kurszielberechnung. Bis er plötzlich bemerkte, dass dieser kaum seine Worte wahrnahm; denn irgendwie war Franks Aufmerksamkeit restlos in Anspruch genommen. Ob denn alles okay sei, erkundigte sich Philip, auf welches er ein »Ja, logisch!« zur Antwort bekam, an deren salonfähiger Coolness Philip aber irgendetwas seltsam vorkam.

… 5985; … 5986; … 5988

Philip, der genau wusste, worauf es zu achten galt, sah genauer hin und merkte, dass Franks Atem jetzt schwer ging, sich tief ein- und ausdehnte, ein wenig in der Art einer schwimmenden Qualle, während sein Blick ständig über die Bildschirme von links nach rechts und wieder zurück flog wie eine Fliege, die sich auf einen Tisch mit Kuchen verirrt hat und sich nicht dort niederlassen kann, wo sie das tun möchte.

… 5987; … 5987; … 5989

Philip erkannte – aus mittlerweile alltäglich gewordener Gewohnheit und weniger aus Neugier hatte er sein Auge nicht nur auf die Monitore, sondern auch auf den gegenübersitzenden Trader gerichtet –, dass Franks Verhalten nicht mehr die Coolness aufwies, die er eben noch zur Schau getragen hatte. – *Teufel, das glaub ich ja nicht!* Philip überprüfte seinen Verdacht, und tatsächlich, er dachte, ihn laust der Affe, als er vor sich *nur* eine gespielte, eine aufgesetzte weltmännische Gelassenheit erkannte. Der Markt stieg derweil um weitere 3 Punkte, und Frank saß nun nicht mehr »entspannt« zurückgelehnt, sondern kauerte mit rundem Rücken und nach vorne fallenden Schultern vornüber gebeugt auf seinem Stuhl, die gekreuzten Unterarme auf den Oberschenkel des übergeschlagenen Beins gestützt, sodass seine Brust von beiden Seiten zusammengepresst wurde.

Himmel, wie ist der denn drauf?

... 5991; ... 5993; ... 5994

... Piep – Piep ...

Order filled.

Eine knisternde Aura wurde plötzlich immer spürbarer. »Seht ihr?!«, bedankte sich Frank, ironisch nickend. »Ich wusste es doch ... Scheiße ... Scheiße ... SCHEISSE!«

Philip, der von seinem Platz aus keine genauen Zahlen erkennen konnte, stand auf und beugte sich über Franks Schulter. Die Position war mit wirklich kleinem Geld ausgestoppt worden, von daher – *Wo ist das Problem?*

... 5995; ... 5996; ... 5998

Philip ließ, um nicht übereifrig zu erscheinen, eine halbe Minute verstreichen, dann drängte er: »Ja, hopp! Wieder eine Order rein, dalli! Ist doch ein klares Bild! Auf, los!«

Keine Reaktion.

Stattdessen nahm Philip abermals das Knistern und Rumoren der spielenden inneren Kräfte Franks wahr und setzte noch mal nach: »Mensch, das ist doch ein sauberer Trade!«

»Nee, nee, du!« Franks Erregung ließ seine Stimme eine Oktave höher gleiten und wurde von einem Zischen der Cola-Flasche begleitet. Dann begann er an der Wand entlangzuschreiten, indem er sich den Anschein gab, als studiere er die Titel auf den Buchrücken. Schließlich nahm er wahllos ein Buch heraus, öffnete es und stellte sich ans Fenster.

»Ja, aber ... !?«, murmelte Philip und wies mit dem Finger auf den letzten Bar, der sich nun wieder nach unten schob, während Philip sozusagen mit schweigend fragendem Auge auf Antwort wartete.

Frank blickte von dem Buch in seiner Hand auf und äußerte mit gepresster Stimme, dass er gerade eben knapp vierhundert Euro verloren habe, dann zog er sein T-Shirt zurecht und erklärte weiter, dass ihm dies vorerst reiche!

Mit dieser Antwort gab sich Philip indessen nicht zufrieden. »Die Marktphase ist doch immer noch bestens! Schau doch mal!« Philip winkte Frank heran. »Was soll sich daran denn jetzt binnen weniger Minuten groß geändert haben? Sieh, was dich ausgestoppt hat! – Hier, nur die Korrektur des untergeordneten und immer noch *intakten* Trends«, und Philip fügte, an die Decke zeigend, dorthin, wo sein Büro lag, und begleitet von Stans bestätigendem Kopfnicken, noch hinzu, dass ihm das zehn Mal am Tag passiere.

»Lasst mal ...«, zischte Frank genervt und gestresst. Nach Philips letzten Worten hatte er das Buch an seinen Platz zurückgestellt und sich zurück an seinen Schreibtisch begeben. Dort studierter nun, unter leisem Fingertrommeln auf der Tischplatte, seine Zahlen, Tabellen und Linien – die roten und die grünen, die dicken und die unterbrochenen – sowie das bunte Gekräusel am unteren Rand des Charts und erklärte entschieden: »Mein System zeigt *kein Signal*!«

»Ähm … aber es reicht doch, wenn *du* es siehst!« Stan erinnerte sich an seine letzten Wett-Trades und startete nun ebenfalls einen Versuch, indem er erklärte, dass die Marktphase doch permanent weiterhin Trades zulasse und dass ein neues *Signal* eventuell doch viel zu spät käme. Er wiederholte, dass der Trend auf der tieferen Zeiteinheit doch bilderbuchmäßig intakt sei, woraufhin Frank erwiderte, dass Stan das Ganze nicht mit seinem Trading verwechseln dürfe.

… 5984; … 5982; … 5983

Plötzlich lenkte Stan Franks Aufmerksamkeit auf sich, indem er auf jene Linien zeigte, auf die es zu achten galt: Sie schnitten sich. Daher: *Signal*!

Frank wandte sich abrupt wieder seinen Bildschirmen mit den mit Linien angefüllten Charts, den verzweigten Menüs und dem negativen Tagesergebnis zu, wehrte dann aber ab: »Neee, da muss ich noch mal dran rumtüfteln!«

Unterdessen fiel die Periode, die vor einigen Minuten zum Ausstoppen des letzten Trades geführt hatte, weiter, und weil Philip einen etwas verlorenen Unterton aus Franks Stimme herauszuhören glaubte, bot sich über den direkten Zugriff auf dessen Verzweiflung ein weiterer Versuch geradezu an. Philip beschloss, alles auf eine Karte zu setzen, und startete einen weiteren Versuch, dieses Mal also nicht auf fachlicher, sondern eher auf emotionaler Ebene: »Jemand, der so lange dabei ist wie du, kann gegenüber so einem Trade wie dem eben und dessen ›*Peinlichkeiten*‹ doch nicht so empfindlich sein?!«

Frank räusperte sich und bewegte sich unruhig auf seinem Stuhl hin und her. Er meinte wahrzunehmen, dass Stan über seine Verlegenheit schmunzelte, und so hatten Philips Worte zur Folge, dass er sich etwas zusammennahm. »Also gut, ihr habt ja recht!«, erwiderte er, nun plötzlich mit dem Ton und Eifer eines Mannes, der sich einer gegen seine Natur gerichteten Scham stellte, nur wusste keiner, ob gegen seine wahre oder seine angenommene Tradernatur.

… 5981; … 5981; … 5980

Die von Frank nach der Bestätigung von Philips Worten an das Tief der vorangegangenen Periode gelegte Stopp-Sell-Order wurde wenige Sekunden später getriggert. »Dieses Mal nehme ich den Stopp aber näher ran!«

»*Nooooch* näher?«, wollte Philip sagen, verkniff es sich allerdings.

Auch Stan schwieg.

… 5979; … 5978; … 5980

Der Markt fiel erst um einige Punkte, um sich dann aber ganz langsam Franks Stopp-Loss-Order bis auf 5 Punkte zu nähern.

Frank redete derweilen über irgendwelche Dinge, sagte sie rasch und mit bewegter Stimme, wie ein Mensch spricht, den es bei Fieber fröstelt. Dazwischen, wenn er den Kurs in Augenschein nahm, war er schweigsam, um nicht zu sagen: in sich gekehrt; denn seine Aufmerksamkeit war wohl nach außen gerichtet, aber einzig auf einen Punkt: den Chart. Das Übrige – Philip, Stan und das Gespräch – verschwamm im Nebel.

... 5987; ... 5988; ... 5987

Frank rief während des Gesprächs ein weiteres Programm auf, welches ihm unabhängig von dessen Informationen den Vorteil bot, dass es das Minus seiner Position überdeckte.

... 5989; ... 5990; ... 5991

Irgendetwas piepste, aber Frank unterdrückte den Impuls, hinzusehen. Der Anblick hätte ihn sicher nur noch weiter deprimiert.

Order filled.

Totenstille.

Um den Moment der Wahrheit noch ein paar Sekunden herauszuzögern, nahm Frank hastig einen weiteren Schluck aus seiner Cola-Flasche, stellte sie ab und hatte dann die Nase wieder arg dicht am Bildschirm, der den Chartverlauf des DAX-Future präsentierte. Mit einem eisernen Griff seiner kalten und schweißnassen Hände klammerte er sich an der Tischplatte fest wie an einem Schraubstock, während Philip mit den Achseln zuckte und ihn anlächelte.

»Wo ist das Problem?!«

Frank wühlte nun mit seinen Händen im Haar und blickte ihn an.

»Hopp, rein! Der untergeordnete Trend ist *immer* noch intakt«, wollte Philip sagen, ließ es aber bleiben, denn Franks Gesichtsausdruck zeigte, wie sehr dieser mit seinen Gefühlen kämpfte. So bildete in den kommenden zehn Minuten Franks Gesicht das Zentrum des zwiespältigen Eindrucks für Philip. Einerseits war da ein nicht zu leugnender Reiz für die anwendbare Mathematik im riesigen Zahlendschungel des Börsenhandels, andererseits kam Frank mit den Zahlen des *eigenen* Kontos scheinbar nicht ganz zurecht. Heftig bewegt von dem, was er sah, oder eigentlich davon, *dass* er es sah, spürte Frank geheime Zweifel, ob es rechte Dinge seien, mit denen es hier zugehe. Dabei mischte sich zerrender Hass mit den Gefühlen einer ansteigenden Gereiztheit, was zur Folge hatte, dass er Philip in seine Ängste hineinzog, was diesem mehr als nur widerstrebte.

... 5978; ... 5977; ... 5975

Stan gab Philip ein Zeichen und dieser tippte vor Franks Augen auf einen der Monitore.

Die Linien zeigten erneut: *Signal*!

»Ähm, geht gerade nicht.« Frank deutete schnell auf eine neue Antwort in seinem Forum und schüttelte beim Lesen den Kopf. »Die haben doch alle keine Ahnung, alles Amateure!« Während Frank erneut in die Tastatur hämmerte, waren Philips Augen weit geöffnet von der Anstrengung, mit der er in Franks Zügen forschte, und er kam sich plötzlich selbst wie ein böser Junge vor, der stören wollte. »*Man* ist der allwissende Herrscher der Zahlen und Charts« wechselte, wie es ihm schien, ebenso schnell zu »*Man* kneift« – und beiden, so vermutete Philip, war gemein, dass niemand, wahrscheinlich nicht einmal Frank, der Elite-Boarder selbst, das eigentliche Geheimnis dieses »*Man*« kannte. Und während Frank sichtlich stolz über seinen Forumsbeitrag erneut auf ›*Senden*‹ drückte, fiel Philip einmal mehr auf, dass Mathematikern wie Frank meist ein sehr ausgeprägtes Missionierungsbedürfnis zu eigen war. Dagegen waren die Zeugen Jehovas eine Vereinigung anonymer Selbstzweifler. Aber wollte Frank wirklich andere überzeugen, weil er selbst so überzeugt davon war, oder war es mehr der Drang, möglichst viele Gleichgesinnte für das eigene Schicksal zu finden? – *Na, egal!*

Als Frank mit seinen Zeilen fertig war, schien es, als würde diesmal Philip über seine Verlegenheit lächeln, weswegen er sich einen gewaltigen Ruck gab, um seine Gedanken nicht länger seinem »*Man kneift*« zu überlassen: »Okay, einen noch!«

Huiiii – Philip nickte anerkennend. Die Short-Position wurde auf der 5969 eröffnet. Der Markt fiel sofort um dreizehn Punkte, um anschließend etwas langsamer, aber stetig wieder in Richtung Franks eng gesetztem Stopp anzusteigen. Als Franks Gewinn binnen weniger Augenblicke von 325 auf 150 Euro, wie er es nannte, »schrumpfte«, strich er kurzerhand den Gewinn ein, löschte in Windeseile die Stopp-Order, schaltete sein Programm um und nahm zum wiederholten Mal auf seine eigentümliche Weise einen Schluck aus seiner riesigen Plastikflasche. Das Ganze hatte keine dreißig Sekunden gedauert.

WAAAAS ... was bitte war denn das?

Philip studierte, während Frank nun stumm den »Fehler« der ersten zwei Minustrades scheinbar gedanklich in den Tiefen seiner Programmierung suchte, noch einmal dessen Gesicht: Frank war eigentlich, ohne es natürlich selbst wahrhaben zu wollen, ein stiller, blasser Kauz, der sich der Rangordnung des Daseins unterworfen hatte und seinen Platz im Leben als eifriger Diener der Mathematik verteidigte, aber in sich vielleicht, tief im Inneren, eine kleine Auflehnung barg, für die er wegen des von ihm gewählten Lebensweges keinen passenden Ausdruck finden konnte. Er war einer jener Typen, die sehr wenig Verkehr mit Alltag und Mitmenschen hatten, ein großes Maß an Zeit im Dialog mit dem Rechner und dem Zahlenwerk verbrachten und – obgleich Herr der Zahlen – weder etwas emanzipiert Männliches noch Weltmännisches an sich hatten, ungeachtet sämtlicher Softwaremenüs und des unaufgeräumten Büros, in welchem er Philip und Stan empfangen hatte. Philip fühlte sich geradezu an seine ersten Schuljahre erinnert, denn solche Tradertypen, so Philip in Gedanken, konnte er ursprünglich bereits in seiner Schulzeit genau charakterisieren: Sie lernten weniger – da es ihnen »zuflog« –, und dennoch war es eher ein gewissenhaftes denn ordentliches oder praktisches Lernen. Er war wie jene Schüler, die sich jede Hausaufgabe und später jede alltägliche Aufgabe zurechtlegen, wie Philip sich abends die Klamotten des nächsten Tages zurechtlegen musste, wenn er morgens ohne Fehlgriff schnell fertig werden wollte; es gab keinen Gedankengang, den sie nicht mittels unzähliger solcher Vorbereitungen fest in ihr Verständnis heften können; und man musste natürlich einräumen, dass dieses sich danach bilderbuchmäßig sehen lassen konnte und jeder noch so gründlichen Untersuchung des Lehrers standhielt. Solche Schüler wurden zu Vorzeigeschülern, ohne ihren Schulkameraden und späteren Arbeitskollegen und Bekannten aufgrund ihres IQ moralisch unangenehm zu sein, und dennoch blieben Menschen, die wie Frank von ihrem Wesen bald zu leichtem Übermaß an Theorie, bald zu ebenso geringfügigem Untermaß an Praxis verleitet wurden, auf eine Weise, die sich so leise heranschlich wie das Schicksal, hinter ihren Mitmenschen zurück, auch wenn sie viel begabter waren.

... 5955; ... 5954; ... 5953

Und während Frank anscheinend weiter in den Tiefen seiner Formeln und Statistiken versank, hatte es für Philip den Anschein, als ob er in gewisser Weise der Fähigkeit entbehrte, auf seine eigenen Emotionen und Gefühle zu reagieren oder diese zu verstehen. Frank war sicherlich ein netter Mensch, und doch – wenn er sich nicht gerade für theoretische Fragen in Foren und Gesprächen erhitzte – blieb er in seiner *Alltagstauglichkeit* hinter den anderen Tradern offensichtlich ein wenig zurück.

Philip wurde in seinen Gedanken unterbrochen, als er Frank sagen hörte: »Jungs, ich muss hier noch mal ein bisschen hin und her rechnen und die Berechnungen für die Stopps noch etwas sauberer programmieren.« Frank hatte wieder aufrecht vor seiner Kommandozentrale Platz genommen und prüfte – ganz Herrscher über Zahlen und Börse – die Marktstände. »Ich muss dieses Szenario des Marktes noch gründlicher analysieren!«

»Wieso *tüfteln*? Du musst doch nur einen weiteren Folgetrade machen. Du kannst doch die ersten beiden Minustrades nicht so einfach stehen lassen! Die Marktphase ist doch nach wie vor prima!«, rief Stan entsetzt aus.

Kurze Stille.

»Nee du! Lass mal!« Frank strich sich abermals durchs Haar, und während der Markt den großen *Punkt 2* erreichen wollte, der auf dem Tages-Chart weit zurückreichte, und Philip mit aller Macht versucht hätte, dem Markt mit weiteren Trades vorab noch schnell den Weg abzuschneiden, steckte in Franks »Nee du!« eine überraschende, totale Ungläubigkeit mit zeitgleichem Unverständnis gegenüber einem offenbar surrealen Vorschlag.

Wiewohl in der Handhabung seines Wissen um den Trendverlauf geschickt, hielt Frank nichts von einem weiteren Trade. Folgetrades: Fehlanzeige.

Philip, sein Glas Wasser in der Nähe des Mundes, erstarrte plötzlich und geriet ins Grübeln. Eine ähnliche Situation hatte er zuvor bereits einmal erlebt! Unbemerkt schielte er hinüber zu Stan.

»Ja, aber ...«, wollte Philip noch sagen, brach aber ab. Das atmosphärische Fieber wurde immer deutlicher spürbar, deshalb ermahnte sich Philip selbst: *»Klappe halten!«* Stumm blickte er auf die Bildschirme und den fallenden Markt und erkannte, dass dieses Bedürfnis nach mathematischer Reinheit und Eindeutigkeit, welches Frank als Voraussetzung für seinen Erfolg erachtete und das die Grundlage seines Denkens und Plans bildete, nur leider auf emotionalem Gebiet durch den Drang nach Wiederholbarkeit, Dauerhaftigkeit und Festigkeit ... *ja, was ?* ... einfach nicht »unterstützt« wurde.

... 5950; ... 5949; ... 5947

»Mir reicht's erst mal für heute!«, bekräftigte Frank.

Philip verstand und akzeptierte, trotz bisher fehlender Gelegenheit, die ihn drängenden Fragen zu stellen, den freundlichen Rausschmiss. Ein letzter Blick auf den Markt: 5941. – Seufz. Philip bemühte sich, Frank zum Abschied in Sachen Minustrades, Tradeabfolge und Psychologie etwas Herzliches zu sagen, aber da dies für Frank etwas störend Ungewohntes war, fiel Philip nichts Adäquates ein. So schüttelte er nur dessen Hand und warf beim Hinausgehen – Stan stand schon im Flur – einen letzten Blick auf ihn: Frank, von den Livekursen und seinem Konto abgewandt, in die Tiefen seiner Programmiersprache und Excel-Tabellen versunken, war auf einmal: ... selig! Philip sah einen Gesichtsausdruck, der unendliche Zufriedenheit widerspiegelte, und er verstand: Frank war jetzt wieder ein Mann des funktionalen Verstehens! – Die Tür klinkte leise ins Schloss.

Im Flur lief den beiden Jani über den Weg. »Na, habt ihr einen neuen Freund fürs Trading gefunden?«, fragte er schmunzelnd, wartete jedoch eine Antwort gar nicht erst ab, sondern machte einige schräge Späße über Mathematiker und darüber, mit Frank niemals in einem Raum traden zu können. »... ich müsste ja nur noch mentale Erste Hilfe leisten!«

Jani dürfte das vielleicht ein wenig anders gemeint haben, als sein Bewunderer Stan es auffasste, aber der fühlte sich bei diesen Worten geradezu unwohl, da er das Gefühl hatte, man mache sich über Frank lustig. Deswegen ergriff er, weniger aus Verständnis der von Frank angewandten Materie, vielmehr wegen dessen Umgangs mit seinen letzten Trades, Partei für ihn.

»Moment, junger Mann!«, gebot Jani dem Einhalt und fügte rasch hinzu, dass es nicht darum gehe, Frank zu beleidigen. »Dennoch ... gewiss, es ist ja bekannt, dass solche Geeks wie Frank einfach in den wenigsten Fällen, die mir persönlich bekannt sind«, Ausnahmen räumte Jani definitiv ein, »das nötige Rückgrat für die praktische Umsetzung ihrer eigenen getüftelten Trades haben.«

»Aber«, Stan musterte Jani vorwurfsvoll, »wenn ihr euch über ihn lustig macht, warum ist er dann hier? Das ist doch idiotisch!«

»Ähm ... mein Gott ... wie kann man das begreiflich machen?!« Zur besseren Erklärung entwickelte Jani einen passenden Vergleich: »Schau her! Diejenigen, die in irgendwelchen unterirdischen supergeheimen Labors an den gefährlichsten Waffensystemen, schnellsten Flugzeugen und utopischsten Raumfahrtprogrammen rumtüfteln, sind in den allermeisten Fällen nicht diejenigen, die schlussendlich auch die Eier haben, sich in den Hightechflieger zu setzen und sich mit doppelter Schallgeschwindigkeit kaugummikauend hinter feindlichen Linien in spektakuläre Gefechte zu stürzen. Hingegen könnten diejenigen, die nach erfolgreichen Missionen abends in geselliger Partyrunde außer ihrem Mut auch ihre Lebensgewandtheit genießen und nebenbei auch noch die verheiratete Gastgeberin flachlegen, in der Regel nicht die Werkzeuge austüfteln, deren konsequente und bis an die Grenzen der Belastbarkeit gehende Benutzung sie zu einem erfolgreichen Helden gemacht hat!«

Huiiii ... Philip verbarg ein Grinsen.

»Aber warum ist das so?«, fragte Jani laut sich selbst und hob sogleich zur Beantwortung hervor, dass der »kaugummikauende Mutige« nicht wegen mangelnder Intelligenz kein »trockener Mathematiker« sei, sondern weil er einfach nicht genügend Interesse für die hierzu notwendige Genauigkeit aufbringe; er habe, genau genommen, nicht einmal Lust, eine »einfache« Ampelschaltung »Rot-Gelb-Grün« zu kreieren. Derjenige, der diese Herausforderung jedoch mit nächtelanger akribischer Arbeit dankbar annehme, laufe hingegen oftmals Gefahr, beim Überqueren einer Kreuzung mit einer von eigener Hand geschaffenen Ampelschaltung trotzdem vom Laster überfahren zu werden. »Aber das ist nicht der Punkt!«, schloss er.

»Und was ist dann der Punkt?« Stan verstand Franks Anwesenheit noch immer nicht ganz. – *Warum, um Himmels willen, ist er hier, wenn doch schlussendlich keiner mit ihm zusammen in einem Raum traden will?*

»Der Punkt ist der: So wie im Alltag kommt auch im Börsenhandel jede Wahrheit in ihre unzusammenhängenden Halbwahrheiten geteilt auf die Welt, und trotzdem könnte sich auf diese bewegliche, veränderliche Weise eine größere Gesamtleistung ergeben, als wenn jeder ernst und einsam nach ganzer Erfüllung *sämtlicher* Pflicht strebt. *Es braucht beide!*« Zur besseren Erklärung holte Jani weiter aus und erzählte, dass das, was er selbst einst an mathematischen Chartuntersuchungen aufgenommen hatte – allerdings, wie sich schnell herausstellte, mehr zum Zeitvertreib als in der Absicht auf Gelingen – und was in wochenlanger, halbherziger Sinnlos-Tüftelei endete, von Frank zu seiner nicht geringen Überraschung bis auf unbedeutende Einzelheiten in wenigen Stunden zu Ende gebracht würde. »So, und jetzt aufgepasst! Es gibt etwas«, kam Jani auf den Punkt, »was Frank beim Zustandekommen seiner Gedanken und Lösungen zu Hilfe kommt, von dem man wohl sagen kann, dass es erst dann entsteht, wenn andere«, und dabei tippte er sich mit einem Kopfnicken auf die Brust, »schon x-Mal aufgegeben haben und dieses Etwas nicht mehr erwartet hätten.«

»Und das ist *was*?«, bohrte Stan nach, und da er mitbekommen hatte, dass Jani weder um die Deutlichkeit seiner Worte viel Federlesens noch, wie ursprünglich von Stan verstanden, sich über Frank lustig machte, klang sein Tonfall statt herausfordernd nun erwartungsvoll.

Jani erklärte weiter, dass selbst, wenn er seinen fehlenden Ehrgeiz überwinden und jetzt als Nachzügler den akademischen Weg einschlagen würde, er zum einen damit zu kämpfen haben würde, dass er sich für eine derartige Unternehmung zu alt fühle, und zum anderen habe er bereits in der Schule diesen halb unpersönlichen Begriffen der trockenen Mathematik nichts abgewinnen können. »Und das hat was zur Folge, mein junger Freund?«

Stan zuckte mit den Achseln.

»Es ist an solchen Einfällen nicht nur der Verstand, sondern sind immer auch *Zähigkeit* und vor allem anderen – Achtung – *Leidenschaft* beteiligt!« Jani gestand, während er sich eine Zigarette aus der Schachtel schüttelte, dass ihm, soweit es Mathematik beträfe, genau *diese* fehle.

»Aber wenn Frank aufgrund seiner *Leidenschaft* so begnadet ist, wieso wollt ihr dann nicht im selben Raum mit ihm traden?« Stan wunderte sich über den seiner Meinung nach vorhandenen Widerspruch. »Das, was er macht, ist doch klasse. Er ist … *genial*!«

Jani blickte Stan erst verwundert an, dann schmunzelte er nachsichtig in dem Bewusstsein, dass Stan das Nesthäkchen war. »Was geschieht …«, Janis feierlicher Ton ließ ihn mitten im Anzünden seiner Zigarette innehalten, »wenn ein Trading-Anfänger einen Mathematiker im Trading *genial* nennt?«

Stan zuckte mit den Achseln.

»Der Trading-Anfänger lässt *etwas* aus!« Jani nahm einen tiefen Zug und betrachtete seine Zigarette. »Was geschieht, wenn ein Trading-Anfänger einen Programmierer im Trading *genial* nennt?«

Erneut Achselzucken.

»Der Trading-Anfänger lässt *etwas* aus! *Du* hast *etwas* ausgelassen.« Jani münzte seine Aussage nun direkt auf Stan um. »Du lässt etwas aus, gleich, ob du einen Trader *wissenschaftlich* oder einen Programmierer *genial* nennst oder umgekehrt, oder ob du von der genialen Handelslogik-Tüftelei eines Forumbeitrags sprichst. Egal, man lässt überhaupt *immer etwas* aus!«

»Und das ist waaaaaas?«

»Man *übertreibt*! Aber es ist eine ganz gewisse Art von *Ungenauigkeit*, welche die Übertreibung verursacht!«, und während Philip schmunzelte, weil er die Antwort und das damit angesprochene

Thema kannte, stand Stan nur irritiert da und sagte nichts. »Die Frage lautet daher«, so Jani, »legt jemand, der etwas mit *Leidenschaft* austüftelt, die gleiche *Leidenschaft* auch beim Traden *selbst* an den Tag?« Jani setzte fort, dass es eben diese fehlende *praktische* Leidenschaft sei, die Frank als beständige Entschuldigung dafür diente, dass die Dinge noch nicht in gewünschter Ordnung waren, was heißen sollte, nicht in ihrer eigenen, also einer »sachlichen« Ordnung waren. Und doch liege genau hierin Franks Bekenntnis. Jani drückte es so aus: »Die Überzeugung, dass er die Aufgabe hat, Ordnung in die Chartwelt zu tragen, lebt in der sonderbarsten Weise in ihm!« Jani meinte weiter, dass man das, was Frank zu diesem Zweck »mathematisch« unternahm, so betrachtet auch *Halbklugheit* nennen konnte und dass es bemerkenswert sei, dass gerade die andere, Frank unbekannte oder, um sie zu benennen, die »praktische«, niemals mathematisch definierbare und nichtsdestotrotz ebenso wichtige andere Hälfte dieses Halbklug-Seins den unerschöpflichen Mut zum »Nichtperfektionismus« mit sich brachte, kurzum: jener Umgang mit mehreren »– Nein!« der Märkte. Jani schaute Stan prüfend in die Augen. »Weißt du nun, was ich meine?«

Stans Unsicherheit war ihm deutlich anzusehen, er schwankte zwischen Ja und Nein, woraufhin Jani seine Stimme senkte und hinzufügte, dass in allen Regelwerken und Erläuterungen zu Trades, die man Trading-Anfängern schenkte, immer ein irrationaler, unberechenbarer Rest vorgesehen sei, den Jani als »persönliche Unerforschlichkeit« titulierte. »… dieses sich trotz drei, vier ›– Nein!‹ des Marktes Die-Hände-Reiben und kaugummikauend auf den fünften Trade warten, nennt man hier bei uns im Büro – *Taffheit*!« Diese *Taffheit* war es aber, so Jani, was Frank fehlte, weshalb er niemals ein Kontomandat von Jani erhalten würde. Es war die fehlende Freude am *praktischen* Traden, an der Wandelbarkeit der Ergebnisse, am ständigen Standpunktwechsel. In diesem von den unterschiedlichsten Marktteilnehmern verursachten Wechsel der Charterscheinungen einen inneren Halt und Genugtuung finden zu wollen, sei für Frank deshalb so schwierig, wie einen Nagel ins Wasser zu schlagen, da der »wahre Gegner«, demnach er selbst, durch die Mathematik nicht 100-prozentig definierbar war. Für Jani hingegen gab es etwas darin, das gleichbleibend schien: nämlich die innere Bereitschaft, jede noch so erdenkliche vorhandene Chartlage mit schnellem Witz auszunutzen – stets eingedenk des Wissens: »… ich kann mich auf mich selbst verlassen« und mehrere »– Nein!« eines Marktes gleichsam wie ein »Ja!« lieben. »Und«, betonte Jani und nahm einen tiefen Zug von seiner Zigarette, »das Wichtigste: Frank spürte es ja auch selbst, wie das ist! Es rüttelt an ihm, es bläst durch seinen Kopf. Und obwohl er sozusagen mit vielen Köpfen denkt und jeder ihn, vollkommen berechtigt, für den Klügsten hält, gehört er jener nervösen Traderschicht an, bei der sich Theorie und Praxis kombiniert als unfruchtbar erweisen.« Jani skizzierte einige der schlimmsten Handelstage von Frank, die ihn, obwohl Frank nur mit seinem eigenen, gering kapitalisierten Konto tradete, ganz schön in Schrecken versetzten. Jani dachte, Frank bekomme furchtbare Anfälle von Atemnot, nur weil seine Trades, trotz ihres mathematischen Rückgrats, drei Mal hintereinander ausgestoppt worden waren und ein vierter und fünfter Trade witzigerweise nicht sofort in Folge kam, sondern durch neues Tüfteln ersetzt wurde. »Auf den Punkt gebracht …«, nachdenklich bohrte Jani die Zigarette in den Aschenbecher und blickte dann auf Stan: »Seine ernsten Ansichten über dieses Thema vertragen sich nicht ganz mit den wirklichen Gegebenheiten der praktischen, konsistenten

Durchführung seiner eigenen Ideen, und würde ich das nicht beachten, so bestünde die reale Gefahr, dass er damit mein Handelsbüro unter den Rasen bringt.« Jani zeigte auf Franks Bürotür und dann auf den Händlerraum links daneben. »Genau aus diesem Grund halte ich das alles schön getrennt! Jeder macht das, was er am besten kann. Jeder macht das, was er mit *Leidenschaft* macht! Frank ist froh, dass er nicht praktisch traden muss und stattdessen in Foren schreibt, wie es denn sein sollte. Ich bin froh, dass ich nicht tüfteln muss, stattdessen liege ich nach dem fünften ›– Nein!‹ des Marktes kaugummikauend am Strand und warte auf den sechsten Trade. Und während ich am Strand liege, um meine Trades, die zur Wahrheit geworden sind, zu genießen, sind es teilweise Franks Ideen, die durch mich Eingang ins Leben finden.«

Bei diesen Worten hatte Stan Jani einen vorwurfsvollen Blick zugeworfen und ihm ein Zeichen gegeben, dass Frank im Nebenzimmer zuhören könne. Jani indes wehrte mit einer Geste ab und legte nochmals Wert darauf, dass trotz seiner Worte hinsichtlich seiner Loyalität gegenüber Frank kein Zweifel bestehe. Er sei nur einfach genauso ehrlich wie Frank, wenn dieser mit seinen Freunden über die »fehlende« mathematische Klugheit Janis witzelt. Kurzum: Jeder sei zufrieden, denn beide ergänzten einander, auch wenn mitunter einer über den anderen schmunzele. Und dennoch, im Zweifel wüssten beide: Die lauwarme Cola, an der Frank zu schlürfen pflegte, würde nicht durch seine mathematischen Übungen, sondern durch Janis Trades bezahlt …

Zurück im Büro im oberen Stockwerk trieben Philips Gedanken und Einfälle rund um die jetzt differenzierte Frage »Worin besteht *Franks* persönlicher Ansporn, in dieser Arbeit vollkommen zu sein?« seinen Stift über das Papier seines Tagebuchs:

> *… Sobald er positioniert ist, gleicht Franks Körper einem Multimeter: Auf die in der Hitze des Börsentages stattfindenden Veränderungen der Charts reagiert sein Puls wie ein Thermometer, und wie ein Barometer heben und senken sich seine Laune und seine Körperhaltung selbst mit den kleinsten, damit einhergehenden Schwankungen seines Kontos. – Beides bedrückt ihn und zerrt an seinen Nerven, die mathematische Trockenheit hingegen belebt und erlöst ihn …*

Philip hielt inne, sah auf und fragte sich, warum sich Frank mit seinen überlegenen mathematischen Fähigkeiten nicht zum Beispiel der Wetterforschung widmete oder die Verkehrsströme moderner Großstädte analysierte … oder … oder … Warum stattdessen ausgerechnet *Börsenhandel*? Worum ging es Frank also eigentlich? Worin bestand sein persönlicher Ansporn, vollkommen zu sein? Was waren seine Motive? Geld? Seinem Lifestyle und Verhalten nach zu urteilen, ja wohl kaum, entschied Philip. Aber wenn Franks nicht zu bestreitender sachlicher wie fachlicher Eifer nicht nach *Besitz* eiferte, wozu dann dessen übergenaue Beobachtung eines Gegenstandes, der ihm in seiner praktischen Anwendung offensichtlich weniger Freude bereitete als dessen Theorie? Ob Frank wohl die Antwort auf diese Frage selbst kannte? Philip legte den Stift beiseite.

Scheiße, das ergibt doch alles keinen Sinn!!!

Mit einem ärgerlichen Blick schob Philip das Tagebuch, dessen Seiten sich seit dem Treffen mit Torbach vor zwei Wochen um einiges angefüllt hatten. Unmittelbar nachdem er sich entschlossen hatte, das Tagebuchschreiben für heute bleiben zu lassen, drängte sich ihm plötzlich doch eine mögliche Erklärung auf: Vielleicht hatte Frank als Mensch mit wissenschaftlicher Ausbildung beim Thema »Börsenhandel« einfach das Gefühl, dass seine Kenntnisse noch unfertig und daher bloß ein Wegweiser waren und dass er vielleicht schon morgen einen neuen Gedanken haben, eine bessere Erfindung machen würde, die ihn über das Marktgeschehen anders denken ließe als heute. War Franks Motivation einfach so zu erklären, dass er aufgrund seines äußerst wachen Verstandes, seines überragenden Auffassungsvermögens, das den Börsenhandel in streng rationaler Weise anging, umfassende mathematische Daten und Fragen liefern wollte?

Mo-Moment … !?

Frank genießt einfach die intellektuelle Stimulanz der Begegnungen mit den Charts?

Genau! – Das ist es! Die Datenfülle selbst ist der Ansporn!

Yep!

Philip musste ob seiner Erkenntnis schmunzeln, da er sich ein gleichzeitiges Nebeneinander eines Lebens als tüftelnder Mathematiker und als permanent im Strom der Kurse stehender, wöchentlich ein Ergebnis abzuliefern habender aktiver Händler tatsächlich nicht vorstellen konnte. Wenngleich ihm natürlich hinreichend Handelsbüros bekannt waren, die ihre enormen Mandatssummen mittels Quant- beziehungsweise Algo-Trading rein rechnergestützt verwalten ließen. Gleichwohl: Er spürte deutlich, dass er – trotz allem fachlichen Engagements Franks – nie Not hätte, ihm gegenüber in die Defensive zu geraten. – *Niemals!* Obwohl Philip die Leidenschaft für die Mathematik fehlte, büßte er dadurch nichts an Schlagkraft ein. Gerade in diesem Augenblick empfand er die Wahrheit von Janis Worten in aller Deutlichkeit: Jenes Gefühl der »Taffheit« war es, welches der Belastbarkeit des Verstandes entsprang, nach drei, vier, fünf »– Nein!« des Marktes für die eigenen Überzeugungen einzutreten und noch einen sechsten, siebten Trade zu starten. Kein anderes Gefühl richtete sich so eindeutig auf den *Zweck des Geldes* wie dieses! Genau jene Taffheit haftete nach den vielen mit Hofner und Sander verbrachten Jahren nun wie ein Magnet dauerhaft auch an Philip und verhinderte, dass seine Gefühle nach jedem Trade wie ein Bienenschwarm in weite Ferne schwirrten. Er nahm seinen Stift wieder zur Hand und schrieb:

> *… das Dilemma und die Tragik beginnen anscheinend da, wo die Natur grausam genug ist, die Harmonie intelligenter Persönlichkeiten dadurch zu stören – oder diese von vornherein unmöglich zu machen –, dass sie einen Verstand zum praktischen Traden, sprich: zur alltäglichen Unperfektion, verführt, der es ansonsten gewohnt ist, sich an mathematischer Perfektion und Reinheit zu erfreuen …*

Philip setzte den Stift ab, um nachzudenken, und fragte sich, ob Frank dieses Gefühl der Taffheit denn überhaupt vermissen konnte, wenn er es doch gar nicht brauchte. Sein Zweck war ja gar nicht primär das Geld! – *Hmmm …* Aber in dem Augenblick, in dem Philip dies dachte, einleuchtend so, wie er Frank eben erlebt hatte, so plötzlich kam ihm an dem Gedanken etwas durchaus irrsinnig vor, denn … – *Oh, neee! …* Da war er, Philip, nun im Besitz eines ernsthaft jahrelang – und um des Besitzes willen – erarbeiteten Fachwissens und gediegener Kenntnisse über den Börsenhandel, derer er sich sicher war, auch ohne dass fremdbestimmte Prüfungsnachweise seine Wände zierten und ohne dass er nennenswerte mathematische und programmiertechnische Spezialkenntnisse sein Eigen nennen konnte – und musste nun die eigentümliche als auch bitter belächelnswerte Erfahrung machen und sich eingestehen, dass die Frage nach dem »Worin besteht der persönliche Ansporn, in dieser Arbeit vollkommen zu sein?« bei ihm selbst eine lückenhafte Definition davontrug, während Frank als trockener Mathematiker scheinbar seinen Zweck gefunden hatte … *Au Mann!* Trotz völliger Übersättigung durch Daten und die scheinbare Absurdität seines eigenen praktischen Verhaltens besaß Franks Leben als Trader zwar nicht den Zweck des *Geldes*, aber dennoch: Er schien glücklich … !

Teufel noch mal!

Was macht er bloß richtig?

Mathematik und Programmiererei waren für den einen notwendige Ergänzung und Vervollständigung des eigenen Handelsstils, für den anderen indes verkörperten sie die Hauptsache, sprich: das Wesen, und avancierten deshalb zum *Zweck* des Tradings! Dadurch war Frank vorerst der Glücklichste in der Runde!

Kopfschüttelnd klappte Philip sein Tagebuch zu. – *Ich kapiere es einfach nicht!* Die Frage nach dem »Worin besteht der persönliche Ansporn, in dieser Arbeit vollkommen zu sein?« verlor immer mehr den Anschein einer Schnitzeljagd und wurde stattdessen zu einem großen, verworrenen Puzzle! Was ihm an dieser Erkenntnis sauer aufstieß, war, dass immer mehr Teile zu fehlen schienen, je eifriger er das Bild vervollständigen wollte.

Philip stand auf und streckte sich, noch ganz gefangen von seinen Überlegungen. Keinen Meter von ihm entfernt flackerte der DAX-Future munter vor sich hin, und erst jetzt bemerkte er, dass sein Kurs um weitere 50 Punkte gefallen war und es, nach einer kleineren Korrektur, nun in der Times & Sales-Liste erneut zu wimmeln anfing.

Ein Blick auf die Uhr zeigte: Mittlerweile war es vier Uhr nachmittags! Die Zeit rannte auch den Rest des Nachmittags nur so dahin, und nach »nur zwei, drei kleinen Perioden« und der Beantwortung einiger E-Mails war es fast sechs Uhr. Bis Stan noch eine kurze Besprechung und Ermahnung wegen mangelnder Marktphasenbetrachtung erhielt, war es plötzlich, wenn man ein wenig rundrechnete, sieben Uhr.

Philip lud Stan ein, für heute Schluss zu machen und mit ihm drei Straßen weiter etwas essen zu gehen. Aufs Beste gesättigt, verließen beide zwei Stunden später das kleine Restaurant und traten hinaus in die mittlerweile über Bangkok hereingebrochene Nacht. Während Stan sich ein Taxi herbeiwinkte, entschied Philip, zu Fuß nach Hause zu gehen, denn es war eine dunkle, aber schöne Nacht; der Mond war nicht voll, sondern nur eine schmale Sichel, und die Häuser bildeten, hoch und geschlossen, einen sonderbaren, oben offenen Raum über der Straße; darüber lagen Finsternis und Wind und Wolken – oder was auch immer.

Einige der Seitengassen waren so dunkel und schienen so menschenleer und ruhig, dass es den Anschein hatte, die vorhin noch herrschende Unruhe habe endlich in einen tiefen Schlummer gemündet. Wenn Philip einem Passanten begegnete, so vernahm er lange Zeit vorher den Schall der Schritte, die sich gleichsam wie eine gewichtige Anmeldung ankündigten. Philip bog in Richtung

Sathorn Road ab und genoss auch heute wieder jenes besondere Gefühl innerer Ausgeglichenheit, das er auf jedem Heimweg nach einem Handelstag wie einen seltenen Schatz bei sich trug und das er bei jedem Blick auf den Chart und jede Ordereingabe zu behüten und zu achten gelernt hatte, damit ihm nichts zustieß, und das ihn so sehr beschäftigte, dass er manchmal kaum merkte, was um ihn herum geschah: Er betrachtete die Charts immer weniger als sein »Hobby«, sprich: um des Kursgezappels willen, sondern er widmete sich vielmehr seinem Körper, um jenes Gefühl der »inneren Ausgeglichenheit« zärtlich zu hegen. Jenes hinter den vielen Charts vorhandene Sperrgebiet des diensthabenden Egos – permanent mahnend: »Ich will recht haben …« – nahm Philip zur Kenntnis, erlebte es indes nicht mehr wie einst mit Panik, er spürte gar nichts, war doch sein Gefühl der »inneren Ausgeglichenheit« berufen, freiwillig alles von ihm fernzuhalten, was quälend, unklar, sündhaft, geheimnisvoll und verboten war. Heute, Jahre nach seinen Anfängen, wusste er natürlich, dass gerade dieses Gefühl in jenen Handelstagen in ihm eine völlige Wandlung des Handelsstils herbeigeführt hatte. Deswegen wollte er nicht wissen, nicht verstehen, was zu wissen oder zu verstehen dem eigenen, zur inneren Ruhe führenden Stil nicht dienlich war. – *Hmmm!* Aber, so dachte Philip gedankenversunken, solche Erkenntnisse, so wahr sie auch sein mochten, waren für den Vorsatz nicht günstig, in eine Welt wie die von Frank einzudringen.

Spontan fiel Philip ein Bild ein: Frank und er befanden sich in zwei verschiedenen Lagern von Tradertypen, die an sich durch eine wundervolle und tragende Brücke verbunden waren, in deren Mitte aber ein fehlendes Brett von wenigen Metern das Zusammenkommen verhinderte. Philip erinnerte sich an die heutige Szene in Franks Büro und bedauerte es heftig, dass dieser keinen weiteren Trade unternommen hatte, dass Frank nicht einen Funken jener Begehrlichkeit – das fehlende Brett – besaß, die in allen Dingen des Lebens identisch war und einen Menschen ebenso in ein »abenteuerliches« Geschäft wie in eine »leidenschaftliche« Liebe hineinzureißen vermochte. Beim weiteren Nachdenken darüber ging Philip immer mehr die Vortrefflichkeit des von Jani verwendeten Begriffs der »Taffheit« auf, und er erkannte, dass es sich, wie auch sonst oft im Leben, beim Trading um eine Sache handelte, von der man nicht recht bestimmen konnte, ob man sie besser mit der *Genauigkeit der Theorie* oder der *Genauigkeit der Praxis* angehen sollte, weil beides – egal, wie man es drehte – immer in Antworten mündete, in denen die Sache »menschlich« spannend wurde!

Philip, dessen Blick bisher nur auf der Straße zu seinen Füßen ruhte, sah die dunklen Gassen hinab und erinnerte sich plötzlich lebhaft daran, dass dieser Begriff des Öfteren bereits früher einmal von Hofner verwendet worden war … und zwar anlässlich einer ausdrücklichen und mahnenden Aufforderung an Philip, stets aufzupassen, dass seine *praktischen* Fähigkeiten nicht hinter seinen *denkerischen* zurückstünden. Philip hatte Hofners dazu abgegebene Begründung damals zwar nicht auf Anhieb wirklich verstanden, sich aber über die Jahre ein genau dementsprechendes Verhalten angeeignet – und jetzt durchfuhr ihn die Erinnerung an dieses Gespräch wie ein Blitz, und vor seinem inneren Auge durchlebte er diese Situation nochmals und so lebhaft, als würde Hofner gerade vor ihm stehen.

Überall stoße man, dozierte Hofner einst, selbst wenn die Einfälle auch noch so zusammenhängend wirkten, dahinter auf jenen »Krankheitserreger«, der wirklich in jedem Trader gäre, und dies sei die wunderlichste Fähigkeit, die man als Trader besäße: Sie sei wie eine Wünschelrute, die das Potenzial der verborgenen inneren »Taffheit« anzeige, mithin jene Notwendigkeit, dass man an die Stelle des »Schwanzeinziehens«, jenem passiven, übersensiblen Verhalten des Traders, wieder den Begriff »Mut« setzen müsse.

So dachte Philip hin und her, so wie es nicht zum ersten Mal geschah, und es war ihm unmöglich, in irgendeiner einzelnen praktischen Frage Frank den Vorrang einzuräumen, was ihn zu dem Schluss führte, dass der entscheidende Unterschied zwischen ihm und Frank am wahrscheinlichsten darin bestand, dass, so wie Jani es nannte, er mit »Leidenschaft« wohl nicht am Trading als solchem, sondern vielmehr an seiner »psychischen Stabilität« arbeitete. Frank hingegen strebte nach Anwendbarkeit der Mathematik und war bis in die Fingerspitzen hinein um kluge, höchst ausgetüftelte Entscheidungen bemüht; Philip indessen setzte eine eher »formlosere« Gesinnung in Bezug auf den optischen Ablauf von *Bewegung* und *Korrektur* dagegen und hatte Sinn für Praxis und den disziplinierten Stopp-Verlauf und ganz entscheidend: Er hatte kein Problem mit mehreren »– Nein!« des Marktes. Oder noch treffender: Erst nach vier, fünf Fehltrades ging es für ihn im Börsenhandel ganz *ästhetisch* zu, da sich nur dann zeigte, wer es im Handel draufhatte! Aber Frank, was tat der? Ihm machte ein »– Nein!« des Marktes vermeintlich zu schaffen, er nahm es fast schon persönlich und verhielt sich so, als ob die Trading-Ära erst morgen, nach weiterem Tüfteln, beginnen würde. – *Hmmm?!*

Philip war inzwischen einige Gassen vorangekommen und suchte nach einem Weg, der ihn in die Richtung seines Hotels leiten sollte. Nach dem Namen der umliegenden Straßen spähend, wäre er beinahe in einen Schatten hineingerannt, der sich löste, und er musste hastig seinen Schritt bremsen, um das nachtschwärmende Farang-Thai-Pärchen nicht umzustoßen, das ihm in den Weg getreten war. Er nutzte die Gelegenheit, um nach dem Weg zu fragen, bog dann links ab auf die Surawong Road mit ihren kleinen Seitenstraßen, die zu dieser Stunde noch mit Marktständen aller Art vollgestopft waren. Er gelangte zu einigen Bars mit jungen, adrett gekleideten, Handys benutzenden Männern und zu stark geschminkten Frauen mit Konfektionsgröße sechsunddreißig, die mit erregten Augen und gezierten Bewegungen herumstanden.

Vom bunten Treiben angezogen, konnte Philip nicht widerstehen und tauchte in das fremde Leben ein. Links, rechts und in der Mitte befanden sich beleuchtete Stände mit Lederwaren, Kleidung und Haushaltswaren. Dazwischen versteckten sich mobile Garküchen, von denen aus Schwaden fremder Gerüche zwischen den Menschen entlangzogen – keineswegs unangenehm, aber so fremd, dass es Philip unmöglich war, die damit verbundenen Speisen zu erahnen. Vor der ersten Bar mit großer Leuchtreklame blieb Philip direkt stehen. Dann allerdings schüttelte er den Kopf, denn modern sah die Bar nur von Weitem aus. Einige Meter weiter entdeckte er auf der anderen Straßenseite eine etwas schicker aussehende Lokalität mit einer großen, offenen Fensterfront, und unter mindestens zehn Gefahren überquerte er die Straße und betrat die Bar.

Philip begann unverzüglich damit, dem Barmann klarzumachen, was er gerne hätte, doch das, was er haben wollte, bekam er nicht. Philip hatte sogar den Eindruck, als habe der Barmann noch nie davon gehört. Stattdessen erhielt er einen billig aussehenden Cocktail. Philip hatte Mühe, sich ein Grinsen zu verkneifen, doch der Drink entschädigte für vieles, denn er war wider Erwarten ausgezeichnet. Philip zog eine Runde durch die spärlich beleuchtete Bar, schlängelte sich mit seinem Drink in der Hand vorbei an ledernen Sitzgruppen und samtenen Polstersesseln durch zu einem freien Platz in der Nähe der offenen Fensterfront, und während er seinen Drink umrührte, bekam er ungewollt einige Gesprächsfetzen vom Nachbartisch mit: Fünf Profigolfspieler feierten ihren Benno, die »Keule aus Salzburg«. Er hatte wieder zugeschlagen und, so Philip recht verstand, in einer heutigen Meisterschaft seinen Titel verteidigt: »... am ersten Loch musste der Ball erst einmal eine Art üppiges Blumenbeet mit Büschen von mindestens hundert Metern Tiefe überqueren ...« – »... war aber nur der sanfte Auftakt ... anspruchsvoller Platz ... bei Wind ein Monster, fast nicht zu bespielen ...« – »... dramatisches Finale ...« – »... nach dem vierten Extraloch im Stechen gegen William aus Melbourne war der Sack zu ...« – »... Par-5-Loch spielte er zwei Mal einen Eagle ...« – »... sein Score war bewundernswert: Auf der Par-73-Anlage: 72/73/76 – fantastisch! ...«

Philip, da selbst etwas Golf spielend, wusste, dass Bangkok berühmt war für seine luxuriösen Plätze, was diese Stadt zu einem wahren »Golfdorado« machte. Inspiriert von den Worten der Golfprofis, rührte er gedankenverloren in seinem Drink, schloss für einen Moment die Augen und dachte nach: Obwohl sein eigenes Spiel mehr einem »Ackerpflügen« als wahrem Können entsprach, wusste er doch, dass man den Ball hoch oder tief, rechts oder links abschlagen, den Golfball dabei streifen oder voll treffen und zwischen einem starken oder schwachen Auf- und Abschwung wählen konnte; und es gab noch viele solcher Möglichkeiten. Philip konnte sich auch jedes dieser Elemente beliebig abgestuft denken, weshalb er überzeugt war, dass nahezu unendlich viele Kombinationsmöglichkeiten existierten.

Angeregt von der Unterhaltung am Nebentisch und dem ausgezeichneten Cocktail, überlegte er, was er für die theoretische Ermittlung der verschiedenen Kombinationen alles benötigen würde: Er müsste, neben den grundlegenden Gesetzen der Physik und Mathematik, die Mechanik starrer Körper wie die Elastizitätstheorie berücksichtigen. Die Materialkoeffizienten müssten bekannt sein und sicherlich auch der Temperatureinfluss. Er müsste über feinste Messmethoden für die Koordination und Abstufung der motorischen Impulse verfügen und seine Distanzschätzung müsste mindestens so exakt sein wie ein Nonius. Sein kombinatorisches Vermögen müsste genauso schnell und sicher funktionieren wie ein vorprogrammierter Taschenrechner. Ganz zu schweigen von seiner iterativen Fehlerrechnung, der Streuungsbreite und dem Umstand, dass das zu erreichende Ziel trotz des richtigen Abschlagwinkels und der richtigen Abschlagsgeschwindigkeit jeweils selbst kein eindeutiges war, sondern sich aus einer, um einen sich ständig ändernden Mittelwert gelagerten Gruppe von eben noch genügenden, sich allerdings permanent ändernden Tatbeständen ergab, welche durch den Einfluss der Windkräfte und des Luftwiderstandes, Letzterer in Abhängigkeit der Höhe über dem Meeresspiegel und der aktuellen Wetterlage vor Ort, beeinflusst wurden. Zu guter Letzt waren für die Flugbahn dann noch die Gesamt-Reibungskraft in Abhängigkeit von Form und Gewicht des gespielten Balls sowie die topografische Lage des Ziels und für die Entschleunigung nach dem ersten Bodenkontakt die Lage des Geländes sowie dessen Beschaffenheit zu berücksichtigen.

Mmpfh!

Philip ging durch den Kopf, dass Frank sicher Mathematiker genug war, um beurteilen zu können, welche knifflige Aufgabe es wäre, wenn man auf diese Weise auch nur die Flugbahn und den anschließenden Verlauf eines einzigen Golfschlages berechnen wollte; und ihm würde es wahrhaftige Freude bereiten, dieses Problem mathematisch anzugehen, während die Jungs am Nachbartisch dabei sicherlich der Verstand einfach im Stich lassen würde! Und trotzdem traten sie, mit einem Kaugummi im Mund, einer hübschen Melodie im Sinn und Sonnenbrille auf dem Kopf, an den Abschlag heran, gaben sich kaum Mühe, die Situation in dieser gesamten Komplexität zu betrachten, schlugen zu, hatten Spaß und lösten die Aufgabe auch noch mit Bravour! Und sollten einige der Bälle tatsächlich mal im Wasserhindernis landen, so hatten sie nach wie vor ihre Melodie im Sinn, kämpften weiter, bissen sich durch und … hatten Spaß!

Das Gleiche geschieht im Leben unzählige Male, sagte sich Philip und nahm einen weiteren Schluck von seinem Drink. Politik, Krieg, Kunst, die entscheidenden Vorgänge des Lebens vollzogen sich jenseits des Verstandes. Die *wahre Größe* eines, wo auch immer, fachlich versierten Menschen wurzelte in seiner »Taffheit«, die er *über* sein Fachwissen stülpte. *So könnte es sein!* Ob nun Stan mangels Fachwissen oder Frank mittels Fachwissen zu keinem Ergebnis kam, blieb sich somit gleich, und Philip verstand einmal mehr, was Hofner ihm einst zu erklären versuchte: Der beste Reiter auf dem besten Pferd kam, wenn beide miteinander haderten, schlechter über ein Hindernis als ein Reiter auf einem alten ausgedienten Gaul, solange er sich nur dessen Bewegungen anpasste!

Den letzten Schluck seines Drinks schlürfend, war Philip mittlerweile fest davon überzeugt, dass alles, was sich da seit Tagen in Sachen Torbach und der berühmten Frage mit der Axt abgespielt hatte, eine besondere, auf ihn gemünzte Bedeutung besitzen würde, denn in der Tat hatten sich die Beobachtungen in den letzten Tagen wie ein riesiger Mischkessel der Gedanken tief in sein Gemüt eingeprägt und ihm Stoff zu unendlichem Nachsinnen gegeben.

Am Nebentisch erhob sich jemand. Das metallische Scharren von Stuhlbeinen brachte Philip zurück ins Hier und Jetzt und ließ ihn seine Nachdenklichkeit für heute, wenn auch völlig entnervt, damit abschließen, dass das persönliche »Warum« und »Wozu« von Trades und dessen erfolgreiche Umsetzung eng beieinander lagen!

*

So geschah es, dass Philip am darauffolgenden Montag, den Arm in der Luft, am Straßenrand stand und ein Taxi heranwinkte. »Nakoen Road …« Der untersetzte Mann, dessen Augen hinter einer Brille mit extrem dicken Gläsern unwirklich groß erschienen, nickte zum Zeichen, dass er das Fahrziel verstanden hatte, schob sich seine Baseballkappe in den Nacken und fummelte, so wie fast jeder »moderne« Thai, wild an seinem Handy herum, während Philip die hintere Tür öffnete und auf dem abgenutzten Rücksitz Platz nahm. Dann stürzte sich das Taxi auch schon in den nachmittäglichen Verkehr.

Philip hatte erkannt, dass er die Angelegenheit um die Torbach'schen Fragen irgendwie nicht mehr ignorieren konnte, und sich dieser daher in den letzten Tagen noch intensiver angenommen. Der immer lebhafter gewordene Gedanke an das »Worin besteht der persönliche Ansporn, in dieser Arbeit vollkommen zu sein?« und das »Warum gibt man sein *Bestes*?« juckte wie ein Riss in der Haut, der nicht heilen kann, weil man unwillkürlich immer wieder an ihm kratzt. Deshalb führte Philips Weg wenige Tage nach dem Treffen mit Frank nun zu Farmer.

Da Philip diesem Treffen entgegenfieberte, hatte er seinen Handelstag heute früher als gewöhnlich beendet. Die Mehrheit der Anleger hatte am letzten Freitag gekauft und gekauft, angetrieben, so CNN, von der erfreulich kommentierten Entwicklung neuer Börsengänge in Amerika. Grund dafür war vor allem der Umstand, dass das eingenommene Geld zu einem erquicklichen Teil in die Firmenkassen fließen sollte, was Vertrauen erzeugte. Nur zu oft hatte der Ertrag bei früheren Börsengängen dazu gedient, den Rückzug von Eigentümern aus ihren Firmen zu vergolden – was dem Vertrauen in das jeweilige Unternehmen den Boden entzog. Mit diesem erfreulichen Schwung vom Freitagabend und grünen Vorzeichen aus Asien hatten die europäischen Börsen den Handel mit Kursgewinnen aufgenommen, und alle drei Trades von Philip waren aus unzweideutigen Chartkonstellationen heraus entstanden, die wenig Aufwand erfordert hatten: Die Trades im DAX-Future und englischen FTSE-Future wiesen auf mittlerer Sicht oder, wenn man so wollte, auf mittlerer Zeitebene einen nahezu identischen Chartverlauf auf: einen markttechnisch sauberen Abwärtstrend, definiert durch die üblichen abfallenden lokalen Hoch- und Tiefpunkte, dessen aktuelle fortschreitende Korrektur immer weiter in die vorherige Abwärtsbewegung vom davorliegenden *Punkt 3* zum *Punkt 2* zurücklief. Seit Jahren handelte Philip solche Situationen am liebsten, da diese die größte Gewinnerwartung aufwiesen, und da das »Wo« aller heutigen Trades, sprich: die übergeordnete Marktphase, einer *Ballkönigin* glich, erregten etwaige anfängliche Buchverluste nach Eröffnung der Short-Positionen Philip keineswegs. Nicht wenige Trading-Anfänger würden über solche Trades eher die Nase rümpfen: »Einstieg nicht perfekt! – Trade gleich zu Beginn im Minus … – *Hahaaa!*«, doch Philip hielt große Stücke auf sie und hatte sich ihnen – namentlich letzte Woche bereits dreiundzwanzig Mal – in den verschiedensten Werten verschrieben. Und zum wiederholten Erstaunen Stans hatte Philip, wiewohl in der Handhabung des Fachwissens und etwaiger Stopp-Techniken gleichermaßen geschickt, in allen Trades Eingriffe mittels lupenhafter Stopp-Techniken vermieden, das heißt, er setzte seine Stopps trotz fachlich sich bietender Möglichkeiten nicht *pünktlich* nach …

Zwanzig Minuten später, nach der üblich raschen Abfolge von riskanten Überholmanövern, abruptem Bremsen und scheinbar unmotiviertem Hupen, und das alles erlebt in einem klapprigen Mercedes älteren Baujahrs, saß Philip einem Trader gegenüber, der sich nahezu vierundzwanzig Stunden am Tag mit Charts beschäftigte und in der Lage war, schier unglaubliche Mengen an Zeit ununterbrochen vor den Monitoren zu verbringen – was unübersehbar war, denn trotz Thailands Sonne blickte Philip auf einen Teint ähnlich der Schneekönigin Hans Christian Andersens.

Farmer war ein herausragender Trader, der das Handeln praktisch noch vor dem Gehen erlernt und der mit der Muttermilch die fachliche Überzeugung aufgesogen hatte, dass es bei einem Trade lediglich auf die Summe von Marktteilnehmern ankomme, also jenen im Orderbuch zusammengefassten Orders, denen die Zukunft der neuen Kursfeststellung gehörte. Und weil er wirklich ein Tophändler war, hatte er vor gar nicht allzu langer Zeit sogar eine Weile in Johns Handelsbüro gearbeitet – eine allerdings sehr kurze Weile!

Ein Trader von der Sorte wie Farmer arbeitete stumm, abgeschlossen, unsichtbar, zeigte sich als Mann, der mit seinen Monitoren fest verbunden war und der nahezu mit einer Verachtung für jene Trader lebte, die ihr Wissen um Märkte & Co. nicht wie einen Rund-um-die-Uhr-Schmuck vor sich hertrugen; die, auch wenn sie nicht permanent vor den Monitoren saßen, zufrieden waren und mit ihren persönlichen Hobbys Luxus trieben und mithin in erster Linie darauf bedacht schienen, glücklich zu leben – ohne das Wissen, wie es war, tagtäglich mit Gedanken rund um den Markt einzuschlafen, die unter dem permanenten inneren Druck entstanden, »etwas zu verpassen«. Der Zustand, in dem Farmer sich befand, war so eine Art Drang, Zwang und Trieb, sich zu beweisen, ohne dass diese Tüchtigkeit zum Observieren in einem laienhaften Aktionismus endete oder gar blinder Selbsteingenommenheit, man sei für den Handel wichtig. Stattdessen waren Typen wie Farmer so etwas wie süchtig danach, den Fortlauf der Charts und Positionen mit ihrer puren Anwesenheit zu erfüllen. Ein Blinder hätte nach einigen Tagen der Zusammenarbeit bemerken können, wie es um Farmer stand; und er selbst tat scheinbar auch nichts, um es geheim zu halten – wobei unklar blieb, ob ihn einfach eine gewisse Form von Hochmut und nobler Einfältigkeit daran hinderte. Aber genau dieses Traden ohne persönlich erkennbares »Wozu« und ohne deutlich erkennbare Bestimmung im lebhaften Börsenhandel, diese gesteigerte Anspannung des Erlebens bei gesteigerter eigener Fremdheit stieß John einst sauer auf. Trotz seiner fachlichen Qualität ließ Farmer jene persönliche Verantwortungslosigkeit entstehen, als gehörte sein Körper nicht mehr einer Welt an, wo das sinnliche Ich in kleine Nervenstränge eingeschlossen war, sondern nur noch von den Kursen der Märkte durchflutet wurde. Dieses viel zu zeitintensive Verhalten befremdete die anderen Händler in Johns Büro täglich mehr und mehr, weshalb Farmer, trotz seiner positiven Ergebnisse, nicht so recht in Johns Team passte.

»Trotz guter Trades und einer Riesenportion *Taffheit* nur ein Junkie!« Mit diesen Worten umschrieb John den Zustand Farmers und die Folge seiner abgeminderten Alltagstauglichkeit. Das war dann der Zeitpunkt, an dem John beschloss, dass Farmer doch lieber für sich allein traden sollte, worauf dieser sich dafür entschieden hatte, jetzt, wo er schon einmal in der *Stadt der Engel* war, in Bangkok zu bleiben.

Wie dem auch sei, Philip und Farmer hatten sich nicht aus den Augen verloren, sondern hin und wieder mal telefoniert, und schnell waren nach dem begrüßenden Handschlag die üblichen Fragen nach Familie, Wohlergehen, Land und Leuten abgearbeitet. Dann zog Farmer Philip mit vor die Reihen der dunklen Bildschirme, knipste dahinter ein Licht an und wandte sich an den Rechner zu seiner Linken, dorthin, wo die Daten, wie er es nannte, *vorgefiltert* wurden. Er zeigte unter den Schreibtisch auf seine eins, zwei, drei, vier Rechner und den Kabelsalat und sagte, halb verlegen, halb stolz: »Hochleistungs-Multicore-Prozessoren mit ECC-Arbeitsspeicher.«

Ah ja …

»Multicore-Power! Neuester Stand der Technik. Acht CPU-Kerne – Acht! Natürlich alles Low Noise.«

Natürlich!

»Lüftersteuerung und dynamische Leistungsanpassung!«

Häh? Mein Rechner hat zwölf Funktions- und eine Enter-Taste?!

»Die Festplatten sind RAID-5-Systeme Standard SATA II HDD …«

Logisch!

»Schau her, schnell! Schnell! Oh, wooow … siehst du das!?«, jubelte Farmer, indem er seine Hand von der Maus löste und mit dem Zeigefinger auf die pulsierende Perioden wies. »Großer Gott! Jetzt geht's los. Heiliger Bimbam, schau dir das an!«

»Ich sehe!«

»Hab ich es nicht gesagt?« Farmer lächelte selig die Bildschirme an und zeichnete eine große Trendlinie, im Chart oben links beginnend, über drei abfallende Hochpunkte verbindend, in Richtung der rechten unteren Ecke des Charts. Farmer wusste, dass – wie die Bienen um das Flugloch – Orders um diesen Punkt ansetzten und bei Überschreiten ausgelöst wurden. Eilig durchwühlte er seine Watchlisten nach weiteren Charts und ließ dabei seine Hauptmärkte, etwaige Devisen, die Standardindizes sowie amerikanische Bonds nicht ein einziges Mal aus den Augen.

Philip saß derweilen nicht mehr aufrecht, sondern hatte sich etwas in die nach Zigarettenrauch riechenden Sessel hinabgleiten lassen, um das Kommende bequemer betrachten zu können – und diese Haltung änderte er dann auch längere Zeit nicht mehr.

Farmer klickte geschwind die Charts durch, zoomte diese auf, sodass alle Einzelheiten klar zu erkennen waren, erinnerte sich an alle, wirklich *alle* dort durchgeführten letzten Trades, über die er dabei berichtete, und zoomte die Charts wieder zusammen. Philip nickte zu allen Tradebeschreibungen anerkennend. Jeden davon hätte er auch gemacht! Ausnahmslos alle Trades waren wundervolle *Ballköniginnen*! »Hier … hier bin ich schon *drei Mal* rausgeflogen.« Farmer wusste noch alle Details seiner Stopps. »Hier auch … *ach*, und der hier erst … *vier Mal* draußen, und dann hat es der fünfte Folgetrade krachen lassen … *Hammer!* Das war eine Megaparty!« Ohne Pause sprach Farmer schnell und flüssig über unzählige Märkte, deren Eigenschaften und Researchmöglichkeiten, und während der gesamten Anwesenheit Philips ließ seine Aufmerksamkeit nicht einen Augenblick nach, vielmehr bedachte er jede Frage, die Philip zu den einzelnen Trades stellte, mit einem anerkennenden Nicken, ohne sich auch nur einen Augenblick mehr als nötig von seinen Monitoren abzuwenden. Während die beiden eineinhalb Stunden über Märkte und Trades redeten, glaubte nun auch Philip – so wie bereits vor ihm John –, bemerkt zu haben, dass der Mann hinter den Monitoren einer jener Trader war, die sich aufgrund der Regelwidrigkeit, oder besser: Abnormität ihres Alltagslebens, durch eine Neugierde auf das Regelmäßige im Börsenhandel auszeichneten und sich davon lebhaft beschäftigen ließen. Philip hatte noch nie einen fachlich versierten Trader erlebt, der einen derart riesigen Gefallen und vor allem Spaß an der mikroskopischen Durchleuchtung der Charts fand wie Farmer, und Philip registrierte, dass Farmer selbst einen »Datennebel« erzeugte, ohne dass eine Einsicht auch nur im Entferntesten den Wunsch in ihm gezeitigt hätte, sich des Rausches zu entledigen. Im Gegenteil, es schien sich um einen Rausch um seiner selbst willen zu handeln, dem nichts unerwünschter und verabscheuungswürdiger schien als die Ernüchterung.

Und während Farmer, die Hände auf den Knien, unaufhaltsam auf seine Monitore blickte, fragte ihn Philip, ob das alles hier nicht doch sehr einsam sei, wobei er das Wort »einsam« geschickt anbrachte: klar genug, um keine Missdeutung zu erregen, beiläufig genug, um einem Tadel zu entgehen. Farmer zögerte, versuchte, sich aus dem Geflecht von Charts und Kursen zu lösen, und erwog, ob er antworten sollte. Dann atmete er tief ein und gab zu, dass er aufgrund der vielen Zeit vor den Monitoren hin und wieder schon etwaigen, er nannte es »Stimmungsschwankungen«, unterläge.

So, so … Stimmungsschwankungen!

Auf ein solches Stichwort hatte Philip gewartet, denn seit der Begegnung mit Torbach konnte Philip gar nicht mehr anders, als bei seinem jeweiligen Gegenüber Ausschau nach einer geeigneten Pforte zum Stellen der Frage nach dem »Worin besteht dein persönlicher Ansporn, in dieser Arbeit vollkommen zu sein?« – »Warum gibst du dein *Bestes*?« sowie »Was ist dein Ziel? Und wann bist du am Ziel?« zu halten. Diese »Stimmungen und Schwankungen« mochten der Schlüssel sein, die ihm Farmers Absichten erschlossen! Er ging jetzt behutsam vor, indem er so nebensächlich wie möglich um eine Ausführung hinsichtlich dieser Stimmungsschwankungen bat.

Trotz fehlender Betonung in Philips Worten verstand Farmer sehr wohl die unter der Anteilnahme verborgene Stoßrichtung dieser Bitte als Anspielung auf ihn selbst. Er stand auf, stellte sich an das offene Fenster und betrachtete sehnsüchtig den blauen Himmel. »… ja, manchmal geht mir das Ganze hier schon tierisch auf den Sack!«

Na, das ging ja schneller als gedacht!

Und als sich Philip, diese Gelegenheit nutzend, nun nach Farmers persönlichem »Wozu« der vielen Stunden vor dem Rechner erkundigte, gab dieser ihm kurz und knapp zur Antwort: »Geld!«

Hmmm! – Schon wieder sah sich Philip einem Trader gegenüber, der auf diese Frage einerseits so wenig zu antworten hatte und ihm dabei andererseits einen bitteren Blick zuwarf. In Farmers Augen war etwas zu bemerken, das sich von der Ungewissheit über die Märkte deutlich abhob, und während Philip, brennend vor Neugier, weitere Worte zum Thema »Warum gibst du dein *Bestes*?« erwartete, suchte Farmer das Gespräch zu beenden und wollte weitere klärende Worte schuldig bleiben.

Wie ein Tier, das dicke Luft wittert und instinktiv die Richtung wechselt, begann Farmer, jetzt wieder seinen Blick in Richtung seiner Bildschirme geheftet, mit etwas anderem: »Schau mal hier, der Markt!«

Er will Geld! So, so …

Philip richtete seinen Blick nun ebenfalls wieder auf die Monitore und sah, dass Farmer heute mit 1.220 US-Dollar Tagesergebnis für private Verhältnisse eigentlich gut vorn lag. – *Damit müsste er doch das Leben in den Gassen und unter Menschen genießen können!?* Aufgrund dieser Widersprüchlichkeit machte Philip trotz Farmers offensichtlichem Widerstand einen weiteren und dieses Mal deutlicheren Durchbruchsversuch, indem er ihn ganz konkret nach dem »Worin besteht dein persönlicher Ansporn, in dieser Arbeit vollkommen zu sein?« fragte.

Farmer, mittlerweile am Platz, saß mit auf den Oberschenkeln liegenden Unterarmen vorgebeugt da und antwortete, ohne seinen Blick dabei von den Monitoren abzuwenden, dass er das Trading halt *liebe*.

Ich liebe es!, wiederholte Philip in Gedanken, indem er die Sprechweise Farmers nachahmte. Dabei umkreiste er behutsam sinnbildlich den Altar der Torbach'schen Frage, auf den Farmer die Opfergabe seiner Antwort gelegt hatte: »*Liebe* zum Trading!« Philip kniete gedanklich hochachtungsvoll vor dieser Opfergabe nieder und bemühte sich, zu ergründen, ob diese Antwort auch auf sein eigenes Trading zutraf und dieses ebenfalls durch Liebe geschürt und genährt wurde, oder ob er ihm vielleicht aus ganz anderen Gründen heraus einfach nur treu sein wollte.

Liebe ich das Trading? Hmm, schei… Frage!

Na, was jetzt? – Komm: JA oder NEIN?

Und während Farmer jetzt durch seine Watchlisten »zappte« und dabei jeweils Laute der Begeisterung oder Enttäuschung ausstieß, wiederholte Philip zur Selbstprüfung leise die Frage »Kann man das Trading *lieben*?« Philip stellte ehrlich fest, dass er es nicht konnte, und all sein Nachdenken gipfelte in dem Punkt, dass dies für ihn, sosehr er das Trading auch achtete, nicht galt, und zwar aus einem einfachen Grund: Die angestrengte Arbeit zerrte an seinen Nerven, zuweilen erschöpfte sie ihn, und ganz offen gab er zu, dass er eigentlich viel mehr die *freie* Zeit, die offen vor ihm lag und in der er nicht zähneknirschend Trading-Hindernisse überwinden musste, liebte. *Genau* – jene unbeschwerte Zeit, an der nicht die Bleigewichte der Mühsal und Disziplinquälerei hingen! Philip dachte an jene eigenen Tage, an denen die Zeit vor den Bildschirmen kein Ende nahm. Ihn überflutete, einen üblen Geschmack im Mund erzeugend, das ganze Sammelsurium damit einhergehender körperlicher und geistiger Absonderlichkeiten: das Flimmern vor den Augen, das häufig den Kopfschmerzen vorausging, ebenso die hartnäckige Schlaflosigkeit, die mal leichten, mal schweren nächtlichen Gedankenkrämpfe, die ihn in diesen Stunden überwältigten; und vor allem: die allgemeine Überreizung, unerklärliche Launen und, nicht zu vergessen: jene lähmenden Erschöpfungszustände aufgrund großer Minustrades, Übermüdung der Augen, verschwommene Sicht und Lichtüberempfindlichkeit. *Shit – von Liebe kann also wohl kaum die Rede sein!* Liebe, so Philip in Gedanken, hieße ja, dass man zu »zweit« durchs Leben geht, dass die verbrachte Zeit und die Erlebnisse schöner waren, als wäre man dabei allein gewesen. – *Na ja … !* Philip hatte, statt Beschwingtheit zu empfinden, vielmehr schon oft das Gefühl gehabt, als hätte ihm jemand eine gewaltige Last auf die Schultern geladen. Eine Last, die er ganz allein und ungeachtet dessen, wie viele Trades er bereits gemacht hatte und wie viele noch kommen mochten oder wie erschöpft er bereits war oder noch werden würde, zu schleppen hatte. »Also *Liebe*? Nein!«, murmelte Philip vor sich hin und suchte stattdessen nach einem schwächeren Begriff. – *Vielleicht: Begeisterung?* Philip prüfte, ob er sich selbst als *begeisterten* Trader wahrnahm. – *Nein!* Das traf es auch nicht! Der Börsenhandel, als einheitliches Ganzes betrachtet, mochte zwar durchaus einen Gegenstand der Begeisterung darstellen, aber – von Trading-Anfängern, die mit ihrer druckfrischen Kontoeröffnung rumwedelten, mal abgesehen – den *einzelnen* Tradern, zumindest denen, die Philip kannte und mit denen er zu tun hatte, also fortgeschrittenen beziehungsweise professionellen Tradern, war sie genauso fremd wie ihm selbst. Philip fragte sich, wofür er sich auch begeistern sollte. – *Oder meinte Farmer etwa … ?!* Meinte Farmer vielleicht jene Empfindung, die Philip von früheren Trading-Tagen her bekannt war und von der erneut berührt zu werden er nie wieder erwartete, weil es zum großen Teil sie war, um derentwillen ihm das Trading früher so einen »Spaß« bereitet hatte wie wandernde Abenteuerlust!

War es das?

War es die Abenteuerlust auf fachlich hohem Niveau?

Aber kann es auf hohem Niveau so etwas noch geben? Hatte beispielsweise John oder Nick noch Lust auf Abenteuer?

Philip hörte im anschließenden Gespräch mit feinem Ohr – wobei seine Überraschung, dass sich Farmer, den man eigentlich nur verschlossen kannte, mehr als üblich öffnete, ihre Wirkung bei ihm nicht verfehlte –, dass Farmer seine »Pflicht« gegenüber den Kursen scheinbar in der Tat so etwas wie »heilig« war. Hatte er erst seine Monitore an, so widmete er ihnen alle Zeit und Kraft, die er für erforderlich hielt. Aber wie viel war erforderlich? Seine Ausbeute war zwar nicht negativ, aber im Verhältnis zu seiner investierten Zeit dann doch schon wieder fast bescheiden – besonders wenn man jene Handelstage hinzurechnete, an denen seine Bemühungen ohne erkennbaren Ertrag blieben. Obwohl er dem ersten Eindruck nach vor lauter Energie schier zu platzen schien und wirkte wie ein warm gerittenes Rennpferd, das nur so darauf brannte, loszupreschen, beschlich Philip ein Gefühl, als sehne sich Farmers Geist eigentlich nach Ruhe!

Aufgewühlt durch diese widersprüchlichen Signale und seine eigene Grübelei, war es Philip unmöglich, von den Vorgängen in Farmers Büro eine geordnete Auffassung zu gewinnen, weshalb er vorschlug, zusammen das nächstgelegene Café aufzusuchen.

»Moment, eine Viertelstunde noch. Punkt drei Uhr gehen wir los!«

Philip zuckte mit den Achseln. Er hatte Lust, mit Folgerichtigkeiten zu antworten: »Es gibt doch auch ein Morgen«, doch er hielt sich zurück, stattdessen sagte er: »Mach nur, mach … !«, und schaute auf seine Uhr: Es war erst kurz nach zwei! Genau genommen: Viertel nach zwei. Aber solche überzähligen Viertelstunden außerhalb runder Einheiten des Charts wurden von Farmer nicht mitgerechnet, sondern nebenbei verschlungen wie an Orten, an denen eine großzügige Zeitwirtschaft herrschte, etwa im Urlaub. Ein, zwei Chartperioden wurden von ihm als Auftakt zur vollen Stunde verstanden und innerlich beseitigt. Und so beschränkte sich die Dauer des »nur noch *kurzen*« Chartbetrachtens schließlich und eigentlich auf eine weitere Stunde, innerhalb derer Philip weiter von der Frage geplagt wurde, warum Farmer nicht für heute aufhörte, wenn doch, nach seiner eigenen Aussage, nur *Geld* sein Ziel war. – *Hmmm … ?!*

Zwei Stunden später blinzelte Philip in die Sonne, schlürfte seinen Kaffee, während Farmer fortwährend über die Märkte redete. – *Au Mann! Man selbst wird anders und dadurch auch das, was mit einem in Verbindung steht*, dachte Philip, der Farmer gut zu beobachten meinte. Man hätte aber auch sagen können, dass Farmers Einsamkeit zu einem Zustand wurde, der sich nicht nur in ihm, sondern auch um ihn befand und so beides verband. Sie schritt durch die Wände seiner Wohnung und wuchs, ohne sich eigentlich auszudehnen, in die alltägliche Welt. – *Mhm, aber welche Welt? Es gibt ja bei ihm gar keine!* Und so kam es Philip in den Sinn, dass Farmer den Eindruck vermittelte, dass dieser Begriff für ihn keine Bedeutung mehr besaß, und Philip fragte sich daraufhin, welche Erlebnisse, die *eindeutig* und *glücklich* gewesen waren, Farmer seit der Zeit, da er mit dem Trading begonnen hatte, wohl erlebt hatte. *Wohl eher keine!*, schätzte Philip, und während Farmer weiterhin über die Märkte und deren Research redete und hier und da vereinzelt belanglose Dinge über die Welt von sich gab, fragte sich Philip, ob Farmer dies überhaupt für ernsthaft erstrebenswert hielt …

*

Am nächsten Morgen erwachte Philip in seinem Zimmer im Oriental, als die ersten Strahlen der Sonne über den Fluss krochen. Nach seinem gestrigen Treffen mit Farmer hatte er unmittelbar beschlossen, sich noch den Big Buddha, eine über dreißig Meter hohe vergoldete Buddha-Statue, anzusehen und hatte dann zur Rückfahrt das Expressboot genommen – die wirklich bequemste und wahrscheinlich auch schnellste Verbindung zu seinem Hotel. Während vor der Hotelterrasse die Wellen des Chao Phraya sanft ans Ufer plätscherten, die Sonne sich mit einem postkartenreifen Farbenspiel verabschiedete und Kellner einige Fackeln anzündeten, hatte Philip in der berühmten *Bamboo Bar* des Hotels noch einen Gin Tonic zu sich genommen und war, in seinem Zimmern angelangt, wie ein Stein ins Bett gefallen – wie ihm ein Blick auf die roten Ziffern des Radioweckers verriet, hatte er über acht Stunden geschlafen.

Da lag Philip nun in seinem weißen Bett, die Hände hinter dem Kopf gefaltet, und nahm die ersten anklingenden Geräusche der Stadt wahr. Mit vom Schlaf noch leicht getrübten Augen, die das Tageslicht schlecht ertrugen, schaute er hoch zur Zimmerdecke, die Sonderbarkeit seines Lebens als Trader betrachtend: Von dem, was er bei Farmer erlebt hatte, in noch größere Unzufriedenheit als zuvor versetzt, rief er sich, so genau er es vermochte, das gestrige Treffen ins Gedächtnis, um eine Erklärung für die Abweichung zwischen Farmers Antwort auf das »Wozu« und dessen Verhalten zu finden. Philip jonglierte mit mehreren Antworten, und der Gedanke, dass es eine lustige Mischung aus innerer Zigeunerei und unproduktiver Aufsichtspflicht sei, gewann vorerst die Oberhand, wurde dann aber schnell vom Folgenden überlagert und verdrängt: Farmer, obwohl ein fachlicher und vor allem höchst *»taffer«* Trader, hatte gewirkt, als hätte er einen langen Strick um den Hals und könnte nicht erkennen, wer daran zog. Er handelte da scheinbar unter dem Einfluss einer Art Angst und Vorsicht, das dem »Wie kann ich das Heute genießen, wenn das Morgen doch so unsicher ist?« möglicherweise anhing, was aber irgendwie in seltsamem Widerspruch zum von ihm angegebenen Zweck »Geld« stand. Indes beschwerte sich zum anderen offenbar niemand darüber, im Gegenteil: Farmer sagte sogar noch: »Ich liebe es!« Mit diesen Worten fasste Farmer seine Bereitwilligkeit zusammen, sich eine vierundzwanzigstündige, damit vollständige Kontrolle über alle Vorgänge der Börse zu sichern. Er saß tagein, tagaus vor seinen Monitoren, die Minuten schaukelten sich und bildeten Perioden im Chart. Die Minuten blieben nicht stehen, sondern verkränzten sich zu Stunden, Tagen, Wochen und Jahren. Unaufhörlich geschah etwas auf den Monitoren. – *Hmmm!? Bekommt man, wenn unaufhörlich etwas geschieht, wirklich so leicht den fälschlichen Eindruck*, so fragte sich Philip, *dass man durch die Überwachung etwas Reales und Nützliches bewirkt?*

Farmer war, ebenso wie der Mathematiker Frank, nicht so recht mit der Außenwelt verbunden. Beide zeichneten sich durch »eingeschränkte Alltagstauglichkeit« aus, eine Art »verengte Weltsicht«, und Philip kam die gestern mit Farmer im Café verbrachte Stunde in den Sinn: Wie ermüdend war seine Gesellschaft! Keine anderen Interessen oder Wertsetzungen hatte er als die des Chartlesens und Recherchierens. Farmer, die arme Seele, kam Philip vor wie ein übermütiger Leithengst, der kraftvoll und elegant jedes Hindernis bezwang, doch befand er sich allein auf weiter Flur und stand ihm die volle Weite des Raums in alle Himmelsrichtungen offen, so durchlief seinen Schädel ein an Irrsinn grenzendes Brennen, und er stürmte ziellos davon, stürzte sich mal hier, mal dorthin in diese – in der einen wie in der anderen Richtung – *schreckliche* und so *leere* Freiheit … , bis er vor Ratlosigkeit und Erschöpfung still stehen blieb und erst mit einer Schüssel Hafer zurückgelockt werden konnte. Philip erschrak über die sich ihm dabei wie selbstverständlich aufdrängende Frage: War er selbst auch so ein langweiliger und wehleidiger Zeitgenosse, der es liebte, nur die Bildschirme zu erkunden?

Himmel bewahre!

Nein, ich zähle nicht zu denen.

Oder etwa doch?

Philip musste schmunzeln, wusste er doch selbst manchmal nicht, welche Kopflosigkeit und »Panik« seit jenem Tag, als Torbach im Büro aufgekreuzt war, da in ihm walteten! Die ganze Fragerei und Suche war vergleichbar mit einer Art Stauungsvorgang dieser oder ähnlicher Art: Kehrt man eine volle Flasche leckere Sahne geschwind um, die Öffnung nach unten, so wird nichts auslaufen, die Flüssigkeit wird in der Flasche stocken, obgleich der Weg offen ist.

Seufzzzz!

Aber … MO-MOMENT!

»Endlich … endlich erkenne ich des Rätsels Lösung, sprich: Farmers Sinn und Zweck!«, wollte Philip ausrufen. »Der Sinn des letzten Trades besteht darin, dass nach ihm der jetzige kommt!« – … *Mhm!* Damit drängte sich indes die Frage auf, was den Sinn dieses *zweiten Trades* ausmachte. Konnte sich so ein Trading als das sinnloseste von allen entpuppen? Welchen Sinn hätte es, heute etwas zu tun, wenn es sich genauso gut morgen erledigen ließe? – *Mist!* Etwas anderes mochte Farmer am Laufen halten. *Yeppp!* Und dann hatte er es! Rasch stieg Philip aus dem Bett, zog sich das verrutschte Shirt gerade, schnappte sich sein Tagebuch, schüttelte sein Kissen auf, lehnte sich an und schrieb:

> *Spricht man das »Wozu« an, dann macht Farmer, obwohl erfahrener Trader, ein unzugängliches Gesicht und antwortet, seine Nähe zum Markt entspräche der »Vorschrift« des Berufs. So wird die ungeschriebene Vorschrift zum Ersatz für die verlorene Teilnahme an der Welt … – Oder … ?!*

Philip kritzelte ein großes Fragezeichen.

> *Oder … wird aufgrund einer verlorenen Teilnahme an der Welt die Nähe zum Markt einfach in den Stand einer »Vorschrift« erhoben … ?*

Philip legte den Stift weg und schnäuzte sich. – *Vorschrift ...?* Er blickte auf seine Zeilen, wobei seine Stirn die ihm seit Tagen wohl bekannte Falte zierte. – *Himmel, ich bin doch kein Philosophiestudent! Können die Antworten nicht einfach irgendwo klar und deutlich nachlesbar sein?!*

Und dennoch: Von den letzten Zeilen ausgelöst, drängten sich ihm kurz darauf die Erinnerungen an seine eigenen vergangenen Jahre, all die Kämpfe, Entscheidungen und Überlegungen auf: Das alles hatte jemand erlebt, jemand, den er seit einigen Jahren schon nicht mehr verkörperte. Vor ihm lag sein Tagebuch, gefüllt mit Hunderten eng beschriebenen Seiten, und während er darin blätterte, fragte er sich, wie er das alles hatte leisten können. Während seiner ersten Handelsjahre konnte er sich weder an schöne Urlaube noch an lustige Abende erinnern – wohl aber an schlaflose Nächte, in denen er von gewaltigen Ereignissen und Umwälzungen zu sehr in Anspruch genommen war; und an fast zweihundert Handelstage im Jahr, an denen er in irgendeiner Form beeinträchtigt gewesen war – durch leichte Kopfschmerzen, Augenschmerzen, Magenschmerzen oder Übelkeit und den Drang, der vermuteten »Hausordnung« – *Betrachte die Märkte unentwegt* – gerecht zu werden.

Philip lag jetzt eine Weile einfach nur im Bett, starrte die Lampe an der Decke an. Die Sonnenstrahlen, die durch das Fenster fielen und das geräumige Hotelzimmer warm und gemütlich wirken ließen, heiterten ihn auf, und während er sich im Anschluss duschte und rasierte, fokussierte er seine Gedanken auf mögliche Pläne für diesen Tag statt auf die Geschehnisse des vorherigen Abends. Zuerst stand ein gutes Frühstück an, danach hatte er sich eine kleine Tour mit dem Bus vorgenommen, um dann pünktlich zur europäischen Markteröffnung im Büro zu sitzen.

Die Gänge des Hotels waren noch ausgestorben und bestätigten den Eindruck, dass die meisten der Hotelgäste den Tag noch nicht begonnen hatten. Die mit feinkörnigem Sand gefüllten Aschenbecher vor den Lifttüren zeigten noch immer die verschlungene Welt, das Symbol des *Oriental*, unberührt von Asche oder ausgedrückten Zigarettenstummeln, denn ohne Unterlass waren den ganzen Tag über kleine, gebeugte alte Frauen in den Fluren unterwegs, die erst den Sand glatt strichen, um dann das Zeichen des Hotels hineinzudrücken. Philip schaute, während er auf den Fahrstuhl wartete, aus dem riesigen Fenster und sah mehrere der geschwungenen Dächer zweier kleinerer Klöster. Mit ihren kegelförmigen Pagoden, den glitzernden Mosaiken, den vielen Malereien und Figuren aus der Mythologie bildeten Klöster einen der Hauptanziehungspunkte für die Touristen, die das exotische Herz des Landes suchten. Thailand, so hatte John einmal erwähnt, besäße weit über 20.000 Klöster. Es gab hier sicher nicht weniger Klöster als Kirchen in Deutschland; sie waren aber mehr als Andachtsstätte und Aufenthaltsort der Mönche, gleichsam der kulturelle Mittelpunkt des ganzen Landes. Vor den Klöstern, vor allem vor denen, die über einen besonders »guten und wundertätigen Buddha« verfügten, ging es häufig den ganzen Tag über zu wie auf einem Markt. Als sich die Fahrstuhltür leise öffnete, wandte Philip sich von der Fensterfront ab und fragte sich kopfschüttelnd, was um alles in der Welt ein erfahrener Trader wie Torbach in einem Kloster machte. – *Das ist doch komplett irre!!!*

Und, wie sollte es anders sein, ungeachtet seines reichhaltigen, ausgedehnten Frühstücks sowie der dreistündigen Bustour weilten Philips Gedanken immer wieder bei seinen Tagebucheinträgen und den Gesprächen der letzten Tage, deren Reiz und Fragwürdigkeit ihn zunehmend aufwühlten – und Philip war sich vollkommen darüber im Klaren, dass deren blamable Erscheinung des fragwürdigen und immer größer vor seinem inneren Auge stehenden »Wozu«, mit dem er kämpfte, nicht auf die hiesige Luft, die Mönche, Buddhas und Tempel zurückzuführen war, sondern eine innere Erregung ausdrückte, deren Spannung ihn schon längere Zeit beunruhigte. Somit war es die Unruhe seines Zustandes, die Philip, als er gegen Mittag in einem abgelegenen Café saß, in die Sonne blinzelnd, ein Buch auf den Knien, dazu bewog, unbedingt weiter am Ball zu bleiben – und auf seinem Handy eine Kurzwahltaste zu drücken ...

Die Eigenschaft, welche er an seinem nächsten Bekannten am meisten schätzte, war Bescheidenheit. Ihretwegen fühlte er sich zu Hofner schon immer hingezogen, und eine sonderbare Vermengung von Abneigung und Gefasstheit bemächtigte sich seiner, denn er hatte das zwingende Gefühl, dass Hofner dazu berufen war, daran mitzuwirken und dass er mit diesem Telefonat einer Antwort näher kommen würde, als er sich vorstellen konnte. – Das Freizeichen ertönte. Hofner nahm ab, und nach einigen allgemeinen Worten zu Familie, Bangkok und dem aktuellen Marktgeschehen erklärte Philip den wahren Anlass seines Anrufs. Aber auch von Hofner wurde die Torbach'sche Frage »Wie definiert man das Worin für den persönlichen Ansporn, in dieser Arbeit vollkommen zu sein?« nicht näher beantwortet. Im Gegenteil: Da Hofner wusste, dass ein Trader – ein von Gefühlen bewegter, dennoch bewusster Mensch – jede seiner Handlungen als Stufe empfand, über die er zur nächsten emporgehoben wurde, versuchte er, Philip äußerst vorausschauend zu erklären, dass das Problem bei der Antwort auf seine Frage nicht darin bestand, dass eine geheime Einzelinformation fehle, die das richtige Verständnis ermögliche. Deswegen ließe sich die Frage nach dem Sinn des Tradings auch nicht durch die Entdeckung neuer Fakten beantworten, und Hofner sagte einzig: »... der Lösung, lieber Philip, näherst du dich eher an, wenn du über jene Dinge nachdenkst, über die die Tradeergebnisse eines Handelstages oder ganz allgemein das Handelskonto schweigen.«

Mannomann!!! Was soll denn nur die Heimlichtuerei?

Dass auch Hofner ihm nur vorerst lediglich Hinweise und den Rat, andere Trader zu fragen, aber keine Antworten gab, erzeugte in Philip weitere Beunruhigung, denn auch wenn er einst angenommen hatte, es handele sich um eine *ganz* gewöhnliche Frage mit einer ganz gewöhnlichen Antwort, musste er zum Erbrechen deutlich feststellen, dass sich dahinter scheinbar mehr als nur eine Beantwortung mit zwei, drei belanglosen Sätzen verbarg. Philip erachtete es daher als zuträglich, sich zu vergegenwärtigen, dass er es bei der Suche nach dem »Wozu« nicht im Mindesten mit einer Stegreif-Frage-Antwort zu tun hatte, sondern vielmehr mit einer schwierigen Fragestellung, die es noch dazu augenscheinlich nie lange bei ein und derselben Antwort aushielt. – *Oh Mann!*

Philip beschlichen zwar flüchtige Bedenken, ob er diesem Unternehmen denn überhaupt gewachsen sei, doch er wollte und konnte nicht locker lassen, denn wenn er einmal die Fährte aufgenommen hatte, gab er die Verfolgung so schnell nicht wieder auf. Gleichwohl: Die Suche – wie lange würde sie noch andauern?

*

Einige Tage später. Ein Dröhnen von Metall erklang, gleichzeitig wurde Philip leicht zurückgeworfen. Der Zug hatte seine Reise von Bangkok nach Ayutthaya, der alten siamesischen Hauptstadt, begonnen. Das gleichmäßige, rhythmische Schlagen, das von den Rädern auf die Waggons übertragen wurde, wenn sie über die deutlich zu spürenden Dehnfugen der Schienen glitten, folgte in immer kürzeren Abständen, als der Zug Nummer 259 an Fahrt gewann.

Es war ein heller, klarer Tag, und nach wenigen Kilometern war das weltstädtische Getriebe einer ostasiatischen Metropole, der die Engländer seit dem ausgehenden 19. Jahrhundert bis zum Ende des Zweiten Weltkriegs einen Teil mitteleuropäischer Struktur aufgeprägt hatten, verschwunden. Vom gleißenden Sonnenlicht begleitet, endete der Blick abwechselnd auf Reisfeldern und deren Bewässerungsgräben, kleinen Dörfern mit ihren unzähligen Wäscheleinen, die es – dicht behängt – unmöglich machten, etwas von dem dahinter stattfindenden Leben mitzubekommen.

Philip lehnte sich zurück und spürte wieder, wie sehr er Zugfahrten liebte. Während man am Leben der Menschen draußen vorbeijagte, drängte das in den letzten Tagen Erlebte die Metapher vom Leben als Zugfahrt geradezu auf: Wie ein fahrender Zug war auch das Leben gleichsam in Bewegung, und es wäre schön, könnte man daran glauben, dass auch die eigene Lebensreise eine Richtung und ein Ziel hatte. Auf jeden Fall aber bewegte sich etwas. Vorwärts. Und zwar ziemlich schnell. Das Leben hatte Höhen und Tiefen, nahm überraschende Richtungswechsel; und es hatte ein festgelegtes Ende, welches man als »Ankunft« oder »Ziel« ansehen mochte – oder auch nicht –, oder sogar als neuen Anfang; jedenfalls bezeichnete man dieses Ende landläufig als Tod. Manche Beziehungen und Erlebnisse, ja selbst die gewichtigsten Verpflichtungen, schienen manchmal kaum länger zu währen als ein flüchtiges Winken aus einem Zug. Ein kurzer Blick … und schon waren sie vorbei. Leben hieß, in Bewegung zu sein. Manchmal allerdings hegte Philip den Wunsch, es möge doch etwas langsamer gehen – und hin und wieder wünschte er sich sogar, für einen Moment aussteigen zu können …

Die alte Diesellok schleppte den Zug in eine langgezogene Linkskurve, und während viele seiner Berufskollegen bei einer Zugfahrt – sei es zur Arbeit oder woandershin – zu oft darauf konzentriert waren, die *Financial Times* oder das *Wall Street Journal* zu studieren, oder die Zeit nutzten, um ihren Palm Pilot das fünfte Mal die Woche upzugraden, sah Philip einfach nur aus dem Fenster. Und als der Zug in plumper, aber zielgerichteter Eilfertigkeit weiter entlang dieses Flickenteppichs aus smaragdgrünen Reisfeldern und Dörfern in Richtung Ayutthaya pufferte, kamen Philip mancherlei Gedanken. In den letzten Jahren hatte er eine ganze Menge über die »Lebensreise als Trader« gehört und an sich selbst erfahren: Eine Reise von der Stadt der Kontoeröffnung zur Burg des Zweifels, über den Sumpf der Verzagtheit, vorbei am Jahrmarkt der Eitelkeiten zur Stadt der Demut, und es gab unzählige Zwischenstationen; jene bestimmten Augenblicke eines Traderlebens, die man ebenso als »Übergänge« wie auch als »Wendepunkte« bezeichnen könnte, und Philip grübelte, was ein Trader auf dieser inneren Reise eigentlich die ganzen Jahre über in der Summe lernte … *Hmmm?!*

Er erinnerte sich, einst gelesen zu haben: »Voller Erwartung zu reisen ist etwas Besseres, als anzukommen.« Aber: »Voller Erwartung zu reisen« unterstellte, so Philip in Gedanken, dass eine

Reise irgendwohin führte, schließlich war eine Reise kein zielloses Umherstreifen – nein, sie hatte Richtung, ein Ziel und einen Sinn. Ohne Grund, demnach Zweck, ging es nicht, sofern man das Leben als Reise betrachten wollte. Und nebelhaft zogen ihm weitere Gedankenfetzen durch den Sinn …

Auf all seinen Reisen als Trader lernt ein Trader also was … ?

Okay – er lernt, was es heißt, ein Trader zu sein.

Aber warum interessiert mich so 'ne blöde sch… Zahl und so'n sch… Chart?

Mal angenommen, dass alles Wichtige seine Bedeutung von etwas noch Wichtigerem erhalten muss – Wie sieht das demnach bei mir aus?

Geht's mir ums Geldverdienen?

Brauche ich mehr Geld?

Für WAS genau brauche ich mehr Geld?

War ich vor dem Trader ein armer Mann?

Oder geht es mir um meine Hobbys? Meine Freizeit?

Wenn ja – um welche genau?

Habe ich das Traderleben zu deren Ausführung wirklich gebraucht? – Oder konnte ich diese auch als Bäcker oder Postbote bestreiten?

Doch was heißt es denn nun, Trader zu werden – ein Trader zu sein … ?

Was ist der Zweck meines Tradings?

Verheize ich die Axt als Brennholz, oder benutze ich sie, um Brennholz zu gewinnen?

… Mannomann!

Ich will endlich ENTSPANNEN und nicht ständig diese Fragen im Kopf haben!

Vor ein paar Tagen war eine unscheinbar klingende Frage wie ein Faden in sein Leben gekommen, hatte sich seitdem unablässig verknäuelt und verknotet. Mittlerweile überblickte er nicht mehr alle Windungen, konnte das Durcheinander sich überschneidender Gedanken, Gefühle und Erwägungen schon gar nicht entwirren. Selbst die Enden des Ganzen drohten ihm zu entgleiten, und während Philip noch mit sich rang und zu keinem Ergebnis kam, rissen ihn ungewohnte Geräusche aus seinem Sinnieren, denn im Zug schwirrten plötzlich Getränke und Snackverkäufer umher – das Catering war perfekt organisiert.

Philip gab seine Bestellung auf, und als er auf dem gegenüberliegenden Gleis einen anderen Zug langsam vorübertuckern sah, beobachtete er zum Zeitvertreib die Waggons, auf denen einige Männer in flatternden T-Shirts zuoberst auf dem allerletzten saßen, und plötzlich, gedankenversunken an seinem Snack herumknabbernd, kam Philip das spezielle Abendessen von vor einigen Tagen wieder in den Sinn.

In der vorherigen Woche hatte das Eröffnungsbankett des neu gegründeten, ultranoblen Dinnerclubs namens »Livin« stattgefunden, und der Besitzer hatte nicht nur John mit Frau und Mitarbeitern – Stan durfte trotz verlorener Wette natürlich auch anwesend sein – eingeladen, sondern neben vielen anderen mehr oder weniger prominenten und wichtigen Leuten auch Kollegen anderer Handelsbüros, darunter unter anderem auch Tony und dessen Mitarbeiter, um alle mit Delikatessen wie kaltem gesalzenen Huhn, Katzenwels in Thaicurry und natürlich Eichhörnchenfisch zu verwöhnen. Da John und Tony sich schon länger kannten und einander schätzten, wurde im Laufe des Abends enger zusammengerückt und nicht nur die Plätze, sondern auch die ein oder andere Information ausgetauscht.

Tony erzählte, dass er um ein Haar hätten absagen müssen, da er und seine Jungs alle Hände voll zu tun hatten. In den letzten Tagen hatte er zahlreiche neue Mandanten gewinnen können, unter anderem russische Geldgeber mit dicken Konten und handgenähten Anzügen sowie zwei holländische Unternehmer, mit denen die Handelsmandate durch Mundpropaganda angepriesen wurden. Zu Tonys üblichen Mandanten gehörten neben Firmen auch Pensions- und Beteiligungsfonds sowie große und unabhängige Anlageverwalter. Kurzum: Sein Geschäftsfeld bestand aus Asset Management für institutionelle Vermögensverwaltungen und umfasste jede Art der Verwaltung von Anlagewerten sowie spezialisierte Investmentlösungen. Einst in der Schweiz gegründet, hatte das Handelsbüro inzwischen auch in anderen Ländern Fuß gefasst. Tony selbst war, in der Absicht, hier eine arbeitsfähige Filiale seiner Trading-Gesellschaft zu etablieren, vor vier Jahren nach Bangkok übergesiedelt. Sein Handelsmandatsaufkommen war kontinuierlich gewachsen und so beherbergte sein Büro mittlerweile zehn Händler. Und wie alle erfahrenen Händler an allen Orten der Erde liefen diese zwischen dem ständigen Wechsel von Trends, Zeiteinheiten, Korrekturen, zügigen Bewegungen und allem, was sonst noch zur optischen Landschaft des Handels gehörte, in einer entschiedenen Gemütslage umher; wie alle anderen Trader lasen und hörten sie täglich einige Dutzend Nachrichten, wobei sich ihnen aber nicht mehr die Haare sträubten – sie waren nicht mehr bereit, sich über sie aufzuregen oder sogar vorschnell einzugreifen, denn auch sie hatten gelernt, dass wenige Augenblicke später der Reiz schon durch neuere Nachrichten aus dem Bewusstsein verdrängt wird. Und wie alle anderen Trader fühlten sie sich von Plustrades, Minustrades, Leidenschaft, Opfermut und Größe umgeben, alles vereint in einem sie umgebenden Knäuel. Dennoch konnten und wollten sie nicht zu Abenteurern werden, denn sie waren freiwillige Gefangene in einem Haus von Disziplin und Regelwerken – doch wenn sie gegen Abend freikamen, so gehörten sie jener Sorte von Händlern an, deren Disziplin, mit der sie nun nichts mehr anzufangen wussten, in purer Vergnügungssucht explodierte – oder mit anderen Worten: In den Zeiten, da sie nicht an die Märkte dachten, pflegten sie ihren Magen, frönten Lust und Weib und waren jeden Abend in einer anderen Bar beziehungsweise auf einer anderen Party anzutreffen.

Philip war Johns Einladung nicht ungelegen gekommen. Im Gegenteil, sie gab ihm, als er von der Anwesenheit Tonys und dessen Jungs mitbekam, unverhofft einen weiteren Auftrieb. Vielleicht käme es hier zum unverhofften Durchbruch in Sachen »Worin besteht der persönliche Ansporn, in dieser Arbeit vollkommen zu sein? Warum gibt man sein *Bestes*?«

Während Tony am rechten Ende des langen, festlich eingedeckten und geschmückten Tisches, in dessen Mitte die Kerzen flackerten und tropften, über die letzten CoT-Daten redete, welche die Positionierung der in drei Gruppen einteilbaren Trader, nämlich die *Commercials*, sprich: professionelle Hedger, und die Trader der *Large Speculators* sowie die *Small Speculators*, repräsentierten, wurde am linken Teil des Tischs über die momentan sinkende Volatilität und die Erwartung auf stärkere Bewegung der Preise gesprochen. Dann würden bei ihnen, so ein junger Händler namens Antonio, Optionsstrategien zur Anwendung kommen, die idealerweise eine Kombination aus Prämieneinnahme und Gewinn aus einem ansteigenden Vega offerierten. Optionen, nahm Thomas, ein anderer Händler aus Tonys Büro, den Faden auf, böten hierbei einen großen Vorteil gegenüber dem direkten Engagement in einem Future, da man so verschiedene Optionsstrategien miteinander kombinieren könnte, denn die Anzahl der möglichen Optionskombinationen und Strategien war riesig.

Während seine Kollegen für jede erdenkliche Situation eine passende Umsetzung besprachen, hatte sich Philip entschlossen, gegen Ende des Hauptgangs das Gespräch auf das Zugrundeliegende und damit auf die Beantwortung der in ihm brennenden Frage hinzulenken und abzukürzen. In einem passenden Moment stellte er »scherzhaft« in den Raum, von den Jungs genaue Angaben darüber zu verlangen, was sie zum Thema »Worin besteht euer persönlicher Ansporn, in dieser Arbeit vollkommen zu sein? Warum gebt ihr euer *Bestes*?« meinten … *Ohohoooo!?*

Die Konversation auf dieser Seite des Tisches brach plötzlich ab. Tony, dick und scherzhaft von Erscheinung, im gestärkten weißen Hemd, hielt, einen Augenblick unangenehm berührt nachdenkend, den Rauch der Zigarre zwischen den geöffneten Lippen zurück, und auch Bob mit seinen 1,90 Metern, dem Übergewicht und den muskelbepackten Armen, die wie Baumstämme wirkten, verschlug es die Sprache, und beide ließen prüfende Blicke über Philip gleiten. In ihrer langjährigen Praxis hatte noch kein Trader mit solch rückhaltloser Offenheit Auskunft über das persönliche »Wozu« verlangt.

Philip konnte ihr Unbehagen deutlich spüren, kannte er dieses doch von sich selbst. »Sorry … ähm … ich wollte euch nicht bedrängen. Hat mich nur gerade eben mal interessiert!«, versuchte er, die Situation zu retten.

John, in seinen Stuhl zurückgelehnt und ein Bein über das andere geschlagen, betrachtete schmunzelnd das Treiben, während fast alle anderen Händler Philip eher missbilligend ansahen und sein Begehren eine komische Auffassung nannten.

»Uns geht es natürlich um den *Erfolg*!«, äußerten sie sich kurz und knapp und so gut wie einstimmig dahin gehend, dass zum einen die zufriedenstellende Betreuung ihrer Mandanten über ihre Absichten doch wohl keine Zweifel ließe, zum anderen wollten sie natürlich zu einem noch bedeutenderen Handelsbüro anwachsen.

O-okay. Es geht um Erfolg … gut, klingt auch plausibel!

Aber …

Mo-moment!

Erfolg im klassischen Sinne meinte doch das Erreichen von gesteckten Zielen, etwa, es bis zum vierzigsten Geburtstag zum Betriebsdirektor gebracht zu haben, oder auch, wie so oft auf der Leinwand zu sehen, »bloß« ein altmodisches Mädchen zu sein … mit einem »altmodischen Millionär«. Philip kam das Lied »I did it my way« in den Sinn, brachte doch Frank Sinatra damit tief im Inneren eine Saite zum Klingen, die dem Bedürfnis entsprach, am Tagesende sagen zu können: »Heute bin ich ein echter Mann gewesen. Ich habe dies oder jenes erreicht. Kurzum: Mein Arbeitstag war nicht bedeutungs-, nicht erfolglos!« – *Mhm … !?* Aber Philip stellte sich die Frage, wie denn *Erfolg* bei einem Börsenhändler definiert werden konnte, schließlich gab es ja genügend

Tage, an denen man nur in die Börse einzahlte, gleichwohl die fachlichen Aspekte richtig, ja nahezu perfekt waren!

Also noch mal: Wie, bitte schön, definiert ein Trader Erfolg?

Definiert das Tagesergebnis den Erfolg oder das an den Tag gelegte *Verhalten*? Philip hätte mit den Jungs aus Tonys Büro ja gern über dieses Thema geplaudert, denn eine Frage drängte übermächtig aus ihm heraus: Welche Rechte genießt ein erfahrener Trader? Welchen »Betreff« darf er auf die Schecks notieren, um diese dann für die ganze Plackerei einzulösen?

Doch Philip fragte lieber nicht, denn er glaubte, in ihren Augen weiterhin lesen zu können: »Was soll denn nur der Scheiß … ?!« – »Ist der irre … ?!« Aufgrund dieser Skepsis erinnerte sich Philip wieder an Johns Worte, dass Trader mehr oder weniger sauer auf diese Frage reagierten, weil es ihren Ernst störe, und während das mikroskopisch kleine Dessert – so eine Art geschmorter Rhabarber mit Mandel und Vanilleeis – serviert wurde, fragte sich Philip im Stillen, ob die Jungs vielleicht mit *Erfolg* meinten, dass es einfach darum ginge, generell etwas zu erreichen? Was ihm so weit auch verständlich erschien, da schließlich alle Menschen nun mal das Gefühl brauchen, in irgendeiner Disziplin etwas geleistet zu haben; und sei es nur, dass man als Schuljunge im größeren Bogen pinkeln konnte als alle anderen. Der Jugendliche wollte das neueste Handy; der Angestellte bestand auf einer grüneren Topfpflanze, einen besseren Stuhl und das Recht, anstatt braune Ordner weiße benutzen zu dürfen; die Sängerin bei der Talentprobe träumte davon, wie Madonna zu sein; jedes Kind auf dem Bolzplatz spielte für die Nationalelf … und ein Handelsbüro wollte statt bisher zehn nun zwanzig Handelsmandate oder zwanzig statt bisher zehn Handelsplätze oder eine Mandatssumme von hundert statt bisher vierzig Millionen.

Erfolg!?

Etwas erreichen?! – Auch da könnte ein Sinn enthalten sein, hm … – aber … !?

Erfolg konnte sowohl relativ als auch absolut sein, urteilte Philip und – während die weißbehandschuhten Kellner von Tisch zu Tisch liefen, um nachzuschenken – stellte sich, inspiriert von der Barmusik an jenem Abend, einen Mann vor, der es als Geiger zu etwas bringen wollte: Dieser könnte sich ein *relatives* Ziel setzen, nämlich gut genug zu werden, um seinen Lebensunterhalt durch kleinere Auftritte in Bars und Hotels zu verdienen; oder er nahm sich vor, Mitglied des berühmten London Symphony Orchestra zu werden; oder sogar, dort nicht irgendeine, sondern die *erste* Geige zu spielen; und so weiter und so fort. In jedem dieser Fälle wäre der Erfolg im Hinblick auf das definiert, was der Betreffende meinte, erreichen zu können, nicht nach Maßgabe des absoluten Erfolgs, den ein Geiger erlangen konnte. Wer stattdessen *diesen* Erfolg anstrebte, würde *alles* tun, um der *weltbeste* Geiger zu werden. Für ihn zählte ein relativer Erfolg also nicht als Erfolg. Demnach gab es mehrere Möglichkeiten, um *Erfolg* zu betrachten. Während der eine sich auf die Erbringung bestimmter Leistungen konzentrierte, fokussierte die andere Sichtweise auf die Entwicklung einer bestimmten Fähigkeit, die man innehaben möchte. Hier waren die äußeren, die monetären Zeichen des Erfolgs lediglich der sichtbare Beleg einer wichtigeren inneren Wandlung oder Vervollkommnung. Der eine Geiger freute sich über seine kleinen Auftritte und die Gage, die seine Familie ernährte, ein anderer freute sich über seine Berufung ins berühmteste Orchester, weil diese bewies, dass er der Spitzenspieler geworden war, der er immer sein wollte.

Jaaa, toll, so weit klar – aber wie sieht das im Trading aus?!

Mittlerweile war es schon sehr weit nach Mitternacht, der Streifzug durch die kulinarischen Genüsse Asiens fand langsam ein Ende, und über der festlichen Atmosphäre lagen das Gesumme, Gelächter, Gekicher und Liebesgetändel übernächtigter und ausgelassener Menschen.

Philip brannte der Mund von den verschiedenen in Kokosmilch gekochten Fleisch- und Fischcurrys, den unterschiedlichen Geflügel-Satays und den Suppen, bei denen der Koch keinerlei Gedanken an die nicht so robusten europäischen Gaumen verschwendet hatte. Und während die Feier sich dem Ende neigte, die Jungs, mittlerweile draußen auf der Terrasse verweilend, gleichsam zur Erholung der Gespräche über die Märkte zu dem angenehmeren Thema *Frauen* gewechselt hatten, differenzierte Philip, etwas abseits und alle Anwesenden einzeln der nach Reihe betrachtend, in Bezug auf die Anatomie des Erfolgs im Trading nun ebenso zwischen mehreren Arten, mithin zwischen *relativem* und *absolutem* Erfolg – zwischen der höchstpersönlich erreichbaren Messlatte und der Topleistung bei allem, was man als Trade anpackte. Den einen interessierte das Erreichen bestimmter Geldziele: »... 1.000 Euro am Tag«; den anderen die Entwicklung einer bestimmten Fähigkeit: »... will mich endlich disziplinieren«, sowie natürlich die Kombination aus beidem. Ein anderer verstand unter Erfolg das Ziel seiner Anstrengung oder die berufliche Laufbahn: »... will Fondsmanager werden« oder »... das coolste und tollste Handelsbüro eröffnen«; einen weiteren die kreative Leistung: »... will den Topindikator zur Vorhersage kreieren«. Noch ein anderer wiederum möchte der Top-Megafernsehguru werden, der von der größten bis zur kleinsten jede Marktbewegung im Voraus analysieren kann und dieses im Schein der Kameras in die Welt hinausposaunen darf. Wiederum ein anderer sah im Erfolg den persönlichen Akt des Werdens, die vollständige Nutzung des eigenen Potenzials und nicht den damit zufällig verbundenen Job des Chartinterpretierens.

Hmmm, ... Mann-o-mann!

Erneut stand Philip vor der Frage »Verheize ich die Axt als Brennholz, oder benutze ich sie, um Brennholz zu gewinnen?« Abermals musste er feststellen, dass diese Frage so knifflig war, dass sie nicht im Vorbeigehen beantwortet werden konnte! Je länger er Aussagen dazu hörte, desto mehr kam er sich wie in einer unterirdischen Höhle mit vielen Ausgängen vor. Nur waren sie nicht beschriftet! Nirgendwo stand: »Zur Oberfläche«, »Ins Nichts«, »Sackgasse« oder auch nur »Könnte vielleicht richtig sein«.

Donnernd rollte die Lok an einer Gruppe von Reisbauern vorbei, die dem Zug zuwinkten. Als er langsam im Bahnhof eines kleinen Dorfes einfuhr und sich das rhythmische Schlagen der Räder verlangsamte, holte Philip das Rasseln ritueller Glocken aus seinen Gedanken. Er spähte durch das rußige Fenster. Ein dunkelhäutiger Junge von neun oder zehn Jahren rannte, auf das Fenster zeigend, draußen neben seinem Abteil her und hielt einen Lappen und einen mit braunem Wasser halb gefüllten Eimer hoch. Seit Philip in Thailand angekommen war, hatte er all dieses mit einem Kopfschütteln abgelehnt: Schuhputzer, Besichtigungstouren, edle Stoffe, angeblich zu 100 Prozent originale Marken-T-Shirts. Er hatte Bettler und zahlreiche sexuelle Angebote, die manchmal offen, manchmal diskret durch Zwinkern geäußert wurden, abgelehnt und natürlich jede Art des Geldtauschs, bei dessen Geschwindigkeit jeder Broker der Welt vor Neid erblasst wäre. *Jetzt endlich*, dachte er, *bietet mir aber jemand etwas an, das ich tatsächlich brauche*. Mit einem Nicken stimmte er dem Jungen zu, der mit einem breiten Lächeln reagierte.

Entzückt darüber, dass Philip ihm sein Tun erlaubt hatte und dabei zusah, putzte der Junge die Scheibe mit langen Schwüngen. Nachdem Philip ihn durch das halb geöffnete Abteilfenster entlohnt und dann verscheucht hatte, da er nicht aufhören wollte, ihn anzustarren, lehnte Philip sich zurück und fragte sich schon fast automatisch, welchen Grund das *Fensterputzen* für den kleinen Jungen hatte. – *Kein Wunder!* Ihm gingen nur noch dergleichen Fragen durch den Kopf. Kopfschüttelnd lief er durch den Waggon, damit der Strom mittlerweile nervender und bescheuerter Gedanken endlich abriss, aber … Fehlanzeige!

Ging es dem Jungen um einen sauberen Zug?

Ging es ihm darum, dass ich auf meiner weiteren Fahrt einen klaren Ausblick habe?

Ging es ihm darum, von seinen Freunden bewundert zu werden?

Wollte er schlicht und einfach nur eine Aufgabe, eine Beschäftigung haben?

Ging es ihm nur um die Scheine aus Papier?

Ging es ihm um das, was auf den Scheinen draufsteht – den Geldwert?

Was aber macht er mit dem Geld?

Will er seine Familie ernähren?

Will er sich weiterbilden? Ein Schulbuch kaufen?

Will er nur seinen Spaß damit finanzieren? Eine Fahrt auf dem Karussell kaufen?

…

TEUFEL!!!

Ich will endlich mal ENTSPANNEN und nicht ständig diese besch… Fragen im Kopf haben!

Ein Schaffner gestikulierte wild mit dem Zugführer, eine Stimme erklang laut knackend aus dem Lautsprecher des Bahnhofs, der Schaffner pfiff, der Zug antwortete. Der Bahndamm schob sich langsam beiseite, der Zug nahm wieder Fahrt auf, die Landschaft glitt gleich einem Chart als bewegtes Bild im Rahmen des Abteilfensters vorbei, und der Fahrtwind sorgte in dem stickigen, verstaubten Zugabteil wieder für eine angenehmere Temperatur. Drei Stationen später, dazwischen vorbeifliegende Felder und Herden von Wasserbüffeln, hatte Philip seinen Zielort erreicht.

Hinter den Bahngleisen führte ein staubiger Weg hinauf zu einer breiten, von Schlaglöchern unterbrochenen, ausgetretenen Dorfstraße, die Philip, sein Ziel schon vor Augen, nun entlangschlenderte. Rechter Hand befanden sich mehrere kleine Märkte mit Ständen, Geschäften und Handwerksbetrieben, in denen Holz- und Metallgegenstände hergestellt und zum Verkauf angeboten wurden. Hin und wieder tauchten auch kleine Buden auf, in denen man sämtliche Dinge des täglichen Bedarfs – also wirklich alles, was man sich nur vorstellen konnte – kaufen konnte. Die meisten der Händler saßen vor ihren Geschäften und tranken Tee. Am Ende der Straße schritt Philip eine breite Steintreppe hinauf, auf deren Stufen alte Frauen auf Tüchern ausgebreitete Waren anboten: winzige Gewürzbüschel, Nüsse, Streichhölzer und Räucherstäbchen, von denen einige glimmten und einen irritierenden Geruch verbreiteten, sowie eine Unzahl von Dingen, deren Nutzen Philip im Vorübergehen nicht enträtseln konnte. Am Ende der Treppe stand Philip vor seinem Ziel: dem Shaimk-Kloster, dem Ort seiner Verabredung!

In den letzten Tagen hatte Philips Wunsch nach einem weiteren Treffen mit dem Mönch seinen Höhepunkt erreicht, denn die Vorstellung, dass Torbach zu etwas imstande war, das er selbst nicht zuwege brachte, hatte ein zwingendes Bedürfnis erzeugt, mit diesem Mann zu sprechen und seine Gedanken zu hören. Philip hatte tausend Fragen …

*

Durch weit geöffnete Tore betrat Philip das Innere des Klosters – einen Ort der Stille und der Abgeschiedenheit. *Tempel*, *Kloster*, wie auch immer – das war für Philip, wie für viele andere Menschen auch, noch etwas Mystisches, von dem man zwar gewisse Vorstellungen haben mochte, mit dem man aber keine konkreten Erfahrungen verbinden konnte. Er sah lächelnde Mönche, berühmt dafür, sparsam mit ihren Worten sein. *Klar*, das waren Menschen, die den Wert des Wortes kannten und nicht unnütz zu schwätzen pflegten, und Philip verstand: *Ab hier Klappe halten!*

PIEP … PIIEEP … PIIIIIEEP …

Mit ansteigenden Klingeltönen kündigte Philips Handy den Eingang eines Anrufs an. – *Himmelherrgott!*

Ein Mönch in unmittelbarer Nähe blickte Philip an.

»Oh, Entschuldigung, ich wollte Sie nicht stören!«, entschuldigte sich Philip auf Englisch in der Hoffnung, der Mönch könnte ihn verstehen. – *FUCK!*

Der Mönch lächelte und schüttelte sachte den Kopf. »Keiner wird jemals von einem anderen gestört. Es ist immer man selbst, der die eigene Ruhe stört!«

Wie wahr! – Wie wahr!

Piep … PIIEP… PIIEEEEEEEEEP …

Philips Handy, in irgendeiner Seitentasche des Rucksacks verstaut, meldete sich mit weiter ansteigendem Klingelton. Es hatte geradezu den Anschein, als wollte ihn dieses Ding absichtlich blamieren. – *Shit … !*

Ein etwas abseits stehender Mönch schaute Philip, dem diese Situation sichtlich mehr als peinlich war, belustigt zu, wie dieser sein Handy in aller Eile aus dem Rucksack zu bekommen suchte und es dann, ohne den Anruf entgegenzunehmen, auf lautlos schaltete und genervt zurücksteckte. Er schritt auf Philip zu, und als dieser ihn bemerkte, wurde das fadenscheinige Geflecht mit einem Schlag wieder dichter und konkretisierte sich zum Bild eines älteren, aber rüstig erscheinenden Mannes, der sich kontrastreich gegen den Himmel abhob. *Torbach!*

Lächelnd trat er Philip entgegen und kramte dabei vor dessen Augen in seiner eigenen umhängenden Ledertasche, zeigte Philip sein Handy und meinte lachend, dass auch ihn dieses Anruf- und SMS-Gepiepse nerve.

Daraufhin war das erste Eis gebrochen, und beide schlugen zur Begrüßung herzliche, ja fast persönliche Töne an, wobei Torbach sich sogar schmunzelnd dafür bei Philip entschuldigte, ihm nichts von seinem Vorleben erzählt zu haben.

Beide gingen einige Schritte, und Philip wunderte sich darüber, dass er hier überraschenderweise sehr viele *Farang-Mönche* – weiße, europäische Mönche – sah, was Torbach mit dem Hinweis erklärte, dass diese Tempelanlage ein sogenanntes Meditationskloster sei, welches sich, so wie viele andere Klöster auch, in den letzten Jahren durch millionenschwere Spenden sehr schön entwickelt habe und neben den Einheimischen auch für viele andere Menschen aus aller Welt zu einem zeitweiligen Rückzugspunkt aus dem Alltag avanciert sei.

Philip sah sich interessiert um: Es war ein überaus sehenswerter Tempel, der teils aus Marmor erbaut und mit Glasfenstern und chinesischen Porzellanfliesen dekoriert war. Wie eigentlich jedes Kloster oder jeder Tempel in diesem Land war auch dieses auf seine Art ein Meisterwerk buddhistischer Architektur.

Und während Torbach einige Worte darüber verlor, dass das Leben im Kloster sehr schlicht sei, dass Lesen, Meditation und die Arbeit im Tempel in der Regel den Tagesablauf bestimmten, trafen beide zufällig auf den weiß gekleideten Adjan, den Lehrer dieses Tempels. Nach einer kurzen Vorstellung führte er sie eine Treppe hinauf in eine große Meditations- und Versammlungshalle, die Philip erst nach einem dreimaligen Wai, dem rituellen Gruß, betreten durfte. Der Adjan sprach ein gutes Englisch, und Philip erfuhr weitere Details und Fakten und – zu seinem eigenen Erstaunen – unter anderem auch, dass es für die reichen Familien als große Ehre galt, wenn der Sohn ins Kloster eintrat. Für die Ärmeren wiederum bedeutete es die Chance zum sozialen Aufstieg, da es in Thailand Brauch war, dass jeder junge Mann für eine bestimmte Zeit ins Kloster ging – und rund 95 Prozent der Bevölkerung waren Buddhisten! Während dieser Zeit sammelten sie »Tam Bun« – Verdienstpunkte für das nächste Leben. Philip sah sich um und bemerkte viele junge Männer, die offensichtlich gerade dabei waren, ihr Punktekonto ordentlich aufzustocken und sich sichtlich wohl dabei zu fühlen schienen. Zum Spaß fragte sich Philip, welches Guthaben denn wohl sein eigenes Punktekonto auswies, wenn jede gute und auch jede schlechte Tat automatisch registriert würde?! – *Eieiei …*

Nachdem der Rundgang durch die ehrwürdigen Hallen beendet war, zeigte Torbach in Richtung der großen Tore und sagte: »Komm, lass uns hier verschwinden!« Kurz darauf traten beide hinaus ins Freie, und nachdem sie eine Weile gegangen waren, blieb Philip stehen.

Er fühlte sich wohl in der Nähe Torbachs und hatte soeben beschlossen, seiner Neugierde endlich die Tür zu öffnen. »Ich habe viel über deine Worte nachgedacht …«, sagte er zur Eröffnung und erzählte dann, was ihn seit Tagen am meisten quälte und als Frage aller Fragen wie eine Lichterkette über seinem Kopf hing: Wie war es nur dazu gekommen, dass Torbach sein Leben als erfolgreicher Händler gegen dieses hier getauscht hatte? »Ich verstehe das alles nicht!«

Torbach gefiel Philips Interesse, und er entschloss sich, ganz von vorn zu beginnen, und was in der Wirklichkeit Jahrzehnte in Anspruch genommen hatte, war, auf die wichtigsten Punkte verdichtet, in wenigen Augenblicken erzählt. Philip erfuhr, dass sich Torbach als junger Mann der Großstadt, dem Studium und der Wirtschaft an die Brust geworfen hatte – und verschlungen worden war. Seine Eltern waren mit Geld nur spärlich ausgestattet gewesen; folglich rechnete er es ihnen so hoch an, wie er nur konnte, dass sie alles daran gesetzt hatten, um ihm eine gute Ausbildung und anschließend das Studium zu ermöglichen.

Als die beiden nach rechts in eine Gasse Richtung Dorfgrenze abbogen, berichtete er gerade, dass seine Lehrer und Ausbilder große Stücke auf ihn gehalten hatten – und deren Vorbild nachzuleben war zu Beginn sein Herzenswunsch gewesen. Eine Laufbahn als bedeutender, einflussreicher Mensch, der Umgang mit – laut ihren Visitenkarten – anderen wichtigen Menschen hatten ihn über alles gelockt, und so kehrte er nach und nach mit den von ihm begehrten Diplomen und Abschlüssen heim. Auf diesem Wege hatte er dann auch DAX & Co. gekreuzt – und war an ihnen hängen geblieben. »Ich lernte«, fuhr Torbach fort, »dank meiner Kollegen, die hervorragend qualifiziert waren, über die Jahre viel über den Börsenhandel. Aber obwohl mir diese Kollegen *genügend* beibrachten, fühlte ich mich trotz beruflicher Erfolge und immer wichtiger erscheinender eigener Visitenkarten mit den Jahren immer leerer.« Philip erfuhr im weiteren Gespräch, dass es Torbach in seinem damaligen Zustand immer weniger gelang, innere Zufriedenheit zu empfinden. »Während alle in meiner Umgebung vor Freunden und Kollegen mit ihren Studien, ihrem Wissen, ihrem zunehmenden Ansehen oder den neuesten Gedanken aus irgendwelchen Fachbüchern zu protzen und zu prunken versuchten, kam ich mir immer verlorener vor. Ich beobachtete«, sprach Torbach weiter, »meine Kollegen und Bekannten und alle anderen Leute, die unaufhörlich von Charts und sich selbst sprachen, immer intensiver. *Sie* hatten *alles* gesehen, alles getan, alles gedacht, dabei waren ihre Gespräche wie Spiegel, in denen immerzu nur ihre eigene aufdringliche Gestalt erschien. Sie redeten von den geringfügigsten Dingen, die ihnen zugestoßen waren, und meinten, das Interesse, das sie selbst daran hatten, mache sie in meinen Augen bedeutender!«, und im weiteren Gespräch erfuhr Philip, dass es Torbach in seinem damaligen Zustand immer weniger gelungen war, innere Zufriedenheit zu empfinden.

Eine aus Anwohnern und Touristen bestehende Menschengruppe stapfte ihnen entgegen. Torbach wurde von den Einheimischen mit einem *Wai* begrüßt, für dessen Ehrerbietung wie auch dessen Erwiderung bestimmte Regeln galten, die sich Philip nur schwer erschlossen und die er nur mehr oder weniger geschickt nachahmen konnte. So zeigte etwa die Höhe, bis zu der man die Fingerspitzen erhob, an, welchen sozialen Status man dem anderen zubilligte.

Als die Gruppe passiert war, betonte Torbach, dass dieser immer öfter misslingende Umgang mit den eigenen Gefühlen, ohne dass er dies damals bemerkt habe, zu seinem Hauptproblem wurde: Seine alltägliche Lebensweise war geprägt von tief verstrickten Affekten, in denen sich die Zumutungen, Kränkungen und Überforderungen als Händler durch chronischen Ärger, unterdrückten Zorn, schwelende Ressentiments, aber auch durch Ängste, Eifersucht, Hass, Depressionen, kurz: mittels typischer Stressreaktionen ausdrückten, während er sich eines Großteils seines Gefühlchaos eigentlich gar nicht bewusst war und es als anscheinend notwendige Grundspannung eines aktiven Menschen und Traders hinnahm. Und wenn es hin und wieder zu unerträglich für ihn wurde, hatte er versucht, dies rational zu bewältigen und angefangen zu grübeln und zu analysieren oder sich der Bemühung hingegeben, negative Gefühle auszublenden oder zu verdrängen, indem er sich irgendwie ablenkte und seine Probleme bagatellisierte oder überspielte. »Ich ging halt den üblichen Weg«, fasste es Torbach zusammen und fuhr fort, dass seine eigene Begehrlichkeit ihn wie eine gewaltige Geißel angetrieben und erbarmungslos vor sich hergepeitscht und dazu getrieben hatte, mehr und immer mehr zu wollen, sich mehr und immer mehr anzueignen – immer mehr, als er gerade hatte. Er habe wie ein kleines Insekt hoffnungslos darum gerungen, der Welt und seinen Mitinsekten irgendeine kleine Freude abzutrotzen, und sei sie noch so bedeutungslos, aber kaum errungen, habe ihn seine Unzufriedenheit dazu gezwungen, aufzuspringen und wieder loszustürzen und einer zweiten, ebenso bedeutungslosen Freude nachzujagen, die ihn, sollte ihm diese durch irgendeinen dummen Zufall tatsächlich zuteilwerden, ebenso wenig befriedigen konnte, sodass die Jagd aufs Neue losging und er sich immer leerer gefühlt hatte. Die Tage verstrichen und genauso hurtig kamen und gingen auch die Jahreszeiten. »… nur meine Begehrlichkeit war und blieb unendlich.« Torbach verstummte und schwieg für einige Augenblicke.

Philip empfand dieses Schweigen als pure Grausamkeit – zwar *unbeabsichtigt*, trotzdem grausam –, denn er konnte nicht umhin zu erkennen, dass Torbach mit diesen Worten sein, Philips Leben, und das Leben vieler Menschen und vor allem das von Tradern um ihn herum geschildert hatte. – *Mmpf?!*

Der aufwärts verlaufende sandige Weg, an dessen Saum zuweilen noch kleine Tümpel sichtbar waren, führte um eine scharfe Kurve, an deren Kehre eine schlicht gezimmerte Bank stand, deren Standort Ausblick auf die umliegende Landschaft gewährte. Beide setzten sich.

Torbach, entspannt zurückgelehnt, begann damit, Philip die Namen der sie umgebenden Hügel, die das Tal im Norden zu schließen schienen, nennen, indem er jeweils auf die Spitze eines Berges verwies.

Aber Philip blickte nur flüchtig hin, saß nach vorne gebeugt, mit einem neben der Bank gefundenen Stock irgendwelche Kreise in den Matsch des Weges zeichnend. »Und dann hast du einfach so, von heute auf morgen, die Charts, die Kurse, Laptop und Büro gegen das orangefarbene Gewand eingetauscht?«, fragte Philip, der aufgrund dieser letzten Worte momentan gar nicht daran dachte, weitere Details zum ehemaligen Beruf Torbachs als Trader, zu seinem Wohnort oder auch nur die üblichen Details abzufragen.

»Oh nein«, antwortete Torbach gedehnt. »Noch lange nicht!«

Torbach – der sich, *sehr* vorausschauend, dazu entschieden hatte, vorerst nur die eher »grobe, philosophische« Version bekannt zu geben, denn er wollte Philip erst prüfen, ob dieser der »detailliert fachlichen« Version überhaupt standhalten würde – erklärte also, dass er weiter seinem Beruf als, wie er zu Recht betonte, sehr erfolgreicher Händler nachgegangen sei, aber nebenbei zu meditieren gelernt und so großen Gefallen an diesem Ausgleich gefunden habe, dass er damit begann, sich morgens und abends regelmäßig darin zu üben. Seine Konzentrationsfähigkeit habe daraufhin stetig zugenommen, und es sei ihm gelungen, über immer längere Perioden still zu sitzen. In der übrigen Zeit, in der er seinen alltäglichen Aktivitäten nachgegangen sei, aber auch insbesondere beim Handel selbst, habe er an sich außerdem eine empfindlichere, scharfsichtigere Aufmerksamkeit festgestellt sowie einen größeren Klarblick und eine zunehmende Fähigkeit, Probleme selbst alltäglicher Art gedanklich tiefer zu durchdringen und so leichter Lösungen zu finden. »In den folgenden Jahren des Tradings habe ich immer mehr erkannt«, fuhr Torbach fort, »dass meine wirkliche Aufgabe nicht so sehr darin bestand, Wissen, gesellschaftliche Anerkennung, Geld und Macht anzuhäufen, dass es mithin nicht um Dinge ging, die man auch aus Büchern oder in Schulen und Universitäten lernen konnte, in denen ich ja davor bereits viel Zeit verbracht hatte. Ich habe meine Aufmerksamkeit stattdessen auf meine innere Unruhe gelenkt und jene Dinge erkannt, die mir persönlich keine Ruhe ließen. Unter anderem: erstens *Erfolg* und eine *angesehene Stellung* und zweitens … einen *anwachsenden Kontostand.*«

»Aber das ist doch toll?!«, meinte Philip und unterbrach sein Zeichnen im Sand.

»Ach ja?!« Torbach betonte, dass er viel, *richtig viel* Geld durch den Handel verdient, aber dann erkannt habe, dass er aufgrund des Kontostandes und seiner Stellung neuem Stress unterlag, denn: »Wer diese Dinge hat, fürchtet die Menschen, fürchtet die Mächte und fürchtet Strafe. Nach Jahren des aktiven Handels erkannte ich die Dinge, die in meinem Leben *wirklich* zählen und die fast alle Menschen, wenn sie älter werden, als die wichtigsten überhaupt anerkennen. Daraufhin gab ich eines Tages alles auf und traf die wohl beste und befriedigendste Entscheidung meines Lebens!«

»Und das war?«

»Die Dinge des Geistes und mich selbst und meinen Stolz zu meistern!«

Schluck.

»Ich lernte mehr und mehr, mir mein Leben als Trader als vorüberziehendes Schauspiel vorzustellen«, unterbrach Torbach die einsetzende Stille, »… als eine Art Fluss oder Strom, der alle Objekte, jede gemachte Erfahrung, jedes angestrebte Ziel und alle Wünsche an mir, der ich am Ufer sitze, vorbeiträgt. Wenn du über dieses Bild des dahinrauschenden Flusses eine Zeit *nachdenkst*«, Torbach benutzte absichtlich nicht das Wort *Meditation*, »und dabei deinem ruhelosen Geist lauschst, wirst du dir der wahren Bedeutung von *Unbeständigkeit* bewusst. Alles ist in Bewegung, das ganze Leben mit all seinen Erfahrungen, Wünschen und Zielen gleitet so sicher und unwiderruflich dahin wie die durch ein Zugfenster sichtbare Landschaft.«

Willkommen im Hafen des Gleichmutes, dachte Philip in der kleinen Pause, bevor Torbach weitersprach:

»Genau auf die Erringung und Anwendung von *Beständigkeit*, sowohl in den eigenen Gedanken wie in der aus diesen hervorgegangenen Tat, gilt es für jeden Trader auf dieser Welt, sich Tag für Tag aufs Neue zu besinnen und sein Bemühen darauf zu richten!« Torbach grinste. »Also reiht sich unser Berufsstand fein säuberlich in das normale Leben ein und stellt damit gleich diesem Berufsstand«, er zeigte auf die weit entfernten, in der Sonne funkelnden Dächer des Tempels, »keine Ausnahme darin dar, dass ein Großteil der frischen Anhänger in ihrer überwiegenden Mehrzahl gewöhnliche Hohlköpfe sind; bereit zu sehen, was nicht da ist, und zu leugnen, was auf der Hand liegt! … Aber nun erst mal genug von mir!«, brach Torbach, in dem Wissen, dass die Frage nach dem Grund des Aussteigens in keiner Weise detailliert beantwortet war, das Thema abrupt ab. Er schlug sich mit der Hand auf den Schenkel, erhob sich und meinte mit einem strahlenden Lächeln: »Die anderen Fragen, die du stellen wolltest – bitte!« Torbach wies auf einen schmalen, den Hügel weiter hinauf führenden Pfad und bedeutete Philip mit einer Geste, dass er erzählen solle – der Weg zum nächstliegenden Dorf war offensichtlich noch lang …

Philip, dem die momentan fehlende Tiefgründigkeit der Beantwortung nicht im Entferntesten entging, dachte, Torbach würde schon seinen Grund hierzu haben, und ließ eine halbe Minute verstreichen, damit seine weiteren Fragen nicht übereifrig erschienen. »… ich habe lange über unsere Begegnung im Büro nachgedacht.« Und als täte er es hier und jetzt gerade noch, fügte Philip vorsichtig hinzu: »Ich würde mich gern darüber unterhalten!«

»Du meinst die Fragen zum Thema: Worin besteht dein persönlicher Ansporn, in dieser Arbeit vollkommen zu sein? Was ist dein Ziel? Und wann bist du am Ziel?«

»Ja, genau. Und auch über ›Verheizt du die Axt als Brennholz, oder benutzt du sie, um Brennholz zu gewinnen?‹« Philip erklärte, dass sich diese Fragen in seinem Hirn eingebrannt hätten und er hiervon schon Dauerkopfschmerzen habe.

»So war es beabsichtigt!«

Na toll, ist ja auch prima gelungen!

Philip begann von den letzten Tagen zu berichten und äußerte, deutlich erkannt zu haben, dass man das »Wozu« des Tradings zwar im mechanischen Sinne schnell und leichtfertig dahinplappern, besser: sich zurechtlügen könnte, um damit eine geläufige Antwort zu bezeichnen, wenn man es jedoch, aus der Nähe gesehen recht betrachtete, bliebe die Frage ein unergründliches, beunruhigendes und damit persönlich kränkendes Rätsel.

»So, so!« Torbach, der den sich verengenden und steiler werdenden Aufstieg voranschritt, blieb stehen und nickte Philip anerkennend zu. Und mit jedem weiteren Meter, den die beiden gemeinsam den Hügel, der sich langsam zu einem Berg entwickelte, erklommen, verspürte Philip immer weniger Hemmnisse und Distanz zwischen sich und Torbach. Stattdessen entfaltete sich stetig die vollkommene Bereitschaft, alles, was er bereits gedacht hatte oder gerade dachte, aus sich heraussprudeln zu lassen. Was er dann auch tat … Er berichtete Torbach von seinem ständigen Fragenkarussell und Johns Hinweis, der Frage nach dem »Wozu« durch Kontakt zu anderen Tradern auf die Spur zu kommen. Dass er zahlreiche Gespräche und Telefonate geführt habe und dass die meisten zwar auf die Frage nach dem »Wozu« mit einem gespielten Lächeln geantwortet hätten, er aber immer das seltsame, ungewisse Gefühl gehabt habe, dass sich hinter den Antworten etwas – Philip musste erst nach dem passenden Begriff suchen und fand ihn dann auch – »Feigheit« versteckte.

Torbach nickte abermals anerkennend und meinte, ohne sich umzudrehen: »Es erscheint dir also, als ob du die Handelsergebnisse, die unzähligen Stunden vor dem Rechner, die vielen Trades, die umfangreichen Analysen, das umfangreiche Studium von Fachwissen, kurzum: das ganze bewegte Bild der lieben Börsenwelt, durch ein großes, aber dreckiges und verkrustetes Fenster betrachten würdest – und keiner merkt es für sich selbst an seinem eigenen, aber jeder am Fenster des anderen?«

»Ja! Genau! – Bei den Gesprächen mit Kollegen und entfernten Bekannten hatte ich das Gefühl, dass ein Großteil der Trader der Ansicht ist, dass es einerlei wäre, ob es für sie ein Mehr an Sinn gäbe und dass ihre Zeit vor dem Rechner keinerlei Bedeutung hätte!«

»So, so!«

Während beide eine erste Anhöhe erreichten, erzählte Philip davon, dass er erst durch die aktive Suche nach dem »Wozu« bewusst erkannt habe, dass das Dasein von manchem Trader nur darin bestünde, die Märkte zu beobachten, zu analysieren und über sie nachzudenken, zu essen, zu trinken und zu schlafen, wobei die drei Letzteren keinem anderen Zweck dienten, als ihre Lebenskraft und ihren Verstand soweit zu erhalten, dass sie erneut die Märkte beobachten, analysieren und über sie nachdenken konnten, um anschließend wieder zu essen, zu trinken und zu schlafen ... Einige dieser Trader erzielten ja nicht einmal schlechte Ergebnisse. Im Gegenteil, nur leider verhielte es sich so: Zu einer bedeutenden, das Maß des Durchschnitts überschreitenden Leistung als Traders bestens aufgelegt zu sein, ohne dass man auf die Frage des »Wozu« und somit des persönlichen Zwecks eine in sich schlüssige, wasserdichte, daher *befriedigende* Antwort wüsste, dazu gehörte eine enorme menschliche Einsamkeit, womit Trading zu einer Art ... *ja was?* ... einer Art Beschäftigungstherapie avancierte.

»Nur zu, sprich weiter!«, spornte Torbach Philip an, und während die beiden struppige Bäume und Sträucher passierten, erklärte Philip, dass er gedanklich nicht weiterkam. Denn er wusste, was er auch hastig versicherte, dass jene Bedeutungslosigkeit des Tradings bei ihm zwar nicht der Fall sei, dennoch fühle er sich irgendwie *mittelmäßig*, wenn auch nicht im Sinne seiner Trades und deren Ergebnisse, aber in einem recht ehrenwerten Sinne, und daher war es eine wesentliche Überlegung wert, sich in diese Frage zu verbeißen und tagelange, wenn auch momentan irreführende und zu nichts führende Gedanken anzustellen.

Philip berichtete darüber, dass ihm zwar mancherlei persönliche Ziele, Hoffnungen und Aussichten vor Augen schwebten, aus denen er den Impuls zur tagtäglichen Ausübung seiner Trading-Tätigkeit schöpfte, aber diese betrafen, wenn er ehrlich zu sich selbst war – und Philip war es – seine Arbeit *direkt*. »Sei diszipliniert ... Halte dich an Regeln ... Unterlasse *dies* ... Vermeide *das* ...«, zählte er auf. »Alles betrifft aber das Ziel, *Beständigkeit* und *Duplizierbarkeit* zu erreichen. Aber ... was wiederum ist *deren* Ziel?« In seinem Ringen zu begreifen, rief er aus: »Alles Wichtige muss seine Bedeutung doch von etwas noch Wichtigerem erhalten?!«

Torbach hatte geduldig zugehört, wusste er doch, dass Philip einem schwer zu ergründenden Mysterium auf der Spur war, und als Philip endete, blieb er stehen, drehte sich um und erkannte in Philips Gesicht einen seltsamen Ausdruck der Hilflosigkeit. »Also gut, lass mich dir ein paar Fragen stellen, Philip! Vielleicht wirst du selbst auf die Antworten kommen.« Er hustete ein paar Mal leicht, die Steigung schien ihn angestrengt zu haben. »Hast du dich mal gefragt, warum die Fragen rund um das Persönliche, dem ›Wozu‹, dich erst jetzt so gefangen halten und dies nicht vor Jahren taten, als du noch ein Trading-Anfänger warst?«

»Äh ... nein.«

Torbach, der wusste, dass hier sowohl der Startpunkt der Lösung für Philips Problem als auch die Prüfung für eine »fachliche Antwort« der noch offenen Frage nach dem »Warum« seiner eigenen Dienstquittierung zu suchen war, drehte sich wieder um, ging langsam weiter und gab Philip zu verstehen, dass er am besten hier und jetzt damit anfangen sollte, darüber nachzudenken!

Philip, der sich diese Frage in diesem Zusammenhang noch nicht gestellt hatte, trabte nachdenklich hinter Torbach her, und dabei zogen eine Menge Szenen vor den Monitoren und Trading-Bilder längst vergangener Tage an seinem inneren Auge vorüber, erhoben sich in hell beschienener Lebendigkeit und verloschen wieder: Trades, utopisch weit entfernt vom Rumrutschfaktor; Trades, in deren Vorfeld von hohen Dingen geredet wurde, die dann aber schlussendlich doch nur tausend komödiantische Possen trieben, sodass sich ein heimlicher Beobachter vor Lachen kaum hätte halten können; Stunden plötzlichen Zorns, in denen er, die Augen voller Tränen, die Maus durch das Büro geworfen und mit der Faust auf den Tisch geschlagen hatte; Szenen, in denen er eigentlich stinksauer war, aber plötzlich in aufgesetztes fröhliches Lachen ausgebrochen war, als er die betroffene Betretenheit der anderen Anwesenden bemerkte; Szenen mit Kollegen abends in den Bars, wenn er seinen schlecht verlaufenden Handelstag mit züngelnden Worten wieder ins rechte Licht zu rücken versuchte, wenn er sich zuvor im Büro gehen und seinem inneren Schmerz freien Lauf gelassen hatte. Philip durchlebte dies alles – sich, seine Gebärden und sein Mienenspiel, Zurufe, innerliche Anweisungen, freimütige Erzählungen zu Trades, seine Scherze, seine »Ach Sch… !« und »Auweia« und »Bitte dreh!«, als wäre es erst gestern geschehen. Das Merkwürdige aber war, und da gab er dem vor ihm stampfenden Torbach innerlich recht, dass er sich tatsächlich nicht erinnern konnte, in all diesen Bildern, in ihrer außerordentlichen Deutlichkeit und Leuchtkraft, in der Fülle ihrer Details, jemals die Frage nach dem »Worin besteht mein persönlicher Ansporn, in dieser Arbeit vollkommen zu sein? Warum will ich mein *Bestes* geben!?« gestellt zu haben. – *Das kann doch kein Zufall sein!*

Er schlängelte sich um einige auf den Weg ragende Büsche und dachte weiter nach: Erst *durch* die Beendigung seiner Flegeljahre – seit der Zeit also, da er über sein einstiges »Long und short, sooo schwer kann das doch nicht sein« nur noch kleinlaut dachte und sprach, seit er über den freiwilligen Verzicht so einiges Wesentliche gelernt hatte, wie es zweifellos auch dringend geboten gewesen war – waren seine Gedanken in zunehmendem Maße überhaupt erst bereit, diese Frage zu erkennen und nach dem »Wozu« zu ergründen, Teilchen für Teilchen, Szene für Szene.

Mo-Moment … !

Und mit einem Mal – seine Schritte verlangsamten sich, obwohl Torbach bereits um die nächste Biegung verschwunden war – erkannte Philip, ohne dass er hätte beschreiben können, wie, einfach so, als verließe ihn die Kraft, es länger zu leugnen, dass er nach all den Jahren wieder dort stand, wo er sich schon einmal, nämlich ganz zu Beginn seines Tradings, befunden hatte: in jener gedanklichen *Unbeschwertheit* bezüglich der Herangehensweise an den Handel. – *Ja, genau!* Sein Kopf war wieder so frei wie damals bei seinen allerersten Trades. *Man durfte nicht übersehen*, so dachte Philip, der jetzt sogar stehen blieb, *dass sich mit der über die Jahre erlernten* Bescheidenheit der Drang zum freiwilligen Verzicht, die Disziplinquälerei, gepaart mit fachlichem Selbstbewusstsein, schlechterdings wieder zurück ins … *ja, in was eigentlich?* … ins *Stupide* wandelten! – *Genau!*

Schnellen Schrittes eilte Philip Torbach hinterher und teilte ihm, nachdem er ihn eingeholt hatte, seine Gedanken mit, worauf dieser schmunzelnd weitere Details forderte. Im anschließend laut vorgetragenen Monolog Philips kristallisierte sich Folgendes heraus: Es war wohl die große Menge der ihm heute zur Verfügung stehenden freien Zeit, die darauf gedrängt hatte, und sie war es, die zu den Unzuträglichkeiten, den unausbleiblichen Verstimmungen geführt hatte, welche Philip Kopfschmerzen bereiteten und ihm auferlegten, die nervenaufreibende Frage nach dem »Worin besteht mein persönlicher Ansporn, in dieser Arbeit vollkommen zu sein? Warum gebe ich mein *Bestes*? Was ist mein Ziel und wann habe ich dieses erreicht?« zu stellen. Dass er sich diese Frage nicht bereits damals gestellt hatte, war wohl darauf zurückzuführen, dass er zu Beginn seiner Lehrjahre aufgrund seiner hohen, auf anderes gerichteten Aufmerksamkeit weder die Zeit noch die Lust gehabt hatte, überhaupt in Erwägung zu ziehen, dass es eine solche Frage geben könnte; ganz zu schweigen davon, sich diese dann auch noch zu stellen. – *Ja, das wird es wohl gewesen sein! Ja, so könnte es sein!*

Mit voller Aufmerksamkeit hörte ihm Torbach zu, blieb stehen und warf ihm einen vielsagenden Blick zu. »Gut«, sagte er nickend, wobei er seine Hände auf den Rücken legte. »Gut, gut. Du hast es *erkannt*, und nun fragst du dich also, ob eine hinlängliche Rechtfertigung für dieses Opfer der jahrelang nervenden Gedanken rund um den Handel existiert, und zwar dahin gehend, dass sich nun, da du das Wesentliche immer mehr erkennst, alles ins *Leere* auflöst …«

Philip, den Bügel seiner Sonnenbrille zwischen den Zähnen, die Hände im Haar, starrte Torbach mit erstaunt stehenbleibenden Augen an. – *Teufel noch mal … Genau!*

Als Torbach mit einem ungeduldigen Seufzer fortfuhr, kam es Philip vor, als könne dieser Gedanken lesen, denn er sagte: »Man möchte fast schon von purer Naivität der jetzigen Trades reden, besänne man sich nicht darauf, dass diese nüchternen, aufgrund von Diversifikation risikoarmen Trades immer sehr genau die übergeordnete Großwetterlage, sprich: Marktphase beachten. Hingegen scheinen das ›Wie‹ der konkreten Einstiege und die Stopp-Führung kaum noch eine Rolle zu spielen, aber sie tun es auf einer mittleren Linie zwischen Gesetztheit und diskreter Kühnheit, zwischen vollkommener Artigkeit und meisterlicher Gewagtheit, und wenn auch der durchdachte Takt zwar *nicht* im Einzelnen tagtäglich enorm spürbar war, so war er es doch in der Summe *vieler Tagwerke* im Konto unfehlbar!«

Der Mund blieb Philip offen stehen, Freude, Überraschung und Bewunderung mochten sich klar und deutlich in seinem Blick spiegeln, denn nun erkannte er es ganz nachdrücklich. Er überdachte seine Gedanken nochmals, und sie hielten der Überprüfung stand: Die richtige Antwort lag so nahe, dass es schwer war, eine andere zu finden. »Meinst du«, begann Philip stockend, nochmals überrascht, befremdet und in träumerischer Anmutung seiner eigenen Worte in sich hineinblickend, »ich habe nun aufgrund meiner Jahre im Trading den Geschmack am fachlichen *Tüfteln* verloren, und durch die Frage der vergangenen Wochen wird mir nun die Lücke so richtig bewusst? Baute sich in mir nun, um diese entstandene *Lücke* zu füllen, die Frage der eigenen Persönlichkeit, des Zwecks, des ›Wozu‹ auf?« – *Genau!* Es war eine Auflockerung, als hätte sich ein verknotetes Band entwirrt; und es schien sich ein – ehemals tief wie Grundwasser – ausgebreitetes Gefühl zu ändern, worauf Philips bisherige Pfeiler der sachlichen Anschauungen zum gesamten Thema »Trading« sonst ruhten; und sie rückten nun aus- und ineinander. Die Suche nach dem persönlichen Sinn für das Trading wurde ja offenbar erst *dadurch* wichtig, dass dieser Sinn für ihn *wichtig* wurde!

Torbach seufzte tief, nickte lächelnd und lief weiter.

Philip schrieb die letzten Gedanken quasi innerlich auf, überdachte sie und empfand sie in ihrer vollen Tiefe. – *Mannomann!* All die Anspielungen der letzten Tage – Philip hätte schon mit Dummheit geschlagen sein müssen, um nun nicht zu merken, worauf Torbach bei seiner ersten Begegnung mit ihm hinauswollte; aber es war so ein Fall, wo Scham und Bescheidenheit sich zwar gegen das Erkennen sträubten, es aber doch unmöglich verhindern konnten.

Philip holte den erneut entstandenen Abstand zu Torbach auf und eine Weile gingen die beiden schweigend nebeneinander her. Dann aber wurde er plötzlich stutzig. Sehr stutzig! »Ich habe doch aber mit Tradern gesprochen«, gab er zu bedenken, »die fachlich gut waren und dennoch bei der Frage nach dem ›Wozu‹ die Augen verdrehten und mit unkonkreten, keiner Prüfung standhaltenden Antworten auswichen. – Wo bitte war denn deren *Lücke*?«

Torbach, sichtlich stolz auf Philips Gedanken, wandte sich um, lächelte ihm anerkennend zu, winkte ihn noch näher heran und gab, umgeben von der Einsamkeit und Stille der Landschaft, eine Antwort, die Philip so schnell nicht wieder vergessen würde. »Wenn wir ehrlich sind, sieht die Lage für manchen Trader so aus: Er arbeitet nicht wie jemand, der arbeitet, um zu *leben*, sondern wie einer, der nichts will als arbeiten, weil er sich als lebendiger Mensch für nichts achtet, nur als Schaffender, sprich als Trader in Betracht zu kommen wünscht, und im Übrigen – also in jener Zeit ohne Charts – grau und nahezu unauffällig umhergeht wie ein abgeschminkter Schauspieler, der nichts ist, solange er nichts darzustellen hat!«

Wie ein Schauspieler nach der Vorstellung ... ?!

Huiii ... das nenne ich mal klare Worte!

Der Weg war mittlerweile flacher geworden und beide Männer wandten sich nun an der vor ihnen liegenden Weggabelung nach links in Richtung Westen. Kurz darauf genossen sie zwischen hohen, schmalen und – durch den in dieser Höhe stärkeren Wind – schief gewachsenen Bäumen einen weiteren Blick auf das Tal, das im hellen Sonnenlicht zu ihren Füßen lag.

Um das Thema weiter voranzubringen, wollte Torbach nun wissen, wie denn die Antworten der befragten Händler gelautet hätten, und erkundigte sich besonders danach, ob Philip auch mit einem *absoluten* Trading-Laien über dessen zukünftige Ziele gesprochen habe, was Philip seinerseits bejahte und die Begegnung mit Hannes, dem Restaurantbesitzer, anführte. »... für den bestand der Zweck seines zukünftigen Tradings in den Zielen *Freizeit*, *Freiheit* und natürlich *Geld*.«

Bei jedem einzelnen Punkt der ihm wohl- und altbekannten Trinität von Zielen zuckte Torbach spielerisch stöhnend zusammen und schlug vor, über alle drei Ziele *nacheinander* zu reden. Ein Lächeln umspielte sein Gesicht, denn aufgrund des Inhalts des bisherigen Gesprächs war er nun sicher, dass Philip die »fachlichen Details« der noch offenen Frage des »*Warum* hatte er den Dienst als Händler quittiert?« würde verstehen können. »Also«, meinte er in die Hände klatschend, »fangen wir mit – wie hieß er gleich ... *Hannes*? – So hieß er doch, oder? ... Also gut. Fangen wir mit Hannes' erstem persönlichen Ansporn, in seiner zukünftigen Arbeit als Trader vollkommen zu sein, an: *der Freizeit*. Ihretwegen will er zukünftig sein Bestes als Trader geben!« Torbach verstummte kurz, dann lachte er herzhaft und lautstark auf, und es genügten wenige Worte, um Philip klarzumachen, warum er dies tat. »Von diesem einstigen Ziel der *Freizeit* wollen viele Trader später gar nicht mehr viel wissen, denn die, die sich mit ihm einließen, erlebten nur allzu oft eine merkwürdige Art der Ungnade, denn: Wo waren jene Trades auf Tagesbasis, bei denen man, in der Lounge des Flughafen sitzend und auf den Flieger wartend, übers Handy kurz mal die Stopps nachzog, um sich dann, gut gebräunt vom gerade beendeten Urlaub, für weitere Wochen in den nächsten zu begeben? – Wo, sag es mir?!«

O-o-okay, Punktlandung!

Philip ahnte, worauf Torbach aus war, und gab ihm recht. Beide kannten genügend Trading-Anfänger wie Hannes, die vor ihren Familien den Schritt zum Börsenhandel damit begründet hatten, dass sie fortan unendlich viel mehr Zeit für Familie und Kinder haben würden; dann aber, einige Zeit später, sah man von diesen Tradern komischerweise keinen nachmittags im Tierpark mit ihren spielenden, Eis leckenden Kindern die Elefanten und Giraffen bestaunen. Stattdessen waren jene Trader »froh«, dass der Kindergarten bis 17.00 Uhr geöffnet war, um so – Gott sei Dank – noch den 14.30-Uhr-Zahlen und der amerikanischen Markteröffnung auf dem »Tick-Chart« beiwohnen zu können. Oder anders: Ursprünglich dazu angedacht, die Lebensqualität mittels *Freizeit* zu verbessern, wurde das Trading auf einmal für wert erachtet, nur noch dafür zu arbeiten und ihm nahezu alle Stunden des Tages, gleichsam sämtliche zwischenmenschliche Beziehungen, zu opfern.

Torbach und Philip erinnerten sich an viele gescheiterte Beziehungen und geschiedene Ehen von Kollegen, die dem Börsenhandel zum Opfer gefallen waren, weil einer der Partner zu sehr auf seine Charts fixiert war. »Ursprünglich«, Torbach schüttelte den Kopf, »angedacht, Lebensqualität und Familie zu fördern, ist es sehr wahrscheinlich, dass Hannes diese zugunsten der Charts vernachlässigen und erst spät merken wird, dass das mit Sicherheit ein schlechter Handel war, weil sich seine Familie für keinen Betrag der Welt zurückkaufen lässt.« Torbach wandte sich Philip zu. »Was denkst du, wie viele Trader sitzen leichenblass tagein, tagaus vor dem Rechner mit … null Freizeit?!«

»Viele. Sehr, sehr viele!«

»Und wie sah es bei dir damals aus und wie ist es heute?« Torbach wusste offenbar, dass dies eine spannende Frage war.

Philip stand starr und blickte ins Weite. – *Ups … Tja, wie sieht es mit mir selbst aus?* Damit wurde eine Frage aufgeworfen, deren Beantwortung das Geständnis enthielte, dass es auch in seinem Leben eine Zeit gegeben hatte, in der das Trading dem ungetrübten Genuss von Freizeit, Familie und Hobbys im Wege gewesen war, ja, dass es geradezu seinen ganzen Organismus zu beeinflussen vermocht hatte. Er dachte an die vielen Stunden: ausgelaugt, ernährt von Fast Food, kaum Sport, kaum Genuss, kaum Liebe. Aber auch heute, Jahre nach seinen Lehrjahren, ertappte er sich hin und wieder dabei, dass ihn … so eine Art schlechtes Gewissen plagte, wenn er bereits nach ein, zwei Stunden seinen Arbeitstag beendete.

Nun bemerkte er bei Torbach den Anflug eines Lächelns, der, ohne länger auf eine Antwort zu warten, mit einem forscheren Ton fortfuhr: »Die Gegenwart des Tages zu genießen und dies zum Zwecke seines Tradings zu machen, wird für Hannes, so wie für die meisten Trader, das größte Paradoxon im Trading werden! Denn Hannes wird, sobald er mit dem ganzen Kram angefangen hat, es als die größte Torheit empfinden, statt vor den Charts zu sitzen, am Strand spazieren zu gehen, denn er könnte während dieses Spaziergangs ja das verpassen, was die Grundlage für sorglose Spaziergänge am Strand ausmacht!«

Spiel, Satz und Sieg … Punktlandung!!!

Torbach wandte sich wieder dem Weg zu und beide Männer erklommen weiter die Höhen. Philip, aufgrund der letzten Worte sehr nachdenklich, wurde erst wieder aus seinen Gedanken gerissen, als ein Trupp von sechs, sieben Personen gemischten Alters an ihnen vorbeikam. »Und wie … wie sieht es mit dem zweiten Beweggrund, dem der *Freiheit*, aus?«, fragte Philip nachdenklich.

Beim Wort »Freiheit« zuckte Torbach wieder spielerisch zusammen und bewegte zum Zeichen der Ablehnung den erhobenen Zeigefinger einer Hand in Schulterhöhe rasch hin und her: »Tust du beim Trading, was du willst?«, fragte er nicht ohne Strenge.

»Nein!«

»Hast du schon jemals *nicht* getan, was *du* wolltest?«

»Ja.«

»Oder etwas getan, was du *nicht* wolltest?«

»Ja.«

»Was *du* nicht wolltest?«

UPS! – Philip verstand endlich. Torbach wollte darauf hinaus, dass, sofern man eine ernsthafte »Arbeitsteilung« zwischen dem *Wollen* und dem *Tun* erreichen wollte, ein ganzer Kerl gefragt war, um zu einem erfahrenen Trader zu werden.

»Ein ganzer Mann zu werden«, begann Torbach, »der seine Freiheit lebt, manifestiert in dem Wissen, dass auch morgen noch ein Handelstag existiert – das gelingt den wenigsten! Ich wünsche es Hannes wirklich von Herzen. Aber seien wir doch ehrlich: Die angestrebte grenzenlose *Freiheit*, nun endlich alles allein von zu Hause und dem stillen Kämmerlein aus, ohne den bisher gewöhnten durchchoreografierten Alltag, ohne Rechtfertigung, ohne weisungsgebenden, kanalisierenden Chef, ohne eine äußere starr vorgegebene Struktur zu tun, bekommt beim Trading doch wohl den wenigsten! Alles, was aus dieser Freiheit resultiert, ist meistens leider ... Komik und Elend – Elend und Komik«, versicherte Torbach, woraufhin Philip immer nachdenklicher wurde. »Hannes wird sich mit fortschreitender Zeit, die er dem Thema widmet, und aufgrund der ansteigenden Fülle seines angelesenen Fachwissens die Gewohnheit aneignen, mehrere Gedanken zugleich zu denken – so wie sich ein Fächer öffnet und schließt und dabei jede Rippe halb neben, halb unter der anderen ist –, und er wird dadurch immer verwirrter werden, woraufhin sein Bedürfnis begreiflich wird, dass er mit einem Ruck hinausschlüpfen möchte aus dieser unendlichen Freiheit, alles tun zu dürfen. Das wollen übrigens viele Trader, nur schaffen sie es eben nicht. Und warum schaffen sie es nicht? Die ehemals so hoch bewertete und angestrebte Freiheit erwächst selbst zum Hindernis! Die Chance ist, statistisch gesehen, sehr hoch, dass Hannes zu jenen Tradern gehören wird, die keinen Vorschlag des Gesagten, Geschriebenen und selbst Erkannten annehmen und sich stattdessen wie ein durch die Galerie des Börsenhandels irrendes Gespenst vorkommen werden, das voll Bestürzung den Rahmen nicht finden kann, in den es hineinschlüpfen soll. Denn würde er in einen schlüpfen, würde das was bedeuten? Na?! Dass Hannes im stillen Einvernehmen damit leben müsste, dass es vielleicht noch andere, bessere beziehungsweise – Achtung! – *perfektere* Regelwerke gibt, welche seinen Hang zum Perfektionismus besser befriedigen könnten.« Torbach fasste seine Gedanken darin zusammen, dass es Hannes vor lauter unendlicher Weite und Freiheit unmöglich sein würde, den eigenen Landeplatz zu finden und damit ein für alle Mal einen Ankerpunkt zu setzen. »Ganz zu schweigen davon«, setzte er nun noch einen drauf, »dass hierin ein weiterer Grund liegt, weswegen es oft so schlecht um viele Trading-Anfänger, hier vornehmlich um private, bestellt ist: weil es keiner allein in seinem Zimmer aushält. Bei sich bleiben – das ist eine Kunst, die bei der heutzutage geltenden Taktung der Gesellschaft kaum jemand beherrscht. Doch diese Kunst gehört zum Trading dazu!« *Sozial-GAU*, nannte es Torbach überspitzt und verwies darauf, dass es für viele Trader – allen voran für den *privaten* – einen enormen Energieaufwand bedeute, ohne den festen Rhythmus eines Tagesplans zu leben und *täglich* neue Energie für die Strukturierung des eigenen Tages aufzuwenden. Daraufhin musste Philip an seine eigenen Anfänge zurückdenken, denn jene fehlenden »starren« Strukturen waren von ihm damals, vor Beginn des Tradings, ebenso als Teil der erstrebenswerten *Freiheit* angesehen worden. Dann allerdings, als er jenen Teil der Freiheit in den Händen hielt, bedurfte es enormer Kraftanstrengungen, neben den fachlichen auch diese alltäglichen Strukturen zu bewältigen.

»Es wird somit viel Zeit vergehen«, meinte Torbach, »bis Hannes erkennen wird, dass das Geheimnis der ›Freiheit‹ im Börsenhandel demnach darin besteht, freiwillig die Unfreiheit oder in Freiheit eine selbst auferlegte Unfreiheit zu wählen. Kurzum: Dass man sich eben nicht alles gestatten darf!« Torbach lachte fröhlich und fuhr damit fort, dass jene Handelstage, an denen man dächte, man sei frei, alles sei erlaubt, bisher jeden Trader unglücklich gemacht hätten. »Disziplin, Tugend, Verbot, freiwilliger Verzicht, alles das hat keinen tieferen Zweck, als dem Trading eine einschränkende und daher *bestimmte* Gestalt zu verleihen. Es gibt kein grenzenloses Glück!«

So führte es Torbach aus, und Philip, nun wieder nachdenklich hinter ihm hergehend, pflichtete ihm bei. »Kein großes Glück ohne große Verbote!«

»Genau!«, meinte Torbach und verglich es mit dem Alltag. »Selbst im tagtäglichen Geschäft darf man nicht jedem Vorteil nachlaufen, sonst kommt man zu nichts. *Die Grenze* ist das Geheimnis jeglicher Erscheinungen – das Geheimnis der Kraft, des Glücks, der Liebe, des Glaubens und der Aufgabe, sich als einzelner Trader in einem riesigen Universum zu behaupten!«

Daraufhin liefen beide stumm den Weg entlang, und als sie an eine weitere Weggabelung gelangten, nahm Torbach, während er den linken Weg einschlug, nochmals den Argumentationsstrang zur Freiheit auf. »Sollte sich unser Hannes der Bedeutung seiner angestrebten Freiheit wirklich bewusst werden, so wird er dankend akzeptieren, dass er es *selbst* in der Hand hat, etwas gegen *jegliche* auftretende Unzufriedenheit zu tun. Ich wünsche Hannes, dass er nicht zu jenen Tradern gehört, die schlussendlich Angst vor dieser Freiheit haben und nach ihren ersten Trades daher sogar versuchen, diese zu leugnen!«

Torbach, der sich jetzt bückte und einen auf dem Weg liegenden Ast aufhob, musste seine Worte gar nicht weiter ausführen, denn Philip verstand auch so, was er sagen wollte: Viele Trader glaubten, wie Philip früher auch selbst, nicht gern, dass egal, was auch passiert, es *nur* an ihnen liegt, denn wenn dem so wäre, könnte man keinen anderen oder die Umstände verantwortlich machen, wenn etwas schiefgeht.

Ein Urlaubspärchen kam ihnen auf dem immer steiler werdenden Weg entgegen, und da die zwei Verliebten bergab gingen, was, damit das Laufen nicht ins Stolpern geriet, keine ernsthaften Anstrengungen, sondern nur ein lustiges Bremsen und Anstemmen der Beine erforderte, hatte ihre Gangart für Philip etwas so Beschwingtes, dass er dadurch angeregt wurde, nach dem dritten Punkt der Trinität zu fragen, dem *Geld*!

»Lass mich auch hierzu ein paar Gegenfragen stellen!«, erwiderte Torbach, der sich aus dem aufgehobenen Ast nun eine Art Wanderstock zurechtbrach. »Wenn der Sinn der zukünftigen tagtäglichen Anstrengungen wirklich das Geld ist, warum nimmt ein Trading-Anfänger dann nicht ein Zahnarztstudium auf, gründet eine Praxis und sahnt damit fett ab?« Da Philip ihm eine Antwort schuldig blieb, konkretisierte er seine Frage: »Warum bringen alle spekulativ ausgerichteten privaten Trading-Anfänger nicht ihren ursprünglichen Beruf zur Vollendung und arbeiten sich dort ganz nach oben? Dahin, wo die finanziellen Trauben groß, süß und saftig, und vor allem *sicher* sind?«

Philip schob seine Sonnenbrille nach oben, musste zunächst über die merkwürdig klingende Frage lachen und dachte, die Antwort hierauf wäre schnell gefunden. Doch je länger er grübelte, desto klarer erkannte er, dass in dieser Frage bereits knapp unter der Oberfläche enormer Tiefsinn steckte!

»Oder warum nimmt dein Hannes nicht jahrelang Gesangsstunden, wird ein Superstar und räumt so voll ab?« Torbach, immer noch Philip zugewandt, merkte, dass in seinem jungen Kollegen etwas im Aufkeimen begriffen war, daher legte er ihm bestärkend eine Hand auf den Arm und meinte: »Sag ruhig, was du denkst! Wir sind unter uns! Keiner wird es erfahren!«

Sch… das kann ich jetzt unmöglich sagen!

»Nur zu!«, spornte Torbach Philip mit funkelnden Augen an. Er wusste, dass mit der Antwort auf diese Frage so manche Illusion zerstört werden konnte, aber ihm war wichtig, der Erkenntnis die Ehre zu geben, weswegen er empfindsamem Halbglauben keinen Raum ließ. »Wenn es, und hier allen voran dem privaten Trader, wirklich *nur* ums Geld geht, so müsste man sich doch eingestehen, dass es gar *viele* Wege dahin gibt!«

Philip musste zugeben, dass er das Ganze, auch wenn es noch so naheliegend war, nie so betrachtet hatte, und stimmte zu, dass so mancher Trading-Anfänger, wie er selbst einst auch, sich abmühte, ein-, zweitausend Euro im Monat »zusätzlich« zu erhandeln, obwohl mittels anderer Wege monatlich ein Vielfaches davon vorstellbar wäre. Man könnte Überstunden schieben, sich einen Zweitjob suchen, mit Lehrgängen und Weiterbildung neue Wege erschließen oder bereits gegangene Wege verbessern oder aber – und das sollte auch bedacht sein – einfach nur sparsamer leben.

»Und wenn du diesen Gedanken zu Ende denkst – und ich meine *wirklich* zu Ende denkst –, dann heißt das in seiner Konsequenz was?«, fragte Torbach so trocken wie wachsam.

»… wenn es mir wirklich *nur* ums Geld ginge …«, Philip dachte an die vielen Wege, selbiges zu verdienen, und brachte, wenn auch zögerlich, Torbachs Satz zu Ende, »so … so müsste man anerkennen, dass es anhand dieser Betrachtungsweise tatsächlich zutrifft … dass der Kontakt mit dem Börsenhandel als *eine* Art des Geldverdienens nur … einen Zufall des eigenen Lebens repräsentiert!«

Torbach nickte, wobei er seinen krummen Wanderstock in die Luft hob. »Und das kann es ja wohl nicht sein! Somit kann das *Geld* allein nicht der wahre Grund sein. Da muss noch mehr sein!« Torbach schüttelte den erhobenen Stock in spielerischer Drohung. »Komm, leugne es nicht!«

»Also geht es um … um die offensichtliche … *Leichtigkeit* des Verdienens?«, mutmaßte Philip und stieg tiefer in die Fragestellung ein: »Geht es um die Erwartung, bereits mit kleineren Summen und ohne große Anstrengung größere Summen zu erwirtschaften und dennoch beziehungsweise *deswegen* Freizeit und Freiheit genießen zu können?«

»Genau! Genau so!« Torbach schnalzte mit der Zunge und verwies nachdenklich auf jene unzähligen Trading-Anfänger, die, statt mit einem neuen Diplom ihr Arbeitsfeld zu erweitern, aufgrund der scheinbaren Leichtigkeit des Geldverdienens lieber mit einer druckfrischen Trading-Kontoeröffnung ihre Sektkorken mit übermütigem Knall zur Decke schleuderten, um dann im Rausch und Leichtsinn ihr Geld unter den Trommeln der Times & Sales-Liste an die Börse zu verteilen. »Ja, das Ganze hat etwas von einem Schwarm nächtlicher Insekten, die sich voller Neugier, aber ohne Verständnis selig in eine hell leuchtende Kerzenflamme stürzen.«

Philip konnte sich ein Schmunzeln nicht verkneifen. – *Wo er recht hat, hat er recht!* Er selbst war, als einstiger Laie, sicherlich in vielen Themen unwissend gewesen, und in dieser Bedeutung war so manches Verhalten auch nachvollziehbar; dass er aber deswegen als »unschuldig« gelten konnte, war ohne Zweifel ein empfindsamer Aberglaube, der einer nüchternen Prüfung nicht standhalten würde.

Beide kamen im weiteren Gespräch darin überein, dass es an der Zeit sei, auch über einige der Antworten *fortgeschrittener* Trader zu sprechen. Torbach wurde kurz nachdenklich, war ihm doch bewusst, dass es hierzu vorab eines kleinen Hinweises bedurfte, nur war ihm das *Wie* nicht so recht klar. Er versuchte es dann damit, dass er Philip bat, sich einen Stein vorzustellen, der in die Mitte eines Teichs geworfen wird, und nun die hierbei entstehenden, sich langsam immer weiter ausbreitenden und sich überlagernden Ringe gedanklich näher zu betrachten. »Es verhält sich mit der Frage nach dem ›Wozu‹ ebenso wie mit der Frage nach dem Fachwissen! Es sind die mentalen und kontotechnischen Ereignisse, deren Auswirkungen dich immer aufs Neue beeinflussen.« Torbach bat Philip, diese Aussage in Beziehung zu dem Stein und den Ringen auf der Wasseroberfläche des Sees zu setzen, und fuhr damit fort, dass die Frage nach dem »Wozu« bei einem fortgeschrittenen Trader demnach niemals eindeutig war, sondern zu drei sehr unterschiedlichen Antworten einlud. Die eine erklärte die Gründe des Daseins als Trader und bezog sich demnach auf Vergangenheit und Ursprünge. Die andere befasste sich mit dem »Wozu« der *jetzigen* Existenz als Trader und bezog sich mithin auf die Gegenwart, während sich die dritte dem »Wozu« der Zukunft und deren Zielen widmete. »Man muss also, anders als bei Hannes, differenzieren!«, mahnte Torbach. »Die Antwort kann sich wandeln. Verstehst du?! Während unsere Überlegungen diesen Weg voranschreiten, steht ja unsere Lage als sich entwickelnder Trader und Mensch nicht still, sondern es folgen Fragen und Antworten zum Teil gänzlich gegenläufig aufeinander …«

»Du meinst, ich habe mich während des Tradings verändert und damit auch das, was mit mir in Verbindung steht? Also auch meine Ansichten zum ›Wozu‹ des Ganzen?!«, fragte Philip daraufhin, der sich selbst ganz gut zu analysieren wusste.

Der Wanderstock wurde in der nun üblichen Manier in die Luft erhoben. »Diese Frage taucht je nach Zeitbezug in der *Warum-Weil-Reihe* der Rechtfertigungen jeweils anders auf und beweist, dass es nicht genügt, die *Warum-Weil-Reihen* ausschließlich zukunftsbezogen zu sehen, sondern man muss sie auch vergangenheitsbezogen und in der gegenwärtigen Form betrachten. Das gilt es zu beachten! Doch das ist noch nicht der ganze Punkt«, sagte Torbach und erläuterte, dass das Hauptproblem darin liege, dass man gar nicht von allen Tradern eine Antwort auf die Frage nach dem »Worin besteht dein persönlicher Ansporn, in dieser Arbeit vollkommen zu sein? Warum gibst du dein *Bestes*? Was ist dein Ziel? Und wann bist du am Ziel?« erwarten könne, da man nicht annehmen dürfe, dass sich jeder über diese Frage bereits im Klaren sei; was wiederum bedeutete, dass man, wenn man diese Frage stelle, gelegentlich unverständliche Antworten zu hören bekäme, weil der Antwortende gar nicht wisse, worauf er da antworte. »Wer«, fuhr Torbach mit einer entschiedenen Handbewegung fort, »das Gesuchte von der Suche trennt, raubt der Suche die Grundlage. Wenn man also meint, die Suche nach dem Sinn sei so etwas wie eine grundlegende, sozusagen dogmatische Verpflichtung, die alle Trader auf dem Weg zu einem sinnvollen Traderdasein eingehen müssten, gelangt automatisch zu dem Schluss, dass die meisten Traderleben keinen Sinn ergeben, weil die Betroffenen sich entweder gar nicht erst auf die Suche machen oder diese mit ganz anderen, möglicherweise sogar falschen Erkenntnissen abschließen. Das beweist zwar nicht deren Unrichtigkeit, zeigt aber, wie schwer das Thema zu verdauen ist. Die richtigen Fragen zur richtigen Zeit zu stellen, ist insofern genauso wichtig, wie die richtigen Antworten zu finden!« Torbach deutete mit seinem Wanderstock auf einen Wegweiser und die dort angegebene Entfernung zum nächsten Dorf. »Aber nun lass hören, wie die Antworten der fortgeschrittenen Trader lauteten!«

Philip begann, von Farmer zu erzählen und davon, dass dieser angegeben hätte, schlicht »Geld« bilde seinen persönlichen Ansporn, um in diesem Thema vollkommen zu sein. Philip beschrieb ausführlich den von Farmer selbst erzeugten Datennebel und schilderte, dass seine Ausstrahlung unvollständig wirkte, weil »... das Leben und die davon zurückbleibenden Spuren des allgemeinen alltäglichen fröhlichen Lebens auf erschreckende Weise darin fehlten!«

»Okay!« Torbach kratzte sich nachdenklich am Kopf. »Dann ist er einer von jenen Tradern, die nicht nur ihr Trading-Kapital, sondern auch das Kapital ihrer Seele als Opfer darbringen, wenn sie glauben, dass es der Chart von ihnen verlangt!«

Wow, darin liegt ein großer Gedanke! – Und während Philip Farmer weiter beschrieb, überfiel ihn im Augenblick dieser überdeutlichen Erinnerung ein sehr unangenehmes Gefühl, in dem er seine ganze Abneigung gegen das Dauerobservieren von Charts wiedererkannte. Philip ging dieser Empfindung kurz nach und stellte fest: Es war eine Genugtuung, wie sie jemand empfinden mochte, der sich selbst mit Klugheit in Sicherheit gebracht hatte. Kein Geld, keine Rendite der Welt konnte ihn dazu bringen, so wie Farmer zu leben! So komme ihm so vor, äußerte er gegenüber Torbach, als wäre der Gedanke des »Selbst wenn du an diesem Handelstag gewonnen hast – gerade *wenn* du an diesem Handelstag gewonnen hast –, gibt es trotzdem immer einen nächsten Handelstag!« nie bei Farmer angekommen.

Torbach zögerte einen Augenblick und die senkrechten Falten zwischen seinen Brauen vertieften sich. »Wenn es heißt, ›Traden ist nicht alles, es ist das *Einzige*‹, dann ist das Einzige gar nichts ... außer Leere, der Albtraum eines Traderlebens ohne einen letzten Sinn.« Torbach begann ausführlich zu illustrieren, dass das Erreichen des Ziels »Gewinnen« trotzdem völlige Leere zur Folge haben könnte, wenn der Sinn des Tradings ausschließlich an eben dieses Ziel gekoppelt wäre. »Ich war auch mal so ein ›Farmer‹«, gab Torbach ehrlich zu, »und versuchte, dieses Problem der völligen Leere dadurch zu umgehen, dass ich mir einfach ein *neues* Ziel steckte: eine neue Tüftelei oder eben schlicht den *nächsten* Handelstag. Aber das hatte zur Folge, dass ich mich nicht mit dem grundlegenden Fehler dieser Lebenssicht als Trader auseinandersetzte; und man kann sich wohl leicht vorstellen, dass mein Leben als solcher Trader wie ein Bach dahinfloss; aber die Bewegung, die ich in meinem wahrnahm, floss wie ein Bach durch ein großes stehendes Gewässer. Anfangs noch vorwärtstreibend, verwirbelte es an seinen Rändern und verflocht sich damit auch nach rückwärts, und genau so schwand auch der eigentliche Lauf meiner Tage, Wochen und Jahre dahin.« Oft, so Torbach, hatte er an sich die Empfindung eines halben Wachtraums wahrgenommen, in dem er sein Traderleben am Leib trug wie ein schlechtes Hemd und aus dem, wenn es zuweilen etwas geöffnet wurde, ein seltsames Futter herausquoll: Er hatte aus dem Angebot einer ganzen Welt einige bunte Bildschirm-Quadratzentimeter ausgewählt und spazierte nun vierundzwanzig Stunden darauf hin und her. Dabei fühlte er sich wie jemand, der auf seinen Platz gebracht worden war, gleich einem in die Wand geschlagenen Nagel, der, steckte er erst einmal darin, von niemandem mehr wahrgenommen wurde. So hatte er sein Leben verrinnen lassen, als würde es ewig währen.

Philip konnte seinen Worten gut folgen und tastete sich nun weiter vor: »Es stand also auch bei dir immer als Frage im Raum: Und was kommt nun *nach* diesem Trade?«

»Genau, mein Junge!« Schweren Schrittes erklomm Torbach die vor ihnen liegende kurze, aber steile Anhöhe und äußerte, oben angekommen, leicht außer Atem, aber dennoch umso bestimmter: »Der Vergleich vorhin mit dem Bach ist nur teilweise zutreffend. In Wirklichkeit ist das Trading bei solchen Tradern nicht wie ein Bach, der zu einem Ziel hin fließt, sondern eher wie das Meer, das als solches einfach nur einen Zustand darstellt!« Torbach drehte sich um und reichte Philip für den letzten Meter helfend die Hand. »Wie viele Tausende Male habe ich auf meine Monitore geschaut und gesehen, dass ich im Plus war, und somit – fachliche Details zur Tradefortführung mal außer Acht gelassen – hätte ich doch nun das Leben in den Gassen und unter Menschen genießen können!«

Philip nickte zustimmend, wenn auch nachdenklich, schließlich beschrieben Torbachs Worte auch seine Anfänge als Trader von einst: »Wenn für viele Trader das Trading irgendeinen Sinn und Zweck hat, dann doch bloß denjenigen, den Laden am Laufen zu halten und dafür zu sorgen, dass es nicht zu uninteressant wird. Dass dabei alles den Bach runtergeht: Familie, Freunde, Körper, Glaube … *scheißegal!*«

»Genau so!« Torbach wandte sich an Philip und gab mit zusammengezogenen Brauen zu bedenken, dass die Charakterisierung und die Proklamation, alle erfahrenen Trader wollten nur das eine, nämlich »Geld«, demnach nicht 100-prozentig stimmten. Natürlich würden viele erfahrene Trader, deren Konto kurzfristig im Minus stehe, Geld als Hauptziel sehen, aber dennoch sträubte sich Torbach regelrecht gegen die Charakterisierung, es würde *allen* nur ums Geld gehen. Bei einigen fortgeschrittenen Tradern, ob nun im Plus oder im Minus stehend, sorgte das ganze, offenbar absichtlich zeitaufwendige Tun, Chartbetrachten und Rumgebastel oftmals nur dafür, dass es *bloß nicht* allzu langweilig wird! »Bei genauerer Betrachtung ist dies jedoch eine dumpfe Art von

Vergnügungssucht und vor allem das Eingeständnis von … nennen wir es mal so: Verlorenheit im Alltag!«

Einen Augenblick zögerte Philip, schob seine Sonnenbrille den Kopf hoch ins Haar und gab dann zu verstehen, dass Farmer ja sogar proklamiert habe, das Trading zu »lieben«!

»Liebe? Hat er tatsächlich *Liebe* gesagt? *Holla!*« Torbach gab zu, dies ebenfalls für geraume Zeit gedacht zu haben. Nachdem er aber lange darüber Erwägungen angestellt hatte und diese Frage nach *Liebe* oder *Begeisterung* einige weitere Anhaltspunkte zutage förderte, welche Torbach früher entweder übersehen hatte oder sich lieber nicht hatte eingestehen wollen, sei ihm Folgendes klar geworden: Wenn er dem Trading wirklich *Liebe* oder *Begeisterung* entgegenbrachte, wie war dann die Freude auf das Wochenende, sprich: jene »zwangsverordnete« Zeit ohne Charts, Kurse & Co., einzuordnen? »Wenn man das Trading ernsthaft liebt, dann muss doch die Freude auf den Montagmorgen und damit auf den Fortlauf des Tradings schwerer wiegen als die Freude auf das Wochenende!«

Philip war sofort klar, was gemeint war, und es bedurfte keiner weiteren Worte. Das Dorf kam immer näher, und als Torbach Philip aufforderte, noch weitere Äußerungen von Tradern zu nennen, kamen Philip einige Telefonate in den Sinn, die er immer mal so zwischendurch mit befreundeten Tradern anderer Büros führte und in denen des Öfteren der Begriff *Beliebtheit* gefallen war. »… Trader sein ist *cool*, man wird in seinem Bekannten- oder Familienkreis bewundert und geliebt!«

»… *Eieiei!*« Torbach schüttelte den Kopf, wenngleich er natürlich selbst vereinzelt Kollegen kannte, deren aufdringlich blitzende und überdimensionierte Chronographen weniger der Zeitmessung galten als vielmehr dem persönlichen Anspruch, als Trader der Hochfinanz Ansehen zu genießen. »Demnach steht folgende Frage im Raum: Wird man wahrhaftig mehr geliebt oder bewundert, wenn einem zehn positive Trades und Vorhersagen in Bezug auf einen Markt gelingen, als wenn man bei einem stinknormalen und luxusfreien Abendessen beisammensitzt und tolle Gespräche führt?! Ist die Liebe, welche einem ein Partner entgegenbringt, weil man fernab des Wissens über DAX & Co. ein lebenslustiger und unkomplizierter Mensch ist, weniger wert als diejenige, die man durch die Verdreifachung seines Kontos gewinnt?« Dass es natürlich Frauen gab, die genau nur auf Letzteres abzielten, räumte Torbach lächelnd ein, genauso wie es wohl als eine allgemeine Lebenserfahrung hingenommen werden musste, dass bei Frauen mit übergroßer Sorgfalt für ihr Aussehen oftmals das Mittel den Zweck verdränge und sie dann übermäßig »tugendhaft« seien. Genau wie nach Aussage mancher, glücklicherweise nicht so tugendhaften Frau zwanghafte Fitnessstudiogänger nicht zwangsläufig die besseren Liebhaber abgäben oder es beim Militär bekannt sei, dass ausgesprochen heldenhaft anmutende Offiziere oftmals schlechte Soldaten abgäben – und diese Umstände dürften höchstwahrscheinlich auch im Trading ihre Äquivalente besitzen. Torbach, der diesem Thema aber nicht allzu viele Worte widmen wollte, schloss damit ab, dass er nichts dagegen habe, dass Glamour selbstredend ein Begleitumstand des Börsenhandels sei. Gleichwohl sei er aber fest davon überzeugt, dass es der Trader, mithin der Mensch sei, der dem Trading-Konto seine Bedeutung verleihe und umgekehrt.

Eine Gruppe Kinder kam ihnen nun entgegen. Philip hatte sie bereits auf halber Höhe des Hangs den Weg entlangkommen sehen, jetzt stapften sie abwärts und geradewegs auf sie zu, und ihre hellen, fröhlichen Stimmen ließen das Gespräch der Männer für einige Momente verstummen. Erst als sie verklungen waren, kam Philip auf Frank, den Mathematiker, zu sprechen und berichtete Torbach über die Einzelheiten dieses Treffens und den Inhalt seiner Tagebucheinträge dazu. Torbach gab Philip recht, als dieser ihm seine Erkenntnis vorstellte, dass Frank wohl momentan der Glücklichste in der Runde sei, da er sein »Wozu« erreicht habe.

»Solche Tüftler wie Frank«, nahm Torbach den Faden auf, »bilden in dem ganzen Schema eine generelle Ausnahme!« Seine Worte begründete er damit, dass Frank ja weniger durch die Trinität *Freiheit*, *Freizeit* und *Geld*, sondern mehr durch die Datenfülle dazu bewegt werde, sich mit diesem Thema zu beschäftigen. Torbach, der im Laufe seiner Karriere mit vielen Mathematikern zusammengearbeitet hatte, fasste es so zusammen: »Wir Nichtmathematiker beobachten Mathematiker wie Frank immer etwas mitleidig, auf uns wirken sie irgendwie wie ›die anderen‹. Für Mathematiker wiederum wirken Trader wie du und ich wie ›Outsider‹ und werden darum stets mit dem Mantra ›Ihr habt ja keine Ahnung!‹ abgefertigt. – Tja, und bei mir hat das damals auch gestimmt«, gab Torbach lachend zu. »Damals wollte ich auch gar keine Ahnung haben. Ich habe wohl schon geahnt, welche Ahnungen ich bekommen würde, wenn ich denn einmal welche bekäme!« Nach diesem Bekenntnis blinzelte er Philip zu und nannte als Stichwort »Eier haben«, welches Philip mit Janis Begriff »Taffheit« gleichsetzte. Beide erblickten in dieser besonderen Hemmnis für Folgetrades einen Widerspruch zum großen Trading- und Gelddrang, der zwar nicht alle, jedoch viele Tüftler beseelte und genügend Ansporn zum weiteren Tüfteln in sich barg.

Allerdings war dies nicht der rechte Zeitpunkt, um über das Thema »Taffheit« zu reden – hierzu sollten sich Philip, ohne dass er dies jetzt schon ahnte, in den nächsten Tagen und an anderen Orten noch genügend Möglichkeiten bieten. Und so kam ihm im weiteren Gespräch das Treffen im Nobelclub namens »Livin« in den Sinn, und während Torbach auf eine nicht weit entfernte, an einer weiteren Biegung des Weges von einzelnen Sträuchern umrahmte Bank hinwies, erzählte Philip von der Begegnung mit Tony und dessen Kollegen, deren Antwort auf die Frage des »Wozu« schlicht »Erfolg« hieß.

»Oh-hooooo – *Erfolg!*« Torbach nahm auf der Bank Platz. »Erfolg klingt immer gut. Echt gut! Nur«, er räusperte sich, »ist das im Trading so eine Sache!« Torbach eröffnete dieses spannende Thema damit, dass es durchaus prinzipielle Leistungen gäbe, die ausreichend Befriedigung für ein generell sinnvolles Leben verschafften. Fußballweltmeister zu werden oder den Nobelpreis zu erhalten, waren schöne Beispiele für Erfolge, die das Dasein – selbst wenn man später nie mehr für irgendetwas ausgezeichnet werden sollte – lebenswert machen konnten. Eine außergewöhnliche Leistung erzeugte unter Umständen ein *dauerhaftes* Gefühl des Erfolges, weil sie eine irreversible Form des Werdens repräsentierte. »Die Weltspitze zu erreichen, bedeutet, zu den ganz Großen der Geschichte zu gehören. Einmal Weltmeister, immer Weltmeister; einmal Nobelpreisträger, immer Nobelpreisträger. Eine einzige herausragende Leistung kann dem ganzen Leben Sinn verleihen, weil sie den Betreffenden zu etwas macht, was er ab diesem Zeitpunkt immer sein und bleiben wird!« Torbach streckte seine Beine aus. »Nun, auch Trading birgt die Chance auf solch einen *inneren* oder *äußeren* Erfolg – und wie dir mit den Jahren hinreichend bekannt geworden sein oder noch werden wird, sind diese in einer gewissen Hinsicht miteinander verknüpft. Wie du an dir selbst gesehen hast, entwickelt sich ein Trader nur durch Trades weiter, und dieses Handeln kann zu greifbaren Leistungen führen. Um aber in einem Bereich wie dem Trading *Erfolg* zu haben, muss man einen *besonderen* Kampf kämpfen.« Er räumte ein, dass es natürlich immer ein paar wenige gäbe, denen der Erfolg zufliege, doch die meisten seien gezwungen, neben dem Herausbekommen ihres eigenen Handelsstils an sich selbst zu arbeiten; und dieser Kampf müsste sich um seiner selbst willen lohnen, weil sonst jedes Gefühl des Erfolgs flüchtig bleiben würde. Dieser Kampf sei eine notwendige Voraussetzung für Erfolg, habe aber im Trading nichts mit sichtbarer und öffentlicher Würdigung, nichts mit Auszeichnungen oder Orden zu tun – denn wie sollte dies auch gehen …

Philip, der sich lange mit dem Begriff des Erfolgs im Trading auseinandergesetzt hatte, meinte mit einem fragenden Unterton, dass der äußere Erfolg für den Menschen doch im Allgemeinen ungeheuer wichtig sei: »Viele haben doch erst dann das Gefühl, wirklich erfolgreich zu sein, wenn ihre Arbeit von anderen geschätzt wird.« Dabei verspürte er deutliche innere Turbulenzen, da es hier um ein Thema ging, welches ihm selbst sehr am Herzen lag. »Ich kenne kaum einen Berufshändler, der nicht mit sehnsüchtigem Blick auf einen Handwerker schaut.« Philip erhob sich und deutete auf die Bank. »Hier! Eine einfache Bank. Latten hochkant, Latten quer. Fertig. Abends kann der Kerl, der das Ding hier gezimmert hat, etwas vorzeigen. Es anfassen. Betrachten. *Benutzen* … !« Er schnalzte mit der Zunge, steckte die Hände in die Hosentaschen und ging vor der Bank auf und ab.

Aufmerksam betrachtete Torbach Philips Gesicht, dann antwortete er. »Ich weiß, ich weiß! Die uralte Frage: Wo wird die Messlatte angesetzt und wer misst?« Jetzt wieder in die grelle Sonne blinzelnd, fragte er lebhaft: »Ist ein Trader, der heute mal überhaupt nicht nach den Märkten schaut, stattdessen mit Frau und Kind über die Felder radelt, unglücklicher und erfolgloser als jener Trader, der bis zum amerikanischen Handelsschluss dem Chart noch tausend Dollar mehr abringt und abends dann, völlig ausgelaugt vom Zwölf-Stunden-Trading, aber mit höherem Kontostand, alleine auf der Couch vor dem Nachrichtensender einschläft?« Torbach wusste, dass genau hierin das schwer zu ergründende Mysterium der Fragestellung »Worin besteht dein persönlicher Ansporn, in dieser Arbeit vollkommen zu sein? Warum gibst du dein *Bestes*?« zu finden war. Gegen die Sonnenstrahlen eine schützende Hand vor der Stirn haltend, wandte er sich nun wieder direkt an Philip: »Na komm! Wer ist erfolgreicher: ein alkoholsüchtiger, zweimal geschiedener Topvermögensverwalter mit fünf Handys am Ohr, unzähligen Millionen auf der hohen Kante und einer Zwanzig-Zimmer-Villa mit einem Swimmingpool, in dem man locker einen Tauchkurs machen könnte, oder ein Familienvater in einer Drei-Zimmer-Altbauwohnung, der sich mit sanften Trades auf einem kleinen Trading-Konto mit gelegentlich hundert, zweihundert Euro ein kleines monatliches Zubrot verschafft, wodurch seine Ehefrau keine Überstunden mehr schieben muss und das Familieneinkommen dennoch ausreicht, um den alljährlich herbeigesehnten Familienurlaub im Schwarzwald zu machen?« Torbach hob die Hände und hielt sie wie Waagschalen. »Stell beide nebeneinander! Da kann man schon ins Grübeln kommen, wessen Leben erfolgreicher ist!«

»Ja, genau!« Philip setzte sich wieder. »Das Selbstwertgefühl, jetzt mal nicht als Trader, sondern generell als Mensch, hängt doch nun mal in hohem Maße davon ab, wie wir uns im Vergleich zu anderen sehen. Man neigt schließlich dazu, sich mit Menschen zu vergleichen, die unserer Meinung nach mehr Erfolg haben als man selbst und …«

»… und«, unterbrach ihn Torbach und führte Philips Gedanken fort, »schenkt im Allgemeinen den weniger Glücklichen keine Beachtung! Aber egal wie, das *Problem* ist: Sobald man dieses Thema *falsch* anpackt, wird es *immer* zu Unzufriedenheit führen; denn egal, wie gut man sich innerhalb der Allgemeinheit schlägt, man konzentriert sich als Vorbild ausschließlich auf die, denen man nicht beziehungsweise *noch nicht* das Wasser reichen kann. Und da man Glück oder Erfolg im üblichen alltäglichen Sinn hier ohnehin kaum festmachen kann, bleibt dies für viele ein Paradoxon!«

Hmmm …

Genervt fuhr sich Philip mit den Fingern durch die Haare. »Aber irgendwie muss das doch messbar sein! Zehn … oder 100 Prozent im Jahr? Hundert … oder tausend Euro am Tag?« – *Hmmm!?* Philip hatte seine Worte mit einer wirschen Handbewegung unterstrichen.

Seinerseits nun ebenfalls aufgestanden, klopfte Torbach seinem nachdenklichen jungen Begleiter zur Aufmunterung auf die Schulter, wusste er doch, dass Erfolg sehr wohl messbar war, sehr genau messbar sogar. Nur nicht auf jene Weise, an die Philip dachte. Torbach berührte Philip nun sanft am Ellenbogen und deutete auf den Weg vor ihnen. Beim Losgehen gab er ihm zu verstehen, dass er seine Aufregung nicht ganz nachvollziehen könne, und unabhängig von der eigentlichen Antwort, fragte er ihn, ob er denn der Anonymität des Börsenhandels nicht auch etwas Positives abgewinnen könne.

»Wie jetzt?«, stutzte Philip überrascht und konnte ihm nicht folgen.

»Stell dir vor, wie von dir gewünscht, würde tagtäglich eine Topliste aller Trading-Ergebnisse und natürlich auch die Flops bekannt gegeben!« Torbach lächelte, ohne Philip anzusehen. »Ahnst du, worauf ich hinauswill?! Stell dir vor, man würde dann sogar noch jene Liste veröffentlichen, die das Verhältnis der einzelnen Ergebnisse zur dafür aufgewendeten Zeit misst – glaube mir, du würdest jeden Tag völlig deprimiert nach Hause kriechen! Egal, was du dem Markt heute an Punkten abgerungen hast, ein anderer Trader wird *mehr* in *weniger* Zeit rausgeholt haben; und dies – Achtung! – gleichgültig, ob mit oder *ohne* Fachwissen.«

Philip schwieg eine ganze Weile und auch Torbach unterbrach die Stille nicht. Endlich gab Philip zu, dies nie von dieser Seite betrachtet zu haben, und auch, dass sich dieser Gedanke tatsächlich gut anfühle.

Vor ihnen lagen nun die letzten Biegungen des Weges, und Philip, der hinter Torbach hertrottete und von einem kühlen Bad träumte, fragte sich gleichzeitig, wie denn nun Torbachs Definition von Erfolg und vor allem sein Grund, sich vom Trading abzuwenden, aussah. Denn diese Antwort stand noch aus, und er fühlte deutlich: *Ich will und muss die Antwort wissen!*

Die Männer erreichten ihr Ziel, ein kleines Dorf, welches verschachtelt um einen in Stein gefassten Bach herum angelegt war. Torbach grüßte ihnen Entgegenkommende mit freundschaftlicher Gewohnheit und zeigte dann beiläufig auf einen großen Schrein, in dessen Mitte Ganesha stand, eine Figur mit einem riesigen Elefantenkopf – eigentlich eine hinduistische Gottheit, die jedoch auch im Buddhismus verehrt wird und sehr beliebt ist. Torbach winkte Philip näher heran. »Schau mal, hier – das ist witzig! Der riesige Elefantenkopf sagt zum Beispiel, man solle *großzügig denken*!«

Philip betrachtete die überwiegend rötliche Figur. »Und die riesigen Ohren?«

»*Besser zuhören.*«

Torbach deutete auf die kleinen Augen. »Sie ermahnen zur *Konzentration*.«

»Verstehe … und der kleine Mund?«

»Ermahnt dazu, *weniger zu reden*. Und ich halte mich an *Ganeshas* Anweisungen – selbst in diesem Moment, in dem ich mit dir spreche, erinnere ich mich an seinen Rat, nicht zu viel zu reden.« Torbach grinste. »Bitte, du musst mir übrigens helfen, indem du mir Bescheid sagst, wenn ich dir mehr erzähle, als du wissen willst.«

»Aber nein, alles okay!«, erwiderte Philip und überlegte dabei krampfhaft, wann dies jemals jemand zu ihm gesagt hätte; außerdem fand er, dass Torbach ihm immer noch viel zu wenig erzählt hatte. – *Ein paar Fragen sind da schoooon noch offen!*

Sie schlenderten über die kleine Brücke, die über den munter plätschernden Bach in Richtung Dorfplatz führte und auf deren Geländer buddhistische Figuren standen. Eine Gruppe Mönche überholte sie, hinter denen Kinder hertrotteten.

Philip schmunzelte über die kleinen Knirpse in ihren orangefarbenen Roben, und Torbach erklärte, dass man mindestens zwanzig Jahre alt sein müsse, um zum Mönch geweiht werden zu können, aber auch Kinder könnten – sozusagen als Lehrlinge – bereits für einige Zeit ins Kloster gehen. Diese *Nen* genannten Kinder müssten sich zwar an den strengen Regeln orientieren, legten aber keine Gelübde ab, wobei der buddhistische Laie meist nur fünf Gebote – *Silas* genannt – kenne. Diese Tugendregeln behandelten zu meidende Verhaltensweisen, die hinsichtlich der ihnen zugrunde liegenden Motivation als abzulehnen empfohlen seien: das Töten und Verletzen, das Nehmen von Nichtgegebenem, sexuelles Fehlverhalten, unwahre Rede sowie die Einnahme berauschender Getränke. Torbach räumte grinsend ein, dass diese Regeln natürlich genauso oft übertreten werden würden wie die christlichen Zehn Gebote. Für die Mönche würden übrigens über zweihundert verschiedene Gebote gelten …

Die beiden Männer hatten den Dorfplatz erreicht. Torbach deutete auf so eine Art Bar, die neben Tee auch kühle Getränke anbot. »Ein Wasser wäre jetzt echt nicht schlecht!«

Sie durchschritten den Platz, wobei Philip – wie schon so oft während seines Aufenthalts in Bangkok – die Frauen auffielen, die mit Körben voll kleiner Vögel auf dem Boden saßen und zwei Touristen die winzigen Spatzen für ein paar Baht anboten.

Torbach klärte ihn auf: Der Zweck bestünde nicht darin, wie Philip dachte, die Viecher mit nach Hause zu nehmen und sie wieder in einen Käfig zu sperren, sondern darin, sie an Ort und Stelle wegfliegen zu lassen und damit eine gute Tat zu tun, die einem sicher irgendwie im Jenseits vergolten werden würde. In Klöstern, die am Wasser lagen, würden für den gleichen Zweck sogar kleine Fische und Schildkröten angeboten, denen man dann im Wasser die Freiheit schenken durfte. Torbach zwinkerte Philip zu und bat ihn, während dieser ihn weiter in Richtung des mit einem roten Sonnenschirm überdachten Standes zog, einen gerade freigelassenen Vogel doch mal genauer zu beobachten.

Nun schmunzelte Philip ebenfalls, denn er konnte sich des Eindrucks nicht erwehren, dass die Vögel wie Brieftauben abgerichtet waren und einige Meter weiter wieder in einen anderen Käfig flogen, von wo aus sie dann aufs Neue zum Verkauf vor dem Tempeleingang transportiert wurden.

Kurz darauf zischten die Wasserflaschen, was bei dieser sengenden Hitze einem stolzen Besitz gleichkam, und ein paar Minuten später lag das Dorf schon wieder im Rücken der Männer.

»Aber ... was um alles in der Welt war denn ...«, Philip, neben Torbach laufend, lächelte nun wie ein junger Knabe, der weiß, dass er gerade eine ungezogene Forderung stellt, und traute sich kaum zu fragen: »... was ... ähm ... war denn nun dein Grund dafür, um alles aufzugeben? Und wie lautet *deine* Definition von Erfolg?«

»*Ha!*«, meinte Torbach, wobei er das Wort »aufzugeben« vorläufig bewusst überhörte. »Dann können wir also jetzt zu den anderen Aspekten des Falls kommen, nicht wahr?« Dann fügte er in verschwörerischem Flüsterton hinzu: »Den *interessanten*!« Er trat, nun nicht mehr länger einer Antwort ausweichend, mit einer lächelnden Bewegung an Philip heran und sagte: »Ich weiß, ich werde von vielen Menschen, insbesondere von jungen Tradern und Trading-Anfängern, aber auch manch Fortgeschrittenen, belächelt. Und ich weiß auch, warum. ›Erfolgreicher Trader schließt seine Konten, verschenkt seine Rechner, schmeißt all seine Unterlagen weg und widmet sich der Stille eines Klosters ... *tzzz* ... was für ein Loser, Spinner, esoterischer Heini ... ‹ Na, halt so das Übliche!« Seine Lippen umspielte ein Lächeln. »Hast du dich mal gefragt, warum ich, als du wegen des heutigen Treffens anriefst, nicht ins Büro kommen wollte, sondern du *mich* stattdessen aufsuchen solltest?«

Philip, gerade einen herumstreunenden Hund mit schwarzem Augenring und schwarzem Ohr verscheuchend, zuckte mit den Achseln.

»Natürlich will ich nicht, dass irgendjemand mein Leben nachahmt – nein, es geht um was ganz anderes! Was *ganz* anderes!«

Philip sah ihn fragend an, und Torbach blickte seinem jungen Kollegen nun direkt ins Gesicht, wie um ihm Kraft zu geben. »Es gibt da ein Leiden, das den *fortgeschrittenen* Trader«, und er betonte eindringlich, dass seine folgenden Worte nur und wirklich nur einem solchen galten, »verfolgt und welches das *grausamste* von allen ist!« Torbach bediente sich nun der Anrede: Mein lieber Freund. »Mein lieber Freund«, sprach er und ging behutsam vor, »denn neben der Frage nach dem Zweck des Tradings ist da auch noch die eigentlich viel wichtigere Frage, ob dieser Zweck denn auch wahrhaftig gelebt wird!« Er räumte ein, dass diese Frage teils schon auf dem Weg hierher angesprochen worden sei, dass er sich diesem Thema nun aber ausführlich widmen würde. Da Philip offensichtlich nicht gleich verstand, erklärte er, dass seine vierzigjährige Handelserfahrung ihn dahin gehend zum Nachdenken veranlasst habe, sich neben dem unheimlichen *»Wozu«* der noch schlimmeren Frage nach der wirklichen Durchführung dieses *»Wozu«* zu stellen. »Ein Trader muss nach einer einzigen Tat dürsten. Einer Tat ...«

»Welcher Tat? Oder was für einer *Art* Tat?!« Philip blickte Torbach von der Seite an.

»Ganz gleich. Die *Art* ist egal! Die Tat selbst besteht in der Umsetzung des eigenen *›Wozu‹*; erst darin findet sich jene großartige ›Größe‹ gegenüber den theoretischen Worten.« Torbach blieb stehen, genoss für einen Augenblick die Stille der Landschaft und tippte dann erst auf seine und dann auf Philips Brust. »Komm! Seien wir ehrlich und leugnen es doch nicht, dass die meisten spekulativ ausgerichteten Trader in Vergangenheit und Gegenwart nur schöne Redensarten gedrechselt haben und dies noch immer tun. Wir alle«, Torbach schloss sich selbst mit ein, »haben einst mit unendlich großen Worten und Idealen mit dem Börsenhandel begonnen: für eine Steigerung der eigenen Lebensqualität, für mehr Freizeit, für Hobbys, für die Familie, für eine wachsende Gesamtfülle des Daseins. Kurzum, wir haben eine optimale Synthese von Aufwand und Nutzen angestrebt und von neuen Schönheitsgenüssen und Glückswerten geträumt!«

Es folgte eine bemerkenswert lange Pause, die Philip aber nicht zu unterbrechen wagte. »Komm!«, fuhr Torbach endlich fort, »du bist selbst lange genug dabei, um es nicht mehr leugnen zu können! Die Suche nach der Wahrheit im Trading ist ein Kinderspiel gegen den ungeheuren Ernst, selbst eben diese Wahrheit zu werden und zu leben!«

»Da könnte was dran sein!«, meinte Philip beiläufig – *zu* beiläufig – und begann, seine Sonnenbrille mit einem Zipfel seines T-Shirts zu putzen.

»Da *könnte* was dran sein?!« Torbach winkte Philip mit Nachdruck näher zu sich heran. »Da *könnte* ...?! – Mein Junge, mach die Augen auf! Schau dir doch den Großteil der Trader an!« Torbach klang jetzt leicht aufgebracht und war nicht bereit, lange nach schönen Worten zu suchen. »Bei vielen Tradern entsteht eine Art Überspannung gegenüber ihren einstigen Zielen und dem gegenwärtigen geringen Wirklichkeitsgehalt! Verstehst du? Man hat diese traumhafte Sehnsucht der Trinität – Freizeit, Freiheit und Geld – sozusagen für nichts gelebt! Freizeit: null, man traut sich nicht; Freiheit: unerträglich. Geld: Konto im Minus! Und die Ausrede für das alles: *Ich habe immer noch zu wenig Fachwissen!*«

Philip, dem Torbachs Worte vorher nur langsam ins Bewusstsein gedrungen waren, verstand plötzlich ihre Tiefe und gewann schlagartig den klaren, wenn auch eigentümlichen Eindruck, dass auf dieser Grundangelegenheit des »tollen Lebens«, welcher überall in der *beworbenen* Tradingwelt eine äußerste Wichtigkeit zugebilligt wurde, offenbar ein so schweres und vor Schwere so blind machendes Ton-, Wert- und Bedeutungszeichen lag, dass es die Sache selbst in einem völlig neuen, und wenn nicht schrecklichen, so doch in seiner Realität insgesamt erschreckenden Licht erscheinen ließ. In diesem Augenblick kam Philip die Welt des Tradings plötzlich wie ... wie ein einziger Riesenschwindel vor! Und nachdem Torbach ihm auch noch versicherte: »Verstehst du, da stimmt im Trading etwas ganz *grundlegend* nicht!«, ging ihm ein weiteres Licht auf. Er verstand nun, was Johns Hinweis bedeutete, als dieser meinte, er solle mit der Befragung anderer Trader vorsichtig sein, denn dies störe deren Ernst. – *Klar, John hat recht!*

Philip, abermals den herumstreunenden Mischlingshund verscheuchend, traf der Schlag dieser weiteren Erkenntnis, und er schilderte Torbach seine Gedanken hierzu, welcher sie bestätigte: »Nicht alle, aber viele der erwachsenen und im üblichen Maße lebenskundigen spekulativen Trader, die sich so willig, ja fast schon gierig vor der Auslage des Tradings betören lassen, wollen nicht wissen, dass sie«, Torbach drückte es absichtlich übertrieben hart aus, »... dass sie sich selbst betrügen. Oder erachten sie etwa in stillschweigendem Einverständnis diesen Betrug nicht als Betrug?« Torbach machte eine Pause, um dieser Eröffnung eine bessere Wirkung zukommen zu lassen. »Man kann, wenn man mit einem Trading-Anfänger spricht, noch so hilfreiche praktische Hinweise für dessen weiteres Leben als Trader geben, wie dieser sie sich nie auszudenken gewagt hätte, und diesen fortan einen ›fortgeschrittenen Trader‹ nennen, aber: Hast du jemals gefragt, ob diese Hinweise auch wahr gemacht werden?!« Er wartete nicht auf eine Reaktion Philips, sondern blieb abrupt stehen, wandte sich rasch um und fügte bedeutsam hinzu: »Mir scheint, die Wahrheit über das einstige ›Wozu‹ ist eine Kraft, die viele Trader misshandeln!«

Hat ... hat er jetzt gesagt, »die Wahrheit über die Ziele misshandeln ...«? Eieieiei! – »Das klingt jetzt aber schon ein bisschen *hart*, ich meine ...«

»*Hart?* ... Hab ich jetzt ›hart‹ gehört?« Torbach war etwas außer sich, baute sich vor Philip auf und hielt seinen Wanderstock spielerisch wie ein Schwert vor Philips Brust. »Ich will dir mal was sagen, mein Freund! Weißt du, warum, wenn du einen erfahrenen Trader auf seine Ziele ansprichst, meist nur ein unechtes Lächeln in der Luft hängt wie eine vergessene Weihnachtskugel an einem verdurstenden Christbaum? Und ... wenn man genau hinhört, kann man fast sogar ein leises Schluchzen wahrnehmen. Weißt du, warum?« Er fuchtelte mit seinem »Schwert«, und Philip kam gar nicht dazu, etwas zu antworten. Torbach hatte sich so in Rage geredet, dass er sofort nachsetzte. »Mein Junge, du kennst sicherlich den üblichen Werbespruch und Köder, mit dem man den Börsenneuling fängt: *mein Haus – mein Auto – meine Pferde – mein Pool* ... dieser ganze Kram, du weißt schon! Diese Werbung als solche ist nicht falsch, nein – nein, sie wird nur der *falschen* Zielgruppe präsentiert!« Philip wich vorsichtshalber ein wenig vor dem vor ihm herumwirbelnden »Schwert« zurück. »Statt den Anfängern müsste man dieses Zeug den Fortgeschrittenen zeigen, die doch nun eigentlich begriffen haben müssten, dass ein Chart aus Bewegung und Korrektur, aus ineinander verschachtelten Trends besteht, dass alles wiederum aus einem Orderbuch abgeleitet wird, daher die Frage nicht ›*Wohin* geht der Markt?‹, sondern ›*Wo* entsteht Bewegung?‹ und dementsprechend ›*Wer* kauft nach mir?‹ lauten muss! Zu viele Trader glauben, trotz fachlichen Wissens, immer noch zu sehr an ein zukünftiges *friedliches* Leben mit einem Plustrade nach dem anderen und stellen sich immer noch tagtäglich die Frage: *Warum müssen eigentlich Minustrades sein?* Die Suche nach der *richtigen*, der *wahren* Antwort geht dabei in einem Wirbel von Unlogik unter und taucht anschließend an gänzlich unerwarteter Stelle und grässlich entstellt plötzlich wieder empor: *Noch nicht das richtige Regelwerk! Noch nicht die rechten Kniffe.* Aber auch bei dem *rechten* Regelwerk müsste doch langsam die Erkenntnis durchgesickert sein, dass ein Orderbuch nun mal aus *vier* Marktteilnehmern besteht: den Hedgern, den Arbitrageuren, den strategisch Ausgerichteten und halt den Spekulanten. Wobei die Letzteren sich auch noch auf verschiedenen Zeitebenen bewegen ... und so weiter – na ja, du weißt schon! Viel zu wenige Trader akzeptieren, dass sie nicht allein am Monopoly-Tisch sitzen. Kurzum: Müssten sie nicht mittlerweile verstanden haben, dass durch ihr Noch-*mehr*-Laborieren, Noch-*mehr*-Tüfteln, Noch-*mehr*-Observieren *Perfektion* dennoch nicht erreichbar wird?! Wie soll das auch gehen? Würde es Perfektion geben: klasse, theoretisch eine Wohltat! Nur gäbe es dann in der Praxis die Idee des *Spekulierens* nicht mehr. Genau das ist das fortdauernde und schmerzliche Übel in der autodidaktischen Schöpfungsgeschichte so vieler Trader: Ursprünglich ist er doch an die Börse gegangen, um *Erfolg* zu haben. Ausgestoppt? – *Autsch.* Minus?! – *Schmerz.* Zu wenig Plus! – *Seufz.* Drehende

Märkte!! – *Oh je.* Dies alles sind folglich Bestandteile eines unvollkommenen Börsenuniversums, das scheinbar nur der Liebe und Zuneigung einer noch besseren Einstiegsregel bedarf und durch diese dann endlich verwandelt werden wird … Und hier irgendwo liegt der Grund, zu glauben, dass man erst ›später‹ als Trader *wirklich* glücklich sein wird, nämlich erst dann, wenn *alle* Faktoren stimmen! Ja bitte, welche denn? – *Ha! Gelächter!* Wollen wir tatsächlich den Arbitrageuren, Hedgern und fundamentalen Yogis ihr Handwerk verbieten? Juchhu, da wird es endlich einsam im Orderbuch. Jetzt braucht man dann nur noch den Spekulanten vorschreiben, auf welchen Zeiteinheiten und Trends sie zu agieren haben, und fertig ist der Kindergeburtstag – ach, wie süß! Nur hat diese Party ein Problem …« Torbach hatte Philip bei den letzten Worten weiter mit seinem »Schwert« bedrängt und hielt ihm nun, mit einer Körperhaltung wie ein Fechter vor dem tödlichen Stoß, die Spitze dicht vors Brustbein.

»Äh … es ist … keiner mehr da!?«

»G-e-n-a-u! Es ist gleichzeitig Problem und Aufgabe eines jeden fortgeschrittenen Traders, die Unvollkommenheit des Tradings akzeptieren zu müssen! Aber das kennst du ja sicherlich auch von dir selbst von früher; und aktuell von …«

»Ja, ja, von unserem *Bambino*!« Philip war wieder etwas zurückgewichen und behielt das »Schwert« lieber weiter gut im Auge.

»Genau! Auch euer Stan wird, wie viele *fachlich* fortgeschrittene Trader, mit nichts befriedigt werden können, wird an allem etwas auszusetzen haben! Überall wird ihm entweder zu wenig oder zu viel geschehen, niemals werden in seinen Augen die Dinge seiner freiwillig angefangenen Berufung ›*Trading*‹ stimmig erscheinen. Himmel, wie sind mir solche Anschauungen zuwider geworden! Alle schimpfen auf der einen Seite über die Überwissenschaftlichkeit und auf der anderen Seite auf die Unwissenheit, auf die Rohheit und auf die Überfeinerung, auf den Aktionismus genauso wie auf die Gleichgültigkeit. Wohin die Blicke in Sachen Trading sich auch richten, überall ist ein Spalt offen! Die Gedanken zu diesem ganzen Thema kommen niemals zur Ruhe und bewahren immer irgendwo den ewig wandelnden Rest von Dingen, die nirgends zur Ordnung kommen. Einige gelangen schließlich sogar zu der Überzeugung«, Torbach verdrehte dabei seine Augen, »dass das Leben als Trader als solches zu seelischer Unfruchtbarkeit führe und nur durch ein *besonderes* Ereignis oder einen ganz *besonderen* Geheimtrick davon erlöst werden könne. Auf diese Weise entsteht unter etlichen Tradern die Beliebtheit der Worte ›Ich will nur noch meine Kohle zurück und dann lasst mich mit dem Börsenscheiß ein für alle Mal in Ruhe!‹ Das ist genau die Überzeugung, dass es nicht mehr weitergeht, wenn nicht bald eine Art ›Messias‹ erscheint, sozusagen die starke Hand für das Ganze. – *Tja*, wie war das noch mal mit der gewünschten Freiheit? – Na, egal!« Torbach blickte Philip herausfordernd an. »Also: Wie viele fortgeschrittene Trader hast du getroffen, die die Freiheit wirklich *dankend* annehmen, sich auf irgendein durchdachtes Regelwerk einschwören, dieses einfach mittels vernünftigen Geldmanagements und Mutes für die ›– Neins!‹ des Marktes durchhandeln und das Leben fortan als Trader genießen!?« Torbach sprach damit all jene fortgeschrittenen Trader an, die trotz ihres fortgeschrittenen Wissens am Rande der Erschöpfung tradeten, die hoffnungslos Überbürdeten, sich gerade noch Aufrechthaltenden oder schon Aufgeriebenen, die sich durch letzte Willensreserven und eher nur zufällige positive Trades wenigstens eine Zeit lang die Wirkungen der Größe abgewinnen, und beschrieb auf diese Weise zusammenfassend die Notwendigkeit, die Faktizität des Börsenhandels wie ein *Mann* zu ertragen, und die Tatsache, dass Chart & Co. nun mal so sind, wie sie sind, hinzunehmen, egal, ob einem das nun passt oder nicht. »Kurzum«, Torbach ließ neben seinem »Schwert« auch seine Stimme wieder sinken, »keiner genießt den wahren Geschmack des Tradings, außer dem, der willens und bereit ist, es *gedanklich* hinter sich zu lassen!«

Erst nickte er, dann schüttelte Philip vehement seinen Kopf. »... aber das, was danach kommt, ist doch irgendwie ... *Leere* ...«

»*Ja, logisch!* Aber genau das ist doch der Punkt!«, beharrte Torbach und verwies stolz darauf, dass sie nun wieder am Ausgangspunkt ihres Gesprächs angelangt waren – der Lücke! »Mein Junge«, sagte er in väterlichem Tonfall zu ihm, dabei mit seinem Blick den Philips festhaltend, »der Menge nach ist es bei Weitem nicht die Hauptvoraussetzung des Glücks als Trader, tagtäglich Widersprüche zu lösen, sondern: sie *gänzlich* verschwinden zu machen! Gedankliche Lücken ein für alle Mal zu schließen, damit das gesamte Trading in Absicht wie Verhalten eine ordentliche, glatte Rundung erfährt – *das* muss das beherrschende Bild sein! Man muss zu einem Mann werden, der sich endlich als Herr im eigenen Haus fühlt! *Das* muss das anzustrebende Bild sein!« Torbach bog jetzt auf den steil hinabführenden Bergpfad ab, hob einen auf den Weg ragenden Ast nach oben und schlüpfte darunter durch, Philip tat es ihm gleich. »Es ist eine Art perspektivische Verkürzung des Verstandes ... äh, nein«, Torbach überlegte einen Augenblick, dann verbesserte er sich, »... es ist eine perspektivische Verkürzung des *Fachwissens*, was den allabendlichen Frieden zustande bringt, welcher – vom einen zum anderen Handelstag reichend – das dauerhafte Gefühl eines mit sich selbst einverstandenen Lebens ergibt.«

Allabendlicher Frieden ... und das als Trader ... wow!

Aber dennoch ... Wieso hat Torbach aufgehört?!

Torbachs Schritte verlangsamten sich, und nun anstrebend, auf den Punkt zu kommen, rundete er das Gesagte mit Berichten aus seiner eigenen Vergangenheit ab: »Es erging mir in meinen ersten Jahren nicht anders als den eben erwähnten Tradern: Ich betete das Geld und den Geist des Geldes an, mithin die Ordnung, das Wissen, das Rechnen, Messen und Wägen und beklagte es zugleich.« Torbach erzählte in seinen weiteren Worten von den Abenteuern seiner Sinne, Nerven und Gedanken, die er tagein, tagaus durchlebte, sah sich zerfressen von Ironie und ansteigendem Fachwissen, angeödet und gelähmt von Erkenntnis, halb aufgerieben von den Fiebern und Frösten des Tüftelns, haltlos und unter Gewissensnöten hin und her geworfen zwischen krassen Extremen, zwischen Aktionismus und Lähmung, erschöpft vom Kampf und schluchzend vor Reue. »Während meiner Arbeitsstunden grübelte und analysierte ich, beklagte mich über das jeweilige ›– Nein!‹ eines Marktes, rechnete und grübelte weiter, und außerhalb meines Büros benahm ich mich wie eine Horde Kinder, die vom, im Grunde einen bitteren Beigeschmack aufweisenden, Zwang des ›Also, was machen wir jetzt?‹ aus einer Übertriebenheit in die nächste jagen.« Seine Worte sprudelten jetzt immer schneller aus ihm heraus. »Aber mit den Jahren der fachlichen Reife, in denen ich die Luft der Charts, die laue, süße, geldgeschwängerte Luft eines *beständigen* Börsenhandels atmete, begann nach und nach in mir jene ›Lücke‹ des ›Worin besteht mein persönlicher Ansporn, in dieser Arbeit vollkommen zu sein?‹ immer weiter aufzuklaffen! Verstehst du? Ich erkannte, dass ich wieder dort stand, wo ich mich schon einmal, nämlich ganz zu Beginn meines Tradings, befunden hatte: in einer gedanklichen *Unbeschwertheit* in der Herangehensweise, nur wiesen die Trades, im Gegensatz zu damals, eine meisterlich durchdachte Taktung auf, deren allen anderen voran zu nennende Grundlagen waren: *Großwetterlage*, *Diversifikation* und *Geldmanagement*! ... Du selbst, lieber Philip, hast dies zu Beginn unseres Weges in ähnlicher Weise bereits ja erwähnt!« Torbach wollte an dieser Stelle nicht viele Worte zu den genannten fachlichen Grundlagen vergeuden, wusste er Philip bei Hofner und John in guten Händen. »Ich staunte den Verlauf meines Börsenhandels nun mit jenem Blick an, den ich seit Jahren gesucht hatte, und nun – wo er mir zu eigen war und ich dadurch plötzlich ›beschäftigungslos‹ wurde, was wie ein scheinbares ›Unvermögen‹ wirken mochte – trug dieser Blick die unverkennbaren Züge eines – ja, eines beinahe *idiotischen Staunens* an sich! Ich erkannte endlich: Das Ende sah nahezu aus wie der Anfang; genau wie Äpfel, die, wenn sie reif sind, ja auch nicht den Baum hinauf, sondern zur Erde, zur Wurzel hinunterfallen, also dahin, wo das Ursprünglichste ihres Seins begann.«

Die Äpfel ... fallen nicht rauf, sondern runter ... ha!

»Hast du nicht selbst vorhin sinngemäß gesagt, dass der Zustand, in dem du als Trader lebst, Risse hat, aus denen sozusagen in vielerlei Hinsicht ein *unmöglicher* Zustand hervorlugt? Keine Angst, damit bist du nicht allein; ich weiß, dass es bei jedem Trader so ist. Jeder Trader will natürlich sein Leben in Ordnung bringen, aber die wenigsten tun es tatsächlich!« Torbach blieb abrupt stehen und wandte sich mit einer gewissen Eindringlichkeit zu Philip um. »Übrigens ich früher auch nicht! Und wie oft habe ich mir die Szenen zu *Geld*, *Freiheit* und *Freizeit* ausgemalt, wie oft habe ich mich im Geiste darin geübt!« Torbach begann wieder weiterzugehen und gab Philip mit gezücktem »Schwert« zu verstehen, dass nun etwas Wichtiges kommen würde: »Ich weiß nicht, ob du das verstehen kannst, aber ich glaubte, vor Glück zu träumen, als ich mein ›Wozu‹ vor vielen, vielen Jahren zum ersten Mal praktisch ausgeführt habe. Dergleichen tut nicht jeder. Verstehst du? Man träumt zwar davon, aber irgendwie tut man es nicht!« Torbach drehte Philip im Laufen seinen Kopf zu. »Man hat zwar seinen Sinn, aber nicht den Mut, sich in Wirklichkeit damit sehen zu lassen! Dies kommt, weil die Erkenntnis, dass der eigene Zweck wichtiger ist als der Chartverlauf, wie ein großes, schwarzes Loch erscheint, in das man aus den verschiedensten Gründen nicht gern hineinsieht!« Torbach, dessen Füße durch das Gefälle schneller wurden, sprach lauter. »Nun, das Weitere ist einfach: Durch dieses Loch muss man hindurch! Und ich konnte das! Ich hatte diese Tage erst vereinzelt, dann immer öfter, an denen ich aus meinen falschen Vorstellungen in Sachen Trading hinausschlüpfen konnte. Dann steht man – wie soll ich das sagen? – wie geschält zwischen den Dingen, von denen alle fachlichen Fragen und inneren Zweifel abgezogen sind. Das war und ist ein unglaublich großartiger Zustand: Alles geht ins Harmonische und Rhythmische, und man ist plötzlich nicht mehr ›irgendein Traderlein‹, das frühmorgens aufsteht und stundenlang auf bunte Bildchen starrt und mit durchgeschwitztem Hemd seinem erbärmlichen Aktionismus frönt, sondern ein *Mann*, der seine einstigen Ideen, durch die er mit dem ganzen Kram überhaupt erst begonnen hat, mahnend zur Kenntnis nimmt und in Materie, sprich: Wirklichkeit, umsetzt! Ein Mann, der an sich bemerkt, dass er eine große Aufgabe vor sich hat! Ich habe mir – Achtung! – das Recht herausgenommen, Freizeit, Freiheit und Geld bedingungslos einzufordern und den Trading-Gewinn des Tages oder der Woche gnadenlos auszugeben, ohne – und das ist dabei das *Wichtige*! – schlechtes Gewissen dahin gehend, dass es doch eine Torheit wäre, meine Freizeit und Hobbys zu genießen, statt vor den Charts zu sitzen, denn ich könnte ja *das* verpassen, was als Grundlage für meine Freizeit und das ausgegebene Geld fungiert! – Verstehst du, Philip?!«

Torbach blieb stehen, kam Philip, der betroffen schwieg, einen Schritt entgegen und führte seine Hand zur Stirn, wie um besser sehen zu können. Er erklärte, dass er aber noch etwas Wichtiges, das *Wichtigste*, konkretisieren müsse. »Hör zu! Ich bekam damals so eine Idee – pass auf! Ich ... ich erkannte, dass mein fachlicher Stand als fortgeschrittener Trader, Achtung: zwei der drei Punkte der ursprünglichen Trinität, nämlich *Freizeit* und *Freiheit*, nun als *Bedingung* einforderte, um auch den letzten Punkt der Trinität, *Geld*, zu erreichen! Verstehst du? Mein fachlicher Stand hat es e-i-n-g-e-f-o-r-d-e-r-t!« Torbach machte eine Pause, um seine hart gesprochenen Worte »mutig« wirken zu lassen. »Meine Tage, Wochen, Monate wechselten zwischen Trades, genau genommen deren Ordereingabe, und dem Ausruhen bei Familie und Hobbys. Es wurde mit fortschreitender Zeit immer wahrhaftiger eine Vermählung von Tätigkeit und Ruhe, Freizeit und Schönheit möglich; und dies, ohne dass sich, wie früher üblich, die Bedeutungsfülle solcher Tage dem fragwürdigen Begriff der *Legitimität* als bedauerliche Folge entzog! Wie hätte das auch gehen sollen? Meine Ergebnisse waren seit dem *Der-Zweck-ist-mir-wichtiger-als-der-Chart* bedeutend besser als bei dem davor herrschenden *Der-Chart-ist-mir-wichtiger-als-mein-Zweck*! Verstehst du? Wenn ich in den Spiegel sah, dann konnte ich endlich jenen Ausdruck, den ich früher so verzweifelt gesucht hatte, erkennen: den feierlichen und starken Ernst des Triumphs!«

Er hatte den Mut, sich in das große schwarze Loch zu stürzen und ist auf der anderen Seite angekommen! – Philip wusste gut mit Torbachs Worten umzugehen. Nach seinen erzählten Erfahrungen besaß demnach niemand, der nicht das völlige Entspannen und Einsinken kannte – das wunschlose, gewissermaßen nur mit Shorts bekleidete *Abseits-der-Welt-Liegen* – die Kraft zur Beständigkeit. Kurz: Torbach hatte die in vielen Tradern wütende, wilde, gleichwohl stumme Ablehnung, dass jenes *Abseits-der-Welt-Liegen* doch im Widerspruch zum Alltag und dessen Kurzformel *Stress gleich Erfolg* stünde, aufgelöst und zugunsten des ursprünglichen Anfangsgefühls beiseitegelegt. Die fachliche Reife lieferte keine Fragen mehr, und auf dem Dünger dieses einstigen Übermaßes an gedanklicher Forderung wuchs der Wunsch nach einer neuen Herausforderung; und diese fand er in seiner Freizeit, seinen Hobbys, einfach in der neuen Aufgabe. Oh, wie gut Philip verstand! Es war jener nur scheinbar abseitige und abstrakte Gedanke, der in Philips Leben schon des Öfteren eine unmittelbare Bedeutung gewonnen hatte: Das Gesetz des Lebens, nach dem man sich sehnte, war kein anderes als das einer »erzählerischen Ordnung«. Jener einfachen Ordnung, die darin bestand, dass man sagen konnte: »Alles, was geschehen ist, habe ich mir genauso erträumt!« Es war die *einfache* Reihenfolge des Lebens, die den Menschen beruhigte. Die Aufreihung all dessen, was man in Raum und Zeit erlebt hatte auf einem Faden, eben jenem berühmten »Erzählfaden«, aus dem natürlich auch der Lebensfaden eines Traders bestand; jener

Zustand, in dem man sich in seiner Karriere als Trader der Redewendung bedienen möchte: »Alles Geschehene – ich könnte mir vorstellen, alles, ja ganz genau alles genau so zu wiederholen!«

»Aber wieso hast du dem Trading dann *völlig* den Rücken gekehrt?« Das Wort »aufgeben« kam Philip nun nicht mehr in den Sinn!

Torbach holte tief Luft, wusste er doch, dass Philip hauptsächlich diese Frage am Herzen lag, und nach einigen Schritten erläuterte er: »Nicht alle, aber viele Trader sind traurige Geschöpfe … und abgesehen von wenigen guten Tradingstunden kratzen sie sich an dem Bewusstsein und ständigen Wiederholungen der Fragen ›*Wie viel* kann ich … ?‹, ›*Wie viel* darf ich … ?‹, ›*Wie viel* brauche ich … ?‹, ›*Wie viel* könnte der Chart mir geben … ?‹ wund und krank. Aber weißt du auch, warum? Sie hassen diese Fragen! Sie wissen, dass sie gemein und unschön sind, und sie verteidigen das *Nichtantworten*, wie man sonst nur Wahrheiten verteidigt, die man unbedingt nötig hat. Und trotzdem werden sie von ihrem Gewissen, von den Einflüsterungen zum ›*freiwilligen Verzicht*‹ zernagt, bis kein heiler Fleck mehr an ihnen zu finden ist.« Torbach stützte sich auf seinen Wanderstock und fixierte Philip mit einer Miene, in der Zorn und Mitleid miteinander zu ringen schienen. »Nimm hundert fortgeschrittene Trader … ! Wie viele, meinst du, werden wohl sagen, dass sie sich für die kommenden zwei Monate nicht für das ganze ›Chartgewichse‹ interessieren werden, da sie ihr Ziel *Geld* einfach mittels eines einzigen Trades und dessen kluger Stopp-Führung erreicht haben? Von hundert fortgeschrittenen privaten Tradern – wie viele werden, bewaffnet mit einem Buch statt einem Laptop, wirklich *jene* vierwöchige Urlaubsreise unternehmen, von der allein sie zu Beginn geträumt haben, obwohl sie sie nach so manchem Trade bereits locker hätten machen können?« Torbach holte abermals tief Luft: »Und jetzt … jetzt stelle dir hundert, aber dieses Mal *sehr weit* fortgeschrittene, sprich: *sehr* erfahrene Trader vor! Wie viele davon werden sich dessen besinnen, weshalb sie einst mit dem Ganzen angefangen hatten, und dann, wenn sie es in den Händen halten, wirklich dankend aufhören?«

Nachdenkliche Stille.

In Philip brodelte und gärte es! Und wie ein Ringkämpfer das Ermatten des Gegners errät und ab da sein ganzes Gewicht einsetzt, fühlte Torbach das Bedürfnis, die volle Schwere, die Wucht seiner Worte ein letztes Mal wirken zu lassen. »Es ist«, eine Falte stand ihm auf der Stirn, »wie auf dem Rummel: Das kleine Mädchen mit den bunten Zöpfen hält jenen großen, braunen, kulleräugigen Teddybären, dessenthalben sie tagelang träumend vor der Losbude gestanden hat, nach einem Hauptgewinn in ihren kleinen Händen und gibt, statt mit ihrem neuen Teddy zu spielen, nun ihr restliches mühsam erspartes Taschengeld für weitere Lose aus …«

Heiliger Bimbam! Was für ein gnadenloses Bild ist das denn?!

Und in diesem Augenblick verweigerten Philip die Beine den Dienst, er musste stehen bleiben, und die kurze Ohnmacht wich folgender Wirklichkeit: Ihm wurde auf einmal klar, dass es gar nicht so sehr die Worte waren, woran sein gesunder Sinn Anstoß nahm, sondern der durch sie glaubwürdig versicherte Ernst des Zustandes! Es war dieses seltsame Misstrauen gegen die ganze angewandte Praxis! Torbach hatte mit dem Trading begonnen, um Freiheit, Freizeit und Geld zu erlangen; daraufhin hatte er gelernt, er hatte verstanden, er hatte umgesetzt, er hatte bekommen, was er wollte, und gewusst, »wie viel« er davon wollte. Nun hielt er den »Teddy« in der Hand und hatte sich fortan schlicht und ergreifend einem anderen Thema gewidmet … er war spielen gegangen!

Torbach musste wohl geahnt haben, was in Philips Kopf vorging. »Schau«, er tippte sich an die Schläfe, »Trading liegt nicht in der ewig währenden Zukunft, sondern in einer Zukunft, die eines Tages Gegenwart und dann Vergangenheit wird. Genau daraus ergibt sich für die meisten ein riesiges Problem … Ich möchte es mal mit einer Kinoleinwand vergleichen: Sobald der Abspann läuft und der Held mit einer Zigarette im Mundwinkel gen Sonnenuntergang reitet, stellt sich eine Frage, die der Film nicht beantwortet: Welches Ziel setzt sich der Held nun? Wenn man sein Lebensziel verwirklicht hat, sagt man gern im Scherz: ›Jetzt könnte ich zufrieden sterben.‹ Doch das lädt zu der ernsthaften Frage ein: *Warum tun wir es nicht?!* Wenn es im Leben um die Verwirklichung eines Ziels geht und dieses erreicht ist, was gibt es dann noch zu tun? Dieses erreichte Ziel kann unsere Handlungen nicht mehr leiten, und wenn wir keine anderen Ziele mehr haben, haben wir offenbar nichts mehr, wofür es sich zu leben lohnt.«

Touché!

Philip, innerlich immer noch taumelnd, wenn auch äußerlich wieder festen Schrittes, atmete tief ein, begleitet von dem Gefühl, dass Torbachs Blicke und sein Lächeln immer noch auf ihm lagen. – *Touché! Touché!* Es ging also gar nicht, wie Philip vermutet hatte, darum, dass Trading zwangsläufig zum Mönchstum führte!

Alles Quatsch!!!

Blödsinn ersten Ranges!!!

Torbach hätte auch Bauer, Kosmonaut oder Tiefseetaucher werden können … *Scheißegal!* Es ging einfach nur ums Umsetzen und nicht ums Nur-dumm-Daherquatschen! Philips heftige Aufwallung spülte nun den Gedanken empor, dass er einen Mann vor sich hatte, an dem ein Trading-Anfänger, einen Vogel zeigend, vorbeigehen würde, während ein *erfahrener* Trader ehrfürchtig sein Haupt verneigen und, sofern nur irgend möglich, das Gespräch suchen sollte, da er von ihm nicht nur ein bisschen, sondern *alles* lernen konnte. Trotz fachlichem Wissens und steigender Kontostände hatte es bei Torbach jenen Tag gegeben, an dem er seinen Rechner das *letzte Mal* hochfuhr, das *letzte Mal* das Bürolicht ausknipste und *letztmalig* seine Bürotür schloss, wissend, dass er sie *nie wieder* öffnen würde. – *Was für ein HAMMER!* Haltlos zwischen den krassen Extremen – der eisigen Mahnung »Worin besteht mein persönliche Ansporn, in diesem Thema vollkommen zu sein?« und dem verzehrenden Chartgeflacker – hin und her geworfen, hatte Torbach die Frage des »Wie viel brauche ich … ?« *genau* durchdacht und damit die möglichen Gewissensnöte, ein anscheinend erschöpfendes Leben als Trader aufzugeben, wo er doch eigentlich ein ausgefülltes und außerordentliches Leben liebte, ein für alle Mal beseitigt! Ein Mann, der kam, sah, nicht rumjammerte, sondern klug kämpfte und siegte! Mithin: Er lebte die höchste Form des freiwilligen Verzichts! – *Einfach ein HAMMER!*

»Wenn man«, versicherte Torbach nun, »frühmorgens aufsteht und sich den ganzen Tag als Werkzeug des Willens der Charts DAX & Co. reinzieht und weiß, dass man lieber was *ganz anderes* machen würde, so ist das bestenfalls Heuchelei! Verstehst du, Philip?! Die Fragen nach dem ›Wie viel?‹ und vor allem nach dem ›Wie viel bin ich bereit, von mir und meinem Leben *dafür* herzugeben?‹, das sind alles Fragen der – wie nennt man das noch mal?«, Torbach pausierte und sah Philip verschmitzt an, als müsse er das Wort erst erraten.

»*… der PERSÖNLICHKEIT?« – Schluck!*

»Genau! Und glaube mir eines: Man muss einem Trader nur fünf Sekunden in die Augen schauen, und man weiß, ob er eine hat! Auch kann man es an sich selbst daran erkennen, oder der Spiegel zeigt es einem, ob man bei der Suche nach dem Sinn des Tradings in der Lage ist, seinen *eigenen* Rahmen zu finden, innerhalb dessen man sich ein lebenswertes Leben als Trader aufbauen kann!« Hierzu müsse man sich, erklärte Torbach, der Fragilität, Unvorhersehbarkeit und Zufälligkeit des Tradings und des Lebens stellen und das Beste daraus machen. Nicht die Wahrheit eines Regelwerks als solche sei heilig, sondern die Suche nach dem eigenen »Wozu«, und keine Handlung, keine Arbeit, keine Leistung sei für einen fortgeschrittenen Trader sinnvoller als die der Selbsterforschung. »Mein Handeln und mein Trading – so habe ich das früher immer empfunden – fühlten sich an wie auf Sand gebaut, und meine Anschauungen sind herumgewandert wie Dünen. Doch irgendwann erkannte ich, dass es einen unverrückbaren Grenzstein gibt, welcher lautet: ›Werde der Trader, der du sein willst!‹ Und wie soll man zu dem vordringen, wer und was man ist, ohne seinen Blick auch mal nach innen zu richten? – Tja, den Rest habe ich ja im Laufe unseres Spaziergangs so ziemlich vollständig erzählt.« Tiefer Ernst lag in seinen Augen – und eine gewisse Form von Triumph!

Die Zeit schien wie im Flug vergangen zu sein, denn während die beiden weiter ins Tal schritten, hatte Philip versucht, Torbachs letzte Worte zu begreifen, als dieser meinte, für einen Trader sei es niemals zulässig, sein Leben zu betrachten und zu sagen: »Die Marktumstände waren gegen mich, ich war viel mehr wert, als aus mir als Trader wurde!« Und während er darüber nachdachte und nachdachte, waren bereits wieder die Mauern des Klosters zu sehen.

War es den Worten Torbachs zu verdanken oder dem Gefälle des Weges oder hatten sie sich in Wahrheit gar nicht so weit vom Kloster entfernt? Für Philip jedenfalls war der Rückmarsch überraschend schnell vonstattengegangen. Beide standen wieder vor dem großen Tor an der Südseite des rot getünchten Klosters, das von den *Yakshas*, jenen übergroßen Dämonenfiguren, bewacht wurde und eine Ruhe und innere Ausgewogenheit atmete, die Philip bisher noch nirgendwo so stark empfunden hatte wie hier.

Torbach wandte sich an seinen jungen Kollegen. »Aber *warum* erzähle ich dir das alles? – Ich denke, du verstehst jetzt: Da kann die Liebe zu den Charts noch so groß sein, die Wortgruppe ›Sinn und Ziel deiner Bemühungen … ‹ klingt wie eine Drohung. Das klingt nach etwas ganz Großem, etwas Schlimmem. ›Sinn und Ziel der Bemühungen … ‹ *huiii* … dies ist der Friedhof so mancher Traderträume.« Torbach nahm seinen Wanderstock und hieb, als hätte er eine Axt in der Hand, auf einen nahe stehenden Baum ein. »Jetzt weißt du, was ich bei unserer ersten Begegnung meinte mit: ›Verheizt du die Axt als Brennholz, oder benutzt du sie, um Brennholz zu gewinnen?‹!« Torbach schwang seinen Wanderstock das letzte Mal in die Luft. »Die Axt steht für das *Trading* – logisch. Das Brennholz für die *Freizeit* sowie *Freiheit* und *Geld*!« Nach diesen Worten warf Torbach sein »Schwert« ins Gebüsch, trat lächelnd an Philip heran und reichte ihm zum Abschied die Hand. »Danke, Philip!« Ein fester Handschlag folgte. »Das war ein lehrreiches Gespräch, eines, bei welchem ein alter Mann im Ruhestand viel von einem jungen Kollegen gelernt hat!«

»*Gelernt?*«, erwiderte Philip verblüfft.

»Nun, deine Worte und Erlebnisse haben mir einmal mehr gezeigt, dass ich *alles* richtig gemacht habe! Und dafür, lieber Philip, danke ich dir!«

*

Philip stand am Bugspriet der *Mary*, umhüllt vom kühlen Fahrtwind, und blickte hinab in das Wandern und Treiben der Wellen, die schwankten und sich klatschend begegneten und schaumig aufleuchteten. Er lehnte sich gegen den starken Salzwind, der frei und ohne Hindernis daherkam und ihn umhüllte. Mit seinem gestrigen Besuch bei Torbach hatte der unruhige Zustand, in dem er sich so lange befunden hatte, endlich ein Ende genommen. – *Was für eine Begegnung! Und welche Gespräche sie geführt hatten!* Eigentlich liebte er solch intensive Gespräche, denn üblicherweise fühlte er sich dabei in seinem Element. Aber das gestrige besaß eine gänzlich andere Tragweite, die gerade durch die ihr eigentlich zugrunde liegende Banalität schon wieder beängstigend wirkte. Wie lauteten noch mal Torbachs Abschiedsworte? »Danke … deine Worte und Erlebnisse haben mir einmal mehr gezeigt, dass ich *alles* richtig gemacht habe!« – Wow! Philip war froh, dass er den Trip zu Torbach unternommen hatte; falls möglich, würde er sich gerne öfter mit ihm treffen. Sich gedanklich in der Welt der reinen Ideen zu bewegen, hatte etwas … *ja, wie sagt man dazu?* … Läuterndes? War dies das rechte Wort? Man könnte es genauso gut auch als geistige Hygiene bezeichnen. – *Na ja, egal!* Auf alle Fälle: Wenn man, und vielleicht *nur* dann, die sinnlichen Begierden des fortwährenden Chartverlaufs gelegentlich mal für einen Moment unterbrach, konnte man früher oder später über dessen Rand hinausschauen.

Und während Philip all diese Gedanken dachte, wurde ihm – mit der gleichen Leichtigkeit und Klarheit, wie sie manchmal windstille Tage aufwiesen – nun auch bewusst, dass ein Traden ohne hinreichend durchdachten Zweck ein nicht nur unüberlegtes, sondern sogar äußerst gefährliches Unterfangen war, obgleich vielen Tradern die Fragen zu diesem Thema nichts bedeuteten und nur als ein gewagter »Scherz« angesehen wurden.

»P-H-I-L-I-P!!!« John, in flatterndem Hemd und Flipflops, winkte Philip zu sich ans Steuer und gab ihm einige Anweisungen – schließlich sollte aus ihm ja noch ein Seemann werden.

Als das Boot gut ausgerichtet auf dem Wasser lag und der Hafen langsam in weite Ferne glitt, überflog John kurz die Instrumente und meinte schmunzelnd zu Philip, ob diesem denn nun klar sei, warum er einst auf die Frage nach dem »Wozu« keine Antwort habe geben wollen. John ließ sein Feuerzeug aufflammen, setzte unter einigen Schwierigkeiten mit einem ziemlich langen Zug seine Zigarre in Brand und betrachtete mit einem weiten Blick das vor ihnen liegende offene Meer, wo die Dimension der Zeit ihre Bedeutung verlor. Er nahm einen tiefen Zug, ließ den Rauch genüsslich entweichen und schaute Philip direkt in die Augen: »Ein Trader ist nichts anderes als ein Entwurf, er existiert nur in dem Maße, in dem er sich verwirklicht, und ist folglich nichts anderes als die Gesamtheit seiner vierundzwanzigstündigen Handlungen, mithin die Zuordnung und Zusammenfassung jedes Augenblickszustandes zu einem Dauerzustand und damit … nichts anderes als … *sein Leben*!« John gab deutlichst zu verstehen, dass er Philip, statt ihm eine mundgerechte Antwort zu servieren, deshalb hatte suchen lassen, damit er für sich selbst erkannte, dass ein persönlicher Sinn und Zweck dem Trading nicht per se innewohne, sondern jeder Trader selbst dafür verantwortlich sei, sich diesen zu schaffen. »Das Trading ist also nicht *ohne* Sinn, es hat lediglich keine *im Voraus* festgelegte Bedeutung. Demzufolge muss sich jeder Trader, auch du, Philip, der Verantwortung stellen, sich selbst einen Sinn zu schaffen!« Davor, so nach Johns Ansicht, könnte man sich natürlich erfolgreich drücken, indem man die entstandene »Lücke« – Philip wusste ja nun, was gemeint war – immer wieder mittels Aneignung weiteren Fachwissens und Tüftelns schließe. »Schau! Der Sinn für viele ist zu Recht: *›Ich trade, um das Trading zu lernen.‹* Aber«, John stieß genüsslich eine lange blaue Rauchschwade aus, ehe er fortfuhr, »diesen Schuh muss man sich nach einer Weile unbedingt wieder ausziehen! Man muss, um etwas zu werden, um ein wirklich spekulativ ausgerichteter Trader zu sein, *tatsächlich* etwas leisten.«

Etwas leisten – genau das hat Torbach auch gesagt!

Für John war die *verwirklichte* Handlung die einzige Möglichkeit, um zu erfahren, dass man als Trader zu dieser Handlung tatsächlich fähig war. Und es war nach seiner Ansicht kein Zufall, dass zugleich mit diesem Aufleuchten eines einzelnen, individuell-persönlichen »Wozu« auch das Verlangen, die Moral, die Mahnung erwachten; dass also quasi ein Gesetz an deren Durchführung geknüpft wurde. John brachte mit einem eindringlichen Satz Philips gesamte Gedankenwelt zu den Erlebnissen des gestrigen Tages ein für alle Mal auf den Punkt: »Von seinem persönlichen Zweck zu reden, beweist noch lange nicht, für diesen Zweck auch befähigt zu sein!«

Boah! Das, genau DAS ist es!

»Ich will dir was sagen, dir und mir«, rief John aus und bemühte sich, in seine Worte möglichst viel Betonung zu legen. »Es ist dieses scharfe Schwert des ›*Wozu*‹, dieses absolut persönlichen Sinns, welcher zugleich die absolute Leidenschaft zu sich und die absolute Vernichtung des Egos in Sachen Chart & Co. verkörpert und damit jene erschreckende Annäherung an … , nennen wir es mal das *teuflische Ungenaue*, welches wir auch als ›Größe‹ bezeichnen, ermöglicht!«

Torbach nannte es Persönlichkeit … egal, es ist offensichtlich dasselbe damit gemeint!

In seinem ihm typischen, väterlichen Ton sagte John: »Du als Trader lebst nicht nur dein persönliches Leben als anonymer Einzelkämpfer in der Times & Sales-Liste, sondern, bewusst oder unbewusst, auch das deiner Zeitepoche, genauso wie das als Vater oder Mutter, als Ehepartner, Freund, Arbeitskollege oder Gartennachbar. Selbst wenn man die Grundlagen einer Existenz als fortgeschrittener Trader als *unbedingt gegeben*, ja fast schon als *selbstverständlich* betrachtet und man damit von dem Einfall und der Beschäftigung mit der Denksportaufgabe, das ›*Wozu*‹ wirklich genau zu hinterfragen – sofern man es überhaupt schon wahrgenommen hat –, weit entfernt sein mag, so ist es doch sehr wohl möglich, dass das ersehnte allabendliche Wohlbefinden nach dem Trading durch *eben dieses* Fehlen einer hinreichenden Antwort vage bis stark beeinträchtigt wird!« John zeigte flink auf vier steuerbordseitig vor Anker liegende Boote. »Seemann, aufpassen!«

Philip reagierte sofort und das schwere Boot neigte sich leicht nach Backbord.

»Der Gedanke des *Sinns*, nach dem ›*Wozu* der Zwang zu Verzicht und systematischer Disziplinquälerei?‹ flog dich von selbst an, sobald du nur anfingst, innerlich zu wachsen!« Das Wort »wachsen« unterstrich John mit erhobenem Zeigefinger, dann zeigte er auf Stan, der, sein iPhone immer schön fest in der Hand haltend, an der Seite Nicks mit Kennerblick die Mädels auf den vorbeigleitenden Booten musterte.

»Zu anspruchsvoll.«

»Zu tussig.«

»Zu pornomäßig.«

»Moment mal ... da! Was hältst du von der dort?« Nick wandte sich an Stan, der neben ihm am Bug lehnte, und zeigte auf ein hübsches Mädchen mit rosigen Wangen, einer kleinen, intellektuellen Brille und wilden Korkenzieherlocken.

Stan verdrehte die Augen gen Himmel, warf abwechselnd seinem iPhone und den Live-Kursen und dann dem Korkenziehermädchen kurze Blicke zu. »Die sieht mir ein bisschen zu *spleenig* aus. Aber wenn das deinen Geschmack trifft ... *tzzz*!«

»Wie bitte? *Spleenig*? Die ist süß. Besser gesagt, absolut umwerfend. *Pfff!* Du solltest dich auf mein Urteil verlassen!«, machte sich Nick über ihn lustig.

»Nennen wir die Dinge beim Namen ... pass mal auf!« John gab Philip ein Zeichen. »S-T-A-N ...«, ein Pfiff, »wo-o-o-o- steht der Dow?«

Stan horchte eifrig auf. »Warte, gleich! M-o-o-m-e-n-t!« Es vergingen genau *sechs* Sekunden. »Der Markt liegt seit seiner Eröffnung sechzig Punkte hinten! War aber vor zehn Minuten noch fünfundzwanzig Punkte tiefer!«

»Alles klar, danke, Stan! Und, hey ... *die* wäre doch was für dich!« John zeigte auf das letzte Boot, an deren Reling eine wahrhaftige Göttin mit kunstvoller Frisur in rosa Badeanzug stand, deren Reiz der Jugend durch fröhliche Frische und offensichtliche Sorglosigkeit geglättet und veredelt wurde, und wandte sich dann wieder an Philip, der dieses mögliche Objekt der Begierde schon eine Weile vor John anvisiert hatte. »Eine Überprüfung des ›*Worin besteht dein persönlicher Ansporn ... ?*‹ hast du deinerseits als Jüngling des Tradings sicherlich nie richtig gemacht und«, John zeigte auf Stan, der mit vibrierender Neugier abwechselnd die Kurse des Dow und die Mädels auf den Booten betrachtete, »auch nie durcharbeiten *müssen*! Man ist mit dem Verarbeiten des aktuellen Marktgeschehens noch viel zu beschäftigt! Und ... niemand wird das fehlende, genauestens definierte ›*Wozu*‹ so leicht bemerken, höchstens bei sehr langem, genauem Umgang und eigenem, ausnehmend gediegenem und erfahrenem Fundament, denn es versteht sich, dass man hierzu eine sehr ausgeprägte Erfahrung um das Wesentliche benötigt.«

Philip nickte und verstand nun, warum John nicht mit Stan darüber reden würde, denn: Es handelte sich hier keineswegs um eine Frage des Augenblicks, weswegen auch keine wunderbare Antwort und Sinnhaftigkeit vom Himmel fallen würde, sondern um etwas, das nicht durch über Wochen und Monate, sondern eher durch über Jahre Vorbereitetes und Gehegtes eine *zufriedenstellende* Antwort zutage treten ließ. Es handelte sich um eine ganz auf geheimes, persönliches Wachstum – John und Torbach hatten es »Reife«, »Persönlichkeit« und »Größe« genannt – und stille Entfaltung angelegte Frage, die ein Werk langer, sehr langer, womöglich seit dem ersten Trade unbewusst aufbewahrter Gedanken war, bevor sie in der Forderung nach einer Beantwortung zur Verwirklichung schritt, deren Voraussetzung ganz wesentlich Geduld war! Kurzum: Wie sollte John Stan oder Philip eine *entscheidende* Antwort auf die Frage nach dem Lebenssinn als Trader geben können? Alle Trader waren verschieden und mussten Entscheidungen treffen, die nur sie treffen konnten. Doch obwohl alle Trader die gleichen Bedürfnisse nach Freundschaft, Essen, Vergnügen, Glück, Erfolg und so weiter empfinden mochten, unterschieden sich ihre Bedürfnisse je nach Person deutlich in ihrer Art und Intensität. Der eine Trader ertrug kaum eine Stunde des Alleinseins, der andere liebte die Einsamkeit. Der eine war immer auf der Suche nach dem Kick, der andere bevorzugte eher ein ruhiges Trading mit viel Abstand zum Markt und empfand allzu intensive Charterfahrungen als Störung. Einer entschied sich für ein Trading, eingebunden in ein geistig anspruchsvolles Leben, ein anderer brauchte neben den Charts die pulsierenden Rhythmen des Alltags. Wieder ein anderer wollte beides, ein noch anderer wollte nichts von alldem, sondern nur die Charts. Der eine brauchte viel Geld, der andere wenig. Der eine würde keine, ein anderer große Schwierigkeiten damit haben, mit Eifer und Passion bei jeder Gelegenheit bei Fragen ums Geld zu beteuern, dass, obwohl Geld keine Rolle spiele, einige Tausend Euro mittlerweile etwas wären, deren Dasein oder Fehlen man nicht so sehr empfände, da *Geld* am Werte eines Menschen doch nichts ändern würde! Den einen zog die Mathematik, den nächsten die Finanzierung seiner Hobbys und den übernächsten der lang ersehnte, aber teure Sommerurlaub an; ein anderer wollte seine Rente über das Trading aufbessern, wiederum ein anderer wollte nicht mehr früh um 06.00 Uhr aufstehen und zehn Stunden arbeiten und seine Familie nur am Wochenende sehen. Bei einem anderen möbelte der Handel dessen Ego innerhalb seines Freundeskreises auf, der nächste wollte für andere deren Geld verwalten … Es gab tausend Gründe und wird sie immer geben!

»Besteht vielleicht«, fragte Philip, abwechselnd Stan, Nick und John betrachtend, »die Ehre eines Traders darin, dass er sein eigenes Leben lebt und seine eigene, noch so bescheidene Sache durchzieht?«

John dachte einen Moment über Philips Worte nach. »Das klingt gut! Das klingt sehr gut! ›Seine eigene Sache durchziehen … ‹ Genau! Es gehört viel Lebenserfahrung dazu, sich mit den Verfügungen und Einschränkungen als Trader einzurichten, sozusagen mit diesem freiwillig gezogenen Los zu paktieren und zu einem Kompromiss zwischen den veränderbaren und den unveränderlichen Umständen eines Traderlebens, auf welche Sehnsucht und Ehrgeiz doch immer gerichtet bleiben, zu gelangen.« John zeigte auf Stan, der Nick gerade irgendwas über den Dow Jones vorstöhnte. Offenbar war er long, und das mal wieder mit einer Handelsausrichtung und auf einer Zeiteinheit, die nicht zur Abwesenheit von diesem Markt passte. »Ach ja, unser Bambino! – Und so ist es, dass es eine *gewollte* Ehre gibt und eine *ungewollte*; so gesehen eine bittere und eine süße Erfahrung. Und welche man wählt – *tja?!* Ich sag mal so: Nicht jeder Mensch ist dazu geboren, seinen eigenen Weg zu gehen! Viele Trading-Anfänger bleiben nur deshalb beim Trading, weil ihnen das Thema merkwürdig geworden ist und weil Merkwürdigkeit ja in sich selbst einen Wert und Reiz darstellt, und zwar unabhängig von Behagen oder Unbehagen. Wenn ich sage, nicht jeder Trader ist dazu geboren, seinen eigenen Weg zu gehen, dann meine ich damit, mein lieber Philip, nicht nur den persönlichen Handelsstil, sondern vielmehr, das gesamte eigene Leben als Trader zu leben und mithilfe des Tradings seines eigenen Glückes Schmied zu sein! Weißt du, wie ich das meine?«

Na klar wusste Philip es. Er wusste es nur zu genau!

»Lass unseren Bambino, solange er noch etwas elementares Fachwissen sammelt, sich etwas austoben! Aber dann, dann müssen wir ihn genau beobachten. SEHR genau! Denn dann entscheidet es sich, und ich denke«, John nahm seine Sonnenbrille ab und musterte Stan, der gerade wieder Nicks Ironie über seine Marktsucht über sich ergehen lassen musste, »... ich denke, unser Bambino gehört *nicht* zu jener Sorte Menschen, die glauben, mittels Trading ihre eigenen Pläne und Hoffnungen hegen und pflegen zu können, um dann die Erfahrung zu machen, dass ihr eigenes Leben und ihr persönliches Glück eben einzig darin bestehen, auf *beides* Verzicht zu leisten! – Aber jetzt, mein Lieber, genug davon!«

John wies Philip an, das Boot hart gegen den Wind zu drehen. Die Jacht nahm langsam mehr Fahrt auf und glitt an den anderen Booten vorbei, und Nicks »Ciao, B-E-L-L-A-D-O-N-N-A« echote sehnsüchtig der blonden Göttin hinterher ...

Nach einem wundervollen Segeltag hatten die Jungs eine geeignete Bucht zum Ankern gefunden. Während das Radio den nimmermüden thailändischen Singsang summte und John liebevoll an seinem Boot herumhantierte, las Nick wie immer in einem Buch, und Philip blödelte mit Stan herum.

Als dieser es nicht mehr aushielt und wieder seine iPhone-Nachrichten, Kurse und Charts checkte, nahm Philip sein Tagebuch zur Hand und schrieb mit eilender Hand und leicht geneigtem Kopf die gedanklich vorbereiteten Worte des heutigen Tages nieder:

> *Das Leben als Trader kann an sich nur dann sinnhaft und lebenswert sein, wenn es authentisch ist, sprich: Wenn der Trader seine Zeit nicht einfach vor den Monitoren »vergeudet«, sondern sich immer wieder bemüht, der zu werden, der er ursprünglich zu Beginn seines ersten Trades sein wollte. Doch das in die Tat umzusetzen, ist alles andere als leicht ... Es birgt das gleiche Risiko in sich wie das Streben nach dem Erfolg im Alltag, nämlich, dass man sich unrealistische Ziele gesetzt hat und am Ende unzufrieden ist mit seinem ganzen Dasein. Die ernüchternde Wahrheit sieht so aus: Das Leben als fortgeschrittener Trader ist daher weniger ein Kampf mit der Frage »Was ist denn nun der Heilige Gral?«, das ist eigentlich eher ein Nebenkriegsschauplatz, sondern ein immer währender Kampf mit der Frage »Kann ich mich meines einstigen ›Wozu‹ entsinnen, und wenn ja, wann habe ich dieses erreicht?«*

Philip schaute auf und erkannte, dass es nicht eine, nein ... *zwei* Fragen waren! Er fügte hinzu: *»Oder, kann es sein, dass ich mein ›Wozu‹ bereits in den Händen halte ... ?«*

Philip setzte kurz ab und schrieb dann mit großer Schrift Johns Worte auf: *»Von seinem persönlichen Zweck zu reden, beweist noch lange nicht, auch für diesen Zweck befähigt zu sein!«* Dann klappte er sein Tagebuch zu und entsann sich der heute Morgen im Hotel noch fix ausgedruckten E-Mail von Hofner ...

FACHTEIL
DER HÄNDLER

E-Mail: hofner@yahoo.de
Heute, 11.20 Uhr MEZ
Betreff: Taffheit versus
»Bewegungshandel beginnend aus der Korrektur heraus …«

Hallo Philip,

unserem gestrigen Telefonat nach zu urteilen, hast du ja echt spannende Tage mit nachhaltigen Erlebnissen hinter dir, allen voran das Zusammentreffen mit Torbach, Johns früherem Chef … Er ist schon eine starke und außergewöhnliche Persönlichkeit, und in unseren Kreisen auf den ersten Blick auch recht seltsam, findest du nicht?

Ich beginne mal so: Jetzt, wo du, obgleich noch jung an Jahren, berufsmäßig »gealtert« bist und deine Neugier gegenüber dem Fachlichen langsam erlahmt, besser noch: du fachlich *müde* bist, jetzt, wo dich kein begieriges Gefühl mehr in offensichtlich sinnlose Trades drängt und dein früher meist oberflächlicher Schlaf von daher zu einem langen und tiefen geworden ist und du tagsüber gänzlich auf das Wesentliche zurückgezogen dahintradest … jetzt, wo du dem »Waaas? Es geht auch noch anders?« endlich entfremdet bist, beginnt sich bei dir ein Spalt, eine »Lücke« aufzutun, die unter anderem solche Fragen wie »Worin besteht mein Ansporn, in dieser Arbeit gut zu sein?« und »*Warum* gebe ich mein Bestes?« hervorbringt. Deine steigende Erfahrung im Handel und das mittlerweile gut fundierte Wissen um das Wesentliche dienen dir dabei nun als Fragelieferanten über deren Zweck, indem sie in dir die Frage aufwerfen: »Welchen *Betreff* darf ich denn nun nach der jahrelangen Plackerei auf meinen Scheck schreiben?« Du hast die vergangenen Tage selbst erfahren, dass solche Fragen sehr einfach erscheinen, solange sie ruhen, aber sobald sie sich aufrichten, werden sie zu einer ungeheuer gefährlichen Schlange, die bislang nur harmlos auf einem Fleck zusammengerollt dalag, denn: Es ist »*sooo* einfach«, Tatkraft zu haben, und »*sooo* schwierig«, den innewohnenden Sinn, das Motiv zu erkennen! Aus diesem Grund werden diese dir gestellten Fragen »Verheizt du die Axt als Brennholz, oder benutzt du sie, um Brennholz zu gewinnen? Was ist dein Ziel? Und wann bist du am Ziel?« trotz hurtiger Auffassungsgabe, ausgezeichnetem Gedächtnis und hoher Lebendigkeit des Geistes sowie trotz großer Fachkenntnis von kaum jemandem im schnellen Fluge begriffen. Doch diese Fragen, einmal *richtig* beantwortet, erweisen sich als wohltuend und tröstlich bis zur Erheiterung, um an einem Trader den Zweck seines Dasein wahrzunehmen, sprich: jener »Ökonomie« gewahr zu werden, die sich in der Vereinigung des einst angedachten Zwecks und dessen nun gelebter Durchführung widerspiegelt. Genau dies indes bleibt leider für viel zu viele Trader ein Paradoxon; und das traurigerweise weniger aus Mangel an Fachwissen, sondern aus Hochachtung und Anbetung der Charts, wegen deren lasterhaften Dauer-Anziehungskraft man willenlos und bereit ist, seine eigenen ursprünglichen Gedanken zu entehren.

Nun, ich denke, dass dir deine letzten Begegnungen gezeigt haben, dass es eher Anlass zur Hoffnung als zur Verzweiflung in Sachen »Wozu betreibe ich den Börsenhandel?« und »Warum halte ich dessen Anwendung für wichtig und lebenswert?« gibt, denn: Da das selbst gewählte Ziel des Traderdaseins *kein* Mysterium ist und es jedem freisteht, ein sinnvolles Leben als Trader zu führen, braucht man die Frage des »Wozu« gar nicht voller Verzweiflung zu stellen, weil man diesen Sinn und Zweck mit den unterschiedlichsten Formen und Zuständen seiner selbst entdecken und ausfüllen kann. Mithin Gratulation, dass du dich so ausführlich mit der Sinnfrage auseinandergesetzt hast. Du wirst sehen, dass all diese Gedanken Einfluss auf deinen Handel haben werden, denn es wird dir leichter fallen, nur noch *die* Trades leidenschaftlich zu handeln, die du wirklich machen willst! Aber hierzu wird John sicherlich noch ein paar Worte verlieren. Für unseren Stan werden sich diese Fragen hingegen bei Weitem noch nicht in dieser deutlichen Form aufwerfen. Er benötigt gewiss noch eine gute Weile, um zu erkennen, dass man die Vergnügungen des Börsenhandels auch schätzen kann, *ohne* Sklave der Charts und deren ohnehin nie zu befriedigenden Gelüsten zu werden. Mit den Jahren wird jedoch auch er den Wert des *Erfolgs* erkennen, ohne diesen allerdings zu *eng* zu interpretieren, sodass er seine Bemühungen, das zu werden, was er sein will, ebenso zu schätzen lernen wird wie die monetären Zeichen des Trading-Erfolgs. Dann wird er gleichsam begreifen, wie wichtig es ist, den Handelstag als Ganzes zu genießen, ohne sich von der Hektik des einzelnen Bars anstecken zu lassen, nur weil er unbedingt *den einen* »aktuellen Tick« erhaschen will, der sich doch nicht erhaschen lässt. Und schließlich wird er den Wert des eigenen Zwecks als vielleicht *stärkste* Motivation – nicht zum Handeln, sondern gerade für das Gegenteil: für die disziplinierte Abwesenheit von den Märkten – erkennen, welche sich dann schließlich auch dankend im Kontostand niederschlagen wird! Wenn er dann lange genug dabei ist, um erkannt zu haben, dass *Geld* im Trading zwar wertvoll, aber noch lange nicht alles ist, wird es ihm nebenbei auch leichter fallen, wenn sich der Markt ihm mal mit drei, vier »–Nein!« entzieht – womit ich auch bereits beim entscheidenden Thema bin, nämlich deiner Ausführung zu Stans Wette mit dem Thema »Wer holt das meiste aus ›Bewegungshandel beginnend aus der Korrektur‹ heraus … ?«[33]

Tja … Man könnte es so formulieren: Der aktive Börsenhandel hat schon immer mit jenem Umstand gearbeitet, dass er das Leben eines fortgeschrittenen Traders in zwei Zustände teilt, zwischen denen sich der Übergang bei so manchem nur schwer vollzieht. So *fachlich* überzeugt das Innere eines Traders *vor* einem Trade auch sein mag, so mutlos kann es nach zwei, drei »– Nein!« sein, womit das Innere eines solchen Traders immerfort zwischen fachlichem Himmelhoch-Jauchzend und Zu-Tode-Betrübt pendelt – zwei Zuständen, die sich nur selten ausgleichen. Und so erging es, wenn ich deinen Worten im Telefonat richtig folgen konnte, wohl auch Stan in den kürzlich vergangenen Handelstagen.

33 Siehe vorab Schema Bild 1a und b auf Seite 309.

Kein Wunder! Sein Dasein als Trader besteht in einer Art »Trader-Doppelleben«. Auf der einen Seite stillt er seinen Ehrgeiz, einem als gehoben zu bezeichnenden Kreis von Fachwissenden anzugehören, und empfindet durch deren Anwesenheit selbstverständlich die Genugtuung, als gut ausgebildeter und distinguierter Trader zu gelten; nichtsdestotrotz erzielt Stan – ähnlich wie Frank, der von dir erwähnte Mathematiker aus Janis Büro, der in der Handhabung seines Wissens durchaus geschickt ist – in den meisten fachlich zwingenden Fällen von Folgetrades: *NICHTS!*

Aber genau diesem ungewöhnlichen Hemmnis für Folgetrades, in welchem Stan wie Frank wahrscheinlich einen Widerspruch zum Trading und zum Geld erblicken, ist geschuldet, was einen Trader im »Bewegungshandel beginnend aus der Korrektur heraus« vorrangig beseelt.

… Sinn des Briefes

Da gerade, sofern falsch durchdacht, der ›Bewegungshandel beginnend aus der Korrektur heraus‹ – durch eine übertriebene Schärfe im Einzelnen, durch ein übertrieben lupenhaftes Stopp-Verhalten im Ganzen sowie durch ein aufkommendes ungeheures Verlassenheitsgefühl eines Traders in einer Wüste von Einzelheiten – seine Unruhe, seinen Aktionismus und seine Sucht nach Tüftelei verstärken hilft – also genau hier ein zu logisches, zu scharfes Denken sowohl der Seele als auch dem Konto Schaden zufügen kann –, hast neben John und Nick nun auch du, lieber Philip, die Aufgabe, Stan nicht nur die fachlichen Inhalte des Korrekturhandels[34] näherzubringen, sondern ihn darüber hinaus auch zum Nachdenken hinsichtlich der Entwicklung und Anwendung einer gewissen »fachlichen Unschärfe« anzuregen.

Hierzu möchte ich dir ein paar kurze und praktische Tipps an die Hand geben, und um dies zu erreichen, werde ich zunächst das Thema *Taffheit* anreißen, um dann mit diesen Erkenntnissen zur Gretchenfrage des markttechnischen Fünf-Sterne-Setups vorzudringen, nämlich: »Welche Methode ist für den *fortgeschrittenen* Handel nun erfolgreicher: in der *Korrektur* fachlich pingelig zu sein oder eher die grobe Nummer abzuziehen?« Diesbezüglich werde ich – dich wie immer als Beispiel nehmend – zunächst relevante, aber zu häufig vernachlässigte Gedanken zu den Themen *Einstiege* und *Stopps* darlegen und damit aufzeigen, wie *eng* »Taffheit« und »Korrekturhandel« miteinander verstrickt sind, um dann in diesem Kontext etwaige Tipps zu liefern.

Eine ganze Menge Inhalt und Arbeit liegen vor uns – ich werde wie immer versuchen, dich nicht zu langweilen … ☺

Taffheit oder die Frage: Wie viele »– Nein!« erträgt man …

… da wäre zum einen der *Wirklichkeitssinn*

Wenn man unbeschadet durch geöffnete Türen kommen will, muss man die Tatsache beachten, dass sie einen festen Rahmen haben: Dieser Grundsatz, nach dem John, ich und die anderen

34 Nachfolgend wird der Einfachheit halber an manchen Stellen nur vom »Korrekturhandel« gesprochen, wobei im aktuellen Zusammenhang mit diesem Begriff natürlich *nicht* der Handel der einsetzenden Korrektur *entgegen* der Trendrichtung, sondern vielmehr der Bewegungshandel der *beendeten* Korrektur in *Richtung* des Trends gemeint ist (siehe Bild 1a und b).

Jungs traden und immer getradet haben, war einfach eine Forderung des – nennen wir es mal – *fachlichen Wirklichkeitssinns* im Börsenhandel. Denn dieser *fachliche Wirklichkeitssinn* gilt als Voraussetzung für *Duplizierbarkeit*! – *Okay, okay* ... absolut nichts Neues, trotzdem: *Duplizierbarkeit*, dieser mächtige Impuls, ist nichts Einfaches, denn so rechtmäßig, wie er als Ganzes seiner Natur nach auch immer sein mag, zusammengesetzt ist dieser bei einem Trading-Anfänger, so früher auch bei dir und zurzeit immer noch bei Stan, aus lauter zusammengereimten Verkehrtheiten. Aber auch wenn sich bei Stan als Trading-Anfänger dieser *fachliche Wirklichkeitssinn* erst nach und nach ausprägt: Das »duplizierbare Handeln« eines Traders ist als solches noch lange keine sehr *eindeutige* Angelegenheit, da fachliche Ideen, so schön sie auch sein mögen, nichts anderes als noch nicht geborene Wirklichkeiten repräsentieren ...!

... es braucht demnach einen weiteren Sinn

Wenn es folglich einen »fachlichen Wirklichkeitssinn« im Börsenhandel gibt – und niemand wird, wie gesagt, bezweifeln, dass er als Voraussetzung und Ausgangstatbestand für die *Duplizierbarkeit* seine Daseinsberechtigung hat – , dann sollte und muss es auch etwas geben, das man den »Sinn für die praktische Umsetzung« nennen könnte; sprich: einen Sinn für die *Realisierung*, oder besser: *die Überführung in die Wirklichkeit*. Denn dies ist wiederum die Voraussetzung für die Mitspielerin der Duplizierbarkeit: die *Beständigkeit*!

Nun, lieber Philip, du bist lange genug dabei, sodass ich dieses Thema nicht »sanft« anfassen muss, sondern mit klaren Worten fortfahren kann: Du weißt, und Stan ahnt, dass die Folgen jenes »zweiten Sinns« bemerkenswert sein können, denn ein *mögliches* fachliches Ergebnis oder eine *mögliche* fachliche Wahrheit gleichen keineswegs einem *wirklichen* Ergebnis und einer *wirklichen* Wahrheit. Um aus dem Ersteren das Letztere zu formen, wird etwas sehr »Menschliches« benötigt, was man auch als »Willen zur Umsetzung«, als einen Willen, der die fachliche Wirklichkeit nicht scheut, bezeichnen könnte; oder als Feuer, Biss, Selbstbewusstsein oder Kampfgeist, der sich jeder Aufgabe als Herausforderung stellt, oder zusammenfassend schlicht und einfach als: *Taffheit*!

Zugegeben, man kann *Taffheit* fachlich nur schlecht definieren, denn die eigentliche Auswirkung dieses Zustandes fängt erst dort an, wo alles Erklären in fachlichen Ausdrücken aufhört – und doch erkennen wir in unserem tiefsten Innersten, was es besagen will: Alles, was wir an fachlich Gutem, an markttechnisch sauber definierten Fünf-Sterne-Marktphasen oder an etwaigen anderen Regelwerken als der Markttechnik[35] besitzen und verwenden, wird bedeutungslos und führt zu nichts, wenn es nicht gehärtet ist durch das Wissen, vier, fünf »–Nein!« des Marktes ertragen zu können. So, wie man bei jedem Metall versucht, es zu härten, und man schwerlich sagen kann, wie es kommt, dass das Metall, das einst weich und biegsam, gehärtet hundertmal so stark ist wie vorher – so kann man es kaum erklären, wie es mit dem Trader geht, der, egal, was er fachlich zu geben vermag, erst dann wirklich stark ist, wenn er *gehärtet* ist im Umgang mit den »– Nein!« des Marktes, welcher sich neben dem Konto im Innersten des Traders selbst abspielt und sich mit jedem neuen Trade immerfort wiederholt.

35 »Taffheit« ist selbstredend kein alleiniges Phänomen der »Markttechnik«, sondern eine Voraussetzung auch bei jedem anderen Ansatz.

… Baywatch lässt grüßen!

Sind wir doch ehrlich! Du hast sicherlich, genauso wie auch ich schon des Öfteren, häufig darüber nachgedacht, dass ein technischer oder kaufmännischer Abteilungsleiter einer Firma doch eigentlich jeden Trader an *besonderem* fachlichen Können beträchtlich übertrifft. Von einem ausreichend hohen Standpunkt aus betrachtet, lässt sich konstatieren, dass fachliche Ideen, Regelwerke, zu vermeidende Sackgassen und was dergleichen sonst noch existiert, als fachliche Voraussetzung für *Duplizierbarkeit* im Börsenhandel heutzutage zwar in Hülle und Fülle vorhanden sind und von jedem Interessierten an jeder Ecke erworben werden können – indes die Fähigkeit, sich dieser Instrumente zu bedienen, im Gegensatz zu den Fähigkeiten des oben erwähnten Abteilungsleiters besondere Eigenschaften voraussetzt, welche nicht durch Geld oder mittels eines Bücherstudiums, eines Börsen-Small-Talks oder durch Recherche in Forenbeiträgen zu erwerben sind und genauso auch den *gewöhnlichen* vom beständigen Trader unterscheiden.

Somit ist dieser zweite Sinn, der »Taffheitssinn«, das, was das Tun eines Traders immer als eine Art »Subtext«, als »innere Stimme« auf positive Weise unterwandern sollte. Fehlt jener »Taffheitssinn« – mit dem, nebenbei bemerkt, viel Schwindel getrieben wird, da ein Trading-Anfänger diese nicht messbare Eigenschaft mitunter viel zu schnell für gegeben hält, weil sie in der Umgebung der werbenden Industrie des Börsenhandels als »angeboren« erachtet wird –, dann hat der Wunsch nach einer beständigen Tradeabfolge an sich so ein bisschen was von einem Baywatch-Rettungsschwimmer, der noch nicht richtig schwimmen kann: Den Anlauf ins Wasser kann man noch schön in Zeitlupe zeigen, aber dann … dann wird's ungewiss … ☺

Aber wozu nun so ausführlich auf dem Begriff der *Taffheit* herumreiten? Nun …

… die liebe Gemütsruhe

Mithin ist jenes »taffe Verhalten«, das man intellektuell zugegebenermaßen *beträchtlich* unterhalb der Höhe des *fachlichen Wirklichkeitssinns* ansiedeln muss, dennoch erst jene, sprich: die Eigenschaft, die eine *Beständigkeit* überhaupt ermöglicht; und nichts ist verkehrter, als dies leugnen zu wollen! Dessen ungeachtet offenbart sich Tag für Tag dasselbe Spiel: Die wichtigsten geistigen Vorkehrungen eines Trading-Anfängers dienen der Erhaltung seines »friedlichen Gemütszustands«, und alles erworbene Fachwissen verwandelt sich plötzlich zu einem *Nichts* gegenüber der ungeheuren, meist unbewussten Anstrengung, die der *gewöhnliche* Trader unternehmen muss, um sich nach zwei, drei »– Nein!« des Marktes und völlig verwirrt von der deswegen einsetzenden Verzweiflung seine »Gemütsruhe« zu bewahren … – *Wow* … und hieraus resultiert, dass man sogar bereit ist, fachlich anstehende Trades auszulassen! Man kneift!

Insofern fließen von außen eindringende »gemütsruhefeindliche« Erregungen, deren Anstifter zumeist die Charts und der Kontostand sind, nicht immer nur als Handlungen, im Sinne einer zu *vorschnellen* oder *falschen* Stopp-Veränderung, sondern eben auch als *Unterlassung* wieder nach außen ab – gleichsam einem mechanischen Spiel. Demzufolge liegt die tiefer als der Anlass reichende Ursache aller großen »Ich trau mich nicht mehr, ich nehm mir mal 'ne Auszeit« nicht in der Unzuträglichkeit des – von mir hier jetzt als unbedingt (!) *gegeben* angenommenen – *fachlichen Wirklichkeitssinns*, sondern eher in der Abnutzung des Zusammenhalts, der die »falsche« Zufriedenheit der Traderseele gestützt hatte.

… beides muss her!
Genau der nach einem »– Nein!« des Marktes nun »uminterpretierte«, »zurechtgelogene« Chartverlauf beweist hervorragend die Richtigkeit der Annahme, dass sämtliches Fachwissen sinnlos ist, wenn das Werkzeug, durch welches es sich äußert, der Taffheit entbehrt. Daher kann ein *duplizierbares und beständiges* Trading allein dann Realität werden, wenn das Äußere wie das Innere ist, wenn die große fachliche Wahrhaftigkeit einer Fünf-Sterne-Marktphase zusammen mit dem tiefsten Sehnen und dem Willen eines Traders eine innere *Einheit* verkörpert. Wenn man in bequemer Weise den *fachlichen Wirklichkeitssinn* und den *Taffheitssinn* voneinander unterscheiden möchte, so muss man sich lediglich folgende Situation bildlich vorstellen: Ein Trader, der *nur* »fachlichen Wirklichkeitssinn« besitzt, gleicht einem Fisch, der nach dem Köder schnappt und die Angelschnur nicht sieht, während ein Trader, der *nur* über den »Taffheitssinn« verfügt, eine Schnur durchs Wasser zieht und keine Ahnung hat, ob sich am Ende der Schnur ein Köder befindet.

Dies zeigt klar, dass Torheiten aufgrund fehlender *Taffheit* ähnlich »ehrenvoll« sind wie »fachliche Verbrechen« im Chart. ☺ Und es folgt daraus eindeutig: *Es bedarf einer Kombination aus beidem!*

… eine äußerst interessante Frage
Man könnte nun spaßeshalber die Frage stellen, ab wann ein »Kneifen«, sprich: das Nichtgreifen des »Taffheitssinns«, eintritt: eher nach *einem* Minustrade mit einem außergewöhnlich *hohen* eingezahlten Betrag, der eine nachvollziehbare Unfestigkeit des daraus resultierenden »allgemeinen Zustandes«, also des weiter oben beschriebenen Zusammenhalts, zur Folge hat, oder eher nach *mehreren* erfolglos unternommenen Anläufen, die selbst zusammengenommen nicht mit einem hohen Minusbetrag gleichzusetzen sind?

Die Antwort gibt sich sozusagen von selbst, denn das erste Szenario scheidet bei näherer Prüfung bereits deswegen aus, weil ein »Kneifen« aufgrund eines einzelnen *hohen* Verlusts für einen Mangel oder ein Versagen geltender, gegebener und ordnender Grundsätze des »fachlichen Wirklichkeitssinns« steht. Ein funktionierender »Wirklichkeitssinn« ist aber unerlässliche Bedingung für diese und alle noch kommenden Betrachtungen (!), sodass ein einzelner, das Konto gefährdender Trade bei Beachtung des *Geldmanagements*, der *Diversifikation* und des *Rumrutschfaktors* weder vorkommen kann noch darf! Ergo bleibt nur noch das zweite Szenario übrig. Nach fachlich richtigen Trades wird nach drei, vier »–Nein, danke!« des Marktes der Handel, unabhängig vom Kontostand, kurzzeitig eingestellt.

… spannend, spannend!
Interessant ist nun Folgendes, deswegen aufgemerkt: In welcher Chartsituation würde der »fachliche Wirklichkeitssinn«, hier wie im Weiteren immer aus der Sicht der Markttechnik, das lauteste, das euphorischste »*Hurra*« jubeln? – Na?

Wenn der zu handelnde Trend in Richtung eines übergeordneten Trends läuft … ? – Okay, das sorgt schon mal für Freude. Wenn aber dieser große Trend wiederum gerade weit korrigiert hat und nun wieder auf dem Weg zum *Punkt 2* ist, dann löst das schon mal ein »Jubeln« aus, und sobald der zu handelnde Trend sogar gerade noch zu korrigieren beginnt beziehungsweise sich innerhalb einer fortgeschrittenen Korrektur befindet – womit wir es mit einer Korrektur in der Korrektur zu tun haben –, dann feiern wir Weihnachten im Chart![36]

Fragt man sich jetzt, welche Bedeutung das Wort »Weihnachten« für diesen zweiten Sinn, den erwähnten »Taffheitssinn«, wohl haben mag, würde die Antwort wohl etwa so lauten: »Nie mehr einen Fehltrade machen … – *Oh ja! Seufz! Seufz!*« – Okay, dass uns das nicht weiterbringt, muss an dieser Stelle nicht weiter ausgeführt werden. Daher formuliere ich die Frage anders: Welche Chartsituation ist aus der Sicht des »Taffheitssinns« die *größte* Herausforderung? Hier sollte ohne großes Überlegen als Antwort der Übergang eines tendierenden Marktes von der *Korrektur zur Bewegung* kommen, da diese Situation für gewöhnlich mit den meisten Fehlsignalen verbunden ist:

– Signal …	– *Hurra, jetzt geht's zügig in Richtung Punkt 2!*
– Ausgestoppt …	– *Grrrr …*
– Markt korrigiert weiter …	
– Neues Signal …	– *Hurra, aber JETZT!*
– Ausgestoppt …	– *Sch… schon wieder!*
– Markt korrigiert noch weiter …	
– Neues Signal …	– *Hmmm! … soll ich?! Na gut!*
– Ausgestoppt …	– *Teufel!*
– Markt zappelt so komisch rum …	
– Neues Signal …	– *Würg … Noch ein Trade? Nö, leck mich!*
– Markt läuft …	– *DRECKSMARKT!*
– Markt läuft und läuft …	– *Wichser. Wichser! WICHSER!*

… und so weiter … und so weiter!

… seltsam, seltsam!

Hieraus entsteht der *delikate* Gedanke – und du, lieber Philip, bist lange genug dabei, um diesem seine adäquate Bedeutung und Tragweite beizumessen –, dass bei allen Chartsituationen, in denen der »fachliche Wirklichkeitssinn« das lauteste und leidenschaftlichste »Ja! JA!! JAAA!!!« jubelt, also beim *Bewegungshandel aus der Korrektur heraus beginnend*, der »Taffheitssinn« das größte »Nein! NEIN!! NEINNN!!!« schreien wird! Besser gleich noch mal mit anderen Worten: Wenn sich trotz kluger Einstiege im Laufe eines super Fünf-Sterne-Plus-Setups aufgrund der negativen Ergebnisse durch zwei, drei »– Nein!« des Marktes die grundsätzlichen und wesentlichen Gedanken um den »fachlichen Wirklichkeitssinn« immer mehr verlieren und sich der Wille zur »Auszeit« wie von selbst verstärkt, könnte man fast schon von einem mechanischen Zusammenhang

36 Siehe nochmals Bild 1a auf Seite 309.

sprechen. Was wiederum erklären würde, warum, trotz der jedem Trader zugänglichen unzähligen und klugen Möglichkeiten, der gewöhnliche Trader nun einmal nur der *gewöhnliche* – und deswegen bestenfalls auch nur *mittelmäßige* – Trader ist … und bleibt!

Betrachten wir dementsprechend nun jenes *Sahnestück* des markttechnischen Handels, welches in sich das *größte* Dilemma zwischen »fachlichem Wirklichkeitssinn« und »Taffheitssinn« birgt, etwas genauer. Dazu schauen wir uns am besten als *ersten* Schritt deinen eigenen früheren Handel als Richtschnur an und arbeiten uns dann zu etwaigen möglichen Verbesserungen deiner damaligen Durchführung vor.

Handel aus der Korrektur heraus, oder: Der Tanz mit der Ballkönigin …

… Einleitung

An sich gleicht ja der *Bewegungshandel*, beginnend aus der Korrektur heraus, dem des Bewegungshandels am *Punkt 2*; in beiden Fällen soll an der schnellen, sauberen Marktbewegung partizipiert werden – wäre da nicht die von jedem Trader sofort hervorgehobene Schwierigkeit, dass der Markt *am Punkt 2* ja bereits mit *Momentum* und *Richtung* »angeflogen« kommt, während der Markt, um weit vor dem *Punkt 2* – sprich: bereits direkt nach der Korrektur – einzusteigen, hingegen erst einmal die Richtung *ändern* und dann Momentum *aufnehmen* muss, siehe gelbe Markierungen in Bild 1a!

Demzufolge lässt sich die Schwierigkeit des Korrekturhandels – ich ließ dies in der Einleitung ja bereits als Anspielung einfließen – hauptsächlich darauf zurückführen, dass der Markt in der Wendephase von *Korrektur* auf *Bewegung* sozusagen etwas zögerlich und daher der übernahen, »lupenhaften« Berührung oftmals, um nicht zu sagen immer, abhold ist.

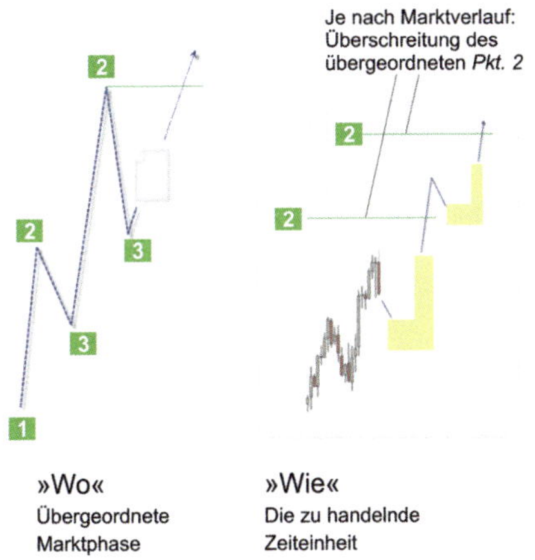

Bild 1a

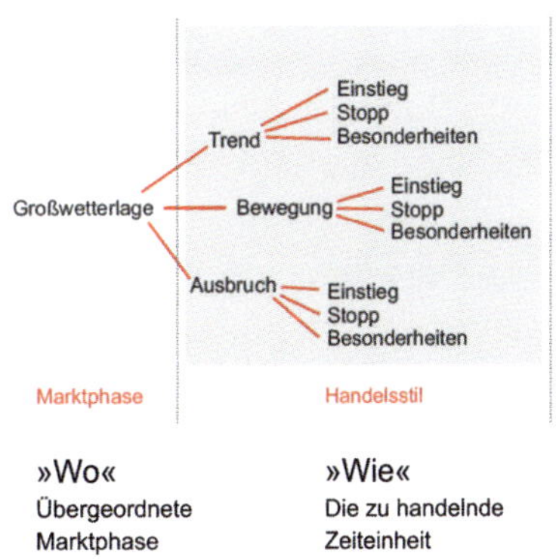

Bild 1b

Selbst wenn man im »Wie« statt des *Bewegungs-* den *Trendhandel* anstrebt, bleiben sämtliche Ausführungen dennoch höchst interessant! – Warum? Nun … weil in diesem Fall der *Trendhandel* im »Wie« dem *Bewegungshandel beginnend aus der Korrektur heraus* – im übergeordneten »Wo« entspricht.

... damals bei dir

»*Korrekturhandel* ha, alles klar! *Ballkönigin* und so! Ein bisschen nach Umkehrstäben oder Trendlinien oder untergeordneten *1-2-3* Ausschau halten, schon klar! Krieg ich hin! Hab ich drauf! Und ja ... – *gähhhhhn* ... ich weiß, hin und wieder mal schauen, was der übergeordnete Marktverlauf ... *ja, JA, JAA-HAA!!!*«

Damals glaubtest du, lieber Philip, genau wie Stan heute, dich auf jene gern bewitzelte, weil doch so »simple« Grundangelegenheit der übergeordneten Marktphase, sprich: dem »Wo«, im üblichen Maße zu verstehen und mochtest aus deiner einstigen Warte mit Recht so geglaubt haben. Das »Wo«, so schien es, hattest du immer behandelt, als ob es sich hierbei um einen »Pi mal Daumen«-Richtwert handeln würde, während du das »Wie« deiner Trades schärfsten Prüfungen und Überlegungen unterzogen hast.[37] Aber diese Gedanken, die einst bei vielen deiner Trades um dich herumschwebten, hatten ungefähr die gleiche Qualität wie die, das Fenster aufzumachen und dein Geld gleich hinauszuschmeißen, denn es entging dir bei der Frage um die übergeordnete Marktphase vollkommen,[38] dass es hierbei nicht nur darum geht, das »Wo« sinnvoll zu *definieren*, sondern außerdem auch darum, die *Beschaffenheit* dieses Weges *zu akzeptieren*! Besser gleich noch mal: ... den Weg nicht nur zu definieren ... sondern auch, seine *Beschaffenheit zu akzeptieren*!

Also ... was war passiert?

... die *Kurzversion* müsste lauten

Um dein Geld zu schützen und gegen diesen schwer berechenbaren Verlauf der Korrektur anzukommen, hattest du neben deiner Hauptaufgabe – dem Orakeln des genauen Wendepunktes und damit des perfekten Einstiegs – auch die Stopps fachlich immer genauestens gesetzt und damit, ohne dass dir dies bewusst war, den Fokus deines ganzen Tradings auf eben jenen Test deines »Taffheitssinn« gelegt. – Eieiei!

... die *Langversion* müsste stattdessen folgendermaßen lauten

Deine Augen folgten den Marktbewegungen einer Korrektur, als hättest du dir das gesamte Vorhaben *»Bewegungshandel beginnend aus der Korrektur heraus«* gar nicht wirklich *umfassend* überlegt, da es den Anschein hatte, als würde dies dir nur die Annehmlichkeit einer *märchenhaften Sinnlosigkeit* vermitteln. Es schien, dass wohl nicht allein fachliche *Treue*, sondern, durch die Atmosphäre des »Aktiv-lupenhaft-Seins«, auch eine gewisse Ermutigung zum Abenteurertum im Spiel war. Und aus diesem Zustand machtest du auch keinen Hehl, denn: Wenn dich nach ausgestoppten Trades die »unerhörten Sensationen« im Wendeverlauf der Korrektur hin zum *Punkt 2* beunruhigten, wenn es dich auf unanständige Weise im Blute kribbelte und du dich tagein, tag-

37 Im nachfolgenden Text wird der Einfachheit halber nur noch vom »Wo« und »Wie« gesprochen. »Wo« definiert demnach die übergeordnete Marktphase, sprich: »Großwetterlage«, innerhalb derer sich der Trade abspielt (siehe jeweils linke Grafik Bild 1a und b); das »Wie« hingegen definiert die Details zur Durchführung des Trades, sprich: den angewandten Handelsstil mit dessen konkreter Einstiegslogik und Stopptechnik sowie etwaigen Besonderheiten (siehe jeweils rechte Grafik Bild 1a und b).

38 Hier sei natürlich generell an DAS GROSSE BUCH DER MARKTTECHNIK als auch an den Fachteil DER HÄNDLER, Band 2, und die hergeleitete Analogie zum Thema *Marktphasen*: »Kühlschränke in der Antarktis oder Kühlschränke in der Wüste ...« verwiesen sowie ebenso an den Fachteil DER HÄNDLER, Band 4, erinnert: Dort finden sich ebenfalls ausführliche Erläuterungen zu den Marktphasen.

aus bemüßigt fandest, deine Trades zu verbessern, hast du mir jedes Mal die Ohren vollgesäuselt, du würdest den kommenden Trade innerhalb einer Fünf-Sterne-Marktphase mittels eines noch »tolleren« Kniffs, mittels eines noch »viel, VIEL besseren« Einstiegs angehen … – *Mhmmm!* Und trotzdem immer wieder das gleiche Spiel: Dein Kampfgeist hatte mit dir – gleichgültig, welche »Neuerungen« du dir erarbeitet und infolge dessen angewandt hast – seine üblichen Scherze getrieben und dich nach zwei, drei »– Nein!« des Marktes … im Stich gelassen. Das Resultat? Deine Augenringe reichten bis fast an die Mundwinkel, deine Stimme wurde brüchig, ein Hauch von Wahnsinn umwehte dich und die Szenerie, und es kamen das Glaubensbekenntnis viel zu vieler Trader, der automatisierte Verteidigungsmechanismus und das Mantra »Ich hol das alles nach, wenn ich zurück bin – aber jetzt … jetzt brauch ich erst mal ein Pause!« Das Geschehene hätte man genauso gut auch so beschreiben können: Das, was für den Markt wohl nur ein »Vorspiel« für die anstehende Bewegung zum *Punkt 2* darstellte, hast du als eine Art »Todeskampf« wahrgenommen.

Also: Trotz deiner Tüftelei zu den Wendepunkten wurdest du ein Opfer und eine Beute deiner eigenen Taffheit und bist zu einem willen- und wehrlosen Geschöpf mutiert. Ganz gleich, was deine nächtelange Forschungstätigkeit als Nächstes präsentierte, die »– Nein!« des Marktes ließen dennoch nirgends einen festen Punkt in dir übrig. Du hast nahezu täglich ein prächtiges Feuerwerk an Flüchen abgebrannt, weil der genaue Wendepunkt der Korrektur entgegen deiner großen Sachkenntnis und fachlichen »Geschicklichkeit« wie durch Magie jedes Mal an einem anderen Punkt zustande kam, als du vorausgesagt hattest, und tagein, tagaus hast du nach den ersten Fehltrades von möglichen Folgetrades abgelassen. Und was war die unmittelbare Folge? Nachdem du die »– Nein!« des Marktes verdaut und deine Trotzreaktion beendet hattest, sprich: den kleinen Akku namens »Taffheit« wieder aufgeladen hattest und zu den Monitoren zurückgekehrt warst, ließen deine Blicke auf Empfindungen schließen, die denen eines Kindes nicht unähnlich waren, dessen Trotz sich durch Prügel erst recht verstärkt, denn das Chartresultat war fast jedes Mal identisch und klar. Dein fachlich gut ausgesuchtes Fünf-Sterne-Setup ließ sich, obschon deiner ausgestoppten Trades, super an, und der Markt stand nun genau da, wo du ihn erwartet hattest: nämlich weit über beziehungsweise unter dem *Punkt 2*! Es kam, was kommen musste: Deine sowieso schon überbeanspruchten und kränkelnden Augen wurden groß und größer. Und du machtest ein langes Gesicht nach dem anderen und hast dich in Stillschweigen erschöpft. Folgte dann auf das dich umgebende tiefe Missbehagen noch ein wenig künstlicher, weil ironisch gemeinter Beifall, sacktest du einfach in dich zusammen! Du hattest nach solchen Situationen in der Folge keine rechten Worte zu deiner Verfügung und daher sprangen deine Gedanken wie die Affen von Baum zu Baum. Aber zu dem dunklen Bereich der Ursache, dorthin, wo diese wurzelte, hattest du keinen Zugang; und ohne dass du etwas darüber sagen musstest, sah man dir an, dass es *nur* noch zweierlei gab, was du gern getan hättest: in Tränen ausbrechen oder wild herumschreien – beides war an diesem Ort jedoch nicht gestattet. Was also geschah nun in unmittelbarer Folge? Es ist besser, wenn ich dazu nur zwei Sätze formuliere: Die »launigen Masken«, in denen sich dir der Marktverlauf scheinbar zeigte, erzeugten bei dir einen immensen, alles zerfressenden Frust, und jeder Zentimeter deines Körpers war angefüllt mit berstender Wut und verlangte in diesem verwilderten Zustand nur noch nach der Ausführung eines einzigen Vorhabens: *Rache!* Was, für sich betrachtet, auch einen *Folgetrade* darstellte; nur leider mit dem Unterschied, dass sich die anfängliche Marktphase der »Ballkönigin« mittlerweile zu »grottenschlecht«, zum »Kater am Morgen danach« verändert hatte! Über das fachliche Niveau und den Grad der Qualität dieses Rachefeldzuges schweige ich daher am besten ... ☺

Was resultierte nun daraus? Statt über den Grund der Unterlassung der *notwendigen* Folgetrades nachzudenken, glaubtest du jedes Mal, auf eine noch vielversprechendere Fährte gestoßen zu sein. Eine, welche unweigerlich endlich und auch schneller auf die Spur des Erfolges führen musste – das bezeichne ich als den unendlichen Zirkelschlag des Tradings: *Neues* Tüfteln, *neues* Laborieren, alles um den *genauen* Wendepunkt des Marktes besser zu orakeln und um deinem gesamten Trading den »Feinschliff« zu geben; mit dem Ergebnis, dass sich in deinem Kopf die Gedanken immer mehr im Kreis drehten, wie bei einem Hund, der seine Schwanzspitze zu fangen versucht. Immer taten die »neuen« Kniffe genau das Gegenteil dessen, was die vorangegangenen, welche von dir nun als trivial ausgemacht waren und sich als aus deiner Sicht gänzlich unbrauchbares Zeug entpuppt hatten, getan hatten – und beide ungefähr aus den gleichen Gründen und Überzeugungen. Das trifft es doch, oder? ☺

... vorläufig könnte man zusammenfassend sagen

Es war seltsam, dem zuzusehen. Deine Trades hatten viel von einem Handstreich an sich, denn der Zweck, zu dem das alles – beginnend mit dem ersten Trade des Tages – geschah, und der Gedanke, dass dieser ursprüngliche Trade bereits dem Bewegungshandel *beginnend* aus der Korrektur heraus statt am *Punkt 2* diente, verschwand in der ganzen Abfolge des Geschehens irgendwie gänzlich. Mit der Zeit erkanntest du immer mehr und hast es auch hin und wieder zugegeben, dass du dich auf den *Korrekturhandel* nicht nur sehr unzulänglich verstandest, sondern dass du dich eigentlich auch in einfältiger Unwissenheit darüber befunden hast. Denn auf der einen Seite, und obgleich du selbst der Geschlagene warst, gefiel dir dieses »Aktiv-Sein«! Du fühltest dich vor deinen Monitoren genau am richtigen Ort sowie ausgefüllt und beschäftigt; andererseits wurdest du durch die »– Nein!« des Marktes geschwächt und unaufmerksam gegenüber dem eigenen Innenleben und warst fähig, aus sehr guten Marktphasen schmerzhafte oder aber eben *fehlende (!)*[39] Ergebnisse zu machen. – *Nun ja!*

Natürlich wurde das »Auslassen eines Folgetrades«, jenes »Pause-Machen« oder besser »Kneifen« von dir sachlich, fachlich schöngeredet, vielmehr *zurechtgelogen*. Nach einem ausgestoppten Trade *innerhalb* einer Fünf-Sterne-Marktphase aufzuhören, hält in den seltensten Fällen einer fachlichen Prüfung stand, denn: Nach einem ausgestoppten Trade innerhalb einer Fünf-Sterne-Marktphase von einem Folgetrade abzulassen, wäre so, als behaupte man, dass ein Rennfahrer frühzeitig das Rennen beendet, nur weil er in die Boxengasse fährt, da die Reifen gewechselt werden müssen.

39 Zum Nachdenken: Ab einem gewissen fachlichen Niveau sind entgangene Gewinne *genauso* sträflich wie aus Dummheit eingegangene Trades, die im Minus enden!

… ein großer Widerspruch?!

Wie John sie Stan gestellt hat, habe auch ich dir, lieber Philip, ab einem gewissen, fortgeschrittenen Stand deiner Ausbildung die Aufgabe gegeben, über das *Für und Wider* einer *Lupenhaftigkeit* innerhalb des *Bewegungshandels beginnend aus der Korrektur heraus* nachzudenken.[40] Denn – um kurz auf Stans verlorene Wette zurückzukommen – merkwürdigerweise übte ja genau das von Stan getadelte Verhalten Nicks, wenn man es stellvertretend für die verschiedenen Varianten des *Bewegungshandels beginnend aus der Korrektur heraus* bewusst untersucht, eine betörende Verlockung aus, sobald man es nur mitträumte … Und der Grund ist klar: Es entschwand dadurch alles fachlich Strittige und Geteilte, und es bildete sich der Eindruck einer leidenschaftlich bejahenden, zur Tradeerhaltung drängenden – ich nenne es vorab einmal – *Unschärfe*, die, neben ihren *scheinbar* entkräfteten fachlichen Formen, ein wenig nach dem uralten, eigentlich auszumerzenden Laster der *fehlenden* Duplizierbarkeit aussehen mochte. Doch kann es im fortgeschrittenen Trading überhaupt etwas Widersprüchlicheres geben, als das »Ungenaue« innerlich zu begünstigen, um sich mit dem verbleibenden, fachlich »genauen« *Rest* einzig der Suche nach dem Fünf-Sterne-»Wo«, sprich: der Ballkönigin, zu widmen?

Genau diesen Widerspruch hattest du am stärksten in jenem Augenblick empfunden, in dem dich der ansteigende Bogen, den deine fachliche Überlegung und fortgeschrittene Erfahrung bis dahin durchmessen hatten, erkennen ließ, dass das Thema der »Taffheit«, der Fantasie des »unendlichen Tüftelns …« und der Ausrede »Ich habe noch nicht genug Fachwissen« oder »Mo-moment, ich muss erst mal eine Zeit lang nachdenken, was ich jetzt schon wieder falsch gemacht habe« und damit dir selbst die Zügel auf den Rücken wirft! Und so hast du dann, genau wie Stan zurzeit, die Wahrnehmung gemacht, dass du bisher noch jedes Mal, wenn du dich in den Armen einer Ballkönigin im Stoppverhalten »fachlich pingelig« verhalten hast, dich anschließend in einer schlechteren monetären und geistigen Lage wiederfandest als bei Trades, deren Einstiege und Stopp-Verlauf du, überwältigt vom Charme der Balldiva, nur »halbherzig«, sprich: großzügiger, gesetzt und durchgeführt hattest!

… fachlich *gut* ist also jetzt schlecht? – HE?

Ich erinnere mich, dass du diese »widersprüchliche Notlage« sehr unbefangen durch die Frage ausgedrückt hast, ob »fachlich gut sein denn nicht mehr gut sei«. Ich hatte gelächelt und diesen Gedanken in der Weise weitergeführt, dass sowohl ich wie auch die anderen Kollegen uns damals in einem besonderen Gegensatz zu dir befanden: Wir waren quasi Menschen, die auf eine gute Art schlecht waren, im Gegensatz zu dir, demjenigen, der auf eine schlechte Art gut war. Auf das Trading bezogen, bedeutet dies: Zieht man von der Menge spekulativer Trader die große Mitte ab, die von jenen Tradern eingenommen wird, in deren Denken die Worte »Wo« also die Großwetterlage – sowie Geldmanagement, Rumrutschfaktor und Diversifikation *überhaupt nicht* vorkommen, weshalb diese, *trotz pingeligen Chartgetüftels*, positive Trades selten *beständig* zu sehen bekommen und darum überzeugt sind, noch mehr für *Genauigkeit* schwärmen zu müssen, so

40 Um sämtliche Missverständnisse zu vermeiden, sei nochmals der Hinweis gestattet: Es geht in diesem Fachteil ausschließlich (!) um *diese* Handelsform und nicht um das »Trading« im Allgemeinen!

bleibt da noch jener kleine Teil spekulativer Trader übrig, die *tatsächlich absichtlich* Anstrengungen zur fachlichen *Unschärfe* auf sich nehmen! Dieser Teil wird solchen »Gut-Schlecht«-Tradern überlassen, die fachlich gut im »Wo« und fachlich – an dieser Stelle sei mir die Formulierung für die vorstehende Analogie erlaubt – »schlecht« im »Wie« vorgehen.

… es sind und bleiben Heldentrades!

Letzterem Gedanken könnte man eine noch allgemeinere Form geben, indem man an die Stelle von »fachlich gut« und »fachlich schlecht« das im Umgang mit der Ballkönigin bestehende Verhältnis zwischen »Harmonie« und »Disharmonie« setzt. Denn solange sich ein Trader – und das gilt ebenso für *Bewegungshandel* wie für *Trendhandel* – innerhalb eines fachlich perfekten, mithin übergeordneten Fünf-Sterne-»Wo« befindet, stellt ein *scharfes* »Du musst …!!!« innerhalb des »Wie« genau die Kehrseite jener Taffheit dar, die benötigt wird, um dem Markt nach einem ausgestoppten Trade abermals und standhaft entgegenzutreten. Das Resultat? Alles, was man an durchdachter fachlicher »Unschärfe« im Sinne einer längeren Erhaltung des Trades, sprich: »Stopp statt *genau* hierhin … *einfach ungefähr dorthin* … gesetzt!« »fehlerhaft« anwendet, ändert nichts an folgender Tatsache: dass es die Fehler von nach wie vor fachlichen *Heldentrades* sind und bleiben!

Mit anderen Worten: Solche Trader – also Trader wie du und ich – sollten, gereizt von übermäßigem Fachwissen und müde davon, das Opfer dieser eigenen überreizten Konstitution zu sein, ihre möglicherweise vorhandene Neigung zu pingeliger Exaktheit mit allen zur Verfügung stehenden Mitteln und aus der Erkenntnis heraus, dass Lupenreinheit im »Wie« hier gänzlich hinderlich ist und dass ausschließlich in »Pi mal Daumen«-Trades wahre, erfolgreiche Lebendigkeit zuckt, bekämpfen und unterdrücken. Gut, da man das jetzt sicherlich für den Umgang mit Stan nicht einfach so stehen lassen kann, da dies zu Verwirrung führen könnte, hier noch mal zur Verdeutlichung: Es geht gerade *nur* um das Fünf-Sterne-Plus-Setup, die *Ballkönigin*, und Stan muss es schaffen, sinngemäß dieses, wenn auch, zugegebenermaßen etwas ausführliche, aber umso verständlichere Szenario immer vor Augen zu haben:

Es ist zum Hofball geladen – eine normalerweise streng reglementierte Veranstaltung. Während wir noch in der Menge all der anderen geladenen Gäste – also allen möglichen anderen Tradern unterschiedlichsten Könnens, Vermögens und Antriebs – auf das Erscheinen wenigstens einer einigermaßen erträglich aussehenden möglichen Tänzerin aus gutem Hause hoffen, betritt *SIE* den Raum. Die schönste Frau des Abends. Die *Ballkönigin*. Uns verschlägt es, wie fast allen anderen Gästen, den Atem, und allein der Gedanke daran, ihre Augen würden mit Wohlgefallen auf uns ruhen, jagt uns einen wohligen Schauer den Rücken hinunter. Sobald der Tanz eröffnet ist, beobachten wir, eine günstige Gelegenheit erhoffend und abwartend, nur noch *SIE*.

Da!

Endlich ist sie nahe genug, und es gelingt uns ohne Weiteres, *SIE* abzuklatschen, denn aufgrund der bisherigen lausigen Tänzer im Saal schien *SIE* das Geschehen mehr zu ertragen als zu genießen. Was, so überlegen wir, könnte die Aufmerksamkeit der Ballkönigin wohl so erregen, dass wir für sie nicht nur einfach ein beliebiger weiterer aus der Unmenge der anwesenden Tänzer sind, sondern dass sie uns – *Ja! UNS!* – persönlich wahrnimmt? Eine Entscheidung muss fallen, und *nur charmant reden* hilft nicht, da dies im Lärm der einsetzenden Musik und der anderen Tanzenden untergeht! Es bleibt folglich allein das *Tun* und daher die Frage: »Klassische Tanzschule oder Improvisation zu dem, wie *SIE* sich in unseren Armen anfühlt?« – Schwierige Entscheidung! Schließlich wissen wir nichts über sie, geschweige denn, dass wir eine Ahnung hätten, welche Art zu tanzen sie bevorzugt. Woher auch? Wir treffen sie ja gerade zum ersten Mal! Dies ist und bleibt bei *jeder* ersten Begegnung unser Risiko! Wer das verstanden hat, ist schon kein Junge mehr, sondern bereits fast ein Mann!

Die Musik setzt ein! SCHNELL jetzt!

Und wir entscheiden uns für … *ja, für was wohl?* Wenn die Ballkönigin zum Tanz aufruft und wir es geschafft haben, in den Armen der Diva über die Tanzfläche zu schweben, dann haben wir nicht nur das Recht, sondern sogar die Pflicht, weniger auf die in der Tanzschule gelernte genaue Schrittfolge als vielmehr auf die *Harmonie* des Gesamtbildes zu achten, denn je harmonischer dieser Tanz getanzt wird, desto mehr wird die Ballkönigin auf erfreute Art auf uns als Tänzer aufmerksam werden und uns als Belohnung für diesen *nicht ertragenen, sondern genossenen* Tanz vielleicht mit Geld oder Gunst oder einfach nur dadurch, dass wir die Zeit mit ihr verbringen durften, ohne ihr unangenehm zu sein, reich beschenken und sich vielleicht bei künftiger Gelegenheit wohlwollend an uns erinnern.

Um bei diesem Bild zu bleiben und zu begreifen, was dagegen die peinliche Befolgung der richtigen Schrittfolge zum Ergebnis haben könnte, muss man sich zweierlei überlegen: Zum einen sind wir durch die ständige innere Überprüfung der Richtigkeit unserer Schrittfolge vollkommen blockiert gegenüber der Wahrnehmung der Begleitumstände dessen, was wir da tun. Fragt man uns anschließend danach, welche Musik wir während des Tanzes gehört oder ob sich die Tänzerin in unseren Armen oder wir selbst uns dabei wohlgefühlt haben, müssen wir beschämt zugeben, dass wir hierauf nicht antworten können – mit Ausnahme dessen, dass dieser Tanz uns sämtliche Konzentration abverlangt hat und wir eher froh sind, ihn, ohne einen allzu schlechten Eindruck hinterlassend, hinter uns gebracht zu haben. Zum anderen wird uns genau dieser Umstand in der Folge darin blockieren, bei allen weiteren sich bietenden Tanzvergnügen wieder *mit der schönsten* Tänzerin anbandeln zu wollen, da wir uns nur noch daran erinnern, wie anstrengend und wenig vergnüglich dieses Unterfangen das letzte Mal für uns geendet hat. Letztendlich werden wir nur noch Tänzerinnen auffordern, von denen wir glauben, keine Angst haben zu müssen, uns zu blamieren, und an denen wir dann unser Fachwissen über die klassischen Tanzschritte abarbeiten. Spaß macht das zwar nicht, aber wenigstens können wir, wenn der »Bauerntrampel« in unseren Armen mal wieder nicht tut, was er sollte, den Kopf schütteln und die Schuld am Misslingen auch dieses Tanzes ganz eindeutig unserem Gegenüber zuweisen und uns, wenn schon nicht aus Freude an diesem Tanz, zumindest wegen unseres Fachwissens, ausreichend gut fühlen. Zu guter Letzt werden wir, um uns unsere eigene Angst gegenüber der ersten Begegnung, unsere eigene Angst im Bereich der Improvisation nicht länger vor Augen halten zu müssen, entweder mit abfälligen Worten ganz aufs Tanzen verzichten oder – wie man so schön sagt anfangen, uns den Bauerntrampel »schönzusaufen«. … Aber: Bei beidem haben wir aufgegeben: entweder das Trading oder uns selbst. ☹

Auf diese Weise ist in der Welt des Tradings – natürlich ohne dass sich tatsächlich jeder fortgeschrittene Trader dieser Überlegung ganz bewusst gewesen wäre – die Wahl, ob ein Trader im *Handel beginnend aus der Korrektur heraus* an seiner *fehlenden* oder eben an jener zu großen und vor allem zu *genauen* Wissensfülle zugrunde gehen will, fest installiert. Oder anders: Ab einem gewissen Zustand eines Traders sind *fachliche Lupenreinheit* und *fachliche Unschärfe* mit dem Glück oder Unglück des Traders gleichzusetzen, und es gibt, weiß Gott, viele fortgeschrittene Trader, die bis zum heutigen Handelstag nicht wissen, für welches Lager sie sich schließlich entscheiden sollen. Stimmt's?! ☺

… zwei wichtige Hinweise vorab

Erstens: Bevor in den folgenden Zeilen der rein fachliche Teil des *Bewegungshandels beginnend aus der Korrektur heraus* besprochen wird, sei unbedingt vorangestellt, dass mit nachstehenden Worten äußerst vorsichtig umgegangen werden muss. Diese können in den Ohren eines Trading-Anfängers, dessen »fachlicher Wirklichkeitssinn« noch nicht ausgereift ist, extrem gefährlich sein! Aus diesem Grund bitte ich dich, lieber Philip, in Gegenwart von Stan den Begriff der *Unschärfe* sehr behutsam zu verwenden, in homöopathischen Dosen sozusagen. Stan wird logischerweise der Werbung für »Nichtlupenhaftigkeit« sofort und jubelnd zugänglich sein, doch ist unbedingt zu vermeiden, dass er dies an einer gänzlich *falschen* Stelle, nämlich an »Hurra, ich kann ab jetzt tun, was ich will« verankert und damit unempfindlich wie ein Narr gegen die *wahren Vorteile* wird, sprich: das dahinter verborgene und nachfolgend beschriebene Freundschaftsangebot an den »Taffheitssinn« entweder gar nicht bemerkt oder es schlicht und ergreifend noch nicht zu würdigen weiß. Daher gilt es, Stans »fachlichen Wirklichkeitssinn« wie auch seine praktisch mit diesem gemachte Erfahrung vorab genauestens zu prüfen!

Zweitens: Es ist zu beachten, dass Stan dieses – an sich sehr einfache und unkomplizierte – Thema des *Bewegungshandels beginnend aus der Korrektur heraus* nicht dahin gehend missversteht, dass alles, was er bisher im Sinne des Korrekturhandels unternommen hat, generell verkehrt war! Dies wäre nämlich grundfalsch! Seine Lage hat sich nur ein wenig in diese Richtung verändert: Aufgrund seines mittlerweile – wie weit, ist noch festzustellen – gehobenen »fachlichen Wirklichkeitssinns« – allen voran das Verständnis für *diversifikatives Trading*, *Geldmanagement* und *Marktphasen* – sollte er nun in der Lage sein, ein *»Weit-Mehr«* herauszuholen![41]

Tasten wir uns nun gedanklich weiter vor und beginnen damit, zu prüfen, wie der *Bewegungshandel beginnend aus der Korrektur heraus* mittels Einstiegen und den darauf nachfolgenden Ereignissen in den Anfängen eines Traders abläuft, wobei ich dich, lieber Philip, aus lieb gewonnener Gewohnheit wieder als Beispiel verwenden werde. Betrachten wir, stellvertretend für die vielen möglichen, also einige der *grundlegenden* Einstiege, beispielsweise: Trendlinien, Candlestick-Formationen inklusive Umkehrstäben, Fibonacci- Ansätze und untergeordnete *1-2-3s*, und schauen uns an, welche generellen Gedanken im Korrekturhandel vernachlässigt werden, und kommen dann zu den verschiedenen Arten der Verbesserungen.

41 Diesen Absatz gilt es tief (!) zu verinnerlichen, denn es geht bei diesem Thema auf keinen Fall um ein »Alles, was du bisher getan hast, war falsch …«, sondern – so wie bei allen anderen Fachteilen der vorangegangenen Bücher – um ein »Schau mal, was du hiervon ganz oder teilweise in deinen eigenen Handel integrieren kannst, um ein MEHR aus einer Fünf-Sterne-Marktphase herauszuholen!«.

Auf ein Wort zu »Einstiegen«

1. Einstieg über: Trendlinien

... die Logik ist klar! – Der Idealfall!
Ein möglicher Einstieg zur Eröffnung eines Trades aus der Korrektur heraus könnte über einen *Trendlinienbruch* erfolgen. Hierzu würde weniger der Gesamttrend als solcher, sondern würden vielmehr die Hoch- bzw. Tiefpunkte der Korrektur selbst – gut darstellbar in einer untergeordneten Zeiteinheit – zur Zeichnung herangezogen. Sollte diese Trendlinie gebrochen werden, so könnte am Schnittpunkt (siehe Bild 2) ein Trade in Richtung des Trends erfolgen.[42] Kurzum: der *Idealfall*! Der Trade wird, wie beabsichtigt, »weit vor« dem *Punkt 2* eröffnet und läuft und läuft und läuft ...

Dennoch verhält es sich so, und das weißt auch du, lieber Philip, dass es bei der Anwendung von *Trendlinien* als Signalgeber *noch weitere* Szenarien gibt!

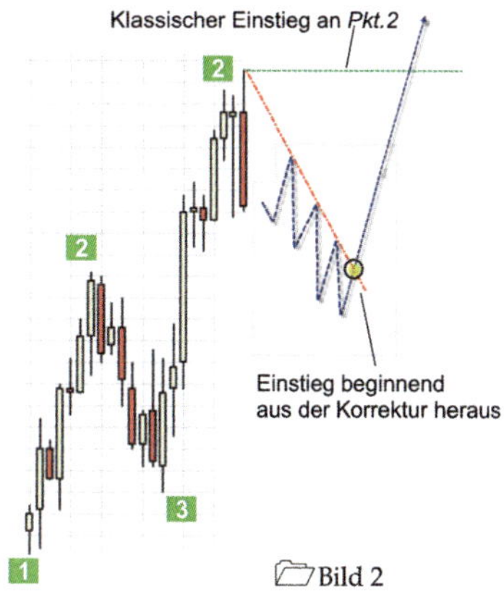

Bild 2

... zum Beispiel sieht es so aus: Verspätetes Signal
Wenn aufgrund einer sehr *steilen* oder zeitlich sehr *lange* laufenden Korrektur der Trendlinienbruch weit unterhalb des *Punkt 2* erfolgt (siehe nochmals Bild 2), dann ist ja alles prima – sollte aber der Schnittpunkt aufgrund einer sehr flachen Trendlinie, deren Korrekturspitzen natürlich dann auch noch weit in die spätere Bewegung hinlaufen können, nahe am *Punkt 2* liegen (siehe Bild 3) ... *eieiei*, ein *»verspätetes« Signal!* Kurzum: Dieser Trade hat mit der ursprünglichen Idee, einen Trade weit »vor dem *Punkt 2* zu eröffnen«, nichts mehr gemein.

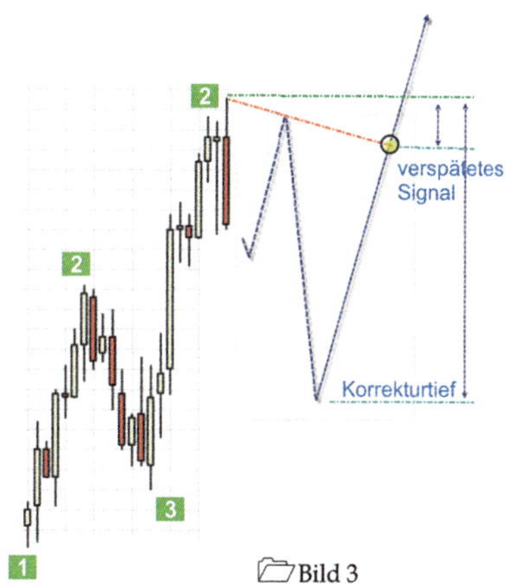

Bild 3

42 Da der gesamte Text dieses Bandes an den fortgeschrittenen Trader gerichtet ist, wäre es jetzt für den Leser beschämend, wenn hier das Zeichnen von Trendlinien erklärt werden würde. Die Schemata sind insofern auch ohne weitere Beschreibung aussagekräftig genug. Aus gleichem Grund wird auf die vorhandenen Besonderheiten im Sinne von »Durchbruch« oder nur »Ausbruch einer Trendlinie« an dieser Stelle nicht weiter eingegangen.
Ein weiterer wichtiger Hinweis: In diesem wie auch den *nachfolgenden* Schemata sollte man sich jeweils auch die »aufgeklappte« tiefere Zeiteinheit zum gezeigten Chartausschnitt vorstellen. Zum anderen werden die nachfolgenden Schemata nicht mehr so detailliert beschriftet sein, und: es wird auf die Darstellung des übergeordneten »Wo« (siehe linke Grafik in Bild 1a) verzichtet.

oder mitunter auch so: Überhaupt kein Signal!

Was aber, wenn man sich als Trader auf Trendlinien, insbesondere bei Fünf-Sterne-Marktphasen, spezialisiert und geduldig auf deren Erscheinen gewartet hat und nun, da der Verlauf der Marktbewegung überhaupt kein Zeichnen von Trendlinien zulässt, gar nicht zum Zug kommt (siehe Bild 4)? *Eieiei ... kein Signal!* Da hat man ein Fünf-Sterne-Plus-Setup gesucht und gefunden, nur um dann ratlos zuzuschauen, wie der Markt läuft und läuft und läuft ...

Bild 4

... oder, heiliger Bimbam, so: ... zig Signale!

Unabhängig davon, ob nun mit »pünktlichem« oder »verspätetem« Signal (siehe Bilder 2 und 3), kann in beiden Szenarien ein Marktverlauf dahin gehend eintreten, dass während der Anwesenheit vor den Monitoren (grüner Hintergrund in Bild 5) statt einem richtigen mehrere Fehlsignale auftreten, in deren weiterer zeitlicher Folge (roter Hintergrund) man nun aber aufgrund schwindender Taffheit in Verwirrung gestürzt wird, ein Wegschmelzen der Kräfte fühlt und sich das Unvermögen ausbreitet, dem ausgewogen in sich ruhenden Wesen der *Beständigkeit* ein womöglich weiteres Opfer zu bringen[43] ... – *eieiei ... nach vier Fehltrades war das Signal da, doch einer fehlte! Der Trader!*

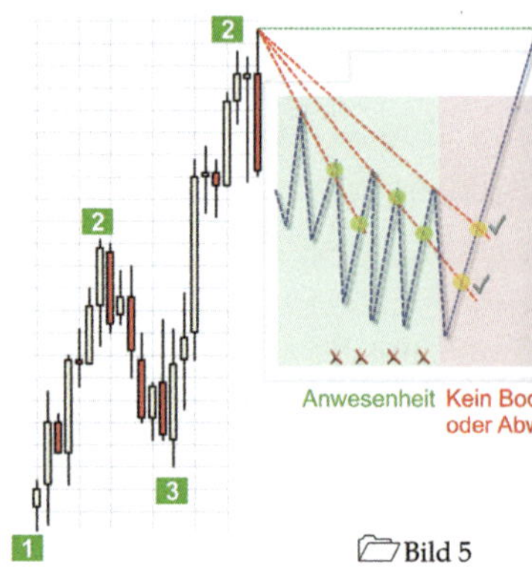

Bild 5

Gerade dieses vierte Szenario der zig Signale – dieses Suchen und Finden eines Fünf-Sterne-Plus-Setups, bei dem man, nachdem man mehrmals eingezahlt hat, ratlos zuschaut, wie der Markt läuft und läuft und läuft – musste ich bei dir früher oft beobachten, weshalb ich mir gut vorstellen kann, was du beim Anblick von Stans Trades empfinden musstest: Diese Szenen des »–Nein, danke!« des Marktes und das anschließende Kneifen begegnen dem Außenstehenden immer wie ein Unfall auf der Autobahn: Man fährt vorbei, schaut neugierig, beinahe schon fasziniert, aber hofft insgeheim, dass einem so was nie selbst passiert!

... oder so: Alles prima, nur ... die Stopps ...

Das Einstiegssignal – ob wie im Bild 2, 3 oder 5 ist nebensächlich – tritt auf, der Trade hat möglicherweise sogar bereits ein *gutes* Stück des Weges in Richtung *Punkt* 2 zurückgelegt, als dann das Malheur passiert: Ob sich die Stopp-Führung nun an den einzelnen Perioden und dabei besonders an den Innenstäben orientiert oder sich hierzu eines *Punktes* 3 des untergeordneten Trends bedient, ist egal – der Trade wird nicht aufgrund eines klassischen Fehlsignals (siehe Bild 5), sondern »nur« durch ein kurzes,

43 Hier sei natürlich erwähnt, dass bei diesem Beispiel auch »unverschuldete« Marktabwesenheit dazu führen kann, das *richtige* Signal verpasst zu haben! Aber ... kann man ein »Ich hatte nicht so viel Zeit! Aber wenn, hätte ich es gehandelt!« wirklich als Ausrede gelten lassen? Oder muss man nicht dann den Vorwurf geltend machen, dass das betrachtete Zeitfenster und die Trendgröße offenbar nicht zur möglichen Nähe zum Markt passen?

an sich unspektakuläres Zurücklaufen des Marktes ausgestoppt.

Ob der Trade noch im Minus, mitunter gerade so beim Breakeven oder, wie eben beschrieben, sanft im Gewinn steht, ist ... *unerheblich* (siehe Bild 6): Trotz geduldigen Wartens und eines sauberen Einstiegs fällt der Trade dem Verlauf des untergeordneten Trends zum Opfer, sprich: der nachgezogene Stopp wird ausgelöst, und anschließend dreht der Markt wieder, ohne dass sich das Signal, welches zum Einstieg verführte, wiederholt.

Und was dann geschah, war oft wunderbar ...! Da hat man ein Fünf-Sterne-Plus-Setup gesucht und gefunden, nur um dann ratlos zuzuschauen, wie der Markt läuft und läuft und läuft ...

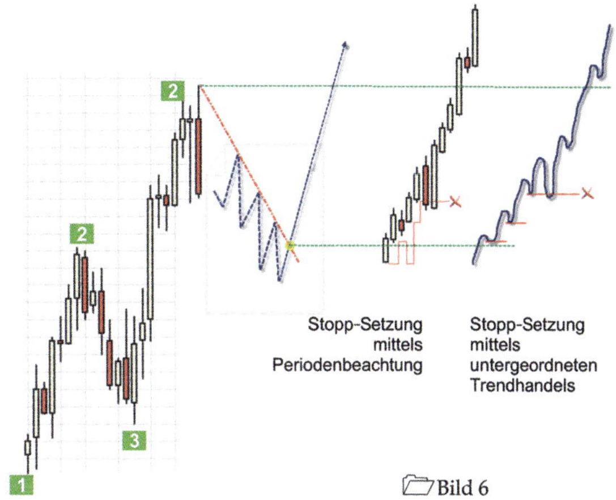

Bild 6

... Fazit?

Frage: Wie richtig ist es, sich zu zieren, mitzumachen, ruft die Ballkönigin zum Tanz, nur weil man nicht das eine Sprüchlein hörte, auf das man die korrekte Antwort weiß?

Antwort: Später.

2. Einstieg über: Umkehrstäbe und Candlestick-Formationen!

... die Logik ist klar! – Der Idealfall!

Einen weiteren denkbaren Einstieg, um aus der Korrektur heraus einen Trade zu eröffnen, böte der Umkehrstab oder eine etwaige Candlestick-Formation.[44] Sollte die erwartete Kerze oder die erwartete Abfolge von Kerzen auftreten und – je nach zugrunde liegender Logik – das Signal vom Marktverlauf bestätigt werden, erfolgt die Positionseröffnung (siehe Bild 7) ... *der Idealfall!*

Der Trade wird, wie beabsichtigt, »weit vor« dem *Punkt* 2 eröffnet und läuft und läuft und läuft ...

Es ist aber so – und wir beide, lieber Philip, wissen es genau –, dass es in der Verwendung von *Umkehrstäben etc.* als Signalgeber natürlich *noch weitere* Szenarien gibt!

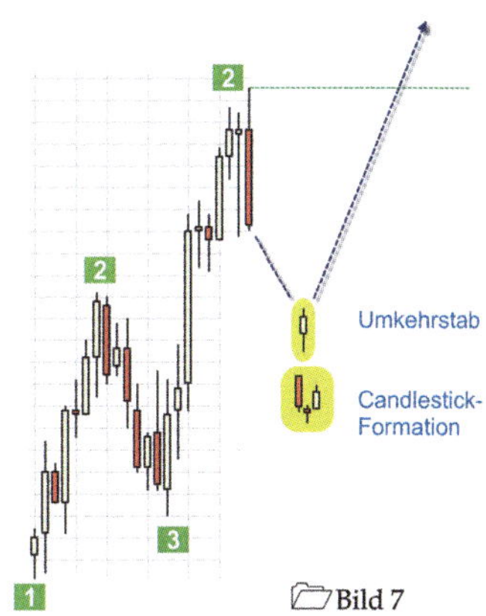

Bild 7

44 Wie schon in Fußnote 12 erwähnt, richtet sich der Text dieses Bandes an den fortgeschrittenen Trader. Aus diesem Grund wird auf eine weitere Beschreibung zu den Umkehrstäben verzichtet, ebenso auf die Erläuterung zu etwaigen Candlestick-Formationen. Wer damit arbeitet, kennt sich in deren vielfältigen Funktionsweisen, Besonderheiten und Regelabläufen ohnehin besser aus, als eine Kurzbeschreibung dies hier wiedergeben könnte. Eine für alle anderen Leser notwendige Langbeschreibung würde zudem nicht nur den Rahmen dieses Bandes sprengen, sondern auch vom beabsichtigten Inhalt ablenken.

… mitunter sieht es so aus: Verspätetes Signal

Wenn der Wendepunkt der Korrektur einen *Umkehrstab* wie aus dem Bilderbuch präsentiert (siehe Bild 7), dann ist ja alles prima. Aber wie oft wird, aufgrund des optischen Ablaufs der in Perioden zusammengefassten Kursdarstellungen, das zugrunde liegende Signal erst später »geformt«[45] (siehe Bild 8) … *eieiei, ein verspätetes Signal!*

Kurzum: Dieser Trade hat mit der einstigen Idee, »den Trade weit vor dem *Punkt* 2 zu eröffnen«, nichts mehr gemein!

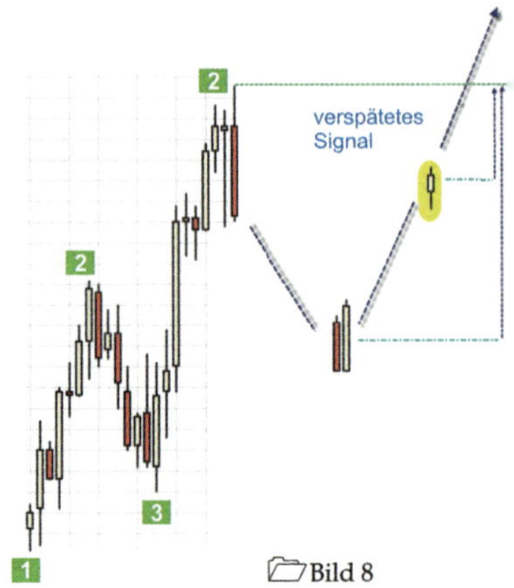

Bild 8

… oder mitunter so: Überhaupt kein Signal

Wenn aufgrund des optischen Ablaufs der in Perioden zusammengefassten Kursdarstellungen ein Signal erst *später* »geformt« werden kann (siehe Bild 8), so muss man nicht lange in Erinnerungen kramen, um sich an jene Fälle zu erinnern, in denen der Markt in Richtung *Punkt* 2 rauschte, *ohne* je einen Umkehrstab oder für wichtig erachtete Candlestick-Formationen auszuweisen (siehe Bild 9)! *Eieiei … kein Signal!* Da hat man ein Fünf-Sterne-Plus-Setup gesucht und gefunden, um dann ratlos zuzuschauen, wie der Markt läuft und läuft und läuft …

Bild 9

… *mhm*, oder, heiliger Bimbam, so: … zig Signale!

Unabhängig davon, ob nun mit »pünktlichem« oder »verspätetem« Signal (siehe Bilder 7 und 8), kann in beiden Szenarien ein Marktverlauf dahin gehend eintreten, dass während der Anwesenheit vor den Monitoren (grüner Hintergrund in Bild 10) statt des richtigen erst mehrere Fehlsignale auftreten, in deren weiterer zeitlicher Folge (roter Hintergrund) man nun aber aufgrund schwindender Taffheit in Verwirrung gestürzt wird, ein Wegschmelzen der Kräfte fühlt und sich das Unvermögen ausbreitet, dem ausgewogen in sich ruhenden Wesen der *Beständigkeit* ein womöglich weiteres Opfer zu bringen[46] … *eieiei; nach vier Fehltrades war das Signal da, doch wer fehlte, war der Trader!* Kurzum: *dasselbe Szenario* wie bei den Einstiegen mittels Trendlinien.

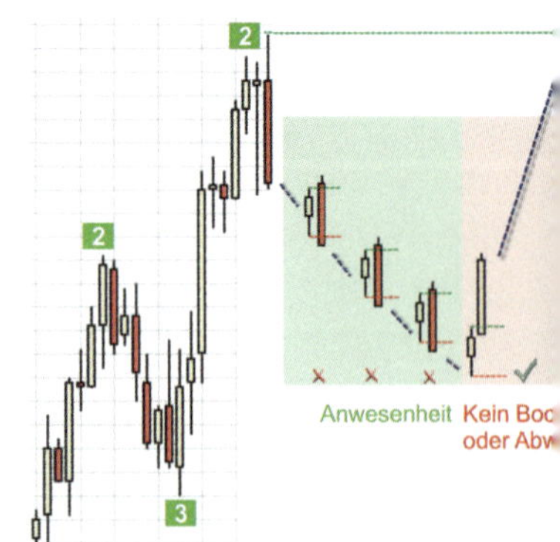

Bild 10

---

45 Zur Erinnerung: Einzig der zeitliche Verlauf des Tick-Charts »erschafft« die Vielfalt der optischen Präsentationen der zeitlich individuell zusammengefassten Perioden und deren Begrifflichkeiten. Sollten hierzu bei dem ein oder anderen Leser Unklarheiten bestehen, so sei auf Band 3 von DER HÄNDLER verwiesen, der sich mit den »Optischen Täuschungen« befasst.

46 Siehe Fußnote 13.

… oder so: Alles prima, nur … die Stopps

… Das Einstiegssignal – ob wie in Bild 7, 8 oder 10 ist nebensächlich – tritt auf, der Trade hat möglicherweise sogar bereits ein *gutes* Stück des Weges in Richtung *Punkt 2* zurückgelegt, als dann das Malheur passiert: Ob sich die Stopp-Führung nun an den einzelnen Perioden und dabei besonders an den Innenstäben orientiert oder sich hierzu eines *Punktes 3* des untergeordneten Trends bedient, ist egal … der Trade wird nicht aufgrund eines klassischen Fehlsignals (siehe Bild 10), sondern »nur« durch ein kurzes, an sich unspektakuläres Zurücklaufen des Marktes ausgestoppt.

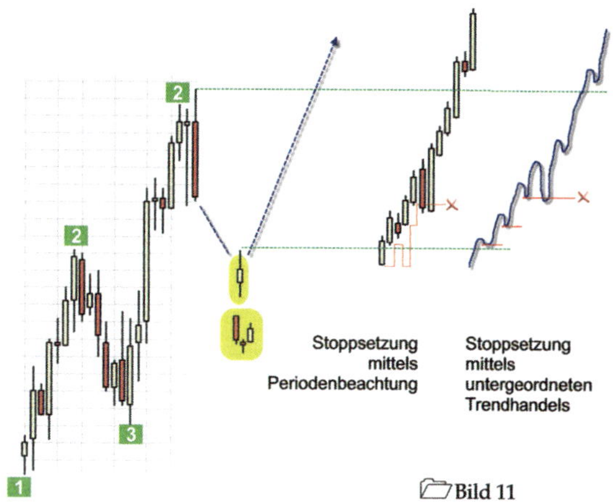

Bild 11

Ob der Trade noch im Minus, mitunter gerade so beim Breakeven oder, wie eben beschrieben, sanft im Gewinn steht, ist … *unerheblich* (siehe Bild 11): Trotz geduldigen Wartens und eines sauberen Einstiegs fällt der Trade dem Verlauf des untergeordneten Trends zum Opfer, sprich: der nachgezogene Stopp wird ausgelöst, und anschließend dreht der Markt wieder, ohne dass sich das Signal, welches zum Einstieg verführte, wiederholt.

Und was dann geschah, war oft wunderbar …! Da hat man ein Fünf-Sterne-Plus-Setup gesucht und gefunden, nur um dann ratlos zuzuschauen, wie der Markt läuft und läuft und läuft … Kurzum: *dasselbe* Szenario, daher nahezu dieselben Worte wie bei den Einstiegen mittels Trendlinien.

… Fazit?

Frage: Wie richtig ist es, sich zu zieren, mitzumachen, ruft die Ballkönigin zum Tanz, nur weil man nicht das eine Sprüchlein hörte, auf das man die korrekte Antwort weiß?

Antwort: Später.

3. Einstieg mittels: Untergeordnetem Trend

… die Logik ist klar! – Der Idealfall!

Eine weitere, sehr marktnahe Möglichkeit, um aus der Korrektur heraus einen Trade in Trendrichtung zu eröffnen, bestünde darin, sich des *untergeordneten* Trendablaufs zu bedienen und einen hier auftretenden *Punkt 2* in Richtung des *übergeordneten* Trends zur Positionseröffnung heranzuziehen (siehe Bild 12).[47] Dementsprechend: der Idealfall! Der Trade wird, wie beabsichtigt, weit »vor« dem *Punkt 2* eröffnet und läuft und läuft und läuft …

Aber auch hier verhält es sich so, wie wir beide wissen, dass es in der Verwendung von *untergeordneten Marktverläufen* als Signalgeber natürlich *noch weitere* Szenarien gibt!

Bild 12

47 Siehe Fußnote 12.

... aber mitunter sieht es so aus: Verspätetes Signal

Auch hier, lieber Philip, muss ich nicht erst lange »Ausnahmen« konstruieren: Jeder kennt diese Marktbewegungen, die ohne jegliche »Vorwarnung« in einem nahezu geraden Strich in Richtung *Punkt* 2 laufen (siehe Bild 13) und bei denen man, wenn überhaupt, einen Beginn des untergeordneten Trends erstmalig nahe dem übergeordneten *Punkt* 2 entdeckt ... *eieiei ... ein verspätetes Signal!* Kurzum: Dieser Trade hat mit der ursprünglichen Idee, den Trade »weit vor dem *Punkt* 2 zu eröffnen«, nichts mehr gemein!

Bild 13

... oder mitunter so: Überhaupt kein Signal

Was aber, wenn der Markt so viel Momentum aufweist, dass er in »einem Zug«, also ohne untergeordnete Korrektur, über den großen *Punkt* 2 schießt (siehe Bild 14)? ... *autsch ... gar kein Signal!* Da hat man ein Fünf-Sterne-Plus-Setup gesucht und gefunden, um dann ratlos zuschauen zu müssen, wie der Markt läuft und läuft und läuft ...

Bild 14

... oder heiliger Bimbam, so: ... zig Signale!

Unabhängig davon, ob nun mit »pünktlichem« oder »verspätetem« Signal (siehe Bilder 12 und 13), in beiden Szenarien kann ein Marktverlauf dahin gehend eintreten, dass während der Anwesenheit vor den Monitoren (grüner Hintergrund in Bild 15) statt dem sofort richtigen erst mehrere Fehlsignale auftreten, in deren weiterer zeitlicher Folge (roter Hintergrund) man nun aber aufgrund schwindender Taffheit in Verwirrung gestürzt wird, ein Wegschmelzen der Kräfte fühlt und sich das Unvermögen ausbreitet, dem ausgewogen in sich ruhenden Wesen der Beständigkeit ein womöglich weiteres Opfer zu bringen[48] (siehe Bild 4) ... *eieiei, nach vier Fehltrades war das Signal da, wer nur fehlte, war der Trader!* Mithin: daher *dasselbe* Szenario wie bei den Einstiegen mittels *Trendlinien* oder *Umkehrstäben* und *Candlestick-Formationen*.

Bild 15

48 Siehe Fußnote 13.

… oder so: Alles prima, nur … die Stopps …
Das Einstiegssignal – ob wie in Bilder 12, 13 oder 15 ist nebensächlich – tritt auf, der Trade hat möglicherweise sogar bereits ein *gutes* Stück des Weges in Richtung *Punkt* 2 zurückgelegt, als dann das Malheur passiert: Ob sich die Stopp-Führung nun an den einzelnen Perioden und dabei besonders an den Innenstäben orientiert oder sich hierzu eines *Punktes* 3 des untergeordneten Trends bedient, ist egal … der Trade wird nicht aufgrund eines klassischen Fehlsignals (siehe Bild 15), sondern »nur« durch ein kurzes, an sich unspektakuläres Zurücklaufen des Marktes ausgestoppt.

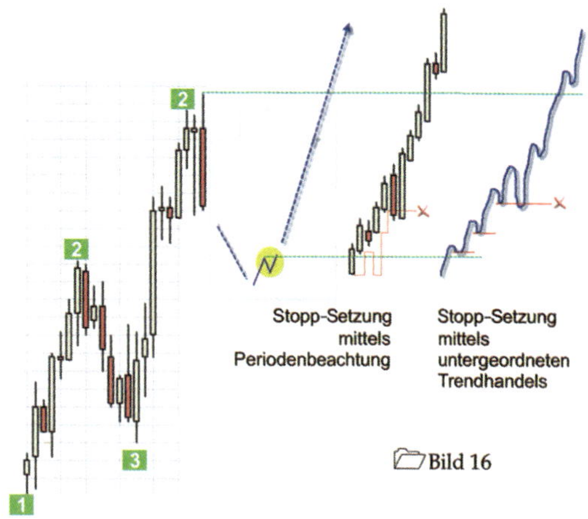

Bild 16

Ob der Trade noch im Minus, mitunter gerade so beim Breakeven oder, wie eben beschrieben, sanft im Gewinn steht, ist … *unerheblich* (siehe Bild 16): Trotz geduldigen Wartens und eines sauberen Einstiegs fällt der Trade dem Verlauf des untergeordneten Trends zum Opfer, sprich: der nachgezogene Stopp wird ausgelöst, und anschließend dreht der Markt wieder. Und was dann geschah, war oftmals wunderbar …! Da hat man ein Fünf-Sterne-Plus-Setup gesucht und gefunden, nur um dann ratlos zuzuschauen, wie der Markt läuft und läuft und läuft … Kurzum: auch hier *nahezu dasselbe* Szenario wie bei den Einstiegen mittels *Trendlinien* oder *Umkehrstäben* und *Candlestick-Formationen*.

… Fazit?
Frage: Wie richtig ist es, sich zu zieren, mitzumachen, ruft die Ballkönigin zum Tanz, nur weil man nicht das eine Sprüchlein hörte, auf das man die korrekte Antwort weiß?

Antwort: Später.

4. Einstieg mittels: Fibonacci

… die Logik ist klar! – Der Idealfall!
Einen weiteren möglichen Einstieg, um aus der Korrektur heraus einen Trade zu eröffnen, böten die Heranziehung der Fibonacci-Verhältnisse und das hieran gekoppelte Regelwerk.[49] Sollte nun der Marktverlauf das bevorzugte »Korrekturverhältnis« erreichen und das etwaige Signal auftreten, erfolgt die Positionseröffnung (siehe Bild 17). Kurzum: *der Idealfall!*

Der Trade wird, wie beabsichtigt, weit »vor« dem *Punkt* 2 eröffnet, und läuft und läuft und läuft …

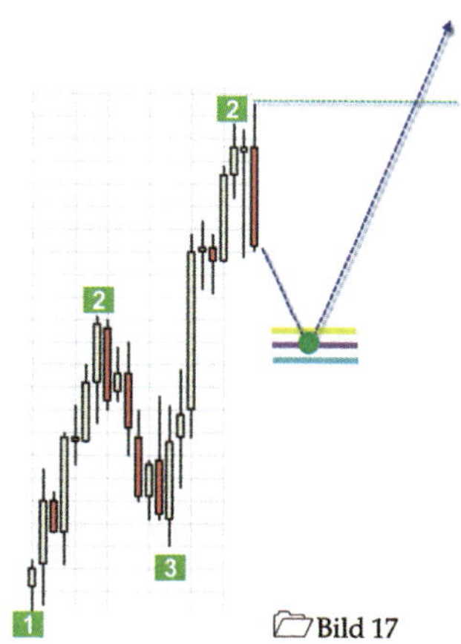

Bild 17

49 Auch zu den Fibonacci-Verhältnissen gilt Fußnote 14 analog.

Aber auch hier verhält es sich so, wie wir beide wissen, dass es in der Anwendung von *Fibonacci* als Signalgeber natürlich *noch weitere* Szenarien gibt!

… mitunter sieht es so aus: Überhaupt kein Signal

Da die Anwendung von Fibonacci einem statisch »festen« Linienverhältnis entspricht, die Signalgenerierung also nicht vom optischen Ablauf der zusammengefassten Perioden »geformt« wird, ist ein »verspätetes Signal« schlicht nicht möglich. Denkbar indes wäre Folgendes: Der Markt kann und wird sich auch in genügend Fällen das Recht hierzu herausnehmen, bereits vor dem als wichtig erachteten Korrekturverhältnis zu drehen (siehe Bild 18) … *autsch … gar kein Signal!* Da hat man ein Fünf-Sterne-Plus-Setup gesucht und gefunden, um dann ratlos zuschauen zu müssen, wie der Markt läuft und läuft und läuft …

Bild 18

… oder heiliger Bimbam, so: … zig Signale!

Natürlich schützt auch die Anwendung dieser Einstiegslogik den Trader nicht vor einem Marktverlauf, bei dem während der Anwesenheit vor den Monitoren (grüner Hintergrund in Bild 19) statt dem sofort *richtigen* erst mehrere Fehlsignale auftreten, in deren weiterer zeitlicher Folge (roter Hintergrund) man nun aber aufgrund schwindender Taffheit in Verwirrung gestürzt wird, ein Wegschmelzen der Kräfte fühlt und sich das Unvermögen ausbreitet, dem ausgewogen in sich ruhenden Wesen der *Beständigkeit* womöglich ein weiteres Opfer zu bringen[50] … *eieiei* (siehe Bild 19) … *nach vier Fehltrades war das Signal da, wer nur fehlte, war der Trader!*

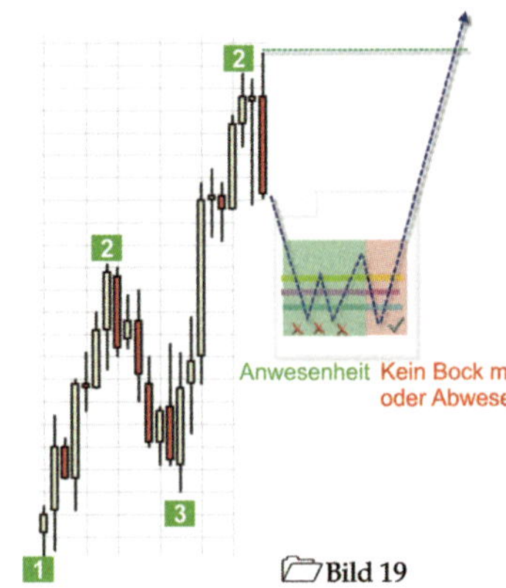

Bild 19

Kurzum: daher *dasselbe* Szenario wie bei den Einstiegen mittels *Trendlinien*, *Umkehrstäben*, *Candlestick-Formationen* oder *untergeordneten Trendverläufen*.

… oder so: Alles prima, nur … die Stopps …

Das Signal – ob wie in Bild 17 oder 19 ist nebensächlich – tritt auf, und der Trade hat möglicherweise sogar bereits ein *gutes* Stück des Weges in Richtung *Punkt* 2 zurückgelegt, als dann das Malheur passiert: Ob sich die Stoppführung nun an den einzelnen Perioden und dabei besonders an den Innenstäben orientiert oder sich hierzu eines *Punktes* 3 des untergeordneten Trends bedient, ist egal … der Trade wird nicht aufgrund eines klassischen Fehlsignals (siehe Bild 19), sondern »nur« durch ein *kurzes*, an sich unspektakuläres Zurücklaufen des Marktes ausgestoppt.

50 Siehe Fußnote 13.

Ob der Trade noch im Minus, mitunter gerade so beim Breakeven oder, wie eben beschrieben, sanft im Gewinn steht, ist … *unerheblich* (siehe Bild 20): Trotz geduldigen Wartens und eines sauberen Einstiegs fällt der Trade dem Verlauf des untergeordneten Trends zum Opfer, sprich: der nachgezogene Stopp wird ausgelöst, und anschließend dreht der Markt wieder, ohne dass sich das Signal, welches zum Einstieg verführte, wiederholt.

Und was dann geschah, war oftmals wunderbar …! Da hat man ein Fünf-Sterne-Plus-Setup gesucht und gefunden, nur um dann ratlos zuzuschauen, wie der Markt läuft und läuft und läuft …

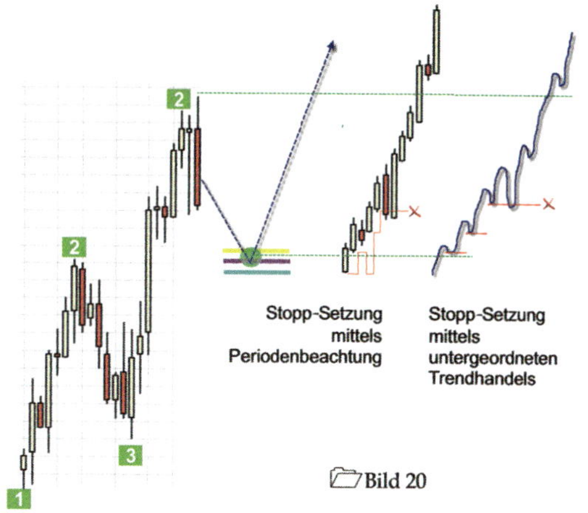

Bild 20

Lange Rede, kurzer Sinn: daher *dasselbe* Szenario wie bei den Einstiegen mittels *Trendlinien*, *Umkehrstäben*, *Candlestick-Formationen* oder *untergeordneten Trendverläufen*.

… *Fazit?*

Frage: Wie richtig ist es, sich zu zieren, mitzumachen, ruft die Ballkönigin zum Tanz, nur weil man nicht das eine Sprüchlein hörte, auf das man die korrekte Antwort weiß?

Antwort: Später.

… eine erste Zusammenfassung

Mit deiner fortschreitenden Erfahrung hast du, lieber Philip, mit ebenso viel schwermütiger Klarheit wie ironischer Befriedigung feststellen müssen, dass deine ganze theoretische Beschäftigung mit der fachlichen »Genauigkeit«, soweit es den Korrekturhandel betraf, im Grunde immer wieder dazu führte, dass dein Verhalten in einen gefährlichen Widerspruch zu dem »ursprünglichen« Ansinnen geriet: nämlich bereits *weit vor dem Punkt 2* positioniert zu sein. Nach und nach hast du immer besser verstanden, genau *dem* nachzugehen, was ein Markt an seinen Wendepunkten tat, und musstest daher eingestehen, dass es trotzdem immer wiederkehrende Praxis ist, dass neben dem »bilderbuchhaften Erscheinen des Lieblingssignals und des anschließenden Marktverlaufs« noch, wie auf den Seiten zuvor beschrieben, weitere Varianten für den Ablauf eines Einstiegs innerhalb eines Fünf-Sterne-Setups auftreten können, nämlich:

1. Das Lieblingssignal bleibt gänzlich aus …
2. Das Lieblingssignal tritt so verspätet auf, dass der Trade eher einem Bewegungshandel am *Punkt 2* als dem »Handel aus der Korrektur heraus« gleicht …
3. Die Korrektur lässt sich nur zögerlich an und das Lieblingssignal produziert eine Anzahl von Fehltrades in Serie …
4. Der Trade mittels Lieblingssignal »greift« zwar, wird aber vor dem *Punkt 2* ausgestoppt, und das »Lieblingssignal« tritt nicht nochmals auf; ein Wiedereinstieg darüber ist folglich nicht möglich …

Ergo: Du musstest erkennen, dass deine jeweilige Logik, unabhängig von der wie auch immer gearteten von dir verwendeten Einstiegsregel und trotz »Bilderbuchbeweis der Funktionalität« einzelner hervorstechender Trades, nicht verhindern konnte, dass oftmals die erhofften Einzahlungen auf deinem Konto ausblieben beziehungsweise sich »böse« Marktbewegungen sogar darüber hermachten. Auf den Punkt gebracht heißt das: Du hast feststellen müssen, dass du diese vier »Sonder«-Varianten deines Lieblingssignals mit keiner noch so lupenhaften Tüftelei »weglaborieren« konntest!

... vier Aufgaben!
Infolgedessen muss das oberste Gesetz im fachlich *fortgeschrittenen Bewegungshandel beginnend aus der Korrektur heraus* lauten, sich nicht auf seine aus der Übung heraus lieb gewonnenen Einstiege zu versteifen, sondern: in den Armen einer Ballkönigin ein – und ich verwende absichtlich nicht den Begriff »Signal«, sondern stattdessen das viel umfassendere – »Verhalten« an den Tag zu legen, welches:

1. das Ausbleiben einer Signallogik vermeidet,
2. die Verspätung einer Signallogik umgeht,
3. die Abfolge von Fehlsignalen verringert und
4. die Chance eines »ungerechtfertigten« Ausstoppens reduziert.

Aufgrund deines vorhandenen Fachwissens blieben dir im Grunde nur die logischen Fragen der Auslegung des »Wie kann ich meinen Handel optimieren« und »Wie kann mir hierbei die Unschärfe helfen« übrig sowie die Prüfung, ob diese Handlungen für den angestrebten Idealzustand »der Vermeidung der vier aufgeführten Punkte ...« unter dieses oder jenes Gebot fallen.

Mögliche Lösung der vier Aufgaben

... erste Aufgabe: »Ausbleiben von Signalen«
Der einfachste und folgerichtigste Schritt zur nachhaltigen Verbesserung des Korrekturhandels im Sinne der ersten Aufgabenstellung lautet: sich niemals auf eine Hochzeit mit *nur einem* der angeführten Signale einzulassen.[51] Wie auf den vorherigen Seiten bereits ausführlich erläutert und in den Schemata veranschaulicht, darf nach einer erfolgreichen Suche eines Fünf-Sterne-Plus-Setups das »Fehlen des Lieblingssignals« niemals als Entschuldigung für den schlussendlich doch *entgangenen* Trade – »*Seufz* ... und der Markt lief und lief!« – dienen!

Zu viele Trader unterliegen dem Irrtum, dass die Märkte, statt durch die Großwetterlage durch die zwar rührende, nichtsdestotrotz unausgereifte Liebe zu *einem* Lieblingssignal gesteuert werden könnten,[52] und du weißt, lieber Philip, es würde dich deinen Arbeitsplatz kosten, wenn du

51 Unbestritten gibt es noch viele weitere Signale ... aber: die vier dargestellten Grundprobleme bleiben auch bei jedem anderen, hier nicht erwähnten Signal gleich. Demzufolge reicht die Auswahl von Einstiegen für die weitere Betrachtung völlig aus.
52 Siehe vollständige Fachteile DER HÄNDLER, Band 2, 3 und 4.

deine innigste Herzenswärme und Aufopferung ebenfalls für die Suche nach einzelnen Lieblingssignalen verschwenden würdest, statt der Liebe zu dem »Wo« zu frönen.

Kurzum: Wenn man die Markttechnik – und dort speziell den »Bewegungshandel aus der Korrektur heraus beginnend« – als das versteht, was sie ist, nämlich ein Mittel zur genauen Analyse des großen Radarbildes, resultieren aus diesem Verständnis die konkreten Verfahrensweisen Bewegungs-, Trend- und Ausbruchshandel sowie deren individuelle Stopp-Techniken – vor allem aber die Erkenntnis, dass innerhalb eines Fünf-Sterne-Plus-Setups das jeweilige Signal zum Einstieg das letzte und absolut unwichtigste Glied in dieser Kette ist. Weshalb hier, um bei dem Vergleich mit der Ballkönigin zu bleiben, Bigamie, besser noch Polygamie, nicht nur erlaubt, sondern regelrecht *gefordert* ist!

… zweite Aufgabe: »Verspätung von Signalen«

Wenn diese Forderung der Polygamie, also die Beachtung und Verfolgung mehrerer Signale statt nur eines »Lieblingssignals«, verinnerlicht wurde, so wird dadurch zwangsläufig klar, dass unabhängig von den bisher erwähnten Einstiegen[53] noch eine weitere Herangehensweise zwingend hinzuzuziehen ist, wenn die Ballkönigin einen schon zum Tanz auffordert; denn man sollte nicht nur mit einem »Lieblingsanmach-Spruch« gebauchpinselt werden wollen. Hierbei handelt es sich um den: *nachgezogenen Einstiegsstopp*.

Die Erklärung hierzu ist weder lang noch umfangreich: Nach dem Einsetzen der Korrektur wird im Aufwärtstrend eine Stopp-*Buy*-Order von Periodenhoch zu Periodenhoch, im Abwärtstrend hingegen eine Stopp-*Sell*-Order von Periodentief zu Periodentief nachgezogen.

Die Bilder 21a–d präsentieren den einfachen, aber äußerst effizienten Ablauf: Anders als bei allen vorher erwähnten Einstiegen ist das *Ausbleiben* eines Signals absolut *unvorstellbar* – wie soll der Markt in Richtung des *Punktes* 2 laufen, *ohne* am vorherigen Periodenhoch (Bilder 21a–d) vorbeizulaufen?[54]

Bild 21a

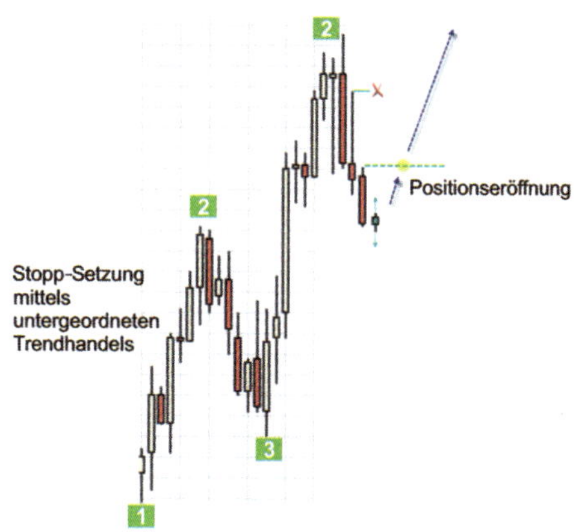

Bild 21b

53 Siehe Fußnote 21.

54 Einzig vorstellbar wäre, je nach gehandelter Zeiteinheit, ein Gap. Aber auch hier wäre das Signal als solches bereits vorhanden, wenngleich der Einstiegskurs möglicherweise dann einem »verspäteten Signal« (Bilder 3, 8, 13) gleichkäme.

Zur Erklärung: In Bild 21a wurde eine Stopp-Buy-Order, dargestellt als grüne Linie, auf das Hoch der Vorperiode[55] gelegt und verblieb dort bis zum Abschluss der laufenden Periode (siehe hellblaue Pfeile). Der Schlusskurs der gerade abgeschlossenen Periode markiert ein neues Tief gegenüber der Vorperiode und die aktuell laufende Periode (hellblaue Pfeile nun in Bild 21b) schließt sich nahtlos an. Die nicht zur Ausführung gelangte Stopp-Buy-Order (gekennzeichnet durch ein rotes X) wird auf das Hoch der »neuen« Vorperiode nachgezogen (grüne Linie).

Bild 21c verkörpert die zeitliche Fortsetzung von Bild 21b. Die aktuelle Periode aus Bild 21b schließt dann, wie in Bild 21c dargestellt, als *Umkehrstab*. Der Stopp wird abermals nachgezogen und liegt damit – der Fortgeschrittene weiß warum, der Laie wundert sich – auch *ohne* peinlich genaue Beachtung der sonst üblichen Vorgehensweise für das Signal »Umkehrstab« an der aus markttechnischer Sicht für den fachlichen Einstieg als richtig erachteten Stelle: dem Periodenhoch.

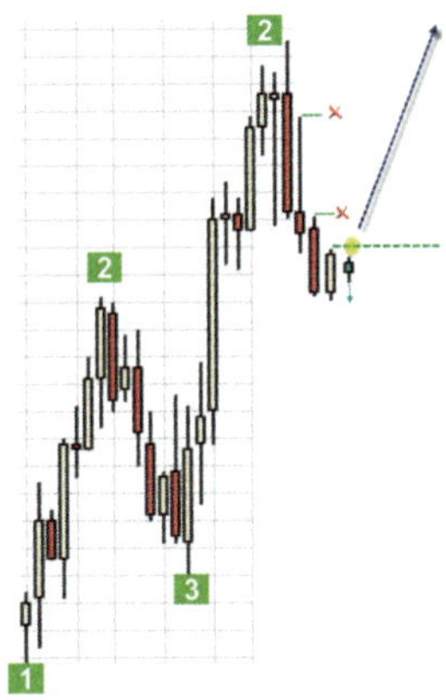

Bild 21c

Bild 21d

Bild 21d zeigt schematisch die weiter nachfolgenden Perioden und die anschließende Versetzung der Einstiegsorder, wobei bei der Handhabung des »nachgezogenen Einstiegsstopps« *keinerlei* Besonderheiten oder Ausnahmefälle beachtet werden müssen. Es wird *jede* Periode, unabhängig von ihrer möglicherweise anderweitigen fachlichen Bedeutung, herangezogen; also auch ein Innenstab. Wie aus Bild 21d ersichtlich, führte keine der drei nachfolgenden Perioden zum Eintriggern, erst die aktuelle Periode wird über das Hoch der Vorperiode gehandelt und die Positionseröffnung erfolgt. Dieser Einstieg, in seiner einfachen Handhabung nicht weiter erklärungsbedürftig, macht vor allem auf höheren Zeiteinheiten Sinn, da hier zum einen die Wertigkeit einer einzelnen Periode zunimmt und zum anderen durch den Abstand zwischen den Hoch- und Tiefpunkten einer Periode ein mithin eher zufälliges, mehr einem Marktrauschen zuzuordnendes Eintriggern auszuschließen ist. Die sich nun aufdrängenden Fragen zum Thema »Stopp und dessen Versetzung« werden an dieser Stelle zurückgestellt, da dieses Thema nachfolgend noch ausführlich erörtert wird.

55 Hier gilt die Regel: Dran ist nicht drüber. Aus diesem Grund wird der Stopp kurz oberhalb des Periodenhochs gelegt. Ein genaues »Ein Punkt oder vielleicht besser dreieinhalb Punkte« kann entfallen, sofern im Handel die Diversifikation und die Beachtung des Rumrutschfaktors (siehe hierzu auch DER HÄNDLER, Band 4) höchstes Gewicht haben.

Zusammengefasst: Wenn man schon mit klassischen Einstiegen arbeitet, dann sollte man zur Verbesserung des *Bewegungshandels aus der Korrektur heraus* zum einen auf Lieblingssignale verzichten und zum anderen unbedingt über den »nachgezogenen Einstiegsstopp« nachdenken.

... Aufgaben eins und zwei sind gelöst!

Achtung, eines sei noch angemerkt: Die Problematiken »Verspätung« und »Ausbleiben« eines Signals werden umso effizienter gelöst, desto mehr eine Symbiose (!) aus den Signaltypen »zusammengefasste Perioden«, sprich: Umkehrstäben, Candlestick-Mustern, sowie einem untergeordneten, also »aufgeklappten« Marktverlauf, sprich: Trendlinien, 1-2-3-Formationen und so weiter, erreicht wird! (siehe Bilder 22 und 23)

Mit anderen Worten: Es ist so gut wie sinnlos, den Korrekturhandel statt mit einem nun mit *drei* Candlestick-Mustern anzugehen, denn die Signallogik entsteht nach wie vor aus der Abfolge zeitbasierter Perioden! Besser wäre es hier also, sich *zusätzlich* auf ein Signal zu konzentrieren, dessen Logik das Marktgeschehen der untergeordneten Verläufe heranzieht. Ergo: Das »Nichtvorkommen« des Lieblingssignales wäre schon mal nahezu auf »null« gesetzt, wenngleich es in Ausnahmefällen durchaus denkbar bleibt: nämlich wenn der Markt so extrem schnell in die Bewegung hineinläuft, dass weder untergeordnete Trendlinien oder etwaige Muster noch 1-2-3-Formationen oder Signale aus »zusammengefassten Perioden« auftreten (siehe Bilder 22 und 23) oder darstellbar sind ... Aber auch diesen Fall haben wir ja mittels dem vorher beschriebenen, und zum Handel stets parallel hinzuzuziehenden, »nachgezogenen Einstiegsstopp« gelöst.

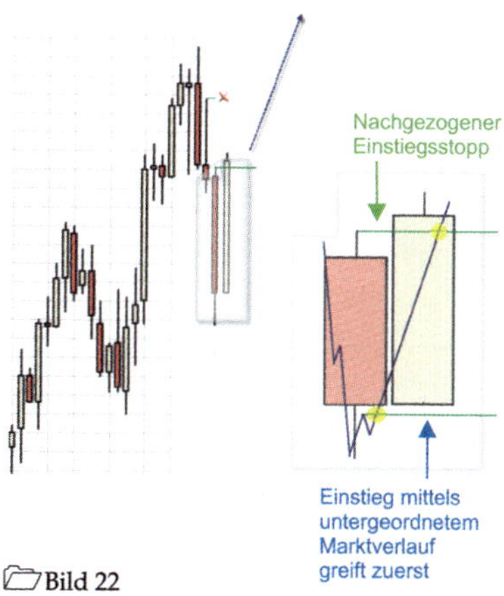

Bild 22

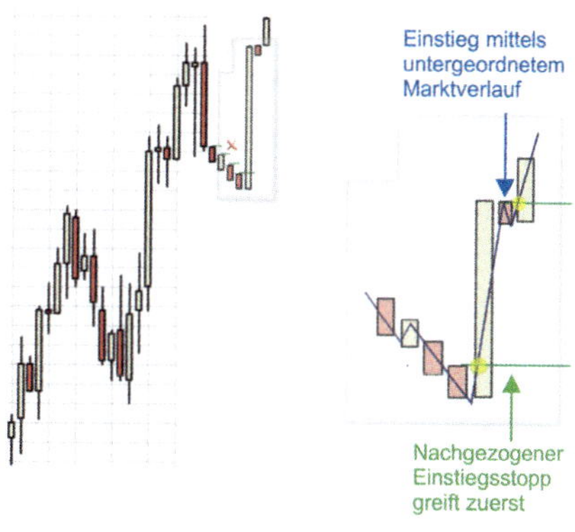

Bild 23

... dritte Aufgabe: Die Vermeidung einer Abfolge von Fehlsignalen

Wenn ein Trader sich auf den »Bewegungshandel aus der Korrektur heraus beginnend« spezialisiert hat oder es will, dann haben viele klassischen Einstiegssignale neben der Möglichkeit des »Nichtauftretens« und des »verspäteten Auftretens« auch die beiden folgenden, etwas weiter vorne erwähnten Punkte gemeinsam:

1. Dass auf der einen Seite zwar der Tanz mit der Ballkönigin angestrebt wird, aber auf der anderen Seite nach zwei, drei »–Nein!« des Marktes die Gefahr besteht, aufgrund schwindender Taffheit in Verwirrung zu stürzen, ein Wegschmelzen der Kräfte gefühlt wird und sich ein Unvermögen ausbreitet, dem ausgewogen in sich ruhenden Wesen der *Beständigkeit* ein womöglich weiteres Opfer zu bringen, und damit die notwendige Reaktion auf Folgesignale ausbleibt … und dann geschieht das Wunderbare! Nur einer fehlt … und das ist *der Trader*! Der hat zwar ein Fünf-Sterne-Plus-Setup gesucht und gefunden, nur um dann ratlos zuschauen zu müssen, wie der Markt läuft und läuft und läuft …
2. Dass auf der einen Seite zwar der Tanz mit der Ballkönigin angestrebt wird, man aber auf der anderen Seite aufgrund *mangelnder* Zeit in einem Dilemma gefangen ist: Einen Zeitraum x sitzt man, geduldig auf Signale wartend, vor den Monitoren, und es passiert … NICHTS. Oder es sind, falls doch mal was passiert, leider nur Fehlsignale! Kaum sitzt man aber, ganz verwegen, mal für ein paar Minuten in die Sonne blinzelnd in einem Café, hat sich mit der Familie auf einen kleinen Spaziergang begeben oder liegt, ganz müde vom geduldigen Warten, mal kurz auf dem Sofa, tritt *das* Signal auf … und dann geschieht das Wunderbare! Doch einer fehlt: … *man selbst*!

Aber egal, ob Folgetrades mangels *Taffheit* oder *fehlender Nähe zum Markt* oder aufgrund aus einer Kombination aus beidem ausbleiben[56] und in deren Folge der Marktverlauf verpasst wird, Fakt ist: Alles, was in Sachen »Ballköniginnen-*Suche*« und »geduldigem *Warten*« innerhalb der Korrekturphase unternommen wurde, war kläglich umsonst und beweist damit, dass die Ansage: »Sich den Tanz mit der Ballkönigin zunutze zu machen!« nur rhetorisches Gefasel war, nur … *hohler Schein*!

… erster Lösungsschritt

Wenn die Bereitschaft vorliegt, über den Begriff der *Unschärfe* nachzudenken, um sich deren Anwendungsmöglichkeiten innerhalb der Einstiegslogik nutzbar zu machen, so liegt der Gedanke an »gestaffelte Einstiegsorders« auf der Hand, denn deren Verwendung stellt eine ideale Möglichkeit dar, die beiden zuletzt genannten Probleme zu umgehen. Oder anders: Statt sich mit der endlosen Suche und dem Tüfteln über und dem Warten auf den »perfekten« Wendepunkt der Korrektur zu beschäftigen, warum nicht lieber »nur« mit scheinbar wahllos in den Markt gelegten und, auf den ersten Blick, »unüberlegt«, »unwissenschaftlich« und »unspektakulär« scheinenden Limitorders zur Positionseröffnung arbeiten? Also ganz nach der Devise: *Soll es doch der Markt entscheiden!*

Aber Achtung: Da eine Limitorder immer eine *konkrete* Kursangabe benötigt, also eine Antwort auf die Frage: »Ja, bis *wohin* wird die Korrektur *wohl* laufen?«, würde sich bei Verwendung *nur einer einzigen* Limitorder die zu umgehende Tüftelei und damit der Drang zum *Perfektionismus* quasi durch die Hintertür wieder einschleichen! Demnach gilt es, statt mit *nur einer* mit *mehreren*

56 Wenn ein Trader mangels Zeit oder aus Unlust von einer weiteren Beobachtung der Korrektur ablässt, ist ja damit noch nicht der Beweis erbracht, dass er, hätte er den Markt weiter beobachtet, nach drei, vier Fehlsignalen das fünfte Signal tatsächlich auch gehandelt hätte! ☺

Limitorders zu arbeiten. Besser noch mal, denn dies ist jede Wiederholung wert: Was würde es für einen Sinn machen, mit *nur einer* Order zu hantieren, wenn dies doch erst recht jene Frage nach dem »Wie weit läuft die Korrektur wohl im Minimum?« aufwirft und demzufolge *nur* die Verwendung *mehrerer* und somit – *gestaffelter* Limitorders Sinn macht? (siehe Bild 24a)

Vor einer weiteren, fortführenden Erklärung eines noch vorab: dass solch ein Verhalten, wie in Bild 24a dargestellt, natürlich von vornherein eine größere zu handelnde Stückzahl voraussetzt, sollte selbstverständlich sein. Sollte dies aber, aufgrund des disziplinierten Umgangs mit dem *Geldmanagement* oder der Beachtung des *Rumrutschfaktors*, nicht durchführbar sein, so könnte neben dem Wechsel des Marktes[57] bereits ein schlichter Wechsel des zu handelnden Produkts als Lösung dienen.[58]

... zur weiteren Erklärung

Die Frage danach, wie groß der »Abstand« der Limitorders zueinander sein soll, wie auch diejenige nach dem »*Wohin*« mit der *ersten* und mit der *letzten* Limitorder und die schließlich damit zusammenhängende Frage nach ihrer »Anzahl« sind, siehe Bild 24a, ebenfalls schnell beantwortet:

1. Zur Frage nach dem »Wohin« der *ersten* Limitorder:
   Diese in Bild 24a *am weitesten oben liegende* Limitorder sollte natürlich nie so nah am aktuellen Kurs liegen, dass jede noch so *geringe* gegenläufige Marktbewegung sie bereits zur Ausführung bringt. Denn es gilt *immer* und *strengstens* zu beachten, dass die vor einer einsetzenden Korrektur stattfindende Bewegung, siehe gelbe Markierung in Bild 24a, *selbst* aus einem untergeordneten Trendverlauf besteht, welcher korrigieren *darf* und *muss*!

2. In Bild 24a ist auch ohne Aufklappen der untergeordneten Zeiteinheit deren Trendverlauf, vom großen *Punkt 3* über den ehemaligen *Punkt 2* zum neuen, sich gerade ausbildenden *Punkt* 2, zu erkennen. Kurzum: Die erste beziehungsweise die ersten, sprich: marktnächsten Limits dürfen niemals oberhalb des letzten *Punktes 3* des *untergeordneten* Trends liegen, beim Abwärtstrend entsprechend niemals unterhalb! Tipp: Es ist auch jene Variante denkbar, bei der, *sofern* dies durch die Nähe zum Markt zeitlich umsetzbar ist, erst *nach* einem *Trendbruch des untergeordneten* Marktverlaufs mit der Staffelung der Limitorders begonnen wird![59]

57 Beispiel: Statt bisher *einen* Kontrakt im DAX-Future mit einer Wertigkeit von 25 Euro und einer Margin von ca. 12.000 Euro (Margin variiert von Broker zu Brokerhaus) zu handeln, könnten beispielsweise zwei oder drei Bund-Future-Kontrakte mit einer Wertigkeit von je 10 Euro und nur je ca. 2.500 Euro Margin (variiert von Broker zu Brokerhaus) gehandelt werden.

58 Beispiel: Ohne den Markt »DAX« zu verlassen, kann, statt mit *einem* Future-Kontrakt zu handeln, das »Produkt« dahin gehend gewechselt werden, dass dieses nun mittels 25 CFD-Kontrakten gehandelt wird, womit nun eine Aufskalierung von Limitorders durchführbar ist.

59 Eine generelle Ausnahme hierzu liegt dann vor, wenn der untergeordnete Trend seine Bewegung im übergeordneten Trend nur mittels einer einzigen »unendlich« langen Bewegung abbildet und damit der untergeordnete *Punkt 3* extrem weit zurückliegt.

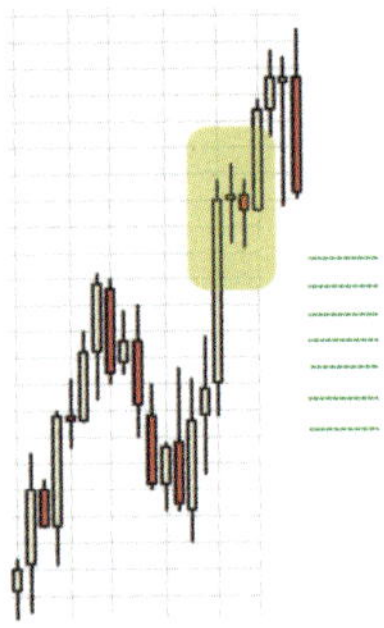

Bild 24a

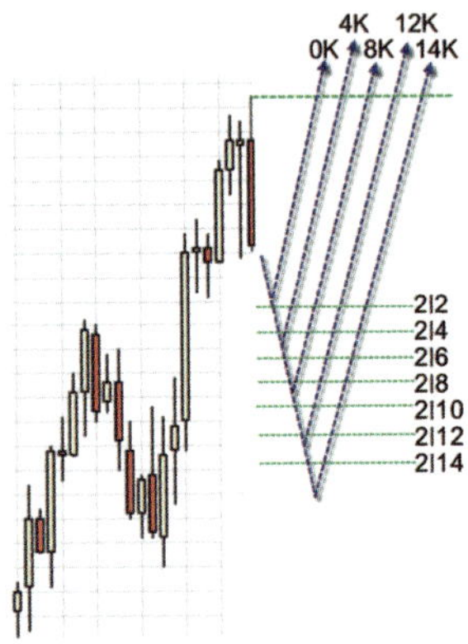

Bild 24b

Bild 24c

3. Die Frage nach dem »Wohin« der *letzten* Limitorder kann an sich selbst beantwortet werden. Diese dürfte beim Aufwärtstrend maximal einige Punkte, Ticks, Pips oder Euro über, beim Abwärtstrend unter jenem Punkt liegen, an dem der Trend, dessen Korrektur für den Trade herangezogen werden soll, ansonsten *gebrochen* würde. Also schlicht und einfach über beziehungsweise unter dem letzten *Punkt* 3.

4. Durch die Verinnerlichung der ersten beiden Punkte wird auch klar, weshalb bei dieser Einstiegsart der Begriff *Unschärfe* seine Berechtigung hat: Statt auf die Frage nach dem »Wohin *genau* müssen die Limitorders gelegt werden?« wird einzig auf die Frage »Wohin darf man die Orders *nicht* legen!« Wert gelegt. Und genau diese *Unschärfe* liefert auch die Antwort auf die Frage nach den Abständen der Limitorders zueinander: Unabhängig von der Positionsstückzahl ist es grundsätzlich klug, die in den eigenen Möglichkeiten liegenden Stückzahlen auf so viele Orders wie möglich aufzuteilen. Das kann zwar bei sehr kleinen Handelskonten für einige gehandelte Märkte und Produkte bedeuten, dass die erzielten Gewinne durch die Gebühren aufgefressen werden. An der Richtigkeit der grundlegenden Überlegung ändert dies jedoch nichts, und umso klüger ist es daher, bei größeren Stückzahlen diese besser gestaffelt zu limitieren; also beispielsweise statt viermal *drei* besser zwölfmal *einen* Kontrakt zu wählen. Denn je breiter die mögliche Staffelung zwischen dem *Punkt* 2 und *Punkt* 3 gestreut ist, desto *unwichtiger* wird die Frage der genauen Platzierung!

… aber wehe, wenn Folgendes nicht beachtet wird!

Nun kann, und wird in vielen Fällen auch, jener Marktverlauf auftreten, in dem die Korrektur (siehe Bild 24b):

a. überhaupt keine Limitorder erreicht und nun ohne jegliche Positionierung in Richtung *Punkt* 2 läuft oder
b. nicht »weit genug« läuft, was dazu führt, dass *nicht alle* im Markt liegenden Limitorders erreicht werden und der Markt *nur* mit »Teilausführungen« statt der maximal möglichen Positionsgröße in Richtung des *Punktes* 2 läuft.

Aber Achtung: Beide Szenarien sollen als solches auch *gar nicht* vermieden werden, denn würde dies angestrebt, so käme das schlussendlich doch nur wieder dem Beitritt zur und der Gefangennahme durch die als zu vermeidende erkannte Endlosschleife des »Tüftelns« gleich. – *Die Lösung?*

Um mit beiden Szenarien klug, aber »tüftelfrei« umzugehen, wird parallel zu den bisher gesetzten *Limitorders* nun die ebenfalls »unscharfe« Einstiegsmöglichkeit – es wird ja kein klassisches Signal abgewartet – der gestaffelten »Stopp-Orders« hinzugezogen. Das heißt: Zeitgleich mit der Setzung der Limitorders für den »Idealfall« einer *weit laufenden* Korrektur« werden für den »schlechten Fall« *gestaffelte Stopp-Orders derselben Richtung vor* dem *Punkt* 2 »gestreut«. Hierbei gilt, dass, wie bei den »gestreuten« Limitorders, die Summe *aller* georderten Stückzahlen dieser Stopp-Orders die beabsichtigte zu handelnde Positionsgröße ergibt. – *Das Ergebnis?* Bei Betrachtung einer Periodenabfolge wie auch des untergeordneten Trendverlaufs[60] ist nun *kein* Korrekturverlauf oder besser *-ablauf* denkbar, der nicht zur angedachten *maximalen* Positionierung *vor (!)* dem *Punkt* 2 führt (siehe Bilder 24b und c), denn:

- im »Idealfall« greifen *alle* Limitorders, in deren Folge die gegenüberliegenden Stopp-Orders gelöscht werden müssen;[61]
- im »schlechtesten Fall« dreht der Markt vor dem Erreichen der ersten Limitorder, was zur anschließenden Abarbeitung aller Stopp-Orders und zum manuellen Löschen der verbleibenden Limitorders führt. Somit sind die als erste und zweite aufgeführten Signalvarianten »Verspätung« und »gänzliches Ausbleiben« eines Signals nun vollständig umgangen.[62]
- In allen anderen denkbaren Fällen wird sich ein Mix aus abgearbeiteten Limit- und Stopp-Orders ergeben, in dessen Folge sowohl die verbleibenden Limit- als auch Stopp-Orders gelöscht werden müssen. Ein Tipp, wenngleich der Hinweis ja nahezu selbstverständlich ist: Sollte der Korrekturverlauf *nicht* alle Limitorders erreichen, sondern beispielsweise (siehe Bild 24 c) nur die ersten vier statt wie angedacht sieben, und läuft der Markt nun in Richtung der demnach sieben gestreuten Stopp-Orders auf der Gegenseite, dann werden natürlich jene drei Orders manuell gelöscht, die am nächsten am Punkt 2 liegen. Womit, um es auf den Punkt zu bringen, immer nur jene Orders gelöscht werden, deren Abarbeitung am wenigsten der Idee »Handel aus der Korrektur heraus« zugeordnet werden könnte![63]

---

60 Siehe hierzu nochmals Bild 24a und dessen Herleitung.
61 Sollten die Stopp-Orders nicht aus dem Markt genommen werden, würde dies eine doppelte Positionsgröße wie angedacht nach sich ziehen.
62 Sollte ein *Bewegungshandel* auf höheren Zeiteinheiten, und damit Trades über mehrere Tage, vorliegen, würde lediglich ein Gap eine denkbare Ausnahme darstellen. Aber in Anbetracht dessen, dass sich diese Schrift an fortgeschrittene Trader richtet und daher ein Grundverständnis des diversifikativen Handels vorausgesetzt werden kann, sollte es kein Problem darstellen, wenn von zum Beispiel zehn infrage kommenden Charts einer mit einem Gap eröffnet. ☺
63 Es liegen zwar nach wie vor die Orders *vor* dem *Punkt* 2, aber dennoch bereits »nah dran«.

… die Lösung für Aufgabe 1 und 2 ist hier also bereits dabei!
Wird der Bewegungshandel in der Korrektur beginnend mittels gestaffelter Limitorders umgesetzt, entfällt die Konzentration auf die ersten beiden Aufgaben (siehe Seite 326):

1. Das Ausbleiben einer Signallogik vermeiden
   – Wie soll das noch gehen?

2. Die Verspätung einer Signallogik umgehen
   – Selbst wenn die Limitorders nicht erreicht werden, sind da ja noch die Stopp-Orders

… denn diese sind mit der beschriebenen Anwendung bereits gelöst.

… ups, aber …?
Wenn nun mittels gestaffelter *Limitorders*[64] eine Positionierung angestrebt und dabei durch die Anwendung der »Unschärfe« die Probleme »Verspätung« und »gänzliches Ausbleiben« eines Signals für den Einstieg gelöst werden, zieht dies für den beabsichtigten *Bewegungshandel* eine spannende Frage nach sich, nämlich: … *Mo-Moment, wohin nun mit den Stopps?* Denn das Erreichen beispielsweise einer Limit-Buy-Order im korrigierenden Aufwärtstrend kann sich ja nur innerhalb fallender Korrekturperioden ereignen, was bedeutet, dass diese Order immer nur mit dem aktuellen Kurs- und damit Periodentief (Markt fällt und trifft auf die Order) *long* eingestoppt wird, was wiederum zur Folge hat, dass eine dem Bewegungshandel nach Markttechnik entsprechende Stopp-Loss-Order auf dieses *Periodentief* vorerst unmöglich ist.[65]

Aber genau dieser Umstand des scheinbar »*schwierig* zu setzenden Stopps« kann, sofern man es zulässt, gleichzeitig den Umgang mit drei, vier »– Nein!« des Marktes lösen und ein Freundschaftsangebot für den *Taffheitssinn* darstellen!

… zweiter Lösungsschritt
Nun, wir sind im fortgeschrittenen Trading, also was soll man da großartig erklärend »drumherum« schreiben, daher einfach die Kurzfassung: Der erste Stopp wird, statt an Perioden (wie gesagt: *Wie sollte dies auch gehen?*) an den *großen Punkt 3* gelegt, natürlich unter Beachtung dessen, dass die Kontraktanzahl dieser Stopp-Order mit jeder *weiteren* Ausführung einer Limitorder modifiziert werden muss. Diese »verharrt« nun so lange dort, bis eine *deutliche* Drehung der Korrektur hin in Richtung des *Punktes* 2 sichtbar wird, und erst jetzt wird der am *Punkt* 3 liegende Stopp mit der ursprünglichen Stopplogik – sei es durch Heranziehung einzelner Perioden oder des untergeordneten Trendverlaufs – nachgezogen.

Die längere Fassung kann man anhand des Beispiels aus Bild 25a und b erklären:

64 Nochmals der Hinweis: Die gesetzten Limitorders sind »Plan A«, die Stopp-Orders hingegen nur als »Plan B« gedacht.
65 Der Ausnahmefall des Gaps wurde bereits erwähnt.

Bild 25a

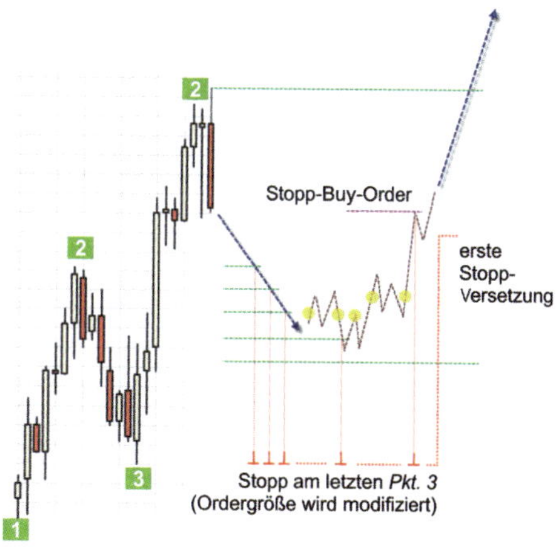

Bild 25b

In Bild 25a liegen die Limitorders (grün) wie die Stopp-Orders (pink) gestaffelt (Limit-Buy – zwei Kontrakte; Limit-Buy – zwei Kontrakte; Stopp-Buy – zwei Kontrakte; Stopp-Buy – zwei Kontrakte …) und »gestreut« (Kurs 5555; Kurs 5550; …) im Markt, wobei in diesem Beispiel die erste Limitorder bereits erreicht wurde.

Ergo: Der Stopp wird für die *ersten* zwei Long-Kontrakte auf Höhe des *Punktes 3* gesetzt. Zeitgleich wird die oberste, marktentfernteste Stopp-Order (Stopp-Buy – zwei Kontrakte) gelöscht. Der kommende Marktverlauf kann sich weiterhin verhalten, wie immer er »möchte«. Sollte der Markt unter den *Punkt 3* laufen, werden alle Limitorders ein- und dann am *Punkt 3* ausgestoppt.[66] Andernfalls kann sich, gleichgültig ob mittels schnellem oder langsamem Korrekturablauf, sauberer oder unsauberer Marktbewegung, ja sogar mittels zwischenzeitlich lang gedehnter Seitwärtsphasen, die Wendung der Korrektur hin zur Bewegung vollziehen!

In Bild 25b ist nun der Fortlauf zu Bild 25a schematisch dargestellt. – *Was ist nun alles passiert?* Der Markt erreichte im weiteren, etwas »unsauberen« – daher normalen ☺ – Korrekturverlauf die zweite und dritte Limitorder, in deren Folge zweimal hintereinander der am *Punkt 3* liegende Stopp der neuen Positionsgröße angepasst wurde. Die obersten der noch verbliebenen vier Stopp-Buy-Orders wurden gelöscht.[67] Weiterhin ist in Bild 25b, als schwarze gebrochene Linie, der »unsaubere« Wechsel von der Korrektur hin zum Bewegungsverlauf veranschaulicht. Die gelben Punkte sollen, hier *rein* schematisch und nur als Vergleich, darstellen, dass statt einem sofort richtigen, erst mehrere Fehlsignale, gleich welcher Art[68], auftreten können und werden, wel-

---

66 Dass dies sowohl eine Neuausrichtung des Geldmanagements als auch die genaue Beachtung des Rumrutschfaktors nach sich zieht, ist selbstverständlich. Siehe hierzu auch die Fußnoten 27 und 28.

67 Je nach zur Verfügung stehendem Handelsprogramm »checkt« das System die *neue* Positionsgröße selbstständig und modifiziert die daraus resultierende Stopp-Größe automatisch. Eine Anwesenheit des Traders ist dann nicht erforderlich. Eine automatische Löschung der gegenüberliegenden Stopp-Orders muss, sofern ein automatisierter Handel angestrebt wird, nicht zwingend nächtelang ausgetüftelt und programmiert werden, wenn man sich diese Lösung zu eigen macht: Man sorgt, je nach Markt, für feste Handelslimits, bei deren Überschreitung nachfolgende Orders einfach nicht mehr ausgeführt werden. (Die einen programmieren tagelang ☹, die anderen führen ein zehn Sekunden langes Telefonat mit ihrem Broker … ☺)

68 Hier ist es nun *völlig* unerheblich, ob Candlestick-Formationen, Fibonacci-Signale, untergeordnete Trendverläufe, Trendlinien oder noch andere Signallogiken zugrunde liegen.

che für alle Trader, die statt der beschriebenen die klassische Einstiegs- und Stoppform benutzen, einen erheblichen Test ihres *Taffheitssinns* repräsentieren werden.[69]

Im weiteren Verlauf wird nun auch die vierte Limitorder erreicht, in der Folge auch die oberste der bis dahin verbliebenen zwei Stopp-Buy-Orders gelöscht und die Kontraktanzahl der am *Punkt 3* liegenden Stopp-Loss-Order entsprechend erhöht …

… Ja, wie jetzt? Soll das nun bedeuten, Buchverluste sind willkommen!?

Wenn, wie nun ausführlich beschrieben und wie in Bild 25a und b visualisiert, mit gestaffelten Orders gearbeitet wird, muss während der Wendephase des Marktes die uneingeschränkte Bereitschaft vorhanden sein, anfängliche Buchverluste »dankend« hinzunehmen. Und obwohl der Stopp zu Beginn zwar »weiter« entfernt liegt als für den Bewegungshandel üblich, darf dieses Verhalten dennoch auf keinen Fall mit einem »Ich geb dem Markt mal Luft, Hauptsache, ich bekomme recht …!« verwechselt werden. Die Erklärung ergibt sich hieraus: Wäre statt des Bewegungshandels der *Trendhandel* erfolgt, würde der Stopp ja ohnehin genau dort und damit generell fachlich richtig liegen! Dieser letzte Satz sollte unbedingt verinnerlicht werden. Kurzum: Der Trader lässt sich in seinem Verhalten *nicht* mehr vom aktuellen Markt- und Kontoverlauf, sondern vielmehr von seinem Wissen um die Korrekturvarianten (siehe Bild 25b) und die Vermeidung einer sich hieraus möglicherweise ergebenden Nichtteilnahme leiten, denn ihm ist bewusst: Es handelt sich bei diesem Chartverlauf nicht um »irgendein mal eben dahergelaufenes, korrigierendes Trendchen«, sondern, durch seine übergeordnete Lage klar definiert, um eine *Ballkönigin*! Und weil dem so ist, dass diese Korrektur innerhalb eines ebenso Ehrfurcht gebietenden wie anbetungswürdigen »Wo« stattfindet, sind folgende Aussagen für einen fachlich fortgeschrittenen Trader ABSOLUT nicht TRAGBAR:

- *Ähm … konnte aus der geilen Marktphase nichts rausholen … hatte kein Signal!*
- *Huiii … ich hätte ja gern mehr aus der Marktphase rausgeholt, aber … mein Signal kam vieeel zu spät!*
- *Öhhh … schade … als das Signal kam, war ich unterwegs!*
- *Seufz … ich … Schluck! Sorry, dass ich aus der geilen Marktphase nur Minus rausgeholt habe, aber nachdem ich ein paar Mal mit Minus ausgestoppt worden bin, hatte ich keine Kraft, »keine Eier mehr« …*

Wie oft, lieber Philip, hast du damals von dir behauptet, durch das permanente Hantieren mit den Märkten und die ständige Einstiegs- und Wendepunkttüftelei würdest du als *fortgeschrittener* Trader gelten. Aber: Solange du mit einer oder aller der oben stehenden bitterlustigen Erklärungen das »Tragische« des entgangenen Gewinns aus den Fünf-Sterne-Setups begründen musstest und damit *grob* deinen Handelstag zusammengefasst hast, musste ich immer schmunzeln, denn dein Verhalten im Umgang mit der Ballkönigin zeigte tagein, tagaus auf, dass …?

69 An der Stelle noch mal der Hinweis: In diesen Zeilen geht es nicht darum, herkömmliche Einstiegssignale als fehlerhaft abzutun, sondern einzig darum, Varianten aufzuzeigen, mit denen man den problematischen Faktoren »mangelnde Zeit« und »Taffheit« klug begegnen kann!

Na, trage es ruhig selber ein, was … ☺

Daher kann an dieser Stelle zusammengefasst gesagt werden, dass ein *wirklich* fortgeschrittener Trader im Umgang mit einer Ballkönigin, sprich: einer übergeordneten Fünf-Sterne-Marktphase, aus der Erfahrung seines bisherigen Handelns und im Bewusstsein seines fachlichen Wissens *keine* Rücksicht mehr auf jene »Kleinwelt« des Korrekturverlaufs nehmen wird und sich stattdessen so verhält, dass er sich nach dem Tanz mit der Ballkönigin nicht sagen muss: Der Chart hatte sich missgünstig, ungerecht, unverständig gegen »mich, den ach so fleißigen Trader« gestellt. Ergo: Er verhält sich ungefähr wie ein alter Bergführer, der über den Zeitpunkt seines Aufstieges eine Professoren-Fachkonferenz der besten Meteorologen der Welt anhören muss und sich dann schließlich doch lieber nach den Empfindungen in einem vor Jahren gebrochenen Knochen richtet; und im Grunde ist das gar nicht verwunderlich, denn damit liegt man nun einmal in mancher Frage sicherer als die Wissenschaft, und da die Dinge doch immer anders kommen, als man es sich vorgestellt hat, kommt es ja auch nicht ausschließlich auf die *Genauigkeit* der *Vorausschau* an, sondern das *einzig Wichtige* ist, dass man sich, aufs Überleben bedacht, schlau und zäh mit deren *Widerspenstigkeit* abfindet – womit wir abermals bei den bereits vor einiger Zeit abgehandelten Themen »Diversifikation«, »Geldmanagement«, »Rumrutschfaktor« und bei dem nun neuen: der eigenen »Taffheit« anlangen![70]

… vierte Aufgabe: »Ungerechtfertigtes« Ausstoppen reduzieren

Nachdem einige Lösungsvorschläge zu den Aufgaben »Vermeidung vom Ausbleiben einer Signallogik«, »Umgehung von Verspätungen einer Signallogik« und »Verringerung von Fehlsignalen« angesprochen wurden, steht nun noch die vierte Aufgabe an: »die Verringerung ungerechtfertigten Ausstoppens in den Armen einer Ballkönigin«.

Hierzu der Vorschlag in einem Satz: Der Stopp, der, wie vorhin beschrieben, vorerst am *Punkt 3* verharrt, wird erst bei einer *deutlichen* Marktbewegung in Richtung des Punktes 2 versetzt. Nach diesem ersten Versetzen wiederum wird …

- beim Periodenhandel: nicht nach *jeder* Periode, sondern *beispielsweise* nur nach jeder zweiten Periode, dabei Innenstäbe beachtend (siehe Bild 26a) nachgezogen oder
- beim untergeordneten Trendhandel: nicht jeder *Punkt 3*, sondern *beispielsweise* nur jeder zweite deutliche *Punkt 3* zum Stopp-Versetzen herangezogen (siehe Bild 26b).

Kurzum: Das Ergebnis bei dieser Art der Handhabung besteht darin, dass die Unschärfe *zur Tradeerhaltung* eingesetzt wird, damit das so »typische« kurze Heranlaufen an den ursprünglichen »strengen« Stopp nicht sofort zu einem Ausstoppen führt und so – Achtung, denn das ist die fachliche Begründung für die Unschärfe – der untergeordnete Trend, schließlich ist dieser immer der agilere und volatilere, die Chance erhält, sie sich zu »formen«.

70 Siehe Der HÄNDLER, Band 4.

Und genauso wie bei der *Unschärfe* bei den Einstiegen, so wird bei der Frage nach der *genauen Unschärfe* der Stopps (bereits die Wortkombination macht es ja deutlich) statt auf »Wo *genau* liegen denn jetzt die Stopps?« einzig auf die Frage »Wo dürfen die Stopps *nicht* liegen?« Wert gelegt. Der Stopp darf nie über den letzten *Punkt 3* hinaus liegen und auch *niemals schärfer sein als die übliche Stopp-Logik*, das heißt: Wenn *Unschärfe* der Tradeerhaltung (!) dienen soll, wäre es demnach unverantwortlich, wenn der Stopp »Pi mal Daumen« *innerhalb* der laufenden statt der Vorperiode liegt, oder ein Stopp statt am untergeordneten *Punkt 3* zwischen diesem und dem aktuellen Markt rumschwirrt!

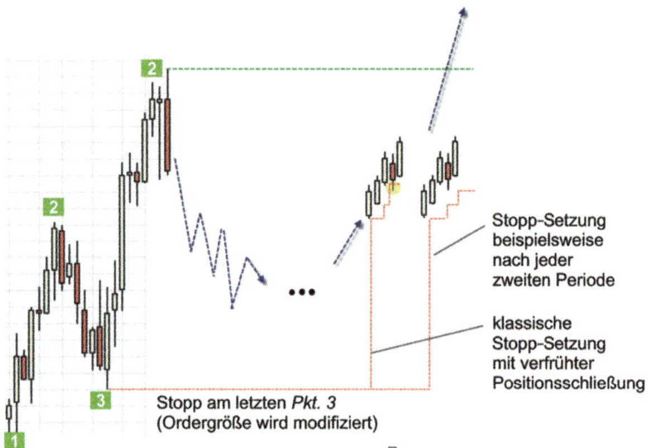

Bild 26a

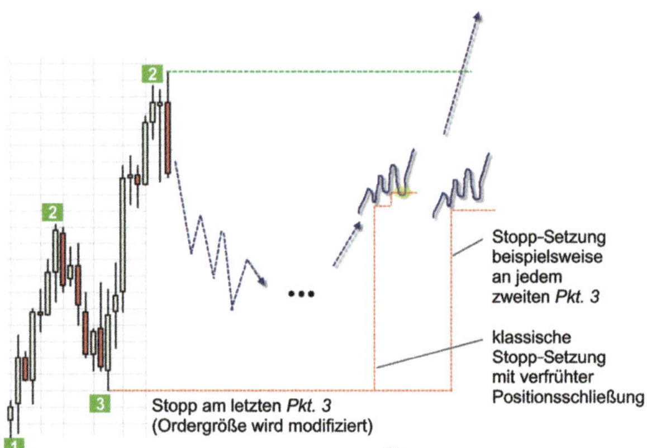

Bild 26b

… aber Achtung!

Es gilt hierbei, eines in *strengster* Form zu verinnerlichen: Die *Unschärfe* der Stopp-Setzung muss, je näher der Marktverlauf dem *Punkt 2* kommt, der fachlich genauen Vorschrift, sprich: Stopps genau auf die Vorperiode, Innenstäbe dabei beachtend beziehungsweise Stopp-Versetzung auf je den *sauberen Punkt 3*, weichen! Weil es wichtig ist, noch mal: Die Unschärfe der Stopps ist *nur* temporär vertretbar!

Wie in Bild 27 aufgezeigt, darf bis zum *Punkt 3*, an dessen Marke der ganze Trade ja ohnehin *keinen Sinn mehr macht*, die Unschärfe hinsichtlich der Stopps am größten sein. Da aber nach der einsetzenden schnellen Bewegung am und über den *Punkt 2* hinaus jederzeit eine *erneute* deutliche Korrektur zu erwarten ist, kann die *Unschärfe* nicht generell angewandt werden, sondern muss mit zunehmendem Ausmaß der stattfindenden Bewegung den strengen fachlichen, markttechnisch hergeleiteten Regeln weichen. Also: Eine *Unschärfe* über beziehungsweise beim Abwärtstrend unter den *Punkt 2* hinweg ist deshalb nicht vertretbar, als dass dies nur den Beweis erbringt, dass das Wissen um den Ablauf von Trends und das Zusammenspiel von höherer und kleinerer Zeiteinheit weder verstanden noch verinnerlicht wurden.

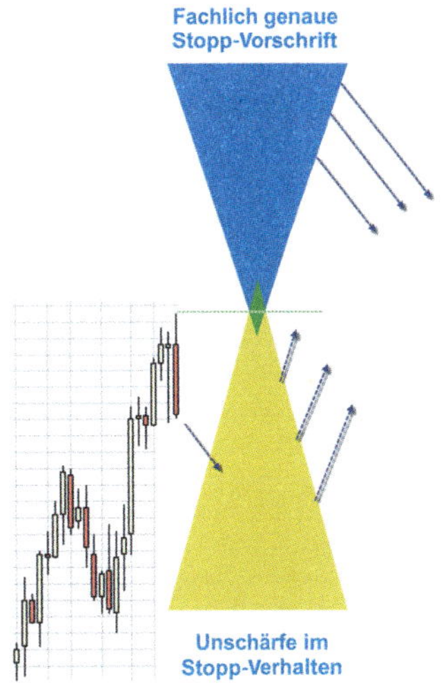

Bild 27

… eine Frage bleibt noch!

Wenn man bei der Anwendung der *Unschärfe* innerhalb der erwähnten Grenzwerte sämtliche Freiheit anwenden kann, wie findet man dann »seine« Unschärfe heraus? Und hier schließt sich der Kreis zur Einleitung und auch zu, lieber Philip, deinen Abenteuern rund um die »Trinität des Börsenhandels«. Wenn *Freizeit* ein wesentlicher Punkt ist, weshalb man statt eines weiteren Studiums oder eines weiteren Nebenjobs sich gerade den Börsenhandel zum Mehr-Geld-Verdienen aussuchte, dann entscheidet diese und deren beabsichtigtes Ausmaß über den *Grad* der Unschärfe.

Sollte ein Trader keine Freizeit mögen oder dies nicht einen der Startpunkte seiner Argumentationskette für das »Wozu« darstellen, so ist das völlig okay, denn: Wenn die Nähe zum Markt selbst geringere oder keine Freiheitsgrade benötigt, dann steht »immer noch« die reine Umsetzung des strengen Fachwissens über Ein- und Ausstiege zur Anwendung parat, und wenn dieser Trader einen ausgeprägten Taffheitssinn hat, so werden seine Ergebnisse über eine hohe Anzahl von Trades denen eines Traders, der Unschärfe anwendet, in nichts nachstehen, der *Unschärfe* anwendet. Gleiches gilt selbstverständlich auch umgekehrt.[71]

71 Der einzelne Trade kann im Vergleich schon einen Unterschied ergeben, denn während ein Trader ohne Unschärfe an einer Marktbewegung abzüglich der vorherigen Fehltrades partizipiert, hat ein Trader *mit* Unschärfe mitunter die gesamte Marktbewegung in der Tasche. Aber dabei es gilt zu beachten: Der Trader, der mittels Unschärfe agiert, kann natürlich genauso ausgestoppt werden, woraufhin aufgrund der fehlenden Nähe zum Markt ein erforderlicher Wiedereinstieg (!) möglicherweise versäumt wird; wohingegen nun jener Trader mit der Nähe zum Markt wieder punktet! Ergo: Man muss wissen, was man will! Und damit sind nicht Einstiege, Ausstiege oder Unschärfe gemeint, sondern einzig: Wie viel Nähe zum Markt möchte ich darstellen? Alles andere ordnet sich diesem unter!

Stopp-Setzung während der Wendephasen automatisieren?

Jetzt, da einige Lösungsvorschläge für die vier Aufgaben beim »Bewegungshandel aus der Korrektur heraus beginnend« angesprochen wurden, ein weiterer Hinweis:

Ach, wäre das nicht schön? ... Ein Tanz mit der Ballkönigin und während der »nervigen« Wendephase von der *Korrektur* hin zur *Bewegung* setzt der Computer die Stopps und zieht sie nach! Nun, an sich ist das überhaupt kein Problem, denn umso mehr die *Unschärfe* in das *fortgeschrittene* Trading Einzug hält, desto leichter wird es, Computerprogramme als Helfer einspringen zu lassen. Aber was kann so ein automatisierter Stopp im »Bewegungshandel aus der Korrektur heraus beginnend« leisten?

1. Man bräuchte »etwas«, das den Stopp zu Beginn *weit*, aber *dennoch* fachlich und passend an den *Punkt 3* setzt.
2. Man bräuchte »etwas«, das mit fortschreitender Zeit, aber auch fortschreitender Marktbewegung – das eine bedingt ja nicht zwangsläufig das andere – den Stopp »irgendwie« näher an den aktuellen Kurs heranzieht. Diese Stopp-Versetzung müsste aber wiederum mit ansteigender Geschwindigkeit geschehen, sprich: mit stetig geringeren Abständen, da die erhoffte Bewegung, wenn sie eintritt, *schnell* abläuft.

Nun könnte man sich als Programmierer verewigen und tüfteln und tüfteln ... oder aber: Man greift, wenn auch in *abgewandelter* Form, auf bereits Bestehendes zurück. Hier sei stellvertretend[72] an den Indikator *Wilders Parabolic SAR* gedacht, dessen Name sich aus der parabolischen Form der Darstellung ergibt, denn dieser, ursprünglich dazu bestimmt, einen neuen Trend zu erkennen, kann für den »Bewegungshandel aus der Korrektur heraus beginnend« eben jene lobenswerten Dienste leisten.

... die ursprüngliche Anwendung

Dieser Trendfolgeindikator wurde Ende der 1980er-Jahre erstmalig von *Welles Wilder* vorgestellt, dem es neben der Feststellung neuer, beginnender Trends mindestens *genauso wichtig* war, nicht nur den richtigen Einstiegs-, sondern auch den richtigen Ausstiegszeitpunkt zu erkennen! Die ursprüngliche, klassische Anwendung, für die *Wilder* den nach ihm benannten *Parabolic SAR Indikator* entwickelt hatte, war ein sogenanntes SAR-System; wobei SAR für »Stop and Reverse« steht und nichts anderes bedeutet, als dass nach Erreichen des Stopps die Position gedreht wird. Mithin: Ein System also, das immer investiert ist. Das Spannende an der ursprünglichen Anwendung ist nun, dass die von Wilder verwendete Stopp-Logik nicht nur eine Relation zum Preis, sondern auch zur Zeit integriert! Das heißt: Je weiter der Trend voranschreitet, desto dichter wird der Stopp an den Preis herangezogen – was eben jene, für diesen Indikator typische, parabolische

72 Wenn das Warum und Wie der Stopp-Führung in der Nähe des Wendepunktes einer Korrektur verinnerlicht sind, ist auch die Erkenntnis nicht weit, dass es viele Wege gibt, diese Logik an den Rechner abzugeben.

Kurve ergibt. Kurzum: Es wird neben der Anzeige der Trendrichtung ein Einstiegssignal, »long« oder »short«, sowie dessen Stopps generiert, womit, sozusagen nebenbei, prinzipiell die ersten Grundbedingungen für ein mechanisches Handelssystem erfüllt sind.

Bild 28

… Darstellung

Der *Parabolic SAR* platziert Punkte oder, je nach Chartprogramm, mitunter auch durchgehende Linien auf einem Chart, deren Lageveränderung potenzielle Umkehrungen von Kursbewegungen anzeigen sollen. Wie in Bild 28 gut zu erkennen ist, bewegen sich die Linien während eines Aufwärtstrends von *unterhalb* der Candles nach oben, um dann über die Candles zu steigen, wenn der Trend zum Abschwung wechselt.

… auf ein sehr *kurzes* Wort zur Berechnung

Zur Berechnung des *Parabolic SAR*, beispielsweise in einem Aufwärtstrend (im Abwärtstrend gilt die Berechnung analog), wird als Startwert der *Tiefstkurs* des vorangegangenen Abwärtstrends herangezogen; demnach ist der Indikatorwert der ersten Periode im Aufwärtstrend gleich dem Tiefstkurs des vorangegangenen Abwärtstrends. Hierin zeigt sich ein erster Beweggrund für die spätere, wenn auch abgewandelte, Nutzung. Ab der Berechnung des zweiten Indikatorwertes kommt der *Akzelerations-* oder *Beschleunigungsfaktor*, in Softwaremenüs oder Literatur oft nur als »AF« bezeichnet, hinzu. Dieser übernimmt die Funktion der Gewichtung, beginnt in der Standardanwendung mit dem Wert 0,02 und ist oft in seiner Grundeinstellung auf 0,2 limitiert, was bedeutet, dass sich der Beschleunigungsfaktor bei jeder weiteren Periode mit einem *neuen Hoch* um einen festgelegten Wert erhöht![73] Hierin liegt ein weiterer und wesentlicher, weil *relevanter Punkt* für unser mögliches Interesse: Der *Parabolic* hält sich zu Beginn des neuen Trends erst mal auf »Distanz« zum Kurs, rückt dann aber mit steigender Geschwindigkeit immer näher an den aktuellen Kurs heran und kann sich somit nicht zurückbewegen. Wird der *Parabolic* vom Kurs geschnitten, wird der Stopp ausgelöst und die Position in der ursprünglichen, der klassischen Anwendung gedreht. Das höchste Hoch dieses abgeschlossenen Aufwärtstrends ist nun der Indikatorstartwert des Abwärtstrends.[74]

… an dieser Stelle ist nur die Stopp-Funktion interessant

Wenn nun der *Parabolic* nicht als *geschlossene* Einheit im Sinne der Anzeige von Ein- *und* Ausstiegen, sondern einzig für die Ausstiege, sprich: Stopps, herangezogen wird, wird es spannend.[75]

Da der »Einstieg« nicht vom Indikator, sondern vom Trader durch dessen gewünschte Positionsrichtung »long« oder »short« manuell vorgegeben wird, fahndet der »Parabolic-Stopp-Indikator« nun, ab *hier* beginnend, nach einem Trendwechsel. Und um diese »Fahndung« zu leisten, wird einzig ein SIP, ein »Significant Point«, der sogenannte Startwert, benötigt, dessen Eingabe einzig der Beantwortung der Frage dient: »Wie viele Perioden, von der Einstiegsperiode beginnend, darf ich zur Trenddefinition nach links gehen, um daraufhin nach einem Trendwechsel zu fahnden?«

Bild 29a

Bild 29b

73 Dass man zum einen den Maximalwert des Beschleunigungsfaktors und zum anderen dessen Schrittfolge individualisieren kann, ist selbstverständlich und hier nicht weiter Gegenstand der Betrachtung. Demnach gilt: Je *kleiner* der Startwert für Beschleunigung, desto *größer* der Abstand zum aktuellen Kurs und desto mehr »Luft zum Atmen« hat der Markt, bevor es zu einem Ausstoppen kommt. Je größer die Schrittfolge und je höher die Limitierung, desto dichter rückt der Indikator an den Kurs heran und desto schneller wird die Position ausgestoppt.

74 Möchte der Leser mehr über die klassische Funktionsweise und Berechnung wissen, so sei auf das Internet und Fachliteratur über Indikatoren verwiesen.

75 In einigen Handelsprogrammen wird der *Parabolic* als Stopp-Funktion angeboten. Andernfalls müsste man, Interesse vorausgesetzt, diesen *manuell* mit den aus dem Internet und der Fachliteratur zur Verfügung stehenden Berechnungsgrundlagen programmieren und in sein Handelsprogramm (Programmierungsmodule und automatisiertes Stopp-Setzen vorausgesetzt) einfügen.

Demnach ist bei Long-Positionen der SIP das *tiefste* Tief der letzten x-Perioden, bei einer Shortposition entsprechend das höchste Hoch der letzten x-Perioden. Da dies wiederholenswert ist, gleich noch mal: Der Indikator sucht sich für den Beginn des ersten Stopps *automatisch* den *tiefsten* Wert von x-Perioden! *Ja, was will man mehr?* Die restliche Beschreibung (siehe Bild 29a) ist einfach: Die Position wird in die laufende Korrektur hinein beispielsweise über zwei Limitorders[76] (im Bild 29a die grünen Linien) eröffnet. Der Indikator wird nun zur automatischen Stopp-Versetzung herangezogen. Als SIP-Parameter (»Wie weit soll ich nach links gehen, um den tiefsten Punkt zu suchen?«) wird einfach die Periodenanzahl bis zum *letzten*, für wichtig erachteten *Punkt 3* eingetragen.[77] Ergo: Der Stopp liegt nun genau am *Punkt 3* und somit »schön weit weg«, aber dennoch fachlich richtig, und wird ab jetzt, unabhängig davon, ob der Trader vor den Monitoren sitzt oder nicht, *nicht nur* in Relation zum Preis, sondern *auch* zur Zeit nachgezogen – was eben jene für diesen Indikator typische und in seine Namensgebung eingeflossene, parabolische Kurve ergibt.[78] Wie in Bild 29b, als nachfolgender Verlauf zu Bild 29a, ersichtlich, lief die Korrektur nach der Positionierung noch einige Punkte weiter, sodass Buchverluste auftraten. Die gelbe Markierung verdeutlicht das Umschalten vom *Parabolic-Stopp* auf die zuvor beschriebene Stopp-Logik mittels Unschärfe (siehe Bild 26 a und b).

Aber welcher fachlich fortgeschrittene Trader will schon *Perfektionismus*, sprich: »schön« enge Stopps, mitunter hohe Fehlsignale an den Wendepunkten, um anschließend, wenn's losgeht, mangels Taffheit oder vorhandener Zeit, am Tribünenplatz lungern zu müssen, wenn er stattdessen mit einer *klug* angewandten Unschärfe Freizeit und Geld bekommen kann! Langer Rede, kurzer Sinn: Als fachlich fortgeschrittener Trader sollte man über die vielen »Aber« und »Oder« niemals mit sich selbst in Streit geraten, sondern stattdessen all diese Fragen zu »bereinigen« versuchen, indem man überlegt, ob es nicht möglich ist, die verschiedenen Auffassungen durch ein »Und« zu verbinden, oder darüber nachdenkt, ob man wirklich immer alles erst durch ein »Oder« trennen muss, um unter Beachtung von Diversifikation, Geldmanagement und Rumrutschfaktor der folgenden Aussage gerecht zu werden: »Lieber innerhalb eines *perfekten* ›Wo‹ einen – für diesen Handelsstil – *höheren*, aber fachlich vertretbaren Buchverlust erfahren, solange man damit sicherstellt, dass man ›wenn's losgeht‹ definitiv dabei ist, als neben der vielen zeitfressenden Tüftelei in den meisten Fällen schlussendlich doch feststellen zu müssen, dass man die einsetzende *Bewegung* schon wieder nur vom Tribünenplatz aus bestaunen kann!«

Zusammenfassung des Schreibens

Vielleicht trägt ein denkender Trader die Idee der »fachlichen Unschärfe« von Haus aus in sich, und dieses Bild der Unschärfe, das man zu Beginn weder ernst zu nehmen noch sich abzulegen traut, kann nicht viel anders aussehen als so: Auf der einen Seite stellt die Hoffnung auf ein *duplizierbares* Trading die »Sehnsucht nach einem endgültigen Gesetz« dar, das keine Ausnahme zu und keinen

---

76 Zur vereinfachten Darstellung hier nur mit zwei Orders durchgeführt.

77 Nach ein bisschen Übung hat man die Zahl zum einen schnell *Pi mal Daumen* raus, bzw. man zählt einfach schnell die Periodenanzahl durch und sieht ja umgehend im Chart, wenn man die Periodenanzahl zu gering bemessen hat (Stopp würde dann in Bild 29a weit höher liegen).

78 Zum Vergleich: Würde man als Stopp einfach einen absoluten Stopp verwenden, beispielsweise zwanzig Punkte, so sähe der Stopp-Verlauf nicht gleich dem in Bild 29b aus, denn bei den fallenden Perioden würde dieser einfach »stehen« bleiben!

Einwand auslässt und das den unendlichen Nebel der Möglichkeiten endlich auflöst und dabei so nüchtern, klar und ergreifend ist wie eine »goldene Wahrheit«. Auf der anderen Seite bildet sich aus der Enttäuschung der nach und nach gewonnenen Erfahrung die Überzeugung heraus, dass ein solches Gesetz weder von innen durch die eigenen Gedanken noch durch neue Botschaften oder gar die dogmatische Macht eines Einzelnen von außen herbeigeführt werden kann, da selbst die Fähigkeit zur »tollsten« Analyse *eines* offensichtlich nicht vermag: Ordnung in das Wimmelnde und sich im Ablauf ständig Wechselnde des Korrekturverlaufs der Märkte zu bringen. Je schärfer nun, im Sinne von »pingeliger«, ein Regelwerk an *diesen* Stellen ist, desto begrenzter wird, zumindest vorläufig, die Welt dieses Traders. Denn wegen der makelbehafteten Varianten der möglichen Signale ihre Verspätung oder ihr Nichtvorhandensein oder einer Abfolge von Fehlsignalen – übernimmt, gleichsam wie ein Regisseur, der »Taffheitssinn« die Steuerung der weiteren Handlung und schiebt, unfachlich zwar, doch leider allzu oft, möglichen Folgetrades den Riegel vor … ☹

Oder mit anderen, noch treffenderen Worten: Die Fahndung nach besseren Techniken, sei es zum Einstieg oder zur Stopp-Führung, gleicht oftmals bloß den Bewegungen eines Kranken, der unruhig die Lage wechselt, während die Lähmung, die ihn an sein Krankenbett fesselt, unaufhaltsam fortschreitet. Dieser Zustand eines Traders ist nahezu unvermeidlich und bezeichnet jene Vorstufe, von der an ein Trader mit zunehmender Erfahrung immer mehr von seinem hohen fachlichen Ross steigen muss, sofern er erkannt hat, dass *kein* Regelwerk und keine mathematische *Zauberformel* fähig sein wird, an die Stelle der inneren Spannung bei einem »– Nein!« des Marktes *neue Leidenschaft* zu setzen![79]

Daher, lieber Philip, wird auch Stan in naher Zukunft, so wie du einst, hoffentlich erkennen, dass diese lähmende Wirkung, genau wie *jeder* jemals von ihm angewandten, auch jeder seiner kommenden und neu ausgetüftelten Handelslogiken bevorsteht. Denn das ausschließlich personengebundene Erschlaffen nach drei, vier »– Nein!« eines Marktes gründet nicht im Bereich der Regelwerke und ihrer Befolgung und ist daher vollkommen unabhängig von deren Unterschieden und deswegen unzugänglich für äußere mathematische Strenge; es ist einzig und allein ein innerlicher Vorgang, gleichbedeutend einem Nachlassen des Glaubens sowohl an den Sinn aller eigenen Handlungen als auch an die Einheit ihrer Verantwortung.

Und sobald das fachlich »Unscharfe« und damit das umstrittene »Ich setz mal mein Einstiegslimit und genieße anschließend erst mal meine Freizeit« oder »Ich setz mal meine Ausstiegsstopps und genieße dann erst mal meine Freizeit« sich erst mal ausgebreitet hat und für den fachlich fortgeschrittenen Trader zum Tagesbefehl geworden ist, erlebt das bestehende Verhältnis zwischen fachlicher *Forderung* und fachlichem *Verbot* mit Notwendigkeit eine entscheidende Veränderung. Wo die »fachliche Pflicht« gegenüber einem bestimmten Einstiegssignal und der von Anfang an höchst genauen Befolgung der zugehörigen Stopp-Versetzung vom Trader vor den Monitoren nicht mehr lebendig gehalten wird, sondern, ausgelaugt und zerlegt in »Wenn« und »Aber«, nun zu mannigfaltigem unscharfen Gebrauch zur Verfügung steht, beginnt ein *span-*

79 Anderes, analoges Beispiel: Wer kennt nicht jene Art von »Sportlern«, die, mit den modernsten Klamotten, technikbehangen und die neuesten Iso-Getränke schlürfend, anrücken, um eher Show als Sport zu treiben und bei der Anstrengung oder beim ersten Tröpfchen Schweiß mit einem »Huch … ich glaub, mein iPhone klingelt« rechts ausscheren, wohingegen andere Sportler mit ausgeleierten T-Shirts, billigen Turnschuhen und einfachem Wasser in der Trinkflasche im Rennen bleiben und schließlich sogar den Sieg erringen.

nender Vorgang, in dessen weiterem Verlauf die *Unschärfe einzig zur Tradeerhaltung* aus den *gleichen* fachlichen Regeln, Gesetzen, Ausnahmen und Einschränkungen zu schöpfen und der vormals so abgöttisch verehrten Handelslogik irgendwie immer ähnlicher zu werden scheint, bis schließlich jener wunderliche und auf den ersten Blick unerträgliche Widerspruch in sich selbst entsteht, von dem du, lieber Philip, früher genauso verwirrt warst wie Stan aktuell: Nämlich dass der Unterschied zwischen »fachlicher Schärfe« und »fachlicher Unschärfe« seltsamerweise angesichts des Wohlgefallens über die Ergebnisse einer unscharfen »Pi mal Daumen«-Handlungsweise alle Bedeutung verliert und daher ein sauberer Ballköniginnen-Trade ebenso gut aus erlaubten wie »unerlaubten« Einstiegen und Stopp-Verhältnissen hervorgehen kann.[80]

Hm, und dann ...?

Und während es für Stan vorerst verhältnismäßig *natürlich* erscheint, dass bestimmte, als »fachlich unscharf« bezeichnete Einstiegs- und Stopp-Techniken nicht begangen werden dürfen, und wenn man sie trotzdem begeht, wenigstens nicht begangen werden sollten, so muss er wie du einst lernen, sich unbefangen damit auseinanderzusetzen, und wird, nein, *muss* in der Folge erkennen, dass der fordernde Teil des fachlichen Stopp-Versetzens im »Handel aus der Korrektur heraus« immer stärker mit Spannung und vor allem Nähe zum Markt geladen ist als der ungenauere ... und genau damit, lieber Philip, schließt sich der Kreis zwischen deinem Abenteuer mit der Torbach'schen Frage und der Anwendung von *Taffheit* und *Unschärfe* ...

... in diesem Sinne

Beständigkeit setzt jedoch wiederholbare Erlebnisse voraus. Es ist klar, dass man dort, wo die Geschehnisse mangels Duplizierbarkeit wechseln wie in einem Wirbel, in dem nichts wiederkehrt, niemals die tiefe Erkenntnis erfahren und aussprechen kann, dass *A* gleich *A* ist, dass auf das *B* das *C* folgt und *größer* nicht *kleiner* sein kann, sondern dass ein geplanter erfolgreicher Trade nur ein Traum bleibt – ein Zustand, den jeder erfahrene Händler verabscheut. Und das Gleiche gilt für die »Unschärfe«: Denn wenn es nichts gibt, das sich »regeltechnisch« wiederholen lässt, dann lässt sich auch nichts vorschreiben: Aber ohne dem Trader etwas vorschreiben zu dürfen, bereitet der Begriff der *Unschärfe* weder Sinn noch in seiner durchdachten Anwendung Vergnügen. Diese Eigenschaft der Wiederholbarkeit, welche der *Unschärfe* als Fundament zwingend vorausgehen muss, haftet am Trading; und dort speziell und in allerhöchsten Maße am »Handel aus der Korrektur heraus«. Dieser besteht geradezu aus dieser Eigenschaft und zerlegt, solange dies der Wertbeständigkeit dient, sämtliche Genüsse der üblichen Regelwerke in lauter kleine, persönliche »Pi mal Daumen«-Bauklötze, aus denen man sich zusammenfügen kann, was immer man will und zu brauchen glaubt!

... Taffheit versus Unschärfe

Auf fachlich hoher Ebene Wissen besitzen, den Chartverlauf in seiner Tiefe verstehen und mit der *Vernunft* so jonglieren, dass diese nie beleidigt, sondern immer benutzt wird, lässt in der Konsequenz jenes Zusammenspiel von *Taffheit* und *Unschärfe* entstehen, welches einen Sieg der tieferen

80 Die Einschränkungen hierzu wurden auf den vorangegangenen Seiten beschrieben; allen voran siehe Bild 27. Wenn letzte Seiten wirklich verinnerlicht wurden, dann kann sogar ein »einfacher« gleitender Durchschnitt plötzlich zur Stopp-Versetzung (nicht zum Einstieg!) gute Dienste leisten – und dennoch würde man im Sinn der Markttechnik handeln.

Sache und damit eine der wenigen, und deshalb umso wunderbaren, sich wie von selbst lösenden Verwicklungen im Leben eines Traders darstellt, denn: so ein Trader handelt zwar nie ganz fachlich, aber auch nie disziplinlos, sondern immer im Sinne beider Verpflichtungen, beider Prinzipien, beider Bestrebungen, die in ihm eine Vereinigung finden, und deshalb handelt er naturgemäß beständig, einfach, groß, nie krampfhaft oder barsch, sondern immer milde ruhig. Seine Trades werden stattdessen von der Kunst geleitet, diese im »Wo« fachlich *genauestens* zu begreifen und innerhalb des »Wie« nur *sanft* zu lenken. Damit ein Trader genau das leisten kann, muss er, wenn er den Tanz mit der Ballkönigin nicht entbehren will, jenen »Kunstgriff« geschickt anwenden, die »messbare« Größe fachlicher Regeln und technischer Fertigkeiten mit der »unmessbaren« Wirkung der »eigenen Größe« … zwar *nicht* komplett ersetzen[81], *aber* verbinden! Und plötzlich finden sich die Gedanken bei jener Vorstellung wieder, die man gut und gern als die »Abwägung oder besser Gerichtsbarkeit der fachlichen Genauigkeit versus persönlichen Taffheit« bezeichnen könnte; denn: obwohl du einst, lieber Philip, nur zu übermütig von der Einhaltung deiner eigenen Beständigkeit gesprochen hast, siehst du nun, nach Jahren deiner Erfahrung mit dem Handel, ein, dass diese »Gerichtsbarkeit fachlicher Vorgaben versus persönlicher Taffheit« durchaus möglich ist.

… Unschärfe versus Trinität im Börsenhandel

Und in einem solchen Zustand, wo die größte Fachlichkeit bei der Tradedurchführung hauptsächlich aus der Suche nach dem Fünf-Sterne-Ballköniginnen-Setup besteht, kann es wohl leicht so kommen, dass dieses »fachlich scharfe *Wo*« und »fachlich unscharfe *Wie*« nicht nur ursprünglicher und kraftvoller erscheinen als jenes »Ich trade mal *irgendwo* und suche jetzt unter Anwendung allen Fachwissens nach super Einstiegen und setze *fachlich* sauberste Stopps!«, sondern noch dazu sinnhafter, sofern dieses Wort nicht im Sinn von fachlichem Recht und Gesetz, sondern – Achtung!– als Maß aller *Leidenschaft* gebraucht wird. Und wodurch wird diese Leidenschaft erregt? Ganz einfach: wiederum durch die Antworten der Fragen »Worin besteht mein Ansporn, in dieser Arbeit gut zu sein?« und »*Warum* gebe ich mein *Bestes?*«!

Oder anders und noch schärfer formuliert: Sosehr du, lieber Philip, mit den Jahren auch immer mehr bereit warst, dich selbst als Trader »unnütz« zu finden, hattest du dennoch unterschwellig die ganze Verachtung des bis zum Aufruhr empörten Traders gegen diese »schlichte Einfachheit« der Unschärfe in dir beherbergt. Und du hast dieses »Ich lege mal ein paar Limits in den Markt und akzeptiere einen möglichen Buchverlust« als eine Art »Betrug« angesehen, denn das angeblich voll ausgelebte Leben als Trader war nun auf einmal … – *ja, was denn nur?* … »ungereimt«, als fehle ihm etwas … – *Aber was?* ☺

Platz für eine eigene Antwort

81 Genau das würde ein Trading-Anfänger machen, der »Unschärfe« so missdeutet, dass sie Fachwissen scheinbar nicht erforderlich macht beziehungsweise ersetzen kann!

Hier kann von dir eingesetzt werden, was immer du willst, das Resultat ist immer das gleiche: Man spricht müßiges Zeugs, wenn es um einen allzu großen, allzu brennenden Gegenstand, so wie in diesem Fall den des Tradings, geht und redet auf eine gewisse, fieberhafte Weise am Rande entlang, gelangt nicht nur nicht zum eigentlich Wichtigen und Brennenden, sondern versäumt dies fast, so könnte man meinen, absichtlich und töricht. Dabei hat man sich auch noch selbst in dem stillen Verdacht, dass alles, was man redet, Vorwand ist, um das Eigentliche und Wichtige ja nur zu meiden. Nämlich die Erinnerung daran, weshalb man eigentlich mit dem Trading begonnen hat. Hier nur ein paar Beispiele: für eine Steigerung der Lebensqualität, für mehr Freizeit für Hobbys oder die Familie oder eine wachsende Gesamtfülle des Daseins. Kurzum: Die optimale *Synthese* von Aufwand und Nutzen sollte angestrebt und von neuen Schönheitsgenüssen und Glückswerten geträumt werden! Oder, noch grundlegender, noch ursächlicher zusammengefasst: *Freiheit*, *Freizeit* und *Geld*.

Wie, sagtest du, waren Torbachs Worte? … »Die Suche nach der Wahrheit im Trading ist ein Kinderspiel gegen den ungeheuren Ernst, selbst diese Wahrheit zu werden und zu leben!«

Lieber Philip, dir erst mal weiterhin alles Gute in Bangkok, und schönen Gruß an die Jungs!

Hofner

*

Philip strich sich gedankenverloren über seine Bartstoppeln und reichte John, der ohnehin schon drängte, die ausgedruckten Seiten. Während John im Licht der untergehenden Sonne die Zeilen Hofners las, atmete Philip in tiefen Zügen die feuchte Seeluft ein und beobachtete zwei kleine Fischerboote zu seiner Rechten, die mit ihren Positionslichtern das Meer belebten. Dann nahm er sein Tagebuch zur Hand und begann zu schreiben:

> *Hofner hat recht! Es hat seine Zeit gedauert, bis ich selbst einsah, dass die Gedanken hochgestellter, in der Beständigkeit wirkender Trader zu einem Trade gewöhnlich inhaltsloser sind als meine eigenen. Somit geht es im Trading zu wie im normalen Alltag: Gedanken, die in einer »besonders« nahen Beziehung zu »besonders« würdigen Gegenständen oder Sachverhalten stehen, sehen gewöhnlich so aus, dass sie ohne diese begünstigende Zuordnung des »Besonderen« für sehr zurückgeblieben gehalten würden. Wenn man also ehrlich ist, dürfen die besten Trades, sofern sie unter Beachtung von Diversifikation, Geldmanagement und Rumrutschfaktor durchgeführt und mit der Frage zur Marktphase genauestens definiert wurden, innerhalb des »Wie« demnach die banalsten Geistespflänzchen auf ihrem Rücken tragen! – Das ist schon eine sehr verkehrte Welt, diese Trading-Welt …*

Philip hatte sein Tagebuch bereits zugeklappt, als er es nochmals öffnete, den Stift zückte und hinzufügte: *Aber wenn man annimmt, dass die Behandlung eines Themas desto unbedeutender erscheinen darf, je bedeutender dieses Thema selbst ist … dann ist es wieder eine Welt der Ordnung!* ☺

Eine gute Viertelstunde später gab John Hofners Seiten an Philip zurück. »Wie wahr! Wie wahr! Ich sag es mal so: Dass der ›persönliche‹ Reichtum mit dem ›geldlichen‹ nah verschwistert ist, dürfte ja mittlerweile allgemein bekannt sein, und es lässt sich auch leicht erkennen, warum dem so ist.«

John sah zu Stan hinüber, der sich, am Bug sitzend, über Ohrhörer irgendein Video auf seinem iPhone reinzog, und meinte: »Wenn man es – Achtung! schafft, dass *Taffheit* mittels *Unschärfe* Fachwissen komplettiert, dann gibt es eigentlich keine großen schwerwiegenden fachlichen Tüftelfragen mehr, sondern nur noch logische und schon zigmal erwähnte: *Geldmanagement*, *Diversifikation* und die Frage nach der *übergeordneten Marktphase*, sprich: dem ›Wo‹!« John lehnte sich auf seinem Sitz zurück, streckte die Füße aus und drückte es so aus, dass er, wenn er vor seinen Monitoren säße und einen Trade prüfte, sich schämen würde, das »Wo« anders zu denken als im höchsten Maße *fachlich*; sobald aber nicht mehr das »Wo«, sondern nun das »Wie« auf dem Spiel stehe, würde er sich schämen, nicht »fachlich unscharf« zu denken und damit die Forderung aufzustellen, dass ein fortgeschrittener Trader hinsichtlich eines anderen Aufstiegs der letzten zu erklimmenden Stufe fähig gemacht werden müsse als dem reinen Weg der Vorschrift, Maßeinheit und dergleichen, deren Ergebnis zwar völlig rechtens, aber in den Armen einer *Ballkönigin* letztlich nicht »wesentlich« seien. Kurzum: Ein Trader müsse lernen, so John, sich zwar nach wie vor zu fragen, ob das, was er tun will, unter dieses oder jenes Gebot falle, die theoretischen Forderungen des genauen »Wie« schlussendlich aber immer mit dem Niederschlag der praktisch und persönlich erworbenen Erfahrung ver- und abgleichen!

Eine Zeit lang herrschte Stille, und Nick, nun ebenfalls neugierig geworden, hatte seinen Platz an der Reling verlassen und nach den Blättern mit Hofners Zeilen gegriffen und begonnen, sie zu überfliegen. Als er fertig war, zog er die von John angebotene Zigarette vorsichtig aus dem Päckchen und ließ sich mit vorgestrecktem Kopf von John Feuer geben. Nach zwei, drei Zügen meinte er, dass es bei ihm damals die Stimme des Berges von Fachwissen, des »fachlich zu vielen Rechnens und geistigen Scharrens«, gewesen sei, welches sich seiner großen Tradegestaltung und dem Geheimnis der *Taffheit* allenthalben entgegenstellt hätte. Er habe diese Stimme gehasst, aber im gleichen Augenblick auch gewusst, dass sie nicht ganz unrecht hatte. Die Lösung aus diesem Dilemma habe er später als »die Vergeistigung des Fachwissens« oder »das Wesen der Tat« bezeichnet und an manchen Stellen seiner späteren Tagebuchaufzeichnungen dieses Zusammenspiel der drei Eckpunkte *Fachwissen*, *Taffheit* und *Unschärfe* in ihrer *Ausgewogenheit* noch treffender schlicht »fachliche Harmonie« genannt.

John zeigte auf sein leeres Glas, und während Nick die Gläser neu füllte, bestätigte er dessen Worte: »Der Reichtum *fachlichen* Wissens, den man über die Zeit angesammelt hat, hindert einen ab einem gewissen Punkt an einem zwanglosen Umgang mit den Charts! Hingegen der Reichtum *innerer* Entwicklung, den man durch die Reaktion auf sich selbst hervorgerufen hat, diesen zwanglosen Umgang wieder befürwortet und ermöglicht.« John erklärte weiter, dass einzig jene *Anti-Lupenhaftigkeit* vieles in Ordnung bringe, was der Verstand nicht fertig zu bringen vermochte. Man trachte nicht mehr nach jenen Trades mit den exakten Einstiegspunkten und der Vermeidung von kurzzeitigem Buchverlust, die einem das Herz klopfend machten, als vielmehr nach einer vernünftigerweise wünschenswerten Gleichgültigkeit; und dies umso entschiedener, als diese scheinbare »fachliche Einfachheit« nicht mehr als jugendlich unreif, sondern als Beweis und Merkmal höchsten Fachwissens, innerer Unverwüstlichkeit und Unveränderlichkeit durch die Jahre gälten und empfunden werden könnte. Und es sei das heitere Geheimnis der Reife und Würde eines erfahrenen Traders, die vielen »Buh«-Rufe der Mathematiker und deren erboste Verweise auf die Nichtauswertbarkeit eines solches Tradings mit Schmunzeln und berechtigtem Stolz zu überhören, wisse er doch, dass an der Börse die Einreichung jener Schecks genauso statthaft und willkommen sei, auf deren Betreff »fachliche Harmonie« statt »mathematischer Reinheitsgrad« stehe. Daher wäre jeder erfahrene Trader jederzeit und fernab von Rechner & Co. wie zum Beispiel bei einem Segeltörn bereit, mit einem Mathematiker die jeweilige Scheckhöhe und Beständigkeit der Auszahlung zu vergleichen ... nur habe leider eine der Parteien immer wenig Zeit für solche Freizeitunternehmungen!

»Geht es schon wieder um eure Unschärfe?«, rief Stan, der einen der beiden Ohrhörer kurzzeitig herausgenommen hatte, schmunzelnd vom Bug herüber.

»*Yep!*« Nick prostete ihm zu. »Hey, Bambino ... was ist übrigens mit deinen eigenen Überlegungen hinsichtlich der *Unschärfe*? Denk an deine verlorene und meine gewonnene Wette! Da solltest du doch drüber nachdenken ...«

»Ja, schon! Ich weiß, ich weiß ... Hab ich auch!«, klang Stan etwas halbherzig; beim Umschalten seines iPhone hatte er gerade gesehen, dass der Dow Jones wilde Kursausschläge hinlegte. »Nur ist mir nicht ganz klar, wieso ich keinen Zugang zu den großen Konten bekomme, wenn ich doch beispielsweise bei einem Fünf-Sterne-Setup und dem »Bewegungshandel aus der Korrektur heraus beginnend« schlussendlich doch fast alles machen kann, was und wie ich will! Denn das ... *Pi-mal-Daumen-Trading* ... das kann ich doch bereits!«

Und während träge das Wasser am Rumpf der schweren Segeljacht entlangschwappte, huschte den drei Männern am anderen Ende des Bootes im flackernden Schein der kleinen Öllampe ein Lächeln über die Gesichter. »Ach, Bambino!«, rief Nick, »*Unschärfe* ist immer mit *Fachwissen* verbunden, denn es erschließt sich aus diesem, sofern es nicht ein eingebildetes, sondern ein *fundiertes* Fachwissen ist ... Das, Bambino, genau das war und ist seit Urtagen der zauberhafte Unterschied! Unschärfe, sei es zum Einstieg und im Stopp-Verhalten, war und ist ein System; das heißt, es ist kein ... *– jetzt lass doch mal die sch... Kurse sein und hör zu, Bambino! –* ... sich selbst überlassenes Spiel der Triebe. Nicht so, wie bei dir eine automatische Bilanz von Lust und Nachdenken noch mit einem gewissen Schlusssaldo an Lust daherkommt, sondern es bedarf beträchtlicher geistiger Vorkehrungen, um diese Bilanz zu ›fälschen‹, allen voran: Großwetterlage, Diversifikation, Rumrutschfaktor und Geldmanagement!«

Stan, der eine recht gute Ahnung hatte, worauf Nick hinauswollte, strich sich bedächtig durchs Haar. »Ja schon, *aber* ... wenn ich mich bewusst immer mehr im Trading rausnehme und das Tüfteln und ständige Beobachten reduzieren soll, dann ist das doch alles so –«

»– so sch... *langweilig*?«, half John, der sich eine Scheibe Brot geschnappt hatte, mit vollem Mund genüsslich nach.

»Ja, irgendwie schon! Dann ist das alles so öde. Ich bin doch *Trader*! Was … was soll ich denn dann den ganzen Tag sonst machen? Und zum anderen«, Stan stieß einen brunnentiefen Seufzer aus, »sieht es doch dann so aus, als würde ich das Geld nicht *erarbeiten*, sondern *geschenkt* bekommen!«

»Oho-oo! Sto-oo-pp. Stopp, stopp!« John, der mit beiden Händen ein Brotkügelchen drehte, blickte mit einem nachdenklichen Gesichtsausdruck zu Stan. »Überlege«, forderte er ihn auf, obwohl er wusste, dass es *viel* zu früh für die Frage war, »überlege genau, warum du mit dem Trading angefangen hast, und frag dich, worin dein *Wozu* deiner Bemühungen besteht. Woraus besteht dein persönlicher Ansporn, in dieser Arbeit vollkommen zu sein? Warum willst du dein *Bestes* geben?«

Und während Stan mit einer Geste und einem: »Oh, nee! Bitte nicht schon wieder dieser Kram!« die Tiefe der Frage nicht wahrnehmen konnte und seine Ohrhörer demonstrativ wieder einlegte, kamen die drei Händler im weiteren Gespräch schmunzelnd darin überein, dass Stans Reaktion eine völlig normale Erscheinung war und dass er einfach noch Zeit brauchte, um zu verstehen, dass eine hohe Kenntnis über das fachlich und mental rechte Traden allein unfehlbar trübsinnig machte, wenn nicht die Vergnügungen des Ausdrucks Freiheit und Freizeit einen Trader wach und munter hielten, denn schließlich war Trading das Mittel zu diesen und forderte diese beiden Punkte nun als Bedingung ein, um den letzten Punkt der Trinität, das *Geld*, zu erreichen! Woraus resultiert, dass jedes Trading, gleich welcher Art betrieben, umso besser seine Kräfte entfalten kann, je genauer die Antwort auf »Worin besteht dein persönlicher Ansporn, in dieser Arbeit vollkommen zu sein?« ausfällt, da es mit viel mehr *Leidenschaft* vollbracht wird; wohingegen sich ein Handeln ohne tiefgreifende Antwort hierauf durch eine unverkennbare Affektarmut und Kläglichkeit auszeichnet!

»Und genau das ist der Punkt!« John trank den letzten Schluck seines Weines. »Man kann als Trader schnell begreifen, wie die Elemente eines sinnvollen Traderdaseins aussehen und damit trotzdem kein einfaches Rezept für Zufriedenheit in Händen halten!«

Er ließ die Zigarrenspitze aufglühen, während Nick zustimmend in die Runde warf: »Die Wahrheit im Trading ist eben kein Kristall, den man in die Tasche stecken kann, sondern eine unendliche Flüssigkeit, in die man hineinfällt.«

Hierauf stießen die drei Männer an.

»Und«, John klopfte Philip freundschaftlich auf die Schulter, »wie würdest du dein Treffen mit Torbach nun zusammenfassen?«

Die Frage war leicht und Philip hatte sofort eine Antwort parat. »Ich traf mit Torbach auf einen Mann, der in jeglicher Hinsicht anscheinend *genau* wusste, was er wollte!« Und ohne es auszusprechen, wünschte er sich, dass er auch einmal so viel Glück haben würde wie Torbach.

Philip erntete ein Nicken Johns. »Die meisten Trader belächeln ihn und geben damit bewusst oder unbewusst ein Zeugnis ab über ihren Erkenntnisstand im Trading, denn: würden sie auch nur eine einzige Minute in der Tiefe darüber nachdenken, so würden sie ehrfürchtig den Kopf verneigen und erkennen, dass man von ihm nicht nur ein bisschen, sondern *alles* lernen kann!«

Und während John seine Zuhörer mit ihren Gedanken kurz allein ließ und unter Deck huschte, erinnerte sich Philip an jenen bunt bemalten Thailänder mit lustigen Federn auf dem Kopf, der ihm kurz nach seiner Ankunft in Bangkok seine Dienste im Handlesen angeboten hatte, denn dieser hatte von »... *zwei* wundersamen Begegnungen ...« gesprochen, die Philip während seiner Anwesenheit hier haben würde. – *Okay, die eine war sicherlich der Mönch. Aber die andere? Na, mal sehen ...*

Kurze Zeit später war John zurück, löste mit einem Plopp den Korken der neuen Weinflasche und bat Philip, wo er sich doch die letzten Tage intensiv mit dem *Wozu* beschäftigt hatte und hierzu parallel so viel über Taffheitssinn und Unschärfe gesprochen wurde, jetzt um seine Quintessenz. »Mit welchen Gedanken muss sich demnach ein *fortgeschrittener* Trader genauestens auseinandersetzen, um fortan als *erfahrener* Trader zu gelten!?«

Diese Frage war schon schwerer. In Philips Kopf rauschten die Erlebnisse der letzten Tage in rasender Geschwindigkeit umher. All die unzähligen Fragen und deren aus wie unausgesprochenen Antworten sowie die Zeilen Hofners ... und plötzlich fügte sich alles zu einem klaren, übersichtlichen Bild zusammen. Den Kopf schräg nach hinten gelegt, den Blick an den riesigen Sternenhimmel geheftet, begann er vorsichtig: »Die Schwierigkeit besteht darin ...«

»Jaaa?« John hob erwartungsvoll eine Augenbraue, während er nachschenkte.

»... dass man im *praktischen* Trading zwar ...«, Philip prüfte seinen Gedanken nochmals, »›kaufmännisch‹ und ›fachlich‹ handelt, aber ... sowohl, was den *persönlichen Sinn* des Ganzen als auch das *eigene Verhalten* betrifft, immer ... ›idealistisch‹ spricht und bleibt!«

John, stolz auf Philips Antwort, erhob sein Glas und prostete seinen beiden Schützlingen und Stan zu, der hiervon nichts bemerkte und weiter vertieft die Marktstände abfragte. »Und genau diese Verbindung von *kaufmännischem* Handeln und *Idealismus* ist es, die in den eigenen Gedanken eine, wenn nicht *DIE* entscheidende Stelle im fortgeschrittenen Handel innehat! Darüber gilt es, nachzudenken!«

Ich, Trader ____,
stelle mir folgende Fragen:

Kommt es oft vor, dass ich vor dem Chart etwas tue, um dafür etwas anderes nicht tun zu müssen?

____

____

____

Wie viele Stunden am Tag weiß ich nicht, wo der Markt steht?

____

____

____

Mein Leben als Trader als Film – würde ich ihn sehen wollen?

____

____

____

Hat sich meine Meinung darüber, was die schönsten Momente des Lebens sind, seit dem Trading geändert?

____

____

____

MICHAEL VOIGT

Der Händler

Band 4 – 6

Band 4 *In guten wie in schlechten Tagen. Sehr, sehr schlechten Tagen.*

Band 5 *Trading – eine andere Art der Zeitverwertung.*

Band 6 *Was ist Lust und was ist Pflicht?*

FBV

Als fortgeschrittener Trader muss man zugeben,
dass die wirklich großen Verbrechen auf dem Konto
nicht dadurch entstehen,
dass man sie tut,
sondern dadurch,
dass man sie gewähren lässt!
Daher besteht die wichtigste Aufgabe darin,
einem Anfänger derart viel Durchblick zu verschaffen,
dass er von sich aus versteht, genau dies zu unterlassen!
Und dann ist es weniger das zerschossene Konto,
welches man maßlos verurteilt,
sondern vielmehr der Umstand, dass der Händler
trotz aller Möglichkeiten des Weitblicks
nicht die Weichen gestellt hat!
Michael Voigt, 2011

Ab einem gewissen Punkt erscheinen einem etwas fortgeschritteneren Trader die Gedanken über das eigene Trading so unnütz wie das Schaukelstuhlwippen; man ist zwar beschäftigt, kommt aber dennoch nicht voran, und damit …

Willkommen im Band 6 von DER HÄNDLER.

VORWORT

Was könnte die umfangreichen Seiten eines sechsten Bandes einer Buchreihe rechtfertigen, die sich, aufbauend auf dem »Großen Buch der Markttechnik«, mit eben jenem markttechnisch orientierten Handel beschäftigt und sich dabei, allem voran, an den eher *fortgeschrittenen* Leser richtet?

Autor: Soll nochmals der Trendaufbau, nochmals die *Punkte 1, 2, 3* durchgesprochen werden?
Leser: Oje, bitte nicht nochmal!
Autor: Sollen nochmals die Bedeutung und die Eigenschaften von *Bewegung* und *Korrektur* hervorgehoben werden?
Leser: Gähn!
Autor: Soll nochmals die Bedeutung von *Arbeitsstilen* und deren Unterschied zu *Handelsstilen* erörtert werden?
Leser: … hatten wir doch erst!
Autor: Ach, … soll vielleicht nochmals hervorgehoben werden, wie wichtig es ist, den *eigenen Stil* zu finden?
Leser: Das stand doch bereits im Großen Buch der Markttechnik!
Autor: Oder wie wäre es mit den Themen *Geldmanagement* und *Rumrutschfaktor*?
Leser: … hab' ich doch schon längst aus den anderen Bänden begriffen!
Autor: Hm, … und wie wäre es mit ein paar neuen *Einstiegs- und Ausstiegsregeln*?
Leser: Huiii … aber … ist das denn sinnvoll, wo doch erst im vorangegangenen Band ausführlich der Vorteil der ›fachlichen Unschärfe‹ thematisiert wurde!?

Womit die Absicht dieses Bandes eigentlich schon vorgezeichnet ist: Wir werden uns den letzten noch offenen, höchst spannenden und ihrer Art nach weniger »Regelwerk-fachlichen«, sondern eher fast schon philosophischen Themen widmen, welche erfahrene Händler zwangsläufig zutiefst beschäftigen – und einen nicht als gering zu schätzenden Einfluss auf den Handel haben!

Nun kann man sich als Leser freilich fragen, was denn in der Welt des Tradings so verkehrt zugeht, dass diese immerdar philosophisch umgedreht, hin- und hergewendet und betrachtet werden muss. Doch darauf hat diese Welt längst selbst ihre Antwort gegeben, denn: Seit sie besteht, sind zahlreiche erfahrene Händler für das *Umdrehen* und *Hin-und-her-Wenden* gewesen. Und dachten sie an ihre eigenen Anfänge zurück, so war es auch ihnen lächerlich vorgekommen, dass die damaligen »Älteren« am »ursprünglich Bestehenden« gehangen und mit einer »Gesamtheit als Mensch« statt nur mit dem Taschenrechner gedacht und gehandelt hatten.

Oder mit anderen, jedem Leser sicher wohlbekannten, Worten: Zum einen war und ist im Börsenhandel ein »fachliches *Dazu*lernen« schon immer etwas geringer an Fülle ausgelegt als in den allermeisten Bereichen von Wissenschaft und Lehre sonst üblich, was letztendlich dem begrenzteren Umfang an Stoff geschuldet ist, und zum anderen wissen die meisten fortgeschrittenen Händler ja ohnehin recht gut, *wie* sie sich verhalten sollten – das Problem ist also nicht etwa die Unwissenheit, sondern die *Umsetzung* …

Und genau aus diesem Grund wollen wir in diesem Band den Geheimnissen auf die Spur kommen, wer den Schicht- oder Dienstplan eines Traders entwirft, prüft und verantwortet; was bitte schön damit gemeint ist, dass jemand, der in einem frisch gemachten Bett »einschlafen« kann, eigentlich bereits ein sehr gutes Verständnis für den Börsenhandel mitbringt, und warum das Wissen um *Widerspenstigkeit* und *Willenskraft* für den fortgeschrittenen Händler einen enormen Mehrwert hat und wie viel Charakterstärke ein erfolgreicher Trader wohl braucht; warum Kinder die besseren Börsenhändler abgeben würden und was demnach ein fortgeschrittener Händler von ihnen lernen kann; sowie noch viele weitere Fragen – weiße Flecken auf der Landkarte des fortgeschrittenen und erfahrenen Traders …

Somit werde ich auch in diesem sechsten Band der Reihe DER HÄNDLER den Leser weder glauben machen, er fände hier etwas, wodurch der Stein der Weisen entdeckt würde, noch wird jene heilige Dogmatik, die so manches andere Börsenbuch umweht, in Aussicht gestellt. Vielmehr geht es mir abermals einzig und allein darum, die Wege und Abwege der menschlichen Vernunft zu suchen und zu untersuchen und über sie zu berichten – und damit letztendlich darum, zu vermitteln, dass alle Einflüsse und Handlungen vor den Monitoren sorgsam beachtet und betrachtet werden sollten, denn es geht um deren Ordnung, Ursachen und Wirkungen, kurzum: um die *schlichte menschliche Wirklichkeit.*

Was soll man schließlich auch berichten aus der möglichen Vielzahl komplizierter Regelwerke und angeblich geheimer Kniffe, wo doch jeder auch nur halbwegs vorangeschrittene Tradinganfänger zumindest ahnt, wenn er nicht gar schon aus eigener Erfahrung weiß und fühlt, dass ein »formloses« Traderleben die einzige Form ist, die dem vielfältigen Wollen und den zahlreichen Möglichkeiten entspricht, von denen das Leben eines gestandenen Händlers erfüllt ist, denn: Wirklich erfahrene Trader befinden sich meistens schon lange an dem Punkt, an dem sie einfach nur noch eine, einer Theaterbühne ohne Requisiten ähnelnde, schlichte, nackte Einfachheit lieben und nicht mehr von Schrankkoffern voller Regelwerke und selbst erdachten oder »herauszufindenden« geheimen Gesetzmäßigkeiten träumen!

Ohne den kommenden Seiten zu weit vorzugreifen, könnte man es so ausdrücken, dass, »mütterlicherseits« als ein Kind eigenen Denkens und »väterlicherseits« von der ganzen Welt der Marktteilnehmer und deren unterschiedlichster Ausrichtungen im Orderbuch abstammend, der markttechnisch orientierte Handel eigentlich fast jedem Trader innewohnte! *Okay* – zugegebenermaßen vielleicht nicht immer in ganz klarer und auch nicht immer in beständiger Gestalt, aber sicherlich doch überall zumindest in einem gestaltlosen Anfang.

Man ist daher als Trader gut beraten, gleich einem Bildhauer zu verfahren, der durch Bearbeitung ungeformter Materie mit dem Meißel die Gestalt nicht bildet, sondern aus dem Marmorblock herausholt. Oder, um die Analogie zur Kunst beizubehalten: Auch wenn es schwer ist, das nüchtern auszudrücken, was damit gemeint ist, wenn man sagt: »Der wirkliche Zustand eines Traders ist der, wo alles Denken, alles Tüfteln rund um den Handel ein für alle Mal eingestellt wird … Einfach alles!«, so fällt dennoch auf, dass dies doch gerade auf einen uns wohlbekannten Sachverhalt zutrifft, nämlich dem, was geschieht, wenn man ein Bild malt: Denn auch ein Bild schließt auf eine nicht bekannte Weise jede Farbe und Linie aus, die nicht mit seiner Grundform, seinem Stil, seiner Palette übereinstimmt, und zieht andererseits das aus der Hand des Malers, was es braucht – kraft genialer Gesetze, die irgendwie »anders als die gewöhnlichen« der Natur sind.

Kurzum: Man hat die *Freiheit*, jederzeit das Richtige für sich zu wählen! Doch jene bei der Kontoeröffnung so heiß ersehnte Freiheit, nun endlich Herr seiner selbst zu sein, ist für viele *Anfänger* weiß Gott kein »wunderbares Geschenk«. Im Gegenteil, sie ist zunächst Ausdruck und Konsequenz einer offensichtlichen Orientierungslosigkeit in einer Welt, deren Ordnung und Sinnhaftigkeit recht schnell nur als *scheinbar*, nur als Firnis empfunden werden, unter der sich, wie sich stattdessen zu zeigen anschickt, absolute Zufälligkeit verbirgt. Kurz gesagt: Viele Trader beginnen, sich vor ihrer eigenen Freiheit zu ängstigen und weichen ihr beziehungsweise dem Wissen um sie aus. Würde man ihr Leben als Trader im weiteren Verlauf als »unwahrhaftig« bezeichnen, so wäre dies sicherlich keine zu negative Beurteilung.

»*Unwahrhaftigkeit?!* Ja, wieso das denn? Und ist das nicht ein viel zu großes Wort?«, könnte man fragen. Und doch klingt es plötzlich gar nicht mehr so seltsam oder gar zu groß, wenn man bedenkt, dass sich dahinter nichts anderes verbirgt als: Selbsttäuschung! Eine Täuschung, bei der man seine Freiheit zu verbergen sucht, indem man sich an irgendwelche Hirngespinste klammert, wie das *eigene Trading* und vor allem, wie der *Alltag* eines Traders zu sein habe; und dies, obwohl man insgeheim doch weiß, dass über die Bedeutung dieser beiden Zustände niemand anderer als einzig und allein man selbst entscheidet. Und als Resultat? Diese Selbsttäuschung manifestiert sich eben in der Angst, der einzige »Autor« seines Lebens als Trader zu sein, dessen möglichen Sinn und dessen *Wozu* jedoch niemand als man selbst zu begründen vermag.

Fazit? Am Anfang jeden Denkens im Trading steht damit die Einsicht in die Einsamkeit des Traders angesichts seines Daseins und vor allem der vergeblichen Illusion, in den eigenen wie auch in den Augen der anderen zu dem getätigten Arbeitsaufwand einen Sinn oder eine Notwendigkeit, alles in allem eine Rechtfertigung der eigenen »arbeitsreichen« Existenz gespiegelt zu sehen. Also erst in der Folge und nur dadurch, dass man ernstlich willens ist, sich um dieses Thema zu mühen und eine Methode zu entwickeln und diese bei sich selbst anzuwenden, um das Verworrene zu zerteilen und zu unterscheiden und ein jegliches, nachdem es die ihm zukommende Bezeichnung und Bedeutung erhalten hat, seinem festen Platz im Leben des Tradingalltags zuzuführen, kann sich eine Art der Handlung entwickeln, die der ursprünglich so leicht angemutet habenden »Schöpfung« im künstlerischen Sinn entsprechen würde.

Zu Recht sprechen folglich zahlreiche erfahrene Händler von einer großen »metaphysischen« Einsamkeit, die das Schicksal vieler Händler verkörpert. Und jenes Gesetz der Einsamkeit könnte man auch so ausdrücken: Kein Trader kann die Aufgabe, seine Existenz und Gedanken als Händler zu rechtfertigen, auf andere abwälzen! Denn mit der Unterschrift auf der Kontoeröffnung willigt man eben nicht nur in die Geschäftsbedingungen der Bank ein, sondern man unterzeichnet auch jenen pathetischen Begriff der *Freiheit*: Frei entscheidet der Einzelne über die Gestalt seines Tradings und darüber, wer er als Trader sein will!

Und so bin ich auch mit diesem Band geneigt, nichts aufzudrängen – auch wenn es meinen persönlichen Beifall findet –, sondern seinen Inhalt nur als Vorschlag an die Hand zu geben. Allem voran stelle ich deswegen folgenden Gedanken: Wie immer wird Alltägliches geschildert, aber auch das Alltägliche kann sonderbar wirken, wenn es auf sonderbarer Grundlage gedeiht. Daher soll, gleich welcher fachlichen Methode sich der einzelne Leser vor seinen Monitoren auch immer bedienen mag, ihm einzig – jedoch dringend! – die gedankliche Arbeit, das heißt das Streben nach Vernunft, deren Fehlen viel Leid und Geldvernichtung verursacht, ans Herz gelegt sein. Denn jeder fortgeschrittene Trader ahnt und jeder erfahrene Trader weiß, dass man die Vernunft lieben muss, denn die Schätze der Börse gefallen erst so recht im Spiegel der eigenen Weisheit.

Ein *wichtiger* Hinweis ist vorab noch nötig: In allen vorangegangenen Bänden gab es einen Roman- und einen Fachteil, dieses Mal wird der Leser nur einen Romanteil finden. Der Grund dafür ist schnell skizziert: Der Schreiber der E-Mails, die früher den Fachteil darstellten, begleitet den Leser dieses Mal fast von Anfang an ☺ ... Und so wie auch sonst lohnt es sich, nachdem dieser Band gelesen wurde, ihn mit dem Wissen der letzten Seiten ein wenig später noch mal von vorne zu beginnen.

Lassen Sie uns also erneut damit anfangen, das Trading zu erforschen, die seltsame Hartnäckigkeit der Unvernunft verstehen zu wollen, mit der es den Globus der Börsen umspannt und ... ihm auf die Schliche kommen zu wollen!

Zudem könnte es sein, dass diese Geschichte auch mit Ihrem Trading, lieber Leser, das ein oder andere zu schaffen hat ...

Michael Voigt

Danksagung

Es hat riesengroßen Spaß gemacht, diesen sechsten Band zu schreiben – wobei sowohl dieses Buch als auch die gesamte Buchreihe DER HÄNDLER ohne die vielen Mithelfer nicht an den Erfolg von »Das große Buch der Markttechnik« hätten anknüpfen können.

Meinen Lektoren Frau Braun, Frau Graf und Herrn Aderhold sei Dank ausgesprochen. Mein Dank gilt ferner Holger und Erdal, beide Meister der Kunst, auf unzähligen verschiedenen, so eleganten wie subtilen Weisen zu verstehen zu geben, dass das eine oder andere etwas besser oder anders geschrieben werden könnte!

Wie immer auch ein Dankeschön an meine Assistentin Frau Posselt, welche meine Handschrift mit der »Leselupe« entziffern musste, sowie an Bernd und dessen gestalterische Fähigkeiten.

Speziell bei diesem Band geht noch ein besonderer Gruß nach Boston – an Dr. Konstantin Mitgutsch, Massachusetts Institute of Technology, für dessen umfangreiche Hinweise, Anregungen, zur Verfügung gestellte Unterlagen, Gespräche und Diskussionen.

Ein letzter Hinweis sei bei diesem Band gestattet ...

Angenommen:
Ein Trader hätte sich intensiv mit folgender Frage beschäftigt:
»Lerne ich im Trading als Fortgeschrittener eigentlich *dazu* oder lerne ich *um*?«
Was meinen Sie: Würde die Antwort Einfluss auf seine Erwartungshaltung an ein *fortgeschrittenes* Börsenbuch haben?

Eines sei vorausgeschickt:
Ganz leicht sind die kommenden Seiten
im Vergleich mit den anderen Bänden gewiss nicht!
Aber welcher Leser würde schon im Ernst von einer Buchreihe erwarten, dass ihr inhaltliches Niveau mit ihrem Fortschreiten abnimmt?

Zum andern:
Wer hat auch je behauptet,
dass die Beantwortung bedeutsamer Fragen im Trading
dem eigenen Denken erlaubt, sich auf die faule Haut zu legen ...?

Nun aber ...
willkommen beim Band 6 von DER HÄNDLER,
der diesmal alles sein könnte, nur eines nicht:
ein *einfaches Lesebuch ...*

Auszug aus Hofners Tagebuch:

Wenn ein fortgeschrittener Trader mehr über das
Trading erlernen möchte, so möge er hinaus auf
die Straße gehen und in den Himmel schauen;
er wird erkennen, dass sein Trading dem Flug
eines Vogelschwarms am Himmel gleicht:
Wenn sie in der Ferne auf dem Wind gleiten,
sieht es für ihn, der er unten auf der Erde steht,
so aus, als schwebten sie völlig mühelos.
Tatsächlich aber nehmen sie unentwegt Korrekturen
vor, neigen sich leicht in die eine Richtung,
wenn der Wind wechselt, dann in die
andere, wenn der Wind erneut wechselt.
Ähnlich verhält es sich beim Trading: Man muss
sich unablässig beobachten und korrigieren, sich,
wie die Saite einer Gitarre, richtig stimmen:
weder zu straff noch zu locker.
Dann kommt, nach langer Übung, jener Augenblick,
wo der eigene Stil völlig reibungslos läuft.
Und trotzdem darf man sich dann noch immer
nur ein fortgeschrittener und noch lange nicht
erfahrener Händler nennen! – Warum?
Dann wiederum ist es Zeit, nach dem letzten,
dem erbärmlichsten aller erbärmlichsten Feinde
Ausschau zu halten: dem Drang, erneut zu korrigieren,
wo keine Korrektur erforderlich ist! – Eieiei …

*

Als Stan am Morgen aufwachte, merkte er sofort, dass etwas faul war. Er spürte es. In seinem Zimmer war es so ungewöhnlich warm und hell. Er rollte sich auf die Seite und warf einen Blick auf den Wecker. – *Huch!* Er rieb sich die Augen und starrte erneut angestrengt auf die verschwommenen roten Ziffern … Zwei Uhr mittags!

O mein Gott!

Er sollte schon seit über einer Stunde im Büro sein. – *Das darf doch nicht wahr sein!* Stan sprang aus dem Bett, riss sich T-Shirt und Boxershorts vom Leib und ließ beides auf den Boden fallen.

Was ist bloß los mit mir?

Wie konnte ich nur verschlafen? SCHON WIEDER!

Stan musste zugeben, er hatte in letzter Zeit tatsächlich ein klitzekleines Problem damit, pünktlich im Büro zu erscheinen. Die Nächte in Bangkok kannten kein Ende ... aber das war gerade ein denkbar ungeeigneter Zeitpunkt, um auf dieser Schwäche herumzureiten. Er überlegte, was nun zu tun sei, denn er konnte unmöglich ins Büro gehen, oder? *Nein!* Dafür war es viel zu spät. Bis er sich angezogen hatte und im Büro eingetrudelt war, wäre es fast drei Uhr.

Okay. Konzentrier dich!

Splitterfasernackt an den Türrahmen gelehnt, zwang er sich nachzudenken. Wie wäre es, wenn er anriefe und behauptete, er sei krank? *Nein. Ausgeschlossen!* Vielleicht ein Arzttermin? – *Hm* ... Das ging auch nicht – die Ausrede funktionierte vielleicht in Deutschland, aber nicht mitten in Bangkok, denn: Da er doch kaum ein Wort Thai konnte, müsste es schon ein Arzt sein, der zumindest Englisch sprach, und einen solchen kannte er nicht. Sollte er vielleicht behaupten, seine Oma wäre gestorben? *Nun ja* ... Eigentlich mochte er sie da lieber raushalten. Sollte er einfach die Wahrheit sagen, nämlich dass er wieder verschlafen hatte? – *Hmm.* Das alles klang ziemlich unbrauchbar.

Irgendwas ganz Einfaches müsste es sein, bei dem keiner nachfragt, weil jeder das mal ...

Aber ... *Mo-Moment mal!*

Da kam ihm die Idee. *Genau. Das ist es!* Er würde einfach so tun, als hätte er sich den heutigen Tag freigenommen! Schließlich schwatzten doch alle immer vom finalen Ziel: FREIZEIT, und zum anderen hatte er ja ohnehin keine »festen« Arbeitszeiten. – *Perfekt!* Dann musste er weder anrufen noch zur Arbeit gehen. Schließlich war heute sein individueller »freier Tag«, und morgen würde er einfach mit vollkommener Unschuldsmiene ins Büro schlendern und so tun, als sei alles in bester Ordnung, und wenn irgendeiner darauf hinweisen würde, dass Stan sich ja wenigstens hätte abmelden können, könnte er antworten, dass er vorgestern beim Nachhausegehen Kim oder Philip was Entsprechendes zugerufen habe, und wenn sie oder er es nicht mitbekommen hätte, wäre das schließlich nicht seine Schuld.

Ha! Brillant.

Warum war ihm das nicht schon früher eingefallen! Schlichtweg begeistert von diesem genialen Einfall, tappte er ins Bad und stieg unter die Dusche. »Also, wenn das kein kreativer, positiver Lösungsansatz für dieses vertrackte Problem war, was dann?«, dachte Stan und nahm sich ab sofort vor, an seinem wertvollen »freien Tag« seine Gedanken nicht an die Arbeit und die bescheuerten Charts zu verschwenden, sondern sich stattdessen zu überlegen, was er heute unternehmen würde ... Shopping etwa oder hier rumhängen oder mit einen Tuk-Tuk neue Ecken Bangkoks erkunden oder Lilly anrufen und fragen, ob sie nicht Lust hätte, auch blau zu machen und zusammen mit ihm um die Häuser zu ziehen, oder eine Massage in seinem Lieblingssalon Shorinara ... *mmh!* Na, jedenfalls könnte er heute so ziemlich alles machen, schließlich stand an diesem schönen Tag *Freizeit* statt Charts auf dem Programm! *Lalala* ...

Als Stan sich rasierte, klingelte sein Handy. Ohne nachzudenken, nahm er das Gespräch entgegen. »Ja bitte ...?«

»Hey Bambino! Sag mal, wo zum Teufel hast du denn den Ordner hingelegt, den ich dir vor drei Tagen geliehen habe?«

Ach du Schreck … oh, oh … Nick!

Stan biss sich in die Faust und fragte sich, warum er nicht auf das Display sah, bevor er abhob. – *Ich Idiot!* Sollte er einfach auflegen?

»Hallo!?!«, hörte er Nicks Stimme.

Stille.

»HA-AAL-LO!?!«, bellte Nick.

Noch immer Stille.

Dann schnaubte Nick vernehmlich. »Bambino, kannst du mich hören? Ich brauch den Ordner! Hey … sag halt mal irgendwas!!! Ich weiß doch, dass du dran bist!«

Huch … Wie denn das?

Stan wirbelte herum und sah sich misstrauisch im Flur um. *Beobachten die mich etwa?* »Also, ähm … Die Verbindung ist seltsam … ähm, der Ordner liegt …«, und nachdem Nicks Problem mit wenigen Worten gelöst war, verabschiedete dieser sich mit den Worten: »Schade, dass du nicht hier bist. Der Markt läuft genauso wie gestern wieder wundervoll! … Na, egal. Also, dir noch einen schönen Tag!«

Rums. Aufgelegt!

»Yep … genau *den* werde ich haben!«, trällerte Stan in das verstummte Handy. *Lalala* … und kurze Zeit später knallte die Haustür ins Schloss. Stan kramte seine Sonnenbrille hervor und schlenderte, die Lin Daeng Road hinter sich lassend, auf der Jagd nach einem reichhaltigen Frühstück die kleine Soi Daeng Road hinab, eine jener Straßen, in denen es nur wenigen Sonnenstrahlen gelang, zwischen die dicht stehenden Häusern zu dringen, und dies umso weniger, je mehr die Sonne bereits ihren Zenit überschritten hatte. Auch heute lagen die schmalen Seitenstraßen, die von quietschenden Tuk-Tuks, klappnigen Fahrrädern, dampfenden Garküchen und bunten Ständen verstopft waren, im Halbdunkel, und lediglich ein Blick dann und wann nach oben versicherte Stan, dass nicht ein düsterer, von Wolken verhangener Himmel Regen ankündigte, sondern dass das Sonnenlicht träge auf den Dächern lag. Doch als die Enge der Gasse sich endlich zu einem der freieren Plätze öffnete, wurde Stan wieder von einer so warmen Helligkeit umfangen, dass ihm dies sein Leben als Trader einfach und leicht, fast zeitlos erscheinen ließ. Eben noch im Halbdunkel einer kleinen Gasse, öffnete sich vor Stan der Lumpeenee-Park, in dem – eingebettet in die charmante Atmosphäre der riesigen Parkanlage – sein Lieblingscafé lag. – *Wundervoll!*

Mit knurrendem Magen hatte Stan eine umfangreiche Bestellung aufgegeben und lehnte sich nun wartend in dem breiten Korbstuhl zurück, dabei eine Gruppe Frauen, die sich zum gemeinsamen Tai-Chi zusammengefunden hatten, betrachtend.

»Sir, please …«, Stan atmete genussvoll den aromatischen Geruch des servierten Kaffees ein, streckte die Beine aus und erinnerte sich grinsend an den gestrigen Handelstag: *Sauber den 10-Minuten-Trend gehandelt! Voll abgesahnt!* Ergebnis der vier Plus- und der zwei Minustrades: knapp 3.500 Dollar. … *Ha!* … *3-5-0-0 Dollar!* Stan war sich eines sicher: Eine *wohlverdiente Pause* war demnach durchaus angesagt und legitim!

Yep!

Und da in Stans Traderleben die bestens bekannte Einstellung »Ich mach mal Pause und handle morgen dann mal weiter … schließlich bin ich Trader und kann meinen Tagesrhythmus *selbst* gestalten« schon wiederholt Erfolg gehabt hatte, bediente er sich jener auch jetzt und nahm sich, breit in die Sonne grinsend, sogar vor, statt einem … – *Ach, was soll's!* – besser gleich *zwei* Tage freizunehmen …

*

Als die Festbeleuchtung und die Gesellschaft die Räume und den Garten immer mehr füllte, drehte Nick, der mit Philip etwas abseits am Rande der Terrasse stand und das festliche Treiben vor sich im Garten beobachtete, den Kopf und deutete in Richtung der Gäste. »Heiliger Bimbam … ganz schön was los hier, was? Und das wird im Laufe des Abends garantiert noch voller.« Nick nahm seine Sonnenbrille ab. »Kennst du eigentlich außer unseren Leuten hier irgendjemanden?«

»Bis auf zwei, drei Gesichter eigentlich nicht …«, antwortete Philip, was Nick seinerseits dazu veranlasste, mittels kleinen Fingerzeigen zu etlichen der Gäste an den weiß umhüllten Stehtischen leise deren Namen und Stellungen zu nennen sowie gelegentlich interessante Anekdötchen über die Genannten zum Besten zu geben. Neben etlichen Größen des Bangkoker Finanzwesens befanden sich darunter höhergestellte Beamte aus diversen Ministerien und Botschaften, bekannte Namen aus Industrie und Wissenschaft, ein paar Fernseh- und Kulturschaffende sowie hochrangige Repräsentanten von karitativen Verbänden und Vereinigungen. Gerade als Nick zu einer besonders pikanten Geschichte über einen Botschaftsangestellten und dessen Begleitung ansetzen wollte, erkannte Philip in der Menge Jani, den Chef des Handelsbüros aus dem Stockwerk unter Johns Büro. In Janis Gefolge befanden sich sogar Frank, das etwas überarbeitet wirkende mathematische Genie, sowie weitere Händler, denen er schon oft im Treppenhaus begegnet war, gefolgt von einigen Damen in beige-, rosa-, kirsch- und cremefarbenen Kleidern, von denen Philip sogar eine wiedererkannte: die hier ansässige Mrs. O'Connell, Witwe eines bekannten irischen Fondsmanagers, die sich so in Bangkok eingelebt hatte, dass sie auch nach dem Tod ihres Mannes hier geblieben und selbst gewohnt war, dem geistigen Austausch auf liebenswürdige Weise in ihrem Haus eine Stätte zu bereiten – wie Philip anlässlich einer Einladung dorthin, zu der er hatte John begleiten dürfen, aus eigener Erfahrung wusste.

Nach und nach trudelten immer mehr Gäste ein, darunter der als Teilnehmer eines Golfturniers vorübergehend in der Stadt weilende bekannte Trader Connor und der sich seit Kurzem ebenfalls am Trading ausprobierende Hektor, dessen Vater im Süden der Stadt eine Arztpraxis betrieb, zu deren Patienten auch John und Nick gehörten, sowie Matthew, dessen Tätigkeit, wie Nick Philip erklärte, ebenfalls im aufopfernden Dienste an den Charts bestand. Auch er stellte komplizierte Berechnungen über Geld an, und er konnte einem sagen, ob man zum Beispiel ein paar Stückchen von einer großen Firma kaufen sollte oder lieber nicht. Dank dieser Berechnungen verschaffte er Leuten, die ohnehin schon reich waren, eine schöne Stange Geld, und auch er selbst verdiente nicht gerade wenig. Außerdem wechselte Matthew ähnlich häufig wie seine

Freundinnen auch seinen Posten, denn er langweilte sich ziemlich schnell, wenn er zu lange bei derselben Firma oder im selben Land blieb. Natürlich gab es aber auch etliche Gäste, zu denen Nick nichts zu sagen wusste, und während Philip das Treiben genüsslich beobachtete, stieß Nick ihn plötzlich mit dem Ellenbogen an.

»Sieh da, sieh da … Schau mal, wer auch schon eingetroffen ist!« Ein Kopfnicken wies in Stans Richtung, der eben sein Glas auf einem der noch freien Stehtische abstellte. Nick kramte eine Zigarette hervor und ließ sie zwischen den Fingern spielen, ohne sie anzuzünden. »Komm, lass uns mal den Supertrader begrüßen!«

Philip dicht hinter sich, schlenderte Nick zu Stan hinüber und stellte sich neben ihn. »Hey, Bambino, wie geht's? Amüsierst du dich?«

»Nenn mich nicht immer *Bambino*!«, zischte Stan und sah auf.

»Okay, *Bambino*!«, stöhnte Nick in gespielter Verzweiflung auf, zündete sich die Zigarette an und wandte sich theatralisch an Philip. »Findest du nicht auch, dass die beiden Tage *Freizeit*, gestern und heute, Stan so richtig gut getan haben?« Er musterte Stan von oben bis unten. »So wie unser Bambino wirkt, hat er sich bestimmt *sooo richtig* entspannt!«

»*YEAP!* – Das kannst du wohl annehmen!«, frohlockte Stan und ließ genussvoll seinen Blick über die Terrasse gleiten und … *Himmel!* Sein Blick blieb im Schattenbereich eines Sonnenschirms an einer jungen Dame im weit ausgeschnittenen roten Abendkleid kleben. – *Boah!* Nick, der Stans Interesse bemerkte, lobte ihn eines hervorragenden Geschmacks. »Tausend Euro würde ich für einen einzigen Kuss zahlen!«, seufzte Stan.

»Na ja, wenn du gestern und heute die richtigen Positionen aufgemacht hättest, könntest du sogar noch ein paar Scheine drauflegen und es mit der Dame in Rot richtig krachen lassen!« Nick konnte es sich wie immer nicht verkneifen, Stan aufzuziehen. Aber leider blieb der Tiefsinn seiner Worte unerkannt, denn Stan stutzte nur kurz und sah Nick für eine Sekunde fragend an, wollte aber eigentlich gar keine Antwort, sondern nickte erneut in Richtung der Dame seiner Begierde und schwärmte abermals: »Tausend Euro!«, und es war offensichtlich, dass Stan gerade überlegte, mit welchem Killersatz er eine Konversation starten könnte. Doch Nick kam ihm zuvor und winkte die Dame heran.

»*WAAAS*, du kennst sie?«

»Hm! … *psst*, sie kommt!«

Stan musterte ausgiebig die Eleganz der Gestalt, während in ihren Augen ein leises Lächeln aufleuchtete. – *HIMMEL!* Was für ein Blick war das! Ein Blick, der Stans Magen binnen Sekunden fest einschnürte. Und ein Duft! Ein Hauch von Vanille. Und dann das Kleid! Ein Kleid, das sich eng an die Formen schmiegte und nicht gerade auf »keinen Sex vor der Ehe« hindeutete.

»Stan, das ist Alexandra! Alexandra – Stan!«, stellte sie Nick gegenseitig vor, dann legte er seinen Arm um Stans Schulter, und als kleine Starthilfe fürs Gespräch ergänzte er: »Alexandra arbeitet in einem Wirtschaftsprüfungsunternehmen. – Stan ist unser *Bambino* im Büro und heute sogar unser … *Held des Tages!* … denn er nahm sich die letzten beiden Handelstage frei und unterließ damit einige wundervolle Trades!«

Die Frau mit dem Vanilleduft ließ bei Stans Anblick ihre Augen aufblitzen, beließ es aber bei einem kurzen netten Lächeln und wandte sich nach einem kurzen gehauchten »Hallo Stan, schön dich kennenzulernen!« ab.

Stan warf Nick einen bitterbösen Blick zu und zischte zwischen den Zähnen: »Vielen Dank. Was glaubst du, was so eine Partyschnecke darauf sagt? – *Oh … du bist der Bambino des Büros und … ohhh … du hast ein paar Trades versiebt? Das ist ja sooo sexy! Darf ich mit dir schlafen?*« Stan legte wütend den Strohhalm seines Drinks beiseite, weil er fand, dass Strohhalme ohnehin nur was für Weicheier seien, dann wandte er sich abermals Nick zu, »… und außerdem, was hast du immer nur mit dem *Held des Tages*?!«

Nick legt seinen Arm abermals um Stans Schulter. »Na ja … nur so halt!« Er erhob sein Glas und meinte lachend an Philip gewandt: »Komm! Am besten lassen wir unseren *Helden der Arbeit* sich erst mal fertig erholen, schließlich ist ja heute noch sein freier Tag, da wollen wir ihn nicht mit dem Börsenscheiß und dem aktuellen Marktstand belästigen!« Auf sein leeres Glas zeigend, zog Nick Philip am Arm und blinzelte Stan im Weggehen über die Schulter zu: »Bis später dann, du *Held der Arbeit*!«

»*He?*« Stan kapierte gar nichts, dennoch übte Nicks Zynismus noch immer eine ungewohnte Wirkung auf Stan aus, wenn auch längst nicht mehr mit jener Heftigkeit wie in den ersten Tagen. Und während sein Blick sehnsüchtig wieder auf die Vanillefrau schwenkte, kam er ins Grübeln …

Zurück an ihren vorherigen Plätzen am Rande der Terrasse gluckste Nick in sein Glas: »*Hei-ei-iiei* … da hab ich mal wieder was angerichtet!« Er rückte seine Sonnenbrille zurecht. »Achtung – gleich geht's los! Gleich … Gleich … Komm schon, Bambino! Ruf die Kurse auf!«, feuerte Nick Stan an, ohne dass dieser ihn hätte hören können. Und tatsächlich fing Stan an, in seiner Tasche rumzufingern, und zog sein iPhone heraus. »Jetzt … jetzt müsste man es schon sehen. Da! … Philip, siehst du, was ich sehe?!« Nicks Kommentar klang in Philips Ohren wie der eines Länderspielreporters kurz vorm Sieg der eigenen Mannschaft. »So wie es ausschaut, geht unser Bambino gerade stehend ins K.o.!«, jubelte Nick und stieß Philip vor lauter Freude mit dem Ellenbogen in die Rippen, und der konnte Nicks Vermutung nur mit einem Grinsen bestätigen, denn auch er hatte bei Stans Anblick das Gefühl, dass diesen beim Anblick der Kurse gerade ein lautloser Nebel wie schweres Unbehagen umhüllte. Stan erweckte schlagartig den üblichen Eindruck eines »stöhnenden Traders«, der wieder einmal innerlich sein eigenes Verhalten beklagte und wegen der plötzlichen Fragen, die in ihm im Stillen offensichtlich lebhaft aufkeimten, nun die übliche Teilnahmslosigkeit, um nicht zu sagen Trägheit an seiner Umgebung an den Tag legte.

Und tatsächlich war Stan gerade zum Heulen zumute. Er fuhr sich ärgerlich durch die Haare, sodass nun an seinem Kopf ein besonders großes und widerspenstiges Haarbüschel wie eine Sprungschanze über dem rechten Ohr nach oben ragte. Die Frau mit dem Vanilleduft war plötzlich vergessen – *Heiliger Bimbam!* Schwer auf seinen Stehtisch gestützt, ergriff Stan sein Glas und leerte es in einem Zug. Dann stellte er wie in Trance das leere Glas auf den Tisch, dabei die Augen einzig auf sein iPhone gerichtet. Das Einzige, was sich an Stan noch bewegte, war sein Daumen.

6973! … Oh Scheiße! … SCHEISSE!

Eine Weile blieb er regungslos stehen, dann fuhr er auf, wirr um sich blickend, wie ein aus dem Schlaf Gerissener; gern hätte er jetzt seine aufkommende Wut auf sich selbst, auf die Welt im Allgemeinen und auf Nick im Besonderen an irgendjemandem oder irgendetwas ausgelassen, aber auf einer Party mit circa hundert Gästen war das wohl doch eher schwierig … Stattdessen winkte er eine der bildhübschen Kellnerinnen heran. Ausgestattet mit Livree und Glacéhandschuhen, balancierten diese auf ihren Tabletts Aperitifs durch die Menge und warteten auf Zuruf oder Handzeichen der Gäste. Stan nahm gleich zwei Gläser, und trank das erste davon in gieriger Hast und starrte minutenlang mit abwesendem Blick in die Massen, ohne etwas zu sehen. Dann griff er nach dem zweiten, um sich zu betäuben und den vor wenigen Sekunden erlebten Augenblick zu »vergessen«, wo alle seine Gedanken und Empfindungen ins Rasen geraten waren.

… 6973 … !

Aber es gelang natürlich nicht. – *Fuck!!!* Stan ließ erneut seinen Daumen über das iPhone gleiten und betrachtete den Marktverlauf des DAX der beiden Tage gestern und heute, an denen er sich freigenommen hatte: »Oh Scheiße, ich Arsch! … Mann, wäre ich doch, statt Spaß und Halligalli zu machen, gestern und heute lieber vor den Monitoren gewesen! – 6-9-7-3 Punkte!« Er erinnerte sich daran, wie er gestern erst lange durch Bangkok geschlendert und ein Eis nach dem anderen gegessen hatte und sich abends stundenlang versonnen in der angenehm kühlen Badewanne gesuhlt und dort eine Dose Bier nach der anderen genehmigt hatte, um daraufhin in einen dämmrig-süßen Schlaf zu sinken. Mit seiner Mitbewohnerin Lilly, die er für heute ebenfalls zum Blaumachen hatte überreden können, hatte er an seinem *zweiten* freien Tag auf einem Longtail-Boot einen wunderschönen Ausflug in Bangkoks Klongs unternommen, und nachmittags waren sie noch ein wenig durch die Seitenstraßen Bangkoks geschlendert, klapperten unzählige Läden in Chinatown ab und erstanden ein Hemd für Stan und ein Top für Lilly, bevor sie gemächlich durch den Lumpeenee-Park schlenderten. Kurzum: Stan hatte sein »Wozu« genossen, bis er sich für die Party hier fertig machen wollte.

Seufz!

Stan fummelte weiter an der Börsen-App seines Telefons rum. »Der Markt steht kurz vor 7-0-0-0!?? – Du kannst mich mal am Ar… lecken! Verdammter Drecksmarkt!!«

Und auch der dritte, eiligst bestellte und eigentlich sehr leckere Aperitif hatte Stans Ärger über Nicks unverschämtes Getue und die, angesichts der ersten Eindrücke von den Kursen, mit seinem oberschlauen Einfall von der »Freizeit« vertrödelte Zeit nicht wieder in die Freude zurückverwandeln können, mit der er heute Abend hier angekommen war.

… 6975; … 6977; … 6978

Mit einer Qual, die nicht unterschätzt werden durfte, weil er jene Marktphase an seinen »freien« Tagen versäumt hatte, deren beide aufeinanderfolgenden traumhaften Einstiegssignale zu handeln und die zu guten, leichten und fachlich einfachen Trades und damit zu einer dringend erforderlichen Kontoanhäufung geführt hätten, starrte Stan unverwandt und mit hasserfülltem Blick auf die sich sekündlich ändernden Kurse. »Immer komm ich zu spät! Fuck! Fuck!!! FUCK!!!« Mühsam riss Stan seinen Blick von seinem iPhone los und betrachtete, ohne sie eigentlich wahrzunehmen, die Menge der Gäste um ihn herum; dabei war ihm zumute, als könne das alles gar nicht wahr sein, was sich ihm da gezeigt hatte: knapp 7000 Punkte!

Kaum bin ich mal nicht da, steigt der sch… Markt um 330 Punkte! 3-3-0!

Erst nach einigen Minuten kam in seinen Zustand wieder etwas Festigkeit, und er gelangte – wie so oft – zu dem Schluss, dass egal, wie er es auch anstellte, es immer falsch war: Saß er vor den Charts, passierte oft nichts; widmete er sich statt den Charts dann seiner Freizeit und genoss das »Wozu« oder erledigte private Aufgaben, sauste der Markt gen Himmel, als gäbe es kein Halten.

Stöhn!

In Stan rumorte die Frage: »Wer entwirft den Schicht- oder Dienstplan eines Traders?« – *Aber sch… egal!* Stan war nicht zur Selbstkritik aufgelegt, denn weder der Ärger über den Marktstand noch seine Selbstachtung machten ihn geneigt, seine Beweggründe zu zergliedern und zu entscheiden, ob er aus Verantwortungslosigkeit, aus Schwäche oder schlicht aus Liederlichkeit an dieser riesigen Marktbewegung nicht partizipiert hatte. Auch in dieser Situation, wie in so vielen ähnlichen vorangegangener Tage, geschah es, dass Stan sich achselzuckend sagte, dass er als Trader einfach eine besondere Veranlagung zum »Pech haben« besaß und nur deswegen unter mehreren Möglichkeiten – hier zwischen Anwesenheit oder Abwesenheit – instinktiv die schlechtere auswählte; eben jene, die keinen öffentlichen Erfolg verbürgte, sondern stattdessen dazu führte, dass er im Gedächtnis von John und Nick dauernd den negativen Platz einnahm.

… 6980; … 6982; … 6975

Dennoch, Stan war verwirrt und ängstigte sich davor, dass neben Nick auch die anderen im Büro sein *Nicht*-Trading, also sein *Unterlassen*, seine »Niederlage«, mitbekommen hatten, und fürchtete sich vor deren Spott ebenso wie vor der eigenen Lächerlichkeit.

… 6980; … 6982; … 6985

Der Markt stieg und stieg!

Mmpf …! 16.000 Euro hätte ich gehabt!

1-6-0-0-0!

Also … wer zum Teufel stellt den verschissenen Schicht- oder Dienstplan eines Traders zusammen?!

Das Blut stieg Stan zu Kopf, das schlechte Gewissen lähmte ihn nahezu. Er konnte an nichts anderes denken als ununterbrochen an das eine: dass er als Trader häufig dann seine Freizeit genoss, wenn Marktbewegungen stattfanden, hingegen meist dann auf Freizeit »verzichtete« und auf die Monitore schaute, wenn nichts los war!

Seine eigenen Worte »… diese Marktbewegung hätte mein ganzes bisheriges Minus locker ausgeglichen …« hallten wie ein Echo in Wellen durch seinen Kopf und hatten etwas den Geist Hemmendes an sich, denn sie mündeten immer und immer wieder in derselben Frage: »Wer um alles in der Welt *entwirft und prüft, verantwortet oder verwirft* den Schicht- oder Dienstplan eines Traders?« Immer noch an den Stehtisch gelehnt, wurde Stan vom lauten Kichern einer Frau am Nachbartisch in die Gegenwart zurückgeholt. Er schaute auf und fühlte sich, nun zurück in der Gegenwart – mit dieser Vorstellung des gestrigen und heutigen Handelstages vor seinem inneren

Auge –, wie ein Mensch, der gerade aus einem Gewitter kommt und noch am ganzen Leib dessen die Sinne überfordernde Kraft verspürt.

Mmpf …

Da half nur eines: Austrinken und … – eine der Bediensteten sah Stans erhobenen Arm und schwirrte sogleich mit ihrem vollen Tablett herbei!

Während Nick hoch befriedigt über seinen gelungenen – und sich an diesem als auch die kommenden Tage noch als sehr tiefgründiges Thema erweisenden – Spaß mit Stan war, trudelten immer mehr Gäste ein und Nick bot Philip eine kurze Führung durch den Garten und die öffentlichen Räume des Hauses an. Beide waren schon auf dem Weg, da drehte sich Nick noch mal zu Stan um. – *Oh Mann!* Er tat ihm plötzlich doch etwas leid, wie er so gefangen war in seiner kleinen Welt des *Tradings* und wie ein wildes Tier im Käfig auf der Terrasse auf- und abschritt, beständig sein iPhone und dessen Botschaft der davongerannten Kurse im Blick. Auch Stan schaute noch mal zu Nick und Philip herüber, wie ein Kind, das gemerkt hatte, dass es etwas falsch gemacht hatte, aber noch nicht so ganz wusste, was. – *Na ja!*

»Also, schau mal der da …«, Philip spürte Nicks Finger in der Seite, und auf dem beginnenden Rundgang machte Nick ihn auch gleich auf diejenigen unter den Gästen aufmerksam, die man beeindrucken sollte, und wies auf andere hin, die man beruhigt ignorieren konnte. Nick drückte diesem und jenem fest die Hand, und so erfuhr Philip, welche Gäste »hip« waren und welche nicht, welche die Intelligenzbestien, die Schleimer, die Schlampen und – natürlich ganz Nick – wer die »heißeste« Braut war und wer was mit wem zu tun hatte. Kurzum: die Basics eben. Als Kim – ihr Haar elegant hochgesteckt, in einem engen, grünen Kleid aus schwerer Thaiseide, das sie genauso wenig in ihren Bewegungen zu behindern schien, wie es bei manch anderen Damen der Fall war – an ihnen vorbeischwebte, lobte Nick ihren großen Fleiß, der in dieser Zusammenstellung der Gäste lag, wusste er doch von etlichen vorangegangenen Feiern, dass lückenlose Präsenzlisten eine ihrer Spezialitäten war. Kim besaß offensichtlich ein schier untrügliches Gespür dafür, welche Leute sich füreinander interessieren oder sich nützen könnten und ging, ausgestattet mit einem außergewöhnlichen Gedächtnis für Personen und was man von ihnen erzählte, sowie zur Beurteilung der daraus resultierenden Kenntnisse über die große Welt Bangkoks durch ein gerüttelt Maß Menschenkenntnis befähigt, ihrer selbst gewählten Aufgabe, die passenden Leute miteinander bekannt zu machen, mit unerschöpflicher Hingabe nach.

Nur kurze Zeit später vernahm Philip, gerade am Rand der Terrasse stehend und im Begriff, sich einen Drink zu ergattern, die leisen Töne eines Klaviers. Die Klänge kamen offensichtlich aus dem Haus, und beim Blick durch die weit geöffnete vierflügelige Terrassentür gewahrte er, wie eine Frau in der gegenüberliegenden Ecke des großen Raums am Klavier saß und in einem Notenbuch blätterte, das sie auf den Knien hielt, während an ihrer Seite ein älterer Herr gekonnt in die Tasten griff. – *Torbach!*

Überwältigt von Freude über Torbachs Anwesenheit, lauschte Philip den sanften Tönen, ohne auf sich aufmerksam zu machen und den Blick unverwandt auf Torbach gerichtet. Und plötzlich, als wäre eine zuvor geschlossene Tür ruckartig geöffnet worden, überfiel ihn mit Wucht die Erinnerung an eine Bemerkung, die Torbach während Philips Besuch in seinem Kloster vor ein paar Tagen hatte fallen lassen: Auch bei Torbach hätte das ansteigende Fachwissen eine »neue Welt« über sich selbst und seine Gedanken hervorgebracht, die voll von allen nur vorstellbaren Qualen und Leiden gewesen war und vordergründig bezeichnet werden konnte als die Unfähigkeit, dauerhafte Zufriedenheit durch den Gedanken an das eigene »Wozu« zu erleben! Philip fühlte sich förmlich in die Szene zurückversetzt, und es kam ihm vor, als hörte er Torbach erneut sagen: »Ich ... ich erkannte, dass mein fachlicher Stand als fortgeschrittener Trader zwei der drei Punkte der ursprünglichen Trinität, nämlich *Freizeit* und *Freiheit*, nun als Bedingung einforderte, um auch den letzten Punkt, nämlich das *Geld*, zu erreichen! – *Verstehst du?* Mein fachlicher Stand hat es e-i-n-g-e-f-o-r-d-e-r-t ...!«[82]

Noch etliche Tage nach diesem Treffen hatte sich Philip mit der rückblickenden Betrachtung der Bedingung seiner Existenz als erfahrener Trader und der einfachen und dennoch so unendlich schwierig umzusetzenden Frage des persönlichen »Wozu?« beschäftigt und versucht, irgendeinen Zusammenhang zwischen Torbachs Gedanken und seinen eigenen herzustellen. Aber immer wieder war er an einen Punkt gelangt, an dem er nicht weiterkam, an dem ihm anscheinend irgendein Bindeglied fehlte, sodass er die Grübelei darüber vorerst aufgegeben hatte, nicht ahnend, dass diese Lücke mittels sehr tiefgreifender Gespräche im Laufe des heutigen Abends geschlossen werden sollte! Nach wie vor an die Terrassentür gelehnt, betrachtete Philip weiterhin die beiden am Klavier und bewunderte den einstigen Händler Torbach mit einer Empfindung, wie sie ein gewöhnlicher Mensch für einen berühmten hatte, und das Leben Torbachs erregte seine Bewunderung viel mehr als seinen Neid oder seine Eifersucht, also jenes Gefühl, das noch heftiger als Letzteres nach innen schlug. Der Wunsch, der einfache Gedanke, die Gelegenheit nun ebenfalls zu nutzen und dem Mann, der ihm vor wenigen Tagen so viel gedankliche Erhebung und Bewegung bereitet hatte, die Hand zu schütteln, ihn anzusprechen, sich seiner Antworten, seiner Blicke zu erfreuen, vielleicht sogar da fortfahren zu können, wo das Gespräch beim letzten Mal geendet hatte, lag für Philip, trotz seiner momentanen Verwirrung und seines mangelnden Vertrauens, seine offenen Fragen überhaupt in Worte kleiden zu können, nahe und drängte ihn innerlich vorwärts. Endlich gab er sich einen Ruck und wollte gerade den Raum betreten, als er eine Hand auf seiner Schulter spürte und eine vertraute Stimme hinter ihm sagte: »Hey mein Freund!«

Das ... das glaub ich jetzt nicht!

Philip drehte sich mit zugekniffenen Augen um.

Augen auf!

Hofner!

... und Sander!

... und ... ich werde verrückt: auch noch Claudia!

Die Freude über die Anwesenheit seiner Kollegen aus Deutschland war riesig und die persönliche Überraschung für Philip mehr als gelungen. Es folgte eine herzliche Begrüßung, zu welcher sich nun auch Torbach mit seiner robusten Vitalität und gutmütigen Natur gesellte und damit die

82 Es sei auf DER HÄNDLER Band 5, verwiesen.

Freude aller noch steigerte. Kim, welche die Ankunft der drei heimlich arrangiert und hinter Claudia gestanden hatte, zwinkerte Philip, begleitet von einem Luftkuss, zu und meinte: »Na, da ist die Familie ja wieder beisammen!«[83] Sie strich sich eine aus der ordentlichen Frisur entfleuchte Strähne hinters Ohr und drängte nun alle in Richtung Garten. »Voilà! Los, gleich kommt das Tüpfelchen auf dem i …«

Und tatsächlich – irgendetwas schien noch geplant zu sein, denn die Damen und Herren formten inmitten des nahezu baumlosen Gartens, der in der vollen Abendsonne lag, einen großen Halbkreis, in dessen Zentrum sich John und seine Frau befanden. Zeitgleich wurde eine riesige Torte mit brennenden und wild Funken sprühenden Wunderkerzen in den Garten getragen und auf einen bereitgestellten Tisch platziert. Johns Frau setzte nun zu einer Rede an, welche unter anderem die Worte *Geburtstag* und *Danke für die schönen Jahre* enthielt, und überreichte John, begleitet von einem liebevollen Kuss, das erste Stück des großen Kuchens, den die Zahl *Sechzig* zierte. John probierte genussvoll, setzte dann seinerseits zu einer langen und liebevollen Rede über das Älterwerden an, in der er unter anderem als sein »bestes Geschenk« seine Frau hervorhob und sich am Ende bei seinen Gästen für deren zahlreiche Anwesenheit und die vielen Glückwünsche bedankte.

Tara-aa …

Ein Tusch, und von nun an war die Band neben dem Geburtstagskind der Star der Party und spielte im Schein der Fackeln vor dem beleuchteten Swimmingpool bekannte Titel. Der offizielle Teil war damit beendet, die Gesellschaft auf dem Rasen begann sich aufzulösen. Man trat zueinander, wechselte die Tische, flanierte. Und während ein Teil der Gäste auf der Terrasse blieb, dem Wein weiterhin stehend zusprechend, zogen sich andere ins Haus zurück. Die Gruppe der Personen, die von Kim vorhin in den Garten gedrängt worden war, hatte sich ebenfalls ein wenig aufgelöst. Kim, als Unterstützung der Hausfrau und ewig sich Sorgende, hatte bald wieder begonnen, den Fluss der Hilfskräfte zu überwachen, und schwirrte gleichzeitig überall und nirgends umher; Claudia war von Johns Frau aus der Runde entführt worden, sodass nach einem gemütlichen Schlendern durch den festlich beleuchteten Garten von der vorherigen Runde nur noch Torbach, Hofner, Sander, Nick und Philip durch die breite Terrassentür den dahinter liegenden großen Raum betraten, der in verschiedenen Stilen geschmückt war: In der Mitte befand sich ein riesiger Couchtisch, umgeben von einer Art Sitzlandschaft, die auch von einem Dutzend Leuten noch nicht übervölkert werden würde, und daneben das Klavier, an dem, zu Philips Verblüffung, bald wieder Torbach saß und in den ausliegenden Noten blätterte. An den Wänden hingen und auf dem Boden sowie in diversen Vitrinen standen etruskische und japanische Vasen, spanische Fächer, eine wächserne Madonna, einige uralte chinesische Schirme und zwei afrikanische Muschelhörner. Aber nicht nur dieser Raum, sondern Johns gesamtes Haus war voll von Andenken aus fast vier Jahrzehnten glanzvoller Reisen rund um den Globus: Man fand afrikanische Schnitzereien, im Flur einen goldenen Buddha, einen seidenen Wandbehang aus der Verbotenen Stadt in Peking und vieles, vieles mehr … und all diese sichtbaren Zeugen eines interessanten Lebens waren von Johns Frau so geschmack- und stilvoll arrangiert worden, dass die Kombination Behaglichkeit und Wärme ausstrahlte.

83 Die Figuren Hofner, Sander und Sekretärin Claudia tauchten erstmalig im »Großen Buch der Markttechnik« auf.

Hofner schaute sich um und erklärte, dass nach dem langen Flug diese einladende Couchlandschaft jetzt genau nach seinem Geschmack sei. Da Sander uneingeschränkt zustimmte, ergriffen auch Nick und Philip die Gelegenheit, sich dazuzusetzen. Eine Bedienstete nahm die Bestellungen entgegen, und am unteren Ende des Couchtischs begann man sich über allerlei Belanglosigkeiten zu unterhalten. Die Themen wechselten eine Weile – begleitet von den erneuten zarten Tönen des von Torbach leise vor sich hin gespielten Klaviers –, und plötzlich war da die Rede von Marktverläufen und Dow Jones & Co., woraufhin sich ein Herr, dessen große hervorstehende Augen eine immense Hartnäckigkeit ausdrückten, sich sehr erbittert über die Börse äußerte. Er sagte, man müsse wohl ein großer Gauner sein, um dort Glück zu haben, und bat um einen Themenwechsel, woraufhin einige scherzhaft fragten, ob sein Groll daher rühre, dass er selbst in der Gaunerei Pech gehabt habe. Als der Herr daraufhin verstummte, plauderte man zwanglos weiter über Märkte, Charts und die enormen Ausschläge des Euro, in deren Folge Hofner nun fragte, wie es denn um Stan bestellt sei, woraufhin Philip von jenem gleichmäßigen Gang des Lebens eines Tradinganfängers, diesem abenteuerreichen und eher ungeregelten Leben auf dem engen Schauplatz vor den Monitoren berichtete. Auf diese Weise erfuhr Hofner von Stans aktuellen Fragen und Ansichten sowie davon, dass Stan in Erwartung guter Trades immer mehr dazu überging, seine Ansichten offensichtlich denen Philips und der anderen Kollegen anzupassen, indem er es Stunde für Stunde, Trade für Trade immer mehr genauso trieb wie sie. Demnach war diese »Schreibtisch-Nachbarschaft« ganz gut für den Bambino, und obgleich es natürlich Philip betreffend nur eine vorübergehende Nachbarschaft war – seine Heimreise stand in den kommenden Tagen an –, so gab es in ihr viel Ehrlichkeit und exakte Tiefgründigkeit, und zwar eine Tiefgründigkeit, die mittlerweile bereits im Begriff stand, einfach nur durch einen einzigen Kontrollblick Genüge zu finden.

Hofner hörte Philip aufmerksam zu, stellte hier und da eine Frage, und als er dann nach allem Gehörtem im weiteren Verlauf des Gesprächs ganz beiläufig und mehr zu sich selbst als in die Runde gesprochen meinte, dass der Bambino demnach nun *neben* den vielen fachlichen Baustellen wohl bald auch an jene Tür anklopfen werde, durch deren Schwellenüberschreitung eines der *langwierigsten Lernkapitel* eingeläutet werde, blickte Hektor, ein junger Mann Ende zwanzig, der die gemurmelten Worte seines Nachbarn eher zufällig mitbekam, zu diesem hinüber, stellte sich vor und fragte: »Ich dachte, der schwierigste Weg sei, das Fachwissen um die Analyse und deren *Regelwerke* zu erlangen?!«

Mit einer gewissen Melancholie musterte Hofner einen Augenblick lang Hektor und winkte dann ab: »*Regelwerke?* Das bisschen Fachwissen um deren Beschreibung passt auf eine Serviette.« Während Hektor das Gesicht verzog, nahm Hofner indes einen Stift und entwarf damit auf einer auf dem Tisch liegenden Stoffserviette mittels weniger Striche den Grundriss seines Lieblingssetups und mittels einiger waagerechter gestrichelter Linien die Einteilung der Stopps. Das ging leicht und war so rasch getan, dass Kims hausmütterlicher Versuch, das Tuch zu schützen, zu spät kam und auf ihrer Hand endete. Hofner reichte Hektor die Serviette: »Ende. Aus. Mehr ist es nicht. Wie gesagt: passt auf eine Serviette!«

Im Gegensatz zu Hektor musste Philip schmunzeln, wusste er doch sofort, was Hofner damit beiläufig andeutete, nämlich dass die wahrhaften Schwierigkeiten sich erst bei der Umsetzung des Plans einstellten; oder anders formuliert: »Ich trade« täuschte eine Schaufensterseite vor, hinter der sich Seltsames findet, nämlich die Frage, ob denn die persönlichen Verhältnisse fest und stabil genug für das Leben vor den Monitoren sind. Doch diese Frage bereitet keinem Tradinganfänger ein ehrliches Vergnügen!

»Aber ...«, Hektors blanke, schwarze Augen umspielte plötzlich ein fast mitleidiges Lächeln, »wenn es doch nur *sooo* wenig ist, was es zu wissen gibt, *wieso* lassen Sie dann diesen jungen Mann überhaupt ein Praktikum machen? Und wie es scheint, sogar über einen *längeren* Zeitraum?« Die braun beschuhten Füße weit von sich gestreckt, ergänzte Hektor seine Frage mit der Erklärung, dass er sich seit Kurzem ebenfalls dem Trading verschrieben habe und deshalb bei dem erwähnten Praktikanten Stan hellhörig geworden sei; im Gegensatz zu diesem Stan zöge er es jedoch vor, sich das Trading selbst beizubringen.

Hofner, der, wie Sander und Philip, Hektor an diesem Tag zum ersten Mal begegnete, prüfte dessen Blick sehr aufmerksam; wohl wissend, dass durch die Diskrepanz zwischen der Einfachheit der Antwort und der Komplexität ihrer Herleitung eine *gleichzeitig* ehrliche *und* einfache Beantwortung der Frage Hektors nicht wirklich auf die Schnelle möglich war, und aufgrund der Tatsache, dass es sich hier um Johns Geburtstagsfeier und nicht um ein Arbeitstreffen handelte, entschied er sich für eine schnelle, kompakte – und äußerst schmale Erwiderung: »In den kommenden Jahren wird für unseren Stan über die Betrachtung der Charts und allen damit verbundenen fachlichen Fragen hinaus die Suche nach ...«, Hofner blinzelte und suchte nach dem griffigsten Begriff, »... nach seinem *inneren* oder *allabendlichen Frieden* wesentlich werden. Er wird es sein, welcher zunehmend für die kommenden Jahre immer mehr der erste aller seiner Wünsche sein wird, der laut und lebendig aus jeder Ader und jedem Nerv seines Wesens sprechen, ja nahezu *schreien* wird und der ihn durch den ganzen Lauf seines weiteren Traderlebens bis zum letzten seiner Trades begleiten wird!«

Während Philip aufhorchte, denn da war es wieder ... das, wenn auch etwas geschwollen klingende, Wort: *allabendlicher Frieden*, stellte Hofner lächelnd Blickkontakt zu Philip, Nick und Sander her. »Was ich gesagt habe, stimmt doch, oder?«

Philip, das Kinn auf die Faust gestützt, nickte Hofner zu und sah dann Hektor mit einem Blick an, den dieser nicht zu deuten wusste. – *Mein Junge, du hast noch viel vor dir!* Während eines Handelstages, so Philip in Gedanken und Hektor weiter im Blick festhaltend, werden in jedem Augenblick so viele Worte gesprochen, um die persönlichen Wünsche als Händler auszudrücken – eines war aber nur selten darunter: *innerer* oder *allabendlicher Frieden*. Vom Beginn seiner eigenen Karriere durfte auch Philip von sich zu Recht behaupten, dass alle möglichen, auch die leidenschaftlichsten Worte und Ausdrücke, selbst die verwickeltsten, ja sogar deutlich als reine Ausnahme gekennzeichneten Beziehungen gleichzeitig in seinem Tradingtagebuch geschrieben standen und vor dem Spiegelbild geflüstert wurden, zum Beispiel: »Z a-u-b-e-r-r-e-g-e-l-w-e-r-k« oder »Nie mehr Minustrades!« oder der »Mega-Mega-Monstertrade«, sodass sich diese höchstpersönlichen geflüsterten Wünsche geradezu durch schöne statistische Kurven in ihrer Massenverteilung über den ganzen Handelstag darstellen ließen. Niemals aber sagte er zu einem anderen Tradinganfänger: »Erzähl mir, wie du deinen allabendlichen Frieden findest« oder »Bitte ... erlös mich von meinen unendlichen Gedankenschleifen!« Man hätte ihn einst an seinen Handelsplatz binden und hungern lassen können, man hätte ihn nach monatelanger Tradingabstinenz zusammen mit Tausenden Fachbüchern vor Tausende flackernde Chartmonitore setzen können: Alle Wörter der Welt hätten sich in seinem Mund versammelt, aber bestimmt hätte er nie das Wort »Frieden« ausgesprochen, obgleich, so Philip nun Jahre später in Gedanken, weder gegen das Wort an sich noch inhaltlich irgendetwas dagegen einzuwenden wäre. Und wirklich, wenn er sich hier und jetzt fragte, wo er, außer in der Kirche, schon von »Frieden« habe reden hören, so war das in Politik und Zeitungen gewesen. Auf diese Art wurde ihm deutlich, dass es sich um ein natürliches, einfaches und menschliches Geschehen handelte, was mit solchen Worten ausgedrückt wurde und daher eigentlich nichts »Abstraktes« repräsentierte ... aber er kam nicht dazu, seine Gedanken zu Ende zu denken, denn:

Am Tisch hatte sich jetzt darüber eine immer heftiger werdende Diskussion entwickelt, und Hofner, der das langwierigste Kapitel in einer Traderkarriere – die Suche nach dem *allabendlichen Frieden* – ursprünglich gar nicht hatte vertiefen oder gar hinreichend erklären wollen, musste plötzlich zur Kenntnis nehmen, dass er damit eine Kontroverse – natürlich eine Kontroverse zwischen Tradinglaien, -anfängern und fortgeschrittenen Tradern – entfacht hatte, die mit den ursprünglichen Sondererörterungen über Stans Erlebnisse nur noch in einem lockeren Zusammenhang stand. Matthew und Connor, beides sehr erfahrene Händler aus einem befreundeten Handelsbüro, die große Mandate verwalteten, waren, genau wie Johnson, ein hoher Bankbeamte um die sechzig, sowie Gustav, dessen Arbeitgeber ein asiatischer Hedgefonds war, nun zugegen und setzten sich dazu. Die Teilnahme an der Diskussion war rege, obgleich nicht alle dem Gegenstand »Börse« fachlich gewachsen waren – Herr Wehnert zum Beispiel, ein älterer Deutscher, der sein Weinglas mit einer kräftigen, aber doch schon altersfleckigen Hand umklammerte, war es ausdrücklich nicht. Die Herren Bellier und Bonnet, Verwandte Johns aus Frankreich, ebenfalls nicht. Und auch Herr Sontaya, ein thailändischer Freund, hatte mit dem Börsenhandel herzlichst wenig zu tun. Doch eine Kontroverse, die geführt wird, als ob es »ums Leben« gehe, außerdem aber auch mit Witz, Schliff und Gedankenfülle wie ein elegantes »Wettspiel« – und so wurden Dispute, bei denen Hofner oder John anwesend waren, schon immer geführt –, ein solches Gespräch war selbstverständlich an und für sich unterhaltend anzuhören, auch für denjenigen, der weniger in die Materie involviert war und daher Tragweite und Tiefsinn nur sehr undeutlich absehen konnte.

Philip hörte mit gesteigertem Interesse den sehr verschiedenen Auffassungen zur Begrifflichkeit des *allabendlichen Friedens* zu, in deren ersten Thesen die Nichttrader, aber auch die Tradinganfänger diesen schlicht mit den Begriffen »Glück«, »Begeisterung«, »Spaß« und »Wohlgefühl« gleichsetzten und aus ihrer Sicht damit begründeten, dass der von Hofner angesprochene *allabendliche Frieden* für einen Händler sicherlich dann gegeben sei, wenn der Tag mit glücklichen Momenten gespickt war. Und nachdem die Nichttrader und Tradinganfänger am Tisch ihre Mutmaßungen kundgetan hatten, erwarteten sie nun von den anwesenden fortgeschritteneren Händlern Antworten, welche auch sogleich kamen. Während am Tisch die verschiedenen Meinungen wild rotierten, stellte Philip fest, dass die unterschiedlichen Äußerungen zeigten, was er auch selbst schon gedacht hatte, nämlich dass egal, was man über den *allabendlichen Frieden* zu sagen wusste – und dies galt auch für die hier in der Runde dafür gehaltenen Begriffe des »Glücks«, der »Begeisterung« oder des »Spaßes« –, dies im Börsenhandel alles andere als einen eindeutig fachlichen Ausdruck darstellte und dieser Ausdruck die unterschiedlichsten Rollen und Ansichten beinhalten konnte. – *Na ja!*

Irgendwann war nun auch Philip als erfahrener Händler an der Reihe, denn ein vor dem Bücherregal stehender, Philip bisher unbekannter älterer, grau melierter Herr, dessen Anwesenheit er jedoch bereits zu Beginn des Gesprächs aus dem Augenwinkel wahrgenommen hatte, verbarg nur mit Mühe eine fröhliche Neugierde zwischen den Falten seines braungebrannten Gesichts und fragte: »Na, junger Mann, was meinen denn Sie, ist der *allabendliche Frieden?*«

»Mhmm ... Nun, ich denke ...«, und Philip begann, sehr zur Freude der anderen erfahrenen Trader, mit einer *vorerst* ganz guten Steilvorlage, indem er der Tischrunde erklärte, dass er sich schon seit Längerem – und besonders intensiv in den letzten Tagen – Gedanken darüber gemacht habe. Früher habe er selbst ebenfalls angenommen, »Glück« oder »Begeisterung« seien dem vom Hofner erwähnten *allabendlichen Frieden* gleichzusetzen. Nach langen Überlegungen und gesammelten Erfahrungen sei er indes zu der Erkenntnis gelangt, dass der wirkliche *allabendliche Frieden* als Trader von den Begriffen »Glück« und »Begeisterung« strikt getrennt werden müsse! Von seiner eigenen Rede mitgerissen und ganz in seinem Element, rutschte Philip etwas nach vorn und erklärte – vorausschickend, dass es nun etwas »trocken« werden würde – zunächst, weshalb der hier vorgeschlagene Begriff des Glücks für ihn zwar seine ernsthafte Berechtigung im Börsenhandel besäße, aber dennoch definitiv *nicht* als rechte Bezeichnung für den hier angesprochenen *allabendlichen Frieden* dienen könne. Zur Begründung seiner Ansicht schlug er vor, dass es von Vorteil sei, die Rollen, welche die Begriffe von »Begeisterung« oder »Glück« im Trading übernahmen, in *zwei* Begriffsfelder zu unterteilen: zum einen war da jenes *akut* aufflackernde »Triumph- oder Glücksgefühl«, welches einen Händler sowohl nach einem einzelnen positiven Trade als auch nach einem positiv beendeten Handelstag befiel, mithin jener Zustand des kurzfristigen Glückgefühls, in welchem sich der Trader seiner Rolle als *aktiver Händler* in höchstem Maße selbst bewusst war. Zu dieser Art zählte Philip auch jenes Gefühl, das einen Händler »himmelhoch jauchzend«, voller Hingabe und Erwartung, in wenigen Sekunden *den Mega-Trade* zu finden, seine Rechner hochfahren ließ. Beide Formen dieses kurzzeitigen Glücksgefühls drängten sich dem Bewusstsein des Händlers in Form plötzlicher Euphorie auf und durchzuckten ihn wie ein Blitzstrahl, obwohl eigentlich ein vielleicht eher ausgeprägt »öder Handelsverlauf« stattgefunden hatte oder noch stattfand beziehungsweise zu erwarten war. Kurzum: Die innere Wahrnehmung kann vom Handelsverlauf selbst völlig entkoppelt sein.

Neben dieses »Akut-bewusst-Glücklichsein« stellte Philip als zweite Art des Glücklichseins die Form der *Versenkung* oder auch *Hingabe* vor den Charts, deren Charakteristik er so beschrieb, dass man seiner selbst nur gelegentlich, in seltenen reflektiven Momenten bewusst wurde, oder anders: Bei dieser Art des Glücksgefühls war die Aufmerksamkeit durch den Chart fest gebunden und schwang mit diesem so im Rhythmus, dass Philip diese Form des Glücksgefühls – etwas pathetisch und kompliziert ausgedrückt – als »tiefgehendes, instinktiv gefesseltes Einssein mit dem nie abreißenden Strom der sich entwickelnden Perioden und Bars« beschrieb, wobei »gefesselt« hier im Sinne einer eingeschränkten Bewegungsfreiheit – vor allem die des Selbstbewusstseins, des Denkens an das eigene *Ich* – gemeint war. Damit machte den wesentlichen Teil dieser zweiten Art der Glückserfahrung, gleichsam spielenden Kindern, das Glück der Selbstvergessenheit aus; wenngleich man als »sich hingebender« beziehungsweise »gefesselter« Trader nur *deswegen* glücklich fühlte, weil man sich selbst das Glück indirekt beziehungsweise rückblickend zusprach, gewissermaßen beim zeitweiligen Auftauchen aus dem Strom der wackelnden Charts, denen man sich anheim gegeben hatte wie ein Schwimmer dem Wasser. Philip ließ seine Worte kurz wirken und prüfte mittels Augenkontakt, ob er den ein oder anderen Zuhörer bereits verloren hatte, und fügte sodann erklärend hinzu, dass man – anders als bei der erstgenannten Art des »Glücksgefühls« – die zweite auch kennen könne, *ohne* etwas darüber zu wissen, denn *Wissen* war dabei keineswegs notwendig; dieses Glück des *Gefesseltseins* entzog sich sogar jeglicher Zielvorgabe und Planung, war demnach nahezu begrifflos und nicht einmal daran gebunden, dass man sich selbst als glücklich beurteilte.

»Wichtig ist aber nun Folgendes, …«, betonte Philip und erklärte, während der ältere Herr am Bücherregal Hofner fast unmerklich anerkennend zunickte, dass für ihn beide Formen, also sowohl das mit einer gesteigerten Bewusstheit verbundene – Philip nannte es zur großen Freude Hofners – »episodische« Glücklichsein als auch das mit einem gedämpften Bewusstheit verknüpfte Glück der Versunkenheit oder Gefesseltheit eher zur Kategorie der Empfindungen oder Stimmungen gehörten. Und wenngleich Philip, was er in einem Nebensatz hervorhob »sicherlich *nicht* in Wortklauberei enden wolle«, so handelte es sich in beiden Fällen für ihn dennoch »nur« um *innere* Zustände. Wenn auch zugegebenermaßen um Zustände äußerst komplexer Art, welche, obwohl aus Aktivitäten vor den Monitoren entspringend, etwas Passives, Rezeptives, sich teilweise einer direkten, willentlichen Steuerung Entziehendes, besaßen. »… und genau in dieser fehlenden Steuerung«, Philip erhob sein Glas, »besteht für mich der tiefgreifende, kategorische Unterschied zum – wie es der Name schon sagt – *allabendlichen Frieden*!«

Während Philip nach dieser Rede seinen strohfarbenen Wein genoss, griff Hektor in der nun einsetzenden, nachdenklichen Stille ebenfalls nach seinem Glas und erhob es wie Philip vor ihm. Von Philips Worten gelangweilt, rollte er unbemerkt mit seinen Augen und meinte: »Ja-aa … toll – jetzt wissen wir, was er nicht ist! Aber was ist er denn nun, euer *allabendliche Frieden*?«

Uff!

Tja, wo er recht hat … also, was ist dieser bisher eher krampfhaft diskutierte »allabendliche Frieden« tatsächlich? – Philip bog den Kopf aus der Linie, auf der sich Hektors Blicke mit seinen eigenen bisher getroffen hatten. Manchmal meinte Philip, es zu wissen, einen Moment später jedoch hielt diese Vermutung allerdings keinem weiteren Gedanken mehr stand. Aber auch wenn er selbst nicht zu hundert Prozent genau wusste, um was es da ging, so wusste er dennoch, dass auch viele der anderen fortgeschrittenen Händler, die er bis jetzt auf seinem Weg getroffen hatte, trotz ihrer – den Handel betreffenden – fachlich fortgeschrittenen Fähigkeiten nichts damit anzufangen wussten. Philip erkannte es daran, dass sie trotz ihres Fachwissens ebenfalls nicht glücklich, nicht zufrieden waren; sie hatten an allem etwas auszusetzen, überall geschah ihnen zu wenig oder zu viel, und die Dinge – ihr *eigenes* Trading betreffend – schienen niemals stimmig. Irgendwie glichen sie stets jenen unglücklichen empfindlichen Leuten, die ständig dort sitzen, wo es zieht.

Tja, was verbirgt sich hinter dem allabendlichen Frieden?

Sicherlich hätte Philip einige seiner diesbezüglichen Vermutungen äußern können, blickte aber nach wie vor stumm in Hektors fragendes Gesicht und strich sich mit den Fingern über die Augen. Hilfe suchend schaute er erst zu Hofner, dann zu Sander und zu guter Letzt zu dem am Klavier sitzenden Torbach und tat dann, als hätte er etwas am Saum seines Hemdärmels zu schaffen.*Hmm …*

Hofner erkannte, dass Philip selbst um die Lösung dieser Frage rang und daher nichts dagegen haben könne, wenn er das Wort übernahm, und vermittelte, zur Beruhigung der Diskussion und um eine unangenehm werdende Pause zu umgehen, einige Anhaltspunkte, welche sich jedoch abermals *lediglich* in einer relativ kurzen und eher *oberflächlichen* Antwort vereinigten. Mit ruhiger, fast schon verträumter Stimme erklärte er, dass für den einen Trader der *allabendliche Frieden* seit Anbeginn die Qualität eines gelungenen Lebens bedeute, sprich: das eigene *ganze* Dasein als Trader glückte. Dann erklärte er weiter, dass, wo dieses gelungene Dasein geschah, man das Leben als Trader zu Recht »erfüllt« nennen konnte, denn hier ging es *nicht* um das in der Runde bisher beschriebene »Glück«, das einem lediglich zufällig »widerfuhr«. Abgesehen davon, dass ein solches »akutes Glücksgefühl« nicht nur ein seltsamer, sondern eigentlich auch ein ungern gesehener Gast war, konnte es in seiner Penetranz sogar ausgesprochen irritierend sein; etwa dann, wenn es sich um ein bloßes subjektives Empfinden handelte, ein *Sich-wohl-Fühlen* ausgelöst vom »Lottoglück«, sprich: einem glücklichen Zufall mit ein paar Dollars aus ein paar positiven Trades, ausgeteilt von der launischen Fortuna. »Beides, ein *positiver Handelsverlauf* und eine *behagliche Zufriedenheit*, mögen tatsächlich im *Beiprogramm des allabendlichen Friedens* eine Rolle spielen«, fuhr Hofner, dabei Philip zuzwinkernd, fort. »Aber wesentlich für diesen ist, dass es sich hierbei *nicht* um periodische, von Einzeltrades bedingte Zustände, sondern um …«, er hielt nach dem rechten Wort suchend kurz inne, und Torbach, der bereits vor einer Weile mit dem Klavierspiel aufgehört hatte, warf mit einem feinen Lächeln ein: »… *Urteile handelt!*«

»*Urteile?!*« Mit der rechten Hand gerade wieder in die Schale mit Erdnüssen greifend, verschluckte sich Hektor, den das Thema irgendwie zu langweilen begann, fast an einer Nuss in seinem Mund. »Was bitte für … *Urteile*?«

»Ja, *Urteile*!« Hofner nickte in Richtung Torbach und fuhr, sich Hektor zuwendend, fort: »*Urteile* ist genau das richtige Wort! Nämlich Urteile über die *Gesamt*qualität eines Lebens als Trader. Es geht also um die *äußeren* und um die *inneren* vom Chart bedingten Zustände eines Traders. Es geht um den Einzeltrade und den Handelstag nur insoweit, als sich dieser …«, Hofner hob die Stimme und wiederholte, während des Sprechens in die Runde blickend, »… als sich dieser als einer von Tausenden, die noch kommen werden, in einem Gesamterleben über Monate, Jahre und Jahrzehnte niederschlägt!« Mit seinen Worten verdeutlichte er, dass das Zusprechen von »Glücklichsein« beim *allabendlichen Frieden* demnach aus einem zusammenfassenden Urteil entspringe und nicht aus dem aktuellen Bewusstmachen von Empfindungen oder Stimmungen infolge eines *einzelnen* Trades – was entsprechend gravierende Folgen für den Wahrheitsgehalt und die Chancen der entsprechenden Aussagen nach sich ziehe.

Beifällig nickend begann Sander, einen Tradinganfänger nachzuahmen: »Hey, ich habe gerade tausend Dollar verdient – bin ich nicht ein toller Trader?! *The KING of the CHART … yeaaah!* Jetzt ist es bewiesen: Ich hab's drauf! Ab jetzt beginnt für mich endlich das Lebenskapitel ohne Güterknappheit! Ab jetzt gilt nur noch mundgerecht angebotener Überfluss im strengsten Wortsinn!« Sander wechselte von der triumphierenden wieder in seine normale Tonlage. »So funktioniert das nicht!«, sagte er und verwies darauf, was den erfahrenen Tradern ohnehin bereits klar war: Weil ein einzelner Tag oder eine ganze Handelswoche ein glückliches Ende genommen hatte, galt für sie noch lange nicht das landläufige »Ende gut, alles gut«. Denn wie im normalem Leben bildet auch im Börsenhandel das Finale nicht die ganze Sinfonie, konnte ein Zeitabschnitt nur als *Ganzes* mit Begriffen wie »glücklich« oder »unglücklich« definiert werden

»Genau!« Hofner nickte bestätigend zu Sanders Worten und meinte, dass entscheidend sei, dass man sein Leben als Trader in *allen* Facetten persönlich in die Hand nehme und als Trader die Sache, die man Leben nannte, nicht nur in der *aktiven* Zeit *vor* den Monitoren, sondern *vierundzwanzig* Stunden gut mache, und Hofner spielte damit – wenn auch unausgesprochen – auf einen *tiefgreifenden* Fehler vieler Trader im Umgang mit ihrem Trading, speziell den Umgang mit der Großwetterlage an, nicht ahnend, dass er zu dessen Erklärung sowohl an diesem als auch an den kommenden Tagen noch ausführlich Gelegenheit bekommen sollte. Absichtlich übertrieben nannte er es sodann die »Lebenskunst als Trader«, wobei er Wert darauf legte, festzustellen, dass hierunter natürlich kein Beitrag der schönen Künste oder Kunst im Sinne von Handwerk, sondern vielmehr die Kunst der gesamten Lebensführung *zuzüglich* der Anwendung des praxisorientierten Fachwissens gemeint war. Hofner wusste sehr genau, dass dieses Thema nicht durch die paar wenigen, wenn auch richtigen Sätze erklärt werden konnte, diese konnten nur eine sehr oberflächliche Antwort darstellen, Dennoch hoffte er, dass sich die Tischrunde damit nun endlich damit zufrieden geben mochte. Er fasste das bisher Gesagte abschließend damit zusammen, dass für ihn als Trader ein Urteil über »Glück« und »Unglück« einzig und adäquat nur dann möglich sei, wenn aus der *Gesamtheit* der einzelnen Trades eine Summe gezogen werden könne und würde, in der *alle* Episoden des Lebens als Trader vor den Monitoren gleichberechtigt berücksichtigt wurden. Um zu demonstrieren, dass dieses Thema für ihn damit beendet war, ergriff er sein Glas, wandte sich Torbach zu und wollte fragen, was das Klosterleben fernab der Charts so mache.

Doch es kam anders …

Ganz anders!!!

Denn während Hofners Worte an dem einen Ende des Tischs Zustimmung erfuhren, führten sie am anderen Ende zu Verstimmung. Hektor zum Beispiel hatte Hofners Antwort zwar verstanden, konnte diese aber absolut nicht mit dessen vorheriger Aussage »… neben der fachlichen Ausbildung ist dies das langwierigste Lernkapitel in Stans Ausbildung« in Verbindung bringen. »… *Lebenskunst … Glück … Unglück … allabendlicher Frieden …* Ich komme mir vor wie in der Philosophiestunde. Was soll das nur? Macht ihr da nicht etwas viel Brimborium und geschwollene, hochtrabende Worte drumherum? … Von wegen *Mystik der längsten und durstigsten Strecke* und so?«, fragte Hektor ernster, als es diesem Gespräch bisher zukam, woraufhin nun auch bei einigen der anderen Anwesenden die Frage aufkeimte, ob da vorhin nicht etwas – vielleicht sogar absichtlich – zu dick und nebulös aufgetragen worden war …

Huii …

»*Mystik?!*« Hofner schüttelte unwillig den Kopf und beeilte sich, erneut zu versichern, dass die Frage nach der *inneren Ausgeglichenheit* und dem *allabendlichen Frieden* zu jenen Fragen eines fortgeschrittenen Traders gehöre, die dieser mit sich herumtrage, ja geradezu wie eine schwere Last mit sich herumschleppe, um sich, je länger er an Jahren dabei sei, umso mehr nach einer Antwort zu sehnen – und dies aus einigen Gründen sogar schon fast aus *Notwendigkeit*!

»*Notwendigkeit?*«, ätzte Hektor, auf seiner Seite des Tischs nach Beifall heischend, zurück.

»Ja, Notwendigkeit!« Ohne auf Hektors verbale Attacke näher einzugehen, wandte sich Hofner stattdessen der Platte mit Häppchen zu, die gerade von einer der Serviererinnen auf seiner Seite der Sitzlandschaft angeboten wurde. Dann sagte er: »Jeder Händler, der im jahrelangen Alltag vor und mit den Charts Stress, Mühsal und nahezu einen Nervenzusammenbruch erleidet, sehnt sich nach einem Zustand, in dem nicht bloß das gegenwärtige – ich nenn es jetzt mal – *Elend*, sondern alle nur denkbaren Mühen und Plagen und davon besonders die endlosen Gedankenschleifen endlich aufgehoben sind.« Hofner blickte in die Runde und fand in so manchem leichten Kopfnicken eine Bestätigung seiner Worte. »So, und was sagt uns das?«

Die Anwesenden, die bestimmt eine Antwort hätten liefern können, zogen es vor, schmunzelnd zu schweigen. »Nun«, fuhr Hofner fort, seine Frage selbst beantwortend, »es könnte ein Indiz dafür sein, dass es sich bei solchen Fragen wie: *Was wünscht man sich vom Leben als Trader?* … *Was will man?* … und: *Was ist der allabendliche Frieden?* … *Wie führt man ein glückliches Leben als Trader?*, um ein wahrhaftes und echtes Problem handelt. Eines, das, um eine endgültige Klärung und nachhaltige Lösung zu erfahren, vieler Jahre des Nachdenkens bedarf; was meiner Meinung nach zu Recht als ein langwieriger Weg angesehen werden kann!«

»Also, liebe Leute! Ich … ich versteh' hier jetzt gar nichts mehr!« In Hektors Augen war immer noch ein gewisses Unverständnis und eine steigende Gereiztheit über die Zähigkeit des Themas zu lesen. »Glücklich sein kann doch nicht sooo schwer sein?! Die Absicht, dass ein Trader *glücklich* ist, ist wohl nach Ihrer Meinung im Schöpfungsplan eines Händlers nicht vorgesehen?« Damit sorgte er für herzliches Gelächter – vornehmlich unter den Tradinglaien und -anfängern –, und als sich dieses gelegt hatte, machte Hektor keinen Hehl daraus, dass er nach wie vor nicht verstand, weshalb diese Frage zu den *schwierigsten* für einen Händler gehören sollte, und dass ihm in der Folge schon gleich gar nicht klar war, welchen *praktischen* Beitrag zur Beantwortung der Frage »Was wünscht man sich vom Leben als Trader, was will man?« von Hofner als »Ausbilder« denn konkret geleistet werden könne. »… das ergibt doch alles keinen Sinn!?«

Auch Herr Wehnert, der ältere Mann zur Rechten Hektors, hatte, obwohl er noch nie in seinem Leben ein Chart aus der Nähe gesehen hatte, das Gespräch dennoch mit großer Freude verfolgt und stellte, angeregt durch Hektors Ironie, nun ebenfalls eine Behauptung in den Raum: »Kann es denn nicht sein, dass der als lang und schwer beschriebene Weg ein Indiz dafür ist, dass es sich hierbei um eine Frage handelt, die von einem Trader gar nicht ernsthaft geklärt, geschweige denn *jemals* befriedigend beantwortet werden kann, da die bisher noch nicht erwähnte Tatsache, dass die Frage nach dem *Glück* und der *Zufriedenheit* auch eine der seit Jahrhunderten ungelösten Grundfragen der Philosophie darstellt, als Hinweis darauf gedeutet werden könnte, dass ein Händler sich hieran einfach vergeblich die Zähne ausbeißt – was meinen Sie?!«

Hektor, ohne sich bewusst zu sein, dass er eine hier ziemlich unübliche Großmäuligkeit an den Tag legte, klatschte sich auf die Knie, griff mehrfach in die vor ihm stehenden Schälchen mit Nüssen und nuschelte lautstark mit vollem Mund: »Ha, dann steht ja meine Frage erst recht: *Was* und *wie* soll ein Tradingausbilder seine Schützlinge in dieser Hinsicht denn lehren können?!«

Plötzlich Stille.

Hektor kaute auf seinen Nüssen, und sein Blick ließ erahnen, was er dachte: »So viele Sätze um nichts! Null praktischer Anhaltspunkt!«

So wie alle anderen richtete nun auch Philip seine Augen auf Hofner. – *Oje.* Ohne dass Philip Hofners Antwort kannte, war ihm die radikale Konsequenz einer derart gestellten Frage dennoch vollkommen klar, denn: *Wie* sollen einem Händler dominierende Weisheitslehren und Anweisungen zum persönlichen *allabendlichen Frieden* gegeben werden können, und *wer* sollte dies tun? Und noch bevor Hofner antworten konnte, krähte Hektor, mittlerweile immer mehr Gefallen an seinen Provokationen findend, hinterher: »Wenn Zufriedenheit mit dem eigenen Leben als Trader seinem Inhalt nach von Händler zu Händler stets hochgradig individuell bestimmt ist, kann es irgendwelche allgemeinen Anleitungen, außer solch rein formalen wie wenig hilfreichen wie: *Jeder soll nach seiner Fasson selig werden*, doch gar nicht geben. Euer *allabendlicher Frieden* ist und wäre also eine reine Geschmackssache, über die sich demnach weder streiten noch Verbindliches sagen lässt! Also, was will oder kann man da langatmig mittels Praktikum *l-e-h-r-e-n*?«

Erneute Stille.

Hektor schob das nun fast leere Schälchen Nüsse von sich, griff nach der von Hofner mit dem Handelssetup bemalten Serviette und fuhr fort, dass schon alleine *deswegen* eine Ausbildung wohl weit schneller beendet sein müsste, als allgemein behauptet wurde, und dies exakt einer der Gründe sei, warum *er* sich das Trading *selbst* beibringe, denn: »Wie hier deutlich zu erkennen ist, gibt es keinen Grund für dieses mystische …«, hier wechselte sein Ton von ironisch zu sarkastisch, »*das dauert sooo lange* … und all die ganzen bisherigen hochtrabenden Worte!«

Ein Raunen ging durch die Runde, und während das Gespräch am Tisch gänzlich verstummte, spielte Torbach, wie zur Untermalung der am Tisch herrschenden Stimmung, leise einen dissonanten Akkord und legte anschließend die Hand, mit der er die Klaviertasten leicht berührt hatte, in den Schoß.

Das Gespräch war an einer entscheidenden Stelle angelangt, denn Hektor überlegte sichtlich krampfhaft, ob er einfach aufstehen und die Tischrunde verlassen solle, denn er hielt das bisherige Gespräch für eher vertane als nutzvolle Zeit!

Plötzlich trat John, der den Wortwechsel von den anderen bisher unbemerkt vom Türrahmen aus verfolgt hatte, mit dem – hauptsächlich an Hektor, aber auch an Wehnert gerichteten – Ausruf »Mo-moment! Moment!« an den Tisch. Neben Wehnert, der bereitwillig zur Seite rückte, Platz nehmend, klopfte er sich seelenruhig eine Zigarette aus seiner Packung, und während er sie mit einem kleinen Kopfschütteln ansteckte, nahm er Blickkontakt zu Hofner auf und fand bestätigt, was er schon vorher vermutet hatte, nämlich dass Hofner sicherlich mehr als abendfüllende Antworten parat hatte, aber aus Achtung vor John und dessen Feier aus dieser Geburtstagsrunde keine Tradingfachrunde machen wollte und es daher vorgezogen hatte, sich zurückzuhalten. John nahm einen tiefen Zug und gab Hofner durch ein von einem feinen Augenzwinkern begleitetes Nicken zu verstehen, dass er durchaus nichts gegen ein ausführliches Gespräch einzuwenden hatte. Im Gegenteil: Jedem, der ihn genauer kannte, war beim Anblick seiner funkelnden Augen klar, dass er sich bei solchen Themen in seinem Element befand und kontroversen Meinungen durchaus gekonnt entgegenzutreten wusste. Das stellte er auch sogleich dadurch unter Beweis, dass er die Anwesenden ganz beiläufig auf eine – nur auf den ersten Blick und nur scheinbar kleine – Unterscheidung hinwies, nämlich jene zwischen den Fragen, *was* der *allabendliche Frieden* im Allgemeinen sei und was er bedeute, und der Frage, *woraus* ein Händler seinen *allabendlichen Frieden* schöpfe, sprich: was seinen Frieden konkret ausmache. Aus Johns Sicht betraf die erste Frage das, *was* ein Trader sucht, wenn er den *allabendlichen Frieden* sucht, und die andere das, *worin* er den Frieden findet, wenn er ihn denn findet.

Außer Hofner, Sander, Connor, Matthew, Nick und Torbach sahen alle Anwesenden – Philip eingeschlossen – schweigend an die Decke und grübelten über Johns zugegebenermaßen recht feinsinnige Unterscheidung nach und fragten sich, was für einen Vorteil diese feinsinnige Art der Aufspaltung für das eigene Trading habe …

WAS sucht ein Trader, wenn er den allabendlichen Frieden sucht?

Und: WORIN findet er den Frieden, wenn er ihn denn findet?

Und während der eine oder andere am Tisch das Wort *allabendlicher Frieden* schon nicht mehr hören konnte, musste Philip nach einer Weile des – zugegebenermaßen bereits schwermütigen – Nachdenkens zugeben, dass es sich hierbei wirklich um zwei *unterschiedliche* Fragen handelte. Er nahm sein Glas, ließ den Inhalt leicht darin rotieren und überlegte, ob es sich bei den vor einigen Tagen vernommenen Worten Torbachs zum persönlichen »Wozu« und der dazu gestellten Frage: »Verheizt du die Axt als Brennholz, oder benutzt du sie, um Brennholz zu gewinnen?«[84] und dem hier angesprochenen Thema des *allabendlichen Friedens* um ein und dasselbe oder um zwei voneinander zu trennende Themen handelte. – *Hm?!* Philip erinnerte sich, dass ihm erst durch die Begegnung mit Torbach richtig bewusst geworden war, dass Händler ihr persönliches »Wozu« für diesen Beruf und dessen Anwendung in *sehr* unterschiedlichen Dingen finden konnten und fanden. Dies zeigte deutlich ein Blick auf die verschiedenen Tradertypen, so Philip in Gedanken rückblickend: Kennzeichnend für Frank aus Janis Büro war zum Beispiel die enge Verbindung, die er zwischen Mathematik und der allgemeinen Datenfülle identifizierte; den »Königsweg« für sein »Wozu« sah er daher in der produktiv schöpferischen Tätigkeit des kraftvollen Tüftelns und erfolgreichen Meisterns von Herausforderungen. Für Nick war die vorherrschende Glücksauffassung dagegen fast genau umgekehrt gepolt. So hatte etwa für ihn die Dimension der Nähe gegenüber den Charts stark an Bedeutung verloren. Während hingegen in der Welt Farmers – jenem Trader, der allein zu Hause vor den Rechnern saß – genau diese an Bedeutung immer mehr zu-

84 Diesbezüglich sei auf DER HÄNDLER Band 5 verwiesen.

genommen hatte. Und während Nick das In-Ruhe-gelassen-Werden und die Abwesenheit von Charts & Co. wichtig war, war es für Farmer undenkbar, seinen Arbeitsplatz zu verlassen.

Hm!?

Auch wenn sich am Ende des gemeinsamen Tages mit Torbach für Philip herausgestellt hatte, dass es keine konkretere Anweisung zum »Wozu« geben konnte als die, nach seiner eigenen, persönlichkeitsbedingten Fasson selig zu werden, so spürte er in Johns eben gesprochenen Worten dennoch, dass es keineswegs ausgeschlossen war, dass sich über das, was man als Trader den *allabendlichen* oder *inneren Frieden* nannte, und das, was man suchte, wenn man es denn suchte, doch eine Reihe von durchaus erhellenden und diskutierbaren Aussagen machen ließ, die den Grundstock zu einer Philosophie über den *allabendlichen Frieden* als Trader liefern konnten, weshalb dieses Thema nur wenig bis nichts mit der bereits erschlossenen Frage des »Wozu« zu tun hatte!

John ließ die Stille über der Sitzlandschaft noch etwas liegen, und während die Anwesenden über den feinen Unterschied beider Fragen nachdachten, überlegte er ebenfalls angestrengt: Er benötigte eine Art argumentativen Schlachtplan, denn bei dem momentanen Gesprächsstand konnte es, auch wenn dies nicht mehr sehr wahrscheinlich war, bei seinem Schützling Philip hinsichtlich der Existenzberechtigung eines Ausbilders möglicherweise noch genauso zu einer Erklärungsnot kommen, wie sie zum Beispiel bei Hektor und einigen anderen Mitgliedern der Runde so unverkennbar wie unvertretbar vorlag. John wusste, dass die Argumentation *schwierig* werden würde, denn schon zu Beginn des belauschten Gesprächs war ihm klar geworden, dass es sich hier nicht um einen Erfahrungsaustausch, sondern um eine elementare Diskussion zwischen *Anfängern* und *Erfahrenen* handelte und er sich seinem Ziel daher nur über Umwege nähern konnte. Aber da er heute Geburtstag hatte und deswegen allerbester Laune war, hatte er sich vorgenommen, es darauf ankommen zu lassen, und tatsächlich, wenige Augenblicke später hatte er sich einen Plan zurechtgelegt, mit dessen Hilfe er Hektor beweisen wollte, dass der innere Frieden ein paar erstaunliche fachliche Anforderungen an einen Trader stelle und dass auf dem Weg dahin sich ein jeder Trader auf der Welt mit zwei umfassenden Fragen auseinanderzusetzen habe ... Und da John die Tradingurgesteine unter den anwesenden Händlern schon lange und gut genug kannte, sollte die hierfür notwendige Unterstützung von dieser Seite kein Problem darstellen und ließ im Anschluss auch wirklich nicht lange auf sich warten!

Die erste und grundlegende Stufe zur Beantwortung der beiden Fragen »*Was* sucht ein Trader, wenn er den *allabendlichen Frieden* sucht?« und »*Worin* findet er den Frieden, wenn er ihn denn findet?« beschritt John damit, dass er auf etwas verwies, was eigentlich bereits seit Menschengedenken nicht nur ihm, sondern auch allen Anwesenden bekannt war: nämlich das generelle Paradoxon zum Thema *Glücklichsein* beziehungsweise *Zufriedenheit*, welches in der Unmöglichkeit bestand, diese durch *direktes Anstreben* erreichen zu können. John berief sich darauf, dass man nur schwer dadurch glücklich würde, dass man Glücklichsein unmittelbar erstrebe, denn: »Glücklichsein entzieht sich einer direkten Intention und Anstrengung!«

Hofner, der die argumentativ eingeschlagene Angriffsrichtung Johns sofort erkannte, verstand dessen Worte als Aufforderung zum argumentativen Kreuzfeuer und gab nun weitere und umfangreichere Schützenhilfe: »Glücklichsein gibt es gewissermaßen immer nur *ex post*, nicht *ex ante* …« Hofner zwinkerte Sander anspornend zu, schließlich galt es das *höchste*, ja nahezu das »Gipfelthema« des Tradings umfangreich anzusprechen, dessen, wenn auch bisher für viele Anwesenden noch nicht erkennbarer *praktischer Bezug* einen Tiefgang gleich dem Marianengraben des Pazifischen Ozeans hatte.

»… und niemals mit Liefergarantie!«, kam ergänzend von Sander, dem der Schlachtplan nun auch klar war.

John musste schmunzeln, denn nun wusste er, dass die beiden mit ihm am selben Strang zogen.

Hektor hob frustriert die Arme gen Himmel. »Na, das hab ich doch gemeint! Diesen…«, er verdrehte leicht die Augen, »*allabendlichen Frieden* kann man gar nicht erlernen!« Sich nun erst recht in seinen vorherigen Aussagen bestätigt fühlend, erwähnte er die Tausende von Scharlatanen, welche im alltäglichen Leben genau jene Regeln und Rezepte à la »nur so erhält man ein glückliches Leben« anpriesen. Hektor argumentierte, dass *kein* klar denkender Mensch jemals von jemandem erwarten würde, dass er ein glückliches Leben auch nur für sich, geschweige denn für andere zu *garantieren* vermöge. Noch weniger dürfe man glauben, aus den Büchern zur Lebenskunst, die ja immer mehr Konjunktur hatten, das gute, das erfüllte Leben so zu lernen, wie man aus Kochbüchern das Kochen und aus Schachbüchern das Schachspielen lernen könne.

Zur Verwunderung Hektors bestätigte John diese Aussage und gestand ihm zu, dass es eine Schule für die »Lebenskunst als Trader« sicherlich nicht gebe, und für eine solche solle sein oder Hofners Büro auch gar nicht stehen. Dann fügte er hinzu, dass dies auch zu Recht so sei, da es sich bei der »Lebenskunst als Trader« um das Gegenteil allen *fachlichen* Lernens, folglich um eine Art »Un-Fach«, nämlich das Leben als Ganzes, handele.

»*Un-Fach*? Das gefällt mir!« Hektor angelte die letzten Nüsse aus der nun leeren Schale. »Na, jetzt bin ich ja mal gespannt!«

»Nun, ich beginne mal so …«, John löffelte etwas Zucker in seinen ihm gerade gereichten Espresso. »Wie jeder junge Händler hier am Tisch habe auch ich mich anfangs ins Abenteuer, ins scheinbare Vergnügen der Charts gestürzt; es war mir gleich, was ich unternahm, sofern es nur mit vollem Einsatz geschah!« John sprach nun, sich ihrer Zustimmung sicher, direkt die erfahrenen Händler Matthew und Connor an: »Erinnert ihr euch, wie oft wir über das Thema *Stress gleich Erfolg* gesprochen haben?« Beide nickten in guter Erinnerung an unzählige solcher Abende in Johns Haus. »Es war das uns Menschen vom Alltag eingebrannte Bild, nach dem ich mich damals richtete! Doch je länger ich in Diskussion mit den Charts stand, desto deutlicher habe ich erfahren, dass dieses offensichtliche Übermaß, diese Unabhängigkeit und Beweglichkeit in allem, diese Souveränität der treibenden Teile und der Teilantriebe – sowohl die meiner eigenen als auch die der gegen mich sowie gegen die Welt der Charts gerichteten –, kurz, dass alles, was ich als Händler für eine Kraft und mich auszeichnende Arteigentümlichkeit gehalten habe, im Grunde nichts war als eine Schwäche des Ganzen gegenüber seinen Teilen. Mit ›*aktivem*‹ Bemühen und ›*aktiven*‹ Anstrengungen war gegen die Marktverläufe nichts auszurichten. Kaum wollte ich ganz aktiv und mitten in einem Trade sein, sah ich mich schon wieder an den Rand gespült!«

John rührte in aller Seelenruhe seinen Espresso um. »Das ist heute das zusammenfassende Erlebnis in allen Erlebnissen!« Er nahm einen bedächtigen Schluck. »So, und was sagt uns das?«

Nachdenkliche Stille.

John ließ einen langsamen Blick durch die Runde schweifen.

Immer noch Stille.

Er ließ nicht locker. »Los, kommt schon! Was sagt uns das?«

Der ältere Herr, der während des bisherigen Gesprächs vor dem schweren Bücherregal gestanden und Philip bereits zuvor freundlich angesprochen hatte, drehte sich, den Daumen zwischen den Seiten eines aufgeschlagenen Buches, nun wieder zu der Runde um und warf, nachdem niemand antwortete, ein: »Tja, demnach ist *alles* im Börsenhandel eine Frage von ›*Was ist Lust?*‹ … und … ›*Was ist Pflicht?*‹.« Dann zwinkerte er John und Hofner zu, nahm neben Philip Platz und gab ihm einen festen Händedruck: »Ehrenbach!«

EHRENB…

Was! WAS! W-A-S!

EHRENBACH?!

Ach du heilige Schei…

Philip bekam nur ein krächzendes »Ich grüße S-i-i-e!« heraus. – *Ehrenbach! Boah!* Sieben Jahre handelte Philip nun in dem Büro, dessen Chef Hofner war, doch noch nie hatte er den Mandatsgeber persönlich kennenlernen können. Da weder Hofner noch John viel über ihn gesprochen hatten, war Ehrenbach für die jüngeren Händler zu einer Art Mythos geworden, und nun saß dieser Mythos einfach so neben ihm …

Bo-ah!

Während Ehrenbach kurz in die Runde winkte und sich vorstellte, suchte Philip mit erhöhtem Pulsschlag den Blickkontakt zu Hofner, und dieser gab ihm mit einem für die anderen unbemerkten Kopfnicken zu verstehen, dass alles in Ordnung sei. Und während sich Philips Pulsschlag normalisierte, verlieh die gerade vorher von Ehrenbach aufgestellte Behauptung der Tischrunde erneuten Auftrieb, und gerade aus den Reihen der Anfänger wurde nun die Forderung gestellt, Ehrenbach möge Näheres erklären, woraufhin dieser, der das Gespräch von seinem Tribünenplatz am Bücherregal bisher ja aufmerksam verfolgt hatte, zum besseren Verständnis seiner folgenden Worte zunächst vorab die bisherige Ausgangslage noch einmal zusammenfasste:

Auf die Ausgangsfrage, was denn der *innerliche Frieden* eines Traders sei, habe Hofner als erste Antwort gegeben, dass sich dieser auf allgemeinmenschliche Erfahrung stütze, aber dass man bereits in den ersten Schritten der Diskussion auf schier unüberwindliche Schwierigkeiten gestoßen sei, in dessen Folge nach einer Alternative für diesen Begriff gesucht wurde. Daraufhin habe sich der aber hiervon zu trennende und vielfältige Begriff des »Glücks« und der »Begeisterung« ergeben; in der Folge seien die Anwesenden von John gebeten worden, weiter gründlich nachzudenken, um vielleicht auf einen Inhalt des *allabendlichen Friedens* zu stoßen, auf den es sich als Trader mit guten Erfolgschancen hinarbeiten ließe. John habe den Tipp gegeben, die Frage zu teilen in: *WAS sucht ein Trader, wenn er den allabendlichen Frieden sucht?* Und: *WORIN findet er den Frieden, wenn er ihn denn findet?* Die hinweisgebenden Worte Johns über seine eigenen frühen Anfänge hätten die Erkenntnis erahnen lassen, dass mit *aktiver* Arbeit und *aktivem* Stress nichts gegen die Marktverläufe auszurichten sei, und damit die Vorlage für die von Ehrenbach gestellte Aussage erahnen lassen: »Alles ist eine Frage von: Was ist Lust, und was ist Pflicht?«

Hektor, der sich irgendwie selbst zu einem der Wortführer erkoren hatte, neigte seinen Kopf von der einen auf die andere Seite und fragte dann dreist, ob sich demnach mit der Antwort auf die Frage nach *der Lust und der Pflicht* auch die alles auslösende Frage nach dem *allabendlichen Frieden* beantworten ließe und nun endlich ein praktischer Bezug erkennbar sei.

»Ich denke schon!«, konterte Ehrenbach. »Der praktische Bezug wird sich gleich herausstellen, nur … dieser will wohl gut vorbereitet sein, damit du ihn auch niemals vergisst!«, und Ehrenbach griff, *zwangsläufig* einen zugegebenermaßen »weiten« philosophischen Umweg nehmend, von seiner vorherigen Behauptung zunächst den Einzelgesichtspunkt heraus, dass ein bekanntes und weit verbreitetes Verlangen der Menschen doch sei, nach *Lust* und dem *Vermeiden von Unlust* zu streben. Dem konnte kaum jemand widersprechen, und die Fraktion um Hektor äußerte die Meinung, dass also derjenige, der rundum froh und frei von Leid sei, »glücklich« sein müsse. Ehrenbach wollte dies so jedoch nicht stehen lassen und verlangte nach einer genaueren Klärung des Begriffs »Lust«. In diesem Rahmen stellte sich schnell heraus, dass dabei leider allzu häufig nur an die *sinnliche* Lust oder Unlust gedacht wurde. Tatsächlich stand aber für Ehrenbach aufseiten der Unlust die *Gesamtheit* von Mühsal, Schmerz und Leid, von materieller und vor allem auch seelischer Not. Die positive Seite, die Lust, umfasste für ihn entsprechend das gesamte Spektrum aus körperlicher, seelischer, sozialer und geistiger Lust: von der flüchtigen Begierde über die ekstatische Wollust bis zum beständigen Wohlgefallen; von vegetativ-bescheidener Lust, frei nach dem Motto »Die Sonne wärmt mich, und ich atme ohne Beschwerden«, bis hin zum netten Abend mit lieben Menschen ebenso wie das beim Lösen kniffliger Mathematik-, Schach- oder Philosophieaufgaben empfundene Vergnügen oder die Lust am Musizieren, Malen, Lesen oder Schreiben von Gedichten bis zum Freudentaumel bei Wein, Weib und Gesang. Kurzum: Es gab die kleinere, aber nahrhafte Vollkornbrot- und die größere, aber ungesunde Praline-Freude, womit die Welt der Freuden also schon immer bunt und reichhaltig gewesen war. »Man kann also«, fasste Ehrenbach zusammen und betonte zur Verwunderung einiger seine nachfolgenden Worte besonders, »eine generelle *Lebens*freude und – Achtung: dieser ähnlich! – eine generelle *Arbeits*freude beobachten!« Ehrenbach sprach seinen Herausforderer Hektor nun direkt an: »Stimmt doch, oder?!«

Während Hektor nach einer Antwort suchte, betrachtete Philip Ehrenbach und spürte durch eine nervöse innere Feinfühligkeit, die ihn selbst immer wieder in Erstaunen versetzte, dass dieser auf etwas ganz Bestimmtes aus war, und als Ehrenbach seinen Kopf aufrichtete, übersprang er alle gedanklichen Zwischenstufen Philips, indem er gleich auf dem Höhepunkt der dringlich vorgebrachten Frage landete und in Richtung Philip und dann in Richtung des immer noch nach einer Antwort suchenden Hektors mit höchst bedeutsamem Ton sprach: »Demnach sei doch die offensichtliche Frage erlaubt: Ist es für das Ergebnis von Vorteil, wenn … Achtung: Trading *Spaß* macht?« Mit erhobenem Glas prostete Ehrenbach nach diesen Worten erst Philip, dann Hektor und anschließend der ganzen Runde zu.

Ach … du … Scheiße!

Hat er jetzt gefragt, ob … Ja, er hat!

Philip rutschte in seinem Sessel ein paar Zentimeter tiefer und traute seinen Ohren kaum, schließlich sprach dieser ältere Herr – indirekt sein Arbeitgeber! – das aus, was er nicht mal in sein Tagebuch zu schreiben wagte! Und nicht nur in Philips Kopf, sondern auch am Tisch überschlugen sich die Antworten und deckten eine Bandbreite zwischen »Ja, natürlich« – »Hm … weiß nicht« bis hin zu »*Ob Trading Spaß macht?* – Um Himmels willen!« ab.

Als sich das Tohuwabohu etwas gelegt hatte, gab Ehrenbach, damit die bisher geäußerten Ansichten des jungen Tradinganfängers Hektors angreifend, zu bedenken, dass *Lust* beziehungsweise *Spaß* kein Ergebnis sei, das am Ende des »Tradings« mal ebenso heraussprang. Lust, Spaß, *Arbeitsfreude*, oder wie auch immer genannt, mochte möglicherweise im Vollzug des Börsenhandels auftreten, hier jedoch, so Ehrenbach mahnend, weder *neben* den ursprünglichen Zielen noch *oberhalb* von ihnen! Ehrenbach gab Hektor und dessen Gefolgschaft daher nur insofern recht, als dass die Lust, verstanden als die erlebte Zustimmung zum eigenen Tun vor dem Monitoren, fast immer ein »mitlaufendes Ziel« sei, wie Ehrenbach es zunächst bezeichnete, doch dann das bessere Wort »Begleitumstand« fand. Um die Tiefe der Frage, ob es von Vorteil sei, wenn Trading Spaß mache, noch besser auszuloten, hielt er es für sinnvoll, diese noch konkreter zu formulieren. Daher fragte er provokant in die Runde, ob denn Lust und Spaß und Trading *überhaupt* miteinander vereinbar seien.

Huiii!

Philip traute seinen Ohren kaum! Und auch für die Tischrunde war es Öl in das ohnehin schon lodernde Diskussionsfeuer. Während Ehrenbach sich mit seinen letzten Worten sogar die Zornesfalten zweier Tradingneulinge zuzog – schließlich kamen seine Worte für sie fast schon einer Ketzerei gleich –, reagierten Hofner, Sander, Torbach und John mit feinem Lächeln und bestätigendem Nicken … während Philip sich fragte, wo um Himmels willen das wohl alles hinführen würde.

Ehrenbach, sich seiner Sache absolut sicher, nickte Hofner zu, und dieser verwies nun in ebenso ruhigem wie ernstem Ton darauf, dass, anders als bei erfahrenen Händlern, Anfänger fast all ihre – und selbst Fortgeschrittene immer noch viel zu viele – Trades um der Trades selbst willen ausführten und diese damit eine Art *Selbstzweck* darstellten. Was diesen Tradern also fehle, sei das, was die alten Griechen *poiesis* – Poesie – nannten. Sander warf daraufhin ein, dass vielleicht nicht jeder in der Runde sattelfest im Altgriechischen sei, und verdeutlichte Hofners Worte dahin gehend, dass unter poiesis in diesem Zusammenhang die Zweckbindung, sprich: ein das »Wozu« hinterfragendes Trading, zu verstehen sei.

Hofner, dem klar war, dass das Ganze weiterer, umfassenderer Ausführungen bedurfte, ergriff aus diesem Grund erneut das Wort und begann voller Sorgfalt damit, den Anwesenden zunächst den alltagsbekannten Unterschied zwischen einem *zweckgebundenen*, also *poetischen*, und einem *praktischen* Tun oder Handeln aufzuzeigen. »Während beispielsweise der Zweck von Kunst oder Meditation im Handeln *selbst*, sprich: in der *praktischen Anwendung*, liegt, ist eine *poetische* Arbeit darauf ausgerichtet, beispielsweise etwas herzustellen oder auf dem Umweg der Arbeit einen anderen Zweck, etwa den eines geldwerten oder anderweitigen Vorteils, zu erreichen.«

Ehrenbach übernahm und fasste Hofners Worte darin zusammen, dass sich *poetische Handlungen* daher von *praktischen Handlungen* durch den definierten, in sich abgeschlossenen und erreichbaren Endzustand unterschieden. »Soweit einverstanden?«

Ein gemeinschaftliches Nicken und die fragenden Blicke »Wir sind aber schon noch beim *Börsenhandel*?!« waren Antwort genug.

»Achtung! Ich bin weit davon entfernt, mich in Wortspalterei zu verfangen …, aber …«, Ehrenbach hob seinen Zeigefinger und gab lächelnd zu bedenken, dass es neben diesen *beiden* Arten von Handlungen im Leben noch eine weitere – eine *dritte Art* – gebe. »Diese dritte Art ist dadurch gekennzeichnet, dass sie weder durch ein *praxisgebundenes Handeln* …«, er zeigte auf den vor dem Klavier sitzenden Torbach und meinte dementsprechend beispielsweise das Musizieren, »noch durch *poetisches*, sprich *zweckgebundenes Handeln* sinnvoll verfolgt werden kann, weil man sich desto weiter von ihr entfernt, je mehr man sie zu erreichen versucht!« Er nahm seinen mahnenden Zeigfinger wieder herunter und führte zu dieser dritten Art von Handlung vorerst nichts weiter aus. Vorerst! Stattdessen griff er nun die vorangegangene Frage in Bezug auf Lust und Spaß wieder auf und stellte die ergänzende Behauptung auf, dass Handlungen aus dem Bereich der *Lust* oder des *Spaßes* per Definition irgendwie *Selbstzweck* seien, denn sie verfolgten gleichsam wie eine »Pflichthandlung« einen *Zweck* – womit Ehrenbach verdeutlichte, dass der Unterschied demnach nicht in ihrer Zweckhaftigkeit, sondern einzig darin zu suchen sei, ob der Zweck *außerhalb* der Handlung liege oder schlichtweg ein Teil von ihr sei; kurzum: im ersten Fall könne man folglich von einem *externen*, im zweiten von einem *internen Zweck* reden.

Hmm …

Philip hatte Ehrenbach gut folgen können, schließlich waren seine Worte durchaus mit dem alltäglichen Sprachgebrauch verträglich, denn wie oft hörte man fernab des Tradings auf die Frage nach dem Zweck einer beliebigen alltäglichen Handlung die klassische Antwort: »Och, es hatte keinen besonderen Zweck, ich hab's einfach gemacht, weil ich *Lust* dazu hatte!« Damit hatte Ehrenbach zu Recht angesprochen, dass ein *interner Zweck* oftmals gar nicht zu den Zwecken gezählt wurde. Im Stillen übertrug Philip diese Gedanken auf das Trading und erkannte, dass man demnach auch bei der Betrachtung eines Händlers eine Aussage darüber treffen können müsse, was für diesen der *interne* beziehungsweise der *externe Zweck* seiner Handlungen vor den Monitoren sei …!

Um die Richtigkeit seiner Überlegung zu überprüfen, tat Philip seine Gedanken sogleich kund, was Ehrenbach dankend begrüßte und daraufhin die Zuhörer bat, darüber nachzudenken, ob Trades ihren *Sinn* bevorzugt oder sogar *ausschließlich* aus einem verfolgten Zweck *außerhalb* des Tradings erhielten, also ob sie Teil eines *externen Zwecks* seien – wobei Ehrenbach darauf hinwies, dass das verwendete Wort »Sinn« in seinem Verständnis weniger auf die fachliche Komponente eines Trades ziele, sondern einen oder besser sogar *den* Oberbegriff zu *internem* und *externem Zweck* verkörpere.

Dieser Fragestellung Ehrenbachs konnte Philip ebenfalls gut folgen, denn auch dies passte nach seiner Auffassung zum alltäglichen Sprachgebrauch. Die Frage nach dem *Sinn* einer Handlung wurde in den meisten alltäglichen Fällen im Allgemeinen durch Angabe eines *externen Zwecks* beantwortet. Aus diesem Grund bezeichnete man eine Handlung dann als »sinnlos«, wenn sie weder einen *internen* noch einen *externen Zweck* erfüllte und demnach scheinbar überhaupt keinen besaß. – Philip ließ den Wein in seinem Glas rotieren.

Müsste aber, so betrachtet, die Ausgangsfrage dann nicht lauten: Ist Börsenhandel immer zweckgebunden?

Der Wein in seinem Glas rotierte schneller.

Ist Trading immer zweckgebunden?

Ist Trading … immer zweckgebunden??

Ist Trading … immer … zweckgebunden???

Philip musste nicht lange grübeln, denn die Antwort lag sozusagen auf der Hand: *Nein!* Gerade zu Beginn seiner Karriere hatte er vieles einfach getan, weil es möglich war. Vieles, was er getan hatte, hatte er um seiner selbst willen getan! Dementsprechend waren viele seiner Trades *purer Selbstzweck* gewesen, weil sie einzig einem *internen Zweck* gedient hatten: Trading hatte *Lust* gemacht!

… Hm?

… Moment!

Besser noch mal kurz von vorn: Die Begegnung mit den Kursen war eine *Herausforderung*, und Herausforderungen machen … *ja was?* … sie machen *Spaß*! Sich selbst als lebendig, aufmerksam und handlungsbereit wahrzunehmen, gehörte eindeutig zu der Sorte Gefühle, welche … Spaß bereiteten! …

Philips Gedanken wurden an dieser Stelle durch John unterbrochen, der sich während Ehrenbachs letzter Ausführungen eine Zigarre angezündet hatte. John hielt sie jetzt hoch und fragte in die Runde: »Warum rauche ich diese leckere Zigarre?«

»He, wie jetzt … *Warum du rauchst?*«, ertönte es im Kanon.

»Ja, ihr habt schon richtig verstanden: *Warum* rauche ich?« John hielt seine erhobene Hand etwas von sich gestreckt und betrachtete von allen Seiten die glimmende Zigarre und den von ihr aufsteigenden dünnen Rauchfaden. »Meiner Gesundheit wegen? Um Energie zu tanken? Meinem seelischen Gleichgewicht zuliebe?« John schlug übereinstimmendes Kopfschütteln entgegen. »Genau! Alles Blödsinn! Ich rauche sie, einfach weil sie mir schmeckt.« John tat einen genüsslichen Zug an seiner intensiv aromatischen *Cohiba Siglo*. »Einfach nur, weil sie mir schmeckt! Also nur um des *Genusses* willen, den es mir bereitet!« Ein weiterer, leichterer Zug und ein perfekt geformter Rauchkringel folgten. »Aber Achtung: Es ist nicht so zu verstehen, dass der Genuss für mich etwas *außerhalb* der Zigarre wäre, denn: Wenn ich diese Zigarre rauchen würde, nur um *Genuss* zu erleben, dann wäre ja auch Folgendes denkbar: Nämlich, dass ich es eigentlich vorziehen würde, mir hier und jetzt durch etwas Handfesteres, einen Segeltörn etwa, Genuss zu verschaffen, aber *notgedrungen* stattdessen diese Zigarre rauche, weil diese mir erfahrungsgemäß zwar einen kürzeren, aber deutlich höheren Genuss verschafft!« Dass die Vorstellung einer solchen Motivationslage völlig abwegig war, musste John nicht weiter erklären, denn: eine Zigarre zu rauchen, war kein bloßes Mittel zu einem *externen Zweck*, den man eventuell auch mit anderen Mitteln erreichen könnte – es war der *interne Zweck selbst*.

Torbach, der nach wie vor am Klavier saß, schlug in die Tasten und meinte, sich damit dem Duo *Ehrenbach-John* anschließend und den Bezug zum Trading fest im Visier: »Oft machen Menschen Musik, um Geld zu verdienen; aber genauso oft musizieren sie auch einfach nur aus Spaß, weil es ihnen *Lust* bereitet.« Mit wundervoller Gewalt spielte Torbach ein bekanntes Lied an und verlor sich selbst für einen Moment in diesen Tönen. »Wäre es daher also nicht sinnvoll, hier vom *Spaß* als einem *externen Zweck* des Musizierens zu reden, den zu erreichen das Musizieren nur ein Mittel ist?« Ein Großteil der Anwesenden lachte auf, denn dies war ein zu Recht befremdlicher Gedanke, den man sich bei jemandem, der aus Spaß musizierte, unmöglich vorstellen konnte.

»Wenn ja«, setzte Ehrenbach seinerseits nun nach, »dann könnte man erwarten, dass solcher Art Musizierende sich gelegentlich fragen: Wann kommt denn jetzt *endlich* der Spaß? Wie lange muss ich denn noch musizieren, bis er einsetzt?«

Nachdem das erneute Gelächter verhallt war, blitzten Ehrenbachs Augen ebenso auf wie die der anderen erfahrenen Händler. Die Tischrunde war nun da, wo man sie brauchte! Ehrenbach wiederholte seine letzten Worte: »Wann kommt denn jetzt *endlich* der Spaß? Muss ich noch lange musizieren, bis er einsetzt?« Nach kurzer Kunstpause meinte er dann in gewichtigem Tonfall: »Vorstellen kann man sich das höchstens bei jemandem, dem – Achtung, Achtung! – gesagt wurde, dass Musizieren *Spaß* macht; etwa bei einem Kind, das auf diese Art dazu animiert wird, ein Instrument zu erlernen, und nun darauf wartet, dass der *versprochene Spaß* sich einstellt!«

Philip blickte fragend zu Nick, von dem er annahm, dass auch dieser sofort gemerkt hatte, dass Ehrenbach, John, Hofner und Torbach in derselben Liga spielten und – auch wenn sie abwechselnd das Wort ergriffen – dieselben Spielzüge verfolgten. Nick gab Philip einzig durch ein leichtes Kopfnicken zu verstehen, dass er sich gedulden solle.

Hm! Das hieß wohl: Noch einen Moment Abwarten!

Ehrenbach räusperte sich. »Etwas aus Spaß oder Freude zu tun, heißt nicht, es zu tun, um damit Spaß oder Freude zu erzielen! Es heißt einfach, es gerne und *ohne externen Zweck* zu tun; und das heißt, was man will, ist die Handlung selbst, als ihr eigener *interner Zweck*!« Ehrenbach stand auf, ging hinter Philip vorbei und klopfte ihm dabei kurz auf die Schulter. Dann meinte er, ohne jemanden direkt anzusprechen, dass das Thema »Spaß und Lust« jedoch noch die Möglichkeit einer weiteren, *viel* interessanteren Antwort offenbare!

Stille, und in den Augen vieler stand die Frage: »Wann kommt der Bezug zum Trading?«

Ehrenbach stand nun neben John und fragte: »Darf ich?« John reichte Ehrenbach zusammen mit einer Zigarre auch das Besteck. Ehrenbach knipste das hintere Teil des Mundstücks ab und fuhr fort. »Wer beim Musizieren oder Zigarrenrauchen sehnsüchtig darauf wartet, dass sich endlich der *Spaß* oder die *Begeisterung* einstellt, der scheint mit dieser Motivationslage dem eigenen Spaß eher im Wege zu stehen! *Soweit klar?*« Dann entzündete er ein Zedernholzstreichholz und hielt die Zigarre, mit einem Finger den Rauchkanal hinten verschließend, in einem schrägen Winkel über die Flamme. Unter ständigem Drehen der Zigarre meinte er, ohne aufzublicken und in fast schon verschwörerischem Ton: »Das Vergnügen als *externen Zweck* zu verfolgen, scheint dem Vergnügen geradezu abträglich zu sein …!«

Schluck!

Oh … oh … o-oh …

Philip rutschte auf seinem Stuhl hin und her, denn schlagartig ahnte er, dass nun angesprochen werden könnte, was ihn seit Jahren beschäftigte, was er aber nur ganz, wirklich nur ganz,

ganz heimlich, hinter verschlossenen Türen, hinter zugezogenen Gardinen für Bruchteile von Sekunden zu denken wagte! Und so kam es denn dann auch.

Genüsslich seine Zigarre anrauchend, erklärte Ehrenbach nun, dass er Ziele, bei denen der Versuch, sie zu erreichen, ihr Erreichen nicht behindere, sondern dieses sogar fördere, für sich »fügsame Ziele« nannte. An der jetzigen Stelle des Disputs müsse sich die Runde allerdings mit den von ihm vorhin als *dritte Art* von Handlung erwähnten Zielen beschäftigen; womit jene Ziele gemeint seien, die man besser erreichte, wenn man sie *nicht* verfolgte, und er begann, von jener manchen Zielen innewohnenden Kraft zu sprechen, die deren Erreichung im Wege stand – und die er deswegen als »widerspenstige Ziele« bezeichnete. Zum allgemeinen Verständnis wählte er ein Beispiel, das jeder der Zuhörer auf Anhieb verstand: »Wenn wir einschlafen wollen, dann können wir dafür zwar geeignete Bedingungen schaffen – wir legen uns ins frisch gemachte Bett und löschen das Licht –, aber das Einschlafen *selbst* unterliegt *nicht* unserer Kontrolle! Stimmt's?«

Ein allgemeines Nicken war die Antwort.

»Also … Achtung: Wir können demnach das Einschlafen zwar verhindern, wenn wir das wollten, aber: Wir können es *niemals* herbeiführen!« Jedem in der Runde war klar, dass dies ein eindeutiges Beispiel für ein *widerspenstiges Ziel* war, denn: Je stärker man sich das Einschlafen wünscht, desto weniger erreicht man es – wenn man einmal annimmt, dass das Einnehmen eines Schlafmittels gerade keine Option darstellt.

»Stimmt schon! Stimmt schon! Mit *Entspannung* dürfte es sich im Allgemeinen ähnlich verhalten«, führte Wehnert Ehrenbachs Beispiel fort und fügte hinzu, dass auch das Verdrängen von Sorgen ebenso wie locker und spontan zu sein, Ziele seien, die man höchstens auf Umwegen verfolgen könne, denn solange man sie *direkt* verfolge, behindere das eigene Bewusstsein das Erreichen dieser Ziele und erhöhe stattdessen stets noch den Abstand zum gesteckten Ziel. Ferner wurde am Tisch der Wunsch, in einer Beziehung ein guter Partner zu sein, als weitere Ausnahme angeführt, denn: Sofern man nämlich dabei irgendwelchen ehrenhaften Prinzipien nacheifere, bestehe die Gefahr, sich dergestalt selbst zu zensieren, dass man erst recht ein frustrierter, langweiliger und damit noch schlechterer Partner würde. Torbach hatte ebenfalls einen passenden Beitrag auf Lager und verschaffte sich durch das Anspiel der ersten vier Takte von Beethovens fünfter Sinfonie Gehör: »Klavierspielen zum Beispiel kann dann beginnen, Spaß zu machen, wenn man es um seiner selbst willen tut und den Spaß vergisst!«, und setzte dies mit den vom Geist des Zen inspirierten Kampfkünsten gleich, in denen danach gestrebt wird, im Kampf den Gedanken ans Siegen loszulassen, weil der Geist sonst mit Fantasien, Erwartungen oder Ängsten besetzt wird, die vom eigentlichen Geschehen ablenkten. Torbach schloss folglich zu Recht: »Man könnte dies sicherlich auch als *internen Zweck* auffassen, indem man sagt: Kämpfen ist Vergnügen. Dann hieße, Vergnügen anzustreben, aber auch … das Kämpfen anzustreben!«

Ehrenbach dankte schmunzelnd für die zahlreichen Bestätigungen und fasste, nun auf der Zielgeraden, diese damit zusammen, dass er den Finger in die Wunde legte und die Frage stellte, die Philip so »gefürchtet« wie herbeigesehnt, bisher nicht zu Ende zu denken gewagt hatte:

»Könnte es nicht sein, dass… – ACHTUNG! – das *Geldverdienen mittels Trading* auch so ein *widerspenstiges Ziel* ist?« Ehrbach ließ seine Zigarre aufglimmen. »Gehört der Börsenhandel demnach ebenfalls zu jenen Zielen, bei denen das Eintreten umso unwahrscheinlicher wird, je mehr einer, hier ein Trader, dafür *tut*, es zu erreichen?«

Autsch!

Gewiss war damit nun etwas überraschend gesagt, was das Verständnis vieler – vornehmlich der Tradinganfänger und -fortgeschrittenen – und deren Grenzen des Erlaubten maßlos überschritt. Zunächst trat Schweigen ein. Stille. Absolute Stille. Man kniff die Lippen zusammen. Man hüstelte. Man stellte den Unterkiefer schief. Man seufzte. Einer bemerkte mit flüsternder Stimme: »Was soll das nur?!«

Und während sich ein Großteil der Anwesenden dahin gehend ausdrückte, zu dieser fragwürdigen Aussage entschlossen zu schweigen, war Philip im Unterschied zu ihnen bereits von seinem eigenen Denken in die Nähe solcher Gedankenbekenntnisse geführt worden. Er seufzte bei der Überlegung, ob er *je* den Mut besessen hätte, selbst so weit zu denken oder gar *laut* zu fragen, ob Trading ein *widerspenstiges Ziel* sein könnte …

Au Scheiße!

Da war sie, die Frage! … Ausgesprochen und auf den Punkt gebracht!

Au Mann!

Philip nahm hastig einen Schluck und versuchte – ausgelöst durch Ehrenbachs Worte und zunächst ganz allgemein –, über *widerspenstige Ziele* nachzudenken: Einerseits können sie zwar externe Zwecke von Handlungen darstellen, aber aktive Verfolgung lässt diese Handlungen fruchtlos sein und immer bleiben. Andererseits können widerspenstige Ziele aber niemals interne Zwecke von Handlungen sein, es sei denn, es handelte sich dabei um Handlungen, die der Handelnde nicht als Selbstzweck ausführen kann, denn wenn man eine Handlung um ihrer selbst willen ausführen kann, dann stellt sie ja wiederum kein widerspenstiges Ziel mehr dar. – *Hm?!* Das Erreichen widerspenstiger Ziele war also, wenn das so stimmte, immer nur … *ja, wie könnte man das nennen?* … möglicher »Effekt«, besser noch »Nebenprodukt«, aber irgendwie niemals *vernünftiger* Zweck von Handlungen.

Mannomann!

Der gefühlsmäßige Vergleich mit seinen eigenen bisherigen Erlebnissen führte Philip zu der naheliegenden, jetzt quasi hell aufleuchtenden Frage, ob, ähnlich dem bewussten Vorsatz des Einschlafens, auch der fortgeschrittene *technisch* orientierte Börsenhandel – dessen betont *sauberer* Handel von Fünf-Sterne-Setups, wie von Hofner vorhin auf eine Serviette gemalt, anscheinend auch bei Ehrenbach als generelle Voraussetzung zu allem Gesagten stand![85] – ein *widerspenstiges Ziel* darstellte?!

Hei-ei-ei-iei!

Philip konnte nicht mehr an sich halten und sprach seine bisherigen Gedanken laut aus. Dabei fügte er mit einem nervösen Lachen hinzu: »… wenn ich soweit alles richtig verstanden habe, befindet man sich, hat man ein *widerspenstiges Ziel* gewählt, demnach in einer paradoxen Lage: Alles, was man tut, um sein Ziel zu erreichen, entfernt einen von diesem! Und …«, er hielt kurz

---

85 Wichtiger und daher sogar nochmals als eigene Fußnote zu wiederholender Hinweis: Alle hier getroffenen Aussagen zur *Widerspenstigkeit* des Börsenhandels setzen einen fachlich sauberen Handel als Bedingung zwingend voraus!

inne, »wenn man sich dieser Lage bewusst wird, bleibt wenig anderes übrig, als einzusehen, dass man es eher erreicht, wenn man aufhört, danach zu streben und sich Gedanken darüber zu machen, wie nah man ihm schon war, und sich stattdessen anderen, untergeordneteren, weniger luftigen Zielen zuzuwenden, ohne dass man von diesen im Einzelnen die Erfüllung des *großen Ziels* erwarten sollte. Das Hauptziel …«, Philip versuchte, sich an einen bestimmten Begriff zu erinnern, »stellt sich dann quasi als ›Nebenprodukt‹ der sonstigen Handlungen ein!«

»Ge-nau!« Ehrenbach hob anerkennend den Daumen. »Aber was ist nun hierbei das Problem?«

Philip ließ seinen Blick an Ehrenbach hinaufwandern und erkannte in dessen Blick schlagartig, worauf dieser nun wirklich aus war!

Heiliger Bimbam!

»Je wichtiger einem das Ziel ist«, fing Philip nachdenklich an, »… desto … desto schwerer wird dieses *Loslassen* fallen! Und … ähm …«, wie ein Blitz durchschoss ihn plötzlich ein Gedanke, und mit einem Mal lag alles einfach und zum Lachen, zum Weinen klar vor ihm: »… genau das ist *das* Problem im Trading!«, vollendete er aufstöhnend den angefangenen Satz.

Die erfahrenen Händler der Runde nickten Philip zu, und Ehrenbach gab Philips Worten eine noch schärfere Bedeutung, indem er zusammenfassend meinte: »In diesem Sinne bilden sowohl die *Dauerobservation* als auch das permanente erneute *Rumtüfteln nach drei, vier Minustrades* und vor allem das dauernde *Interpretieren* von Marktverläufen einen nicht zweckhaften Sinn von Handlungen vor den Charts!« Ehrenbach ließ dies wirken und fuhr anschließend damit fort, dass es mit der Ausgangsfrage nun so stehe: »Bisher haben wir erkannt, dass als mögliche Zwecke einer Handlung sowohl *interne Zwecke* als auch *externe Zwecke* vorliegen können. Nun müssen wir uns jedoch fragen, ob *Sinn* einer Handlung auch etwas sein kann, das weder im *externen Zweck* der Handlung noch in der Handlung selbst, sprich: im *internen Zweck*, besteht!« Zur besseren Verdeutlichung zog Ehrenbach ein praxisnahes Beispiel heran: »Angenommen, bei einer offenen Position fördere die … Achtung: mittels einer Form des Freizeitgenusses namens … *hm* … beispielsweise *Joggen* hervorgerufene *Abwesenheit* vor den Monitoren das widerspenstige Ziel des Geldverdienens mittels Tradings, jedoch ohne dass das Joggen einen direkten externen oder direkten internen Zweck dieses, in Markt und Richtung wie auch immer gearteten Trades bildet. So … könnte nun die Frage lauten: Inwiefern ist es gerechtfertigt, Joggen als den Sinn eines Trades zu bezeichnen?« Als Hilfestellung fügte Ehrenbach lächelnd an, dass man ja auch *ohne* offenen Trade joggen könne.

Huiii, jetzt wird es kompliziert!

Philip kniff die Augen leicht zusammen und ließ sich Ehrenbachs Worte langsam durch den Kopf gehen. Dabei erkannte er, dass der normale Sprachgebrauch es zwar nicht unbedingt nahelegte, man diesem aber dennoch keine Gewalt antat, wenn man sagen würde, irgendein Ereignis hätte, selbst wenn dieses *völlig* außerhalb seiner Kontrolle lag, für ihn als Person einen gewissen Sinn, sofern das Ergebnis für ihn einen Nutzeffekt besaß. Zu diesen Gedanken erinnerte Philip sich an einen kürzlich geschehenen Autounfall eines Bekannten: Dieser hatte seinem Unfall im Nachhinein einen sehr hohen Sinn zugewiesen, als er davon gesprochen hatte, dass er durch diesen Unfall den Wert des Lebens wieder zu schätzen gelernt hätte. In diesem Zusammenhang lag sprachlich sozusagen auf der Hand, statt vom »Ziel« besser vom »Sinn« dieses Unfalls zu sprechen, allem voran gerade dann, wenn man – wie sein sehr frommer Bekannter – glaubte, dass dieser Unfall von einer »höheren Macht« aus genau diesem Grund ins Werk gesetzt worden war, sozusagen eine zielbezweckende Handlung Gottes repräsentierte. Hieraus ergab sich dann eine jener Gelegenheiten, bei denen man im Alltag konstatieren konnte: »Es hatte auch sein Gutes – es hatte seinen *Sinn* für mich« oder: »Es war gut, dass mir das passiert ist« oder sogar: »Das war eine wertvolle Erfahrung!«.

Hm …

Somit stand für Philip fest, dass es auch erlaubt sein sollte, dem Sinn einer Handlung die unbeabsichtigten Nutzeffekte *mit* hinzuzurechnen! Dementsprechend durfte auch … *Teufel noch mal!* … Joggen, das Lesen eines Buches, Ausschlafen, die Fahrt in den Urlaub, stundenlanges Kaffeetrinken, Rumgammeln, Radfahren, ein Kinobesuch, Essengehen, das Spiel mit den Kindern, das Starren an die weiße Wand, das Schreiben eines Buches, das Ansehen von Videos, ein Treffen mit Freunden oder ein langes Schaumbad am Vormittag, also wirklich alles … *Sinn* einer eröffneten Marktposition sein!

Philip weihte die Tischrunde abermals in seine Gedanken ein, und nach einem kurzen Wortgefecht zwischen Laien, Tradinganfängern und -fortgeschrittenen kam man vorerst einmal darin überein, dass man im normalen *alltäglichen* Sinne ein widerspenstiges Ziel nicht verfolgen könne und es daher von Vorteil sei, wenn man dessen Widerspenstigkeit einsah und sich nicht mehr krampfhaft an dieses Ziel klammere, kurzum: es schlicht *losließ*.

Rumms!

Ein harter Tastenton erklang! Wie schon zuvor zog Torbach damit die Aufmerksamkeit auf sich und gab mit funkelnden Augen zu bedenken, dass für mindestens fünfundneunzig Prozent aller Tradinganfänger das *Loslassen* im eigentlichen Sinne aber gar keine *Handlung* sei, denn sie hätten ihre eigene Motivationslage in den allermeisten Fällen ja noch gar nicht unter direkter willentlicher Kontrolle. Außerdem stelle das *Loslassen* des Ziels als »Mittel« zum Erreichen des Ziels selbst für die meisten schon etwas erfahreneren Trader eine *paradoxe* Handlungsweise dar und sei damit womöglich in sich selbst ein *widerspenstiges Ziel*. Zur Verdeutlichung der vorhandenen Möglichkeiten griff Torbach erneut das vorhin bereits erwähnte Beispiel des *Einschlafens* auf: »Alles, was wir zum Erreichen dieses Ziels tun können, ist, förderliche Umstände und gegebenenfalls nötige Vorbedingungen zu schaffen! Mehr geht nicht! M-e-h-r geht einfach nicht!« Anschließend räumte er ein, dass die Frage, welche Sorten von Umständen dem Loslassen eines widerspenstigen Ziels *im Alltag* förderlich sind, je nach alltäglichem Ziel eine eher psychologische Frage sei. Dann kam er wieder auf den Börsenhandel zurück. »Es war demnach schon immer hilfreich und ist es auch heute, nur nach *fügsamen Zielen* wie Freizeit und Ähnlichem zu streben … was dem *widerspenstigen Ziel des Geldverdienens* mittels offener Position damit natürlich komplett die … *na?* … *na?*« Während sich die erfahrenen Trader amüsiert zurückhielten, wiesen die Gesichter der anderen Teilnehmer der Runde pure Verblüffung auf. Torbach ließ, während er auf eine Antwort wartete, seine Finger einmal längs über die Tasten spielen und schloss dann mit »Na, wirklich keiner? Na gut: … Es nimmt dem Geldverdienen komplett die *Dringlichkeit*!«

Hei-ei-ei-iei!

Nun war der »Tumult« am Tisch nahezu perfekt, denn mit dieser Aussage war ein Großteil der Runde, allen voran Hektor, der auf einem Future-Konto seit einigen Wochen mehr schlecht als recht sein Glück versuchte, nun gar nicht mehr einverstanden. Ehrenbach zog sich von Letzterem sogar einen fast schon großmäulig zu nennenden Verweis zu, indem dieser ausdrücklich darauf verwies: »Man muss doch *hungrig* nach Geld sein, sonst kann man doch kein Geld verdienen!«

Huiii ... Aber wer ließ sich schon gerne von einem Laien reinreden – und da im Börsenhandel überdies immer nur ein Genie für einen Lümmel gehalten wurde, aber niemals, wie es anderswo ständig vorkam, ein Lümmel für ein Genie, konnten der Kummer und das »Herzensweh« Hektors Ehrenbach nicht daran hindern, das Phänomen des *widerspenstigen Ziels* weiterhin mit Sachlichkeit ins Auge zu fassen. Sanft, aber unnachgiebig fuhr er daher fort, indem er Hektor über das Befinden fortgeschrittener Händler Bericht erstattete: »Ein verbreiteter Standpunkt, sozusagen ein Teil der gängigen Alltagshandlungstheorie, ist doch folgender: Welches Ziel auch immer man hat – um es zu erreichen, muss man dazu geeignete Mittel finden und diese anwenden. Kurzum: Ein Ziel kann nur als – Achtung – *Zweck einer Handlung* erreicht werden. Und was sagt uns das? *Hmm?!*« Ehrenbach blickte in die Runde, und als aus den Reihen der Anfänger oder Laien keine Antwort kam, nickte er Hofner zu.

»Das sagt uns«, ergriff nun Hofner das Wort, »dass die angestrebte Ausprägung nach *Glück* und *Zufriedenheit* demnach Ziele braucht, zu deren Erreichen man mittels *Handlungen* stetig bemüht ist!« Er spähte in die Runde, um die Gesichtsausdrücke seiner Zuhörer zu erforschen, und als er sah, dass alle ihm folgen konnten, fuhr er fort: »Mit diesem *Relikt* aus dem Alltag kommen wir aber im Trading nicht weiter! Überhaupt nicht weiter! Denn: Wenn das wichtigste Ziel, nämlich Geldverdienen, *widerspenstig* ist, so läge in dieser Handlungsweise ein schwerwiegender Irrtum vor. Nahezu alle Handlungen, die man um dieses *widerspenstigen* Ziels willen ausführt, sind zum Scheitern verurteilt! Versteht ihr? Demnach besteht die beste Chance, die Ziele des technisch orientierten Tradings zu erreichen, darin, *loszulassen* und stattdessen dem ersten Anschein nach nachrangige Wünsche zu verfolgen.«

Ehrenbach nickte leicht, und die anderen erfahrenen Händler zeigten ebenfalls Zustimmung, während Hofner nun zum gedanklichen Todesstoß ansetzte: »Aber Achtung: Wenn ein Trader nun das *widerspenstige* Ziel *Geldverdienen mittels Trading* loslässt, es also nicht mehr zum Zweck seiner Handlungen macht, dann heißt das ...? Na, was wohl?!«

Absolute Stille und Regungslosigkeit machten sich breit; einzig Philips Gesichtsausdruck veränderte sich schlagartig von dem eines aufgeregten kleinen Jungen, der die Gespräche der »Erwachsenen« heimlich belauscht, in den eines erfahrenen Mannes, der schon mehr in seinem Leben gesehen hatte als die meisten seiner Altersgenossen. Ihm wurde schlagartig klar, weshalb Torbach, Hofner, John und Ehrenbach die vorherigen Themen *so ewig breit, fast schon langatmig* ausgewalzt hatten und warum dies so enorm wichtig war und *niemals (!)* als unwichtiges Geschwafel abgetan werden dürfe! Er fing an zu begreifen, dass sich damit der Kreis zu allen bisher angesprochenen Themen nahezu nahtlos geschlossen hatte und der Ausgangspunkt wieder erreicht war![86]

---

86 Ein Hinweis des Autors: Ich könnte mir vorstellen, dass die bisherigen Gedankengänge manchen Leser geneigt machen, »mit den Augen zu rollen«, aber: Das nun angesprochene Thema und dessen Ausmaß ist viel zu bedeutsam, als dass man es nicht auf den vorherigen Seiten sachlich richtig *herleitet* oder ... ganz und gar verschweigt!

»Ja … was heißt das?!«, fragte nun auch John in die Runde.

Philip hielt vor Spannung den Atem an. – *Das traut sich Ehrenbach nicht auszusprechen!*

Fordernd wiederholte nun auch Ehrenbach die Frage. »Na los doch, Leute! Nur Mut … was heißt das?!«

Das … das traut sich keiner!!!

Kein Mensch würde das je offen aussprechen!

John ließ nicht locker. »*Was* hieße es, wenn ein Trader sein *widerspenstiges* Ziel *Geldverdienen mittels Trading* loslässt, es also nicht mehr zum Zweck seiner Handlungen macht?!« Als immer noch keine Antwort kam, nickte Ehrenbach wieder John zu, und dieser sprach Philip an. »Komm, dann sag du es!«

Schluck!!!

»Das … also … das … hieße«, begann Philip vorsichtig, während er der Reihe nach Blickkontakt zu den erfahrenen Händlern suchte und durch deren leichtes Kopfnicken irgendwie Bestärkung fand, »dass das Trading …«

»Jaaa?!«

Philip fühlte einen starken Reiz und ein großes Unbehagen von den in ihm aufsteigenden Gedanken; es fühlte sich schwierig an, die Grenze zwischen den *neuen* Ansichten und der Verzerrung der bisherigen richtig zu ziehen. »Es hieße … dass das Trading *niemals* … «, Philip fasste seinen ganzen Mut zusammen, »dass das Trading … *niemals* … niemals *Spaß* machen kann?!«

Ungefähr zehn Sekunden lang war es so totenstill, als wäre die Zeit stehen geblieben, dann ging es los, und Philip war von der Heftigkeit der einsetzenden Reaktion der Fraktion der Laien und Anfänger überrascht: Hektor und zwei weitere Tradinganfänger rutschten auf ihren Sitzen herum und fuchtelten fast schon wutentbrannt mit den Armen. Wortfetzen flogen aus verzerrten Mündern und, wären nicht auch besonnenere Laien wie Wehnert am Tisch gewesen, die den einsetzenden Tumult sozusagen aus »den eigenen Reihen heraus« einzudämmen halfen, wer weiß, wie die Sache ausgegangen wäre …

In die ausklingende Heftigkeit der Diskussion hinein erklang kühl die Stimme Ehrenbachs: »Trading kann keinen Spaß, Lust, Faszination oder Begeisterung bereiten!« Mit stolzem Blick lobte er Philip, dass er den Mut besessen hatte, das ganze Ereignis »technisch orientiertes Trading« öffentlich in die kalten, vernichtenden Worte der Tatsächlichkeit zu kleiden. »Das ist unser Mann! ›Trading, als eine der höchsten Formen *widerspenstiger Ziele*, verweigert sich sowohl der *Praxis* als auch der *Poesie*‹!« Gleichwohl räumte Ehrenbach ein, dass das widerspenstige Ziel des »Geldverdienens mittels Loslassen« beim Trading natürlich nicht notwendigerweise einer Absage an jegliches zweckgebundenes Handeln gleichkomme, sondern nur an jenen Teil, der *widerspenstige Ziele* verfolge!

Abermals trat absolute Stille ein. Abermals kniff man die Lippen zusammen. Abermals hüstelte man. Abermals stellte man den Unterkiefer schief. Abermals seufzte man. Und abermals bemerkte jemand mit leiser Stimme: »Was soll das nur, ich dachte, es geht ums Trading?!«, und aus Hektors Richtung war die halblaute Bemerkung zu vernehmen: »Das ist doch alles nur Geschwafel und Quatsch!«

Ehrenbach zeigte sich hiervon nach wie vor völlig unbeeindruckt, setzte sich nun wieder neben Philip und sagte mit leichter und aufrichtiger Stimme: »Nehmen wir beispielsweise mich! … Ich möchte nur mit solchen Händlern arbeiten, die sich vor Augen halten, dass der Börsenhandel, wie eben erklärt, ein *widerspenstiges Ziel* ist und immer bleiben wird! Ein Händler, der für mich handelt, muss begriffen haben, dass er den Erfolg im Trading, wenn er das wirklich wollte, zwar verhindern, aber nicht mittels heldenhafter Taten … *herbeiführen kann*! Und *das*«, zwischen Ehrenbachs Augenbrauen stand eine senkrechte Falte, »geht nur mit solchen Tradern, bei denen das Trading selbst keinerlei Faszination oder Begeisterung hervorruft, und niemals mit Tradern, denen das Trading ganz und gar«, Ehrenbach schüttelte belustigt den Kopf, »*S-p-a-ß* macht!«

Nachdem er geendet und zuvor unmissverständlich klargemacht hatte, dass *fehlender* Spaß für ihn damit weder irgendeine theoretische Gerichtsbarkeit oder Gesetzmäßigkeit noch veraltete Gedankenweisheit darstellte, sondern das einzige und unendliche Ganze aller Möglichkeiten war, als *technisch* orientierter Trader zu leben, tastete Philips Blick vorsichtig und nacheinander Torbach, John, Sander und Hofner ab. Er musste sich eingestehen, dass der nun bereits einige Male gewonnene Eindruck, diese Männer seien nicht bloß ungewöhnliche, sondern im Geheimen wohl *glückliche* Menschen, wohl wahr sei, und dennoch bestand kein Zweifel daran, dass diese vier trotz allem *keinerlei* Spaß, Faszination oder Begeisterung am Börsenhandel empfanden. Dessen ungeachtet hatte sie die Berufung »Händler« – oder wie immer man diesen Zustand des »unintellektuellen«, nahezu »demütigen«, *Suchens* und *Wartens* auf gute Setups betiteln mochte, in dem sie sich seit Jahren befanden – aus Beweggründen erreicht, die manchen von Philips eigenen, zum Beispiel der »Freude am Tun«, bedenklich ähnlich waren. Mit kühler Gleichgültigkeit erledigten sie ihre Pflichten, und ihren Gebärden vor den Monitoren wohnte – fernab einer trügerischen Maske – eine so sichere und sorglose »Kraft« inne, dass jeder, der genau hinsah, erkennen konnte und erkennen musste, dass ihre Freude einzig dem Erleben des »Wozu« und niemals dem Handel als solchem galt!

O Mann!

Nicht wirklich überlegend, sondern eher hin- und herschwingenden Erinnerungen folgend, dachte Philip an die völlige Mutlosigkeit, die ihn früher so oft, aber heute zum Glück nur noch zuweilen befiel, und daran, wie die Vorgänge vor den Monitoren in der Vergangenheit an ihm gezehrt hatten. Sein Verhältnis zu den Charts kam ihm gerade so vor, als hätte er über all die Jahre mit aller Aufmerksamkeit aus dem »Trading« etwas Verwickeltes gemacht, das eigentlich … *ja was?* … ja, eigentlich ganz einfach war. Die Charts hatten mit ihrem »Verhalten« seine Nerven aufgerieben; sie behandelten – *nein*, besser *misshandelten* – ihn mit Heftigkeit und nur allzu oft mit Verachtung, und er selbst antwortete mit noch größerer Heftigkeit, wie ein Knabe, der droht, sich ein Leid anzutun, wenn man ihn nicht bald zu ärgern aufhöre. Mit allen diesen Qualen hatte Philip nie ganz richtig abgeschlossen! – *Aber warum eigentlich?* Er stellte sein ohnehin leeres Glas beiseite.

Warum?

WARUM?

W-A-R-U-M?

Und dann, dann plötzlich hatte er es! Im selben Augenblick war es Philip, als griffe eine Hand nach seinem Herzen, und er zuckte kurz zusammen. *Würg!!* Ehrenbachs Worte hatten genau die verwundbare Stelle berührt: Die Angst vor dem eigenen Spiegelbild, etwas als Lebensaufgabe anzustreben und zu tun, was *keinen* Spaß macht – und von dem er nun wusste, dass es keinen Spaß machen *kann*! Öde, leere Traderjahre, zermartert von der Sehnsucht nach dem *Kick*, der *Action* – sollte diese törichte Lächerlichkeit ernsthaft bis zum Lebensende seine Zukunft darstellen? Wie ein Schaudern war es jedes Mal über ihn gekommen, in dessen Folge sich Angst, tolle, unbändige Angst einstellte! Tausend erschreckte Stimmen erwachten dann in ihm, warnten und lärmten und überschrien sich gegenseitig. Und genau *jene* Angst fand immer erst dadurch ein Ende, dass er nach den aufkeimenden Gedanken zur »fehlenden Begeisterung« und zum nicht vorhandenen »Spaß« rasch wieder aufstand und sich in den nächsten Trade stürzte, sich dem nächsten Buch, dem nächsten Seminar, dem nächsten Forum widmete, neu tüftelte, neu laborierte, neu über das gesamte Thema nachdachte, kurzum: trotz fortschreitenden Fachwissens in allen Bereichen einer ständigen Renovierungssucht unterlag, ohne sich im Geringsten von dieser Angst befreien zu können ... *nein, besser noch* ... er hatte sich dieser Renovierungssucht unterworfen, um die Angst zu *umgehen*! In seinem Innersten hatte einst so viel Bereitschaft zu Bewegung und Kampf geherrscht, dass ihm dies heute genauso unangenehm war wie das Gesicht eines schlechten Komödianten, das nur gespielte, *unwahre* Leidenschaften zeigte. »Spaß« war eine Erscheinung, die, so erstrebenswert und selbstbetörend diese Empfindung im Alltag auch sein mochte, im Trading tatsächlich nur den Zerstörungsprozess des Ziels nährte und beschleunigte; ähnlich wie der Schlafwunsch, der einen Erfrierenden umstrickte, oder das Im-Kreise-Laufen eines Verirrten. *So viel zum Spaß am eigenen Tun ...*

»Die souveräne Einstellung zum Thema *Lust* oder *Spaß*«, sagte Ehrenbach mit gedämpfter Stimme, »ist eine Haltung *vorbildlicher* Trader, also eine Haltung, die durchaus einer Tugend gleichen könnte!« Bereits im Alltag, führte er an, bestand ja angesichts von Spaß, Lust und Begeisterung die Gefahr, den Begierden immer so, wie sie auftraten, nachzugeben, also die Freuden des Essens, Trinkens oder Sex jeweils zu genießen, ohne die Folgen zu bedenken oder Zusammenhänge zu berücksichtigen. »Dann und wann steigert sich dies zu einer veritablen Zügellosigkeit, kurzum: man hat ... *Na?!* ... ein L a-s-t-e-r!«

»*Laster?*« Hektor, der zuletzt eher mürrisch dagesessen hatte, richtete sich in den Polstern plötzlich auf. »Moment mal! Wer sich in einer Tätigkeit verliert, die er voll bejaht, übt sie doch zu Recht lustvoll und glücklich aus! Also jetzt mal im Ernst! Das kann doch nicht schlecht sein?!«, rief er unwillig, denn ihm kam es mittlerweile so vor, als wollte Ehrenbach die hier Anwesenden vom Trading abhalten. Einige der Anfänger und Laien der Runde und sogar ein neben der Couchlandschaft stehender jüngerer Händler aus einem anderen Büro nickten Hektor beipflichtend zu.

Ehrenbach saß still in der Mitte der ihn umgebenden Herrn – und er war mit deren Reaktionen nicht zufrieden. Obwohl er sich als klüger und erfahrener betrachtete, so hielt er Tradinganfänger oder -laien keineswegs für dumm, und deswegen verstand er nicht, weshalb die hier Versammelten auf ihn einen derart schlechten Eindruck machten. In seinem Mund zuckten die

Worte. Gerne hätte er über den von Hektor und seinen Genossen im Geiste offensichtlich zu wenig beachteten Umstand gesprochen, dass die verschiedenen Versionen von Spaß, Lust und Aktionismus den Verstand eines Traders in einer Weise verwickelten, die die fachliche »Fantasie« anstachelte, denn da tauchten an jedem Handelstag immer wieder neue Ideen auf, die man noch nicht kannte, erhitzten die Leidenschaften und verschwanden gleichwohl nach Tagen, Wochen oder Monaten wieder; da liefen die Trader bald dem, bald jenem nach und fielen von einem »Glauben« in den anderen; da jubelten sie das eine Mal dem Regelwerk und der Tüftelei zu, und das andere Mal hielten sie verabscheuungswürdige Reden über genau jene; aber herausgekommen war noch nie etwas dabei, im Gegenteil: Es war das Bild der Unberechenbarkeit und eines närrischen Herumhopsens, wie man es sich landläufig von einem Verrückten machen mochte. Und dabei war es auch noch so, dass der Geist eines Traders oftmals träger und widerspenstiger war als der störrischste Esel und sich weigerte, den Begriff des *Wirklichen* im Trading überhaupt wahrzunehmen. Der Geist machte aus Trägheit einfach weiter wie bisher und bewahrte sich so davor, sich das nun mal vorhandene und wenig abenteuerliche, plumpe *Abgeschmackte* des Tradings einzuverleiben. Die meisten Trader glaubten demnach nicht an Zauber-Trading-Ideen, weil diese – selten genug! – wahr werden konnten, sondern weil sie daran glauben mussten! Weil sie *mussten*! Denn die Illusion »mein großes Lebensziel *Trading* ist etwas, was mir *Spaß* macht« musste unbedingt am Leben und in Ordnung gehalten werden, weil diese Art der »Selbsttäuschung« half, das große schwarze Loch zwischen den eigenen Lebenswänden zu stopfen, welches bei einer ehrlichen Betrachtung des Themas »Trading« drohte, sich uferlos auszudehnen und alles zu verschlingen. Die Folge dieser Selbsttäuschung in Sachen »Spaß und Lust an der *eigenen Lebensaufgabe*« war alles in allem der Grund, dass die durch seine Trades hervorgerufene Affektivität den Trader innerlich hin und her schwanken ließ wie Wasser in einem Bottich, der keinen festen Stand hat …

Aber das alles sagte Ehrenbach nicht, stattdessen fragte er in die Runde, was denn im Trading nach Meinung der Anwesenden *Spaß* machen sollte: »… der intellektuelle Anspruch, tagein, tagaus dasselbe zu machen? – *Ist es das, was Spaß macht?* Oder besteht der Spaß darin, tagein, tagaus Charts mit bunten, wackelnden Kerzenkörpern durchzublättern? – *Ist es das, was Spaß macht?* Oder erklimmt man den Gipfel der Begeisterung dadurch, dass man hundert Mal ein anderes Ergebnis erwarten muss, wenn man hundert Mal das Gleiche macht? – *Ist es das, was euren Höhepunkt der Begeisterung ausmacht?*«

Ein Raunen ging durch die Runde, und es vergingen wie so oft beklemmende Sekunden des Schweigens.

»Ja, aber …«, setzte Hektor zu einer Erwiderung an.

»*Aber w-a-s?*« Ehrenbach hielt die lange, mattgraue Zigarre, von deren stumpfen Spitze er die Asche noch nicht abgestreift hatte, in der Mitte der Lippen, sodass sie etwas abwärts hing, und fixierte Hektor mit einem strengen Blick. Dieser ließ seinen Gedanken wieder fallen, und Ehrenbach setzte treffsicher nach: »… oder aber … sorgt es für einen spaßigen Dauerzustand, wenn trotz aller Anstrengung, die ein Händler für ein gelingendes Leben auf sich nehmen muss, das Gelingen stets und ständig bezogen auf den *einzelnen* Trade und Handelstag ein – Achtung – ein sehr *zerbrechliches* Gut bleibt? Woher soll, wenn wir wirklich ehrlich sind, da *Spaß*, *Lust*, *Faszination* und *Begeisterung* entstehen? Wo, bitte schön?« Ehrenbach ließ ein paar Mal seinen Zeigefinger auf die Tischkante fallen. »Ob ein technisch orientierter und damit spekulativer Trade gelingt, hängt bei aller eigenen fachlichen Anstrengung immer von einem Quäntchen *glücklicher* Umstände ab!« Ehrenbach drückte es so aus, dass man auf die Gnade der anderen Marktteilnehmer angewiesen sei. »Was bitte soll da Spaß machen, wenn ein positiver Trade nicht in des Traders Hand allein liegt?!«

Peng!

Ehrenbach hatte damit ein entscheidendes Argument vorgebracht – ein weiteres sollte noch folgen –, und nun schlug ihm der »übliche Taumel« von Tradinganfängern entgegen, wenn diese sich, nach dem lauten Platzen ihres so zauberhaften wie betäubenden Traums, inmitten eines *an sich* kalten, eintönigen und langweiligen Lebens als Trader wiederfanden. Aber: Trotz seines Sarkasmus und seiner fast schon zornigen Tonlage waren Ehrenbachs Absichten keineswegs die eines Spielverderbers, vielmehr sah er sich als Überbringer der wahren Spielregeln. Denn Träume solcher Art waren wie ein ruderloses Boot, das ziellos schaukelnd auf stillem, spiegelndem Wassern treibt, bis plötzlich der Kiel mit einem jähen Ruck an ein unbekanntes Ufer stößt. *Rumms!*

John und Hofner hatten derweil nicht nur Philip, sondern auch Nick beobachtet, denn John wusste, dass auch Nicks Suche, was diese Fragen betraf, noch nicht gänzlich beendet war. Daher griff John nun die von Ehrenbach vorhin aufgeworfene Frage »Was ist Lust, und was ist Pflicht?« abermals auf und fragte rhetorisch, was denn das nun alles mit der zuletzt gestellten Frage zu tun habe.

»Ja, genau!«, erklang es von mehreren Seiten, und Hofner übernahm nun das Wort mit dem Verweis auf die zwar hinter dieser Frage verborgene, aber durch die bisherigen Worte im ersten Ansatz erkennbare Schwierigkeit: »Zumindest auf den ersten Blick werden sich bei vielen Tradern die Ansprüche an das *eigene Wohl* und die *fachliche Pflicht* nur allzu oft widersprechen!«

»Widersprechen? Inwiefern *widersprechen*?«, warf Wehnert mit in Falten gelegter Stirn ein.

»Beim Eigenwohl, sprich: dem bewusst gelebten ›Wozu‹, stellt man sich als Trader selbst in den Mittelpunkt, wogegen die *fachliche Pflicht* Einspruch erhebt.«

Ehrenbach betrachtete die fragenden Gesichter und präzisierte deswegen Hofners Worte: »Ein Trader wird mit fortschreitender Erfahrung bezüglich des Tradens immer öfter vor folgender Fragestellung stehen: Muss ich, wenn ich *allabendlichen Frieden* erfahren will, der *fachlichen Pflicht* zuwiderhandeln, oder muss ich, wenn ich die *fachliche Pflicht* anerkenne, mein Lebensglück als Trader aufs Spiel setzen? Oder kann ich denn nicht beides zugleich haben? Als Trader glücklich und trotzdem im Einklang mit der *fachlichen Pflicht* leben?«

Aus dieser Fragestellung als Zwischenbilanz wurde in der Runde plötzlich ein als Wortspiel begonnenes Paradoxon als sehr treffend formuliert wahrgenommen: »Heißt das etwa: Selbstgewinn durch Selbstverlust? Oder: Selbstaneignung durch Selbstentäußerung?«, woraus sich in Verbindung mit der bisherigen Weichenstellung durch Ehrenbach die frühere Frage »Was ist Lust, und was ist Pflicht« quasi wie von »selbst« um das Thema *Freiheit als Händler* erweiterte.

»*Freiheit?! Ja, aber …!*«, erklang es aufstöhnend von mehreren Seiten, jedoch sahen die Zuhörer bei den weiteren Worten Ehrenbachs schnell ein, dass hiermit *nicht* die *grenzenlose Freiheit* gemeint war, nun endlich alles allein, von zu Hause und aus dem stillen Kämmerlein heraus, ohne den bisher gewohnten und durchchoreografierten Alltag und ohne sich vor einem Weisung gebenden, kanalisierenden Chef rechtfertigen zu müssen, also ohne eine äußere, starr vorgegebene Struktur, tun und lassen zu dürfen oder zu müssen, sondern dass Ehrenbach den Begriff der Freiheit eindeutig den bisher angesprochenen Themen zuordnete und dementsprechend eine »Freiheit des Willens« gemeint war. Eine »Willens«-Freiheit, deren erstes Merkmal in der Fähigkeit bestand, das Begehren letztlich nicht von Gefühlen des Angenehmen oder Unangenehmen leiten zu lassen, sondern einzig von der Autorität des Orderbuches und des Kontos, und zum anderen dazu befähigte, fachlichen Gründen zu folgen und an diesen Gründen selbst bei Anfechtungen durch den Chart, sprich mehreren »–Nein!« des Marktes, festzuhalten. »… wegen des Bezugs auf handlungsleitende Gründe spricht man ja auch im Trading nicht umsonst von der Freiheit für die *praktische Vernunft*«, äußerte Ehrenbach und fügte untermauernd hinzu, dass es aus seiner Sicht für einen Händler drei Stufen von *Freiheit* gebe.

»Vom *allabendlichen Frieden* hin zum Thema *widerspenstige Ziele*, dann zu *Lust* und *Pflicht*, und nun auf zum Thema *Freiheit* … Nicht schlecht!«, meinte Hektor mit leicht mitschwingender Ironie. »So, so … und diese Freiheit hat also *drei* Stufen?«

»Richtig: drei!«, und Ehrenbach begann damit, dass sich ein Händler auf der ersten Stufe eine Art *fachliche Freiheit*, deutlicher ausgedrückt: eine *funktionale Autonomie*, aneigne, deren Gründe sich einzig auf die *Mittel-Zweck-Beziehung* richteten, und wer als Händler deren Sachgesetzlichkeiten befolge, verfüge damit über fachliche oder *funktionale Freiheit.* »Wer zum Beispiel monatliche Gewinne anstrebt«, erläuterte Ehrenbach, »der muss fachlich sowohl fähig als auch willens sein und alles daran setzen, seine Gewinne laufen zu lassen und gleichzeitig dafür zu sorgen, Verluste strikt zu begrenzen. Aber: Nicht schon derjenige Händler verfügt über solch eine *fachliche Freiheit*, der die einschlägigen Sachgesetzlichkeiten der Börse oder verschiedener Märkte kennt, und auch nicht der, der zwar den Wunsch hat, solche Regeln zu befolgen, den Wunsch aber vor den Monitoren nicht fachlich autonom Realität werden lässt!« *Fachlich frei* war nach Ansicht Ehrenbachs nur, wer sich nicht vor den »Mühen« drückte, die Einnahmen durch saubere Trades zu steigern, sowie durch disziplinierte Stoppführung und sinnhaftes Geldmanagement vermochte, sein Trading dem Imperativ »mehr Gewinne als Verluste« zu unterwerfen.

Dass diese erste Stufe sicherlich eine umfassende Größe besaß, konnten auch die Anfänger und Laien in der Runde nachvollziehen, und da sich ihre Existenzberechtigung nahezu von selbst erschloss, wurde schnell der Ruf nach der *zweiten Stufe* laut. Ehrenbach schmunzelte und erklärte, dass auf der nächsten Stufe »fachlich gut« nur so viel wie »für das *eigene* Wohlergehen als Trader *gut*!« bedeutete – was jedoch nicht mehr von jedem am Tisch in umfassender Tiefe nachvollzogen werden konnte. »… diese nun zur *fachlichen Freiheit* hinzu kommende *pragmatische* Freiheit besitzt, wer als Händler das natürliche Leitziel des eigenen Wohls gegen sämtliche inneren Widerstände zu verfolgen vermag. Oder anders ausgedrückt: Soll das Geld aus dem Trading zum Wohlergehen und zur Steigerung der Lebensqualität beitragen, so gehört zur zweiten Stufe, also zur pragmatischen *Freiheit*, die Fähigkeit, der Einsicht zu folgen, dass man zwar gern *im* Wohlstand, aber nicht *um des Wohlstandes willen* lebt!«

Noch bevor Ehrenbach zu Ende geredet hatte, bemerkte Philip, wie Torbach ihm zunickte und dabei mit nach unten gerichtetem Zeige- und Mittelfinger seiner Hand aufwärtsführende Laufbewegungen machte und ihm damit zu verstehen geben wollte, dass Ehrenbachs Erklärungen zur *zweiten* Stufe der Freiheit inhaltlich mit dem Gespräch zusammenhingen, welches er und Philip vor etlichen Tagen bei ihrem Spaziergang auf dem Klosterberg geführt hatten.[87]– *Genau!* Philip hatte sofort verstanden, dass es hier um die Frage des »Wozu« ging, an welche es sich nach Durchlaufen der *ersten* Stufe – dem Erreichen der *funktionalen Freiheit* – unbedingt wieder zu erinnern galt. Fakt war indes, dass diese *zweite* Stufe zwar leicht zu beschreiben, aber dennoch schwer zu erreichen war, denn: Wie viele Trader liefen nach Erreichen jener funktionalen Freiheit der ersten Stufe im Kreise herum, plagten sich ab – die Vorstellung der Förderlichkeit von fachlicher Duplizierbarkeit im Herzen – und beschrieben dabei gleichwohl irgendeinen weiten, lächerlichen Bogen, der immer zu sich selbst zurückführte, gleich dem wechselnden Jahreslauf. Sie irrten als Trader herum und fanden nicht nach Hause. *Aber warum war das so?* Nun: Weil nur, wer im pragmatischen Sinn, demnach der zweiten Stufe, frei war, nicht mehr nur nach fachlich duplizierbaren Punkten, Ticks und Dollars – und *immer mehr* fachlich duplizierbaren Punkten, Ticks und Dollars – strebte, sondern das erreichte Fachwissen und erarbeitete Handwerkszeug der *ersten fachlichen Freiheit* wirksam nun dazu einsetzte, mittels jener autonomen Fähigkeiten und daraus resultierender Erfolge in Erwartung des *eigenen* Wohlergehens den für *sich selbst* »richtigen Weg« einzuschlagen, mit diesem Blick fortzusetzen und im Falle von Widrigkeiten diesen rechtzeitig zu korrigieren vermochte.

»Und was ist dann die *dritte* Stufe?«, fragte Wehnert voller Wissbegier.

»Ja-aaha ... es gibt da noch eine Steigerung!« Zusammen mit einem weiteren Zug an seiner Zigarre genoss Ehrenbach die kurze, zunehmend spannungsgeladene Pause. »Auf der letzten, der *dritten* Stufe der Freiheit schieben die praktischen Gründe der fachlichen Vernunft *alle* Rücksicht auf das eigene Wohl komplett beiseite!«

Was?!

Wie war das ... WAS?!

Philip schaute, genau wie Nick, überrascht auf, denn beiden kam es vor, als rüttele diese Aussage am Weltbild der »Suche nach dem *eigenen Stil*«! ... *Verdammt! Wie war das noch mal?* ... *Praktische Gründe der fachlichen Vernunft sollen die unmittelbaren Antriebskräfte, also die des Verlangens nach eigenem Wohlergehen, radikal zurückdrängen?*

Ehrenbach ließ, von den fragenden Blicken seiner Zuhörer vollkommen unbeirrt, seine Zigarre ein letztes Mal aufglühen und legte sie dann in dem bereitstehenden Aschenbecher ab. Dann erläuterte er, dass erst hier, auf der *dritten* Stufe, die wahre Willensfreiheit eines Händlers ins Spiel komme, denn die von ihm als höchste Stufe definierte Freiheit eines Traders bestehe natürlich *nicht* in einem von fachlichen Gründen abgekoppelten, grundlosen wie vernunftlosen Wollen, sondern vielmehr in einer ganz bestimmten Erfahrung: Als erfahrener Trader sei der Umstand,

---

87 An dieser Stelle sei auf DER HÄNDLER Band 5 verwiesen.

»endlich« von persönlichen Zwängen frei zu sein, stets eine Täuschung, weshalb der Trader von der Freiheit vornehmlich einzig den fiktiven Rest anerkennen könne, nämlich die Freiheit als »Frei-«Machen, hier verstanden als Emanzipation von der Illusion der eigentlichen *Willensfreiheit*.

»*Hä?*« Hektor verstand nur Bahnhof, Philip nach längerem Überlegen hingegen schon, als er, zurückgelehnt, ohne den Musterschüler zu mimen, sondern vielmehr in der Rolle des erfahrenen Traders, leicht philosophisch angehaucht, meinte: »Die Theorie der Lebenskunst als Trader – sprich: Freude am eigenen ›Wozu‹ – und die Theorie der fachlichen Vernunft gelten oft als Gegensatz, wobei erstaunlicherweise beide Seiten glauben, der anderen überlegen zu sein!«

»Sehr gut, mein Lieber! Sehr, sehr gut!« Ehrenbach hob anerkennend die Augenbraue. »Die Theorie der ›Lebenskunst‹ als Trader besagt: Was kann es Besseres geben als ein gutes Leben mit Freizeit, Freiheit, Familie und, beziehungsweise oder, den ganzen Details des ursprünglichen persönlichen *Wozu*; worauf die Theorie der fachlichen Vernunft kontert, dass allein sie bestimmen könne, was ein gutes Leben als Trader sei, da ja erst ihr Wirken überhaupt die für die Durchführung der Lebenskunst notwendigen Euros und Dollars erhandeln kann!« Nach einer Kunstpause ergänzte er: »Weil es so schön ist, gleich noch mal, oder?« Er wiederholte seine vorangegangenen Worte, um sie auch in den Köpfen seiner Zuhörer zu verankern, und tatsächlich … schon nach kurzer Zeit erhoben diese die Forderung nach Details. Ehrenbach erklärte daraufhin, dass man sich bei der Betrachtung der ersten beiden Stufen der Freiheit vor Augen halten müsse, dass es zwischen ihnen Verknüpfungen gebe, welche aufeinander einwirkten, ob man dies nun wolle oder nicht. Nach seiner Einschätzung betraf dies beim *Eigenwohl* speziell den als *Freizeit* bezeichneten Unterbereich der *Freiheit* und bei der *fachlichen Vernunft* speziell die *Großwetterlage*: Der Teil der Lebensqualität, der stolz in Anspruch nahm, arbeiten zu können, wann immer man wolle – diese Arbeit also nach Belieben auch jederzeit unterbrechen könne –, musste zwingend auch ein gerütteltes Maß von Interesse an den unverzichtbaren Bausteinen der *Großwetterlage* des übergeordneten Trends aufweisen. »Denn wer sich die Sympathie der *Großwetterlage* verscherzt«, bekräftigte Ehrenbach, »stößt bei der Verfolgung seines Eigenwohls auf deren Widerstand!«

»*Heee?*« Hektor wedelte mit einer herumliegenden Serviette, quasi als »weiße Flagge«, woraufhin es Ehrenbach auf einem anderen Weg versuchte: »Ein überlegtes Eigeninteresse als Händler verfolgt nicht mehr bloß das eigene Interesse! Auch wenn mit Erreichen der zweiten Stufe der beschriebenen Freiheit Lust und fachliche Pflicht durch die Findung des *eigenen Handelsstils* in hohem Maß übereinstimmen, bleibt zwischen der zweiten und dritten Stufe dennoch ein wesentlicher Unterschied bestehen!« Er rieb sich bedächtig die Hände und entschied sich dann für klare Worte: »Die fachliche Vernunft verlangt in der dritten Stufe, ihr auch dort zu genügen, wo sie dem wohlüberlegten Eigeninteresse *zuwiderläuft*!« Und noch bevor Hektor abermals intervenieren konnte, nahm Ehrenbach ihn mittels eines Beispiels sozusagen »persönlich« an die Hand: »Wenn es dir als Händler hinsichtlich der *Zeit-* und der *monetären Komponente* deines persönlichen »Wozu« stimmig erscheint, *nur* vormittags und da auch nur *maximal* zwei Stunden vor den Monitoren zu verbringen und du dir *ebenfalls* vorgenommen hast, nach Erreichen eines Tageslimits von … was weiß ich … beispielsweise fünfhundert Euro deinen Handelstag *sofort* zu beenden und du auch heute entweder nach zwei Stunden oder dem Erreichen deines Tageslimits deinen Handelsrechner strikt abgeschaltet hast, dann ist das für einen Tradinganfänger durchaus lobenswert, aber … *nicht* für einen fortgeschrittenen Trader, denn wenn dieser den Rechner abschaltet, obwohl die *Großwetterlage* gerade ein Fünf-Sterne-Setup aufweist und *obwohl* dies heute ein Arbeitspensum bis zum Börsenschluss zulassen würde, bei dem mehrere Folgetrades mit einem Gewinn von meinetwegen fünftausend Dollar möglich gewesen wären, dann … *tja* … dann ist alles, was er da macht, im höheren Sinne kompletter *Nonsens*!«

»*Nonsens?!* Wieso denn *Nonsens*?!« Hektor hatte Ehrenbachs Worten nun zwar besser folgen können, zeigte sich aber mehr als erbost. »Wenn sowohl meine tägliche *Handelszeit* als auch ein spezielles *Tageslimit* meinen *persönlichen Stil* kennzeichnen und ich den befolge, dann ist das doch kein *Nonsens*! Das widerspricht sich doch!«

Und während Philip bedauerte, dass Stan dieser Runde nicht beiwohnt – dieser aber die kommenden Tage noch ausführlichst Gelegenheit für eine Aussprache hierzu erhalten sollte –, richteten sich alle Augenpaare wie auf dem Tenniscourt nun von Hektor auf Ehrenbach, und dieser räumte zur ersten Beruhigung nochmals ein, dass das Erreichen des *eigenen Stils* im Sinne der erwähnten zweiten Stufe der Freiheit ja generell ein enorm zu bewundernder Schritt sei, die *dritte* Stufe aber dennoch die *höhere* repräsentiere! Anschließend griff er, Hektor nicht aus seinem Blickfeld lassend, das eben erwähnte Beispiel erneut auf: »Auf der zweiten Stufe der Freiheit lebst du mit den erarbeiteten fachlichen Fertigkeiten und dem gefundenen *Stil* meist in einem – Achtung! – von *dir* definierten *Tages-* und *Handelsrhythmus*, wie zum Beispiel einem solchen: vormittags ein paar Stunden … an anderen Tagen stattdessen abends ein, zwei Stündchen … dann mal wieder ein, zwei Tage Familie oder andere Pflichten, und dabei wird auch mal gar nicht auf die Märkte geschaut. Verstehst du?« Ehrenbach unterstrich, obwohl er wusste, dass er sich damit wiederholte, dass dies innerhalb der zweiten Stufe durchaus annehmbar sei, zumal innerhalb dieses frei definierten »Rhythmus« sowohl die fachlichen Komponenten stimmig als auch die Ergebnisse durchaus akzeptabel seien! »Aber«, hier hob er mahnend den Zeigefinger, »in der *dritten* Stufe ist das nichtsdestotrotz völlig unzureichend! In der letzten Stufe lebst du einzig … hörst du?! … einzig im Rhythmus deiner deinem Handelsstil zugehörigen *Großwetterlage*! *Sie*, und *nur sie*, definiert deinen Tagesrhythmus! Verstehst du, was ich meine?«

Hektor machte nicht den Eindruck.

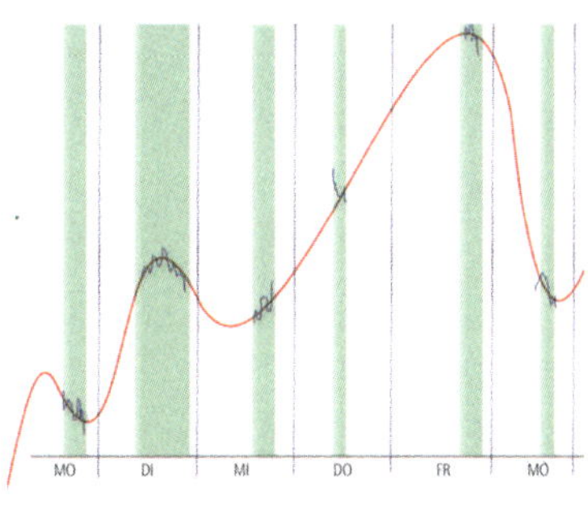

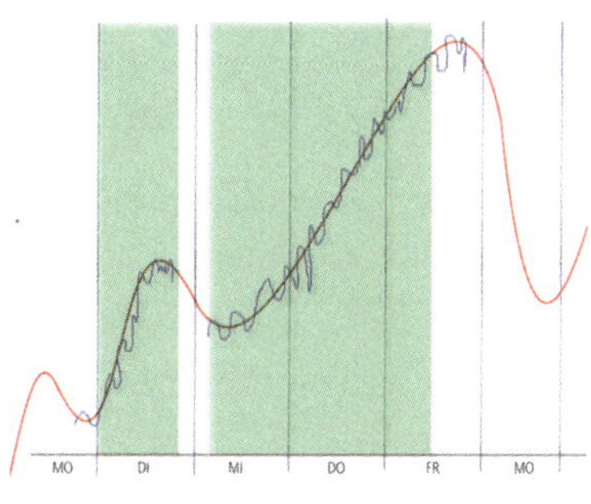

Skizze 1a und 1b

Ehrenbach atmete tief aus, überlegte einen Moment und deutete auf einen umherliegenden Zettel. Mit wenigen groben Linien zeichnete er den *großen*, mit mehreren detaillierten Strichen (Skizze 1a) den *kleinen* Trend eines Marktverlaufs und skizzierte durch vertikal gezogene Linien mehrere nachfolgende Datumsgrenzen: *Mo., Di., Mi., Do.* ..., und mittels schraffierter Flächen skizzierte er dann die sich aus dem zuvor Hektor unterstellten Handelsstil mit seinen eingeschränkten Handelszeiten ergebende Anwesenheitsdauer vor den Monitoren. Er präsentierte er der Runde das Ergebnis: »Schaut! Angenommen, das sei jetzt irgendein Intraday-Chart über mehrere Tage hinweg. Etwas feiner dargestellt seht ihr jene Trends, die dem *eigenen Handelsstil* die Einstiegs- und Stopplogiken liefern, die fette rote Linie zeigt dazu den *übergeordneten* Trend, oder in anderen Worten: die für unseren Handelsstil relevante *Großwetterlage*!« Obwohl eigentlich klar war, dass es sich bei dieser Zeichnung um eine vollkommen beliebige Darstellung handelte, kam aus der Runde sofort die Frage nach der verwendeten Zeiteinheit. Um des lieben Friedens willen erklärte Ehrenbach seine frei erfundene Darstellung zu einem »10-Minuten-Chart«, wenngleich er durch sein damit verbundenes leichtes Kopfschütteln und seinen Augenaufschlag erkennen ließ, dass er mit den *Zeiteinheiten* als solches hier wenig im Sinne hatte, stattdessen er auch lieber einzig von *ganz kleinen*, *kleinen*, *mittleren* und *großen* Trends, welche auf den frei wählbaren Zeiteinheiten mal mehr, mal weniger deutlich zu sehen waren,[88] sprach. »Also, heute stellst du nach erreichtem Tageslimit den eigenen Handel ein, und für morgen hast du dir ebenfalls vorgenommen, dich für *zwei Stündchen* vor den Rechner zu setzen, um nach Ablauf dieser Zeit oder dem Erreichen deines Tageslimits den Handel erneut einzustellen?«, fuhr er, in der Hauptsache an Hektor gewandt, fort und tippte dabei auf die schraffierte Fläche, welche die beabsichtigte Handelszeit pro Tag darstellte.

»Yep!«, antwortete dieser.

Ehrenbach zeigte nun auf den nächsten Tag und dessen Marktverlauf anhand der fetten roten Linie: »Nur ist es am kommenden Handelstag doch oftmals so, dass sich die *Großwetterlage* gedreht hat und nun gegenüber dem Vortag mitunter minderwertige Setups vorliegen! Was, nebenbei bemerkt, einen der wichtigsten Gründe für wohlüberlegte Diversifikation darstellt. Da Diversifikation – wenngleich wichtig – jedoch für unsere derzeitige und grundlegende Überlegung zur dritten Stufe der Freiheit nicht von Belang ist, machen wir weiter mit den *minderwertigen Setups* ...«

»Oder *besseren*!«, konterte Hektor.

Ehrenbach zeigte sich von diesem Einwand allerdings unbeeindruckt. »Okay ... wegen mir ist der kommende Handelstag besser, aber trotzdem trifft meine Aussage zu und verschiebt sich halt nur um einige Tage!«

Hektor betrachtete kopfschüttelnd den immer noch hochgehaltenen Zettel, lehnte sich dann mit hinter dem Kopf verschränkten Händen zurück und setzte zu einer recht schlagfertigen und formgewandten Erwiderung an: »Aber wenn man nun mal nur zwei Stunden am Tag handeln kann?! Vielleicht sollte man mal nicht immer nur an die Leute denken, die das beruflich den ganzen Tag machen, sondern auch mal an uns private Trader? Bei den meisten von uns ist doch schon allein aufgrund der normalen Berufstätigkeit eine wie auch immer geartete zeitliche Be-

88 An dieser Stelle sei auf DER HÄNDLER Band 3 verwiesen.

schränkung vorgegeben! Wie, bitte schön, sollen sich denn dabei, wie vorhin so schön erwähnt, *Lust* und *Pflicht* miteinander versöhnen können!?«

»Das geht durchaus, man muss es allerdings auch wollen!«, antwortete Ehrenbach und verwies anschließend mit harten, aber klaren Worten auf den *jederzeit möglichen schlichten Wechsel* der Zeiteinheit, sprich: einer einfachen *Neuregelung* der für den persönlichen Handelsstil herangezogenen und beachteten Trends.

Hektor, in der Rolle als selbstgewählter Meinungsführer der Anfänger- und Laienfraktion, reagierte hierauf mit einem betont auffälligen Verdrehen der Augen, was Ehrenbach mit einer, nun nochmals ausdrücklich betonten, Wiederholung der Kernaussage über die dritte Stufe der Freiheit verständnisvoll beantwortete: »Ein überlegtes Eigeninteresse als Händler verfolgt nicht mehr bloß das *eigene* Interesse! Die fachliche Vernunft verlangt in der dritten Stufe, ihr auch dort zu genügen, wo sie dem wohlüberlegten Eigeninteresse *zuwiderläuft*!«

»Ja, aber …« Hektors Gesicht legte sich in tausend Falten.

»Nix *aber*!«, unterbrach ihn Ehrenbach, wobei er in der nicht angenehmen Rolle des Lehrers auftrat. Aber er konnte nicht anders, denn schließlich wusste er um die Steigerungsfähigkeit der fachlichen Vernunft und nicht etwa nur, wie das üblicherweise verstanden wurde, hinsichtlich etwaiger Stufen der Erkenntnis … als ob diese etwas Fertiges wären! Nein: Er glaubte an die Existenz einer *fachlichen Pflicht*! Einer Pflicht als *Händler*! Einer Pflicht, für sich das *Maximum* aus einer Großwetterlage herauszuholen. Einer Pflicht, wenn sie einem schon hingehalten wurde, mit beiden Händen in die Bonbonschale zu greifen und im Idealfall alle oder zumindest so viele Bonbons wie möglich zu erhaschen zu versuchen und nicht wegen von Launen gesteuerter oder temporärer Stippvisiten zwar schnell mit dem »Mal-dran-Naschen« fertig zu werden, aber dafür auch nur wenige oder gar nur ein einzelnes Bonbon aus der Schale ergriffen zu haben. »Wenn du als – ich betone noch mal: fortgeschrittener Händler – deinen persönlichen *Zeitvorgaben* und *Tageslimits* den Vorrang einräumst und damit die Verantwortung für dein *Eigenwohl* an diese Zeitvorgaben und Limits abtrittst, so wird sich das über kurz oder lang rächen! Und wie die Erfahrung zeigt: eher über kurz als über lang.« Ehrenbach warf nun selbst noch einmal einen Blick auf seine Skizze (siehe Skizze 1a und 1b): »In diesem Beispiel gibt es weder einen Sinn, den Rechner am Dienstag, Mittwoch oder Donnerstag überhaupt auszuschalten, noch gibt es einen Sinn, am Freitagnachmittag und am darauffolgenden Montag seinen Handelsstil zu verfolgen!«

»Auf dieser weiteren, der höchsten, Stufe stellt das Pflichtbewusstsein damit nur noch eine Pflicht gegen *sich selbst* dar«, klinkte sich John nun ein. »Und diese Pflicht muss aus Gründen der *Selbstachtung* von einem selbst eingefordert werden!« Damit sprach John an, dass so mancher Trader mitunter auf ihn zwar einen sehr gescheiten Eindruck mache, aber gerade in den vereitelten Beziehungen zwischen eigener Tagesgestaltung versus *Großwetterlage* den Eindruck einer weitgehenden Willkür und großer Zusammenhangslosigkeit hinterlasse!

Philip starrte erst auf das noch immer in Falten liegende Gesicht Hektors und dann auf die Skizze. *Fachliche Pflicht aufgrund von Selbstachtung – genau das ist es, was John und Ehrenbach sagen wollen! – Selbstachtung …?!* Für gering darf man das Interesse an Selbstachtung bei Tradern nicht halten, und darin, so Philip in Gedanken, lag wohl ein Grund mehr dafür, dass der am eigenen

Wohl orientierte *allabendliche Frieden* im Sinne der dritten Stufe der erwähnten Freiheit nicht auf die fachliche Vernunft verzichten kann. Philip verstand: Früher waren es scheinbar nur die Philosophen, neuerdings indes aber auch die fortgeschrittenen Trader, die mit dem Kardinalbegriff der *Willensfreiheit* sich und ihren Taten zu Leibe rückten – rücken *mussten*! Einen Augenblick gruben sich auf seinem Gesicht kleine Falten oberhalb der Augenbrauen ein, die sein angestrengtes Nachdenken widerspiegelten, und dann plötzlich spielte ein fröhlicher Schimmer auf seinem Gesicht, als er begriff: Ehrenbach mahnte zu einer notwendigen Instinktverschmelzung von Zucht und Zügellosigkeit! Aber nicht hinsichtlich Gier und Angst, sondern hinsichtlich fachlicher *Pflicht* und Tagesgestaltung …

Pflicht?! … Pflicht?! … Pflicht?!

Gewöhnlich verstand man unter einer *Pflicht* eine Art von »Polizeiforderung«, durch die das alltägliche Leben in Ordnung gehalten wird; und weil zu wenige Trader vor ihren Monitoren auch jener hier existierenden *Pflicht*, dieser dritten Stufe gehorchten, gewannen viele unter ihnen den Anschein, ihr eigenes Trading sei nicht ganz erfüllbar. Und auch wenn akzeptable Handelsergebnisse ausgewiesen wurden, so war es die *Disharmonie von Aufwand und Nutzen*, welche Kopfzerbrechen bereitete. Fachliche Pflicht war demnach keine Fantasie! Und das zweite war: Fachliche Pflicht war auch keine Willkür! – *Weder Fantasie noch Willkür! … Wow!* Verblüfft von dieser Erkenntnis, lehnte Philip sich in die Polster zurück.

Eine Bedienstete, die sich mit dem Hinweis zu John herunterbeugte, dass in den kommenden Minuten das Abendbüfett eröffnet werden könne, nahm noch einige Bestellungen entgegen, und die Aussicht auf ein reichhaltiges Dinner im Schein der Fackeln gab der Diskussion nochmals Auftrieb. Hofner, durch dessen ursprüngliche Äußerungen in Bezug auf Stan die ganze Runde überhaupt erst ihren Gesprächsstoff erhalten hatte, fasste es nun alles in allem damit zusammen, dass der *allabendliche Frieden* somit für jenen Händler erreicht sei, der aufgrund der intensiven Auseinandersetzung um den Zustand der »Widerspenstigkeit« des Tradings seine falschen Vorstellungen von einer *leidenschaftlich getriebenen Arbeit vor den Monitoren* zu korrigieren vermochte und damit seine eventuell verlorene Unbefangenheit wiedergewann und in dessen Folge ein unverkrampftes, von unnötigen Sorgen gelöstes Leben führte. Ein Trader mit *allabendlichem Frieden* vermochte es, sich mit der eigenen, der »inneren« Welt als Trader schöpferisch auseinanderzusetzen; er fand und entwickelte einen Spielraum für zufriedenstellende »Nebentätigkeiten«, sprich: das ohnehin einst angestrebte »Wozu«, und er füllte diesen Spielraum *kräftig* aus, und das eigene Pflichtbewusstsein verweigerte diesen Handlungen – unbekümmert von etwaigen Äußerungen Außenstehender – nicht seine Anerkennung! Oder anders: Wenn sich die *Großwetterlage* in einer weit gelaufenen Bewegung oder einsetzenden *Korrektur* befand und Letztere nun mal – wie hinreichend bekannt – zeitlich *lang* als auch *unsauber* verlief, würde ein den *allabendlichen Frieden* gefundener Trader nicht eine Sekunde zögern, je betrachteter Zeiteinheit für zwei, drei Tage oder Wochen dem Rechner fernzubleiben und sich in den nächsten Urlaubsflieger zu setzen! *Warum nicht? Spaß* machte der Handel doch ohnehin nicht! Im Rahmen einer *fachlichen Pflicht* – mittels *indirekter Pflicht* »das eigene Wohl zu fördern« – war das *Fernbleiben* doch sogar wünschenswert! Aber: Trotzdem, so Hofner, lagen hier *Lebenskunst* und *Pflichtbewusstsein* nicht vollständig beieinander, denn: Der fachlich pflichtbewusste Standpunkt eines Traders nahm eine Auswahl an Gewichtung vor und räumte dem »freizeitgestaltenden« Anteil lediglich einen untergeordneten Rang ein; in den Adelsstand der »willkürlichen Freiheit« wird er *niemals* erhoben, und im Konfliktfall lässt er den *fachlichen Pflichten* der Großwetterlage *immer* den Vorrang. Kurzum: Sollte der Markt wieder auf ein Fünf-Sterne-Setup wechseln, dann war augenblicklich Schluss mit Freizeit, Sonne, Strand und Meer, dann hieß es: Ab vor den Rechner! – Wie lange? Das gab der Markt vor. *Einzig* der Markt. Aber eines konnte man sich ja gewiss sein: Eine Fünf-Sterne-Marktphase der Großwetterlage – sprich: jene Marktphase der *Bewegung* – verlief, wie hinreichend bekannt, immer im zeitlich *kürzeren* Ausmaß als die übrigen Marktphasen …

Hofner unterbrach sich, als von der Terrasse her eine weibliche Stimme nach John rief. »Joooohn!« Seine Frau gab ihm und Hofner von der Terrasse aus ein liebevolles Zeichen, dass das Büfett angerichtet sei. Hofner, nicht ahnend, dass er Tage später nochmals sehr intensiv dieses Thema mit Stan besprechen werde, nickte Johns Frau zu.

»Sofort, Liebling. Nur noch ein, zwei Sätze, und es kann losgehen!« John wandte sich erst Hofner und dann der Runde zu. Weder die Anforderungen noch die Ergebnisse der fachlichen Vernunft kleinredend, verwies John darauf, dass man von ihr alleine trotzdem nicht den *gesamten inneren* beziehungsweise *»allabendlichen Frieden* als Trader erwarten dürfe, denn nur diesem wohne jene notwendige Souveränität inne, das Trading als Ganzes zu »meistern« und sich – bis auf die Großwetterlage – im Wesentlichen als dessen Herr zu erweisen, statt schicksalsergeben das Leben als Trader wie ein Knecht zu erleiden. Auch wenn man weit davon entfernt sei, alle Faktoren kontrollieren zu können, sei es dennoch möglich, alles *Tun* und vor allem auch *Lassen* herauszufinden, das einem geglückten Leben als Trader gerecht werde, und das entsprechende Handeln im *Rhythmus der Großwetterlage* auf den Weg zu bringen. »Treffen nun statt Spaß und Lust die … nennen wir sie ruhig mal … Tugenden Besonnenheit und Gelassenheit auf die fachliche Vernunft und die fachliche Pflicht, so erhält das Leben als Trader plötzlich einen *inneren Glanz* und sie erzeugen damit den *allabendlichen Frieden* als Trader … So, nun lasst uns aber zum Büfett gehen!« John stand auf.

Alle erhoben sich, nippten bedächtig an ihren eisgekühlten Cocktails und traten durch die offene Fensterfront hinaus in den großzügig angelegten Garten. Die Luft war erfüllt vom Sommerduft nach Gras und Beeren, und nach wenigen Schritten erreichten sie das delikat hergerichtete Büfett, das zwischen dem kleinen Teich, an dessen Rand vereinzelt Tigerlilien blühten, und dem Pavillon aus Kirschbaum mit spitzem Dach und tief angesetzter Traufe aufgebaut war.

Innerer Glanz!

Ein schönes Bild!

Philip schaute den Gästen nach und fragte sich beim Betrachten der zum Büfett Strebenden, welcher Trader wohl einen *inneren Glanz* versprühte.

Huiii … Welch spannendes Gedankenspiel!

Und während die ersten Teller klapperten, blieb Philip allein im Raum zurück, setzte sich an das Klavier und spielte mit dem rechten Zeigefinger wahllos eine Melodie. Hin und wieder schmunzelte er gedankenverloren, denn die letzte Stunde war er aufs Neue, dafür aber äußerst gründlich, über etwas zum Nachdenken gebracht worden, das er bereits gefühlt hatte – was sich seinem Bewusstsein aber bisher bloß in einer Art Dämmerzustand, mithin in absolut unzulänglicher Weise präsentiert hatte. Sämtliche hier gestellten Fragen waren als Gedanken in Philips Kopf bereits zuvor von Zeit zu Zeit und wie auf einer Drehscheibe aufgetaucht. Über seine Schulter hinaus blickte er auf das Treiben der versammelten Gäste. In der Menge erkannte er Hektor, der gerade eine Gabel zum Mund führte, und in einer Ecke der Terrasse standen der nun ebenfalls kauende Wehnert sowie Matthew, der, statt sich dem Teller voller Essen in seiner Hand zu widmen, lebhaft auf Wehnert einredete. Auch sah er … Stan, der nach wie vor mit abschirmenden Gesten kopfschüttelnd auf sein iPhone starrte … und musste anerkennen, dass das *beständige* Geldverdienen nicht alleine die natürliche Folge des Besitzes von duplizierbarem Fachwissen war, sondern dass Ehrenbach, Hofner, John und Torbach und wer immer noch deren Meinung geteilt hatte, zu Recht begreiflich zu machen versucht hatten, dass der Besitz des Fachwissens nicht nur zu seiner Anwendung – gerade hinsichtlich der Großwetterlage – ver*pflichtete*, sondern dass das Fachwissen um die Märkte unbedingt auch die Erkenntnis um die »Widerspenstigkeit« des Ziels zur Folge haben musste.

Hmmm …

Ein ausgeglichenes Verhalten zwischen Widerspenstigkeit, Lust, Faszination und fachlicher Vernunft war also nicht nur zwingender Befehl, nicht nur wichtiger Auftrag, nicht nur bestimmte Vorgabe, sondern war gleichzeitig Basis, Richtschnur und … somit alles in allem: ureigenste Verpflichtung!

Hmmm …

»Hey, mein Freund … hier steckst du also! Ich hab dich schon gesucht.« Hofner lehnte sich mit seinem Teller an das Klavier, und ein köstlicher Duft umwehte Philip.

»Boah … *Yam Nüa!* Das ist was für Mutige!«, kommentierte er Hofners Essenswahl, während dieser auf seinem mit scharfem Rindfleischsalat mit Korianderblättern, Minze und einer Handvoll roter Chilis wohlgefüllten Teller herumstocherte.

»Na klar! So wie das ganze Leben!«, konterte Hofner, spießte ein Stück Fleisch und eine Chilischote auf die Gabel und schob sie sich genüsslich in den Mund.

Philip nickte anerkennend. »Na, wenn das so ist! Dann will ich auch mal mutig sein: Also … Hand aufs Herz: Gibt es nun ein perfektes Leben als Trader oder nicht?«

Hofner blickte von seinem Teller auf und starrte Philip mit seinen scharfen, aber von Fältchen umgebenen Augen ins Gesicht. »*Perfektes* Leben? Ach du meine Güte!« Hofner summte begütigend und meinte nach einer kurzen Pause, dass es etwas Besseres als ein *gutes* Leben als Trader nicht gäbe – vorausgesetzt, man erkenne Folgendes an: Man erlerne und beachte die Mehrdeutigkeit im Begriff des *Guten*, deretwegen es ein im *fachlichen*, ein im *pragmatischen* und ein im mehr als pragmatischen, im wahrhaft *pflichtbewussten* Sinne ein *gutes Leben* als Trader gäbe!

Philip schlug wahllos die weißen und schwarzen Tasten an und machte dabei auf Hofner den Eindruck, als sei er mit der Antwort nicht zufrieden.

»Schau her, Philip … für dich mal ganz geradeheraus gesagt: Wir alle streben danach beziehungsweise sind sinnliche Vernunftwesen! Deswegen haben wir auch zweierlei Grundinteressen:

Als Vernunftwesen will *jeder* Trader *fachlich* gut, als sinnliches Wesen will er *glücklich* sein!« Hofner erklärte weiter, dass man demnach einen Trader dann »erfahren« nennen könne, wenn er auch als »sinnliches« Wesen im Idealfall fachlich vernünftig bleibe, weil er nur zu gut wisse, dass er auf »unfachliche« Weise unmöglich glücklich werden könne. Obwohl, wie Philip gerade in den vergangenen Monaten ja selbst hinreichend hatte erfahren dürfen, die Welt des technisch orientierten Tradings leider nicht so eingerichtet sei, dass sich ein zur fachlichen Vernunft *proportionales* Glück einstellte, ergab sich daraus für Hofner folgende Bilanz: »Auch wenn die fachliche Vernunft ohne Mitwirkung des Schicksals«, damit verwies Hofner nochmals auf die Existenz anderer Marktteilnehmer und deren Ausrichtung und damit auf den fachlich sauberen Minustrade, »keine Garantie auf einen *allabendlichen Frieden* beschert, setzt sie diesen innerlichen Frieden jedoch *nicht* aufs Spiel, denn: Ohne fachliche Vernunft und ohne fachliche *Pflicht* ist ein *allabendlicher Frieden* nicht einmal im Ansatz zu erwarten!«

Hofner spießte sich die Gabel erneut voll und kaute genießerisch. »… wirklich klasse, dieses Zeug! Aber zurück zum Thema: Weißt du, wenn wir ehrlich sind, ist es doch so, dass die großen Firmamente des Tradings, nämlich *Diversifikation*, *Geldmanagement* und *Großwetterlage*, welche die *Revolution* des wirklich erfolgreichen Handels herbeiführen, vielen Tradern zwar längst bekannt sind und trotzdem von diesen nicht als Wirklichkeit, sondern als etwas sehr Hohes, sehr Fernes empfunden werden. Das, was die Welt dieser Händler so verwirrt, ist das Missverhältnis, das zwischen *Lust* und fachlicher *Pflicht* besteht, sowie die daraus resultierende ungeheure Unbeholfenheit und Beharrungsträgheit!« Hofner wischte sich den Mund mit einer Serviette ab und ergänzte seine Worte damit, dass die *fachliche Absicht* nicht immer genügend mit den in einem Trader arbeitenden anderen Kräften zusammenwirke und daher die von Ehrenbach als *höchste* Stufe definierte Freiheit eines Traders völlig zu Recht in der – je nach Erkenntnisgrad und Willen verstörenden oder erhebenden – Erfahrung bestehe, dass die Annahme, als erfahrener Trader endlich »frei von persönlichen Zwängen« zu sein, immer eine Täuschung sei.

Ein erfahrener Trader, so Hofner weiter, sei mithin gezwungen, anzuerkennen, dass von der ursprünglich angenommenen Freiheit des eigenen »Wozu« tatsächlich nur ein fiktiver Rest übrig bleibe, nämlich: dass die Freiheit als Emanzipation, als »Frei-Machen« von der Illusion der eigentlichen *Willensfreiheit* verstanden werden müsse! »Kurzum: Der zeitliche Ablauf der *Großwetterlage* bestimmt über den zeitlichen Ablauf der Freizeit- und Tagesgestaltung und keinesfalls andersherum! Verstehst du, wie ich das meine, Philip? Wenn du bei der von dir auserwählten Lebensaufgabe *Trading* das Verständnis für die fachliche Pflicht gegenüber der Großwetterlage und die Erkenntnis um das *widerspenstige* Ziel *Trading* und damit Zweck und Sinnhaftigkeit der eigenen Handlungen sowie eine abgeschwächte Erwartungshaltung hinsichtlich der Phänomene *Spaß* und *Faszination* erwerben möchtest und deinem Geist erlaubst, den dazu notwendigen Erfahrungen tüchtig entgegenzuschreiten, diese so detailliert wie nur irgend möglich zu *durchdenken* und dich anschließend von den Ergebnissen leiten zu lassen, dann verleiht dir das als Trader eine gewisse Würde und Selbstachtung … oder, wie John es so treffend ausgedrückt hat, einen *inneren Glanz*!«

Philip ließ die Finger von rechts nach links über die Tasten wandern. »*Innerer Glanz!* Das klingt echt gut!«

»Und weißt du, wie man *ohne* mit einem Händler auch nur ein Wort zu wechseln, weiß, ob er jenen *inneren Glanz* hat?«, fragte Hofner.

»Ohne Worte?«

»Ganz ohne Worte! Man kann es sehen, und man kann es spüren! Es ist ... *wie soll ich sagen* ... jene durchdachte *Regsamkeit ohne Geschäftigkeit*, die dem Tag eines Händlers einen erkennbar angenehmen Rhythmus gibt!« Bei den letzten Worten klappte Hofner lächelnd die Tastenklappe nach unten, und Philip zog die Hände zurück. »So, jetzt aber erst mal raus hier!«

Philip kam der Aufforderung nach und folgte dem immer noch hungrigen Hofner ans Büfett.

Hm ... wie war das eben noch mal ...?

Diese Regsamkeit ohne Geschäftigkeit gibt dem Tag eines Händlers einen angenehmen Rhythmus ... Eieiei...

*

Nach dem Abendessen ließ sich Philip nochmals Wein nachschenken und genoss den Duft der Blüten der überall im Garten angepflanzten und von den Einheimischen *Leelawadee* genannten farbenprächtigen Frangipani-Sträucher – und als im Garten plötzlich Beifall aufbrandete, wandte er seinen Blick hinüber zur Bühne. John bestieg gerade das kleine Podium am Ende der Wiese und schenkte seinen Gästen nochmals Worte des Dankes. Als der Applaus abebbte, betonte er, dass es heute vor allem darum gehe, eine schöne Party zu feiern und sich mit alten Freunden zu unterhalten oder neue kennenzulernen. Dann bedankte er sich nochmals für das zahlreiche Erscheinen, das hervorragende Abendbüfett und namentlich auch bei Kim für die exzellente Organisation. Als er zum Abschluss sein Glas erhob, klatschten seine Gäste zustimmend und erhoben ihrerseits die Gläser. Jedem, der das sah, musste klar werden, dass John solche Feiern liebte, denn seiner Ansicht nach war es das schönste Geschenk, das man erhalten oder jemandem machen konnte – die Begegnung mit anderen Menschen.

Auf einmal wurden die Lichter gedämpft, und die Band ließ erneut ihre Töne durch den Garten klingen. Einige jüngere Damen stolzierten auf die Terrasse und schwangen ihre Hüften verführerisch zum Takt der Musik und dem bunten Feuerwerk aus Licht und Farben. Ein bewundernder Pfiff aus der Menge drückte aus, was alle Männer im Umkreis dachten, und Nick machte sich ebenso auf zur Tanzfläche, um – wie er meinte – zu schauen, »welche Hühner denn so im Korb seien«.

Und siehe da! Auch Stan hatte sich von seinem iPhone gelöst, tanzte eine halbe Ewigkeit mit der »Vanilleduft«-Frau und musste zugeben, dass er sich prächtig amüsierte. Alexandra. Jung. Gut aussehend. Große, braune Rehaugen. Charmant. Seine Begleitung entpuppte sich als äußerst unterhaltsam, und Stan tanzte und tanzte, nicht wissend, dass sie zwei Wochen später schon seit vierzehn Tagen seine Geliebte sein würde.

Im Takt der Musik schritt die Nacht voran, die Zeit zerrann. Mittlerweile war es später Abend, die Gesellschaft gelöst. Einige Herren saßen im großen Wohnzimmer, rauchten und spielten Karten; einige Frauen waren im daneben liegenden anderen großen Wohnraum versammelt, und einige plauderten noch mit kleinen Schweißperlen auf der Stirn – die schwüle Hitze des Flussdeltas des Chao Phraya drückte nachts noch schwerer als zur Mittagszeit – auf der Terrasse miteinander. »Kommt, lasst uns wieder zu den anderen gehen!«, meinte Hofner nun, und er, Sander und Philip, die bis eben noch Neuigkeiten über die Heimat ausgetauscht hatten, erhoben sich von einer etwas abseits stehenden Bank und schritten über den knirschenden Kies zu dem großen Haus empor, das sich von der dunklen Nacht abhob.

Fast am Rand der Terrasse angekommen, vernahm Hofner, der voranging, von vier, eng an einem der Stehtische die Köpfe zusammensteckenden jungen Männern die Wortfetzen: »... ich habe da einen tollen Einstieg ...« – »... ist der auch wirklich der beste ...?« – »... Kombination aus GD, RDF und noch was streng Geheimem ...!« – »... Nee, jetzt *echt*? Was denn ...?«

Mit einem unauffälligen Handzeichen lotste Hofner Sander und Philip an den in ihr Gespräch vertieften jungen Männern vorbei, denn er wollte den Rest des Abends nicht an den Rockschößen jener Leute hängen, um sich blauen Dunst und Harmlosigkeit des Tradings vormachen zu lassen. Ein paar Schritte weiter hörte er durch die weit geöffneten Flügeltüren verschiedene Frauenstimmen: »Ach ... die Männer ... « – »Ja, ja ... du solltest erst mal meinen Mann hören ...« – »... die sind doch alle gleich – wisst ihr, was meiner neulich gebracht hat? ...« Hofner schüttelte auch hier mit verzogener Miene den Kopf und zeigte stattdessen auf die rechte Terrassentür. Von dort kamen ebenfalls verschiedene Stimmen und Worte: »... wenn ich vor den Monitoren nur immer all das vollbringen könnte, was ich mir vorgenommen habe ...« – »... scheiß Psyche ...« – »... wie viel Charakterstärke braucht ein Trader? ...«

»Hier sind wir richtig!«, sagte Hofner grinsend, und die drei nutzten die Gelegenheit, um sich um die Ecke blickend im Raum umzusehen. Etwa ein Viertel der Gesichter war Philip bekannt: Neben Matthew, einem Trader aus einem hier ansässigen Handelsbüro, waren Torbach und Wehnert, der ältere Herr, der bereits in der Runde am früheren Abend durch seine Fragen aufgefallen war, anwesend, aber auch Pascal, den Philip auf einem Segeltörn mit John kennengelernt hatte, und neben diesem saß Nick, jedoch für den Moment ohne weibliche Begleitung. Auf dessen anderer Seite hatte ein Mann Anfang vierzig Platz genommen, dessen schwarzes Haar zwar bereits an wenigen Stellen mit weißen Strähnen durchsetzt war, der aber insgesamt noch fast jugendlich wirkte und so gut aussah, dass er Philip als auch den anderen an diesem Abend bereits ein paar Mal aufgefallen war. Nick hatte Philip auf dessen Nachfrage sowohl erklärt, dass der Mann Jerome heiße, ebenfalls Trader sei, aber nicht in einem Handelsbüro, sondern privat arbeite und die Verbindung zu John eher aus einem engen Verhältnis der beiden Ehefrauen herrühre. Ebenso meinte Nick, dass er Jerome bei den gelegentlichen bisherigen Treffen als sehr angenehm empfunden habe, da er einen nicht permanent mit einem »Wie handelt ihr denn ...?« auszuhorchen versuche, sondern das Thema Trading ganz im Gegenteil fast überhaupt keine Rolle gespielt habe.

Das Gegengewicht an der gegenüberliegenden Tischseite bildete, wie hätte es auch anders sein können ... Hektor! Und mit dem Rücken zu ihnen saß ... *das ist doch ...?! ... Yep! ...* An der Stirnseite des großen Couchtischs mit dem Rücken zur Terrassentür und zurückgelehnt saß Connor und trank gerade in einem Zug sein Glas aus, bevor er sich wieder angeregt dem aktuellen Thema widmete. Connor – ein faszinierender Mann Mitte fünfzig, der vollkommene Ungezwungenheit ausstrahlte. Viele waren der Ansicht, er sei ein Wunderkind in Sachen Börsenhandel. Andere, boshafte Zungen wiederum behaupteten, das komme daher, dass er nie eine Schule besucht hätte. Doch ganz ohne Unterricht war er nicht geblieben: Sein Vater, ein einfacher, aber strenger Mann aus einfachen Verhältnissen, brachte ihm viel über das Leben bei und zwang ihn sogar dazu, sich musikalisches Wissen anzueignen. Was den jungen Connor aber eigentlich interessierte, die Seefahrt, hatte sein Vater von ihm fernzuhalten gewusst. Als Connor nach der Schulzeit seine ursprüngliche Berufsausbildung begann, arbeitete er für eine Firma, die Versicherungen vertrieb, und wie jeder die Schule verlassende Jugendliche hatte er sich das Berufsleben völlig anders vorgestellt: teure Klamotten, ausschweifende Geschäftsessen, wichtige Meetings mit leitenden Angestellten, Firmenbossen und so weiter. Er hatte geglaubt, er würde einmal ein bedeutender Ansprechpartner werden und Teams in superkritischen Situationen leiten. Im Grunde genommen hatte er erwartet, man würde ihm die Schecks nur so hinterherschmeißen und ihn ständig nach seiner hochgeschätzten Meinung fragen. *Tja* … für seinen damaligen Chef war er definitiv ein wichtiger Ansprechpartner. Er zögerte nicht, Connor anzusprechen, wenn er Kaffee oder Kopien benötigte oder wenn es – während Connor erste Kontakte mit der Börse sammelte – sonst irgendwelche idiotisch-anspruchslosen Aufgaben zu erledigen galt:

»Connor! Wo bleibt das Fax? Ich brauche sofort dieses Fax!«

»Connor! Diese Unterlagen müssen heute noch an die Kunden. Wie? Ja, natürlich alle.«

»Connor! Wo stecken Sie denn? Lesen Sie etwa schon wieder Ihre Börsenartikel? In mein Büro, sofort!«

»Connor! Den Börsenscheiß können Sie auch in Ihrer Freizeit lesen!«

»Connor! Wenn ich Sie noch ein einziges Mal beim Telefonieren mit Ihrem Broker erwische, dann …«

So ging das den ganzen Tag. »Connor hier!« – » Connor da!« – »Connor sofort!« Unheimlich nervig. Einmal hatte der Chef Connor doch tatsächlich sogar beschuldigt, er habe absichtlich einen Auftrag eines Kunden nicht angenommen, nur um nachmittags die amerikanische Börseneröffnung ungestört mitzubekommen. Unfassbar! Natürlich hatte er recht – Connor war die Eröffnung wichtiger als dieser blöde Kunde, schließlich war er in der Aktie long. Und so wurde er ein wahrer Meister im Undercover-Chartlesen-und-Order-Aufgeben und tat dann immer, als würde er besonders sorgfältig irgendwelche Tabellen analysieren. Mitunter mussten, nur damit Connor die jeweilige Börseneröffnung mitbekam, die städtischen Nahverkehrsbetriebe mit erdachten Störungen und Ausfällen herhalten, welche einen pünktlichen Arbeitsbeginn leider unmöglich machten. Und so kam alles – wie so oft im Leben – anders, und selbst da wiederum traten noch tausend Sachen dazwischen, und so ergab es sich, dass im wachsenden Maße die Leidenschaft des jungen Connor nach seiner eigentlich eher zufälligen Begegnung mit Aktien statt seinem ursprünglichen Berufe immer mehr dem Börsenhandel galt und daraufhin so plötzlich wie umfassend der *Philosophie*. Irgendwann war es dann so weit: Er kündigte, bewarb sich in einem Handelsbüro, und seinen Handelsergebnissen und auch seiner Einstellung hinsichtlich dieser Arbeit nach zu urteilen, war schnell klar, dass Philosophie seinen Begegnungen mit den Charts bei Weitem nicht schadete oder jemals schaden würde.

Wie aber kam ein Händler zur *Philosophie*? In Connors Fall war es so, dass er sich vor allem anderen für den Trader als »Menschen« interessierte. »Man muss sich selbst erkennen. Es ist eine übernatürliche Verblendung, als Trader zu leben, ohne danach zu suchen, was man ist. Die Frage nach ›dem‹ Menschen, der denn da vor den Monitoren sitzt, ist das wahre Studium, das dem Trader eigentümlich ist«, lautete stets seine Devise, die er zahlreichen jungen Händlern nahebrachte, die ihm anvertraut wurden. – Und was erfuhr man in einem philosophischen Nachdenken über den »Trader«-Menschen? Um dies herauszubekommen, müsse man, so Connor, immer den »Menschen«-Trader zunächst so betrachten, wie er in die unendliche Welt des Börsenhandels eingebettet sei. Doch der Versuch, diese zu erfassen – und dies beschäftigte Connor lange –, stürzte das Denken in höchste Verlegenheit und Zwiespältigkeit, denn: Diese Zwiespältigkeit zeigte sich nicht nur im allgemeinen »alltäglichen« Wesen des Traders; auch dessen alltägliches Tun und Treiben vor den Monitoren gab davon Kunde. Und um dies zu veranschaulichen, blendete Connor gern jene Situationen vor den Monitoren auf, in denen sich der durchschnittliche Trader gemeinhin herumtrieb: die Chartjagd, das Orderspiel, den Tanz mit der einzelnen Periode, den Dienst der Dauerobservation, die Experimente in Sachen Geldmanagement, die unerträgliche Unbeständigkeit in der Anwendung eines Regelwerks und dergleichen mehr. All diesen »Beschäftigungen«, und zwar den spielerischen ebenso wie oftmals den scheinbar ernsthaften, war, so wie es Connor mittlerweile betrachtete, eine seltsame Doppelbödigkeit zu eigen. Sie waren nicht nur das, als was sie erschienen – die Hast und der Eifer, mit denen sie betrieben wurden –, sondern sie wiesen seiner Meinung nach oftmals darauf hin, dass sie aus der fahrigen Sucht nach Zerstreuung erwuchsen. Und genau das fand Connor höchst spannend, denn: Dem »privaten Menschen«, der sich von seinem einstigen nervenaufreibenden, zeitverschlingenden Beruf abwandte oder davon träumte, sich abzuwenden, um nur noch mittels des räumlich und zeitlich unabhängigen Börsenhandels sein Geld zu verdienen, dürfte ja eigentlich nichts an einer Dauerobservation gelegen sein, der er nahezu vierundzwanzigstündlich tagein, tagaus nachjagte. Und dem, der sich von seinem einstigen Beruf abwandte oder davon träumte, sich abzuwenden, da dieser eine zu »ungenaue Zukunft« habe, dürfte doch auch nichts an den »schnellen hundert Euro« eines unsauberen halbherzigen Trades, die er »im Spiele« einstrich, gelegen sein, wenn er doch wusste, dass die Börse auch noch morgen, übermorgen und die kommenden Jahrzehnte mit Sicherheit »geöffnet« war.

Man könnte daher fast meinen, so Connors Ansicht, ein Trader suche vielmehr die Zerstreuung um der Zerstreuung willen. Und Connor dachte über die Jahre tiefer und tiefer nach, und dann, mit wahrhaftig weit geöffneten Augen, entdeckte er Folgendes: Letztlich stand bei vielen Tradern dahinter die Angst vor dem Alleinsein und der Langeweile. – Wie wahr! »Alles Unglück auf dem Konto kommt daher«, pflegte er allzu gern zu sagen, »dass man es als Händler nicht versteht, ruhig in einem Zimmer zu sein!« Mit Belieben drückte er es so aus, dass jene Einsamkeit und Langeweile deshalb ängstigten, weil sich in ihnen der Trader »unverhüllt« selbst gegenübergestellt wurde. Und hier fand er irgendwo den Grund, weshalb viele Händler immerzu »eine ungestüme und hinreißende« Beschäftigung mit den Charts suchten, die sie davon ablenkte, an und über sich zu denken. Oder besser noch: Man trachtete ständig danach, sich selbst zu vergessen. Und damit stand für Connor am Horizont schon immer jene Frage, warum denn das Nachdenken über sich selbst für so viele Händler so unaushaltbar sei.

Connor fand für sich die Antwort, welche Philips Gedanken bei dem Thema *Widerspenstigkeit* sehr ähnelten: weil sich darin für den fortgeschrittenen Trader – auf den Tradinganfänger wirkte es ja noch abenteuerlich – die »Trostlosigkeit« seiner Existenz als Trader offenbare. In solchen Augenblicken des Alleinseins befielen den Trader die Langeweile, die Düsterkeit, die Traurigkeit, der Kummer, der Verdruss, ja, mitunter auch die Verzweiflung. Ja, Verzweiflung! Verzweiflung, einen Lebenstraum »Trader« anzustreben, der bei genauem Betrachten – aufgrund eines widerspenstigen Spiels – keinen Spaß machen könne! Öde, leere Traderjahre, zermartert von der Sehnsucht nach dem Kick, der Action – sollte diese törichte Lächerlichkeit ernsthaft seine Zukunft bis zum Lebensende sein? Der Trader fühle angesichts der tickenden Charts sein »Nichts«, seine Verlassenheit, seine Unzulänglichkeit, seine Abhängigkeit vom Orderbuch und damit seine Abhängigkeit von anderen Marktteilnehmern, seine Ohnmacht – ja, irgendwie seine »Leere« – und fühle … wie sich die auf seinem gesamten Dasein als Trader lastende, tiefe Bedrohung durch auch nur einen einzigen, unüberlegten und unvernünftigen Mausklick tiefer und tiefer in ihn hineingrub …

Alles in allem: Durch die Einsamkeit vor den Monitoren wurde offenbar, dass das Leben als Trader »das zerbrechlichste Ding der Welt« sei und man nur mit »ein wenig«, genauso wie mit einem »Haufen« an den Tag gelegter Unvernunft, gleichwohl in den Abgrund rannte. Doch genau hier fand Connor inmitten des – etwas pathetisch – formulierten »Elends« etwas von der Größe eines Menschen und Händlers: dass dieser nämlich imstande sei, um sein »Elend« zu wissen. Die Größe des Menschen als Händler sei demnach darin groß, dass er sein »Elend«, besser die »Widerspenstigkeit«, seines ansonsten ja ehrenwerten Ziels nicht nur *erkannte*, sondern *an*erkannte. Oder mit anderen, einfacheren Worten: Connor erkannte bei sich wie auch bei anderen Tradern: Ein Trader will groß sein, und er sieht sich klein; er will glücklich sein, und er sieht sich elend; er will vollkommen sein, und er sieht sich voller Unvollkommenheit. Die durchgängige Widersprüchlichkeit im Wesen und Dasein des Lebens als Trader brachte es mit sich, dass dieser sich nicht eindeutig erfassen konnte, ja, dass er in einer grundhaften Ungewissheit lebte. Man trachtet nach der Wahrheit und fand in sich tagtäglich aufs Neue nur Ungewissheit. Nichts zeigte die Wahrheit! Ein Trader war also nichts weiter als ein Wesen voller Unsicherheit und Irrtum, solange er nicht zum einen die »Widerspenstigkeit« seiner Ziele *erkannte* und zum anderen – dies war der springende Punkt – dass jene Widerspenstigkeit, genau betrachtet, so *natürlich* wie *unveränderlich* und *unvergänglich* und *unaustilgbar* dazugehörte! Und solange dies nicht erkannt wurde, so ergab Connors Nachdenken, war es das, was zu den Tausenden tagtäglich den Bildschirmen entgegengejammerten Worten führte: »Ich sehe ringsum nichts als Dunkelheit und Nebel!« Und solange jene *Widerspenstigkeit* im Umgang mit dem Trading und deren Folgen für den Umgang mit dem eigenen Handel nicht erkannt und angewandt wurde, solange konnte ein Trader nichts aus sich selbst heraus erkennen.

Es war demnach völlig normal, dass es für so viele Trader unbegreiflich war, dass Erfolg an der Börse beständig machbar war, und unbegreiflich, dass er es nicht war; für sie war es unbegreiflich, dass Disziplin beständig machbar war, und unbegreiflich, dass sie es nicht war. Alles blieb folglich im Widerspruch. Gern würde Connor so manchem Trader zurufen: »Erkenne, was für ein Paradoxon du für dich selbst bist!«, und er wüsste, dass mancher Trader, sofern er dahingehend ehrlich über sich urteilte, zurückrufen würde: »Was für eine Chimäre bin ich als der ›Mensch‹-Trader. Was für ein Subjekt des Widerspruchs, was für eine Kreatur des Chaos! Ich möchte als Trader Richter aller Dinge, Verwalter des Wahren sein, und dennoch verwalte ich nur meine innere Ungewissheit und den Irrtum von Glanz und Auswurf des Charts!«

Und wie sah Connor die Folge des Ganzen? Die Folge der brennenden Begierde, endlich einen festen Stand und eine letzte, beständige Grundlage zu finden, um darauf seinen »Lebenstraum Trading« zu erbauen, der sich ins Unendliche erhebt, war, dass das ganze Fundament wackelte, dass sich mitunter sogar die Abgründe der Erde öffneten und dass angesichts dieser grundhaften Ungewissheit müde Resignation oder mitunter kraftloser Skeptizismus und damit mitunter – trotz fortgeschrittenen Status – eine erneute Flucht in den fremdbestimmten Dogmatismus nahelagen. *O ja* – Connor hatte mit den Jahren einen Blick dafür entwickelt, ob ein Trader frei war oder ob er zwischen beiden, zwischen Dogmatismus und Skeptizismus, in einer Zweideutigkeit und in einer gewissen zweifelhaften Dunkelheit lebte. Doch darin konnte und durfte, nach Connors Ansicht, nie und nimmer ein fortgeschrittener Trader bleiben. Und dies einzig und allein darum nicht, weil bei der Sache, um die es sich handelte, Entscheidendes auf dem Spiel stand, nämlich – *Geld!*

»Jungs, kommt rein!«, rief Connor, der plötzlich die Anwesenheit von Hofner, Sander und Philip an der Terrassentür bemerkte und den unbesetzten Sessel neben sich einladend zurechtrückte.

Die drei traten ein, und während es sich Hofner und Sander in den beiden noch freien Armlehnsesseln bequem machten, nahm Philip am großen braunen Sekretär, der zum Fenster gerichtet stand, Platz und drehte seinen Stuhl zur Mitte des Raums. Und obwohl die Neuankömmlinge diesem Gespräch erst wenige Sekunden beiwohnten, sprach Conner sie auch gleich an und gab zu verstehen, dass das aktuelle Thema seinen Ursprung irgendwie unter dem Stichwort »Trading« und »Wollen und Vollbringen« oder »Wollen und Können« habe. Connor fasste es spielerisch so zusammen: »Was ich vollbringe, erkenne ich nicht; denn nicht das, was ich will, führe ich vor den Monitoren aus, sondern was ich hasse, das tue ich!«, und da die Selbsterfahrung nahezu eines jeden Traders bestätigen konnte, dass es eine solche Diskrepanz zwischen Wollen und Vollbringen gab, bat Connor nun um ihre Ansicht zu den Dingen und hoffte, dass sich diese Stichworte mit ihrer Hilfe noch ein gutes Stück weiterverfolgen ließen.

»*Ha-aa* ... Schönes Thema!« Sander nickte als Zeichen des Verstehens und wiederholte lächelnd Connors Aussage in leichter Abwandlung, dabei mit großer Geste bühnenreif deklamierend: »... denn das Wollen ist zwar bei mir vorhanden, das Vollbringen des Richtigen aber nicht! Denn nicht das Gute, das ich will, tue ich, sondern den fachlichen Müll, den ich nicht will, den führe ich vor den Monitoren aus!« Jeder in der Runde spürte sofort, dass Sander an diesem Thema großen Gefallen fand, und das auch zu Recht, denn so wie jedem anderen erfahrenen Trader, so war auch ihm aus seiner eigenen Erfahrung nur zu gut klar, dass ein Trader zu Beginn mit seinen eigenen Willenstendenzen in der Regel nicht fertig wurde und daraus dann jenes heillose Durcheinander von Spannungen und Frustrationen entstand und dass diese Ambivalenz und Schwäche des »Doppelwesens Trader« und die damit verbundene Diskrepanz zwischen Wollen und Vollbringen irgendwie einer dringenden Versöhnung bedurften. Nun im normalen Tonfall fortfahrend, interpretierte Sander, zum Wohlgefallen Connors, diese Erfahrung im Sinne eines im doppelten Widerspruch mit sich selbst liegenden Traders: »Wenn ich das zusammentrade, was ich nicht will, so vollbringe nicht mehr ich es, sondern die ›fachliche Sünde‹, die in mir wohnt. Oder anders: Nach dem in mir innewohnenden Trader habe ich zwar Lust an den fachlichen Regeln, meine Finger gehorchen aber anderen Gesetzen, die mit den fachlichen Gesetzen in meinem Innern wie und warum auch immer im Widerstreit liegen und mich zum Gefangenen des Gesetzes der ›fachlichen Sünde‹ machen, das in meinen Gliedern steckt. – Ich elender Trader! Wer oder was erlöst mich?!«

»Ja, ja … genau das ist gemeint!«, erklang es aus der Runde, und während die fortgeschrittenen und erfahrenen Trader am Tisch um den tieferen Sinn von Sanders Worten wussten, ergaben diese für andere überhaupt keinen Sinn! Einer davon war Wehnert, weswegen er sich nun mit einer scharfen Bewegung vornüber beugte und begann, Sanders Vortrag durch Einwände auseinanderzunehmen, wobei er sich unter anderem mit dem klassischen Satz »Wo ein Wille ist, ist auch ein Weg!« zur Partei der allgemeinen Alltagslogik schlug und kopfschüttelnd und vehement gegen die »unausgeprägten Willensrichtungen« argumentierte, welche sich seiner Meinung nach hinter Sanders mit feiner Ironie vorgetragenen Worten verbargen.

»›Wo ein Wille ist, ist auch ein Weg‹! … So, so! … Interessant! …«, hatte Sander gerade angefangen zu erwidern, als eine junge Dame mit vollem Tablett den Raum betrat und sich die allgemeine Aufmerksamkeit kurzfristig der Versorgung mit Drinks zuwandte. Den bernsteinfarbenen Whisky in seinem Glas gegen den Uhrzeigersinn rotieren lassend, fuhr Sander anschließend fort, indem er Wehnert daran erinnerte, dass es offensichtliche wie unbestreitbare Realität darstelle, dass es gut neunzig Prozent der Händler als Schicksal widerfuhr, dass die Arbeitsteilung zwischen Absicht und Verhalten in den Stunden vor den Charts und damit in den Stunden der Entscheidung zusammenbrach.

Connor, der in den letzten Minuten nur lächelnd und damit zustimmend zugehört hatte, wiegte den Kopf und ergriff an dieser Stelle das Wort. Bevor sich Widerspruch äußern konnte, warf er zur Klärung den Gedanken in die Runde, dass es nach seiner Überzeugung schon einen Unterschied darstelle, an welcher Stelle diese Diskrepanz zwischen Wollen und Können sich zeige, wie sie vom einzelnen Trader erfahren und interpretiert werde und was dieser anschließend aus dieser Erfahrung mache!

Philip, der eine große Ähnlichkeit der bisher gesprochenen Worte mit dem ihm bereits bekannten Thema der »fehlenden Deckungsgleichheit zwischen Absicht und Verhalten« erkannte, mit deren Ursachen er sich bereits ausführlich auseinandergesetzt hatte,[89] war gerade im Begriff,

89 An dieser Stelle sei auf DER HÄNDLER Band 4 verwiesen.

sich dem Inhalt des umlaufenden großen Bücherregals zu widmen, als er zu seiner eigenen Überraschung mitbekam, dass das Gespräch sich nun gar nicht, wie vermutet, um die fachlichen Ursachen jener fehlenden Deckungsgleichheit – allen voran Rumrutschfaktor, Lieblingsmarkt, Interpretieren statt Suchen – drehte, sondern Wehnert mit einer fast abwertenden Geste meinte, dass, wenn ein Trader vor den Monitoren – und mitunter bis zu den höchsten Graden und deren Folgen – immer anders handele, als er denke, oder anders denke, als er handele, man dies generell für eine Schwäche des *gesamten Charakters* des Traders halten müsse.

Schwäche des gesamten Charakters? Huiii …!

Diese Behauptung erntete etwa gleich viel bestätigende und unterstützende Zurufe wie deutliche Laute und Gesten des Unmuts. Aber schneller noch als Connor oder einer der Philip bereits bekannten erfahreneren Trader ergriff nun der neben Nick sitzende Mann namens Jerome das Wort und widersprach aufs Schärfste: »Nein! … ich denke, es handelt sich eben *nicht* um eine Ohnmacht des menschlichen Willens überhaupt!« Und unter beifälligem Nicken der erfahreneren Händler präzisierte er seinen Widerspruch, dass nämlich die Erfahrung der Willensschwäche interessanterweise bei einem Trader nicht für jede alltägliche Willensäußerung gleichermaßen gelte, und gab damit zu bedenken, dass Willensschwäche in börsentechnischer Hinsicht Willensstärke und zielführende Aktivität in anderen Bereichen nicht ausschloss! »Wisst ihr«, Jerome wandte sich an Wehnert, »aus meiner Sicht wäre es falsch, die Erscheinungen eines Traders einfach mit seinem *gesamten* Charakter erklären zu wollen; denn ein Trader weist stets mehrere Charaktere auf …«

»… mehrere?!« Hektor kratzte sich ungläubig am Kopf.

»Na ja, wie soll ich sagen«, nachdenklich vor sich hin blickend, formte Jerome beim Sprechen seine Worte, »wenn man bedenkt, dass das Wort *Charakter* aus dem Griechischen stammt und in der Übersetzung *Prägung* bedeutet, so kann man davon ausgehen, dass ein Trader einen«, Jerome streckte zu jedem Punkt seiner folgenden Aufzählung einen Finger in die Höhe, »… einen allgemein geografischen, wegen mir auch einen National-, einen Regional-, einen Berufs-, einen Ehe- oder anderen Partner-, sicherlich einen eigenen Geschlechts-, vielleicht auch einen religiösen, einen bewussten, einen unbewussten und bestimmt auch einen ganz privaten Charakter hat. Diese Aufzählung ist natürlich nur grob, aber ihr wisst schon, was ich meine! Ein Trader vereinigt *alle* diese Charaktere in sich, wie eine von vielen Rinnsalen ausgewaschene Mulde, in die diese hineinsickern und sich sammeln und aus der sie wieder austreten, um mit anderen Bächlein eine andere Mulde zu füllen. Und nun kommt da noch so ein ›zwölfter Charakter‹ namens Trader daher und gestattet seltsamerweise dieser Person alles bis auf das eine: nämlich das, was seine elf anderen und schon viel länger vorhandenen Charaktere tun, genauso ernst zu nehmen und anzuwenden und verweigert ihm damit, gerade das, was ihn eigentlich ausfüllen sollte – nämlich *Willensstärke*!«

Wow … – Philip starrte Jerome mit weit aufgerissenen Augen an und musterte ihn eindringlich. Er hatte sanfte schwarze Augen, und sein ebenfalls schwarzes, hier und da aber bereits mit Weiß vermischtes Haar passte zu seiner Wesenshaltung. Überhaupt war Letztere besonnen, freundlich bemessen sowie sanft und verlieh ihm eine angenehme Würde. – *Wer um alles in der Welt ist der Typ?*

Hofner hatte, wie alle anderen in der Runde, seinen Blick ebenfalls Jerome zugewandt, und ohne dass er diesen kannte, hegte er doch eine recht gute Vorstellung davon, worauf er hinaus wollte, und fand dessen Einwand daher äußerst weitsichtig und angebracht, denn: Auch er selbst hielt es in der Tat für wichtig, dass man das bei einem Trader in den Anfängen sicher, aber oft auch noch darüber hinaus auftretende Durcheinander von Wollen und Tun nicht generell »einer Schwäche des menschlichen Willens« zuordnen dürfe. Deshalb ergriff er nun das Wort und verwies begründend darauf, dass Trader auf vielen anderen Gebieten sowohl individuell als auch kollektiv außerordentliche Leistungen vollbrächten, wobei er seine Betonung besonders auf die beruflichen Leistungen jener Trader legte, die ihr Trading nicht als Broterwerb betrieben, sondern nur privat und nebenher oder die vor Beginn ihres Tradings durch eben ihre berufliche Leistungen den Grundstock für die Freiheit ihres heutigen Tradings gelegt hatten. Aber: Auch die *extreme Gegenseite* der Leistungsfähigkeit und Leistungsbereitschaft wurde von Hofner beleuchtet, indem er darauf hinwies, dass es immer wieder vorkam, dass der bei allen möglichen Tätigkeiten betriebene Aufwand an erbrachten Leistungen und aufgewendeter Ausdauer im Extremfall zu den bereits erreichten, oder überhaupt erreichbaren, Befriedigungen hieraus in keinem sinnvollen Verhältnis mehr stand, und schloss: »... woraus man ableiten kann, dass so wie in allen anderen Bereichen des Lebens, so demnach auch beim Traden oftmals die Leistungen und die Ausdauer schon fast in keinem sinnvollen Verhältnis mehr zu den Befriedigungen stehen, die das Erreichte möglicherweise gibt!«

Wehnert, dessen Knie altersbedingt etwas schmerzten, stand auf und überdachte im Stehen die vorgetragenen Argumente zum »aus der Reihe tanzenden ›zwölften‹ Charakter« eines Traders. »Nun«, er winkte abermals lächelnd ab, »wenn das so ist! Dann muss man es bei euch Tradern ja natürlich so ausdrücken, dass es keine *allgemeine* Willensschwäche ist, sondern nur ... *Schwäche des Willens zum Guten und Richtigen*!«

Ha!

Philip, der das Gespräch wieder aufmerksam verfolgt hatte, applaudierte innerlich. »Schwäche des Willens zum Guten« ... *das klang wirklich passend!* Und wie er so über die letzte Woche nachdachte und seinen Blick durch den Raum schweifen ließ, erkannte er ... *Heee?!* ... in Hektors triumphierend aufblitzenden Augen und der Art, wie dieser nach rechts und links bestätigendes Kopfnicken austeilte und zu erheischen versuchte, dass er, wenn auch nicht wie alle, so doch wie einige aus der Riege der Anfänger und Laien Wehnerts spöttische Worte offenbar als schlagende Zurückweisung der vorgebrachten philosophischen Ansätze fehlinterpretierte und daraus eine Art »Entschuldigung« für eigenes Fehlverhalten ableitete. Ohne ihn direkt anzusprechen, nahm Philip, der sich über dieses Thema schon des Öfteren Gedanken gemacht hatte und wie Jerome darüber dachte, seinen Eindruck zum Anlass, um in das Gespräch einzusteigen. Beiläufig warf er in die Runde, dass ein Trader die *Schwäche des Willens* und damit die eigene Natur keinesfalls als »Rechtfertigung« für die Vorstellung heranziehen durfte, dass er sein sich selbst gestecktes Ziel »Trading« nicht aus eigener Kraft, sondern – wenn überhaupt – nur unter härtester Fremdbestimmung und unter rigorosesten und erbarmungslosesten Bedingungen, also schwersten Auflagen, erreichen konnte! »Der Fehler ist vielmehr genau darin zu suchen«, fuhr Philip fort, »dass man die Herkunft des aus der Differenz zwischen *Wollen und Vollbringen* oder besser *Absicht und Verhalten* resultierenden Problems nicht oder nicht umfassend oder nur halbherzig untersucht und man sich deswegen vorschnell an die Vorstellung eines *zwangsläufig* hinter der fachlichen und vernunftorientierten Forderung zurückbleibenden und damit ›gefallenen‹ Traders gewöhnt, der im Versuch der Verwirklichung des fachlich Gebotenen tagtäglich eine Ohnmacht erfährt, für die er wegen der *scheinbaren Zwangsläufigkeit* des Geschehens doch offensichtlich keinerlei Verantwortung trägt.«

Connor warf Philip von der Stirnseite des Tischs aus einen anerkennenden Blick zu und intonierte zu einer selbst erfundenen Melodie: »Wollen habe ich wohl, aber ... vollbringen kann ich nicht!« Das kurze Liedchen nutzte er als Aufhänger für den Hinweis, dass diese Aussage bei dem einen Trader ein Eingeständnis eigenen Versäumnisses und Anlass zur Reue sein könne, bei einem anderen Trader würde sie zur Anklage gegen die Schwäche der eigenen menschlichen Natur, und bei einem dritten Trader ginge sie so leicht wie schlicht als billige Entschuldigung für die eigene Unzulänglichkeit von den Lippen. »Die Erfahrung der Diskrepanz zwischen *Wollen* und *Vollbringen* ist das eine; das andere ist eine angemessene Vorstellung davon, wie diese zustande kommt und überwunden werden kann!«, meinte er, trank sein Glas leer, und nach einer winzigen Pause fuhr er damit fort, die Bedeutung von sowohl Philips als auch den diesen vorangegangenen Worten Jeromes zum »zwölften Charakter« hervorzuheben und fragte: »Was will uns dies nun alles sagen?« Und da von den Laien und Anfängern niemand Anstalten machte, das Wort zu ergreifen, gab er die Antwort selbst: »Wenn also Willenskraft weder einfach vorhanden ist noch einfach fehlt, sondern anscheinend an irgendwelche Arten von Kanalisierungen gebunden ist oder durch diese erst freigesetzt wird, stellt sich die Frage bei einem Trader nach der Schwäche des Willens erneut und vor allem noch radikaler! Denn...«, er fixierte einen Augenblick sein Glas und überlegte, »würden wir das einfach alles so gottgegeben im Raum stehen lassen, würde das bedeuten, dass, je nachdem ob man die Normalität eines Traders in seiner faktischen Lage oder in seiner – um es mal laienhaft auszudrücken – Bestimmung ansetzt, sich das Urteil über seine Schwäche verschiebt und sich in deren Folge daraus die Möglichkeit ergibt, den Trader dadurch entweder zu *be*lasten oder zu *ent*lasten!«

Den verwirrten Blicken und Zurufen aus den Reihen der Laien und Anfänger keine Beachtung schenkend, fuhr Connor damit fort, zu erklären, dass wie immer man sich den wahren bestimmungsgemäßen Zustand eines Trader denke, eine – ob im Ganzen oder in Teilen – doppelte Seinsweise angenommen und die Diskrepanz zwischen Wollen und Vollbringen zurückinterpretiert wurde auf eine Differenz zweier sozusagen qualitativ verschiedener, mit einem Wertgegensatz behafteter »Seinszustände«. Wie Philip kam auch er zu dem Ergebnis, dass man sich als Trader nicht einfach mit der gegebenen Diskrepanz abzufinden habe, aber dass diese auch nicht einseitig aufgelöst oder zu vorschnell nivelliert werden dürfe, weil einem, wie er genüsslich schloss »... sonst die höchst interessanten Antworten auf die entscheidende Frage, wie, um konstante Gewinn zu erwirtschaften, die Diskrepanz zwischen Wollen und Sollen aufzuheben sei, komplett entgehen!« Dann forderte er die Runde auf, Vorschläge zu möglichen Antworten zu machen!

Wehnert, noch immer stehend, nahm seine Brille ab, stützte sich auf die Rückenlehne des Sofas, und mit dem Gefühl, dass viel zu viel sinnloses Theater um dieses Thema gemacht wurde, antwortete er als Erster und mit einem Ton, als sei dies das Selbstverständlichste der Welt: »Ein deutlicher Appell an den Trader sollte doch wohl vollauf genügen!«

»Ein ... *Appell*!?«, fragte Connor verwundert zurück.

»Ja!«

»Also ... mahnende Worte?«, setzte Connor nach.

»Ja. Natürlich!« Für Wehnert – einen Mann, der mit beiden Beinen fest im Leben stand – war klar, dass, solange ein Trader die fachliche Vernunft als eine überlegene und ungebrochene Autorität und Obrigkeit akzeptierte, doch ein Mahnruf genügen musste, um ihn an seine Pflicht und Verantwortung zu erinnern.

»Sie glauben doch nicht im Ernst, dass nur ein Appell à la ›Lieber Tradinganfänger, tu es bitte, bitte nicht!‹ genügt?« Connor, der sich mittlerweile eine Zigarette angezündet hatte, schüttelte belustigt den Kopf.

Wehnert schwieg einen Moment. »Ja, wieso denn bitte schön nicht?« Er wies die ihm entgegengebrachte Ironie entschieden zurück und führte dazu die gängige, fast schon altehrwürdige Grundüberzeugung ins Feld: »Wer das Gute wirklich erkannt hat und darum weiß, der tut es auch! Oder mit anderen Worten: Was einer als gut erkannt hat, das erstrebt er auch!« Dass ihm gegenüber nun nicht nur Connor, sondern auch Matthew und Sander sich herzhaft lachend auf die Oberschenkel klopften und in den Gesichtern der anderen erfahrenen Trader alle Gefühlslagen zwischen Betretenheit und Belustigung zu erkennen waren, entzog sich gänzlich seinem Verständnis. Von seiner Aussage nach wie vor fest überzeugt, setzte Wehnert nochmals beflissen nach: »Ich meine ... ein Trader ist doch immer noch ein *normaler* Mensch, oder? Müsste ein Trader daher nicht im Kern seines Wesens gar nicht anders können, als das Gute zu wollen ... beziehungsweise«, er hielt kurz inne, »... sollte er ohnehin nicht immer nur das wollen, was er für gut hält?!«

»*Ha!* Mo-Moment!« Plötzlich gebot Hofner mit einer ihm uneigentümlich harten Handgeste sofortigen Einhalt, und bat Wehnert, seinen letzten Satz noch einmal langsam und deutlich zu wiederholen.

Dieser kam der Aufforderung verdutzt nach: »Ein Trader sollte doch ohnehin immer nur das wollen, was er für gut hält?!«

»Haben das alle gehört? ... *Er sollte ohnehin immer nur das wollen, was er für gut hält?!*« Hofner blickte jeden Einzelnen in der Runde der Reihe nach fest an und sagte, nachdem er bedächtig über eine zerknüllte Tischtuchfalte vor seinem Platz strich, in bedeutsamem Ton: »Genau da liegt das Problem!«

Wehnert zog die Brauen hoch und verdrehte die Augen. »Soll das etwa heißen, dass es falsch ist, wenn man das Gute will?«

Das konnte Hofner guten Gewissens verneinen: »Selbstverständlich nicht! Ich meine damit etwas anderes! Etwas so offensichtlich anderes und vor allem etwas eigentlich so Offensichtliches, dass es fast nicht zu verstehen ist, warum so wenige Trader selbst darauf kommen, nämlich dies:

Was, wenn ein Trader sich allenfalls darin täuscht, was in Wirklichkeit für ihn *das Gute* ist?! … *Das* ist das Problem! … *Verstehen das alle?!* … Ein Tradinganfänger wird es immer für *gut* halten, tief in sein Konto zu greifen; er wird es immer für *gut* halten, seinen Stopp zurückzuversetzen; er wird es auch immer für *gut* halten, nach drei, vier Minustrades auf einen Folgetrade zu verzichten, um sich so weitere vermeintliche Minustrades zu ersparen; er wird es auch immer für *gut* halten, permanent vor den Monitoren zu sitzen, um so jederzeit und schnell auf Eventualitäten reagieren zu können; er wird es auch immer für *gut* halten, sich auf einen Lieblingsmarkt zu konzentrieren, da er der Meinung ist, sich mit diesem besser auszukennen … und so weiter … und so weiter … und so weiter!« Hofner griff nach der auf dem Tisch liegenden Zigarettenschachtel, und noch während des Ansteckens fuhr er fort und fragte: »Eine solche Auffassung von ›ein Trader sollte doch ohnehin immer nur das wollen, was er für gut hält‹, setzt demnach *was* voraus? … Na, wer wagt eine Antwort?«

Nachdem einige Blicke in der Runde hin und her gingen, sich aber seitens der Fraktion um Wehnert und Hektor anscheinend niemand so recht zu trauen schien, meldete sich Jerome, vor Wehnert auf dem geradlinigen hellen Sofa sitzend, tief in sein Glas blickend und ohne von diesem aufzuschauen, schlagartig wieder zu Wort und wusste zu Philips Erstaunen die Antwort nur allzu treffend zu formulieren: »Es setzt voraus, dass die fachliche Forderung dem Trader bereits angemessen ist!«

Zu Philips Erstaunen hörte sich diese Antwort nicht nur irgendwie richtig an, sondern er sah Hofner tief an seiner Zigarette ziehen und, eine Wolke weißen Rauchs von sich gebend, dabei mehrmals bedächtig nicken. Die Antwort musste dementsprechend also treffend formuliert gewesen sein.

»Ein Händler muss im fachlichen Sinne frei und handlungsfähig sein, wenn es eine Forderung für ihn geben können soll. Oder mit noch deutlicheren Worten: Man kann nichts von einem Trader verlangen, wozu er grundsätzlich nicht in der Lage ist!«, untermauerte Hofner seine vorherigen Äußerungen und ergänzte, sich Wehnert nun direkt zuwendend, dies damit, dass man Fachwissen benötige, um Willensstärke zu fordern. »Es bedarf im ersten Schritt daher weniger der Charakterstärke als vielmehr der ›Einsicht und des Wohlwollens gegenüber der fachlichen Vernunft‹. – Aber Achtung! Die fachliche Forderung darf nicht als ein von außen kommendes, bloßes … *ich sag mal* … ›Zensur‹-Gesetz erscheinen und durch eigentlich anders gerichtete Interessen gebeugt werden. Und genau das«, Hofner sprach nun mit erhobener Stimme, »muss man mittels genauer Beobachtungen bei einem Trader herausbekommen: Sieht er sein Tun als *Zensur* oder als *Einsicht*?!«

Kaum hatte Hofner seinen Satz beendet, als Hektor heftig seinen Kopf zu schütteln begann und der Gesprächsrunde mit dem Einwurf richtig Fahrt gab, dass für ihn Fachwissen als Voraussetzung für Willensstärke, wenn überhaupt, dann eher nur ein sekundäres Problem darstelle und es aus seiner Sicht völlig belanglos sei, ob der fachliche Anspruch mit der »Einsicht« eines Traders, seiner Natur, seinen Trieben und beziehungsweise oder Neigungen und Bedürfnissen harmonierte und durch diese unterstützt oder doch eher behindert werde. Denn: Ob ein Trader nun durch Einsicht eine »Neigung zum fachlichen Guten« gewinne oder dieses »rein aus Pflicht« und damit irgendwie gegen einen inneren Widerstand erfülle, mache, bezogen auf das Konto, vorerst ohnehin keinen Unterschied, denn der Wert des fachlich guten Willens verdiene als solcher schon, allein aus sich selbst heraus und unabhängig von der Art seiner Verwirklichung, *gut* genannt zu werden.

Nachdem das Schulterklopfen, die Zustimmungsrufe aus den Reihen der Anfänger und Laien verebbt waren, sah sich Hektor allerdings wieder der ablehnenden und missbilligenden Stimmung auf der anderen Tischseite gegenüber; daher führte er zur Unterstreichung seiner Ansicht als Beispiel an, dass es doch erst einmal völlig egal sei, ob ein Kind abends freiwillig zur rechten Zeit ins Bett gehe oder nur mittels strengster Worte und Drohungen. Fakt sei und bliebe doch, dass es am anderen Morgen die notwendigen Stunden geschlafen habe.

Huiiii ... erneut nahezu Tumult am Tisch!

Torbach, der das Gespräch die ganze Zeit stumm, aber aufmerksam verfolgt hatte, fand wohl, dass es an der Zeit war, dem Gespräch beizutreten, denn mit nachdenklichem Unterton sagte er nun: »Das klingt wohl wahr ...«

»Na, sag ich doch!«, rief Hektor, sich bestätigt fühlend.

»Moment, mein junger Freund! Du musst mich schon ausreden lassen. Deine Worte klingen wohl wahr, aber ... nur auf den ersten Blick!« Torbach richtete sich auf und fragte, Hektor fest im Blick haltend, ob es denn nicht so sei, dass neben der Stärke oder Schwäche des Willens und dem Ausmaß seiner Realisierbarkeit für das Trading auch die Qualität der Umsetzung entscheidend sei. Torbach drückte es so aus, dass eine Tat zum fachlich Guten eher dazu angetan sei, die allgemeine Geltung des fachlichen Wollens zu schwächen, insofern sie in der emotionalen Basis ihrer Zuwendung nicht verlässlich sei! »Da auch ich die eigentliche, den Willen bestimmende Kraft, genauso wie in den vorhin von Hofner und Connor angesprochenen Positionen, einzig in der Einsicht in das *fachlich Gute* und damit in der Frage nach der konkreten Möglichkeit fachlich richtigen Handelns begründet sehe, kann es nach meinem Dafürhalten hier auch nur ein Ergebnis geben!«, meinte er und beschrieb dieses damit, dass die Erkenntnis des »Guten« zur Bedingung eines fachlichen Willens werde, der, verbunden mit der richtigen Einsicht, vorausgesetzt werden müsse, bevor man die notwendige Qualität des Willens erreichen könne. »In der Erziehung eines Traders kommt es demnach einzig darauf an«, fuhr Torbach mit leicht erhobener Stimme fort, »dem Anfänger eine lebendige Anschauung fachlicher Verhältnisse zu geben, für die – und hier bitte ich um besondere Aufmerksamkeit! – *einzusetzen es sich lohnt*!« Aber bevor er tiefer in die Materie vordrang, hielt er es für angebracht, sich zunächst für die Vorstellung »Was ist Willenskraft?« intensiver einzusetzen.

Auf die einfachste Formel gebracht, war die Folge des sich nun anschließenden, längeren Wortwechsels, dass eine bei einem Händler festgestellte Diskrepanz zwischen Wollen und Vollbringen zunächst schlicht zu besagen schien, dass es dem Willen dieses Händlers an Kraft fehlte, um seine von ihm selbst gefassten Vorsätze vor den Monitoren mit ihren zappelnden Charts in die Tat umzusetzen. Aber selbst dann, wenn die beiden Fragen »Was war fachlich gefordert?« und »Will ich als Trader diese Fachlichkeit auch wirklich selbst?« bereits durchdacht und positiv beantwortet waren, verblieb als Problem häufig die Durchführung, sodass man davon ausgehen musste, dass in diesem Fall die Willenskraft des Traders nicht die hierzu erforderliche tagtägliche Ausdauer, besser tagtägliche Beständigkeit, aufwies. Der schwache Wille eines Traders entsprach im Sinne dieser Vorstellung einer Art momentanem Impuls, der – zu viele wie auch immer geartete Widerstände vorfindend – wieder erlahmte, bevor das angestrebte Ziel des eigenen Verhaltens, unabhängig von der Definition desselben, erreicht war.

Man kam daher leicht darin überein, dass es sich bei einem schwachen Willen also weniger um fehlende fachliche Fertigkeiten in der Durchführung des Gewollten, sondern vielmehr um einen Mangel an Willen selbst handelte, der sich vor den Handelsbildschirmen nicht aufraffen konnte und angesichts eines Charts nahezu wie gelähmt erschien. Und da die getroffene Feststellung, dass es dem schwachen Willen eines Traders eben an den Kräften fehle, gleichsam der Vorstellung des starken Willens als einer starken Kraft, der Runde irgendwie unzureichend erschien, solange der Begriff dieser Kraft nicht näher bestimmt würde, stand man nun erneut vor der von Torbach vorgebrachten Frage, was denn mit *Willenskraft* nun eigentlich wirklich gemeint sein könne; und weil man nun schon gerade dabei war, wurde gleich ebenfalls zur Klärung angeregt, ob und wie diese erworben und unter welchen Bedingungen diese bei einem Trader verloren gehen konnte.

»*Hm* … Willenskraft?! …«, raunte es mehrfach am Tisch, und auch Philip stellte sich dieser Frage.

Tja … Willenskraft etwas genauer definiert …?!

Nun ja … Da ist zum einen der »Wille« und zum anderen die »Kraft«?!

Hmmm … ?!

Dass unter leiblicher Kraft die physische Kraft lebendiger Körper gemeint war, fand Philip selbstverständlich. Aus diesem Grund konnte man mit dieser Vorstellung das Phänomen der Willenskraft nicht erklären, da Willenskraft keineswegs generell mit der körperlichen Kraft eines Menschen korrelierte, also auch nicht mit der eines Traders. Philip empfand sogar eher das Gegenteil als richtig, nämlich dass ein schwacher Körper oftmals mit viel größerer Willensenergie und Tatkraft verbunden war als vermutet; Gleiches galt natürlich auch umgekehrt. Hierzu passten auch die Beschreibungen von Extremsituationen, in denen der menschliche Wille zeigte, dass er weit über das gewöhnliche Maß imstande war, körperliche Kräfte zu mobilisieren.

Hmmm … was ist das also: Willenskraft?

Grazil schwebte eine der Bediensteten heran, und während sie leere Gläser auf ihr Tablett stellte und kleine, braune Porzellanschüsseln mit scharfem Reisgebäck auf den Tisch schob, bedachte Philip in sich hinein lächelnd, dass ein Trader natürlich das physikalische Prinzip der Energieerhaltung nicht ohne Weiteres auf die eigene Definition seiner Willenskraft anwenden würde. *Oder doch?* Verbraucht jeder Willensakt eines Traders oder ein Denkakt vor den Monitoren oder ein Gefühl bei einem Trade Energie? *Hmm …?!* Ginge man von dem physikalischen Grundprinzip aus, dass der Gesamtbetrag Energie weder vermehrt noch vermindert werden konnte, so müsste jeder Willenseinsatz dem Körper eines Traders Kraft entziehen, die ihm aber im Gegenzug bei Nichtgebrauch erhalten bliebe. *Na toll!* Dass man sich mitunter nach einem Trade oder einem Handelstag ausgelaugt und tot fühlt, war zwar Philip am eigenen Leibe zur Genüge klar, gleichwohl erkannte er schnell und war sich darüber im Klaren, dass dies *nicht* mit jener vorhin definierten »Kraftlosigkeit« des hier genannten Willens verwechselt werden durfte, sondern dass jene Erschöpfung vor den Monitoren vielmehr der selbst generierten Spannung, der Dauerobservation und den unendlichen Gedankenschleifen und dem riesigen Tohuwabohu beim Betrachten der Monitore entspringt: »Ist das wirklich nur ein kurzer Rücksetzer? – Wie weit läuft dieser? – Soll ich weitere Kontrakte nachkaufen? – Vielleicht dreht der Markt nun aber endgültig? Besser vielleicht gleich raus? Aber was, wenn der *Punkt 2* dann doch geknackt wird? – Was aber, wenn nicht, und der Trend kippt? Reißt der Trendbruch den übergeordneten Trend gleich mit in die Tiefe? – Sollte ich besser gleich die Position drehen und dann wenigstens bei diesem neuen Trend von Anfang an dabei sein?« Die vielen Fragen und das ständige Unter-die-Lupe-Nehmen von »Zufälligkeiten« powert aus – und hinterlässt, potenziert von den vielen Enttäuschungen, die man einstecken muss, eine emotionale Erschöpftheit. Also, mit dem Willen als solches hat diese Kraftlosigkeit nichts gemeinsam.

Hmmm ...

Auf diese Art betrachtet, stimmten die Prinzipien der klassischen Physik mit dem Sachverhalt »Willenskraft und Trading« für Philip nicht recht überein, weswegen er sich spaßeshalber erlaubte, mal über den Tellerrand der Physik hinaus zu denken und einfach die Vorzeichen umzudrehen und zu der sich hieraus ergebenden Annahme zu gelangen, dass man dann von einer sich durch ihren Gebrauch vermehrenden und durch Nichtgebrauch schwächenden Kraft reden konnte.

Ja, genau!

Das ist es!

Dass aber auch die Erfahrung als Trader die Willenskraft als eine sich selbst durch Verwirklichung erzeugende und durch Nichtverwirklichung verzehrende Kraft bestätigte, erinnerte Philip schmunzelnd an den bekannten Matthäus-Effekt, der auf das Traden bezogen lautete: »Wer da hat, dem wird im Trading gegeben werden, dass er die Fülle habe; wer aber nicht hat, dem wird auch das noch genommen werden, was er hat!« Trotz dieses angemessenen Vergleichs der Wirkungsprinzipien war Philip klar, dass Willenskraft, aber auch der Willensaufwand, sich nicht im Sinne irgendeiner sinnvollen Gleichung verhielt; und egal, wie er es drehte oder wendete, gab es hierbei keine messbare »konstante Erhaltung« und damit auch keine Möglichkeit der »quantitativen Verrechnung« der Willenskraft als Trader.

»*Neeeinnnn ...!!!*« Ein jähes Kindergeschrei auf der Terrasse riss Philip plötzlich aus seinen Gedanken.

»L-u-i-s-a, bitte, hör j-e-t-z-t auf!!«

»N-E-I-N-NNNN!«

Luisa, das vierjährige Patenkind Johns machte sich lautstark bemerkbar. Nachdem sich der von allen beschmunzelte Wutanfall der Kleinen durch die strengen elterlichen Worte gelegt hatte, äußerte Philip seine Gedanken zur Willenskraft laut und konnte die Anwesenden von seinen Ideen überzeugen. Infolgedessen vertrat man nun am Tisch sogar einhellig die Meinung, dass eine derartige, im Sinne positiver oder negativer »Verstärkungszirkel« verstandene und in ihrer

Wirkung wie Spiralen von selbst aufwärts oder abwärts verlaufende Willenskraft gar keine vor dem »Einsatz« des Willens zur Verfügung stehenden Möglichkeiten biete. Im Gegenteil. Die Willenskraft eines Traders entspringe vielmehr dem Willenseinsatz irgendwie nahezu von selbst und machte erst in der Konsequenz den Willen vor den Monitoren freier oder unfreier, stärker oder eben schwächer.

»Gute Beobachtung!«, lobte Hofner Philip und war sichtlich stolz auf seinen Zögling. Dann holte er tief Luft und wandte sich Wehnert und dem Rest der Runde zu. »Hieraus lässt sich nun hervorragend schließen, dass die aus jedem persönlichen Willenseinsatz emporwachsende Freiheit, sich bei jedem Trade so oder anders zu verhalten, dem Trader in der Folge erlaubt, mit immer größerer Sicherheit und weniger Widerständen ...«, hier ließ Hofner eine kurze Kunstpause wirken, »... erneut zu wollen! Was, in logischer Konsequenz, bedeutet: Man will nur, was man auch wollen kann –«

Hofner wollte gerade ansetzen, seiner letzten Aussage noch etwas hinzuzufügen, wurde dabei aber von einem weiteren Wutanfall der kleinen Luisa unterbrochen, die, zum erneuten Schmunzeln aller, nun unbedingt ein Bonbon wollte und ihren Wunsch durch Aufstampfen mit den Füßen untermauerte. Hofner fuhr, einfach etwas lauter sprechend, fort. »Also noch mal: Was man grundsätzlich nicht zu erreichen glaubt, das will man auch nicht oder zumindest auf *lange Sicht* nicht mehr! Irgendwie ist es fast so, also würden in Sachen ›Wille‹ Voraussetzung und Folge geradezu umgekehrt!« Hofner suchte bei den Laien, den Anfängern und den fortgeschrittenen Tradern seines Publikums nach einem verständnisvollen Nicken und zeigte, da er keines fand, plötzlich mit dem Zeigefinger auf das kleine Mädchen auf der Terrasse, denn ihm war zur besseren Erklärung seiner Gedanken zur Willensstärke gerade eine Idee gekommen!

Von Luisas Schreikrampf und ihrem Fußstampfen inspiriert, lenkte er das Gespräch zu einem doppelten Schritt weiter: zum einen auf die Frage nach der den Willen »sammelnden und demnach ausrichtenden« oder ihn »zerstreuenden und demnach hemmenden« Willensorganisation und zum anderen auf die Frage nach den äußeren Umständen, besser: Beziehungen, in denen der Wille sich schlussendlich handelnd verwirklichte.

Nach dieser Ausführung herrschte für eine Weile allgemeines Schweigen. Jeder erkannte, dass Hofner einen wahrhaftig zum Nachdenken zwang. Auf die von Hektor stirnrunzelnd vorgebrachte Frage, ob denn solche Details hier tatsächlich angebracht und so wichtig seien, zeigte Hofner gelassen und selbstsicher auf die trotzige, mit ihrem bunten Kleidchen am Rahmen der Terrassentür lehnende Luisa und verwies darauf, dass beides zusammen – die Willensorganisation und die Umstände, innerhalb derer der Wille entstand – die psychische Struktur eines Menschen und somit auch eines Traders bildete. »Ich rede von der Struktur des Ichs!«, legte er nach und räumte zur Beruhigung der Gemüter zwar ein, dass er weit davon entfernt sei, eine Vorlesung über Freud & Co. abzuhalten, ermahnte aber gleichzeitig, dass das »ICH« und der an dieses gebundene Wille mit seiner Organisation nun mal des Gedanken bedurften, dass es – hier verwies er auf die zuvor erwähnten mindestens »zwölf Charaktere« eines Traders – immer mehrere konkurrierende Zentren und eine zwischen diesen mehr oder weniger frei verschiebbare Hingabe oder »Triebenergie« gebe. Dabei zeigte er nochmals auf das kleine Mädchen. »Was ich meine, ist nichts anderes als der, zumindest unter Kennern der Philosophie, bekannte Satz: Die Tat erzeugt den Willen aus der ... *Na?!*«

Während Hofner die Tischrunde musterte, blickten deren Teilnehmer auf die am Türrahmen gelehnte Luisa, deren rechter Zopf sich vom vielen Rumstapfen halb aufgelöst hatte. »Der Unwissenheit?! ... Der Lust auf Bonbons?!«, erklang es zögerlich aus einigen Mündern, bis Connor mit einem lauten und fröhlichen Lachen aufklärte: »Obwohl die Lust auf Bonbons schon nahe dran war ... gemeint ist natürlich: die Begierde!«

»Genau! Die Tat erzeugt den Willen aus der Begierde!« Hofner, nach wie vor weit davon entfernt – und auch fachlich gar nicht in der Lage –, die Jungs mit einer medizinischen oder Freud'schen Exkursion zu langweilen, bat die Runde, dass wenn man sich diese »Begierde« zunächst und nur des Disputs halber einfach als eine wie auch immer biologisch organisierte und triebhaft gebundene Gegebenheit vorstelle, der es nur darauf ankäme, dem anfänglich machtlosen und uninformierten »Ich« eine Art »Schub« oder besser »Triebenergie« zuzuführen, was sich beim Menschen in einem, da häufig ohne Vorwarnung geschehend, meistens als plötzlich empfundenen, »eigenen Willen« äußere; bei diesen Worten zeigte er wieder auf Luisa: »Also genau so, wie uns die junge Dame auf der Türschwelle es eben auf vorbildliche Weise vorgeführt hat! ... Ja, ja ... ich weiß, es ist bestimmt nicht ganz einfach, der ›Philosophiestunde‹ zu folgen, aber der Bezug zum Handel wird gleich klarer! – *Konnten so weit erstmal alle folgen?*«

Beifälliges Lächeln und Nicken bewies: Man konnte ihm noch folgen.

»Gut! Mit unserer Annahme mehrerer konkurrierender Zentren, sprich: Charaktere und Ziele«, fuhr Hofner mit seiner Erklärung fort, »muss, neben der Vorstellung einer gegenseitigen Unterstützung, aber auch die Vorstellung einer möglichen Opposition zwischen diesen und damit einer gegenseitig erfolgenden Hemmung gedanklich verbunden werden.« Hofner machte an dieser Stelle eine Pause, um seine Zigarette auszudrücken; aber wohl auch, um diesen Gedanken in der Runde wirken zu lassen.

Hm ... Opposition zwischen Zielen?!

Philip nutzte die kurze Pause und dachte über die sich aus Hofners Gedankengang ergebenden Implikationen nach: Dass es tatsächlich verschiedene, sich gegenseitig unterstützende, aber oftmals auch gegenseitig hemmende Ziele gab, konnte er, so wie jeder andere sicherlich auch, aus eigenem Erleben bestätigen. Aber was ist das Resultat? Willensschwäche konnte innerhalb dieses gedanklichen Rahmens also als eine Art Ich-Schwäche interpretiert werden, die mit einer bis zum völligen Zusammenbruch abnehmenden Kontrollfunktion des Ichs über das Traden einherging und was recht gut jene am Ende eines Handelstages immer wieder vernehmbaren Aussagen von Händlern erklären mochte, dass diese sich an übermächtig scheinende, »unpersönliche psychische Instanzen« ausgeliefert fühlten. Philip erkannte jedoch, dass diese Vorstellung, so einleuchtend oder brauchbar sie auch scheinen mochte, entscheidende und wichtige Fragen zum Problem »Willensstärke versus Trading« nicht beantwortete, allen voran: Lässt sich bei einem Trader eine bereits kanalisierte psychische Energie umorientieren? Oder: Wie kommt ein zunächst »machtloses Ich« dazu, den starken Trieb zum unsauberen Handel zu hemmen und sich gegen diesen durchzusetzen? Oder: Wie kann ein sich seiner selbst bewusster Händler dem eigenen Ich die triebhaften unbewussten Kräfte bewusst machen und diese stattdessen für sich und die selbst gewählten Ziele einsetzen?

Hmmm ...?!

Mit Enthusiasmus reckte Philip seinen Zeigefinger in die Luft und äußerte seine Ideen. Hofner fasste Philips Wortmeldung anschließend dahin gehend zusammen, dass die Frage nach dem Verhältnis des »*NEIN*, ich will mich heute nicht so und so vor den Monitoren verhalten!« und »*JA* – ich will heute nur so und so traden!« einzig im menschlichen Willen gestellt werde, und zog erneut die kleine Luisa, welche gerade eigenwillig vor den ach so strengen Eltern davonlief und dabei geradewegs auf die weit ausgebreiteten, rettenden Arme der deswegen neben der Couchlandschaft knienden Claudia zusteuerte, als »Livebeispiel« heran: Schließlich waren es die Kleinkinder, bei denen der ichhafte Wille das erste Mal im Vollzug des »Neinsagens« entdeckt und dann zornig kreischend und füßestampfend geäußert wurde. Hofner deutete mit einer Kopfbewegung wieder Richtung Luisa, deren trotziger Blick sich nach Claudias beruhigend geflüsterten Worten in ein strahlendes Lächeln verwandelt hatte und die, nun auf Claudias Arm, mit ausgestreckter Hand auf die Knabbereien auf dem Tisch zeigte. »Jeder von uns kennt diese Situationen mit Kindern: Noch vor jeder umfangreichen Kategorisierung der eigenen Umwelt«, er reichte Luisa, während Claudia sich auf der Armlehne des Polstersessels niederließ, eine der Knabbereien, »fängt ein Kleinkind an, das gehörte ›Nein‹ der ach sooo strengen Eltern – das sich zunächst dem eigenen Tun entgegenstellt – zu übernehmen und rettet sich damit gleichsam selbst auf die Seite des ›Angreifers‹! Wenn ein ›Iiiiich will!‹ durch Flure und Räume schallt, heißt das für die Kleine im ersten Trotzalter demnach zunächst nur ›Iiiiich will nicht‹ oder besser noch: ›Iiiiich will anders, als die anderen wollen‹! Kurzum: In ihrem«, Hofner zeigte auf die schmatzende Luisa, »›ich will‹ äußerte sich die Entdeckung, dass es selbst wollen kann, weil und indem es anders wollen kann! – ihr könnt mir noch folgen?«

Das allgemeine Kopfnicken zeigte: man konnte immer noch.

Hofner schob nach, dass ein Kleinkind – anders als ein Trader – mit seinem »Willen« natürlich keine konkreten Zielvorstellungen verband, und wies, die sich aufdrängende und berechtigte Frage, was ein Händler denn dann von einem Kleinkind lernen konnte, in Vorwegnahme beantwortend, darauf hin, dass die Sache mit der mit den Füßen aufstampfenden und »Neeeeeein!« schreienden Luisa noch eine weitere, *viel* interessantere Seite habe: »Denn Achtung: Ein Kleinkind wird erst dann richtig ›Nein‹ sagen lernen und damit nicht mehr indirekt nicht oder anders wollen, wenn es tatsächlich einen ›Zugang zur alltäglichen Umwelt‹ gefunden und in dieser Fuß gefasst hat.« Erst der nährende, pflegende und liebevolle Kontakt von Mutter und Vater oder eines anderen Erwachsenen biete beziehungsweise ermögliche dem Kind eine positive Antwort auf die umgebende »alltägliche Realität« und werde damit zur Brücke in die gegenständliche neue Welt.

Hmmm ...

Philip betrachtete die kleine Luisa, die, bequem zurückgelehnt auf Claudias Schoß sitzend, ihrerseits das Treiben der Erwachsenen beobachtete. Langsam verstand er, was Hofner sagen wollte: Erst durch menschliche Zuwendung kann ein Kleinkind sowohl zu sich selbst finden als auch zu einem eigenen Willen gelangen!

Soweit okay … aber worauf ist Hofner schlussendlich aus?

Philip hatte das Gefühl, irgendwo den Faden verloren zu haben, denn ein Kleinkind tradete doch nicht! Also …wo, um alles in der Welt, versteckte sich der Bezug?

Aber Hofner ließ sowohl Philip als auch die anderen über den Grund seines Exkurses nicht lange im Unklaren. Sich Luisa direkt zuwendend, welche sich kindlich beschämt wegdrehte, meinte er: »Der Wille der Kleinen setzt ein Gefühl innerer Sicherheit über die alltäglichen ›Weltverhältnisse‹ voraus, auf deren Basis es ihr erst möglich wird, ein wirkliches ›Neeeeeein‹ zu schreien, weil sie *keinen* totalen Kontaktverlust bezüglich Mama und Papa zu fürchten braucht!! – Sind so weit noch alle an Bord?«

Außer den erfahrenen Tradern schüttelten diesmal, Philip eingeschlossen, alle den Kopf.

Bevor Hofner fortfuhr, entzündete er sich erneut eine Zigarette aus der auf dem Tisch liegenden Schachtel und ließ Letztere durch die Runde wandern. »Nun, wir haben festgestellt, dass die Bedingungen des Willens einerseits aus einem lebendigen Kontakt mit der umgebenden *Realität* entspringen, und andererseits setzt die – ich nenne es jetzt mal – *Eigenaktivität*, wenn wir ehrlich sind, unerschütterliche Zuwendung von außen voraus. Im Beispiel unserer Luisa wären das Mama und Papa! So … jetzt aber Achtung!«, Hofner hob den Zeigefinger. »Erst als Antwort auf diese *beiden* Voraussetzungen erwächst der Mut, die Beziehung durch ein ›Neeeeeein‹ auf die Probe zu stellen, ohne sie überhaupt zu gefährden!« Hofner ließ dies kurz wirken, und noch bevor die von ihm auf die Reise geschickte Zigarettenschachtel beim letzten Raucher angekommen war, wiederholte er zur Bekräftigung den letzten Satz noch einmal.

Wow!

WOW!!!

Mit einem Mal verstand Philip, was Hofner mit seinem »Auf die Probe stellen, ohne die Beziehung wirklich zu gefährden!« sagen wollte: Es musste zur Bildung und Äußerung des *eigenen Willens* eine riskante und dennoch – *und nur darum war es Hofner gegangen!* – vertrauenswürdig bleibende Mittellage eingenommen werden können. Auf Luisa bezogen hieß das: Die Aussicht auf eine zu befürchtende »Entfremdung« von Mama und Papa würde sie völlig lähmen, andererseits würde eine völlig »spannungslose« Identifikation mit den Eltern ihren Willen überhaupt nicht anreizen! Insofern konnte ihr tatsächlich lediglich das Wechselspiel von gleichzeitiger Verneinung und Bejahung die enorme und nachvollziehbare Angst vor einem Beziehungsverlust nehmen und damit den Willen der Kleinen anregen und kräftigen.

Teufelskerl!

Es ging also … Heiliger Bimbam! … um jene Angst bezüglich des Verlusts der Sache als solches! Genau!

Soweit es Luisa anging, wurde für Philip nun alles klar: Nur wenn von der Kleinen beide Leistungen – »Bejahung« und »Verneinung« – innerhalb einer tragenden Beziehung zu einer liebenden Person gelernt und erbracht werden konnten, konnte sie die Prägung einer Spielart … *mhm?!* … des »Urvertrauens« erfahren, welches dann im wörtlichen Sinne zur Grundlage ihres Ichs und des mit ihm verbundenen Willens werden würde. Wusste sich also die kleine Luisa in der Beziehung zu Mama und Papa als »gut aufgehoben« und nicht als »verloren« und sah man den »Wirklichkeitsbezug« als Pendant ihres Willens an, so entsprachen ihr »Jaaaaa« und ihr

»Neeeeein« einem zwar gebrochenen oder riskierten, zugleich aber tragenden Charakter in ihrer Beziehungen zugänglich werdenden Wirklichkeit!

Genau so!

Yep!

Ein Wille bedarf eines gut untermauerten Urvertrauens!

Philip überlegte kurz, ob dies den Schlüssel zu dem ihm vorhin fehlenden Bezug zwischen Kleinkindwille und Traderwille darstellte, aber beim Übertragen seiner letzten Erkenntnis auf das Thema Trading drängte sich ihm sofort die Frage auf, welcher Tradinganfänger oder selbst welcher fortgeschrittene Trader wohl ein *Urvertrauen* in die ihn umgebende Realität aus Fachwissen und Ablauf innerhalb des Orderbuches hatte, und er fragte sich sogar, ob denn *überhaupt irgendein* Trader frühmorgens mit Urvertrauen in sein Fachwissen, in sein Verhalten und seine daraus resultierenden Trades aufstand?!

Aber noch bevor er seinen Gedanken ausbauen konnte, fasste Hofner das Gesagte zusammen, indem er meinte, dass der menschliche Grundakt des Willens demnach – egal ob Trader oder Kind – weder das passive Sich-Überlassen noch die sich in sich abschließende und blind durchsetzende Aktivität sei. Bejahung allein wie Verneinung allein produziere Schwäche. Beide Extreme seien mit einer Art Angstreaktion verbunden und müssten überwunden werden, sollte ein Wille möglich sein und gestärkt werden können. Die Stärke des menschlichen Willens lag in der Fähigkeit, das »Jaaaa – ich will« und das »Neeeein – ich will nicht!« auf der Grundlage einer unaufkündbaren Beziehung in einer eigentümlichen Weise zu verschränken. Kurzum: Es bedurfte – so nannte es Hofner – des *Urvertrauens in das, was man tat*!

Mit Ausnahme der erfahrenen Trader rangen die Anwesenden mit dem Inhalt des Gesagten, denn ohne dass sie sich dessen bewusst waren, hatte Hofner mit seinem Hinweis auf die Verbundenheit des »Jaaaa« und des »Neeeeein« die weiteren Konsequenzen für die Frage nach der Stärke oder Schwäche des Willens eines Traders bereits weitgehend vorgezeichnet! Jedenfalls schien die landläufige Vorstellung, wonach ein Trader die Diskrepanz zwischen Wollen und Vollbringen lediglich durch verstärkte Anstrengungen bei der Überwindung eines inneren oder äußeren Widerstands überwinden könne, plötzlich irgendwie völlig unzureichend!

»So, und was ist nun die Folge davon?« Connor, der genau wusste, worauf Hofner hinaus wollte, übernahm, unterstützt von einem dankbaren Blick seines Vorredners, die weitere Gesprächsführung und musterte die Runde aufmerksam. »Hat einer hier eine Idee?«

Da von den Laien und Tradinganfängern keiner Anstalten machte, zu antworten, und stattdessen alle vor sich hin starrten, wandte sich Connor nun an Philip und Jerome: »Hat vielleicht einer von euch beiden eine Idee?«

Tatsächlich hatten das sogar beide.

Philip ließ Jerome den Vortritt, und dieser wusste von sich zu erzählen, dass er mittlerweile über einen starken Willen zum fachlich sauberen Handel verfüge, und es bedurfte keines langen Wühlens in seinen Erinnerungen, um zu erkennen, dass alle wesentlichen und grundlegenden Vorgänge um und im Trading bei ihm heutzutage – eben anders wie einst als Anfänger – ohne Anstrengung vonstattengingen. Seine einst vor den Monitoren demonstrierte Kraft und kämpferische Haltung waren, so Jerome, wenn er rückblickend näher hinsah, vielmehr Ausdruck von *grenzenloser Schwäche* als Zeichen von wirklicher Stärke gewesen! »Genauer besehen«, meinte Jerome und dachte an die ein oder andere Begegnung mit anderen Tradern, »leistet oftmals so ein Charakter eines ›kämpfenden Traders‹ nicht, was er verspricht!«

Hut ab!

Philip, der mit angewinkelten Beinen, die Arme auf die Knie gelegt, über die gehörten Worte nachdachte, hätte es niemals besser ausdrücken können und gab Jerome, seine eigenen Tradingjahre hierbei selbst rückblickend betrachtend, lautstark recht: »Was soll man mit einem Trader anfangen, dessen innere Einsicht nicht auch der sich wandelnden Einstellung entspricht?«

Connor und Hofner nickten und ließen Philips Ausführung unkommentiert wirken. Am Tisch trat eine kurze, nachdenkliche Pause ein, die aber sehr schnell durch den üblichen Rundgang der Serviererin unterbrochen wurde, welche der Tischrunde weitere Drinks anbot, und nachdem sie den Raum wieder verlassen hatte, fasste Connor den Ergebnisstand damit zusammen, dass, wenn im Trading durch die Überwindung von inneren Widerständen in der Tat ein Zuwachs an Kraft festzustellen sei, diese dem Trader dann nicht durch aktive Bekämpfung dieser inneren Widerstände zufließe, sondern erst durch Bildung und Entwicklung eines Willens, der sozusagen über diese Widerstände hinausreiche und sich nicht daran verausgabe, dieses »koste es, was es wolle« zu bekämpfen und zu vernichten. Dreh- und Angelpunkt aller Überlegungen war damit *nicht* mehr der an etwaigen Gegensätzen oder Widersprüchen festhaltende und sich negativ behauptende und betätigende tagtägliche Wille des Traders, sondern ein Wille, der die inneren Widersprüche, wie beispielsweise:

Soll ich wirklich erst auf ein Fünf-Sterne-Setup warten oder besser gleich draufdrücken? … Ja|Nein?

Soll ich wirklich freiwillig auf die höhere Kontraktanzahl verzichten? … Ja|Nein?

Soll ich wirklich statt mal fix draufzudrücken, mir die Arbeit machen, in den Märkten zu SUCHEN? … Ja|Nein?

Soll ich wirklich statt den Gewinn gleich vom Tisch zu nehmen, den Stopp sauber nachziehen? … Ja|Nein?

Soll ich wirklich statt dem Markt noch eine aller-, allerletzte Chance zu geben, mich sauber ausstoppen lassen? … Ja|Nein?,

durch Vertrauen in die möglichen Ergebnisse zu besänftigen versuchte und sich deswegen schlussendlich in der Bejahung der fachlichen rechten Durchführung wiederfand.

Zur Vertiefung des Verständnisses ergriff Hofner nun wieder das Wort und zog hierzu das Beispiel eines Joggers im Winter heran: »Würde man jemanden, der sich, gegen seinen Willen und nur aufgrund von Drill oder Androhung von Prügel, frühmorgens aus dem kuschelig warmen Bett hinaus in die eisige Kälte begibt, um dann dort ohne jede eigene Freude an dieser Betätigung einen Waldweg entlangzurennen, einen *Sportler* nennen? Wenn man nach den üblichen Kriterien urteilte, dann: *Okay, ja* – denn er bewegt sich! *Okay, ja* – denn er läuft sogar annehmbare Zeiten! *Okay, ja* – denn das Ganze hält bestimmt fit! Was ist aber mit der unterschwelligen ›Gegenmacht‹, welche so offensichtlich in Opposition zu der Aktion ›Joggen‹ und der sich daraus ergebenden Reaktion ›Gesundheit durch Bewegung‹ steht und deren Hemmungswirkung erst durch eine von außen einwirkende Kraft, hier Drill oder Drohung, aufgehoben werden muss?«

Nachdenkliche Stille.

»Dieses Beispiel zeigt, dass diese von außen einwirkende Kraft hier das ›*Jaaaaa*‹ zum Sport – sprich: die Aktion des Joggens, die wir sehen können, und damit auch die Reaktion aus Gesundheit durch Bewegung, die wir *unterstellen* – in Wahrheit einem stumm geschrienen ›Neeeein‹ entspricht.« Hofner hielt kurz inne und fragte dann mit einem spöttischen Grinsen: »Nichts für ungut, aber dürfte man so einen Typen wirklich *Sportler* nennen?

Connor prostete Hofner zu und ergänzte: »Würde er sich selbst jemals einen *Sportler* nennen?«

Au Mann!

Philip verstand! Und auch allen anderen Anwesenden musste nun klar sein, dass die Vorstellung, dass es sich bei einem Trader mit schwachem Willen einfach um jemanden mit fehlenden Kräften handelte und dementsprechend bei einem starken Willen um eine Form der Kraftäußerung, welche sich mit einer Art physischem Kraftakt vergleichen ließ, revidiert werden musste. Eine solche, am »Kraftmoment« orientierte, den Willen als Können oder Vermögen ansetzende Vorstellung vermochte jedoch weder dessen Zustandekommen vor den Monitoren zu erklären noch die Bedingungen seines Wirkens hinreichend anzugeben. Eines Besseren aber belehrte die alltägliche Erfahrung, dass ein solcher, einem angeblich vorhandenen Vermögen vorausgehender Appell, sich aufzuraffen und zusammenzureißen, offensichtlich keinem ›echten‹ Sportler gelten konnte, suggerierte dieser doch eine aus einer Art Ermüdungserscheinung hervorgegangene Willensschwäche, der nur durch eine externe »Mobilisierung«, einer Art »Chaka-Chaka«-Motivation, abgeholfen werden konnte. Und im Zuge sinnvoller Übertragung konnte Gleiches darum auch bei Tradern angenommen werden: Das Unvermögen entsprang mithin nicht einer »Erschöpfung« der Kräfte, sondern war vielmehr einen Schritt davor, nämlich in der Unfähigkeit, sich auf die vorhandene Situation, sprich: die R-e-a-l-i-t-ä-t – des Orderbuches, das Vorhandensein anderer Marktteilnehmer, das Vorhandensein von verschachtelten Bewegungen und Korrekturen – und auf sich selbst einzulassen, was dem Willen ansonsten durchaus die vorhandenen Kräfte zuströmen lassen würde. Kurzum: Es fehlte das *Urvertrauen* in das ganze Thema der *Spekulation*[90] – und in dem daraus folgenden *Warum* und *Wieso* von *Geldmanagement* sowie der sich daraus ergebenen tiefsinnigen Bedeutung von *»Gewinne laufen lassen, und Verluste begrenzen«*[91] – und in deren Folge das Vertrauen in die Vernunft und deswegen auch in das aus dieser hervortretende Regelwerk!

In der Runde kam noch ein weiteres Beispiel auf, das Hofner ebenfalls für gut befand: Ein willensschwacher Trader glich dem Leser eines »Wie halte ich mich gesund«-Buches, der sich trotz

---

90 An dieser Stelle sei auf DER HÄNDLER Band 2, Fachteil, verwiesen.

91 Dieser Spruch wird von einem Trading-Anfänger mit einem *»Ja, ja … schon klar!«* immer wieder als so eine Art *»Teletubby-Spruch«* beiseitegeschoben; bei einem Fortgeschrittenen hingegen löst er nahezu Zorn aus, schließlich ist ihm bewusst, dass diese sechs Wörter berechtigterweise genau davon berichten, was er eben tagein, tagaus *nicht* tut; und ein erfahrener Trader weiß, dass sie alles zusammenfassen, was es um den technisch orientierten Börsenhandel *»Grundsätzliches«* zu wissen braucht, und belächelt seine eigene Dummheit und seinen fehlenden Realitätssinn, die beide unter anderem dafür verantwortlich waren, das man für die Erkenntnis um die Bedeutung des Spruches zahlreiche Jahre und »platte« Konten gebraucht hat …

intensiven Studiums nicht dazu aufraffen kann, sich gesund zu ernähren, sich das Rauchen abzugewöhnen, regelmäßig Sport zu treiben und dem Alkohol nur in Maßen zuzusprechen. Dem Verständnis nach hatte er einen in der Opposition von Aktion und Reaktion gefangenen und gehemmten, weil sich entwurzelnden Willen, was bedeutete, dass der Buchleser, der sich stattdessen aufrafft, frühmorgens aus dem kuschelig warmen Bett zu steigen und noch vor seiner eigentlichen Arbeit durch die langsam erwachenden Gassen zu laufen und ein, wenn auch mitunter viel umständlicher zuzubereitendes, aber gesundes Essen zu sich zu nehmen, Gewissheit und Zuversicht in das hat, was er tut. Er hat schlicht *Vertrauen* in das, was er tut, denn: Er könnte ja einfach länger liegen bleiben, weiter Fastfood in sich reinstopfen und unmäßig rauchen und trinken.

Die Tischrunde gelangte zu dem Ergebnis, dass somit jemand, der sich vornahm, den Lastern eines ungesunden Lebens zu entfliehen, einen Wirklichkeitsbezug benötige, der ihm zu der tief gründenden und deswegen belastbaren Einsicht verhelfe, dass das, was er bisher getan hatte, gesundheitsgefährdend war, und er brauchte Vertrauen darin, dass das »Neeeeein« zu dem aufkommenden Drang zur Rückkehr zum »alten Leben« ihn nicht *grundsätzlich beeinträchtigen* würde! Er stellte – Achtung – seinen Lebensalltag damit in dem Wissen auf die Probe, in dem Wissen, dass er seinen Lebensalltag dennoch mit nichts gefährdete!

Auf die Probe stellen und dennoch nicht gefährden!!!

Genau das ist es!

»Genau so!«, meinte Hofner, gleichermaßen stolz und erleichtert, dass die Runde nun zu verstehen schien, worauf er *im Allgemeinen* hinaus wollte. Dann zog er zum Vergleich der letzten Aussage noch einmal die bereits über die kleine Luisa gewonnene Erkenntnis heran: »Auch sie hat die Beziehung zu ihren Eltern auf die Probe gestellt, ohne die Beziehung zu gefährden!« Bei diesen Worten zog er aus der Innentasche seines Jacketts eine zusammengefaltete Serviette, auf der sich, nachdem er sie entfaltet und etwas geglättet hatte, jene mit Kugelschreiber von Hand gezeichnete Skizze eines Charts zeigte, die bereits in der ersten Tischrunde Verwendung fand. Diese Skizze mit erhobenem Arm seinen Zuhörern langsam von links nach rechts vorzeigend, fragte er: »Was bedeutet aber nun diese Erkenntnis für das Trading?«

Philip erkannte das von Hofner am früheren Abend für Hektor aufgemalte *Fünf-Sterne-Setup* und fand, dass die Antworten auf diese Frage so eindeutig auf der Hand lagen, dass jeder der Zuhörer am Tisch einfach verstehen musste, was gemeint war:

> *Kein Fünf-Sterne-Setup auf dem Monitor gefunden?*
> *Dann handle doch mal drei, vier Tage nicht! Du wirst sehen, es wird die Börse auch noch Tage später geben!*
> *Man muss nicht hier und jetzt minderwertige Setups handeln!*
> *Du wirst sehen, es wird tatsächlich früher oder später noch ein Fünf-Sterne-Setup kommen!*
> *Es wird!!!*

Oder :

> *Was spricht dagegen, doch einfach mal ein paar Wochen mit »wenigen« Kontrakten zu traden, Stichwort »Rumrutschfaktor«?!*
> *Du wirst sehen, die daraus resultierende Summe steht der, die man meint, nur mit hoher Kontraktanzahl zu erhandeln, in nichts nach!*

Oder:

> *Was spricht dagegen, doch einfach mal bis zur nächsten planmäßigen Stoppversetzung nicht nach den Kursen zu sehen?!*
> *Du wirst sehen, dass trotz – oder erst recht wegen – der genossenen Freizeit das Ergebnis nicht schlechter sein wird als ein durch leichenblass vor den Monitoren auf die Stoppversetzung zu warten erzieltes!*

Und so weiter und so weiter …

Hofner zog eine Augenbraue hoch und fasste zusammen: »Eine sachliche Begründung ermächtigt den eigenen Willen eines Traders demnach selbst seiner ›Gelassenheit‹ in den fachlichen Grund!« Dies erklärte er damit, dass ein bekräftigender Wille eines Traders in diesem Sinne sowohl die Auflösung des Widerspruchs von Ursache, sprich: dem jeweiligen Fachwissen, und der Wirkung, sprich: dem Resultat eines Trades auf dem Konto, bewirke als auch der eigenen Psyche dazu verhelfe, an die Stelle ihrer gegenseitigen Behinderung die wechselseitige Unterstützung von Aktion und Reaktion treten zu lassen! »Die im negativen Verhältnis von Aktion und der angedachten Reaktion erfahrenen Widerstände«, fuhr er fort, »lassen sich im Trading *nicht* durch einen verstärkten Kraftaufwand beseitigen, solange nicht auch die Einstellung und mit ihr der Grundton der eigenen Äußerung und der ihr *eigene Richtungssinn* verändert worden waren.« Hofner nahm nun besonders die Tradinganfänger am Tisch ins Visier. »Versuche des ›gewaltsamen‹ Ausbrechens aus dem Bann der Schwäche werden keinem Trader auf der Welt jemals gelingen!«

Und tatsächlich fragte doch jemand am Tisch, der den Wein scheinbar in sich hinein- und die Ausführungen stattdessen an sich vorbeilaufen ließ, wider Erwarten: »Warum?«

Connor ergriff wieder das Wort und klärte den Nachzügler gern auf, indem er darauf verwies, dass bei dem Versuch eines »gewaltsamen Ausbrechens« sogar das Gegenteil eintreten würde, denn der mit einer »Chaka«-Motivation begonnene Anlauf oder Vorsatz vor einem Trade oder vor einem Handelstag mochte zwar durch Zufall gelegentlich ein positives Ergebnis erbringen, verhinderte aber weder einen jederzeit möglichen Rückfall noch die Potenzierung der auf die Länge der Zeit immer wahrscheinlicher zutage tretenden Schwäche des betreffenden Traders. Das eigene Befinden nach einem Trade und die Selbsterfahrung nach einem Handelstag folgten hier – trotz aller gebetsmühlenartig aufgerufenen guten morgendlichen Vorsätze – einer abwärts verlaufenden Spirale. »Wenn wir mit dieser Annahme die Willensschwäche eines Traders als einen sich tagtäglich wiederholenden Akt der Hemmung und fortschreitenden Entkräftung beschreiben würden«, führte Connor abschließend aus, »so fänden wir in diesem ›Teufelskreis‹ genau das Bild wieder, dass nur allzu oft bei Tradinganfängern zu beobachten ist und von diesen selbst immer wieder genau so beschrieben wird.«

Offensichtlich genossen Hofner und Connor ihr abwechselndes Argumentieren und Illustrieren, denn Hofner stellte nun lächelnd die sich jedem aufmerksamen Zuhörer hieraus aufdrängende Frage in den Raum, wie denn der Richtungssinn dieser Bewegung bei einem Trader umgekehrt und dadurch ein positiver Richtungssinn mit umgekehrter Spiraltendenz nach oben eingeleitet werden könne, welche Connor, Hofner dabei wie zum Dank zuprostend, sofort aufgriff: »Der schnelle Schrei nach einem Coach, nach einer ›Urschrei-Therapie‹ oder Mental-Coaching-Firlefanz oder weiß der Kuckuck was wird da jedenfalls keine Abhilfe leisten können.[92] Denn es geht ja eben gerade nicht um eine Ausbesserung oder Ertüchtigung eventueller mentaler, psychischer oder emotionaler Macken, Defekte oder Blessuren, sondern im Kern vielmehr um das Gewinnen einer neuen fachlichen Einstellung, die, verbunden mit dem inneren fachlichen Durchbruch des Traders, eher den Charakter eines dauerhaften *Sich-Einlassens* aufweist als den eines kurzen, gewaltsamen Herauslassens und anschließenden Sich-wieder-Zusammenreißens!« Der ganzen Runde zuprostend, schloss er: »Ob ihr es glaubt oder nicht: Zusammenreißen funktioniert im Trading nicht! ES GEHT NICHT!«

»Nein?«, fragte Hektor, gleichzeitig erstaunt und irgendwie enttäuscht klingend.

»Nein!«, erklang es von Hofner, Sander, Torbach, Connor und Matthew fast gleichzeitig und bestimmt.

Torbach ergriff als Erster das Wort und erinnerte an das Beispiel des »Wie halte ich mich gesund«-Buches, aus dem er, Hektor direkt ansprechend, noch einmal das Thema Diät aufgriff: »Entweder du öffnest dich der Einsicht in die *Realität* und begreifst, dass dein, natürlich nur im Beispiel«, hier zwinkerte Torbach Hektor zu, »fülliger Körper einzig ungesundem Essen und fehlender Bewegung geschuldet ist, oder aber du quälst dich mit einer ›Iiiiigitt-igitt‹-Diät nach der anderen herum und hoffst, dass du so durch immer neue und ach so geheime Rezepturen wie von Zauberhand wieder schlank und sportlich wirst, ohne dich der deinem Zustand eigentlich zugrunde liegenden Realität stellen zu müssen!«

Eieiei …

Philip war, als könne er Torbachs Intensität fast körperlich spüren, als dieser sich noch weiter vorbeugte und, Hektor fest im Blick haltend, fortfuhr: »Es geht also um den Realitätssinn! Entsprechend kann ›Überwindung der Schwäche‹ also konkret immer nur ›Überwindung der Selbstbefangenheit‹ und ›Überwindung der Angst vor der Realität‹ heißen. Positiv ausgedrückt ist damit das Aufbringen von Mut zur … – und nennen wir es ruhig auch Liebe zur … – *Realität* gemeint. Der wirkliche Wille ist also die realisierte Beziehung zur Realität selbst und hat im Trading – genau wie beim Sport oder einer Diät – stets den Charakter eines Dialogs.« Torbach fuhr fort zu erläutern, dass *Realitätssinn* dazu gehöre, dass das Universum des Tradings nach drei,

92 Sollte der Ursprung mentaler Probleme in dem Unverständnis um die »Widerspenstigkeit des Börsenhandels« begründet sein (es gibt ja bei Weitem noch andere Ursachen), wird kein Coach der Welt – sofern er nicht selbst tiefgreifende Ahnung um die Materie hat – Abhilfe schaffen können. Oder mit anderen Worten: Man stelle sich folgendes Gespräch vor: Jemand, der keinen Realitätssinn um Materie haben kann, möchte jemandem, der den Realitätssinn nicht wahrhaben und ihn umgehen will, einen Rat geben, um besser mit der Realität zurechtzukommen … Hui …

vier fachlichen Minustrades nicht außer Kontrolle gerate und dass die ›Hand Gottes‹ in Sachen Trading nicht die eines übermächtigen Sadisten sei, sondern ganz einfachen Gesetzen gehorche und verlorenes Vertrauen demnach wiedererlangt oder zumindest umgewandelt werden könne. Abschließend fasste Torbach seine Worte einprägsam so zusammen: »Der Grundakt des sich bilden müssenden und des sich bekräftigenden Willens als Trader ist also nicht die Machtanwendung, sondern eine Bejahung der den Charts und damit des Orderbuches innewohnenden und dem Trader so begegnenden Realität – ohne dass damit irgendwelche Selbstaufgabe verbunden wäre! Kurz gefasst ist Durchsetzung und Verwirklichung im Trading also tatsächlich ein Problem der *eigenen Einsicht* und *niemals* – wie so oft falsch angenommen – das Problem eines – Achtung – *Erziehungsgeschäfts*!«

»Wohl wahr!« Hofner, Sander und Connor stimmten ihm zeitgleich im Chor zu, und auch Jerome nickte.

Philip beobachtete aufseiten der Tradinganfänger und Laien plötzlich staunende Gesichter. Und während durch die offen stehenden Flügeltüren die zarte Würze einer Sommernacht hereinwehte und dann und wann sachte und geräuschlos die Vorhänge leicht blähten, gärte es in Hektor. »Ja … wie … wie das jetzt?!«, und durch Torbachs persönlich wirkende Ansprache war nun der eigene Siedepunkt erreicht, denn er hakte, erzürnt klingend, nach: »Damit ich das auch wirklich richtig verstehe«, er beugte sich weit vor, »ihr sagt also alle, dass Trading kein *Erziehungsgeschäft* ist?«

Torbach, der anscheinend keine Lust mehr hatte, viel Federlesen zu machen, brachte es nun mit der ihm eigenen Klarheit und Deutlichkeit und dennoch Ruhe ausstrahlend ein für alle Mal auf den Punkt: »Wenn ein Tradinganfänger sich nicht früh aufraffen kann, um tagein, tagaus, bei Wind und Wetter joggen zu gehen, wird er auch niemals beständig traden können. – Versteht ihr?! … NIEMALS! Wenn ein angehender Trader es nicht schafft, obwohl er es sich vornimmt, mit dem Rauchen aufzuhören … besser, er eröffnet nie … nieeeemals ein Tradingkonto! NIEMALS! Denn: … Er weiß nicht, nicht mal im Ansatz, was mit *Wille* gemeint ist und *vor allem*: wie dieser wirkt!« Und er wiederholte nochmals mit aller Deutlichkeit: »Das Problem der Durchsetzung und Verwirklichung des Tradings ist daher ein Problem der *Einsicht* und niemals – wie so oft falsch angenommen – das Problem eines – … ich nenn es mal … *Erziehungsgeschäfts*!«

»Richtig.« – »Yep.« – »So ist es.« – »Genau so!« Es erklang viermal eine Bestätigung. Und auch Jerome bestätigte dies Hektor mit einem sehr ausdrucksstarken Nicken.

»… kein Erziehungsgeschäft?«, fragte Hektor sicherheitshalber nochmals.

»Kein Erziehungsgeschäft!«

»Kein Erzie…«

»NEIN! DENK NACH!«

»Ja, aber …«

»Nichts mehr ›*Ja, aber …*‹! Was zu sagen war, ist gesagt, und nun wird es Zeit, dass du deinen eigenen Kopf benutzt und nicht mehr unsere! Denk über das Gesagte nach!«

Ups …

Irgendwo tickte eine Uhr mit schwerem, abgemessenem Schlag, als sei es der harte Schritt der mitleidslosen Zeit. Sonst war es still. Nur ein paar bläuliche Rauchstreifen von einigen Zigaretten stiegen ebenmäßig in das Dunkel.

»So, Jungs, gut für heute!«, und auf die Frage nach dem *Warum* verwies Hofner auf die Uhr, die weit nach Mitternacht zeigte. »Lasst uns noch mit dem Geburtstagskind anstoßen!«

So geheißen, so getan!

Gut eine Stunde später waren alle ziemlich beschwipst. »Lauter!«, rief Nick. Der Sänger der Band lachte und gab sein Bestes.

Nick erprobte an jedem weiblichen Wesen im Umkreis von fünf Metern die besten Anmachsprüche der Welt, und die Frauen waren viel zu ausgelassen, um es krumm zu nehmen.

Philip, mitten im Garten stehend, hatte bis eben noch zugehört, wie Hofner von einem der einheimischen Gäste die Bedeutung der *San Phra Phum*, der auf jedem Grundstück anzutreffenden Geisterhäuschen, erklärt bekam, und musste, weit in den Sternenhimmel blickend, traurig daran denken, dass er bald wieder nach Deutschland zurückzukehren hatte. »So ist es recht, immer schön die Augen aufgemacht!«, hörte er plötzlich eine Stimme hinter sich sagen. Er wandte den Kopf ... *Torbach!*

Beide bestaunten stumm die vor ihnen im erhellenden Mondlicht träumerisch glänzenden Türme Bangkoks am Horizont. »Aus ganz Thailand kommen Menschen, um Bangkok zu bewundern. Menschen, die sich weigern zu sterben, ehe sie nicht der Gnade seiner einzigartigen Schönheit teilhaftig geworden sind. Wie viel vom Leben mag wohl schon an uns vorbeigezogen sein, allein, weil wir nicht hingesehen haben? Oder zwar hingesehen, aber nicht wirklich wahrgenommen haben, was wir da sahen!«, sagte Torbach in nachdenklichem Tonfall und betrachtete das große Firmament mit entrücktem Blick. Wie nebenbei meinte er nach einer kurzen Pause: »Philip, mach ... mach es nicht wie so viele andere Trader!«

»Was meinst du?«

Torbach wandte seinen Blick Philip zu. »Es ist wirklich unglaublich, wie nichtssagend und unbedeutend – von außen gesehen – und wie dumpf und ohnmächtig – von innen empfunden – die Gesamtheit des Lebens so mancher Trader dahinfließt. Es ist lediglich ein mattes Sehnen und Quälen, ein träumerisches Taumeln durch die Jahre, begleitet von einer Reihe trivialster Gedanken über sich selbst, ihr Trading und das Leben.« Er wandte seinen Blick wieder dem Sternenhimmel zu. »So viele Trader gleichen Uhrwerken, welche aufgezogen werden und ticken, ohne zu wissen, warum!« Wo eben noch so etwas wie zorniges Erstaunen mitgeschwungen war, setzte nun eine große Müdigkeit ein, als Torbach weitersprach: »Und jedes Mal, wenn ein Tradinganfänger eine Kontoeröffnung unterschreibt, wird eine neue Uhr aufgezogen, um ebenfalls das schon zahllose Male abgespielte Leierstück zu wiederholen; Satz für Satz, Takt für Takt und mit bestenfalls unbedeutenden Variationen!«

Da Philip unsicher war, *ob* und vor allem *was* er darauf hätte antworten sollen, zog er es vor zu schweigen und wartete auf Torbachs nächste Worte.

»So sehr aber auch jedes Traderleben von großen und kleinen Plagen erfüllt und in steter Unruhe und Bewegung gehalten wird«, fuhr dieser wie im Selbstgespräch fort, »so vermögen diese doch nicht ihre eigene Unzulänglichkeit zur Erfüllung des Geistes, die Gesamtheit der Leere und Schalheit des Daseins zu verdecken, oder«, Torbach grinste Philip mit einem Seitenblick an, »schlicht die *Langeweile* zu vertreiben, die immer bereitsteht, jede Pause vor den Monitoren zu überfluten und unerträglich zu machen. Diesem Umstand ist es geschuldet, dass viele Trader sich – noch ›nicht‹ zufrieden mit den Sorgen, Bekümmernissen und Beschäftigungen, die ihnen von ihrem sonstigen Alltag bereits auferlegt werden – in der Gestalt von Dauerobservation und unzähligen, sinnlosen Rumtüfteleien verlieren, indem sie noch eine weitere Welt erschaffen und endlose Zeit und enorme Kraft an diese verschwenden, sobald ihre alltägliche Welt, aber auch die fachliche Welt des Tradings, ihnen Ruhe gönnen will – für die sie nur leider nicht empfänglich sind! Du weißt, was ich sagen will?« Torbach sah Philip forschend an.

Der kniff die Augen ein wenig zusammen und brachte es zur großen Freude Torbachs mit folgenden, vorsichtig hervorgebrachten Worten auf den Punkt: »Man ist nicht für Langeweile empfänglich!?«

»Genau! Besser, man fragt nicht, wie viele Trader da draußen wirklich für Langeweile und Ruhe empfänglich sind«, bestätigte Torbach. »Natürlich sagt jeder, er möchte ruhen und genießen. Aber schaut man genau hin, so ist es neben der Gier das Peitschen der Langeweile, welche die fortwährende Bewegung des eigenen Kreisels erzwingt«, und er meinte weiter, dass das Leben mancher Trader das Gepräge eines erzwungenen Zustandes trage, bei dem der Trader, innerlich träge, sich zwar nach Ruhe sehne, aber doch weiter und weiter vorwärts müsse, wie ein Planet, der um eine Sonne kreist, ohne hineinzustürzen, weil die ihn vorwärtstreibende Kraft dies nicht zulässt. »Schau dich um!« Torbach zeigte mit einer ausholenden Handbewegung auf die noch anwesenden Gäste. »Natürlich nicht bei allen Händlern, aber bei so manchen scheint das Treiben ihres Alltags als Trader in einer ihnen unter fortdauernder Spannung völlig abgenötigt wirkenden Bewegung vor sich zu gehen.«

Abgenötigte Bewegung – eine schöne Wendung!

Torbach, das fiel Philip in diesem Moment einmal mehr auf, beherrschte es wie Hofner nahezu meisterlich, mit einem Satz die Nebensächlichkeit einer Sache auszudrücken, um dann im nächsten die Einzigartigkeit umso deutlicher hervorzuheben. »Man tut mit der größten Energie immer nur das, was man nicht für notwendig hält!«, wusste Philip sich gut zu beobachten, und während er Torbach seitlich aus den Augenwinkeln betrachtete, wurde ihm wie bereits beim ersten Treffen abermals klar, dass es gar nicht so sehr die Worte Torbachs waren, woran sein gesunder Sinn Anstoß nahm, sondern der durch sie glaubwürdig versicherte Ernst des Zustandes! Es war dieses seltsame Misstrauen gegen die ganze angewandte Praxis Torbachs! Er hatte mit dem Trading begonnen, um *Freiheit*, *Freizeit* und *Geld* zu erlangen; daraufhin hatte er gelernt, er hatte verstanden, er hatte umgesetzt, er hatte bekommen, was er wollte, und gewusst, »wie viel« er davon wollte, und hatte sich fortan schlicht und ergreifend einem anderen Thema gewidmet.

»Weißt du, ich hatte es als fortgeschrittener Händler einfach satt … einfach dermaßen satt! Und irgendwann«, Philip bemerkte den verträumten Ausdruck in Torbachs Augen, der seine Worte begleitete, »begann ich zu erkennen, dass ich nur scheinbar von vorne gezogen, in Wirklichkeit stattdessen von hinten geschoben wurde; es waren gar nicht die Charts, die mich dauernd anlockten … *nein, nein* … sondern die *Langeweile*, die mich zu sinnlosen und unnützen Taten vor die Monitore drängte!« Torbach schüttelte über sich und die Erinnerung an seine damaligen Gedanken lachend den Kopf. »Langeweile, das ist die Grundlage der Motivation für so viele fortgeschrittene Trader! *Ha* … und was ist deren Folge?«

»Na ja …«, Philip kratzte sich am Kinn, dachte über seinen eigenen Handel nach und meinte dann sehr erkenntnisschwanger: »Es fühlt sich so an, dass hier wohl der Ursprung des Komischen, des Grotesken und der fratzenhaften Seite des Lebens als fortgeschrittener Trader liegt!«

»Und das heißt auf den Punkt gebracht *was*?«

In Philips Gedanken flogen seine bisher vor den Monitoren verbrachten Jahre vorbei. »Es bedeutet …«, begann er.

»Ja-a-a-a …?!«

»Es bedeutet, dass die Regsamkeit des Geistes oftmals nur eine fortdauernd zurückgeschobene Langeweile ist, um die …«, Philip ließ den ganzen Abend in Sekunden Revue passieren, »um die *Widerspenstigkeit* zu umgehen!«

Torbach nickte höchst anerkennend: »Woraus sich die Frage ergibt: Was ist *Lust*, und was ist *Pflicht*?«

Wie wahr! Wie wahr!

In Philip verfestigte sich nach dem am früheren Abend und eben Gehörten die schon lange gehegte Vermutung bis zur Gewissheit, dass die Hauptsünde im Umgang mit den Charts nicht auf das »Verletzen« einer pingelig einzuhaltenden angedachten Signal- oder Stopplogik, auf mangelhafte Schulbildung oder verpfuschte Erziehung zurückzuführen war; auch lag die eigentliche Wurzel der Hauptsünde nicht in irgendwelchen sozialen Strukturen oder einem »schlechten Umfeld«, und auch wenn sie sich in der »Unmenschlichkeit« des Traders gegenüber sich selbst hin und wieder zeigen mochte, war diese doch nicht ihr eigentliches Wesen. Die tatsächliche Ursache und Sünde fand sich stattdessen in der »Rebellion« gegen den Alltag eines Traders!

Torbach hielt Philip sein Glas entgegen, und beide stießen miteinander an. Sodann wechselten sie das Thema, und Philip erzählte, dass er, da er bereits in den kommenden Tagen abreisen werde, sich hin und wieder noch Zeit für die ein oder andere Erkundungstour genommen habe.

»*Hin und wieder …?!* Hin und wieder ist wirklich nicht viel!«, meinte Torbach und hielt inne, indem er den Kopf zur Seite neigte und Philip anschaute. »Möglicherweise genug, um ein paar der Wunder Thailands zu erfahren, okay. Aber um seine Geheimnisse zu ergründen, reicht das nicht. Was hast du schon gesehen? Tempel? Den Wat Pho oder den goldenen Buddha im Wat Traimit? Und einen der Floating Markets? *Nicht?* … Solltest du aber, unbedingt!«

»Ein paar Tage habe ich ja noch.«

»Weißt du, Philip, es ist lange, sehr lange Zeit her, als ich das erste Mal hierher nach Thailand kam. Ich war damals im Urlaub mit meiner Frau hier, und dieses Land hat mich nicht wieder losgelassen! Die Kultur ist vielschichtig, und die Lebensart hat wirklich etwas Faszinierendes, wenn man sich nur etwas Mühe macht, sie verstehen zu wollen.« Torbach stellte sein leeres Glas beiseite und sprach erst mit normaler, dann orakelhafter Stimme: »Das haben wir doch als Händler gelernt: Den Unterschied macht nicht, *was* man sieht, sondern *wie* man es sieht!«

Beide lachten.

»Aber mal im Ernst! Nehmen wir zum Beispiel den liegenden Buddha im Wat Pho: Abertausende Besucher jeden Tag, und kaum einer sieht genau hin!«

»Tun sie nicht?«, fragte Philip, die Worte lang gedehnt.

»Nein, sie tun es nicht! Auf den ersten Blick scheint es nur eine liegende Gestalt zu sein, doch bei genauerem Hinsehen glaubt man, die Haltung würde sich verkehren, und der liegende Buddha wird Atlas immer ähnlicher. Er ruht nicht mehr auf der Erde, sondern die Erde ruht auf ihm. Er trägt die Last der Welt. Es ist dieser Blickwinkel, den man nicht lernen kann, sondern der sich dem Menschen erschließen muss. Ein Museumsbesuch und ein Besuch des Tradingalltags haben vieles gemeinsam. Es sind die Wunder, die man zeigen kann, aber dahinter liegen jene Geheimnisse, die man selbst suchen muss. Und da hilft kein noch so kundiger Führer, um einen dorthin zu bringen, denn das hängt von einem selbst ab, ob sie sich einem zeigen werden oder auch nicht«, erklärte Torbach, wobei seine Stimme zum Schluss säuselte wie ein Wiegenlied.

Freundschaftlich, ja fast schon väterlich umfasste er zum Abschied Philips Schulter. »Pass auf dich auf, mein Freund! Lass dich nicht von den Charts unter die Räder bringen. Hörst du!« Er wandte seinen Kopf, wobei sich seine Halssehnen spannten wie Taue eines Seglers, der in windheller Fahrt auf und davon zog, und deutete mit einem Kopfnicken auf die Terrasse. Erneut griff er die vorherigen Worte auf. »Überlass den anderen die Jagd! Halte es nicht wie so viele, die aus Gründen, die in erster Linie die Furcht des empfindungsreichen Nichtstuns zusammenbrachte und die aus heldenhafter Ehrsucht, indes ohne die vernunftgemäßen Mittel, zu dem Gedanken geführt worden waren, man müsse sich etwa durch einen einzigen Trade, den man gewalttätig unternimmt, ein Denkmal setzen!« Torbach lächelte ihn an. »Deine wahre Männlichkeit beweist du nicht vor den Monitoren, sondern dann, wenn du deine Bürotür hinter dir schließt und dich erinnerst, weshalb du sie zuvor überhaupt geöffnet hast!«

Philip blickte Torbach aufmerksam an und antwortete schlicht: »Versprochen!«

Und ohne dass es einer der beiden auszusprechen wagte, ahnten beide, dass sie einander nie wiedersehen würden …

*

»Oooochh, Drecksmarkt!«, kamen stöhnend die wohlbekannten Worte, um die sich keiner mehr im Büro kümmerte. Sie gehörten wie das leise Surren der Klimaanlage, das leichte Klappern der Jalousien bei aufkommendem Wind und das ferne Bellen der Hunde auf der Straße einfach dazu.

Philip schaute zu Stan hinüber, der mit großen Augen vor seinen Bildschirmen saß und wirkte, als wollte er am liebsten in sie hineinkriechen. Nachdem Stan letzten Donnerstag und Freitag »freigenommen« hatte, hatte er sich zu Wochenbeginn beim Anblick des davongerannten Marktes und im Wissen um den entgangenen und vor allem *einfach* zu realisierenden Gewinn lautstark vor sich hin betend vorgenommen, *alles* richtig zu machen!

»Och menno …«, jammerte es erneut hinter den Bildschirmen.

Na ja …

Von dieser Szenerie inspiriert, kam es Philip in den Sinn, das Ergebnis von Johns Geburtstagsparty vielleicht in einigen Punkten noch etwas konkreter, als übers Wochenende bereits geschehen, aufzuzeichnen und mit seinen eigenen Überlegungen zusammenzufassen, wobei ihn eines gerade besonders beschäftigte:

> *Kann es sein, dass man als Trader bei der Vorstellung von der eigenen Willenskraft fälschlicherweise davon ausgeht, dass diese Gegebenheit des Willens als eines »Vermögens« bereits bei der Kontoeröffnung von Haus aus als vorhanden vorausgesetzt und sozusagen auf das Konto mit eingezahlt wird?*

Philip warf einen prüfenden Blick auf seine Bildschirme und drehte dann seinen Stuhl zur großen Fensterfront, streckte seine Beine aus und begann zu überlegen: Für ihn sah die Sache als Händler momentan so aus, dass die Willensstärke einzig in der Beziehung zur *Realität* ihre Sicherheit und Verkörperung finden und zuallererst hieraus ihre Wirkungsmacht schöpfen konnte. – *Hm?!* Im Umkehrschluss bedeutete das, dass ein Trader mit *schwachem* Willen in irgendeiner Form in innerer Opposition zur Realität und damit auch zur Vernunft und deren fachlichem Grund stand; woraus sich ein primär gehemmter und sich ängstigender Willen schließen ließ, der weder in sich hinein- noch aus sich herausgehen konnte. Dies wiederum führte dazu, dass dieser Trader vor den Monitoren durch nichts und niemanden »Hilfe« erfuhr und mit jedem neuen Anlauf eines »Aber heute mach ich es anders! Heute mach ich alles richtig!« weiter und weiter zurückgeworfen wurde. Ein Trader mit *schwachem* Willen fand demnach sowohl *weil* als auch *solange* Aktion und angenommene Reaktion des Kontos sich negierten und gegenseitig hemmten, keinen tragenden Grund für die »andere« Ausführung. Das Resultat war, dass der immer aufs Neue festgehaltene, im Inneren gefangene Widerspruch bei jedem weiteren vergeblichen Versuch neue und noch größere Angst erzeugte und so tagtäglich umso mehr die Anwendung des angelesenen oder vermittelten Fachwissens vor den Monitoren verhinderte.

Nun gut!

Demgegenüber war der begründete und in seiner tagtäglichen Anwendung *frei* und *stark* gewordene Wille eines Händlers durch den *gelösten* Widerspruch von fachlicher Wirkung und etwaiger negativer Rückwirkung auf das eigene Konto gekennzeichnet, durch die wechselseitige Bestätigung des Willens und seines fachlichen Grundes, aus dem sowohl der eingegangene als aber auch der fachlich richtig *unterlassene* Trade hervorging.

Wenn aber sowohl die fachlich saubere Durchführung als auch die fachlich korrekte Unterlassung von Trades diesem gelösten Widerspruch zu verdanken waren, wurde deutlich, warum es sich bei der Überwindung der Willensschwäche im Trading weniger um einen gesteigerten Kraftaufwand als vielmehr um die Überwindung eines inneren Zwiespalts und der mit ihm verbundenen Hemmungen handelte. Dieser Widerstand war also demnach nicht gegenständlich und bestimmt gegeben wie eine Art »äußere Schranke«, sodass sich eine konzentrierte Aktivität nicht direkt auf ihn hätte richten können. – *Nein, im Gegenteil!* Er glich eher dem unsichtbaren und umso bedrohlicheren Bann, mit dem schlichte Unsicherheit und Angst das eigene Wollen und

Tun vor den Monitoren belegte. Kurzum: Das *Urvertrauen* in das eigene Tun fehlte!

Hmmm … Urvertrauen …?!

Aber auf was bezieht sich das alles?

Auf das Regelwerk?

Ha, Mo-Moment …!!!

Philip betrachtete das Problem von allen Seiten und kam zu der Erkenntnis, dass – da das Urvertrauen, war es erst einmal mittels kleinen Schritten aufgebaut, bei fast allen Tradinganfängern durch den »fachlich korrekten Minustrade« wieder zerstört wurde – die Quelle des Urvertrauens daher weniger in den Regelwerken zu suchen war als vielmehr in der gedanklichen Aufarbeitung der *Widerspenstigkeit* des technisch orientierten Börsenhandels – was sogar vielen Fortgeschrittenen immer wieder Probleme bereitete.

Huiii … das bedeutete aber doch …?

Der befreiende Schritt wäre durchaus und jederzeit möglich, denn nichts hinderte einen Händler doch daran, seine »Lage als Trader« dauerhaft einzusehen und damit *ein für alle Mal* anzuerkennen, dass sein »Lebensziel Börsenhandel« *immer* widerspenstig sein und bleiben würde, weswegen auch beliebiges Rumtüfteln *keine* bessere Ausgangssituation erschaffen konnte! Diese »innere Schranke« entsprang demnach nur dem *schwachen Willen* eines Traders, welcher sie jedoch fälschlicherweise als Folge externer Widerstände interpretierte. Was dazu führte, dass man, statt diesen »Teufelskreis der Angst« und die damit korrespondierende Hemmung als Händler ein für alle Mal zu durchbrechen, weiter von einer blumigen »Parallelwirklichkeit« träumte und sich die dümmsten Ammenmärchen aufschwatzen ließ; womit man sich bewusst oder unbewusst am wahrhaften Realitätssinn vorbeimogelte!

Genau so!

Philip sah auf, denn irgendwie war er nun in Gedanken bei dem an jenem Abend diskutierten Doppelsatz angekommen, dass die Kraft des Willens demnach von einem Trader eine Art *Entscheidung* verlange und damit einen Schritt der Bejahung, die wiederum in einem Blick für die *Realität* des Orderbuches gründe und von ihr her gerechtfertigt sei. Ohne Entscheidung ging nichts, ohne die Herstellung eines realitätsgetreuen Bildes der Arbeit als Trader aber auch nicht! – *Eieiei* … Somit äußerte sich in Wahrheit die *Stärke des Willens* eines Traders nicht in der Form irgendwelcher zwingenden Gewaltakte, sondern im Gewand der »Schwachheit«, das Vorhandensein anderer Marktteilnehmer und Handelsausrichtungen anzunehmen und sich dieser Realität zu unterwerfen. Von solchem »schwachen« und doch nicht schwachen Willen eines Traders darf daher behauptet werden, dass er der »starke« Wille sei, der locker zwanzig[93] und mehr fachlich saubere Minustrades vermag. Das so bestimmte Verhältnis von *Schwäche* beziehungsweise *Kraft* eines Händlers durfte also nicht im Sinne des Gegensatzes aufgelöst werden: hier der »schwache Trader« und dort die »Kraft«. Vielmehr stellte die »Schwäche« der Unterwerfung unter die Realität anderer Marktteilnehmer in sich selbst die Kraft dar und umgekehrt; was man auch so ausdrücken konnte: Ein starker Wille war in Wahrheit nichts anderes als tagtäglich verwirklichter Realitätssinn und Hingabe an den anvisierten Beruf *Trader*!

93 Gerade im diversifikativen Handel ist es durchaus möglich, dass zwanzig und mehr Trades (je nach Grad der Diversifikation) nacheinander oder aber zeitgleich als »fachlich saubere Minustrades« auftreten.

Ja, genau!!!

Philip wandte sich um und betrachtete Stan, der, wie es schien, nach noch besseren Tricks und Tipps Ausschau haltend wieder in den Weiten des Internets versunken war. Eine Zeitlang observierte Philip sein Treiben, griff sodann nach einem Stift und kritzelte mit rascher Hand auf eine leere Seite seines Tagebuches:

> *… der den Beruf Händler kennzeichnende Verlust an »alltagsgewohnter« Klarheit und Sicherheit ist, von daher gesehen, ein notwendiger Schritt in der Realisierung der praktischen Vernunft, und damit ist verbunden, dass die sich aus vielfältigen Bedingungen zusammensetzende Wirklichkeit des Börsenhandels sich, auch wenn sich eine solche Art der Unterscheidung im sonstigen Alltag gut bewährt haben mag, nicht mehr nach dem simplen zweiwertigen Raster von »Plustrade gleich gut« und oder »Minustrade gleich böse« bewerten lässt!*
> *Das Widerspenstige der Lebenslagen eines Trader zu sehen, es anzunehmen und nicht mehr in etwas anderes »um-tüfteln« zu wollen, ist also kein Zeichen von Desorientierung, Schwäche oder gar Aufgabe, sondern bedeutet vielmehr die Möglichkeit, eine neue, dem Begriff »Trader« überhaupt erst nahe kommende Form des Bewusstseins entwickeln zu können!*
> *Aber auch bei fortgeschrittenen Tradern kann immer noch, und dies viel zu häufig, ein Grundtypus des Verhaltens angetroffen werden, welches eingegangene oder noch einzugehende Positionen über unentwegtes »Weiter-und-weiter-Tüfteln« abzusichern versucht. Dies kennzeichnet insofern einen Zustand extremer Schwäche, weil auf diese Weise weder verinnerlichte fachliche Grundgegebenheiten realisiert noch der Umgang mit genau jener Widerspenstigkeit des Börsenhandels gelöst werden können. Mithin erzeugt dieser Grundtypus beim betreffenden Trader bereits allein durch seinen Ansatz und immer aufs Neue inneren Unfrieden …*

Und während Philip das eben Geschriebene nochmals durchlas, wurde die im Raum herrschende Stille plötzlich durch ein lautes: »*W-A-A-A-A-A-S* … zum Teufel noch mal … TUST…. du da?!« unterbrochen!

Mmmpfh … Alle schauten auf!

Nick, der eher zufällig an Stans Platz vorbeigeschlendert war, stand, eine Hand schützend über das Handy gelegt, hinter Stan, den Blick auf dessen Monitore gerichtet, und brüllte nochmals in seine Richtung: »WAAAS um alles in der Welt ist das?!« Dann sprach er in sein Telefon: »Ich rufe dich nachher noch mal an … *Ja, ja* … Wenn du sehen könntest, was ich gerade sehe … *Yep, bis dann!*«, steckte es ein und sah dabei Stan mit zusammengezogenen Augenbrauen und einer tiefen Falte auf der Stirn an.

»*Ähm* … also … wegen … *ähm* … wegen der, na du weißt schon … also der … *ähm* … Großwetterlage!«, versuchte Stan stotternd und dennoch hastig eine Erklärung abzugeben, während ihm der Schreck, dass Nick plötzlich hinter ihm stand und mit großen Augen auf seine Bildschirme schaute, noch immer in allen Gliedern steckte.

»Der *Groß*…« Nick unterbrach sich selbst. Ihm fehlten die Worte, und das sollte bei Nick als kein gutes Zeichen gelten. Er kniff die Augen zu engen Schlitzen zusammen, überlegte einen Moment, schob dann mit einer gruselig wirkenden Langsamkeit Stans Maus und Tastatur etwas beiseite und bellte: »F-i-n-g-e-r weg!«, als Stan sie instinktiv zurückschob.

Unter diesen Umständen war es schwer für Stan zu unterscheiden, ob Nick ernst sprach oder spottete. »*Menno!* Was soll das?!«, sagte Stan und klang dabei wie ein siebenjähriger Rotzlöffel, dem man im Freibad das Eis wegnahm, und griff erneut nach seiner Tastatur.

»F-i-n-g-e-r weg!!!!« Nun gab es an Nicks drohendem Tonfall nichts mehr zu deuten.

»Ja … abbbber …«

»Nix *abbbber*!« Nick schaute nochmals – als bräuchte er eine Vergewisserung – auf Stans Bildschirme, und seinem Gesichtsausdruck nach musste das, was er sah, wirklich grausam sein. »F-i-n-g-e-r weg!«, fauchte er nochmals, und für einen Moment hatte es den Anschein, als würde Nick ratlos um sich schauen, doch plötzlich musste ihm etwas in seinem Blickfeld eine Idee geliefert haben. Zielstrebig ging er zu der breiten Fensterfront und öffnete, unter den verwunderten Blicken aller anderen, nacheinander all jene Fenster, die eine Sicht über das Grundstück hinweg zuließen. Aber was immer er suchte, er fand es scheinbar nicht. Doch dann, als er das letzte Fenster geöffnet hatte, musste er es – dem Anschein nach – gefunden haben, denn nun eilte er zurück zu Kims Büro und bat sie mitzukommen. Schnellen Schrittes ging er nochmals an Stans Arbeitsplatz, der beinahe schon ängstlich Nicks Treiben beobachtete, und meinte bloß: »Du rührst dich nicht vom Fleck!«, und sonst nichts, obgleich aus Stans Sicht er doch unbedingt etwas anderes hätte sagen müssen! Dann ging Nick kopfschüttelnd zu seinem Platz, ein wildes Beben um den fest geschlossenen Mund, kramte seine Sonnenbrille hervor, beugte sich nochmals weit aus dem Fenster, schaute links, schaute rechts, und verließ, mit der bereits wartenden Kim, unter lautem Fluchen den Raum.

»Wehe, du fasst was an! *Weeeehhe!!!!*«, war von Nick in entrüstetem Tonfall noch zu hören, dann … Rumms! … flog die Tür ins Schloss.

Schluck!

»*Aber* … ich hab doch nur wegen der Großwetterlage und so …« Aschfahl geworden, sah Stan ratlos zu Philip, der, ebenfalls ein wenig hilflos, mit den Schultern zuckte. Doch da Philip wusste, dass schon rechtens sein würde, was immer Nick an Stans Bildschirmen zu monieren hatte, freute er sich auf das, was immer auch nun kommen sollte, denn solange Nick Stan keine körperlichen Schmerzen zufügte – denn diese Aufgabe übernahm bereits die Börse –, war alles erlaubt! Und auch Hofner, der neben Philip saß, konnte sich eines Grinsens nicht verwehren, denn Nick war wahrhaft außer sich.

Kurz drauf flog … *Rumms!* … die Tür wieder auf.

Schritte erklangen.

Schluck!

Philip, Hofner, Sander und Stan blickten, der Erste fragend, der Zweite und Dritte belustigt und der Vierte blass, Richtung Eingang, als Nick den Raum betrat und hinter sich in den Flur winkte. »Come on! Come on!« Nick schaute hinter sich.

Hä... ?!

»Come in, everything is okay!«

Aus dem Flur war ebenfalls Kims Stimme zu hören, die auf Thai etwas sagte, was ebenfalls wie eine Aufforderung klang.

Alle Augen waren auf die Tür gerichtet, und sicherlich fragte sich jeder der drei Anwesenden: *Wen* oder *was* hatte Nick hinter sich? Nick, im Türrahmen stehend, winkte und winkte, und plötzlich standen im Büro zwei ... *heeee?!* ... alle beugten sich über ihre Bildschirme, um Nicks Begleitung richtig zu sehen ... *hee?!* ... zwei Jungs, die vielleicht fünf, sechs oder sieben Jahre alt sein mochten.

»Hey!«, erklang es von zwei Kinderstimmen, die – wie viele Kinder in Thailand – scheinbar gut Englisch verstanden.

»Hey boys!«, kam es ihnen im Kanon aus Männerstimmen entgegen.

»Please, my little friends, take a look at this!« Nick ging voraus bis zu Stans Arbeitsplatz, und Kim schob, Nick folgend, die beiden Jungs sanft vor sich her.

»Bambino, mach Platz!!!« Nick rollte Stan mitsamt seinem Drehstuhl nach hinten, sodass er die beiden Jungs an der vorderen Schreibtischkante platzieren konnte.

»*Oh, o-ooh*, die Nummer wird fies!«, meinte Hofner zur allgemeinen Erbauung; denn er konnte sich denken, was kam! Lächelnd betrachtete Hofner Nick, wie er nun auf der Kante von Stans Tisch saß und seine Beine hin und her pendelnd auf die Bildschirme zeigte.

»Waaaas, was soll das?« Stan checkte nichts. Gar nichts!

»*Was das soll?* Du willst wissen, was das soll?« Nick wuschelte den Jungs, die fasziniert auf die vielen Monitore starrten, die Köpfe: »Nun, die *kleinen* Bambinos bringen dem *großen* Bambino etwas bei!« Mit geübten Handgriffen hantierte Nick mit Tastatur und Maus in Stans Chartsoftware herum und schaltete auf einigen Charts den Anblick des »Grausamen« und damit die Ursache seines »Anfalls« ... *klick! klick! klick!* ..., aus! Verschwunden waren Stans *unzählige* Indikatoren und Linien und Teufel was noch ... und übrig blieben ... nackte Charts!

»Boys, please tell me, is this line pointing up or down? Please, think of a flight of stairs!« Nick zeigte auf einen der beiden Charts, und Kim sagte etwas auf Thai, was Nicks Worte wohl wiederholte.

»Stairs?«, fragte der größere der beiden nach.

»Yes!« Nick ahmte mit einer Handbewegung die Form einer nach oben beziehungsweise nach unten laufenden Treppe nach.

Die beiden Jungs hatten sichtlich ihren Spaß. Sie schauten erst auf den Chart und brabbelten irgendwas auf Thailändisch, um sich zu beraten, und meinten sodann beide gleichzeitig, der Jüngere auf Thai und der andere in gebrochenem Englisch, laut: »This line, going up!« Kim nickte bestätigend; auch der Jüngere hatte wohl dasselbe gesagt wie der Ältere.

»*Ahaa-ja* ... so, so ... *this line goes* ... *upstairs!*« Nick zeigte auf einen anderen Chart. »And this one?«

»Downstairs!«, der Ältere sprach, der Jüngere zeigte nur mit dem Zeigefinger.

»So, so … *this line goes … downstairs!*« Nick wandte sich nun an Stan. »Deine Brieftasche, bitte!«

»Wie jetzt?« Stan wusste mit dieser Aufforderung nichts anzufangen und schaute irritiert.

»D-e-i-n-e Brieftasche! Wo ist sie? Her damit!« Nick machte eine fahrige Handbewegung, ihm diese endlich zu geben, und als er selbige in den Händen hielt, entnahm er einen Tausend-Bath-Schein und überreichte ihn den Jungs. – *Huiii!* Deren Freude und etliche Verbeugungen mochte man sich so recht dann ausmalen, wenn man bedachte, dass ein Erwachsener selten mehr als diesen Betrag am Tag verdiente.

»Spinnst du! Das sind t-a-u-s-e-n-d Bath!«

Nick schaute irritiert. »Stimmt, du hast recht! Es sind ja *zwei* Kinder!«

Der Wortschwall und die Freude kannten keinen Grenzen mehr, als nun jeder der beiden Kinder einen solchen Schein in der Hand hielt, und Nick gab der an der Tür lehnenden und schmunzelnden Kim ein Zeichen, und die Jungs verließen unter ihrer Aufsicht und einigen thailändischen Worten das Büro.

»Hey?! … Das Geld krieg ich von dir wieder!«, ärgerte sich Stan mit verächtlicher Miene, während er wütend das von Nick wieder zugeworfene Portemonnaie auffing und wegsteckte.

»Nix kriegst du wieder, Bambino! Gar nix! Schreib das mal schön unter *Lehrgeld* ab und sei froh, dass ich nicht auch noch was für Kim und mich rausgenommen habe!« Nick schüttelte heftig den Kopf, kam nicht umhin, nochmals auf Stans Bildschirme zu starren, und geriet erneut in Fahrt. »*Mannomann!* – Die Stans dieser Welt kennen alle Hunderte Einstiegssignale, haben die neuesten Computer mit unzähligen Bildschirmen parat, bestellen die teuerste Software und den x-hundertsten Newsletter und die Bretter ihrer Bücherregale … *aua* … die biegen sich auch schon in der Mitte durch. Sie tüfteln und tüfteln wochen- und monatelang, aber am Ende …? Am Ende ist immer nur ein großes *NIX*!« Nick schaute auf Stans Monitore, klickte mit der Maus einen jener Charts in den Vordergrund, in denen unzählige verschiedenfarbige Linien eingezeichnet waren und ein Haufen Indikatoren auf und ab klapperten. »*Au Mann!* Wir haben hier jemanden, der mit den Großen pinkeln möchte, aber nicht mal weiß, wie man das Ding aus der Hose kriegt!«

Autsch, das war jetzt ganz undelikat! Stan schwieg und sah gekränkt zu der Schnittlinie von Wand und Zimmerdecke empor.

»*NICK!*« John stand im Türrahmen zu seinem Büroraum und forderte mit strengem Blick und entsprechenden Handzeichen mehr Mäßigung.

»Na, aber es ist doch wahr!«, verteidigte sich Nick, aufgebracht über die in Johns Blick und Geste enthaltene Rüge.

»Dennoch!«, beharrte dieser eindeutig auf seiner Forderung.

»Okay, so Gott will … dann halt auf die sanfte Tour!« Diesen kleinen Seitenhieb konnte Nick sich einfach nicht verkneifen, und Johns Augenbrauen wanderten unwillkürlich in die Höhe. Mit gespielt freundlicher Miene wuschelte Nick Stan durchs Haar, und Stan, im Schatten dieses groß gewachsenen, drahtigen Mannes, musste sich anschließend ziemlich Mühe geben, Nicks Worten zu folgen, die nun zwar netter, aber dennoch wie Maschinengewehrfeuer daherkamen. »*Tja* … liebster Bambino«, sagte Nick, der nun, wenn auch nur unter leichtem Stöhnen, bereit war, duldsamen Weltsinn walten zu lassen, »ich weiß das Interesse zu schätzen, das dir der Börsenhandel einflößt ... Aber mein lieber Bambino, ich sag mal so: Wenn es von jeher die Verwirklichung von Urträumen war, fliegen zu können und mit den Fischen in Meerestiefe zu reisen, mit unfassbarer Geschwindigkeit Nachrichten zu senden, das Unsichtbare und Ferne zu sehen, Tote sprechen zu hören, sich in wundertätigen Schönheitsschlaf versenken zu lassen und mit lebenden Augen erblicken zu können, wie man hundert Jahre nach seinem Tode aussehen würde, und wenn neben all diesen Sachen nun auch noch die Vorwegnahme von Crashs, fundamentalen Hiobsbotschaften, verheerenden Eröffnungs-Gaps zu diesen Urträumen gehören, dann mag das so weit ja mal alles okay sein!« Er wuschelte Stan, abermals gegen dessen Willen, durch die Haare. »Aber ... wenn von dir nun noch die Frage ›Jaaa, welche übergeordnete Marktphase ist es denn?‹ – als *weiterer* Urtraum dazukommt, und du, demnach aus der Bestimmung der Großwetterlage, einen Zauber und eine Zeremonie von höchster Hirnkraft veranstaltest, deren Lösung einzig von der harten, messerkühlen und scharfen Denklehre der Mathematik durchdrungen und getragen sein kann ... dann ... *tja* ... *dann* ... dann läuft hier was grundlegend falsch, oder!?« Nick zeigte unwirsch auf die Charts: »Bambino, du hast einen Traum gewonnen und die Wirklichkeit verloren!«

Stille. Einzig zwei laut lachende Kinderstimmen waren durch das noch offen stehende Fenster zu hören.

Stan hatte die Augen zu Boden gerichtet, aber er spürte, dass Nick ihn ansah, tief, fragend, durchdringend. – *Schluck!*

Da Stan aber keine Antwort parat hatte, setzte Nick sich kopfschüttelnd an seinen eigenen Arbeitsplatz und begann, sein vorhin unterbrochenes Telefonat fortzusetzen. Dies nahm nun Hofner seinerseits zum Anlass, um aufzustehen und sich zu Stans Schreibtisch zu begeben. Beider Stühle waren nun den Monitoren zugewandt, auf denen ein munteres Kursfeuerwerk vor sich hin prasselte: einmal in den Charts mit den unzähligen Indikatoren und Linien und daneben in jenen Charts ohne »alles«, und nachdem sich Stan und Hofner einen Moment lang an den jeweils grün und rot züngelnden Flammen gewärmt hatten, rückte Hofner seinen Stuhl so hin, dass er Stan gegenübersaß, und bat ihn, das Gleiche zu tun.

Hmmm ... Philip überlegte, wie Hofner es wohl anfangen würde, einen Gegenstand von so spröder und scheinbar »geheimnisvoller« Beschaffenheit wie die *Großwetterlage* am hellen Nachmittag in Bangkok zu erörtern. Denn: Soweit er wusste, hatte Hofner, genau wie Nick, grundsätzlich nicht das Geringste gegen Indikatoren einzuwenden. Im Gegenteil! Beide hielten ihren Einsatz sogar für *äußerst* sinnvoll – sofern ein Trading fernab des markttechnischen Ansatzes angestrebt wurde. Aber da beide sie auch *innerhalb* der Markttechnik für durchaus hilfreich erachteten, fragte sich Philip, wie Hofner vorgehen würde, da er Stan die reine Anwendung der Indikatoren ja schlecht als sträflich vermitteln konnte! Und in dem Moment hörte Philip auch schon Hofner nun fernab jeglichen Vorwurfs fragen, warum Stan »mal so ganz generell gesprochen ... den Drang nach Indikatoren verspüre?!«

Stan, den Kopf den Monitoren zugewandt, deutete auf den Chart mit den Linien: »Na, wenn sich dieser Schnittpunkt hier ...«

»Sachte, sachte, Stan! Ich meine deine Motive und nicht die Wirkungsweise der Dinger!«, korrigierte Hofner und fragte weiter, warum fälschlicherweise die Ansichten so oft gespalten waren, sprich: warum man zwar den *übergeordneten Trend* liebte, jedoch dessen genaue Betrachtung wiederum so sehr verabscheute, dass man dies lieber dem »Computer« überlassen wollte.

Oh Mann … Stan, noch immer etwas von der Lehrunterweisung der beiden Knirpse angegriffen, rief sich zur Ordnung und staunte, wie erbittert sich sein Bewusstsein der Frage nach seinen Motiven widersetzte. Er rief sich abermals zur Ordnung und überlegte: Sein Wunsch bestand doch einfach nur darin, zu sehen, welche Gestalt der Trend angenommen hatte: aufwärts oder abwärts!? Die Frage nach der *Großwetterlage*, deren Wichtigkeit er ja nun seit Längerem zweifelsohne verstanden hatte, bedrängte ihn so sehr, dass er, wenn er ehrlich war, jedem Zauber erlag und sofort einwilligte, der ihm hierbei helfen konnte. Vielleicht lag es aber auch daran, dass ihm die Indikatoren gestatteten, mal abgesehen von der Erkundung des übergeordneten Trends, nicht nur Verbindung mit den Charts zu halten, sondern überdies auch … *Bewunderung für die Tüftelei zu ernten? – Mmmpf, wer weiß …*

Da Stan sich zu einer schlüssigen Antwort nicht recht durchringen konnte, beharrte Hofner nicht auf einer solchen, sondern begann damit, auf eine Schwierigkeit hinzuweisen, welcher man, sofern man die Großwetterlage *zu sehr* und undurchdacht automatisierte, sehr schnell unterliegen könne, und leitete dies mit der Erklärung ein, dass jene Schwierigkeit in einem engen Zusammenhang mit der so oft gestellten Frage: »*Welcher* ist denn nun mein übergeordneter Trend?« stehe.

Hofner bat Stan, den Flipchart herüberzurollen, und skizzierte dann wahllos verschiedene Zeiteinheiten, um anschließend darunter jeweils den so oft bei Anfängern, aber auch manch Fortgeschrittenen, verfolgten Gedanken, dass jede Zeiteinheit ihren »eigenen« Trend habe, schematisch einzutragen (siehe Bild 1):

Tages-Chart	240-Min-Chart	120-Min-Chart	60-Min-Chart	45-Min-Chart	30-Min-Chart	15-Min-Chart	10-Min-Chart	5-Min-Chart	3-Min-Chart	1-Min-Chart	Tick-Chart
↑	↑	↓	↓	↑	↑	↑	↓	↑	↓	↓	↑

Bild 1

»Nur allzu oft«, begann Hofner und tippte auf seine Skizze, »wird das Thema Zeiteinheiten so betrachtet, als hätte *jede* Zeiteinheit ihre *eigenen* Trends!«

Stan nickte zwar, war sich aber nicht sicher, worauf Hofner damit hinaus wollte.

»Der Gedanke, es gäbe auf jeder Zeiteinheit *eigene* und demnach *unterschiedliche* Trends, ist falsch!«

Stan nickte vorsichtig.

»Richtig ist: Es gibt auf *allen* Zeiteinheiten unterschiedlichste *Marktteilnehmer*, denn: Es gibt die unterschiedlichsten Beweggründe und Motive, um beispielsweise einen 19-Minuten-Chart dem 15-Minuten-Chart oder dem 64-Minuten-Chart vorzuziehen.« Mit erhobenem Zeigefinger und vor allem im Wissen, bereits längst gehörte Grundlagen zu vermitteln, wiederholte Hofner: »Unterschiedlichste Trends: *Nein!* Unterschiedlichste Marktteilnehmer: *Ja!*« Da Hofner wusste, dass dies einander ähnlich klang, dennoch aber einen enormen Unterschied in sich barg, fügte er rasch hinzu: »Verstehst du, Stan? Selbstverständlich gibt es auf jeder Zeiteinheit – auch der auf 32-Minuten oder auf der 129-Minuten – Marktteilnehmer, welche ihre Signale und Stopps auf dieser zeitparametrisierten Charteinstellung basierend ausrichten und damit mitunter gegeneinander als Kontraktpartner auftreten. Ein, wie auch immer definiertes, technisches *Long*-Signal auf dem 242-Minuten-Chart kann zum Vertragspartner eines wie auch immer definierten technischen *Short*-Signals auf dem 40-Sekunden-Chart werden. Verschiedene Signale: *Ja*; verschiedene Handelsausrichtungen: *Ja*, verschiedene Trends, nach wie vor: *Nein!*«

Es folgte ein weiteres vorsichtiges Kopfnicken Stans.

»Dennoch«, Hofner setzte eine kurze Kunstpause, »alle Marktteilnehmer – sofern technisch orientiert – haben, die einen mal mehr, die anderen mal weniger, die Pflicht, sich an dem übergeordneten Radarbild zu orientieren, weshalb die Frage ›Welcher ist denn nun der *richtige Trend*?‹ zu Recht gestellt werden muss, bloß ist es leider so, dass diese Frage nur allzu oft etwas abgewandelt und damit *gänzlich falsch* gestellt wird. Statt zu fragen ›Welcher ist mein *übergeordneter Trend*?‹, wird allzu oft gefragt ›Welche ist meine übergeordnete *Zeiteinheit*?‹«. Hofner skizzierte diese Aussage ebenfalls auf dem Flipchart (siehe Bild 2):

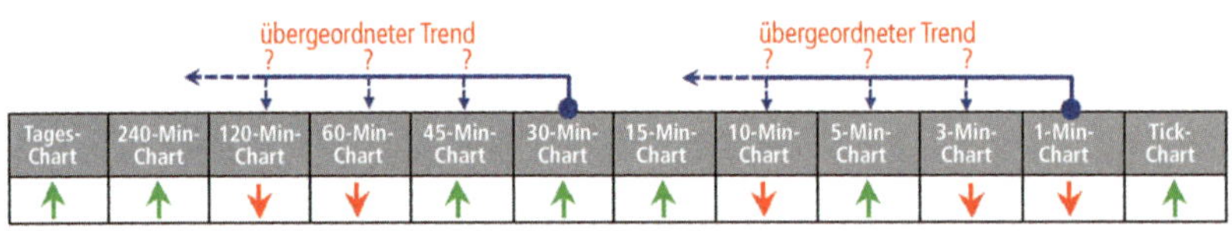

Bild 2

»Ja, aber ich brauch doch die entsprechende Zeitein…«, setzte Stan zu einer Antwort an, aber Hofner brachte ihn mit einem strengen Blick zum sofortigen Schweigen und wandte sich dessen Bildschirmen zu. Mit geübten Handgriffen ließ er sich zwei beliebige Charts (siehe Bilder 3a und 4a) ausdrucken.

»Stan, selbst wenn ich dir jetzt sagen würde, dass zu diesen beiden Trades die übergeordnete Zeiteinheit der … *sagen wir* … 37-Minuten-Chart wäre«, er hielt die ausgedruckten Charts hoch und verdeckte dabei absichtlich die jeweils aufgedruckte Zeiteinheit mit dem Daumen, »dann würdest du mir – und mit dir viele andere Trader da draußen – höchstwahrscheinlich tausendfachen Dank zunicken, obwohl die Lage, wenn man nur mal wirklich darüber nachdenkt, ja eigentlich immer so aussieht …«

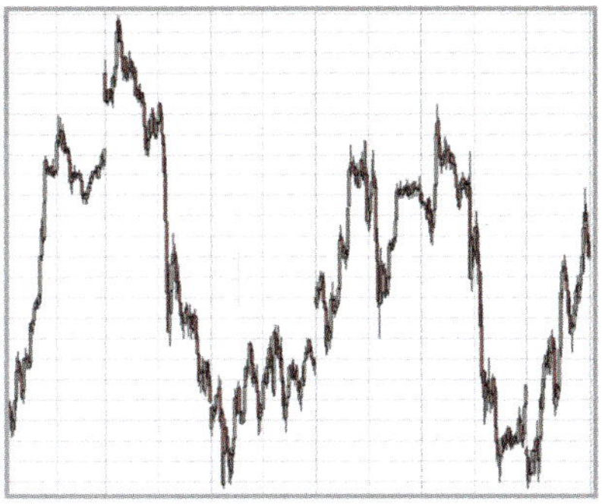

Bild 3a

Bild 4a

Hofner griff nach ein paar auf Stans Arbeitsplatz herumliegenden farbigen Stiften und verband auf beiden ausgedruckten Charts (siehe Bilder 3a und 4a) jeweils die großen lokalen Hoch- und Tiefpunkte mit einer blauen, die mittleren mit einer roten und die kleinen mit einer gestrichelten gelben Linie (siehe Bilder 3b und 4b)[94].

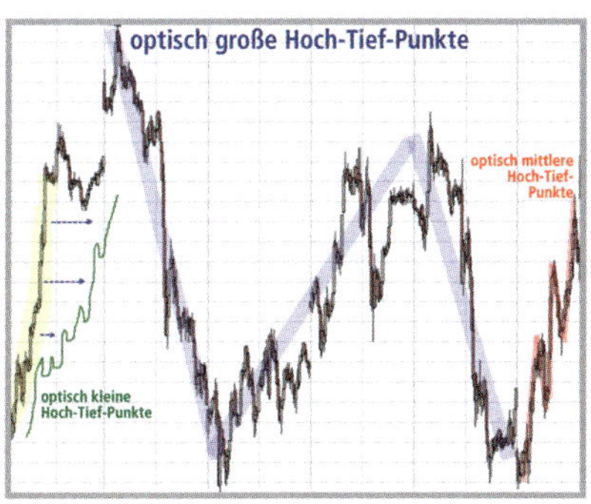

Bild 3b

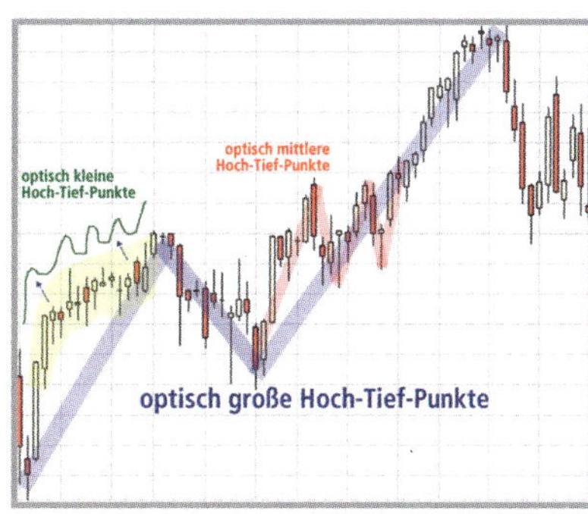

Bild 4b

»Ahnst du, wo das Problem liegt?«, fragte Hofner und eröffnete damit die Fahndung nach dem Wesentlichen.

»Ähm…?!« Stan fürchtete sich davor, etwas Falsches oder in Hofners Augen gar Dummes zu sagen, und sagte darum lieber gar nichts.

Hofner klickte in Stans Programm auf jenes Menü, welches der individuellen Einstellung der anzuzeigenden Zeiteinheit diente. »Du wirst – mal vorausgesetzt, dass du nicht nur die letzten Ticks lädst – egal, welche Zeiteinheit du für die *richtige* erachtest, immer, ob nun Tageschart, 61,5-Minuten- oder 17-Sekunden-Chart, das Problem haben, *mehrere* Trendgrößen *zeitgleich* zu sehen!« Hofner gab Stan damit eindeutig zu verstehen, genau wie auch schon Nick und Philip

94 Zum besseren Verständnis wurde der – in der gelb gekennzeichneten Marktbewegung – vorhandene untergeordnete Trend nochmals als grüne handgezeichnete Linie daneben skizziert.

vor ihm,[95] dass die *richtige*, dem Trade zugehörige Großwetterlage sich nicht durch die *rechte* Zeiteinheit, sondern einzig durch die *rechte* Betrachtungsweise ergab. »Denn selbst wenn man meint, die ›rechte‹ übergeordnete Zeiteinheit ›gefunden‹, eigentlich sollte man besser sagen ›ausgewählt‹ zu haben, so steht die Chance dennoch – *Achtung: 1 zu 3*, dass man auch den ›richtigen‹ Trend erwischt!«

»1 zu 3?«, hakte Stan ein. Seine Neugier war doch größer als die Angst, sich zu blamieren.

Zur Erklärung antwortete Hofner mit einer Gegenfrage: »Sag mal, Stan, hast du dich schon mal gefragt, wie viele Trends denn so ein DAX-Future oder Dow-Jones-Future oder was auch immer eigentlich hat?«

»*Wie viele?*« Stan blickte Hofner mit leichtem Misstrauen an.

»Ja.« Hofners Gesicht zeigte einen vollkommen neutralen Ausdruck.

»Ähm ...« Stan starrte überlegend auf die Charts und fuhr sich mehrmals durchs Haar. Die Art von Hofners bisheriger Erklärung ließ ihn dringend vermuten, dass irgendwo ein Haken versteckt war, auch wenn er noch nicht wusste, wo, und dass die ihm eigentlich auf der Zunge liegende Antwort »So viele, wie es Zeiteinheiten gibt!« durchaus dazu führen könnte, sofort seine Sachen packen zu müssen. Da er aber nicht die leiseste Ahnung hatte, welche Antwort Hofner hören wollte, versuchte er, sich so gut über die Runden zu retten wie nur irgend möglich, und antwortete: »*Ähm* ... na ja ... also, ich denke ...«

»Ja-aa ...?« Hofner nickte Stan freundlich, aber bestimmt zu.

Stan machte noch immer ein solches Gesicht, dass Hofner dessen Gedanken förmlich hören konnte: »Na ja ... theoretisch gibt es so viele Trends, wie es Zeitintervalle gibt, demnach also eigentlich unendlich viele: vom 1-Minute- bis zum 1000-Minuten-Chart, vom 23-Sekunden- bis zum 124,8-Sekunden-Chart! Also sollte ich vielleicht besser nur die ›groben‹ Zeiteinheiten und ›deren‹ Trends durchzählen? Na, dann mal los und schauen, was es da so gibt:

Trends auf dem Tickchart ...

Trends auf dem 10-Minuten-Chart ...

auf dem 30-Minuten-Chart ...

dann auf dem 60-Minuten-Chart ...

und dann ... *hm?!* ...

auf dem 240-Minuten-Chart ...

dem Tageschart ...

und dem Wochenchart! ...«

»So sieben oder acht werden es schon sein!«, lautete Stans plötzliche Antwort, was Hofners Vermutung über die Gedankengänge des Bambinos so weit zu bestätigen schien.

»Sieben?! Acht?! *Echt*, so viele?!« Da Hofner wusste, dass sowohl der wahre innere Zusammenhang der Times & Sales-Liste oft durch unzureichende Erklärungen und viel zu theoretische Definitionen quasi »liquidiert« wurde, als auch dass gerade für den ungeübten Trader nahezu immer die Gefahr bestand, Trends doppelt und dreifach zu zählen, wenn einfach nur zwischen den Zeiteinheiten hin und her geschaltet und dabei durchgezählt wurde, sah er Stan eindringlich an

95 Diesbezüglich sei auf DER HÄNDLER Band 3, Fachteil, verwiesen.

und fragte nun nach der notwendigen Vorgehensweise bezüglich der zur Zählung der in einem Markt vorhandenen Trends: »Na los … sag mal, wie zählt man die Anzahl der vorhandenen Trends?«

»Na ja, man schaut halt drauf!«, lautete Stans laxe Antwort.

»Ein bisschen genauer wird es doch wohl gehen, oder?!«

»Man müsste«, Stan betrachtete einen der Charts genauer, »na ja, man müsste sich halt fragen, ob der Trend … *nein*, nicht der *Trend*, sondern … ob die *Bestandteile* des Trends, also *Bewegung* und *Korrektur*, selbst wiederum durch eigene Trendbestandteile geformt werden.«

»Das klingt gut!« Obwohl Hofner nur zu gut wusste, dass es sich bei der Frage nach der Menge an Trends in einem Markt nach wie vor nicht um neues, sondern um elementares Grundwissen der Markttechnik handelte, sah er – wie in der Vergangenheit und bei anderen Gelegenheiten nur leider allzu häufig schon erlebt – auch an Stans Antwort, dass der grundlegende Gedanke, dass Trends ineinander verschachtelt waren, zwar sehr wohl weitläufig bekannt war, aufgrund der scheinbaren Banalität dieser Erkenntnis aber viel zu selten weiterverfolgt wurde und damit den Nährboden für *den* entscheidenden Fehler in der Anwendung der Großwetterlage bot und darstellte.

»Aufgepasst!« Hofner schlug ein neues Flipchartblatt auf und skizzierte, links beginnend, einen »großen Trend« (Bild 5a). Dann skalierte er den Verlauf der letzten Korrektur dieses Trends auf, der sich selbst wieder als Trend darstellte (Bild 5b). Von diesem »mittleren Trend« ausgehend, skalierte Hofner dann auch dessen letzte Korrektur (Bild 5c), und als letztes Schema skizzierte er Gleiches auch noch in den Ablauf der Korrektur des sich aus dem vorhergehenden Schema ergebenden »kleinen Trends«, was schlussendlich den »kleinsten Trend« aufzeigte (Bild 5d).

Bild 5a Bild 5b Bild 5c Bild 5d

»In einem liquiden Markt sind es maximal *vier*!«, meinte Hofner. »Vier Trends, mehr nicht! Keine sechs, keine sieben, keine zehn. In vielen Märkten, obwohl ebenfalls liquide, sind es sogar nur *drei*. In solchen Märkten fallen diese beiden zusammen …«, er zeigte auf die beiden rechten Schemata (siehe Bilder 5c und 5d). »Sie ergeben eins! Der Bund-Future oder der Öl-Markt, obwohl beide mehr als liquide, sind beispielsweise solche Kandidaten; bei beiden, wie auch bei den meisten Aktien, kann man an vielen Handelstagen den ›kleinsten‹ kaum vom ›kleinen‹ Trend unterscheiden!« Und da Hofner gerade selbst das Stichwort *Aktien* gab, verwies er auch gleich noch darauf, dass diese, und dort besonders die Werte aus der zweiten und hauptsächlich dritten

Reihe, in der Regel sogar nur aus zwei Trends bestanden, und zeigte dazu auf den »großen« und den »mittleren Trend« (siehe Bilder 5a und 5b).[96]

Stan nickte zum Zeichen, dass er verstanden habe.

Hofner, immer noch *weit* davon entfernt, sein bisher Gesagtes als neue Sensation verkaufen zu wollen, meinte daher, das Bisherige grob zusammenfassend: »*Großer*, *mittlerer*, *kleiner* und *ganz kleiner* Trend! Ende, aus, das war's! Du bist jetzt schon lange genug dabei, um das Thema Zeiteinheit langsam wieder aus deinem Begriffsschatz zu löschen, auch wenn dieser Begriff für dich aus zweierlei Sicht zu Beginn sicherlich äußerst hilfreich war: Zum einen erleichtert er es, generell gesehen, den Aufbau der Märkte zu begreifen, und zum anderen sprechen nun mal 95 Prozent der Trader ›die Sprache der Zeiteinheiten‹. Aber ab jetzt, mein Lieber … wird dieses Thema gelöscht!«

»… die Zeiteinheiten … *löschen*?!« Stan war perplex.

»Du weißt schon, wie ich das meine! Natürlich umgibt dich das Thema auch *weiterhin*, aber dennoch solltest du dem Thema Zeiteinheiten mittlerweile dahin gehend entwachsen sein, als dass du deinen Handel nicht mehr von deren optischem Firlefanz korrumpieren lässt. Jetzt, da du die Sinnhaftigkeit der Großwetterlage und damit die Bedeutung der Frage ›Wer kauft nach mir?‹ immer richtiger einzuschätzen und zu beantworten wissen solltest, ist es deine Pflicht, einzig auf diesen sich schnell einschleichenden Fehler zu achten …« Hofner zeigte auf den Flipchart und skizzierte zur Vorbereitung der Erklärung des besagten Fehlers zunächst über die verschiedenen Trendgrößen den Ablauf der sichtbaren *Kippbilder* und unter die Trendgrößen schematisch die davor liegenden *höheren* Trends (siehe Bild 6) und kommentierte: »Du wirst auf jeder Zeiteinheit – ausgenommen beim ›kleinsten Trend‹ – immer das Kippbild des tiefer liegenden Trends[97] sehen, und du wirst immer – außer bei dem ›großen Trend‹ – einen oder mehrere Trends ›vor‹ dir haben!«

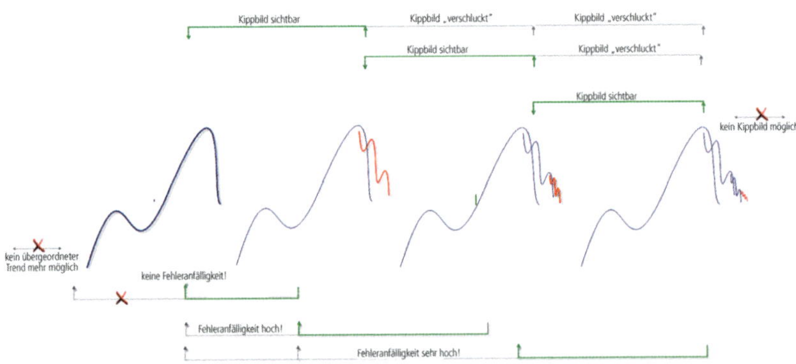

Bild 6

96 Diesbezüglich sei auf das »Große Buch der Markttechnik«, S. 135, Bild 30 und folgende Seiten verwiesen: Die Trendgröße entspricht auch der »Größe«, sprich: gehandeltes Volumen der Marktteilnehmer.

97 Diesbezüglich sei auf DER HÄNDLER Band 3, Fachteil, z.B. Bild 25 verwiesen.

Auch hierzu folgte ein Nicken seitens Stan.

»So!« Hofner legte die Stifte beiseite. »Und aus diesem Schema ergibt sich nun der von mir eben erwähnte Fehler, der im Besonderen beim mathematischen Ableiten der Großwetterlage, aber auch beim manuellen Betrachten der Märkte passieren kann, nämlich dass du dummerweise einen Trend überspringst!«

»Einen Trend … über… *waaas?!*«

»*Überspringst!* Es wird über den dem Trade eigentlich übergeordneten Trend hinweggehüpft, und stattdessen wird der über dem übersprungenen Trend liegende Trend herangezogen!« Hofner nahm die Stifte nochmals zur Hand und begann mit zwei weiteren Skizzen (Bilder 7 und 8).

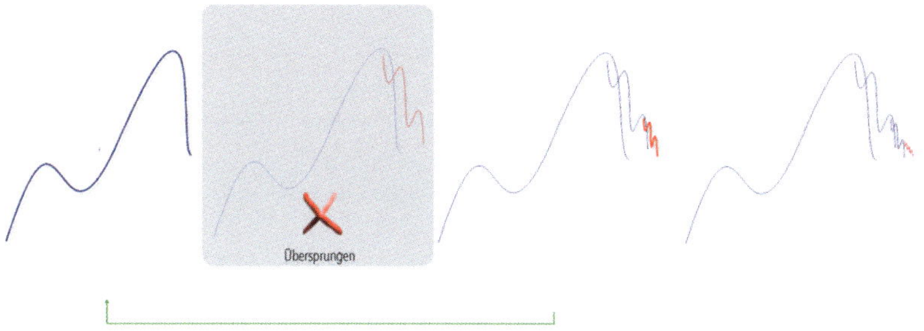

Bild 7

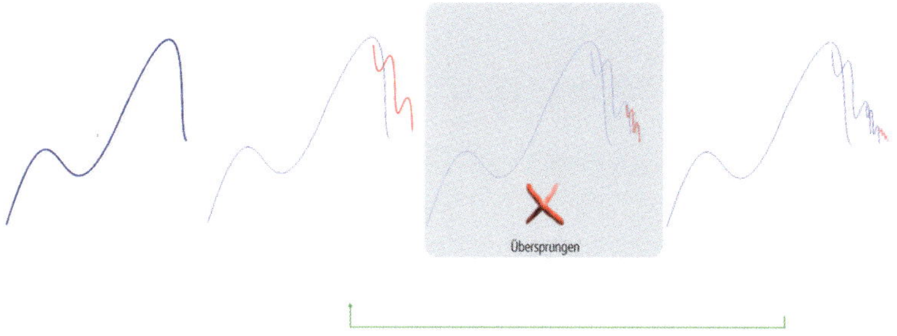

Bild 8

»Sei es durch das selbst generierte und eben erwähnte Wirrwarr der Zeiteinheiten oder – trotzdem nur eine Zeiteinheit mit genügend zusammenskalierter Historie verwendet wird – einfach aus optischen Fehlinterpretationen oder aber …«, Hofner zeigte auf Stans übrig gebliebenen Chart mit den Indikatoren, »durch mathematische Trendableitungen: Der Fehler besteht darin, dass die Großwetterlage unbeabsichtigt, unbemerkt oder auf welche Art auch immer, dem *zwei* Ebenen davor stehenden Trend zugeordnet beziehungsweise aus diesem abgeleitet wird! Aber Achtung …«, und Hofner gab zu bedenken, dass diese Fehler, so logisch wie auch interessanterweise, niemals beim Handel auf dem »großen« oder dem Handel auf dem »mittleren Trend«, sondern einzig auf dem »kleinen« und dem »kleinsten« Trend passieren konnten.

Ohne groß zu überlegen, fragte Stan nach dem »Warum«, daraufhin erklärte Hofner mit engelsgleicher Geduld und mit dem »großen Trend« beginnend, dass es hier keinen »noch« größeren Trend zur Betrachtung der Großwetterlage gebe.[98] Kurzum: Es gab schlichtweg nichts zu »überspringen«. Für einen Händler auf dem »großen Trend« war so gesehen dieser in sich *Handelszeiteinheit* und zeitgleich *übergeordnetes Chartbild*, was nebenbei bemerkt, so Hofner, dazu führte, dass die markttechnisch relevante Frage »Wer kauft nach mir?« hier auch nur teils beantwortet werden konnte, dies dennoch der Qualität dieses Trends in keiner Weise Abbruch tat. Denn: Zum einen hatte der »große Trend« die höchste Signifikanz, da eine zufällige optische Existenz generell auszuschließen war, und zum anderen konnte dieser größte Trend von niemandem, der halbwegs Erfahrung mit der Markttechnik gesammelt hatte, aufgrund fehlender Verschachtelungen *fehl*interpretiert werden! »... wer beim Handel auf dem ›großen Trend‹ fachliche Fehler macht ...« Hofner schüttelte den Kopf und unterbrach sich selbst, denn er wusste gar nicht, wie er es ausdrücken sollte, *dass dies gar nicht machbar sei!*. »So dämlich kann man gar nicht sein!«, meinte er grinsend und musste natürlich nicht erwähnen, dass seine Aussage *einzig* der markttechnischen Trenddefinition galt und davon losgelöst natürlich dennoch fachlich saubere Minustrades kommen konnten. Aber: Wer sich als Händler dieser Trendgröße widmete und dem – eben weil er es verstanden hat – ein diversifikativer Arbeitsstil eigen war und der beispielsweise den *Trendhandel* als bevorzugte Handelsausrichtung mittels gestreuter Einstiegslimits zum Einsatz brachte, sprich: den fachlichen unscharfen Einstieg aus der Korrektur heraus[99], der konnte, sofern ebenfalls verinnerlicht, dass er, wenn der zu handelnde Trend sich wie angedacht fortsetzte, diesen auch laufen ließ, nicht sehr viel bei dieser Trendgröße falsch machen!

»Man kann da nichts falsch machen! Das geht nicht!«, schmunzelte Hofner abermals und konnte sich nicht verkneifen, noch hinzuzufügen: »*Okay* – man muss damit leben, dass man sich auf keiner Party als der tolle ›Hecht des Tradings‹ darstellen könnte, aber ... Stan, wie du weißt, gibt es eine Menge Händler, denen waren das Geld und die ›nicht vorhandene Nähe‹ zum Markt als Imagepflege des eigenen Berufsstatus wichtig.« Hofner sprach damit zwangsläufig indirekt an, dass es im Gegensatz auch viele Trader gab, die eigentlich liebend gern auf höheren Trends unterwegs sein würden, heuchelten sich aber den eigenen Intraday-Handel zurecht, um ihre eigene Daseinsdefinition als »Händler« gegenüber Dritten wahren zu können. ... *Nun ja!*

»Und warum kann der Fehler nicht auch auf der ›mittleren Trendebene‹ passieren?«, forschte Stan weiter.

Hofner zeigte auf den Flipchart (Bild 5b). »Weil du im Bugwasser nur eines *einzigen* übergeordneten Trends schwimmst! Da kannst du ebenfalls nichts *überspringen*!« Hofner betonte, dass daher einem Händler, der sich dem markttechnisch orientierten Handel zugehörig fühle, mit dem Handel »mittlerer gegen großer Trend« hinsichtlich Optik und Trendabläufen ebenso die wenigsten fachlichen Fehler unterlaufen könnten, und dadurch, dass hier nun die Frage »Wer kauft nach mir?« hinsichtlich der Verschachtelung von Trends erstmals eine eindeutige

---

98 Unumstritten gibt es aus Sicht von Wirtschaftshistorikern oder bei über mehrere Jahre zusammenskalierten Chartdarstellungen noch »größere« Trends; aber aus der Sicht eines *technisch* orientierten Traders, sind diese, als auch anderweitig wie immer definierte »Zyklen«, eher zu vernachlässigen.

99 Diesbezüglich sei auf DER HÄNDLER Band 5, Fachteil, z.B. Bild 24 verwiesen.

Antwort finde, und diese obendrein sogar durch eine signifikante Trendgröße geliefert werde, dieser Handel »mittlerer gegen großer Trend« aus Sicht der Markttechnik einen sehr zuverlässigen Ansatz darstelle.[100] Zum anderen, so Hofner, stand der »mittleren«, anders als bei der »kleinen« oder »kleinsten« Trendgröße, eine enorm große Auswahl an Märkten gegenüber, daher war der *diversifikative Handel* aus markttechnischer Sicht hier bestmöglich realisierbar.[101] »Nun ja, aber auch hier kann man sich auf keiner Party als der tolle ›Hecht des Tradings‹ darstellen, aber … wie bereits beiläufig gesagt: Es gibt eine Menge Händler, denen ist das Geld und die ›nicht vorhandene Nähe‹ zum Markt wichtiger als die Pflege des Berufsimages!«

Stan stand vor dem Flipchart, wo er stumm auf die – für den erwähnten Fehler verbleibenden – beiden Trendgrößen »klein« und »kleinster« sah. Hofner ließ ihm einen Moment des Nachdenkens, dann blätterte er ein leeres Blatt auf und begann, ein neues Schema zu skizzieren.

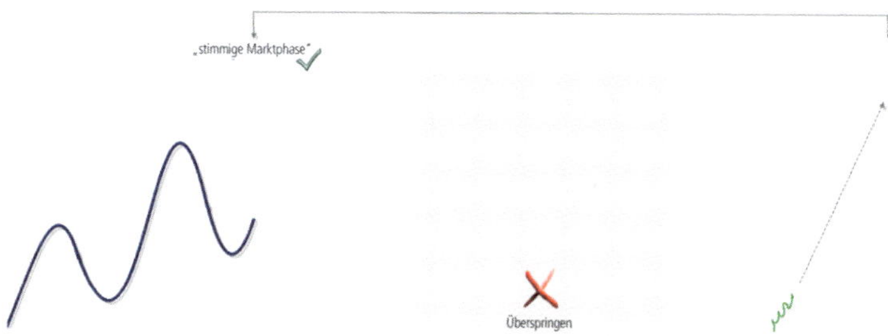

Bild 9

»Der Witz ist der … «, erklärte Hofner während des Zeichnens, »dass dieser Fehler des *Überspringens* eines Trends von einem Händler mitunter wochen-, monate-, jahrelang überhaupt nicht als *Fehler* registriert wird, da hieraus nicht zwingend negative Ergebnisse entstehen müssen! Also, Stan, schau her!« Hofner zeigte in der fertig gestellten Skizze auf den rechten, grün dargestellten Trend (siehe Bild 9). »So, das hier ist unsere ›kleine‹ oder meinetwegen auch die ›kleinste Trendgröße‹. Welche der beiden Trendgrößen dies nun ist, ist für das Weitere nicht wichtig, denn der Fehler trifft, wie gesagt, auf beide gleichermaßen zu.« Dann tippte Hofner auf die mit einem großen roten X gekennzeichnete Stelle in der Mitte und kommentierte, dass hier zwar eigentlich der zugehörige Trend zu finden wäre, der Händler aber, wie bereits erwähnt, durch zu grobe mathematische Ableitungen oder aber durch unbewusste manuelle Fehlinterpretation, die *»eins«* davor stehende Trendgröße als *Großwetterlage* definiert habe und nun aufgrund *deren Fünf-Sterne-Marktphase* zu dem Entschluss komme, den von ihm ausgewählten ›kleinen‹ oder ›kleinsten‹ Trend – mit welcher Handelsausrichtung auch immer – deswegen fortan auf der *Long*-Seite zu

100 Hinweis: Natürlich kann auch beim Handel des »hohen Trends« die Frage »Wer kauft nach mir?« direkt beantwortet werden, nur ergibt sich die Antwort dann aus dem Trendverlauf selbst. Beispielsweise: Bei der Handelsausrichtung »Trendhandel mit Positionseröffnung in fortgeschrittener Korrektur« sind dies alle Teilnehmer auf dem nun folgenden Bewegungsast und natürlich jene, die direkt um den *Punkt 2* herum ihre Orders zur Positionseröffnung, -schließung oder -drehung gelegt haben.
101 Hierauf wurde bereits ausführlichst in DER HÄNDLER Band 4 verwiesen.

handeln. Dass diese, wie alle seine vorherigen und weiteren Aussagen, auf der *Short*-Seite nun analog gelten, musste Hofner Stan gegenüber natürlich nicht mehr erwähnen.

Er verdeutlichte seine vorangegangenen Worte, indem er den erwünschten Verlauf des grünen Trends auftrug (siehe Bild 10) und in den blauen, also den – je nachdem – »großen« oder »mittleren Trend« einzeichnete.

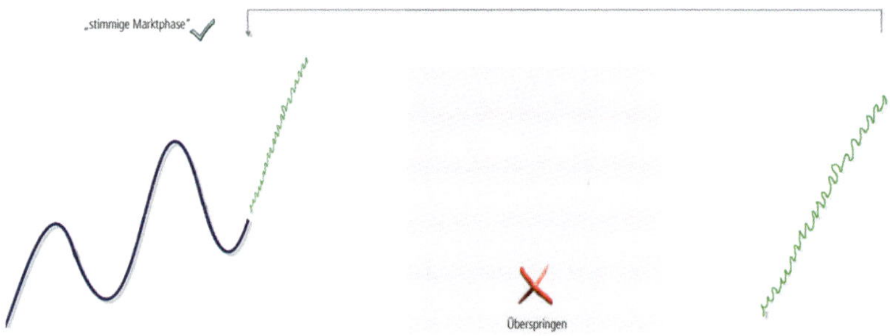

Bild 10

Stan betrachtete das Schema, welches keiner zusätzlichen Worte mehr bedurfte, überdachte das sich selbst Erklärende und nickte.

»Also, das Problem ist …«, fuhr Hofner fort, »trotz des Überspringens ist dieser ›ausgeblendete‹ dazwischenliegende Trendverlauf ja dennoch existent!« Er übertrug die linke Skizze an die freie Stelle in der Mitte und malte dort einen roten Graphen hinzu (siehe Bild 11), und die Folgen hieraus waren schnell erläutert.

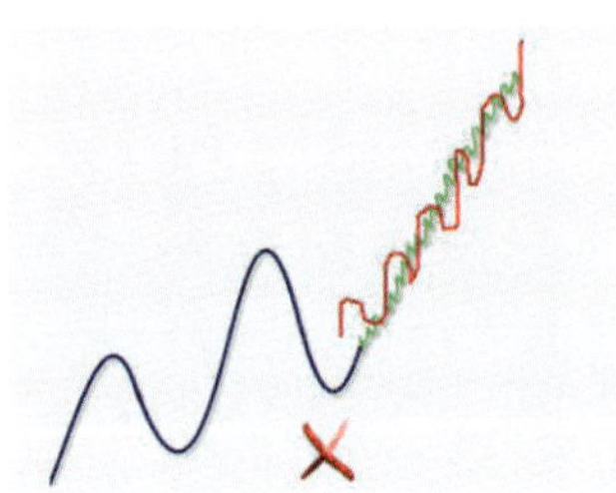

Bild 11

»Gerade beim *Trendhandel* erwartet man doch, einen größeren positiven Trade realisieren zu können, und ist darum immer wieder verwundert über das einem widerfahrende ›zu frühzeitige‹ Ausstoppen, in dessen Folge man sich oftmals dann schnell wieder von diesem Marktszenario verabschiedet, da die Idee des Fünf-Sterne-Setups ja ganz offensichtlich nicht zu ›greifen‹ scheint.

Denkbar ist aber auch, dass der Händler innerhalb der angedachten *Fünf-Sterne-Marktphase* einen Fehltrade nach dem anderen abgreift, weil er durch das ›Überspringen‹ nicht checkt, dass noch gar kein Aufwärtstrend vorliegt ... und damit natürlich auch kein *Fünf-Sterne-Setup*!« Hofner skizzierte auch diesen Gedanken übertrieben deutlich in Bild 12.

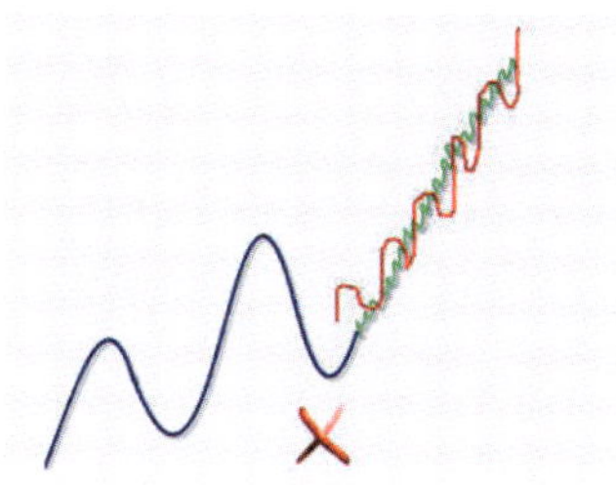

Bild 12

»Oder aber der Händler steigt immer am Hoch des ›ausgeblendeten‹ und damit übersprungenen Trends ein, dessen Korrekturen immer zum Ausstoppen der Position führen ... *Eieiei!*« Hofner skizzierte diesen Gedanken mittels gelber Markierung in Bild 13.

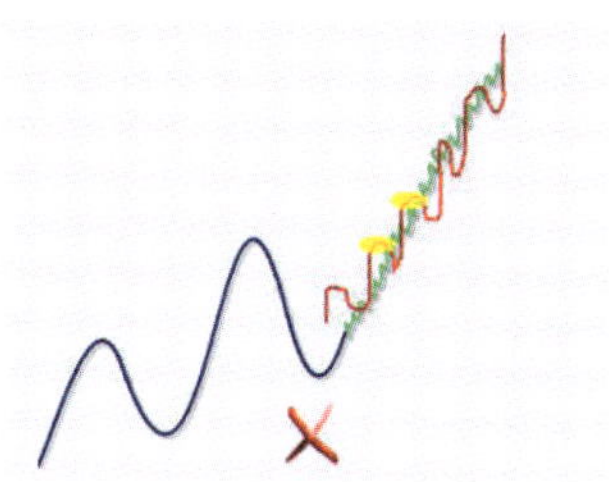

Bild 13

Hofner wusste, da Stan lang genug dabei war, dass er an dieser Stelle keine weiteren Erklärungen geben musste. Daher griff er Nicks Wutausbruch nochmals auf und betonte dazu so ernst wie ausdrücklich, dass bei der Ermittlung, Analyse oder Vorfilterung der Großwetterlage durch – wie auch immer – definierte *Indikatoren* stets die Gefahr bestand, dass die vom Händler vorgegebene und als richtig erachtete Parametereinstellung »etwas« analysierte, was in Bewegungs- als auch Korrekturhöhe als auch im zeitlichen Ablauf nun mal permanenten Änderungen unterlag.

»Ja, aber schau doch mal hier ...« Stan fühlte sich fälschlicherweise in seiner Ehre angegriffen und wollte Hofner nun demonstrieren, dass dessen Warnhinweis auf seine Indikatoren und deren Parameter mit Sicherheit nicht zutraf (siehe Bild 14).

Bild 14

»Stan! Das, was du mit deinem – wie auch immer gearteten – Indikator analysieren willst, ist ein dynamisches Gebilde, das sich nicht an feste Parameter hält! Mal dauert eine Korrektur des ›übergeordneten Trends‹ extrem lange, mal findet diese in kürzester Zeit statt. Mal läuft eine Korrektur weit in die vorhergegangene Bewegung hinein, ein anderes Mal nicht. Mal besteht ein Bewegungsast eines mittleren Trends aus sechs untergeordneten Trendschwüngen, mal nur aus zwei … und so könnte ich jetzt noch ewig weitere Folgevarianten aufzählen!« Hofner verwies darauf, dass er bereits unzählige, auf der Grundlage der Markttechnik basierende mechanische Handelssysteme gesehen habe, deren betreffende Händler jedoch sowohl in den Backtests als auch direkt bei Verwendung dieser Systeme im Handel Folgendes leider zu selten gecheckt hätten: Auch wenn die *Großwetterlage* in vielen Trades durchaus treffend analysiert beziehungsweise gefiltert wurde, konnte man bei genauerer Betrachtung der *einzelnen* Trades feststellen, dass der oder die Indikatoren beim beabsichtigten Handel des ›kleinen‹ oder ›kleinsten‹ Trends sowohl unbewusst als auch unerkannt viel zu häufig so eingestellt waren, dass sie vereinzelt – statt den *richtigen* Trend als Großwetterlage zu definieren – den *davor liegenden* Trend »in Szene setzten«; dann kamen wieder Trades, da stimmte die Definition; und dann kamen wieder Trades, da wurde sogar – durch dessen Ablaufdynamik – direkt der zu handelnde Trend selbst als die Großwetterlage ›reingemogelt‹ … Und warum war das so? Wie gerade gesagt: Mal dauern die Korrekturen der einzelnen ineinander verschachtelten Trends extrem lange, mal finden sie in kürzester Zeit statt. Mal laufen die Korrekturen der einzelnen Trends weit in die vorhergegangene Bewegung hinein, ein anderes Mal eben nicht. Mal besteht ein Bewegungsast eines Trends aus sechs untergeordneten Trendschwüngen, ein anderes Mal nur aus zwei … kurzum: Der zeitliche Ablauf als auch die Größen und Ausmaße der ineinander verschachtelten Trends halten sich an keinerlei feste und starre Parameter, was entsprechend oftmals zur Folge hat, dass bei einer mathematischen Vorfilterung[102] oder aber ganzheitlichen Handelssystemen aus Sicht der Markttechnik »Murks« rauskommt oder aber die Handelsergebnisse weit *besser* hätten sein können!

»Ich werde mal bei meinen zurückliegenden Trades nach diesem Fehler Ausschau halten ...«, versprach Stan und gab Hofner damit indirekt zu verstehen, über diesen aufgezeigten Fehler nachdenken zu wollen. »Und du wirst ihn finden!«, meinte Hofner vorausschauend. Dann deutete er nochmals auf die einfachen und inhaltlich eigentlich wohlbekannten Schemata und äußerte abschließend zu diesem Thema, dass dieser Fehler, wie bereits erwähnt, auch beim manuellen Betrachten der Charts passieren könne: Ein Händler, der zwar die Bedeutung der Großwetterlage und da wiederum die eines markttechnischen Fünf-Sterne-Setups erkannt hatte, konnte – durch die Suchabfolge »von großer in die kleine Zeiteinheit zoomend« – von einer stimmigen Großwetterlage viel zu schnell geblendet und dazu verleitet werden, diese *sofort* mittels einer »unteren Trendgröße« durchzuhandeln – und *schwups* ... gerade *weil* markttechnisch alles in Ordnung zu sein schien, war der Fehler passiert! »Glaub mir, Stan, dieser Fehler, ob nun mittels Indikatoren oder aber beim manuellen zu oberflächlichen Betrachten, passiert nur zu oft!«

Hofner blätterte den Flipchart um auf ein leeres Blatt und konnte sich nun eines Schmunzelns nicht erwehren. »Gut! So, und in genau diesem Zusammenhang jetzt noch was anderes, von dem ich weiß, dass du es selbst schon häufig genug erfahren hast ... Hast du eine Ahnung, was das sein könnte?«

Stan schüttelte nur stumm den Kopf und zuckte mit den Achseln.

Hofner lag es am Herzen, diesen Fehler genau an dieser Stelle anzusprechen, denn hier stammte er her, hier hatte er seine Geburtsstunde, und hier konnte er aufgezeigt und besprochen werden. »Na, dann will ich dir, wo wir gerade beim *Überspringen* sind, mal auf die Sprünge helfen ...!«, scherzte Hofner. »Die Frage lautet: Wer bestimmt den Dienstplan eines Traders?« Hofner grinste, und wissend, dass dieses Thema bereits, allerdings ohne Stan, auf Johns Geburtstagsparty angesprochen worden war, begann er zu erklären, dass viele – allen voran die privaten – Trader gern auf kleineren »Zeiteinheiten«, beispielsweise den 10- oder 15-Minuten-Charts, handelten, welche demnach klar als der markttechnisch »kleine Trend« (siehe Bild 5c) definiert werden konnten, woraus wiederum resultierte, dass für diese Trader der entsprechend »übergeordnete«, sprich: die Großwetterlage, der »mittlere« Trend war. »Soweit doch klar, oder?«, fragte Hofner seine Einleitung ab.

»Yep, kein Problem!« In Stans Stimme schwang zunächst erneut etwas Misstrauen mit.

»Gut!« Hofner blätterte auf dem Flipchart zurück und zeigte, nachdem er die gewünschte Skizze gefunden hatte, auf den »kleinen«, in Grün dargestellten Trend (Bild 5c). »Es ist natürlich, sofern man das eben erwähnte Thema beherzigt, *nicht* falsch, sich auf den ›kleinen‹ oder ›kleinsten‹ Trend zu konzentrieren und diesen zu handeln! Falsch daran ist nur«, Hofner sah Stan eindringlich an, »diesen zu handeln und – was beispielsweise vielen privaten Tradern zu eigen ist – für diesen Handel *gleichzeitig* nur ein sehr *begrenztes* Zeitfenster zur Verfügung stellen zu können oder zu wollen!«

102 Was nützt es, eine Vorfilterung im Sinne einer Arbeitserleichterung anzustreben, wenn deren Resultat schlussendlich doch noch einer weiteren abschließenden Prüfung »Stimmig: ... *ja* oder nein ...?!« unterzogen werden muss, beziehungsweise – was weitaus schlimmer ist – wenn jene Vorfilterung fälschlicherweise Großwetterlagen »unterschlägt«, sprich: gar nicht erst zur Vorlage bringt, welche aber unbedingt hätten getradet werden müssen?! Eieiei ... Oder mit anderen Worten: Vorangegangenen »fachlich sauberen Minustrades« nützen »verpasste« Chancen nichts!

»Ja, aber … gerade weil das so ist, handeln die meisten doch dort!«, platzte Stan heraus.

Hofner nickte bedächtig und gab Stan insofern recht, als dass dies auf den ersten Blick scheinbar stimmig sei, verwies dann aber darauf, dass aufgrund einer oberflächlichen beziehungsweise unbewussten Werteübersetzung hier ein Denkfehler vorliege. »Mal abgesehen davon, dass oft ›größere Nähe‹ als ›bessere Wahrnehmung‹ missverstanden wird, ergibt sich aber viel zu oft andererseits aus der eben erwähnten Vorgabe *›wenig Zeit‹* nun fast zwangsläufig die Lösung *›kleine Zeiteinheit‹*, welcher darum auch viele folgen. Hat man jedoch im markttechnisch orientierten Handel die Sinnhaftigkeit und überlebensnotwendige Bedeutung der *Großwetterlage* wirklich erkannt, dann kristallisiert sich schnell heraus, dass der Gedanke *›wenig Zeit, daher kleine Zeiteinheit!‹*, weil ungenügend formuliert, fehlerbehaftet ist und folglich konkreter formuliert werden muss!«

»Konkreter?« Das Misstrauen in Stans Stimme machte mehr und mehr einem Unterton von Überforderung Platz.

»Genau: konkreter! Denn wenn man jeden Handelstag nur ein geringes Zeitvolumen zur Beobachtung der Märkte zur Verfügung hat und damit der zeitliche *Abstand* zwischen den tagtäglichen Marktbeobachtungen zwangsläufig sehr groß ist – beispielsweise Montag 17:45–19:00 Uhr, dann erst wieder Dienstag von 20:20–22:00 Uhr und so weiter … –, dann ist es die *Pflicht* eines Händlers, eine solche Trendgröße zu wählen, deren übergeordneter zeitlicher Trendablauf *immer* die Chance ermöglicht, ein Fünf-Sterne-Setup vorzufinden!«

»Häh?«

Zu Stans besserem Verständnis warf Hofner nun ein Schema auf ein neues Flipchart-Blatt, das Philip, der nach wie vor aufmerksam lauschte, von seinem Arbeitsplatz aus als sehr ähnlich zu dem erkannte, welches Hofner auf Johns Geburtstagsparty für Hektor auf eine Serviette skizziert hatte: Wie durch die Zeitachse offenkundig, bildete der rote Chartverlauf markttechnisch weder den »kleinsten« oder »kleinen« noch den »großen«, sondern eher den »mittleren Trend« ab, dessen Bewegungsäste sich mal über einen halben (Di), mal über mehrere Handelstage (Mi.–Fr.) erstreckten (siehe Bild 15).

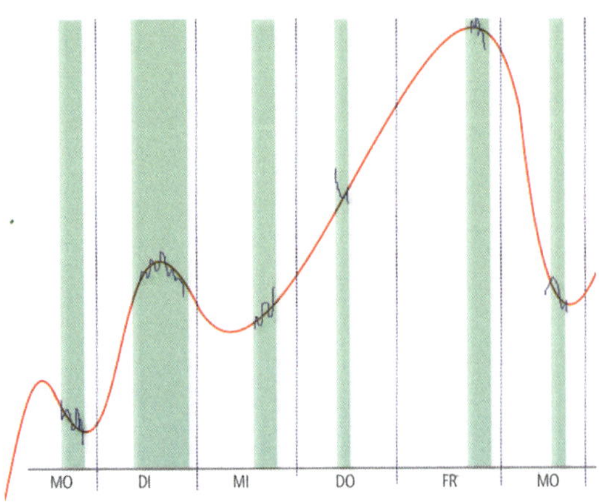

Bild 15

»So, Stan … jetzt aufgepasst!« Hofner zeigte erst auf den roten »mittleren Trend« und dann auf die grün dargestellten Zeitfenster, während derer sich der Trader an diesen Tagen seinen Charts und damit seiner in Blau dargestellten »kleinen« Trendgröße widmen konnte oder wollte. »Man kann das nun aus zweierlei Sicht sehen: Zum einen könnte man sagen, dass, wenn ein Trader den markttechnisch definierten ›kleinen Trend‹ handelt«, Hofner deutete auf die verschiedenen blauen Kurven, »die dazugehörige Großwetterlage«, er zeigte auf den roten Graphen, den *mittleren* Trend, »auf dessen *Nicht*-Anwesenheits- beziehungsweise *Fehl- oder Abwesenheitszeiten* viel zu *schnell* läuft.«

»Zu schnell?«, zweifelte Stan.

»Ja, zu schnell! Denn die Chance, dass der Markt beim nächsten ›Anwesenheitstermin‹ seine Marktphase mal wieder gewechselt hat, ist sehr hoch!«, erklärte Hofner.

Stan betrachtete die Skizze, überdachte Hofners Worte unter diesem Gesichtspunkt einen Moment und nickte dann zum Zeichen, dass er nun verstanden habe.

»Andererseits könnte man es aber auch so ausdrücken«, fuhr Hofner fort, »dass die Großwetterlage hinsichtlich der *Anwesenheitszeiten* dagegen viel zu langsam läuft!«

»Moment! Das widerspricht sich doch!«, meinte Stan irritiert.

Hofner schüttelte den Kopf und klärte ihn darüber auf, dass dieser scheinbare Widerspruch einzig aus dem eingenommenen Blickwinkel des Betrachters entstand: »Ich kann das Schema sowohl aus Sicht der *An*- als auch der *Ab*wesenheitszeit betrachten!«

Stan überdachte die vorherigen Aussagen nun in ihrer bisherigen Gesamtheit und meinte dann: »Also, wenn ich das jetzt richtig verstanden habe, bedeutet das, dass … wenn ein Trader pro Tag – einfach mal überschlägig so angenommen – nur ein, zwei Stunden lang die Möglichkeit hat, sich einem Markt zu widmen, sich die Großwetterlage …«, er tippte auf den roten Graphen, »viel zu *langsam* dreht, um dem Trader, selbst bei geduldigstem Warten, *innerhalb* seines Zeitrahmens ein Fünf-Sterne-Setup zu präsentieren!?«

Hofner hob anerkennend den Daumen.

»Beziehungsweise«, gab Stan nun noch seine Gedanken über die erwähnte andere Sichtweise zum Besten, »könnte man auch so argumentieren, dass es – wenn man schon nur so wenig Zeit hat – klüger ist, sich, statt der ›kleinen‹ oder ›kleinsten‹, der ›mittleren Trendgröße‹ zu widmen, da deren übergeordnete Großwetterlage sich so langsam dreht, dass die Zeichen möglicherweise sogar über mehrere Tage hinweg auf Grün stehen und …« Sein Gedankengang geriet ins Stocken, woraufhin Hofner für ihn den Satz nahtlos vollendete: »… und man auf dieser Trendgröße zum einen für einen Handel nur relativ wenig Zeit investieren muss, nämlich eigentlich nur für etwaige Stoppversetzungen, und man zum anderen in dem Universum von Märkten Fünf-Sterne-Setups so gut wie immer nicht nur suchen, sondern auch zur Genüge *finden* wird!«

Hofner hielt kurz inne und skalierte auf Stans Bildschirm den Chart des DAX-Futures – ohne die Zeiteinheit zu wechseln – so ein, dass nicht nur dessen Verlauf der letzten Tage, sondern auch dessen Großwetterlage gut sichtbar wurde.

Stan strich sich bedächtig übers Ohrläppchen, denn er ahnte, was jetzt kommen würde. – *Oje!*

»Der Grundfehler vieler, vornehmlich des privaten Traders, ist es also, dass sie nicht *alles* aus den ihnen vorliegenden Großwetterlagen rausholen, was sie bei richtiger Anwendung eigentlich könnten!« Hofner verglich dies – auf den ersten Blick etwas eigentümlich – mit dem Besuch eines ›Running Sushi‹-Lokals, dessen elektrisches Laufband die Gäste mit allerlei Köstlichkeiten versorgte. »Man nimmt sich eines der vorbeilaufenden bunten Tellerchen und wundert sich, wenn einem das Gericht geschmeckt hat und man gerne noch etwas mehr davon haben möchte, warum die anderen Tellerchen mit dieser Speise bereits am anderen Ende des Restaurants herumfahren und man selbst auf dem Laufband nur noch Sachen vor sich sieht, die man nicht mag! Verstehst du, Stan? Übertragen auf *›wenig Zeit, daher kleine Zeiteinheit!‹* bedeutet das ... *ähm* ... «, Hofner suchte nach dem rechten Wort, »man *nascht* nur mal an den Marktphasen rum!«

»Nascht?« Stan verstand nicht ganz.

Nick half, ohne von seinem Buch aufzuschauen, nach: »Hey, ... man u-n-t-e-r-l-ä-s-s-t Folgetrades!«, tönte es hinter seinem Arbeitsplatz hervor, und mit verächtlicher Stimme knurrte er weiter: »Bambino, ich sag nur, Stichwort: *Held der Arbeit!*«

Die Antwort Stans war unmissverständlich: ein bitterböser Blick.

Hofner nutzte diese Unterbrechung, um Getränke zu holen und um Stan damit Gelegenheit zu geben, über die letzten Worte nachzudenken. Mit zwei eisgekühlten Gläsern in den Händen kehrte er zurück, ließ sich wieder neben Stan nieder und begann mit der Fortsetzung seiner Ausführungen. »Genau in den Worten Nicks liegt der Knackpunkt – *verstehst du, Stan?!* Mal ganz abgesehen davon, dass für einen fortgeschrittenen Trader das *Unterlassenhaben* von Trades innerhalb einer stimmigen Großwetterlage der *größte Vorwurf* ist und bleibt, ergeben sich zum anderen daraus zwei Lächerlichkeiten! Zum einen, dass man erst ›stundenlang‹ heldenhaft die Märkte analysiert hat, um dann, wenn die Lage des – um es in der vorherigen Analogie auszudrücken – ›Sushi-Laufbandes‹ klar ist, nur ein kleines Tellerchen einer der angebotenen Köstlichkeiten zu naschen, anstatt mit beiden Händen alle passenden Teller des Begehrten vom Band zu nehmen und sich den Magen damit vollzuschlagen! Zum zweiten, dass, sollte jedoch der Inhalt dieses ersten Tellerchens doch nicht munden, oftmals nur eines scheinbar übrig blieb – mit gesenktem Kopf und weiter hungrig das Lokal zu verlassen. Aber ...«, Hofner wählte seine folgenden Worte mit der ihm eigenen Sorgfalt, »nun musst du Folgendes bedenken und trennen: Dem privaten Trader, der einen vom beruflichen Alltag vorgeschriebenen Zeitrahmen für den Börsenhandel hat, kann man daher *immer* vorwerfen, warum er nicht«, Hofner tippte auf den »mittleren« und dann auf den »kleinsten« Trend in einer seiner Flipchartskizzen (siehe Bild 5) »einen Trend *höher* oder aber *tiefer* wechselt, also auf ein schnelleres oder aber langsameres Sushi-Laufband umschwenkt, um sich so einen permanenten Zugriff auf ein *vollgestelltes* Laufband sicherzustellen!« Hofner machte eine kurze Pause und nahm einen Schluck Wasser. »Dem Trader hingegen, der frei verfügbare Zeit hat – so wie du«, Hofner spielte damit auf die beiden von Stans *wahllos* freigenommenen Tage an, »kann und MUSS man vorwerfen, dass er zu der Zeit, wenn die Teller auf dem Laufband des Running-Sushi aufgebaut werden, nicht schon gleich als Erster daneben steht und mit vollen Händen – egal, wie lange es dauert – *alles* abräumt; genauso, wie man über ihn nur maßlos den Kopf schütteln kann, wenn er, obwohl das Laufband bereits leer vor sich hin fährt, immer noch Zeit neben diesem verbringt! – *Verstanden?!*«

John gesellte sich neben Hofner, überblickte die angezeichneten Skizzen Hofners und nickte anerkennend. Beide, Hofner und John, kannten sich schon lange und gut genug, dass oft schon ein einziges Sich-Anblicken für den Austausch von Informationen genügte, und so klinkte sich John nach eben einem solchen Blick, sich dabei an Stan wendend, in die Diskussion ein: »Schau ...«, John zeigte auf die vier Trends (siehe Bilder 5a–d), »es wäre falsch, in der Wahl der Trendgrößen nichts als die ›erlaubte‹ individuelle Abweichung von der Eintönigkeit zu sehen, die das Leben als Trader sonst aufweist; und doch wird dieser folgenschwere Irrtum beinahe ebenso oft begangen, wie von dem Satz ›*Mein Bauchgefühl sagt mir, dass dieser Markt ...!*‹ Gebrauch gemacht wird, ohne den der Tagesablauf so mancher Trader gar nicht zu denken wäre. Steht demnach die Frage, ob und – wenn ja – wie man denn überhaupt feststellen kann, welcher Trend der richtige für mich ist?«

Stan griff nach dem hingehaltenen Strohhalm und meinte mit leuchtenden Augen: »Ja, genau!«

»Das ist eigentlich ganz einfach, und ich wundere mich immer aufs Neue, wie wenige da von selbst drauf kommen, denn man muss ja nur einfach auch die logische nächste, oder sollte ich vielleicht besser sagen die *ursächlichste*, die grundlegendste Frage stellen, nämlich ›Was ist *Lust*, und was ist *Pflicht*?‹«

Ein Blick in Stans Gesicht genügte für die Feststellung, dass von dem eben noch vorhandenen Feuer der Begeisterung über den Aufbruch zu neuen Ufern der Erkenntnis nicht mal mehr ein Fünkchen übrig geblieben war. Viel eher machte er den Eindruck, als wäre er in vollem Lauf und ungebremst gegen eine Mauer geprallt, die urplötzlich und wie aus dem Nichts vor ihm aufgetaucht war. »Wa ... was? *Lust und Pflicht?* Ja ... aber wir waren doch eben bei der Trendauswahl?!«, jammerte er sein Leid in die Welt hinaus.

»Genau das ist es ja!«, erwiderte John, ohne eine Miene zu verziehen. »Die unentbehrliche Frage ›Was ist Lust, und was ist Pflicht?‹ trennt das, was im Leben eines Traders sein *muss*, von dem, was sein *kann*! Sie trennt die gesetzte fachliche Ordnung von einem eingeräumten persönlichen Spielraum. Sie trennt das fachlich Rationale von dem, was für irrational gelten muss. Und jetzt besonders gut aufgepasst, Stan, denn dies ist Antwort und Grund zugleich: Diese Frage bedeutet sowohl das Eingeständnis als auch das Einverständnis, dass die Großwetterlage in der Hauptsache immer ein Zwang ist und sein muss! So einfach ist das, mein Lieber!« Er klopfte Stan auf die Schulter und – nun bedeutend ernster werdend – fuhr in seinen Ausführungen dahin gehend fort, dass er erklärte, dass eine handstreichartig individuell bestimmte freie Zeit zwar viel an sich hatte, was dem Tradinganfänger und fortgeschrittenen Trader gefallen mochte, dieser sich damit aber nur selbst schadete. Wenn man nicht erkannte oder sich nicht eingestand, dass man sich als »nach fachlichen Regeln« lebender Trader in der Wahl der Trendgröße eine Art unerlaubte Bequemlichkeit zubilligte, entstand im eigenen Handeln sowohl ein gefährlicher Widerspruch zum Ablauf der Großwetterlage als, damit einhergehend, auch zum Sinn und Nutzen des diesen ganzen Aufwand betreibenden Traders.

An dieser Stelle übernahm Hofner wieder und erklärte anhand einer weiteren Metapher, dass der Grund für diese Fehleinschätzung recht simpel darin gefunden werden konnte, dass fast alle der Tradinganfänger und immer noch viele der fortgeschrittenen Trader das Trading als eine Art Zuchthaus empfanden, in dem sie, selbst wenn sie Wein und Fleisch wählten, nur Wasser und

Brot bekamen; und wenn es aber aus *Sicht des Realitätssinns*, sprich dem Umgang mit der Widerspenstigkeit des Börsenhandels, pauschal erst mal egal war, ob man Regelwerk *A* oder *B* den Vorzug gab, ob man Anhänger der Verwendung von Indikatoren, Elliot-Waves oder der Mondstellungen sein wollte, blieb scheinbar für den Ausdruck der *individuellen Gefühle* und das *eigene Belieben* nur noch die »eigens« festgelegte »Zeit vor den Monitoren«, sprich: der Dienstplan, übrig. – Resultat? Man vergaß dabei, dass es wie im alltäglichen Leben, so auch im Trading, eben viel mehr *erlaubte* und *unerlaubte Gefühlssachen* gab, ohne dass die Grenze zwischen diesen immer offenkundig war. Hofner tippte auf Bild 5: »Ich möchte nicht wissen, wie viele Trader da draußen tüfteln und tüfteln, und dabei haben sie noch nicht ein einziges Mal mit dem bisherigen Wissen *alles* aus einer Großwetterlage rausgeholt! Man muss die Großwetterlage als eine Art ›Projekt‹ sehen, welches es mittels Trade*serien* umzusetzen gilt. Doch leider besteht diese Serie bei vielen meist nur aus einem Trade und danach freudigen – weil Plustrade – oder traurigen – weil Geld eingezahlt – Pausen. Kurzum: Der Teil der Lebensqualität, der stolz in Anspruch nahm, arbeiten zu können, wann immer man wollte – und somit diese Arbeit also nach Belieben auch jederzeit unterbrechen konnte –, musste zwingend auch ein gerüttelt Maß von Interesse an den unverzichtbaren Bausteinen der *Großwetterlage* des übergeordneten Trends aufweisen.«

»Denn … mein lieber Bambino … wer sich die Sympathie der *Großwetterlage* verscherzt«, erklang es hinter Nicks Monitoren, »stößt bei der Verfolgung seines Eigenwohls auf deren Widerstand! – Denk mal drüber nach, mein *Held der Arbeit*!«

Stan nickte andächtig mit dem Kopf, denn die Ironie in Nicks Wort vom »Helden der Arbeit«, welches er bereits auf Johns Geburtstagsparty gebraucht hatte, erschloss sich nun einmal mehr für ihn, und er versprach, darüber nachzudenken.

Philip, der die ganze Zeit aufmerksam zugehört hatte, kramte, inspiriert von den Worten, sein Tagebuch wieder hervor und notierte, das Gehörte zusammenfassend, die folgende Frage:

> *Warum sollte man denn ein moralisches Leben im Sinne des allabendlichen Friedens führen, beziehungsweise warum sollte man ein vernünftig handelnder Trader sein?*

Er ließ den Stift durch die Finger gleiten und überlegte. Dann schrieb er:

> *Das Minimalinteresse besagt: Man will pflichtbewusst sein, um die kommenden Handelswochen und Handelsmonate erfolgreich zu überleben.*
> *Ein etwas fortgeschritteneres Interesse meint: um durch Pflichtbewusstsein die Chance auf ein glückliches und gelungenes, ein sinnhaftes Leben als Trader zu erhöhen.*
> *Aber das Optimalinteresse verlangt noch eine weitere Steigerung, denn es erklärt: weil man nur mittels fachlichen Pflichtbewusstseins seine Möglichkeiten, ein guter Trader zu sein, strukturell ausfüllt. Die Aufgabe, ein freier Händler zu sein, ist eine moralische Pflicht, die der Händler dem Chart und damit – und das ist wichtig – allen vorangegangenen fachlich sauberen Minustrades schuldet! und die einen Händler einzig in Folge mit einem wahrhaftigen und inneren und damit allabendlichen Frieden erfüllen kann.*

Philip klappte sein Tagebuch zu und nahm mit einem innerlichen Schmunzeln wahr, dass für Stan, der sich nun wieder seinen Monitoren zuwandte, der Gedanke an ein geduldiges Suchen und Warten *vor* einem Trade sowie geduldiges Warten *innerhalb* eines Trades nun einmal mehr hieß: »*Stöhn!*«. Man musste dabei allerdings bedenken, dass *Zeit* und *Gegenwart* von Stan ja bereits an »normalen Tagen« nicht als Geschenk, sondern eher als Hindernis empfunden wurden, dessen Eigenwert zu verneinen, zu vernichten und im Geist zu überspringen war. »Warten«, meinte Stan – zwar nicht mehr so oft, aber immer noch viel zu häufig, »ist langweilig!«, gefolgt von dem Klassiker aller Argumente eines Anfängers: »Wenn ich Trader bin, muss ich *traden*!«, und das hieß wiederum, er brauchte einen verbindenden Faden zu den Charts! Und alles, was in dessen Folge geschah, machte … irgendwie *Spaß*, war lustvoll oder *irgendwie leidenschaftlich*!

Na ja …

Nicht nur Nick, auch Philip hatte dem Bambino immer wieder geraten, statt unendliche Zeitmengen vor den Monitoren nur um ihrer selbst willen zu *ver*leben und durch minderwertige – weil meist nur durch blinden Aktionismus bedingte – Trades oder Dauerobservation sinnlos zu verschlingen, sie lieber dafür zu nutzen, mal die Füße auf den Tisch zu legen und ein schönes Buch zur Hand zu nehmen. Nick hatte sogar einmal das Tierreich bemüht, indem er Stan mit einer Art Wurm verglich, der fraß und fraß, dessen Verdauung die Nahrung jedoch, ohne irgendwelche Nähr- und Nutzwerte zu verarbeiten, einfach so durchtrieb. Was bedeuten sollte, dass, genauso wenig, wie unverdaute Nahrung stärkte, so verwartete Zeit nicht reifer oder erfahrener machte.

Freilich kam *reines* und unvermischtes Warten im Trading praktisch nicht vor, aber dennoch hatte Philip bei Stan noch nie beobachten können, dass dieser sich einem Buch hingegeben und sich darin verloren hätte, wie es üblicherweise geschah, wenn einem dieses Buch als das Wichtigste, als das Einzige galt, als die »kleine Welt«, über die man nicht hinausblickte, in die man sich verschloss und versenkte, um »Nahrung« noch aus der letzten Silbe zu saugen, und dabei einzig nur ein fachlich höchst sauberer Trade eine »Störung« verursachen durfte!

Von sich selbst hatte Philip noch gut in Erinnerung, dass ein live tickender Chart es manchen Handelstag und manche Handelswoche geschafft hatte, ihm vor den Charts so erscheinen zu lassen, als sei es ihm – wie kraft des Fehlens eines Zeitorgans in seinem Inneren, also kraft einer persönlichen Unfähigkeit – unmöglich, den Ablauf der Zeit von sich aus *und ohne äußeren Anhalt* auch nur mit annähernder Zuverlässigkeit zu bestimmen, was ihn an Berichte über verschüttete, von jeder Beobachtung des *Wechsels* von Tag und Nacht abgeschnittene Bergleute erinnerte, die bei ihrer glücklichen Errettung die Zeit, die sie zwischen Hoffnung und Verzweiflung im Dunklen zugebracht hatten, auf vielleicht drei Tage veranschlagten, wo es in Wahrheit zehn gewesen waren. Genau wie diesen Bergleuten erging es im Intraday-Handel wohl aktuell Stan: Wo man meinen sollte, dass ihm in dieser höchst beklemmenden Lage die Zeit *lang* würde, schrumpfte sie stattdessen für ihn beim Betrachten der Live-Charts auf einen Bruchteil des objektiven Umfangs zusammen.

Es schien demnach, dass auf der einen Seite bei *Abwesenheit* von den Charts die Zeit völlig überschätzt wurde, zum Beispiel so: »O Mann! Wie lange soll ich denn abseits der Monitore jetzt noch auf ein sauberes Setup oder die Stoppversetzung warten?!« Unter den verwirrenden Bedingungen *vor den Monitoren* neigte des Traders Hilflosigkeit jedoch wiederum eher dazu, die Zeit in starker Verkürzung zu erleben: »Oooch nee, ... bitte, bitte, nur noch diese zwei Perioden ... « *Bruch* ... Nachmittag rum ... »*Ohhh* ... nur noch diese eine Perio...« *Bruch* ... Abend rum!?

Freilich bestritt niemand, dass jeder Trader ohne wirkliche Schwierigkeit aus dem Ungewissen rein rechnerisch auf die verstrichene Zeit vor den Monitoren kommen konnte – er musste ja nur auf die verstrichenen Perioden schauen. Doch was Stan betraf, so war ihm vielleicht nicht gerade besonders wohl dabei, allein irgendeine Anstrengung zu unternehmen, der Verschwommenheit und Versponnenheit zu entrinnen und sich klarzumachen, wie lange er schon am Stück vor den Monitoren saß; und die Scheu, die ihn daran hinderte, war vielleicht eine Scheu seines Gewissens – obgleich es doch offenbar die schlimmste Gewissenlosigkeit war, die *verfügbare* Zeit als Trader *nicht* zu achten ...!!! – *Nun ja!*

*

Drei Stunden später rief Kim, die sich auf ihren Feierabend freute, John durch die offen stehende Bürotür noch zu:

»*John?!* Deine Frau hat angerufen ... Ich soll dir sagen, dass aus eurem Essen heute Abend leider nichts wird!«

»*Schade* ... aber okay, da kann man nichts machen!«, meinte John, der sich auf ein gemeinsames Essen mit Jerome gefreut hatte.

»Ich geh dann mal. Bis morgen!« Ihr Handy aus der Umhängetasche kramend, verließ Kim, gefolgt von Sander und Stan – letzterer hatte heute auch genug von den Charts – das Büro.

John rief, nebenbei eine Order zum sofortigen Wiedereinstieg in dem gerade ausgestoppten Euro-Future einstellend, seine Frau zurück und erfuhr, dass Jeromes Tochter über Ohrenschmerzen klage und daher das Essen verschoben werden müsse. »... dann geh doch mit deinen Jungs in der Stadt zum Abendessen«, schlug seine Frau als Alternative vor und fügte hinzu, dass Jerome hierzu sicherlich Lust hätte.

Zwei Telefonate und eine Absage von Johns Lieblingsrestaurant Vertigo später stand die Uhrzeit für das gemeinsame Dinner fest, und drei weitere Stunden später hielt an diesem heißen Tag ein Taxi vor dem Büro. Der Fahrer stieg aus und machte Anstalten, den Kofferraum zu öffnen, was John jedoch kopfschüttelnd ablehnte. »No luggage! Khaoson Road.«

Der untersetzte Mann, dessen Augen hinter einer Brille mit extrem dicken Gläsern unwirklich groß erschienen, nickte zum Zeichen, dass er das Fahrziel verstanden hatte, schob sich seine Schirmmütze in den Nacken und begab sich hinter das Steuer, während sich John, Nick, Hofner und Philip in die Sitze des Taxis gleiten ließen. Der Wagen stürzte sich, nachdem sie ein paar sich schlängelnde und ruhige Straßen passiert hatten, in den abendlichen Verkehr, der in Bangkok Gesetzen folgte, die ein Fremder nur schwerlich begreifen konnte. Die rasche Abfolge von riskanten Überholmanövern, abruptem Bremsen und scheinbar unmotiviertem Hupen, erlebt in einem klapprigen Fiat-Kleinbus älteren Baujahrs, ließ den Passagieren kaum Muße, einen Blick auf die an ihnen vorbeihuschenden Bauwerke der Stadt der Engel zu werfen. John und Nick, die dies seit Jahren gewohnt waren, schenkten dieser verrückten Fahrweise kaum noch Beachtung, und auch Philip hatte sich einigermaßen daran gewöhnt – wenn er auch bei zu haarsträubenden Manövern gelegentlich immer noch zusammenzuckte. Hofner jedoch war sichtlich mehr als erleichtert, als John dem Fahrer, in der Khaoson Road angekommen, an der richtigen Stelle das Zeichen zum Halten gab. – Aber sie fuhren nicht zum Thailänder, und sie fuhren auch nicht zum Chinesen ...

Zeitgleich mit den Jungs traf auch Jerome ein, und als die fünf nach einem festen Händedruck später das Restaurant betraten, fiel Hannes[103], am anderen Ende des Raums stehend, wie immer aus allen Wolken. »Heiliges Bimbarium! Ich werd verrückt!«

Nick verdrehte stöhnend die Augen in Richtung John. »O Mann, musste das wirklich sein?!«

»Komm, beruhig dich!« John klopfte ihm freundschaftlich auf die Schulter. »Das Vertigo hatte keinen Tisch mehr, und Hannes macht nun mal eines der besten Essen der Stadt.«

»Aber sein ständiges Gequatsche über den Handel, das nervt!«

»Los jetzt, du wirst es überleben!«

»Kommt schon rein, kommt rein!« Hannes trat schnellen Schrittes näher, begrüßte nacheinander mit dem ihm typischen Küsschen rechts, Küsschen links John und Nick und gab zeitgleich einem Kellner ein Handzeichen, den besten Tisch herzurichten. »Hey ... Philip, schön, dich wiederzusehen! ... *Ah* ... und du bist Hofner?! ... *Hallo, willkommen* ... hab schon viel von dir gehört!« Küsschen rechts, Küsschen links. »Hey, und ... *äh*, ich werd verrückt ... Jerome!« Küsschen rechts, Küsschen links.

»Ihr kennt euch?« John schaute verwundert auf.

»Na klar«, meinte Hannes und deutete auf Jerome, »seine kleine Tochter bekommt nahezu jede Woche den größten Kindereisbecher bei uns!« Sichtlich aufgeregt führte Hannes seine Gäste nun zu dem fertig vorbereiteten Tisch. »Setzt euch, setzt euch!« Der Kellner, der schon bereitstand, die Runde mit Menükarten zu versorgen, wurde von Hannes mit ein paar unverständlichen thailändischen Worten bedacht und zog unverrichteter Dinge von dannen. »Nichts da, für euch wird heute extra etwas kreiert!«, rief er aus, und seine Augen leuchteten vor Freude über diese Gäste! »Biene, Biene, komm mal her!« Hannes winkte seine offensichtlich schwangere Frau heran. »Schau mal, wer da eben gekommen ist.«

Nachdem auch Biene, die eigentlich Lamai hieß, die herzliche Begrüßung ihres Mannes fortgesetzt und im Nachgang von Hannes selbstverständlich nur die Auswahl der besten Weine des Hauses zugelassen hatte, schnappte sich Hannes einen Stuhl und man erkundigte sich, wie üblich, nach dem gegenseitigen Wohlergehen – und so erfuhr man voneinander die letzten Neuigkeiten, unter anderem auch diese:

»Wie jetzt, du bist *auch* Händler?!«, fragte Hannes Jerome. »Hey, so oft kommst du hierher und hast nie was davon erzählt?! Mannomann!« Hannes verzog, leicht enttäuscht, über die vielen verpassten Chancen, mit Jerome sozusagen »von Trader zu Trader« zu plaudern, das Gesicht.

---

103 Hannes trat erstmals im vorhergehenden DER HÄNDLER Band 5 in Erscheinung.

»Ja, ähm … sorry … ich konnte ja nicht ahnen, dass dich das interessieren würde?!« Mit gespielter Zerknirschung entschuldigte sich Jerome, und ein kurzer Seitenblick zu den anderen ließ diese wissen, was sie aus dessen Tonfall bereits ahnten: Jerome berichtete aus denselben Gründen und genauso ungern von dem, was er so tagein, tagaus tat, wie sie selbst, denn: Entweder war er dann das »gierige Kapitalistenschwein, das über Leichen geht …«, oder aber man überforderte sein Gegenüber mit dieser Art des Geldverdienens, oder, und das war das schlimmste, das Gespräch endete in einem flachen Monolog der Sorte »Börse, das kenn ich auch … gestern in dieser Sendung im Fernsehen … dreißig DAX-Werte!« Jerome hielt es daher wie viele andere: Er war einfach Privatier. Das klang gut, bot wenig Gelegenheit für weitere Fragen, und man konnte sein Essen in aller Ruhe genießen.

Hannes stand kurz auf und meinte, dass er die Runde erst mal einen Augenblick allein lassen würde, was von Nick mittels unauffälligem Augenaufschlag begrüßt wurde. Aber genau fünf Minuten und zwei sehr attraktive Frauen, die am Nachbartisch Platz nahmen, später, kam Hannes schon wieder eiligen Schrittes und mit einem Laptop bewaffnet an den Tisch zurück.

Klack. Laptop auf.

Klack. Chart an.

Raschel. Hannes ließ ein Päckchen Zigaretten durch die Runde wandern.

»Äh, was ich euch noch fragen wollte«, setzte er an und drehte den Laptop so, dass die vier anderen am Tisch die Abbildung eines Charts erkennen konnten, »also, diese Aktie hier …«

Uff …

»Da müssen wir wohl oder übel durch …«, stand in den Gesichtern aller. Einzig und allein Nick blickte völlig entspannt und geradezu fröhlich in die Runde, wusste er doch bereits die Vornamen der beiden Damen zu seiner unmittelbaren Rechten.

Hannes' Fragen um »diese Aktie …« waren schnell beantwortet, und die Themen begannen nun fröhlich am Tisch zu rotieren; es wurde herzhaft gelacht, gescherzt, denn sowohl Hannes, von dem Philip es schon länger wusste, als auch Jerome, von dem er es nur vermutet hatte, waren, jeder auf seine Art, lustige, ehrliche und sehr angenehme Zeitgenossen. Das Gespräch floss so dahin, und nachdem das kulinarische Großereignis mit dem ersten Gang einer fantastischen Oktopus-Consommé eingeläutet worden war, gestaltete sich die Ausgangslage am Tisch wie folgt:

Hannes war, nachdem er nun wusste, dass Jerome, wie er auch, *privat* handelte, fast gänzlich auf diesen fixiert und wollte von ihm unbedingt eine Antwort darauf haben, *ob* und – wenn ja – *wie* er sich denn das Trading selbst beigebracht hatte, denn schließlich wollte Hannes doch auch bald hauptberuflicher Trader werden. Und unter den hochgezogenen Augenbrauen Hofners und zum Schmunzeln aller, die ihn bereits kannten, erklärte er nochmals in aller Ausführlichkeit, dass er vorhabe, sein Restaurant in den kommenden Monaten zu verkaufen – »… alles viel zu stressig …« – und fortan seine Familie nur noch vom Trading zu ernähren. Von stolzen Blicken begleitet, berichtete er, dass er sich bereits über verschiedene Kontinente, Länder, Städte, Häuser und Strände informiert und einige davon in die engere Wahl genommen habe. »… mein Trading wird dann nur noch vom Strand aus vonstattengehen! Räumliche Unabhängigkeit und so … aber das brauche ich euch ja nicht zu erzählen!« Hannes sprach von seinem Vorhaben, direkt am

Strand ein Haus zu mieten, von den erwarteten Tradingergebnissen, und beschrieb detailreich, wie er sich bereits nach dem ersten Trade am Morgen mit bunten Shorts am weißen Strand der Karibik entlanglaufen sah – »… das wollte ich schon immer tun …« – und dass ihr Baby direkt vor dem Haus würde schwimmen lernen können, und er sprach von den schwarzweißen Marmorkacheln der großen Eingangshalle seines Hauses, der geschwungenen Treppe hinauf ins obere Stockwerk und davon, dass dann, nach einigen Trades am Vormittag, seine Frau im atemberaubenden Abendkleid diese Treppe hinunterschreiten würde, um Hand in Hand mit ihm verträumte Spaziergänge am Meer zu unternehmen …

»Schon klar, Hannes!« Nick, der mit halbem Ohr zugehört hatte, entschuldigte sich kurz bei den beiden lieblichen Damen am Nebentisch, wandte sich Hannes zu und sprach aus, was alle anderen, allen voran der mit großen Augen dasitzende Jerome, dachten: »Junge, mach doch bitte erst mal zehn Trades! Hörst du, Hannes? Hock dich mal zwei Wochen allein in einen Raum, am besten in einen völlig leeren Raum, nur du und die Charts … und dann schau, was auf deinem Konto und vor allem in deinem Inneren so alles passiert! … *Okay?!* Danach kannst du immer noch, wenn du dann nach wie vor der gleichen Meinung über das Traden bist, deine Shorts und deine Frau einpacken und euer Kind sonst wo großziehen!«

Hannes, der Nick gut genug kannte, um zu wissen, dass er das nicht so böse meinte, wie es klingen mochte, ließ sich jedoch nicht beirren, sondern zeigte selbstbewusst auf Jerome: »Warum denn nicht? Jerome hier hat's doch auch geschafft!«

Aber Nick hatte sich, innerlich lächelnd, entschieden, »Hannes' Aufklärung« schlicht den anderen Jungs zu überlassen, und widmete sich bereits wieder den zwei Damen zu seiner Rechten.

»Nun … *ähm* … lieber Hannes, *from zero to hero*, ganz so fix ging das bei mir nicht!«, korrigierte Jerome und fügte, nicht wissend, dass er mit dieser Aussage eine sehr lehrreiche Stunde für alle Beteiligten einläuten sollte, hinzu: »Kontoeröffnung und *peng*: Haus, Strand, Sonne, Meer? Von wegen … und von den verträumten Spaziergängen reden wir gleich gar nicht!« Jerome hatte seine Worte durch heftiges Fingerschnipsen untermalt. »Das dauerte Jahre!« Und da Hannes schon jetzt ganz betroffen dreinschaute, entschied Jerome, die darüber hinaus fast gescheiterte Ehe an dieser Stelle nicht auch noch zu erwähnen.

»*Jahre?*«, hakte Hannes mit skeptischer Miene nach.

»Jahre!«

Hannes blickte sich nachdenklich, fast schon traurig in seinem Restaurant um und sah seiner Frau, die gerade zur Theke eilte, seufzend hinterher. Ruckartig wandte er sich Philip zu, denn schließlich hatte dieser ja bei seinen Lehrjahren Unterstützung gehabt. »Ging es bei dir schnel…«

»Jahre!« Philip nahm die Frage gleich vorweg.

»Ja, wie das denn jetzt?« Hannes Stimme klang, als hätte er Sand in der Kehle, und ein paar Sätze und eine Weinrunde später erwachte schlagartig für Hannes die spannende und vor allem spektakuläre Frage, worin – wenn nicht die aufzuwendende Zeitdauer den Unterschied ausmache – sich denn der »Lehrplan« eines privaten Traders, der sich das Thema auf »eigene Faust« beibrachte, von dem Lehrplan unterschied, den Hofner und John bei Philip, Nick und Stan anwendeten? Da Hannes sich im Moment nicht mehr schlüssig war, ob er sich dem Thema Trading, wie ursprünglich geplant, auf *eigene Faust* oder doch besser über eine *vorangehende Ausbildung* nähern sollte, versuchte er, so beiläufig wie irgend möglich nochmals bei Jerome abzufragen, ob dieser sich das Traden wirklich selbst beigebracht hatte.

»Ja.«

»Allein?«

»Ja!«

»Und du, Philip, du hattest deine Kollegen zur Hand?«

»Ja«, antwortete Philip und fügte grinsend und mit mildem Spott hinzu: »Oft sogar mehr, als mir lieb waren!«

Und da halbe und auch kurze Antworten stets Begierde nach der vollständigen Antwort auslösten, sah Hannes zwischen Hofner, als Philips Ausbilder, und Jerome, als Ausbilder seiner selbst, abwechselnd hin und her, wobei er sich gedankenverloren durch die Haare strich. »Ja, und wie bitte ging das jeweils genau bei euch vor sich?!« Kurzum: Hannes forderte konkrete Details!

Huiii – Na, das ist mal 'ne gute Frage!

Philip, Hannes über den Rand seines Weinglases hinweg betrachtend, horchte innerlich auf, denn dieses von ihm gerade herausgeforderte »Duell der Gegensätze«, oder besser »... *Ansätze*«, zwischen Selbstausbildung und Ausbildung durch Ausbilder versprach einen interessanten Verlauf! Einen sehr interessanten!

Hmmm ...

Wird es große oder kleine Unterschiede zwischen beiden Methoden geben?

Hmmm ...

Kann man die »Lehrpläne« überhaupt miteinander vergleichen?

Oder gibt es vielleicht gar keine Unterschiede?

Tief im Inneren spürte Philip, dass er vorher noch nie anhand eines so konkreten Beispiels die Möglichkeit erhalten hatte, diese beiden Arten möglicher Ausbildung einander gegenüberzustellen und sie im direkten Vergleich zu betrachten. Und irgendwo konnte es daher im Grunde durchaus natürlich erscheinen, dass Hannes die zwei Arten mittels Vergleich hier und jetzt zu erklären suchte, da dieser Vergleich ja nun etwas ihn betreffend Reales und Wichtiges repräsentierte.

Wie Konkurrenten bei einem Quiz betrachteten die »scheinbaren« Kontrahenten einander lächelnd, und Jerome ließ Hofner und John als den beiden Älteren höflich den Vortritt. Diese verständigten sich untereinander mit einem kurzen Blick, und Hofner begann die Beantwortung sodann mit einer Gegenfrage: »Also, Hannes, wenn ich dich recht verstanden habe, lautete deine Frage, wie wir, ausgehend vom Lernen, jemanden das Trading lehren?«

»Yep!«, antwortete Hannes kurz und bündig und schlug, seinen Stuhl ein wenig zurückschiebend, die Beine übereinander.

Hofner lachte auf, schließlich war *Lernen* ein geräumiger, viel- und dennoch auch gänzlich nichtssagender Begriff, sobald er mit dem Börsenhandel in Verbindung gebracht wurde, denn: Der Gedankenkreis, der von diesem alltäglichen Begriff eröffnet wurde, fand – und das war jedem erfahrenen Trader klar – in dieser Branche ein ganz jähes Ende, und das ziemlich genau dann, wenn nämlich das »Lernen« des Tradings zu einem offensichtlichen Problem wurde, kurzum: wenn es zu *keinem vorzeigbaren Lernerfolg* kam! »*Mhm* ... Du fragst, wie wir Philip, Nick oder aktuell unseren Bambino das Trading *lehren*?!« Hofner sah Hannes fest in die Augen, und er konnte einfach von Natur aus nicht anders, als andere zum intensiven Nachdenken zu zwingen: »Vielleicht, mal anders gefragt: Was denkst du, Hannes, soll denn das Ergebnis des ›Lernens‹ innerhalb des Tradings sein?«

Jerome, ebenfalls zurückgelehnt und sein Weinglas in der Hand haltend, lächelte Hofner zu und meinte, zu Hannes gewandt, dass er genau dieselbe Gegenfrage gestellt hätte, womit jedem außer Hannes klar wurde, dass man bei Jerome zu Recht annehmen durfte, dass er sich auf »Augenhöhe« mit den anderen Tradern am Tisch befand.

Hannes blickte leicht irritiert drein, denn mit dieser Gegenfrage wusste er nicht recht etwas anzufangen. »*Lernergebnis?!* Was soll denn *die* Frage?!« Er beugte sich vor und sagte eindringlich: »Mal angenommen, ich würde mich in eure Hände begeben, so möchte ich natürlich, dass ihr mir beibringt, das ich jede Menge Geld scheffele, und dass ich keine negativen Erfahrungen mit dem ganzen Börsenkram mache!«

»Keine w-a-s?«, fragte Hofner mit echtem Entsetzen. Seine Augen wurden groß, und er schnalzte mit der Zunge. »Du willst *negative Erfahrungen* umgehen?« Hofner wusste nur zu gut, dass er Hannes eigentlich sofort entgegnen müsste, dass diese das eigentlich und einzig Produktive im Lernprozess des Börsenhandels waren! Aber da Hofner ebenfalls wusste, dass im alltäglichen Sprachgebrauch *Lernen* zumeist als Erweiterung und Klärung positiver Grundlagen des alltäglich Vertrauten galt oder – im Sinne einer Erziehung – dass Lernen die Änderung von Denkweisen, Einstellungen und Verhaltensweisen aufgrund von Belehrung oder Erfahrung skizzierte, fragte er stattdessen, ob Hannes seine Vorstellung vom Lernergebnis des Tradings nicht etwas konkretisieren könne.

»Na, dass ich traden kann!«, erwiderte Hannes und klopfte auf seinen Laptop.

»So, so, ... *dass du traden kannst* ...?!« Immer noch um den Begriff des Lernerfolgs bemüht, zog Hofner bewusst übertrieben die Augenbrauen in die Höhe und fragte weiter nach: »Ab wann weiß man denn, dass man es kann?«

»Na, wenn man Geld verdient!«, lautete Hannes prompte Antwort.

»*Aha?!* Und ... wann verdient man Geld?«, forschte Hofner weiter.

»Mann!« Hannes war nun sichtlich etwas genervt, da er sich nicht für voll genommen fühlte: »Na, wenn man mehr rausholt als man reinsteckt!«

»Aber dann kannst du doch schon alles!«, mischte sich John mit einem Grinsen ein und klopfte nun seinerseits auf den Laptop, woraufhin er in plötzlich völlig ratlose Augen sah, weshalb er auf jene Fondsbestände anspielte, welche die letzten Monate in Hannes' Depot mit Sicherheit gestiegen waren. – *Ups!*

Diesen Einwand ließ Hannes jedoch nicht gelten, denn als Vertreter einer Mischmaschkombination aus »Tradinglaie« und »Tradinganfänger« war die Beschäftigung mit Fonds und deren »Geldwachstum« für ihn keineswegs gleichbedeutend mit »ach so echtem« Trading. Aus dem gleichen Grund ließ er nicht davon ab, dass es doch einen Ausbildungsinhalt für die Wissensvermittlung bei einer »Ausbildung mit Ausbilder«, vertreten durch Hofner, John und eigentlich auch Nick – aber der flirtete ja gerade mit den beiden Tischnachbarinnen –, und das »Lernen auf eigene Faust« geben müsse und demnach auch einen anzustrebenden Lernerfolg, ein Lernergebnis!

»Okay, okay, schon gut, Hannes, wir haben verstanden!«, erwiderte John grinsend. »Du fragst nach einer … Art Fahrplan!?«

»Ja, genau! Nur nicht einen Fahr-, sondern einen Lehrplan!«, drängte Hannes. »Ich meine, den muss es doch geben, oder?!«

John kratzte sich nachdenklich die Nase und sah hinüber zu Hofner. Als dieser mit der Schulter zuckte, in dem Sinne, dass es völlig egal sei, wer antwortete, fuhr er fort: »Nun, ich will es mal so sagen … wer selbst beständig mit den Charts umgehen will, muss Erfahrungen machen beziehungsweise gemacht haben, damit diese ihm zu gegebener Zeit jene Gedanken liefern und Wege aufzeigen, mit und auf denen er den auf ihn zukommenden Schwierigkeiten zu Leibe zu rücken vermag.« Nach einer kurzen Pause konfrontierte er Hannes mit der sich daraus ergebenden – und für niemanden am Tisch außer für Hannes provokanten – Schlussfolgerung: »Wahre Bildung im Trading setzt also statt Mengen an ›fahrplanmäßiger‹ Wissensvermittlung viel notwendiger mannigfache *negative Erfahrung* voraus!«

Hannes zog die Brauen finster zusammen, und während irgendwo vom Hinterhof das gedämpfte Gebell mehrerer Hunde zu hören war, verteilte er entlang des Tischs fragende Blicke, denn mit dem Widerspruch »mannigfache Enttäuschung statt Lehrplan« war er überhaupt nicht einverstanden. In so große Aufregung steigerte er sich hinein, dass es mitten in der geschmacklichen Harmonie des zweiten Gangs, bestehend aus einem Millefeuille von der Gänseleber mit Matcha-Tee und Birnen, aus ihm herausplatzte: »Aber, um Kohle zu verlieren, brauche ich doch keine Lehrjahre in einem Handelsbüro! Mal im Ernst, das krieg ich auch alleine hin!« Dann erzählte er von seinen drei letzten Trades, bei denen die Börse, wie er es eher jammernd ausdrückte, »… nun gar nicht checkte, was ich von ihr wollte!« Er beharrte darauf, dass es aus seiner Sicht genau jene negativen Erfahrungen des verlorenen Geldes waren, die umgangen werden sollten. Nacheinander Hofner, John, Jerome und Philip anblickend fragte er in die Runde: »Wieso soll ich also erst die Kohle verjubeln, wenn ihr mir doch auch sagen könntet, wie ich das umgehen kann? Ich meine, das kann doch nicht so schwer sein … zwei, drei Regelwerke zu lehren!« Eilig kramte er einen Stift und ein Blatt hervor und hielt John beides demonstrativ entgegen. »Das ist es doch dann auch schon: Ende und Aus! Mehr ist es doch nicht.« Dann schaute er zu Jerome hinüber und beugte sich zu diesem vor: »Sag mal, du hast dich doch sicher auch hingehockt und Regelwerke gelernt, oder?«

Eieieiei …

Jerome wie auch der Fraktion der Berufstrader war klar, dass die geforderte Vermittlung des »Lehrplans« schwierig werden würde, und tauschten untereinander kurze Blicke – irgendwie würden sie es versuchen. Hofner übernahm den ersten Teil, indem er – ohne auf die an Jerome gerichtete Frage einzugehen – Hannes darauf hinwies, dass wenn man das Erlernen im Trading genau hinterfrage, man auf eine seltsame Begebenheit stoße. »*Ja, ja* … ganz richtig gehört … eine echt seltsame Begebenheit!« Hofner wiegte den Kopf, er suchte nach einem geeigneten Wort und nannte jene Begebenheit vorerst einfach die »hoffnungsvolle Enttäuschung« oder besser: »eine hoffnungsvolle *Ent*-täuschung!«, und er richtete an Hannes sodann die rhetorische Frage: »Was könnte für einen Tradinganfänger hoffnungsvoller sein, als durch gute Gründe eine Täuschung aufheben zu können, die im Umgang mit dem Thema Trading und Charts oder sich selbst vorzuherrschen scheint?« Da er keine Antwort von ihm erwartete, erklärte Hofner direkt weiter, dass hierbei zunächst und vor allem der Lernbegriff selbst *ent*-täuscht werden müsse, sofern er sich – wie hier in der Runde – als objektiv messbarer und, wie es Hofner plakativ nannte, »Prozess zunehmender Rationalität« verstand. »Oder anders gesagt, Hannes: Bei der Form von Lernbegriff, wie du sie zu verstehen scheinst«, er blickte ihn schmunzelnd an, »vergisst du etwas!«

»So, so … und was soll das sein?«, fragte der Angesprochene ungläubig zurück.

»Dein Lernbegriff deckt nicht ab, was im Vollzug des Lernens im Trading wesentlich ist!«

»Ja, und was soll das sein?!«

»Das Moment der *Negativität*!«

»Nega … was?«

»N-e-g-a-t-i-v-i-t-ä-t!« Hofner betonte den Begriff absichtlich lang gedehnt. »Rücken wir nämlich den Blick einen Moment weg vom Resultat des jahrelangen Chartstudiums hin zum *Wie* des Lernens, dann erhält eben jene Negativität, die *Ent*-täuschung der falschen Erwartung, eine wesentlich produktivere Rolle im Umgang mit dem Börsenhandel!« Und um die fragende Miene Hannes' gleich vorwegzunehmen, fügte Hofner an: »Nimm einfach mich als Beispiel!« Er begann nun, die Perspektive auf den Prozess des Erlernens als solches zu richten, womit für den Moment die zukünftige Bewertung des Lernergebnisses an Bedeutung verlor und stattdessen die Entstehung des Lernens im Trading in den Vordergrund des Gesprächs rückte. »Ich als – ich nenn es jetzt mal einfach so – Könner oder Wissender in Sachen Trading fühle mich bestätigt durch das Resultat meines eigenen Lernens, fühle mich dem Nicht-Wissenden«, er zeigte auf Hannes und wahllos auf einige Gäste im Raum, »also demnach euch überlegen!«

»Logisch!« Hannes zuckte mit den Schultern und piekste in seinem Salat herum. »Du bist ja auch einer von den erfahrenen Tradern!«

»Jaha, welch wundervolles Wort … E-r-f-a-h-r-e-n-e-r!« Hannes hatte ihm eine Steilvorlage geliefert. »Das heißt, ich habe die Not meines Noch-nicht-Wissens bereits überwunden! Aber …«, Hofner wischte sich mit der Serviette über den Mund, »durch welche Erfahrung ich mein Nicht-Wissen bezwungen habe, bleibt dir unter dem Deckmantel meines aktuellen Wissens verborgen!« Damit sprach er an, dass vom Laien seltsamerweise viel zu oft übersehen wurde, dass das Resultat des Lernens, sprich: der monetäre Erfolg, das *Wie* des Lernens völlig überragte! Zur Verdeutlichung drückte Hofner es so aus, dass der Weg des Lernens, der nun mal weniger durch einen genauen Lehrplan gekennzeichnet sei als durch den Umstand, dass das aktuelle Wissen nur beim Durchgang durch neue Erfahrungen, sprich: durch »*Ent*-täuschungen«, von falschem Vorwissen und etwaigen Irrtümern gereinigt und befreit werden konnte, bei dem bereits »belehrten« Trader viel zu oft in Vergessenheit geriet. So verstanden, spielte die *Negativität von Erfahrungen* aus dem Umgang mit den Charts, aufgrund derer ein Wandel des Vorwissens stattfand, eine wesentliche, wenn nicht sogar die entscheidende Rolle.

Hofner schaute in die Runde und gab, selbst auf den Verdacht hin, auf etwas aufmerksam zu machen, das als hinlänglich bekannt galt, zu bedenken, dass der Gedanke, das Erlernen des Tradings käme also in der Hauptsache durch die Erfahrung von Negativität zustande, nicht wirklich revolutionär, sondern vielmehr als elementar zu bezeichnen sei. »Ich will hier keine neuartigen und aberwitzigen Theorien entwerfen oder möchtegernpädagogischen Firlefanz zum Besten geben«, versicherte er, »sondern nur deine Ausgangsfrage beantworten, Hannes! Dazu ist es jedoch notwendig, auf einen viel zu oft vergessenen, jedoch wesentlichen Aspekt im Lernprozess eines Händlers hinzuweisen und die Gründe für ein nötiges Wiedererinnern der *Negativität* zu belegen. Beim Trading darf nicht so sehr das gradlinige, lehrplanmäßige Zusteuern auf ein bestimmtes Ergebnis das charakteristische Verhalten sein, sondern viel notwendiger ist das vorsichtige Umkreisen, das Nachfragen, das immer wieder erneute Sich-belehren-Lassen! Erst durch ein ›Umschreiten‹ eines Themas, durch ein Betrachten aus verschiedenen Blickwinkeln kann sich sukzessive ein Verständnis für das Thema und der eigenen Reaktionen darauf entwickeln. Was in der Folge leider bedeutet, dass die von dir – wahrscheinlich weil von der Schule her von klein auf gewohnten – erwarteten Belehr- und Erlernmethoden deswegen hier weder greifen noch greifen können, weil sie hierfür viel zu rudimentär sind.« Kurzum: Hofner wollte zu Beginn seiner Erörterung vorerst lieber von *Erfahrung* und *Erkenntnis* als von *Lernen* sprechen, um so auf die eigentliche Problematik beim Trading besser hinarbeiten und sie im Nachgang ansprechen zu können.

»Also gibt es *keinen* Lehrplan?!« Hannes klang fast schon enttäuscht, zeitgleich aber auch triumphierend, galt es ihm doch als Beweis, dass er sich das Trading locker irgendwie selbst beibringen konnte!

Hofner schwieg für einen Moment mit zusammengezogenen Brauen. Aber es war unmöglich, Hannes scherzhaft oder ausweichend zu antworten. »Jein!«, meinte Hofner deswegen vorerst vorläufig, beließ es jedoch nicht bei dieser fragmentarischen Antwort, sondern fügte hinzu: »Wenn es zu Recht heißt, ›aus Erfahrung lernen‹, wie soll es da einen durchdeklinierten Lehrplan geben?! Im Trading zumindest *beginnt* jedes Lernen mit Erfahrung!«

John, der Hofners Worte sehr aufmerksam verfolgt hatte, pflichtete uneingeschränkt bei. »Zwischen dem Phänomen des eigenen Erfahrens und dem von mir oder Hofner vermittelten Fachwissen fand für Nick oder Philip, genau wie für aktuell unseren Bambino, der wahre Prozess des Erlernens des Tradings statt!«

»Aaach, *Erfahrung, Erfahrung, Erfahrung* ... also wirklich, Jungs, ich weiß nicht ...«, Überdrüssig verdrehte Hannes die Augen und schob erneut Blatt und Stift über den Tisch. »Skizziert doch einfach eure Handelslogiken, und ich kann in mein Strandhaus ziehen, und dann wird alles gut!«

Die sich nun auf Hofners Stirn entwickelnde Falte ließ Philip dessen Gedanken erahnen: »Okay, Bursche! Dann eben auf die harte Tour!«

Hofner schnappte sich nun Blatt und Stift, skizzierte mit wenigen Strichen ein Setup mit Stoppregel und schob Papier und Stift wieder zurück. »Mehr ist es nicht! Schau mal«, er tippte auf die unbeschriebene Fläche des Blattes, »da hast du sogar noch Platz für den Kaufvertrag deines Strandhauses!«

»Perfekt!«, erwiderte Hannes strahlend, und dennoch etwas berührt von Hofners Sarkasmus: »Hier steht doch jetzt alles sinngemäß drauf! Wozu bitte da noch *Erfahrung*? Mal ganz ehrlich, ich versteh euch nicht! Wenn hier steht: ›Wenn *das* und *das* eintritt, mache *das* und *das* …‹, dann ist doch alles klar! Und wenn man dann noch fix eine, zwei Besonderheiten erklärt bekommt, dann ist doch alles schick!« Lachend faltete Hannes das Blatt behutsam einmal in der Mitte, strich es sanft glatt, legte es vor sich und fügte als analoges Beispiel an: »Wenn die Ampel rot ist, bleibst du stehen, wenn sie grün ist, latschst du los. So einfach ist das!« Begleitet von einer Geste der Verwunderung, rief er abschließend aus: »Wo, um alles in der Welt, passt da also bitte noch der Begriff *Erfahrung* rein?«

Hofner stellte sein Glas beiseite, nahm das Blatt, klappte es wieder auf, tippte mit seinem Zeigefinger mehrmals auf die Skizze und entgegnete, dass der hier so scheinbar verpönte Begriff der *Erfahrung* absurderweise zu den unaufgeklärtesten Phänomenen des Tradings gehöre. »Jetzt mal im Ernst!« Hofner blickte nacheinander Hannes, aber auch Philip und Jerome an. »Kommt, Jungs, seien wir ehrlich! Jeder sagt zwar, ›es gehört Erfahrung für das Trading dazu‹, und viele angehende Trader, und ich meine wirklich sehr viele Trader, stöhnen bei dieser Vorhaltung auf, dennoch kann kaum einer zwei gerade Sätze dazu äußern!«

Ups!

»Also … was ist *Erfahrung*?« Hofner blickte fordernd in die Runde. »Na, los doch!« Er tippte wieder und wieder auf das Blatt. »*Erfahrung*, was ist das …?! So mal ganz generell!«

Philip fand das Gespräch zwar äußerst spannend, hoffte bei dieser Frage aber trotzdem, nicht als Erster antworten zu müssen, denn wenn er es recht überlegte … auch er hatte weiß Gott keine zwei sinnvollen Sätze hierzu zu sagen.

»Hey Nick … Was ist *Erfahrung*?« Mit einem freundschaftlichen Tätscheln auf den ihm zugewandten Rücken Nicks versuchte Hofner, dessen Aufmerksamkeit zu erregen.

»Äh … *was*???« Nick ließ kurz von den Damen ab.

»*Erfahrung im Trading*, was ist das?«

»Geht's schon wieder um den Börsenkram!« Nick schüttelte genervt den Kopf.

»Also, was ist nun mit einer Antwort?!«, insistierte Hofner.

»O Mann! Wenn ich das jetzt erklären soll«, begann er in normaler Lautstärke und fuhr dann, hinter vorgehaltener Hand, flüsternd fort, »dann sind die beiden schon dreimal zu Hause – und zwar ohne mich!«

Nun gut, die Begründung ließ man gelten, und während Nick sich wieder dem Nachbartisch zuwandte, kursierte die Frage nun ohne ihn am Tisch weiter. Nach einer Weile kamen von Hannes die unterschiedlichsten, zögernd und bruchstückhaft geäußerten Antworten oder besser gesagt »Schätzungen« zutage, in deren Sinn man sich nach einigem Disput gemeinsam zunächst darauf einigte, dass dieser Begriff bezogen auf das Trading sicherlich das gleiche Ziel verfolge, wie es in aller Erfahrung um die alltäglichen Dingen selbst lag, nämlich die *verobjektivierte Wiederholung*, denn: Alle Erfahrung war ja nur deshalb in Geltung, weil sie sich bestätigte, weshalb ihre »Würde« auf ihrer prinzipiellen Wiederholbarkeit lag.

»Soweit nicht schlecht …«, resümierte Hofner, ohne sonderlich lobende Worte zu gebrauchen, und gab dann aber zu bedenken, dass, obwohl sich die individuelle Erfahrung als Händler im Sinne von »ich bin *long* gegangen, weil …« beziehungsweise »ich bin *short* gegangen, weil …« von den einzelnen, abgeschlossenen Trades nährte, welche daraufhin in eine gewisse »individuelle« Verallgemeinerung à la »Aha, erfolgreiches Trading ist demnach, wenn ich *das* und *das* mache!« umgewandelt wurde, eine »individuelle« Verallgemeinerung jedoch niemals als die generelle »Allgemeinheit« des Tradings missverstanden werden dürfe! Die Verallgemeinerung der eigenen Erfahrung eines Traders stelle vielmehr das Bindeglied zwischen den vielen Einzelwahrnehmungen seiner bisherigen individuellen Trades und der wahrhaften Allgemeinheit des Fachwissens und des Wissens um Regelwerke und Handelsansätze dar.

»Bitte *WAAAAS* …?« Hannes blickte Hofner völlig verständnislos an – ein Ereignis, das im Verlauf des weiteren Abends noch oft folgen sollte …

Hofner fragte, ob Hannes Stan kenne, und da dieser es bejahte und an manch gesellige Runde erinnerte, konnte Hofner seine letzte Aussage wiederholen und sie am aktuellen Beispiel Stans konkretisieren: »Die eigens vor den Monitoren gesammelte Erfahrung ist eine notwendige Voraussetzung für unseren Bambino, welcher ja um die tiefere Bedeutung der Dinge rund um Trading, Chart & Co. wissen will. Die Fragen nach dem Ablauf, also nach dem *Was*, *Wann*, *Wo* und *Wie*, können scheinbar recht schnell beantwortet werden, die Antworten auf die Fragen nach dem *Grund* aber, also nach dem *Warum* und *Wozu*, erschließen sich erst durch eine gewisse Allgemeinheit der Erfahrung. So, und jetzt Achtung, Hannes: Somit nährt sich die Allgemeinheit dieser Erfahrung als Trader bei unserem Bambino aus tagtäglich neu auf ihn einströmenden Erfahrungen und besitzt so lange Geltung, wie diese sich bestätigt; was bedeutet, dass sie folglich prinzipiell für neue Erfahrung offen ist!« Hofner hielt nun den Zettel mit der von Hannes eingeforderten Handelslogik hoch. »Würde ich dir, lieber Hannes, nun einfach nur ein Regelwerk an die Hand geben – vielleicht sogar eines, das mental wirklich zu dir und deinen Zielen passen würde –, wüsstest du zwar, *wann*, *wie* und *wo* ein gewisser Fall an den Monitoren eintritt, aber nichts über die Gründe dazu! – *Okay?!* Man irrt demnach, wenn man annimmt, dass sich die Allgemeinheit der Erfahrung im Trading problemlos von selbst ergibt.« In diesem Zusammenhang verwies Hofner auf die beträchtliche Lücke, die sich bei vielen Händlern zwischen der Allgemeinheit der Erfahrung und dem Wissen um die Gründe auftat, und veranschaulichte an dieser Stelle eine, wenn nicht sogar *die* spezifische Eigenheit der Erfahrung, die ferner seine eigene, persönliche Position zu der ganzen Fragestellung rund um einen Lehrplan für das Trading umriss und besiegelte: »Wird folglich im Trading Erfahrung am reinen Resultat gemessen und bewertet, wird damit der eigentliche Prozess der Erfahrung übersprungen. Dieser *Prozess* ist aber wesentlich und vor allem … ein wesentlich *negativer*!«[104]

Wow … Philip applaudierte innerlich.

---

104 Vorgreifender Hinweis: Der Prozess des Sich-selbst-Kennenlernens in »Extremsituationen« kann neben dem Fall von größeren Verlusten natürlich auch – in der Intensität diesem in nichts nachstehend, nur von der Häufigkeit seltener vorkommend – bei größeren Gewinnen auftreten. Das Sprichwort »Auch ein blindes Huhn findet mal ein Korn« spiegelt dies sehr genau wider, denn: Die Reaktion eines Händlers, der – ohne es zu wissen – eher »zufälligerweise« auf große Gewinne stößt, kann in der Folge sogar zu schwerwiegenderen, nachteiligeren Entscheidungen und Selbsteinschätzungen führen. Aber dazu mehr auf den folgenden Seiten …

Nicht aber Hannes, dieser stöhnte zerknirscht, da er immer nur das Wort *negativ* hörte! Es nervte schon.

Zwei seiner Angestellten brachten nun den dritten Gang, und während Hannes nahezu versteinert vor sich hin sah, dachte Philip während seines ersten Bissens des nur noch selten zubereiteten Blauflossenthunfischs über Hofners Worte nach und musste zugeben, dass das Wesentliche an der Struktur der Erfahrung als Händler war, dass falsche Verallgemeinerungen und Herangehensweisen durch neue Erfahrungen vor den Monitoren im Umgang mit sich und den Charts widerlegt wurden. Kurzum: Ein »Das geht so und so …« wurde enttypisiert und anschließend neu typisiert. »Das klingt gut: Die Erfahrung, die man im Trading hat, erlangte man durch neue Erfahrung, die gemacht wurde!«, wollte Philip gerade zu Hofner sagen, als er plötzlich gedanklich innehielt!

Mo-Moment …!

Wie ein Blitz durchfuhr es ihn. Er dachte nochmals nach, und dann wurde ihm plötzlich der doppelte Sinn des Wortes »Erfahrung« deutlich, die man als Händler entweder a) »hatte« oder b) »machte«, und es lag demnach offensichtlich auf der Hand: Um überhaupt Erfahrung erlangen zu können, muss man zuerst welche machen! Woraus zwangsläufig weiter folgte, dass sich im fortschreitenden Verlauf aus der Negativität der *alten* Erfahrung im Umgang mit den Charts und mit sich selbst *neue* Erfahrung ergibt, und damit war das einzig Entscheidende … der *Prozess* des Erfahrens!!!

Hmm …

Philip betrachtete rückblickend sich selbst und seine letzten Jahre als Trader und verstand: »Erfahrung machen« hieß demnach, ein vor dem Umgang mit dem Trading entstandenes Vor-Urteil über das Trading durch den Umgang mit dem Trading zu negieren und dadurch vom Vor-Wissen weg und hin zu einem realitätsgetreueren Wissen über das Trading zu gelangen; und dann Tausende Male in Folge dasselbe mit dem dann jeweiligen Vor-Wissen zu erleben … Resultat? Die hierdurch entstehenden Irritationen und *Ent*-täuschungen führen einen Trader an die Grenzen seiner Erfahrungen und seiner Belastungsfähigkeit – und genau das war schlicht und ergreifend das Kraft- beziehungsweise Drehmoment der *Negativität*!

»Philip?! – Heeey, hörst du uns noch zu?«

Philip wurde von Hofner aus seinen Gedanken gerissen, und um dem unausgesprochenen Vorwurf des Desinteresses am Thema zu entgehen, tat er der Runde ausführlich seine Gedanken kund. Er gelangte zu jener zusammenfassenden Erkenntnis, dass die von Hofner angesprochene Negativität der Erfahrung im Trading einen sehr konkreten, zwar dem ersten Anschein nach eigentümlichen, aber dennoch produktiven Sinn ergebe, wenn man sich mit der enormen Bedeutung und Unterscheidung von Erfahrung »machen« und Erfahrung »haben« beschäftigte. In der Folge der weiteren Erörterung des von Hannes angefragten Lehrplans und des »Erlernens des Tradings« konnte das durchaus als das Fundament bezeichnet werden.

Hofner und John nickten anerkennend. Sich auf Hofners vorangegangene Aussage über die Bewertung der Erfahrung nach dem reinen Tradingergebnis beziehend, übernahm Jerome nun zwinkernd das Gespräch und fasste seinerseits seine Gedanken hierzu, sehr zum Leidwesen

Hannes', der das Wort »Negativität« nicht mehr hören konnte, mit den Worten zusammen: »Der so, nennen wir es ruhig mal wie Philip eben, eigentümliche wie produktive Moment der ›Negativität von Erfahrung‹ äußerte sich bei mir vor Jahren darin, dass nicht einfach nur *eine* Täuschung durchschaut wurde und darauf *eine* Berichtigung meines Verhaltens stattfand, sondern sich mein ganzes bis dahin angesammeltes Wissen durch eine Hunderte Male stattfindende Wiederholung solcher Erlebnisse veränderte! Ich fand mich irgendwann an einem Punkt wieder, an dem ich nicht nur den Gegenstand meines eigenen Tuns vor den Monitoren viel weitreichender erkannte, sondern meine darauf fußende Verallgemeinerung ›Geld verdienen mittels Trading geht demnach so und so ...‹ sich ebenfalls in ein besseres, um nicht zu sagen höheres Wissen verwandelte.« Jerome nahm einen Schluck aus seinem Weinglas und meinte dann entschlossen weiter: »Es kam also nicht nur zu einer Negation des Bisherigen, sondern zu einer *bestimmten* Negation!«

Hannes, gerade an einer Art gegrilltem Chicorée kauend, schüttelte sichtlich verwirrt den Kopf, woraufhin John sicherheitshalber Jeromes Worte »dolmetschte» und einwarf, dass Erfahrung stets »einzigartig« sei und weder vom Anfänger noch vom erfahrenen Trader exakt wiederholt werden könne. »Es ist zwar wesentlich für die Erfahrung als Trader, dass sie sich – wie bereits erwähnt – bestätigt, also in der Wiederholung ihre Bedeutung begründet, doch handelt es sich hierbei um die Bestätigung einer bereits vorhandenen und nicht um eine neue Erfahrung. Entscheidend ist allerdings hierbei«, John hob seine Gabel, »die Umkehrung des Bewusstseins des Erfahrenden – nämlich hin auf ihn selbst. – *Verstehst du, wie ich das meine?*«

Hannes schluckte hinunter und stieß seufzend den Atem aus. »Neeein!«

»Schau ...«, begann Jerome, bemüht, an seine letzten Worte anzuknüpfen, »der erfahrene Trader ist sich seiner Erfahrung bewusst geworden – er ist ein *Erfahrener*. Nehmen wir einfach mal mich als Beispiel: Ich habe durch die Tage, Wochen, Monate und Jahre des Tradens, innerhalb derer etwas zur Erfahrung werden konnte, neue Horizonte gewonnen! Ich erhielt nicht nur neues Wissen über das Thema ... *nein, nein!* ... sondern auch mein Wissen über mich selbst wandelte sich durch die neue Erfahrung. Es kam zu einer Art ...«, er überlegte kurz und meinte dann, »Dreiteilung der Bewegung meines Bewusstseins: über mich selbst, über mein Wissen über das Trading und über mein Trading selbst.«

John hob den Daumen und bestätigte Jeromes Worte mit halbvollem Mund: »Das Bewusstsein hat eine Erfahrung mit sich selbst gemacht! *Verstehst du jetzt?* Das Bewusstsein eines Traders erkennt sich selbst! Er wird sich seiner bewusst!«

Hannes verstand zwar nicht wirklich, wollte aber, dass möglichst nicht »noooch« länger auf diesem Kaugummithema herumgekaut wurde, weshalb er antwortete: »Okay, okay ... und weiter?«

»Na, überleg doch mal selbst!«, spornte Hofner ihn an.

Hannes tat so, als überlege er, dachte aber stattdessen, *was diese ganze Erziehungsschei... denn soll?!*, und daran, dass er doch einfach nur auf einen Chart schauen und wissen wollte, ob dieser rauf- oder aber runterging, um anschließend die Kohle für ein stressfreies Leben einzustreichen. Das war's und mehr nicht: Er wollte Geld!! Und ... *Teufel nochmal* ... kein Psycho- und Philosophiestudium!!!! – *Nun ja ...!*

»Also?!«, beharrte Hofner auf einer Antwort.

Hannes versuchte, sich mit einer möglichst nichtssagenden Antwort über die Runden zu retten: »Ähm … na ja … ich bin mit mir bei diesem Punkt … *ähm* … noch nicht ganz im Reinen!«

Um Hannes nicht unnötig zu quälen, präsentierte Hofner selbst die Antwort. »Achtung, Hannes, hör genau zu! Erfahrung muss im Ideal immer als Überwindung gedacht werden!«

»Die Erfahrung muss als Überwindung gedacht werden?« Trotz Wiederholens verstand Hannes nur Bahnhof und fragte Hofner sogar, ob dieser da nicht etwas falsch formuliert oder durcheinandergebracht habe, was dieser jedoch lächelnd verneinte und, beim Thema bleibend, fortfuhr: »Die Frage scheint also zu lauten: Was heißt es denn, die Erfahrung im Trading als Überwindung zu denken? Untersucht man die von Jerome eben erwähnte Dreiteilung darauf, was denn beispielsweise für unseren Bambino als überwindbar von Interesse sein könnte, scheinen wir die Überwindung des Bewusstseins des Traders von sich selbst aus ähnlichen Gründen ausblenden zu können wie die Überwindung des Tradens selbst. Wie steht es aber nun mit dem übrig bleibenden Wissen über das Trading? Unter der von Jerome vorhin ebenfalls angeführten Voraussetzung, dass dies nicht auf einem einmaligen Ereignis beruht, sondern es sich hierbei um ein durch hundertfache Wiederholung mit bestätigenden oder negativen Ergebnissen geändertes, immer weiter erweitertes Wissen handelt, kann Überwindung doch nur eines bedeuten … – *Na?*« Hofner blickte Hannes fragend an, und jeder am Tisch spürte, dass dieser an dieser Stelle gedanklich gefordert war.

»Äh…« Da Hannes keine Ahnung hatte, was er hätte antworten sollen, beugte er sich tief über sein Weinglas und wagte keine weitere Antwort. Bevor Hannes' Schweigen für diesen zu peinlich werden konnte, beendete Hofner seinen Satz: »… nun, es bedeutet: Vollendung der *Erfahrung* aus Gewissheit über alles Wissen!«, und machte anschließend deutlich, dass das Wesen der Erfahrung als Trader also von vornherein als etwas verstanden werden musste, womit Erfahrung auch überschritten werden konnte.

Boah!

Plötzlich dämmerte es Philip, dass Hofner damit gerade exakt erklärt hatte, worüber an Johns Geburtstag so ausführlich gesprochen und was als »*allabendlicher Frieden* eines Traders« bezeichnet worden war, und gespannt hörte er Hofners Ausführungen zu, die dieser mit erhobener Hand beendete: »Im Gegensatz dazu betrachtet steht: Im normalen Alltag kann der Erfahrende *nie* den Endpunkt des Erfahrens erreichen, da es wesentlich für die Erfahrung ist, dass sie ihre Gewissheit und Tatsache letztendlich einzig in ihrer Negation findet! – *Okay?*«

Jerome stellte sein Glas beiseite und gab Hofner mit einem, wenn auch groben Beispiel, Rückendeckung: »Man kann so viel Lebenserfahrung haben wie man will, dennoch lernt man jeden Tag neu dazu! Oder in den Worten der Philosophie ausgedrückt: Der durch die Erfahrung des Lebens Gegangene weiß von der Relativität, Begrenztheit und Subjektivität seiner bisherigen Erfahrung. Was sich also im Bewusstsein durch die neue Erfahrung am Gegenstand ändert, ist der Horizont des Erfahrens!«

Irgendetwas von Hofners und Jeromes Ausführungen hatte nun anscheinend auch in Hannes ein Lichtlein noch unbekannter Größe entzündet, denn plötzlich sagte er: »Als erfahren gilt demnach der … der sich seiner Erfahrung als Folge dieser Erfahrung bewusst geworden ist? – *Richtig!?*«

»Ja, genau«, bestätigte Hofner, der Jeromes Beispiel geradezu genial fand. »Das Resultat ist folglich einfach eine Offenheit für Neues und eine Ablehnung der erstarrten Erfahrung. So, aber jetzt Achtung!« Hofner erhob abermals seine rechte Hand. »Mithin ist die *Vollendung von Erfahrung* im Alltag damit erreicht, dass man zur Offenheit von Erfahrung votiert.« Hofner wiederholte mehrfach seine letzte Aussage, um ihre Bedeutung zu unterstreichen. »Soweit okay, Hannes?!«

»Mhm …, so rum hab ich das noch nie betrachtet! Aber ich weiß, was du meinst.« Hannes' Gesichtszüge waren von Nachdenklichkeit gezeichnet, woraufhin Hofner eine eindringliche Miene aufsetzte und auf seine vorherigen Worte zurückkam, um nochmals den wesentlichen Unterschied zum Börsenhandel aufzuzeigen:

»Im Trading ist das aber anders! *Gaaanz, ganz anders!* Denn hier ist eine gänzliche Vollendung der Erfahrung durchaus möglich. Die Erfahrung im Trading findet ihre eigene Vollendung in einem abschließenden Wissen! Denn: Wenn es, wie hier, aber kein unendliches Wissen gibt, ist auch die Erfahrung nicht unendlich ausbaubar!« Hofner legte seine Hand wieder auf den Tisch. »Wer Schlagworte mag, könnte auch sagen: Trading ist einfach keine Medizinforschung!«[105]

John applaudierte Hofner für seine kurzen, prägnanten Worte, und auch Hannes konnte ihrer Klarheit und Sachlichkeit so weit folgen. Da Letzterer aber fand, dass seine ursprüngliche Frage damit dennoch nicht geklärt sei, warf er sofort ein: »Alles schön und gut, aber … wie uns das weiterbringen soll, habe ich jetzt nicht so ganz verstanden!«

Auch Philip, dem Gespräch aufmerksam folgend, überlegte, wie wohl das bisher Gesagte zum Ziel führen sollte. Doch da er Hofner kannte, war er sich sicher, dass dieser mit Sicherheit die Kurve noch kriegen würde und daher all seine Ausführungen sinnhaft und zielführend sein würden. – Und tatsächlich, Philip musste gar nicht lange warten!

»Also schön, Hannes«, sagte Hofner und nahm die Skizze mit dem Regelwerk zur Hand, »… wenn das Wissen im Trading begrenzt ist und somit der Begriff der Erfahrung, anders als im Alltag, nicht unendlich fortgedacht werden kann, was ist dann nun die Folge hinsichtlich des Erlernens des Tradings? – … *Na?*«

Hannes wurde kurzzeitig einer Antwort enthoben, denn die Kellner brachten einen weiteren Gang und begannen zu servieren – Nicks Teller mit der nach orientalischen Gewürzen duftenden Entenbrust und rotem Tandoori-Schaum ging mittlerweile direkt zum Nachbartisch.

Und während mit *Ohs* und *Ahs* das geschmackvoll angerichtete Essen gelobt wurde, war Philip angestrengt damit beschäftigt, über die gestellte Frage nachzudenken. – *Wie war das noch mal:* »Was ist die Folge hinsichtlich des Erlernens des Tradings, wenn das Wissen im Trading begrenzt ist und somit anders als im Alltag auch der Begriff der Erfahrung nicht unendlich fortgedacht werden kann?«

Hmmm …

Er kam auf den Gedanken, dass es wahrscheinlich am sinnvollsten wäre, sich selbst einmal in die Rolle als Ausbilder hineinzuversetzen, und überlegte, dass sich bei einem »guten« Lehrling in

105 Diesbezüglich sei auf das erste Bild in DER HÄNDLER Band 1, Fachteil, verwiesen.

Sachen Trading folglich der Status »gut« in seiner Erfahrenheit »gut« an dessen Bereitschaft erkennen ließ, aus neuen Erfahrungen zu lernen, zeigte!

Yep, das könnte hinkommen!

Aber … shit, Mo-Moment …!

Philip erkannte plötzlich, dass dieser Gedanke ein altbekanntes und oft besprochenes Problem aufwies, und noch dazu leider ein großes: Jeder Tradinganfänger, ihn selbst damals eingeschlossen, wollte und will am Anfang unbedingt einem Dogma folgen und forderte dementsprechend: »Sag mir genau, was ich tun soll!« Den Beweis dafür lieferte im Hier und Jetzt gerade Hannes. Der Nutzen von Hannes als Auszubildendem war daher für einen Ausbilder und den angestrebten »Lernprozess« absolut … *null, nada, niente*! Hannes würde erst dann etwas nützen, wenn dieser mit den von ihm eingeforderten Dogmen, gleich ob aus Zeitschriften, Fernsehen, Seminaren, Büchern oder dem Internet stammend, *Erfahrung gesammelt hatte*! Denn erst dann würde – und musste – Hannes davon abkommen.

Ja, so passte es!

Mit diesem Gedanken erschloss sich Philip die Zweck- und Rechtmäßigkeit der Vorgehensweise Hofners bezüglich des Bambinos genauso wie die früher selbst erfahrene. Denn auch Philip würde Hannes als Ausbilder solche Erfahrungen nicht ersparen können oder gar wollen. *Nein! Niemals!* Hannes musste sie selbst erleiden! Es ging nicht anders: Wollte beziehungsweise forderte jemand zu Beginn Dogmatismus, so brauchte er erst Erfahrung damit, denn erst wenn er erfuhr, wie das sich auf dem Konto und seiner eigenen Psyche niederschlug, erst wenn er aus der Erfahrung der Negation gelernt hatte, würde er sich von diesem Dogma abwenden, würde diesem gegenüber *undogmatisch* und damit bereit zum »Erlernen« werden.

Genau!

Philip drehte und wendete diesen Gedanken hin und her, aber es blieb dabei: Auch wenn er selbst damals massiv darunter gelitten hatte, hatte Hofner mit ihm alles richtig gemacht, denn es handelte sich bei der Erfahrung im Trading ja nicht um eine »Belehrung« über das Thema, sondern um eine Erfahrung im Ganzen – und damit um eine Erfahrung, die stets selbst erworben sein musste und keinem Händler auf dieser Welt erspart werden konnte. Es ging um eine Erfahrung, die um ihren Prozess des Erfahrens wusste und den sie erfahrenden Trader als Erfahrenen auszeichnete. Genau das war im Lernen als Trader wesentlich! Kurzum: Erfahrung in diesem Sinne setzte, wie Hofner es zu Beginn ausgeführt hatte, folglich zu Recht mannigfache *Ent*-täuschung von falschen Erwartungen voraus, denn dadurch wurde Erfahrung erworben. Und damit wurde – während Philip fast unbewusst sein Essen kaute – für ihn deutlich, warum Hofners Erörterungen im Kontext von Hannes' Fragestellung nach dem »Unterschied zwischen dem Lehrplan eines privaten Traders und dem von zum Beispiel Hofner für Philip?« Lernen und Negativität so große Relevanz zuwiesen, denn diese negativen Instanzen und Negationen der Erwartungen waren für den Erfahrungs- und Lernprozess im Trading schlicht unumgänglich.

»Phi-lip? – Hey, Maestro, sag mal … hörst du uns noch zu?!«, riss John ihn aus seinen Überlegungen.

»Jaaaha!«

»Also, was ist?«, fragte John schmunzelnd.

»Was ist *was*?« Philip versuchte, etwas Zeit für eine Orientierung über den aktuellen Gesprächsstand zu gewinnen.

»Woran du gerade denkst?!«

»Ähm ...« Philip gab der Runde seine Gedanken zum Besten und äußerte, unter dem beifälligen Nicken Jeromes, die Vermutung, dass es, trotz der von ihm als sehr hochwertig empfundenen Ausbildung, weder einen als durchstrukturiert erkennbaren Lehrplan gegeben hatte noch eines solchen bedurft hätte.

»Also doch kein Lehrplan?!« Hannes blickte Philip voller Unglauben an.

»Schau, Hannes ...«, erwiderte nun John, während er Philip einen anerkennenden Blick schenkte, »nehmen wir noch mal unseren Bambino Stan, der sich bei mir nicht nur tagtäglich ein erweitertes Wissen über das Trading aneignet, sondern auch ein neues Wissen über die Begrenztheit seiner Erwartung an sein ›altes‹ Wissen. Darüber hinaus erweitert er damit sein vorhandenes Bewusstsein um die neue Erfahrung am bisher Fremden und erkennt so die vorhergehende Grenze seines Bewusstseins.«

So banal Johns Worte auch klangen, ergaben sie für Philip, anders als für Hannes, der ja noch auf keine umfangreichen Lehrjahre zurückblicken konnte, plötzlich einen tiefen Sinn – einen sehr tiefen sogar! Gleiches galt für Jerome, denn er griff an dieser Stelle seine früheren Worte über die dreiteilige Bewegung des Bewusstseins wieder auf und erklärte, damit Johns Worte bestätigend, dass auch er durch diese erwähnten negativen Instanzen, selbst ohne Anleitung durch ein Handelsbüro, Handelswoche für Handelswoche Vielfältiges erfahren hatte, nämlich: erstens Neues über das Thema, zweitens über die Begrenztheit der vorhergehenden Auffassung zum Trading und drittens über die Begrenztheit seines Bewusstseins als Erfahrender im Ganzen – was ihm in der Folge außerdem zu einem neuen Bewusstseinshorizont als Erfahrender im Trading verholfen hatte.

Und während Hannes immer noch über all das Gesagte grübelte, wurde Philip ... *Teufel noch mal!* ... schlagartig klar, dass Hofner und John mit diesem gesamten Gespräch nicht nur klammheimlich das Gedankengebäude von *Erfahrung* und *Negativität* er- und geöffnet und auf einige entscheidende – wenngleich nicht neuartige – Wesensmerkmale der Erfahrung im Trading hingewiesen hatten, sondern beide wollten unbedingt auf die aus dieser Perspektive riesengroß klaffende Lücke deutlich machen, die in der Frage »In welchem Zusammenhang stehen im Trading *Erfahrung* und *Lernen*?« steckte.

Es geht einzig um diese Frage!

Mannomann! Ein Geniestreich!

Philip lobte sich selbst dafür, dass er das Gespräch bis hier aufmerksam verfolgt hatte, und als hätte Philips Erkenntnis durch Gedankenübertragung das Stichwort geliefert, richtete Hofner jetzt an Hannes die Frage: »So, mein junger Freund! Was, denkst du, ist eigentlich wichtiger im Trading: die *Erfahrung* oder das *Lernen*?«

Uff!

... *Scheiße, ist die Frage geil!*

So, so geil!

Auch wenn er im Moment Mitleid mit Hannes hatte, denn dieser sah ratlos in die Runde, konnte Philip einfach nicht anders, als über das ganze Gesicht zu grinsen, denn dazu freute er sich gerade zu sehr über sich selbst. – *Die Frage ist so dermaßen tiefsinnig!* Und Philip ahnte, dass viele Jahre Handelserfahrung vonnöten waren, um hierauf eine wasserdichte, schlüssige Antwort geben zu können.[106]

Hannes rümpfte die Nase und dachte und dachte nach, und da er sich nicht sicher war, was von ihm erwartet wurde, begann er herumzudrucksen, dass die Ausdrücke *Erfahrung* und *Lernen* im Alltag oft im selben Zusammenhang verwendet wurden, sprich: dass wenn von der Lernerfahrung, die man machte, gesprochen wurde, hinlänglich die Erfahrung, aus der man lernte, und vom Lernen aus der Erfahrung gemeint waren, woraufhin John feststellte, dass dies zwar soweit richtig sei, jedoch noch bei Weitem nicht genüge, denn: Vielmehr sei es wichtig, die Unterschiede und Gemeinsamkeiten dieser beiden Begriffe zu erforschen. Er stellte weiterhin die Behauptung auf, dass im Trading der Zusammenhang von *Lernen* und *Erfahrung* selbst wiederum eine eigene Art von Erfahrung für jeden Trader darstelle: »Gemeint ist damit die Erfahrung, dass das fachliche Lernen eine Aneignung von Neuem, noch Unbekanntem aufgrund von schon Bekanntem, von noch Ungekonntem aufgrund von bereits Gekonntem ist.«

Hannes, eben an seinem Glas nippend, verschluckte sich fast, und es folgte das typische: »Bitte w-a-a-a-a-s?« Und während Philip und Jerome auf Anhieb den Sinn der Worte verstanden hatten, wirkte Hannes, als ginge gerade ein wirres Brausen und Wirbeln in seinem Hirn vonstatten.

»Es ist … *nein, Moment, warte* … ich habe eine andere Idee!« Während John begann, den vom Kellner gereichten duftenden Tee vorsichtig in seine kleine Tasse einzuschenken, versuchte er es auf einem anderen Weg und bat Hannes, von dem er zu Recht annehmen konnte, dass ihn das ganze Thema *irre* nervte, um einen letzten Moment Aufmerksamkeit, damit die ausschweifenden Worte ihren Zielpunkt erreichen konnten: »Du wirst mir sicherlich zustimmen, Hannes, dass *vor* dem allerersten Trade zwar durchaus Absicht und Erwartung vorliegen können, dass dabei aber weder von echt Gelerntem noch von Erfahrenem gesprochen werden kann. Hast du allerdings deine ersten Trades hinter dir, wird von dieser *Erfahrung* der bisherigen Trades und des zugehörigen Kontoverlaufs ein *Lern*prozess eingeleitet. Spannend ist nun, dass, selbst wenn das *bisher* Erfahrene selbst noch keinen eigenen Lernprozess ausgelöst haben sollte, ein Lernprozess nun *auch* durch einen *externen* Vorgang eingeleitet oder vermittelt werden kann, wie beispielsweise durch ein Fachseminar, einen Vortrag oder einen Kollegen im Büro, sofern – und das ist wichtig – überhaupt bereits eigene Erfahrung gemacht wurde. Aber solange dies jedoch nicht so ist«, John pochte mit dem Teelöffel wie ein Warnsignal auf den Tisch, »kann ein solcher externer Vorgang also wiederum nur maximal den Status des Anlernens erreichen. Im Trading scheint soweit also *Erfahrung* eine Voraussetzung des *Lernens* zu sein. Die Frage – und hier schließt sich langsam der Kreis –, weshalb im Trading dem *Lernen Erfahrung zugrunde liegen sollte*, ist damit genauso beantwortet wie der erste Teil der Frage, warum man einem Laien nicht einfach einen Zettel gibt, auf dem alle Handgriffe und sonstige notwendigen Regelchen notiert sind, und sagt: *Mach!*« Um zum

106 Der Wert eines Ausbilders oder Seminarreferenten in Sachen Börsenhandel lässt sich unter anderem leicht daran ermessen, ob er dieser Frage überhaupt Bedeutung zubilligt, und wenn ja, wie umfassend und tiefgründig seine Ausführungen darüber ausfallen.

zweiten Teil der Antwort und damit zum Kernpunkt seiner Aussage gelangend – der im Übrigen und ohne dass Hannes damit etwas anzufangen gewusst hätte, da er an der Diskussionsrunde auf Johns Geburtstagsfeier ja nicht teilgenommen hatte, im engen Zusammenhang mit dem dort diskutierten Begriff der *Willenskraft* stand –, argumentierte John weiter, dass erst durch Erfahrung ein erstes Verständnis der Dinge um das Trading eröffnet werde, von dem ausgehend wiederum erst ein weiteres Verständnis eingeleitet werden könne, von dem in weiterer Folge wiederum eine Rückbestimmung auf die Erfahrung selbst erfolge. »Verstehst du, Hannes? ... Erfahrung ist im Trading das anfänglichste und für alle weiteren inhaltlichen Vermittlungen grundlegendste Ding! Denn nur durch Erfahrung seiner selbst wird beziehungsweise *kann* ein Händler erst zu der schlussendlichen einzigartigen Feststellung kommen – Achtung, aufgepasst! –, *dass ihn die Dinge überhaupt etwas angehen!*«

Peng.

Stille.

Irgendwo durch ein geöffnetes Fenster drangen leise Musiktöne zu ihnen herein. Sonst war es still am Tisch. Ein letzter zarter Rauchstreifen von Hofners vergessener Zigarette stieg ebenmäßig auf.

Boah!

Und plötzlich war Philip alles klar, ganz klar. So schmerzhaft klar, dass er fast ein Lächeln fand. Wissentlich, dass Hannes mit den nachfolgenden Begriffen noch nicht viel anfangen konnte, meinte er laut: »*Geldmanagement* und dessen Satellitenthemen *Rumrutschfaktor* und *diversifikativer Handel* werden einzig deshalb *nur* bei erfahrenen Tradern *das* Thema sein, weil Tradinganfänger und teils auch fortgeschrittene Trader der Meinung sind, dass sie diese Themen nicht so recht was angehen!«

Jerome lachte zustimmend und ergänzte Philips Gedanken mit den Worten: »Genau, seien wir ehrlich: Vorher wollten wir doch gar nichts von diesen Themen wissen!«

Obwohl sich beide hierzu bestätigend zunickten, verwies Hofner eine weitere Erörterung über diese fachlich detaillierten Punkte auf einen anderen Zeitpunkt und forderte, stattdessen die Diskussion über die *Erfahrung* fortzusetzen, was John nun seinerseits dieses Thema weiterführen und so auf den Punkt bringen ließ: »Die Erfahrung mit dem Trading und die Erfahrung an mir als Erfahrendem – bitte noch mal aufpassen! – bilden überhaupt doch erst den *Lerngrund*! ... Achtung, besser gleich noch mal: Die Erfahrung mit dem Trading und die Erfahrung an mir als demjenigen, der zwischen Monitoren und Stuhllehne sitzt, bilden überhaupt erst den Lerngrund! Oder anders: Was meinst du, Hannes: Wie viele von hundert Tradinganfängern werden vor ihrem allerersten Trade ein Fachseminar besucht oder ein Fachbuch in die Hand genommen haben?«

»Aber hallo-oo-oo!!!« Hannes ergriff lautstark Partei für alle unbekannten Mitanfänger. »Jetzt stellt ihr uns Anfänger aber als die vollen Deppen hin: erst traden und dann lernen ... *tzzz*!«

»Nix da!« Plötzlich und unvermittelt wandte sich Nick von seiner Bekanntschaft ab, denn wenn es ums Necken von Tradinganfängern ging, hatte er ein feines Gehör, und in solchen Fällen mussten sich selbst die beiden wahrhaften Göttinnen mit ihrem glänzenden schwarzen Haar gedulden. »Nix da! Nix da!!!«, sagte Nick so laut vom Nachbartisch herüber, dass selbst die beiden Damen leicht in Verlegenheit gerieten. »Freilich ist der Tradinganfänger ein Depp, mich einst natürlich vollkommen mit eingeschlossen. – *Hannes … Junge, wach auf!!!* Das ist doch das Paradoxe am Börsenhandel: Aufgrund des leichten Zugangs – *zack, zack,* Konto auf – ist die Erfahrung nicht nur der Grund potenziellen Lernens, sondern … *hör zu, Hannes!* … die Erfahrung leitet eine Not ein, die erst im Lernen gewendet werden kann. Und das wiederum bedeutet … *Na?* … ›Das Lernen gehört notwendig zur Erfahrung und ist in ihr enthalten wie die Folge im Grund‹.« Nick warf Hannes einen geringschätzigen Blick zu, zuckte dann die Achseln und wandte sich wieder den zwei Schönheiten neben sich zu.

»*Pssst!* Was seid ihr denn bitte für welche?«, fragte eine der Damen, die beide keines von Nicks Worten auch nur ansatzweise verstanden hatten.

»*Ähm* … nicht so wichtig! Also, wo waren wir stehen geblieben …«, war Nick sichtlich bemüht, wieder in den Ton einer leichten Unterhaltung zurückzufinden.

Philip musste breit über Nick grinsen, während er ihn gleichzeitig aber auch bewunderte, denn: Nick, dem auf der einen Seite das ganze Thema Trading tagein, tagaus so was von *sch…* egal war, konnte aber, wenn er einmal etwas dazu sagte, es kurz und knapp auf den Punkt bringen und bewies damit immer eines: Sein Desinteresse war weder versteckte Unwissenheit noch gar Dummheit, sondern einzig Beweis dafür, dass er lange, sehr lange über das gesamte Thema nachgedacht, alle seine Antworten gefunden und seit ewigen Zeiten mit dem ganzen Thema einfach abgeschlossen hatte! Er war deshalb ein guter Trader, weil ihn das ganze Thema einfach nicht mehr interessierte! Das war wie beim Autofahren: Kein erfahrener Autofahrer grübelt tagein, tagaus noch über die Verkehrsregeln oder die Gebrauchsanweisung seines Wagens; der erfahrene Fahrer bewegt das Lenkrad automatisch, um auf der richtigen Fahrspur zu bleiben, genauso wie er auch automatisch mit dem Fuß aufs Bremspedal drückt, um zu bremsen, und niemand denkt beim Autofahren mehr »… ich muss das Lenkrad ein bisschen mehr nach rechts drehen, damit ich nicht auf die falsche Fahrspur gelange« oder »… jetzt sollte ich den rechten Fuß vom Gas nehmen, aufs Bremspedal setzen und dann mit dem Fuß sachte drücken!« Kurzum: Das Thema Autofahren wird durch *Erfahrung* und *Lernen* und den sich daraufhin einstellenden Automatismus gedanklich so lange »abgearbeitet«, bis keine Fragen mehr offen sind und man schlussendlich gar nicht mehr daran denkt – und dennoch kann man sich beispielsweise problemlos mit dem Beifahrer unterhalten und gleichzeitig über eine achtspurige Kreuzung im dichtesten Berufsverkehr fahren.

Hofner, ebenfalls über Nicks Wortwahl grinsend, setzte ihr noch das i-Tüpfelchen auf: »Es ist die Konsequenz der Erfahrung im Trading, dass negative Erfahrungen vor den Monitoren belehrend wirken und demnach geradezu positiv zu bewerten sind, was sich am deutlichsten damit beweisen lässt, dass man eine Erfahrung noch gar nicht eigentlich ›gemacht‹ hat, ehe man aus ihr lernt.« Seine Tonlage ließ erkennen, dass er nun komplett in seinem Element war. »Erfahrung im Trading, aus der kein Lernen folgt, ist in diesem Sinne keine Erfahrung!« Mit einem leichten Kopfschütteln begann Hofner über jene Legion von Tradern zu sprechen, welche Woche für Woche, Monat für Monat vor ihren Monitoren saßen und meinten, sie verfügten bereits deswegen über Erfahrung, nur weil sie am Spiel der Spiele *teilnahmen*. Schaute man einem solchen Trader aber über die Schulter, würde sich offenbaren, dass keiner seiner bis heute abgelaufenen Handelstage Konsequenzen für den jeweils nachfolgenden Handelstag gehabt hatte und auch der heutige wiederum null Konsequenzen für den morgigen Handelstag haben würde. Weiter erläuterte Hofner, damit an Nicks vorherige Aussage anknüpfend: »Geht man nämlich davon aus, dass sich *Erfahrung* und *Lernen* im Trading wie Grund und Folge verhalten, dann wird deutlich, dass meist ein Ereignis auf dem Konto rückwirkend als Konsequenz eines Grundes bezeichnet wird. Oder mal ganz hochtrabend ausgedrückt: Wäre Erfahrung im Trading ein Grund ohne Folge, dann würde infolgedessen jedem Trader die notwendige Spur fehlen, welche den Grund überhaupt erst zum Grund macht, und das hätte zum Ergebnis ... *na ...?*« Hannes fest im Blick, vervollständigte Hofner seinen eigenen Satz: »Es hätte zum Ergebnis, dass alles vor den Monitoren *purer Zufall* wäre!«

Boah!

So herum hatte Philip das tatsächlich auch noch nie betrachtet, und während Hannes der Kopf nur so rauchte, murmelte Jerome mit einem traurigen Seufzer: »Wie wahr, wie wahr!«, und führte Hofners Ausführungen, sich selbst als Beispiel nehmend, bildhaft fort. »Drei Jahre – *DREI!* – hockte ich jeden Tag vor meiner Kiste und lernte nicht einen einzigen Tag aus meiner Erfahrung. Nicht EINEN Tag *machte ich Erfahrungen*! Aber das fiel mir erst nach drei Jahren und einer fast gescheiterten Ehe auf. Kurzum: Mir widerfuhren drei Jahre vor den Monitoren einfach nur zufällige Sachen mit unkalkulierbaren Konsequenzen! – So, und jetzt noch mal für dich, Hannes: Die Erfahrung wurde mir als Trader erst bewusst, als ich aus ihr lernte! Im Lernen aus diesen Erfahrungen kam es aber nicht, wie du vielleicht jetzt gerade annehmen magst, zu einer Anhäufung von weiteren Kenntnissen und Fähigkeiten, sondern ...«, Jerome holte tief Luft, »... zu einem Prozess des *Um*-lernens an der Erfahrung!«

Damit hatte er eine *geniale* Vorlage zur Erläuterung der *entscheidenden Konsequenz* aus dem Verhältnis von Erfahrung und Wissensaneignung im Trading gegeben, und gierig wurde diese Chance von John sofort ergriffen: »Erfahrung mit sich und den Charts ist demnach nicht nur der Grund für das Lernen und macht dieses notwendig, sondern die eigene Erfahrung vor den Monitoren ist auch auf das Lernen aus alten Erfahrungen *angewiesen*. Alte Erfahrungen sind somit notwendige Voraussetzung für neue Erfahrung, und Erfahrung und Lernen stehen dementsprechend für jeden Trader auf dieser Welt in einem sich wechselseitig bedingenden Verhältnis, in dem zum einen die Erfahrung den Grund und das Lernen die Folge darstellt und zum anderen das so Gelernte der Grund ist, aus dem in der Folge weitere und neue Erfahrung entspringt.«

Hannes ließ John seine Worte sicherheitshalber nochmals wiederholen und dachte *ernsthaft* einige Momente über den letzten Satz nach!

»Jetzt alles verstanden? Sicher?«, fragte John zum Abschluss.

»Ja«, bestätigte Hannes mit einem schon wieder etwas großspurigen Unterton.

»Ganz sicher?«

»Ja-a-h!«

»Wirklich?«

»JA – AAA!«

»Ganz, ganz sicher?«

»Himmeldonnerwetter, *ja!*«

»Okay, dann ist ja Folgendes für dich nun leicht nachvollziehbar …!«, rief John, griff nach der auf dem Tisch liegenden Skizze mit Hofners Regelwerk und riss sie in Windeseile vor Hannes' Augen in Fetzen.

O-oooh!

Mit einem unartikulierten Schrei sprang Hannes auf, um John die Zettelfetzen zu entreißen, und während Jerome instinktiv nach Hannes' Stuhl griff, um diesen vor dem Umkippen zu bewahren, ließ John, der mit einer solchen Reaktion gerechnet hatte, seine Hand nach vorne schnellen und meinte, Hannes' Unterarm so lange in festem Griff haltend, trocken: »Fehlt jedoch die Erfahrung als Grund, wird das Verstehen zum Problem!« Und während die letzten Fetzen der Skizze zwischen die Teller und Gläser auf der Tischplatte rieselten, hatte John Hannes' Arm schon wieder losgelassen, und dieser hatte sich mit einem Ächzen auf seinen Stuhl zurückfallen lassen.

Philip war bei dieser ganzen Aktion zusammengezuckt, und auch Nick schaute nun mit zusammengezogenen Augenbrauen nach der Ursache des kleinen »Tumults«. Als er das zerrissene Regelwerk und Hannes' traurigen Blick sah, warf er Hofner einen belustigten Seitenblick zu und wandte sich ohne einen Kommentar wieder seiner selbst gewählten »Aufgabe« am Nachbartisch zu. Und während sich die Stille ausbreitete, fand Philip Zeit, sich zu sammeln und über die letzten Worte nachzudenken: Das waren *elf Worte* gewesen … elf Worte, die ein ganzes Leben als Trader zusammenfassen konnten!

Wie war das noch mal?

»Fehlt jedoch die Erfahrung als Grund, wird das Verstehen ein Problem!«

Elf Worte reichten aus, um auszudrücken, was Philip selbst in Tausenden von Stunden vor den Monitoren nicht hatte fassen können und wollen!

Elf!

Au Mann … die Beschreibung des Lebens eines Tradinganfängers passt auf einen kleinen Post-it!!!

Hofner kehrte, von der gerade vergangenen Szene anscheinend völlig ungerührt, dazu zurück, wo er davon gesprochen hatte, dass die Erfahrung im Trading notwendigerweise am Anfang des Lernens stand, und erklärte, dass hierin die zweifache *Bedeutung des Zusammenhangs von Erfahrung und Lernen* angelegt gewesen war. »Einerseits ist die Erfahrung Anfang und Grund des stetig ansteigenden Wissens und damit des Lernprozesses eines Händlers, andererseits ist Lernen die fortschreitende Erfahrung, also ein *Dazu*lernen und schlussendlich ein *Um*-lernen.« Hofner setzte eine kurze Kunstpause und fokussierte nun die geistige Taschenlampe genauer – um so auf einen tieferen Zusammenhang zu stoßen: »Aber Achtung: Soweit es den Tradinganfänger betrifft, handelt es sich beim *Dazu*lernen allerdings fast immer nur um den Erwerb von *immer Allgemeinerem!*«

Plötzlich war es, als könne man das geistige Kauen am Tische hören.

»Wohl wahr!«, stimmte Jerome zu und begründete es damit, dass ein *Dazu*lernen im Börsenhandel schon immer etwas *geringer an Fülle* ausgelegt war als in den allermeisten sonstigen Bereichen von Wissenschaft und Lehre, was letztendlich dem begrenzteren Umfang an Stoff geschuldet war![107] »Sehr gut eignen sich als Beleg hierfür die von Philip vorhin so trefflich wie unabsichtlich angesprochenen Themen *Geldmanagement* und *Diversifikation*, aber natürlich auch das Thema *Großwetterlage*«, erklärte er, »denn diese Themen können als solche mit – pauschal gesprochen – wenigen Sätzen formuliert und mit wenigen Strichen skizziert werden, und dennoch handelt es sich hierbei um hochgradiges *Um*-lernen. Dies ist darauf zurückzuführen, dass sich – im Allgemeinen genau wie im Besonderen – nicht nur der Erfahrungshorizont erweitert, in dessen Folge wiederum das Vorwissen näher bestimmt werden kann, sondern dass im Trading jeder Horizont weitere Horizonte impliziert. Dieses Wesensmerkmal ermöglicht es im Trading, durch das Lernen eines Regelwerks auf mehrere andere Regelwerke schließen zu können, die prinzipiell nicht einmal in einem direkten Kontext mit dem bereits Erlernten stehen müssen.« Jerome unterbrach seine Ausführungen kurz, um an seinem Glas zu nippen. »Wenn ein Trader sich mit *Markttechnik* auskennt, so sind die Themen *Elliott-Wellen* und *Fibonacci* und deren Verständnis nicht mehr etwas grundsätzlich Fremdes für ihn. Oder: Ist ein Händler im Umgang mit zeitbasierten Charts geschult, benötigt er für den Umgang mit *nicht*zeitbasierten Charts kein grundsätzliches *Um*denken, auch wenn diese einer anderen Horizontweite entsprechen. Gleiches gilt beispielsweise auch für die richtige Anwendung vieler Indikatorenarten. Man kann es daher ohne Weiteres die *Horizontstruktur der Erfahrung* im Trading nennen, welche durch die Vorbekanntheit von etwas dem Unbekannten Ähnlichen das Unbekannte relativiert. Aber immer steht das Unbekannte am Horizont einer gewissen Vorbekanntheit, das heißt, es ist zwar Unbekanntes in gewisser Hinsicht, aber es ist *relativ* Unbekanntes und darum immer auch schon relativ Bekanntes.«

Hannes, der Jeromes Worte aufgrund seiner zu geringen praktischen Umsetzung des Tradings nur noch teils folgen konnte, pochte ungeduldig mit einem Finger auf den Tisch und stellte, immer noch voll Unmut wegen des zerrissenen Zettels, im harten Tonfall fest: »Das mag ja alles gut und schön sein, und vielleicht bin ich ja auch nur zu bescheuert dazu, aber … bis jetzt hat sich mir zwischen einem Erlernen *auf eigene Faust* und einem *mit Ausbilder* noch kein Unterschied gezeigt!!!« Hannes sah die bisherigen Worte irgendwie als nahezu völlig vertane Zeit an.

»Keine Angst, Hannes, wir sind nach wie vor *mitten* in der Beantwortung!«, beruhigte ihn Hofner, und es fiel auf, dass er und John einen Blick wechselten, woraufhin Hofner sich entspannt zurücklehnte und John nach einem kurzen Moment des Nachdenkens seine Antwort mit dem wichtigen Hinweis einleitete, dass selbige hinsichtlich des Unterschieds zwischen dem Erlernen *auf eigene Faust* und einem *mit Ausbilder* teils anders ausfallen würde, befände man sich noch in den Zeiten der »vordigitalen Revolution«, also kurz vor der letzten Jahrtausendwende, statt im Hier und Jetzt. »Damals«, so John, »hatte kaum ein privater Trader die Chance, sich wie heute durch Seminare oder Bücher, vom Internet ganz zu schweigen, über grundlegende Gegebenheiten des Börsenhandels – und ich betone, dass ich hiermit *nicht* nur Regelwerke, sprich Ein- und Ausstiege meine – zu informieren oder sich damit auseinanderzusetzen. Deshalb war man

107 Diesbezüglich sei auf das erste Bild in DER HÄNDLER Band 1, Fachteil, verwiesen.

damals auf ein, wie auch immer sich definierendes, Handelsbüro angewiesen, dessen Kollegen einen persönlich an die Hand nahmen, da man grundlegende Zusammenhänge des Handels nirgends anders hätte erfahren können. Um nur ein Beispiel zu nennen: Wie allen klar sein dürfte, überfällt einen allein durch pures Draufstarren auf ein Orderbuch die erleuchtende Einsicht um dessen Funktionalität und das Verhalten der Marktteilnehmer leider äußerst selten!«

»Das heißt dann ja wohl, dass es mittlerweile keinen Unterschied mehr gibt! Das hättet ihr doch gleich sagen können! Wozu also diese unendlichen Ausführungen!?« Hannes beugte sich vor und erwartete selbstbewusst Hofners Bestätigung.

»Nein, mein Freund, die vorangegangenen Worte waren alle wichtig, denn ...«, Hofner betrachtete nacheinander Jerome und Philip, überlegte blitzschnell, ob er wirklich alle *drei* oder im Moment doch lieber nur *zwei Punkte* ansprechen solle, erhob sein Glas und meinte: »... zwei Unterschiede bleiben!«

»W-e-l-c-h-e-?« Hannes beugte sich angespannt noch ein Stück weiter vor.

Hofner sprach, da er sich gerade eine Zigarette anzündete, den ersten der beiden von den eigentlich drei großen Unterschieden zunächst nur als reinen Stichpunkt an: »Zu positive Erfahrungen können den Lernprozess eines Händlers geradezu behindern oder gar ganz verhindern!«

»*Hä?* Was? ... Wie das jetzt?«

»Nun, der Unterschied zwischen einem Trader, der sich dem Thema allein im stillen Kämmerlein nähert, und einem solchen, dem es gelehrt wird, liegt darin ...«, Hofner zog an der frisch angezündeten Zigarette, bis ihre Spitze gleichmäßig glimmte, und trieb damit Hannes' Anspannung auf die Spitze, »dass der allein zu Hause sitzende Tradinganfänger zu vorschnellen Verallgemeinerungen neigt, die – Achtung! – gerade in der positiven Erfahrung eines Trades ihre Bestätigung finden!«

Hannes zog überrascht die Augenbrauen hoch, und Hofner verstand den Hinweis: Ein Beispiel musste her! Hofner erinnerte daher an die ersten Jahre des einstigen »Neuen Marktes«[108], als nahezu alle Trades gut liefen, und erklärte damit den zwar verständlichen, nichtsdestotrotz aber falschen Hang eines Tradinganfängers, eher die positive Erfahrung zu bejahen, als sich einem widerstreitenden Sachverhalt zu nähern; kurzum: Die menschliche Erfahrung eines Tradinganfängers an dem neuen Gegenstand »Börse« wurde von dessen Meinung über diesen Gegenstand eindeutig festgelegt. »Warum sollte ein privater Anfänger dann noch *hinzu*lernen oder *um*lernen wollen?! Lief doch alles bestens! Ohne auch nur die kleinste Ahnung davon zu haben, dass es so etwas wie ein Orderbuch oder gar andere Marktteilnehmer überhaupt gab, triumphierte man über die Welt des Börsenhandels, über das Schicksal mit all seinen Widrigkeiten, über sich selbst und seine Sorgen, Ängste und Schwächen, bis man sich zuletzt sogar einiges auf sein besonderes ›Gespür für die Märkte‹ einbildete ... und niemand war da, um diesem Wahnsinn Einhalt zu gebieten! – *Du verstehst?*«

---

108 Der »Neue Markt« war ein Segment der Deutschen Börse, das im Zuge der Euphorie um die New Economy nach dem Vorbild der amerikanischen Technologiebörse NASDAQ um 1997 eingerichtet wurde und auf dem Höhepunkt mehr als 300 Unternehmen umfasste. Durch das scheinbar explosionsartige Wachstum vor allem im Bereich des Internets, Stichwort: Dotcom-Blase, stieg der im Dezember 1997 auf 1.000 Punkte zurückgerechnete *Nemax 50* im März 2000 auf den historischen Höchststand von sage und schreibe 9.666 Punkten, um dann im Oktober 2002 einen Tiefstand von knapp 300 Punkten und damit in nur knapp 30 Monaten einen Wertverlust von 96 Prozent seines Wertes (in Geldbeträgen: über 200 Mrd. Euro) zu verzeichnen.

Ein Nicken reichte als Antwort.

Hofner führte sein Beispiel aber noch weiter. »Wäre dem Nachbarn hingegen damals gleich zu Beginn Haus und Hof am Neuen Markt verlorengegangen, hätte man das Trading sicher kaum als einfach angesehen. Das Problem ist deshalb – und übrigens nicht nur damals, sondern genauso auch noch heute – Folgendes: Wir können schauen, wohin wir wollen, und werden feststellen, dass von der werbenden Industrie überall die *Einfachheit* des Börsenhandels bejubelt wird, was wiederum den Effekt hat, dass der mögliche Widerspruch hiergegen, der sich in der eigenen Erfahrung auftun könnte, von der durch die Werbung bereits im Vorfeld erzeugten und unreflektierten Meinung des Laien übergangen wird! *Na ja* ... das Resultat kann man tagtäglich neu beobachten: *Ei, fix* ein Konto aufgemacht, und der darauf fast sofort folgende negative Moment der Erfahrung eines Minustrades wird umgehend ausgeblendet, um eine ...«, Hofner suchte nach dem passenden Wort, »*bruchlose Folge positiver Erfahrungen* in seinem eigenen Trading aufrechtzuerhalten! Verständlich ist das zwar, aber dennoch ist es falsch!«

»Wieso soll das denn falsch sein?« Hannes war sichtlich irritiert.

An Hofners Stelle antwortete nun John: »Wenn die Werbung überall herumposaunt, wie *einfach* Börsenhandel ist, du aber Minustrades machst, kann doch da was nicht stimmen, oder? Das heißt, du musst zusätzlich zu deinem Geldverlust plötzlich auch noch eine Wahl treffen: Entweder ist Börsenhandel tatsächlich einfach oder eben halt nicht. Leider kannst du das aufgrund deiner ja noch nicht vorhandenen Erfahrung nicht beurteilen und bist gegenüber der Vielzahl von positiven Werbebotschaften mit deinem schlechten Erlebnis bereits allein durch die Menge an Aussagen, nämlich die vielen der Medien gegen deine eigene, im Nachteil – was dich logischerweise dazu bringt, dass der Fehler bei dir liegen muss. Dies bedeutet aber wiederum zwangsläufig, dass du offensichtlich zu blöd bist, um so was Einfaches wie den Börsenhandel zu kapieren. Aber ... das kann natürlich überhaupt nicht stimmen, schließlich kennst du dich ja nun schon lange genug, um zu wissen, dass du kein Vollidiot bist, sondern ganz gut Bescheid weißt in der Welt und über das Leben. Übrig bleibt damit nur, dass deine eben gemachte schlechte Erfahrung eines Minustrades irgendwie zufällig entstanden ist ... und das kann schließlich ... *hoppla* ... immer mal passieren! Zack, und schon ist diese gemachte Erfahrung ausgeblendet! Und die nächste ... und die nächste ... und die nächste darauf auch ... und, nach dem schönen Motto ›Weil nicht sein kann, was nicht sein darf!‹, im schlimmsten Fall immer so weiter und so fort, bis nichts mehr da ist, womit man traden könnte ... «

Hannes rauchte sichtbar der Kopf, und noch bevor er zu irgendeiner Antwort fähig gewesen wäre, seufzte Jerome bedeutsam in sein Glas: »Der Irrtum liegt im Ignorieren des Irrtums!« Unbewusst alle Dinge in seiner Nähe in Symmetrie zueinander rückend, erzählte Jerome nun etwas ausführlicher von seinen eigenen anfänglichen Jahren, über die er vorhin ja bereits erwähnt hatte, dass er um ein Haar sogar fast sein Familienglück aufs Spiel gesetzt hatte: »Obwohl alles in allem die Zahl meiner gefühlsmäßig getroffenen Entscheidungen unendlich viel größer war als die, die ich aufgrund irgendeiner fachlichen Vernunft getroffen habe, und daher die meisten meiner ›kontobewegenden Ereignisse‹ purer Fantasie und Einbildung entsprungen sind, haben sich aufkeimende Zweifel damals eher ohne jede Ordnung eingestellt. Es geschah in der Anfangszeit also nichts, was den Namen einer gedanklichen Anstrengung verdient oder auch nur die Einsicht in deren verzweifelte Notwendigkeit angedeutet hätte.« Des Weiteren berichtete Jerome, dass er stattdessen mit allen Mitteln der Einbildung, der Suggestion und des Glaubens, oft sogar auch nur unter Zuhilfenahme der vereinfachenden Wirkung absichtlichen Dummstellens danach getrachtet habe, einen Zustand zu schaffen, von dem er damals angenommen hatte, dass dieser der eines Traders sein müsse. Tief drinnen habe er jedoch sehr wohl mit der Zeit die Abenteuerlichkeit verspürt, mit der er durch sein wildes Trading die notwendige Vernunft als den wichtigsten aller Punkte vollkommen außer Acht ließ, denn es war ihm nach und nach immer mehr aufgefallen, dass er begonnen hatte, sich in einen wirklichen und einen schattenhaften Teil aufzuspalten: »einen, der unbedingt traden will« und »einen, der tunlichst nicht hinterfragen will!«.

Hofner deutete auf Jerome. »Er hat recht, Hannes!« Von Jeromes Erzählung inspiriert, unterstrich Hofner, ein Augenrollen Hannes tolerierend, ein weiteres Mal, dass *Lernen* und *Erfahrung* im Trading wesentlich durch deren Negativität bestimmt seien, denn nur durch diese werde ein *Dazu*lernen und ein *Um*lernen gefördert und damit ein grundsätzlicher Wandel des Traders ermöglicht. Denn der Trader werde sich dadurch seiner gemachten Erfahrung um die »Baustelle Trading« bewusst und beginne sich zu ändern. »Aber«, Hofner hob den Zeigefinger, »um diese Erfahrung der Negativität machen zu können, muss sich der Tradinganfänger letztendlich erst seiner Neigung zur Widerspruchsvermeidung stellen und widersetzen!«

»*Ha!*«, gluckste Hannes und meinte abwinkend: »Na, das dürfte doch wohl nicht schwerfallen!«

»Nicht schwerfallen?!«, hakte Hofner, wegen Hannes' »naiver«, wenn auch nachvollziehbarer Selbstverständlichkeit seiner Aussage mit hochgezogenen Augenbrauen nach.

»Ja, na klar! Wo ist jetzt das Problem?«, bestätigte Hannes selbstbewusst und mit der Sicherheit seiner Handelserfahrung, welche Hofner nach seinem bisherigen Auftreten und seinen Aussagen als offensichtlich nur aus einer irgendwo zwischen eins und zehn bestehenden Tradeanzahl einschätzte.

»Hm … du meinst also …«, Hofner kniff, als würde er Hannes' Worte sorgfältigst abwägen, die Augen leicht zusammen und legte seinen Zeigefinger an die Nase, »dass kaum ein Tradinganfänger die Neigung hat, sich eher der positiven als der negativen Seite der Erfahrung hinzugeben, wenn Letztere für seinen Lernerfolg unumgänglicher erscheint?«

In seiner Selbstsicherheit nickte Hannes sofort, ohne nochmals nachzudenken.

»Na, dann mal aufgepasst!« Hofner klang plötzlich sehr geschäftsmäßig. »Wie bereits festgestellt, bedarf Erfahrung stets einer gewissen *Vor*erfahrung. Diese Vorerfahrung besteht bei einem Tradinganfänger nun fast zwangsläufig aus Vorurteilen, denn der Anfänger stellt ständig irgendwelche Hypothesen und Verallgemeinerungen über den Chartverlauf an, gleichgültig, worauf sie sich stützen. Da er natürlich eine Rechtfertigung für sein Handeln benötigt, verwendet er anschließend alles, was ihm an elementarem Vertrauen zur Verfügung steht, auf diese Vorwegnahmen, denn ohne diesen Aufwand an Vertrauen würde er sich nicht einen einzigen Trade zutrauen und wäre damit handlungsunfähig.« Hofner setzte eine kleine Pause, atmete tief durch und holte dann zum entscheidenden Argument aus: »So, und jetzt Achtung, Hannes: Wenn jedoch das Vertrauen in diese von ihm selbst fabrizierten Vorwegnahmen beim Tradinganfänger, warum auch immer, ein dogmatisches Für-wahr-Halten der eigenen Hirngespinste entstehen lässt, wendet sich dieses, nun ins Übermaß gesteigerte, eigene Vertrauen *gegen* die neue Erfahrung!«

»Ähm … bitte noch mal!«, bat Hannes.

Hofner kam der Bitte gerne nach und fügte anschließend hinzu: »Wie John bereits vorhin erklärt hat, behandelt der Tradinganfänger in stillschweigendem Übereinkommen mit sich selbst alles, was an Minustrades geschieht, bloß als eine Art … man könnte sagen … *Zwischenspiel*. Statt notwendigerweise und angesichts des sinkenden Kontoverlaufs – worüber man sich gleich nach den ersten Trades hätte klar werden können und müssen – vieles zu ändern oder komplett neu auszurichten, tut man lieber gar nichts, denn: Obwohl man, während man einen Trade nach dem anderen durch die Märkte schießt, vielleicht schon irgendwie ahnt, dass man gerade Fehler macht, scheut man die Aussprache mit sich selbst, da … deren Grenzen nicht abzusehen sind!«

Hannes verstand immer noch nur Bahnhof, was man ihm eingedenk seiner Laienhaftigkeit beziehungsweise seines Anfängertums aber nicht übel nehmen konnte.

»Was Hofner meint«, John stellte sein Glas ab, »ist, dass die anfängliche Vertrautheit des aus dem Alltag gewohnten Vertrauens in sich selbst beim Trading keinen positiven Grund darstellt, sondern tatsächlich sogar der Feind des wahrhaften *Lernens* ist!«

»Ja, genau!«, rief Hofner und deutete auf Jerome und Philip. »Und *genau hierin* liegt einer der Unterschiede zwischen dem *Erlernen* des Tradings ›auf eigene Faust‹ und mittels ›Ausbilder!‹«.[109]

»Wo ›*genau hier*‹? Ich versteh es immer noch nicht!«, klagte Hannes, denn er erkannte da immer noch keinen Unterschied.

Hofern versuchte, den Nebel für Hannes zu lichten: »Nun, für die Entwicklung wahrhafter und allgemeiner Erkenntnis im Trading muss sich das Gewicht der positiven und der negativen Erfahrung nicht einfach gleich verteilen, sondern verstärkt auf der …«, Hofner schaute Hannes fest in die Augen, »*negativen Seite* liegen!«

»Ihr würdet mich absichtlich verlieren lassen? Ist es das, was gemeint ist?!« Hannes würgte den sprichwörtlichen Kloß herunter!

»Ja!«, antwortete Hofner, wobei ihm, und so auch Philip selbstredend klar war, dass kein Praktikant auf der Welt, nur »um der Ausbildung willen«, zu große oder unvertretbare Risiken eingehen dürfe.

Hannes nächster Satz triefte fast vor lauter Hohn: »Und ich sollte euch auch noch Geld dafür zahlen, dass ich erst recht Kohle verliere!«

Hofner antwortete, ohne auch nur den geringsten Anflug von Zweifel oder gespielter Rücksicht, einfach: »Ja! Und für so eine Ausbildung legst du sogar ordentlich was auf den Tisch!«

»Neee, das ist jetzt nicht euer Ernst!« Hannes lachte, nahm die Weinflasche und schenkte sich in der Form nach, dass er sein Glas gleich randvoll machte. Kopfschüttelnd und mit breitestem Grinsen spottete er: »Also, nur dass ich das noch mal richtig verstehe … einer der beiden Unterschiede liegt also darin, dass ich meine Kohle bei euch einfach noch schneller verlieren würde als allein zu Hause? Das ist wirklich das Genialste, was ich seit ewigen Zeiten gehört habe. *Chapeau!*«

---

109 Hinweis vorab: Natürlich bleibt unbestritten, dass ebenso die »abzugebende Rechenschaft gegenüber einem Dritten« einen wesentlichen Unterschied darstellt. Hierauf soll momentan nicht allzu großer Wert gelegt werden, da dies unter anderem aus Sicht eines »Privaten« in DER HÄNDLER Band 7 und 8 beschrieben wird.

Hofners Zeigefinger richtete sich zwar auf Hannes, nicht aber seine Antwort: »Was meinst du, John? Weiß er oder hat er zumindest eine Ahnung, warum unser Stan *Bambino* genannt wird? Vielleicht könnte ihm das ja auf die Sprünge helfen?«

John nickte, und zwei Runden Getränke und Zigaretten später war Hannes grob in die für Stan so desaströsen Geschehnisse – Stan sollte, während John, Nick und Philip auf Segeltörn waren, auf Johns Konto aufpassen – eingeweiht,[110] und auch Jerome hatte mit größtem Interesse zugehört. John, unter dessen wohl kalkulierter Führung Stan seine bisher desaströsesten Tage erlebt hatte, fuhr nun fort: »Jetzt hör bitte genau zu, Hannes, denn ich will nicht, dass du das in den falschen Hals bekommst! Es war nicht so, dass ich diese – genau so wie viele der anderen unerwähnten Tage – schlimmen Tage für Stan heraufbeschworen hätte ... *nein, nein* ... das hat unser Bambino schon ganz brav selbst und alleine angezettelt! Was ich sagen will, ist, dass ich selbstverständlich nicht den ganzen Tag herumlaufe und nur darauf warte, bis so etwas geschieht, um dann endlich mal wieder jemandem Schmerz zuzufügen. Aber wenn beim Trading tatsächlich solch grobe Schnitzer geschehen wie hier, werde ich den Teufel tun und demjenigen sofort den Rettungsring zuschmeißen, sondern versuchen, seine Schmerzen eher noch etwas unerträglicher zu machen! – *Verstehst du?*« Abschließend berichtete er ihm, wie diese Geschichte um Stan geendet hatte.

»Mensch, der arme Kerl!«, meinte Hannes, nachdem er grob das ganze Ausmaß kannte, kopfschüttelnd. »Ihr habt echt 'nen Knall!«

»Nix da, armer Kerl!« Unvermittelt hatte Nick sich abermals umgedreht – denn, wenn es um seinen Bambino ging, kannte er nichts! – und warf, erst süffisant, dann jubilierend, ein: »Diese Tage sind in sein Gedächtnis ... nicht sanft eingebettet, sondern ... *eingebrannt!*«

»Ganz genau!«, stimmte John zu und äußerte, während Philip darüber nachdachte, dass Nicks permanente Spitzen Stan sicher genauso zum Nachdenken anregten wie Johns umfangreiche Erklärungen, auch wenn John Nick diesbezüglich hin und wieder zurückhalten musste, damit die Spitzen nicht zu Speeren wurden, bezüglich dieser speziellen Erfahrung Stans, der sicherlich noch viele solcher folgen würden: »Kann unser Bambino aus diesen Tagen nicht in naher Zukunft die eine oder andere Lehre ziehen und diese dann mit *starkem Willen* umsetzen«, Johns Betonung sollte an die lange Diskussion auf seiner Geburtstagsfeier anknüpfen und galt daher mehr Jerome und Philip als Hannes, der damit sicherlich noch nicht so viel anzufangen wusste, »so wird er sich ohne Wenn und Aber binnen kürzester Zeit dabei wiederfinden, dass er in Deutschland das schlechte Wetter genießen und in irgendeiner x-beliebigen Firma mit nervigem Chef und übellaunigen Kollegen sein Dasein fristen darf. Denn dann ist er für das Trading und die dafür erforderliche Disposition einfach nicht geeignet und hat somit keinen Anspruch auf dessen Früchte!« Noch einmal machte Hofner eindeutig klar, dass die Bedeutung dieser negativen Instanzen nicht nur im Ausmerzen bisher positiver, dennoch fachlich falscher Erfahrungsregeln lag, sondern dass aus ihr die Einsicht in den Prozess des Erfahrens selbst resultierte. Die Erfahrung von negativen Erlebnissen vor den Monitoren stellte damit den Grund dar, für den das »Zu-sich-Kommen aus der Befangenheit« für den Trader die Folge war. »Und genau hierin, mein lie-

110 Diesbezüglich sei auf den Inhalt von DER HÄNDLER Band 4 verwiesen.

ber Hannes«, gelangte Hofner wieder zum Ausgangspunkt seiner Erklärung zum ersten Unterschied und damit auch gleichzeitig zu dessen Ende, »liegt das *Positive* der von uns angestrebten *Negativität* von Erfahrung!«

»Okay, und was ist jetzt der zweite Unterschied zwischen dem Erlernen auf eigene Faust und in einem Handelsbüro?«, wollte Hannes wissen.

»Nun, im Trading sticht neben den vielen Schwierigkeiten *eine* ganz besonders hervor ...«, sagte Hofner mit einem breiten Grinsen.

»Also, außer der, dass Tradinganfänger erst fette Verluste machen müssen, damit sie daraus was lernen können?«, spöttelte Hannes. »Na, da bin ich ja mal gespannt!«

»Die Schwierigkeit ist der – Achtung! – *fachlich richtige Minustrade*!«, lautete Hofners knappe Antwort.

»Der bitte *waaas*?« Hannes war fassungslos.

Philip bedauerte Hannes regelrecht, denn dieser Gedanke musste ihm tatsächlich vollkommen verrückt vorkommen. Hofner beließ es dennoch bei der Kurzfassung: »Stell dir vor, Hannes, du hättest fachlich alles richtig gemacht, und trotzdem zahlst du ein. Dein *Geldergebnis* lautet damit: Geld verloren. Aber wie steht es nun mit deinem *inneren Ergebnis*? Hier lautet die Antwort: Negative Erfahrung: *Ja.* Lerngrund: *Nein!* Oder anders gesagt: Was meinst du, an wie vielen Stellen es ein Tradinganfänger zu Hause unterlässt, sich Wissen anzueignen, wo es sinnvoll wäre, und sich stattdessen an angeblich zu überwindenden Störfällen stunden-, wochen-, monatelang ›angebliches‹ Wissen beibringt, wo es völlig unnütz ist!?«

Boahh!

Hofner verstand es wie immer, es klar und sachlich auf den Punkt zu bringen, dachte Philip und gab ihm innerlich recht, denn »Störungen« waren zwar tatsächlich häufig die Ursache für ein gedankliches Ungleichgewicht von *Realität* und *eigener Erfahrung*, nur gab es im Trading auch eine »Störung«, die *keiner* Überwindung bedurfte: den fachlich sauberen Minustrade!

Aber das hatten wir ja bereits ausführlich, Stichwort: Urvertrauen ...

Seufz ...

Bei dem Gedanken an sein früheres Ich wurde Philip von einer gewissen Wehmut erfasst: Auch er war als erfahrender Tradinganfänger damals der Meinung gewesen, jene »Störfaktoren« eines fachlich richtigen Minustrades könnten durch weiteres Lernen beseitigt werden, war sich jedoch der Bedeutung und damit der Nichtigkeit beziehungsweise der *Normalität* dieses Störfalls selbst nicht bewusst geworden. Und ebenso nicht der Widerspenstigkeit seines Vorhabens, denn egal, was er neu ausgetüftelt hatte, eines war ihm nie gelungen: die anderen Marktteilnehmer »wegzutüfteln«!

Als hätte Hofner Philips Gedanken gelesen, setzte er nun passend ein: »Wie viele Trader tun sich dort schwer, wo sie dem *Unglück* und *Leid* eines fachlich perfekten, aber durch die Existenz der anderen Marktteilnehmer im Minus endenden Trade zum Opfer fallen? Also: Wer sich einbildet, dass ein weiteres Erlernen vor allen ›Gefahren‹ des Charts schützt, wer die ›unendliche Serie von Plustrades‹ für eine pure Eigenleistung hält, erliegt einer Allmachtsfantasie, denn er glaubt, jede noch so große Schwierigkeit mit Leichtigkeit durch souveränes *Mehr*-Erlernen bezwingen und so *triumphieren* zu können. Und das«, schloss Hofner mit erhobenem Daumen das Thema, »wird beim Lernen in einem Handelsbüro *strikt* unterbunden und viel schneller und klarer herausgehoben!«

Die Kellner servierten – wie schon den ganzen Abend zurückhaltend, lautlos und geschickt – nun ein Dessert, und Hannes nutzte die Unterbrechung und versprach – nicht wissend, dass *ein weiterer* wesentlicher Punkt von Hofner bisher unterschlagen worden war –, über die letzten Worte und Begründungen zum Unterschied zwischen »Ausbildung auf eigene Faust und Ausbildung mit Ausbilder« nachzudenken.

Und während kurz darauf ein Kellner bereitstand, um weitere Getränkebestellungen aufzunehmen und die Anwesenden Hannes' Aufforderung, ein Glas seines persönlichen Lieblingsweines zu versuchen, gerne folgten, stand es am Tische dann so, dass Hannes gern das Thema wechseln und nun seine zukünftigen Ergebnisse mit denen Hofners abgleichen wollte und zum anderen nun irgendwie von ihm die beiden Fragen auftauchten: »Wie viel kann ich denn so maximal aus dem Trading rausholen?« und: »Wie groß muss denn nun mein Handelskonto eigentlich sein?«

Während die anderen am Tisch ihr Limonentatar »en miniature« genossen, erwiderte Hofner auf die beiden Fragen von Hannes, dass man sie so einfach, wie er es sich vielleicht vorstellte, nicht beantworten konnte. Da Hannes aber unbedingt seine zukünftigen Ergebnisse mit denen eines Profis wie Hofner vergleichen können wollte und hierzu um die »rechte« Kontogröße wissen wollte, gab er sich mit dieser Antwort nicht zufrieden, sodass Hofner ihm nun bedeutete, dass alleine schon in der »Kontogröße« so viel Auswirkung auf das Thema »Rendite« stecke, dass ein Vergleich »Hannes zukünftig« mit »Handelsbüro aktuell« dem sprichwörtlichen Äpfel-und-Birnen-Vergleich entspräche.

Wie nicht anders zu erwarten, hakte Hannes dennoch sofort ein: »Also … kommt schon! … Soll ich fünfzig- oder doch lieber hunderttausend aufs Konto einzahlen? Ich krieg auch notfalls etwas mehr zusammen! Und jetzt mal ehrlich … wie viel Rendite kann ich denn *erwarten*?!«

Hofner schmunzelte über Hannes' Worte, fand diese Fragen aber dennoch spannend, sodass er die Beantwortung damit begann, zunächst zu behaupten, dass die meisten privaten Trader deshalb mit dem Börsenhandel anfingen, weil sie sich ein monatliches Zubrot verschaffen wollten.

»Yep!« Genussvoll ließ Hannes sein Dessert auf der Zunge zergehen, und man konnte sehen, dass er gerade wieder an sein zukünftiges Strandhaus dachte. »Wenn ich jeden Monat meine … *mhm* … fünf oder zehn Prozent Gewinn mache, geht es mir finanziell ganz gut! Wie viel macht ihr eigentlich?!«

»Nun, Hannes, das ist schon wieder die Frage nach der *Rendite*! Aber seien wir ehrlich: Man kann unsere und deine zukünftige Arbeit an den Charts in vielerlei Hinsicht schwerlich miteinander vergleichen! Denn auch wenn wir, bezogen auf die Märkte, die Erzielung positiver Trades als Gemeinsamkeit haben, so ist unsere Ausgangslage dennoch verschieden, und mal abgesehen davon, dass du mit einem eher *kleineren* Konto tradest, ist es doch so, dass es viel eher dein Ansinnen ist, einen konkreten …«, Hofner suchte nach dem passenden Begriff, »*monatlichen Nutzwert* zu erzielen, oder?«

»Genau, ich will vom Trading leben und meine Familie ernähren können!«, stimmte Hannes zu.

»Eben!«, erwiderte Hofner und nickte dabei. »Demnach heißt – anders als bei uns – der *Nutzwert* deiner Arbeit konkret, dass du einen monatlichen Scheck mit einem absoluten definierbaren Eurobetrag von beispielsweise … *ähm, was weiß ich* … 3.000 Euro benötigst. Wie du an diesen Betrag kommst, kann dir – pauschal gesagt – ja vorerst mal völlig wurscht sein, denn wie gesagt, du willst einfach nur zwölf Mal im Jahr einen Scheck! Richtig? – Okay!« Hofner unterstrich, dass es hier demnach Hannes nicht so sehr um jährliche *Rendite*, sondern um eben jenen *geldwerten Nutzwert* ging, und führte als Beispiel ins Feld, dass eine Rendite von zweihundert Prozent zwar enorm, um nicht zu sagen »fantastisch« klinge, was jedoch zwangsläufig bei einem Konto mit 3.000 Euro noch lange nicht zu einem »fantastischen« *geldwerten Nutzwert* führe. Der erste Unterschied zwischen Hannes' und Hofners Handelsbüro sei folglich jener: dass die eine Seite auf eine jährliche, die andere auf eine monatliche Auszahlung abziele, wenngleich Hofner natürlich einräumte, dass jährliche Zielwerte ebenso auf monatliche Zielfahnen heruntergebrochen werden konnten und andersherum. »Und zum zweiten unterscheidet uns«, Hofner sah Hannes dabei vollkommen neutral an, »dass du deinen Kontobetrag selbst *festlegst*!«

»Häh, *wie jetzt*?!« Hannes verstand nicht ganz. »Ich leg doch meine Kontogröße nicht fest?! Also … *ähm* … ich meine … ich kann doch nicht *mehr* aufs Konto einzahlen, als ich habe, selbst wenn ich mir das ganz anders wünschen würde!«

»Das sicher nicht!« Hofner schüttelte belustigt den Kopf. »Aber es liegt ja immerhin in deiner Macht, auch *weniger* einzuzahlen, als du zur Verfügung hast!« Hofner erinnerte daran, dass genau dies bei John, Nick, Philip und ihm eben nicht der Fall sei, denn hier wurde der für den Handel zur Verfügung stehende Betrag von Dritten festgelegt. Und Hofner begann nun auf ein Dilemma hinzuweisen: »Interessant werden nun diese beiden Unterschiede«, dass es unzählige weitere gab, war allen klar, »vor allem dann, wenn der zu erzielende *geldwerte Nutzwert* unter dem Blickwinkel des …«, Hofner schwenkte sein Glas und suchte abermals nach dem passenden Begriff, fand auf die Schnelle keinen und drückte es daher so aus: »… *Wiederbeschaffungsaktes* beleuchtet wird!«

»Bitte *waaaas* für ein Ding?« Hannes kratzte sich am Kinn.

»Wiederbeschaffungsakt!« Die von John angebotene Zigarette zog Hofner vorsichtig aus dem Päckchen und ließ sie sich mit vorgestrecktem Kopf anstecken. »Oder nenne es wegen mir Wiederbeschaffungsaufwand! Wie auch immer …!« Hofner erklärte, dass hierunter jener Aufwand zu verstehen sei, der vonnöten ist, um den Geldbetrag eines plattgemachten Handelskontos für einen erneuten Versuch wiederzubeschaffen, und gab dazu ein Beispiel: »Ein Trader, der 3.000 Euro auf ein CFD-Konto einzahlt und sich einen bestimmten *geldwerten Nutzwert* von seinen zukünftigen Handelsergebnissen verspricht, wird immer sehr tief in das Konto greifen, um nicht zu sagen: greifen müssen. Denn bei einer vernünftigen Anwendung eines wie auch immer definierten Geldmanagements wird dieser Händler mitunter sogar ›vierundzwanzig‹ Stunden vor seinen Monitoren hocken und sich dennoch am Ende des Handelstages nicht mal einen großen Eisbecher leisten können!«

Alle außer Hannes hatten verstanden, was Hofner damit berechtigterweise angesprochen hatte: nämlich, dass man bereits mit der einfachsten Schulmathematik zur Erkenntnis gelangen konnte, dass es vertane Zeit war, einem Trader mit einem kleinen Handelskonto und *gleichzeitigen* Erwartungen an einen hohen geldwerten monatlichen Nutzwert irgendwelche Regeln des Geldmanagements vorbeten zu wollen! Aufgrund des so ohnehin nur geringen erzielbaren und absoluten Geldbetrages erschien ein Missachten des Geldmanagements demnach irgendwie fast schon gerechtfertigt.

»Ein geringer Geldbetrag«, fuhr Hofner fort, »kann, im Sinne von *angespart* oder aber erneut *eingezahlt*, schnell ›wiederhergestellt‹ werden. Was bedeutet … eine Reaktivierung ist nicht unmöglich!« Hofner schmunzelte Philip an. »Bei uns hingegen sieht das etwas anders aus!«

Philip verstand, worauf Hofner aus war, und schlug zum Spaß die Hände über dem Kopf zusammen: »Oje, Hannes, sollte ich auch nur eines der bei verschiedenen Brokern geführten Konten der mir zugeteilten Handlungsvollmacht irgendwann wirklich mal plattmachen, müsste ich, und nach mir noch eine weitere Generation, ein Leben lang sparen, um diesen Betrag wiederherzustellen!«

»Ah, okay … verstehe!«, meinte Hannes nachdenklich.

Hofner schaute über den Rand seines Glases. Für ihn klang Hannes' »Ich verstehe« nicht ganz überzeugend, weshalb er nochmals zusammenfasste, dass es nahezu immer zu einem leichtsinnigen Umgang mit dem Handelskonto führe, wenn der *geldwerte Nutzwert* dem *Wiederbeschaffungswert* diametral gegenübersteht, da die Wiederbeschaffung des Kontobetrages nicht von vornherein ›unmöglich‹ erscheint. Je schwieriger jedoch der Wiederbeschaffungs- oder Reaktivierungsakt werde, desto selbstverständlicher werde zum einen: eine *freiwillige* Unterwerfung unter ein wie auch immer definiertes Geldmanagement und zum anderen, dass trotz des »geringen Griffs ins Konto« ein *hoher absoluter geldwerter Nutzwert* entstehen kann.

»Aber dennoch wollt ihr doch auch eine *hohe* Rendite?!«, warf Hannes ein und gab, ohne sich darüber im Klaren zu sein, damit unausgesprochen zu verstehen, dass er beide Begriffe – den »geldwerten Nutzwert« und den alltäglichen und im Trading so oft »missbrauchten«, weil häufig auch zur bewussten Täuschung gebrauchten Begriff »Rendite« – wahllos in einen Topf schmiss.

Zur anschaulicheren Beschreibung der Antwort bat Hofner Hannes, über den Unterschied nachzudenken, dass ihr Handelsbüro, anders als bei einem Vermögensverwalter oder einem öffentlich zugänglichen Fonds, keine ständigen Mittelzu- oder -abflüsse aufwies und sich demnach der große Topf *nicht* aus vielen kleinen Bestandteilen zusammensetzte.

»Kein Fonds?«

»Nein! Bei uns ist es *ein* Mandant!« Wie nebenbei erwähnte Hofner, dass hierin auch der Grund liege, warum solche Büros wie das seine, von denen es auf der Welt sicherlich Zigtausende gebe, immer »unterm Radar« flogen. Keine Website, keine Werbeschilder, keine Anzeigen in einschlägigen Zeitschriften und Journalen, keine ausführlichen Biertischgespräche.

»Ja, aber … wie kommt ihr denn dann an neue Kunden?«, fragte Hannes leicht verwirrt.

»*Mo-mo-mo-Moment!* Wir wollen doch gar keine *neuen* Kunden«, antwortete Hofner und fügte das sich daraus zwangsläufig Ergebende hinzu: dass nämlich, da es daher keiner werbenden Maßnahmen bedurfte, der Standort zwangsläufig keinerlei Rolle spielte und damit der freien persönlichen Entscheidung der Händlergruppe und deren Vorlieben unterlag. »Und ebenfalls anders als bei klassischen Fonds«, betonte Hofner und brachte es auf den Punkt, »zieht bei uns der Mandatsgeber seinen individuellen *geldwerten Nutzwert* aus der *Gesamt*summe, weswegen es aus seiner Sicht *keine* Rendite der Welt rechtfertigt, diese Summe zu großen Schwankungen auszusetzen ...«

»... weil jene Geldsumme mal nicht eben so wiederbeschaffbar ist?!«, brachte Hannes Hofners Satz zu Ende, worauf dieser nickte, aber sicherheitshalber nochmals den Vergleich zum Fonds beziehungsweise zum klassischen Vermögensverwalter heranzog, denn dort, drückte man es *pauschal* aus, war es dem einzelnen Anleger wiederum nur zu recht, wenn so viel Prozente wie möglich – am liebsten Hunderte davon – erwirtschaftet wurden[111], denn nur so konnten aus den eingezahlten »tausend Euro« möglichst schnell »zehntausend«, sprich: ein messbarer *geldwerter Nutzwertvorteil*, entstehen.

Hannes schaute an die Decke seines Restaurants, grübelte einige Sekunden und fragte dann: »Heißt das dann, dass der Nutzwert bei größeren verwalteten Summen abnimmt?«

»Aus der Sicht – Achtung – einer *einzelnen* Person und Mandats ... *natürlich*!« Auch auf die Gefahr hin, sich zu wiederholen, betonte Hofner, dass man einen *Fonds* und ein *einzelnes Mandat*, auch wenn sie beispielsweise gleich hohe Beträge umfassten, gedanklich trennen müsse. Damit Hannes erfassen konnte, was damit gemeint war, bat Hofner ihn, sich einfach folgende vier aufeinander aufbauende Fragen anzuhören und intensiv darüber nachzudenken: »Frage eins: Wie schwer ist es wohl, als *Einzelner* tausend Euro zu erwirtschaften? Und wenn du als Einzelner dann im Besitz dieses Geldbetrages bist, kommt Frage zwei: Was kannst du dir für tausend Euro *nicht* kaufen, was du dir nur für zehntausend Euro, und damit tausend Prozent Rendite, kaufen könntest?! – *Okay?* Und jetzt Frage drei: Wie *schwer* ist es wohl, als *Einzelner* zwanzig Millionen zu erwirtschaften? Und wenn du das als Einzelner geschafft hast, stellt sich Frage vier: Was kannst du dir für diese zwanzig Millionen *nicht* kaufen, was du dir nur für dreißig Millionen, und damit fünfzig Prozent Rendite, kaufen könntest?!«

John, Jerome und Philip konnten ihr Schmunzeln nicht verbergen, denn, auch wenn momentan noch nicht der Begriff des *Risikos* auftauchte[112], war dennoch der Zusammenhang von *geldwertem Nutzwert*, *Wiederbeschaffungsakt* und *Rendite* vortrefflich und – etwas Nachdenken vorausgesetzt – sehr *tiefgründig* beschrieben!

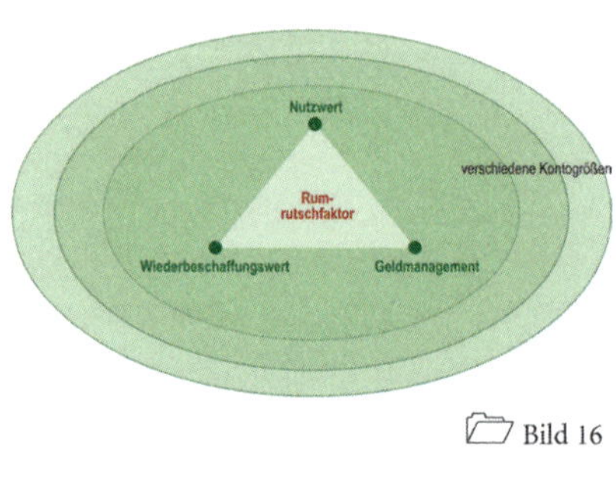

Bild 16

111 Hier liegt in der Praxis unter anderem der Grund, warum darauf geachtet wird, dass für Fonds, je nach Land, spezielle Gesetze gelten.
112 Der Begriff des *Risikos* sowie dessen Messung, wird im kommenden Band 7 genauer erörtert.

Während Hannes für sich diese Fragen gedanklich wiederholte, kritzelte Philip auf einer zerknüllten Quittung, zu der sich zwischen *geldwertem Nutzwert* des täglichen und monatlichen Profits, also der eigenen »Renditeerwartung« und Glückserfüllung und der *Kontogröße* auftuenden Kluft – deretwegen man sich gerade als privater Trader zu überlegen hatte, wie man diese Kluft überwinden konnte – ein kurzes Schema, sann dabei darüber nach und erkannte einmal mehr, dass der Bibelspruch »Suchet, so werdet ihr finden!« hier leider nicht ganz zutraf! Denn: Viele Trader, und davon besonders viele private Tradinganfänger, hatten einfach so kleine Konten, sodass die Diskrepanz zwischen ihrem angestrebten *geldwerten Nutzwert* und dem *Wiederbeschaffungsakt* mit *keinem* Kniff der Welt zu lösen war. Also nicht das kleine Konto als solches war das Problem, sondern dass aufgrund eines angestrebten hohen geldwerten Nutzwerts nahezu *immer* mit monetärem Vollgas um die Ecke gebogen wurde und sich nun das ganze Thema Geldmanagement komplett in Schall und Rauch auflöste – auflösen *musste*! –, gerade so, als würde dieses Thema sie scheinbar nicht betreffen.

Eine weitere Zigarettenrunde später stand plötzlich die Frage im Raum – auch wenn zwar bekanntlich dem Trader generell die Gefahr der Unersättlichkeit drohte –, welche Rolle denn nun die Kontogröße spiele, wenn ein Trader wirklich nur des *geldwerten Nutzwertes* – also der zwei-, drei-, vier- oder fünftausend Euro pro Monat, um sich und seine Familie zu ernähren – wegen an der Börse unterwegs war?

»Na, eine entscheidende! Habt ihr doch eben selbst gesagt! Ich sag nur: *Wiederbeschaffungswert*!«, krähte Hannes in dem Gefühl heraus, endlich mal nicht als Unwissender dazustehen.

Hofner wiegte seinen Kopf hin und her, denn teilweise stimmte diese Antwort zwar, zeigte aber auch, dass Hannes noch nicht gründlich genug nachgedacht hatte. Da Hofner nichts sagte, versuchte sich Hannes an einer Bekräftigung: »Freilich ist der Kontostand wichtig! Denn selbstverständlich ist es ja wohl schon ein Unterschied, ob einer mit 5.000, 50.000 oder 500.000 Euro bewaffnet in den Kampf zieht.«

»So, so, *ist* es das …?!«, fragte Hofner mit hochgezogenen Augenbrauen.

»Na-tür-lich!« Hannes machte in Hofners Richtung zu John eine spaßig gemeinte Geste, welche unausgesprochen die Frage andeutete, ob mit dessen Kollegen noch alles okay wäre.

Hofner lehnte sich zurück und verschränkte die Hände hinter dem Kopf, dann forderte er grinsend: »Na, dann erklär mir mal, worin genau der Unterschied besteht! Aber nicht, dass wir uns missverstehen! Bitte beachte dabei unbedingt, dass du sagtest: *Du willst davon leben!* Das heißt, du bist *kein* Vermögensverwalter und hältst auch *kein* Handelsmandat oder Ähnliches, was im Umkehrschluss bedeutet: einzig und allein *du* selbst legst die Größe deines Handelskontos fest! – *Okay?*«

»Ja, klar!«

Und was kam? Es kam ein über mehrere Minuten verteilter Monolog, der fast alles enthielt, was vor Hannes schon Heerscharen anderer Tradinganfänger gedacht und gesagt hatten und der sich im Wesentlichen darum drehte: »… möglichst großes Konto … mehr Kontrakte … geht viel schneller … Verluste kann man viel besser auch mal hinnehmen …« und dergleichen Unfug mehr.

»Sooo, sooo, sooo …«, meinte Hofner und wartete noch auf ein weiteres Argument, was auch sogleich folgte: »… und es ist alles dann viiiel entspannter!«

»Sooo, sooo, *entspannter*!«

»Logisch!«

»Sooo, sooo …« Hofner fuhr sich durch die Haare und blickte erst John, dann Jerome an, und als die beiden leicht nickten, sah sich Hofner auf dem Tisch um und sagte dann mit sanfter Stimme: »Hannes!?«

»Ja?«

»Wir brauchen zwei Blätter und einen Stift, bitte!«

Hannes eilte davon, und einen Augenblick später lag alles vor Hofner.

»Nicht für mich, für *DICH*!«

»Ach so!« Hannes saß, einem Schulbuben bei einer anstehenden Leistungskontrolle gleich, nun vor seinen Blättern und wartete auf die Aufgabe.

»Aufgepasst, Hannes, ich sag das jetzt nur einmal, aber es ist wichtig! Wir machen das hier jetzt *nur* grob und«, Hofner drehte seinen Daumen im Handgelenk etwas hin und her, »mit *Pi mal Daumen* gerundeten Zahlen! Wenn du die Grundidee dahinter jedoch verstanden hast, kannst du, sofern du irgendwann Lust dazu hast, das alles zu einem anderen Zeitpunkt mit einem Taschenrechner oder mit einer Exceltabelle *ganz genau* umsetzen, okay?«

»Yep.« Hannes tippte mit dem Stift auf das Blatt. »Verstehe: Nur grob!«

»Gut. Alles, was wir auf das Blatt schreiben, sind Variablen, welche du später dann deinen eigenen und individuellen Gegebenheiten anpassen musst!«

»Yep!« Hannes wusste zwar nicht, was auf ihn zukam, aber er war zumindest bereit.

»Also, Hannes … du meinst demnach, du bräuchtest eine Kontogröße von *50.000* Euro?!« Hofner wies Hannes an, als erste Variable das Wort *Kontobetrag* oben auf dem Blatt zu notieren.

»Kontobetrag … 50.000 Euro … okay, steht da.« Hannes schaute auf.

»Darunter, für die Variable Nummer zwei: *Zielrendite*!«

Hannes hielt inne und sagte: »Jahaaa, das ist mein Lieblingswort!«

»Na, dann schreib: Fünfzig Prozent.«

»*Fünfzig?!*«

Hofner war nicht ganz klar, ob Hannes die vorgeschlagene Rendite monierte oder lobte. »Wegen mir kannst du auch hundert oder dreißig schreiben. Das ist für die Aufgabe echt nebensächlich.« Hofner wies darauf hin, dass sich die vorgeschlagene Zielrendite einzig aus der Summe einer gewünschten monatlichen Abhebung ergab und demnach »fünfzig Prozent« hier also einem *monatlichen geldwerten Nutzwert* von rund 2.000 Euro entsprachen.

»Okay, dann besser *hundert*!«, korrigierte Hannes und begründete dies damit, dass er besser 4.000 Euro pro Monat zur Verfügung haben wolle, denn: Schließlich wolle man ja nicht geizig sein.

»Wegen mir! So, darunter bitte die Variable: *Handelstage pro Woche* … sagen wir: *vier*.«

»Aber es gibt doch *fünf*!«

»Schreib *vier*, wir gehen einfach mal von einem schlechteren Fall aus!«

Hannes schrieb.

»Darunter die Variable: *maximal riskierter Kontobetrag pro Position … hmmm …* sagen wir wegen mir: *1,5 Prozent!*«

»Ist das eine gute Kennzahl? Also … ich meine, wenn ihr das so macht, dann mach ich das natürlich später auch so!«

»Ogottogottogott!«, wollte Hofner sagen, hatte aber natürlich ein Nachsehen, schließlich war Hannes Anfänger! Daher erklärte er ihm, wobei er einmal tief durchatmete, dass diese Kennzahl *völlig* wahllos sei, er hätte auch 0,5 oder 3,1 sagen können, es würde nichts Grundsätzliches an der Aufgabenstellung ändern. Und *nein* – sie nehmen diese Kennzahl nicht im Büro, denn wenn mitunter hundert und mehr Positionen zeitgleich eröffnet waren, so müsste man – würden im Fall Rot alle Positionen zeitgleich ausgestoppt werden – Geld aufs Konto *einzahlen*, um schlussendlich mit »null Euro« auf dem Konto dazustehen, und zum anderen, aber das ließ Hofner unerwähnt, gab es noch weit mehr und vor allem dynamischere Geldmanagementansätze als das starre »x-Prozent-Riskieren«.[113]

Nach kurzem Nachdenken verstand dies auch Hannes und erkannte von selbst, dass diese Kennzahl – sofern angewandt – demnach in Hofners Büro weit tiefer liegen musste. Zum anderen erwähnte Hofner, wenn auch nur am Rande, dass bei dem riskierten Betrag pro Position der *Rumrutschfaktor* eines Händlers ebenfalls immer Beachtung finden müsse, womit Hannes zuerst überhaupt nichts anfangen konnte, doch unter der fleißigen Mithilfe von John, Philip und Jerome war er wenige Minuten später sogar bereits in der Lage, zumindest oberflächlich nachvollziehen zu können, dass diese Kennzahl so gut wie immer sowieso individuell bestimmt werden musste![114] Nach diesen Erklärungen konnte Hannes nun selbst ausrechnen, dass die von Hofner angenommenen Werte von *1,5 Prozent* und *50.000 Euro* dem Beispielhändler einen Rumrutschfaktor von *Minimum* 750 Euro unterstellte.

Und Hannes schrieb: *riskierter Betrag pro Position maximal: 1,5 Prozent.*

Hofner überlegte, wie er das Beispiel für Hannes noch etwas plastischer gestalten konnte, und entschied sich, zwei weitere Variablen mit einzubauen, deren Bedeutung zwar eher gering, um nicht zu sagen fast schon nebensächlich war, die Hannes aber zu intensiverem Nachdenken anregen sollten. »Schreib darunter die Variable: *Zeit pro Tag* … ähm … wegen mir: *fünf Stunden!*«

»Wie, nur fünf?«

»Hey, Hannes … du sitzt auch in der Wirklichkeit nicht vierundzwanzig und daher hier im Beispiel maximal und in der Summe fünf Stunden vor der Kiste!«

Hannes schrieb und fragte dann: »Das war's?«

»Nein! Nun bitte die nächste Variable: *maximal fünf Trades am Tag!*«

»*Fünf?* Wieso nur fünf?«, beschwerte sich Hannes, und da Hofner nochmals »Beispiel« flüsterte, schrieb er.

»So, jetzt zu den Märkten! Die begrenzen wir einfach mal auf den DAX- und den Bund-Future!«, bestimmte Hofner.

---

113 Weitere Ansätze für Geldmanagement könnten in Anlehnung an Gewinner- und Verliererserien *Optimal f* und Secure f, Marktvolatilitäten, Kontrakt/Stückzahl pro Fixum oder Fixed Fractional oder Fixed Ratio, Kelly-Formel, Crossing Equity Curve sein.

114 Diesbezüglich sei auf DER HÄNDLER Band 4, Fachteil, Bild 6 verwiesen.

»Aber ich schau mir doch immer auch noch die Aktien und den Dow…«, insistierte Hannes, aber Hofner unterbrach seine Intervention mit einem strengen Blick und der Frage, welchen Teil von »Wir machen ein *Beispiel*« er nicht verstanden habe.

»Okay, okay, … DAX- und Bund-Future. Alles klar!« Er notierte dies, dann meinte er, »Wenn wir das Beispiel mit Future-Märkten durchgehen, brauchen wir jetzt nicht auch den Punktwert?«

Den hatte Hannes im Kopf, und als Hofner nickte, schrieb er: *fünfundzwanzig und zehn Euro.*

»Jetzt zur Margin! Hier gehen wir mal beim DAX von zehntausend und beim Bund von zweitausend Euro aus«, gab Hofner vor.

»Aaaabbber der DAX und der Bund haben doch …«, Hannes unterbrach sich selbst, »… *ähm, verstehe!*«

Hofner nickte und machte weiter: »Jetzt zur Intraday-Margin! Hier gehen wir mal beim DAX von … *ach, was soll's … fünftausend und eintausend Euro* aus.«

»Aber …« Hannes biss sich noch rechtzeitig auf die Lippen und schrieb.

»Darunter die Variable: *Marginauslastung* … bei der gehen wir mal von beispielsweise *fünfzig Prozent* aus.«

»Ähm, was?«, hakte Hannes nach.

»Du kannst so viele Märkte und innerhalb derer so viele Kontrakte handeln, wie du willst, nur darfst du in der Summe nicht über eine Marginauslastung des Kontos von fünfzig Prozent kommen. Nur mal ein Beispiel: Wenn du zwei DAX-Futures bereits gestern über Nacht gehalten hast und dies auch heute Nacht fortsetzen willst und diese in der Summe eine Margin von 20.000 Euro erfordern, könntest du demnach noch fünf Bund-Futures intraday handeln.«

Hannes schrieb und blickte, als er fertig war, in der Erwartung weiterer Ansagen auf.

»Okay, dann zeig mal her!« Hofner ließ sich das Blatt zeigen und prüfte dessen Vollständigkeit, obgleich er, wie auch die anderen Händler, natürlich wusste, dass diese Aufzählung sicherlich noch umfangreicher und feiner ausgearbeitet werden konnte. Doch um Hannes' Gedanken eine vorläufige Ausrichtung zu geben, genügte es völlig! Hofner reichte das Blatt zurück und meinte: »So, nun mach mal einen Strich darunter, und in zwei nebeneinanderliegenden Kästchen schreibst du mal spaßeshalber in das eine *Held* und in das andere *Geld*!«

Hannes tat wie angewiesen. »Und welche Vorgabe wird das wohl sein?« Eine leichte Ironie schwang seinen Worten nach.

Hofner konnte sich, genauso wie John, Jerome und Philip, eines Lachens nicht erwehren. »*Oooch*, hier machst du einfach dort ein entsprechendes Kreuz rein, worum es dir beim Handel geht …«

Hannes' Reaktion bestand aus einem verblüfften Gesichtsausdruck, ansonsten saß er regungslos da.

John half nach. »Willst du mittels *›booaah, heute habe ich …‹* der Held auf jeder Party sein, oder geht es dir *nur* ums Geldverdienen, will heißen, es ist dir eigentlich völlig egal, wie du dieses aus den Charts rausholst!?«

Hofner beugte sich vor und tippte auf das Blatt. »Na los, mach dein Kreuz!«

Als würde er aus einer Verzauberung erwachen, blickte Hannes plötzlich nach unten auf das vor sich liegende Blatt, und wie nicht anders zu erwarten, machte er sein Kreuz bei … *Geld.*

»Na dann!«, erklang es von Hofner und John fast gleichzeitig.

»Na dann, *was*?« Misstrauisch blickte Hannes die beiden an.

»Leg los!«, meinte Hofner.

»Leg los mit *was*?!«, fragte Hannes zurück.

»Vor dir liegen die Eck- beziehungsweise Wegpunkte, die du zum Erreichen deines Routenziels«, Hofner tippte auf die *hundert Prozent*, »beachten musst und«, er tippte auf den Rest des Blattes, »nicht verletzen darfst!«

Hannes' Gesichtsausdruck sprach Bände; offensichtlich war er mit der Situation leicht überfordert, aber davon unbeirrt, ließ Hofner seinen Blick über ihn hinweg durch den Raum schweifen und fragte: »Mal was ganz anderes: Wo sind denn die Toiletten?«

Hannes zeigte in eine Richtung. »Vorn links ... dann zweite Tür rechts.«

Beim Aufstehen meinte Hofner noch: »Falls dir das hilft: Stell dir vor, du hast eine Wanderung zu einem schönen Ausflugsziel vor und planst nun deine Route!« Dann ging er in die angegebene Richtung davon.

Hannes blickte unglücklich auf das Blatt, und als Hofner aus Sichtweite war, fragte er in die Runde: »*Wanderung?* Wie hat er denn das jetzt gemeint?«

Jerome, Philip und John sahen sich an, dann erbarmte sich John: »Der Hinweis hat schon seine Berechtigung. Denk wirklich einfach mal an eine bevorstehende Wanderung. Dein Ziel könnte zum Beispiel ein Berggipfel oder eine Sehenswürdigkeit oder einfach nur eine bestimmte Strecke Weg sein, von der du ausprobieren möchtest, ob du sie bewältigen kannst oder von der du wissen willst, wie lange du brauchst, um anzukommen. Und nun liegen alle Informationen, die für die Planung notwendig sind oder die du bekommen konntest, vor dir, sprich: eine Wanderkarte für das Gebiet, eine Wettervorhersage und für den Rückweg ein Fahrplan für den Zug nach Hause und so weiter ...«

»Wenn es eine längere Tour werden soll«, ergänzte Jerome Johns Beispiele, »vielleicht auch noch ein Infoblatt des regionalen Wandervereins, eine Liste mit Unterkunftsmöglichkeiten und ein Reiseführer für die Besonderheiten ...«

»... und ein Schreiben deines Arztes mit den Ergebnissen deiner letzten – Achtung: *Fitnessuntersuchung*!«, setzte Philip lachend noch oben drauf.

Bevor aber nun noch mehr Beispiele genannt werden konnten, ergriff John das Wort und fragte Hannes: »Nun, Hannes, was meinst denn nun du, warum du so viele Parameter notieren solltest?«

Hannes starrte nachdenklich auf das Blatt. »Na, ich denke ... *ähm* ... ich soll ... *hmm* ... ich soll meine *maximalen* Stückzahlen ermitteln! – *Ja, genau!* Also, wenn ich zum Beispiel«, Hannes tippte nacheinander auf die entsprechenden Parameter, »die erlaubte *Marginauslastung* von der *Kontogröße* abziehe und das Ergebnis durch die *Margin pro Kontrakt* teile, dann kann ich im DAX-Future intraday mit zehn oder im Bund-Future mit 25 Kontrakten handeln! ... *Wow!* ... Aber das heißt doch dann ... wartet, wartet ...«, Hannes rechnete eifrig, »bei meiner *Zielrendite* von hundert Prozent sind das monatlich rund 4.000 Euro. Wenn ich das jetzt durch vier Wochen und die maximal erlaubte Anzahl Handelstage pro Woche teile ... ergibt das je Handelstag rund ...

260 Euro … und wenn ich das jetzt durch die *Punktwerte* teile, sind das … circa zehn Punkte beim DAX-Future und beim Bund 26 Punkte. *Huiii!* Das muss jetzt nur noch durch die vorhin ermittelte Anzahl von Kontrakten geteilt werden und … *Mann, ist das geil!* … Ich brauche beim DAX immer nur entweder zwei oder zweieinhalb Punkte und beim Bund fast immer nur einen Punkt, ganz selten mal zwei Punkte, und ich habe die volle Miete drin! … *Yeah, Ziel erreicht! Mannmannmann!* … Da kann man ja gar nicht danebenhauen, bei den wenigen Punkten. Die hol ich immer! Und wenn ich mal einen oder zwei Tage mehr frei haben will, braucht's nur ein paar Pünktchen mehr, und schon ist alles schick!« Hannes klatschte in die Hände.

Philip hatte über Hannes' Freudentaumel genauso weit die Augenbrauen in die Höhe gezogen wie Jerome und John, und Letzterem unterstellte Philip, dass dieser Hannes' eben erfolgte Berechnung am liebsten mit den Worten »Genau das denke ich eben nicht!« in kleine Fetzen reißen würde, und bewunderte seine Beherrschung. Aus der Erinnerung an seine eigene frühere Art wusste Philip nur zu gut, dass es nun hieß, Hannes' Euphorie wieder auf die Fragestellung »Was soll ich tun?« zurückzulenken, denn mit der von Hofner gegebenen Aufgabenstellung war ein gerade entgegengesetztes Endziel Erkenntnis verbunden.

»Du meinst also, Hannes«, begann John im ruhigen Tonfall, »dass es darum geht, beim Jagen einfach alle Hunde von der Leine zu lassen!«

»Ja, genau, genau …«, und noch bevor er sich ereifern konnte, ergriff auch schon John wieder das Wort: »Okay, du hast zwar auf jeden Fall schon mal eine Art Lösung, und auch mathematisch stimmt so die grobe Richtung, aber … irgendwie ist der Gedanke an diese *Wanderung* dir zu sehr abhandengekommen, und ich glaube, für die nächsten Schritte sollten wir dort noch mal ansetzen!«

Philip konnte John für dessen einfühlsames Vorgehen nur bewundern, und ein Blick hinüber zu Jerome zeigte ihm, dass auch er ähnlich empfand, aber da fuhr John auch schon fort: »Vorhin hatten wir doch passend verglichen, dass die Parameter auf deinem Blatt den notwendigen Informationen zur Vorbereitung einer … nennen wir es mal … kleinen, mittleren oder größeren Reise entsprechen. Lass uns der Einfachheit halber hier mal von einer kleinen Reise, also einer Wanderung oder einem Ausflug, ausgehen. Was hast du da nun also vor dir liegen?

Beispielsweise könnte die *Kontogröße* der Größe deines Rucksacks entsprechen, die *maximalen Verluste pro Trade* entsprächen vielleicht deinem ärztlichen Belastungstest, die *Zielrendite* gibt die Wegstrecke wieder, die du gerne bei dieser Wanderung oder diesem Ausflug zurücklegen möchtest, und die *Handelszeit pro Tag* entspricht der Zeit, die du für diesen Ausflug pro Tag zur Verfügung hast … und nun liegt es an dir, sowohl die Route als auch alles weitere Notwendige zu planen! Die erste Frage könnte etwa lauten: Komme ich in der zur Verfügung stehenden Zeit überhaupt ans Ziel, beziehungsweise welches Fortbewegungsmittel benötige ich, damit das möglich wird und … steht es überhaupt zur Verfügung? Na, und so weiter und so fort … Was du bisher getan hast, ist jedenfalls nichts anderes, als kurz mit dem Lineal aus der Karte herauszumessen, dass dein Ziel so und so viele Kilometer *Luftlinie* entfernt ist, dir den *erstbesten* Rucksack zu schnappen und *wahllos* Proviant, im Sinne von Kontraktanzahlen, hineinzuschmeißen und loszurennen. Das heißt, mal abgesehen, dass du dein Ziel nicht nur querfeldein und in Luftlinie erreichen willst, sondern dabei auch noch deine unüberlegte Menge an Wegzehrung komplett aufessen wirst, weswegen du sie ja mitgenommen hast. Die Frage lautet also: Kommst du an, und wie geht es dir beziehungsweise wie fühlst du dich, wenn du dort bist?«

Da Philip solche Überlegungen in seiner bisherigen Tradingvergangenheit zur Genüge am eigenen Leib erfahren durfte und auch musste, war ihm klar, dass es hierzu natürlich die unterschiedlichsten Lösungsansätze gab – wobei der einfachste vielleicht noch in der Frage zu finden war, ob *Rucksackgröße*, *enthaltener Proviant* und *Wegstrecke* denn überhaupt aufeinander abgestimmt waren – welche mit fortschreitender Erfahrung an sowohl Richtung als auch Tiefgang einer gewissen Dynamik unterlagen –, und er verlieh diesem Beispiel innerlich das Prädikat »hervorragend«!

John erinnerte Hannes in diesem Zusammenhang an zurückliegende Gespräche, bei denen die drei möglichen Handelsstile *Trend*, *Bewegung* und *Ausbruch* angesprochen worden waren, und erklärte ihm, dass es zur Umsetzung der Aufgabe beziehungsweise der Erreichung des Ziels demnach *mehrere* Möglichkeiten – sprich *Routen* – gebe und es zu Hannes' Aufgabe gehöre, diese einzeln und nacheinander gedanklich durchzugehen. »Angenommen, du wolltest deine Ziele«, John tippte auf das Blatt, »nicht in den verschiedenen …«, er verzog etwas das Gesicht, denn er mochte das kommende Wort nicht, »*Zeitebenen* des Intraday-Handels, sondern beispielsweise auf Basis des Schlusskurses umsetzen, so könntest du nun versuchen herauszufinden, ob dies mit den angegebenen Parametern *überhaupt* darstellbar ist. Lautet dein Ergebnis *JA*, solltest du im nächsten Schritt untersuchen, innerhalb welcher minimalen und maximalen Bandbreite dies möglich ist! – *Jetzt verstanden?!*«

Hannes schienen diese Worte Johns tatsächlich über die Hürde des zweiten Anfangs geholfen zu haben, denn er kritzelte los …

»Und?«, fragte Hofner, der den Gang zur Toilette noch genutzt hatte, um zu Hause bei seiner Frau anzurufen und sich eine gebührende Zeitlang zu unterhalten.

»Na ja«, Hannes drehte sein Blatt zu Hofner und zeigte auf seine zuoberst aufgezeichneten Spalten und deren verschiedene Marktsegmente und einzelne Werte. »… hier wäre beispielsweise der Derivatemarkt und der hierin angenommene DAX-Future.« Er deutete auf die nächste Unterteilung und erklärte, dass diese den Zeiteinheiten gelte. »Tagesbasis, dann 60-Minuten-, dann 30-Minuten- … bis runter zum Tickchart!«

Hofner nickte, und Philip überlegte sich, dass dieser bei dem Begriff *Zeiteinheiten* ebenso wie John bestimmt innerlich aufstöhnte, denn schließlich hätte man auch einfach nur die vier Spalten in *großer*, *mittlerer*, *kleiner* und *ganz kleiner* Trend teilen können, aber es war natürlich verständlich, dass Hofner Hannes jetzt sogar lobte, denn schließlich … Hannes war *Anfänger*.

Hannes erklärte nun weiter, dass er *jede* einzelne Spalte der Zeiteinheiten nun nochmals in drei Unterspalten unterteilt habe, denn schließlich konnte man ja auf *jeder* Zeiteinheit den *Trend*-, den *Bewegungs*- und den *Ausbruchshandel* durchführen.

Auch hier wurde er von Hofner aufrichtig gelobt, wenngleich jeder andere am Tisch wusste, dass man innerhalb der Zeiteinheit von 3-Minuten – einer ohnehin völlig unsinnigen Spalte – sicherlich keinen *Bewegungshandel* aufzuführen brauchte, wenn in der Tabelle auf Tickbasis parallel der Trendhandel Erwähnung fand. Gleiches galt für einen »Trendhandel auf 10-Minuten«[115], da dieser dem »Bewegungshandel auf nahezu 60-Minuten« glich. Viele Spalten zeigten bei genauer Betrachtung also Inhaltsgleichheit und waren damit aus markttechnischer Sicht »doppelt«. Zum anderen war allen klar, offensichtlich nur Hannes nicht, dass der von ihm in die verschiedenen Zeiteinheiten eingetragene *Handel des Ausbruchs* schlussendlich keiner so detaillierten Unter- beziehungsweise Aufteilung bedurfte, da er – unter der Voraussetzung, dass nur die *deutlichsten Punkte* 2 der »großen« und »mittleren Trends« Beachtung fanden – im gesamten Chartablauf nur *einmal* vorkam. Aus diesem Grund war es eigentlich egal, ob er nun auf einem 10-, 60-, 15- oder 3-Minuten-Chart betrachtet wurde. Aber Hofner ließ Hannes gewähren, denn schließlich ... Hannes war *Anfänger*.

»Und weiter ...?«, fragte Hofner.

Nun gab Hannes an, *Pi mal Daumen* geprüft zu haben, ob denn die drei Handelsausrichtungen bei Beachtung der vorab niedergeschriebenen Voraussetzungen in den jeweiligen Zeiteinheiten überhaupt zur Anwendung kommen konnten.

»Sehr gut!«, lobte Hofner auch hier.

Hannes schmunzelte seinen »Gehilfen« zu und zeigte nun beginnend auf die Spalte *Tagesbasis*. »Hier könnte ich, selbst wenn ich wollte, keine Trends handeln!«, posaunte er heraus, und Philip fand sich mal wieder unangenehm davon berührt, wie mancher Anfänger sein weniges Wissen in einer mit Lautstärke verbundenen Bestimmtheit als letzte Weisheit präsentierte.

»Okay, stimmt! Unter den gegebenen Voraussetzungen ist *kein* Trendhandel möglich. Und nun sag mir noch, *warum*«, forderte Hofner.

Nach einigen kurzen Anläufen konnte es Hannes dann in zwei Sätze fassen. »Wenn ich nur 1,5 Prozent der Kontogröße riskieren darf und diese – demnach *750 Euro* – durch den Punktwert des DAX-Futures dividiere, so erhalte ich ... ähm ... einen Stopp von zwanzig ... *Moment, Quatsch* ... dreißig Punkten *pro* Kontrakt! Aber ... es gibt nun mal auf dieser Trendgröße keine Rücksetzer«, Hannes meinte damit die *Korrekturausmaße*, »von *nur* dreißig Punkten; und wenn ich dann auch noch mit mehreren Kontrakten handeln will, haut das erst recht nicht hin!«

»O-okay, weiter!«

»Den Handel mittels einzelner Kerzen«, Hannes meinte den *Bewegungshandel*, »kann ich auf Tagesbasis aus demselben Grund wie eben auch nicht ausführen!«

Hofners Augenbrauen zogen sich zum Spaß etwas zusammen, als er John ansah, und dieser gab ihm ohne Worte, nur durch ein Schulterzucken und einen schuldbewussten Seitenblick auch auf Jerome und Philip, zu verstehen, dass Hannes am Tisch tatsächlich zumindest *ein wenig* Hilfe zuteil geworden war. Hofner wandte seine Aufmerksamkeit wieder Hannes und dessen Ausführungen zum *Bewegungshandel auf Tagesbasis* zu und nickte. »Genau, weil es kaum Tagesspannen gibt, die *nur* dreißig Punkte groß wären!« Dass, selbst wenn es diese gäbe, der Bewegungshandel dennoch nicht ausführbar wäre, musste Hofner nicht erwähnen, denn er konnte zu Recht von allen am Tisch – abgesehen von Hannes – annehmen, dass sie auch an jene Situation dachten, wenn auf die der Positionseröffnung nachfolgende Periode ein *Innenstab* folgte ... *Eieiei*.

---

115 Siehe Bild 3a und 4b; die Aussage »Trendhandel ›auf‹ einen 10-Minuten Chart« beinhaltet natürlich, dass man auch wirklich *den* »kleinen Trend« und nicht dessen *untergeordneten* oder *übergeordneten* Trend handelt.

Im weiteren Verlauf beschrieb Hannes auch die Handelsmöglichkeiten der anderen von ihm benannten Zeiteinheiten so weit richtig, und als er dann zu den kleineren Zeiteinheiten auch noch hinzuzufügen begann, dass aufgrund der durchschnittlichen »Rücksetzer« des Trends und ebenso aufgrund der durchschnittlichen Größen der einzelnen Perioden, statt bisher nur eines, nun vielleicht sogar zwei DAX-Future-Kontrakte, beim Bund-Future aufgrund dessen geringerem Tick-Wert sogar darüber hinausgehende Kontraktanzahlen gehandelt werden könnten, *ohne* im Verlustfall die vorgeschriebenen 750 Euro zu überschreiten, erhielt Hannes von Hofner einen weiteren anerkennenden Blick geschenkt, und das, obwohl all dies keine bahnbrechenden neuen Weisheiten waren, denn: … Hannes war *Anfänger*.

»Das heißt also«, fasste Hofner die bisher vernommenen Erklärungen zu Hannes' Tabelle kurz zusammen, »dass auf die Frage, ob eine Handelsausrichtung unter *bestimmten* Voraussetzungen anwendbar ist, sich in der Folge einer möglichen Durchführbarkeitsprüfung die Frage ergibt, ab welcher *maximalen* Kontraktanzahl es zu einer Verletzung der Prämissen kommt! Wenn die Aufgabenstellung also beispielsweise *hundert Prozent* im Jahr lautet und du nicht der *Held* sein willst«, Hofner wies auf das fehlende Kreuz in dieser Spalte, »sondern dir einzig das *Geld* wichtig ist, dann ist dies doch auf höheren Zeiteinheiten genauso gut erreichbar wie auf den dazwischenliegenden und wegen mir auch auf dem Tickchart, *richtig*?«

Hannes nickte.

»Gut. Dann habe ich nun eine Bitte: Errechne doch mal, stellvertretend für die anderen Möglichkeiten und nur auf die Schnelle und grob überschlagen, *bei einem Ausbruchshandel die Punkte pro Tag* und deren maximale Positionsanzahl. Später kannst du das ja dann in aller Ruhe und Ausführlichkeit auch für alle anderen Zeitebenen und Handelsausrichtungen und deren minimale und maximale Positionsgrößen angehen.«

Philip war nach wie vor beeindruckt von Hofners während Hannes' Vortrag gezeigter Ruhe, mit der er diesen trotz dessen noch wenig tiefschürfender Gedanken an die Notwendigkeit des Ziehens von *Rückschlüssen* aus einer solchen Tabelle heranführte und sie ihn so weit wie möglich selbst erkennen und erarbeiten ließ.

»Na, das geht schnell …«, Hannes suchte mit dem Finger auf seinem Blatt, »… ah, da ist es ja: Also, bei angenommenen fünfzig Handelswochen und den festgelegten vier Handelstagen pro Woche … meinem Konto mit 50.000 Euro und dem Ziel von hundert Prozent, demnach also auch 50.000 Euro, macht das mit dem DAX-Future zweitausend Punkte im Jahr und demnach *zehn Punkte pro Tag*!«

»Und das bei *einem* Kontrakt!«, stachelte Hofner, auf ein bestimmtes Endziel hinarbeitend, Hannes absichtlich an.

»Äh, stimmt ja! Mit der vorgegebenen Marginauslastung gehen da ja auch fünf Kontrakte! Das heißt …«, Hannes klopfte mit seinem Stift auf dem Blatt herum und überlegte, »… *ähm* … sagt mal, wie weit ist bei so einem Ausbruchshandel ungefähr der Stopp weg?«

»Sagen wir mal … *zehn Punkte*«, antwortete Hofner in dem Wissen, dass für den Zweck des heutigen Abends eine wahllos gegebene Antwort genauso gut war wie eine ungefähre.[116]

---

116 Hier sei auf DER HÄNDLER Band 3 (Sammelband 1), Seite 245 verwiesen.

»*O-oookay* … dann könnte ich also auch drei Kontrakte nehmen und bräuchte daher … *hmm* … sogar nur rund drei Punkte am Tag! Drei! *Heeieieiieii* …«

Hofner ließ Hannes' Glücksgefühl noch höher fliegen, als er meinte: »Und wenn nun noch Beachtung findet, dass du ja nicht nur *einen*, sondern drei, vier, fünf Trades am Tag machen könntest, und zum anderen hast du ja ohnehin fünf Stunden Zeit …«

»Dann bräuchte ich ja pro Trade nur … *Boah!* … *Ey!*« Hannes begann sofort wieder laut zu träumen und berichtete abermals von seinem neuen Haus an einer verträumten Meeresbucht und von den zwei, drei Trades am Tag, die natürlich bemerkenswerterweise alle Plustrades waren; erzählte davon, dass er, sobald das ginge, noch mehr Geld auf sein Tradingkonto einzahlen würde, um dann *noch mehr* Kontrakte handeln zu können. Wie die eben grob durchgeführte Rechnung ja gezeigt hatte, würde sein ganzes Tradingziel so schließlich noch viel, viel schneller vonstattengehen … – und genau an diesem Punkt erklang von Hofner laut und deutlich: *»S-T-O-P-P!«*

»*Was ist …?!*« Hannes fand eine Unterbrechung zu diesem Zeitpunkt sehr störend, schließlich wollte er doch gerade noch von dem Wahnsinnsarbeitsplatz mit den unzähligen Monitoren mit Blick aufs Meer berichten, den er sich einzurichten erträumte!

»*Was ist?* Du willst wissen, was los ist?« Hofner tippte auf das vor Hannes liegende vollgekritzelte Blatt. »Nun, mein Ansinnen bestand weniger darin, dass du nun beginnst, dich reich zu rechnen!« Hofner deutete mit dem Daumen über die Schulter: »Überlass das mal lieber den anderen da draußen! Mir ging es hier nicht darum, dir das Trading als ›das ist doch sooo einfach … ein Punkt am Tag, und alles ist schick!‹ zu verkaufen, sondern darum, dass du dich zu Beginn deines Handels zu fragen beginnst und dies mit den Wochen und Monaten deines aktiven Handels dann immer mehr *verfeinerst*: Wie lautet die *geringste* Kontraktanzahl, die ich brauche, um dennoch ohne Schwierigkeiten meinen monatlichen geldwerten Nutzwert zu erreichen?« Hofner tippte abermals auf das Blatt und erinnerte Hannes daran, dass es doch dessen Vorsatz sei, von seinen Handelsergebnissen *leben zu wollen* und es demnach einzig und allein um einen *absoluten Geldbetrag* auf einem monatlichen Scheck gehe. »So war es doch, oder?«

Ein leises »Mhm!« erklang.

»Hannes, schau! Du hast für deine Reise einen konkreten Leuchtturm vor Augen, auf den es zuzusteuern gilt! Und dieser Leuchtturm heißt: *monatlicher geldwerter Nutz–*«

»… *ah*, ich verstehe, und meine Pflicht ist es, auf dem *kürzesten* und *schnellsten* Weg dorthin …«, die Arme hinter dem Kopf verschränkt und die Beine ausgestreckt, hatte Hannes begonnen, Hofners Satz fortzusetzen, war aber von ihm gleich unterbrochen worden: »… ob der Weg schnell und kurz oder langsam und lang ist, ist *nicht* deine Pflicht, sondern gehört eher in die Kategorie *persönliche Vorlieben*! Was anderes ist dagegen deine *tatsächliche Pflicht*«, Hofner machte eine kleine Pause, »nämlich, dass wie auch immer dein anvisierter Weg aussehen mag, dieser mit den geringsten *nötigen* Geldschwankungen gefahren wird! Ein guter Börsenhändler ist kein Risiko-*Sucher*, sondern ein Risiko-*Vermeider*!«

»Na, das ist doch klar!«, entrüstete sich Hannes.

»Nein, das ist es eben nicht!«, wies Hofner Hannes in die Schranken und verwies auf die unzähligen Trader, die beispielsweise hunderttausend Euro auf ihr Tradingkonto einzahlten und infolgedessen mit unzähligen Kontrakten rumjonglierten, bei genauerem Hinterfragen aber angaben, dass ihre Zielstellung eigentlich ›nur‹ sei, sich und ihre Familie mit beispielsweise 2.500 Euro zu ernähren. »Verstehst du langsam, Hannes, wo das wahre Problem liegt und was ich dir hier«, Hofner deutete auf das Blatt, »eigentlich vermitteln will?!«

Keine Reaktion.

»Wenn jemand mit seinem Trading einen konkreten *monatlichen Nutzwert* verbindet, darf die Kernfrage nicht, wie so oft und fälschlicherweise vorkommend, einfach *pauschal* mit: ›*Hmm* … wie viel zahl ich denn mal auf mein Konto ein? 50.000 oder doch lieber 100.000 Euro?!‹ gestellt werden, sondern muss richtigerweise lauten: ›Mit welcher geringsten Kontrakt-, Stück- oder Lotzahl bekomme ich auf meiner bevorzugten xy-Zeiteinheit«, Hofner meinte demnach *Trendgröße*, »und mit meinem *xy-Handelsstil*, der durchschnittlich *xy-Verlusttrades* in Serie produziert, meinen *monatlichen Nutzwert* von xy-tausend Euro am …« Hofner nannte es vorerst, »›stressfreiesten‹ dargestellt!«

Jerome hielt sein Glas hoch. »Nehmt doch einfach mich als Beispiel!«

»*Ja, na eben!* … Wie machst du das, Jerome?!«, griff Hannes Jeromes Anregung sofort auf.

»Schau mal …«, begann Jerome und beschrieb in *groben* Zahlen, dass er einst in Deutschland zur Deckung all seiner monatlichen Kosten einen geldwerten Nutzwert von 6.000 Euro aus dem Trading hatte beziehen müssen, was wiederum bei zwanzig Handelstagen in Monat 300 Euro täglich bedeutete. Obwohl Jerome von Aktien über CFDs und von Devisen, Rohstoffen bis zu Index-Futures alle Märkte handelte, zog er als sehr vereinfachtes Beispiel für Hannes zunächst nur den Bund-Future heran und berichtete, dass er mit Vorliebe in diesem Markt die »mittleren Trends« handelte, welche durchschnittlich eine Korrekturhöhe von um die fünfzig Ticks kennzeichne; dass es dennoch auch Trades auf dieser Trendgröße mit hundert und andere wiederum mit dreißig Punkten gab, war an dieser Stelle für Jerome und die anderen Händler erstmal völlig nebensächlich, denn es ging hier schlicht nur ums Prinzip. »… meine täglich beabsichtigten 300 Euro entsprechen beim Bund-Future dreißig Ticks, *okay?!* … *Okay!* … Da ich diese mittlere Trendgröße dann bevorzugt handele, wenn sich der übergeordnete, sprich der ›große Trend‹ in einer *weiten* Korrektur befindet, hat dies für meinen Handelsstil zur Folge, dass ich oft mehrere Anläufe benötige, was bedeutet: Sollte der übergeordnete Trend trotz durchdachter Einstiegslogik«, Jerome hielt es in diesem Zusammenhang zu Recht für *völlig unnötig*, diese zu erwähnen, »doch noch weiter korrigieren, produziert das oft mehrere, zwar fachlich saubere, aber nichtsdestotrotz … *Minustrades*! So, das ist der Alltag; das ist die Realität!« Um Hannes die sich hieraus ergebende ungefähre Höhenlage der gestellten Ausgangsfrage aufzuzeigen, erklärte er im nächsten Schritt dann, dass er davon ausgehe, dass beispielsweise 25 Minustrades in Folge auftreten könnten, was bei einem Stopp von durchschnittlich 50 Ticks und einem Tickwert von zehn Euro bedeutete, dass ein Kontoguthaben von mindestens 12.500 Euro, natürlich zuzüglich der erforderlichen Margin für den *einen* Kontrakt, minimal, aber demnach *auch* maximal Bedingung war. »Also, steht es um meine Ausgangslage so: Erstens, ich habe einen sechsstelligen Betrag auf der ›hohen Kante‹; und da ich nicht aus meinem Bestand leben möchte, ist mein Leuchtturm für das Trading daher zweitens einzig: ein *monatlicher geldwerter Nutzwert* …«

»Genau so hab ich es auch vor!«, warf Hannes ein und beugte sich vor, die Augen blinzelnd unter den Brauen.

Jerome, der so tat, als hätte er diesen Einwurf nicht gehört, fuhr fort: »... natürlich sähe das zwar toll aus, wenn ich nun den gesamten verfügbaren Geldbetrag auf mein Konto hauen würde, und einst als Tradinganfänger dachte ich auch, was ich für ein toller Hecht im Vergleich zu anderen wohl sei, wenn ich mit sooo viel Startkapital an den Start gehe; aber mittlerweile sehe ich, dass es zwei Nachteile hatte beziehungsweise hätte: Erstens würde mich der verfügbare Betrag mitunter dazu verleiten, übertrieben tief ins Konto zu greifen, obwohl – *Hannes, Achtung!* – ich dies, um meinen geldwerten Nutzwert zu erreichen, *gar nicht* bräuchte! Und zweitens birgt das beim Broker ›Herumliegenlassen‹ überflüssigen Geldes, verbunden mit dem wackeligen Versprechen, es ja nicht anzurühren – wie gesagt, es würden ja 12.500 Euro zuzüglich der Margin auf dem Konto ausreichen –, jederzeit, mal abgesehen von den kaum zu erwartenden Zinsen«, für Jerome immerhin ein nicht ganz unwichtiger Aspekt, »die Gefahr, dass das Geld permanent einer Schieflage des Brokers ausgesetzt ist.« Um Hannes deutlich klarzumachen, dass in diesem Fall eine einzig auf das Tradingkonto angewandte Rendite-Prozent-Betrachtung logischerweise keinen Sinn mache, richtete er diesbezüglich ein paar weitere beispielhafte Worte an ihn: »Wenn also ein Trader äußert, dass er aus einem 10.000-Euro-Konto monatlich 5.000 Euro *geldwerten Nutzwert* erzielt und demnach fünfzig Prozent monatlichen Profit bezogen auf dieses Konto erwirtschaftet, dann ist das entweder ein absoluter *Volldepp*, bei dem man davon ausgehen kann, dass bei ihm keiner mehr ans Telefon gehen wird, wenn man in ein paar Wochen wieder bei ihm anruft, weil nämlich diese 10.000 Euro sein *Ein und Alles* gewesen waren und er zeitgleich immer mit *maximalen verfügbaren* Positionslimits handelt und gehandelt hatte, oder ...«, Jerome machte, um die Spannung für Hannes ein wenig zu erhöhen, eine kleine Pause, »es handelt sich dabei um einen verdammt schlauen Händler, der genau weiß, dass er für seinen monatlichen angestrebten Nutzwert nur ... *ähm, was weiß ich* ... beispielsweise zehn CFDs benötigt und daher, obwohl er noch hunderttausend in der Hinterhand zur Verfügung hätte, *nur* jenen Geldbetrag eingezahlt hat, der für diese Kontrakte als Margin zuzüglich eines – Achtung: *wohldurchdachten* ›Puffers‹ für fachlich saubere Minustrades seines Handelsstils notwendig war; und der, obwohl er es könnte, diesen ›Puffer‹ *niemals freiwillig* – nochmals Achtung: für eine völlig unnötige Positionserhöhung anrühren würde!«

Während Hannes, dabei noch etwas über die Worte grübelnd, aufstand, um ein das Restaurant verlassende Ehepaar herzlich zu verabschieden, war allen anderen am Tisch der grob dargestellte Kerngedanke von Jeromes natürlich klar: Warum soll man mit x-Kontrakten handeln, wenn es doch auch beispielsweise *einer* täte, *Beständigkeit* vorausgesetzt. Zum anderen, und das war der wesentliche Gedanke, den aber Hannes noch nicht verstehen konnte: Werden solche Überlegungen, wie gerade im Ansatz aufgezeigt, einmal konsequent und ausführlichst zu Ende geführt, wird einem die heilende Erkenntnis zuteil, dass trotz des Handels mit wenigen Kontrakten dennoch keinerlei Notwendigkeit besteht, statt in aller Ruhe auf die »Ballkönigin« zu warten, jedem »Dreckstrade« hinterherzurennen, um ein wie auch immer definiertes Ziel zu erreichen.

Kurzum: Mal abgesehen davon, dass es bei kleineren Positionsgrößen zu keiner Disharmonie mit dem eigenen Rumrutschfaktor kommt, stellte sich Philip bei der hier aufgeführten – und natürlich noch jederzeit sehr viel tiefer und genauer ins Detail gehenden Betrachtung – plötzlich die Frage, was der Grund dafür sei, dass die meisten privaten Trader nicht nur mit Kanonen auf Spatzen schossen, sondern dabei auch noch wahllos auf *jeden* Spatz, und er erkannte, dass die Antwort wohl darin zu suchen war, dass sie sich entweder noch nie oder nur in einer zu groben Form die Frage gestellt hatten, ob das, was sie hatten, auch das war, was sie brauchten, um risikoarm an den gewünschten *geldwerten Nutzwert* zu kommen. Philips Gedanken schweiften noch ein wenig weiter und stolperten dabei plötzlich darüber, ob denn die Aussage der fehlenden oder zu groben Infragestellung auch für jene Trader galt, die sich mit ihrer Rendite weder am *geldwerten Nutzwert* orientierten noch die Rendite als Funktion der Kontogröße oder der Zeit definierten ... Aber wann trat so ein Fall ein? Zum Beispiel, wenn ein Händler einen beliebigen Betrag »x« auf dem Konto hatte und sich nun bei einer Aktie, einem CFD, einem Future oder einem Fondsanteil – ganz egal – für den Betrag »y« einkaufte und diese Position dann sofort wieder schloss, sobald der Wert seiner Anlage plus oder minus »z« Prozent von seinem Betrag y erreicht hatte. Dabei war die Rendite zwar keine Funktion der Zeit, aber man könnte doch durchaus argumentieren, dass ein Anlageziel von plus »z« Prozent von einem Betrag »y« durchaus einem *geldwerten Nutzeffekt* entsprach ... vor allem, wenn vielleicht der wahllose Betrag »y« selbst eine beliebige Funktion des wahllosen Kontobetrags »x« war?

Huiiuiuiii ...

Okay, alles vielleicht ein wenig theoretisch, aber ... was bleibt übrig?

Oder anders gefragt: Ist das noch traden?

Mhm ... Philip nahm sich vor, es mal anders zu betrachten: Die Chance, dass diese Art der Vorgehensweise – »Ich geh mal mit ... *ähm* ... och, heut mal *so und so viel Euro* rein und nach ... *ähm, och, was weiß ich* ... 500 Euro oder so wieder raus« – ein qualitatives Trading darstellte, war, aus der Nähe betrachtet, eher dürftig. Zum ersten stand, solange unklar war, ob und wie viel der zur Positionseröffnung eingesetzte Betrag kleiner war als die gesamte Kontogröße »x«, der mögliche Vorwurf im Raum, dass ein solcher Trader möglicherweise mit seinem ganzen Kapital in den Markt ging und dabei im allerschlimmsten Fall sogar mehr verlieren konnte, als er überhaupt auf dem Konto hatte. Zum zweiten konnte davon ausgegangen werden, dass bei der Erwartungshaltung einer Rendite von plus »z« Prozent von einem Betrag »y« keine wie auch immer geartete Handelsmethode – also weder Trend-, Bewegungs-, Ausbruchshandel – zum Einsatz kam. Zum dritten war daher sehr wahrscheinlich, dass auch die vorhandene Großwetterlage bei dem Trade keine Beachtung fand, denn: Man könnte ja im Zweifelsfall auch weit mehr rausholen. Der vierte, und hier griff ebenfalls das Argument der Nichtbeachtung der Großwetterlage, letzte und eindeutigste Hinweis, dass es sich hierbei *nicht* um qualitatives Trading handelte, offenbarte sich, wenn man an die alte Börsenweisheit des ›Verluste begrenzen und Gewinne laufen lassen‹ dachte ... die Verluste mochten zwar durch die *willkürliche* Ziehung der Grenze bei minus »z« Prozent des willkürlichen Betrages »y« eingeschränkt worden sein, da das Gleiche aber auch für die willkürlich definierten Gewinne galt, bestand eigentlich für diesen Trader kaum eine Chance, jemals eine »Rendite« einzufahren, die tatsächlich »z« Prozent des Betrages »y« erreichte, was diesem Trader bei entsprechendem Nachdenken leicht auch selbst klar werden musste. Daraus folgte zwangsläufig, dass ein solcher Trader ebenfalls dem Fehler unterlag, sich entweder noch nie oder nur in einer zu groben Form mit den notwendigsten Fragen des Tradings beschäftigt zu haben!

Hannes kam zurück an den Tisch und hielt sich die Stirn: »Oje, mein Kopf platzt gleich! Ich glaube, für heute reicht mir das erst mal ...« Er schaute auf die Uhr, und tatsächlich, die Zeit war weit fortgeschritten – und auch das Restaurant hatte sich bereits merklich geleert.

»Na dann ... Prost!«, erklang es gemeinsam am Tisch, und während die letzten Zigaretten angesteckt wurden, griff John abschließend das angesprochene Beispiel der Wanderung auf und setzte zusammenfassend den Schlussstein, dessen *Verständnis* sich bei Hannes hoffentlich irgendwann von selbst einstellte! »Also: Der für die beabsichtigte Tour ausgesuchte Rucksack muss angemessen sein! Je größer oder kleiner er gewählt wird oder zur Verfügung steht, desto größer wird die Wahrscheinlichkeit, dass du nicht ankommst! Ist er zu klein, kannst du nicht genug ›Proviant‹ mitnehmen und verhungerst entweder unterwegs oder musst zu oft zum Wiederauffüllen anhalten und kommst nicht in der geplanten Zeit am Ziel an. Ist er hingegen zu groß, wirst du – gerade als Anfänger – dazu verleitet, viel zu viel und vor allem unnützes Zeug mitzunehmen, erschwerst somit das Erreichen deines Zieles und kommst im besten Fall überhaupt nicht an oder hast dich nervlich wie körperlich zu Tode geschleppt, kurzum: Du kannst das Erreichen deines Ziels und die Früchte deiner Arbeit überhaupt nicht genießen!

Kurzum: Wie bekomme ich meinen geldwerten Nutzwert am risikolosesten dargestellt? Oder anders ...« John sah zu Philip und Jerome, denn beide hatten nachfolgende Worte bereits in einem anderen Zusammenhang vernommen: *»WAS ist LUST, und was ist PFLICHT! – Prost!«*

»Prost!«

»Die Rechnung geht aufs Haus«, meinte Hannes, und kurz darauf standen die Männer vor dem Restaurant. Leise schwankten die Baumwipfel in einer unmerklichen Brise, und von den hellen Fenstern fielen weiße, an den Rändern zitternde Lichtkegel in den kleinen Vorgarten hinein, und manchmal auch ein volles Lachen. Trotz der späteren Stunde herrschte rund um die Khaosan Road, auf den Fahrbahnen genauso wie auf den Bürgersteigen, immer noch ein reger Betrieb, und die drückende Schwüle eines Bangkoker Abends umhüllte alles wie ein Mantel.

Nachdem noch letzte private Worte gewechselt wurden, begann sich Hannes vor dem Restaurant von jedem mit seinem so typischen Küsschen rechts, Küsschen links zu verabschieden. Und einem Drang gehorchend, von letzten Zweifeln gequält, nahm er Hofner verlegen hüstelnd beiseite und fragte abschließend: »Also, *ähm*, demnach ... kann sich ... *ähm*, der Börsenhandel einem *doch* selbst erschließen? Ohne fremde Hilfe? Ich meine also, *ohne* Praktikum und so?« Und obwohl die Frage nahezu geflüstert wurde, bekamen sie alle mit und sahen, dass Hannes scheinbar angesichts seiner einsamen Lage zu Hause auf eine hoffnungsvolle Antwort hoffte. Mit gleichmäßig verteiltem Respekt blickte Hannes zwischen Jerome und Philip hin und her und wartete auf die Antwort.

Aber statt zu antworten, trat Hofner einen Schritt beiseite und zeigte auf Jerome. Dieser blickte dem sehnsüchtig auf eine Antwort wartenden Hannes eindringlich in die Augen und nickte. »Ich denke schon, dass man sich den Handel auch *selbst* beibringen kann! Man muss nur – und du kennst sie ja jetzt – sehr lange und ausführlich über die ...«, Jerome sah Hofner eindringlich, eigentlich eher schon fragend an, »*beiden* genannten Unterschiede zur ›Ausbildung mittels Ausbilder‹ nachdenken!«

Jeromes Worte malten offene Freude und Bewunderung in Hannes' Gesicht. Mit hoffnungsvollen Gedanken kehrte dieser zurück in sein Restaurant, umarmte seine Frau, und noch am selben Abend blätterten beide hoffnungsfroh in diversen Strandhauskatalogen. Allen anderen indes war klar, dass Jerome mit seiner Aussage keinesfalls die Qualität der ausbildenden Tätigkeit Hofners oder Johns infrage gestellt hatte, was auch gar nicht möglich gewesen wäre, da die Qualität einer »Tradingausbildung« einzig und allein durch den Schüler selbst in den Stand von »gut« oder »schlecht« gehoben wird.

Und während Nick – im Beisein einer der beiden Damen – sowie Philip und John nach den Taxis Ausschau hielten, nahm nun wiederum Jerome, ebenfalls verlegen hüstelnd, Hofner nochmals beiseite. »Du sprachst von *zwei* Unterschieden! Ich denke aber, es sind … *drei*! «, und er begann stichpunktartig, den aus seiner Sicht fehlenden Unterschied zu skizzieren.

»Ich weiß, ich weiß!«, lachte Hofner und äußerte, dass er *absichtlich* jenen dritten Unterschied deswegen nicht erwähnt habe, da er sich selbst als denkbar schlechtesten Vermittler hierfür sähe, denn er selbst habe a) diesen wesentlichen und wichtigen Unterschied selbst nie erlebt, und b) in einem Handelsbüro würde diese wahrhafte Schwierigkeit eines privaten Händlers, der sich »Trading auf eigene Faust« beibrachte, nicht mal im Ansatz zum Tragen kommen!

»… es gibt neben den zwei von dir erwähnten Unterschieden noch einen *dritten*?«, fragte Philip, der die Ankunft der Taxis mitteilen wollte und die letzten Worte von John und Jerome daher eher zufällig vernahm, völlig erstaunt.

»Das stimmt schon, ich sprach nur von zweien! Den fehlenden Unterschied«, Hofner klopfte Jerome freundschaftlich auf die Schulter »kann unser Freund hier weitaus besser als ich berichten! Ich könnte es nur *nacherzählen* – Jerome hingegen kann es mit *Erfahrung belegen*!«

»Jungs!!!« Nick machte derweilen heftig winkend auf sich und auf die drei wartenden Taxis aufmerksam.

Jerome nahm das vordere Taxi, und noch bevor es losfuhr, klopfte Philip auf das Dach. »Sag, und du hast dir den ganzen Kram echt komplett selbst beigebracht?«

Jerome streckte seinen Kopf aus dem Fenster und meinte nickend und stöhnend gleichsam, dass es besser sei, nicht zu fragen, was er diesbezüglich alles hatte durchmachen müssen.

»Und wenn ich es doch tue?!«, scherzte Philip.

Jerome schüttelte lachend seinen Kopf. »Nun, dann würde dafür die heutige Nacht nicht mehr ausreichen!«

»So lang ist die Geschichte?«

»Länger! Viel, viel länger …« Jerome zog seinen Kopf wieder in das Taxi zurück. »Hier sind meine Adresse und meine Nummer.« Er kritzelte auf die Rückseite eines zerknüllten Belegs ein paar Buchstaben und Zahlen. »Wenn du willst, dann komm vorbei, bevor du wieder abhaust!«

»Echt?«

»Aber nur, wenn du willst und dir der Handel eines Privaten nicht zu langweilig erscheint!«, sagte Jerome im Scherz, denn er wusste Philip ebenso recht einzuschätzen wie dieser ihn.

Dann flog die Tür zu, und mit der noch zugerufenen Antwort Philips fuhr das Taxi in die helle Nacht Bangkoks …

*

»Wie komme ich am besten zu dieser Adresse?!«

Der Concierge entzifferte mühsam die Buchstaben des ihm gereichten zerknitterten Zettels und holte unter seinem Tresen einen umfangreichen Stadtplan hervor, den er, umständlich entfaltend, vor sich ausbreitete. »… one moment, Sir!« Mehrfach mit seinem Finger in kreisenden Bewegungen über den Stadtplan gleitend, meinte er schließlich: »Fast way is with *hang yao*!«

»Hang … *what?*«

»*Hang yao!*«

»What is this?«

Der Alte kratzte sich am Hinterkopf und antwortete nach ein paar Sekunden: »Boat!«

»*Ooooh shit!*«

Philip gab dem Concierge ein großzügiges Trinkgeld und dieser ihm dafür eine genaue Beschreibung der Anlegestelle und Hunderte von Begründungen dafür, warum die Klongs ein nicht zu unterschätzendes Verkehrssystem in Bangkok darstellten. Und rund dreißig Minuten später meinte ein junger, an der linken Brusttasche einen Clip mit der Aufschrift *Sou* tragender Thai: »Seien Sie vorsichtig beim Einsteigen, es schwankt etwas, aber haben Sie keine Angst!«

Angst?

ANGST?

Heute Morgen hatte Philip kurz einen Anflug von Angst erlebt, als er bemerkte, dass er unbewusst eine viel zu hohe – obwohl mögliche – Positionsgröße eingeben wollte. – *DAS war Angst!*

Der Thai half Philip, seinen Platz in dem engen Gefährt einzunehmen. Danach stieg er selbst routiniert in das Boot, stieß sich vom Steg ab, setzte den Ausleger ins Wasser und gab Gas. Hinter dem Boot schäumte das Wasser auf, und mit geschickten Drehungen des Motors steuerte Sou das Gefährt sicher flussaufwärts durch die Fluten des Menam Chao Phraya. Das Boot hüpfte über die Wellen, und Philip klammerte sich an den Bordwänden fest, während Sou hinter ihm, eine Hand in den Schoß gelegt, die Fahrt ganz entspannt zu genießen schien. Auf der rechten Seite flog die Front des *Oriental* vorbei, dahinter breitete sich der Teppich des modernen Bangkok aus, auf der linken Seite hingegen waren verfallene Holzhäuser und Pfahlbauten zu sehen. Der Fluss zog eine harte Grenze zwischen den beiden Bereichen, die Philip bei dieser Fahrt abermals in ganzer Deutlichkeit offenbar wurde. Nach weiteren dreißig Minuten wurde der Fluss schmaler, und es mehrten sich die Boote, deren Führer ähnlich wie im Straßenverkehr keine Vorschriften zu kennen schienen. Fast unmerklich näherte sich das Boot dem linken Ufer, fuhr unter mehreren Brücken hindurch und bog dann in einen der kleineren Klongs ein.

Über die Schulter schauend, war für Philip die Skyline nur noch vereinzelt und bruchstückhaft zwischen den vorbeiziehenden Häusern sichtbar, und verträumt in die Sonne blinzelnd, fragte er sich, wie viele Berufe so eine Stadt wohl beherbergte? *Hunderte? Tausende?* … Ärzte,

Fischer, Schaffner, Kellner, Tischler, Köche, Bauern, Elektriker, Designer, Hausverwalter, Gärtner, Taxifahrer, Verkäufer, Studenten, Reiseleiter, Friseure, Krankenschwestern, Restaurantbesitzer …

Hmmm …

So unterschiedlich ihre Bestimmungen im Einzelnen auch sein mochten – eines hatten die Menschen aller Berufsgruppen gemeinsam: dass sie sich als Erfahrende, durch die *Ent*täuschung am vormals fremden Gegenstand ihres Berufs, über die Jahre über ihre anfängliche *Täuschung* bewusst wurden, die sie bis zu genau jener *Ent*täuschung für eine richtige Annahme über die Wirklichkeit gehalten hatten. Genau dies hatte der tapfere Polizist mit dem mutigen Kosmonauten und jener wiederum mit der fleißigen Küchenhilfe und diese mit allen anderen Hunderten oder Tausenden Angehöriger jedweder Berufsgruppe gemeinsam.

Demnach hatten alle diese Menschen auch gemeinsam, dass die falschen Annahmen, die einst für richtig erachteten *Täuschungen*, in ihrem Erfahrungshorizont lediglich als *durch*gestrichene und nur in vereinzelten Tagebuchaufzeichnungen mitunter noch als *unter*strichene Aufzeichnungen enthalten blieben und dafür neue Erfahrungen hinzutraten.

Aber …

Philip kramte sein Tagebuch aus dem Rucksack, nahm seinen Stift zur Hand und fügte, als das Boot etwas ausgewogener auf dem Wasser lag, mit trotzdem leicht verwackelter Handschrift unter die bisher letzte eine weitere Notiz hinzu:

> *… es gibt neben dem Trading nur sehr wenige Berufe, die den Prozess des »Sich-seiner-selbst-bewusst-Werdens« so schnell anschubsen, und in denen die »Negativität der Erfahrung« so eine enorm katalysierende Wirkung hat.*

Wohl hervorgerufen durch das eben Geschriebene, zogen sich Philips Gedanken unwillkürlich zusammen, und als ob er durch einen plötzlich entstandenen Riss blickte, sah er sich als den einstigen Anfänger, der bei den Worten »*Erfahrung sammeln …* « innerlich immer lächeln und stöhnen musste, denn seine Ansicht war, dass diese mahnend, *… ja fast schon nervend vorgetragene …* Begrifflichkeit einfach zu der *maßlos* übertriebenen Gruppe von sinnlos »geschwollenen Worten« im Trading gehörte. Er erinnerte sich nur zu gut seiner damaligen inneren Stimme – von der er viel zu lange meinte, es sei die Stimme des Scharfsinns –, die ihm zuflüsterte: »Long, short … ein Regelwerk … *wo* bitte ist das Problem?«

Na ja …

Philip sah auf und fragte sich, während er seine rechte Hand durch das kühle Wasser gleiten ließ, was Hofner eigentlich *je* von ihm verlangt hatte.

Hmmm …?!

»Gar nichts! Gar *nichts* hatte er verlangt!«, hörte Philip sich zu seiner eigenen Verblüffung laut ausrufen. »Gar nichts, außer … *einem*!«, fügte er, aber sehr viel leiser, noch hinzu: »Das Bewusstsein des Versuchs!« Philip formte diese Worte nur in seinem Kopf, dafür aber voll innerlicher Lebhaftigkeit. »Hofner wollte einzig mein Verständnis dafür schärfen, dass ich als Anfänger mit meinen ersten Trades *nicht* in die Tradinggeschichte eingehen werde, dies auch gar nicht *solle*, sondern nur Versuchsprotokolle auszufüllen habe, die weiteren Versuchen als Grundlage dienen konnten! Hofner wollte einzig und allein von mir, dass ich das Trading *erfahre*!«

Mehr war es nicht, was Hofner je gewollt hatte!

Das war alles gewesen, und doch war es sooo unendlich viel!

Philip tauchte langsam wieder aus seinen Gedanken auf, drehte sich zu Sou um und bewunderte, mit welch gelassener Geschicklichkeit er das Boot steuerte. – *Ob ich das wohl auch könnte?* Dem Anschein nach zu urteilen, schien es ja recht einfach zu sein: Motor an und Ruder links, Ruder rechts! … und einige Gedanken später unternahm Philip plötzlich den Versuch, das »scheinbar« schnelle Erlernen des *Bootfahrens* mit dem »scheinbar« schnellen Erlernen des *Tradings* zu vergleichen: Ruder links – Ruder rechts … long hoch – short runter! – … *konnte man das eine mit dem anderen vergleichen oder nicht?* Auf den ersten Blick sah es so aus, als gäbe es Gemeinsamkeiten: Der Bootfahranfänger sah sich nach kurzer Trockenübung mit dem Ruder in der Hand im Heck des Bootes sitzen und mit den Worten »Ruder links, Ruder rechts … « die Wellen des Flusses durchpflügen, während der Tradinganfänger sich, vor dem Ordermenü seines Papertrade-Kontos sitzend und mit den Worten »Aktie rauf – long, Aktie runter – short« auf der Maus rumklickend, die Ozeane der Börse, mit einem größtmöglichen Tradingkonto beladen, befahren sah, und gemeinsam war beiden der Gedanke »*O-ookay*, gar nicht so schwer … so, geh mal beiseite und lass mich mal ran, denn ich hab's begriffen!«

Hmmm …

So richtig sich dieser Gedanke zunächst anfühlte, empfand ihn Philip gleichzeitig als irgendwie unbefriedigend. Aber noch bevor er so recht damit begonnen hatte, darüber zu grübeln, fiel ihm wie von selbst das fehlende Stück der Überlegung ein, das er mit einem undeutlichen Unbehagen vermisst hatte: Zwar hatten Bootfahr- wie auch Tradinganfänger so gut wie keinerlei Erfahrung mit dem jeweiligen Thema, was, aufgrund der scheinbaren Einfachheit jeweils mit dem Gedanken einer sofortigen Meisterschaft im Kopf, den einen dazu verleitete, das Boot zu Wasser zu lassen und das Ruder zur Hand zu nehmen, und den anderen dazu brachte, ein scharfes Tradingkonto zu eröffnen und zur Maus zu greifen, doch Philip erkannte, dass genau hierin der entscheidende Mangel seiner anfänglichen Überlegung bestand, denn: Setzte man mit diesem Vergleich *erst* dort an, wo sich die beiden Anfänger anschickten, sich den schaukelnden Wellen und den auf und ab tanzenden Charts auszusetzen und anzuvertrauen, übersah man eine entscheidende *Vorstufe*, nämlich jene, die fragte: »Wie kam der Tradinganfänger denn überhaupt vor die Charts und wie der Bootfahranfänger in das Boot?«

Nun gut, also … wie kommt denn nun der durchschnittliche Tradinganfänger vor die Charts?

Die dreigeteilte Antwort lag klar auf der Hand: Wenn die zahlreichen *Werbebotschaften*, die förmlich schrien »Trading ist einfach, mach schnell ein Konto auf!«, Erfolg hatten, so konnte ein Tradinganfänger *innerhalb kürzester Zeit* überall auf der Welt ein Konto eröffnen und ohne jegliche *Eignungsprüfung* sofort loslegen. Beim Bootfahren sah das – zumindest in westlichen Breiten – schon anders aus: Zwar war es durchaus möglich, mit wenigen Mausklicks ein Boot fast beliebiger Größe zu erwerben, aber sowohl die Herbeischaffung des so beschafften Gefährts wie auch dessen Inbetriebnahme waren in der Regel um ein Vielfaches aufwendiger als die Eröffnung eines

Tradingkontos und dessen Ausstattung mit den notwendigen Barmitteln. Auch fanden sich in etwaigen Fachzeitschriften keine Anzeigen der sinngemäßen Botschaft »Mit uns zum Kapitänspatent in nur zwei Stunden!«, denn selbst die für kleinste Bootsführerscheinklassen angebotenen Kurse umfassten üblicherweise bereits mehrere Tage, Prüfungen dabei noch nicht einmal mitgerechnet. Kurzum: Ganz generell und offiziell ging ohne vorherige Prüfung beim Bootfahren gar nichts, und sollte jemand dennoch der Meinung sein, man könne es auch ohne Berechtigung versuchen, dann riskierte er mitunter enorme Bußgelder!

Hmmm ...

Philip fühlte sich auf der richtigen Spur, und Sou im Augenwinkel betrachtend, überlegte er weiter, dass dem Erlernen sowohl des Tradens wie auch des Bootfahrens zwar auf den ersten Blick ebenso gemein war, dass sowohl Erfahrung und Lernen in einem wechselseitigen Bedingungsverhältnis standen und dass bei beiden Grund und Lernen die Folge darstellten als auch die allerallererste Erfahrung jeweils selbst eine gewisse Vorerfahrung, eine Art Vorwegnahme, implizierte, welche in der Selbsteinschätzung meist fast deckungsgleich gelagert war:

»Trading ... long, short ... schon klar.
Wenn die Aktie steigt, drück' ich auf long,
fällt sie, drück' ich auf short ...
W-o-o-o-o bitte ist das Problem?!
Macht mal Platz, ich will meinen ersten Trade machen!«
»Bootfahren ... schon klar.
Wenn die Kurve kommt, dann Ruder links,
will ich in die andere Richtung, dann Ruder rechts ...
W-o-o-o-o bitte ist das Problem?!
Macht mal Platz, ich will meine erste Fahrt machen!«

Aber genau an dieser Stelle begann sich das Erlernen des Tradings vom Erlernen des Bootfahrens zu unterscheiden. Denn aufgrund der bunten und *aufdringlichen Werbung* und im Zuge des *leichten Kontozugangs* sowie der *nicht geforderten Prüfung* war es der Lauf der Dinge, dass ein Tradinglaie, im Gegensatz zum Bootslaien, in seiner Wahrnehmung immer zu vorschnellen Verallgemeinerungen neigen würde, deren Folge so aussahen, dass, anders als der Bootslaie, der Tradinglaie stets in auffallender Weise zur *positiven Erfahrung* tendierte, um dem plötzlichen Widerstreit mit der *neuen* Erfahrung zu entgehen. Oder mit anderen Worten: Musste ein völliger Laie beim Bootfahren oder aber ein voreiliger Bootfahranfänger erst mal vom Seenotrettungsdienst aus einer brenzligen Situation gerettet werden, würde er zumindest vor sich selbst zugeben: »*Shit* ... hätte ich doch nur die *geforderte* Prüfung gemacht!«, während der Tradinganfänger seine »brenzligen Situationen« *vorerst* mit einem »*Shit* ... halt kein Glück gehabt!« abtat, denn: Mangels amtlich geforderten »Führerscheins« blieb diesem zur Orientierung *nur* die marktschreierisch bunte Werbung, »wie einfach das Trading sei!«.

Au Mann … so viel dazu, wenn man dazu neigte, das Trading immer zu vorschnellen Vergleichen heranzuziehen!!!

Philip erwachte aus seinen Gedanken, er hörte plötzlich unentwegt die Wellen zwischen den Pfosten hin und her schwappen, denn die Pfahlbauten ragten jetzt links und rechts weit in die Klongs hinein. Er schaute sich um … *Uff!* Da die Wohnräume dieser Häuser zum Wasser hin offen waren, wurde er hautnah, aber dennoch nur flüchtig, Zaungast des thailändischen Familienlebens, und Philip fielen vor allem die vielen kleinen Kinder auf, die angelnd, spielend, schreiend, schwimmend, streitend, tobend, lachend, lesend oder malend ihre Welt erkundeten, und einige der Knirpse winkten Philip, vielleicht aber auch nur Sou, dem Bootsführer, fröhlich zu.

Philip erinnerte sich plötzlich an die kleine, mit den Füßen stampfende Luisa auf Johns Geburtstagsparty, und in ihm erwachten Fragen, denen die Geräusche und Stimmen des Lebens am Fluss sanfte Schwingen verliehen …

Wären Kinder vielleicht gute oder sogar vorteilhaftere Trader?

Könnte Hofner der kleinen Luisa das Trading besser und schneller beibringen als mir?

Einfach nur mal so theoretisch überlegt …

Philip beschied dies mit einem klaren »Ja«, denn Luisa, darin den vielen Knirpsen zu seiner Linken und Rechten gleich, hatte es noch – jenes besondere kindliche Verstehen für das Lernen *an* Erfahrung. Oder anders gesagt: Philip war einst als Tradinganfänger nicht mehr Kind, sondern bereits »Erwachsener« gewesen, und somit hatte es ihm beispielsweise gegenüber Luisa »ermangelt« an jener ursprünglichen Erfahrung im Umgang mit dem Lernen, denn: Anders als ein Erwachsener könnte man bei Luisa feststellen, dass sie vieles mit *ungebrochener* Begeisterung lernte, obwohl ihr – aus Mangel an Erfahrung – für einen Großteil ihrer *Lerninhalte* das volle Verständnis fehlte. So zählte Luisa an jenem Abend beispielsweise stolz bereits bis zwanzig, auch wenn ihr aus Mangel an Erfahrung vorübergehend das volle Verständnis für dieses »Drei-Vier-Acht-Zehn-Zwanzig-Dingsda« fehlte. Dennoch: Sie konnte es und fragte eben *nicht*: »*Ähm* … Mama, Papa … warum soll ich das denn lernen?!« Es schien Philip daher naheliegend, dass Luisa sich hauptsächlich durch ihre *Neugier* – also ihre Gier nach Neuem, nach ihr bisher Unbekanntem – auf besondere Weise im *Erfahren* auszeichnete.

Das konnte so stimmen, aber irgendwie … Mo-Moment!!!

Das »erwachsene« Gegenargument, dass er sich doch einst ebenfalls mittels der vielen Bücher, Newsletter und Zeitungen im *Lernen* ausgezeichnet habe, ließ Philip nach ein wenig Nachdenken und einigen riskanten Überholmanövern durch Sou dann doch nicht gelten, denn wenn er ehrlich war – und er versuchte es! –, sah es doch so aus: Dieses »Studieren« entsprang damals weniger der Frage: »Wie funktioniert der Handel ganz generell?«, sondern vielmehr einer aus Faulheit resultierenden Haltung, die forderte: »Sag mir, was ich machen soll!«, und hierin lag schon *ein*, wenn nicht *der* gewaltige Unterschied.

Hmmm …

Nach weiterem Nachdenken war sich Philip nun darüber im Klaren, dass gerade durch die … *mhm, wie sagt man es am treffendsten?* … Undogmatik die Erfahrung der Negation bei Luisa besonders greifen und sie daher theoretisch, das Trading betreffend, eine viel steilere Lernkurve haben würde als er selbst damals! Die kleine Luisa war für das Trading-Erlernen – anders gesagt: die »Überwindung des Befangenseins« in manifesten Vorurteilen à la »Ich dachte, so und so ist das …« – gerade mit ihrer kindlichen Wahrnehmung besonders prädestiniert. Kurzum: Lisa lernte unbefangener, schneller und … radikaler. Viel, viel radikaler!

Philip kramte sein Notizbuch hervor, und mit abermals verwackelter Handschrift notierte er, dass Hofner mit seiner Äußerung recht hatte, dass es keine *grundlegende* – zwei der *drei* Einschränkungen kannte er ja bereits – Rolle spiele, ob man das Trading in einem Handelsbüro gelehrt bekam oder es sich zu Hause auf eigene Faust beibrachte. Philip begründete dies beispielhaft anhand der kleinen Luisa:

> *… Luisa versucht, viel schneller und bewusster als ein diesem Zustand bereits entwachsener »Erwachsener«, ein Gleichgewicht zwischen dem eigenen Wissen und der neuen Erfahrung zu schaffen, womit in ihrem Gedankengebäude das Ungleichgewicht die Hauptantriebskraft ihrer Entwicklung darstellt!*

Er schaute kurz auf, betrachtete seine Ausbildungsjahre rückwirkend und, in dem Gefühl, dass er das noch deutlicher formulieren konnte, schrieb er:

> *… ich dachte, ich hätte bereits »Erfahrung«, nur weil ich am Spiel der Spiele teilnahm. Doch: da nahezu kein Handelstag umfassende Konsequenzen für den jeweils nachfolgenden Handelstag hatte … hatte ich demnach keine »Erfahrung«.*
> *Erfahrung im Trading, aus der kein Lernen folgt, ist in diesem Sinne keine Erfahrung!*
>
> *… oder anders, mit viel deutlicheren Worten:*
> *Während im Ungleichgewicht für die kleine Luisa das Motiv ihres Strebens und Erlernens bestand, begegnete ich diesem Ungleichgewicht einst mit Demotivation, Lethargie, bewusstem »Wegschauen« von den Monitoren und … einer Menge Schokolade!!!*
> *Genau so!!!!!*

Philip schaute erneut auf und entschied ganz ehrlich: *Au Mann … Luisa wäre zum Erlernen des Tradings tatsächlich besser geeignet als ich!! – Mhm … Ich sollte Kinder machen und die traden lassen! …* was im Übrigen gar kein so schlechter Gedanke wäre, dachte Philip in sich hineinschmunzelnd.

Ein wenig in seinen letzten Aufzeichnungen wahllos blätternd, fiel Philips Blick plötzlich auf einen Teil eines der Einträge, die er nach Johns Party zu den dort erörterten Themen gemacht und mehrfach unterstrichen hatte:

> *… alles, was ein Trader hinsichtlich des Tradings fühlt und tut, muss irgendwie in Richtung des »inneren oder allabendlichen Friedens als Trader« geschehen, und selbst die kleinste Abweichung von dieser Richtung, gleichgültig ob gewollt oder unabsichtlich eingeschlagen, erzeugt nur Erschrecken oder Beschwernis.*

Das ist so ähnlich wie beim Gehen oder Laufen: Man hebt ein Bein, schiebt sich nach vorne und lässt das eben noch erhobene Bein, sobald der nun verschobene Schwerpunkt dies erfordert, wieder auf den Boden fallen. Dann hebt man das nächste Bein und macht so weiter und so fort, bis das gewünschte Ziel erreicht ist. Wird aber auch nur eine Kleinigkeit daran verändert, entsteht vielleicht ein wenig Scheu vor diesem Sich-in-die-Zukunft-Fallenlassen oder das Staunen über das Wunder dieses Ablaufs erzeugt den Versuch, diesen »ganz bewusst« zu steuern, was durchaus dazu führen kann, nicht mal mehr aufrecht stehen zu können! Das Fazit hieraus lautet also: Man muss aufhören, darüber nachzudenken!

Philip hob seinen Blick, und ihm fiel auf, dass alle Augenblicke, die in seinem Leben etwas Entscheidendes bedeuteten, ein ähnliches Gefühl hinterlassen hatten wie der Abend in Johns Haus. Er erinnerte sich an Ehrenbachs Worte, dass er nie einen Händler einstellen würde, dem der Börsenhandel »Spaß« machte; und daran, dass er, absichtlich überspitzt ausgedrückt, sich lieber von dem Geld den teuersten Wagen kaufen würde, obgleich der alte noch so gut wie neu war. Lieber würde er in Begleitung seiner Rennpferde in den nobelsten Hotels der Weltkurorte absteigen, lieber Kunstpreise stiften oder für hundert Gäste an einem Abend so viel ausgeben, dass davon hundert Familien ein Jahr lang leben könnten: Für all dies wäre Ehrenbach bereit, das Geld wie ein Sämann aus dem Fenster zu werfen, wüsste er doch ohnehin, es käme auf Umwegen vermehrt wieder zur Tür herein. Aber: Einem Trader Geld anzuvertrauen, der behauptete, ihm mache das Trading *Spaß*, er sei von der Sache *fasziniert* und sitze daher *voller Begeisterung* vor den Monitoren, das konnte aus Ehrenbachs Sicht nur mit einem »Meuchelmord am Geld« verglichen werden!

Mannomann!

Erneut ließ Philip seine Hand durchs Wasser gleiten und nickte leicht grinsend mehrfach mit seinem Kopf, denn: Sicherlich konnten nur wenige Tradinganfänger diese Auffassung Ehrenbachs verstehen; ein erfahrener Händler hingegen würde andächtig nicken, und Philip, obwohl Ehrbach die Achillesferse von Philips jüngerem Selbst traf, tat es an jenem Abend auch, und er tat es – hier im schwankenden Boot von Sou – nochmals, denn die berechtige Frage im Trading lautete: Was machte am Trading Spaß? Oder noch weitaus konkreter: Konnte Trading *überhaupt* Spaß machen?

Tja, das war die Frage …

Philip erinnerte sich, dass an jenem Abend während der umfangreichen Herleitung irgendwann das Beispiel des Einschlafens gefallen war, und alles, was man zum Erreichen dieses Ziels tun konnte, war, förderliche Umstände und gegebenenfalls nötige Vorbedingungen zu schaffen!

Mehr ging nicht und m-e-h-r geht nicht!

Wenn man einschlafen *wollte*, dann konnte man dafür geeignete Bedingungen schaffen: ein frisch gemachtes Bett, Fenster auf und Licht aus. Aber das Einschlafen *selbst* stand *nicht* unter der eigenen Kontrolle! Je mehr man sich auch anstrengen mochte, Schlaf zu finden … es brachte nichts. Im Gegenteil! Einschlafen gehörte nicht zu den »fügsamen Zielen«, war also kein Ziel, bei dem schon der Versuch, es zu erreichen, das Erreichen mehr förderte als behinderte. Kurzum: So schön das Ziel des »Schlafens« auch war, es blieb nichtsdestotrotz ein *widerspenstiges Ziel*!

Philip hatte sich die von Ehrenbach, Torbach und Hofner zu dem ganzen Thema *ausführlich* gegebene Herleitung während der letzten Tage immer und immer wieder durch den Kopf gehen lassen und nach längerem Überlegen verstanden, dass das Trading, betrachtete man es aus einem bestimmten Blickwinkel, durchaus zu Recht dem *Schlafengehen* gleichgesetzt werden konnte. Er hatte erkannt, dass, hatte man die an jenem Abend geäußerten Worte wirklich verinnerlicht, im Grunde gar nicht viel dazugehörte, um sich das »Plumpe«, das »Abgeschmackte« – eben das *Widerspenstige* – des technisch orientierten Tradings ehrlich vor Augen zu halten.

Hmmm … müsste demnach jeder Mensch, der das Prinzip »Einschlafen« verstanden hatte, nicht auch ein guter Trader sein?!

Gute Frage!

Und eigentlich … müsste die Antwort JA lauten!

Und dennoch war dem nicht so!

Aber warum?

Philip wusste es nur zu gut, denn er selbst war die beste Antwort darauf: Obwohl ihm das Einschlafen eigentlich immer gut gelang, ließ er, das Trading betreffend, dieselbe *Widerspenstigkeit* lange Zeit kaum zu! Er sah es nicht ein! Nein, er *wollte* sie nicht einsehen! Ohne dass es ihm damals bewusst gewesen wäre, hatte es sich bei dieser Verweigerung um nichts anderes gehandelt als um die Angst vor dem eigenen Spiegelbild, um nichts anderes als die Angst, etwas als Lebensaufgabe und Lebensziel anzustreben, von dem sich vielleicht herausstellen würde, dass es *keinen* Spaß machte oder sogar … gar keinen Spaß machen *konnte*! Wie hätte er sich auch eingestehen können, dass die »törichte Lächerlichkeit« öder, leerer, nur von der Sehnsucht nach dem *Kick* – der *Action* – zermarterter Traderjahre ernsthaft die von ihm bis zum Lebensende erstrebte Zukunft darstellen sollte?

Während Sou eine lang gedehnte Linkskurve fuhr, spürte Philip, dass genau hierin auch irgendwo die Geburtsstunde der Frage »Was sollte am Trading auch Spaß machen?« lag. Denn: Was sollte an jenem Dauerzustand eines Händlers Spaß machen, wenn trotz aller Anstrengung, die für ein gelingendes Händlerleben auf sich zu nehmen war, das Gelingen stets und ständig, bezogen auf den *einzelnen* Trade und Handelstag, ein sehr *zerbrechliches* Gut blieb?!

Wo sollten da *Spaß*, *Lust*, *Faszination* und *Begeisterung* entstehen? Die fachliche Pflicht – hier definiert durch *Großwetterlage*, *Geldmanagement* unter Beachtung des *eigenen Rumrutschfaktors* und in der, wie auch immer je nach Regelwerk angewandten *Diversifikation* – war das *Beste*, was der Trader für das Gelingen seiner Aufgabe besaß. Für das runde Gelingen reichte es dennoch nicht, denn selbst mit diesen Werkzeugen war ein Trader immer noch auf die Gnade der *anderen* Marktteilnehmer angewiesen. *Immer!* Oder kurz: Ein Händler *konnte* demzufolge einen Plustrade – und dies hatte sich auch Philip als Tradinganfänger einst zur Genüge beweisen lassen müssen – zwar mit Leichtigkeit massiv verhindern, aber gleichgültig, wie sehr er sich anstrengte … *nicht* und *niemals* herbeiführen!

Philip, einigen Kindern am Ufer nahezu unbewusst zurückwinkend, fiel auf, dass die *intensive* Beschäftigung mit den Themen »Widerspenstigkeit«, »Poesie« und »zweckgebundene Handlungen« sowie deren jeweiligen Herleitungen wirklich dazu führte, dass Lust und Spaß tatsächlich *»aufgehoben«* werden konnten!

Aber Mo-Moment!

Er korrigierte sich. Die Lust wurde nicht *aufgehoben ... nein, nein ...* sie wurde – er erinnerte sich in aller Deutlichkeit an Torbachs Worte – sie wurde *gewandelt!*[117] Sie wurde *neu* definiert! *Lust, Spaß, Begeisterung*, wie auch immer ... es war einst genau jener Zustand, in dem alle Gefühle und Gedanken Philips den gleichen Geist besaßen und übermächtig stark in einem einzigen *Hineingerissensein* endeten, welches in aller Regel die *fachliche Pflicht* haltlos in den Abgrund riss. Jetzt aber, als bereits weit fortgeschrittener, vielleicht als sogar schon »erfahren« zu bezeichnender Trader, hatte sich für Philip deren Definition gewandelt: Statt von der Begegnung mit den Charts war er, seit die Großwetterlage seinen Dienstplan organisierte, nur noch vom eigenen »Wozu«, sprich: von der sich für ihn ergebenden *Freizeit*, hingerissen, und dennoch war das »Loslassen« des widerspenstigen Ziels »Geldverdienen mittels Trading« natürlich nicht notwendigerweise eine Absage an *jegliches* zweckgebundenes Handeln, sondern nur an jenen Teil, der *widerspenstige Ziele* verfolgte – also das ständige Rumtüfteln, die Dauerobservation und so weiter ... sodass sich in dessen Folge ein guter, ein »braver, friedlicher und *beständiger«* Handel einstellen konnte. Zum anderen wurde eine abgeschwächte Erwartungshaltung an die selbst gewählte Lebensaufgabe »Trading« hinsichtlich *Spaß* und *Faszination* ja ohnehin von der allgemeinen Lebenserfahrung gestützt, denn auch im Alltag hieß es ja nicht umsonst, dass der zu lustvolle Weg schnell und leicht in den Abgrund des Scheiterns führen konnte! Dementsprechend hatte jeder erfahrene Händler seine ganz persönliche, kontrollierende Einstellung eingenommen und damit im praktischen Sinn ein reflektiertes Verhältnis zur »Lust« – auch treffender *Besonnenheit* genannt –, welche im Übrigen keineswegs zu einer zum Gähnen langweiligen Lebensführung verpflichtete; und wer von einem erfahrenen Trader deswegen Lust- und Sinnenfeindlichkeit befürchtete, wurde bei genauerem Hinsehen durchaus schnell eines Besseren belehrt ...

Tja, je nachdem, wo man halt hinschaut!

Und während Sou abermals mit einem waghalsigen Manöver zwei vor ihnen fahrende Boote überholte, erinnerte sich Philip an jene Worte in Johns Haus, dass ein Händler, sobald er die *Widerspenstigkeit* dessen, was er da tagtäglich vor den Monitoren tat, nicht bloß *erkannte*, sondern auch als einzig leitend *anerkannte*, er den ersten der zwei notwendigen Schlüssel für den *allabendlichen Frieden* in der Hand hielt; und wurde nun noch das letzte Ungleichgewicht von dem *neu* definierten Gefühl von Lust und Spaß – sprich: die Lust »an der Freizeit« und die fachliche Pflicht »an der Großwetterlage« – geglättet und ausbalanciert, dann hielt man schließlich den zweiten Schlüssel in der Hand, und der Weg zum *allabendlichen Frieden* stand damit offen!

Wie viele Trader konnten schon behaupten, einen solchen zu empfinden? Wie viele Trader kannten tatsächlich den ihm von Torbach auf Johns Party beschriebenen Zustand, in dem eine

117 An dieser Stelle sei der Leser darauf hingewiesen, dass exakt *hierin* der Grund und das Ansinnen für die Ausführlichkeit dieses Bandes 6 liegen!

Art Firnis abfallen, eine Suggestion sich lösen, ein Zug von falscher Gewohnheit, Erwartung und Spannung abreißen würde, um sich in einen fließenden Zustand und ein geheimes Gleichgewicht zu wandeln? Aber gerade die wahrscheinlich *geringe* Zahl solcher Trader störte Philip an diesem Gedanken, weshalb er nun zu ergründen versuchte, woran es außerdem liegen mochte, wenn man trotz der Befolgung der auf den drei Pfeilern *Großwetterlage*, *Geldmanagement* unter Beachtung des eigenen Rumrutschfaktors und einer dem Regelwerk angepassten *Diversifikation* ruhenden fachlichen Pflicht trotzdem keinen *allabendlichen Frieden* fand?! – *Hmm?!* Wenn es sich, wie ja bereits festgestellt, dabei um das beste und zugleich auch um das Maximum an Werkzeug für das Gelingen der Aufgabe handelte, man aber für das runde Gelingen der selbst gestellten Aufgabe trotzdem auf die *Gnade* der anderen Marktteilnehmer angewiesen war, konnte dies eigentlich nur bedeuten, dass man *deswegen* keinen *allabendlichen Frieden* erreichte, da die zwingend notwendige, ruhig als weitere Tugend zu bezeichnende, grundlegende oder zumindest ausreichend tief verankerte *Gelassenheit* fehlte!

Aber nicht jene Gelassenheit nach dem Motto »das wird schon ...« war hier gemeint, sondern eine Gelassenheit, die in der Bereitschaft bestehen musste, die natürliche und sachliche Welt des Orderbuches und damit die Existenz anderer Marktteilnehmer und deren verschiedene Handelsausrichtungen lächelnd anzunehmen und sich trotzdem *nicht* als freie Person aufzugeben! Gegen sich selbst weder zu großzügig noch zu kleinlich, musste man versuchen, seine Fähigkeiten hinsichtlich des präferierten Handelsstils fortzuentwickeln und zu akzeptieren, und zwar *ohne* sich zu quälen oder in ein »Zurechtinterpretieren« zu verfallen, dass die nicht überraschenden »Unannehmlichkeiten« eines ausgestoppten, fachlich perfekten Fünf-Sterne-Trades genauso wortlos hinzunehmen waren wie die vor den Monitoren erlebten »unangenehmen« Überraschungen, zum Beispiel das längere Ausbleiben eines Setups, was schlussendlich logischerweise wieder bedeuten musste, dass man die *Widerspenstigkeit* seines »Traumberufs« akzeptierte und nur noch das tat, was man selbst wirklich für ein gutes Gelingen des Tradings beisteuern konnte, ansonsten aber jeglichen darüber hinaus gehenden Rest schlichtweg *unterließ*. Kurzum: Man hatte jene sich durch langjährige Erfahrung angeeignete erforderliche Mitte zwischen *Erzwingen-Wollen* und *Gefügigkeit*, zwischen *Aktivität* und *Passivität* gefunden und lebte fortan mit einer Art fachlich begründeter Unbesorgtheit in den Handelstag hinein und entzog sich gelassen der Diktatur der Hetze des Charts und erfreute sich an »Zeitverschwendung«.

Das hatte den richtigen Klang!

Und das Resultat?

Obwohl weder die Pfeiler der fachlichen Tugenden noch die Verinnerlichung der »Widerspenstigkeit des eigenen Tuns« von nun an bei jedem Trade einen Geldregen bescherten – denn Minustrades würde es geben, bis die letzte Börse schloss! –, gewährten sie in Verbindung mit der richtigen Art von *Gelassenheit* eine *Selbstachtung*, welche im Wechsel aller Aktivitäten und Ergebnisse vor den Monitoren eine Sinnhaftigkeit stiftete, mit deren Hilfe der monetäre Erfolg und vor allem der *innere* und *allabendliche Frieden* doch wesentlich wahrscheinlicher zu erreichen war. Und diese aus Selbstachtung erschaffene beziehungsweise erwachsene Selbstzufriedenheit trug einzig, unabhängig von den Widerfahrnissen aller Art vor dem Chart, zum erlebten Wohlbefinden, besser noch, zum *Wohlgefallen* an der Begegnung mit den Charts bei, denn: Nur wer ein – Philip erinnerte sich an Hofners Worte – »pflichtbewusstes Leben« als Trader führte, durfte ohne Selbstüberschätzung behaupten, was doch jeder ohnehin liebend gern tat: »Ich bin einer der wenigen anständigen Trader, die mir im Leben begegnet sind!« Somit schuldete der Trader die Aufgabe, den wahrhaft *inneren Frieden* zu suchen und damit Antworten auf die Frage »Was ist Lust, und was ist Pflicht?« zu finden, letztlich nichts und niemandem als … *SICH SELBST!*

*

Wenige Minuten später, als Sou seinen Weg durch das Gewirr von Booten, Häusern, Stegen und einzelnen Lastkähnen suchte und dabei zunächst das Boot auf dem Kanal in eine halsbrecherische Kurve nach der anderen lenkte und dann die Geschwindigkeit drosselte, befanden sich beide plötzlich in einer scheinbar anderen Welt. – *O-ha!* Vom Zentrum Bankgoks weit entfernt, lagen nun links und rechts des Kanals ausgedehnte Gärten, hinter deren üppigen Mauern reich verzierte Hausfassaden im hellen Licht der Sonne glänzten. Das Boot glitt an dieser Parade unverhohlenen Wohlstands vorbei und nach einigen ans Ufer – wo einheimisches Personal am Werk war – gerufenen Fragen zum Weg steuerte er das schwankende Gefährt nach weiteren Abzweigungen auf den Landungssteg eines kleineren, etwas abseits stehenden Hauses zu.

Philip verabschiedete sich von Sou, der sich neben dem Fahrpreis mit reichlich Trinkgeld in der Hand mehrfach verbeugte, lief den Steg und dann die schmale, steile Treppe entlang, die hinauf zu einer Plattform führte, die sich zwei Meter über dem Klong befand und einer Veranda glich, und stand vor einem Haus aus sorgfältig fein bearbeitetem Teakholz, dessen Wände und Balken mit Drachenköpfen im Halbrelief verziert waren.

Philips Ankunft war nicht unbemerkt geblieben. Eine Frau mit einem hübschen runden Gesicht, glatten langen Haaren und Sommersprossen kam gleich auf ihn zugeeilt. »*Ahhh, Philip?!* … Du bist schon da?« Sie war gut gelaunt, trug ein weißes, leichtes Sommertop mit Spaghettiträgern und Jeans. »Hallo Philip, ich bin Sabine. Jeromes Frau. Schön, dich kennenzulernen!«

»Hallo, die Freude ist ganz meinerseits … und … *ahhh*, wen haben wir da?«, Philip deutete auf ein ungefähr sieben- oder achtjähriges Mädchen, das mit keckem und neugierigem Blick um die Ecke der Veranda schaute.

»Das ist unser Schatz Sophie!«

»Hallo Sophie!«, Philip hob eine Hand und winkte grüßend.

»Wenn du zu unserem Papa willst … der ist nicht da!«, erhielt er als Antwort.

»Ja, Jerome ist nochmals fix weg … er kommt gleich wieder. Komm rein, komm«, sagte Sabine, hielt aber plötzlich inne, denn sie hatte eine bessere Idee: »Weißt du was, Philip, geh ihm doch entgegen. Er wird sich freuen. Bestimmt!«, und Philip erhielt eine ausführliche Beschreibung, à la »… zweimal links, dann rechts … dann … hier … dann da … und dann müsstest du ihn schon sehen!« Dann lächelte sie sanft und ergänzte: »Er fällt dort auf! Du kannst ihn nicht verfehlen!«

Philip verabschiedete sich für den Moment und schlenderte, der Beschreibung »… zweimal links, dann rechts … dann … hier … dann da …« folgend, die Gassen entlang, und befand sich zehn Minuten später in einem … *he?* … üppigen Klostergarten. Er sah sich um. Auf einer kleinen Anhöhe machten ein paar kleine Knirpse in gelben Gewändern vor Philips Augen eine erstaunliche Transformation durch. Im Lotussitz sitzend, legten sie die linke Hand, die Handfläche nach oben, auf ihren Schoß, auf diese legten sie dann die rechte Hand, gleichfalls die Handfläche nach oben; ihre Daumen waren leicht angehoben und berührten sich sacht, und im selben Augenblick verwandelte sich das sprühende Leben ihrer Gesichter in absolute Gelassenheit. *Bumms* … Sie waren vollkommen entspannt, vollkommen still – und diese Stille war so tief, dass sie den gesamten Garten in sich einzusaugen schien …

Aber trotz seiner Bewunderung für diese Fähigkeit der jungen Mönche drängte es Philip, da von Jerome weit und breit immer noch nichts zu sehen war, so wie in der Wegbeschreibung noch angefügt ein paar letzte Stufen hinauf auf einen von Palmen überschatteten Weg zu nehmen, der in einen Nebenbereich des Klosters und hin zu eine Art Innenhof führte, der dem Kreuzgang eines christlichen Klosters irgendwie sehr ähnlich war – *Aaach du Heiliger!* Philip nahm erstaunt seine Sonnenbrille ab. – *Uff!!* Säuberlich aufgereiht standen dort Hunderte Buddhafiguren, eine neben der anderen, manche gepflegt, mit Brokatgewändern angetan, Räucherstäbchen dufteten vor ihnen, vor einigen waren sogar kleine Opfergaben ausgebreitet, andere aber waren verfallen, zerstört, scheinbar von den Jahren oder der Gleichgültigkeit, mit der man sie einst behandelt hatte. Und während Philip zutiefst staunend gemächlich den Weg ablief, spürte er, wie nach und nach von ihm auch noch der kleinste, versteckte Funke von Hektik oder Stress abfiel. Es war eine Art von Stille, nach der Philip lechzte, eine Ruhe, die er in Deutschland, selbst an Sonntagen, niemals empfand. Ein Reich des vollkommenen Schweigens!

»*Psst* … hey, Philip … *hiiier* … hier hinten!«

Alles klar!

Sabine hatte recht!

Mit seinem knallbunten Hawaiihemd und seiner kurzen Hose fiel Jerome hier wahrhaftig auf. Philip lief in Richtung der beiden großen Palmen, hinter deren Schatten Jerome ihn mit einem kräftigen Handschlag begrüßte. »… *ha*, aber wenn du schon mal hier bist … komm mit! Ich muss noch rasch was erledigen!«, meinte Jerome nach einigen persönlichen begrüßenden Worten, und beide schritten an dieser stummen Parade vorbei. Schließlich blieben sie vor einer Figur stehen, die zwar einigermaßen gepflegt wirkte, aber dennoch bestimmt schon bessere Tage gesehen hatte. Einige gelbliche Flecken auf der von Grünspan überzogenen Bronzestatue deuteten darauf hin, dass auch diesem Buddha jene hauchdünnen Blattgoldfolien regelmäßig zum Opfer gebracht worden waren. Jerome musterte die Statue genau, klatschte zweimal in die Hände, trat näher heran, strich mit den Fingern über die Oberfläche, beugte sich vor, um sie auch von der Seite und – so weit es möglich war – von hinten zu untersuchen, nickte dann befriedigt und trat einen Schritt zurück.

Ähm … waaas macht er da?

Vorsichtig faltete Jerome ein dünnes Papier auseinander, legte es auf seine Handfläche und drückte dann die Goldfolie sorgfältig auf der Oberfläche des Buddhas fest. »Warum aber gerade dieser Buddha?«, ging es Philip durch den Kopf. Warum hatte Jerome die scheinbar »touristenübliche Opfergabe« nicht wie alle anderen an dem großen Buddha angebracht? Hatte er sich als *Farang* geschämt? Aber warum dann genau dieser etwas heruntergekommene Buddha? Philip schaute sich nochmals schnell um. Den Gang, der um den Innenhof herumlief, säumten Hunderte fast identische Statuen, die alle auf einem Sockel mit dem Rücken zur Wand in einem nahezu gleichmäßigen Abstand aufgestellt waren.

»So, jetzt können wir gehen!«, meinte Jerome.

Diese Worte rissen Philip aus seinen Gedanken, aber erst, als ihr Klang verflogen war, fiel ihm erneut auf, wie absolut die Stille vorher gewesen war. Und als beide wenige Minuten später den Eingang des Wat passierten, fasste Philip sich ein Herz und fragte Jerome mit einer rückwärts deutenden Geste, was denn das eben gewesen sei.

»*Das?*« Jerome zeigte nun über die Schulter hinweg ebenfalls auf das Kloster. »Na ja … ich habe mir diesen Buddha, den du dort gesehen hast, schon vor langer Zeit gekauft. Natürlich übernimmt man mit dem Kauf auch die Verpflichtung, ihn zu pflegen und zu schmücken. Ganz abgesehen davon, muss man ihm an den Feiertagen und auch sonst hin und wieder mal etwas opfern.«

»Du bist also Buddhist?!«, stellte Philip überflüssigerweise fest.

Einen Augenblick herrschte Stille, nur der nimmermüde Wind sang leise in den Gipfeln, dem vollschweren Mittagsgold entgegen, und Philip zog ein großes Taschentuch aus seiner Hosentasche und wischte sich den Schweiß von seinem Gesicht.

»Nun ja, ob ich im strengen Sinne Buddhist bin …«, Jerome ließ den Satz schulterzuckend verklingen und nahm einen Schluck aus seiner Plastikwasserflasche – ein für Europäer unverzichtbares Utensil in Thailand. Wenige Schritte weiter griff Jerome seinen nicht beendeten Satz wieder auf. »*Mhm* … ist jemand, der ein Bier trinkt, gleich ein Alkoholiker? Oder jemand, der eine Münze von der Straße aufhebt, gleich ein Dieb oder Penner? Auf die Frage, ob man Buddhist ist, gibt es keine so eindeutige Antwort, weißt du. Auch der Buddhismus selbst gibt keine eindeutigen Antworten. Alles ist irgendwie eine Bewegung, ein Übergangsstadium, ein Streben hin zu etwas Unerreichbarem, zur *Vollkommenheit.*« Jerome nahm noch einen Schluck, dann schraubte er seine Wasserflasche zu, blieb stehen und dachte über seine eigenen Worte nach. »Was … was erreicht man eigentlich, wenn man *vollkommen* ist?!« Und noch bevor Philip antworten konnte, schob Jerome seine Sonnenbrille ins Haar und blieb stehen. »Sag mal, kannst du dir vorstellen, *vollkommen* zu sein?« Er wischte sich mit dem Handrücken über die feuchten Lippen. »Jetzt mal im Ernst … *Vollkommenheit?* Ich meine, kannst du dir vorstellen, es zu sein?!«

Philip überlegte einen Moment und schüttelte dann den Kopf.

»Ähm … ich irgendwie auch nicht«, sagte Jerome immer noch nachdenklich und zuckte wieder mit den Schultern. »Vollkommenheit ist wie Glück oder Liebe. Niemand weiß, was sie wirklich bedeutet, und dennoch hat der Begriff für jeden eine Bedeutung, wenn auch für jeden eine andere!«

Philip musste ihm innerlich recht geben und meinte seinerseits: »Das Beste, was ich in dieser Beziehung gehört habe, ist die Aussage: Glück ist Abwesenheit von Unglück!«

»Da ist was dran«, meinte Jerome und bezog die Worte auf das Trading: »Ein gutes Trading ist demnach die Abwesenheit von Aktionismus und Unvernunft.« Beide lachten, und zwei Straßen weiter meinte Jerome: »Weißt du, Philip, natürlich bin ich im strengen Sinne kein Buddhist. Wirklich nicht! Aber … mit den Jahren hier habe ich den Buddhismus irgendwie als eine individuelle Lebenseinstellung begriffen. Das Streben hat mich daran fasziniert. Der Anspruch, zu einem Punkt zu gelangen, den man *nie* erreichen *wird* und nie erreichen *kann*, denn wenn das erste Stadium der Lehre noch eine Bedeutung hat, dann ist die zweite der Gleichmut, also eine Absage an das Streben. Wie kann man mithin nach den Vorschriften des Buddhismus etwas erreichen, wobei das Erreichte die Absage an deren Kardinaltugend verkörpert?« Jerome fuhr sich mit der Hand über seinen Dreitagebart und schüttelte lachend den Kopf. »… ist schon nicht ganz ohne, die Nummer von den Mönchen! Echt *widerspenstig*, der ganz Kram!«»

Mo-mo-Moment!

Hat er jetzt …?!

Er hat!!!

Philips im Garten mit den Buddhas entstandene Vermutung, dass Jerome vielleicht einfach schon zu lange in Thailand lebte und sich daher, so wie sich eine Liane an die Äste der umherstehenden Bäume klammert, in der Fremde wie ein zwischen zwei Welten Verlorener schlicht an den Buddhismus hängte, erschien ihm nun nicht mehr zutreffend. Er hob seine Sonnenbrille und musterte Jerome im Gehen eindringlich von der Seite.

… Seine Worte waren doch kein Zufall …?!

Im Gegenteil … nix da, von wegen Verlorener!

Der Bursche hat seine Hausaufgaben gemacht!

Und noch dazu mit einer gehörigen Portion Tiefsinn!

»Du sprichst jetzt nicht indirekt auch von Johns Geburtstagsfeier?«, unterzog ihn Philip einem letzten Test.

»Na, natürlich, … wovon denn sonst!?«, lachte Jerome, denn auch er hatte Philip getestet.

Ohne, dass sie es ahnen konnten, dachten beide zeitgleich voneinander: *Test bestanden!* Und jetzt, wo beide unausgesprochen festgestellt hatten, dass sich hier eine spannende Kombination gegenüberstand, wich jegliche Fremdheit von ihnen, und der Rest im gegenseitigen Umgang wurde zu einem Kinderspiel.

Lachend und ohne einleitende Worte – wofür auch noch – erinnerte Philip an jenen Abend auf Johns Party. »Wer von den Leuten, die darüber Bescheid wissen, hätte schon den Mut, öffentlich bekannt zu geben, dass das *Trading* ein widerspenstiges Ziel ist?! *Ha* … da haben Connor, Torbach und vor allem Ehrenbach den Jungs ganz schöne Gesichter aufgesetzt! – *Herrlich!*« Philip gab im Weiteren ungeniert zu, dass ihm diese ganze Sache mit der *Widerspenstigkeit* sogar mehr am Herzen lag, als er an dem Abend den Anschein gegeben hatte.

»Weißt du«, Jerome klopfte ihm freundschaftlich auf die Schulter, »aber lach jetzt nicht! Manchmal hab ich das Gefühl, dass ein erfahrener Trader, ob er will oder nicht, doch mehr Buddhist ist, als er in irgendeinem Moment glauben würde. Ich meine«, er blieb abrupt stehen, »wenn wir mal das ganze Kloster-Dingsda, die Räucherstäbchen und die Reisschüsseln weglassen, dann haben wir als Trader doch mit den Mönchen gemeinsam, dass wir uns ebenfalls vierundzwanzig Stunden am Tag mit einem *widerspenstigen Ziel* beschäftigen. Oder wie siehst du das?«

Philip nickte. Der Gedanke hatte durchaus seinen Charme, denn das Bedürfnis nach fachlicher Eindeutigkeit, Wiederholbarkeit und Festigkeit, das die Voraussetzung für den Erfolg des Denkens und dessen Umsetzung vor den Monitoren bildete, konnte auf seelischem Gebiet nur durch eine Form der Zurückhaltung, nur durch freiwilligen Verzicht ausgeglichen werden.

»Aber vergessen wir das mal für einen Moment …«, Jerome deutete auf die nächste Einbiegung. »Gleich sind wir da!«

»Aber ich würde schon gerne noch etwas mehr über dich, deinen persönlichen Buddha und dein Trading erfahren«, meinte Philip grinsend, »oder fallen Auskünfte dieser Art unter ein spezielles Schweigegelübde?«

»Okay. Vielleicht abgesehen davon, dass ich einer der wenigen *Farang* in Thailand bin, der einen eigenen Klosterbuddha hat – vielleicht sogar der einzige auf der ganzen Welt! –, ist die Sache, was mein Trading betrifft, nicht halb so interessant, wie es scheint! Doch wem erzähl ich das!« Jerome blieb stehen. »So, wir sind da! – *Komm rein!*«

Jerome schob das Moskitonetz beiseite, öffnete die Tür, wobei mehrere Glöckchen laut *dingdingding* klingelten, und begann eine kurze Führung durch die lichtdurchfluteten Räume des Hauses, welches durch die sachlichste Einfachheit einen stilvollen Einschlag zu geben wusste, wobei die sechs großen Glastüren, die hinaus auf die dem Kanal zugewandte Veranda führten, den absoluten Blickfang darstellten.

Kurz darauf deutete Jerome mit einem Lächeln auf das direkt an der zum Kanal hin offenen Seite des Raums stehende und mit einem weißen Plaid bedeckte Sofa. Auf dem dazugehörigen Tisch stellte Sabine soeben ein Tablett ab, auf dem sich mit bunten Strohhalmen bestückte Gläser voll geeistem und mit Pfirsichstücken verfeinertem schwarzen Tee befanden. Jerome bedeutete Philip nochmals mit einem Lächeln, da er seiner ersten Aufforderung bis jetzt nicht gefolgt war, doch Platz zu nehmen und sich zu entspannen. Philipp, noch immer benommen – er wusste nicht, ob von der halsbrecherischen Bootsfahrt oder von der Überraschung, hier mit einer solchen Gemütlichkeit konfrontiert zu sein –, betrachtete am Sideboard stehend die darüber hängenden gerahmten Bilder.

»Wir!« Jerome stand nun neben Philip und deutete dabei zwischen den Bildern hin und her. »Also wir – *früher*!«

Die verschiedenen Aufnahmen zeigten Schnappschüsse aus Jeromes einstigem Leben, und während Philip sie genauer betrachtete, erklärte Jerome: »Das hier ist mein früherer Arbeitsplatz … und das da waren zwei Kollegen von mir. Das hier war mein damaliges Auto … und auf dem Bild hier stehe ich mit Sabine vor unserem Häuschen in der alten Heimat. Und das da war unser Garten … und *haaa* … hier, unser ehemaliger Nachbar!«

Philip, den seit der ersten Begegnung brennend interessierte, wie Jerome, als einer von wenigen privaten Tradern, es geschafft habe, seinen Traum, »vom Trading zu leben und dies an einem Ort, den sein Herz begehrte«, zu verwirklichen – kaute breit auf einem aus dem Glas gefischten Pfirsich: »Hm …, ein weiter Weg bis hierher in so einen kleinen Vorort Bangkoks, oder?«

Jerome, der wusste, dass es für Philip keiner großartigen Überleitung für seine kommenden Worte bedurfte, verzichtete daher auf eine solche, sondern antwortete mit einer Metapher: »Ich verließ den Zug der Zeit und setzte mich in die ›gewöhnliche‹ Eisenbahn. Raus aus dem ICE und rein in die Bimmelbahn.« Natürlich gab Jerome zu, dass es, mal so ganz generell gesehen, in seiner neuen Heimat Thailand – einer für viele unverstandenen Region, die in so vielem ohne Anerkennung vorbildlich war – natürlich auch wie in Deutschland Tempo gab, aber, abgesehen von der Hauptstadt, eben nicht zu viel Tempo. Jerome zeigte zur offenen Terrassentür hinaus. »Natürlich rollen auf den Dorfstraßen auch Autos, aber nicht zu viele! Natürlich holt man auch hier E-Mails ab, aber nicht zu intensiv! Freilich entfaltet man hier Luxus, aber beileibe nicht so überdimensioniert! Natürlich treibt man hier auch Sport, aber nicht so närrisch und ehrgeizig wie bei uns! Natürlich geht man hier shoppen, aber nicht fünf Mal die Woche!« Er wandte seinen Blick zurück zu Philip: »Verstehst du, hier ist man stolz, wenn man bei allem nur der Zweitbeste bleibt.«

Philip verstand, und nach einer kurzen Pause sagte er: »Du hast als Trader jeglichen Businessehrgeiz aufgegeben!« Seine Worte hatten weniger den Anflug einer Anklage, vielmehr umwehte sie ein Hauch von Bewunderung!

Jerome nickte sichtlich fröhlich, ja fast schon stolz. »Null, wirklich – glaub mir, *null* Businessehrgeiz mehr!« Er deutete auf seinen säuberlich leeren Wohnzimmertisch. Keine herumliegenden Unterlagen. Keine Hefter. Keine mit Stichpunkten vollgeschmierten Notizzettel. Nichts. »Und obwohl ich als Trader im Mittelpunkt sitze, da, wo alle wirtschaftlichen Weltachsen sich schneiden, hören sich für mich die Wörter *Stress* und *Hektik* trotzdem wie etwas gänzlich ›Unerprobtes‹ und Fernes an.«

Heiiieii … Stress und Hektik hören sich wie etwas gänzlich Unerprobtes und Fernes an?

Teufelskerl!

Jerome klopfte sich auf den Bauch und verwies auf sein einstiges Gefühl, als würde eine Uhr in ihm stecken: morgens alles – Küche, die Kleine, sich selbst – vorbereiten, um rechtzeitig loszukommen, um die Tochter in die Kinderkrippe zu bringen, um sich danach durch den Berufsverkehr zu quälen, zu Sitzungen, zu denen man pünktlich erscheinen musste, während sich die restliche Arbeit anhäufte, und auch abends musste er sich trotz Stau beeilen, die Kleine abzuholen oder pünktlich da zu sein, wenn das Kindermädchen Schluss hatte; und musste dann die abendlichen E-Mails durchsehen, Sachen für den nächsten Tag oder die nächsten Tage vorbereiten, Präsentationen, Konzepte, Ausarbeitungen, Zusammenfassungen entwickeln oder bewerten, und das Abendessen musste auch noch zubereitet werden, und dabei gehörte Jerome noch zu jenen Männern, die ihrer Frau überall halfen. »Spät am Abend hatten wir«, er winkte Sabine, die am großen Esstisch mit Sophie die Hausaufgaben durchsah, »gerade noch ein paar Augenblicke Zeit, miteinander zu reden, und dann schliefen wir sofort ein, weil wir so erledigt waren!« Jerome stand auf, wandte sich dem Sideboard zu, nahm jenes Bild zur Hand, das ihn mit Sabine und Sophie lachend vor dem ehemaligen Haus zeigte, und setzte sich, das Bild stumm betrachtend, wieder hin. »Weißt du, Philip, *jeden* Morgen und *jeden* Abend machte ich diese Erfahrungen …«, er klopfte wieder auf seinen Bauch und berichtete, dass ihm das von Jahr zu Jahr immer größere Sorgen bereitet habe und er – ohne um den Börsenhandel bereits zu wissen – angefangen habe, davon zu träumen, gegen diese tickende Uhr im Bauch, gegen diesen *reißenden Strom* ankämpfen zu müssen.

Reißender Strom?!

O ja … das trifft es gut!

Philip konnte Jerome dies sehr gut nachempfinden, obwohl ihm natürlich bewusst war, dass dieser *reißende Strom* von jedem auf seine eigene individuelle Weise erlebt wurde. Philip erlebte ihn beispielsweise immer dann, wenn er sich in großen Städten aufhielt und miterleben musste, wie morgens wahre Menschenmassen in die sich links und rechts der Straßen auftürmenden Büros strömten, um abends müde und wie durchgekaut wieder auf die Straßen gespuckt zu werden. Philip kämpfte sich dann wie ein schwerer, gegen den Strom schwimmender Lachs mit den Schultern durch die Menge, und als die energische Person, die er war, trat er den Entgegenkommenden nur halb aus dem Weg und überließ den anderen den Rest. Ob aus Schlafmangel, Lebensüberdruss, allgemeiner Rücksichtslosigkeit oder weiß der Teufel was – manche rempelten ihn dann sogar an! Dafür erlaubte sich Philip gelegentlich seinen eigenen Spaß … wenn eine mit Handy, Palm und grimmiger Miene bewaffnete Gruppe von drei oder mehr Personen direkt auf ihn zukam, dann senkte er den Kopf und jagte, wie aus der Pistole geschossen, mitten durch die Gruppe hindurch, sodass die Leute notgedrungen auseinandertreten mussten, um sich erst hinter ihm wieder zu formieren. Und das alles machte Philip seit jener Zeit, in der ihm bewusst wurde, wie wichtig es für ihn war, auf verschlungenen und stillen Waldwegen oder in einem Café weit weg von Informationen und Hektik über Gott und die Welt zu sinnieren, aber das konnte er nur, wenn er eben jenen Zugang zu Informationen und Hektik freiwillig etwas beschränkte! Und sein Vorteil im Leben bestand darin, dass er sich dieser »Schwächen« seit Jahren bewusst war!

»Na ja, und eines Tages«, fuhr Jerome fort, »ich war mal wieder dabei, meinen Traum zu träumen, irgendwann mal gegen den reißenden Strom zu schwimmen, kam es zu einem eher zufälligen Kontakt mit dem Börsenhandel.« Die Details hierzu ließ er aus, stattdessen berichtete er in aller Ausführlichkeit, wie gern und vor allem wie *oft* er damals in den Spiegel blickte und sich dabei einen Ort vorstellte, wo er sein Leben als zukünftiger Trader zubringen wollte und wo es Stil hatte, zu verweilen. Jerome hob die Handflächen und meinte, dass noch am selben Abend des ersten Kontakts mit der Börse für ihn feststand, dass DAX & Co. der *einzige* Schlüssel zur Freiheit, Unabhängigkeit, mehr Freizeit und mehr Geld darstellten, denn: Von seinem Beruf konnte er sicherlich die Familie ernähren, aber zu großen Sprüngen reichte es trotz der vielen dafür aufgewendeten Zeit und Mühe nicht, von Freizeit und der Pflege seiner Hobbys ganz zu schweigen. Mit dem Laptop bewaffnet, repräsentierte für ihn der Börsenhandel jenen Abzweig, um zum einen finanziell in einer anderen Liga zu spielen, und zum anderen jenen Ausweg, über den er endlich Stress, Hektik und vor allem auch das Leben seiner Stadt hinter sich lassen konnte …

Und so erfuhr Philip, dass Jerome nicht mehr jene alltäglichen Bilder ertrug, wo alles mit der Stoppuhr in der Hand eilte oder stillstand und alles, Luft und Erde, einen einzigen Ameisenbau bildete. Jerome fügte an, dass es ihm immer unsinniger erschien, dass jeder Mensch nur ganz bestimmte Aufgaben hatte und dass die Berufe an bestimmten Orten in Gruppen zusammengezogen waren, die Vergnügungen hingegen in den anderen Stadtteilen platziert waren, und wieder anderswo standen die Wohnungen und Häuser, wo sich Frau, Kinder, Familie und Couch befanden, was zur Folge hatte, dass Spannung und Entspannung, Tätigkeit und Liebe zeitgleich genau getrennt und nach gründlichen Erfahrungswerten nur noch ausgewogen wurden. »Mein Traum war es, dass der Börsenhandel endlich das Bild, welches von den unzähligen Stockwerken der Bürobauten durchzogen war, beendete ... Raus aus dem ICE, rein in die Bimmelbahn!«

Und während Jerome aufstand, um in der Küche die Gläser aufzufüllen, gestand sich Philip ein, dass Jeromes Worte genau jene oberflächlichen, unruhigen und kurzen Gefühle der rastlosen Bewegung widerspiegelten, die auch er in sich spürte: Auch er ertrug nicht mehr das Bild der Verkehrsstraßen, Flugzeuge, S-Bahnen, U-Bahnen, Busse, Autoketten, ICEs, die Menschenmassen horizontal von einem Ort zum anderen pumpten und deren Rhythmus einzig an den Knotenpunkten für wenige Sekunden unterbrochen wurde, in denen man von einem Verkehrsmittel zum anderen sprang und die durch zwei jäh wieder losdonnernde Geschwindigkeiten übergangslos beendet wurden. Auch er ertrug es nicht mehr, dass man überall von Werbung und Meinungsmachern angesaugt und hineingerissen wurde; dass man, während man aß – und das auch noch im Gehen –, gleichzeitig zwischendrin hastig sprach, und Fragen und Antworten ineinandergriffen wie Maschinenglieder. Auch ertrug er es nicht mehr, dass so viele Menschen die Beschränkungen ihrer meist kurz gesteckten Ziele damit begründeten, dass das Leben kurz sei und man so versuche, ihm ein Maximum des Erreichens abzuverlangen. – *Seufz!*

Nun wieder zurück und die Gläser verteilend, prostete Jerome Philip zu. »Verstehst du, Philip ... hatte mich in der Hand! – Weißt du, wie ich das meine?!«

Die Sache?!

Philip überlegte, dass Jerome damit nur den »Takt des Gemeinwesens« im Blick haben konnte, denn: In *»ihm«* bewegte man sich *Tag und Nacht* und tat auch noch alles andere darin; man rasierte sich, man aß, man liebte, man las Bücher, man übte seinen Beruf in *»ihm«* aus; kurzum: Man tat einfach *alles* darin ... selbst davor, dazwischen und danach, ganz so, als ob die vier eigenen Hauswände stillstünden. Das Unheimliche war aber: dass die Wände fuhren, ohne dass man es merkte, und ihre Schienen vorauswarfen, ohne dass man wusste, wohin.

»*Ja!* Ja, genau!«, bestätigte Jerome, als Philip seine Gedanken äußerte. »Und überdies will man ja womöglich selbst noch zu jenen mächtigen Kräften gehören, die den Zug der Zeit bestimmen. Und wenn man dann nach längerer Pause hinaussieht, bemerkt man, dass die Landschaft sich geändert hat. Was da vorbeifliegt, fliegt vorbei, weil es nicht anders sein kann. Aber bei aller Ergebenheit gegenüber dem Geleisteten nimmt ein unangenehmes Gefühl immer mehr Gestalt an. Ganz so, als ob man über das Ziel hinausgefahren oder auf eine falsche Strecke geraten wäre ...« Wenn Jerome seine letzten Worte mit der Absicht so gewählt und gesetzt hatte, um mit ihnen Philip unvermeidlich die damit verbundenen Vorstellungen des *Aussteigens* zu Ohren zu bringen, so war ihm dies gelungen, denn: Gedankenversunken vollendete Philip den Satz: »... und eines Tages ist das stürmische Bedürfnis da: *Notbremse ziehen und abspringen!*«

»Genau so!« Jerome nickte anerkennend. »Mich überkam die Ahnung, dass mir der Börsenhandel – an den ich bis dahin, außer den, dass es ihn gab, keinen Gedanken verschwendet hatte – endlich die goldene Chance bot, die wilde Fahrt meines bisherigen Alltags mittels ein ›paar einfacher, stressfreier Mausklicks‹ so abzubremsen und zu verlangsamen, dass ich beim Betrachten der vorbeiziehenden Landschaft wieder Details wahrnehmen könnte statt nur noch verwischte Schemen. Der Börsenhandel sollte meine Fahrkarte für die Bimmelbahn sein!« Jerome griff sein Glas und trank es leer. »O ja … Zurückkehren!«, er schaute auf den Grund seines Glases und schniefte: »… Zurückkehren oder Ankommen an jenem Punkt, der vor der falschen Abzweigung lag!«

Zurück zu einem Punkt, der vor der falschen Abzweigung lag …

Das hat was!

In Philip stiegen die Erinnerungen an seine eigenen Anfänge empor: Auch er hatte vor der Eröffnung seines ersten Handelskontos beabsichtigt, das vor ihm liegende Trading bis zu einem gewissen Punkt zu fördern, ab dem er dann »die Strände der Welt« entdecken und nacheinander an diese übersiedeln wollte … doch mit der voranschreitenden Zahl von Tradingmonaten war ihm der Gedanke einer Weltenbummlerei, die ihn auf Monate oder vielleicht sogar auf Jahre oder für immer von seinen Charts fernhalten würde, als allzu locker, um nicht zu sagen pflichtwidrig erschienen und komischerweise keine ernsthafte Option mehr!

»Und wie ging's dann weiter?«, fragte er daher mit besonderem Interesse.

Jerome rührte mit dem Strohhalm in seinem leeren Glas; verworrene Bilder von einst schwirrten ihm durch den Kopf: Erinnerungen, die er vergessen glaubte. Nach und nach seine Gedanken zusammenbringend, entsann er sich einiger Einzelheiten seiner Begegnungen mit den Charts, und er sah sein Gesicht vor den Monitoren, nicht so, wie es jetzt war, sondern wie es vor knapp sechs Jahren war, nachdem er seinen Beruf gekündigt hatte und fortan allein zu Hause vor den Charts saß, und zwar mit übernatürlicher Deutlichkeit! »Na ja, der Rest ist eigentlich ganz einfach …« Jerome grinste, holte tief Luft und schickte sich ohne zu zögern an, von seinen Erlebnissen zu berichten, ohne jedoch Details der Kündigung und den schwierigen Kampf der Überzeugungsarbeit für den neuen Beruf zu erwähnen. Und während er von sich berichtete und von der Unfähigkeit, seine bisherige Lebenserfahrung im Umgang mit dem Trading wirksam einzusetzen, hatte es fast den Anschein, als sei er etwas aufgewühlt. »… jeder Tag zerfiel in zwei Phasen: das Zusammensein mit den Kursen und das Warten darauf, wieder bei diesen sein zu können!«, meinte er und sprach davon, dass sich wenige Wochen nach der langersehnten Kontoeröffnung sein Ehrgeiz als Trader in einer schwierigen Phase befunden habe, denn: Wenn er seinem einst ursprünglich angedachten Zweck ebenbürtig sein wollte, so musste sein Trading – gleich welcher Art und Natur – an die großen Ideen des »Wozu« geknüpft sein, aber: Große, lebensgestaltende Gedanken und Ziele, die widerspruchslos von ihm geglaubt würden, gab es bei ihm nicht mehr, denn seine skeptische Gegenwart jedes Handelstages glaubte komischerweise weder mehr an »Freizeit« noch an den »unendlichen Reichtum«, weder an »innere Ruhe« noch an die »Schönheit der Freiheit« – oder in einem Riesendurcheinander von innerem Zwang und enttäuschter Hoffnung träumte er von allem zusammen, was zum damaligen Zeitpunkt auf das gleiche Lächerliche hinauskam. Wie fortgeblasen war die Überzeugung, seiner Stadt, dem Takt der Gesellschaft zu entfliehen, ebenso der Glauben, »seine Familie vom Trading zu ernähren«, und vor allem: seine Sicherheit. Geistiger Schwindel erfasste ihn, indes der Chartverlauf tagein, tagaus alles schlimmer auf den Kopf stellte! »*Keine Bimmelbahn …!*« Jeromes Augen hatten sich für einen kurzen

Moment »festgesehen«, sie waren von der Erinnerung an einst in eine fixe und blinde Einstellung geraten, und mit einem traurigen Lächeln wiederholte er mehrfach hintereinander: »Keine Bimmelbahn! … Keine Bimmelbahn! … Keine Bimmelbahn!«

»Tja, so viel zum Stichwort *Bimmelbahn*!« Jerome kehrte wieder in die Gegenwart zurück.

»*Und wie ging's dann weiter?*« Diese Frage sah Jerome in Philips Augen, und ungefragt begann er zu antworten, indem er davon berichtete, dass er sich noch tiefer in die Charts, in die Arbeit und ins Abenteuer gestürzt hatte; es schien ihm gleich zu sein, was er unternahm, sofern es nur mit noch mehr Einsatz und Risiko geschah. Jerome verglich es damit, dass »*es*« mit ihm umgegangen sei wie ein Fliegenpapier mit einer Fliege – es hatte ihn da an einem Härchen, dort in seiner Bewegung festgehalten und ihn allmählich eingewickelt, bis er in einem dicken Überzug begraben lag, der seiner ursprünglichen Form nur noch entfernt entsprach, und obwohl sich Jerome anstrengte, konnte er »*es*« nicht aufhalten – es hatte ihn ergriffen!

»– *es?*«, griff Philip erstaunt vor.

»Ja, *es*.« Jerome schaute auf. »Damals hatte ich noch keine Bezeichnung dafür, sondern spürte nur, dass »*es*« am Werk war. Heute sehe ich das ungefähr wie eine Art *Gegenkraft*, die, wann immer ich vor den Charts saß, gegen alle menschliche und sachliche Vernunft in mir war und wirkte.« Diese Gegenkraft, so Jerome, zerrte und schwirrte immer heftiger in ihm. Er wollte nirgends bleiben und löste einen Sturm nach dem anderen von ziellosen, er nannte es »Fluchtbewegungen«, aus.

»*Fluchtbewegungen?!*«

Jerome nickte bestätigend und erläuterte, dass sein damaliger scheinbarer Spott über die eigenen Minustrades, seine Auflehnung gegen das Bestehende und die Bereitschaft zu allem, was ihm irgendwie »heroisch« erschienen war, seine nahezu »dramatische Selbstaufopferung« sowie sein überzeugungsfester Ernst bei der Aussage »… das wird schon noch drehen …«, vor allem jedoch seine tagtäglich aufs Neue stattgefundene Unbeständigkeit für ihn im Nachgang nichts anderes bedeutete – und bedeuten konnte! – als eben *Fluchtbewegungen*.

Jerome deutete auf eines der Bilder über dem Sideboard, ein Schnappschuss, welcher ihn hinter seinen ehemaligen Bildschirmen seines ehemaligen Hauses zeigte. »Au Mann!«, er fuchtelte mit dem tropfenden bunten Strohhalm in der Luft herum, »eigentlich kann ich sagen, dass ich die ersten Jahre unter allem, nur nicht unter einer *dauernden* Handelsidee, gearbeitet habe! Dabei müsste man ein Regelwerk und dessen Großwetterlage lieben wie seine Frau …«, er unterbrach sich und wandte sich Sabine mit vertrautem Blick zu: »Verzeih, Schatz, du weißt ja, wie's gemeint ist!« Sabine, ebenfalls lächelnd, nickte und ließ einen gespielten Seufzer hören, dann fuhr Jerome, jetzt wieder Richtung Philip, fort: »… und sich abends selig fühlen für den gemeinsam verbrachten Tag und sich schon darauf freuen, dass man am nächsten Handelstag zu ihr zurückkehren darf. Und egal, wo man ist, man trägt sie *im Inneren* immer mit sich und vergleicht alles, was man *im Äußeren* erlebt, mit ihr … Tja, diese Idee habe ich nur leider zu Beginn noch nicht gehabt!« Jerome seufzte – und jedem war klar: Dieser Seufzer war nicht gespielt –, dann sprach er weiter. »Weißt du, Philip, stattdessen hatte ich zu den sogenannten großen Handelsideen eher ein *Mann-Mann-Verhältnis*! Aus damaliger Sicht wohl sogar zu Recht!«

»*Zu Recht?*«, hakte Philip abermals nach.

Jerome überlegte kurz. »Ja, zu Recht deswegen, weil ich glaubte, sämtliche Unterordnung endlich hinter mir gelassen zu haben!« Mit einem Blick prüfte er, ob Philip ihm folgen konnte.

Rein männliches Verhältnis?

Unterordnung endlich hinter sich lassen?

Philip konnte es – und wie er konnte! Denn auch ihn hatten die »sch…« Regelwerke gereizt! Gereizt, sie zu stürzen und andere an ihre Stelle zu setzen, ja vielleicht war er gerade von dieser Eifersucht auf andere Regelwerke verführt worden, deren Gesetze er immer wieder suchte, und wenn er sie dann fand, auch nicht für unverbrüchlich ansah! Nach einem kurzen Moment des Schweigens gab Philip sehr zur Freude Jeromes ebenfalls von sich zu, dass es ihn einst eigentlich weit mehr erregte, wenn er ein Regelwerk in einem Buch las, wo es von der Auffassung des Autors geschützt war; aber wenn er es in seiner vollen Ausführlichkeit live erleben sollte, fand er es immer schon veraltet und altmodisch-ausführlich und demnach hinsichtlich des Gedankengehalts irgendwie überholt. An allem hatte er »genascht« und war dennoch nirgends »satt« geworden, er konnte sich – so Philip – nirgends genügend »festbeißen«. Tagtäglich las und suchte er irgendwo einen neuen Handelsansatz, eine neue »Tradinggebärde«, kurzum: eine neue Technik des Seins als Trader – das konnte mal ein neuer Indikator oder ein neuer Gedanke zu Trendlinien oder ein Satz zu Geldmanagement sein – völlig egal –, und obwohl es pure Augenwischerei war, so hatte es wie alle Schauspielerei natürlich einen Sinn – und augenblicklich stürzte er, wie die Spatzen von den Dächern, wenn man Futter streut, als junger Trader darauf zu. Man brauchte es sich ja bloß vorzustellen, so Philip zu Jerome, wenn man vor den Monitoren die schwere Welt der Kurse, der Charts, der Signalvielfalt und Regelwerke sah, und im Inneren eines Traders nichts als haltlos beweglicher Nebel war, welches Glück es bedeuten musste, sobald man einen Artikel las oder einen Redner hörte, in dem man sich selbst zu erkennen vermeinte. Und so wurde, darin Jerome gleich, Philip einst von Tag zu Tag immer unruhiger, denn es dürstete ihn nach der Ausweitung seines Daseins als Trader, nach »umfangreicheren Möglichkeiten«, den Charts zu begegnen, und wirklich: Das wohl geneigte Glück des Tradings ließ ihm dies tagtäglich zuteilwerden …

Andächtig rührte Jerome mit seinem Strohhalm die letzten noch nicht aufgetauten Eiswürfel hin und her. »Wisst ihr …«, er machte eine Pause, blickte mehr Sabine an als Philip und holte tief Luft, »kurzum: die Folge allen bisher Gesagten ist, dass ich an einen Punkt kam, wo mir mein Dasein als Trader … zu einer schier unerträglichen Last wurde! Ja … *Last*!«

Da sowohl Sabine als auch Philip schwiegen, fuhr er wenige Augenblicke später fort zu erzählen, dass sein Leben als Trader damals wie ein Pendel zwischen »Schmerz« und unerträglicher »Langeweile« hin und her geschwankt sei: Einerseits hatten sich, nach ganz fürchterlichen Tradingtagen, die Leiden und Qualen seiner Tradinganfänge so aufgetürmt, dass ihm stellenweise zur Flucht vor diesem ganzen Leben selbst der Tod schon fast wünschenswert erschienen war und er oftmals den Gedanken hatte, freiwillig zu ihm zu eilen; und andererseits hatte sich seiner, sobald ein heroischer Plustrade ihm eine Rast von »Not und Leid« vor den Monitoren vergönnte, die *Langeweile* bemächtigt, sodass es sofort des unbedingten Zeitvertreibs »eines weiteren Trades« bedurfte. »H-i-m-m-e-l, das waren wirklich«, Jerome konnte sich wegen Sophie gerade noch bremsen, »*versch… Zeiten*!«

Philip bemerkte, wie Sabine, leicht mit den Kopf nickend, ihren Blick von Jerome löste und – sich scheinbar gedankenversunken an die damaligen Zeiten zurückerinnernd – Sophie, die noch immer über ein Schulaufgabenheft gebeugt neben ihr saß, sanft über den Rücken fuhr; und er fand diese Stelle, an der Jerome die »Langweile« ansprach, genau passend, um ausführlich von dem Treffen mit Torbach zu berichten. Er ließ kaum eine Einzelheit aus, und so erfuhr Jerome von der alles verändernden Frage Torbachs »Verheizt du die Axt als Brennholz, oder benutzt du sie, um Brennholz zu gewinnen?« und von Philips Bemühungen, Licht in die Sache zu bringen, genauso wie von seiner Beobachtung, dass das, was viele Trader zu beschäftigen und in Bewegung zu halten schien, auf der einen Seite das Streben nach dem erfüllten Dasein, sprich: ihrem persönlichen »Wozu«, war, sie aber andererseits mit dem Dasein, wenn es ihnen gesichert war, nichts anzufangen wussten und daher fast zwingend, als Zweites und Nachfolgendes, das Streben in Angriff nahmen, ihre Last des Daseins als Trader loszuwerden, es irgendwie »unfühlbar« zu machen, »die Zeit zu töten«, kurzum: der *Langeweile* zu entgehen.

Philip war beim Erzählen über die Begegnung mit Torbach nun auch jene Frage wieder eingefallen, die sich ihm auf der Herfahrt in Sous Boot zu den Berufen gestellt hatte, und er ließ Jerome daran nun teilhaben, indem er seine – durch den Gedanken an Torbach aktualisierte – Frage offen aussprach, nämlich, ob die Hunderte oder vielleicht gar Tausende von »normalen« Berufen in einer Stadt wie zum Beispiel Ärzte, Fischer, Schaffner, Programmierer, Kellner, Tischler, Bauarbeiter, Soldaten, Mechaniker, Bauern, Elektriker, Designer, Hausverwalter, Köche, Gärtner, Taxifahrer, Verkäufer, Studenten, Reiseleiter, Friseure und Krankenschwestern wohl auch so schnell aus der Erfahrung der *Ent*täuschung lernten, wie dies beim Trading der Fall war? Und natürlich stellte er auch die Frage in den Raum, ob denn jeder Mensch, der einen dieser »normalen« Berufe ausübte, sich dann, so wie manch ein Trader, wenn er sich seine beruflichen Ziele *erfüllt* hatte, sprich: er als von Not und Sorgen gebeutelter Berufsanfänger nun *endlich* alle »Ausbildungslasten« von sich abgewälzt hatte, sich mitunter selbst eine Last war und nun plötzlich jede durchgebrachte Stunde als Gewinn erachtete, zu deren möglichst langer Erhaltung man bis dahin alle Kräfte aufgeboten hatte?!

»*Au Mann*«, lachte und stöhnte Jerome zeitgleich, »dieser Börsenkram ist – wenn man sich die Mühe macht, genau hinzuschauen – schon irre!«

Philip wusste, dass es keiner weiteren ausgesprochenen Antwort bedurfte! Denn was sah man, wenn man genau hinschaute? Man sah, dass die *Langeweile* ein keineswegs gering zu schätzendes Übel war, denn so wie die Not des Aktionismus die beständige Geißel des Tradinganfängers war, so war es die Langeweile des fachlich bereits vorangeschrittenen Traders, die auch auf das Gesicht eines *fortgeschrittenen* Traders noch wahre Verzweiflung malen konnte.

»So, mein Freund! Aber jetzt genug dergleichen!« Er schwang sich auf. »Komm, ich will dir mein Büro zeigen!«

Philip stand auf, und sein Gesicht sah glücklich über das Treffen mit Jerome aus, denn was dieser von sich gab, das berührte ihn auch persönlich, und im gewissen Sinne bewunderte er Jerome, wusste er doch nur zu gut, wie schwer es war, von sich selbst zu reden! Aber … eines kam Philip an alldem seltsam … *sehr, SEHR seltsam!!* … vor! Nämlich, dass Jerome – im Gegensatz zu allen Begegnungen, die Philip bisher mit privaten, zum Teil aber auch mit beruflichen Tradern erlebt hatte – *trotz* Anwesenheit seiner Familie nie zu fürchten schien, ehrlich mit seinen Worten fortzufahren und über seine Enttäuschungen im Einzelnen und detailliert zu berichten.

Aber ohne dass Philip dies bereits jetzt hätte ahnen konnte, sollte ihm darüber die kommenden Tage Aufklärung zuteilwerden …

»Nun ja, es geht hier ganz ästhetisch und spartanisch zu …«, sagte Jerome und schob dabei die Tür auf.

Hui!!!

Spartanisch war das rechte Wort!

Denn, Philip sah … Er sah *nichts*! Nichts, außer: einem Lederbürostuhl und einem großen eleganten Schreibtisch, darauf ein Laptop mit einem zweiten kleinen Flachbildschirm und einer Maus. Jedoch weder:

… irgendein aufgeschlagenes Fachbuch, …
… noch Ausdrucke irgendwelcher Börsennewsletter, …
… keine Zettelwirtschaft, …
… keine Notizbücher, …
… keine Bücheregale mit Börsenbüchern, …
… keinen eingeschalteten Fernseher mit laufenden Börsennachrichten.

Aber, da Philip schon längst der Frage »ob denn die Anzahl der Bildschirme und die Menge der gelesenen Zeilen mit dem korreliere, was man da raushole?!« entwachsen war, und er es ebenso vorzog, die Einsamkeit im Büro ohne »lästiges Beiwerk« anzunehmen, war Philip über Jeromes Büro nicht enttäuscht. Im Gegenteil: er war schlichtweg … *fasziniert*! Er sah nichts außer … einem großen Schreibtisch, der vor der großen Fensterfront stand! Dies hatte er wahrlich, bei einem privaten Trader, nicht erwartet! Philip musterte Jerome und schätzte ihn nach allen bisherigen Worten unter anderem so ein, dass er – ganz allein, *ohne* Ausbilder – immer mehr aus seinem Sprachgebrauch und seinen Taten das Wort: *sinnlos* strich. Und *sinnlos* war es auch – je nach Handelsstil! – zu meinen, die Anzahl der Bildschirme und die Höhe der eigenen Trading-Bibliothek korreliere mit dem, was man da rausholte.

Aus dem benachbarten Zimmer schob Jerome einen zweiten Stuhl heran, rückte den Bildschirm in beider Blickwinkel und schaltete ihn ein. Der Monitor wurde hell und zeigte seine Bilder. Philip sah Charts … aber … – *O-ha!* Die Charts waren nur Bruchstücke von den sonst üblichen Charts; sie waren schemenhaft, und wenige Perioden bildeten die schon weit fortgeschrittene Handelswoche intraday ab. »Du arbeitest mit *nicht*-zeitbasierten Charts? – Sehr interessant!«, meinte er.

»Damit«, Jerome tippte mehrmals auf die Charts, »verbessere ich meine Chartsuche und … verlängere meine Schäferstündchen!« Und was einem Tradinganfänger als witzige Antwort hätte gelten können, war bei Jerome in eine Fülle von Tiefsinn getaucht, welche Philip gerne wahrnahm, denn da war es wieder, das Thema: … *ZEIT!* … Es zog sich innerhalb des Themas *Trading* nicht nur in philosophischen, sondern auch in allen fachlichen Aspekten durch.

Zeit! – Philip seinerseits war schon immer von den *nicht*-zeitbasierten Charts fasziniert, denn durch Wegfall der Zeitachse war das Kriterium für die »Fertigstellung« einer Periode nicht mehr die verstrichenen 1-, 10- oder 60-Minuten, sondern entscheidend war einzig die verstrichene *Marktbewegung* in Punkten, Pips oder Dollars. Der Vorteil lag durchaus auf der Hand: Neben dem klassischen Marktrauschen konnten auch generell nicht für wichtig erachtete Marktbewegungen einfach *raus*- oder besser gesagt *weg*gefiltert werden, und sichtbar blieb, in komprimierter Form, die individuell für wichtig erachtete Trendintensität beziehungsweise *Trendgröße*[118]. Kurzum: *Zeit* ... nicht nur in deren »Verwendung« konnte man Fehler machen oder aber *Verbesserungen* anstreben, sondern auch in ihrer Darstellung.

Jerome klickte derweilen zügig in seinen selbst erstellten Watchlisten herum und zeigte auf den einen oder anderen Wert, in dem er gerade positioniert war oder welchen er interessant fand. Beiläufig meinte er: »... hab tatsächlich echt lange gebraucht, um mich an diese Dinger«, er deutete auf einen *nicht*-zeitbasierten Chart, »zu gewöhnen! Man kann schon sagen, *Jahre*! Und du wirst nie erraten, warum mir der Umgang damit zu Anfang so schwergefallen ist!?!«

Doch – Philip erriet es, und er wusste auch aus eigener Erfahrung von den Gründen zu berichten: »Na ja, ich sag mal so...«, begann Philip und holte, sehr zur Freude Jeromes, etwas weiter aus, indem er vorab an ein kürzlich gelesenes Buch erinnerte, in dem – zwar in einem völlig anderen Zusammenhang, aber dennoch an dieser Stelle passend – die Frage aufgeworfen wurde: »Kann man die Zeit erzählen, diese selbst, als solche, an und für sich? Wahrhaftig, nein, das wäre ein närrisches Unterfangen! Eine Erzählung, die ginge: ›Die Zeit verfloss, sie verrann, es strömte die Zeit« und so immer fort, – das könnte gesunden Sinnes wohl niemand eine Erzählung nennen. Es wäre, als wollte man hirnverbrannterweise eine Stunde lang ein und denselben Ton oder Akkord aushalten und das – für Musik ausgeben. Denn die Erzählung gleicht der Musik darin, dass sie die Zeit *erfüllt*, sie ›anständig ausfüllt‹, sie ›einteilt‹ und macht, dass ›etwas daran‹ und ›etwas los damit‹ ist ... Die Zeit ist das *Element* der Erzählung, wie sie das Element des Lebens ist, – unlösbar damit verbunden, wie mit den Körpern im Raum.[119]

Demnach – wie sollte es verwundern – war der Begriff »Zeit« also auch dem Börsenhandel im Allgemeinen und dem Trading im Speziellen zu eigen, und hier sogar auf unterschiedlichsten Ebenen. Beispielsweise in den gängigen, aber eher *unpersönlichen* Fragen nach:

> *Wann öffnet der Markt, und wann schließt er?*
> *Wann werden die Wirtschaftszahlen bekannt gegeben?*
> Oder: *Wann ist der jeweilige Verfallstag?*

Aber: ein jeder Trader besaß neben den eher unpersönlichen Fragen um die »Zeit« auch jene eigenen inneren Aufzeichnungen, die »Zeit« betreffend, die beispielsweise bekunden, dass ein Tradingtag »nur so im Flug« durchlebt wurde; oder aber auch, dass der zeitliche Umfang des durchlebten Handelstags sich auf nur wenige Stunden, aber gefühlt auf Jahre belief. Doch neben dieser doch schon eher persönlicheren Frage nach den eigenen Grenzen der menschlichen Zeiterfahrungsmöglichkeit als Trader, gab es noch weitere, die *persönliche* Anwendung von »Zeit« im Trading betreffend:

---

118 Siehe Bild 6.

119 Quelle: Thomas Mann, »Der Zauberberg«, Siebentes Kapitel, *Strandspaziergang* (Fischer Taschenbuch Verlag, ISBN: 978-3596294336).

Sind zwei Stunden vor den Charts für mich und meinen geldwerten Nutzwert genug oder gar bereits zu viel?
Oder setze ich doch besser zehn Stunden dafür an?
Wie lange dauert es wohl, bis ich im Trading dies oder jenes begriffen habe?

Aber: Auch auf der *fachlichen Ebene* spielte die »Zeit« eine Rolle, und hier war diese insbesondere dem Element der *optischen Darstellung* eines Charts eigen, welche diesen maß und gliederte, kurzum: sie machte den Chart »kurzweilig« oder eben »langatmig«, woraus sich, die »Zeit« im Trading betreffend, also auch noch Fragen aus der *fachlichen* Anwendung ergaben:

Führe ich meinen Handelsstil unter Zuhilfenahme eines 10-Minuten-Charts durch?
Oder doch besser eines 24-Minuten-Charts?
Welche Zeiteinheit ist denn nun die meiner Zeiteinheit übergeordnete?

Mit anderen Worten: Auch wenn all diese Fragen noch um ein Vielfaches erweiter- und ausbaubar waren, so war doch in der Konsequenz deutlich erkennbar, dass das Thema »Zeit« im Trading *immer* in dreierlei Hinsicht eine Rolle spielte, nämlich eine *unpersönliche*, eine *persönliche* und eine *fachliche* Rolle. Oder mit anderen Worten: Trading »behandelte« die *Zeit* in vielerlei Hinsicht als eine Komponente, wodurch man sie selbst wiederum »behandeln« konnte. Und damit bestand die Möglichkeit, dass *Zeit*, ob bewusst oder unbewusst, ob zu Recht oder zu Unrecht, zu *dem* Element im Trading, zu *dem* Gegenstand wurde.

Okay – es lag für Philip und Jerome auf der Hand, dass es jene *drei*geteilte Gliederung gab; aber ebenso offen lag, dass – aus dem Blickwinkel der *Markttechnik* betrachtet – im dritten, dem »fachlichen« Element der *Zeit*, und da, den *Chartaufbau* betreffend, noch ein weiterer Unterschied waltete! Zum Vergleich: Das »Zeitelement« eines Musikstücks ist beispielweise nur *eines*: ein Ausschnitt menschlicher »Erdenzeit«, in den es sich ergießt, um diesen damit, abhängig hoffentlich vom Geschmack, zu erhöhen. Das markttechnisch orientierte Trading dagegen weist zweierlei »fachliche« Zeit auf: zum einen die bezüglich des »Chartaufbaus« reale Zeit, die deren Ablauf und Entstehung bedingt, sowie die bezüglich ihres Inhalts, sprich: bezüglich ihrer »Marktbewegung« reale Zeit, die immer *perspektivisch* ist! Nämlich so, dass die Zeit der *Marktbewegung* zum einen mit der für den *Chartaufbau* benötigten Zeit völlig zusammenfallen, sich zum anderen aber auch meilenweit davon entfernen kann. Oder mit anderen Worten: Eine Periode eines 10-Minuten-Charts dauert *zehn* Minuten reale »Chartaufbau-*Zeit*«; eine Marktbewegung, ganz egal, ob in ihren Einzelheiten oder als Trend im Ganzen betrachtet, kann eine solche Periode jedoch um das zigfache überdauern. Obgleich sie, bei Betrachtung der durch die kleine Periodenzeit bedingte *hohe Periodenanzahl*, sehr *lang*weilig erscheinen mag, kann dieselbe Marktbewegung bei Betrachtung im Gesamtbild sehr *kurz*weilig erscheinen!

Ein Beispiel: Ein »kleiner Trend«, der sich über ein, zwei Tage erstreckt und auf einem 10-Minuten-Chart gut sichtbar ist, sieht im zusammenskalierten, nun mehrere zurückliegende Wochen sichtbar machenden Chartbild klein und völlig *unbedeutend* aus, obwohl ihn, auf dem 10-Minuten-Chart betrachtet, eine *hohe Anzahl* von Perioden kennzeichnet. Andererseits ist es aber auch möglich, dass die für den »Chartaufbau« benötigte Zeit die eigene Dauer einer Marktbewegung übersteigt und diese durch solche »Verkürzung« unkenntlich macht, wobei es gleichgültig ist, ob der Trend dabei in seinen Einzelheiten oder im Ganzen betrachtet wird. »Verkürzung« – damit sei auf das illusionäre beziehungsweise, um ganz deutlich zu sprechen, auf das krankhafte Element hingedeutet, das dem Trading einschlägig zu eigen ist; nämlich dass die Marktbewegungen sich eines optischen Zaubers in der Art einer »zeitlichen Überperspektive« bedienen. Beispielsweise: Ein kleiner, aber bilderbuchhaft sauberer Trend, der über mehrere Korrektur- und Bewegungsschwünge verfügt, wird auf einer hohen »Chartaufbau-realen« Zeit nur mittels einer Periode dargestellt. Trendbeginn, Trendverlauf und Trendende sind nicht mehr erkennbar.

Aus diesen beiden Tatsachen heraus kann man, um den eigentümlich *Doppelsinn* hinsichtlich des fachlichen Elements *»Zeit«* im Chartaufbau noch besser zu verdeutlichen, auf die Spitze getrieben fragen:

> *Sind drei Perioden eines 10-Minuten-Charts als Bewegungsast eines mittleren Trends zu lang oder zu kurz?*

Nach diesen miteinander ausgetauschten Worten und Gedanken blickten die beiden Händler mit Mienen, die von reger Gedankentätigkeit zeugten, auf den Monitor, und beide kamen sodann zu dem Ergebnis, dass in der Beantwortung dieser letzten Frage nicht nur die Geburtsstunde und die Existenzberechtigung der *nicht*-zeitbasierten Darstellung eines Charts verborgen lag, sondern sich genau hier, bei Anwendung der vielfältigen Formen von *nicht*-zeitbasierten Chartdarstellungen für den Tradinganfänger und damit den »jungen Abenteurer«, ebenso die nicht zu unterschätzende Schwierigkeit, welche Jerome vorhin mit den Worten »… ich habe tatsächlich lange gebraucht, um mich daran zu gewöhnen«, befand. Denn nicht das »Fachliche« von *nicht*-zeitbasierten Charts stellte die Hürde dar, denn deren Fachlichkeit war nahezu selbsterklärend, sondern etwas ganz anderes, was Philip mit den Worten ausdrückte: »… eben durch die fehlenden zeitlich ›fortlaufenden‹ Perioden entsteht eine … *hmmm* … eine Art Schwund in der Wahrnehmbarkeit der eigenen *Betätigung als Händler*!«

Jerome war von Philips Antwort sichtlich begeistert, was seine Augenbraue noch fesselnder aussehen ließ: »Genau! Was mich einst in der Anwendung belastete, war … der … *ich nenne es mal* … Identitätsschwund als ›aktiver‹ Trader!«

Philip musste sich in Erinnerung an seine eigenen Gefühle aus früheren Zeiten genau *dies* bei der Anwendung von *nicht*-zeitbasierten Charts eingestehen, denn: Es war, bei einiger Nachgiebigkeit, bei einem *nicht*-zeitbasierten Chart – egal, ob Spannenchart, Point & Figure oder andere Arten – nicht leicht, eine »60-minütige« Handelszeit gegen eine davor oder den heutigen Handelstag von dem von gestern oder vor- und vorvorgestern abzusetzen, da dieser – wenn keine nennenswerte Bewegung erfolgte – dem anderen optisch glich wie ein Ei dem anderen. Kurzum: Ließ man die »Zeit« aus den Charts heraus, tappte der Tradinganfänger, und so auch einst Philip und Jerome, in eine Art »Bewusstseinsfalle«, da die Begriffe »10-Minuten-«, »3-Minuten-«, »60-Minuten-«, »Tageschart« plötzlich gesondert blieben. Erfahrene Trader hingegen – wie nunmehr Philip und Jerome, tauschten – indem sie sich durch die Wegsparsamkeit des Zeitmessers mit Freude eben jene Begriffe der »Zeiteinheiten« vom Leibe hielten – deren Begrifflichkeiten mit großem Wohlgefallen schlicht gegen »großer«, »mittlerer«, »kleiner«, »ganz kleiner Trend« aus, wodurch dann auch jene Abstandsbegriffe des »eben noch» gleichsam ihre letzte Bedeutung verloren. – *Tja, und warum sollte, wer als Trader wirken will, nicht auch unter diesen Bedingungen wirken können?*

Und dann ging es los, das gemeinsame Durchklicken der Charts …

Chart 1

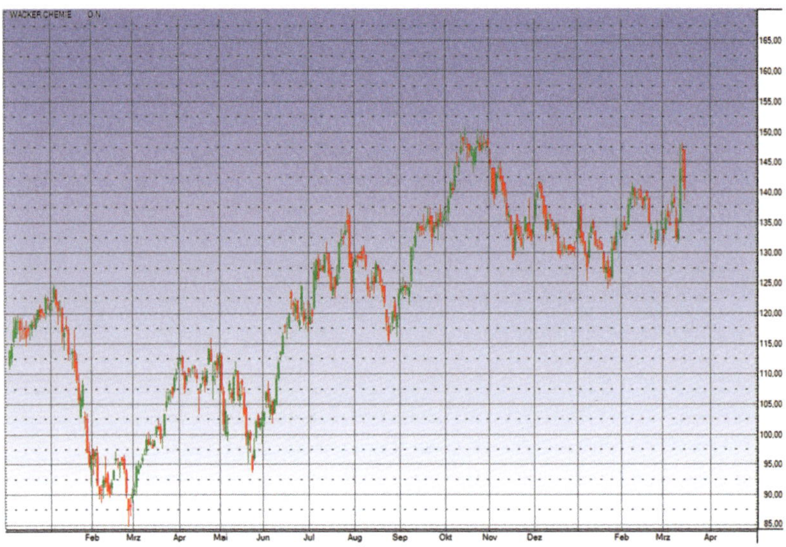

Bild 17

»*Long?! … short?! … oder weiterblättern?!*«, fragte Jerome und machte es sich in seinem Lehnstuhl bequem.

»*… mhm*«, Philip beugte sich vor, »den *mittleren* gegen den *großen Trend … – Long*!«

Beide nickten, und es war ein Nicken von Tradern, die als Gemeinsamkeit mit allen anderen Tradern alles ausprobiert hatten, was das Trading bot, nun aber – im Unterschied zu vielen anderen – wussten, was sie im Leben und als Trader glücklich machte und was nicht.

Jerome zog die Tastatur näher zu sich heran. »Möchtest du, dass ich die einzelnen Perioden deutlicher darstelle?«

»Lass nur, ich seh auch so die lokalen Hochs und Tiefs!«

»Willst Du noch Details vom heutigen Tag sehen?«

»*Details? …*Wozu?«, entgegnete Philip. »Super Marktphase!«

Jerome nickte bestätigend und zeigte mit dem Mauszeiger auf seine riesige Watchliste: »Außerdem haben wir zu viele Märkte, um hier mit der Lupe noch übertriebenes Finetuning anzuwenden!«

Klick … Klick … Klick …

Und während beide auf die jeden Moment folgende Orderausführung warteten, schauten sie auf den Chart, und beiden war klar, dass ihre Idealvorstellungen, von denen sie einst träumten, eigentlich nur Hirngespinste waren. Das »wirkliche« Trading war für beide sozusagen mit *jenem* Schlag erwacht, als sie verstanden, dass man nicht länger für das »Wie« pingelig sorgen musste, sofern dieses sich in einem *genialen* »Wo« befände; und man fortan nur noch auf die Schwierigkeiten und Enttäuschungen durch ein falsches Geldmanagement zu achten hatte, denn: Beiden war nach Jahren klar, dass die Überschätzung der Frage »Wo um alles in der Welt schließt die aktuelle Intradayperiode?« wohl viel zu sehr der Dauerobservation und irgendwelchen Internetforen oder Börsensendungen entstammte. Oder anders: Es wäre wichtig zu wissen, warum man sich bei dem um den aktuellen Kurs liegenden »großen Radarbild« ganz ungenau damit begnügte, dass es »halt rauf« oder »halt runter« ging, und nie danach fragte, innerhalb welcher *besonderen* Phase der – wenn überhaupt – vorhandene übergeordnete Trend lag, obgleich sich das doch sehr genau und eindeutig ausdrücken ließe; wohingegen man es bei etwas so viel Verwickelterem wie dem Schlusskurs der aktuellen Intradayperiode, in der man sich gerade aufhielt, immer durchaus genau wissen möchte … welche *narrenhafte Sinnlosigkeit*; es lenkt von Wichtigerem ab!

Piep!

Order Filled.

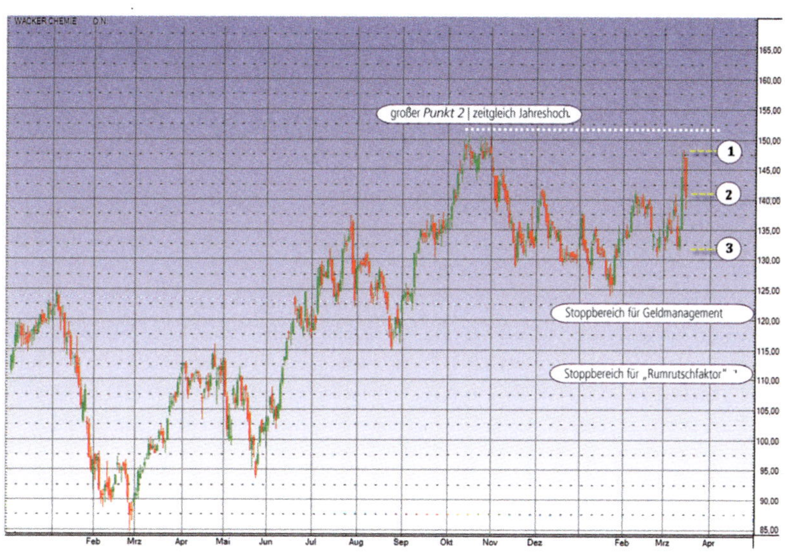

Bild 18

① mögliche Positionserweiterung am kleineren *Punkt 2*
② *Market* – Positionseröffnung
③ erster Stopp

Und noch während Jerome den nächsten Chart anklickte, rutschte die Aktie um 0,50 Cent nach unten, aber niemand störte sich daran.

Klick!

Nächster Chart …

Chart 2

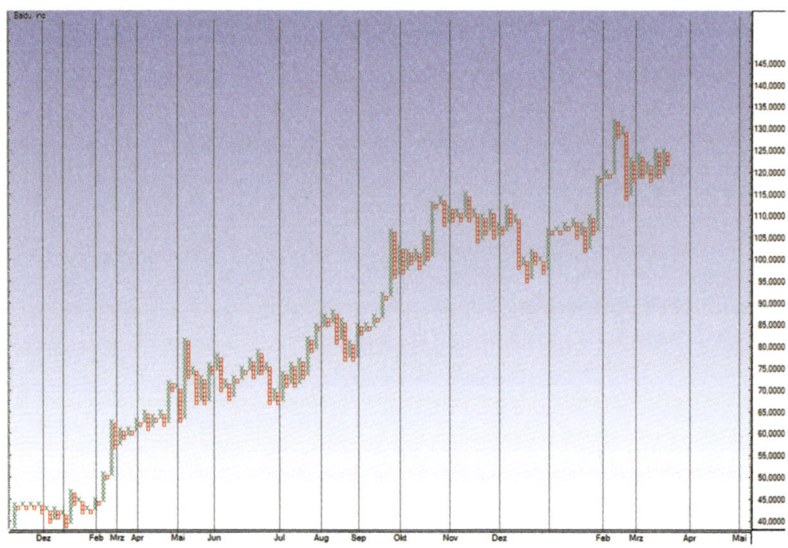

Bild 19

»Philip, wenn es dich nicht stört, nehm ich nun zum Suchen mal *Point & Figure*-Charts, als eine der möglichen Formen *nicht*-zeitbasierter-Darstellung?!«

Philip war natürlich damit einverstanden, wusste er doch, wie eben ausführlich besprochen, um die Bedeutung und Anwendung solcher Charts; schließlich war es sehr viel wichtiger, bei der *Suche nach Großwetterlagen* dem Markt »zu folgen«, als Vermutungen darüber anzustellen, wo die Hochs und Tiefs einer einzelnen, wahllos-parametrisierten-zeitbasierten-Intraydayperiode lagen oder wie lang *Kursbewegungen* und deren Korrekturen andauern würden. Anders gesagt: Was für die Markttechnik zählte, war nicht die Monotonie des Markts, die durch die *zeitliche Dauer*, sondern jene, welche mithilfe der Kontinuität, des Flusses, sprich der Symmetrie des Markts gemessen wurde, und es war daher durchaus legitim und sogar von großem Vorteil, den Markt nicht mittels »Zeit-Formeln« sondern seine einzig relevante markttechnische Stärke nur »geometrisch« wiederzugeben. Kurzum: Bei einem *weit* fortgeschrittenen, markttechnisch orientierten Trader, der dem Thema *Zeit* mehr Beachtung und Hingabe schenkte als der *in ihr* ablaufenden reinen Marktbewegung, erlaubte ein solches Vorgehen unzweifelhaft das Urteil »Irrung und Verwirrung«, und damit wäre höchste Besorgnis am Platze.

Philip blickte auf Jeromes Bildschirm und betrachtete diese etwas »bizarre« Chartdarstellungsweise, deren Kursveränderungen mit »X« und »O« gekennzeichnet wurden, wobei ein »X« einen frei definierbaren Kursanstieg um beispielweise ein, zwei oder 13,50 Dollar beziehungsweise 20 Punkte repräsentierte, und ein »O« für einen gefallenen Kurs um eben jene selbe Größe stand.[120] Eine Säule, sprich Reihe aus »X« oder »O«, bedeutete demnach einen »Trend« im Sinne der Darstellung und »Bewegung oder Korrektur« im Sinne der Markttechnik. Eine aus mehreren »X« bestehende Säule spiegelte also eine Aufwärtsbewegung wider, und stiegen die Kurse weiter, so wurden die »X« auf der Säule weiter und weiter und weiter abgetragen, solange der Kursanstieg über dem letzten eingezeichneten »X« lag. Das Gleiche geschah analog bei einem Abwärtstrend. Eine Säule konnte also immer nur aus »X« oder »O« bestehen, eine Kombination beider Symbole innerhalb einer Säule war nicht möglich. Kurzum: Bei diesen Charts wurde auf den Faktor »Zeit« genau so wie auf den »Umsatz« komplett verzichtet, was zur Folge hatte, dass auf der Ordinate zwar die Kurse wie immer abgetragen wurden, während die Abszisse völlig – welch optischer Segen – dimensionslos blieb.

Bild 20

Aber es bedurfte daher eines anderen Parameters: Nahezu alle klassischen *nicht*-zeitbasierten Chartdarstellungen – beispielsweise Point & Figure, Rengko, Kagi, Threee Line Breaks – wurden im *Sinne der Darstellung*, in der Regel nach einer Art »Reversal-Amount«, parametrisiert, wobei eine Kurs*umkehr* entweder auf einen festgelegten Dollar-Euro-und-so-weiter-Betrag oder festen Prozentbetrag ausgerichtet wurde, das heißt: Um zu einer neuen Säule zu gelangen – demnach so ein Art »Trendwechsel« im Sinne der Darstellung beziehungsweise Wechsel von »Bewegung und Korrektur« im *Sinne der Markttechnik* –, mussten bestimmte *Gesetzmäßigkeiten* erfüllt sein, die einzig den individuellen Bedürfnissen des Traders unterlagen. Eine solche Gesetzmäßigkeit besagte, dass die »neue Säule« erst dann eingezeichnet werden dürfe, wenn die Kurse um mindestens Soundso viel Kästchen gefallen oder gestiegen waren – abhängig davon, ob gerade ein Aufwärts- oder Abwärtstrend vorlag. Bestand vor der Umkehr ein Aufwärtstrend, so wurde das erste »O« immer *ein Kästchen unter dem letzten* »X« der vorhergehenden Reihe eingezeichnet. Analog wurde – im Sinne der Darstellung – eine Trendumkehr zu einem Aufwärtstrend grafisch dokumentiert.[121]

120 Da der gesamte Text dieses Bandes an den fortgeschrittenen Trader gerichtet ist, wird auf eine zu intensive *Funktions*beschreibung der *nicht*-zeitbasierten Chartdarstellung verzichtet. Wer bereits damit arbeitet, kennt sich in deren vielfältigen Funktionsweisen und Besonderheiten ohnehin besser aus, als eine Kurzbeschreibung dies hier wiedergeben könnte. Eine für alle anderen Leser notwendige Langbeschreibung würde zudem den Rahmen dieses Bandes sprengen (hier sei schlicht auf das Internet oder einschlägige Literatur verwiesen), zumal ein markttechnisch orientierter Händler, der im Umgang mit zeitbasierten Charts geschult ist, für den Umgang mit *nicht*-zeitbasierten Charts kein (!) grundsätzliches *Um*denken benötigt, auch wenn dieser einer anderen Horizontweite entspricht. Oder mit anderen, hier im Buch bereits im Vorfeld erläuterten Worten: Man kann es ohne Weiteres die Horizontstruktur der Erfahrung im Trading nennen, dass die Vorbekanntheit von etwas dem Unbekannten Ähnlichen das Unbekannte relativiert. Aber immer steht das Unbekannte am Horizont einer gewissen Vorbekanntheit, das heißt, es ist zwar Unbekanntes in gewisser Hinsicht, aber es ist *relativ* Unbekanntes und darum immer auch schon relativ Bekanntes (siehe Seite 490).

121 Das heißt in der klassischen Anwendung im Sinne der Darstellung: Ein Wertpapier, gleich welcher Art, dessen Kurs, gesamt gesehen, deutlich gestiegen oder aber gefallen war, musste an einen neuen Reversal-Amount gebunden werden, um die jüngste Marktdynamik widerzuspiegeln. Ein Beispiel hierzu wäre: Ein Reversal-Amount von einem Euro oder einem Prozent kann sinnvoll sein, wenn das Wertpapier zu einem niedrigen Kurs gehandelt wird; steigt jedoch der Kurs, muss auch der Reversal-Amount entsprechend angepasst werden. Im Gegenzug galt demnach, dass wenn der Reversal-Amount eines Papiers mit hohem Kurs bei beispielsweise zehn Euro oder fünf Prozent lag, so entspräche dieser nicht mehr der Realität, sänke der Kurs des Papiers. Daher galt in der klassischen Anwendung, dass der alte Reversal-Amount geändert werden muss, um wieder zum aktuellen Kursniveau zu passen, anschließend ist eine neue Feinabstimmung des neu bestimmten Reversal-Amounts, der nun wieder zum gültigen Kurs passt, nötig, damit die neuen Werte widerspiegeln, wie der Markt sich weiterentwickelt.

Und während Philip den Chart noch kurz betrachtete, fragte er Jerome ob er damit übereinstimme, dass man, je nach Softwareprogramm, die Einstellungen um diese Chartart, neben den vielen Regelwerken, die sich rein aus deren Chartdarstellungen selbst ableiten ließen, auch viele Möglichkeiten der *Fein*abstimmung böten, und man daher *zu Recht* der Meinung sein müsse, dass die Verwendung unzähliger Variablen die Einfachheit – aus der Sicht der Markttechnik[122] – komplett zunichtemache.

Jerome nickte mehrfach zustimmend. »Ich verwende sowohl die Point-Figure-Darstellung als auch die anderen Darstellungsarten *nicht und niemals* um ihrem in ihnen selbst enthaltenden Regelwerk willen, sondern einzig, weil sie – abgesehen vom Wegfall der Dimension ›Zeit‹ – es mir durch die *individuelle* Wahl der *Boxgröße* ermöglichen, untergeordnete und daher störende Trends oder Kippbilder, die mich zu einer verfrühten Stoppversetzung oder auch zu einem verfrühten Einstieg verleiten, schlichtweg auszublenden!«

Philip verstand Jeromes Worte nur zu gut, denn: Da er seinen eigenen Handelsstil genauestens definieren konnte und somit um die *durchschnittliche* Korrekturhöhe – sei es in Prozent oder in absoluten Beträgen – der für wichtig erachteten Trendgröße[123] wusste, konnte er die *Boxgröße* so wählen, dass *nur* die für ihn wichtigen Trends – sprich deren Korrekturenausschläge – sichtbar blieben.

Jerome wippte in seinem Lederstuhl. »*Long?! … short?! …* oder *weiterblättern?!*«

»Long!«

Beide nickten.

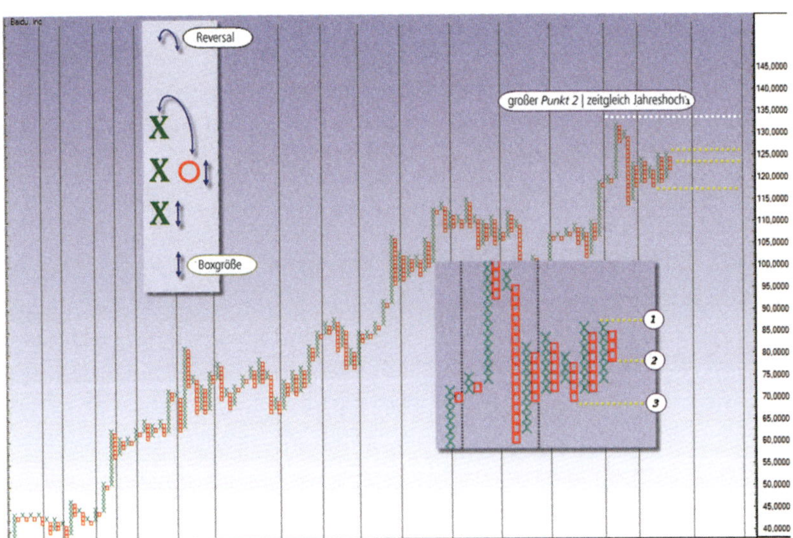

Bild 21

① Mögliche Positionserweitung am kleinen *Punkt 2*.
② Positionseröffnung *Market*

122 Im Sinne der Suche nach Großwetterlagen.
123 Siehe Bild 6 (Trendgrößen).

③ *Stopp* – Hier gilt zu beachten, dass bei dieser Chartdarstellung der *optische* Tiefkurs im Chart nicht zwangsläufig auch der reale Tiefkurs sein muss. Beispiel: Aktueller Kurs eines Charts 100 Dollar; Boxgröße 5 Dollar. Nächster Kurs 104. Es wird kein neues »X« gezeichnet, womit das letzte »X« optisch bei 100 verbleibt, obwohl der Kurs bereits 4 Dollar höher liegt. Ergo: Da der Trader seine Boxgröße *selbst* definiert, und diese ihm somit bekannt ist, muss er vor einer genauen Ordereingabe, den Chart daher a) direkt anklicken um dann – je nach Chartprogramm – den realen Kurs des *Punkt 2* oder *Punkt 3* zu identifizieren oder aber, er lässt um den optischen Kurswert der Boxgröße eine gewisse *Unschärfe* walten, denn: Der wahre *Punkt 2* oder *Punkt 3* kann ja nur *maximal* »optischer Kurs letztes X« plus »eingegebene Boxgröße minus ein Cent« entfernt sein, andernfalls wäre ja bereits ein neues »X« dargestellt!

Klick … Klick … Klick!
Orderbestätigung!
Nächster Chart …

Chart 3

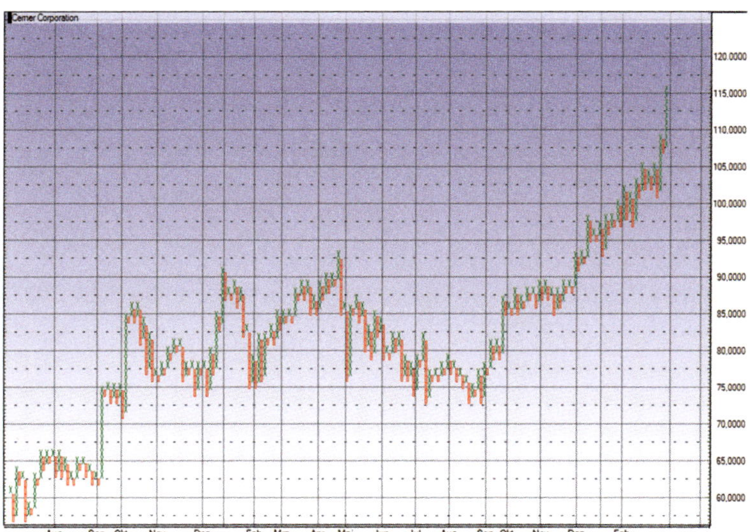

Bild 22

»Long?! … Short?! … Oder weiterblättern?!«, fragte Jerome auch hier wieder und zeigte auf einen weiteren Point & Figure-Chart.

»Weiterblättern und auf spätere Wiedervorlage legen!«, lautete Philips Antwort.

»Perfekt!« Bevor Jerome jedoch einen weiteren Wert anklickte, fügte er, auf den Monitor tippend, an: »*Ha!* Früher hätte ich hier *sofort* auf die einsetzende Korrektur gewettet!«

»Und ich noch vor dir!«, gab Philip zurück. »Und ich hätte außerdem noch die halbe Nacht im Internet nach dem ›WARUM stieg die Aktie‹ rumgegoogelt!«

Beide grinsten sich nun in der Gewissheit an, darin fortgeschrittenste Trader zu sein, dass Kenntnis und Beachtung der *Großwetterlage* sie davon befreit hatten, sich den Empfindungen der unzureichenden Gründe der eigenen Existenz als Trader, welche die meisten Trader ständig umspülten, den großen Phantasien des »Noch-nicht-Geschehenen …« oder dem »Doch-noch-nicht-unwiderruflich-Geschehenen …« ausgeliefert zu fühlen.

Chart 4

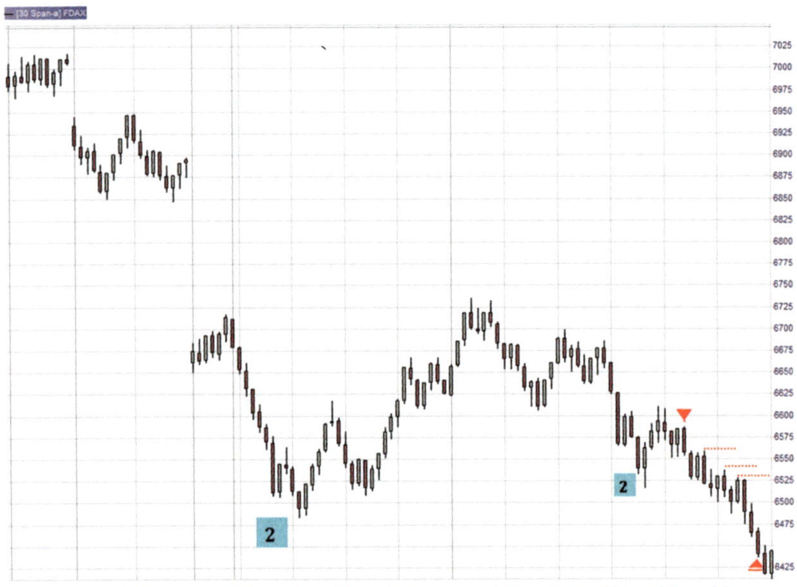

Bild 23

»Schau mal hier, Philip!« Jerome hatte mittels einer weiteren Art von *nicht*-zeitbasierten Charts den Dax-Future aufgerufen.

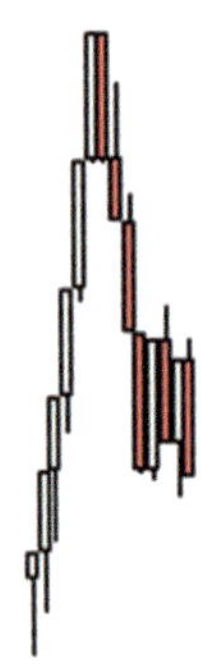

Bild 24

»Für den Handel der *kleinen* und *kleinsten Trends* von Index- oder Devisenfutures bevorzuge ich *Spannencharts* …«, sagte er und zoomte den Chart auf, »… *aaahh* … hier ein Trade der letzten Tage: Da habe ich mittels *Trendhandel* den *kleinen* gegen den *mittleren* Trend gehandelt und die Position kurz vor Handelsschluss aus dem Markt genommen!«

Philip betrachtete die Chartdarstellung genauer und erkannte an der Chartbeschriftung, dass Jerome die einzige Parametergröße dieser Chartdarstellung auf *30* gesetzt hatte, was somit hieß, dass in diesem Chart einer Periode so lange weitere Ticks, mitunter auch Handelstage hinzugefügt wurden, bis die Differenz aus Perioden-Hoch und Perioden-Tief die vorgegebene Spanne erreicht oder überschritten hatte. Gleichsam entsprechend würde der Aggregationstyp »Spanne Prozent« abgearbeitet, allerdings wurde hier die Spanne prozentual, bezogen auf das Perioden-Hoch und -Tief, definiert. Kurzum: Es handelte sich dabei ebenfalls um eine *nicht*-zeitbasierte Chartdarstellung, die durch ihre implizite Filterung eine gewisse Verwandtschaft mit *Point & Figure*-Darstellungen oder *Renko*-Charts aufwies, dabei aber die gewohnten Darstellungsformen *Candlestick*- oder *Bar*-Charts beibehielt und bei der durch den Wegfall der »Zeit« und die Konzentration auf reine Marktbewegung demnach – je nach Trendgröße und Parametrisierung- jedes Perioden-Tief oder -Hoch ebenso einen sauberen *Punkt 2* darstellte!

»Aber Jerome«, Philip zeigte auf den Chart (Bild 25), »bei einem Spannenchart muss doch immer der Schlusskurs am Perioden-Hoch oder aber -Tief liegen und alle Perioden müssen gleich groß sein?!«[124]

»Stimmt, stimmt ...«, meinte Jerome und begründete die scheinbar »unsaubere« Darstellung damit, dass sein Datenanbieter nur sehr wenige Tage an historischen Tickchartdaten zur Verfügung stelle, und Jerome daher als Datenaggregation für den Spannenchart 1-Minuten-Daten nehme. »Die Aussage bleibt natürlich die gleiche!«[125]

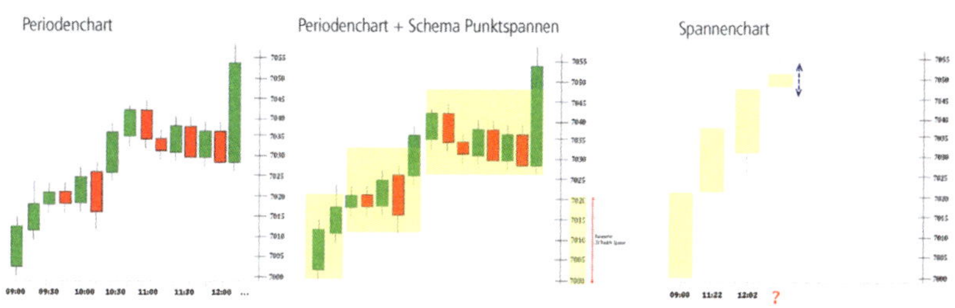

Bild 25

Zugegebenermaßen ließ sich diese Darstellung zur Ableitung von Rückschlüssen für das Trading nicht ohne ein bisschen Übung anwenden. Aber diese Übung wird sich lohnen, denn: *nicht*-zeitbasierte Charts, siehe Bild 25[126], bergen in sich den enormen und viel zu oft *völlig verkannten* Vorteil, dass diese nicht nur bei der *Suche* nach der Großwetterlage sondern auch im *Wie*, sprich: in der den Handelsstil definierenden Nahaufnahme, für Erleichterungen sorgen: Gerade für Trader die halbautomatisiert handeln oder aber dies anstreben, ließ sich speziell mit *Spannencharts*, beispielsweise der klassische Bewegungshandel durch einfachste trendfolgende Indikatoren durchführen, da diese nicht durch »störende« Innenstäbe oder aber von Perioden, in denen außer »Ab-

124 Siehe Bild 24. Alle Perioden schließen hier direkt am High oder am Low des Bars.

125 Wichtiger Hinweis: Die meisten der *nicht*-zeitbasierten Charts benötigen zwangsläufig zur korrekten Darstellung eine Tickchart-Aggregation. Dennoch ist es so, dass die wenigsten Datenanbieter (gerade beim privaten Endkunden) eine solche »umfangreiche« Datenhistorie (Tickcharts über mehrere Wochen hinweg) bieten. Daher muss dann die nächst höhere Datenaggregation (30-Sekunden oder 1-Minute) zur Chartdarstellung benutzt werden, was hin und wieder zur Folge hat, das ein *nicht*-zeitbasierter Chart oftmals, wie Bild 23 extra dargestellt, etwas »unsauber« ausschaut, da einige Ticks *innerhalb* des aggregierten Datenfeed »übersprungen« werden.

126 In Bild 25 wurde dieses Schema beispielsweise auf *20* gesetzt.

lauf von Zeit« keinerlei nennenswerte Marktbewegung passierte, *zu nah* an die Marktbewegung heranführten, siehe Bild 26![127]

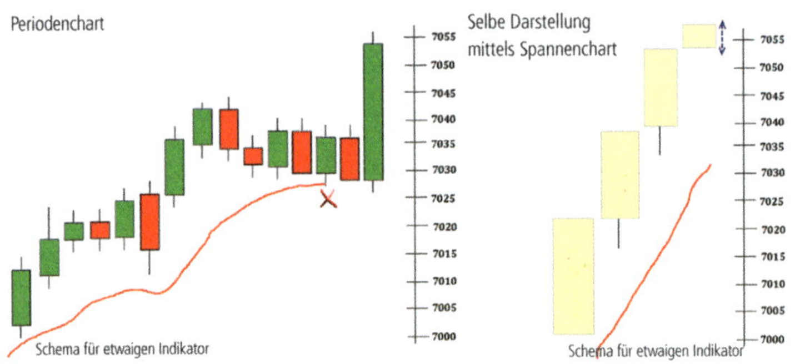

Bild 26

»Du, Jerome, darf ich dich etwas fragen?« Philip drehte sich auf seinem Stuhl leicht von den Bildschirmen weg.

»Natürlich, Philip, nur zu!«

»Okay, also: Auf der einen Seite handelst du diversifikativ gern die *mittleren Trends*, sprich: Du handelst unzählige Aktien, die völlig individuelle Großwetterlagen aufweisen, und dann handelst du aber auch intraday die Standardmärkte?!«

»Genau«, bestätigte Jerome.

»… okay, aber wie gehst du da mit der Pflicht um, ›im Dienst der Großwetterlage zu leben‹? Oder anders gefragt …«, Philip kam auf den Punkt, »Wie bestimmst du da deinen Dienstplan als Trader?«

Jerome musste hier gar nicht lange überlegen, und seine kurze Antwort lautete: »Nun, … zum einen sehe ich den Handel der *kleinen Trends* nicht als mein *Tagesgeschäft* an. Ich handele die klassischen Futures Dax, Bund, SMI, Dow & Co. und auch die Devisen nur dann, wenn deren mittlere Großwetterlage es optimal zulässt. Ansonsten lasse ich generell die Finger davon, auch wenn

127 Darüber gilt es lange und ausführlichst nachzudenken, denn hierin liegt, mal abgesehen von dem verbesserten optischen »Suchen« einer Großwetterlage, aus Sicht der Markttechnik der wesentliche Mehrwert in der Verwendung von *nicht*-zeitbasierten Charts: Ein markttechnisch definierter Einstieg lässt sich sehr gut optisch darstellen, gleichsam automatisieren, ebenso wird ein Stoppverlauf, sei es Bewegungs-, aber eben *auch* Trendhandel erstaunlich gut mechanisiert.
Tipp für den automatisierten Trendhandel: Man muss ja nur die Box- oder Spannengröße so wählen, dass sie größer sind als die durchschnittlichen Korrekturhöhen des entsprechend *untergeordneten Kippbildes* (Bild 6), aber dennoch kleiner als die durchschnittlich absoluten Korrekturenhöhen des zu handelnden Trends!
Doch einen Nachteil – sofern man es als einen solchen betrachten will – hat eine solche Automatisierung: Diese kann zum *heutigen* Stand nahezu kaum rückwärts *umfangreich* getestet werden, da dies, neben einer enormen, kaum zu beschaffenden Tickchart-Historie (selbst bei der Fokussierung auf größere Trend benötigt man zur vernünftigen und handelsgetreuen Darstellung kleine Aggregationen von Datenfeeds, siehe Fußnote 44) eine enorme, kaum zu bewältigende Rechnerleistung und vor allem Programmstabilität erfordert. Wer aber auf ein Backtesten einer Großwetterlage verzichten kann, da er die Sinnhaftigkeit und den Erwartungswert seines Setups auch ohne Mathematik getrost als »vorteilhaft« zu bezeichnen vermag, der kann mit diesen Chartdarstellungen seinen Handel sehr gut automatisieren und verfeinern.

dort sicherlich einige gute Trades platziert werden könnten. …«, Jerome macht eine Pause, »… aber wozu auch? Ich habe ja den diversifikativen Handel *aller Märkte auf der mittleren Trendebene*, der kostet mich, wenn überhaupt, eine oder zwei Stunden Zeit am Tag – und dieser steuert weit über drei Viertel meines Geldbedarfs bei!«

»Das heißt, …«, Philip zeigte auf den Dax-Future, »dass du den klassischen, ganz kurzfristigen Handel nur so als i-Tüpfelchen machst?!«

Jerome nickte. »Der diversifikative Handel ist – um in der Sprache des Eiskunstlaufens zu sprechen – die Pflicht, wohingegen dieses kurze Hin-und-her-Handeln nur die Kür ist!«

»Um sich als Trader noch etwas lebendiger zu fühlen?!«, scherzte Philip.

»Yep!«, antwortete Jerome, wusste er doch genau, dass Philip damit *nicht* den *Adrenalinstoß* oder den *Kick* meinte. »Klar handele ich gern auch mal auf Tickchart den *kleinsten* und«, Jerome zeigte auf den aktuellen Dax-Chart, »auch mal die *kleineren Trends*. Aber, dennoch weiß ich viel zu gut, dass ich auf den höheren Zeiteinheiten, sprich: bei den höheren Trends, immer mehr rausholen werde als in dem kurzfristigen Rumgehandele intraday! Aber nicht etwa, weil intraday nichts zu holen wäre, sondern weil ich, auch wenn ich die Zeit dafür eigentlich hätte, an den wenigsten Tagen das *innere Bedürfnis* verspüre, dem Trading *so viel* Zeit zu widmen, wie dafür notwendig wäre, eine vorhandene Fünf-Sterne-Großwetterlage als ›Trade-Serie‹ komplett *von Anfang bis Ende* durchzuhandeln.« Dazu erinnerte Jerome an seine Anfänge, als er fast nur mit 10-Minuten-Charts die kleineren Trends gehandelt hatte und seinem Trading pro Tag ganze zwei, drei und manchmal vier Stunden gewidmet hatte, obwohl die Großwetterlage eigentlich zwei Tage *durchgängiger Aufmerksamkeit und damit Trades* erfordert hätte … und wie er dann nach ein, zwei *Minus*trades bedrückt davongeschlichen sei oder aber nach ein, zwei *Plus*trades himmelhoch jauchzend davongestürmt war, nur um dann später bedrückt erkennen zu müssen, dass er Tausende Dollars oder Euro mehr hätte herausholen können.

»Ich weiß genau, was du meinst, Jerome!«, bestätigte Philip und erzählte nun seinerseits von Hofners Ausführungen, die dieser in den letzten Tagen an Stan gerichtet hatte, und bezog sich selbst dabei mit ein: »Auch ich habe lange Zeit nicht verstanden, dass ich einfach *nicht genügend Zeit* hatte, um *kurzfristig* und *markttechnisch sauber* zu handeln …«

»Eine scheinbar paradoxe Aussage!«, warf Jerome ein.

»Ganz recht, aber wirklich nur scheinbar!!!«, bestätigte Philip.

»Und jetzt, Jahre später, wo man die Zeit dazu hätte –«, seufzte Jerome gespielt.

»– da will man kaum noch!«, schüttelte Philip in ebenfalls gespielter Enttäuschung den Kopf, und beide lachten, wohl wissend, dass dem eben Gesagten eine Menge Erfahrung und tiefer Sinn zugrunde lag.

Klick!

… der nächste Chart schob sich in den Vordergrund.

Chart 5

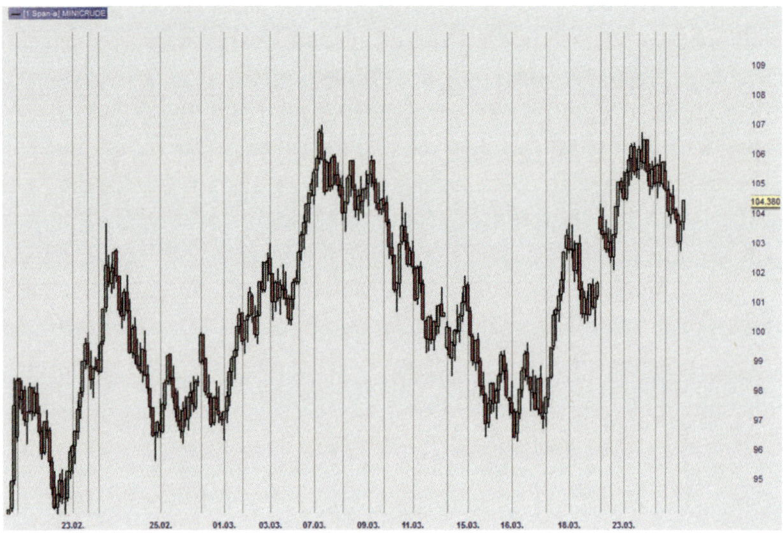

Bild 27

»*Long?! … short?! …* oder *weiterblättern?!*«, fragte Jerome und zeigte auf einen weiteren Spannenchart, der den Marktverlauf des Öl-Future komprimiert und auf das Wesentliche begrenzt darstellte.

»Katastrophen-Stopp-Buy auf nachliegenden *Punkt 2* –«

»– und hoffen, dass sich noch vorher ein kleiner *Punkt 2* für einen früheren Einstieg entwickelt!«

Philip nickte. »Sollte der Markt aber gleich hochrauschen, dann bist du spätestens am jetzigen *Punkt 2* dabei!«

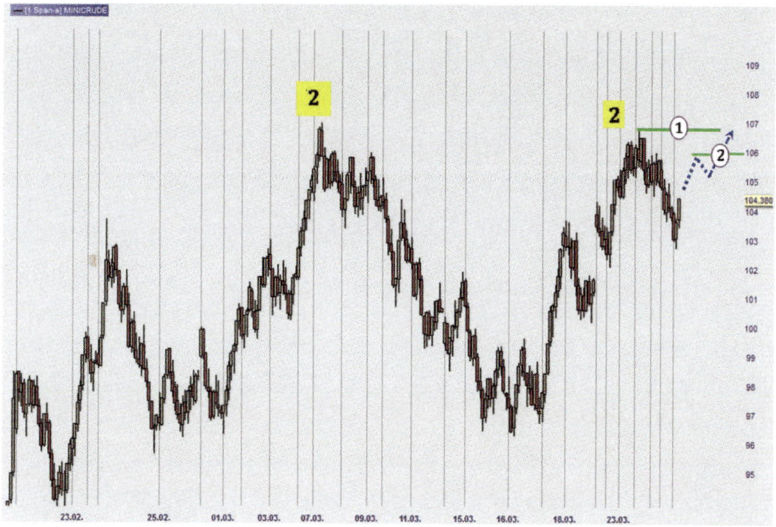

Bild 28

① *Katastrophen*-Stopp-Buy-Order; für den Fall eines schnellen Kursanstieges, ohne vorherige Ausbildung eines kleines Aufwärtstrends.

② Sollte sich ein kleiner Aufwärtstrend abzeichnen, würde die vormals am größeren *Punkt 2* liegende Order auf diesen kleineren *Punkt 2* verschoben.

Chart 6

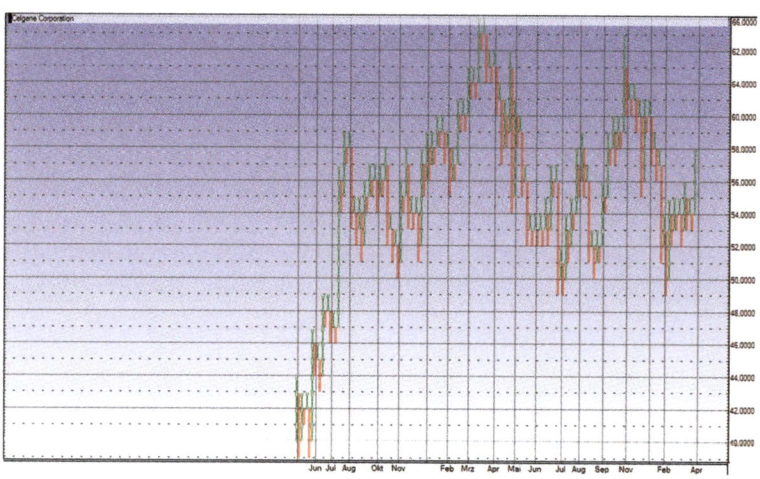

Bild 29

Auch hierzu fragte Jerome wieder: »*Long?!* … *short?!* … oder *weiterblättern?!*«

»Ich bitte dich! Das überlassen wir den Laien! *Weiterblättern* natürlich!«, antwortete Philip prompt.

»Genau! Mir ist wie dir der Sinn für Kniefälle abhandengekommen. Aber ich muss gestehen: Früher hätte ich mich hier ins Märchenreich des Glaubens gestürzt!«

Bevor Philip hierauf etwas erwidern konnte, klickte bereits die Maus.

Chart 7

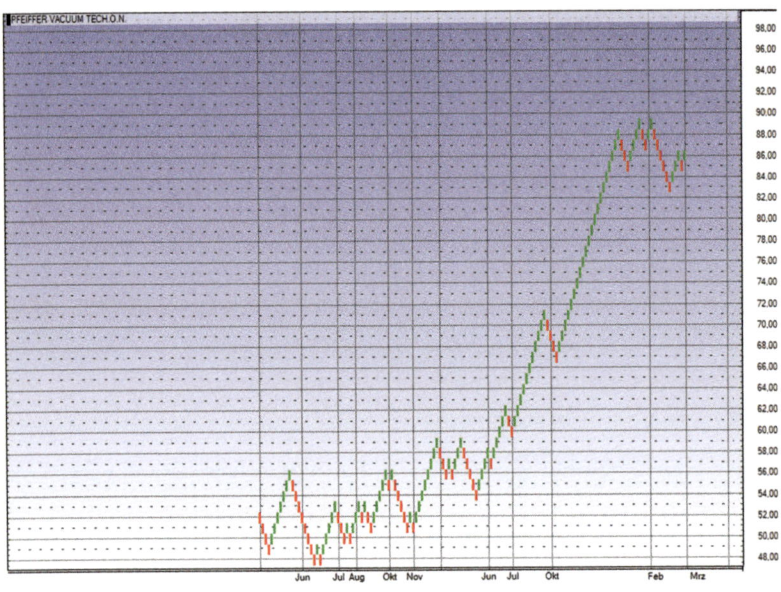

Bild 30

Jerome hatte nun auf eine *Renko*-Darstellung[128] umgeschaltet und auch hierzu erklang seine Frage: »*Long?!* … *short?!* … oder *weiterblättern?!*«

»Aber bilderbuchmäßig *long*!« Philip sah es mit einem einzigen Blick! Nach Jahren des Handelns reichten zwei Sekunden für diese Erkenntnis.

Jerome nickte. Auch bei ihm hatte die geistige Erregbarkeit, die ihn einst beunruhigte, über die Jahre nachgelassen und war nach Jahren von Missmut, Bedrückung und Aussichtslosigkeit von einer außergewöhnlich gespannten Klarheit abgelöst worden. Kurzum: Es hieß nur noch *Suchen*, nicht *Interpretieren*! Jerome legte entsprechende Order in den Markt.

128 Auch hier wird gleich der Point & Figure-Darstellung nur dann ein neues Kästchen, gelegentlich auch »Brick« genannt, gezeichnet, wenn sich der Kurs um einen im Voraus festgelegten Mindestbetrag verändert hat, egal wie lange es dauert, bis diese Veränderung eintritt. Darüber hinaus siehe Fußnote 39.

Klick!

… der nächste Chart schob sich in den Vordergrund.

Chart 8

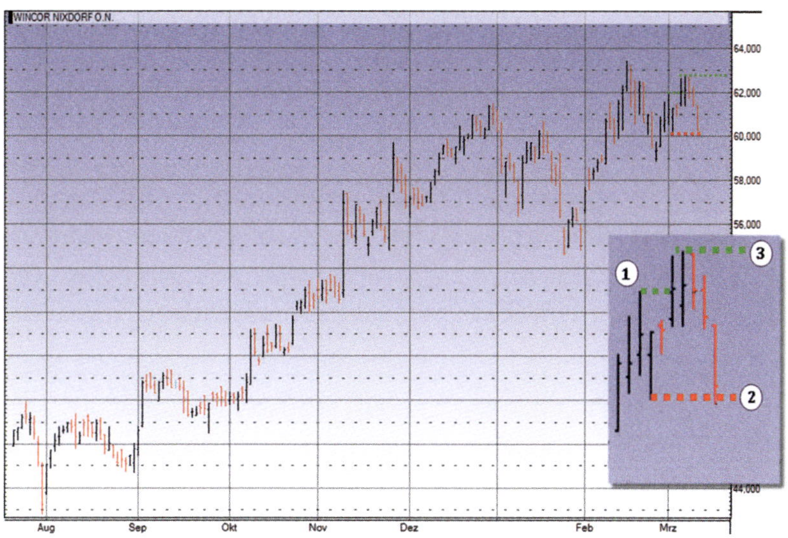

Bild 31

① Ehemalige Positionseröffnung bei Durchbruch durch dem kleinen *Punkt 2.*

② Auslösen der Stopporder am kleineren *Punkt 3.*

③ Nach Positionschließung wird eine Stopp-Buy zum Wiedereinstieg am neu ausgebildeten *Punkt 2* gelegt, denn: *Trotz* vorherigen Minustrades befindet sich der Markt in einer sehr guten Marktphase (größerer *Punkt 2* und Jahreshoch liegt über dem kleinen *Punkt 2* zum Wiedereinstieg). Diese Order verliert ihr Gültigkeit bei einem Unterschreiten des *Punkt 3* auf 59 Euro.

»Ah … schau mal hier …«, Jerome hatte den klassischen Periodenchart eines Marktes aufgerufen, in welchem er vor vier Tagen eine Position eröffnet hatte und dessen aktueller Kurs nur noch wenige Cents vor der Stopporder stand.

Philip betrachtete Jeromes Gesicht. Aber dort zeichnete sich nicht mal der kleinste düstere Schatten eines inneren Schmerzes ab. Kein Hoffen, kein Zittern der Finger …

PIEP … PIEP … PIEP … erklang es aus den Lautsprechern.

Order filled!

Sauber ausgestoppt!

Jerome schloss die Orderbestätigung und erzählte dazu, dass viel seines früheren Leidens im Trading der irrtümlichen Annahme entsprungen war, dass solche »Kümmernisse« wie Minustrades vermeidbar wären, weswegen er nach ein paar Minustrades umgehend angefangen hatte, ein *neues Regelwerk* anzuwenden. Mit den Jahren hatte er jedoch erkannt, dass die Wahrheit, sprich: die *Realität*, lautete, dass Minustrades unausweichliche, unabwendbare und wesentliche Teile seines eigenen Handelsstils waren, weswegen er fachlich saubere Minustrades mittlerweile als lebensnotwendigen Begleitumstand zur Erzielung von Plustrades akzeptierte. Voraussetzung hierzu war jedoch gewesen, zwischen einem *fachlich sauberen* Minustrade und einem *Fehl*trade unterscheiden zu lernen; bis zu dessen Verinnerlichung hatte es intensive Beschäftigung damit gebraucht, dass im Orderbuch nun mal sowohl die Handelsausrichtungen von Arbitrage und Hedging als auch strategische und spekulative Ausrichtungen – wobei Letztere sogar noch auf verschiedenen Zeiteinheiten »herumturnten« – ihren Niederschlag fanden, deren Existenz und Wirkung im Chart jedoch durch Änderungen im verwendeten oder Anwendung eines neuen Regelwerks weder geändert noch abgeschafft werden konnten! Sobald er dies erkannt hatte, hatte er auf Tröstungen durch Rachetrades oder das Austüfteln neuer Regelwerke verzichten können; was wiederum keiner großen Anstrengung mehr bedurfte, da mit dieser Erkenntnis einhergegangen war, nur noch solche Trades zu akzeptieren, die auf einer nachvollziehbaren markttechnischen Grundlage beruhten. Jerome blickte Philip ernst an: »*Trading lernen* …, das ist die Überwindung des Gefangenseins in jenem Irrtum, der in dem Glauben besteht, ein Minustrade wäre ein Konstruktionsfehler des eigenen Handelns!«

Dann wandte sich Jerome dem Monitor zu und setzte routiniert und emotionslos eine Order zum Wiedereinstieg.[129]

Klick!

Nächster Chart …

Chart 9

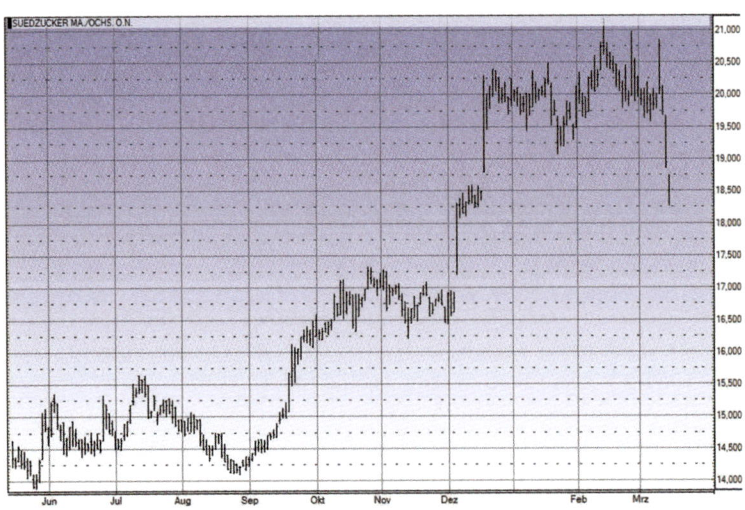

Bild 32

129 In dem Moment, in dem ein Trader erkennt, welche Bedeutung die Umsetzung des durchdachten »Wiedereinstiegs« für sein bisheriges Trading gehabt haben würde und in seinem aktuellen und zukünftigen Trading haben kann und könnte, relativiert sich alles andere um ein Wesentliches!

Wie zur Abwechslung hatte Jerome einen zeitbasierten Chart angeklickt und fragte auch hier wieder sein obligatorisches »*Long?! … short?! …* oder *weiterblättern?!*«.

Aber noch ehe Philip antworten konnte, meinte er auflachend: »Nee, wart' mal … viel besser!« und machte sich anschließend den Spaß, auf dem Chart auf die verschiedensten Einstiegsregeln hinzuweisen: »Schau mal, das hier könnte man so definieren … das so sehen … und schau mal, dies ist hier ein … das wiederum ein … hier, das ist die Formation … und das die Kombination … das hier heißt … und das hier nennt man … dort könnte man sich so verhalten … wobei die übliche Regel besagt, dass hier … aber die speziellere Regel schreit geradezu danach, dass hier …« Dies ging noch eine Weile so weiter und nachdem er so ziemlich alles kurz angesprochen hatte, was er sich über die Jahre des Fachwissensammelns angeeignet hatte, meinte Jerome abschließend: »Ich erinnere mich noch lebhaft an meine ersten qualitativen Suchaktionen hinsichtlich einer stimmigen Großwetterlage! Tage-, *ach was*, wochenlang habe ich mir den Kopf zerbrochen und mich immer wieder gefragt, *wozu* denn nun die Anhäufung dieses ganzen Wissens nützlich war, *wozu* ich all die Hunderte Regelwerke und unzähligen Handelsideen gelernt oder entwickelt und ausprobiert habe, wenn ich mich schlussendlich doch nur auf die acht, sehr einfach zu erkennenden Marktphasen konzentrieren[130] soll?«

»Willkommen im Club!«, Philip lachte herzlich auf, denn auch ihm war jene Leidenschaft bekannt, jeden einzelnen »Dreck« innerhalb eines Charts für »ach sooo« wichtig zu halten, dass dieser die qualitativ hochwertigen Marktphasen überstrahlte. »Wie alle Anfänger, oder?«, setzte er dazu, »denn welcher Anfänger hat schon Lust, diesen ›größten aller Genüsse‹, diese ›mikroskopische Durchleuchtung‹ jedes Charts *freiwillig* aufzugeben? Für mich hätte das jedenfalls bedeutet, dass mein bis dahin erworbenes Tradingwissen unbezeugt geblieben wäre!«

Jerome bestätigte Philips Worte mit einem kräftigen Nicken. »Bei mir hat es auch ewig gedauert, bis endlich das Verständnis dafür herangewachsen war, dass das ›*grobe* Betrachten‹ nicht deshalb geschehen sollte, weil der fachlich damit einher- oder darüber hinausgehende Rest gering zu schätzen wäre … sondern weil es darum geht, sich selbst die Wertschätzung zu zeigen, die man am meisten verdient: Denn nur innerhalb von Fünf-Sterne-Marktphasen befindet sich das Einzige, was der Mühe wert ist … zu dessen Auffindung es jedoch keines detaillierten Fachwissens um Einstiegsregeln bedarf. Daher galt und gilt, auch wenn ich ihn selbst lange nicht als solchen erkannt oder beherzigt habe, der Rat zu Recht schon immer: Pass auf, dass du nicht *Einstiege* mit *Marktphasen* verwechselst!«

»Stimmt genau, denn nur die Marktphasen drücken das überlebensnotwendige ›Wer kauft nach mir?‹ aus, welches allzu gern und viel zu oft vergessen wird und dann ein grandioses, herzzerreißendes Scheitern zur Folge hat«, bestätigte Philip.

Und während Jerome sich von diesem Chart mit den Worten verabschiedete: »Weißt du, es ist für mich mittlerweile einfach unmöglich, einen Trade zu machen, von dem ich innerlich nicht hundertprozentig überzeugt bin!«, klickte er bereits den nächsten Chart nach vorne …

---

130 Siehe DER HÄNDLER Band 4, Bild 9.

Chart 10

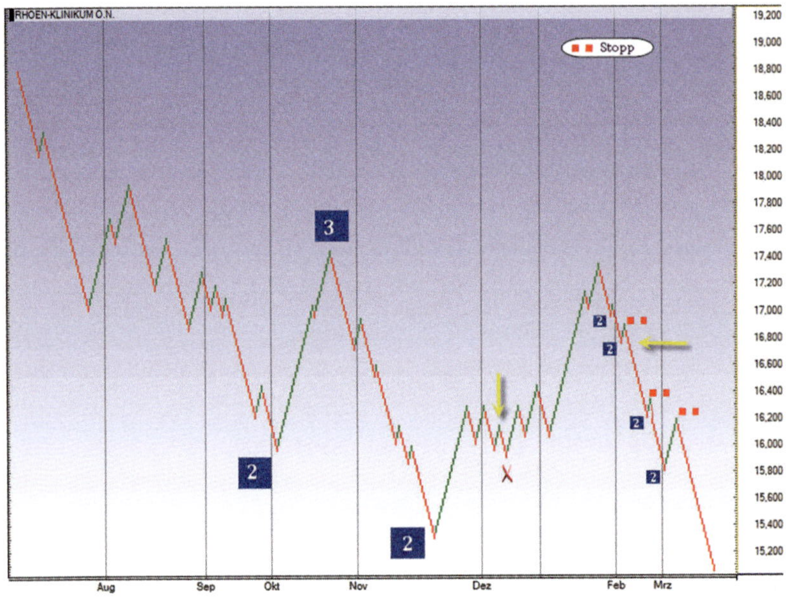

Bild 33

»Schau Philip, hier ein noch offener Trade! Ich hatte hier nach dem ersten Minustrade«, Jerome zeigte auf dem angezeigten *Renko*-Chart auf den im Dezember entstandenen kleinen Abwärtstrend, der gleich drauf wieder gebrochen wurde[131], »wenn auch zeitlich um etliches später, einen *Folgetrade* gestartet!« Er zeigte nun auf die Chartsituation Anfang Februar[132]. »Und siehe da, das Ding lief und lief und läuft immer noch … und das, obwohl die Gesamtmärkte angestiegen sind. Aber wen kümmert das schon im *diversifikativen Handel*! Also habe ich hier den *mittleren Trend* gegen den *großen Trend* gehandelt. Und nun?«, Jerome zeigte auf den aktuellen Kurs, »Was meinst du? Raus, oder weiterlaufen lassen?«

Philip, der ebenfalls alles Überschwängliche, Eitle, Unvernünftige, wie zum Beispiel Gefühle des Stolzes oder Neides, der Rache oder der Wollust, genau so wie übertriebenen Ehrgeiz oder völlige Hingabe, und damit die Triebkräfte seiner anfänglichen Händlerpersönlichkeit, hinter sich gelassen und sich stattdessen eine nur noch von vollkommener *Sachlichkeit* bestimmte Auffassung über angemessenen Handel angeeignet hatte, antwortete mit der schlichten Gegenfrage: »Hast du noch andere Märkte auf deiner Liste, die *vor* dem *großen Punkt* 2 und damit in einer Fünf-Sterne-Großwetterlage stehen?«[133]

---

131 Senkrechter gelber Pfeil über dem Kursverlauf. Der Fehltrader wurde mit einem roten X gekennzeichnet.
132 Waagrechter gelber Pfeil rechts neben dem Kursverlauf, auf den zweiten der kleineren *Punkte* 2 deutend.
133 Siehe DER HÄNDLER Band 4, Bild 9, Schema 5.

»Ich habe gerade erst gestern wieder einen Suchdurchlauf gemacht, und was Fünf-Sterne-Großwetterlagen angeht, stehen tatsächlich eine Menge Märkte auf meiner Bestenliste!«

»Okay, hättest du keine weiteren sauberen Fünf-Sterne-Setups in petto, würde ich, da du hier bereits *hinter* dem großen *Punkt 2* stehst, sagen: Position teilen und mal sehen, was der Markt dem Trade noch schenkt! Aber so? Ganz einfach: *Raus da* und den Rest den anderen lassen!«

»Genau so!« Jerome nickte und wenige Mausklicks später folgte am Bildschirm eine entsprechende Orderbestätigung.

Klick … Klick … Klick …
… Ordereingabe und ein nächster Chart …
Klick … Klick … Klick …
… ein weiterer Chart …
…
Klick … Klick … Klick …
… ein neuer Chart …
Klick … Klick … Klick …
…
… Ordereingabe und ein nächster Chart …
Klick … Klick … Klick …
… Ordereingabe und ein nächster Chart …
…
… ein neuer Chart …
…
Klick … Klick … Klick …
… Ordereingabe und ein nächster Chart …

*

Ein letzter Blick. »Fertig!« Jerome klatschte in die Hände, fuhr seinen Rechner herunter und schob anschließend die Maus beiseite. »Handelstag vorbei!«

Fertig?

Na, aber hallo! – Philip sah auf die Uhr. Angefangen hatten sie mit der Chartsuche so gegen 14:00 Uhr und jetzt war es 14:34 Uhr. *Nicht schlecht, wenn man bedenkt, dass wir uns dabei ja auch noch unterhalten haben!*

»Echt?! Das war's?«, fragte Philip, ohne damit die kurze Zeit monieren zu wollen, eher im Gegenteil.

»Das war's!«, bestätigte Jerome mit einem entspannten Nicken. »Ich mach' das hier tatsächlich nicht, weil es mir Spaß macht oder ich sonst nichts mit meiner Zeit anzufangen wüsste! Lass' uns also lieber raus auf die Terrasse gehen!«

Die beiden Händler verließen das Arbeitszimmer, begaben sich auf die Terrasse und genossen für einen Moment die Stille und den lauen Wind, als Jerome plötzlich meinte: »Erst muss man sich mal die Augen mit genügend Minustrades und seinem eigenen Verhalten waschen, um überhaupt etwas zu sehen! Und *was* sieht man dann?!« Er hatte anscheinend keine Antwort von Philip erwartet, denn er sprach sogleich weiter: »Man sieht sich vor den Monitoren die gewaltigsten Bewegungen ausführen, ohne dabei jemals dieses lausige Gefühl von tierischer Arbeitsamkeit und Emsigkeit abschütteln zu können, als wäre man … *mhm* … auf einem, ja, als wäre man auf einem Ameisenhaufen eingeschlafen und muss beim Erwachen feststellen, dass einem währenddessen die Ameisen in die Blutbahnen gekrochen sind …« Jerome sah Philip mit einem Blick in die Augen, der über nichts hinwegzutäuschen versuchte. »Es hat bei mir Jahre gedauert, um diese ›Ameisen‹ wieder aus mir rauszubekommen! Aber irgendwann musste – *nein*, nicht *musste*, sondern *wollte* – ich mich wieder *entspannen*, das heißt, meine Aufmerksamkeit *zerstreuen* und eine, ich will es mal so nennen, ein für alle Mal gelockerte Sichtweise hinsichtlich des Tradings annehmen …«, Jerome sprach damit nach Philips Verständnis nur in anderen Worten über den von Hofner definierten *allabendlichen Frieden*, »und nur noch *einzig* auf das horchen, was dabei aus der größten Tiefe meines Innern vernehmlich war!«

»Und *was* hast du dabei gehört?!« Philip hatte Jeromes vorangegangene Worte regelrecht in sich aufgesogen und stellte diese Frage – obwohl er sie in der jüngeren Vergangenheit schon etliche Male beantwortet gehört hatte –, weil er wissen wollte, wie die Antwort aus dem Munde eines privaten Traders klang.

»*Was man hört?*«, vorsichtig hielt Jerome seine Überlegungen an, lauschte in sich hinein, und nach einer Weile antwortete ihm dann auch eine Stimme, die von innen aus einer unter dem bewussten Denken liegenden Tiefe kam, genau das, was er, so wie seit den letzten Jahren jeden Morgen, gedacht hatte: »Was ist wirklich mein Ziel im Trading, und wie viel monetäre Anstrengung und Nähe zum Markt sind *wirklich* vonnöten? Was in Kurzform auf die Frage hinausläuft …«

»… was ist *Lust*, und was ist *Pflicht*?«, erklangen beider Stimmen fast unisono.

Beide lachten auf, und anschließend bot Jerome an, neue Getränke zu holen, was Philip dankend annahm. Nun alleine auf der Terrasse sitzend, versank er selbstvergessen in die Bewunderung eines in einem Garten auf der anderen Seite des Klongs stehenden riesigen *Ton Nok Yoong*, eines Flammenbaumes, und erkannte dabei abermals, dass der Gedanke oder besser die Antwort auf die Frage »Was ist Lust, und was ist Pflicht?« seinem Dasein als Trader eine tiefgehende Freiheit zu schenken begann. Man stelle sich nur vor: *Ein ganzes Leben als Trader liegt noch vor einem, und man ist dabei frei von »Ameisen in den Adern«, frei von den – wie Torbach es so treffend auszudrücken gewusst hatte – Empfindungen abgenötigter Bewegung, die den Geist eines Traders zu einem äußerst unerfreulichen Ort machen konnten … und stattdessen nun so viel freier Raum, so viel freie Zeit, diesen anderweitig ausnützen zu können …* – freute sich Philip still.

»Hey, woran denkst du?«, fragte Jerome und stellte zwei frische, mit Tee gefüllte Gläser auf den Tisch.

»Nun«, begann Philip nach einem Moment der Besinnung, »ich denke gerade daran, dass der ursprüngliche ›ganze‹ Trader von den Göttern wohl in *zwei Teile* geteilt worden ist, nenn es den *fachlichen* und den *emotionalen Trader*, oder nenn es *Absicht* und *Verhalten* oder das *Innen* und *Außen*, egal! Und nun stellen die unseligen Hälften jahrelang allerhand Dummheiten an, um wieder zueinanderzufinden!«

Jerome verstand recht gut, was in Philip vorging und lächelte. »Schönes und passendes Bild! Und genau das steht ja auch sinngemäß in allerlei Tradingbüchern! ... nur steht leider in den wenigsten, *warum* es nicht gelingt!«

»Und *warum* gelingt es nicht?«, entgegnete Philip rhetorisch.

»Das kann ich dir sagen! *Allgemein* gesprochen sieht es so aus, dass doch kaum ein Trader weiß, welche von den verfügbaren fachlichen Hälften die ihm fehlende ist. Er ergreift also eine, die ihm so vorkommt, und unternimmt so lange die vergeblichsten Anstrengungen, mit ihr eins zu werden, bis sich endgültig zeigt, dass es nicht die richtige war. Entsteht ein Trade daraus, so *glauben* beide Hälften zwar, sie hätten sich vereinigt, aber in den ersten Tradingjahren ist das bloß eine Illusion, der die Tendenz innewohnt, dass sich die Hälften erneut voneinander entfernen wollen, um jeweils eine andere, und damit eine dritte und vierte ›Hälfte‹ zu suchen. So ›hälftet‹ sich ein Trader weiter und immer weiter ... und die wesenhafte Einigung, im Speziellen betrachtet, wird fortdauernd sowohl durch die zwei von Hofner in Hannes' Restaurant ausführlich angesprochenen Schwierigkeiten als auch noch durch eine *dritte*, von Hofner absichtlich unerwähnte, *Sache* erschwert ... und erschwert ... und erschwert ...«

»Und was ist das für eine *dritte Sache*?!«, hakte Philip angespannt nach, denn so sehr er die letzten Tage auch über Hofners Ausführungen zu dem fehlenden *dritten* Punkt nachgegrübelt hatte, hatte er als »nicht-privater« Trader keine Chance gesehen, das fehlende Puzzleteil zu erkennen.

»Du willst wirklich wissen, was neben dem fachlichen eine weitere und riesige Hürde für mich darstellte, von der Hofner an jenen Abend schlecht berichten konnte?«, fragte Jerome und fuhr unvermittelt fort: »In den meisten Fällen hat ein Trader, der sich das Trading alleine, also sozusagen auf eigene Faust, beibringt, sowohl als Anfänger als auch als Fortgeschrittener tagein, tagaus mit ... *ETWAS* zu kämpfen, das ... *hm ... also, wie soll ich sagen?!* ... das ... *Moment!* ...« Jerome stockte plötzlich und trank von seinem Tee mit der Langsamkeit eines Mannes, der einen Entschluss ein letztes Mal überdenken will. Dann lächelte er leicht und in seinen Augen blitzte es lustig auf, denn offensichtlich war ihm plötzlich ein Einfall gekommen, wie er Philip den fehlenden, aber *wesentlichen*, Unterschied zwischen einer »Ausbildung mit Ausbilder« und einem privaten Trader, der sich der Thematik »auf eigene Faust« annäherte, am deutlichsten klarmachen konnte ...

Kurze Zeit und eine herzliche Verabschiedung später hielt vor Jeromes Haus ein Boot, und ein älterer Thai, Ende fünfzig, lispelte freundlich zwischen seinen beiden Zahnlücken in gebrochenem Englisch: »Seien Sie vorsichtig beim Einsteigen, es schwankt etwas!«

Philip nahm seinen Platz in dem engen Gefährt ein, und während der Bootsmann es abstieß, winkten ihm von der Terrasse aus Sabine und Sophie zum Abschied zu und vom Bootssteg rief ihm Jerome nach: »Pass auf dich auf, Philip!«

»Mach ich! … und, Jerome«, Philip deutete auf seinen Rucksack, »*nochmals danke!*«

»Kein Problem, viel Spaß damit!«, gab Jerome winkend zurück, dann setzte der Bootsmann den Ausleger ins Wasser und gab Vollgas. Das Wasser schäumte auf und mit einer geschickten Drehung des Motors wendete er das Gefährt und das Boot hüpfte über die Wellen, und während sich Philip an den Bordwänden festklammerte, legte hinter ihm der Bootsmann eine Hand in den Schoß und schien die Fahrt ganz entspannt zu genießen.

*

Als Hofner am nächsten Tag gefragt wurde, wo Philip sei, meinte er nur: »*Philip?!* … der rief mich heute morgen an, damit ich seine offenen Orders checke, und da die Großwetterlagen seiner bevorzugten Standardmärkte für die kommenden Tage ohnehin keine hochwertigen Intraday-Trades zulassen, entschied er sich, ein, zwei Tage freizumachen!«

»*Frei?* Und was hat er sich vorgenommen?«

»*Oh* … ich glaube, er ist auf der Suche nach dem *dritten* Puzzleteil, welches eine Ausbildung ›auf eigene Faust‹ von einer ›Ausbildung mittels Ausbilder‹ wesentlich unterscheidet und erstere maßgeblich erschwert!«

»Aha … und wie will er das rausbekommen?! Er ist doch gar kein privater Trader!«

Hofner grinste. »… er liest Jeromes Trading-Tagebücher!«

Kontaktdaten

Michael Voigt, Berufshändler und Autor

Publikationen:

Das große Buch der Markttechnik

Die Buchreihe DER HÄNDLER Band 1 bis 8

Das große Arbeitsbuch der Markttechnik

Bücher:	www.der-haendler.com
Hörbücher und E-Books:	www.hoerbuch-der-haendler.com
Seminare und Vorträge:	www.der-haendler.com
E-Mail Büro:	info@der-haendler.com
Telefon:	0049.3681.4544-69

Markttechnik-Forum

Das größte Markttechnik-Forum im Internet.
Stellen Sie Ihre Fragen hier!

Treffpunkt für Trader, die nach dem Ansatz der Markttechnik traden. Grundlage sind hierzu „Das große Buch der Markttechnik“ und die Buchreihe DER HÄNDLER (Band 1-8) von Michael Voigt und/oder die Teilnahme an seinem Fachseminar.

Herzlich eingeladen sind aber auch Markttechnik-Interessierte, aktive Trader, anderweitige Seminarbesucher und Freunde des aktiven Börsenhandels.

Sie müssen bei Facebook nicht angemeldet sein, um aktiv mitzumachen - das Forum ist für jeden frei zugänglich! Schauen Sie mal rein.

Von Tradern - für Trader!

Hier finden Sie das geballte Trading-Wissen:
www.facebook.com/Markttechnik

th
trader hotel
FRANZISKUSHÖHE
Besonders zu empfehlen, die Fachsemir
von Adrian Schmid und Ajder Veliev:„Profitabel Hand
und Anlegen " Details: www.handelsbuero-berlin.
SEMINARE
MIT MICHAEL VOIGT
IM TRADERHOTEL
Michael Voigt:
„Mir ist die psychologische Betreuung der Teilnehmer wichtig. Wenn ich ihnen den täglichen Handel präsentiere, sehen sie ja, wie ich reagiere. Das hat Vorbildwirkung. Dafür brauchst du aber Zeit und die hast du hier, in diesen ausführlichen Seminaren auf der Franziskushöhe."
LIVE-TRADER EVENT IN DEN SCHÖNST
TRADERRÄUMEN DEUTSCHLANDS
Schöner, besser und intensiver lernen!
HIGHSPEED-WLAN NACH NEUESTEN STANDARDS
GESAMTEN HAUS KOSTENLOS, TAGUNGSRÄUME
TELEKOM-BUSINESS STANDLEITUNG
Hier gleich online anmelden:
www.traderhotel.info/traderseminare
oder telefonisch unter:
09352-604-222
GENIESSEN SIE
· die Ruhe und konzentrierte Atmosphä
4-Sterne Trader Hotel Franziskushöhe
· das umfangreiche Sportangebot der Franziskushöhe
· die hervorragende Küche und gemütli
Atmosphäre des Restaurant Franzisku
· Erfahren Sie mehr über unseren Servi
http://traderhotel.info/tradergaesteb
th
trader hotel
FRANZISKUSHÖHE
Hotel . Restaurant . Tagungen
Ruppertshüttener Straße 70 . 97816 Lohr am Main
Tel. +49 (9352) 604 - 0 . Fax +49 (9352) 604 - 250
info@franziskushoehe.de
Trader Hotel - Traden mit Wei
Informationen unter www.traderhotel.info

Das große Arbeitsbuch der Markttechnik

Michael Voigt

Mit seinem Bestseller *Das große Buch der Markttechnik* und der Buchreihe *DER HÄNDLER* hat Michael Voigt einen völlig neuen Weg beschritten, indem er Trading-Fachwissen mit der romanhaften Schilderung des Werdegangs eines jungen Traders verband. Mit dem großen Arbeitsbuch der Markttechnik gibt Michael Voigt Anfängern, Fortgeschrittenen und Profis nun ein weiteres einzigartiges Werk an die Hand.

Das große Arbeitsbuch der Markttechnik schließt genau an der Stelle an, an der viele andere Bücher aufhören – bei Aufgabenstellungen und Praxisbeispielen und häufigen Fehlern, die bei der Anwendung von bereits erlerntem Fachwissen auftreten. In einzigartiger Weise kombiniert das Arbeitsbuch den fachlichen Teil mit den Kernelementen des psychologischen Alltags als Händler und erlaubt dem Leser einen 360-Grad-Blick in der Kunst der Markttechnik.

480 Seiten | Hardcover | 39,99 € (D) | 36,00 € (A) | sFr. 47,90 | ISBN 978-3-89879-659-0
Mehr Informationen zu Investmentthemen finden Sie unter www.portfoliojournal.de